2023

河北统计年鉴

HEBEI STATISTICAL YEARBOOK

河　北　省　统　计　局
国家统计局河北调查总队　编

(总第4卷)

图书在版编目（CIP）数据

河北统计年鉴. 2023 = Hebei Statistical Yearbook 2023 : 汉英对照 / 河北省统计局, 国家统计局河北调查总队编. -- 北京 : 中国统计出版社, 2023.12
ISBN 978-7-5230-0368-8

Ⅰ. ①河… Ⅱ. ①河… ②国… Ⅲ. ①统计资料－河北－2023－年鉴－汉、英 Ⅳ. ①C832.22-54

中国国家版本馆 CIP 数据核字 (2023) 第 236192 号

河北统计年鉴 2023

作　　者 / 河北省统计局　国家统计局河北调查总队
责任编辑 / 张　洁
封面设计 / 郝　巍
出版发行 / 中国统计出版社有限公司
通信地址 / 北京市丰台区西三环南路甲 6 号　邮政编码 /100073
电　　话 / 邮购（010）63376909　书店（010）68783171
网　　址 / http://www.zgtjcbs.com/
印　　刷 / 河北鑫兆源印刷有限公司
经　　销 / 新华书店
开　　本 / 890mm×1240mm　1/16
字　　数 / 1030 千字
印　　张 / 40.5　　1 彩页
版　　别 / 2023 年 12 月第 1 版
版　　次 / 2023 年 12 月第 1 次印刷
定　　价 / 380.00 元

本书附同版本 CD-ROM 一张，光盘内容以书面文字为准。
如有印装差错，由本社发行部调换。

《河北统计年鉴2023》

编委会和编辑出版人员

Hebei Statistical Yearbook 2023

EDITORIAL BOARD AND EDITORIAL STAFF

经济总量

Economic Aggregate

地区生产总值（亿元）

Gross Domestic Product (100 million yuan)

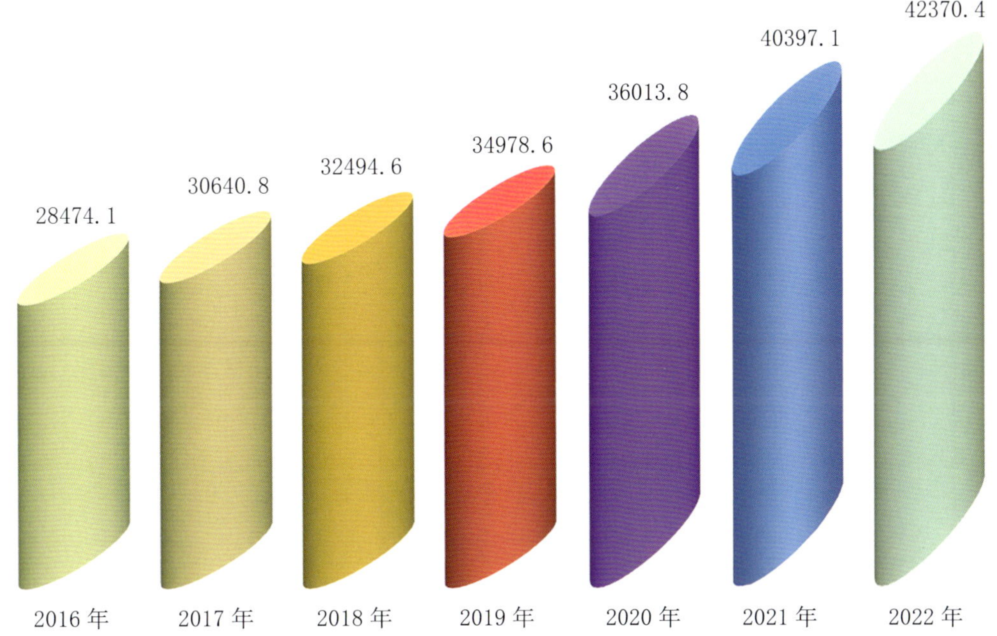

地区生产总值构成（%）

Composition of Gross Domestic Product (%)

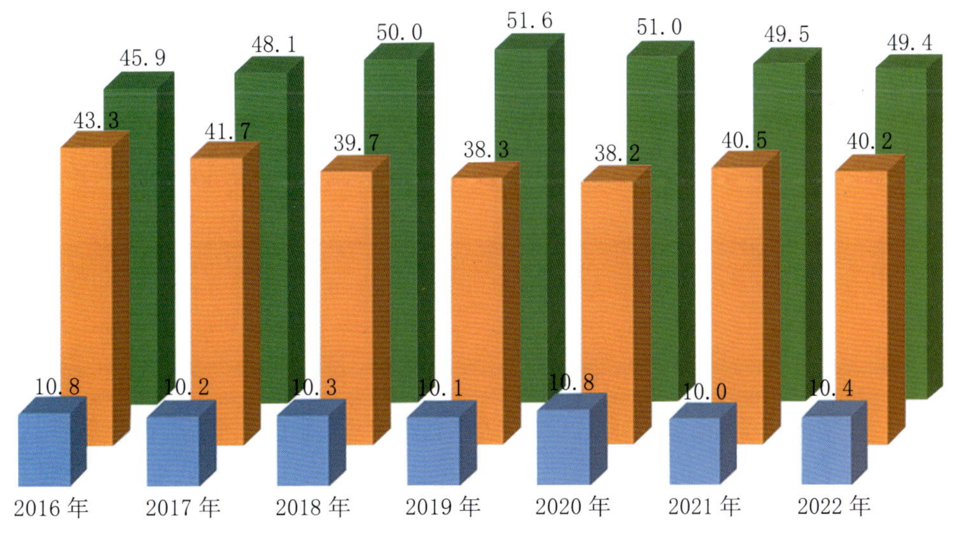

财　政
Public Finance

一般公共预算收支总额（亿元）
General Public Budget Revenue and Expenditure (100 million yuan)

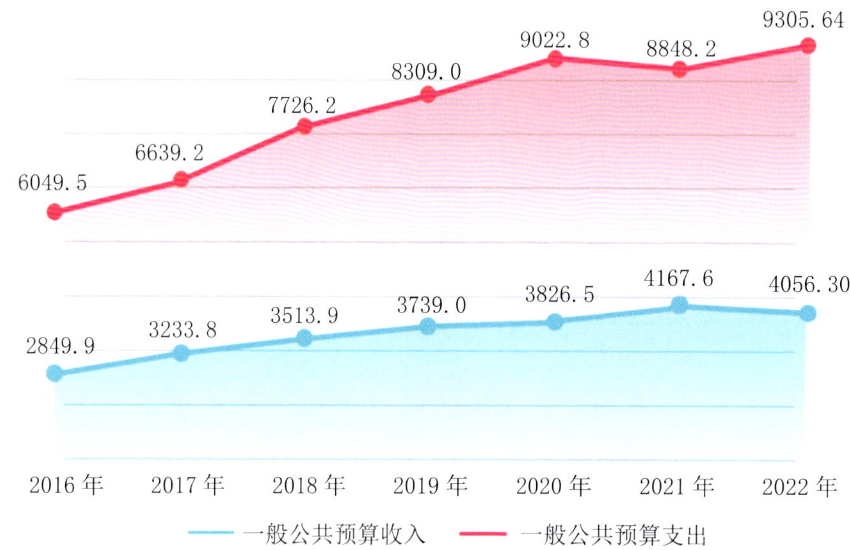

人民生活

People's Livelihood

城镇居民人均收支情况（元）

Per Capita Income and Consumption Expenditure of Urban Households (yuan)

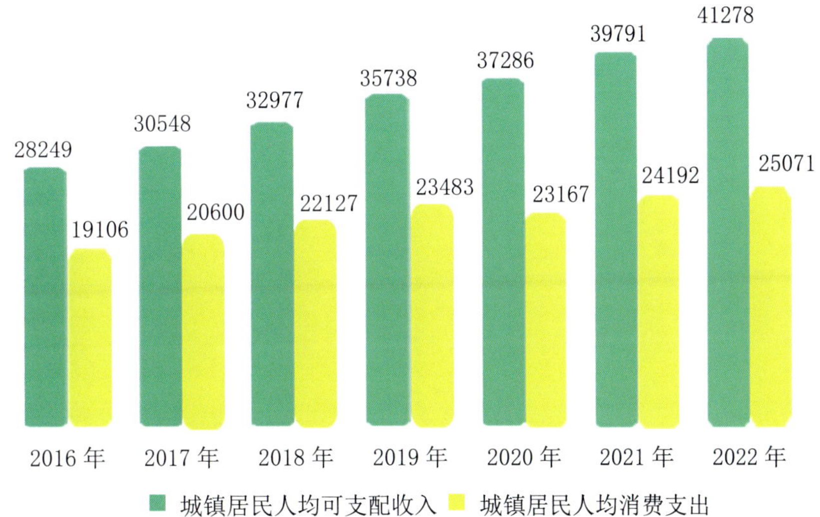

农村居民人均收支情况（元）

Per Capita Income and Consumption Expenditure of Rural Households (yuan)

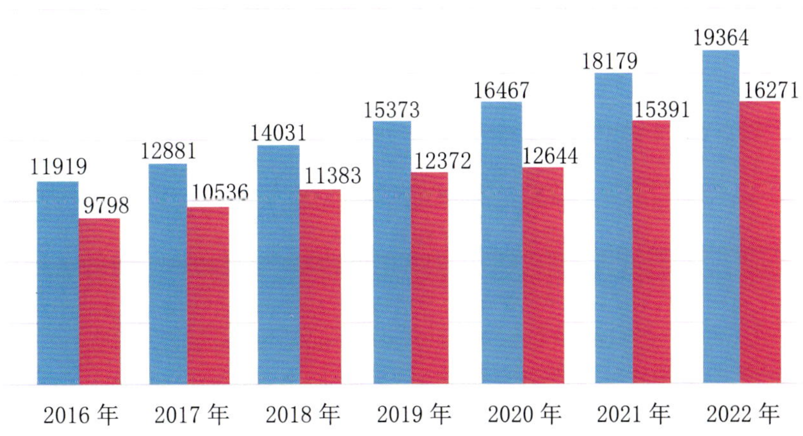

城镇化·旅游
Urbanization Proportion • Tourism

城镇化率（%）
Urbanization Proportion (%)

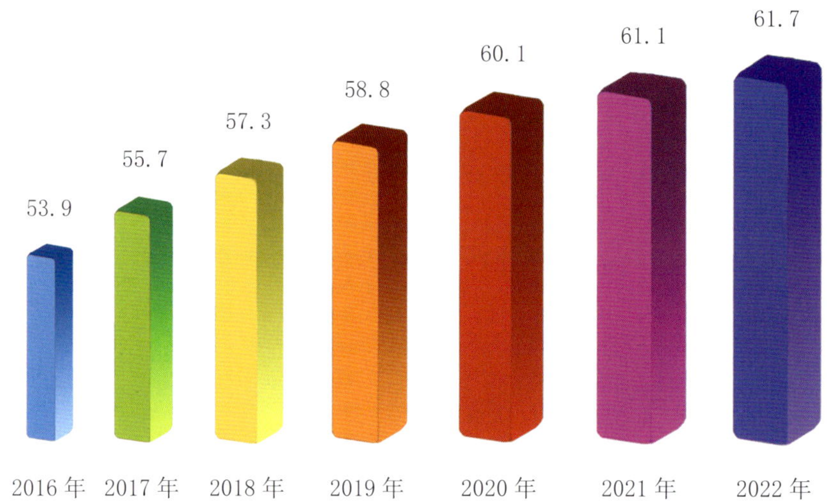

游客总人数（万人次）
Total Number of Tourists (10000 person-times)

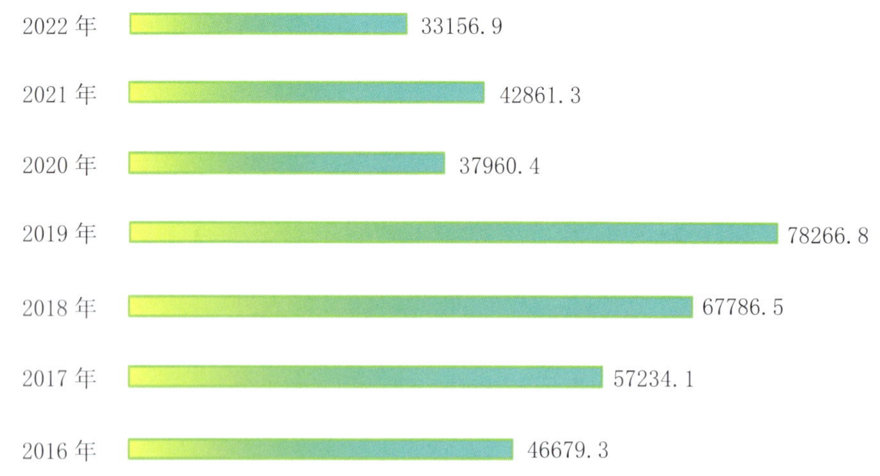

房地产 · 交通

Real Estate • Transportation

商品房销售情况

Conditions of Commercialized Buildings Sold

高速公路通车里程（公里）

Length of Expressway (km)

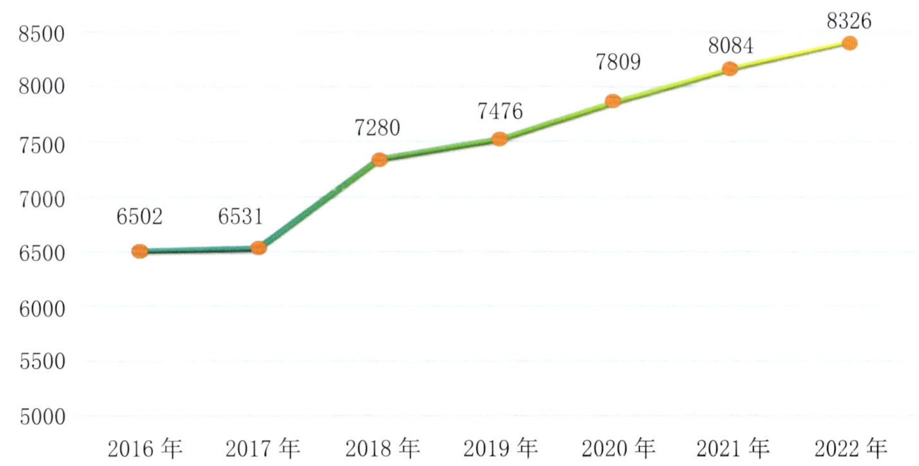

贸 易

Trade

社会消费品零售总额（亿元）
Total Retail Sales of Consumer Goods (100 million yuan)

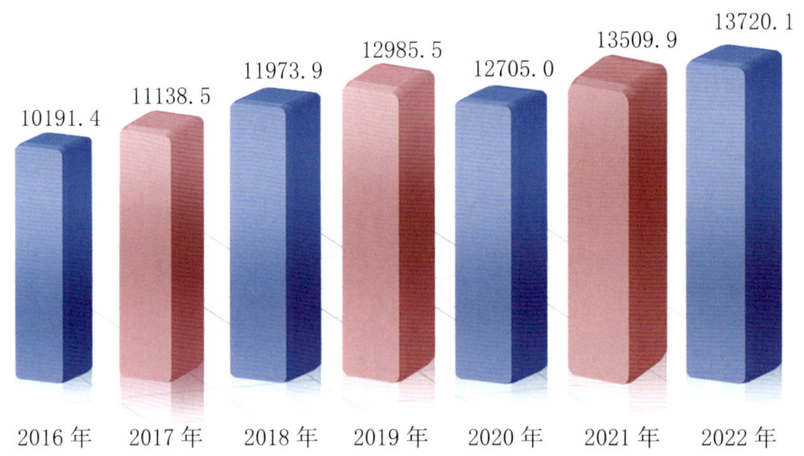

进出口贸易总额（亿元）
Total Volume of Imports and Exports (100 million yuan)

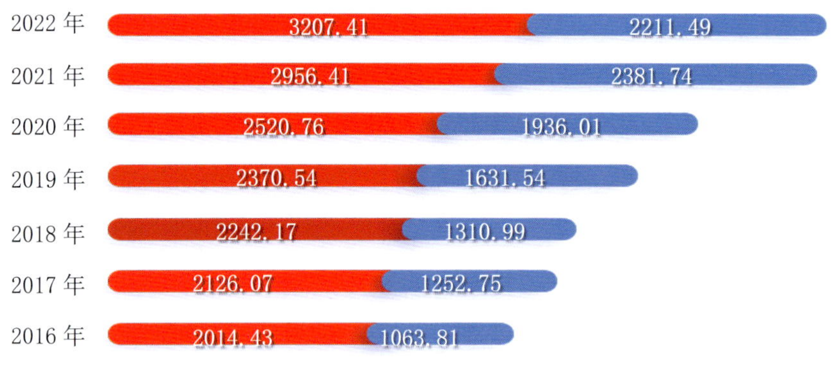

人 口

Population

2022年人口变动情况抽样调查样本年龄构成（%）

The Age Composition of 2022 Population Sample Survey on Population Changes (%)

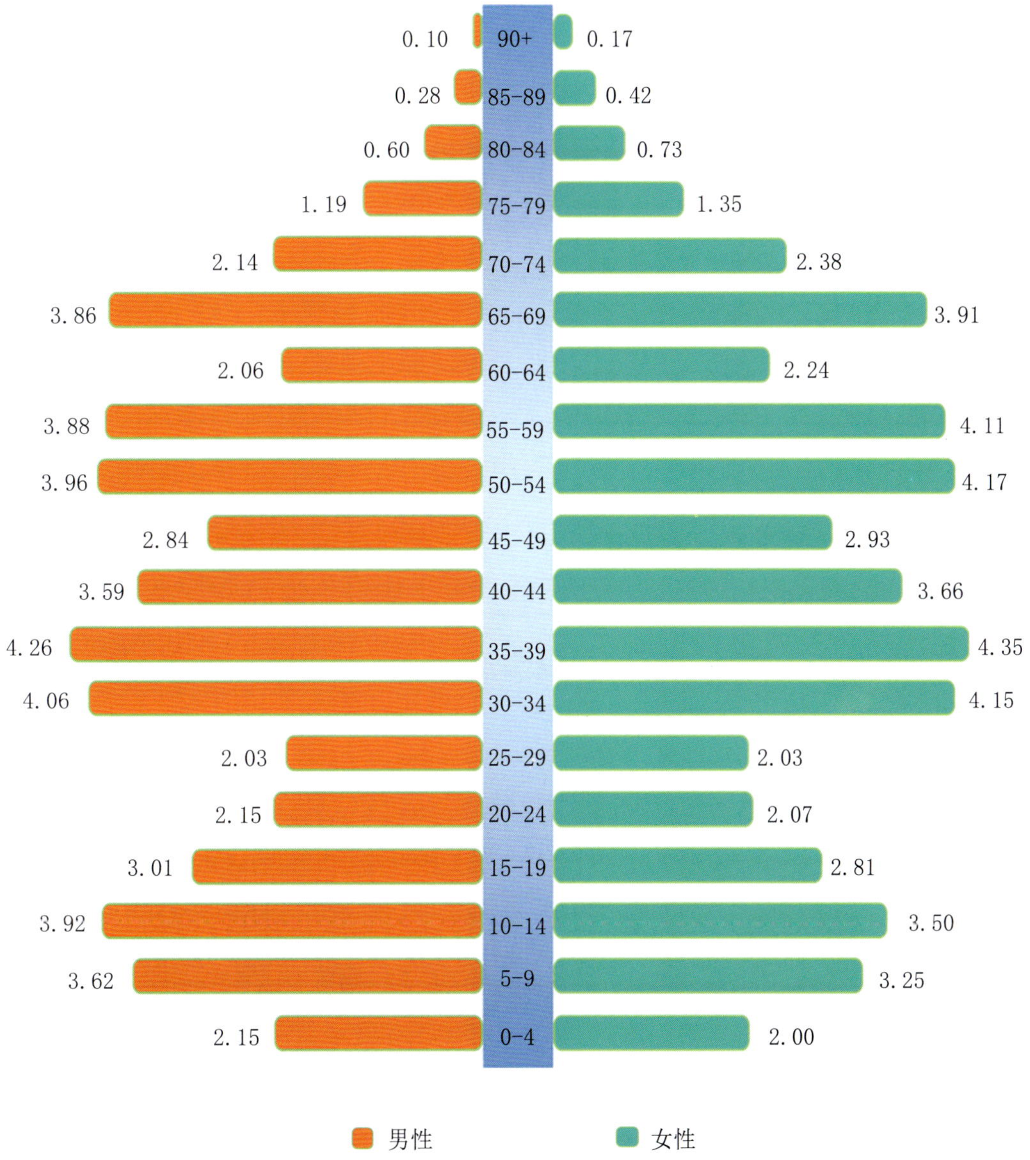

教　育
Education

2022 年各级各类学校在校学生情况（万人）
2022 Number of Enrolments of Formal Education by Type and Level (10000 persons)

医疗卫生

Public Health

卫生机构数（个）
Number of Health Institutions (unit)

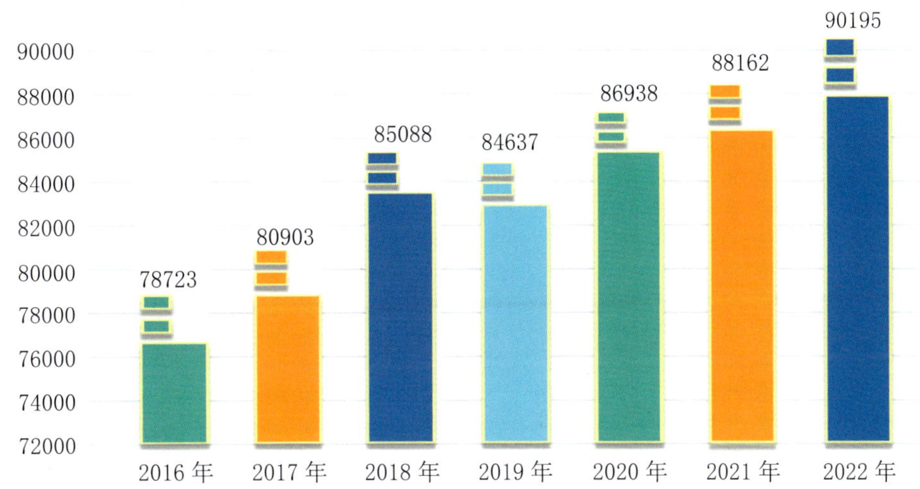

卫生机构床位和卫生技术人员数（万张、万人）
Number of Beds and Medical Technical Personnel in Health Institutions (10000 beds,10000 persons)

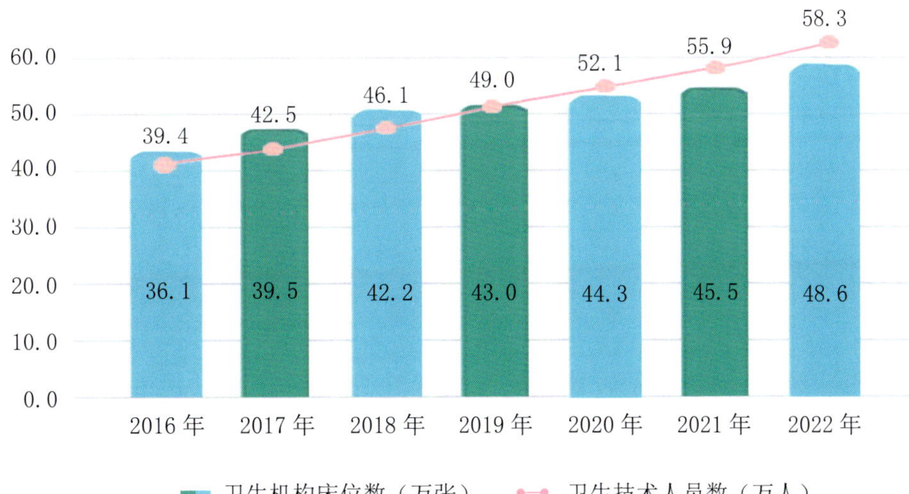

京津冀财政收支

General Public Budget Revenue and Expenditure of Jing-Jin-Ji Region

一般公共预算收入（亿元）

General Public Budget Revenue (100 million yuan)

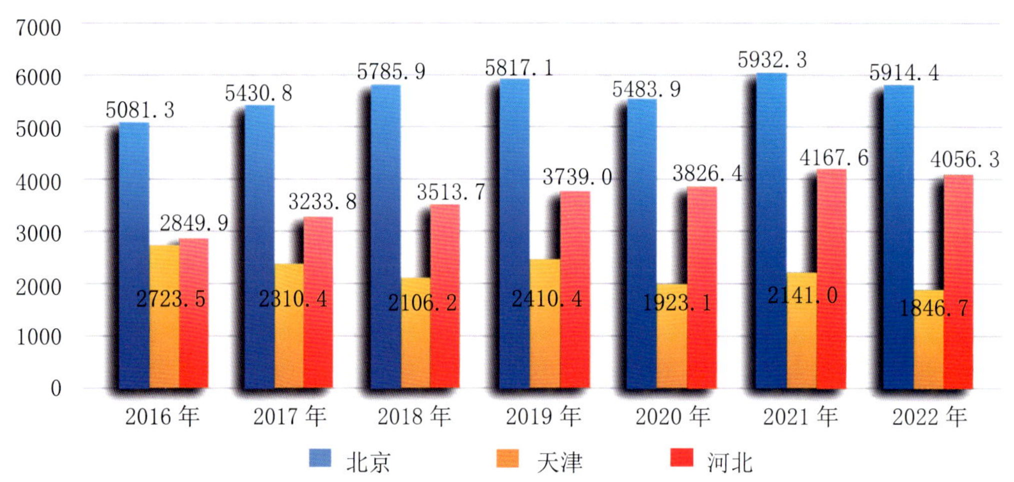

一般公共预算支出（亿元）

General Public Budget Expenditure (100 million yuan)

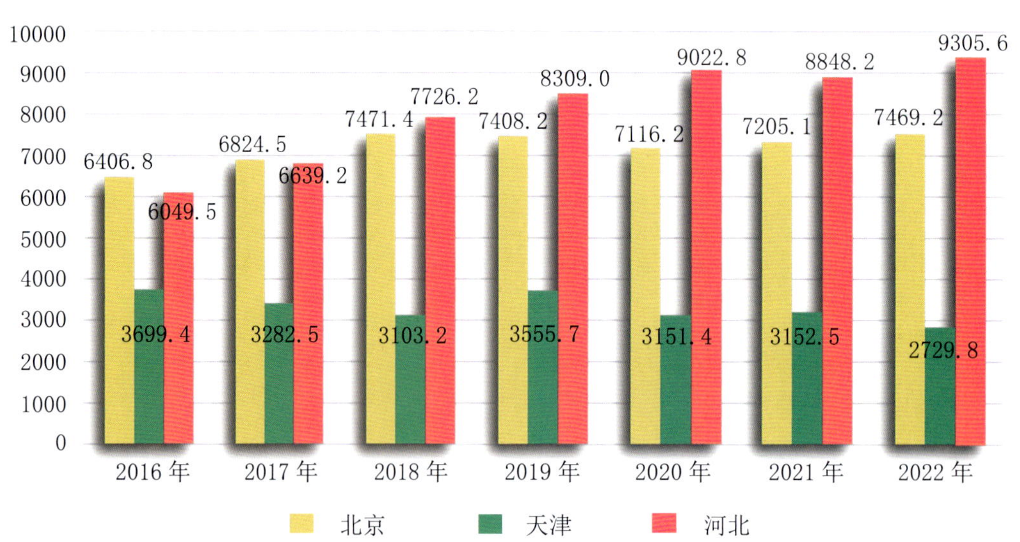

京津冀居民收入

Disposable Income of Households in Jing-Jin-Ji Region

城镇居民人均可支配收入（元）

Per Capita Annual Disposable Income of Urban Households (yuan)

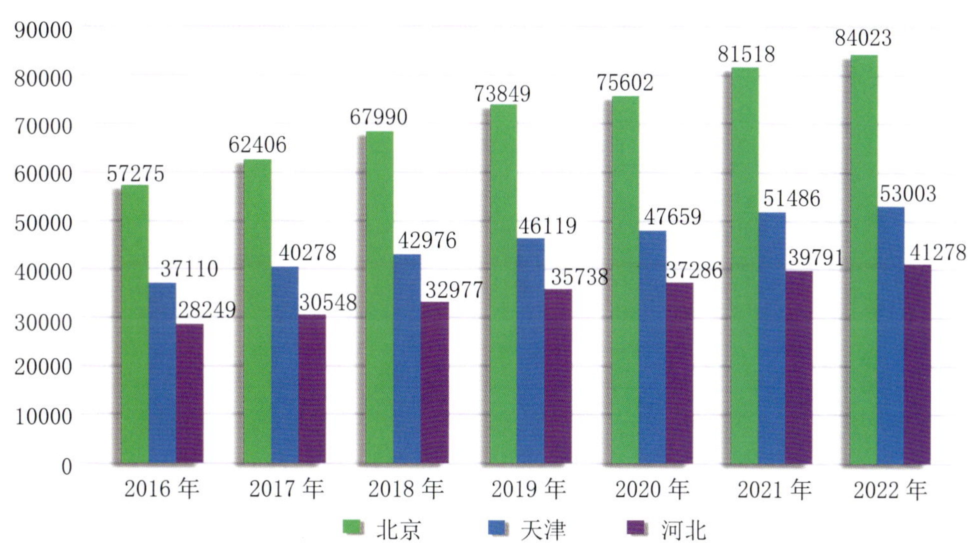

农村居民人均可支配收入（元）

Per Capita Annual Disposable Income of Rural Households (yuan)

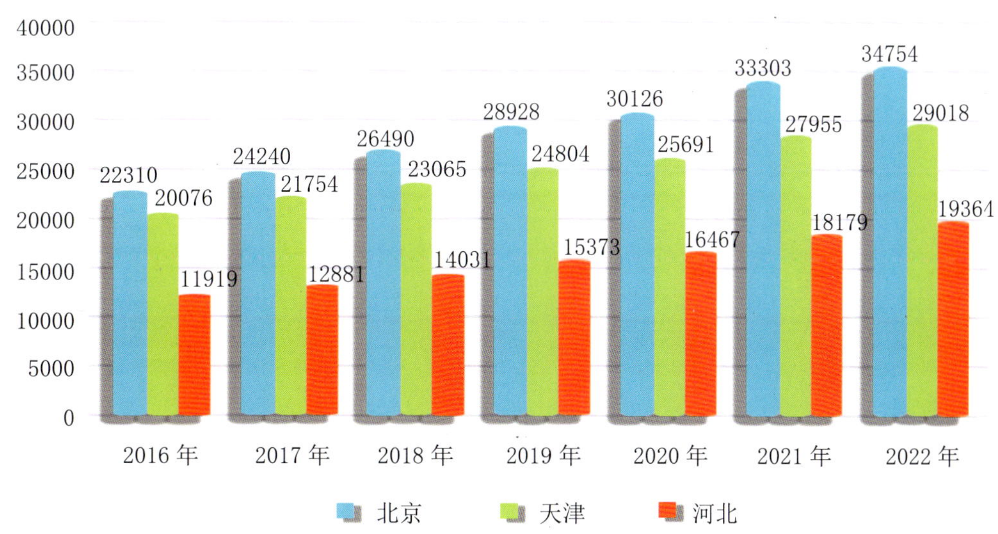

京津冀居民支出

Consumption Expenditure of Households in Jing-Jin-Ji Region

城镇居民人均消费支出（元）

Per Capita Annual Consumption Expenditure of Urban Households (yuan)

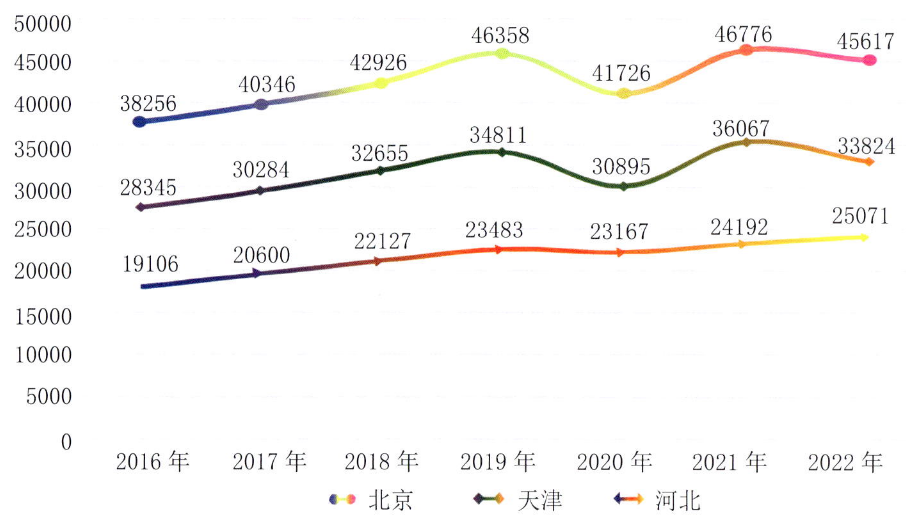

农村居民人均消费支出（元）

Per Capita Annual Consumption Expenditure of Rural Households (yuan)

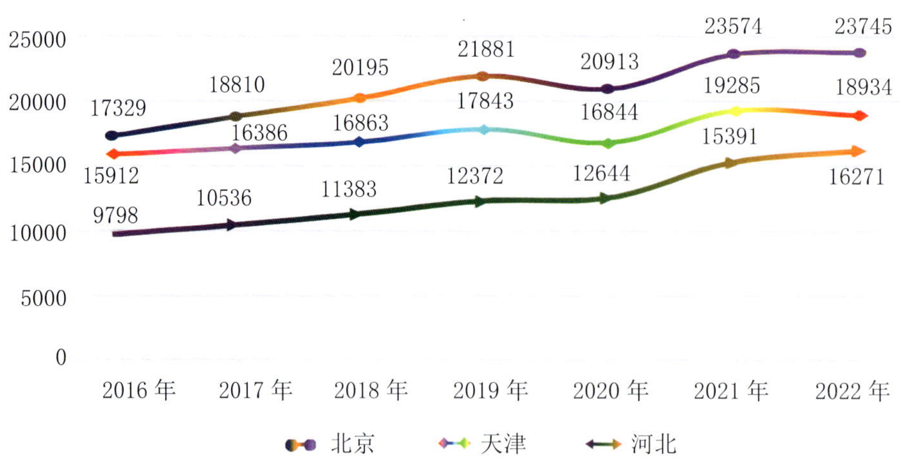

编 者 说 明

一、《河北统计年鉴 2023》系统收录了全省及各市、县（市、区）2022 年经济、社会各方面的统计数据，以及 1978 年以来各个主要时期全省主要统计数据，是一部全面反映河北国民经济和社会发展情况的资料性年刊。

二、本年鉴包括特载、统计数据、附录三大部分。

特载包括河北省 2022 年国民经济和社会发展统计公报，公报中部分数据为快报数。

统计数据内容共 24 个篇章，即：1.综合；2.人口；3.国民经济核算；4.就业和工资；5.价格；6.人民生活；7.财政、金融、保险；8.能源和环境；9.固定资产投资；10.对外经济贸易；11.农业；12.工业；13.建筑业；14.批发和零售业；15.运输和邮电；16.住宿、餐饮业和旅游；17.房地产；18.科学技术；19.教育；20.卫生和社会服务；21.文化和体育；22.公共管理和社会保障；23.城市概况；24.县（市、区）主要指标。

为方便读者使用，各篇章前设有《简要说明》，对本篇章的主要内容、资料来源、统计范围、统计方法以及历史变动情况予以简要概述。篇末附有《主要统计指标解释》。

附录包括京津冀主要指标、各省（区、市）主要指标、港澳台主要指标。

三、本年鉴涉及的各项指标，大部分资料主要来源于政府各级统计局、国家统计局调查总队的各种统计报表和抽样调查资料；部分资料来自省直有关部门。附录的全国各省（区、市）主要指标中，表 2-1 至表 2-20 来源于《中国统计年鉴 2023》，表 2-21 至表 2-26 来源于《2020 年第七次全国人口普查主要数据》。

四、本年鉴所涉及的全国性统计数据均未包括香港、澳门特别行政区和台湾省数据。

五、本年鉴分市指标中的石家庄市含辛集市，石家庄市①数据不含辛集市；保定市含定州市和雄安新区，保定市①不含定州市和雄安新区。

六、本年鉴中所使用的度量衡单位均采用国际统一标准计量单位。

七、本年鉴中国民经济行业分类按 2017 年国家标准《国民经济行业分类》（GB/T4754—2017）执行。

八、本年鉴总量指标计算所采用的价格均为现行价格。

九、本年鉴部分数据合计数或相对数由于单位取舍不同产生的计算误差未作机械调整。

十、本年鉴统计数据表中“...”表示数据不足本表最小单位数；“空格”表示该项统计指标数据不详或无该项数据；“#”表示其中的主要项；“①”表示本表下有注解。

十一、本年鉴中 2011—2019 年人口数据根据第七次全国人口普查结果进行修订，与人口相关的人均指标数据根据修订结果进行了调整。

《河北统计年鉴 2023》在编辑过程中，得到省直相关部门和单位的大力支持，在此表示感谢！

Editor's Notes

I. *Hebei Statistical Yearbook 2023* is a systematic collection of economic and social statistical data of the province and cities, counties (cities and districts) in 2022, as well as the main statistical data of the province in each major period since 1978. It is an informative annual publication comprehensively reflecting the national economic and social development of Hebei.

II. The Yearbook includes feature articles, statistical data and appendix.

Feature articles include Statistical Communique of National Economic and Social Development of Hebei Province in 2022, some of the data in the bulletin are dispatches.

The content of statistical data consists of 24 articles, namely: 1. General Survey; 2. Population; 3. National Accounts; 4. Employment and Wages; 5. Prices; 6. People's Livelihoods; 7. Government Finance, Banking and Insurance; 8. Energy and Environment; 9. Investment in Fixed Assets; 10. International Trade and Economic Cooperation; 11. Agriculture; 12. Industry; 13. Construction; 14. Wholesale and Retail Trades; 15. Transport, Post and Telecommunication Services; 16. Hotels, Catering Services and Tourism; 17. Real Estate; 18. Science and Technology; 19. Education; 20. Health and Social Services; 21. Culture and Sports; 22. Public Management and Social Security; 23. Statistics on Cities; 24. Main Indicators of Counties (Cities and Districts at County Level) .

For the convenience of readers, a brief description is provided before each chapter, which gives an overview of the main contents, data sources, statistical scope, statistical methods and historical changes of this chapter. At the end of the article, there is an explanation of the main statistical indicators.

The appendix includes the main indicators of Jing-Jin-Ji region, the main indicators of all provinces (autonomous regions, cities) , and the main indicators of Hong Kong, Macao and Taiwan.

III. The indicators involved in the Yearbook mainly come from various statistical statements and sample survey data of the government statistics bureau at all levels and the survey team of the National Statistics Bureau. Part of the information comes from the relevant departments of the province. Main economic indicators of all provinces (autonomous regions, cities) in the appendix, 2-1 to 2-20 are from *China Statistical Yearbook 2023*, and 2-21 to 2-26 are from *Major Figures on 2020 Population Census of China*.

IV. The national data in this book do not include those of the Hong Kong Special Administrative Region, the Macao Special Administrative Region and Taiwan Province.

V. In the Yearbook, Shijiazhuang includes Xinji, Shijiazhuang① excludes Xinji, and Baoding includes Dingzhou and Xiong'an New Area, Baoding① excludes Dingzhou and Xiong' an New Area.

VI. The units of weights and measures used in the Yearbook adopt international uniform standard units of measurement.

VII. The classification of national economic industries in the Yearbook is implemented according to the National standard *Classification of National Economic Industries* (GB/T4754-2017).

VIII. The prices used in the total index calculation of the Yearbook are the current year prices.

IX. There is no mechanical adjustment for the calculation error caused by different units in the total count or relative number of some data in the Yearbook.

X. "..." in the statistical data table of the Yearbook means that the data of this statistical indicator is less than the minimum number of units in the table;"Blank space" means unknown or not available;"#" represents the main item; "①" indicates notes under this table.

XI. The population data from 2011 to 2019 in the Yearbook are revised based on the results of the seventh national population census, and the per capita index data related to population are adjusted according to the revised results.

In the process of editing, *Hebei Statistical Yearbook 2023* has received great support from relevant departments and units of Hebei Province. We hereby express our thanks!

目 录

CONTENTS

特载
Feature Articles

第一篇 综合
General Survey

第二篇 人口

Population

第三篇 国民经济核算

National Accounts

第四篇 就业和工资
Employment and Wages

第五篇　价格

Prices

第六篇　人民生活

People's Livelihoods

第七篇 财政、金融、保险

Government Finance, Banking and Insurance

第八篇 能源和环境
Energy and Environment

第九篇 固定资产投资
Investment in Fixed Assets

第十篇　对外经济贸易
International Trade and Economic Cooperation

第十一篇　农业
Agriculture

第十二篇 工业
Industry

第十三篇 建筑业
Construction

第十四篇 批发和零售业
Wholesale and Retail Trades

第十五篇 运输和邮电
Transport, Post and Telecommunication Services

第十六篇 住宿、餐饮业和旅游
Hotels, Catering Services and Tourism

第十七篇 房地产
Real Estate

第十九篇 教育

Education

第二十篇　卫生和社会服务
Health and Social Services

第二十一篇 文化和体育
Culture and Sports

第二十二篇 公共管理和社会保障

Public Management and Social Security

第二十三篇 城市概况

Statistics on Cities

第二十四篇　县（市、区）主要指标
Main Indicators of Counties (Cities and Districts at County Level)

附录一　京津冀主要指标
Main Indicators of Jing-Jin-Ji Region

附录二 各省（区、市）主要指标
Main Indicators of all Provinces (Autonomous Regions, Cities)

附录三 港澳台主要指标

Main Indicators of Hong Kong, Macao and Taiwan

特 载
Feature Articles

河北省2022年国民经济和社会发展统计公报

（2023年2月25日）

河　北　省　统　计　局

国家统计局河北调查总队

2022年，全省各地各部门在省委、省政府领导下，坚持以习近平新时代中国特色社会主义思想为指导，全面深入学习贯彻党的二十大精神，坚决贯彻党中央“疫情要防住、经济要稳住、发展要安全”的重要要求，认真落实省委十届二次、三次全会部署，解放思想、奋发进取，高效统筹疫情防控和经济社会发展，扎实推动稳经济一揽子政策措施及接续政策落地见效，全省经济运行持续恢复、加快回稳，保障改善民生全面加强，各项社会事业发展呈现良好态势。

一、综　合

初步核算，全省生产总值实现42370.4亿元，比上年增长3.8%。其中，第一产业增加值4410.3亿元，增长4.2%；第二产业增加值17050.1亿元，增长4.6%；第三产业增加值20910.0亿元，增长3.2%。三次产业比例为10.4∶40.2∶49.4。全省人均生产总值为56995元，比上年增长4.1%。

图1　2018—2022年全省生产总值及其增长速度

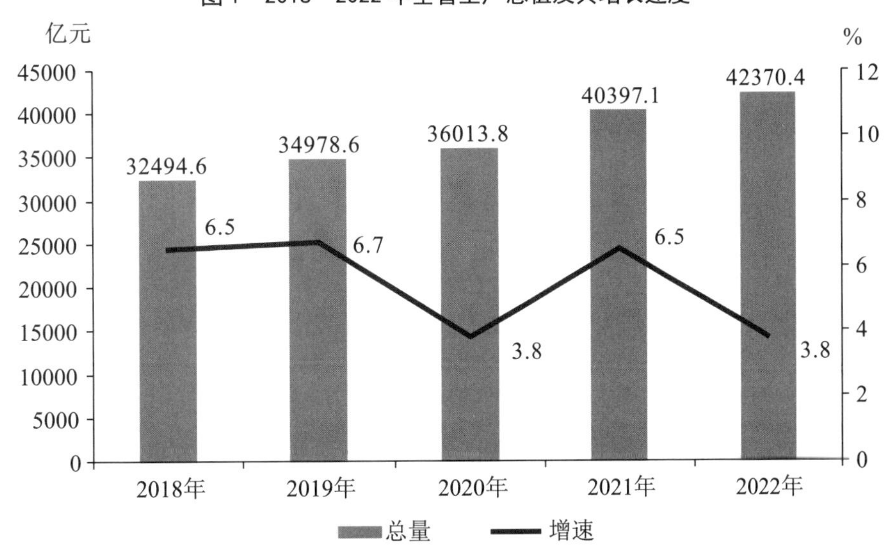

图 2　2018—2022 年三次产业增加值占全省生产总值比重

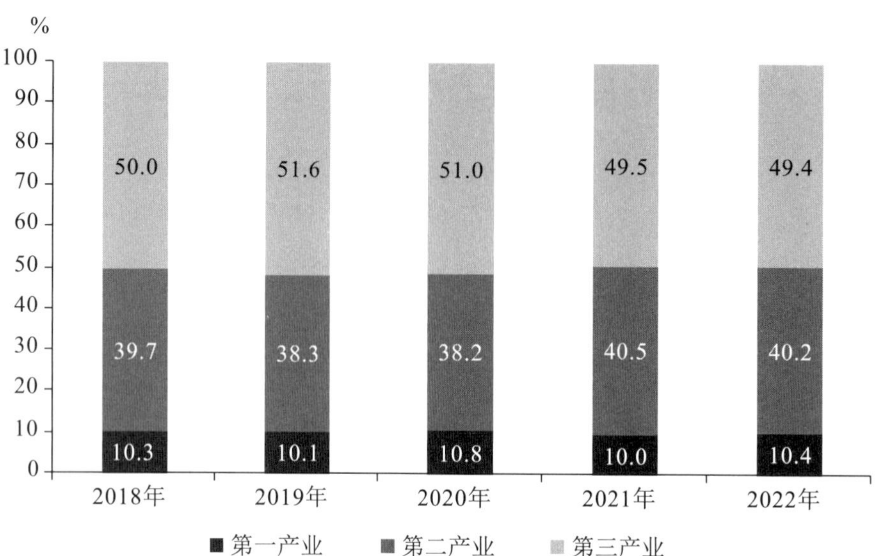

表 1　2022 年全省生产总值

指　　标	绝对数 （亿元）	比上年增长 （%）	比重 （%）
地区生产总值	42370.4	3.8	100.0
按产业分			
第一产业	4410.3	4.2	10.4
第二产业	17050.1	4.6	40.2
第三产业	20910.0	3.2	49.4
按行业分			
农、林、牧、渔业	4697.4	4.5	11.1
工业	14675.3	4.2	34.6
建筑业	2413.6	6.2	5.7
批发和零售业	3429.1	4.6	8.1
交通运输、仓储和邮政业	3013.3	-4.7	7.1
住宿和餐饮业	358.3	-6.9	0.8
信息传输、软件和信息技术服务业	914.4	9.3	2.2
金融业	2931.8	6.7	6.9
房地产业	2403.1	-3.3	5.7
租赁和商务服务业	838.9	6.3	2.0
科学研究和技术服务业	732.0	6.4	1.7
水利、环境和公共设施管理业	180.8	-6.3	0.4
居民服务、修理和其他服务业	524.3	-1.6	1.2
教育	1630.0	7.2	3.8
卫生和社会工作	1038.9	11.7	2.5
文化、体育和娱乐业	167.5	-0.5	0.4
公共管理、社会保障和社会组织	2422.0	7.8	5.7

年末全省常住总人口7420万人，比上年末减少28万人。其中，城镇常住人口4575万人，比上年末增加21万人；占总人口比重（常住人口城镇化率）为61.65%，比上年末提高0.51个百分点。出生人口45.3万人，人口出生率为6.09‰；死亡人口58.0万人，人口死亡率为7.80‰；人口自然增长率为-1.71‰，比上年下降1.28个千分点。

图3 2018—2022年年末全省常住总人口

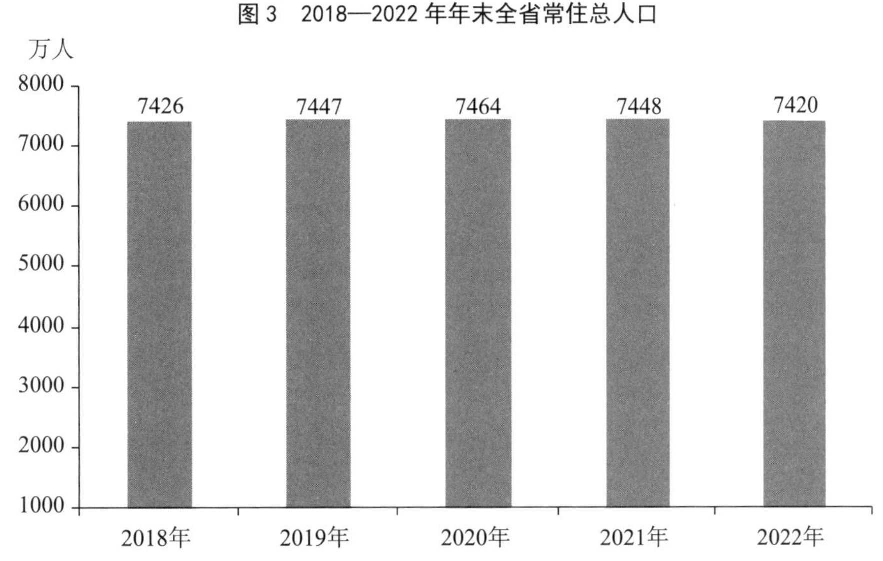

表2 2022年全省年末人口数及其构成

指　标	年末人数（万人）	比重（%）
全省常住人口	7420	100.00
其中：城镇	4575	61.65
乡村	2845	38.35
其中：男性	3687	49.69
女性	3733	50.31
其中：0—15岁（含不满16周岁）	1476	19.89
16—59岁（含不满60周岁）	4385	59.10
60周岁及以上	1559	21.01
其中：65周岁及以上	1160	15.63

全年全省城镇新增就业89.69万人，比上年减少2.82万人。城镇失业人员再就业30.02万人，比上年增加1.53万人。就业困难对象实现再就业10.29万人，比上年减少1.52万人。

全年居民消费价格比上年上涨1.8%。其中，城市上涨1.7%，农村上涨2.0%。分类别看，食品烟酒价格上涨2.7%，衣着下降0.3%，居住上涨0.7%，生活用品及服务上涨0.6%，交通和通信上涨4.5%，教育文化和娱乐上涨1.4%，医疗保健上涨0.5%，其他用品和服务上涨1.8%。在食品烟酒价格中，粮食价格上涨4.3%，蛋类价格上涨6.4%，猪肉价格下降4.5%，鲜菜价格下降0.2%。全年工业生产者出厂价格比上年上涨0.5%，工业生产者购进价格比上年上涨4.7%；农产品生产者价格上涨3.5%。

新产业新业态新模式加速成长。全年规模以上工业中，战略性新兴产业增加值增长8.5%，高于规模以上工业增加值增速3.0个百分点；高新技术产业增加值增长4.8%，占规模以上工业增加值的比重为20.6%。规模以上工业八大主导产业增加值增长5.8%，其中生物医药健康产业增长11.8%、新能源产业增长0.7%、信息智能产业增长6.0%、新材料产业增长9.9%。全年规模以上服务业中，高技术服务业营业收入增长5.6%。全年网上零售额实现4192.5亿元，比上年增长16.4%。

民营经济增加值26693.9亿元，比上年增长3.6%；占全省生产总值的比重为63.0%。

二、农　业

全年粮食播种面积 644.38 万公顷，比上年增长 0.24%。粮食总产量 3865.06 万吨，增长 1.05%。其中，夏粮产量 1486.46 万吨，增长 0.26%；秋粮产量 2378.61 万吨，增长 1.55%。

图 4　2018—2022 年全省粮食总产量

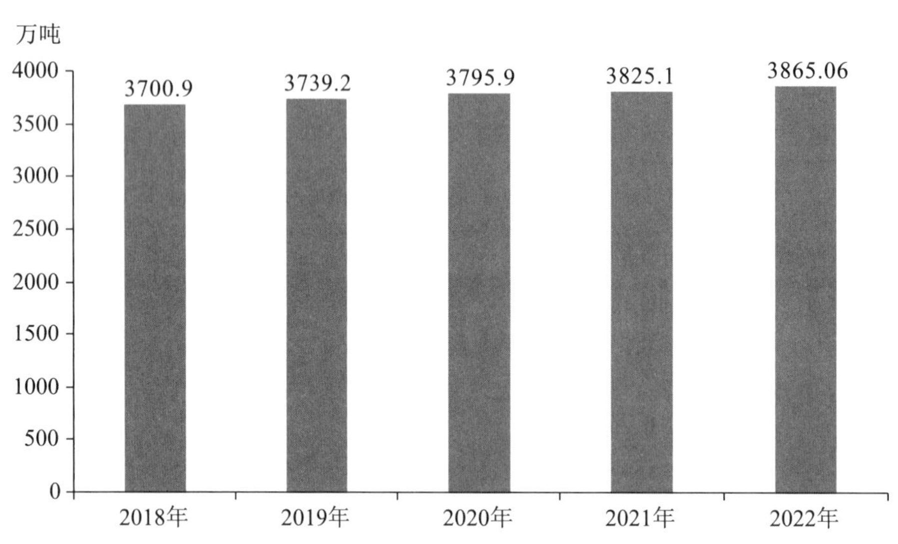

棉花播种面积 116.1 千公顷，比上年下降 16.9%，总产量 13.9 万吨，下降 12.9%。

油料播种面积 334.6 千公顷，比上年下降 4.5%，产量 115.5 万吨，下降 2.5%。

中草药播种面积 139.7 千公顷，比上年增长 7.8%；中草药产量 95.2 万吨，增长 18.9%。

蔬菜播种面积 838.7 千公顷，比上年增长 3.0%；蔬菜总产量 5406.8 万吨，增长 2.3%。其中，食用菌（干鲜混合）产量 196.7 万吨，增长 9.0%。

园林水果产量 1139.7 万吨，比上年增长 7.7%。食用坚果产量 72.5 万吨，增长 12.8%。

猪牛羊禽肉产量 475.4 万吨，比上年增长 3.1%。其中，猪肉产量 273.4 万吨，增长 2.9%；牛肉产量 58.1 万吨，增长 4.0%；羊肉产量 36.9 万吨，增长 8.9%；禽肉产量 107.0 万吨，增长 1.3%。禽蛋产量 398.4 万吨，增长 3.0%。牛奶产量 546.7 万吨，增长 9.7%。

水产品总产量（不含远洋）108.2 万吨，比上年增长 4.9%。其中，海水养殖 58.0 万吨，增长 6.2%；淡水养殖 27.4 万吨，增长 5.4%。海洋捕捞 19.1 万吨，增长 0.5%；淡水捕捞 3.8 万吨，增长 11.8%。

农业机械总动力 8249.08 万千瓦（不包括农业运输车），比上年增长 1.88%。

三、工业和建筑业

全部工业增加值 14675.3 亿元，比上年增长 4.2%，其中规模以上工业增加值增长 5.5%。在规模以上工业中，分经济类型看，国有控股企业增加值增长 7.1%，集体企业下降 22.4%，股份制企业增长 5.1%，外商及港澳台企业增长 8.1%，私营企业增长 1.7%。分门类看，采矿业增加值增长 17.5%，制造业增长 4.0%，电力、热力、燃气及水生产和供应业增长 7.7%。分企业规模看，大型企业增加值增长 7.5%，中型企业增长 8.0%，小型企业增长 0.8%。

规模以上工业中，农副食品加工业增加值下降 3.0%，食品制造业增长 16.0%，石油、煤炭及其他燃料加工业增长 15.5%，非金属矿物制品业下降 1.8%，黑色金属冶炼和压延加工业增长 6.0%，医药制造业增长 10.8%，专用设备制造业下降 3.4%，汽车制造业下降 2.1%，计算机、通信和其他电子设备制造业增长 11.0%。

表 3 2022 年全省主要工业产品产量及增长速度

产品名称	单 位	产 量	比上年增长（%）
纱	万吨	49.3	-23.4
布	亿米	7.9	-13.5
化学纤维	万吨	94.0	2.7
精制食用植物油	万吨	257.1	0.3
乳制品	万吨	389.7	-1.9
饮料	万吨	64.8	15.8
饮料酒	万升	204.6	1.5
卷烟	亿支	792.4	0.03
水泥	万吨	9005.7	-11.7
平板玻璃	万重量箱	14200.5	-12.7
生铁	万吨	19840.2	-1.8
粗钢	万吨	21194.5	-5.8
钢材	万吨	32169.2	6.8
原煤	万吨	4705.6	1.4
原油	万吨	547.1	0.5
烧碱（折 100%）	万吨	143.0	3.5
农用氮、磷、钾化学肥料（折纯）	万吨	193.4	-2.3
单晶硅	万千克	122.7	-83.2
化学药品原药	万吨	62.3	4.5
中成药	吨	38995.9	10.0
变压器	万千伏安	9030.9	-0.8
金属切削机床	台	3276	-30.9
工业机器人	套	4260	-7.3
汽车	万辆	90.6	-17.7
其中：运动型多用途乘用车（SUV）	万辆	54.9	-13.6
其中：新能源汽车	万辆	6.4	-12.5
动车组	辆	80	-47.4
电力电缆	千米	4201253.3	-2.7
锂离子电池	万只	2856.2	-32.3
太阳能电池	万千瓦	1438.7	25.4
房间空气调节器	万台	1036.6	9.5
程控交换机	万线	1.4	12.7
集成电路	万块	3930.4	1.2

规模以上工业企业实现利润总额 1261.2 亿元，比上年下降 45.5%。分经济类型看，国有控股企业实现利润总额 244.4 亿元，下降 30.7%；股份制企业实现利润总额 900.3 亿元，下降 50.6%；外商及港澳台商投资企业实现利润总额 326.3 亿元，下降 30.7%；私营企业实现利润总额 426.8 亿元，下降 60.8%。分门类看，采矿业实现利润总额 126.6 亿元，下降 31.5%；制造业实现利润总额 954.9 亿元，下降 54.7%；电力、热力、燃气及水生产和供应业实现利润总额 179.8 亿元，增长 7.3 倍。

规模以上工业制造业质量竞争力指数 2021 年为 84.07，比上年提高 0.06。

全社会建筑业增加值 2413.6 亿元，比上年增长 6.2%。具有总承包或专业承包资质建筑业企业房屋施工面积 35918.4 万平方米，增长 1.0%；房屋竣工面积 7099.0 万平方米，下降 13.6%。具有总承包或专业承包资质建筑业企业利润 103.9 亿元，比上年增长 5.3%，其中国有控股企业 47.6 亿元，增长 54.6%。

四、服务业

全年批发和零售业增加值 3429.1 亿元，比上年增长 4.6%；交通运输、仓储和邮政业增加值 3013.3 亿元，下降 4.7%；住宿和餐饮业增加值 358.3 亿元，下降 6.9%；金融业增加值 2931.8 亿元，增长 6.7%；房地产业增加值 2403.1 亿元，下降 3.3%；信息传输、软件和信息技术服务业增加值 914.4 亿元，增长 9.3%。全年物流业增加值 2823 亿元，下降 4.9%。全年规模以上服务业企业营业收入比上年增长 3.1%，营业利润下降 29.1%。

全年货物运输总量 24.1 亿吨，比上年下降 10.7%；货物周转量 15018.4 亿吨公里，下降 3.3%。旅客运输总量 0.9 亿人，下降 43.3%；旅客运输周转量 382.2 亿人公里，下降 44.0%。机场旅客吞吐量 686.0 万人，下降 18.8%。沿海港口货物吞吐量 12.8 亿吨，增长 3.4%；沿海港口集装箱吞吐量 498.3 万标准箱，增长 3.7%。全省公路通车里程 20.9 万公里（包括村道），比上年增长 1.0%。其中，新增高速公路 241.3 公里，高速公路通车里程达到 8325.8 公里；农村公路总里程达到 18.0 万公里（包括专用公路）。

表 4　2022 年全省货物和旅客运输量及增长速度

指　　标	单位	绝对值	比上年增长（%）
货物运输总量	亿吨	24.1	-10.7
其中：铁路	亿吨	3.0	3.4
公路	亿吨	19.7	-13.4
货物运输周转量	亿吨公里	15018.4	-3.3
其中：铁路	亿吨公里	5506.0	2.0
公路	亿吨公里	7890.3	-8.8
旅客运输总量	亿人	0.9	-43.3
其中：铁路	亿人	0.4	-48.1
公路	亿人	0.4	-39.3
旅客运输周转量	亿人公里	382.2	-44.0
其中：铁路	亿人公里	345.4	-43.9
公路	亿人公里	36.8	-44.6
机场旅客吞吐量	万人	686.0	-18.8
沿海港口货物吞吐量	亿吨	12.8	3.4

全年邮政行业业务总量 536.0 亿元，比上年增长 1.5%。邮政函件业务 1212.3 万件，下降 37.6%；包裹业务 129.5 万件，下降 1.9%。快递业务量 52.7 亿件，增长 4.1%；快递业务收入 380.2 亿元，下降 5.8%。全年完成电信业务总量 748.4 亿元，增长 19.7%。

年末电话用户总数达到 9384.7 万户，其中移动电话用户达到 8733.3 万户。移动电话普及率上升至 117.3 部/百人。固定电话用户 651.4 万户。固定互联网宽带接入用户 2992.6 万户，比上年末净增 195.7 万户。移动互联网用户数是 7578.8 万户，年末净增 66.3 万户。移动互联网接入流量达到 107.2 亿 G，比上年增长 13.8%。

五、国内贸易

社会消费品零售总额实现 13720.1 亿元，比上年增长 1.6%。按经营单位所在地统计，城镇消费品零售额完成 11731.3 亿元，增长 1.9%；乡村消费品零售额完成 1988.8 亿元，下降 0.2%。按消费类型统计，商品零售额 12725.2 亿元，增长 1.4%；餐饮收入额 994.9 亿元，增长 4.2%。

图 5　2018—2022 年全省社会消费品零售总额

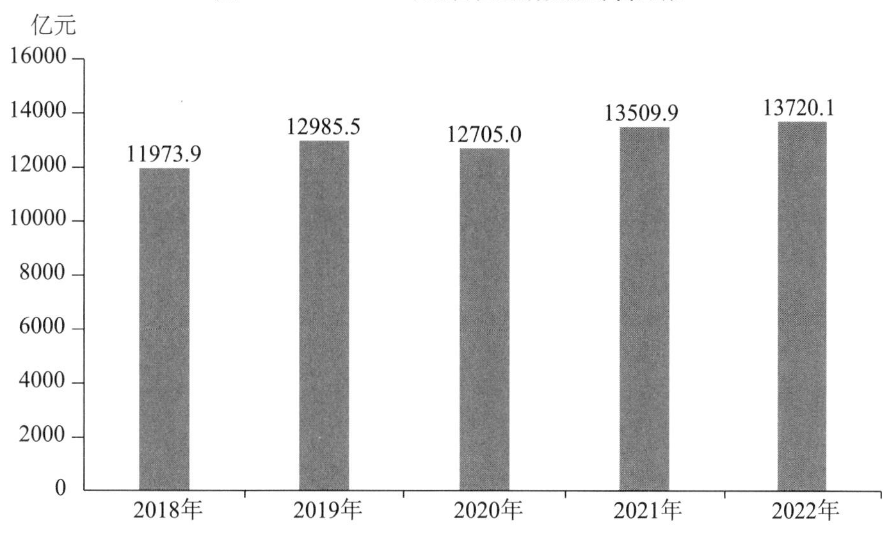

全年限额以上单位商品零售额中，粮油食品类增长 12.3%，饮料类下降 1.3%，烟酒类下降 6.6%，服装鞋帽针纺织品类增长 1.4%，化妆品类下降 26.3%，金银珠宝类增长 4.8%，日用品类下降 4.4%，体育娱乐用品类增长 28.6%，书报杂志类增长 8.5%，家用电器和音像器材类下降 4.4%，中西药品类增长 17.6%，文化办公用品类增长 133.5%，通讯器材类增长 16.6%，石油及制品类增长 12.5%，汽车类增长 1.6%。

实物商品网上零售额 3891.5 亿元，增长 16.8%，占社会消费品零售总额的比重为 28.4%，比上年提高 7.1 个百分点。

六、固定资产投资

全社会固定资产投资比上年增长 7.6%。其中，固定资产投资（不含农户）增长 7.9%。

表 5　2022 年全省分行业固定资产投资增长速度

行　　业	比上年增长（%）
总　　计	7.9
农、林、牧、渔业	13.1
采矿业	41.8
制造业	13.4
电力、热力、燃气及水的生产和供应业	6.7
建筑业	-23.1
批发和零售业	9.0
交通运输、仓储和邮政业	9.2
住宿和餐饮业	14.9
信息传输、软件和信息技术服务业	38.4
金融业	-33.0
房地产业	-2.6
租赁和商务服务业	90.5
科学研究和技术服务业	0.8
水利、环境和公共设施管理业	2.2
居民服务、修理和其他服务业	65.6
教育	-11.8
卫生和社会工作	31.3
文化、体育和娱乐业	-12.3
公共管理、社会保障和社会组织	-15.6

在固定资产投资（不含农户）中，第一产业投资比上年增长 13.0%；第二产业投资增长 13.0%；第三产业投资增长 4.4%。工业技改投资增长 23.0%，占工业投资的比重为 62.2%。基础设施投资增长 1.6%，占固定资产投资（不含农户）的比重为 21.8%。生态保护和环境治理业、水利管理业投资分别下降 9.1%和 40.1%；市政设施管理业投资增长 12.0%；教育业、娱乐业、社会保障业等社会领域投资合计下降 14.4%。民间固定资产投资增长 5.9%，占全省固定资产投资（不含农户）的比重为 65.0%。

房地产开发投资比上年下降 0.8%。其中，住宅投资增长 0.6%，办公楼投资下降 17.1%，商业营业用房投资下降 14.8%。

七、对外经济

进出口总值完成 5629.0 亿元，比上年增长 3.9%。其中，出口总值 3407.4 亿元，增长 12.5%；进口总值

图 6　2018—2022 年全省进出口总值

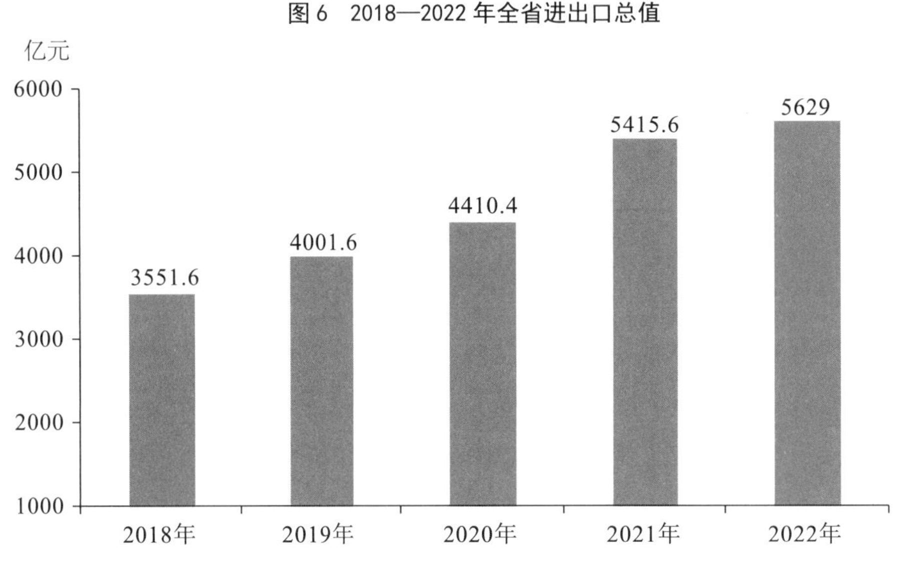

表 6　2022 年全省进出口总值及增长速度

指　标	金额（亿元）	比上年增长（%）
进出口总值	5629.0	3.9
其中：进口总值	2221.6	-7.0
出口总值	3407.4	12.5
其中：一般贸易	3022.8	16.8
加工贸易	166.5	-22.3
其中：国有企业	289.2	11.2
外商投资企业	543.0	13.2
民营企业	2574.9	12.5
集体企业	20.0	-21.7
私营企业	2547.0	13.1
其他企业	0.4	-50.6
其中：亚洲	1523.1	18.6
香港	44.9	-0.8
日本	118.6	9.2
韩国	197.3	4.7
非洲	266.3	30.4
拉丁美洲	301.7	19.3
欧洲	715.6	0.6
欧盟	490.8	10.9
北美洲	489.7	0.4
美国	438.1	2.1
大洋洲	110.9	24.7

2221.6 亿元，下降 7.0%。在出口中，纺织纱线、织物及制品出口 183.9 亿元，增长 9.1%；服装及衣着附件出口 190.4 亿元，下降 37.5%；钢材出口 400.6 亿元，增长 2.8%；农产品出口 142.7 亿元，增长 16.7%；机电产品出口 1300.3 亿元，增长 19.8%；高新技术产品出口 261.4 亿元，增长 12.7%。对“一带一路”沿线国家进出口总额 1968.3 亿元，比上年增长 21.9%。其中，出口 1350.0 亿元，增长 16.7%；进口 618.3 亿元，增长 35.1%。

实际使用外资 16.6 亿美元，比上年增长 7.6%。全省新设企业家数 442 家，增长 14.8%；合同外资金额 93.9 亿美元，增长 10.9%。

图 7　2018—2022 年全省实际使用外资额

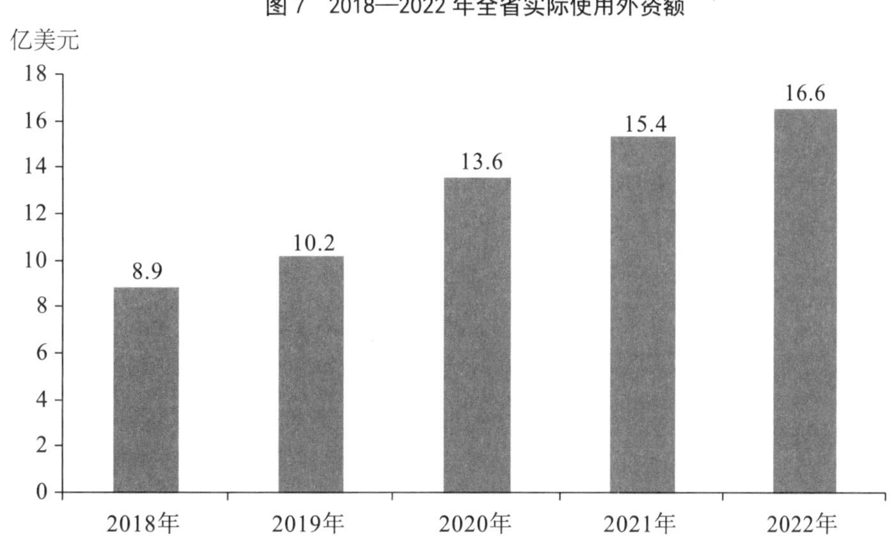

备案（核准）对外投资企业 60 家，比上年下降 16.7%；对外投资总额 96.1 亿美元，增长 41.7%；中方对外投资额 26.2 亿美元，下降 13.7%。

对外承包工程完成营业额 30.4 亿美元，比上年增长 9.1%；对外劳务合作派出各类劳务人员 4563 人，下降 30.3%。

八、财政金融

全省一般公共预算收入 4084.0 亿元，比上年下降 2.0%，扣除留抵退税因素后增长 6.6%。其中，税收收入 2242.7 亿元，下降 18.0%，扣除留抵退税因素后下降 4.6%。一般公共预算支出 9336.5 亿元，比上年增长 5.5%。

年末全部金融机构人民币各项存款余额 99818.3 亿元，比年初增加 11228.9 亿元，其中住户存款余额 69291.0 亿元，比年初增加 9204.9 亿元。全部金融机构人民币各项贷款余额 76291.7 亿元，比年初增加 8681.3 亿元。

保险公司原保险保费收入 2042.5 亿元，比上年增长 2.4%。其中，财产险业务原保险保费收入 590.6 亿元，增长 8.4%；寿险业务原保险保费收入 1040.4 亿元，下降 0.4%；健康和意外伤害险业务原保险保费收入 411.6 亿元，增长 1.6%。原保险赔付支出 658.4 亿元，增长 3.4%。其中，财产险业务赔款 342.9 亿元，下降 0.5%；寿险业务给付 162.2 亿元，增长 6.8%；健康和意外伤害险赔款及给付 153.3 亿元，增长 9.2%。

九、居民收入消费和社会保障

全年全省居民人均可支配收入 30867 元，比上年增长 5.1%。按常住地分，城镇居民人均可支配收入 41278

元，增长 3.7%；农村居民人均可支配收入 19364 元，增长 6.5%。城乡居民人均可支配收入比值为 2.13，比上年缩小 0.06。全省居民人均消费支出 20890 元，增长 4.7%。按常住地分，城镇居民人均消费支出 25071 元，增长 3.6%；农村居民人均消费支出 16271 元，增长 5.7%。全省居民恩格尔系数为 29.8%，比上年上升 1.5 个百分点。其中，城镇为 28.3%，农村为 32.3%。

图 8　2018—2022 年全省居民人均可支配收入

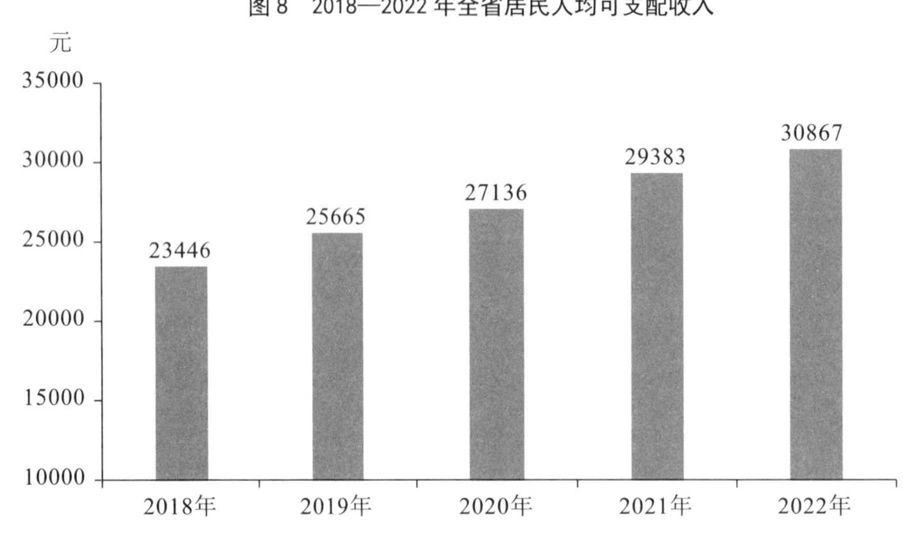

表 7　2022 年全省居民人均消费支出及其构成表

指　标	绝对值（元）	比重（%）
全体居民人均消费性支出	20890	100.0
食品烟酒类	6228	29.8
衣着类	1351	6.5
居住类	4811	23.0
生活用品及服务类	1314	6.3
交通通讯类	2821	13.5
教育文化娱乐类	1864	8.9
医疗保健类	2017	9.7
其他用品及服务类	484	2.3

年末全省城镇参加基本养老保险人数 1867.24 万人，比上年末增加 61.76 万人，其中在岗职工参保人数为 1363.96 万人，离退休人员参保人数为 503.28 万人。参加失业保险的人数 795.43 万人，增加 48.07 万人。参加工伤保险的人数 1105.92 万人，增加 21.24 万人，其中参加工伤保险农民工 431.08 万人。

十、科学技术和教育

全省省级及以上企业技术中心 811 家、技术创新中心（工程技术研究中心）1028 家、重点实验室 334 家。组织实施的国家和省高新技术产业化项目 609 项，其中在建国家重大专项和示范工程项目 16 项，新增国家重大专项和示范工程 4 项。专利授权 115314 件。截至年底，有效发明专利 51946 件，增长 24.7%。全年共签订技术合同 15246 份，技术合同成交金额 1009.7 亿元，比上年增长 34.3%。

年末全省共有检验检测机构 2531 个，国家级质检中心 13 个，省级质检中心 65 个。产品、体系和服务认证机构 19 个，全年完成强制性产品认证企业 2712 个。法定计量技术机构 174 个，全年强制检定计量器具 310.72 万台（件）。制定、修改省级标准 180 项。全省有地震台站 20 个，地震遥测台网 4 个，海洋观测站 6 个，省级地质环境监测站 1 个，天气雷达观测站点 12 个，卫星云图接收站点 2 个。

全年研究生教育招生 2.89 万人，比上年增长 7.0%；在学研究生 8.18 万人，增长 12.2%；毕业生 1.93 万人，增长 10.3%。普通高等学校 124 所，招生 55.79 万人，增长 7.9%；在校生 177.37 万人，增长 4.1%；毕业生 48.81 万人，增长 19.4%。中等职业学校在校生 92.27 万人，普通中学在校生 495.39 万人，小学在校生 663.6 万人，幼儿园在园幼儿 232.97 万人。九年义务教育巩固率为 98.02%，高中阶段毛入学率为 96.1%。

表 8　2022 年全省各类学校招生、在校生和毕业生情况

指　　标	学校数（个）	招生数（万人）	在校生数（万人）	毕业生数（万人）
普通高等学校	124	55.79	177.37	48.81
中等职业学校	622	32.66	92.27	28.78
普通中学	3292	169.69	495.39	150.24
小学	11460	92.6	663.6	111.93

十一、文化旅游、卫生健康和体育

年末全省有博物馆 185 个，公共图书馆 180 个；文化馆 181 个，综合档案馆 179 个。有线电视用户 631.72 万户，有线数字电视用户 610.25 万户。年末广播节目综合人口覆盖率 99.79%，电视节目综合人口覆盖率 99.86%。全年生产故事影片 6 部。出版各类报纸 8.73 亿份，图书 34865 万册（张）。

全年接待国内游客 3.32 亿人次，创收（旅游总收入）3008.88 亿元，同比分别下降 22.64%和 31.99%。

年末全省共有医疗卫生机构 90206 个，其中医院 2424 个，乡镇卫生院 1970 个，社区卫生服务中心（站）1598 个，妇幼保健院（所、站）184 个，疾病预防控制中心 187 个。卫生技术人员 58.2 万人，其中，执业医师及执业助理医师 26.11 万人，注册护士 23.81 万人。医疗卫生机构床位 48.45 万张，其中医院 38.16 万张，乡镇卫生院 7.71 万张。

年末全省各类提供住宿的社会服务机构 1882 个，床位 23.69 万张。其中，特困人员供养机构 296 个。社区综合服务设施 51975 个。

全年我省运动员在全国比赛中获金牌 26 枚，银牌 22 枚，铜牌 39 枚。

十二、资源、环境和应急管理

全年完成营造林 42.45 万公顷。截至年底，自然保护区达 41 个，其中国家级自然保护区 13 个，省级自然保护区 26 个。

全省规模以上工业非化石能源发电量 814.2 亿千瓦时，比上年增长 18.5%。其中，风力发电量 551.6 亿千瓦时，增长 12.5%；太阳能发电量 176.4 亿千瓦时，增长 30.4%；垃圾焚烧发电量 41.4 亿千瓦时，增长 34.0%；水力发电量 24.8 亿千瓦时，增长 184.0%。

全年各类生产安全事故死亡 643 人。

注释：

1. 本公报 2022 年部分数据为快报数。

2. 部分数据合计数或相对数由于单位取舍不同而产生的计算误差，均未作机械调整。

3. 全省生产总值、各产业增加值绝对值按现行价格计算，增长速度按不变价格计算。

4. 按照我国地区生产总值统一核算和数据发布制度规定，地区生产总值核算包括初步核算和最终核实两个步骤。最终核实数据确定后，初步核算数据不再使用。经最终核实，2021 年，全省生产总值现价总量

为 40397.1 亿元，按不变价格计算，比上年增长 6.5%。

5. 民营经济统计口径为除国有控股、港澳台商控股和外商控股以外的多种所有制经济，具体包括五类经济单位：民营企业（企业控股情况中除国有控股、港澳台商控股、外商控股之外的企业）；民间非营利组织（社会组织）；个体经营户和农村承包经营户；新型农业经营主体和其他民营组织。

6. 农产品生产价格是指农产品生产者直接出售其产品时的价格。

7. 工业战略新兴产业包括节能环保产业、新一代信息技术产业、生物产业、高端装备制造业产业、新能源产业、新材料产业、新能源汽车产业等七大产业中的工业相关行业。

8. 水产品产量中不包含远洋捕捞产品。

9. 基础设施投资是指建造或购置为社会生产和生活提供基础性、大众性服务的工程和设施的支出。基础设施投资包括电力热力燃气及水生产和供应、交通运输、邮政业，电信、广播电视和卫星传输服务业，互联网和相关服务业，水利、环境和公共设施管理业、教育、卫生等投资。

10. 民间固定资产投资是指具有集体、私营、个人性质的内资企事业单位以及由其控股（包括绝对控股和相对控股）的企业单位建造或购置固定资产的投资。

11. 房地产业投资除房地产开发投资外，还包括建设单位自建房屋以及物业管理、中介服务和其他房地产投资。

12. 固定互联网宽带接入用户是指报告期末在电信企业登记注册，通过 xDSL、FTTx+LAN、FTTH/*以及其他宽带接入方式和普通专线接入公众互联网的用户。

13. 中等职业教育包括普通中专、成人中专、职业高中，不包含技工学校。

14. 普通高等学校的招生数、在校生、毕业生均不包含研究生数量。

15. 公报中部分数据来源于相关部门。

综 合
General Survey

简 要 说 明

一、本篇资料反映河北省行政区划、国民经济和社会发展综合情况，并收录了基本单位统计资料。

二、综合统计资料是根据河北省统计局相关专业处、国家统计局河北调查总队统计年报资料以及国家统计局、河北省有关部门提供的统计资料加工整理而成。

三、基本单位资料中的产业活动单位按“在地”原则，国民经济行业分类标准（GB/T 4754—2017）汇总。

四、本篇资料分别由河北省统计局、国家统计局河北调查总队及河北省相关业务厅局整理提供。

Brief Introduction

Ⅰ.The summary data in this chapter reflect the divisions of administrative areas, summary data on the national economy and social development, and related indications on.

Ⅱ.The summary data are processed and prepared on the basis of the annual reports by the relevant professional departments of Hebei Provincial Bureau of Statistics and Hebei Investigation Team of National Bureau of Statistics, the statistics provided by the National Bureau of Statistics and some related departments of Hebei Province.

Ⅲ. The data on “Units of Industrial Establishments” of the basic industrial units are prepared on the principle of location and the standard of Industrial Classification of the National Economy (GB/T 4754-2017).

Ⅳ. This data is collected and provided by Hebei Provincial Bureau of Statistics, Hebei Investigation Team of National Bureau of Statistics, and relevant departments and bureaus of Hebei Province.

1-1 行政区划(2022年底)
Divisions of Administrative Areas (End of 2022)

单位：个 (unit)

市	City	地级区划数 Number of Regions at Prefecture Level	县级区划数 Number of Regions at County Level	#市辖区 Districts under the Jurisdiction of Cities	#县级市 Cities at County Level	#县 Counties	#自治县 Autonomous Counties
全　省	**Total**	**11**	**167**	**49**	**21**	**91**	**6**
石家庄市	Shijiazhuang	1	22	8	3	11	
唐 山 市	Tangshan	1	14	7	3	4	
秦皇岛市	Qinhuangdao	1	7	4		2	1
邯 郸 市	Handan	1	18	6	1	11	
邢 台 市	Xingtai	1	18	4	2	12	
保 定 市	Baoding	1	24	5	4	15	
张家口市	Zhangjiakou	1	16	6		10	
承 德 市	Chengde	1	11	3	1	4	3
沧 州 市	Cangzhou	1	16	2	4	9	1
廊 坊 市	Langfang	1	10	2	2	5	1
衡 水 市	Hengshui	1	11	2	1	8	

1-1 续表 continued

单位：个 (unit)

市	City	乡镇级区划数 Number of Regions at Townships Level	#镇 Towns	#乡级 Townships	#民族乡 Ethnic Towns	#街道 Subdistricts	居民委员会 Community Neighborhood Committee	村民委员会 Villagers' Committee
全　省	**Total**	**2254**	**1325**	**580**	**38**	**310**	**5049**	**48483**
石家庄市	Shijiazhuang	276	133	80	3	60	1014	4161
唐 山 市	Tangshan	231	158	16	3	54	742	5382
秦皇岛市	Qinhuangdao	97	54	20		23	182	2265
邯 郸 市	Handan	242	143	67	2	30	761	5089
邢 台 市	Xingtai	198	117	54		27	510	4868
保 定 市	Baoding	340	210	97	2	31	563	6170
张家口市	Zhangjiakou	233	103	104	2	23	339	4173
承 德 市	Chengde	217	121	64	18	14	183	2459
沧 州 市	Cangzhou	194	119	43	6	26	249	5727
廊 坊 市	Langfang	108	79	9	2	18	370	3203
衡 水 市	Hengshui	118	88	26		4	136	4986

注：乡镇级区划总数包含一个区公所。
a) Number of regions at townships level include one district office.

1-2 国民经济和社会发展总量与速度指标

指　　标	Item	总量指标	
		1978	2000
人口(万人)	**Population (10000 persons)**		
总人口(年末)	Total Population (year-end)	5057	6674.3
城镇人口	Urban Population		1741
乡村人口	Rural Population		4933
就业(万人)	**Employment (10000 persons)**		
就业人员数	Number of Employed Persons	2109	3386
第一产业	Primary Industry	1622	1678
第二产业	Secondary Industry	293	887
第三产业	Tertiary Industry	195	821
国民经济核算	**National Accounts**		
地区生产总值(亿元)	Gross Domestic Product (100 million yuan)	183.1	4628.2
第一产业	Primary Industry	52.2	824.7
第二产业	Secondary Industry	92.4	2146.7
第三产业	Tertiary Industry	38.5	1656.8
人均地区生产总值(元)	Per Capita GDP (yuan)	364	6966
人民生活	**People's Living Conditions**		
全省居民人均可支配收入(元)	Per Capita Disposable Income of Households (yuan)		3315
城镇居民人均可支配收入(元)	Per Capita Disposable Income of Urban Households (yuan)	276	5642
农村居民人均可支配收入(元)	Per Capita Disposable Income of Rural Households (yuan)	114	2484
财政(亿元)	**Government Finance (100 million yuan)**		
一般公共预算收入	General Public Budget Revenue		248.8
一般公共预算支出	General Public Budget Expenditure	32.4	415.5
能源(万吨标准煤)	**Energy (10000 tce)**		
能源生产总量	Total Energy Production		5639.3
能源消费总量	Total Energy Consumption		11195.7
对外经济贸易	**Foreign Trade**		
货物进出口总额(亿美元)	Total Value of Imports and Exports (100 million USD)	3.0	52.4
出口额	Exports	2.8	37.1
进口额	Imports	0.2	15.3
农业	**Agriculture**		
主要农产品产量(万吨)	Output of Major Farm Products (10000 tons)		
粮　食	Grain	1687.9	2551.1
棉　花	Cotton	11.7	30.0
油　料	Oil-bearing Crops	24.5	147.0
蔬　菜	Vegetables	550.7	4454.0
肉　类	Meat		342.4
水产品	Aquatic Products	13.9	81.0

注：本表速度指标中，地区生产总值及三次产业增加值、农林牧渔业总产值均按可比价格计算。

Principal Aggregate Indicators on National Economic and Social Development and Growth Rates

Aggregate Data			指数 Index (2022为以下各年) (2022 as Percentage of the Following Years)				平均增长速度(%) Average Annual Growth Rate (%)	
2020	2021	2022	1978	2000	2020	2021	1979–2022	2001–2022
7463.8	7448	7420	146.7	111.2	99.4	99.6	0.9	0.5
4483.4	4554	4575		262.8	102.0	100.5		4.5
2980.4	2894	2845		57.7	95.5	98.3		-2.5
3671	3643	3580	169.7	105.7	97.5	98.3	1.2	0.3
815	777	820	50.6	48.9	100.6	105.5	-1.5	-3.2
1170	1169	1121	382.8	126.4	95.8	95.9	3.1	1.1
1686	1697	1639	840.7	199.7	97.2	96.6	5.0	3.2
36013.8	40397.1	42370.4	4676.8	528.0	110.5	103.8	9.1	7.9
3880.4	4030.4	4410.3	783.6	255.4	110.9	104.2	4.8	4.4
13765.1	16355.8	17050.1	5224.0	478.6	109.7	104.6	9.4	7.4
18368.4	20010.9	20910	10753.0	723.0	111.2	103.2	11.2	9.4
48302	54181	56995	3160.8	470.9	110.9	104.1	8.2	7.3
27136	29383	30867		931.0	113.7	105.1		10.7
37286	39791	41278	14942.7	731.7	110.7	103.7	12.1	9.5
16467	18179	19364	16977.2	779.6	117.6	106.5	12.4	9.8
3826.5	4167.6	4056.3		1630.6	106.0	97.3		0.3
9022.8	8848.2	9305.6	28685.7	2239.4	103.1	105.2	13.7	0.1
6763.8	6949.5	7739.5		137.2	114.4	111.4		1.4
32782.8	32590.1	32538.5		290.6	99.3	99.8		5.0
644.7	838.5	843.2	28245.0	1610.6	130.8	100.6	13.7	13.5
364.5	469.0	510.5	18473.9	1377.2	140.1	108.9	12.6	12.7
280.2	369.5	332.6	150102.3	2176.9	118.7	90.0	18.1	15.0
3795.9	3825.1	3865.1	229.0	151.5	101.8	101.0	1.9	1.9
20.9	16.0	13.9	118.7	46.3	66.5	86.9	0.4	-3.4
119.5	118.4	115.4	471.0	78.5	96.6	97.5	3.6	-1.1
5198.2	5284.2	5406.8	981.8	121.4	104.0	102.3	5.3	0.9
419.2	464.3	478.8		139.8	114.2	103.1		1.5
100.3	108.1	112.4	808.6	138.9	112.1	104.0	4.9	1.5

a) The indices and growth rates of the follow indicators are calculated at constant prices: gross domestic product and vallue-added of the three stata of industry.

1-2 续表 1

指　　标	Item	总量指标	
		1978	2000
工业	**Industry**		
主要工业产量	Output of Major Industrial Products		
纱(万吨)	Yarn (10000 tons)	19.1	43.7
布(亿米)	Cloth(100 million m)	8.2	15.6
化学纤维(万吨)	Chemical Fiber (10000 tons)	1.1	10.2
机制纸及纸板(万吨)	Machine-made Paper and Paperboard (10000 tons)	23.1	216.3
原　煤(万吨)	Coal (10000 tons)	5742.0	5781.0
原　油(万吨)	Crude Oil (10000 tons)	1723.0	518.3
粗　钢(万吨)	Crude Steel (10000 tons)	145.5	1230.1
钢　材(万吨)	Rolled Steel (10000 tons)	94.2	1306.5
生　铁(万吨)	Pig Iron (10000 tons)	222.5	1709.2
水　泥(万吨)	Cement (10000 tons)	463.5	4694.6
平板玻璃(万重量箱)	Plate Glass (10000 weight cases)	331.0	2083
农用化肥(折纯量)(万吨)	Chemical Fertilizer (10000 tons)	80.1	195
规模以上工业企业主要指标(亿元)	Principal Indicators of Industrial Enterprises above Designated Size (100 million yuan)		
资产总计	Total Assets		5199.7
营业收入	Business Revenue		3425.1
利润总额	Total Profits		184.9
建筑业	**Construction**		
建筑业总产值(亿元)	Gross Output Value of Construction (100 million yuan)		852.1
房地产业	**Real Estate**		
房地产企业房屋施工面积(万平方米)	Floor Space of Buildings under Construction (10000 sq.m)		1670.0
房地产企业房屋竣工面积(万平方米)	Floor Space of Buildings Completed (10000 sq.m)		771.3
房地产企业商品房销售面积(万平方米)	Floor Space of Commercialized Buildings Sold (10000 sq.m)		489.4
#住宅	Residential Buildings		443.5
房地产企业商品房销售额(亿元)	Total Sale of Commercialized Buildings (100 million yuan)		70.9
#住宅	Residential Buildings		59.9
批发、零售和旅游业	**Wholesale, Retail Sales and Tourism**		
社会消费品零售总额(亿元)	Total Retail Sales of Consumer Goods (100 million yuan)	60.3	1440.1
入境旅客(万人次)	Number of Tourists (Oversea Visitors) (10000 person-times)		40.0
#外国人(万人次)	Foreigners (10000 person-times)		34.5
国际旅游收入(亿美元)	Foreign Exchange Earnings from International Tourism (USD 100 million)		1.3
国内旅客(百万人次)	Number of Tourists (Domestic Visitors) (million person-times)		48.6
国内旅游总花费(亿元)	Earnings from Domestic Tourism (100 million yuan)		201.6
交通运输业	**Transport**		
客运量(万人)	Passenger Traffic (10000 persons)	9563	65255
铁　路	Railways	3842	4902
公　路	Highways	5713	60341
水　运	Waterways	8	
民　航	Civil Aviation		12.0

continued

Aggregate Data			指数 Index (2022为以下各年) (2022 as Percentage of the Following Years)				平均增长速度(%) Average Annual Growth Rate (%)	
2020	2021	2022	1978	2000	2020	2021	1979−2022	2001−2022
60.7	60.2	49.3	257.6	112.8	81.1	81.8	2.2	0.5
9.8	8.9	7.9	96.8	50.9	81.3	89.6	-0.1	-3.0
96.5	90.0	94.0	8544.6	917.9	97.4	104.4	10.6	10.6
340.2	407.7	377.9	1635.9	174.7	111.1	92.7	6.6	2.6
4974.7	4641.0	4705.6	82.0	81.4	94.6	101.4	-0.5	-0.9
543.5	544.6	547.1	31.8	105.6	100.7	100.5	-2.6	0.2
24977.0	22496.5	21194.5	14567.7	1723.0	84.9	94.2	12.0	13.8
31320.1	29559.4	32169.2	34153.5	2462.2	102.7	108.8	14.2	15.7
22903.8	20203.0	19840.2	8916.1	1160.8	86.6	98.2	10.7	11.8
11717.5	11124.6	9905.7	2137.2	211.0	84.5	89.0	7.2	3.5
13728.4	13486.6	14200.5	4290.7	681.6	103.4	105.3	8.9	9.1
212.5	201.6	193.4	241.4	99.0	91.0	95.9	2.0	…
51303.1	58769.1	61482.5		1182.4	119.8	104.6		11.9
43213.2	53934.0	50877.4		1485.4	117.7	94.3		13.0
2177.8	2454.9	1210.4		654.5	55.6	49.3		8.9
5948.1	6484.6	6951.3		815.8	116.9	107.2		10.0
31408.4	35681.4	33651.8		2015.1	107.1	94.3		14.6
2367.2	2522.5	2522.6		327.1	106.6	100.0		5.5
6028.4	6133.1	4615.7		943.1	76.6	75.3		10.7
5572.2	5779.6	4317.5		973.5	77.5	74.7		10.9
4950.4	5052.9	3702.1		5223.1	74.8	73.3		19.7
4597.9	4814.3	3488.8		5827.3	75.9	72.5		20.3
12705.0	13509.9	13720.1	22753.1	952.7	108.0	101.6	13.1	10.8
7.9								
4.3								
0.3								
379.5	428.6	331.6		682.4	87.4	77.4		9.1
3674.7	4424.4	3008.9		1492.3	81.9	68.0		13.1
18238	15464	8774	91.7	13.4	48.1	56.7	-0.2	-8.7
7102	7931	4114	107.1	83.9	57.9	51.9	0.2	-0.8
10575	7079	4296	75.2	7.1	40.6	60.7	-0.6	-11.3
561.2	454.7	363.6		3029.8	64.8	80.0		16.8

1-2 续表 2

指　　标	Item	总量指标 1978	2000
货运量(万吨)	Freight Traffic (10000 tons)	26961	74214
铁　路	Railways	11829	12106
公　路	Highways	14832	59860
水　运	Waterways	300	404
民　航	Civil Aviation		…
管　道	Pipelines		1844
沿海规模以上港口货物吞吐量(万吨)	Volume of Freight Handled at Coastal Ports above Designated Size (10000 tons)	2219	10771
民用汽车拥有量(万辆)	Possession of Civil Motor Vehicles (10000 sets)	6.9	104.1
#私人汽车	Private Vehicles		51.7
邮政、电信和信息软件业	**Postal, Telecommunication & Information Services**		
移动电话年末用户(万户)	Number of Mobile Telephone Subscribers at Year-end (10000 accounts)		279.4
固定电话年末用户(万户)	Number of Fixed Telephone Subscribers at Year-end (10000 accounts)	8.0	667.3
互联网宽带接入用户(万户)	Broadband Subscribers of Internet (10000 accounts)		
金融业	**Financial Intermediation**		
金融机构人民币各项存款余额(亿元)	Deposits of National Banking System (100 million yuan)	77.23	3780.74
金融机构人民币各项贷款余额(亿元)	Loans of National Banking System (100 million yuan)	91.51	2933.19
科学技术	**Expenditure for Science and Technology**		
研究与试验发展经费支出(亿元)	Expenditure on R&D (100 million yuan)		26.3
发明专利申请授权数(件)	Number of Patent Applications Granted (piece)		
教育	**Education**		
专任教师数(万人)	Full-time Teachers (10000 persons)		
#普通高等学校	Regular Institutions of Higher Education	0.78	1.94
普通高中	Regular Senior Secondary Schools	5.73	4.37
初　中	Junior Secondary Schools	14.31	21.00
普通小学	Regular Primary Schools	24.96	32.95
在校学生数(万人)	Total Enrollment (10000 persons)		
#普通本专科	Regular Undergraduates and College Students	2.96	25.26
普通高中	Regular Senior Secondary Schools	121.31	70.04
初　中	Regular Junior Secondary Schools	263.64	411.71
普通小学	Regular Primary Schools	746.32	813.73
卫生	**Public Health**		
医院(个)	Hospitals (unit)	4336	779
执业(助理)医师(万人)	Licensed (Assistant) Doctors (10000 persons)	5.46	9.17
医院床位数(万张)	Number of Beds of Hospitals (10000 units)	8.16	10.78
文化体育	**Culture**		
图书出版总印数(万册、万张)	Number of Books Published (10000 copies)		31021.9
社会保险	**Welfare and Social Insurance**		
参加基本养老保险人数(万人)	Contributors in Basic Pension Insurance (10000 persons)		
参加失业保险人数(万人)	Number of Employees Joining Unemployment Insurance (10000 persons)		
参加基本医疗保险人数(万人)	Contributors in Basic Medical Care Insurance (10000 persons)		

continued

Aggregate Data			指数 Index (2022为以下各年) (2022 as Percentage of the Following Years)				平均增长速度(%) Average Annual Growth Rate (%)	
2020	2021	2022	1978	2000	2020	2021	1979–2022	2001–2022
247800	269586	240636	892.5	324.2	97.1	89.3	5.1	5.5
30806	29205	30212	255.4	249.6	98.1	103.4	2.2	4.2
211942	227203	196727	1326.4	328.6	92.8	86.6	6.1	5.6
4575	4800	5197	1732.4	1286.4	113.6	108.3	6.7	12.3
5.60	1.51	1.91			34.1	126.5		
472	8376	8497		460.8	1801.1	101.4		7.2
120446	123427	127667	5753.3	1185.3	106.0	103.4	9.6	11.9
1763.1	1903.2	1982.9	28737.8	1904.3	112.5	104.2	13.7	14.3
1621.3	1698.7	1768.6		3418.3	109.1	104.1		17.4
8336.0	8643.5	8733.3		3125.7	104.8	101.0		16.9
652.1	671.1	651.4	8101.7	97.6	99.9	97.1	10.5	-0.1
2534.4	2796.9	2992.6			118.1	107.0		
81295.3	89019.5	100279.0	129844.6	2652.4	123.4	112.6	17.7	16.1
60993.2	67962.8	76644.7	83755.5	2613.0	125.7	112.8	16.5	16.0
634.4	745.5	848.9		3231.0	133.8	113.9		17.1
6365	8621	12022			188.9	139.5		
8.54	9.03	9.50	1217.9	489.7	111.2	105.2	5.8	7.5
11.51	12.51	13.41	234.0	306.9	116.5	107.2	2.0	5.2
21.98	23.07	23.60	164.9	112.4	107.4	102.3	1.1	0.5
40.77	41.25	40.82	163.5	123.9	100.1	99.0	1.1	1.0
166.89	177.72	185.55	6268.6	734.6	111.2	104.4	9.9	9.5
151.75	164.85	175.25	144.5	250.2	115.5	106.3	0.8	4.3
301.55	308.94	320.14	121.4	77.8	106.2	103.6	0.4	-1.1
695.92	684.35	663.60	88.9	81.6	95.4	97.0	-0.3	-0.9
2244	2395	2423	55.9	311.0	108.0	101.2	-1.3	5.3
24.01	25.42	26.23	480.4	286.0	109.2	103.2	3.6	4.9
34.86	36.02	38.26	468.9	354.9	109.8	106.2	3.6	5.9
34137	38355	34997		112.8	102.5	91.2		0.5
5284.0	5358.3	5436.2			102.9	101.5		
691.52	747.36	795.43			115.0	106.4		
6938.8	7091.0	1105.9			15.9	15.6		

1-3 国民经济和社会发展结构指标
Composition Indicators on National Economic and Social Development

单位：% (%)

指　　标	Item	1978	1990	2000	2020	2021	2022
人口	**Population**						
性别	Sexual Composition						
男	Male	51.3	51.1	50.9	50.5	49.7	49.7
女	Female	48.7	48.9	49.1	49.5	50.3	50.3
年龄	Age						
0-14岁	Aged 0-14		29.0	22.8	20.2	19.2	18.6
15-64岁	Aged 15-64		65.2	70.3	65.9	65.9	65.8
65岁及以上	Aged 65 and Over		5.8	6.9	13.9	14.9	15.6
城乡	Urban and Rural Composition						
城镇	Urban Areas		19.2	26.3	60.1	61.1	61.7
乡村	Rural Area		80.8	73.7	39.9	38.9	38.4
国民经济核算	**National Accounts**						
地区生产总值(生产法)	Gross Domestic Product						
第一产业	Primary Industry	28.5	25.4	17.8	10.8	10.0	10.4
第二产业	Secondary Industry	50.5	43.2	46.4	38.2	40.5	40.2
第三产业	Tertiary Industry	21.0	31.4	35.8	51.0	49.5	49.4
地区生产总值(支出法)	Gross Domestic Product						
最终消费支出	Final Consumption Expenditures	51.0	57.9	44.4	46.8	50.0	
资本形成总额	Gross Capital Formation	35.1	37.3	44.5	55.5	52.2	
货物和服务净出口	Net Exports of Goods and Services	13.9	4.8	11.0	-2.3	-2.2	
就业	**Employment**						
第一产业	Primary Industry	76.9	61.6	49.6	22.2	21.3	22.9
第二产业	Secondary Industry	13.9	23.0	26.2	31.9	32.1	31.3
第三产业	Tertiary Industry	9.2	15.4	24.2	45.9	46.6	45.8
人民生活	**People's Living Conditions**						
城镇居民人均消费支出	Per Capita Consumption Expenditure of Urban Households						
食品烟酒	Food, Tobacco and Liquor			34.4	26.9	27.0	28.3
衣　着	Clothing			12.1	7.2	7.0	6.5
居　住	Residence			10.7	25.9	25.2	25.4
生活用品及服务	Household Facilities, Articles and Services			10.2	6.6	6.1	6.5
交通通信	Transport and Communications			7.6	12.1	13.0	12.5
教育文化娱乐	Education, Cultural and Recreation			12.1	10.4	10.1	8.8
医疗保健	Health Care and Medical Services			8.7	8.6	9.1	9.3
其他用品及服务	Miscellaneous Goods and Services			4.2	2.3	2.5	2.5
农村居民人均消费支出	Per Capita Consumption Expenditure of Rural Households						
食品烟酒	Food, Tobacco and Liquor			39.1	29.2	30.6	32.3
衣　着	Clothing			7.6	6.4	6.7	6.3
居　住	Residence			23.9	21.4	18.3	18.9
生活用品及服务	Household Facilities, Articles and Services			4.8	6.2	6.0	6.0
交通通信	Transport and Communications			6.2	15.0	15.2	15.2
教育文化娱乐	Education, Cultural and Recreation			9.9	9.1	10.0	9.1
医疗保健	Health Care and Medical Services			5.7	10.9	11.3	10.2
其他用品及服务	Miscellaneous Goods and Services			2.9	1.8	1.9	1.9
财政	**Government Finance**						
税收收入占一般公共预算收入比重	Tax Revenue Percentage to General Public				66.1	65.6	55.3
一般公共预算支出结构	Composition of General Public Budget Revenue						
#教　育	Education			17.7	17.7	18.4	19.0
能源	**Energy**						
能源生产	Total Energy Production						

1-3 续表 continued

单位：% (%)

指 标	Item	1978	1990	2000	2020	2021	2022
原 煤	Coal		83.4	85.5	53.6	51.0	46.0
原 油	Crude Oil		15.3	13.1	11.5	11.2	10.1
天然气	Natural Gas		0.7	1.1	1.1	1.0	1.0
一次电力及其他能源	Primary Electricity and Other Energy		0.5	0.3	33.9	36.8	42.9
能源消费	Total Energy Consumption						
煤 炭	Coal		90.3	90.9	80.5	76.6	73.4
石 油	Petroleum		7.9	8.2	5.7	6.6	6.6
天然气	Natural Gas		1.3	0.8	7.0	7.6	8.2
一次电力及其他能源	Primary Electricity and Other Energy		0.4	0.1	6.8	9.2	11.7
农业	**Agriculture**						
农林牧渔业总产值	Composition of Gross Output Value of Agriculture Forestry, Animal Husbandry and Fishery						
#农 业	Farming	84.4	71.2	54.8	50.6	51.9	52.6
林 业	Forestry	3.2	2.7	1.6	3.8	3.8	3.5
牧 业	Animal Husbandry	11.7	23.3	39.7	34.3	31.9	31.2
渔 业	Fishery	0.7	2.8	3.8	3.6	4.2	4.5
工业(规模以上)	**Industry (above designated size)**						
工业企业资产	Composition of Assets of Industrial Enterprises						
采矿业	Mining				7.5	7.1	8.0
制造业	Manufacturing				77.3	78.0	76.2
电力、热力、燃气及水生产和供应业	Production and Supply of Electricity, Heat Gas and Water				15.2	14.8	15.8
工业企业资产	Composition of Assets of Industrial Enterprises						
大型企业	Large Enterprises				47.4	45.8	46.0
中型企业	Medium-sized Enterprises				19.1	17.6	18.7
小型企业	Small Enterprises				33.5	36.6	35.4
交通运输业	**Transport**						
货运量	Freight Traffic						
铁 路	Railways	43.9	19.8	16.3	12.4	11.2	12.6
公 路	Highways	55.0	76.0	80.7	85.5	86.8	81.8
水 运	Waterways	1.1	0.6	0.5	1.8	1.8	2.2
民 航	Civil Aviation		…	…	…	…	…
管 道	Pipelines		3.6	2.5	0.2	0.2	3.5
科技	**Science and Technology**						
研究与试验发展经费支出	Expenditure on R&D						
#基础研究	Basic Research			5.8	2.5	2.3	3.2
应用研究	Applied Research			26.6	8.9	8.1	9.0
试验发展	Experimental Development			67.7	88.7	89.7	87.8
#政府资金	Government Funds			28.2	11.3	13.6	10.9
企业资金	Enterprises Funds			57.4	87.2	83.9	85.4
教育	**Education**						
教育经费	Composition of Education Funds						
国家财政性教育经费	Government Appropriation for Education			68.3	83.6	79.5	80.5
#公共财政教育经费	Public Expenditure on Education			55.4	74.3	73.9	71.9
卫生	**Public Health**						
卫生技术人员	Medical Technical Personnel						
#执业(助理)医师	Licensed (Assistant) Doctors				46.1	45.4	45.0
注册护士	Registered Nurses				38.7	40.2	40.8
药师(士)	Pharmacist				3.8	3.8	3.7

1-4 国民经济和社会发展比例和效益指标
Indicators on National Economic and Social Development

指标	Item	1978	2000	2020	2021	2022
人口与就业	**Population and Employment**					
出生率(‰)	Birth Rate (‰)	20.88	11.30	8.16	7.15	6.09
死亡率(‰)	Death Rate (‰)	6.49	6.21	7.22	7.58	7.80
自然增长率(‰)	Natural Growth Rate (‰)	14.39	5.09	0.94	-0.43	-1.71
总抚养比(%)	Gross Dependency Ratio (%)		42.5	51.8	51.9	51.99
少儿抚养比(%)	Children Dependency Ratio (%)		32.5	30.7	29.2	28.23
老年抚养比(%)	Old Dependency Ratio (%)		10.0	21.1	22.7	23.76
国民经济核算	**National Accounts**					
人均地区生产总值(元)	Per Capita GDP (yuan)	364	6966	48302	54181	56995
人民生活	**People's Living Conditions**					
城乡收入比(农村居民收入为1)	Urban and Rural Income Ratio (Rural Income as 1)	2.42	2.27	2.26	2.19	2.13
财政	**Government Finance**					
一般公共预算收入与地区生产总值之比(%)	Proportion of Government Revenue to GDP (%)		5.37	10.63	10.32	9.57
一般公共预算支出与地区生产总值之比(%)	Proportion of Government Expenditure to GDP (%)	17.7	8.98	25.05	21.91	21.96
能源	**Energy**					
能源生产弹性系数	Elasticity Ratio of Energy Production		-0.23	1.74	0.42	2.99
能源消费弹性系数	Elasticity Ratio of Energy Consumption		2.04	0.18		
电力消费弹性系数	Elasticity Ratio of Electricity Consumption			0.52	0.83	0.32
万元地区生产总值能源消费量(吨标准煤/万元)	Energy Consumption per 10000 Yuan GDP (tce/10000 yuan)			0.93	0.85	0.82
能源加工转换总效率(%)	Total Efficiency of Energy Conversion (%)			73.75	75.17	75.34
农业	**Agriculture**					
每公顷播种面积农产品产量(公斤)	Output of Farm Crops per Hectare of Sown Area (kg)					
小麦	Wheat	2212	4509	6492	6539	6562
玉米	Corn	2310	4012	6005	5984	6061
棉花	Cotton	203	976	1102	1142	1197
工业	**Industry**					
资产负债率(%)	Assets-Liability Ratio (%)			60.82	61.84	63.17
流动资产周转次数(次/年)	Turnover of Working Capital (time/year)			1.80	1.82	1.67
成本费用利润率(%)	Ratio of Profits to Industrial Cost (%)			5.38	4.84	2.50
邮电通信业	**Postal and Telecommunication Services**					
电话普及率(含移动电话)(部/百人)	Popularization Rate of Telephone (Include Mobile Telephone) (set/100 persons)	0.2	14.2	120.4	125.1	126.0
移动电话普及率(部/百人)	Popularization Rate of Mobile Telephone (set/100 persons)		4.2	111.7	116.1	117.3
金融业	**Financial Intermediation**					
金融机构存款与地区生产总值之比(%)	Proportion of Deposits of Financial Institutions to GDP (%)	42.18	81.69	225.73	220.39	236.67
金融机构贷款与地区生产总值之比(%)	Proportion of Loans of Financial Institutions to GDP (%)	49.98	63.38	169.36	168.26	180.89
科技	**Science and Technology**					
研究与试验发展经费内部支出与地区生产总值之比(%)	Proportion of R&D Expenditure to GDP (%)		0.57	1.75	1.85	2.00
教育	**Education**					
小学学龄儿童毛入学率(%)	Gross Enrollment Ratio of Primary Schools (%)		101.9	102.17	102.48	102.15
义务教育巩固率(%)	Consolidation Rate of Compulsory Education(%)		90.5	97.63	97.65	98.02
高中阶段教育毛入学率(%)	Gross Enrollment Rate of High School Education (%)		42.8	94.1	95.9	96.1
卫生	**Public Health**					
每万人口执业(助理)医师数(人)	Number of Licensed (Assistant) Doctors per 10000 Population (person)	10.8	13.7	32.2	34.1	35.35
每万人口医疗卫生机构床位数(张)	Number of Beds of Hospitals and Health Centers per 10000 Population (bed)	17.6	25.4	59.4	61.1	65.45
医院病床使用率(%)	Beds Utilization Rate of Hospital (%)			70.7	68.9	64.31

1-5 河北国民经济和社会发展主要指标占全国的比重(2022年)

Percentage of Hebei's National Economy and Social Development in the Country (2022)

指　　标	Indicator	全　国 Country	河　北 Hebei	河北占全国的比重(%) Percentage to the Country of Hebei(%)
年末总人口(万人)	Year-end Total Population (10000 persons)	141175	7420	5.26
地区生产总值(亿元)	Gross Domestic Product (100 million yuan)	1210207.2	42370.4	3.50
第一产业	Primary Industry	88345.1	4410.3	4.99
第二产业	Secondary Industry	483164.5	17050.1	3.53
第三产业	Tertiary Industry	638697.6	20910.0	3.27
一般公共预算收入(亿元)	General Public Budget Revenue (100 million yuan)	108762.2	4056.3	3.73
金融机构年末存款余额(亿元)	Year-end Deposit Balance of Financial Institutions (100 million yuan)	2584998.2	100279.0	3.88
金融机构年末贷款余额(亿元)	Year-end Loan Balance of Financial Institutions (100 million yuan)	2139852.7	76644.7	3.58
能源消费总量(万吨标准煤)	Total Energy Consumption (10000 tce)	541000.0	32538.5	6.01
社会消费品零售总额(亿元)	Total Retail Sales of Consumer Goods (100 million yuan)	439732.5	13720.1	3.12
进出口总额(亿元)	Total Imports and Exports (100 million yuan)	416727.8	5418.9	1.30
出口总额	Gross Export Value	236336.8	3207.4	1.36
进口总额	Gross Import Value	180391.0	2211.5	1.23
普通高等学校本专科在校生(万人)	Students Enrollment in Institutions of Higher Education (10000 persons)	4024.8	185.6	4.61
R&D经费支出(亿元)	Expenditure on R&D (100 million yuan)	19361.8	635.9	3.28
卫生机构床位数(万张)	Number of Beds of Health Care Institutions (10000 units)	975.0	48.6	4.98
卫生技术人员(万人)	Medical Technical Personnel (10000 persons)	1165.8	58.3	5.00
#执业(助理)医师	Practitioner (Assistant) Doctors	443.5	26.2	5.91
工农业主要产品产量(万吨)	Output of Major Industrial and Agricultural Products (10000 tons)			
粮食	Grain	68652.8	3865.1	5.6
棉花	Cotton	598.0	13.9	2.3
油料	Oil-bearing Crops	3654.2	115.4	3.2
粗钢	Rough Steel	101300.3	21194.5	20.9
钢材	Rolled Steel	134033.5	32169.2	24.0
水泥	Cement	211794.9	9905.7	4.7
平板玻璃(万重量箱)	Plain Glass (10000 weight cases)	101278.5	14200.5	14.0
农用化肥(折100%)	Chemical Fertilizers (convert into 100%)	5471.9	193.4	3.5
化学药品原药	Chemical Medicines	362.6	62.3	17.2
化学纤维	Chemical Fibers	6697.8	94.0	1.4
布(亿米)	Cloth (100 million m)	367.5	7.9	2.2
汽车(万辆)	Moter Vehicles (10000 units)	2747.6	90.6	3.3

1-6 按主要行业分法人单位数
Number of Corporate Units by Sector

单位：个 (unit)

年 份 市	Year City	合 计 Total	农、林、牧、渔业 Agriculture, Forestry, Animal Husbandry and Fishery	采 矿 业 Mining	制 造 业 Manufacturing	电力、热力、燃气及水生产和供应业 Production and Supply of Electricity, Heat, Gas and Water	建 筑 业 Construction	批发和零售业 Wholesale and Retail Trades
	2005	227105	1766	7061	64459	691	3863	29354
	2006	244450	2276	7705	71343	794	4566	34883
	2007	255875	2759	8102	74277	868	4968	38820
	2008	285586	7017	7794	78240	977	5163	46879
	2009	323869	9116	8415	86824	1205	6690	63166
	2010	345822	11797	8616	89208	1343	7954	72731
	2011	361028	13822	8318	89874	1463	9380	81073
	2012	387093	17972	8200	94883	1591	10562	91157
	2013	463436	36934	6588	93579	1839	14024	111227
	2014	530949	44777	7081	110020	2140	17487	131451
	2015	630396	58872	6529	126673	2739	23224	165655
	2016	785258	73766	6332	151620	3601	37800	219537
	2017	1147414	105376	6864	211185	5496	68466	337783
	2018	1257161	116092	4842	218111	5484	89523	358174
	2019	1318302	114610	4944	226925	5699	98620	374537
	2020	1456963	117949	5280	250038	6019	120242	411323
	2021	1569310	105389	5202	270241	6460	142819	441430
	2022	1842777	127500	5449	310890	7355	171511	517696
石家庄市	Shijiazhuang	354644	13444	317	33906	987	33749	110455
石家庄市①	Shijiazhuang①	343458	12165	308	31270	921	32803	107386
唐 山 市	Tangshan	154041	12247	1265	18534	586	8896	49527
秦皇岛市	Qinhuangdao	84091	6357	389	6068	217	7835	23032
邯 郸 市	Handan	206886	15805	630	25342	773	20731	66633
邢 台 市	Xingtai	172602	11833	298	44709	853	15814	50725
保 定 市	Baoding	262145	19124	493	45677	771	24848	73223
保 定 市①	Baoding①	215533	16583	487	38019	684	21038	60147
张家口市	Zhangjiakou	85518	11252	592	5759	1304	10179	19576
承 德 市	Chengde	71215	12019	1354	4296	543	8945	16239
沧 州 市	Cangzhou	171276	9807	84	56418	573	11936	41740
廊 坊 市	Langfang	168501	7643	18	35095	337	18737	39379
衡 水 市	Hengshui	111858	7969	9	35086	411	9841	27167
定 州 市	Dingzhou	17797	1541		3174	47	2805	3671
辛 集 市	Xinji	11186	1279	9	2636	66	946	3069

注：本表数据中石家庄市含辛集市，石家庄市①不含辛集市;保定市含定州市和雄安新区，保定市①不含定州市和雄安新区。以下相关表同。

a) Data in this table, Shijiazhuang includes Xinji, Shijiazhuang① excludes Xinji; Baoding includes Dingzhou and Xiongan, Baoding① excludes Dingzhou and Xiongan. The same applies to the table following.

1-6 续表 1 continued

单位：个 (unit)

年 份 市	Year City	交通运输、仓储和邮政业 Transport, Storage and Post	住宿和餐饮业 Hotels and Catering Services	信息传输、软件和信息技术服务业 Information Transmission, Software and Information Technology	金 融 业 Financial Intermediation	房地产业 Real Estate	租赁和商务服 务 业 Leasing and Business Services	科学研究和技术服务业 Scientific Research and Technical Services
	2005	2799	3047	1660	1344	3207	4753	2860
	2006	3237	3315	2064	1402	3997	5659	3165
	2007	3658	3507	2397	1367	4677	6203	3359
	2008	4967	3947	3993	880	5523	7816	4140
	2009	5950	4216	4692	1425	7073	9756	4971
	2010	6529	4184	4876	1671	9084	11440	5434
	2011	7234	4069	4699	2230	10546	13359	5877
	2012	7754	4233	5106	2597	11472	15638	6478
	2013	9592	4458	4211	1238	13782	24379	13650
	2014	11511	5101	5233	4580	15593	29344	15365
	2015	14274	6003	8143	4691	18420	40024	19371
	2016	18660	8228	13945	4847	25580	56215	26096
	2017	27649	12922	30164	5793	40640	94383	44418
	2018	31074	15538	39141	3680	45063	99299	51677
	2019	32940	15906	42291	4098	46772	109461	59330
	2020	37493	17537	49355	4365	51248	124294	72445
	2021	41531	19513	56434	4281	54653	136708	86195
	2022	48293	23298	67851	4378	60279	158878	110551
石家庄市	Shijiazhuang	8948	3683	22081	1303	13908	42225	33047
石家庄市①	Shijiazhuang①	8681	3626	21910	1286	13614	41793	32370
唐 山 市	Tangshan	6245	1396	7036	435	5042	12778	8914
秦皇岛市	Qinhuangdao	2360	1487	4506	228	3387	10181	4843
邯 郸 市	Handan	7986	2747	6632	375	5453	16368	11307
邢 台 市	Xingtai	3539	1512	3460	241	4148	8494	6697
保 定 市	Baoding	5527	4798	8576	514	7741	21550	15024
保 定 市①	Baoding①	4811	3292	7100	441	6878	16699	11277
张家口市	Zhangjiakou	2109	1408	2492	292	3461	8109	4393
承 德 市	Chengde	1802	1121	1793	223	2461	6152	3200
沧 州 市	Cangzhou	4765	1173	3223	295	4238	11098	6885
廊 坊 市	Langfang	2979	3042	5540	304	7976	15914	12070
衡 水 市	Hengshui	2033	931	2512	168	2464	6009	4171
定 州 市	Dingzhou	217	128	400	20	355	1424	1428
辛 集 市	Xinji	267	57	171	17	294	432	677

1-6 续表 2 continued

单位：个 (unit)

年 份 市	Year City	水利、环境和公共设施管理业 Management of Water Conservancy, Environment and Public Facilities	居民服务、修理和其他服务业 Service to Households, Repair and Other Services	教 育 Education	卫生和社会工作 Health and Social Service	文化、体育和娱乐业 Culture, Sports and Entertainment	公共管理、社会保障和社会组织 Public Management, Social Security and Social Organization
	2005	1058	1606	17620	6770	1670	71517
	2006	1129	1935	17487	6748	1763	70982
	2007	1203	2205	17463	6611	1838	71593
	2008	1514	2814	18885	7105	1982	75950
	2009	1758	3766	19029	7226	2184	76407
	2010	1877	4335	19005	7170	2272	76296
	2011	2018	4732	18168	6654	2322	75190
	2012	2315	5088	17885	6554	2675	74933
	2013	3243	6292	19794	9432	7388	81786
	2014	3707	7695	20277	9762	7901	81924
	2015	4271	10432	20760	9913	8599	81803
	2016	5537	14020	21537	7049	10845	80043
	2017	9604	19771	22583	7912	16824	79581
	2018	7420	22280	28623	10764	23852	86524
	2019	9419	22727	28723	10868	24152	86280
	2020	11232	24550	29666	11712	27091	85124
	2021	12608	26378	32161	12586	29901	84820
	2022	14947	31313	39753	15703	36796	90336
石家庄市	Shijiazhuang	2141	5446	6479	2697	8299	11529
石家庄市①	Shijiazhuang①	2093	5309	6221	2615	8137	10950
唐 山 市	Tangshan	1451	2460	3962	1591	2427	9249
秦皇岛市	Qinhuangdao	828	1853	2226	1315	2804	4175
邯 郸 市	Handan	1526	4196	4801	1558	3422	10601
邢 台 市	Xingtai	1149	2088	3930	1346	2437	9329
保 定 市	Baoding	2409	5636	6703	2532	5437	11562
保 定 市①	Baoding①	2004	4269	5351	2263	4559	9631
张家口市	Zhangjiakou	1231	1545	1676	960	1827	7353
承 德 市	Chengde	988	1272	1491	853	1637	4826
沧 州 市	Cangzhou	1042	2009	3425	1054	2361	9150
廊 坊 市	Langfang	1506	3492	3075	1027	4938	5429
衡 水 市	Hengshui	676	1316	1985	770	1207	7133
定 州 市	Dingzhou	65	524	611	108	464	815
辛 集 市	Xinji	48	137	258	82	162	579

1-7 分市按三次产业和机构类型分法人单位数(2022年)
Number of Corporate Units by Three Strata of Industry and Type of Institutions and City (2022)

单位：个 (unit)

市	City	法人单位数 Number of Corporate Units	按三次产业分 Grouped by Three Strata of Industry			按机构类型分 By Type of Institutions				
			第一产业 Primary Industry	第二产业 Secondary Industry	第三产业 Tertiary Industry	企业法人 Business Entity	事业法人 Institution Entity	机关法人 Government Entity	社会团体 Social Organization	其他 Others
全　省	**Total**	**1842777**	**115698**	**492596**	**1234483**	**1629798**	**32338**	**11186**	**14234**	**155221**
石家庄市	Shijiazhuang	354644	11852	68593	274199	326968	5652	1558	2824	17642
石家庄市①	Shijiazhuang①	343458	10896	64945	267617	317719	5345	1489	2758	16147
唐 山 市	Tangshan	154041	10971	28670	114400	130796	3144	1018	1317	17766
秦皇岛市	Qinhuangdao	84091	6094	14202	63795	72190	1589	538	796	8978
邯 郸 市	Handan	206886	14042	47241	145603	187724	3306	1144	1366	13346
邢 台 市	Xingtai	172602	10786	61561	100255	152686	2902	1146	1433	14435
保 定 市	Baoding	262145	17912	71527	172706	232933	4785	1506	2182	20739
保 定 市①	Baoding①	215533	15568	59977	139988	191846	3797	1268	1866	16756
张家口市	Zhangjiakou	85518	10638	17684	57196	68194	2514	1140	952	12718
承 德 市	Chengde	71215	11208	15047	44960	55528	2083	793	810	12001
沧 州 市	Cangzhou	171276	8676	68768	93832	151656	2978	1038	1012	14592
廊 坊 市	Langfang	168501	6892	54036	107573	155170	1674	618	775	10264
衡 水 市	Hengshui	111858	6627	45267	59964	95953	1711	687	767	12740
定 州 市	Dingzhou	17797	1422	6022	10353	15123	360	72	122	2120
辛 集 市	Xinji	11186	956	3648	6582	9249	307	69	66	1495

1-8 分市按控股情况分企业法人单位数(2022年)
Numbers of Corporate Enterprises by Status of Holdings and City (2022)

单位：个 (unit)

市	City	企业单位数 Number of Enterprises	国有控股 State-holding	集体控股 Collective-holding	私人控股 Private-holding	港、澳、台商控股 Holding by Investors from Hong Kong, Macao and Taiwan	外商控股 Holding by Foreign Investors	其他 Others
全　省	**Total**	**1629798**	**17716**	**8171**	**1579247**	**1007**	**1459**	**22198**
石家庄市	Shijiazhuang	326968	2524	1230	318583	180	266	4185
石家庄市①	Shijiazhuang①	317719	2455	1189	309864	180	256	3775
唐 山 市	Tangshan	130796	2186	1023	126297	134	217	939
秦皇岛市	Qinhuangdao	72190	1065	345	69859	59	117	745
邯 郸 市	Handan	187724	1301	1195	182717	79	56	2376
邢 台 市	Xingtai	152686	1135	564	147349	62	59	3517
保 定 市	Baoding	232933	2076	1517	226788	85	128	2339
保 定 市①	Baoding①	191846	1786	1401	186812	70	109	1668
张家口市	Zhangjiakou	68194	1577	721	64344	76	103	1373
承 德 市	Chengde	55528	922	344	53313	32	18	899
沧 州 市	Cangzhou	151656	1608	508	147134	87	167	2152
廊 坊 市	Langfang	155170	2548	371	150722	182	277	1070
衡 水 市	Hengshui	95953	774	353	92141	31	51	2603
定 州 市	Dingzhou	15123	68	29	14613	5	7	401
辛 集 市	Xinji	9249	69	41	8719		10	410

1-9 分市按登记注册类型分企业法人单位数(2022年)

Number of Business Entities by Status and City (2022)

单位：个 (unit)

市	City	企 业 单位数 Number of Enterprises	内资企业 Domestic Invested Enterprises	#国有企业 State-owned Enterprises	#集体企业 Collective-owned Enterprises	#股份合作企业 Cooperative Enterprises	#联 营 Joint Ownership
全 省	**Total**	**1629798**	**1626820**	**3100**	**5335**	**1324**	**134**
石家庄市	Shijiazhuang	326968	326471	538	872	75	7
石家庄市①	Shijiazhuang①	317719	317241	530	835	70	7
唐 山 市	Tangshan	130796	130385	417	760	139	27
秦皇岛市	Qinhuangdao	72190	71964	216	245	18	12
邯 郸 市	Handan	187724	187549	406	815	63	39
邢 台 市	Xingtai	152686	152529	133	339	107	7
保 定 市	Baoding	232933	232620	338	738	643	16
保 定 市①	Baoding①	191846	191590	310	658	610	14
张家口市	Zhangjiakou	68194	67997	347	471	122	8
承 德 市	Chengde	55528	55460	189	238	38	6
沧 州 市	Cangzhou	151656	151341	226	363	78	8
廊 坊 市	Langfang	155170	154672	137	233	19	3
衡 水 市	Hengshui	95953	95832	153	261	22	1
定 州 市	Dingzhou	15123	15105	9	18	27	1
辛 集 市	Xinji	9249	9230	8	37	5	

1-9 续表 continued

单位：个 (unit)

市	City	#有限责任公司 Limited Liability Corporations	#股份有限公司 Share-holding Corporations Ltd.	#私 营 Private	港、澳、台商投资企业 Enterprises with Investment from Hong Kong, Macao and Taiwan	外商投资企业 Enterprises with Foreign Investment
全 省	**Total**	**100682**	**3875**	**1503350**	**1111**	**1867**
石家庄市	Shijiazhuang	16854	553	306644	190	307
石家庄市①	Shijiazhuang①	16580	547	297752	183	295
唐 山 市	Tangshan	10101	367	117315	149	262
秦皇岛市	Qinhuangdao	3658	187	67139	71	155
邯 郸 市	Handan	11017	349	173532	93	82
邢 台 市	Xingtai	8700	281	142050	77	80
保 定 市	Baoding	15353	740	214100	103	210
保 定 市①	Baoding①	13643	656	175207	83	173
张家口市	Zhangjiakou	7895	356	58201	66	131
承 德 市	Chengde	4023	240	50549	34	34
沧 州 市	Cangzhou	4806	240	144914	100	215
廊 坊 市	Langfang	14544	251	138391	186	312
衡 水 市	Hengshui	3731	311	90515	42	79
定 州 市	Dingzhou	567	12	14286	5	13
辛 集 市	Xinji	274	6	8892	7	12

主要统计指标解释

行政区划 指国家对行政区域的划分。根据有关法规规定，我国的行政区域划分如下：(1)全国分为省、自治区、直辖市；(2)省、自治区分为自治州、县、自治县、市；(3)自治州分为县、自治县、市；(4)县、自治县分为乡、民族乡、镇；(5)直辖市和较大的市分为区、县；(6)国家在必要时设立的特别行政区。

发展速度 用以反映社会经济发展程度的相对指标，根据两个不同时期发展水平的对比而得。由于比较的标准时期不同，发展速度可分为定期发展速度和环比发展速度两种。

增长速度 发展速度－1（或100%）就是增长速度。即增长速度＝发展速度－1（或100%）。

平均每年增长速度 我国计算平均增长速度有两种方法，一种是习惯上经常使用的"水平法"，又称几何平均法，是以间隔最后一年的水平同基期水平对比来计算平均每年增长（或下降）的速度；另一种是"累计法"又称代数平均法或方程法，是以间隔年内各年水平的总和同基期水平对比来计算平均每年增长（或下降）的速度。具体计算方法，可参照中国财经出版社出版的《平均增长速度查对表》。

在一般正常情况下，两种方法计算的平均每年增长速度比较接近，但在经济发展不平衡出现大起大落时，两种方法计算的结果差别较大。

本《年鉴》内所列的平均每年增长速度都是用水平法计算的。从某年到某年平均增长速度的年份，均不包基期年在内。如1981－2010年平均每年增长速度，是以1980年为基期，2010年为报告期，年份从1981年算起，共30年。

当年价格 是报告期的实际价格，如工厂的出厂价格、农产品的收购价格、商品的零售价格等。按当年价格计算，是指一些以货币表现的物量指标，如工业总产值、国内生产总值等，按照当年的实际价格来计算总量。按当年价格计算的价值指标，在不同年份之间进行对比时，因为包含有各年间价格变动的因素，不能确切地反映实物量的增减变动。因此，在计算增长速度时都使用按可比价格计算的数字。

国民经济行业分类 自2017年统计年报和2018年定期统计报表开始使用新的《国民经济行业分类》（GB/T 4754-2017）。该分类是由国家统计局组织修订，国家质量监督检验检疫总局和中国国家标准化管理委员会于2017年6月30日发布。这次修订是在2011年分类标准的基础上，参照联合国《所有经济活动的国际标准产业分类》（2006年，修订第四版，简称ISIC/Rev.4）进行的。修订后的《国民经济行业分类》（GB/T 4754-2017）共有门类20个，大类97个，中类473个，小类1382个。

企业(单位)登记注册类型 是以在工商行政管理机关登记注册的各类企业为划分对象，以工商行政管理部门对企业登记注册的类型为依据，将企业登记注册类型分为内资企业、港澳台商投资企业和外商投资企业三大类。内资企业包括国有企业、集体企业、股份合作企业、联营企业、有限责任公司、股份有限公司、私营企业和其他企业；港澳台商投资企业和外商投资企业分别包括合资经营企业、合作经营企业、独资经营企业和股份有限公司等。对不在工商行政管理部门进行登记注册的行政机关、事业单位和社会团体，主要按其经费来源和管理方式进行划分。

国有企业 指企业全部资产归国家所有，并按《中华人民共和国企业法人登记管理条例》规定登记注册的非公司制的经济组织。不包括有限责任公司中的国有独资公司。

集体企业 指企业资产归集体所有，并按《中华人民共和国企业法人登记管理条例》规定登记注册的经济组织。

股份合作企业 指以合作制为基础，由企业职工共同出资入股，吸收一定比例的社会资产投资组建，实行自主经营，自负盈亏，共同劳动，民主管理，按劳分配与按股分红相结合的一种集体经济组织。

联营企业 指两个及两个以上相同或不同所有制性质的企业法人或事业单位法人，按自愿、平等、互利的原则，共同投资组成的经济组织。联营企业包括国有联营企业、集体联营企业、国有与集体联营企业和其他联营企业。

有限责任公司 指根据《中华人民共和国公司登记管理条例》规定登记注册，由两个以上、五十个以下的股东共同出资，每个股东以其所认缴的出资额对公司承担有限责任，公司以其全部资产对其债务承担责任的经济组织。有限责任公司包括国有独资公司以及其他有限责任公司。

股份有限公司 指根据《中华人民共和国公司登记管理条例》规定登记注册，其全部注册资本由等额股份构成并通过发行股票筹集资本，股东以其认购的股份对公司承担有限责任，公司以其全部资产对其债务承担责任的经济组织。

私营企业 指由自然人投资设立或由自然人控股，以雇佣劳动为基础的营利性经济组织。包括按照《公司法》《合伙企业法》《私营企业暂行条例》规定登记注册的私营有限责任公司、私营股份有限公司、私营合伙企业和私营独资企业。

其他企业 指上述企业之外的其他内资经济组织。

合资经营企业（港或澳、台资） 指港澳台地区投资者与内地企业依照《中华人民共和国中外合资经营企业法》及有关法律的规定，按合同规定的比例投资设立、分享利润和分担风险的企业。

合作经营企业（港或澳、台资） 指港澳台地区投资者与内地企业依照《中华人民共和国中外合作经营企业法》及有关法律的规定，依照合作合同的约定进行投资或提供条件设立、分配利润和分担风险的企业。

港澳台商独资经营企业 指依照《中华人民共和国外资

企业法》及有关法律的规定，在内地由港澳台地区投资者全额投资设立的企业。

港澳台商投资股份有限公司　指根据国家有关规定，经原外经贸部依法批准设立，其中港、澳、台商的股本占公司注册资本的比例达25%以上的股份有限公司。凡其中港、澳、台商的股本占公司注册资本的比例小于25%的，属于内资企业中的股份有限公司。

其他港澳台商投资企业　指在中国境内参照《外国企业或个人在中国境内设立合伙企业管理办法》和《外商投资合伙企业登记管理规定》，依法设立的港、澳、台商投资合伙企业等。

中外合资经营企业　指外国企业或外国人与中国内地企业依照《中华人民共和国中外合资经营企业法》及有关法律的规定，按合同规定的比例投资设立、分享利润和分担风险的企业。

中外合作经营企业　指外国企业或外国人与中国内地企业依照《中华人民共和国中外合作经营企业法》及有关法律的规定，依照合作合同的约定进行投资或提供条件设立、分配利润和分担风险的企业。

外资企业　指依照《中华人民共和国外资企业法》及有关法律的规定，在中国内地由外国投资者全额投资设立的企业。

外商投资股份有限公司　指根据国家有关规定，经原外经贸部依法批准设立，其中外资的股本占公司注册资本的比例达 25% 以上的股份有限公司。凡其中外资股本占公司注册资本的比例小于25%的，属于内资企业中的股份有限公司。

其他外商投资企业　指在中国境内依照《外国企业或个人在中国境内设立合伙企业管理办法》和《外商投资合伙企业登记管理规定》，依法设立的外商投资合伙企业等。

行政机关、事业单位和社会团体　参照企业登记注册类型，主要按其经费来源和管理方式划分。具体规定如下：

⑴行政机关：包括国家机关和政党机关，原则上均列为“国有”。但有特殊规定的，如供销社等，则列为“集体”。

⑵事业单位：包括经国家机构编制部门和有关业务主管部门批准成立的各类事业单位，不包括实行企业化管理的事业单位。事业单位的划分办法如下：

①由国家财政预算拨款或列入财政预算外资金管理以及经费主要来源于国有主管部门或国有上级单位的事业单位，列为“国有”。

②经费主要来源于集体单位的事业单位，列为“集体”。

③公民个人(或个人合伙)开办的事业单位，列为“私营”。

④上述以外的其他事业单位，如果其经费来源不明确，按管理方式进行归类。

⑶社会团体：包括经民政部门批准成立以及未纳入社会团体管理条例范围的工会、妇联等各类社会团体。社会团体的划分办法如下：

①未纳入民政部社会团体管理条例范围的工会、妇联、共青团、青联、工商联、科协、侨联等社会团体，国家拨款设立的基金会或基金管理组织以及经费主要来源于国有业务主管部门或国有上级单位的社会团体，列为“国有”。

②经费主要来源于集体单位的社会团体，列为“集体”。

③公民个人(或个人合伙)开办的社会团体，划为“私营”。

④上述以外的其他社会团体，如果其经费来源不明确，改按管理方式进行归类。

Explanatory Notes on Main Statistical Indicators

Divisions of Administrative Areas refer to the divisions of administrative areas by the state. Relevant laws of the People's Republic of China stipulate the following principles for the divisions of administrative areas: 1) The whole country is divided into provinces, autonomous regions and municipalities directly under the central government; 2) Provinces and autonomous regions are divided into autonomous prefectures, counties, autonomous counties and cities; 3) Autonomous prefectures are divided into counties, autonomous counties and cities; 4) Counties and autonomous counties are divided into townships, ethnic townships and towns; 5) Municipalities under the central government and large cities are divided into districts and counties; 6) The state will, when necessary, establish special administrative regions.

Development Rate is a relative indicator of the degree of social and economic development calculated through the comparison of two different periods in the degree of development. Development rate can take the form of either fixed-base development rate or chain base development rate.

Growth Rate is equal to development rate minus one (or 100%), i.e. growth rate = development rate-1 (or 100%)

Average Annual Growth Rate Two methods for calculating average annual growth rate are applied in China, one is the more commonly-used "level approach" or the method of calculating geometric average, which is derived by comparing the level of the last year of the interval to that of the base year; the other is called "accumulative approach" or algebraic average or equation method, which is derived by comparing the summation of the actual figure of each year in the interval to the figure in the base year. The detailed calculating methods can be found by reference to the Check Table of Average Growth Rate published by China Financial Publishing House.

Under normal conditions the results calculated by the two methods are fairly close, but they differed sharply when uneven economic development occurred with striking fluctuations in growth.

The average annual growth rates listed in this statistical yearbook are calculated by level approach. The base years are not included when the years are listed for average annual growth rates. For instance, the average annual growth rate of 30 years since 1981 is listed as average annual growth rate of 1981-2010, among which 1980 is the base year and 2010 is the reference year.

Current Price refers to the actual price in the reference period, such as ex-factory price, purchasing price of agricultural products, retail price of commodities, etc. Total values of some quantum indicators in value terms at current prices, such as gross industrial output value and gross domestic product, are calculated in accordance with actual prices of the current year. When comparing indicators of value over time at current prices, they cannot accurately reflect the changes in real term due to price fluctuations of each year. That is why growth rates are calculated at constant prices.

Industrial Classification of the National Economy The new Industrial Classification of the National Economy (GB/T 4754-2017) is introduced starting from the compilation of 2017 annual statistics and 2018 regular statistics. The revision, based on the 2011 classification, was organized by the National Bureau of Statistics taking into consideration of the International Standards of the Industrial Classification of All Economic Activities (2006, Revised Fourth Edition, ISIC/Rev.4) of the United Nations. The new Classification was promulgated by the National Administration of Quality Supervision, Inspection and Quarantine and the Standardization Administration of the People's Republic of China on June 30, 2017. The revised version of the Industrial Classification of the National Economy (GB/T 4754-2017) is composed of 20 sections, 97divisions, 473 groups and 1382 classes.

Registration Status of Enterprises (Units) Enterprises are classified into 3 categories, namely domestic-funded enterprises, enterprises with investment from Hong Kong, Macao and Taiwan, and enterprises with foreign investment, according to the registration status of an enterprise in industrial and commercial administration agencies. Domestic-funded enterprises include State-owned enterprises, collective-owned enterprises, cooperative enterprises, joint ownership enterprises, limited liability corporations, share-holding corporations Ltd., private enterprises and other enterprises. Included in the enterprises with investment from Hong Kong, Macao and Taiwan and enterprises with foreign investment are joint-venture enterprises, cooperative enterprises, sole investment enterprises and share-holding corporations Ltd. For government agencies, institutions and social organizations which are not registered in industrial and commercial administration agencies, they are classified mainly by their sources of funding and manner of management.

State-owned Enterprises refer to non-corporation economic units where the entire assets are owned by the State and which have been registered in accordance with the Regulation of the People's Republic of China on the Management of Registration of Corporate Enterprises. Not included from this category are solely State-funded corporations in the limited liability corporations.

Collective-owned Enterprises refer to economic units where the assets are owned collectively and which have been registered in accordance with the Regulation of the People's Republic of China on the Management of Registration of Corporate Enterprises.

Cooperative Enterprises refer to a form of collective economic units (enterprises) where capitals come mainly from employees as their shares, with certain proportion of capital from the outside, where production is organized on the basis of independent operation, independent accounting for profits and losses, joint work, democratic management, and a distribution system that integrates remuneration according to work with dividend according to capital share.

Joint Ownership Enterprises refer to economic units established by two or more corporate enterprises or corporate institutions of the same or different ownership, through joint investment on the basis of voluntary participation, equality, and mutual benefits. They include State joint ownership enterprises; collective joint ownership enterprises; joint State-collective enterprises; and other joint ownership enterprises.

Limited Liability Corporations refer to economic units established with investment from 2-50 investors and registered in accordance with the Regulation of the People's Republic of China on the Management of Registration of Corporations, each investor bearing limited liability to the corporation depending on its share of investment, and the corporation bearing liability to its debt to the maximum of its total assets. Limited liability corporations include solely State-funded limited liability corporations and other limited liability corporations.

Share-holding Corporations Ltd. refer to economic units registered in accordance with the Regulation of the People's Republic of China on the Management of Registration of Corporations, with total registered capital divided into equal shares and raised through issuing stocks. Each investor bears limited liability to the corporation depending on the holding of shares, and the corporation bears liability to its debt to the maximum of its total assets.

Private Enterprises refer to profit-making economic units invested and established by natural persons, or controlled by natural persons using employed labour. Included in this category are private limited liability corporations, private share-holding corporations Ltd., private partnership enterprises and private-funded enterprises registered in accordance with the Company Law, the Law on Partnership Business and Interim Regulations on Private Enterprises.

Other Domestic-funded Enterprises refer to domestic-funded economic units other than those mentioned above.

Joint Venture Enterprises (Funds are from Hong Kong, Macao or Taiwan.) are enterprises established by investors from Hong Kong, Macao and Taiwan with enterprises in the mainland of China in accordance with the Law of the People's Republic of China on Sino-foreign Equity Joint Ventures and other relevant laws, where the establishment of the investment and the sharing of profits and risks are stipulated under joint venture contracts.

Cooperative Enterprises (Funds are from Hong Kong, Macao or Taiwan.) established by investors from Hong Kong, Macao and Taiwan with enterprises in the mainland of China in accordance with the Law of the People's Republic of China on Sino-foreign Contractual Joint Venture and other relevant laws, where the investment or provision of facilities and the sharing of profits and risks are stipulated under cooperative contracts.

Enterprises with Sole (exclusive) Investment from Hong Kong, Macao and Taiwan refer to enterprises established in the mainland of China with exclusive investment from investors from Hong Kong, Macao and Taiwan in accordance with the Law of the People's Republic of China on Wholly Foreign-owned Enterprises and other relevant laws.

Share-holding Corporations Ltd. with Investment from Hong Kong, Macao and Taiwan refer to share-holding corporations Ltd. established with the approval from the former Ministry of Foreign Trade and Economic Relations in line with relevant State regulations, where the share of investment from Hong Kong, Macao or Taiwan businessmen exceeds 25% of the total registered capital of the corporation. In case the share of investment from Hong Kong, Macao or Taiwan is less than 25% of the total registered capital, the enterprise is to be classified as domestic-funded share-holding corporation Ltd.

Other Enterprises with Funds from Hong Kong, Macao and Taiwan refer to partnership enterprises with investments from Hong Kong, Macao and Taiwan established within the territory of China in accordance with Administrative Measures on the Establishment of Partnership Enterprises in China by Foreign Enterprises or Foreign Individuals and Regulations for the Administration of the Registration of Foreign-invested Partnership Enterprises.

Joint Venture Enterprises with Foreign Investment refer to enterprises jointly established by foreign enterprises or foreigners with enterprises in the mainland of China in accordance with the Law of the People's Republic of China on Sino-foreign Equity Joint Ventures and other relevant laws, where the sharing of investment, profits and risks is stipulated under contract.

Cooperative Enterprises with Foreign Investment refer to enterprises jointly established by foreign enterprises or foreigners with enterprises in the mainland of China in accordance with the Law of the People's Republic of China on Sino-foreign Contractual Joint Venture and other relevant laws, where the investment or provision of facilities and the sharing of profits and risks are stipulated under cooperative contracts.

Enterprises with Sole (exclusive) Foreign Investment refer to enterprises established in the mainland of China with exclusive investment from foreign investors in accordance with the Law of the People's Republic of China on Wholly Foreign-owned Enterprises and other relevant laws.

Share-holding Corporations Ltd. with Foreign Investment refer to share-holding corporations Ltd. established with the approval from the former Ministry of Foreign Trade and Economic Relations in line with relevant State regulations, where the share of investment from foreign investors exceeds 25% of the total registered capital of the corporation. In case the share of foreign investment is less than 25% of the total registered capital, the enterprise is to be classified as domestic-funded share-holding corporation Ltd.

Other Enterprises with Foreign Funds refer to partnership enterprises established within the territory of China in accordance with Administrative Measures on the Establishment of Partnership Enterprises in China by Foreign Enterprises or Foreign Individuals and Regulations for the Administration of the Registration of Foreign-invested Partnership Enterprises.

Government Agencies, Institutions and Social Organizations are classified into the following categories by source of funds and manner of management taking reference of the registration status of enterprises:

(1) Government agencies: include State and party agencies, classified in principle as State-owned. There are exceptions, such as supply and marketing cooperatives which are classified as collective-owned.

(2) Institutions: include institutions of various types established with the approval by organization and staffing departments of the government, but exclude institutions where enterprise management system is introduced. Institutions are further classified as follows:

(a) Institutions for which their main budgets are from government budget appropriations or extra-budget funds, or allocated from the budget of their competent government agencies. Such institutions are classified as state-owned.

(b) Institutions for which their budget mainly come from collective units. Such institutions are classified as collective-owned.

(c) Social institutions established by individual or a group of citizens, which are classified as private.

(d) Institutions other than those mentioned above for which their sources of budget are not clear. Such institutions are classified by the manner of management.

(3) Social organizations: include social organizations established with the approval from the Ministry of Civil Affairs, and organizations that are not covered by social organization management regulations such as trade unions, women's federations etc.. Social organizations are further classified as follows:

(a) Social organizations that are not covered by social organization management regulations of the Ministry of Civil Affairs such as trade unions, women federations, communist youth leagues, youth associations, industrial and commerce associations, scientist associations, overseas Chinese associations, etc., foundations and fund management organizations established with funds from the state, and social organizations whose funds mainly come from the budget of their competent government agencies. Such institutions are classified as State-owned.

(b) Social organizations for which their budget mainly come from collective units. Such institutions are classified as collective-owned.

(c) Social organizations established by individual or a group of citizens, which are classified as private.

(d) Social organizations other than those mentioned above for which their sources of budget are not clear. Such organizations are classified by the manner of management.

人 口
Population

简 要 说 明

一、本篇资料反映河北人口发展变化基本情况。

二、年末常住人口、性别比例、年龄比例、城镇人口比例以及人口出生率、人口死亡率和人口自然增长率、人口预期寿命的数据来源于人口普查、1%人口抽样调查或年度人口变动情况抽样调查结果。

三、本资料由河北省统计局人口和就业统计处整理提供。

四、资料整理：康辉 苑若华

Brief Introduction

Ⅰ.The data in this chapter reflects the basic situation of population development and change in Hebei.

Ⅱ.The data of the permanent resident population, sex ratio, age ratio, urban population, birth rate, death rate, natural growth rate and life expectancy at the end of the year are derived from population census, 1% population sample survey or annual population change sample survey.

Ⅲ. This information is compiled and provided by the Population and Employment Statistics Division of Hebei Province Statistics Bureau.

Ⅳ.The data in this chapter are prepared:Kang Hui,Yuan Ruohua.

2-1 历次人口普查河北人口基本情况
Basic Statistics on Population Census

指标	Item	1953	1964	1982	1990	2000	2010	2020
总人口(万人)	**Total Population (10000 persons)**	**3563.46**	**4568.77**	**5300.55**	**6108.28**	**6668.44**	**7185.42**	**7461.02**
男	Male	1794.83	2338.17	2712.56	3121.01	3393.63	3643.03	3767.90
女	Female	1768.63	2230.60	2587.99	2987.27	3274.81	3542.39	3693.12
性别比(女性=100)	Sex Ratio (female=100)	101.48	104.82	104.81	104.48	103.63	102.84	102.02
家庭户规模(人/户)	**Average Family Household Size (person/household)**	**4.39**	**4.49**	**4.14**	**3.89**	**3.59**	**3.36**	**2.75**
各年龄组人口比重(%)	**Percentage of Population by Age Group (%)**							
0−14岁	Aged 0-14			30.80	29.03	22.78	16.83	20.22
15−64岁	Aged 15-64			63.54	65.15	70.17	74.93	65.85
65岁及以上	Aged 65 and Over			5.66	5.82	7.05	8.24	13.92
民族人口	**Population by Ethnicity**							
汉族(万人)	Han (10000 persons)	3527.83	4494.98	5215.14	5867.37	6378.16	6886.13	7138.91
占总人口比重(%)	Percentage to Total Population (%)	99.00	98.39	98.39	96.06	95.65	95.83	95.68
少数民族(万人)	Ethnic Minorities (10000 persons)	35.63	73.75	85.34	240.91	290.28	299.29	322.08
占总人口比重(%)	Percentage to Total Population (%)	1.00	1.61	1.61	3.94	4.35	4.17	4.32
每十万人拥有的各种受教育程度人口(人)	**Population with Various Education Attainments per 100000 Persons (person)**							
大专及以上	Junior College and Above		507	513	1099	2916	7862	12418
高中和中专	Senior Secondary School and Technical Secondary School		1596	8752	8593	11728	13694	13861
初　中	Junior Secondary Schools		6592	22327	28477	42728	47842	39950
小　学	Primary Schools		39303	42256	42433	36238	26572	24664
文盲人口及文盲率	**Illiterate Population and Illiterate Rate**							
文盲人口(万人)	Illiterate Population (10000 persons)			1193.54	1023.52	513.81	187.74	112.84
文盲率(%)	Illiterate Rate (%)			22.52	16.76	7.71	2.61	1.51
城乡人口	**Population by Residence**							
城镇化率(%)	Urbanization Rate (%)	11.77	14.11	13.69	19.21	26.33	43.94	60.07
城镇人口(万人)	Urban Population (10000 persons)	419.53	644.79	725.89	1173.39	1756.01	3157.53	4481.65
乡村人口(万人)	Rural Population (10000 persons)	3143.93	3923.98	4574.66	4934.89	4912.43	4027.89	2979.37

注：1.1953、1964、1982、1990年全国人口普查标准时点是7月1日零时，2000、2010和2020年全国人口普查标准时点为11月1日零时。
2.1964年文盲人口为13岁及以上不识字人口，1982、1990、2000、2010和2020年文盲人口为15岁及以上不识字或识字很少的人口。

a) Standard reference time of national population census in 1953,1964,1982 and 1990 was zero hour of July 1st, and in 2000, 2010 and 2020 was zero hour of November 1st.

b) Illiterate population of 1964 National Population Census referred to the population aged 13 and over who are unable to read. Illiterate population of 1982, 1990, 2000, 2010 and 2020 National Population Censuses referred to the population aged 15 and over who are unable or have difficulty to read.

2-2 人口主要指标
Main Population Indicators

单位：万人 (10000 persons)

年 份 Year	总人口 (年末) Total Population (Year-end)	按性别分 By Sex 男 Male	女 Female	性别比 (女=100) Sex Ratio (Female=100)	按城乡分 By Residence Female 城镇 Urban	乡村 Rural	城镇化率 (%) Urbanization Proportion (%)	人口密度 (人/平方公里) Population Density (person/sq.km)
1978	5057	2595	2462					270
1979	5105	2620	2485					272
1980	5168	2651	2517	105.31				275
1981	5256	2692	2564	104.81				280
1982	5356	2742	2614	104.90				286
1983	5420	2777	2643	105.07				289
1984	5487	2815	2672	104.41				292
1985	5548	2852	2696	105.75				296
1986	5627	2893	2734	105.82				300
1987	5710	2936	2774	105.84				304
1988	5795	2978	2817	105.72				309
1989	5881	3021	2860	104.45				313
1990	6159	3147	3012	104.48	1183	4976		328
1991	6220	3167	3053	104.64				332
1992	6275	3212	3063	101.46				335
1993	6334	3227	3107	104.45				338
1994	6388	3264	3124	104.95				341
1995	6437	3266	3171	103.00				343
1996	6484	3309	3175	101.00				346
1997	6525	3327	3198	102.59				348
1998	6569	3343	3226	102.53				350
1999	6614	3357	3257	103.04				353
2000	6674	3397	3277	103.63	1757	4917		356
2001	6699	3384	3315	102.08				357
2002	6735	3420	3315	103.16				359
2003	6769	3454	3315	104.19	2268	4501	33.51	361
2004	6809	3480	3329	104.53	2440	4369	35.83	363
2005	6851	3441	3410	100.90	2582	4269	37.69	365
2006	6898	3486	3412	102.16	2674	4224	38.77	368
2007	6943	3529	3414	103.36	2795	4148	40.25	370
2008	6989	3562	3427	103.93	2928	4061	41.90	373
2009	7034	3582	3452	103.76	3077	3957	43.74	375
2010	7193.60	3647.18	3546.42	102.84	3161.13	4032.73	43.94	384
2011	7231.86	3738.67	3494.19	107.00	3296.92	3934.94	45.59	383
2012	7262.00	3680.82	3581.18	102.78	3384.09	3877.91	46.60	384
2013	7287.59	3701.15	3587.44	103.17	3499.38	3788.21	48.02	386
2014	7322.90	3720.24	3603.66	103.24	3614.47	3708.43	49.36	388
2015	7345.20	3716.89	3628.31	102.44	3795.26	3549.94	51.67	389
2016	7374.99	3747.38	3628.61	103.27	3972.81	3402.18	53.87	390
2017	7409.14	3761.62	3647.52	103.13	4129.85	3279.29	55.74	392
2018	7426.37	3761.46	3664.91	102.63	4257.54	3168.83	57.33	393
2019	7446.56	3765.49	3682.07	102.27	4376.23	3070.33	58.77	394
2020	7463.84	3769.83	3695.01	102.02	4483.42	2980.42	60.07	395
2021	7448	3705	3743	98.98	4554	2894	61.14	394
2022	7420	3687	3733	98.77	4575	2845	61.65	393

注：2011—2019年年末总人口、城镇人口、乡村人口、城镇化率根据2020年第七次全国人口普查数据进行了调整。

a) Figures of total population at the year-end from 2011 to 2019 have been adjusted according to the data of the 7th National Population Cencus in 2020.

2-3 人口自然变动情况
Nature Changes of Population

单位：万人 (10000 persons)

年份 Year	年平均人口数 Annual Average Population	出生人口数 Number of Birth	出生率(‰) Birth Rate (‰)	死亡人口数 Number of Death	死亡率(‰) Death Rate (‰)	自然增加人口数 Number of Natural Growth	自然增长率(‰) Natural Growth Rate (‰)
1978	5028	105	20.90	33	6.50	72	14.40
1980	5137	105	20.50	33	6.50	72	14.00
1981	5212	125	24.00	32	6.10	93	17.90
1982	5306	103	19.40	31	5.90	72	13.40
1983	5388	96	17.90	36	6.60	61	11.30
1984	5454	91	16.70	29	5.40	62	11.30
1985	5518	94	17.10	29	5.30	65	11.80
1986	5588	114	20.40	34	6.10	80	14.30
1987	5669	128	22.50	34	6.00	94	16.50
1988	5753	117	20.40	32	5.50	86	14.90
1989	5838	118	20.20	32	5.40	86	14.80
1990	6020	123	20.50	41	6.80	82	13.60
1991	6190	103	16.60	42	6.80	61	9.90
1992	6248	96	15.30	40	6.40	56	8.90
1993	6305	97	15.40	38	6.10	59	9.30
1994	6361	95	14.90	40	6.35	54	8.40
1995	6413	89	13.90	40	6.30	49	7.60
1996	6461	90	13.90	43	6.60	47	7.30
1997	6505	85	13.10	44	6.80	41	6.30
1998	6547	85	13.00	41	6.20	45	6.80
1999	6592	86	13.00	42	6.30	44	6.70
2000	6644	75	11.30	41	6.20	34	5.10
2001	6687	75	11.16	41	6.18	33	4.98
2002	6717	77	11.53	42	6.25	35	5.28
2003	6752	77	11.43	42	6.27	35	5.16
2004	6789	81	11.98	42	6.19	39	5.79
2005	6830	88	12.84	46	6.75	42	6.09
2006	6875	88	12.82	45	6.59	43	6.23
2007	6921	92	13.33	47	6.78	45	6.55
2008	6966	91	13.04	45	6.49	46	6.55
2009	7012	91	12.93	45	6.43	46	6.50
2010	7113.80	94.04	13.22	45.60	6.41	48.44	6.81
2011	7212.73	93.92	13.02	47.03	6.52	46.89	6.50
2012	7246.93	93.35	12.88	46.46	6.41	46.89	6.47
2013	7274.80	94.87	13.04	49.98	6.87	44.89	6.17
2014	7305.25	96.30	13.18	45.52	6.23	50.78	6.95
2015	7334.05	83.25	11.35	42.47	5.79	40.78	5.56
2016	7360.10	91.42	12.42	46.81	6.36	44.61	6.06
2017	7392.07	97.58	13.20	48.79	6.60	48.79	6.60
2018	7417.76	83.52	11.26	47.33	6.38	36.20	4.88
2019	7436.47	80.54	10.83	45.51	6.12	35.03	4.71
2020	7455.20	60.84	8.16	53.83	7.22	7.01	0.94
2021	7456	53.31	7.15	56.52	7.58	-3.21	-0.43
2022	7434	45.3	6.09	58.00	7.80	-12.70	-1.71

2-4 分市人口的城乡构成(2022年)
Total Population by Urban and Rural Residence by City (2022)

市	City	总人口(年末)(万人) Total Population (year-end) (10000 persons)	城镇人口 Urban Population		乡村人口 Rural Population	
			人口数 Population	比重(%) Proportion	人口数 Population	比重(%) Proportion
全　省	**Total**	**7420**	**4575**	**61.65**	**2845**	**38.35**
石家庄市	Shijiazhuang	1122.35	801.79	71.44	320.56	28.56
石家庄市①	Shijiazhuang①	1063.27	764.49	71.90	298.78	28.10
唐 山 市	Tangshan	770.60	506.98	65.79	263.62	34.21
秦皇岛市	Qinhuangdao	309.81	202.83	65.47	106.98	34.53
邯 郸 市	Handan	928.09	558.71	60.20	369.38	39.80
邢 台 市	Xingtai	702.56	388.16	55.25	314.40	44.75
保 定 市	Baoding	1149.38	664.74	57.83	484.64	28.10
保 定 市①	Baoding①	914.41	540.23	59.08	374.18	40.92
张家口市	Zhangjiakou	407.46	274.95	67.48	132.51	32.52
承 德 市	Chengde	332.09	192.84	58.07	139.25	41.93
沧 州 市	Cangzhou	731.48	386.51	52.84	344.97	47.16
廊 坊 市	Langfang	549.53	362.75	66.01	186.78	33.99
衡 水 市	Hengshui	416.65	234.74	56.34	181.91	43.66
定 州 市	Dingzhou	107.62	58.50	54.36	49.12	45.64
辛 集 市	Xinji	59.08	37.30	63.13	21.78	36.87

2-5 分市人口的性别比和出生率、死亡率、自然增长率(2022年)
Total Population by Sex Ratio and Birth Rate, Death Rate, Natural Growth Rate by City (2022)

市	City	人口数(万人) Population (10000 persons)	男 Male	女 Female	性别比(女=100) Sex Ratio (Female=100)	出生率(‰) Birth Rate (‰)	死亡率(‰) Death Rate (‰)	自然增长率(‰) Natural Growth Rate (‰)
全　省	**Total**	**7420**	**3687**	**3733**	**98.77**	**6.09**	**7.80**	**-1.71**
石家庄市	Shijiazhuang	1122.35	553.85	568.50	97.42	6.41	7.80	-1.39
石家庄市①	Shijiazhuang①	1063.27	524.72	538.55	97.43	6.47	7.73	-1.26
唐 山 市	Tangshan	770.60	385.14	385.46	99.92	5.61	9.11	-3.50
秦皇岛市	Qinhuangdao	309.81	153.65	156.16	98.39	5.52	8.42	-2.90
邯 郸 市	Handan	928.09	456.74	471.35	96.90	6.52	6.97	-0.45
邢 台 市	Xingtai	702.56	349.10	353.46	98.77	6.33	7.52	-1.19
保 定 市	Baoding	1149.38	570.04	579.34	98.39	5.92	7.84	-1.92
保 定 市①	Baoding①	914.41	452.47	461.94	97.95	5.93	7.76	-1.83
张家口市	Zhangjiakou	407.46	202.11	205.35	98.42	5.47	9.18	-3.71
承 德 市	Chengde	332.09	165.59	166.50	99.45	6.20	9.21	-3.01
沧 州 市	Cangzhou	731.48	367.86	363.62	101.17	6.40	7.44	-1.04
廊 坊 市	Langfang	549.53	276.18	273.35	101.04	6.31	6.06	0.25
衡 水 市	Hengshui	416.65	206.97	209.68	98.71	5.59	7.90	-2.31
定 州 市	Dingzhou	107.62	52.41	55.21	94.93	5.30	8.92	-3.62
辛 集 市	Xinji	59.08	29.14	29.94	97.33	5.25	8.97	-3.72

注：1.本表数据根据2022年人口变动情况抽样调查数据推算。2.本表数据中石家庄市含辛集市，石家庄市①不含辛集市；保定市含定州市和雄安新区，保定市①不含定州市和雄安新区。以下相关表同。

a) Data in the table are estimates from the 2022 Sample Survey on Population Changes.

b) Data in this table, Shijiazhuang includes Xinji, Shijiazhuang① excludes Xinji; Baoding includes Dingzhou and Xiongan, Baoding① excludes Dingzhou and Xiongan. The same applies to the table following.

2-6 分市人口年龄构成和抚养比(2022年)
Age Composition and Dependency Ratio of Population by City (2022)

市	City	人口数(万人) Population (10000 persons)	0-14岁 Aged 0-14	15-64岁 Aged 15-64	65岁及以上 Aged 65 and Over	总抚养比(%) Gross Dependency Ratio (%)	少年儿童抚养比 Children Dependency Ratio	老年人口抚养比 Old Dependency Ratio
全 省	**Total**	**7420**	**1378**	**4882**	**1160**	**51.99**	**28.23**	**23.76**
石家庄市	Shijiazhuang	1122.35	202.75	760.05	159.55	47.67	26.68	20.99
石家庄市①	Shijiazhuang①	1063.27	194.16	722.31	146.80	47.20	26.88	20.32
唐 山 市	Tangshan	770.60	117.89	516.01	136.70	49.34	22.85	26.49
秦皇岛市	Qinhuangdao	309.81	42.74	209.22	57.85	48.08	20.43	27.65
邯 郸 市	Handan	928.09	215.84	586.73	125.52	58.18	36.79	21.39
邢 台 市	Xingtai	702.56	156.83	443.36	102.38	58.46	35.37	23.09
保 定 市	Baoding	1149.38	207.24	762.19	179.95	50.80	27.19	23.61
保 定 市①	Baoding①	914.41	162.90	607.26	144.24	50.58	26.83	23.75
张家口市	Zhangjiakou	407.46	55.56	271.23	80.67	50.23	20.49	29.74
承 德 市	Chengde	332.09	52.38	225.78	53.94	47.09	23.20	23.89
沧 州 市	Cangzhou	731.48	151.54	464.53	115.41	57.46	32.62	24.84
廊 坊 市	Langfang	549.53	101.30	375.63	72.61	46.30	26.97	19.33
衡 水 市	Hengshui	416.65	73.62	268.03	75.00	55.45	27.47	27.98
定 州 市	Dingzhou	107.62	18.88	71.32	17.42	50.90	26.48	24.42
辛 集 市	Xinji	59.08	8.59	37.74	12.75	56.54	22.76	33.78

2-7 人口预期寿命
Life Expectancy at Birth

单位：岁 (year)

年 龄 Age	1990 合计 Total	1990 男 Male	1990 女 Female	2000 合计 Total	2000 男 Male	2000 女 Female	2010 合计 Total	2010 男 Male	2010 女 Female	2020 合计 Total	2020 男 Male	2020 女 Female
0	71.70	70.01	73.60	72.53	70.68	74.54	74.97	72.70	77.47	77.75	75.20	80.52
1				72.88	70.78	75.19	74.72	72.46	77.22	77.20	74.68	79.93
5				69.03	66.94	71.35	70.81	68.55	73.31	73.25	70.74	75.98
10				64.16	62.10	66.45	65.88	63.64	68.36	68.30	65.79	71.03
15				59.27	57.24	61.51	60.97	58.75	63.43	63.37	60.87	66.09
20				54.42	52.43	56.61	56.11	53.94	58.51	58.47	56.00	61.15
25				49.62	47.70	51.75	51.27	49.17	53.59	53.59	51.15	56.22
30				44.84	42.97	46.91	46.44	44.41	48.68	48.73	46.35	51.29
35				40.08	38.26	42.08	41.63	39.66	43.80	43.89	41.58	46.38
40				35.36	33.61	37.28	36.86	34.97	38.95	39.10	36.86	41.50
45				30.70	29.02	32.53	32.19	30.39	34.17	34.38	32.25	36.66
50				26.16	24.57	27.88	27.64	25.97	29.48	29.78	27.78	31.91
55				21.81	20.33	23.40	23.24	21.70	24.92	25.31	23.47	27.25
60				17.71	16.36	19.15	19.04	17.67	20.52	21.01	19.38	22.72
65				13.99	12.76	15.23	15.15	13.96	16.41	16.95	15.54	18.37
70				10.70	9.63	11.72	11.68	10.68	12.69	13.19	12.05	14.31
75				8.06	7.17	8.84	8.82	7.99	9.56	9.93	9.06	10.73
80				5.87	5.11	6.46	6.49	5.82	7.02	7.20	6.58	7.73
85				4.43	3.84	4.82	4.93	4.40	5.29	5.17	4.81	5.42
90				3.13	2.71	3.34	3.71	3.34	3.92	3.73	3.65	3.77
95				2.33	2.33	2.33						
100+				1.00	1.00	1.00						

2-8 分市人口平均预期寿命
Life Expectancy at Birth by City

单位：岁 (year)

市	City	2020 合计 Total	2020 男 Male	2020 女 Female	2021 合计 Total	2021 男 Male	2021 女 Female
全　省	**Total**	**77.75**	**75.20**	**80.52**	**78.04**	**75.57**	**80.73**
石家庄市	Shijiazhuang	79.15	76.30	82.18			
石家庄市①	Shijiazhuang①	79.10	76.22	82.17	79.77	77.28	82.50
唐 山 市	Tangshan	77.87	75.70	80.26	78.48	75.88	81.33
秦皇岛市	Qinhuangdao	80.04	78.14	82.13	80.11	77.57	82.89
邯 郸 市	Handan	78.02	75.16	80.96	78.07	75.26	81.00
邢 台 市	Xingtai	76.69	73.64	79.99	76.73	73.99	79.77
保 定 市	Baoding	77.87	75.44	80.52			
保 定 市①	Baoding①	78.19	75.85	80.79	78.27	75.64	81.12
张家口市	Zhangjiakou	79.34	76.61	82.51	79.53	76.80	82.48
承 德 市	Chengde	75.96	73.34	78.92	76.10	73.45	79.28
沧 州 市	Cangzhou	77.45	75.41	79.72	77.57	74.90	80.40
廊 坊 市	Langfang	80.25	78.47	82.14	80.69	78.42	83.18
衡 水 市	Hengshui	78.81	76.56	81.27	78.91	76.28	81.66
定 州 市	Dingzhou	75.47	71.93	79.36	75.83	72.87	79.17
辛 集 市	Xinji	79.60	77.00	82.48	80.26	77.74	82.96

注：本表“平均预期寿命”指0岁人口平均预期寿命。
a) The "average life expectancy" in this table refers to the average life expectancy of the population aged 0.

2-9 按年龄和性别分人口数(2022年)
Population by Age and Sex (2022)

年龄 Age	人口数(人) Population (person)	男 Male	女 Female	占总人口比重(%) Percentage to Total Population (%)	男 Male	女 Female	性别比(女=100) Sex Ratio (Female=100)
总计 Total	**76298**	**37946**	**38352**	**100**	**49.73**	**50.27**	**98.94**
0-4	3170	1643	1527	4.16	2.15	2.00	107.56
5-9	5247	2765	2482	6.88	3.62	3.25	111.41
10-14	5665	2994	2671	7.42	3.92	3.50	112.06
15-19	4437	2295	2142	5.82	3.01	2.81	107.14
20-24	3213	1637	1576	4.21	2.15	2.07	103.90
25-29	3095	1546	1549	4.06	2.03	2.03	99.81
30-34	6269	3101	3168	8.22	4.06	4.15	97.89
35-39	6566	3246	3320	8.61	4.26	4.35	97.80
40-44	5532	2742	2790	7.25	3.59	3.66	98.26
45-49	4405	2169	2237	5.77	2.84	2.93	96.95
50-54	6198	3019	3179	8.12	3.96	4.17	94.98
55-59	6097	2964	3133	7.99	3.88	4.11	94.61
60-64	3277	1570	1708	4.30	2.06	2.24	91.91
65-69	5928	2942	2986	7.77	3.86	3.91	98.52
70-74	3448	1631	1817	4.52	2.14	2.38	89.79
75-79	1937	906	1031	2.54	1.19	1.35	87.84
80+	1813	777	1036	2.38	2.05	2.70	75.00

注：本表数据为2022年人口变动情况抽样调查样本数据，抽样比为0.10%。
a) Data in this table are obtained from the 2022 Provincial Sample Survey on Population Changes. The sampling fraction is 0.10%.

2-10 分市户数、人口数、性别比和户规模(2022年)
Household, Population, Sex Ratio and Household Size by City (2022)

市	City	户数(户) Number of Households (household)	家庭户 Family Household	集体户 Collective Household	人口数(人) Population (person)	男 Male	女 Female	性别比(女=100) Sex Ratio (Female=100)
全　省	**Total**	**132884**	**130114**	**2770**	**385026**	**191369**	**193657**	**98.82**
石家庄市	Shijiazhuang	15701	14935	766	48889	23631	25258	93.56
石家庄市①	Shijiazhuang①	13881	13167	713	43683	21132	22550	93.71
唐 山 市	Tangshan	12885	12549	337	35091	17463	17627	99.07
秦皇岛市	Qinhuangdao	7783	7631	151	20560	10269	10290	99.80
邯 郸 市	Handan	13934	13860	73	44435	22173	22262	99.60
邢 台 市	Xingtai	11599	11468	132	34559	17146	17413	98.47
保 定 市	Baoding	21792	21370	422	65415	32666	32749	99.75
保 定 市①	Baoding①	13733	13463	270	40627	20211	20417	98.99
张家口市	Zhangjiakou	8621	8563	58	20538	10151	10387	97.72
承 德 市	Chengde	8463	8351	112	23420	11688	11732	99.62
沧 州 市	Cangzhou	12262	12063	199	35787	17997	17789	101.17
廊 坊 市	Langfang	10866	10742	124	31562	15780	15782	99.98
衡 水 市	Hengshui	8979	8583	396	24771	12405	12366	100.31
定 州 市	Dingzhou	2640	2623	18	8380	4168	4212	98.94
辛 集 市	Xinji	1820	1768	53	5206	2499	2708	92.27

2-10 续表 continued

市	City	家庭户人口数(人) Family Household Population (person)	男 Male	女 Female	集体户人口数(人) Collective Household Population (person)	男 Male	女 Female	平均家庭户规模(人/户) Average Family Size (person/ household)
全　省	**Total**	**370001**	**184169**	**185832**	**15025**	**7200**	**7825**	**2.84**
石家庄市	Shijiazhuang	44345	21710	22636	4544	1921	2623	2.97
石家庄市①	Shijiazhuang①	39707	19462	20246	3976	1671	2305	3.01
唐 山 市	Tangshan	33486	16629	16857	1605	834	771	2.67
秦皇岛市	Qinhuangdao	19313	9548	9765	1247	722	525	2.53
邯 郸 市	Handan	44066	21985	22081	369	188	181	3.18
邢 台 市	Xingtai	33995	16938	17057	564	208	356	2.96
保 定 市	Baoding	63416	31796	31620	1999	870	1128	2.97
保 定 市①	Baoding①	39382	19703	19679	1245	507	737	2.93
张家口市	Zhangjiakou	20334	10053	10281	203	98	106	2.37
承 德 市	Chengde	22707	11267	11440	714	421	293	2.72
沧 州 市	Cangzhou	35000	17699	17300	787	298	489	2.90
廊 坊 市	Langfang	31060	15477	15584	502	303	199	2.89
衡 水 市	Hengshui	22279	11068	11211	2492	1337	1155	2.60
定 州 市	Dingzhou	8353	4153	4200	28	15	12	3.18
辛 集 市	Xinji	4638	2248	2390	568	250	318	2.62

注：本表数据为2022年人口变动情况抽样调查样本数据，抽样比为0.52%。以下相关表同。

a) Data in this table are obtained from the 2022 Provincial Sample Survey on Population Changes. The sampling fraction is 0.52%. The same applies to the table following.

2−11 分市分性别、户口登记状况的人口(2022年)

Population by Sex, Household Registration Status and City (2022)

单位：人 (person)

市	City	人口数 Population			住本乡、镇、街道，户口在本乡、镇、街道 Residing in the Townships, Towns and Street Communities with Permanent Household Registration There		
		合计 Total	男 Male	女 Female	小计 Sub-total	男 Male	女 Female
全　省	**Total**	**385026**	**191369**	**193657**	**302724**	**152297**	**150426**
石家庄市	Shijiazhuang	48889	23631	25258	34154	16967	17188
石家庄市①	Shijiazhuang①	43683	21132	22550	30188	15029	15160
唐 山 市	Tangshan	35091	17463	17627	26419	13340	13079
秦皇岛市	Qinhuangdao	20560	10269	10290	15120	7545	7575
邯 郸 市	Handan	44435	22173	22262	38532	19374	19158
邢 台 市	Xingtai	34559	17146	17413	29578	14849	14729
保 定 市	Baoding	65415	32666	32749	53357	26851	26506
保 定 市①	Baoding①	40627	20211	20417	32925	16542	16383
张家口市	Zhangjiakou	20538	10151	10387	14898	7479	7418
承 德 市	Chengde	23420	11688	11732	17547	8885	8663
沧 州 市	Cangzhou	35787	17997	17789	30482	15551	14931
廊 坊 市	Langfang	31562	15780	15782	23868	11994	11874
衡 水 市	Hengshui	24771	12405	12366	18769	9463	9306
定 州 市	Dingzhou	8380	4168	4212	6231	3080	3151
辛 集 市	Xinji	5206	2499	2708	3966	1938	2028

2−11 续表 continued

单位：人 (person)

市	City	住本乡、镇、街道，户口在外乡、镇、街道，离开户口登记地半年以上 Residing in Townships, Towns and Street Communities, with Permanent Household Registration Elsewhere Having Been Away from That Places for More than 6 Months.			住本乡、镇、街道，户口待定 Residing in Townships, Towns and Street Communities, with Place of Permanent Household Registration Unsettled			居住在港澳台或国外，户口在本乡、镇、街道 Residing in Hong Kong, Macao and Taiwan Provinces or abroad, with Permanent Household Registration in Townships, Towns and Street Communities		
		小计 Sub-total	男 Male	女 Female	小计 Sub-total	男 Male	女 Female	小计 Sub-total	男 Male	女 Female
全　省	**Total**	**81358**	**38541**	**42818**	**619**	**320**	**299**	**325**	**211**	**114**
石家庄市	Shijiazhuang	14603	6598	8005	55	26	29	76	41	36
石家庄市①	Shijiazhuang①	13365	6040	7325	54	25	29	74	39	36
唐 山 市	Tangshan	8609	4084	4526	30	16	14	32	24	9
秦皇岛市	Qinhuangdao	5358	2681	2678	40	19	21	42	25	16
邯 郸 市	Handan	5772	2725	3047	110	54	56	21	19	1
邢 台 市	Xingtai	4869	2242	2627	92	47	45	20	8	11
保 定 市	Baoding	11879	5702	6177	98	51	47	81	62	19
保 定 市①	Baoding①	7598	3613	3986	65	32	34	39	25	14
张家口市	Zhangjiakou	5563	2629	2934	70	41	29	7	1	6
承 德 市	Chengde	5842	2784	3059	22	14	8	9	6	3
沧 州 市	Cangzhou	5252	2418	2835	34	17	17	18	11	7
廊 坊 市	Langfang	7652	3764	3888	38	19	19	6	3	2
衡 水 市	Hengshui	5958	2915	3043	30	16	14	14	12	3
定 州 市	Dingzhou	2103	1048	1055	8	3	5	38	36	2
辛 集 市	Xinji	1238	558	680	1	1		2	2	

2-12 分市按家庭户规模分的户数(2022年)
Family Households by Size and City (2022)

单位：户 (household)

市	City	家庭户户数 Number of Family Households	一人户 One Person	二人户 Two Persons	三人户 Three Persons	四人户 Four Persons	五人户 Five Persons
全　省	**Total**	**130114**	**18665**	**35098**	**26926**	**27354**	**11109**
石家庄市	Shijiazhuang	14935	2129	3441	2968	3112	1445
石家庄市①	Shijiazhuang①	13167	1885	2910	2535	2787	1324
唐 山 市	Tangshan	12549	1930	3449	3018	2409	940
秦皇岛市	Qinhuangdao	7631	1250	2498	1900	1285	425
邯 郸 市	Handan	13860	1624	3149	2195	3218	1708
邢 台 市	Xingtai	11468	1460	3032	2041	2758	1130
保 定 市	Baoding	21370	2645	5449	4421	4887	1965
保 定 市①	Baoding①	13463	1788	3389	2933	2979	1221
张家口市	Zhangjiakou	8563	1670	3094	2122	1275	258
承 德 市	Chengde	8351	1078	2242	1981	1676	713
沧 州 市	Cangzhou	12063	1481	3378	2290	2885	1087
廊 坊 市	Langfang	10742	1937	2723	2122	2121	894
衡 水 市	Hengshui	8583	1461	2644	1867	1728	543
定 州 市	Dingzhou	2623	280	487	470	585	313
辛 集 市	Xinji	1768	244	531	433	325	121

2-12 续表 continued

单位：户 (household)

市	City	六人户 Six Persons	七人户 Seven Persons	八人户 Eight Persons	九人户 Nine Persons	十人及以上户 Ten Persons and Over
全　省	**Total**	**7065**	**2463**	**880**	**316**	**237**
石家庄市	Shijiazhuang	1164	410	162	58	45
石家庄市①	Shijiazhuang①	1091	386	149	57	43
唐 山 市	Tangshan	545	169	52	18	18
秦皇岛市	Qinhuangdao	199	47	15	6	5
邯 郸 市	Handan	1117	539	183	76	51
邢 台 市	Xingtai	679	255	72	22	20
保 定 市	Baoding	1348	399	187	41	27
保 定 市①	Baoding①	787	251	75	24	16
张家口市	Zhangjiakou	99	25	13	6	1
承 德 市	Chengde	443	151	46	13	7
沧 州 市	Cangzhou	606	232	64	18	23
廊 坊 市	Langfang	604	185	74	51	30
衡 水 市	Hengshui	261	50	12	6	10
定 州 市	Dingzhou	302	82	94	8	1
辛 集 市	Xinji	73	24	13	1	2

2-13 分市按性别和婚姻状况分的人口(2022年)
Population by Sex, Marital Status and City (2022)

单位：人 (person)

市	City	15岁及以上人口 Population Aged 15 and Over	男 Male	女 Female	未婚 Never Married	男 Male	女 Female	有配偶 Married	男 Male	女 Female
全省	**Total**	**313931**	**154004**	**159927**	**51588**	**29212**	**22376**	**238605**	**115973**	**122633**
石家庄市	Shijiazhuang	40209	19147	21062	8597	4296	4301	28846	13915	14931
石家庄市①	Shijiazhuang①	35673	16999	18674	7687	3845	3841	25584	12339	13245
唐山市	Tangshan	29531	14590	14941	4362	2292	2070	22781	11389	11392
秦皇岛市	Qinhuangdao	17759	8833	8926	3218	1927	1291	13068	6346	6722
邯郸市	Handan	34354	16898	17456	5339	3232	2107	26588	12794	13794
邢台市	Xingtai	26973	13166	13806	3808	2198	1609	21166	10267	10900
保定市	Baoding	53237	26153	27084	8858	5003	3854	40410	19618	20791
保定市①	Baoding①	33101	16192	16909	5218	2923	2296	25421	12295	13127
张家口市	Zhangjiakou	17768	8758	9010	2420	1480	940	13783	6722	7061
承德市	Chengde	19608	9683	9926	3072	1907	1165	14726	7055	7671
沧州市	Cangzhou	28301	13884	14417	3930	2210	1720	22287	10864	11422
廊坊市	Langfang	25545	12688	12857	3577	2143	1434	20103	9812	10291
衡水市	Hengshui	20646	10204	10442	4407	2523	1884	14848	7193	7655
定州市	Dingzhou	6887	3375	3512	1449	822	626	4862	2350	2512
辛集市	Xinji	4536	2148	2388	910	451	460	3262	1576	1686

2-13 续表 continued

单位：人 (person)

市	City	离婚 Divorced	男 Male	女 Female	丧偶 Widowed	男 Male	女 Female
全省	**Total**	**5777**	**3527**	**2250**	**17961**	**5292**	**12668**
石家庄市	Shijiazhuang	611	338	273	2155	598	1557
石家庄市①	Shijiazhuang①	532	294	239	1870	521	1349
唐山市	Tangshan	689	385	304	1699	524	1175
秦皇岛市	Qinhuangdao	412	235	177	1061	326	736
邯郸市	Handan	457	304	153	1969	567	1402
邢台市	Xingtai	405	263	142	1594	438	1156
保定市	Baoding	915	616	299	3055	916	2139
保定市①	Baoding①	593	407	185	1870	568	1301
张家口市	Zhangjiakou	423	235	188	1142	321	821
承德市	Chengde	493	311	182	1318	409	908
沧州市	Cangzhou	524	333	192	1560	477	1083
廊坊市	Langfang	562	316	246	1304	418	886
衡水市	Hengshui	287	191	96	1104	297	807
定州市	Dingzhou	120	76	45	456	127	329
辛集市	Xinji	79	44	34	285	77	208

2-14 分市按性别、受教育程度分的3岁及以上人口(2022年)
Population Aged 3 and Over by Sex, Educational Attainment and City (2022)

单位：人 (person)

市	City	3岁及以上人口 Population Aged 3 and Over			未上过学 No Schooling			学前教育 Pre-school Education		
		合计 Total	男 Male	女 Female	小计 Subtotal	男 Male	女 Female	小计 Subtotal	男 Male	女 Female
全 省	**Total**	**377525**	**187524**	**190001**	**10339**	**3224**	**7115**	**14305**	**7362**	**6943**
石家庄市	Shijiazhuang	47874	23113	24761	1210	372	838	2009	1034	975
石家庄市①	Shijiazhuang①	42730	20642	22088	1125	336	789	1794	927	867
唐 山 市	Tangshan	34472	17124	17348	713	218	495	1250	624	627
秦皇岛市	Qinhuangdao	20279	10140	10139	413	162	251	519	289	230
邯 郸 市	Handan	43461	21684	21778	981	281	700	1795	906	889
邢 台 市	Xingtai	33791	16770	17021	1379	389	990	1494	772	722
保 定 市	Baoding	64064	31974	32090	1603	444	1159	2441	1272	1170
保 定 市①	Baoding①	39791	19768	20022	655	172	480	1499	787	713
张家口市	Zhangjiakou	20243	9999	10244	661	216	445	576	289	287
承 德 市	Chengde	22952	11441	11511	1009	428	580	764	372	392
沧 州 市	Cangzhou	35056	17624	17432	1015	288	727	1422	750	672
廊 坊 市	Langfang	30974	15468	15506	890	285	605	1239	637	602
衡 水 市	Hengshui	24360	12187	12173	465	142	324	797	418	378
定 州 市	Dingzhou	8206	4081	4125	324	115	209	300	150	150
辛 集 市	Xinji	5144	2471	2673	85	36	49	215	107	108

2-14 续表 1 continued

单位：人 (person)

市	City	小 学 Primarey Schools			初 中 Junior Secondary Schools			高 中 Regular Senior Secondary Schools		
		小计 Subtotal	男 Male	女 Female	小计 Subtotal	男 Male	女 Female	小计 Subtotal	男 Male	女 Female
全 省	**Total**	**93958**	**43579**	**50379**	**141902**	**74559**	**67343**	**59908**	**31544**	**28365**
石家庄市	Shijiazhuang	9793	4575	5218	14893	7676	7217	8442	4286	4156
石家庄市①	Shijiazhuang①	8774	4117	4657	13013	6726	6287	7088	3628	3460
唐 山 市	Tangshan	7992	3685	4307	12396	6474	5922	5699	3034	2665
秦皇岛市	Qinhuangdao	4587	2109	2478	7242	3733	3509	3314	1765	1549
邯 郸 市	Handan	9876	4409	5467	16695	8610	8086	9299	5038	4261
邢 台 市	Xingtai	9276	4296	4981	13481	7140	6341	4789	2510	2278
保 定 市	Baoding	17438	8230	9208	25086	13252	11834	9820	5060	4760
保 定 市①	Baoding①	10408	4866	5541	15422	8099	7325	6236	3142	3094
张家口市	Zhangjiakou	5739	2727	3013	7233	3691	3541	3186	1642	1543
承 德 市	Chengde	6314	2887	3427	8291	4477	3815	2985	1586	1399
沧 州 市	Cangzhou	9462	4447	5015	14946	8077	6869	4206	2272	1934
廊 坊 市	Langfang	7836	3569	4266	11810	6281	5530	4102	2217	1885
衡 水 市	Hengshui	5645	2646	2999	9830	5149	4680	4067	2132	1935
定 州 市	Dingzhou	2059	965	1094	3157	1643	1513	1517	808	709
辛 集 市	Xinji	1019	458	561	1880	950	930	1354	658	696

2-14 续表 2 continued

单位：人 (person)

市	City	大学专科 College Students 小计 Subtotal	男 Male	女 Female	大学本科 Undergraduates 小计 Subtotal	男 Male	女 Female	研究生 Postgraduates 小计 Subtotal	男 Male	女 Female
全　省	**Total**	**31067**	**15556**	**15511**	**24306**	**10916**	**13390**	**1739**	**783**	**956**
石家庄市	Shijiazhuang	5260	2522	2738	5699	2389	3311	567	259	309
石家庄市①	Shijiazhuang①	4872	2348	2523	5500	2300	3201	564	259	306
唐 山 市	Tangshan	3613	1867	1747	2637	1142	1495	172	81	90
秦皇岛市	Qinhuangdao	1837	905	932	2104	1039	1065	263	138	124
邯 郸 市	Handan	3026	1577	1449	1718	829	889	70	34	37
邢 台 市	Xingtai	2083	1048	1035	1190	575	615	99	42	57
保 定 市	Baoding	4402	2200	2202	3073	1445	1628	201	72	129
保 定 市①	Baoding①	3190	1592	1599	2228	1060	1167	153	51	103
张家口市	Zhangjiakou	1697	857	840	1107	555	552	44	21	22
承 德 市	Chengde	1878	938	940	1656	729	927	55	24	31
沧 州 市	Cangzhou	2193	1073	1120	1717	687	1031	94	30	64
廊 坊 市	Langfang	2891	1417	1474	2071	993	1078	136	69	67
衡 水 市	Hengshui	2186	1152	1033	1332	534	799	39	14	24
定 州 市	Dingzhou	556	270	285	278	126	153	15	4	10
辛 集 市	Xinji	388	174	215	199	89	110	3		3

2-15 分市按性别分的15岁及以上文盲人口(2022年)
Illiterate Population Aged 15 and Over by Sex and City (2022)

市	City	15岁及以上人口(人) Population Aged 15 and Over (person)	男 Male	女 Female	文盲人口(人) Illiterate Population (person)	男 Male	女 Female	文盲人口占15岁及以上人口的比重(%) Percentage of Illiterate Population to Total Aged 15 and Over(%)	男 Male	女 Female
全　省	**Total**	**313931**	**154004**	**159927**	**8443**	**2211**	**6232**	**2.69**	**1.44**	**3.9**
石家庄市	Shijiazhuang	40209	19147	21062	1048	267	781	2.61	1.40	3.71
石家庄市①	Shijiazhuang①	35673	16999	18674	984	247	737	2.76	1.45	3.95
唐 山 市	Tangshan	29531	14590	14941	555	138	417	1.88	0.95	2.79
秦皇岛市	Qinhuangdao	17759	8833	8926	364	123	241	2.05	1.40	2.70
邯 郸 市	Handan	34354	16898	17456	818	177	640	2.38	1.05	3.67
邢 台 市	Xingtai	26973	13166	13806	1081	245	836	4.01	1.86	6.05
保 定 市	Baoding	53237	26153	27084	1495	352	1143	2.81	1.35	4.22
保 定 市①	Baoding①	33101	16192	16909	559	110	450	1.69	0.68	2.66
张家口市	Zhangjiakou	17768	8758	9010	624	191	433	3.51	2.18	4.81
承 德 市	Chengde	19608	9683	9926	852	364	488	4.35	3.76	4.92
沧 州 市	Cangzhou	28301	13884	14417	809	183	626	2.86	1.32	4.34
廊 坊 市	Langfang	25545	12688	12857	468	103	365	1.83	0.81	2.84
衡 水 市	Hengshui	20646	10204	10442	329	69	260	1.59	0.67	2.49
定 州 市	Dingzhou	6887	3375	3512	316	92	224	4.59	2.73	6.38
辛 集 市	Xinji	4536	2148	2388	64	20	44	1.42	0.94	1.85

注：本表“文盲人口”指15岁及15岁以上不识字及识字很少人口。

a) Illiterate population in this table refers to the population aged 15 and over who are unable or have difficulty in reading.

主要统计指标解释

人口数 指一定时点、一定地区范围内有生命的个人总和。

年度统计的年末人口数指每年 12 月 31 日 24 时的人口数。年度统计的全国人口总数内未包括香港、澳门特别行政区和台湾省以及海外华侨人数。

城镇人口和乡村人口 城镇人口是指居住在城镇范围内的全部常住人口；乡村人口是除上述人口以外的全部人口。

出生率(又称粗出生率) 指在一定时期内(通常为一年)一定地区的出生人数与同期内平均人数(或期中人数)之比，用千分率表示。本资料中的出生率指年出生率，其计算公式为：

$$出生率=\frac{年出生人数}{年平均人数}\times 1000‰$$

式中：出生人数指活产婴儿，即胎儿脱离母体时(不管怀孕月数)，有过呼吸或其他生命现象。年平均人数指年初、年底人口数的平均数，也可用年中人口数代替。

死亡率(又称粗死亡率) 指在一定时期内(通常为一年)一定地区的死亡人数与同期内平均人数(或期中人数)之比，用千分率表示。本资料中的死亡率指年死亡率，其计算公式为：

$$死亡率=\frac{年死亡人数}{年平均人数}\times 1000‰$$

人口自然增长率 指在一定时期内(通常为一年)人口自然增加数(出生人数减死亡人数)与该时期内平均人数(或期中人数)之比，用千分率表示。计算公式为：

$$人口自然增长率=\frac{本年出生人数-本年死亡人数}{年平均人数}\times 1000‰$$
$$=人口出生率-人口死亡率$$

总抚养比 也称总负担系数。指人口总体中非劳动年龄人口数与劳动年龄人口数之比。通常用百分比表示。说明每 100 名劳动年龄人口大致要负担多少名非劳动年龄人口。用于从人口角度反映人口与经济发展的基本关系。计算公式为：

$$GDR=\frac{P_{0-14}+P_{65+}}{P_{15-64}}\times 100\%$$

其中：GDR 为总抚养比；

$P_{0\sim14}$ 为 0～14 岁少年儿童人口数；

P_{65+} 为 65 岁及 65 岁以上的老年人口数；

$P_{15\sim64}$ 为 15～64 岁劳动年龄人口数。

老年人口抚养比 也称老年人口抚养系数。指某一人口中老年人口数与劳动年龄人口数之比。通常用百分比表示。用以表明每 100 名劳动年龄人口要负担多少名老年人。老年人口抚养比是从经济角度反映人口老化社会后果的指标之一。计算公式为：

$$ODR=\frac{P_{65+}}{P_{15-64}}\times 100\%$$

其中：ODR 为老年人口抚养比；

P_{65+} 为 65 岁及 65 岁以上的老年人口数；

$P_{15\sim64}$ 为 15～64 岁的劳动年龄人口数。

少年儿童抚养比 也称少年儿童抚养系数。指某一人口中少年儿童人口数与劳动年龄人口数之比。通常用百分比表示。以反映每 100 名劳动年龄人口要负担多少名少年儿童。计算公式为：

$$CDR=\frac{P_{0-14}}{P_{15-64}}\times 100\%$$

其中：CDR 为少年儿童抚养比；

$P_{0\sim14}$ 为 0～14 岁少年儿童人口数；

$P_{15\sim64}$ 为 15～64 岁劳动年龄人口数。

人户分离人口 是指居住地与户口登记地所在的乡镇街道不一致且离开户口登记地半年以上的人口。

流动人口 是指人户分离人口中不包括市辖区内人户分离的人口。市辖区内人户分离的人口是指一个直辖市或地级市所辖区内和区与区之间，居住地和户口登记地不在同一乡镇街道的人口。

Explanatory Notes on Main Statistical Indicators

Total Population refers to the total number of people alive at a certain point of time within a given area.

The annual statistics on total population is taken at midnight, the 3lst of December, not including residents in Taiwan province, Hong Kong SAR and Macao SAR and Chinese national residing abroad.

Urban Population and Rural Population Urban population refers to all people residing in cities and towns, while rural population refers to population other than urban population.

Birth Rate (or Crude Birth Rate) refers to the ratio of the number of births to the average population (or mid-period population) during a certain period of time (usually a year), expressed in ‰. Birth rate in the chapter refers to annual birth rate. The following formula is used:

$$\text{Birth Rate} = \frac{\text{Number of Births}}{\text{Annual Average Population}} \times 1000‰$$

Number of births in the formula refers to live births, i.e. when a baby has breathed or showed any vital phenomena regardless of the length of pregnancy.

Annual average population is the average of the number of population at the beginning of the year and that at the end of the year. Sometimes it is substituted by the mid-year population.

Death Rate (or Crude Death Rate) refers to the ratio of the number of deaths to the average population (or mid-period population) during a certain period of time (usually a year), expressed in ‰. Death rate in the chapter refers to annual death rate. The following formula is used:

$$\text{Death Rate} = \frac{\text{Number of Deaths}}{\text{Annual Average Population}} \times 1000‰$$

Natural Growth Rate of Population refers to the ratio of natural increase in population (number of births minus number of deaths) in a certain period of time (usually a year) to the average population (or mid-period population) of the same period, expressed in ‰. The following formula is applied:

$$\text{Natural Growth Rate of Population} = \frac{\text{Number of Births - Number of Deaths}}{\text{Annual Average Population}} \times 1000‰$$

Natural Growth Rate of Population = Birth Rate-Death Rate

Gross Dependency Ratio also called gross dependency coefficient, refers to the ratio of non-working-age population to the working-age population, express in %. Describing in general the number of non-working-age population that every 100 people at working ages will take care of, this indicator reflects the basic relation between population and economic development from the demographic perspective. The gross dependency ratio is calculated with the following formula:

$$GDR = \frac{P_{0-14} + P_{65+}}{P_{15-64}} \times 100\%$$

Where: GDR is the gross dependency ratio,

P_{0-14} is the population of children aged 0-14,

P_{65+} is the elderly population aged 65 and over, and

P_{15-64} is the working-age population aged 15-64.

Old Dependency Ratio also called old dependency coefficient, refers to the ratio of the elderly population to the working-age population, express in %. It describes the number of the elderly population that every 100 people at working ages will take care of. Old dependency ratio is one of the indicators reflecting the social implication of population aging from the economic perspective. The old dependency ratio is calculated with the following formula:

$$ODR = \frac{P_{65+}}{P_{15-64}} \times 100\%$$

Where: ODR is the old dependency ratio,

P_{65+} is the elderly population aged 65 and over, and

P_{15-64} is the working-age population aged 15-64.

Children Dependency Ratio also called children dependency coefficient, refers to the ratio of the children population to the working-age population, express in %. It describes the number of children population that every 100 people at working ages will take care of. The children dependency ratio is calculated with the following formula:

$$CDR = \frac{P_{0-14}}{P_{15-64}} \times 100\%$$

Where: CDR is the children dependency ratio,

P_{0-14} is the children population aged 0-14, and

P_{15-64} is the working-age population aged 15-64.

Population of Residence-registration Inconsistency refer to those who have been residing in places other than the registered streets or towns and been away from their registration areas for over half a year.

Floating Population refer to the population of residence-registration inconsistency excluding those intra-city ones. Population of intra-city residence-registration inconsistency refer to those whose residing streets or towns and registered ones are inconsistent but still in the same municipality or prefecture city either the two are in the same district or different ones.

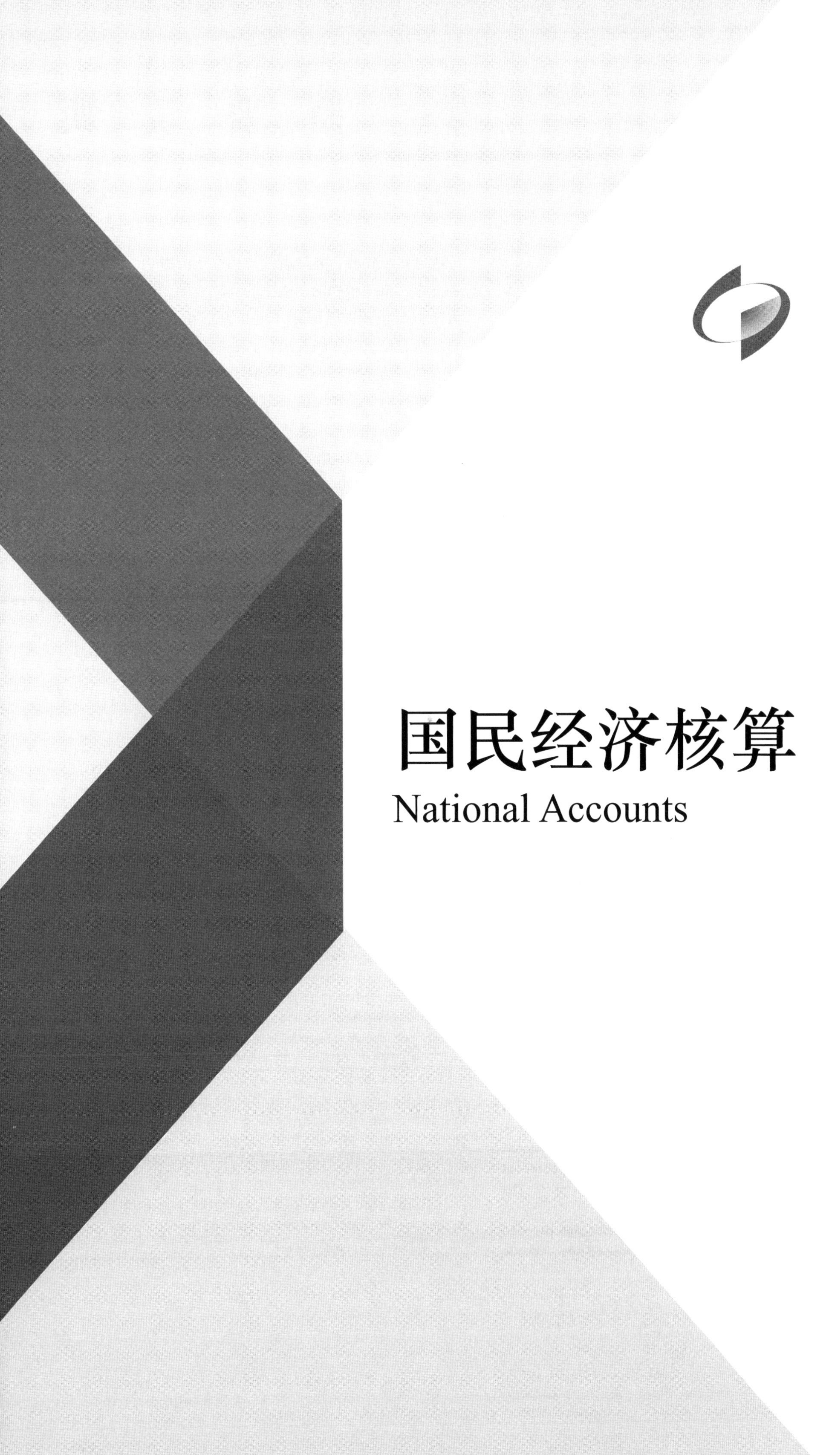

国民经济核算

National Accounts

简 要 说 明

一、本篇资料反映河北国民经济核算情况。

二、省级地区生产总值数据是由国家统计局国民经济核算司根据不同产业部门、不同支出构成的特点和资料来源情况而采用不同方法统一核算的。市级地区生产总值由省统计局核算处统一核算。

三、本年鉴公布的地区生产总值以及与之有关的指标数据，最后一年数据不是最终数，还会在获得更多的财务和行政记录等资料后发生变动。根据地区生产总值核算制度和第四次经济普查结果，国家统计局审定河北1952—2018年地区生产总值历史数据，民营增加值等指标也进行了调整。本年鉴中的数据是修订后的数据。

地区生产总值是一个价值量指标，其价值的变化受价格变化和物量变化两大因素影响。不变价地区生产总值是把按当期价格计算的地区生产总值换算成按某个固定期（基期）价格计算的价值，从而使两个不同时期的价值进行比较时，能够剔除价格变化的影响，以反映物量变化，反映生产活动成果的实际变动。地区生产总值指数就是根据两个时期不变价地区生产总值计算得到的。随着经济的不断发展，行业的价格结构也会不断发生变化，为了更好地反映这种变化对于经济的影响，计算不变价地区生产总值需要每隔若干年调整一次基期。我国自开始核算地区生产总值以来，共有1952年、1957年、1970年、1980年、1990年、2000年、2005年、2010年、2015年、2020年10个不变价基期，目前的基期是2020年。也就是说，2022年的不变价地区生产总值是按照2020年价格计算的。

四、本篇资料由河北省统计局国民经济核算处整理提供。

五、资料整理：杨飞

Brief Introduction

Ⅰ.The data in this chapter reflects Hebei national economic accounting situation.

Ⅱ.The GDP data of provincial regions are uniformly calculated by the National Economic Accounting Department of the National Bureau of Statistics using different methods according to the characteristics of different industrial sectors, different expenditures and the information sources. The gross domestic product of the municipal district shall be uniformly calculated by Division of National Accounts of Hebei Province Statistics Bureau.

Ⅲ.The gross regional product (GDP) and related indicator data published in this Yearbook are not final and may change as more information, such as financial and administrative records, becomes available. According to the GDP accounting system and the results of the fourth economic census, the National Bureau of Statistics examined and approved the historical data of Hebei's GDP from 1952 to 2018, and adjusted indicators such as the added value of private enterprises. The data in this yearbook are revised.

Gross domestic product (GDP) is a value index, and its value change is affected by price change and quantity change. Gross domestic product (GDP) at constant price is to convert the GDP calculated at current price into the value calculated at a certain fixed period (base period), so that the impact of price changes can be eliminated when comparing the values of two different periods, so as to reflect the change in material quantity and the actual change in the results of production activities. The Gross domestic product index is calculated based on the gross domestic product of two periods at constant prices. With the continuous development of the economy, the price structure of the industry will change constantly. In order to better reflect the impact of such changes on the economy, the calculation of GDP at constant prices needs to adjust the base period every few years. Since China began to calculate the gross domestic product of the region, there have been a total of 10 fixed price base periods in 1952, 1957, 1970, 1980, 1990, 2000, 2005, 2010, 2015 and 2020, and the current base period is 2020. In other words, the 2022 constant price GDP is calculated based on 2020 prices.

Ⅳ.This paper is compiled and provided by the National Economic Accounting Office of Hebei Province Statistics Bureau.

Ⅴ.Data collection:Yang Fei.

3-1 地区生产总值
Gross Domestic Product

单位：亿元 (100 million yuan)

年 份 Year	地区生产总值 Gross Domestic Product	第一产业 Primary Industry	第二产业 Secondary Industry	第三产业 Tertiary Industry	农林牧渔业 Agriculture, Forestry, Animal Husbandry and Fishery Industries	工 业 Industry
1978	183.1	52.2	92.4	38.5	52.2	83.2
1979	203.2	61.1	101.8	40.4	61.1	89.7
1980	219.2	68.1	105.9	45.3	68.1	94.1
1981	222.5	71.0	103.2	48.4	71.0	92.3
1982	251.5	85.6	107.8	58.0	85.6	95.3
1983	283.2	102.1	114.9	66.2	102.1	102.0
1984	332.2	111.5	145.8	74.9	111.5	129.8
1985	396.8	120.3	184.3	92.2	120.3	164.3
1986	436.7	123.5	207.3	105.9	123.5	185.5
1987	521.9	137.7	256.0	128.3	137.7	231.4
1988	701.3	162.3	323.4	215.6	162.3	289.2
1989	822.8	196.4	374.9	251.6	196.4	338.8
1990	896.3	227.9	387.5	280.9	227.9	354.3
1991	1072.1	236.9	459.9	375.3	236.9	417.2
1992	1278.5	257.1	573.2	448.3	257.1	517.8
1993	1620.8	301.7	777.9	541.2	301.7	688.1
1994	2114.5	451.9	983.1	679.5	451.9	856.4
1995	2701.2	631.4	1198.1	871.7	631.4	1043.2
1996	3198.0	701.0	1439.5	1057.4	701.0	1258.8
1997	3652.1	761.9	1667.2	1223.0	761.9	1458.7
1998	3924.5	790.7	1791.0	1342.8	790.7	1556.8
1999	4158.9	806.1	1875.1	1477.8	806.1	1613.8
2000	4628.2	824.7	2146.7	1656.8	824.7	1868.4
2001	5062.9	913.9	2293.5	1855.4	913.9	2011.2
2002	5518.9	957.0	2467.7	2094.2	957.0	2175.3
2003	6333.6	1064.2	2922.7	2346.8	1064.2	2563.2
2004	7588.6	1333.6	3467.9	2787.1	1370.6	3047.8
2005	8773.4	1345.2	4123.9	3304.2	1400.2	3638.5
2006	10043.0	1401.8	4771.9	3869.3	1462.0	4239.5
2007	12152.9	1737.1	5849.5	4566.4	1805.0	5267.4
2008	14200.1	1956.8	6981.5	5261.8	2034.9	6296.9
2009	15306.9	2121.8	7164.4	6020.7	2207.7	6337.5
2010	18003.6	2473.1	8470.5	7060.0	2563.2	7495.1
2011	21384.7	2702.8	10275.5	8406.4	2802.9	9132.8
2012	23077.5	2914.0	10919.7	9243.8	3021.8	9665.1
2013	24259.6	3141.9	11178.4	9939.3	3260.8	9847.5
2014	25208.9	3164.7	11476.9	10567.3	3294.3	10056.3
2015	26398.4	3100.5	11519.5	11778.4	3240.3	10026.4
2016	28474.1	3082.5	12332.3	13059.3	3235.1	10755.9
2017	30640.8	3130.0	12778.0	14732.8	3298.3	11015.7
2018	32494.6	3338.6	12904.1	16252.0	3522.3	10930.3
2019	34978.6	3518.4	13393.7	18066.5	3727.5	11310.4
2020	36013.8	3880.4	13765.1	18368.4	4113.2	11664.1
2021	40397.1	4030.4	16355.8	20010.9	4286.2	14132.3
2022	42370.4	4410.3	17050.1	20910.0	4697.4	14675.3

注：1.本表按当年价格计算。2.2022年为初步核算数据。
a) Data in this table are calculated at current prices. b) 2022 in this table are preliminary estimation.

3-1 续表 continued

单位：亿元 (100 million yuan)

年 份 Year	建筑业 Construction	批发和零售业 Wholesale and Retail Trades	交通运输、仓储和邮政业 Transport, Storage and Post	住宿和餐饮业 Hotels and Catering Services	金融业 Financial Intermediation	房地产业 Real Estate	其 他 Others	人均地区生产总值（元） Per Capita GDP (yuan)
1978	9.2	7.7	10.0	1.5	7.1	2.0	10.3	364
1979	12.1	7.0	10.9	1.4	7.7	2.1	11.3	400
1980	11.8	8.2	10.7	1.6	8.8	2.5	13.4	427
1981	10.8	9.1	10.9	1.8	11.5	3.0	12.1	427
1982	12.5	10.1	12.5	2.0	12.3	3.4	17.8	474
1983	12.9	12.7	13.7	2.5	13.7	3.8	19.9	526
1984	16.0	15.0	15.0	3.0	17.4	4.3	20.4	609
1985	20.0	18.6	16.9	3.7	26.6	5.4	21.0	719
1986	21.8	21.5	19.3	4.2	31.3	6.2	23.4	782
1987	24.5	24.3	24.0	4.8	38.6	7.6	29.0	921
1988	34.2	45.4	34.1	8.9	54.6	12.9	59.7	1219
1989	36.1	47.4	41.5	9.3	66.2	15.6	71.6	1409
1990	33.3	47.6	46.4	9.4	71.1	18.0	88.5	1465
1991	42.7	91.2	79.4	17.9	76.5	20.9	89.4	1727
1992	55.4	108.9	93.9	21.4	82.1	22.7	119.2	2046
1993	89.8	135.3	115.3	26.6	96.8	26.8	140.5	2571
1994	126.8	171.9	126.9	30.8	128.2	35.5	186.1	3324
1995	155.0	204.1	181.5	34.0	165.8	51.9	234.3	4212
1996	180.7	239.3	228.3	38.5	197.1	62.0	292.2	4950
1997	208.5	276.7	280.0	44.4	202.1	77.4	342.6	5615
1998	234.2	300.4	317.3	48.0	203.3	87.6	386.3	5994
1999	261.3	319.0	364.4	50.7	198.5	97.6	447.6	6310
2000	278.3	355.2	421.2	56.2	182.9	113.7	527.7	6966
2001	282.3	377.5	504.6	59.4	166.5	135.3	612.1	7572
2002	292.4	402.5	560.7	63.1	178.7	161.8	727.5	8216
2003	359.5	429.2	582.5	67.0	198.8	213.2	856.0	9380
2004	430.9	496.1	593.6	77.1	208.0	266.8	1097.7	11178
2005	498.3	640.9	801.5	93.8	212.3	383.1	1104.7	12845
2006	547.3	698.4	952.2	103.9	282.5	461.1	1296.1	14609
2007	600.3	766.4	1172.8	113.4	345.7	544.8	1537.0	17561
2008	706.4	904.2	1357.8	123.0	423.3	619.9	1733.7	20385
2009	849.3	1056.9	1514.9	134.1	522.6	716.9	1966.9	21831
2010	1001.9	1393.8	1773.3	145.6	611.8	819.2	2199.8	25308
2011	1174.8	1620.3	2078.9	185.9	741.5	1080.7	2566.9	29647
2012	1288.8	1839.1	2207.8	219.0	908.1	1159.3	2768.6	31844
2013	1361.6	1938.8	2291.5	228.6	1124.6	1251.7	2954.5	33346
2014	1452.1	2025.1	2333.5	251.1	1327.9	1318.0	3150.6	34507
2015	1524.4	2153.0	2399.3	274.7	1471.4	1563.6	3745.3	35994
2016	1610.1	2290.0	2410.3	297.2	1720.0	1776.6	4379.0	38688
2017	1796.8	2553.3	2541.9	330.5	2039.9	2023.1	5041.4	41451
2018	2007.9	2722.3	2606.5	354.8	2220.9	2103.4	6026.4	43808
2019	2118.9	2922.5	2886.0	389.0	2411.1	2356.2	6856.8	47036
2020	2135.8	2927.3	2780.1	327.2	2528.9	2365.0	7172.2	48302
2021	2263.6	3218.3	3105.0	377.5	2723.3	2463.2	7827.7	54181
2022	2413.6	3429.1	3013.3	358.3	2931.8	2403.1	8448.6	56995

3-2 地区生产总值构成
Composition of Gross Domestic Product

单位：% (%)

年份 Year	地区生产总值 Gross Domestic Product	第一产业 Primary Industry	第二产业 Secondary Industry	第三产业 Tertiary Industry	农林牧渔业 Agriculture, Forestry, Animal Husbandry and Fishery Industries	工业 Industry
1978	100.0	28.5	50.5	21.0	28.5	45.4
1979	100.0	30.1	50.0	19.9	30.1	44.1
1980	100.0	31.1	48.3	20.6	31.1	42.9
1981	100.0	31.9	46.4	21.7	31.9	41.5
1982	100.0	34.0	42.9	23.1	34.0	37.9
1983	100.0	36.1	40.5	23.4	36.1	36.0
1984	100.0	33.6	43.8	22.6	33.6	39.1
1985	100.0	30.3	46.4	23.3	30.3	41.4
1986	100.0	28.3	47.4	24.3	28.3	42.5
1987	100.0	26.4	49.0	24.6	26.4	44.3
1988	100.0	23.1	46.1	30.8	23.1	41.2
1989	100.0	23.9	45.5	30.6	23.9	41.2
1990	100.0	25.4	43.2	31.4	25.4	39.5
1991	100.0	22.1	42.9	35.0	22.1	38.9
1992	100.0	20.1	44.8	35.1	20.1	40.5
1993	100.0	18.6	48.0	33.4	18.6	42.5
1994	100.0	21.4	46.5	32.1	21.4	40.5
1995	100.0	23.4	44.3	32.3	23.4	38.6
1996	100.0	21.9	45.0	33.1	21.9	39.4
1997	100.0	20.9	45.6	33.5	20.9	39.9
1998	100.0	20.1	45.6	34.3	20.1	39.7
1999	100.0	19.4	45.1	35.5	19.4	38.8
2000	100.0	17.8	46.4	35.8	17.8	40.4
2001	100.0	18.1	45.3	36.6	18.1	39.7
2002	100.0	17.3	44.7	38.0	17.3	39.4
2003	100.0	16.8	46.1	37.1	16.8	40.5
2004	100.0	17.6	45.7	36.7	18.1	40.2
2005	100.0	15.3	47.0	37.7	16.0	41.5
2006	100.0	14.0	47.5	38.5	14.6	42.2
2007	100.0	14.3	48.1	37.6	14.9	43.3
2008	100.0	13.8	49.2	37.1	14.3	44.3
2009	100.0	13.9	46.8	39.3	14.4	41.4
2010	100.0	13.7	47.0	39.2	14.2	41.6
2011	100.0	12.6	48.1	39.3	13.1	42.7
2012	100.0	12.6	47.3	40.1	13.1	41.9
2013	100.0	13.0	46.0	41.0	13.4	40.6
2014	100.0	12.6	45.5	41.9	13.1	39.9
2015	100.0	11.7	43.7	44.6	12.3	38.0
2016	100.0	10.8	43.3	45.9	11.4	37.8
2017	100.0	10.2	41.7	48.1	10.8	36.0
2018	100.0	10.3	39.7	50.0	10.8	33.6
2019	100.0	10.1	38.3	51.6	10.7	32.3
2020	100.0	10.8	38.2	51.0	11.4	32.4
2021	100.0	10.0	40.5	49.5	10.6	35.0
2022	100.0	10.4	40.2	49.4	11.1	34.6

注：本表按当年价格计算。
a) Data in this table are calculated at current prices.

3-2 续表 continued

单位：% (%)

年 份 Year	建筑业 Construction	批发和零售业 Wholesale and Retail Trades	交通运输、仓储和邮政业 Transport, Storage and Post	住宿和餐饮业 Hotels and Catering Services	金融业 Financial Intermediation	房地产业 Real Estate	其 他 Others
1978	5.0	4.2	5.5	0.8	3.9	1.1	5.6
1979	5.9	3.4	5.3	0.7	3.8	1.1	5.5
1980	5.4	3.8	4.9	0.7	4.0	1.1	6.1
1981	4.9	4.1	4.9	0.8	5.2	1.3	5.4
1982	5.0	4.0	5.0	0.8	4.9	1.4	7.1
1983	4.6	4.5	4.8	0.9	4.8	1.3	7.0
1984	4.8	4.5	4.5	0.9	5.2	1.3	6.1
1985	5.0	4.7	4.3	0.9	6.7	1.4	5.3
1986	5.0	4.9	4.4	1.0	7.2	1.4	5.4
1987	4.7	4.7	4.6	0.9	7.4	1.5	5.6
1988	4.9	6.5	4.9	1.3	7.8	1.8	8.5
1989	4.4	5.8	5.0	1.1	8.0	1.9	8.7
1990	3.7	5.3	5.2	1.0	7.9	2.0	9.9
1991	4.0	8.5	7.4	1.7	7.1	2.0	8.3
1992	4.3	8.5	7.3	1.7	6.4	1.8	9.3
1993	5.5	8.3	7.1	1.6	6.0	1.7	8.7
1994	6.0	8.1	6.0	1.5	6.1	1.7	8.8
1995	5.7	7.6	6.7	1.3	6.1	1.9	8.7
1996	5.7	7.5	7.1	1.2	6.2	1.9	9.1
1997	5.7	7.6	7.7	1.2	5.5	2.1	9.4
1998	6.0	7.7	8.1	1.2	5.2	2.2	9.8
1999	6.3	7.7	8.8	1.2	4.8	2.3	10.8
2000	6.0	7.7	9.1	1.2	4.0	2.5	11.4
2001	5.6	7.5	10.0	1.2	3.3	2.7	12.1
2002	5.3	7.3	10.2	1.1	3.2	2.9	13.2
2003	5.7	6.8	9.2	1.1	3.1	3.4	13.5
2004	5.7	6.5	7.8	1.0	2.7	3.5	14.5
2005	5.7	7.3	9.1	1.1	2.4	4.4	12.6
2006	5.4	7.0	9.5	1.0	2.8	4.6	12.9
2007	4.9	6.3	9.7	0.9	2.8	4.5	12.6
2008	5.0	6.4	9.6	0.9	3.0	4.4	12.2
2009	5.5	6.9	9.9	0.9	3.4	4.7	12.8
2010	5.6	7.7	9.8	0.8	3.4	4.6	12.2
2011	5.5	7.6	9.7	0.9	3.5	5.1	12.0
2012	5.6	8.0	9.6	0.9	3.9	5.0	12.0
2013	5.6	8.0	9.4	0.9	4.6	5.2	12.2
2014	5.8	8.0	9.3	1.0	5.3	5.2	12.5
2015	5.8	8.2	9.1	1.0	5.6	5.9	14.2
2016	5.7	8.0	8.5	1.0	6.0	6.2	15.4
2017	5.9	8.3	8.3	1.1	6.7	6.6	16.5
2018	6.2	8.4	8.0	1.1	6.8	6.5	18.5
2019	6.1	8.4	8.3	1.1	6.9	6.7	19.6
2020	5.9	8.1	7.7	0.9	7.0	6.6	19.9
2021	5.6	8.0	7.7	0.9	6.7	6.1	19.4
2022	5.7	8.1	7.1	0.8	6.9	5.7	19.9

3-3 地区生产总值指数(上年=100)

Indices of Gross Domestic Product (preceding year=100)

年 份 Year	地区生产总 值 Gross Domestic Product	第一产业 Primary Industry	第二产业 Secondary Industry	第三产业 Tertiary Industry	农林牧渔业 Agriculture, Forestry, Animal Husbandry and Fishery Industries	工 业 Industry
1978	114.5	110.4	118.0	112.0	110.4	118.9
1979	106.2	104.2	107.8	104.9	104.2	105.2
1980	103.2	97.4	102.4	112.5	97.4	103.0
1981	101.0	105.3	96.5	105.0	105.3	98.1
1982	111.8	119.5	103.2	118.7	119.5	102.8
1983	111.5	118.7	105.3	112.2	118.7	105.7
1984	114.4	108.0	122.8	110.0	108.0	123.2
1985	112.5	102.2	118.2	117.5	102.2	118.0
1986	105.1	97.4	108.0	109.8	97.4	108.7
1987	111.6	101.6	114.9	117.3	101.6	116.4
1988	113.5	101.1	116.9	120.1	101.1	116.7
1989	106.1	103.7	105.4	109.7	103.7	106.8
1990	105.8	105.7	104.0	109.0	105.7	104.6
1991	111.0	102.5	110.0	120.8	102.5	109.3
1992	115.6	99.4	120.7	121.4	99.4	122.1
1993	117.7	104.4	124.6	116.6	104.4	124.3
1994	114.9	111.8	116.9	113.7	111.8	116.2
1995	113.9	108.6	115.4	114.6	108.6	115.0
1996	113.5	105.5	116.6	113.0	105.5	116.9
1997	112.5	105.4	114.9	112.5	105.4	115.1
1998	110.7	106.2	112.2	110.6	106.2	112.1
1999	109.1	104.3	110.6	109.0	104.3	110.5
2000	109.5	105.1	110.1	110.4	105.1	110.8
2001	108.7	105.3	108.3	111.0	105.3	108.9
2002	109.5	105.4	110.5	110.2	105.4	111.0
2003	108.4	106.1	108.6	109.2	106.1	107.6
2004	110.0	109.7	110.0	110.1	109.7	109.7
2005	110.3	106.2	110.5	111.7	106.2	110.2
2006	110.3	104.8	110.6	112.1	105.0	110.9
2007	109.6	103.7	109.3	112.2	104.0	110.0
2008	108.0	104.8	108.4	108.7	104.9	109.1
2009	108.1	103.2	108.5	109.3	103.3	107.4
2010	109.2	103.4	109.5	110.7	103.5	109.6
2011	110.3	104.1	111.9	110.4	104.2	112.4
2012	108.7	104.0	110.0	108.5	104.0	110.2
2013	108.2	103.3	109.1	108.7	103.5	109.5
2014	106.5	103.7	105.0	109.2	103.8	105.0
2015	106.8	102.6	104.8	110.4	102.7	104.4
2016	106.7	103.5	104.4	109.8	103.7	104.3
2017	106.6	103.9	102.8	110.8	104.0	102.2
2018	106.5	103.0	103.3	110.0	103.2	102.8
2019	106.7	101.6	103.9	110.0	102.1	104.1
2020	103.8	103.2	104.2	103.5	103.5	103.9
2021	106.5	106.4	104.9	107.8	106.4	104.9
2022	103.8	104.2	104.6	103.2	104.5	104.2

注：本表按不变价格计算。

a) Data in this table are calculated at constant prices.

3-3 续表 continued

年 份 Year	建筑业 Construction	批发和零售业 Wholesale and Retail Trades	交通运输、仓储和邮政业 Transport, Storage and Post	住宿和餐饮业 Hotels and Catering Services	金融业 Financial Intermediation	房地产业 Real Estate	其 他 Others	人均地区生产总值 Per Capita GDP
1978	111.2	119.5	102.4	112.2	113.4	113.4	113.4	112.9
1979	131.3	90.7	108.7	90.1	110.9	111.0	110.9	105.1
1980	97.7	118.7	98.7	112.9	107.3	115.3	122.0	102.1
1981	84.1	107.6	100.7	110.4	126.6	119.3	88.6	99.5
1982	106.7	110.1	114.1	104.7	89.5	82.9	169.6	109.7
1983	101.0	125.5	105.0	119.1	187.0	127.2	68.5	109.7
1984	119.3	115.6	103.9	117.3	117.7	109.9	98.5	113.0
1985	120.3	120.4	111.7	122.3	117.4	101.8	123.7	111.3
1986	101.9	106.0	112.8	102.7	117.5	130.4	95.8	103.8
1987	100.2	104.2	121.9	104.7	118.0	113.4	129.4	110.0
1988	119.4	125.2	113.1	131.3	110.6	112.4	139.8	111.9
1989	88.2	100.3	114.6	97.7	125.9	117.4	90.5	104.5
1990	95.7	115.0	91.8	113.5	100.1	104.2	139.5	100.9
1991	117.0	149.5	119.4	156.0	127.1	111.8	115.7	109.4
1992	106.9	121.9	119.9	119.9	86.5	101.1	166.7	115.1
1993	128.4	126.1	114.2	119.2	126.4	125.6	103.2	116.7
1994	124.3	109.6	105.8	105.6	119.5	124.8	119.7	113.9
1995	119.5	111.8	118.4	109.2	115.6	110.7	115.4	113.0
1996	113.4	110.2	115.1	109.0	112.0	112.2	115.4	112.6
1997	112.2	113.9	118.3	111.3	100.0	119.0	114.1	111.8
1998	113.3	111.1	112.3	112.9	102.9	112.2	112.7	110.0
1999	111.7	108.8	111.1	108.3	98.3	110.2	113.0	108.4
2000	103.3	111.9	111.3	110.3	100.2	112.1	112.9	108.6
2001	104.0	109.1	116.8	111.9	102.4	103.5	112.1	108.0
2002	107.1	110.1	108.8	108.2	108.2	105.5	113.2	109.0
2003	115.6	108.2	107.5	110.7	108.4	116.3	110.0	107.8
2004	112.2	104.5	100.5	104.9	106.5	104.1	124.0	109.4
2005	112.8	109.8	115.6	105.0	102.1	105.2	114.7	109.6
2006	108.4	106.6	112.9	103.9	124.7	115.3	112.2	109.6
2007	104.3	109.0	111.2	104.5	115.3	109.1	115.7	108.9
2008	102.7	112.1	106.3	105.6	109.6	104.1	110.2	107.3
2009	118.0	108.4	104.9	105.6	122.9	108.0	110.6	107.4
2010	109.1	116.5	118.8	101.6	107.5	104.3	106.1	107.6
2011	108.0	110.2	114.2	108.2	110.0	109.1	108.6	108.8
2012	108.8	111.2	107.5	109.1	118.7	105.5	106.0	108.1
2013	105.2	109.6	102.0	102.5	137.1	104.3	107.1	107.8
2014	105.3	108.2	102.4	112.3	119.1	104.8	113.1	106.1
2015	108.2	105.5	104.7	112.8	110.3	110.5	117.9	106.4
2016	105.5	106.4	100.4	108.1	115.4	109.6	115.9	106.3
2017	106.8	109.8	105.7	110.9	113.6	105.2	115.4	106.1
2018	106.5	105.5	102.2	106.1	110.8	106.4	117.7	106.1
2019	102.9	108.1	111.8	107.2	107.5	106.9	112.1	106.4
2020	106.1	101.0	98.8	85.0	105.6	105.7	106.2	103.5
2021	105.6	108.8	112.1	114.6	104.8	104.7	107.3	106.5
2022	106.2	104.6	95.3	93.1	106.7	96.7	107.0	104.1

3-4 地区生产总值指数(1978年=100)

Indices of Gross Domestic Product (year of 1978=100)

年 份 Year	地区生产总值 Gross Domestic Product	第一产业 Primary Industry	第二产业 Secondary Industry	第三产业 Tertiary Industry	农林牧渔业 Agriculture, Forestry, Animal Husbandry and Fishery Industries	工 业 Industry
1978	100.0	100.0	100.0	100.0	100.0	100.0
1979	106.2	104.2	107.8	104.9	104.2	105.2
1980	109.6	101.5	110.4	118.0	101.5	108.4
1981	110.7	106.9	106.5	123.9	106.9	106.3
1982	123.8	127.7	109.9	147.1	127.7	109.3
1983	138.0	151.6	115.7	165.0	151.6	115.5
1984	157.9	163.7	142.1	181.5	163.7	142.3
1985	177.6	167.3	168.0	213.3	167.3	167.9
1986	186.7	163.0	181.4	234.2	163.0	182.5
1987	208.4	165.6	208.4	274.7	165.6	212.4
1988	236.5	167.4	243.6	329.9	167.4	247.9
1989	250.9	173.6	256.8	361.9	173.6	264.8
1990	265.5	183.5	267.1	394.5	183.5	277.0
1991	294.7	188.1	293.8	476.6	188.1	302.8
1992	340.7	187.0	354.6	578.6	187.0	369.7
1993	401.0	195.2	441.8	674.6	195.2	459.5
1994	460.7	218.2	516.5	767.0	218.2	533.9
1995	524.7	237.0	596.0	879.0	237.0	614.0
1996	595.5	250.0	694.9	993.3	250.0	717.8
1997	669.9	263.5	798.4	1117.5	263.5	826.2
1998	741.6	279.8	895.8	1236.0	279.8	926.2
1999	809.1	291.8	990.8	1347.2	291.8	1023.5
2000	886.0	306.7	1090.9	1487.3	306.7	1134.0
2001	963.1	323.0	1181.4	1650.9	323.0	1234.9
2002	1054.6	340.4	1305.4	1819.3	340.4	1370.7
2003	1143.2	361.2	1417.7	1986.7	361.2	1474.9
2004	1257.5	396.2	1559.5	2187.4	396.2	1618.0
2005	1387.0	420.8	1723.2	2443.3	420.8	1783.0
2006	1529.9	441.0	1905.9	2738.9	441.8	1977.3
2007	1676.8	457.3	2083.1	3073.0	459.5	2175.0
2008	1810.9	479.3	2258.1	3340.4	482.0	2372.9
2009	1957.6	494.6	2450.0	3651.1	497.9	2548.5
2010	2137.7	511.4	2682.8	4041.8	515.3	2793.2
2011	2357.9	532.4	3002.1	4462.1	536.9	3139.6
2012	2563.0	553.7	3302.3	4841.4	558.4	3459.8
2013	2773.2	572.0	3602.8	5262.6	577.9	3788.5
2014	2953.5	593.2	3782.9	5746.8	599.9	3977.9
2015	3154.3	608.6	3964.5	6344.5	616.1	4152.9
2016	3365.6	629.9	4138.9	6966.3	638.9	4331.5
2017	3587.7	654.5	4254.8	7718.7	664.5	4426.8
2018	3820.9	674.1	4395.2	8490.6	685.8	4550.8
2019	4076.9	684.9	4566.6	9339.7	700.2	4737.4
2020	4231.8	706.8	4758.4	9666.6	724.7	4922.2
2021	4506.9	752.0	4991.6	10420.6	771.1	5163.4
2022	4678.2	783.6	5221.2	10754.1	805.8	5380.3

注：本表按不变价格计算。

a) Data in this table are calculated at constant prices.

3-4 续表 continued

年 份 Year	建筑业 Construction	批发和零售业 Wholesale and Retail Trades	交通运输、仓储和邮政业 Transport, Storage and Post	住宿和餐饮业 Hotels and Catering Services	金融业 Financial Intermediation	房地产业 Real Estate	其 他 Others	人均地区生产总值 Per Capita GDP
1978	100.0	100.0	100.0	100.0	100.0	100.0	100.0	100.0
1979	131.3	90.7	108.7	90.1	110.9	111.0	110.9	105.1
1980	128.3	107.7	107.3	101.7	119.0	128.0	135.3	107.3
1981	107.9	115.8	108.0	112.3	150.6	152.7	119.9	106.8
1982	115.1	127.5	123.3	117.6	134.8	126.6	203.3	117.1
1983	116.3	160.1	129.4	140.0	252.1	161.0	139.3	128.5
1984	138.7	185.0	134.5	164.3	296.8	176.9	137.2	145.2
1985	166.9	222.8	150.2	200.9	348.4	180.1	169.7	161.6
1986	170.0	236.2	169.4	206.3	409.4	234.9	162.6	167.7
1987	170.4	246.1	206.6	216.0	483.1	266.4	210.4	184.5
1988	203.4	308.1	233.6	283.6	534.3	299.4	294.1	206.5
1989	179.4	309.0	267.7	277.1	672.6	351.5	266.1	215.8
1990	171.7	355.4	245.8	314.5	673.3	366.2	371.3	217.7
1991	200.9	531.3	293.4	490.6	855.8	409.5	429.5	238.2
1992	214.8	647.6	351.8	588.3	740.2	414.0	716.1	274.1
1993	275.7	816.6	401.8	701.2	935.7	519.9	739.0	319.9
1994	342.7	895.0	425.1	740.5	1118.1	648.9	884.5	364.4
1995	409.6	1000.6	503.3	808.6	1292.5	718.3	1020.8	411.7
1996	464.5	1102.7	579.3	881.4	1447.6	806.0	1178.0	463.6
1997	521.1	1256.0	685.3	981.0	1447.6	959.1	1344.1	518.3
1998	590.4	1395.4	769.6	1107.6	1489.6	1076.1	1514.8	570.2
1999	659.5	1518.2	855.1	1199.5	1464.3	1185.9	1711.7	618.1
2000	681.3	1698.8	951.7	1323.0	1467.2	1329.3	1932.5	671.2
2001	708.5	1853.4	1111.6	1480.5	1502.4	1375.9	2166.3	724.9
2002	758.8	2040.6	1209.4	1601.9	1625.6	1451.5	2452.3	790.2
2003	877.2	2208.0	1300.1	1773.3	1762.2	1688.1	2697.5	851.8
2004	984.2	2307.3	1306.6	1860.2	1876.7	1757.4	3344.9	931.9
2005	1110.2	2533.4	1510.4	1953.2	1916.2	1848.7	3836.6	1021.3
2006	1203.5	2700.6	1705.3	2029.3	2389.4	2131.6	4304.6	1119.4
2007	1255.2	2943.7	1896.3	2120.7	2755.0	2325.6	4980.5	1219.0
2008	1289.1	3299.9	2015.7	2239.4	3019.5	2420.9	5488.5	1308.0
2009	1521.2	3577.1	2114.5	2364.8	3711.0	2614.6	6070.2	1404.8
2010	1659.6	4167.3	2512.0	2402.7	3989.3	2727.0	6440.5	1511.5
2011	1792.4	4592.4	2868.7	2599.7	4388.2	2975.2	6994.4	1644.5
2012	1950.1	5106.7	3083.9	2836.2	5208.8	3138.8	7414.1	1777.7
2013	2051.5	5597.0	3145.6	2907.2	7141.3	3273.8	7940.5	1916.4
2014	2160.2	6055.9	3221.1	3264.7	8505.3	3430.9	8980.7	2033.3
2015	2337.4	6389.0	3372.5	3682.6	9381.3	3791.2	10588.2	2163.4
2016	2465.9	6797.9	3386.0	3980.9	10826.1	4155.1	12271.8	2299.7
2017	2633.6	7464.1	3579.0	4414.8	12298.4	4371.2	14161.6	2440.0
2018	2804.8	7874.6	3657.7	4684.1	13626.6	4651.0	16668.2	2588.8
2019	2886.1	8512.4	4089.3	5021.4	14648.6	4971.9	18685.1	2754.5
2020	3062.2	8597.5	4040.2	4268.2	15468.9	5255.3	19843.6	2850.9
2021	3233.7	9354.1	4529.1	4891.4	16211.4	5502.3	21292.2	3036.2
2022	3434.2	9784.4	4316.2	4553.9	17297.6	5320.7	22782.7	3160.7

3-5 分行业增加值
Value-added by Sector

单位：亿元 (100 million yuan)

行　业	Sector	2015	2018	2019	2020	2021	2022
地区生产总值	**Gross Domestic Product**	**26398.4**	**32494.6**	**34978.6**	**36013.8**	**40397.1**	**42370.4**
农林牧渔业	Agriculture, Forestry, Animal Husbandry and Fishery	3240.3	3522.3	3727.5	4113.2	4286.2	4697.4
采矿业	Mining	601.7	654.7	695.9	730.5	1032.2	1180.0
制造业	Manufacturing	8537.0	9279.3	9566.0	9856.2	11957.3	12295.0
电力、热力、燃气及水生产和供应业	Production and Supply of Electricity, Heat, Gas and Water	887.7	996.3	1048.5	1077.5	1142.8	1200.3
建筑业	Construction	1524.4	2007.9	2118.9	2135.8	2263.6	2413.6
批发和零售业	Wholesale and Retail Trades	2153.0	2722.3	2922.5	2927.3	3218.3	3429.1
交通运输、仓储和邮政业	Transport, Storage and Post	2399.3	2606.5	2886.0	2780.1	3105.0	3013.3
住宿和餐饮业	Hotels and Catering Services	274.7	354.8	389.0	327.2	377.5	358.3
信息传输、软件和信息技术服务业	Information Transmission, Software and Information Technology Services	206.1	552.9	646.8	741.8	855.6	914.4
金融业	Financial Intermediation	1471.4	2220.9	2411.1	2528.9	2723.3	2931.8
房地产业	Real Estate	1563.6	2103.4	2356.2	2365.0	2463.2	2403.1
租赁和商务服务业	Leasing and Business Services	233.3	637.0	702.8	725.0	777.1	838.9
科学研究和技术服务业	Scientific Research and Technical Services	362.8	533.0	598.2	613.6	675.2	732.0
水利、环境和公共设施管理业	Management of Water Conservancy, Environment and Public Facilities	61.7	114.8	138.5	174.7	188.6	180.8
居民服务、修理和其他服务业	Service to Households, Repair and Other Services	234.7	437.3	493.8	479.7	521.3	524.3
教　育	Education	768.6	1104.2	1260.9	1392.2	1488.0	1630.0
卫生和社会工作	Health and Social Service	471.5	677.7	759.9	866.1	920.9	1038.9
文化、体育和娱乐业	Culture, Sports and Entertainment	98.3	164.5	175.4	149.2	166.3	167.5
公共管理、社会保障和社会组织	Public Management, Social Security and Social Organization	1308.3	1804.9	2080.6	2029.9	2234.7	2422.0

注：本表按当年价格计算。
a) Data in this table are calculated at current prices.

3-6 三次产业和主要行业贡献率

Share of the Contributions of the Three Strata of Industry and Main Sectors to the Increase of the GDP

单位：% (%)

年 份 Year	地区生产总值 Gross Domestic Product	第一产业 Primary Industry	第二产业 Secondary Industry	第三产业 Tertiary Industry	#工 业 Industry	#批发和零售业 Wholesale and Retail Trades	#金融业 Financial Intermediation
1978	100.0	20.8	60.5	18.7	56.4	6.4	3.9
1979	100.0	19.1	63.3	17.6	37.8	-7.5	7.3
1980	100.0	-22.5	37.6	84.9	42.1	25.0	10.0
1981	100.0	164.9	-168.3	103.4	-82.6	28.7	109.9
1982	100.0	53.5	12.5	34.0	10.0	3.4	-4.6
1983	100.0	56.4	19.5	24.1	19.1	8.7	31.4
1984	100.0	20.4	63.7	15.9	58.5	4.8	8.5
1985	100.0	6.1	63.0	30.9	56.4	7.3	10.0
1986	100.0	-15.9	71.5	44.4	69.9	5.7	25.6
1987	100.0	4.1	60.1	35.8	60.0	1.8	13.0
1988	100.0	2.1	60.2	37.7	54.8	8.4	6.9
1989	100.0	14.2	43.4	42.4	51.1	0.3	36.5
1990	100.0	22.9	34.1	43.0	36.5	12.2	0.2
1991	100.0	6.2	40.8	53.0	34.7	23.9	15.1
1992	100.0	-1.0	59.1	41.9	57.2	10.0	-6.1
1993	100.0	5.3	64.6	30.1	58.6	11.1	7.8
1994	100.0	15.1	55.8	29.1	49.0	5.2	7.4
1995	100.0	11.5	55.5	33.0	49.2	6.5	6.6
1996	100.0	7.2	62.3	30.5	57.6	5.7	5.3
1997	100.0	7.1	61.6	31.3	57.1	8.1	
1998	100.0	8.9	60.2	30.9	54.4	7.6	1.4
1999	100.0	7.0	62.3	30.7	56.2	7.2	-0.9
2000	100.0	7.5	58.2	34.3	56.5	9.3	0.1
2001	100.0	10.8	44.0	45.2	41.3	8.0	1.1
2002	100.0	9.8	51.1	39.1	46.8	8.1	3.2
2003	100.0	12.1	47.6	40.3	37.2	7.6	3.7
2004	100.0	15.5	46.5	38.0	39.3	3.5	2.4
2005	100.0	9.5	47.5	43.0	40.1	7.0	0.7
2006	100.0	7.2	48.5	44.3	43.9	4.7	5.8
2007	100.0	5.6	45.9	48.5	43.5	6.6	4.4
2008	100.0	8.2	49.2	42.6	47.6	10.6	3.4
2009	100.0	5.3	49.6	45.1	38.5	7.6	8.3
2010	100.0	4.7	48.9	46.3	43.6	13.1	2.7
2011	100.0	5.5	54.7	39.8	50.4	7.7	3.3
2012	100.0	5.9	55.4	38.6	50.0	10.0	7.3
2013	100.0	5.1	53.4	41.5	49.9	9.3	16.8
2014	100.0	6.7	37.6	55.7	33.3	10.1	13.8
2015	100.0	4.3	34.0	61.7	27.8	6.5	8.0
2016	100.0	6.1	28.7	65.2	24.1	7.7	12.8
2017	100.0	6.7	18.3	75.0	12.5	12.1	12.4
2018	100.0	5.1	21.1	73.8	15.4	7.1	10.7
2019	100.0	2.6	23.6	73.8	21.1	10.1	7.5
2020	100.0	8.8	43.5	47.7	34.6	2.1	10.1
2021	100.0	10.5	28.9	60.6	24.5	10.9	5.2
2022	100.0	11.8	45.2	43.0	35.5	10.0	12.2

注：1.本表按不变价格计算。2.贡献率指三次产业或主要行业增加值增量与GDP增量之比。

a) Data in this table are calculated at constant prices. b) Share of the contributions of the three strata of industry or main sectors to the increase of the GDP refers to the proportion of the increment of the value-added of each industry to the increment of GDP.

3-7 三次产业和主要行业对地区生产总值增长的拉动

Contribution of the Three Strata of Industry and Main Sectors to GDP Growth

单位：百分点 (percentage points)

年份 Year	地区生产总值 Gross Domestic Product	第一产业 Primary Industry	第二产业 Secondary Industry	第三产业 Tertiary Industry	#工业 Industry	#批发和零售业 Wholesale and Retail Trades	#金融业 Financial Intermediation
1978	14.5	3.0	8.8	2.7	8.2	0.9	0.6
1979	6.2	1.2	3.9	1.1	2.3	-0.5	0.5
1980	3.2	-0.7	1.2	2.7	1.3	0.8	0.3
1981	1.0	1.7	-1.7	1.0	-0.8	0.3	1.1
1982	11.8	6.3	1.5	4.0	1.2	0.4	-0.5
1983	11.5	6.5	2.2	2.8	2.2	1.0	3.6
1984	14.4	2.9	9.2	2.3	8.4	0.7	1.2
1985	12.5	0.8	7.9	3.8	7.0	0.9	1.2
1986	5.1	-0.8	3.6	2.3	3.6	0.3	1.3
1987	11.6	0.5	7.0	4.1	7.0	0.2	1.5
1988	13.5	0.3	8.1	5.1	7.4	1.1	0.9
1989	6.1	0.9	2.6	2.6	3.1		2.2
1990	5.8	1.3	2.0	2.5	2.1	0.7	
1991	11.0	0.7	4.5	5.8	3.8	2.6	1.7
1992	15.6	-0.1	9.2	6.5	8.9	1.6	-0.9
1993	17.7	0.9	11.5	5.3	10.4	2.0	1.4
1994	14.9	2.3	8.3	4.3	7.3	0.8	1.1
1995	13.9	1.6	7.7	4.6	6.8	0.9	0.9
1996	13.5	1.0	8.4	4.1	7.8	0.8	0.7
1997	12.5	0.9	7.7	3.9	7.2	1.0	
1998	10.7	1.0	6.4	3.3	5.8	0.8	0.1
1999	9.1	0.6	5.7	2.8	5.1	0.7	-0.1
2000	9.5	0.7	5.5	3.3	5.3	0.9	
2001	8.7	1.0	3.8	3.9	3.6	0.7	0.1
2002	9.5	0.9	4.9	3.7	4.4	0.8	0.3
2003	8.4	1.0	4.0	3.4	3.1	0.6	0.3
2004	10.0	1.5	4.6	3.8	3.9	0.3	0.2
2005	10.3	1.0	4.9	4.4	4.1	0.7	0.1
2006	10.3	0.7	5.0	4.6	4.5	0.5	0.6
2007	9.6	0.5	4.4	4.7	4.2	0.6	0.4
2008	8.0	0.7	3.9	3.4	3.8	0.8	0.3
2009	8.1	0.4	4.0	3.7	3.1	0.6	0.7
2010	9.2	0.4	4.5	4.3	4.0	1.2	0.2
2011	10.3	0.6	5.6	4.1	5.2	0.8	0.3
2012	8.7	0.5	4.8	3.3	4.3	0.9	0.6
2013	8.2	0.4	4.4	3.4	4.1	0.8	1.4
2014	6.5	0.4	2.4	3.6	2.2	0.7	0.9
2015	6.8	0.3	2.3	4.2	1.9	0.4	0.5
2016	6.7	0.4	1.9	4.4	1.6	0.5	0.9
2017	6.6	0.5	1.2	4.9	0.8	0.8	0.8
2018	6.5	0.3	1.4	4.8	1.0	0.5	0.7
2019	6.7	0.2	1.6	4.9	1.4	0.7	0.5
2020	3.8	0.3	1.6	1.8	1.3	0.1	0.4
2021	6.5	0.7	1.9	4.0	1.6	0.7	0.3
2022	3.8	0.4	1.7	1.6	1.3	0.4	0.5

注：1.本表按不变价格计算。2.拉动指GDP增长速度与三次产业或主要行业贡献率之乘积。

a) Data in this table are calculated at constant prices. b) Contribution of the three strata of industry or main sectors to GDP growth refers to the growth rate of GDP multiplied by the contribution share of every industry.

3-8 分市地区生产总值(2022年)
Gross Domestic Product (2022)

单位：亿元 (100 million yuan)

市	City	地区生产总值 Gross Domestic Product	三次产业增加值 Value-Added by Three Strata of Industry			人均地区生产总值(元) Per Capita Gross Domestic Product (yuan)
			第一产业 Primary Industry	第二产业 Secondary Industry	第三产业 Tertiary Industry	
全　省	**Total**	**42370.4**	**4410.3**	**17050.1**	**20910.0**	**56995**
石家庄市	Shijiazhuang	7100.6	558.3	2334.1	4208.2	63319
石家庄市①	Shijiazhuang①	6669.3	501.8	2079.3	4088.2	62792
唐 山 市	Tangshan	8900.7	638.4	4927.7	3334.6	115571
秦皇岛市	Qinhuangdao	1909.5	252.2	681.5	975.9	61277
邯 郸 市	Handan	4346.3	439.8	1952.5	1954.0	46615
邢 台 市	Xingtai	2546.9	350.7	1007.7	1188.5	36091
保 定 市	Baoding	4608.0	572.2	1680.0	2355.9	40038
保 定 市①	Baoding①	3880.3	464.8	1391.5	2024.0	42317
张家口市	Zhangjiakou	1775.2	317.4	466.8	991.0	43435
承 德 市	Chengde	1780.2	420.1	600.1	760.1	53482
沧 州 市	Cangzhou	4388.2	367.6	1823.5	2197.0	60035
廊 坊 市	Langfang	3565.3	230.2	1195.3	2139.8	64626
衡 水 市	Hengshui	1800.5	263.5	622.1	915.0	43108
定 州 市	Dingzhou	382.6	93.8	143.8	144.9	35357
辛 集 市	Xinji	431.3	56.5	254.9	120.0	72744

3-8 续表 continued

市	City	构成(地区生产总值=100) Composition (GDP=100)			指数(上年=100) Indices (preceding year=100)				
		第一产业 Primary Industry	第二产业 Secondary Industry	第三产业 Tertiary Industry	地区生产总值 Gross Domestic Product	第一产业 Primary Industry	第二产业 Secondary Industry	第三产业 Tertiary Industry	人均地区生产总值 Per Capita Gross Domestic Product
全　省	**Total**	**10.4**	**40.2**	**49.4**	**103.8**	**104.2**	**104.6**	**103.2**	**104.1**
石家庄市	Shijiazhuang	7.9	32.9	59.3	106.4	105.2	105.4	107.0	106.5
石家庄市①	Shijiazhuang①	7.5	31.2	61.3	107.6	105.4	109.5	107.0	107.7
唐 山 市	Tangshan	7.2	55.3	37.5	104.7	104.2	105.1	104.1	104.8
秦皇岛市	Qinhuangdao	13.2	35.7	51.1	103.5	103.8	105.3	102.2	104.2
邯 郸 市	Handan	10.1	44.9	45.0	104.2	104.9	104.4	103.7	104.9
邢 台 市	Xingtai	13.8	39.6	46.6	103.6	104.1	103.7	103.3	104.2
保 定 市	Baoding	12.4	36.5	51.1	104.5	103.9	107.5	102.7	104.7
保 定 市①	Baoding①	12.0	35.9	52.1	103.8	104.9	105.7	102.3	104.3
张家口市	Zhangjiakou	17.9	26.3	55.8	101.5	102.2	98.8	102.4	102.0
承 德 市	Chengde	23.6	33.7	42.7	103.9	104.9	105.1	102.5	104.4
沧 州 市	Cangzhou	8.4	41.5	50.1	104.2	104.3	104.7	103.7	104.1
廊 坊 市	Langfang	6.5	33.5	60.0	102.1	101.6	103.2	101.5	102.0
衡 水 市	Hengshui	14.6	34.6	50.8	104.2	105.2	105.0	103.4	104.7
定 州 市	Dingzhou	24.5	37.6	37.9	104.2	107.1	105.0	101.7	105.0
辛 集 市	Xinji	13.1	59.1	27.8	90.5	103.4	82.6	104.3	90.8

注：1.本表绝对数按当年价格计算，指数按不变价格计算。2.本表数据中石家庄市含辛集市，石家庄市①不含辛集市；保定市含定州市和雄安新区，保定市①不含定州市和雄安新区。以下相关表同。

a) Level data in this table are calculated at current prices while indices at constant prices. b) Data in this table, Shijiazhuang includes Xinji, Shijiazhuang① excludes Xinji; Baoding includes Dingzhou and Xiongan, Baoding① excludes Dingzhou and Xiongan. The same applies to the table following.

3-9 支出法地区生产总值
Gross Domestic Product by Expenditure Approach

年 份 Year	支出法地区生产总值(亿元) Gross Domestic Product by Expenditure Approach (100 million yuan)	最终消费支出 Final Consumption Expenditures	资本形成总额 Gross Capital Formation	货物和服务净出口 Net Exports of Goods and Services	最终消费率(消费率)(%) Final Consumption Rate (%)	资本形成率(投资率)(%) Capital Formation Rate (%)
1978	183.1	93.3	64.3	25.5	51.0	35.1
1979	203.2	104.4	69.0	29.8	51.4	33.9
1980	219.2	114.7	63.8	40.7	52.3	29.1
1981	222.5	129.1	50.7	42.8	58.0	22.8
1982	251.5	140.2	74.0	37.3	55.8	29.4
1983	283.2	156.3	90.1	36.8	55.2	31.8
1984	332.2	186.6	114.7	31.0	56.2	34.5
1985	396.8	229.7	156.9	10.1	57.9	39.5
1986	436.7	262.3	162.8	11.5	60.1	37.3
1987	521.9	318.3	176.6	27.1	61.0	33.8
1988	701.3	434.3	242.4	24.7	61.9	34.6
1989	822.8	481.0	295.3	46.6	58.5	35.9
1990	896.3	518.9	334.7	42.8	57.9	37.3
1991	1072.1	634.7	384.8	52.5	59.2	35.9
1992	1278.5	712.2	475.2	91.1	55.7	37.2
1993	1620.8	834.4	651.0	135.4	51.5	40.2
1994	2114.5	1023.9	854.9	235.6	48.4	40.4
1995	2701.2	1278.5	1162.2	260.4	47.3	43.0
1996	3198.0	1439.0	1433.5	325.4	45.0	44.8
1997	3652.1	1607.4	1698.2	346.4	44.0	46.5
1998	3924.5	1704.2	1872.0	348.2	43.4	47.7
1999	4158.9	1822.6	1982.7	353.7	43.8	47.7
2000	4628.2	2056.0	2061.5	510.7	44.4	44.5
2001	5062.9	2285.5	2134.3	643.1	45.1	42.2
2002	5518.9	2602.9	2228.3	687.7	47.2	40.4
2003	6333.6	2772.0	2617.8	943.7	43.8	41.3
2004	7588.6	3281.1	3289.7	1017.8	43.2	43.4
2005	8773.4	3731.4	4159.3	882.7	42.5	47.4
2006	10043.0	4331.4	4823.6	888.0	43.1	48.0
2007	12152.9	5221.6	6019.3	912.1	43.0	49.5
2008	14200.1	5910.6	7371.7	917.7	41.6	51.9
2009	15306.9	6379.1	8265.0	662.7	41.7	54.0
2010	18003.6	7311.6	9786.5	905.6	40.6	54.4
2011	21384.7	8355.4	12169.0	860.3	39.1	56.9
2012	23077.5	9559.8	13302.5	215.2	41.4	57.6
2013	24259.6	10116.3	14119.0	24.3	41.7	58.2
2014	25208.9	10665.5	14952.0	-408.6	42.3	59.3
2015	26398.4	11513.9	15380.0	-495.5	43.6	58.3
2016	28474.1	12735.2	16375.8	-636.9	44.7	57.5
2017	30640.8	14033.5	17373.1	-765.8	45.8	56.7
2018	32494.6	15305.0	18164.5	-974.8	47.1	55.9
2019	34978.6	16684.8	19360.6	-1066.9	47.7	55.4
2020	36013.8	16868.2	19977.4	-831.8	46.8	55.5
2021	40397.1	20212.4	21070.0	-885.3	50.0	52.2

注：1.本表按当年价格计算。2.最终消费率指最终消费支出占支出法国内生产总值的比重，资本形成率指资本形成总额占支出法国内生产总值的比重。

a) Data in value terms in this table are calculated at current prices. b) Final consumption rate refers to final consumption expenditures as percentage of gross domestic product by expenditure approach, capital formation rate refers to gross capital formation as percentage of gross domestic product by expenditure approach.

3-10 支出法地区生产总值构成
Components of Gross Domestic Product by Expenditure Approach

单位：亿元 (100 million yuan)

年份 Year	最终消费支出 Final Consumption Expenditures				资本形成总额 Gross Capital Formation		货物和服务净出口 Net Exports of Goods and Services	
	居民消费支出 Household Consumption Expenditures	城镇居民 Urban Household	农村居民 Rural Household	政府消费支出 Government Consumption Expenditures	固定资本形成总额 Gross Fixed Capital Formation	存货变动 Change in Inventories	出口 Exports	进口 Imports
1978	83.0	21.7	61.4	10.3	51.4	12.9		
1979	92.9	24.2	68.8	11.5	58.4	10.6		
1980	102.1	27.7	74.4	12.6	51.9	12.0		
1981	116.1	30.1	86.0	13.0	45.4	5.3		
1982	125.0	33.1	91.9	15.2	65.1	8.8		
1983	139.1	34.9	104.2	17.2	71.4	18.8		
1984	164.2	40.4	123.8	22.4	82.1	32.5		
1985	202.2	49.9	152.2	27.6	116.4	40.5		
1986	230.9	59.6	171.3	31.5	127.6	35.2		
1987	280.1	74.5	205.6	38.2	137.6	39.0		
1988	382.1	107.4	274.8	52.1	195.2	47.2		
1989	421.8	130.5	291.3	59.2	180.9	114.4		
1990	456.8	138.0	318.8	62.0	204.0	130.6		
1991	525.7	168.3	357.4	109.0	254.3	130.6		
1992	595.4	208.0	387.5	116.8	390.0	85.2		
1993	658.1	233.5	424.6	176.3	508.4	142.6		
1994	811.9	294.4	517.6	212.0	681.3	173.6		
1995	1024.8	375.5	649.3	253.7	905.5	256.8		
1996	1151.5	399.5	751.9	287.6	1149.0	284.5		
1997	1292.3	484.5	807.8	315.1	1372.7	325.6		
1998	1332.2	524.2	808.1	372.0	1508.7	363.4		
1999	1412.9	578.6	834.3	409.6	1649.5	333.2		
2000	1544.0	705.8	838.3	511.9	1694.1	367.4		
2001	1686.9	832.5	854.4	598.5	1787.4	346.9		
2002	1897.9	1027.5	870.4	705.0	1887.3	341.0		
2003	2021.2	1145.4	875.8	750.9	2299.1	318.7		
2004	2276.9	1387.8	889.1	1004.2	2950.5	339.2		
2005	2546.3	1591.2	955.1	1185.1	3812.0	347.3		
2006	2952.7	1900.4	1052.3	1378.7	4466.2	357.4		
2007	3488.4	2305.4	1183.0	1733.2	5534.3	485.0		
2008	3997.6	2716.7	1280.9	1913.1	7386.8	-15.1		
2009	4457.3	3155.7	1301.6	1921.8	8375.9	-110.8	7317.3	6654.6
2010	5034.9	3656.6	1378.3	2276.6	9570.5	215.9	9797.9	8892.3
2011	5980.3	4283.7	1696.6	2375.0	11994.1	174.9	12413.9	11553.6
2012	6740.4	4795.0	1945.4	2819.4	13167.3	135.3	12860.8	12645.6
2013	7192.2	5080.0	2112.2	2924.2	13932.2	186.8	13452.4	13428.2
2014	7621.1	5366.4	2254.7	3044.4	14698.6	253.3	14004.0	14412.6
2015	8351.7	5872.9	2478.8	3162.2	15326.7	53.2	13033.3	13528.8
2016	9417.2	6629.5	2787.7	3318.0	16335.5	40.3	12824.5	13461.4
2017	10411.1	7364.0	3047.1	3622.4	17325.4	47.7	13202.9	13968.7
2018	11446.8	8116.4	3330.4	3858.2	17878.4	286.1	13809.0	14783.9
2019	12587.4	8944.0	3643.4	4097.4	18792.2	568.4	14574.5	15641.3
2020	12615.6	8993.1	3622.5	4252.6	19351.3	626.1	14971.4	15803.2
2021	15150.6	10831.2	4319.4	5061.9	19780.4	1289.6	15800.7	16686.1

注：本表按当年价格计算。
a) Data in value terms in this table are calculated at current prices.

3-10 续表 continued

年 份 Year	最终消费支出=100 Final Consumption Expenditures=100		居民消费支出=100 Household Consumption Expenditures=100		资本形成总额=100 Gross Capital Formation=100	
	居民消费支出 Household Consumption Expenditures	政府消费支出 Government Consumption Expenditures	城镇居民 Urban Household	农村居民 Rural Household	固定资本形成总额 Gross Fixed Capital Formation	存货变动 Change in Inventories
1978	89.0	11.0	26.1	73.9	80.0	20.0
1979	89.0	11.0	26.0	74.0	84.7	15.3
1980	89.0	11.0	27.1	72.9	81.2	18.8
1981	89.9	10.1	25.9	74.1	89.6	10.4
1982	89.2	10.8	26.5	73.5	88.0	12.0
1983	89.0	11.0	25.1	74.9	79.2	20.8
1984	88.0	12.0	24.6	75.4	71.6	28.4
1985	88.0	12.0	24.7	75.3	74.2	25.8
1986	88.0	12.0	25.8	74.2	78.4	21.6
1987	88.0	12.0	26.6	73.4	77.9	22.1
1988	88.0	12.0	28.1	71.9	80.5	19.5
1989	87.7	12.3	30.9	69.1	61.3	38.7
1990	88.0	12.0	30.2	69.8	61.0	39.0
1991	82.8	17.2	32.0	68.0	66.1	33.9
1992	83.6	16.4	34.9	65.1	82.1	17.9
1993	78.9	21.1	35.5	64.5	78.1	21.9
1994	79.3	20.7	36.3	63.7	79.7	20.3
1995	80.2	19.8	36.6	63.4	77.9	22.1
1996	80.0	20.0	34.7	65.3	80.2	19.8
1997	80.4	19.6	37.5	62.5	80.8	19.2
1998	78.2	21.8	39.3	60.7	80.6	19.4
1999	77.5	22.5	41.0	59.0	83.2	16.8
2000	75.1	24.9	45.7	54.3	82.2	17.8
2001	73.8	26.2	49.4	50.6	83.7	16.3
2002	72.9	27.1	54.1	45.9	84.7	15.3
2003	72.9	27.1	56.7	43.3	87.8	12.2
2004	69.4	30.6	61.0	39.0	89.7	10.3
2005	68.2	31.8	62.5	37.5	91.7	8.3
2006	68.2	31.8	64.4	35.6	92.6	7.4
2007	66.8	33.2	66.1	33.9	91.9	8.1
2008	67.6	32.4	68.0	32.0	100.2	-0.2
2009	69.9	30.1	70.8	29.2	101.3	-1.3
2010	68.9	31.1	72.6	27.4	97.8	2.2
2011	71.6	28.4	71.6	28.4	98.6	1.4
2012	70.5	29.5	71.1	28.9	99.0	1.0
2013	71.1	28.9	70.6	29.4	98.7	1.3
2014	71.5	28.5	70.4	29.6	98.3	1.7
2015	72.5	27.5	70.3	29.7	99.7	0.3
2016	73.9	26.1	70.4	29.6	99.8	0.2
2017	74.2	25.8	70.7	29.3	99.7	0.3
2018	74.8	25.2	70.9	29.1	98.4	1.6
2019	75.4	24.6	71.1	28.9	97.1	2.9
2020	74.8	25.2	71.3	28.7	96.9	3.1
2021	75.0	25.0	71.5	28.5	93.9	6.1

3-11 居民消费水平
Household Consumption Expenditure

年份 Year	绝对数(元) Level (yuan) 全体居民 All Households	城镇居民 Urban Household	农村居民 Rural Household	城乡消费水平对比(农村居民=1) Urban/Rural Consumption Ratio (Rural Household=1)	指数(上年=100) Index (Preceding Year=100) 全体居民 All Households	城镇居民 Urban Household	农村居民 Rural Household	指数(1978=100) Index (Year of 1978=100) 全体居民 All Households	城镇居民 Urban Household	农村居民 Rural Household
1978	165	402	137	2.9	103.7	90.9	104.9	100.0	100.0	100.0
1980	199	460	164	2.8	119.9	119.5	120.6	119.2	111.6	128.2
1985	366	672	319	2.1	117.1	112.8	118.1	209.7	151.5	240.0
1990	783	1592	605	2.6	103.9	107.0	102.6	256.8	207.3	279.3
1995	1598	3220	1238	2.6	110.2	97.2	112.8	404.7	310.3	420.1
2000	2324	4150	1696	2.4	106.6	100.8	109.0	577.3	380.9	580.3
2001	2523	4581	1755	2.6	107.4	108.3	103.2	619.8	412.5	598.6
2002	2826	5296	1822	2.9	107.8	109.3	102.2	668.1	450.8	611.6
2003	2993	5548	1868	3.0	104.7	101.3	104.4	699.6	456.4	638.7
2004	3354	5896	2005	2.9	109.0	101.7	108.0	762.6	464.0	689.9
2005	3728	6337	2212	2.9	107.5	103.2	108.4	820.0	479.0	748.0
2006	4295	7231	2478	2.9	110.2	108.1	109.1	903.9	517.8	816.4
2007	5041	8431	2826	3.0	108.6	107.8	105.7	981.5	558.4	863.1
2008	5739	9493	3121	3.0	109.2	107.0	108.3	1072.1	597.4	934.6
2009	6357	10510	3247	3.2	109.2	106.7	108.5	1171.2	637.4	1014.2
2010	7077	11649	3467	3.4	107.2	105.3	107.0	1255.5	670.9	1084.9
2011	8291	13184	4280	3.1	112.5	109.1	117.4	1412.0	731.8	1273.2
2012	9300	14353	4980	2.9	107.4	104.7	110.3	1516.8	766.0	1404.3
2013	9886	14759	5510	2.7	111.1	107.3	115.9	1684.4	822.2	1627.9
2014	10431	15085	6015	2.5	109.6	106.1	113.7	1846.8	872.4	1850.9
2015	11387	15851	6830	2.3	109.9	105.7	114.7	2030.0	921.8	2123.4
2016	12794	17067	8019	2.1	109.4	105.1	113.8	2221.3	968.7	2415.9
2017	14083	18175	9120	2.0	109.1	105.4	112.9	2422.5	1021.3	2726.7
2018	15432	19354	10330	1.9	109.3	106.2	112.8	2647.1	1085.1	3075.5
2019	16927	20719	11679	1.8	109.5	107.0	112.7	2898.6	1161.0	3466.1
2020	16922	20301	11974	1.7	99.6	97.4	102.8	2887.0	1130.8	3563.2
2021	20342	23784	14925	1.6	109.0	106.4	112.7	3146.8	1203.2	4015.7

注：本表绝对数按当年价格计算，指数按不变价格计算。

a) Level in this table are calculated at current prices, while indices are calculated at constant prices.

3-12 三大需求对国内生产总值增长的贡献率和拉动

Contribution Share and Contribution of the Three Components of GDP to the Growth of GDP

年 份 Year	最终消费支出 Final Consumption Expenditure		资本形成总额 Gross Capital Formation		货物和服务净出口 Net Exports of Goods and Services	
	贡献率 (%) Contribution Share (%)	拉 动 (百分点) Contribution (percentage point)	贡献率 (%) Contribution Share (%)	拉 动 (百分点) Contribution (percentage point)	贡献率 (%) Contribution Share (%)	拉 动 (百分点) Contribution (percentage point)
1978	89.7	13.0	26.6	3.9	-16.3	-2.4
1980	69.0	2.2	-79.4	-2.5	110.4	3.5
1985	83.4	10.4	67.4	8.4	-50.8	-6.4
1990	81.3	4.7	32.6	1.9	-13.9	-0.8
1995	38.5	5.3	57.7	8.0	3.9	0.5
2000	43.8	4.1	28.5	2.7	27.7	2.6
2001	51.9	4.5	17.1	1.5	31.0	2.7
2002	51.0	4.9	19.9	1.9	29.1	2.8
2003	32.9	2.8	40.6	3.4	26.5	2.2
2004	42.8	4.3	45.3	4.5	11.8	1.2
2005	41.2	4.2	58.5	6.0	0.2	0.0
2006	46.5	4.8	53.1	5.5	0.4	0.0
2007	47.1	4.5	52.7	5.1	0.2	0.0
2008	49.8	4.0	49.7	4.0	0.4	0.0
2009	47.1	3.8	54.9	4.5	-2.0	-0.2
2010	41.5	3.8	60.4	5.6	-1.9	-0.2
2011	42.5	4.4	60.3	6.2	-2.8	-0.3
2012	45.6	3.9	60.4	5.2	-6.0	-0.5
2013	45.9	3.8	59.8	4.9	-5.6	-0.5
2014	48.3	3.1	57.1	3.7	-5.4	-0.4
2015	48.8	3.3	55.0	3.7	-3.9	-0.3
2016	53.5	3.6	50.9	3.4	-4.4	-0.3
2017	57.7	3.8	48.3	3.2	-6.0	-0.4
2018	61.1	4.0	47.6	3.1	-8.7	-0.6
2019	61.2	4.1	47.8	3.2	-9.0	-0.6
2020	14.6	0.6	87.9	3.3	-2.5	-0.1
2021	58.8	3.8	38.9	2.5	2.3	0.2

注：1.本表按不变价格计算。
2.三大需求指支出法国内生产总值的三大构成项目，即最终消费支出、资本形成总额、货物和服务净出口。
3.贡献率指三大需求增量与支出法国内生产总值增量之比。
4.拉动指国内生产总值增长速度与三大需求贡献率的乘积。

a) Data in this table are calculated at constant prices.
b) Three components of GDP by expenditure approach are final consumption expenditure, gross capital formation and net exports of goods and services.
c) Contribution share of the three components to the increase of the GDP refers to the proportion of the increment of the each component of GDP by expenditure approach to the increment of GDP.
d) Contribution of the three components to GDP growth refers to the growth rate of GDP multiplied by the contribution share of the three components.

主要统计指标解释

国内生产总值(GDP) 指一个国家所有常住单位在一定时期内生产活动的最终成果。国内生产总值有三种表现形态，即价值形态、收入形态和产品形态。从价值形态看，它是所有常住单位在一定时期内生产的全部货物和服务价值与同期投入的全部非固定资产货物和服务价值的差额，即所有常住单位的增加值之和；从收入形态看，它是所有常住单位在一定时期内创造的各项收入之和，包括劳动者报酬、生产税净额、固定资产折旧和营业盈余；从产品形态看，它是所有常住单位在一定时期内最终使用的货物和服务价值与货物和服务净出口价值之和。在实际核算中，国内生产总值有三种计算方法，即生产法、收入法和支出法。三种方法分别从不同的方面反映国内生产总值及其构成。

对于一个地区来说，称为地区生产总值或地区 GDP。

三次产业 三次产业的划分是世界上较为常用的产业结构分类，但各国的划分不尽一致。根据《国民经济行业分类》（GB/T 4754—2017）和《三次产业划分规定》，我国的三次产业划分是：

第一产业是指农、林、牧、渔业（不含农、林、牧、渔专业及辅助性活动）。

第二产业是指采矿业（不含开采及辅助性活动），制造业（不含金属制品、机械和设备修理业），电力、热力、燃气及水生产和供应业，建筑业。

第三产业即服务业，是指除第一产业、第二产业以外的其他行业。

劳动者报酬 指劳动者从事生产活动应获得的全部报酬，既包括货币形式的报酬，也包括实物形式的报酬。主要包括工资、奖金、津贴和补贴，单位为其员工交纳的社会保险费、补充社会保险费和住房公积金、行政事业单位职工的离退休金、单位为其员工提供的其他各种形式的福利和报酬等。

生产税净额 指生产税减生产补贴后的差额。其中，生产税指政府对生产单位从事生产、销售和经营活动，以及因从事生产活动使用某些生产要素（如固定资产和土地等）所征收的各种税收、附加费和其他规费。生产税分为产品税和其他生产税，产品税主要有：增值税、消费税、进口关税、出口税等；其他生产税主要有：房产税、车船使用税、城镇土地使用税等。生产补贴则相反，它是政府为影响生产单位的生产、销售及定价等生产活动而对其提供的无偿支付，包括农业生产补贴、政策亏损补贴、进口补贴等。生产补贴作为负生产税处理。

固定资产折旧 指由于自然退化、正常淘汰或损耗而导致的固定资产价值下降，用以代表固定资产通过生产过程被转移到其产出中的价值。原则上，固定资产折旧应按照固定资产的重置价值计算。

营业盈余 指常住单位创造的增加值扣除劳动者报酬、生产税净额和固定资产折旧后的余额。

支出法国内生产总值 是从最终使用的角度反映一个国家(或地区)一定时期内生产活动最终成果的一种方法，包括最终消费支出、资本形成总额及货物和服务净出口三部分。计算公式为：

支出法国内生产总值=最终消费支出+资本形成总额+货物和服务净出口

最终消费支出 指常住单位为满足物质、文化和精神生活的需要，从本国经济领土和国外购买的货物和服务的支出。它不包括非常住单位在本国经济领土内的消费支出。最终消费支出分为居民消费支出和政府消费支出。

居民消费支出 指常住住户在一定时期内对于货物和服务的全部最终消费支出。居民消费支出除了直接以货币形式购买的货物和服务的消费支出外，还包括以其他方式获得的货物和服务的消费支出，后者称为虚拟消费支出。居民虚拟消费支出主要包括：单位以实物报酬及实物转移的形式提供给劳动者的货物和服务；住户生产用于自身消费的货物（如自产自用的农产品），以及纳入生产核算范围并用于自身消费的服务（如住户的自有住房服务）；银行和保险机构提供的间接计算的金融服务。

政府消费支出 指政府部门为全社会提供的公共服务的消费支出和免费或以较低的价格向居民住户提供的货物和服务的净支出，前者等于政府服务的产出价值减去政府单位所获得的经营收入的价值，后者等于政府部门免费或以较低价格向居民住户提供的货物和服务的市场价值减去向住户收取的价值。

资本形成总额 指常住单位在一定时期内获得减去处置的固定资产和存货的净额，包括固定资本形成总额和存货变动两部分。

固定资本形成总额 指常住单位在一定时期内获得的固定资产减处置的固定资产的价值总额。固定资产是通过生产活动生产出来的，且其使用年限在一年以上、单位价值在规定标准以上的资产，不包括自然资产、耐用消费品、小型工器具。固定资本形成总额包括住宅、其他建筑和构筑物、机器和设备、培育性生物资源、知识产权产品（研发支出、矿藏的勘探、计算机软件）的价值获得减处置。

存货变动 指常住单位在一定时期内存货实物量变动的市场价值，即期末价值减期初价值的差额，再扣除当期由于价格变动而产生的持有收益。存货变动可以是正值，也可以是负值，正值表示存货上升，负值表示存货下降。存货包括生产单位购进的原材料、燃料和储备物资等存货，以及生产单位生产的产成品、在制品和半成品等存货。

货物和服务净出口 指货物和服务出口减货物和服务进口的差额。出口包括常住单位向非常住单位出售或无偿转让的各种货物和服务的价值；进口包括常住单位从非常住单位购买或无偿得到的各种货物和服务的价值。货物的出口和进口都按离岸价格计算。

Explanatory Notes on Main Statistical Indicators

Gross Domestic Product (GDP) refers to the final products produced by all resident units in a country during a certain period of time. Gross domestic product is expressed in three different perspectives, namely value, income, and products respectively. GDP in its value perspective refers to the balance of total value of all goods and services produced by all resident units during a certain period of time, minus the total value of input of goods and services of the nature of non-fixed assets; in other words, it is the sum of the value-added of all resident units. GDP from the perspective of income refers to the sum of all kinds of revenue, including Compensation of Employees, Net Taxes on Production, Depreciation of Fixed Assets, and Operating Surplus. GDP from the perspective of products refers to the value of all goods and services for final demand by all resident units plus the net exports of goods and services during a given period of time. In the practice of national accounting, gross domestic product is calculated from three approaches, namely production approach, income approach and expenditure approach, which reflect gross domestic product and its composition from different angles.

For a region, it is called as Gross Regional Product(GRP) or regional GDP.

Three Strata of Industry Classification of economic activities into three strata of industry is a common practice in the world, although the grouping varies to some extent from country to country. In China, according to *Industrial classification for National Economic Activities* (GB/T 4754—2017) and *Dividing Basis of Three Industries*, economic activities are categorized into the following three strata of industry:

Primary industry refers to agriculture, forestry, animal husbandry and fishery industries (not including services in support of agriculture, forestry, animal husbandry and fishery industries).

Secondary industry refers to mining and quarrying(not including support activities for mining), manufacturing(not including repair service of metal products, machinery and equipment), production and supply of electricity, heat, gas and water, and construction.

Tertiary industry refers to all other economic activities not included in the primary or secondary industries.

Compensation of Employees refers to the total payment of various forms to employees for the productive activities they are engaged in. It includes the employees earn in cash or in kind. It mainly include: wages, bonuses and allowances, subsidies, social insurance paid by company or unit for its staff, supplementary social insurance, housing fund, the pension for the employees of the administrative institution, other forms of welfare and remuneration provide by the units for its employees.

Net Taxes on Production refers to taxes on production less subsidies on production. The taxes on production refers to the various taxes, extra charges and fees levied on the production units on their production, sale and business activities as well as on the use of some factors of production, such as fixed assets, land etc. in the production activities they are engaged in. Taxes on production are divided into product tax and other kinds of taxes on production, product tax mainly includes: value-added tax, consumption tax, import duty, export duty; other taxes on production mainly include: House Property Tax, Tax on Vehicles and Boat Operation, Urban Land Use Tax, etc. In contrast to taxes on production, subsidies on production refer to the payment by the government for free to the production units to influence production activities of production units such as production, sales and pricing, which include agricultural production subsidies, subsidies for policy losses, import subsidies, etc. Subsidies on production are therefore regarded as negative taxes on production.

Depreciation of Fixed Assets Refers to the decline of the value of fixed assets due to natural deterioration, normal elimination or loss, it reflects the value of transfer of the fixed assets in the production of the current period. In principle, the depreciation of fixed assets should be calculated on the basis of the re-purchased value of the fixed assets.

Operating Surplus refers to the balance of the value added created by the resident units after deducting the labourers remuneration, net taxes on production and the depreciation of fixed assets.

GDP by Expenditure Approach refers to the method of measuring the final results of production activities of a country (region) during a given period from the perspective of final uses. It includes final consumption expenditure, gross capital formation and net export of goods and services. The formula for computation is.:

GDP by expenditure approach = final consumption expenditure + gross capital formation + net export of goods and services

Final Consumption Expenditure refers to the total expenditure of resident units for purchases of goods and services from both the domestic economic territory and abroad to meet the needs of material, cultural and spiritual life. It does not include the expenditure of non-resident units on consumption in the economic territory of the country. The final consumption expenditure is broken down into household consumption expenditure and government consumption expenditure.

Household Consumption Expenditure refers to the total expenditure of resident households on the final consumption of goods and services. In addition to the consumption of goods and services bought by the households directly with money, the household consumption expenditure also includes expenditure on goods and services obtained by the households in other ways, i.e. the latter so-called imputed consumption expenditure, which mainly includes: (a) the goods and services provided to households by employers in the form of payment in kind and transfer in kind; (b) goods and services produced and consumed by the households themselves (such as self produced agricultural products); (c) financial intermediate services provided by banking and insurance institutions.

Government Consumption Expenditure refers to the consumption expenditure spent for the provision of public services provided by the government to the whole country and the net expenditure on the goods and services provided by the government to households free of charge or at reduced prices. The former equals to the output value of the government services minus the value of operating income obtained by the government departments. The latter equals to the market value of the goods and services provided by the government free of charge or at reduced prices to the households minus the value received by the government from the households.

Gross Capital Formation refers to the fixed assets acquired less disposals and the net value of inventory, thus including gross fixed capital formation and changes in inventories.

Gross Fixed Capital Formation refers to the value of acquisitions less those disposals of fixed assets during a given period. Fixed assets are the assets produced through production activities with unit value above a specified amount and which could be used for over one year. Natural assets, consumer durables, small instruments are not included. Gross Fixed Capital Formation includes the value of housing, other buildings and structure, equipment and machinery, breeding biological resources, intellectual property right product (expenditure for R&D, the prospecting of minerals and the acquisition of computer software) minus the disposal of them.

Changes in Inventories refers to the market value of the change in the physical volume of inventory of resident units during a given period, i.e. the difference between the values at the beginning and at the end of the period minus the gains due to the change in prices. The changes in inventories can have a positive or a negative value. A positive value indicates an increase in inventory while a negative value indicates a decrease in inventory. The inventory includes raw materials, fuels and reserve materials purchased by the production units as well as the inventory of finished products, semi-finished products and work-in-progress.

Net Export of Goods and Services refers to the exports of goods and services subtracting the imports of goods and services. Exports include the value of various goods and services sold or gratuitously transferred by resident units to non-resident units. Imports include the value of various goods and services purchased or gratuitously acquired resident units from non-resident units. Because the provision of services and the use of them happen simultaneously, the acquisition of services by resident units from abroad is usually treated as import while the acquisition of services by non-resident units in this country is usually treated as export. The exports and imports of goods are calculated at FOB.

就业和工资
Employment and Wages

简 要 说 明

一、本篇资料反映河北省劳动经济方面的基本情况，包括就业人员数，城镇登记失业人数，就业人员工资总额，平均工资及指数变化情况等。

二、本篇资料来源

就业基本情况及分组资料、工资总额等资料，由河北省统计局人口和就业统计处根据国家统计局相关统计报表制度搜集资料，加工整理。

三、资料整理：张连松　董昱含

Brief Introduction

Ⅰ.The data in this chapter reflects the basic situation of the labor economy in Hebei Province, including the number of employed people, the number of registered unemployed in cities and towns, the total wages of employed people, average wages and index changes.

Ⅱ.Sources of this paper

Basic information of employment, grouping data, total wages and other data are collected, processed and sorted out by the Population and Employment Statistics Division of Hebei Province Statistics Bureau according to the relevant statistical statement system of the National Bureau of Statistics.

Ⅲ. Data collection: Zhang Liansong, Dong Yuhan.

4-1 就业基本情况
Employment

项　目	Item	2015	2018	2019	2020	2021	2022
就业人员(万人)	**Total Number of Employed Persons (10000 persons)**	**3927**	**3739**	**3702**	**3671**	**3643**	**3580**
第一产业	Primary Industry	1292	982	938	815	777	820
第二产业	Secondary Industry	1330	1010	973	1170	1169	1121
第三产业	Tertiary Industry	1305	1747	1791	1686	1697	1639
按城乡分就业人员(万人)	**Number of Employed Persons by Urban and Rural Areas (10000 persons)**						
城镇就业人员	Urban Employed Persons	1547	1880	2021	2099	2133	2103
乡村就业人员	Rural Employed Persons	2380	1859	1681	1572	1510	1477
按登记注册类型分城镇非私营单位就业人员(万人)	**Number of Employed Person in Urban Non-private Units by Status of Registration (10000 persons)**	**643.65**	**550.34**	**576.03**	**561.24**	**565.95**	**561.15**
国有单位	State-owned Units	288.22	273.96	262.66	256.02	255.72	257.66
城镇集体单位	Urban Collective-owned Units	14.39	11.33	12.10	10.92	10.38	9.35
股份合作单位	Cooperative Units	3.72	2.92	2.92	3.03	2.87	2.70
联营单位	Joint Ownership Units	3.48	0.10	0.61	1.11	0.89	0.78
有限责任公司	Limited Liability Corporations	219.53	160.26	187.06	194.28	197.98	200.26
股份有限公司	Share-holding Corporations Ltd.	68.62	66.22	63.33	61.71	61.23	52.47
港澳台商投资单位	Units with Funds from Hong Kong, Macao & Taiwan	18.49	14.18	12.74	12.94	12.21	15.16
外商投资单位	Foreign Funded Units	24.21	18.35	19.10	19.77	23.16	20.52

4-2 按三次产业分就业人员数(年底数)
Number of Employed Persons at Year-end by Three Strata of Industry

年 份 Year	就业人员(万人) Total Employed Persons (10000 persons)				构成(就业人员=100) Composition in Percentage		
		第一产业 Primary Industry	第二产业 Secondary Industry	第三产业 Tertiary Industry	第一产业 Primary Industry	第二产业 Secondary Industry	第三产业 Tertiary Industry
1978	2109.39	1621.61	292.83	194.95	76.88	13.88	9.24
1979	2141.50	1614.32	315.89	211.29	75.38	14.75	9.87
1980	2182.80	1637.42	321.01	224.37	75.01	14.71	10.28
1981	2264.23	1699.67	325.26	239.3	75.07	14.36	10.57
1982	2346.57	1741.5	345.68	259.39	74.22	14.73	11.05
1983	2489.26	1835.05	351.74	302.47	73.72	14.13	12.15
1984	2533.57	1762.57	425.77	345.23	69.6	16.8	13.63
1985	2555.43	1603.36	557.49	394.58	62.74	21.82	15.44
1986	2626.41	1602.21	607.42	416.78	61.00	23.13	15.87
1987	2725.75	1615.62	653.23	456.90	59.27	23.97	16.76
1988	2808.33	1659.62	690.33	458.38	59.10	24.58	16.32
1989	2857.92	1739.11	674.31	444.50	60.85	23.60	15.55
1990	2955.47	1820.51	680.14	454.82	61.60	23.01	15.39
1991	3040.30	1905.27	690.04	444.99	62.67	22.70	14.63
1992	3106.28	1874.64	722.61	509.03	60.35	23.26	16.39
1993	3171.37	1857.14	778.68	535.55	58.56	24.55	16.89
1994	3210.37	1780.48	832.60	597.29	55.46	25.93	18.61
1995	3252.01	1729.29	879.08	643.64	53.18	27.03	19.79
1996	3300.16	1635.17	942.08	722.91	49.55	28.55	21.90
1997	3324.23	1634.03	940.24	749.96	49.16	28.28	22.56
1998	3367.18	1650.22	932.60	784.36	49.01	27.70	23.29
1999	3322.30	1653.25	879.69	789.36	49.76	26.48	23.76
2000	3385.71	1678.12	886.99	820.60	49.56	26.20	24.24
2001	3409.16	1676.34	899.68	833.14	49.17	26.39	24.44
2002	3435.00	1662.59	929.12	843.29	48.40	27.05	24.55
2003	3470.23	1672.26	942.84	855.13	48.19	27.17	24.64
2004	3516.71	1612.85	992.74	911.12	45.86	28.23	25.91
2005	3568.97	1564.72	1043.56	960.69	43.84	29.24	26.92
2006	3609.99	1524.89	1082.66	1002.44	42.24	29.99	27.77
2007	3664.97	1481.52	1134.51	1048.94	40.42	30.96	28.62
2008	3725.66	1481.37	1170.06	1074.23	39.76	31.41	28.83
2009	3792.49	1479.22	1203.36	1109.91	39.00	31.73	29.27
2010	4135	1566	1338	1231	37.87	32.36	29.77
2011	4087	1485	1361	1241	36.33	33.30	30.36
2012	4063	1418	1393	1252	34.90	34.29	30.81
2013	4032	1375	1386	1271	34.10	34.38	31.52
2014	3978	1338	1361	1279	33.63	34.21	32.15
2015	3927	1292	1330	1305	32.90	33.87	33.23
2016	3871	1186	1237	1448	30.64	31.96	37.41
2017	3795	1086	1113	1596	28.62	29.33	42.06
2018	3739	982	1010	1747	26.26	27.01	46.72
2019	3702	938	973	1791	25.34	26.28	48.38
2020	3671	815	1170	1686	22.20	31.87	45.93
2021	3643	777	1169	1697	21.33	32.09	46.58
2022	3580	820	1121	1639	22.91	31.31	45.78

注：1.1999年起资料不包括离开本单位仍保留劳动关系职工人数。2.根据河北省第七次全国人口普查数据，调整了2010—2019年全省就业人员数据。

a) Since 1999, the data exclude those staff and workers who still keep their relation with their units, but have left their working post at there.

b) Based on the data of the Seventh National Population Census of Hebei Province, the employment data of the whole province from 2010 to 2019 are adjusted.

4-3 按登记注册类型分城镇非私营单位就业人员数(年底数)
Number of Employed Person in Urban Non-Private Units at Year-end by Status of Registration

单位：万人 (10000 persons)

年 份 Year	就业人员数 Number of Employed Persons	国有单位 State-owned Units	城镇集体单位 Urban Collective-owned Units	股份合作单位 Cooperative Units	联营单位 Joint Ownership Units	有限责任公司 Limited Liability Corporations	股份有限公司 Share Holding Corporations Ltd.	港澳台商投资单位 Units with Funds from Hong Kong, Macao and Taiwan	外商投资单位 Foreign Funded Units
1995	698.02	535.14	132.79	12.64	1.25			8.82	7.08
2000	548.81	426.05	60.10	5.82	0.53	26.23	17.93	4.95	6.86
2005	495.55	347.52	37.72	6.69	0.59	53.42	24.65	8.46	12.12
2006	501.22	344.90	35.96	6.86	0.63	56.24	27.91	9.52	14.00
2007	498.50	339.44	32.68	7.74	0.77	57.88	29.39	9.86	15.01
2008	501.02	334.80	28.31	7.82	1.31	61.32	36.23	9.16	15.94
2009	503.06	328.84	27.24	6.39	1.60	66.34	39.12	11.08	16.52
2010	519.58	330.00	25.91	6.09	1.59	70.99	47.59	9.21	22.06
2011	555.42	322.49	22.21	5.68	2.76	108.29	54.19	10.98	25.93
2012	619.95	332.41	21.14	5.67	3.72	153.68	58.39	14.20	28.80
2013	653.36	298.94	18.00	4.36	3.44	215.24	62.14	19.64	29.39
2014	656.18	293.49	15.58	3.91	3.46	221.85	65.97	19.41	29.61
2015	643.65	288.22	14.39	3.72	3.48	219.53	68.62	18.49	24.21
2016	639.62	286.36	13.96	3.63	3.58	220.10	69.04	16.82	22.87
2017	535.32	282.69	13.75	3.73	0.16	125.88	56.31	22.20	28.30
2018	550.34	273.96	11.33	2.92	0.10	160.26	66.22	14.18	18.35
2019	576.03	262.66	12.10	2.92	0.61	187.06	63.33	12.74	19.10
2020	561.24	256.02	10.92	3.03	1.11	194.28	61.71	12.94	19.77
2021	565.95	255.72	10.38	2.87	0.89	197.98	61.23	12.21	23.16
2022	561.15	257.66	9.35	2.70	0.78	200.26	52.47	15.16	20.52

注：1995年就业人员数为职工年末人数。
a) Employed Person in 1995 was staff and workers at year-end.

4-4 按登记注册类型和行业分城镇非私营单位就业人员数(2022年底)
Number of Employed Persons in Urban Non-Private Units by Status of Registration and Sector in Detail (End of 2022)

单位：万人 (10000 persons)

项目	Item	就业人员 Employed Persons	国有单位 State-owned Units	城镇集体单位 Urban Collective-owned Units	其他单位 Units of Other Types of Ownership
总计	**Total**	**561.15**	**257.66**	**9.35**	**294.14**
农、林、牧、渔业	Agriculture, Forestry, Animal Husbandry and Fishery	1.86	0.44	0.04	6.46
采矿业	Mining	14.86	0.06	0.02	10.51
制造业	Manufacturing	96.95	1.39	1.16	8.39
电力、热力、燃气及水生产和供应业	Production and Supply of Electricity, Heat, Gas and Water	18.55	7.18	0.03	13.22
建筑业	Construction	36.31	1.88	0.84	7.78
批发和零售业	Wholesale and Retail Trades	20.08	1.36	0.43	6.19
交通运输、仓储和邮政业	Transport, Storage and Post	28.74	5.47	0.20	10.50
住宿和餐饮业	Hotels and Catering Services	4.14	0.79	0.06	4.81
信息传输、软件和信息技术服务业	Information Transmission, Software and Information Technology Services	11.99	0.82	0.02	13.84
金融业	Financial Intermediation	32.19	0.75	0.11	14.10
房地产业	Real Estate	10.53	0.43	0.24	7.24
租赁和商务服务业	Leasing and Business Services	19.48	2.26	0.91	6.14
科学研究和技术服务业	Scientific Research and Technical Services	14.32	4.34	0.11	11.44
水利、环境和公共设施管理业	Management of Water Conservancy, Environment and Public Facilities	10.72	4.87	0.21	3.53
居民服务、修理和其他服务业	Services to Households, Repair and Other Services	2.53	0.51	0.08	4.45
教育	Education	84.02	79.33	1.68	5.72
卫生和社会工作	Health and Social Service	48.76	42.44	2.86	7.57
文化、体育和娱乐业	Culture, Sports and Entertainment	5.18	3.66	0.09	8.59
公共管理、社会保障和社会组织	Public Management, Social Security and Social Organization	99.92	99.67	0.25	8.66

4-5 按行业分城镇非私营单位就业人员数(年底数)

Number of Employed Persons in Urban Non-Private Units by Sector (End of Year)

单位：人 (person)

年 份 市	Year City	就业人员 Employed Persons	农、林、牧、渔业 Agriculture, Forestry, Animal Husbandry and Fishery	采矿业 Mining	制造业 Manufacturing	电力、热力、燃气及水生产和供应业 Production and Supply of Electricity, Heat, Gas and Water	建筑业 Construction	批发和零售业 Wholesale and Retail Trades
	2005	4955531	85056	275921	1203315	174403	339374	270288
	2006	5012171	82405	276510	1213562	181156	358075	252680
	2007	4984975	78925	266949	1222293	184323	338382	236891
	2008	5010177	74899	280926	1163827	195040	345598	231690
	2009	5030626	70711	270216	1169822	198460	339425	221463
	2010	5195833	66360	277623	1196714	199376	365283	225492
	2011	5554236	57072	284170	1305766	202074	506197	234736
	2012	6199464	55239	287978	1453747	212466	814008	263272
	2013	6533580	52407	282686	1503358	196189	906173	288563
	2014	6561790	45579	272604	1477010	192078	890488	282444
	2015	6436468	41712	246381	1408507	187123	843639	271404
	2016	6396210	38868	227719	1363240	187943	818486	268764
	2017	5353159	34586	198094	1025542	178587	382765	177737
	2018	5503377	25427	180508	983734	178383	481235	189728
	2019	5760277	26534	164847	950671	187187	432055	205701
	2020	5612439	25415	159771	985339	187059	411949	204320
	2021	5659533	18241	153417	1010708	185648	387423	207224
	2022	5611456	18631	148639	969547	185478	363058	200786
石家庄市	Shijiazhuang	1037065	681	50	166564	25186	67337	60367
石家庄市①	Shijiazhuang①	1017545	520	50	161444	24190	66350	59873
唐山市	Tangshan	739346	700	59910	186341	26321	30790	26912
秦皇岛市	Qinhuangdao	270837	521	309	60903	10790	8287	6033
邯郸市	Handan	585705	2900	42368	105154	25431	44870	17592
邢台市	Xingtai	400377	2762	16534	62397	15014	19932	8355
保定市	Baoding	802544	2348	334	144323	20778	66484	25267
保定市①	Baoding①	727489	1853	334	135342	19368	65764	21371
张家口市	Zhangjiakou	334094	3577	6844	35525	12804	9557	8313
承德市	Chengde	264088	2048	5091	30895	8224	20235	6632
沧州市	Cangzhou	452109	674	17197	67179	15675	26540	18911
廊坊市	Langfang	414321	326		77700	13021	62136	9474
衡水市	Hengshui	238625	2094		32566	12233	6890	12928
定州市	Dingzhou	35735	482		7686	557	152	3195
辛集市	Xinji	19520	162		5119	996	986	494

注：本表数据中石家庄市含辛集市，石家庄市①不含辛集市；保定市含定州市和雄安新区，保定市①不含定州市和雄安新区。以下相关表同。

a) Data in this table, Shijiazhuang includes Xinji, Shijiazhuang① excludes Xinji; Baoding includes Dingzhou and Xiongan, Baoding① excludes Dingzhou and Xiongan. The same applies to the table following.

4-5 续表 1 continued

单位：人 (person)

年 份 市	Year City	交通运输、仓储和邮政业 Transport, Storage and Post	住宿和餐饮业 Hotels and Catering Services	信息传输、软件和信息技术服务业 Information Transmission, Software and Information Technology Services	金 融 业 Financial Intermediation	房地产业 Real Estate	租赁和商务服 务 业 Leasing and Business Services
	2005	255651	50559	46612	181202	29160	47333
	2006	257107	50138	52728	190608	28707	54441
	2007	250928	48853	55957	196160	29264	50068
	2008	256907	47748	55823	221543	32133	47630
	2009	254790	45261	60454	234191	32804	51344
	2010	251018	45294	62510	242448	41637	49195
	2011	243789	52683	58589	238344	48988	51101
	2012	243019	67824	65019	246544	68395	51580
	2013	275895	69333	86275	256396	91472	114896
	2014	289603	62678	85587	276627	105257	137689
	2015	291791	58072	88465	299102	109780	134382
	2016	286719	54220	84213	321685	121285	126147
	2017	242689	33612	75299	346430	63482	97656
	2018	245802	41049	83758	361434	83213	107371
	2019	274703	44919	101197	370462	104200	161055
	2020	272669	42959	104090	363915	118157	150277
	2021	289701	43322	122108	367284	120289	142493
	2022	287428	41351	119885	321891	105340	194772
石家庄市	Shijiazhuang	76680	14313	58008	70382	30844	49496
石家庄市①	Shijiazhuang①	76680	14313	57994	69899	30669	49302
唐 山 市	Tangshan	33039	4390	6232	37299	10152	17315
秦皇岛市	Qinhuangdao	14471	2090	4838	17913	4475	5024
邯 郸 市	Handan	12838	3303	4820	21892	6311	15966
邢 台 市	Xingtai	7734	1211	2339	31653	5566	6956
保 定 市	Baoding	16038	5457	14538	40033	9725	65479
保 定 市①	Baoding①	15150	5316	11442	38945	9058	63177
张家口市	Zhangjiakou	12846	3488	6069	17089	6523	8267
承 德 市	Chengde	7186	1969	3933	14539	3612	4444
沧 州 市	Cangzhou	13510	1318	4549	29927	7078	12347
廊 坊 市	Langfang	15944	2445	11802	23808	18748	7589
衡 水 市	Hengshui	4797	1366	2758	17357	2305	1888
定 州 市	Dingzhou	288	26	111	10	548	322
辛 集 市	Xinji			15	483	175	193

4−5 续表 2 continued

单位：人 (person)

年 份 市	Year City	科学研究和技术服务业 Scientific Research and Technical Services	水利、环境和公共设施管理业 Management of Water Conservancy, Environment and Public Facilities	居民服务、修理和其他服务业 Services to Households, Repair and Other Services	教 育 Education	卫生和社会工作 Health and Social Work	文化、体育和娱乐业 Culture, Sports and Entertainment	公共管理、社会保障和社会组织 Public Management, Social Security and Social Organization
	2005	75571	85813	20935	839606	228385	48679	697668
	2006	74749	88870	20723	839490	233178	47400	709644
	2007	74111	91068	21386	828680	237553	46873	726311
	2008	81732	88532	21773	826673	245897	46746	745060
	2009	84096	92543	19455	824768	257818	47165	755840
	2010	88780	101110	20344	863053	278163	49843	771590
	2011	99997	101307	20561	887923	300116	50859	809964
	2012	125263	112545	21569	898513	322273	52299	837911
	2013	139734	114872	14368	897280	336961	52785	853937
	2014	144762	114396	15216	899082	354472	52686	863532
	2015	148112	117606	17013	890717	364528	54861	863273
	2016	163514	118743	25277	881037	377419	55019	875912
	2017	141062	122466	22496	881687	392093	49960	886916
	2018	159294	122128	19646	879400	396097	51349	913821
	2019	163756	90527	25084	959900	453302	51821	992356
	2020	156531	97042	23018	829890	452852	52424	974761
	2021	155812	99968	26225	835109	467975	53059	973530
	2022	143244	107173	25339	840232	487648	51778	999237
石家庄市	Shijiazhuang	35804	14903	2566	127046	76988	17243	142607
石家庄市①	Shijiazhuang①	35127	14128	2506	121695	75891	17028	139886
唐 山 市	Tangshan	7672	16257	1852	88446	66839	4950	113929
秦皇岛市	Qinhuangdao	6314	4180	355	42567	25864	2406	53497
邯 郸 市	Handan	8861	3698	2325	101232	57461	4542	104140
邢 台 市	Xingtai	4475	17089	401	71646	43445	2227	80641
保 定 市	Baoding	41530	12827	8150	138281	63064	4271	123615
保 定 市①	Baoding①	40137	11926	7947	114571	55242	4054	106492
张家口市	Zhangjiakou	6729	11995	3186	51670	29302	4078	96231
承 德 市	Chengde	5297	6052	434	44262	26025	3401	69809
沧 州 市	Cangzhou	14328	6668	3425	71572	48552	4431	88228
廊 坊 市	Langfang	9728	5488	571	59377	29582	2553	64028
衡 水 市	Hengshui	2506	8015	2072	44132	20526	1677	62512
定 州 市	Dingzhou	236		149	10513	5710	65	5684
辛 集 市	Xinji	677	775	60	5352	1097	215	2721

4-6 城镇非私营单位就业人员工资总额和指数
Total Wage Bill of Employed Persons in Urban Non-Private Units and Indices

年份 Year	工资总额(万元) Total Wage Bill (10000 yuan)	国有单位 State-owned Units	城镇集体单位 Urban Collective-owned Units	其他单位 Units of Other Types of Ownership	指数(上年=100) Indices (preceding year=100)	国有单位 State-owned Units	城镇集体单位 Urban Collective-owned Units	其他单位 Units of Other Types of Ownership
1995	3360002	2767436	441368	151198	116.0	115.7	113.9	129.6
2000	4333810	3496900	330956	505954	107.3	107.0	96.4	118.3
2005	7292085	5302184	350579	1639322	114.1	108.3	108.3	140.1
2010	16295601	10544356	578163	5173082	116.6	111.1	116.7	129.4
2011	19752516	11529150	561032	7662334	121.2	109.3	97.0	148.1
2012	23983034	12954720	613616	10414698	121.4	112.4	101.1	154.3
2013	27241454	11810500	606164	14824790	113.6	91.2	98.8	142.3
2014	29654617	12684854	591250	16378513	108.9	107.4	97.5	110.5
2015	32894839	15167871	603437	17123531	110.9	119.6	102.1	104.6
2016	35187502	16741647	625841	17820014	107.0	110.4	103.7	104.1
2017	33562526	18137994	673522	14751010	95.4	108.3	107.6	82.8
2018	37723030	19421823	617805	17683402	112.4	107.1	91.7	119.9
2019	41875408	19538825	616628	21719955	111.0	100.6	99.8	122.8
2020	43454620	20111367	653500	22689752	103.8	102.9	106.0	104.5
2021	46830401	20635844	647718	25546839	107.8	102.6	99.1	112.6
2022	51219669	24477941	569543	26172185	109.4	118.6	87.9	102.5

注：1995年工资总额为职工工资总额。
a) Total wage bill in 1995 refer to wages of staff and workers.

4-7 按行业分城镇非私营单位就业人员工资总额
Total Wage Bill of Employed Persons in Urban Non-Private Units by Sector

单位：万元 (10000 yuan)

年 份 市	Year City	工资总额 Total Wage Bill	农、林、牧、渔业 Agriculture, Forestry, Animal Husbandry and Fishery	采矿业 Mining	制造业 Manufacturing	电力、热力、燃气及水生产和供应业 Production and Supply of Electricity, Heat, Gas and Water	建筑业 Construction	批发和零售业 Wholesale and Retail Trades
	2005	7292085	50917	604470	1580418	385999	437460	237622
	2006	8255426	55108	709357	1811382	472500	501175	244876
	2007	9912150	61263	819186	2107260	592344	564297	257708
	2008	12248069	72763	1049182	2489610	707464	665853	315917
	2009	13981981	80688	1148084	2794237	784688	716383	372886
	2010	16295601	82931	1343037	3304287	904256	895861	449422
	2011	19752516	74169	1629769	4280573	1039036	1552627	573830
	2012	23983034	75867	1798220	5351519	1234991	2627997	734004
	2013	27241454	72787	1755475	6080746	1252861	3276361	910805
	2014	29654617	76194	1655151	6489585	1341106	3417198	991020
	2015	32894839	82522	1395844	6826416	1425521	3335285	1035426
	2016	35187502	85387	1293743	6974713	1370650	3504546	1067724
	2017	33562526	81058	1233938	5978908	1510132	2000643	828401
	2018	37723030	59678	1390696	6464185	1633800	2676495	969908
	2019	41875408	72627	1419727	6572951	1881312	2671657	1158721
	2020	43454620	85970	1402494	7182153	2045111	2537069	1214709
	2021	46830401	112847	1474142	8121160	2137105	2671252	1317919
	2022	51219669	118901	1566199	8146186	2279555	2691991	1356966
石家庄市	Shijiazhuang	10254938	3895	175	1452390	340702	573775	426808
石家庄市①	Shijiazhuang①	10094080	2984	175	1423657	334080	569538	424699
唐 山 市	Tangshan	6908461	3332	684205	1646862	381948	298840	177410
秦皇岛市	Qinhuangdao	2641864	3910	2386	536144	153502	62540	54071
邯 郸 市	Handan	4807675	22713	381970	670458	292512	284207	118669
邢 台 市	Xingtai	3011064	19887	168829	449624	170898	113831	65584
保 定 市	Baoding	6911496	11416	2018	1424060	196706	377279	148246
保 定 市①	Baoding①	6234251	8628	2018	1346978	180251	372748	128280
张家口市	Zhangjiakou	2767392	24025	54285	291329	142644	59120	48137
承 德 市	Chengde	2353061	13089	35305	216278	120538	131237	44285
沧 州 市	Cangzhou	4169270	4011	237026	539093	130346	174071	118658
廊 坊 市	Langfang	4514727	2041		710024	217582	581565	77825
衡 水 市	Hengshui	1854406	10582		209923	132177	35525	77273
定 州 市	Dingzhou	280947	2687		67994	3953	486	13506
辛 集 市	Xinji	160858	911		28734	6622	4237	2110

4-7 续表 1 continued

单位：万元 (10000 yuan)

年 份 市	Year City	交通运输、仓储和邮政业 Transport, Storage and Post	住宿和餐饮业 Hotels and Catering Services	信息传输、软件和信息技术服务业 Information Transmission, Software and Information Technology Services	金 融 业 Financial Intermediation	房地产业 Real Estate	租赁和商务服 务 业 Leasing and Business Services
	2005	413311	47513	116694	359253	41830	55430
	2006	447825	52557	138153	429972	44478	66908
	2007	547668	56831	156948	528091	53326	71081
	2008	665467	65969	179337	709865	69708	80802
	2009	752167	70706	220856	856203	80551	95797
	2010	831459	79964	241485	1071814	113237	102438
	2011	932657	115575	273158	1250601	145845	120741
	2012	1106651	174222	328542	1468556	239178	139207
	2013	1287248	194912	604410	1672076	346224	432206
	2014	1522889	184241	710961	1966568	413561	521710
	2015	1703797	194353	837687	2161394	466879	532669
	2016	1704190	188556	929105	2321434	562600	485016
	2017	1639337	129684	634157	2575833	365411	447216
	2018	1851538	182961	728419	2682171	498129	567627
	2019	2387914	212648	928317	3063961	648746	837622
	2020	2434299	178765	1057280	3355841	780220	810246
	2021	2828167	195420	1614697	3769129	882830	848116
	2022	1870880	198358	1581090	3555647	765007	1416777
石家庄市	Shijiazhuang	740082	73398	544704	921610	211704	340472
石家庄市①	Shijiazhuang①	740082	73398	544541	916843	210801	339310
唐 山 市	Tangshan	310527	20222	70532	351550	86979	100669
秦皇岛市	Qinhuangdao	152350	11730	64812	169897	30787	34704
邯 郸 市	Handan	74163	11760	55378	274060	52968	83392
邢 台 市	Xingtai	43003	4456	24947	279694	39597	30396
保 定 市	Baoding	90556	26374	167527	430753	67866	606408
保 定 市①	Baoding①	84126	25695	91110	419116	63161	591201
张家口市	Zhangjiakou	88712	15220	76140	165744	40160	40217
承 德 市	Chengde	43398	9999	40618	139574	24720	22686
沧 州 市	Cangzhou	131576	5447	59847	366670	58139	97994
廊 坊 市	Langfang	171137	14234	445981	293651	135383	49861
衡 水 市	Hengshui	25375	5517	30606	162445	16705	9978
定 州 市	Dingzhou	1223	116	384	42	3238	1996
辛 集 市	Xinji			163	4766	902	1162

4-7 续表 2 continued

单位：万元 (10000 yuan)

年份 市	Year City	科学研究和技术服务业 Scientific Research and Technical Services	水利、环境和公共设施管理业 Management of Water Conservancy, Environment and Public Facilities	居民服务、修理和其他服务业 Services to Households, Repair and Other Services	教育 Education	卫生和社会工作 Health and Social Work	文化、体育和娱乐业 Culture, Sports and Entertainment	公共管理、社会保障和社会组织 Public Management, Social Security and Social Organization
	2005	169272	103487	38634	1209363	347078	71292	1022043
	2006	191857	113875	46463	1345071	391935	72659	1119275
	2007	217560	133154	50730	1678771	471937	83737	1460259
	2008	295294	160527	64881	2117718	581603	100984	1855128
	2009	357795	187093	65713	2440257	706498	117603	2133778
	2010	431315	220109	69060	2885111	844231	132282	2293306
	2011	589353	241257	80587	3194162	987293	154636	2516646
	2012	697123	294998	89881	3460095	1193356	175464	2793163
	2013	839668	320135	40055	3664906	1312093	192286	2986200
	2014	913827	354581	47321	3991241	1540781	209002	3307680
	2015	1005375	425473	57603	5085252	1871490	252093	4199761
	2016	1191386	472730	89638	5605804	2179847	282580	4877852
	2017	1123448	514707	82571	6186385	2496896	293978	5439824
	2018	1414453	531223	77250	6802486	2815790	341738	6034483
	2019	1452149	408022	102821	7555587	3346543	372898	6781185
	2020	1536127	474086	104445	7089631	3534267	402633	7229276
	2021	1545973	451294	116275	7162915	4011054	414598	7155510
	2022	1636184	526498	131883	8497902	4723875	451920	8678538
石家庄市	Shijiazhuang	417942	99888	13996	1537894	948487	195226	1411790
石家庄市①	Shijiazhuang①	410395	97663	13655	1475951	942540	193569	1380199
唐山市	Tangshan	69968	82770	7959	906969	650847	35540	1021333
秦皇岛市	Qinhuangdao	65586	39414	2509	482254	307103	16991	451174
邯郸市	Handan	79112	19692	20226	983334	432519	41846	908696
邢台市	Xingtai	34916	36121	1356	582428	340943	12576	591979
保定市	Baoding	553806	51400	44755	1246659	548197	24830	892639
保定市①	Baoding①	543009	45631	43994	1035639	490253	23378	739035
张家口市	Zhangjiakou	62605	65987	20496	504860	264475	22584	780651
承德市	Chengde	57236	39293	1969	466614	261233	28989	656000
沧州市	Cangzhou	137765	33555	11637	650473	536553	39333	837075
廊坊市	Langfang	128629	32687	3409	730046	272098	21493	627082
衡水市	Hengshui	28619	25691	3571	406370	161420	12512	500119
定州市	Dingzhou	702		357	95862	45118	557	42728
辛集市	Xinji	7546	2225	342	61943	5947	1658	31591

4-8 城镇非私营单位就业人员平均工资和指数
Average Wage of Employed Persons in Urban Non-Private Units and Indices

年 份 Year	平均工资(元) Average Wage (yuan)				
	合 计 Total	#在岗职工 Staff and Workers	国有单位 State-owned Units	城镇集体单位 Urban Collective-owned Units	其他单位 Units of Other Types of Ownership
1995	4782	4839	5208	3303	5158
2000	7738	7781	8093	5198	7870
2005	14583	14707	15196	9009	14612
2010	31451	32306	31977	21825	31953
2011	35309	36166	35872	24788	35575
2012	38658	39542	39177	28597	38822
2013	41501	42532	39648	33057	43578
2014	45114	46239	43351	36358	47004
2015	50921	52409	52686	40637	49885
2016	55334	56987	58761	43767	52925
2017	63036	65266	64522	46587	62276
2018	68717	71633	71164	50994	67000
2019	72956	75775	74806	47914	72420
2020	77323	79964	79037	56703	76652
2021	82526	85611	81255	62548	88574
2022	90745	93366	95119	60582	87917

4-8 续表 continued

年 份 Year	平均货币工资指数(上年=100) Indices of Average Money Wage (preceding year=100)					平均实际工资指数(上年=100) Indices of Average Real Wage (preceding year=100)				
	合 计 Total	#在岗职工 Staff and Workers	国有单位 State-owned Units	城镇集体单位 Urban Collective-owned Units	其他单位 Units of Other Types of Ownership	合 计 Total	#在岗职工 Staff and Workers	国有单位 State-owned Units	城镇集体单位 Urban Collective-owned Units	其他单位 Units of Other Types of Ownership
1995	115.7	115.6	114.9	119.6	105.4	98.4	99.6	99.0	103.0	90.7
2000	111.3	110.8	110.0	107.5	110.7	110.8	110.2	109.5	107.0	110.2
2005	114.0	113.8	112.6	114.2	118.4	112.4	112.2	110.4	112.2	115.0
2010	113.2	113.8	108.5	118.2	115.1	110.1	110.7	105.5	115.0	112.0
2011	112.3	112.0	112.2	113.6	111.3	106.6	106.3	106.5	107.9	105.7
2012	109.5	109.3	109.2	115.4	109.1	106.6	106.5	106.3	112.3	106.3
2013	107.4	107.6	101.2	115.6	112.3	104.5	104.7	98.5	112.6	109.3
2014	108.7	108.7	109.3	110.0	107.9	106.9	106.9	107.5	108.2	106.1
2015	112.9	113.3	121.5	111.8	106.1	111.6	112.1	120.2	110.6	105.0
2016	108.7	108.7	111.5	107.7	106.1	107.1	107.1	109.9	106.1	104.5
2017	113.9	114.5	109.8	106.4	117.7	111.8	112.4	107.8	104.5	115.5
2018	109.0	109.8	110.3	109.5	107.6	106.4	107.1	107.6	106.8	105.0
2019	106.2	105.8	105.1	94.0	108.1	103.3	102.9	102.3	91.4	105.2
2020	106.0	105.5	105.7	118.3	105.8	103.9	106.7	103.6	116.0	103.8
2021	106.7	107.1	102.8	110.3	115.6	105.7	106.0	101.8	109.2	114.4
2022	110.0	109.1	117.1	96.9	99.3	108.0	107.1	115.0	95.1	97.5

注：2012年起在岗职工平均工资包含劳务派遣人员。

a) Since 2012 average wage of staff and workers on-post include the labor dispatch personnel.

4-9 分市城镇非私营单位就业人员平均工资和指数(2022年)
Average Wage of Employed Persons in Urban Non-Private Units and Indices by City (2022)

市	City	平均工资(元) Average Wage (yuan)		平均货币工资指数(上年=100) Indices of Average Money Wage (preceding year=100)		平均实际工资指数(上年=100) Indices of Average Real Wage (preceding year=100)	
		合计 Total	#在岗职工 Staff and Workers	合计 Total	#在岗职工 Staff and Workers	合计 Total	#在岗职工 Staff and Workers
石家庄市	Shijiazhuang	98631	100943	114.8	109.0	112.8	120.2
石家庄市①	Shijiazhuang①	98975	101320	114.6	108.6		
唐山市	Tangshan	92579	95342	107.8	102.8	106.0	104.1
秦皇岛市	Qinhuangdao	95725	99018	110.4	106.6	108.2	108.0
邯郸市	Handan	84207	86056	112.5	111.3	110.9	111.1
邢台市	Xingtai	74733	78027	105.2	101.9	103.3	103.6
保定市	Baoding	84960	86810	108.5	102.9	106.4	104.3
保定市①	Baoding①	84322	86145	107.9	102.0		
张家口市	Zhangjiakou	81960	85293	110.5	106.5	108.4	108.0
承德市	Chengde	87398	90747	110.3	105.8	107.7	107.1
沧州市	Cangzhou	91027	93086	108.4	104.5	106.5	105.6
廊坊市	Langfang	108431	111143	114.6	102.9	112.7	109.3
衡水市	Hengshui	76852	79340	104.2	104.6	102.6	105.4
定州市	Dingzhou	78971	79927	110.5	110.9		
辛集市	Xinji	80952	82248	113.4	113.2		

4-10 按登记注册类型城镇非私营单位就业人员平均工资
Average Wage of Employed Persons in Urban Non-Private Units by Status of Registration

单位：元 (yuan)

年份 Year	平均工资 Average Wage	国有单位 State-owned Units	城镇集体单位 Urban Collective-owned Units	股份合作单位 Coopera-tive Units	联营单位 Joint Ownership Units	有限责任公司 Limited Liability Corpora-tions	股份有限公司 Share-holding Corpora-tions Ltd.	其他内资 Others	港、澳、台商投资单位 Units with Funds from Hong Kong, Macao & Taiwan	外商投资单位 Foreign Funded Units
1995	4839	5208	3303		4101				4787	4969
2000	7738	8093	5198	5650	7093	7745	8099	8134	9041	8894
2005	14583	15196	9009	10664	21742	15904	13248	8815	15582	15234
2010	31451	31977	21825	33143	48222	33149	31588	21036	30252	31098
2011	35309	35872	24788	40055	22133	35630	35927	25006	35196	36465
2012	38658	39177	28597	47555	34556	37630	40865	29259	39093	40319
2013	41501	39648	33057	56446	38087	41803	48870	32436	45721	43662
2014	45114	43351	36358	59552	40956	44671	53693	41867	49765	47650
2015	50921	52686	40637	65105	41137	46840	57907	44280	52939	52066
2016	55334	58761	43767	62040	41347	50224	60242	47690	56178	55514
2017	63036	64522	46587	75984	34011	60499	65929	50137	65120	60210
2018	68717	71164	50994	79559	35550	65447	72114	64955	61212	65478
2019	72956	74806	47914	76993	83751	70062	84928	52280	72077	70364
2020	77323	79037	56703	81645	63736	72818	89423	54447	75448	75852
2021	82526	81255	62548	86927	52438	80991	95944	58827	90750	79329
2022	90745	95119	60582	92337	57836	83694	101628	54664	102619	86829

4-11 按登记注册类型和行业分城镇非私营单位就业人员平均工资(2022年)
Average Wage of Employed Persons in Urban Non-Private Units by Status of Registration and Sector (2022)

单位：元 (yuan)

项　目	Item	平均工资 Average Wage	国有单位 State-owned Units	城镇集体单位 Urban Collective-owned Units	其他单位 Units of Other Types of Ownership
总　计	**Total**	**90745**	**95119**	**60582**	**87917**
农、林、牧、渔业	Agriculture, Forestry, Animal Husbandry and Fishery	63528	63033	73986	63389
采矿业	Mining	104497	50326	54723	104776
制造业	Manufacturing	83288	89904	46384	83654
电力、热力、燃气及水生产和供应业	Production and Supply of Electricity, Heat, Gas and Water	123033	110099	70795	131504
建筑业	Construction	73940	65446	60358	74756
批发和零售业	Wholesale and Retail Trades	66586	142357	38409	61628
交通运输、仓储和邮政业	Transport, Storage and Post	100135	84664	37518	104357
住宿和餐饮业	Hotels and Catering Services	47337	45845	35200	47938
信息传输、软件和信息技术服务业	Information Transmission, Software and Information Technology Services	133183	103636	45474	135543
金融业	Financial Intermediation	107410	139710	139075	106532
房地产业	Real Estate	71014	84641	34321	71279
租赁和商务服务业	Leasing and Business Services	69975	69608	38416	71700
科学研究和技术服务业	Scientific Research and Technical Services	112680	112584	51734	113406
水利、环境和公共设施管理业	Management of Water Conservancy, Environment and Public Facilities	48027	67359	33332	32429
居民服务、修理和其他服务业	Services to Households, Repair and Other Services	50491	75744	41021	44481
教　育	Education	101496	103561	83746	55972
卫生和社会工作	Health and Social Service	97740	101669	66959	74670
文化、体育和娱乐业	Culture, Sports and Entertainment	86806	87861	69002	85205
公共管理、社会保障和社会组织	Public Management, Social Security and Social Organization	86798	86854	64849	86600

4-12 按行业分城镇非私营单位就业人员平均工资
Average Wage of Employed Persons in Urban Non-Private Units by Sector

单位：元 (yuan)

年份 / 市	Year / City	平均工资 Average Wage	农、林、牧、渔业 Agriculture, Forestry, Animal Husbandry and Fishery	采矿业 Mining	制造业 Manufacturing	电力、热力、燃气及水生产和供应业 Production and Supply of Electricity, Heat, Gas and Water	建筑业 Construction	批发和零售业 Wholesale and Retail Trades
	2005	14583	5988	21880	13099	22364	11619	8514
	2006	16456	6622	25719	14985	26282	13249	9539
	2007	19742	7677	30703	17195	32358	15112	10724
	2008	24276	9618	37249	21037	36434	18210	13465
	2009	27774	11330	42784	23870	39846	20066	16738
	2010	31451	12423	49514	27894	45478	23159	19780
	2011	35309	12878	57900	32695	51664	27425	24449
	2012	38658	13669	62061	36613	58708	31241	28151
	2013	41501	13859	61544	40169	63938	34670	32091
	2014	45114	15559	59363	43950	69985	37027	35398
	2015	50921	19685	54725	47678	75489	39182	37909
	2016	55334	21876	55184	50970	77162	42662	40256
	2017	63036	23327	60268	58479	84590	51771	46280
	2018	68717	23402	75134	65363	91575	55152	50568
	2019	72956	27537	82243	68754	100405	60547	56341
	2020	77323	33731	87131	72268	109908	62532	59563
	2021	82526	60706	95838	80289	115727	69392	63068
	2022	90745	63528	104497	83288	123033	73940	66586
石家庄市	Shijiazhuang	98631	57838	35130	86341	136586	84421	69206
石家庄市①	Shijiazhuang①	98975	57200	35130	87359	139438	85030	69423
唐山市	Tangshan	92579	47175	111933	87098	144857	93939	64769
秦皇岛市	Qinhuangdao	95725	68104	77111	84599	142593	67310	88640
邯郸市	Handan	84207	77569	90340	72311	114150	63206	66772
邢台市	Xingtai	74733	70433	100755	70486	113895	55655	77834
保定市	Baoding	84960	51523	64179	96481	94654	57613	58317
保定市①	Baoding①	84322	50237	64179	97104	92778	57541	59596
张家口市	Zhangjiakou	81960	65662	86820	79682	112707	55298	56043
承德市	Chengde	87398	64019	67778	68668	150393	61379	66245
沧州市	Cangzhou	91027	60362	134824	79191	82987	64277	62476
廊坊市	Langfang	108431	60064		84556	167080	100064	80342
衡水市	Hengshui	76852	50701		63238	106663	51996	59193
定州市	Dingzhou	78971	55380		89004	71654	30833	42250
辛集市	Xinji	80952	60031		54734	67216	43002	42508

4-12 续表 1 continued

单位：元 (yuan)

年份 市	Year City	交通运输、仓储和邮政业 Transport, Storage and Post	住宿和餐饮业 Hotels and Catering Services	信息传输、软件和信息技术服务业 Information Transmission, Software and Information Technology Services	金融业 Financial Intermediation	房地产业 Real Estate	租赁和商务服务业 Leasing and Business Services
	2005	16034	9334	25436	19748	14072	11948
	2006	17510	10398	26628	22699	15593	12474
	2007	21953	11433	28605	27390	18304	14131
	2008	25666	13780	32113	32649	21868	17300
	2009	29787	15441	36830	36989	24945	18750
	2010	33141	17314	38840	45176	27894	21159
	2011	38548	21791	46842	53190	30640	23881
	2012	45696	25645	50628	60304	35670	26686
	2013	46599	27464	69718	65547	38716	37884
	2014	52425	28971	83469	73130	39631	38724
	2015	57090	32836	93983	74795	42697	40070
	2016	59527	34357	109196	75708	46867	39232
	2017	67700	38465	84317	77845	57196	45988
	2018	75091	42478	86861	77491	59580	51738
	2019	87130	46577	94052	86168	62631	52085
	2020	89331	43895	100220	87980	66510	54376
	2021	97698	45346	132218	95401	71833	59874
	2022	100135	47337	133183	107410	71014	69975
石家庄市	Shijiazhuang	96620	51654	95577	128862	66862	69980
石家庄市①	Shijiazhuang①	96620	51654	95573	129067	66945	70000
唐山市	Tangshan	92976	46252	112821	89591	81942	58852
秦皇岛市	Qinhuangdao	102271	52797	131540	94034	65564	69528
邯郸市	Handan	56917	34942	114197	123647	83598	51450
邢台市	Xingtai	55641	36054	103021	86651	69188	43083
保定市	Baoding	55518	46232	119316	105711	69151	81674
保定市①	Baoding①	54845	46204	81931	105666	68947	81766
张家口市	Zhangjiakou	68685	42925	124927	95249	60095	48760
承德市	Chengde	59800	49603	99832	95962	69399	51286
沧州市	Cangzhou	94877	38882	129495	115970	78481	78647
廊坊市	Langfang	105496	58521	381267	119368	71481	69574
衡水市	Hengshui	56045	39429	111217	86156	73007	52214
定州市	Dingzhou	41337	39678	34081	40216	60834	61910
辛集市	Xinji			111004	98664	51944	64592

4-12 续表 2 continued

单位：元 (yuan)

年 份 市	Year City	科学研究和技术服务业 Scientific Research and Technical Services	水利、环境和公共设施管理业 Management of Water Conservancy, Environment and Public Facilities	居民服务、修理和其他服务业 Services to Households, Repair and Other Services	教育 Education	卫生和社会工作 Health and Social Work	文化、体育和娱乐业 Culture, Sports and Entertainment	公共管理、社会保障和社会组织 Public Management, Social Security and Social Organization
	2005	22310	11914	18600	14442	15210	14603	14732
	2006	25895	12929	22506	16060	16829	15290	15908
	2007	29277	14698	23838	20214	19920	17689	20147
	2008	36825	18069	29992	25592	23770	21340	25035
	2009	42809	20093	34617	29605	27678	24762	28395
	2010	49179	21663	34932	33588	30645	26208	29923
	2011	59318	23982	40374	36128	33150	30311	31284
	2012	58892	27314	41946	38701	37427	33453	33498
	2013	61114	27926	28024	41021	39382	36423	35150
	2014	63937	30674	31614	44646	43843	39789	38656
	2015	69744	36264	33368	57273	51967	45994	48923
	2016	74020	40292	35634	63967	58566	51507	56101
	2017	81947	42366	36813	70456	64190	58934	61994
	2018	93052	43298	39223	77715	71854	66123	66433
	2019	90917	44546	41923	79379	74784	71743	68850
	2020	99962	43496	43837	86360	78829	77217	74568
	2021	93508	45032	44796	86608	86762	78373	74221
	2022	112680	48027	50491	101496	97740	86806	86798
石家庄市	Shijiazhuang	116788	69501	54313	121179	123690	112373	98813
石家庄市①	Shijiazhuang①	116905	71757	54169	121639	124696	112786	98513
唐 山 市	Tangshan	90241	50762	42518	102496	98180	70959	90351
秦皇岛市	Qinhuangdao	102727	84126	75028	112444	118526	68941	84961
邯 郸 市	Handan	87910	53554	84390	97981	77467	92379	88311
邢 台 市	Xingtai	77221	21106	39458	81766	79056	55990	73417
保 定 市	Baoding	130013	39643	53819	90886	87700	54349	72754
保 定 市①	Baoding①	131692	38035	54225	91117	89565	53711	69976
张家口市	Zhangjiakou	91757	53833	63814	97421	90106	62266	80264
承 德 市	Chengde	107410	62650	45518	105720	100749	84836	89842
沧 州 市	Cangzhou	91706	42648	33967	91132	111675	87047	94807
廊 坊 市	Langfang	135544	53085	65685	124239	92558	82984	99132
衡 水 市	Hengshui	114419	32311	13271	92102	79785	72862	79652
定 州 市	Dingzhou	29684		23903	92051	79496	85938	74926
辛 集 市	Xinji	110763	29196	60770	111155	54264	78707	113946

4−13 分行业城镇私营单位就业人员平均工资

单位：元

行　　业	Sector	2009	2010	2011
全省总计	**Total**	**15111**	**17914**	**21729**
农、林、牧、渔业	Agriculture, Forestry, Animal Husbandry and Fishery	13259	14324	20351
采矿业	Mining	17408	18554	23898
制造业	Manufacturing	14913	17782	22159
电力、热力、燃气及水生产和供应业	Production and Supply of Electricity, Heat, Gas and Water	13661	18972	22424
建筑业	Construction	16456	19591	22670
批发和零售业	Wholesale and Retail Trades	13173	16415	19731
交通运输、仓储和邮政业	Transport, Storage and Post	18218	23119	26010
住宿和餐饮业	Hotels and Catering Services	13089	15708	18856
信息传输、软件和信息技术服务业	Information Transmission, Software and Information Technology Services	15696	17894	18638
金融业	Financial Intermediation	17960	19627	21833
房地产业	Real Estate	16839	18990	21833
租赁和商务服务业	Leasing and Business Services	17949	18664	20673
科学研究和技术服务业	Scientific Research and Technical Services	19553	20230	22348
水利、环境和公共设施管理业	Management of Water Conservancy, Environment and Public Facilities	13746	17054	18668
居民服务、修理和其他服务业	Services to Households, Repair and Other Services	15827	18446	20621
教　育	Education	15906	17561	20867
卫生和社会工作	Health and Social Work	14983	17047	20810
文化、体育和娱乐业	Culture, Sports and Entertainment	12351	15855	18438
公共管理、社会保障和社会组织	Public Management, Social Security and Social Organization			

Average Wage of Employed Persons in Urban Private Units by Sector

(yuan)

2012	2013	2014	2015	2016	2017	2018	2019	2020	2021	2022
25158	**28135**	**31459**	**34084**	**36507**	**38136**	**39512**	**42919**	**44942**	**48185**	**48494**
22213	24198	27473	29148	31330	34654	33259	33246	36410	37664	38758
25338	27096	31140	34986	35316	36664	37159	43948	43362	50648	50118
25677	28983	32692	35035	37333	39040	40363	45474	47933	52014	53220
24391	27760	30409	33009	35800	42490	47883	44582	48349	52635	54209
26586	28852	31565	33813	36976	38191	41751	42582	43910	47840	46134
23034	25345	28033	31529	33440	34412	37121	38172	40442	43554	44007
28904	30108	34049	36950	39190	42479	43724	48391	52014	52308	54885
23100	24783	27518	29791	33168	33224	34196	37630	35066	38887	38127
25719	27827	32033	34832	37335	42182	44156	50955	49106	49539	54793
25611	29054	32544	34564	37756	41474	45684	45750	75578	71055	79586
25891	29993	33914	36766	40386	41264	40842	42319	42646	44432	43360
23894	27953	31491	32821	34692	37370	37395	41078	41670	45740	43964
28733	31978	34841	37431	42141	42280	42860	45951	51484	53489	54072
21438	23851	27122	32871	36001	36961	37634	35802	29513	29541	29711
21601	24149	27185	30928	33889	36534	35881	36345	34765	37946	35485
22185	25815	29306	32964	35583	37817	42262	40860	42417	45487	46019
25230	29717	30915	35435	40226	42559	41185	46078	47563	52384	52974
21939	23901	26507	30657	33065	34564	36965	41382	43875	43539	42794

主要统计指标解释

就业人员 指在一定年龄以上，有劳动能力，为取得劳动报酬或经营收入而从事一定社会劳动的人员。具体指年满16周岁，为取得报酬或经营利润，在调查周内从事了1小时（含1小时）以上劳动的人员；或由于学习、休假等原因在调查周内暂时处于未工作状态，但有工作单位或场所的人员；或由于临时停工放假、单位不景气放假等原因在调查周内暂时处于未工作状态，但不满三个月的人员。

单位就业人员 指报告期末最后一日在本单位工作，并取得工资或其他形式劳动报酬的人员数。该指标为时点指标，不包括最后一日当天及以前已经与单位解除劳动合同关系的人员，是在岗职工、劳务派遣人员及其他就业人员之和。就业人员不包括：

(1)离开本单位仍保留劳动关系，并定期领取生活费的人员；

(2)在本单位实习的各类在校学生；

(3)本单位以劳务外包形式使用的人员，如：建筑业整建制使用的人员。

城镇私营和个体就业人员 城镇私营就业人员指在工商管理部门注册登记，其经营地址设在县城关镇(含县城关镇)以上的私营企业就业人员，包括私营企业投资者和雇工。城镇个体就业人员指在工商管理部门注册登记，并持有城镇户口或在城镇长期居住，经批准从事个体工商经营的就业人员，包括个体经营者和在个体工商户劳动的家庭帮工和雇工。

在岗职工 指在本单位工作且与本单位签订劳动合同，并由单位支付各项工资和社会保险、住房公积金的人员，以及上述人员中由于学习、病伤、产假等原因暂未工作仍由单位支付工资的人员。在岗职工还包括：

(1)应订立劳动合同而未订立劳动合同人员(如使用的农村户籍人员)；

(2)处于试用期人员；

(3)编制外招用的人员，如临时人员；

(4)派往外单位工作，但工资仍由本单位发放的人员(如挂职锻炼、外派工作等情况)。

工资总额 指根据《关于工资总额组成的规定》(1990年1月1日国家统计局发布的一号令)进行修订，本单位在报告期内(季度或年度)直接支付给本单位全部就业人员的劳动报酬总额。包括计时工资、计件工资、奖金、津贴和补贴、加班加点工资、特殊情况下支付的工资，是在岗职工工资总额、劳务派遣人员工资总额和其他就业人员工资总额之和。

工资总额是税前工资，包括单位从个人工资中直接为其代扣或代缴的房费、水费、电费、住房公积金和社会保险基金个人缴纳部分等。

工资总额不论是计入成本的还是不计入成本的，不论是以货币形式支付的还是以实物形式支付的，均应列入工资总额的计算范围。

平均工资 指单位就业人员在一定时期内平均每人所得的工资额。它表明一定时期工资收入的高低程度，是反映就业人员工资水平的主要指标。计算公式为：

$$平均工资=\frac{报告期就业人员工资总额}{报告期就业人员平均人数}$$

平均货币工资指数 指报告期就业人员平均工资与基期就业人员平均工资的比率，是反映不同时期就业人员货币工资水平变动情况的相对数。计算公式为：

$$平均货币工资指数=\frac{报告期就业人员平均工资}{基期就业人员平均工资}\times100\%$$

平均实际工资指数 就业人员平均实际工资指扣除物价变动因素后的就业人员平均工资。就业人员平均实际工资指数是反映实际工资变动情况的相对数，表明就业人员实际工资水平提高或降低的程度。计算公式为:

$$平均实际工资指数=\frac{报告期就业人员平均工资指数}{报告期城镇居民消费价格指数}\times100\%$$

城镇登记失业人员 指有非农业户口，在一定的劳动年龄内(16周岁至退休年龄)，有劳动能力，无业而要求就业，并在当地劳动保障部门进行失业登记的人员。

城镇登记失业率 城镇登记失业人员与城镇单位就业人员(扣除使用的农村劳动力、聘用的离退休人员、港澳台及外方人员)、城镇单位中的不在岗职工、城镇私营业主、个体户主、城镇私营企业和个体就业人员、城镇登记失业人员之和的比。

Explanatory Notes on Main Statistical Indicators

Employed Persons refers to persons above a specified age who had labour capacity and performed some social work for compensation or business gains. Specifically, it refers to persons, aged 16 and over, who performed some work for compensation or business gains for one hour or more during the reference period; or persons who do not work for the reasons of study or on holiday, but had work units or sites during the reference period; or persons temporary absence from a job for disorganization or suspension of work, recession, etc, but not exceeding three months during the reference period.

Persons Employed in Various Units refer to the total number of employees who work at his unit and obtain wages or other forms of payment at the end of the reporting period. This indicator is a kind of time point index and it equals to the sum of the number of employed staff and workers, labor dispatch personnel and other employed persons. Employed persons do not include:

1)persons who have left their working units while keeping their labour contract (employment relation) unchanged and receiving regular alimony;

2)all kinds of enrolled students who do internship in various units;

3)persons employed due to labor outsourcing, for example, persons employed in the organizational system of construction industry.

Persons Employed in Private Enterprises and Self-Employed Individuals in Urban Areas Persons employed in private enterprises refer to the persons employed in the private enterprises which have been registered at the departments of industrial and commercial administration for which the business operation are situated at a county town (i.e. a town where the county government is located), or at urban areas with administrative hierarchy higher than a county town. The self-employed individuals in urban areas refer to persons who hold the certificates of residence in urban areas or have resided in the urban areas for a long time and have been registered at the departments of industrial and commercial administration and approved to be engaged in individual industrial or commercial business, including self-employed persons as well as helpers and hired laborers who work in individual households.

Employed Staff and Workers refer to persons who signed labor contracts with working units and working units would pay wages, social insurance and housing funds for them. Persons who have their work posts but are temporarily absent from work for reasons of study or on sick, injury or maternal leave and still receive wages from their working units are also included. Employed staff and workers also include:

1)Persons who should have signed the labor contracts but not (like people with rural household registration);

2)Employees on probation;

3)Employees beyond the staffing quota, for example, temporary employees;

4)Employees who are sent to other working units but still obtain wages from their original units (situations like on-the-job placement, expatriated assignment, etc.)

Total Wage Bill It is revised according to the "Provision of Composition of Total Wages" (Order No.1 by National Bureau of Statistics on January, 1st,1990), total wage bill refers to the total remuneration payment to all employed persons in various units during the reporting period (by quarter or by year), including hourly-paid wages, piece-rate wages, bonuses, allowance and subsidies, overtime wages and wages paid under special circumstances. It equals to the sum of total wages of employed staff and workers, dispatch labors and other employed persons.

Total wage bill is pre-tax wages, including the room charges, utility bills, housing funds and social insurance paid or withheld by employee's units.

Total wage bill, whether or not included in cost, whether or not paid in money or in kind, shall be included in the calculation of total wage.

Average Wage refers to the average per capita wage during a certain period of time for employed persons. It shows the general level of wage income during a certain period of time, one major indicator to reflect the wage level. It is calculated as follows:

$$\text{Average Wage} = \frac{\text{Total Wage Bill of Employed Persons at Reference Time}}{\text{Average Number of Persons Employed at Reference Time}}$$

Average Money Wage Indices refers to the ratio of average wage of employed persons the reporting period to that at the base period, which reflects the change of money wage of employed persons at the different period. It is calculated as follows:

$$\text{Average Money Wage Indices} = \frac{\text{Average Wage of Employed Persons at Reference Time}}{\text{Average Wage of Persons Employed at Base Period}} \times 100\%$$

Average Real Wage Indices average real wage of employed persons refers to the average wage of employed persons after removing the effects of the price changes and average real wage indices of employed persons refers to the change of real wage, which reflects the relative increasing or decreasing level of real wage of employed persons ,which is calculated as follows:

$$\text{Average Real Wage Indices} = \frac{\text{Average Wage Indices of Employed Persons at the Reference Time}}{\text{Average Wage of Persons Employed at Base Period}} \times 100\%$$

Registered Unemployed Persons in Urban Areas refer to the persons with non-agricultural household registration at certain working ages (16 years old to retirement age), who are capable of working, unemployed and willing to work, and have been registered at the local employment service agencies to apply for a job.

Registered Unemployment Rate in Urban Areas refers to the ratio of the number of the registered unemployed persons to the sum of the number of persons employed in various units (minus the employed rural labour force, re-employed retirees, and Hong Kong, Macao, Taiwan or foreign employees), laid-off staff and workers in urban units, owners of private enterprises in urban areas, owners of self-employed individuals in urban areas, employees of private enterprises in urban areas, employee of self-employed individuals in urban areas, and the registered unemployed persons in urban areas.

价 格
Prices

简要说明

一、本篇资料反映生产、流通、消费与投资等环节的价格变动情况。主要包括居民消费价格指数、商品零售价格指数、工业生产者出厂价格指数、工业生产者购进价格指数、农产品生产者价格指数。

二、居民消费价格指数、商品零售价格指数采用抽样调查和重点调查相结合的方法进行统计。

三、工业生产者出厂价格指数和工业生产者购进价格指数均采用重点调查与典型调查相结合的方法统计。

四、农产品生产者价格指数采用抽样调查和重点调查相结合的调查方法进行统计。

五、本篇资料由国家统计局河北调查总队消费价格调查处、生产价格调查处和农业调查处整理提供。

六、资料整理：刘璐　刘华元　刘珺

Brief Introduction

Ⅰ.The data in this chapter reflects the price changes of production, circulation, consumption and investment. They include the consumer price index, the retail price index, the price index for the means of agricultural production, the producer price index, the purchasing price index for industrial producers, the producer price index for agricultural products.

Ⅱ. Consumer price Index (CPI) and retail price Index (RPI) shall be collected by means of sampling survey and key survey.

Ⅲ. The producer Price Index (PPI) and the purchasing price index (PPI) of industrial producers are calculated by combining key surveys with typical surveys.

Ⅳ. Producer price index of agricultural products shall be calculated by means of sampling survey and key survey.

Ⅴ.This information is provided by the Consumer Price Survey Office, the Production and Investment Price Survey Office and Agriculture Survey Office of the Hebei Survey Team of the National Bureau of Statistics.

Ⅵ.Data collection:Liu Lu, Liu Huayuan, Liu Jun.

5-1 各种价格指数
Price Indices

(上年=100) (preceding year=100)

年 份 Year	居民消费价格指数 Consumer Price Index	城市居民消费价格指数 Urban Household	农村居民消费价格指数 Rural Household	商品零售价格指数 Retail Price Index	工业生产者出厂价格指数 Producer Price Index for Industrial Products	工业生产者购进价格指数 Purchasing Price Index for Industrial Producers
1978		100.2		99.8		
1980		107.2		105.3		
1985	106.8	108.9	105.7	106.8		
1990	100.6	101.2	99.9	99.9		
1995	115.2	116.1	114.8	115.8	111.4	110.9
1996	107.1	107.6	106.8	106.2	102.9	106.3
1997	103.5	103.7	103.4	102.1	98.8	102.1
1998	98.4	98.7	98.1	97.7	94.4	96.2
1999	98.1	98.7	97.6	97.8	95.9	95.4
2000	99.7	100.5	99.1	99.1	105.3	103.3
2001	100.5	100.4	100.6	99.8	99.8	101.0
2002	99.0	98.6	99.5	99.2	99.4	97.2
2003	102.2	102.3	102.0	100.2	107.1	109.4
2004	104.3	103.7	104.8	103.2	111.6	118.4
2005	101.8	101.4	102.2	101.1	104.4	107.0
2006	101.7	101.7	101.7	101.5	100.8	105.0
2007	104.7	104.3	105.1	104.1	106.9	107.8
2008	106.2	105.2	108.1	106.7	116.7	115.9
2009	99.3	98.8	100.3	99.0	89.1	93.5
2010	103.1	102.8	103.6	103.1	109.0	110.9
2011	105.7	105.3	106.5	105.0	107.7	110.9
2012	102.6	102.7	102.5	102.2	94.7	96.2
2013	103.0	102.7	103.5	102.2	96.6	97.6
2014	101.7	101.7	101.8	101.0	95.2	95.6
2015	100.9	101.1	100.5	100.2	89.1	90.3
2016	101.5	101.5	101.5	101.2	99.9	98.3
2017	101.7	101.9	101.4	101.4	115.0	114.5
2018	102.4	102.5	102.4	102.2	106.2	104.0
2019	103.0	102.8	103.2	101.8	100.2	102.1
2020	102.1	102.0	102.2	101.4	98.5	98.4
2021	101.0	100.9	101.2	101.9	116.4	119.8
2022	101.8	101.7	102.0	102.5	100.5	104.7

注：从2011年起工业品出厂价格指数改为工业生产者出厂价格指数，原材料、燃料、动力购进价格指数改为工业生产者购进价格指数（以下相关表同）。

a) Since 2011, the producer price index for manufactured goods and the purchasing price index for raw materials, fuel and power changed to the producer price index for industrial products and the purchasing price index for industrial producers. The same applies to the tables following.

5-2 各种价格定基指数
Fixed-base Price Indices

年　份 Year	居民消费价格指数 Consumer Price Index (year of 1983=100)	城市居民消费价格指数 Urban Household (year of 1978=100)	农村居民消费价格指数 Rural Household (year of 1983=100)	商品零售价格指数 Retail Price Index (year of 1978=100)	工业生产者出厂价格指数 Producer Price Index for Industrial Products (year of 1991=100)	工业生产者购进价格指数 Purchasing Price Index for Industrial Producers (year of 1991=100)
1980		109.0		106.8		
1985	109.5	130.0	107.9	123.8		
1990	175.6	206.9	175.5	196.9		
1995	309.8	400.9	285.7	330.8	186.2	200.0
1996	331.8	431.4	305.1	351.3	191.6	212.6
1997	343.4	447.4	315.5	358.7	189.3	217.1
1998	337.9	441.6	309.5	350.4	178.8	208.8
1999	331.5	435.9	302.1	342.7	171.5	199.1
2000	330.5	438.1	299.4	339.6	180.5	205.6
2001	332.2	439.9	301.2	338.9	180.3	207.7
2002	328.9	433.7	299.7	336.2	179.2	202.0
2003	336.1	443.7	305.7	336.9	192.0	221.0
2004	350.6	460.1	320.4	347.7	214.1	261.6
2005	356.9	466.5	327.4	351.5	223.5	280.0
2006	363.0	474.4	333.0	356.8	225.3	293.9
2007	380.0	495.0	349.9	371.3	240.9	316.7
2008	403.5	520.7	378.4	396.3	281.0	367.1
2009	400.8	514.6	379.7	392.3	250.3	343.2
2010	413.1	529.1	393.4	404.5	272.8	380.6
2011	436.7	557.2	418.9	424.7	293.8	422.1
2012	448.1	572.2	429.4	434.0	278.2	406.1
2013	461.4	587.7	444.3	443.5	268.8	396.3
2014	469.3	597.8	452.1	448.0	255.9	378.9
2015	473.6	604.3	454.3	448.9	228.0	342.1
2016	480.8	613.4	461.1	454.1	227.8	336.3
2017	489.1	625.0	467.8	460.5	261.9	385.1
2018	501.1	640.3	479.2	470.6	278.3	400.4
2019	515.8	658.5	494.3	479.1	278.9	409.0
2020	526.7	671.9	505.4	485.8	274.7	402.4
2021	532.0	678.0	511.4	495.0	319.8	482.1
2022	541.5	689.5	521.7	507.4	321.4	504.7

5-3 居民消费价格分类指数(2022年)
Consumer Price Indices by Category (2022)

(上年=100) (preceding year=100)

项目名称	Item	全 省 Province	城 市 Urban	农 村 Rural
居民消费价格总指数	**Consumer Price Index**	**101.8**	**101.7**	**102.0**
食品烟酒	Food, Tobacco and Liquor	102.7	102.7	102.6
衣 着	Clothing	99.7	100.0	98.6
居 住	Residence	100.7	100.4	101.4
生活用品及服务	Articles for Daily Use and Services	100.6	100.6	100.6
交通和通信	Transport and Communications	104.5	104.4	104.7
教育文化和娱乐	Education, Culture and Recreation	101.4	101.2	102.0
医疗保健	Health Care	100.5	100.3	101.1
其他用品和服务	Other Articles and Services	101.8	101.6	102.5

5-4 商品零售价格分类指数(2022年)
Retail Price Indices by Category (2022)

(上年=100) (preceding year=100)

项目名称	Item	全 省 Province	城 市 Urban	农 村 Rural
商品零售价格指数	**Retail Price Index**	**102.5**	**102.5**	**102.7**
食 品	Food	102.6	102.5	103.2
饮料、烟酒	Beverages, Tobacco and Liquor	101.5	101.6	101.2
服装、鞋帽	Garments, Shoes and Hats	100.1	100.1	99.7
纺织品	Textiles	100.1	99.8	101.1
家用电器及音像器材	Household Appliances, Music and Video Equipment	100.9	100.8	101.4
文化办公用品	Cultural and Office Appliances	101.8	101.9	101.7
日用品	Articles for Daily Use	100.2	100.1	100.5
体育娱乐用品	Sports and Recreation Articles	101.2	101.4	100.6
交通、通信用品	Transportation and Communication Appliances	99.6	99.6	99.8
家 具	Furniture	99.9	99.6	101.3
化妆品	Cosmetics	102.3	102.3	102.2
金银饰品	Gold and Silver Ornaments	101.4	101.0	102.9
中西药品及医疗保健用品	Traditional Chinese and Western Medicines and Health Care Articles	100.9	100.8	101.5
书报杂志及电子出版物	Books, Newspapers, Magazines and Electronic Publications	100.5	100.5	100.4
燃 料	Fuels	118.6	118.8	117.9
建筑材料及五金电料	Building Materials and Hardware	101.8	101.8	101.6

5-5 分市居民消费价格分类指数(2022年)
Consumer Price Indices by Category and City (2022)

(上年=100) (preceding year=100)

市	City	居民消费价格总指数 Consumer Price Index	食品烟酒 Food, Tobacco and Liquor	衣着 Clothing	居住 Residence	生活用品及服务 Articles for Daily Use and Services
石家庄市	Shijiazhuang	101.2	102.3	99.3	100.5	99.9
唐山市	Tangshan	101.7	102.8	100.0	99.0	101.3
秦皇岛市	Qinhuangdao	102.0	103.5	100.7	100.3	100.9
邯郸市	Handan	101.5	102.8	99.4	100.0	101.0
邢台市	Xingtai	101.8	103.2	100.1	100.4	99.7
保定市	Baoding	102.2	103.2	100.3	101.5	100.7
张家口市	Zhangjiakou	101.9	103.0	100.8	100.1	100.2
承德市	Chengde	102.4	103.1	101.2	102.9	101.8
沧州市	Cangzhou	101.8	102.4	101.1	100.1	101.4
廊坊市	Langfang	101.7	100.5	101.2	101.8	101.9
衡水市	Hengshui	101.6	102.6	100.7	99.9	100.7

5-5 续表 continued

(上年=100) (preceding year=100)

市	City	交通和通信 Transport and Communications	教育文化和娱乐 Education Culture and Recreation	医疗保健 Health Care	其他用品和服务 Other Articles and Services
石家庄市	Shijiazhuang	103.0	100.8	100.4	101.8
唐 山 市	Tangshan	105.4	101.3	100.6	102.4
秦皇岛市	Qinhuangdao	105.6	100.2	100.3	102.3
邯 郸 市	Handan	104.3	101.8	99.7	100.3
邢 台 市	Xingtai	104.6	101.7	100.8	101.5
保 定 市	Baoding	105.4	100.8	100.3	102.4
张家口市	Zhangjiakou	104.6	103.1	100.4	100.2
承 德 市	Chengde	104.0	101.5	99.6	100.9
沧 州 市	Cangzhou	106.3	100.9	100.2	100.7
廊 坊 市	Langfang	104.6	101.6	100.0	103.9
衡 水 市	Hengshui	105.2	100.9	100.7	101.5

5-6 分市商品零售价格分类指数(2022年)

(上年=100)

项目名称	Item	石家庄市 Shijiazhuang	唐山市 Tangshan	秦皇岛市 Qinhuangdao
商品零售价格指数	**Retail Price Index**	**101.9**	**102.7**	**102.8**
食品	Food	102.2	102.1	103.4
饮料、烟酒	Beverages, Tobacco and Liquor	101.8	102.4	101.4
服装、鞋帽	Garments, Shoes and Hats	99.3	100.3	100.8
纺织品	Textiles	98.8	99.9	102.9
家用电器及音像器材	Household Appliances, Music and Video Equipment	100.9	101.7	100.1
文化办公用品	Cultural and Office Appliances	102.5	101.3	101.2
日用品	Articles for Daily Use	99.1	100.2	100.5
体育娱乐用品	Sports and Recreation Articles	102.0	101.7	100.0
交通、通信用品	Transportation and Communication Appliances	97.8	99.6	99.2
家具	Furniture	96.8	98.8	101.9
化妆品	Cosmetics	102.4	103.9	100.6
金银饰品	Gold and Silver Ornaments	102.4	103.7	102.0
中西药品及医疗保健用品	Traditional Chinese and Western Medicines and Health Care Articles	99.5	102.9	100.9
书报杂志及电子出版物	Books, Newspapers, Magazines and Electronic Publications	101.1	100.9	100.0
燃料	Fuels	118.7	118.6	119.3
建筑材料及五金电料	Building Materials and Hardware	102.6	102.6	101.3

Retail Price Indices by Category of Commodities by City (2022)

(preceding year=100)

邯郸市 Handan	邢台市 Xingtai	保定市 Baoding	张家口市 Zhangjiakou	承德市 Chengde	沧州市 Cangzhou	廊坊市 Langfang	衡水市 Hengshui
102.2	**102.5**	**103.1**	**102.2**	**103.3**	**102.3**	**102.9**	**102.6**
103.5	103.0	102.9	102.9	103.7	102.5	100.6	103.0
99.8	103.1	101.2	103.0	100.4	101.0	100.9	101.4
99.9	100.2	100.3	100.5	101.3	101.5	100.8	100.5
99.6	100.2	100.1	99.4	100.7	99.8	100.5	99.9
99.4	101.0	101.1	97.7	102.2	101.9	101.9	99.8
101.8	102.9	102.4	100.3	101.8	102.6	102.3	100.7
100.4	99.6	101.4	100.3	100.9	100.7	101.2	100.9
101.3	101.1	101.9	101.5	100.4	100.0	101.1	98.4
98.5	98.9	102.6	98.4	99.4	100.3	101.5	99.5
100.9	99.9	100.5	101.9	102.0	101.7	101.1	100.7
102.7	99.3	101.3	104.0	102.8	102.5	101.8	102.4
101.2	103.2	101.2	97.4	98.8	98.3	100.4	98.0
98.9	101.4	100.7	101.9	98.7	100.4	99.8	101.2
100.8	99.7	99.9	100.2	102.1	100.2	101.4	101.3
120.1	118.7	119.3	118.3	122.3	117.5	119.2	120.9
99.5	100.8	101.4	101.8	101.3	100.1	103.7	100.8

5-7 农产品生产者价格指数
Producer Price Indices for Farm Products

(上年=100) (preceding year=100)

指　标	Item	2015	2018	2019	2020	2021	2022
农产品生产者价格指数	**Producer Price Indices for Farm Products**	**97.5**	**104.7**	**107.1**	**111.5**	**108.1**	**103.5**
种植业产品	**Planting Products**	**97.3**	**104.5**	**101.0**	**112.5**	**111.0**	**106.0**
谷物	Cereal	97.3	103.1	99.1	106.0	119.9	105.0
#小麦	Wheat	100.0	97.9	97.0	103.1	105.2	112.9
玉米	Corn	95.2	106.9	100.6	108.2	130.5	99.3
大豆	Beans	98.6	93.4	105.3	113.7	122.6	107.6
油料	Oil-bearing Crops	109.8	85.5	106.8	133.3	102.7	99.4
棉花	Cotton	90.1	97.4	99.1	101.4	130.1	106.0
蔬菜	Vegetable	107.5	106.7	102.8	126.0	103.1	102.4
水果	Fruit	85.9	114.9	102.5	113.2	87.7	114.5
林业产品	**Forestry Products**	**94.5**	**100.5**	**90.6**	**94.9**	**108.6**	**102.9**
畜牧业产品	**Animal Husbandry Products**	**97.3**	**104.6**	**118.8**	**110.9**	**101.0**	**100.7**
生猪	Live Pig	111.7	84.0	148.9	154.4	63.5	94.2
活牛	Live Cattle and Buffaloes	93.0	103.3	110.1	107.8	103.3	102.7
活羊	Live Sheep and Goats	79.1	109.7	115.7	108.5	101.0	96.2
活家禽	Live Poultry	94.2	111.0	114.7	81.1	108.0	102.7
禽蛋	Eggs	90.2	125.1	95.0	74.5	137.3	108.4
生奶	Raw Milk	94.8	102.6	103.6	102.6	109.1	101.3
渔业产品	**Fishery Products**	**105.7**	**109.9**	**100.7**	**106.1**	**132.1**	**84.9**
淡水养殖产品	Freshwater Artificially Cultured Products	105.7	109.9	100.7	106.1	132.1	84.9

5-8 按工业行业分工业生产者出厂价格指数
Producer Price Indices for Industrial Products by Sector

(上年=100) (preceding year=100)

行业	Sector	2015	2018	2019	2020	2021	2022
总指数	**Producer Price Indices for Industrial Products**	**89.1**	**106.2**	**100.2**	**98.5**	**116.4**	**100.5**
煤炭开采和洗选业	Mining and Washing of Coal	89.3	107.2	97.1	90.9	119.7	109.1
石油和天然气开采业	Extraction of Petroleum and Natural Gas	54.7	130.3	94.7	68.1	146.8	144.7
黑色金属矿采选业	Mining and Processing of Ferrous Metal Ores	71.9	101.8	117.7	109.0	140.3	81.4
有色金属矿采选业	Mining and Processing of Non-Ferrous Metal Ores	87.1	114.4	98.5	96.1	111.5	101.2
非金属矿采选业	Mining and Processing of Non-metal Ores	89.9	114.7	108.0	98.6	106.5	115.5
开采辅助活动	Support Activities for Mining						
其他采矿业	Mining of Other Ores						
农副食品加工业	Processing of Food from Agricultural Products	97.8	100.4	103.1	104.3	106.9	106.2
食品制造业	Manufacture of Foods	97.9	101.0	100.1	100.3	101.4	103.7
酒、饮料和精制茶制造业	Manufacture of Liquor, Beverages and Refined Tea	100.6	102.1	104.9	101.3	100.5	101.8
烟草制品业	Manufacture of Tobacco	100.3	100.2	101.4	100.1	102.8	102.9
纺织业	Manufacture of Textile	97.5	101.9	101.4	95.3	105.9	102.9
纺织服装、服饰业	Manufacture of Textile, Wearing Apparel and Accessories	101.1	101.0	100.4	99.9	102.2	102.4
皮革、毛皮、羽毛及其制品和制鞋业	Manufacture of Leather, Fur, Feather and Related Products and Footware	97.2	100.9	99.5	99.4	99.1	100.2
木材加工和木、竹、藤、棕、草制品业	Processing of Timber, Manufacture of Wood, Bamboo, Rattan, Palm and Straw Products	99.7	102.3	101.8	100.4	102.6	110.1
家具制造业	Manufacture of Furniture	103.8	102.5	102.3	100.6	99.3	103.3
造纸和纸制品业	Manufacture of Paper and Paper Products	98.3	106.9	97.4	97.1	107.4	102.1
印刷和记录媒介复制业	Printing and Reproduction of Recording Media	99.9	102.5	100.7	99.7	100.8	101.3
文教、工美、体育和娱乐用品制造业	Manufacture of Articles for Culture, Education, Arts and Crafts, Sport and Entertainment Activities	99.9	101.8	101.3	99.5	99.4	99.8
石油加工、炼焦和核燃料加工业	Processing of Petroleum, Coking and Processing of Nuclear Fuel	81.7	117.1	98.7	90.2	134.2	113.5
化学原料和化学制品制造业	Manufacture of Raw Chemical Materials and Chemical Products	94.0	104.3	94.9	91.3	122.1	110.3
医药制造业	Manufacture of Medicines	101.5	104.7	102.5	99.7	104.0	102.9
化学纤维制造业	Manufacture of Chemical Fibres	95.6	105.6	96.4	90.9	128.8	102.2
橡胶和塑料制品业	Manufacture of Rubber and Plastics Products		101.1	99.4	104.7	106.0	97.3
非金属矿物制品业	Manufacture of Non-metallic Mineral Products	96.4	109.1	102.6	98.8	104.7	105.4
黑色金属冶炼和压延加工业	Smelting and Pressing of Ferrous Metals	78.1	110.6	98.8	98.4	133.1	91.9
有色金属冶炼和压延加工业	Smelting and Pressing of Non-ferrous Metals	91.7	105.7	100.1	100.2	111.5	104.5
金属制品业	Manufacture of Metal Products	95.9	105.0	101.7	99.8	106.8	102.1
通用设备制造业	Manufacture of General Purpose Machinery	97.4	101.4	100.2	99.3	103.0	100.4
专用设备制造业	Manufacture of Special Purpose Machinery	98.7	101.7	100.9	99.2	99.8	100.0
汽车制造业	Manufacture of Automobiles		100.5	99.6	99.7	100.9	98.5
铁路、船舶、航空航天和其他运输设备制造业	Manufacture of Railway, Ship, Aerospace and Other Transport Equipments	99.4	101.1	99.5	99.4	101.6	107.3
电气机械和器材制造业	Manufacture of Electrical Machinery and Apparatus	98.2	99.5	98.3	100.4	110.3	105.2
计算机、通信和其他电子设备制造业	Manufacture of Computers, Communication and Other Electronic Equipment	95.2	102.9	99.5	98.2	98.9	102.3
仪器仪表制造业	Manufacture of Measuring Instruments and Machinery	100.4	104.9	101.7	99.8	99.0	107.0
其他制造业	Other Manufacture	100.3	99.1	100.0	102.6	99.6	102.4
废弃资源综合利用业	Utilization of Waste Resources	99.6	104.7	102.3	94.2	107.9	100.1
金属制品、机械和设备修理业	Repair Service of Metal Products, Machinery and Equipment		97.5	103.5	106.6	108.5	99.9
电力、热力生产和供应业	Production and Supply of Electric Power and Heat Power	96.7	100.2	98.8	99.3	100.7	108.2
燃气生产和供应业	Production and Supply of Gas	102.6	102.1	106.6	97.1	102.2	114.2
水的生产和供应业	Production and Supply of Water	100.5	111.5	109.2	101.6	103.4	100.5

5-9 工业生产者出厂价格分类指数
Producer Price Indices for Industrial Products by Category

(上年=100) (preceding year=100)

年 份 Year	总指数 General Index	生产资料 Means of Production	采掘工业 Mining & Quarrying Industry	原材料工业 Raw Materials Industry	加工工业 Processing Industry
2011	107.7	108.1	116.0	108.8	106.7
2012	94.7	93.8	90.3	96.0	92.8
2013	96.6	95.7	95.8	95.8	95.6
2014	95.2	94.3	88.7	95.1	94.5
2015	89.1	87.4	71.2	87.8	88.9
2016	99.9	100.2	93.0	97.3	102.3
2017	115.0	117.8	118.9	119.7	116.9
2018	106.2	107.1	106.6	106.6	107.3
2019	100.2	100.0	112.0	98.3	99.6
2020	98.5	97.9	102.2	95.5	98.7
2021	116.4	119.0	131.5	122.1	116.5
2022	100.5	99.9	100.0	106.4	96.4

5-9 续表 continued

(上年=100) (preceding year=100)

年 份 Year	生活资料 Consumer Goods	食品类 Food	衣着类 Clothing	一般日用品 Articles for Daily Use	耐用消费品 Durable Consumer Goods
2011	105.2	108.3	103.8	101.2	102.1
2012	100.6	101.3	103.0	97.6	100.8
2013	101.5	102.6	100.7	100.4	100.3
2014	100.4	101.1	98.6	100.0	100.2
2015	99.2	98.8	97.7	99.8	101.3
2016	98.8	99.0	98.8	97.5	99.7
2017	100.9	100.5	100.7	101.6	101.0
2018	101.3	100.5	102.3	101.4	102.4
2019	101.6	103.0	100.5	100.2	101.1
2020	101.5	102.7	99.2	101.7	100.3
2021	102.7	103.6	98.7	103.5	102.3
2022	103.5	104.7	101.8	102.9	102.4

5-10 工业生产者购进价格指数
Purchasing Price Indices for Industrial Producers

(上年=100) (preceding year=100)

年 份 Year	总指数 General Index	燃料、动力类 Fuel and Power	黑色金属材料类 Ferrous Metals	有色金属材料及电线类 Nonferrous Metals	化工原料类 Raw Chemical Materials	木材及纸浆类 Timber and Paper Pulp	建筑材料及非金属类 Building Materials	农副产品类 Agricultural Products	纺织原料类 Textile Materials
1992	111.4	111.0	117.2	106.7	97.2	113.4	112.9	111.3	94.8
1993	134.9	127.8	175.1	117.4	109.3	151.5	118.2	119.2	98.6
1994	119.9	120.3	98.6	109.9	109.9	116.0	105.0	147.4	148.5
1995	110.9	105.7	93.4	134.5	122.7	116.8	110.8	132.7	123.6
1996	106.3	111.9	99.5	92.5	103.8	96.5	100.6	124.0	91.0
1997	102.1	109.9	99.4	92.3	95.2	103.5	101.0	95.3	89.4
1998	96.2	97.0	98.3	86.9	90.9	102.9	97.5	97.0	86.4
1999	95.4	99.1	94.3	98.0	97.2	101.7	96.7	85.9	89.1
2000	103.3	107.5	100.1	115.6	104.6	102.6	111.2	94.8	110.0
2001	101.0	103.0	105.1	94.2	98.7	97.5	99.3	102.9	93.8
2002	97.2	105.7	98.6	93.5	98.1	93.4	89.2	94.2	89.4
2003	109.4	110.4	123.0	111.8	107.0	100.5	98.7	114.0	112.2
2004	118.4	116.7	134.0	122.9	111.5	102.3	111.2	121.5	107.3
2005	107.0	115.7	107.3	111.3	106.8	103.4	104.0	98.9	97.2
2006	105.0	111.0	95.2	122.9	101.8	100.3	99.8	103.9	103.9
2007	107.8	105.3	109.5	110.0	109.0	102.9	105.1	114.3	101.5
2008	115.9	129.5	128.6	99.3	112.9	103.8	116.4	112.4	102.0
2009	93.5	97.2	82.5	86.5	91.7	97.0	101.8	94.9	96.8
2010	110.9	113.5	111.1	120.2	113.2	105.6	100.3	111.9	110.0
2011	110.9	113.0	110.2	110.1	110.3	104.4	105.3	119.5	111.8
2012	96.2	98.4	91.2	91.9	97.6	97.0	98.8	98.7	94.6
2013	97.6	94.8	97.0	95.2	97.6	100.3	97.2	103.3	99.8
2014	95.6	94.2	91.9	95.8	98.0	100.0	97.2	97.3	98.9
2015	90.3	87.3	83.5	94.6	91.7	99.0	91.8	97.8	96.5
2016	98.3	99.5	94.4	96.6	98.6	101.2	101.5	104.5	101.1
2017	114.5	123.0	117.5	116.7	107.4	103.9	119.3	101.0	99.5
2018	104.0	108.2	102.4	100.9	101.9	105.8	108.8	97.9	99.9
2019	102.1	98.4	108.5	97.3	94.8	99.0	106.5	105.2	101.1
2020	98.4	88.4	104.0	100.4	97.3	99.1	99.4	108.7	94.8
2021	119.8	127.9	123.4	127.5	121.4	106.7	108.7	105.0	113.5
2022	104.7	119.0	91.9	103.7	103.7	106.7	108.5	105.8	108.1

主要统计指标解释

居民消费价格指数 是反映一定时期内城乡居民所购买的生活消费品和服务项目价格变动趋势和程度的相对数，是对城市居民消费价格指数和农村居民消费价格指数进行综合汇总计算的结果。通过该指数可以观察和分析消费品的零售价格和服务项目价格变动对城乡居民实际生活费支出的影响程度。

城市居民消费价格指数 是反映一定时期内城市居民家庭所购买的生活消费品价格和服务项目价格变动趋势和程度的相对数。通过该指数可以观察和分析消费品的零售价格和服务项目价格变动对城镇居民收入和消费支出的影响。

农村居民消费价格指数 是反映一定时期内农村居民家庭所购买的生活消费品价格和服务项目价格变动趋势和程度的相对数。该指数可以观察农村消费品的零售价格和服务项目价格变动对农村居民收入和生活消费支出的影响。

商品零售价格指数 是反映一定时期内城乡商品零售价格变动趋势和程度的相对数。商品零售价格的变动与国家的财政收入、市场供需的平衡、消费与积累的比例关系有关。因此，该指数可以从一个侧面对上述经济活动进行观察和分析。

农产品生产者价格指数 是反映一定时期内，农产品生产者出售农产品价格水平变动趋势及幅度的相对数。该指数可以客观反映全国农产品生产价格水平和结构变动情况，满足农业与国民经济核算需要。其中某代表品生产价格指数是通过对全部有出售该产品行为的调查单位的个体指数进行几何平均求得的，类价格指数是通过对其所属的类（或代表品）的价格指数进行加权平均求得的。季度累计价格指数的计算方法与分季指数的计算方法相同。

工业生产者出厂价格指数 是反映一定时期内工业产品第一次出售时的出厂价格总水平的变动趋势和变动幅度的相对数。

工业生产者购进价格指数 是反映作为中间投入的原材料、燃料、动力购进价格总水平的变动趋势和变动幅度的相对数。

Explanatory Notes on Main Statistical Indicators

Consumer Price Indices reflect the trend and degree of changes in prices of consumer goods and services purchased by urban and rural households during a given period. They are obtained by combining Consumer Price Indices of Urban Household and Consumer Price Indices of Rural Household. The Indices enable the observation and analysis of the degree of impact of the changes in the prices of retailed goods and services on the actual living expenses of urban and rural residents.

Consumer Price Indices of Urban Household reflect the trend and degree of changes in prices of consumer goods and services purchased by urban households during a given period. It can be used to observe and analyze the impact of price changes in consumer goods and services on urban household income and consumption expenditure.

Consumer Price Indices of Rural Household reflect the trend and degree of changes in prices of consumer goods and services purchased by rural households during a given period. It can be used to observe the impact of change in retail prices of consumer goods and service prices on rural household income and consumption expenditure on living.

Retail Price Indices reflect the trend and degree of change in retail prices of commodities during a given period. The change in retail prices of commodities is related to government revenue, the equilibrium of market supply and demand, and the ratio of consumption to accumulation. Therefore, the retail price indices are useful from an oblique perspective for observing and analyzing the changes of the above economic activities.

Producer Prices Indices for Farm Products reflect the trend and degree of changes in producers' prices received by farmers when they sell farm products during a given period. These indices depict the change in the level and structure of producer prices for farm products of the country and meet the needs of agricultural statistics and national accounts statistics. The producer price index for a given product is calculated as the geometrical mean of individual indices for all surveyed units which sell such product, and the indices for a product category is obtained as the weighted mean of price indices for all products in the category. Method for calculating accumulative quarterly indices is the same as for calculating the individual quarterly indices.

Producer Price Indices for Industrial Products reflect the trend and degree of changes in general ex-factory prices of all manufactured goods for first sale during a given period.

Purchasing Price Indices for Industrial Producers reflect changes in the level and degree of purchasing prices such as intermediate input such as raw materials, fuels and power.

人民生活

People's Livelihoods

简 要 说 明

一、本篇资料反映河北居民生活状况，主要内容包括河北全体居民及分城乡居民家庭人口、收入与消费支出结构和主要耐用消费品拥有量等。

二、居民调查资料采用二相抽样和多阶段抽样相结合的调查方法统计。

三、2013年国家统计局实行城乡住户一体化调查改革，将过去城镇与农村分别开展的调查体系，按照统一指标、统一方法、统一标准、统一调查、统一程序的原则，整合为城乡一体化住户调查新体系。由于新旧调查体系在调查范围和对象、城乡划分标准、样本抽选方法、计算和汇总方式、指标名称和口径等都发生了变化，新旧口径指标数据衔接困难。

四、旧调查体系的农村居民纯收入指标在新的调查体系中统一为城乡可比的可支配收入，旧调查体系中的城乡经营性收入、财产性收入与转移性收入在新的调查体系中统一为经营净收入、财产净收入与转移净收入。

五、2013年起为新口径数据，2013年以前的为旧调查体系的数据。

六、本篇资料由国家统计局河北调查总队居民收支调查处整理提供。

七、资料整理：李彩芳

Brief Introduction

Ⅰ.The data in this paper reflect the living conditions of Hebei residents, including the total population of Hebei residents and the household population of urban and rural residents, the structure of income and consumption expenditure, and the ownership of major consumer durables.

Ⅱ.The survey data of residents shall be counted by the method of two-phase sampling and multi-phase sampling.

Ⅲ. In 2013, the National Bureau of Statistics implemented the reform of integrated urban and rural household survey, integrating the previously separate urban and rural household survey systems into a new system of integrated urban and rural household survey in accordance with the principles of unified indicators, unified methods, unified standards, unified survey and unified procedures. Due to the changes of the old and new survey systems in the survey scope and objects, urban and rural division standard, sample selection method, calculation and summary method, index name and caliber, it is difficult to connect the old and new survey data.

Ⅳ.The net income index of rural residents in the old survey system is unified as comparable urban and rural disposable income in the new survey system, while the urban and rural operating income, property income and transfer income in the old survey system are unified as net operating income, net property income and transfer income in the new survey system.

Ⅴ.The data starting from 2013 are of the new caliber, and the data before 2013 are of the old survey system.

Ⅵ. This information is provided by the Resident Income and Expenditure Survey Office, Hebei Survey Team, National Bureau of Statistics.

Ⅶ.Data collection: Li Caifang.

6-1 全省居民人均收支情况
Per Capita Income and Consumption Expenditure Provincewide

单位：元 (yuan)

指标	Item	2015	2018	2019	2020	2021	2022
全省居民人均可支配收入	**Per Capita Disposable Income of Households**	**18118.1**	**23445.7**	**25664.7**	**27135.9**	**29383.0**	**30867.0**
工资性收入	Income of Wages and Salaries	10910.0	14179.3	15535.2	16287.5	17295.6	18129.6
经营净收入	Net Business Income	2817.4	3530.6	3911.9	4150.7	4780.2	5028.2
财产净收入	Net Income from Property	1210.0	1624.1	1789.8	1931.9	2273.0	2392.2
转移净收入	Net Income from Transfer	3180.6	4111.6	4427.9	4765.9	5034.3	5317.0
全省居民人均支出	**Per Capita Consumption Expenditure of Households**	**13030.7**	**16722.0**	**17987.2**	**18037.0**	**19953.6**	**20890.3**
食品烟酒	Food, Tobacco and Liquor	3515.5	4271.3	4675.7	4992.5	5646.0	6227.6
衣　着	Clothing	1055.3	1257.5	1304.8	1249.7	1371.8	1350.9
居　住	Residence	2995.8	4050.4	4301.6	4394.5	4520.9	4810.5
生活用品及服务	Household Facilities, Articles & Services	832.2	1138.7	1170.4	1171.2	1216.9	1314.5
交通通信	Transport and Communications	1807.6	2355.4	2415.7	2356.9	2755.1	2820.8
教育文化娱乐	Education, Cultural and Recreation	1338.6	1734.5	1984.1	1799.1	2007.3	1864.3
医疗保健	Health Care and Medical Services	1192.0	1540.5	1699.0	1692.0	1983.9	2017.3
其他用品及服务	Miscellaneous Goods and Services	293.6	373.8	435.8	381.2	451.8	484.3
消费支出构成(%)	**Composition of Consumption Expenditure (%)**	**100.0**	**100.0**	**100.0**	**100.0**	**100.0**	**100.0**
食品烟酒	Food, Tobacco and Liquor	27.0	25.5	26.0	27.7	28.3	29.8
衣　着	Clothing	8.1	7.5	7.3	6.9	6.9	6.5
居　住	Residence	23.0	24.2	23.9	24.4	22.7	23.0
生活用品及服务	Household Facilities, Articles & Services	6.4	6.8	6.5	6.5	6.1	6.3
交通通信	Transport and Communications	13.9	14.1	13.4	13.1	13.8	13.5
教育文化娱乐	Education, Cultural and Recreation	10.3	10.4	11.0	10.0	10.1	8.9
医疗保健	Health Care and Medical Services	9.1	9.2	9.5	9.5	9.9	9.7
其他用品及服务	Miscellaneous Goods and Services	2.2	2.3	2.4	2.0	2.2	2.3

6-2 全省居民人均主要食品消费量
Per Capita Consumption of Major Foods Provincewide

单位：千克 (kg)

指　　标	Item	2015	2018	2019	2020	2021	2022
粮食	Grain	131.53	130.84	143.88	161.78	173.78	181.42
谷物	Cereal	122.65	119.65	130.49	145.96	156.79	162.23
薯类	Tuber	2.27	3.09	3.96	4.37	4.29	4.55
豆类	Beans and the Products	6.61	8.10	9.42	11.45	12.70	14.64
油脂类	Edible Oil	10.89	7.64	7.61	8.77	9.66	8.80
#植物油	Edible Vegetable Oil	10.78	7.34	7.35	8.54	9.43	8.65
蔬菜及菜制品	Vegetables and Vegetable Products	88.17	95.53	97.75	108.33	123.69	137.84
#鲜菜	Fresh Vegetables	85.54	92.09	93.87	104.15	118.60	132.77
肉类	Products of Meat	19.01	23.03	20.66	20.59	28.76	30.75
#猪肉	Pork	12.38	15.83	13.69	12.94	19.96	21.63
牛肉	Beef	1.24	1.45	1.46	1.66	1.54	1.55
羊肉	Mutton	1.33	1.45	1.34	1.61	1.64	1.65
禽类	Poultry	3.97	4.89	5.37	7.18	8.10	8.05
水产品	Aquatic Products	5.30	5.88	7.42	7.60	8.44	8.83
蛋类及蛋制品	Eggs and Processed Products	12.50	13.69	15.72	18.71	20.25	22.06
奶及奶制品	Milk and Dairy Products	13.93	14.45	14.49	16.48	17.64	15.83
干鲜瓜果类	Dried and Fresh Melons and Fruits	53.79	66.82	76.21	79.13	86.50	
#鲜瓜果	Fresh Melons and Fruits	48.64	60.61	68.86	71.74	77.32	77.28
坚果类	Nuts and Processed Products	4.27	4.74	5.36	5.45	6.65	
食糖	Sugar	1.06	1.08	1.16	1.33	1.50	1.57

6-3 全省居民平均每百户年末主要耐用消费品拥有量
Main Durable Goods Owned per 100 Households Provincewide

指　　标	Item	2015	2018	2019	2020	2021	2022
家用汽车(辆)	Automobile (unit)	30.38	44.91	45.93	47.93	50.90	52.09
摩托车(辆)	Motorcycle (unit)	39.96	28.57	24.56	25.45	21.41	20.83
电动助力车(辆)	Electric Bicycle (unit)	82.17	95.58	100.55	104.52	113.40	114.07
洗衣机(台)	Washing Machine (set)	97.59	99.79	101.16	103.71	102.32	102.07
电冰箱(柜)(台)	Refrigerator (set)	93.88	99.13	99.51	103.31	102.55	102.53
微波炉(台)	Microwave Oven (set)	37.45	45.44	35.68	38.26	36.80	37.32
彩色电视机(台)	Color TV Set (set)	115.87	111.49	111.55	112.36	110.79	110.47
空调(台)	Air Conditioner (set)	87.12	104.98	108.91	114.06	123.49	124.05
热水器(台)	Water Heater (set)	72.71	80.93	81.33	85.46	77.42	78.73
排油烟机(台)	Exhaust Fan (set)	48.23	50.38	57.88	61.23	62.08	63.29
移动电话(部)	Mobile Phone (set)	223.32	236.48	240.53	244.55	246.78	246.13
计算机(台)	Computer (set)	57.53	63.96	52.49	50.66	44.10	44.80
照相机(台)	Camera (set)	19.85	15.66	9.58	9.86	6.05	6.48

6-4 城镇居民人均收支情况
Per Capita Income and Consumption Expenditure of Urban Households

单位：元 (yuan)

指 标	Item	2015	2018	2019	2020	2021	2022
城镇居民人均可支配收入	**Per Capita Disposable Income of Urban Households**	**26152.2**	**32977.2**	**35737.7**	**37285.7**	**39791.0**	**41277.7**
工资性收入	Income of Wages and Salaries	16705.3	20988.0	22792.8	23602.4	24540.4	25389.8
经营净收入	Net Business Income	1831.4	2436.2	2749.9	2850.7	3631.6	3784.2
财产净收入	Net Income from Property	2319.8	2966.0	3225.4	3435.2	4021.7	4180.3
转移净收入	Net Income from Transfer	5295.6	6587.0	6969.6	7397.3	7597.3	7923.5
城镇居民人均支出	**Per Capita Consumption Expenditure of Urban Households**	**17586.6**	**22127.4**	**23483.1**	**23167.4**	**24192.4**	**25071.3**
食品烟酒	Food, Tobacco and Liquor	4581.1	5555.5	6024.2	6234.6	6521.6	7104.4
衣 着	Clothing	1544.2	1799.0	1805.8	1667.4	1695.0	1641.0
居 住	Residence	4111.6	5577.1	5879.9	5996.0	6108.3	6374.3
生活用品及服务	Household Facilities, Articles & Services	1178.7	1508.0	1537.1	1540.6	1483.4	1625.1
交通通信	Transport and Communications	2386.4	2982.0	2992.4	2798.3	3144.3	3139.2
教育文化娱乐	Education, Cultural and Recreation	1870.8	2305.0	2588.1	2412.2	2440.9	2211.9
医疗保健	Health Care and Medical Services	1500.6	1883.7	2056.3	1988.8	2205.3	2338.8
其他用品及服务	Miscellaneous Goods and Services	413.1	517.0	599.3	529.6	593.6	636.6
消费支出构成(%)	**Composition of Consumption Expenditure (%)**	**100.0**	**100.0**	**100.0**	**100.0**	**100.0**	**100.0**
食品烟酒	Food, Tobacco and Liquor	26.0	25.1	25.7	26.9	27.0	28.3
衣 着	Clothing	8.8	8.1	7.7	7.2	7.0	6.5
居 住	Residence	23.4	25.2	25.0	25.9	25.2	25.4
生活用品及服务	Household Facilities, Articles & Services	6.7	6.8	6.5	6.7	6.1	6.5
交通通信	Transport and Communications	13.6	13.5	12.7	12.1	13.0	12.5
教育文化娱乐	Education, Cultural and Recreation	10.6	10.4	11.0	10.4	10.1	8.8
医疗保健	Health Care and Medical Services	8.5	8.5	8.8	8.6	9.1	9.3
其他用品及服务	Miscellaneous Goods and Services	2.4	2.4	2.6	2.3	2.5	2.5

6-5 城镇居民人均主要食品消费量
Per Capita Consumption of Major Foods of Urban Households

单位：千克 (kg)

指　标	Item	2015	2018	2019	2020	2021	2022
粮食	Grain	115.76	122.95	130.49	157.68	159.39	165.84
谷物	Cereal	105.67	110.67	116.90	140.91	143.09	147.00
薯类	Tuber	2.41	2.96	3.56	4.24	3.91	4.38
豆类	Beans and the Products	7.67	9.33	10.03	12.53	12.39	14.46
油脂类	Edible Oil	9.78	7.64	7.86	9.40	9.31	8.56
#植物油	Edible Vegetable Oil	9.69	7.31	7.57	9.16	9.16	8.45
蔬菜及菜制品	Vegetables and Vegetable Products	94.72	107.50	111.84	124.06	131.08	144.17
#鲜菜	Fresh Vegetables	91.15	102.97	106.99	118.95	125.29	138.55
肉类	Products of Meat	22.83	27.14	24.48	25.18	31.64	33.01
#猪肉	Pork	13.64	17.52	15.16	15.00	20.97	22.13
牛肉	Beef	2.15	2.41	2.39	2.56	2.31	2.29
羊肉	Mutton	1.90	2.24	1.92	2.34	2.17	2.17
禽类	Poultry	5.16	5.92	6.47	8.39	8.74	8.91
水产品	Aquatic Products	7.45	7.61	9.97	9.88	10.05	10.28
蛋类及蛋制品	Eggs and Processed Products	13.66	15.59	17.14	21.21	21.14	23.04
奶及奶制品	Milk and Dairy Products	21.20	21.51	20.47	23.67	22.56	19.68
干鲜瓜果类	Dried and Fresh Melons and Fruits	63.43	78.75	88.59	91.51	92.23	
#鲜瓜果	Fresh Melons and Fruits	56.75	71.48	80.08	83.02	82.59	83.27
坚果类	Nuts and Processed Products	5.44	5.42	6.11	6.09	6.82	
食糖	Sugar	1.02	1.02	1.03	1.24	1.28	1.33

6-6 城镇居民平均每百户年末主要耐用消费品拥有量
Main Durable Goods Owned per 100 Urban Households

指　标	Item	2015	2018	2019	2020	2021	2022
家用汽车(辆)	Automobile (unit)	36.91	51.40	52.50	53.73	57.42	58.36
摩托车(辆)	Motorcycle (unit)	14.38	10.53	11.02	11.15	11.25	11.45
电动助力车(辆)	Electric Bicycle (unit)	73.53	88.33	90.14	92.85	109.37	110.12
洗衣机(台)	Washing Machine (set)	98.43	100.16	101.94	101.89	103.83	103.27
电冰箱(柜)(台)	Refrigerator (set)	97.51	99.64	101.55	102.96	103.73	103.38
微波炉(台)	Microwave Oven (set)	58.39	69.42	52.33	55.16	51.26	51.63
彩色电视机(台)	Color TV Set (set)	111.11	108.21	111.05	112.00	110.78	110.29
空调(台)	Air Conditioner (set)	117.91	126.35	131.77	134.71	147.17	145.95
热水器(台)	Water Heater (set)	88.50	94.84	93.48	97.20	89.03	89.79
排油烟机(台)	Exhaust Fan (set)	78.20	70.56	80.95	83.31	79.65	80.47
移动电话(部)	Mobile Phone (set)	220.51	229.32	235.39	239.39	247.44	246.23
计算机(台)	Computer (set)	76.57	87.55	64.28	62.50	53.08	53.73
照相机(台)	Camera (set)	34.65	26.07	16.28	15.82	9.72	10.33

6-7 农村居民人均收支情况
Per Capita Income and Consumption Expenditure of Rural Households

单位：元 (yuan)

指　标	Item	2015	2018	2019	2020	2021	2022
农村居民人均可支配收入	**Per Capita Disposable Income of Rural Households**	**11050.5**	**14030.9**	**15373.1**	**16467.0**	**18178.9**	**19364.2**
工资性收入	Income of Wages and Salaries	5811.9	7454.1	8120.0	8598.4	9496.7	10107.8
经营净收入	Net Business Income	3684.9	4611.5	5099.1	5517.2	6016.5	6402.7
财产净收入	Net Income from Property	233.8	298.7	323.0	351.6	390.5	416.5
转移净收入	Net Income from Transfer	1320.0	1666.5	1831.0	1999.8	2275.2	2437.1
农村居民人均支出	**Per Capita Consumption Expenditure of Rural Households**	**9022.8**	**11382.8**	**12372.0**	**12644.2**	**15390.7**	**16270.6**
食品烟酒	Food, Tobacco and Liquor	2578.1	3002.7	3298.0	3686.8	4703.4	5258.7
衣　着	Clothing	625.3	722.5	793.0	810.6	1023.8	1030.5
居　住	Residence	2014.2	2542.3	2689.0	2711.1	2812.2	3082.8
生活用品及服务	Household Facilities, Articles & Services	527.5	773.9	795.7	782.9	930.0	971.3
交通通信	Transport and Communications	1298.5	1736.5	1826.6	1892.8	2336.1	2469.1
教育文化娱乐	Education, Cultural and Recreation	870.4	1170.9	1367.0	1154.6	1540.6	1480.2
医疗保健	Health Care and Medical Services	920.5	1201.6	1334.0	1380.1	1745.5	1662.1
其他用品及服务	Miscellaneous Goods and Services	188.4	232.4	268.7	225.3	299.1	316.0
消费支出构成(%)	**Composition of Consumption Expenditure (%)**	**100.0**	**100.0**	**100.0**	**100.0**	**100.0**	**100.0**
食品烟酒	Food, Tobacco and Liquor	28.6	26.4	26.7	29.2	30.6	32.3
衣　着	Clothing	6.9	6.3	6.4	6.4	6.7	6.3
居　住	Residence	22.3	22.3	21.7	21.4	18.3	18.9
生活用品及服务	Household Facilities, Articles & Services	5.8	6.8	6.4	6.2	6.0	6.0
交通通信	Transport and Communications	14.5	15.3	14.8	15.0	15.2	15.2
教育文化娱乐	Education, Cultural and Recreation	9.6	10.3	11.0	9.1	10.0	9.1
医疗保健	Health Care and Medical Services	10.2	10.6	10.8	10.9	11.3	10.2
其他用品及服务	Miscellaneous Goods and Services	2.1	2.0	2.2	1.8	1.9	1.9

6-8　农村居民人均主要食品消费量
Per Capita Consumption of Major Foods of Rural Households

单位：千克　　(kg)

指　标	Item	2015	2018	2019	2020	2021	2022
粮食	Grain	145.41	138.63	157.55	166.08	189.28	198.64
谷物	Cereal	137.58	128.52	144.38	151.27	171.54	179.07
薯类	Tuber	2.15	3.22	4.37	4.50	4.70	4.74
豆类	Beans and the Products	5.68	6.90	8.79	10.31	13.04	14.83
油脂类	Edible Oil	11.87	7.65	7.36	8.11	10.03	9.06
#植物油	Edible Vegetable Oil	11.73	7.36	7.13	7.89	9.71	8.87
蔬菜及菜制品	Vegetables and Vegetable Products	82.41	83.69	83.35	91.80	115.74	130.86
#鲜菜	Fresh Vegetables	80.61	81.35	80.47	88.59	111.39	126.39
肉类	Products of Meat	15.65	18.97	16.76	15.78	25.66	28.25
#猪肉	Pork	11.26	14.16	12.18	10.77	18.87	21.08
牛肉	Beef	0.44	0.50	0.51	0.72	0.71	0.73
羊肉	Mutton	0.83	0.67	0.75	0.85	1.08	1.07
禽类	Poultry	2.93	3.87	4.25	5.89	7.41	7.10
水产品	Aquatic Products	3.41	4.17	4.81	5.20	6.70	7.21
蛋类及蛋制品	Eggs and Processed Products	11.49	11.81	14.28	16.10	19.28	20.98
奶及奶制品	Milk and Dairy Products	7.55	7.47	8.39	8.92	12.34	11.59
干鲜瓜果类	Dried and Fresh Melons and Fruits	45.31	55.04	63.55	66.11	80.33	
#鲜瓜果	Fresh Melons and Fruits	41.51	49.88	57.41	59.87	71.66	70.66
坚果类	Nuts and Processed Products	3.24	4.06	4.61	4.79	6.46	
食糖	Sugar	1.10	1.14	1.29	1.43	1.74	1.84

6-9　农村居民平均每百户年末主要耐用消费品拥有量
Main Durable Goods Owned per 100 Rural Households

指　标	Item	2015	2018	2019	2020	2021	2022
家用汽车(辆)	Automobile (unit)	23.61	37.62	38.49	40.79	43.80	45.06
摩托车(辆)	Motorcycle (unit)	66.43	48.83	39.89	43.04	32.49	31.34
电动助力车(辆)	Electric Bicycle (unit)	91.11	103.73	112.35	118.88	117.79	118.49
洗衣机(台)	Washing Machine (set)	96.72	99.39	100.29	105.94	100.68	100.73
电冰箱(柜)(台)	Refrigerator (set)	90.12	98.56	97.21	103.74	101.27	101.58
微波炉(台)	Microwave Oven (set)	15.77	18.50	16.81	17.48	21.05	21.29
彩色电视机(台)	Color TV Set (set)	120.81	115.17	112.11	112.80	110.79	110.67
空调(台)	Air Conditioner (set)	55.25	80.97	83.01	88.66	97.70	99.51
热水器(台)	Water Heater (set)	56.37	65.29	67.56	71.02	64.77	66.32
排油烟机(台)	Exhaust Fan (set)	17.21	27.71	31.73	34.09	42.94	44.04
移动电话(部)	Mobile Phone (set)	226.22	244.54	246.35	250.89	246.07	246.01
计算机(台)	Computer (set)	37.82	37.46	39.12	36.11	34.32	34.79
照相机(台)	Camera (set)	4.54	3.95	1.99	2.54	2.05	2.16

6–10 居民人均可支配收入和指数
Per Capita Disposable Income of Households and Index

年 份 Year	全省居民人均可支配收入 Per Capita Disposable Income of Households		城镇居民人均可支配收入 Per Capita Disposable Income of Urban Households		农村居民人均可支配收入 Per Capita Disposable Income of Rural Households	
	绝对数(元) Value (yuan)	指数(1978年=100) Index (year of 1978=100)	绝对数(元) Value (yuan)	指数(1978年=100) Index (year of 1978=100)	绝对数(元) Value (yuan)	指数(1978年=100) Index (year of 1978=100)
1978			276.2	100.0	114.1	100.0
1980			400.6	145.0	175.8	154.1
1985			630.7	228.3	385.2	337.7
1990	770.7		1397.4	505.8	621.7	545.0
1995			3674.2	1330.1	1668.7	1463.0
2000	3315.5		5641.5	2042.3	2484.0	2177.8
2001			5957.1	2156.5	2610.8	2289.0
2002			6640.5	2403.9	2694.5	2362.4
2003			7188.0	2602.1	2865.3	2512.1
2004			7885.6	2854.6	3186.7	2793.9
2005	5581.5		9020.4	3265.4	3501.3	3069.7
2006	6294.9		10193.7	3690.2	3826.2	3354.5
2007	7232.7		11550.2	4181.2	4324.2	3791.2
2008	8365.4		13262.9	4801.2	4833.5	4237.6
2009	9266.9		14505.3	5251.0	5194.2	4553.9
2010	10427.5		16008.8	5795.2	6014.2	5272.8
2011	12058.6		18005.8	6518.2	7186.8	6300.9
2012	13646.7		20221.7	7320.4	8157.6	7152.0
2013	15189.6		22226.7	8046.2	9187.7	8055.2
2014	16647.4		24141.3	8739.3	10186.1	8930.5
2015	18118.1		26152.2	9467.2	11050.5	9688.3
2016	19725.4		28249.4	10226.4	11919.4	10450.1
2017	21484.1		30547.8	11058.4	12880.9	11293.1
2018	23445.7		32977.2	11937.9	14030.9	12301.3
2019	25664.7		35737.7	12937.2	15373.1	13478.1
2020	27135.9		37285.7	13497.6	16467.0	14437.2
2021	29383.0		39791.0	14404.5	18178.9	15938.0
2022	30867.0		41277.7	14942.7	19364.2	16977.2

6-11 分市居民人均可支配收入
Per Capita Disposable Income of Households by City

单位：元 (yuan)

市	City	2015	2018	2019	2020	2021	2022
全　省	**Total**	**18118.1**	**23445.7**	**25664.7**	**27135.9**	**29383.0**	**30867.0**
石家庄市	Shijiazhuang	20761.8	26839.0	29335.4	30954.8	33555.1	35266.5
唐 山 市	Tangshan	23464.9	30308.7	33080.3	34871.0	37660.8	39581.3
秦皇岛市	Qinhuangdao	18965.9	24554.6	26916.3	28417.5	30747.6	32285.0
邯 郸 市	Handan	17822.3	23117.0	25371.2	26918.6	29287.3	30766.4
邢 台 市	Xingtai	14784.7	20052.4	22338.0	23772.1	25626.2	26907.5
保 定 市	Baoding	16182.1	21708.0	23769.0	25204.4	28252.1	30031.9
张家口市	Zhangjiakou	15781.3	21830.1	24159.0	25673.7	27982.5	29452.0
承 德 市	Chengde	14616.5	19677.2	21828.0	23222.6	25660.8	27200.4
沧 州 市	Cangzhou	17764.4	23271.9	25421.0	26887.7	29146.2	30574.3
廊 坊 市	Langfang	22955.0	29781.0	32603.0	34357.6	37346.9	39139.7
衡 水 市	Hengshui	14585.1	19869.0	22067.0	23527.3	25880.1	27355.2
定 州 市	Dingzhou	16881.8	24516.5	26846.0	28461.2	30937.4	32608.2
辛 集 市	Xinji	19338.9	25726.7	28184.0	29887.3	32427.8	33951.8

注：自2021年后，表6-11至表6-16保定市数据不含雄安新区。
a) Since 2021, data in table 6-11 to 6-16, Baoding excludes Xiongan New Area.

6-12 分市居民人均消费支出
Per Capita Consumption Expenditure of Households by City

单位：元 (yuan)

市	City	2015	2018	2019	2020	2021	2022
全　省	**Total**	**13030.7**	**16722.0**	**17987.2**	**18037.0**	**19953.6**	**20890.3**
石家庄市	Shijiazhuang	13432.0	16422.2	17892.2	19410.9	21878.7	22951.2
唐 山 市	Tangshan	17164.0	19757.0	21490.0	21395.6	24186.9	25373.8
秦皇岛市	Qinhuangdao	13486.3	17880.2	19379.7	19589.9	21276.6	22268.8
邯 郸 市	Handan	10991.0	15884.0	17123.0	17243.0	20444.8	21468.6
邢 台 市	Xingtai	9236.8	12950.2	14114.0	15063.0	16700.8	17478.9
保 定 市	Baoding	9713.2	14199.7	16243.0	17120.5	19939.2	21029.5
张家口市	Zhangjiakou	10339.2	15148.1	17377.5	18035.7	19851.9	20916.1
承 德 市	Chengde	10606.6	14280.2	15938.5	16635.0	18581.5	19594.3
沧 州 市	Cangzhou	11828.0	16350.3	17875.6	18217.4	20177.6	21090.7
廊 坊 市	Langfang	16656.0	20364.0	22029.0	21722.0	24137.8	25221.7
衡 水 市	Hengshui	9789.0	14505.0	16089.0	15960.0	17264.5	18113.6
定 州 市	Dingzhou	11048.8	17544.4	17842.6	20109.0	20757.4	21929.5
辛 集 市	Xinji	10904.2	12850.0	14600.0	18189.0	19719.4	20507.1

6-13 分市城镇居民人均可支配收入
Per Capita Disposable Income of Urban Households by City

单位：元 (yuan)

市	City	2015	2018	2019	2020	2021	2022
全 省	**Total**	**26152.2**	**32977.2**	**35737.7**	**37285.7**	**39791.0**	**41277.7**
石家庄市	Shijiazhuang	28168.3	35563.0	38550.2	40246.6	43023.6	44744.9
唐 山 市	Tangshan	31271.5	39364.8	42632.0	44337.4	47263.7	49154.0
秦皇岛市	Qinhuangdao	28157.7	35386.3	38358.6	39931.5	42566.7	44141.6
邯 郸 市	Handan	24630.2	31133.0	33904.0	35497.5	38124.1	39687.3
邢 台 市	Xingtai	21895.3	28640.1	31533.0	33109.4	35228.2	36531.7
保 定 市	Baoding	23662.7	30283.0	32705.3	34111.6	37313.7	39179.2
张家口市	Zhangjiakou	23841.3	31192.5	34062.3	35595.0	38122.1	39532.7
承 德 市	Chengde	22885.2	29556.9	32365.0	33918.3	36767.2	38495.1
沧 州 市	Cangzhou	26350.0	33528.0	36243.9	37838.5	40411.3	41825.8
廊 坊 市	Langfang	31924.8	40435.0	43912.0	45712.3	48912.4	50624.3
衡 水 市	Hengshui	21615.4	28736.0	31581.0	33223.2	35748.2	37213.8
定 州 市	Dingzhou	23188.6	33435.9	36345.0	37980.3	40715.0	42425.2
辛 集 市	Xinji	26906.2	34555.5	37493.0	39142.4	41882.4	43431.9

6-14 分市城镇居民人均消费支出
Per Capita Consumption Expenditure of Urban Households by City

单位：元 (yuan)

市	City	2015	2018	2019	2020	2021	2022
全 省	**Total**	**17586.6**	**22127.4**	**23483.1**	**23167.4**	**24192.4**	**25071.3**
石家庄市	Shijiazhuang	18165.0	21619.9	23349.4	24866.9	26906.4	27955.8
唐 山 市	Tangshan	21973.0	24601.4	26569.0	26037.5	28783.5	29906.0
秦皇岛市	Qinhuangdao	18959.0	24505.9	26160.6	25955.0	27412.9	28399.7
邯 郸 市	Handan	14387.0	20231.0	21529.0	21459.0	25128.1	26208.6
邢 台 市	Xingtai	12983.9	17864.1	19187.0	20225.0	21009.0	21765.3
保 定 市	Baoding	13759.1	19078.3	21578.0	22360.3	25560.1	26684.8
张家口市	Zhangjiakou	14594.4	20479.0	23244.0	23917.9	25823.0	26907.6
承 德 市	Chengde	15636.0	20983.7	23098.0	23529.0	25198.0	26256.3
沧 州 市	Cangzhou	16615.1	23373.1	25289.9	24961.2	27075.7	27969.1
廊 坊 市	Langfang	22152.0	26161.0	27937.0	27347.0	29726.3	30736.9
衡 水 市	Hengshui	13346.0	19576.0	21387.0	20916.0	21606.1	22405.4
定 州 市	Dingzhou	12825.1	19389.8	21745.1	22823.0	25650.4	26804.6
辛 集 市	Xinji	14637.0	15210.0	17390.0	23373.0	25644.1	26413.5

6–15 分市农村居民人均可支配收入
Per Capita Disposable Income of Rural Households by City

单位：元 (yuan)

市	City	2015	2018	2019	2020	2021	2022
全　省	**Total**	**11050.5**	**14030.9**	**15373.1**	**16467.0**	**18178.9**	**19364.2**
石家庄市	Shijiazhuang	11441.6	14517.9	15853.5	16947.4	18676.0	19833.6
唐 山 市	Tangshan	13935.1	17656.0	19316.0	20687.1	22838.7	24254.7
秦皇岛市	Qinhuangdao	10781.9	13718.5	15035.0	16088.0	17793.4	18878.9
邯 郸 市	Handan	11247.3	14307.0	15695.0	16888.1	18796.4	20056.5
邢 台 市	Xingtai	9152.2	12286.8	13798.0	14943.4	16437.7	17456.7
保 定 市	Baoding	10557.6	14108.0	15617.8	16882.9	18956.9	20340.8
张家口市	Zhangjiakou	8341.2	11531.2	12972.6	14166.1	15979.5	17209.8
承 德 市	Chengde	7923.3	10804.5	12101.0	13190.1	14852.2	15966.0
沧 州 市	Cangzhou	10389.0	13515.8	14854.1	15908.5	17547.0	18617.2
廊 坊 市	Langfang	13159.4	16865.0	18467.0	19723.2	21735.1	23039.3
衡 水 市	Hengshui	9029.8	12493.0	13917.0	15100.1	16912.2	18146.7
定 州 市	Dingzhou	11958.6	16251.9	17828.0	19112.0	21137.8	22575.3
辛 集 市	Xinji	13364.2	17337.3	19019.0	20407.4	22570.7	23924.9

6–16 分市农村居民人均消费支出
Per Capita Consumption Expenditure of Rural Households by City

单位：元 (yuan)

市	City	2015	2018	2019	2020	2021	2022
全　省	**Total**	**9022.8**	**11382.8**	**12372.0**	**12644.2**	**15390.7**	**16270.6**
石家庄市	Shijiazhuang	7476.2	9081.5	9907.9	11186.0	13978.1	14802.7
唐 山 市	Tangshan	11522.0	12988.6	14171.0	14440.3	17092.1	18117.5
秦皇岛市	Qinhuangdao	8613.6	11251.8	12339.0	12773.9	14551.1	15336.8
邯 郸 市	Handan	7711.0	11446.0	12446.1	12832.0	14885.0	15778.1
邢 台 市	Xingtai	6427.1	8770.5	10075.0	10698.0	12578.0	13269.8
保 定 市	Baoding	6671.2	9875.6	11377.0	12225.3	14173.3	15038.0
张家口市	Zhangjiakou	6411.3	9284.0	10751.0	11213.0	12783.4	13639.9
承 德 市	Chengde	6535.5	8260.0	9329.3	10169.0	12142.2	12967.9
沧 州 市	Cangzhou	7715.7	9669.9	10637.0	11456.0	13075.0	13781.0
廊 坊 市	Langfang	10654.0	13335.0	14293.0	14472.0	16593.9	17490.0
衡 水 市	Hengshui	7059.0	9672.0	10731.0	10785.0	13318.9	14104.7
定 州 市	Dingzhou	9662.3	13326.6	14138.0	15498.0	15853.3	16947.2
辛 集 市	Xinji	7957.0	10608.0	11854.0	12880.0	13542.4	14260.1

6-17　全省、城镇、农村居民人均可支配收入及消费支出
Per Capita Disposable Income and Consumption Expenditure of Households

年　份 Year	人　均 可支配收入 (元) Per Capita Disposable Income (yuan)	指　数 (上年=100) Index (preceding year=100)	人　均 消费支出 (元) Per Capita Consumption Expenditure (yuan)	指　数 (上年=100) Index (preceding year=100)	恩格尔 系　数 (%) Engel's Coefficient (%)
全省居民 **Provincial Household**					
2015	18118.1	108.8	13030.7	109.2	27.0
2016	19725.4	108.9	14247.5	109.3	26.8
2017	21484.1	108.9	15437.0	108.3	25.3
2018	23445.7	109.1	16722.0	108.3	25.5
2019	25664.7	109.5	17987.2	107.6	26.0
2020	27135.9	105.7	18037.0	100.3	27.7
2021	29383.0	108.3	19953.6	110.6	28.3
2022	30867.0	105.1	20890.3	104.7	29.8
城镇居民 **Urban Household**					
2015	26152.2	108.3	17586.6	108.5	26.0
2016	28249.4	108.0	19105.9	108.6	26.1
2017	30547.8	108.1	20600.3	107.8	24.6
2018	32977.2	108.0	22127.4	107.4	25.1
2019	35737.7	108.4	23483.1	106.1	25.7
2020	37285.7	104.3	23167.4	98.7	26.9
2021	39791.0	106.7	24192.4	104.4	27.0
2022	41277.7	103.7	25071.3	103.6	28.3
农村居民 **Rural Household**					
2015	11050.5	108.5	9022.8	109.4	28.6
2016	11919.4	107.9	9798.3	108.6	28.0
2017	12880.9	108.1	10535.9	107.5	26.7
2018	14030.9	108.9	11382.8	108.0	26.4
2019	15373.1	109.6	12372.0	108.7	26.7
2020	16467.0	107.1	12644.2	102.2	29.2
2021	18178.9	110.4	15390.7	121.7	30.6
2022	19364.2	106.5	16270.6	105.7	32.3

主要统计指标解释

从 2013 年起，国家统计局对分别进行的城乡住户调查实施了一体化改革，规范了城乡划分范围，统一了城乡居民收入指标名称、分类和统计标准，建立了城乡统一的一体化住户调查，并据此采集全省居民有关数据。1978-2012 年的数据，根据国家统计局城镇住户调查和农村住户调查的历史数据，按照住户收支与生活状况调查可比口径推算得到。

一、居民可支配收入

居民可支配收入指居民可用于最终消费支出和储蓄的总和，即居民可用于自由支配的收入。既包括现金收入，也包括实物收入。按照收入的来源，可支配收入包含四项，分别为：工资性收入、经营净收入、财产净收入和转移净收入。

工资性收入 指就业人员通过各种途径得到的全部劳动报酬和各种福利，包括受雇于单位或个人、从事各种自由职业、兼职和零星劳动得到的全部劳动报酬和福利。

经营净收入 指住户或住户成员从事生产经营活动所获得的净收入，是全部经营收入中扣除经营费用、生产性固定资产折旧和生产税之后得到的净收入。计算公式为：

经营净收入=经营收入-经营费用-生产性固定资产折旧-生产税

财产净收入 指住户或住户成员将其所拥有的金融资产、住房等非金融资产和自然资源交由其他机构单位、住户或个人支配而获得的回报并扣除相关的费用之后得到的净收入。财产净收入包括利息净收入、红利收入、储蓄性保险净收益、转让承包土地经营权租金净收入、出租房屋净收入、出租其他资产净收入和自有住房折算净租金等。财产净收入不包括转让资产所有权的溢价所得。

转移净收入 计算公式为：转移净收入=转移性收入-转移性支出

转移性收入 指国家、单位、社会团体对住户的各种经常性转移支付和住户之间的经常性收入转移。包括养老金或退休金、社会救济和补助、政策性生产补贴、政策性生活补贴、救灾款、经常性捐赠和赔偿、报销医疗费、住户之间的赡养收入，本住户非常住成员寄回带回的收入等。转移性收入不包括住户之间的实物馈赠。

转移性支出 指调查户对国家、单位、住户或个人的经常性或义务性转移支付。包括缴纳的税款、各项社会保障支出、赡养支出、经常性捐赠和赔偿支出以及其他经常转移支出等。

根据住户收支与生活状况调查，分城镇和农村的居民人均可支配收入等数据的覆盖人群主要变化：一是计算城镇居民人均可支配收入时分母包括了在城镇地区常住的农民工，计算农村居民人均可支配收入时分母不包括在城镇地区常住的农民工；二是由本户供养的在外大学生视为常住人口。

二、居民消费支出

居民消费支出是指居民用于满足家庭日常生活消费需要的全部支出，既包括现金消费支出，也包括实物消费支出。消费支出可划分为食品烟酒、衣着、居住、生活用品及服务、交通通信、教育文化娱乐、医疗保健以及其他用品及服务八大类。

食品烟酒 指用于各种食品和烟草、酒类的支出。

衣着 指与居民穿着有关的支出，包括服装、服装材料、鞋类、其他衣类及配件、衣着相关加工服务的支出。

居住 指与居住有关的支出，包括房租、水、电、燃料、物业管理等方面的支出，也包括自有住房折算租金。

生活用品及服务 指家庭及个人的各类生活品及家庭服务。包括家具及室内装饰品、家用器具、家用纺织品、家庭日用杂品、个人用品和家庭服务。

交通通信 指用于交通和通信工具及相关的各种服务费、维修费和车辆保险等支出。

教育文化娱乐 指用于教育、文化和娱乐方面的支出。

医疗保健 指用于医疗和保健的药品、用品和服务的总费用。包括医疗器具及药品，以及医疗服务。

其他用品及服务 指无法直接归入上述各类支出的其他用品与服务支出。

Explanatory Notes on Main Statistical Indicators

Since 2013, the NBS has launched its reform on the household survey programme, to form an integrated survey, instead of the two separate urban and rural household surveys. The reform regulates the division of urban and rural areas, integrates the concepts, classifications and standards, conducts the integrated household survey, and collects household data in the whole country thereafter. Data from 1978 to 2012 are estimated based on the historical data of Urban Household Survey and Rural Household Survey according to the definition of main income and consumption indicators of Household Survey on Income and Expenditure and Living Conditions.

I. Disposable Income of Residents

Disposable Income of Households refers to the income of households for purpose of final expenditure and savings. It includes income both in cash and in kind. By sources of income, disposable income includes four categories: income from wages and salaries, net business income, net income from properties and net income from transfer.

Income from Wages and Salaries refers to remuneration of labour and salaries from all kinds of sources, including those employed by other units or individuals, freelance work, part-time jobs, and sporadic labour.

Net Business Income refers to net income earned by households and their members engaged in production and business activities. It refers to the net income of operating revenue minus operating costs, depreciation of productive fixed assets, and production tax. The formula is:

Net Business Income=Operating Revenue-Operating Costs-Depreciation of Productive Fixed Assets-Production Tax

Net Income from Properties refers to the net income received as returns by households or members of financial assets, non-financial assets such as housing, to other institutions, households or individuals, and minus relevant costs. Net income from properties includes net income of interest, bonus income, net income of saving insurance, net income of rents of transferring management right of contract land, income of renting housing, income of renting other assets, net converted rents of self-owned housing. Net income from properties do not include premium of transferring ownership of assets.

Net Income from Transfer The formula is: Net Income from Transfer=Income from Transfers-Expenditure from Transfer

Income from Transfer refers to the regular transfer from country, institutions, social communities to households and between households. It includes old-age and retirement pension, disaster relief funds, regular donation and compensation, applying for medical fees, supporting income between households, income from non-usual-residing members of households, etc. Income from transfer do not include presents in kinds between households.

Expenditure from Transfer refers to regular or deontic transfer from households to country, institutions, households or individuals. It includes taxes paid, expenditure of all kinds of social security, supporting expenditure, regular donation and compensation and other regular transfer expenditure, etc.

According to the household survey, main changes of population covered by data of per capita disposable income of urban and rural households: migrant workers resided in urban areas are included in the denominator when calculating per capita disposable income of urban household, migrant workers are not included in denominator when calculating per capita disposable income of rural households; college students of their households are regarded as permanent residents.

II. Consumption Expenditure of Residents

Consumption Expenditure of Households refers to all expenditure of households for living expenditure to satisfy family daily living. It includes expenditure in cash and in kind. It includes eight categories: food, tobacco and liquor; clothing; residence; household facilities, articles and services; transport and communications; education, cultural and recreational activities; health care and medical services, and miscellaneous goods and services.

Food, Tobacco and Liquor refers to expenditure for food, tobacco and liquor of all kinds.

Clothing refers to expenditure related to clothing, including clothes, clothing materials, footwear, other clothing and accessories, processing services related to clothing.

Residence refers to expenditure related to residence, including housing rents, water, electricity, fuel, property management, and including converted self-owned housing rents.

Household Facilities, Articles and Services refers to expenditure for family and individual articles for living purpose and family services. It includes furniture and interior decoration, home appliances, home textiles, household miscellaneous daily articles, personal articles, and family services.

Transport and Communications refers to expenditure for transport and communication and related services, maintenance and repairs, and vehicle insurance.

Education, Cultural and Recreational Activities refers to expenditure on education, cultural and recreational activities.

Health Care and Medical Services refers to expenditure on drugs, supplies and services of medical and health care. It includes medical appliances and drugs, and medical services.

Miscellaneous Goods and Services refers to expenditure of all kinds of expenditure of other articles and services that can not divided into the category above.

财政、金融、保险

Government Finance, Banking and Insurance

简 要 说 明

一、本篇反映河北省地方公共财政预算收支、银行、保险等方面的基本情况。

二、财政资料根据河北省财政厅提供的有关资料加工整理。银行资料由中国人民银行河北分行提供。保险业务资料由中国银行保险监督管理委员会河北监管局提供。

三、本篇资料由河北省财政厅、中国人民银行河北分行、中国银行保险监督管理委员会河北监管局负责整理提供。

四、资料整理：冯新文　沈群　吴彤

Brief Introduction

Ⅰ.The data in this chapter reflects the basic situation of Hebei Province's local public finance budget revenue and expenditure, bank, insurance, etc.

Ⅱ.The financial data shall be processed and sorted out according to the relevant data provided by the Finance Department of Hebei Province. Bank information provided by the Hebei Branch of the People's Bank of China. The insurance business data shall be provided by the Hebei Regulatory Bureau of the China Banking and Insurance Regulatory Commission.

Ⅲ. This information is collated and provided by the Hebei Provincial Finance Department and the Hebei Branch of the People's Bank of China and the Hebei Regulatory Bureau of the China Banking and Insurance Regulatory Commission.

Ⅳ.Data collection: Feng Xinwen, Shen Qun, Wu Tong.

7-1 一般公共预算收支和增长速度
General Public Budget Revenue and Expenditure and Growth Rates

单位：亿元 (100 million yuan)

年 份 Year	一般公共预算收入 General Public Budget Revenue	一般公共预算支出 General Public Budget Expenditure	比上年增长(%) Growth Rate over Preceding Year (%)	
			一般公共预算收入 General Public Budget Revenue	一般公共预算支出 General Public Budget Expenditure
1978		32.44		2.9
1979		34.22		5.5
1980		28.36		-17.1
1981		23.29		-17.9
1982		25.94		11.4
1983		28.27		9.0
1984		35.86		26.9
1985		41.66		16.2
1986		53.82		29.2
1987		53.33		-0.9
1988		67.52		26.6
1989		77.30		14.5
1990		87.28		12.9
1991		91.14		4.4
1992		101.19		11.0
1993		142.26		40.6
1994	95.22	160.84		13.1
1995	119.95	191.18	26.0	18.9
1996	151.78	231.90	26.5	21.3
1997	176.07	270.46	16.0	16.6
1998	206.76	301.55	17.4	11.5
1999	223.28	350.80	8.0	16.3
2000	248.76	415.54	11.4	18.5
2001	283.50	514.18	14.0	23.7
2002	302.31	576.59	6.6	12.1
2003	335.83	646.74	11.1	12.2
2004	407.83	785.56	21.4	21.5
2005	515.70	979.16	26.5	24.6
2006	620.53	1180.36	20.3	20.5
2007	789.12	1506.65	27.2	27.6
2008	947.59	1881.67	20.1	24.9
2009	1067.12	2347.59	12.6	24.8
2010	1331.85	2820.24	24.8	20.1
2011	1737.77	3537.39	30.5	25.4
2012	2084.28	4079.44	19.9	15.3
2013	2295.62	4409.58	10.14	8.1
2014	2446.62	4677.30	6.6	6.1
2015	2649.18	5632.19	8.3	20.4
2016	2849.87	6049.53	7.6	7.4
2017	3233.83	6639.18	13.5	9.7
2018	3513.86	7726.21	8.7	16.4
2019	3738.99	8309.04	6.4	7.5
2020	3826.46	9022.79	2.3	8.6
2021	4167.62	8848.21	8.9	-1.9
2022	4056.30	9305.64	-2.7	5.2

7-2 分项目一般公共预算收支
Public Financial Budget Revenue and Expenditures by Item

单位：亿元 (100 million yuan)

项目	Item	2015 金额 Amount	2015 比重(%) Percentage (%)	2020 金额 Amount	2020 比重(%) Percentage (%)	2022 金额 Amount	2022 比重(%) Percentage (%)
一般公共预算收入	**General Public Budget Revenue**	**2649.18**	**100.00**	**3826.46**	**100.00**	**4056.30**	**100.00**
税收收入	Tax Revenue	1934.29	73.01	2527.28	66.05	2242.89	55.29
增值税	Value-added Tax	315.35	11.90	916.30	23.95	678.70	16.73
企业所得税	Corporate Income Tax	266.94	10.08	355.51	9.29	345.86	8.53
个人所得税	Individual Income Tax	62.86	2.37	67.69	1.77	78.08	1.92
资源税	Resource Tax	28.36	1.07	53.06	1.39	78.00	1.92
城市维护建设税	City Maintenance and Construction Tax	111.89	4.22	132.55	3.46	140.45	3.46
房产税	House Property Tax	51.34	1.94	79.28	2.07	95.94	2.37
城镇土地使用税	Urban Land Use Tax	106.84	4.03	145.90	3.81	158.72	3.91
耕地占用税	Farm Land Occupation Tax	49.37	1.86	119.79	3.13	122.52	3.02
契　税	Deed Tax	109.20	4.12	255.79	6.68	195.24	4.81
其他税收收入	Other Tax Revenue	180.60	6.83	0.81	0.02	0.27	0.01
非税收入	Non-tax Revenue	714.89	26.99	1299.18	33.95	1813.41	44.71
行政事业性收费收入	Charges of Administrative and Institutional Units	185.80	7.01	143.02	3.74	107.13	2.64
一般公共预算支出	**General Public Budget Expenditure**	**5632.19**	**100.00**	**9022.79**	**100.00**	**9305.64**	**100.00**
一般公共服务	General Public Services	503.32	8.94	784.82	8.70	882.71	9.49
国　防	National Defenses	10.31	0.18	14.25	0.16	9.15	0.10
公共安全	Public Security	287.08	5.10	428.51	4.75	439.54	4.72
教　育	Education	1041.16	18.49	1596.26	17.69	1771.15	19.03
科学技术	Science and Technology	45.50	0.81	101.76	1.13	118.13	1.27
文化旅游体育与传媒	Culture, Tourism, Sports and Communications	88.34	1.57	163.73	1.81	142.15	1.53
社会保障和就业	Social Security and Employment	763.68	13.56	1412.67	15.66	1617.71	17.38
卫生健康	Hygiene and Health	535.09	9.50	817.27	9.06	925.30	9.94
节能环保	Energy Conservation and Environment Protection	282.72	5.02	509.27	5.64	318.63	3.42
城乡社区事务	Affairs of Urban and Rural Communities	476.59	8.46	857.35	9.50	1069.33	11.49
农林水事务	Affairs of Agriculture, Forestry and Water Resources	712.49	12.65	988.74	10.96	872.14	9.37
交通运输	Transport	323.82	5.75	510.03	5.65	286.81	3.08
其他支出	Other Expenditures	562.09	9.97	838.14	9.29	852.89	9.18

7-3 各级一般公共预算收入(2022年)
General Public Budget Revenue by Rating (2022)

单位：万元 (10000 yuan)

指标	Item	全省 Provincial Total	省级 Provincial Level	市级 City Level	县(市、区)级 County (City or District) Level
一般公共预算收入	**General Public Budget Revenue**	**40562983**	**6230538**	**7448455**	**26883990**
税收收入	**Tax Revenue**	**22428868**	**4930466**	**2803121**	**14695281**
增值税	Value-added Tax	6786982	2459768	651011	3676203
企业所得税	Corporate Income Tax	3458645	1842064	275763	1340818
个人所得税(款)	Individual Income Tax	780811	195203	117181	468427
资源税	Resource Tax	779993	409348	30362	340283
城市维护建设税	City Maintenance and Construction Tax	1404461	1527	341011	1061923
房产税	House Property Tax	959367		173493	785874
印花税	Stamp Tax	588900		84566	504334
城镇土地使用税	Urban Land Use Tax	1587235		211343	1375892
土地增值税	Land Appreciation Tax	2131136		229938	1901198
车船税(款)	Tax on Vehicles and Boat Operation	623699		27332	596367
耕地占用税(款)	Farm Land Occupation Tax	1225168		82451	1142717
契税(款)	Deed Tax	1952433		556311	1396122
烟叶税(款)	Tobacco Leaf Tax	2446			2446
环境保护税(款)	Environment Protection Tax	144895	21742	22108	101045
其他税收收入	Other Tax Revenue	2697	814	251	1632
非税收入	**Non-Tax Revenue**	**18134115**	**1300072**	**4645334**	**12188709**
专项收入	Special Program Receipts	3796174	553717	1063492	2178965
行政事业性收费收入	Charge of Administrative and Institutional Units	1071263	267101	210590	593572
罚没收入	Penalty Receipts	1503917	27537	509126	967254
国有资本经营收入	Operating Income from Government Capital	758938	5	211511	547422
国有资源(资产)有偿使用收入	Income from Use of State-owned Resources (Assets)	9605854	408751	2062859	7134244
捐赠收入	Donation Income	84874		8350	76524
政府住房基金收入	Government Housing Fund Income	917141	29525	550244	337372
其他收入(款)	Other Revenue	395954	13436	29162	353356

7-4 分市一般公共预算收入(2022年)

单位：万元

指 标	Item	石家庄市 Shijiazhuang	#辛集市 Xinji	唐山市 Tangshan
一般公共预算收入	**General Public Budget Revenue**	**6921599**	**281568**	**5426589**
税收收入	**Tax Revenue**	**3759482**	**156187**	**2574810**
增值税	Value-added Tax	1015205	39708	557868
企业所得税	Corporate Income Tax	353708	8540	276065
个人所得税(款)	Individual Income Tax	158772	3261	78200
资源税	Resource Tax	23488	883	130529
城市维护建设税	City Maintenance and Construction Tax	340522	8982	192191
房产税	House Property Tax	219552	6162	179361
印花税	Stamp Tax	116858	2793	141908
城镇土地使用税	Urban Land Use Tax	257389	16297	446464
土地增值税	Land Appreciation Tax	424458	27282	94080
车船税(款)	Tax on Vehicles and Boat Operation	111908	4923	90859
耕地占用税(款)	Farm Land Occupation Tax	349580	25182	61118
契税(款)	Deed Tax	378922	11064	281355
烟叶税(款)	Tobacco Leaf Tax	909		
环境保护税(款)	Environment Protection Tax	7453	1110	44580
其他税收收入	Other Tax Revenue	758		232
非税收入	**Non-Tax Revenue**	**3162117**	**125381**	**2851779**
专项收入	Special Program Receipts	606348	26509	396315
行政事业性收费收入	Charge of Administrative and Institutional Units	242021	3101	69595
罚没收入	Penalty Receipts	260274	4817	130447
国有资本经营收入	Operating Income from Government Capital	79186	3	96147
国有资源(资产)有偿使用收入	Income from Use of State-owned Resources (Assets)	1422115	83821	2051154
捐赠收入	Donation Income	19666	5000	5112
政府住房基金收入	Government Housing Fund Income	400208	1940	99207
其他收入(款)	Other Revenue	132299	190	3802

注：本表保定市数据不含雄安新区。

General Public Budget Revenue by City (2022)

(10000 yuan)

秦皇岛市 Qinhuangdao	邯郸市 Handan	邢台市 Xingtai	保定市 Baoding	#定州市 Dingzhou	张家口市 Zhangjiakou	承德市 Chengde	沧州市 Cangzhou	廊坊市 Langfang	衡水市 Hengshui
1718846	**3552415**	**2096757**	**3465595**	**309391**	**1674846**	**1238999**	**3171931**	**3415204**	**1436072**
810854	**1966560**	**1055917**	**1637288**	**144795**	**679362**	**665058**	**1704570**	**1826685**	**680423**
208098	518201	319202	438442	50566	106094	181202	460987	314738	196499
115461	171145	83407	128750	11227	62785	87026	129836	135633	52171
33537	37336	24424	68848	2631	22951	28054	42554	64404	19138
9240	45894	21959	11765	838	11704	46616	55978	5907	4720
54305	117735	76389	153322	10409	98740	46343	165343	99449	46334
53781	79109	44566	85411	3365	43578	34906	72099	106161	34651
38768	64368	31672	44496	3543	18927	16608	48496	43269	14767
56458	286239	96484	79357	13400	56046	45315	110412	93163	54170
79385	254723	141662	214197	19706	73314	62464	175305	506805	100886
27705	60629	43933	81889	6466	31556	22849	64109	49923	29797
32265	135602	52500	85813	2624	49194	25343	224295	150025	38131
94946	171922	115405	236398	18736	98423	63851	144373	253071	86175
			395		1142				
6757	23598	4314	7700	1284	4851	4477	10690	4137	2957
148	59		505		57	4	93		27
907992	**1585855**	**1040840**	**1828307**	**164596**	**995484**	**573941**	**1467361**	**1588519**	**755649**
220710	257152	210554	470558	28702	135801	54466	341541	438352	97815
24811	77306	50110	68231	3916	48338	38380	44978	77408	52286
65355	193310	81006	156337	9874	59722	98895	124821	146681	142448
160832	107523	9626	52974		4702	1319	29587	211965	5072
397473	729268	630718	962014	118528	686816	336474	867896	642809	436276
-35	8032	2214	16024		9136	8636	6421	5997	3586
30783	56517	36324	98729	3467	49199	30680	32486	35281	17604
8063	156747	20288	3440	109	1770	5091	19631	30026	562

a) Data in this table, Baoding excludes Xiongan New Area.

7-5 分市一般公共预算支出(2022年)

单位：万元

指　　标	Item	石家庄市 Shijiazhuang	#辛集市 Xinji	唐山市 Tangshan
一般公共预算支出	**General Public Budget Expenditure**	**12504267**	**610688**	**9369039**
一般公共服务支出	Expenditure for General Public Services	1471429	64709	958799
国防支出	Expenditure for National Defense	18903	153	6267
公共安全支出	Expenditure for Public Security	614279	21540	408402
教育支出	Expenditure for Education	2489270	151466	1851265
科学技术支出	Expenditure for Science and Technology	214508	6722	105424
文化旅游体育与传媒支出	Expenditure for Culture, Tourism, Sport and Media	138530	5859	138603
社会保障和就业支出	Expenditure for Social Security and Employment	1494253	67282	1351930
卫生健康支出	Expenditure for Hygiene and Health	1228021	59164	1101730
节能环保支出	Expenditure for Energy Conservation and Environment Protection	449848	37249	200631
城乡社区支出	Expenditure for Urban and Rural Community Affairs	2065125	36426	1353879
农林水支出	Expenditure for Agriculture, Forestry and Water Conservancy	861982	75354	671801
交通运输支出	Expenditure for Transportation	282310	38597	260104
资源勘探信息等支出	Expenditure for Affairs of Resource Exploration and Information	234971	22786	149548
商业服务业等支出	Expenditure for Affairs of Commerce and Services	89480	1796	72609
金融支出	Expenditure for Financial Affairs	1588		2586
援助其他地区支出	Expenditure for Other Regional Assistance			1230
自然资源海洋气象等支出	Expenditure for Natural Resources, Ocean and Weather	161133	3330	114078
住房保障支出	Expenditure for Housing Security	307794	9614	186713
粮油物资储备支出	Expenditure for Affairs of Management of Grain & Oil Reserves	20304	41	4886
灾害防治及应急管理支出	Expenditure for Disaster Prevention and Emergency Management	85612	3232	57797
其他支出(类)	Other Expenditure	58596		7870
债务付息支出	Expenditure for Interest Payments on Debts	215310	5344	361255
债务发行费用支出	Expenditure for Issuing Debts	1021	24	1632

注：本表保定市数据不含雄安新区。

General Public Budget Expenditure by City (2022)

(10000 yuan)

秦皇岛市 Qinhuangdao	邯郸市 Handan	邢台市 Xingtai	保定市 Baoding	#定州市 Dingzhou	张家口市 Zhangjiakou	承德市 Chengde	沧州市 Cangzhou	廊坊市 Langfang	衡水市 Hengshui
3161096	**8456166**	**6149177**	**8988203**	**779608**	**6087575**	**4363601**	**7098189**	**6050582**	**4219111**
351699	985586	654007	800980	64949	638486	439052	830212	601191	461437
3186	9748	4941	5676	903	4594	6011	8763	7870	4529
181586	393127	284317	427191	24041	289863	185361	364023	332206	178602
627220	1818207	1231029	1842778	155702	896591	844102	1615535	1308130	766990
20585	97443	56281	140928	16162	29511	23016	48362	65286	63776
61170	111692	71623	103396	5508	208208	80925	103950	62295	53295
490395	1189245	792614	1414616	113205	1018627	634150	906717	748026	647705
308098	1029063	822898	1128996	132931	579746	536020	808170	683599	478239
53944	219821	300587	650724	36134	200143	143099	305959	174543	174727
350462	611203	400078	751124	87092	363591	145640	598399	974128	324588
297800	847355	807789	973449	72911	955373	690083	730642	433211	582288
89274	306494	232490	216470	27325	200828	225884	305909	213574	138941
21092	165147	126932	53106	1870	165358	34439	90441	88019	47061
14243	30016	19201	23697	2098	22717	13522	17990	15164	40017
169	459	1831	10176		567	669	2045	31321	1891
	295		60			175		1319	
35210	83448	59736	95538	4836	79244	20476	86341	84736	43014
84410	281400	123940	205106	18625	219145	132367	114700	104760	99177
1621	7240	4161	8034	1797	4093	4260	7947	1290	3065
27727	72373	51630	52527	2994	55200	32813	48127	52037	22854
16103	26139	3819	-20600	1690	11568	26957	2853	709	23578
124823	169707	98983	103801	8807	143548	143992	100671	66863	63090
279	958	290	430	28	574	588	433	305	247

a) Data in this table, Baoding excludes Xiongan New Area.

7-6 各级一般公共预算支出(2022年)
General Public Budget Expenditure (2022)

单位：万元 (10000 yuan)

指标	Item	全省 Provincial Total	省级 Provincial Level	市级 City Level	县(市、区)级 County (City or District) Level
一般公共预算支出	**General Public Budget Expenditure**	**93056424**	**11210402**	**23059279**	**58786743**
一般公共服务支出	Expenditure for General Public Services	8827127	418169	1768324	6640634
国防支出	Expenditure for National Defense	91496	10275	41188	40033
公共安全支出	Expenditure for Public Security	4395419	670565	1409768	2315086
教育支出	Expenditure for Education	17711540	2147744	2530003	13033793
科学技术支出	Expenditure for Science and Technology	1181332	281592	281791	617949
文化旅游体育与传媒支出	Expenditure for Culture, Tourism, Sport and Media	1421503	226089	592919	602495
社会保障和就业支出	Expenditure for Social Security and Employment	16177064	5301093	2206496	8669475
卫生健康支出	Expenditure for Hygiene and Health	9253012	337875	3724669	5190468
节能环保支出	Expenditure for Energy Conservation and Environment Protection	3186318	78283	797928	2310107
城乡社区支出	Expenditure for Urban and Rural Community Affairs	10693324	12665	4647407	6033252
农林水支出	Expenditure for Agriculture, Forestry and Water Conservancy	8721444	341445	964804	7415195
交通运输支出	Expenditure for Transportation	2868146	278987	1276051	1313108
资源勘探信息等支出	Expenditure for Affairs of Resource Exploration and Information	1636770	142589	826598	667583
商业服务业等支出	Expenditure for Affairs of Commerce and Services	378707	19163	90099	269445
金融支出	Expenditure for Financial Affairs	69812	15756	41999	12057
援助其他地区支出	Expenditure for Other Regional Assistance	79992	76913	1949	1130
自然资源海洋气象等支出	Expenditure for Natural Resources, Ocean and Weather	1193372	280179	318354	594839
住房保障支出	Expenditure for Housing Security	2046069	69039	525546	1451484
粮油物资储备支出	Expenditure for Affairs of Management of Grain & Oil Reserves	165947	98642	13392	53913
灾害防治及应急管理支出	Expenditure for Disaster Prevention and Emergency Management	628879	56983	160982	410914
其他支出(类)	Other Expenditure	176895	17702	44854	114339
债务付息支出	Expenditure for Interest Payments on Debts	2143216	327639	790113	1025464
债务发行费用支出	Expenditure for Issuing Debts	9040	1015	4045	3980

注：自2022年，表中市级数据包含设区市本级未经民政部批复的开发区、新区的数据。

a) Since 2022, the city level data in the table include data on development zones and new areas at the district level without approval from the Ministry of Civil Affairs.

7-7 金融机构年末存贷款余额
Deposits and Loans Balances of Financial Institutions at Year-end

单位：亿元 (100 million yuan)

年 份 Year	各项存款 Deposits Balances	#单位存款 Deposits of Organizations	#住户存款 Deposits of Households	#活期存款 Demand Deposits	#定期及其他存款 Time and Other Deposits	各项贷款 Loans Balances	#中长期贷款 Medium-and-Long-term Loans	存贷比 (%) Loan-to-deposit Ratio (%)
1978	77.23	16.35				91.51		118.5
1980	100.91	23.65	21.06	6.09	14.97	114.13		113.1
1985	195.64	69.99	102.86	26.52	76.33	219.36	22.26	136.1
1990	554.15	135.20	504.59	71.60	432.99	631.31	76.59	113.9
1995	1694.65	465.34	1811.23	274.16	1537.06	1578.21	262.85	93.1
1996	2159.37	612.33	2288.77	345.70	1943.06	1894.66	295.75	87.7
1997	2591.11	780.30	2712.98	428.43	2284.55	2372.15	337.00	91.5
1998	3030.11	822.06	3207.62	514.62	2693.00	2795.20	444.56	92.2
1999	3306.12	818.40	3681.89	659.84	3022.04	3038.32	539.79	91.9
2000	3780.74	1020.15	3957.07	804.71	3152.36	2933.19	784.92	77.6
2001	4053.75	983.52	4364.18	944.70	3419.48	3098.89	1019.51	76.4
2002	4543.39	993.92	4811.30	1131.13	3680.17	3488.18	1207.92	76.8
2003	5273.35	1138.11	5457.00	1392.91	4064.09	3854.72	1442.65	73.1
2004	9249.94	2083.56	6207.48	1690.23	4517.25	6152.24	1949.57	66.5
2005	10764.93	2360.31	7084.03	1987.28	5096.75	6415.23	2474.74	59.6
2006	12551.62	2825.42	8014.16	2407.44	5606.72	7411.88	3033.10	59.1
2007	14355.59	3532.72	8922.41	2827.69	6094.72	8397.82	3883.28	58.5
2008	17709.02	4049.73	11435.60	3461.42	7974.18	9453.30	4684.42	53.4
2009	22361.37	6003.08	13551.06	4412.11	9138.95	13123.80	7143.58	58.7
2010	26099.00	6508.21	15678.43	5550.99	10127.45	15755.74	9073.08	60.4
2011	29563.77	10841.38	17824.33	6114.03	11710.30	18143.99	10505.32	61.4
2012	34257.16	12359.28	20872.37	6728.70	14143.67	21317.96	11453.51	62.2
2013	39444.45	14381.26	23790.19	7794.40	15995.79	24423.22	12846.73	62.2
2014	43764.02	16009.72	25760.08	7874.67	17885.41	28052.29	15117.85	64.1
2015	48927.59	18607.23	29220.28	8724.57	20495.91	32608.47	17903.52	66.6
2016	55928.87	21853.93	32870.97	10148.93	22722.04	37745.85	22218.55	67.5
2017	60451.27	23104.68	35719.15	10806.81	24912.34	43315.28	26492.75	71.7
2018	66245.21	24070.49	40497.87	11708.14	28789.73	48115.34	30281.52	72.6
2019	73216.32	24816.29	46693.14	12830.77	33862.36	53788.52	34311.43	73.4
2020	81295.32	26061.63	53353.33	14089.28	39264.04	60993.22	39743.03	75.0
2021	89019.49	27223.38	60229.74	14731.34	45498.41	67962.76	20329.58	76.3
2022	100278.96	29333.35	69431.97	16064.85	53367.12	76644.67	21072.17	76.4

注：1. 2003年及以前年份为银行存贷款，2004年及以后年份为全部金融机构数据。2. 中长期贷款1993年及以前年份为固定资产贷款。3. 单位存款2010年及以前年份为企业存款。4.住户存款2010年及以前年份为储蓄存款，2011年以后为个人储蓄存款。5.各项存贷款余额2011年及以前年份为人民币口径，2012年及以后年份为本外币口径。

a) Financial institutes refer to banks only prior to 2003. b) Prior to 1993, Medium-and-Long-term loans equal fixed asset loans. c) Prior to 2010, deposits of organizations refer to deposit from enterprises. d) Deposits of households are savings deposits prior to 2010, and personal deposits after 2011. e) Deposits and loans balances is the caliber of RMB prior to 2010, it is the caliber of foreign currency since 2012.

7-8 金融机构年末存贷款余额(2022年)
Deposits and Loans Balances of Financial Institutions at Year-end (2022)

单位：亿元 (100 million yuan)

指　　标	Item	年末余额 Year End Balance	比年初增减额 Increase and Decrease Over the Beginning of the Year
各项存款	**Total Deposits**	**100278.96**	**11259.47**
境内存款	Domestic Deposits	100201.66	11225.09
住户存款	Deposits of Households	69431.97	9202.22
活期存款	Demand Deposits	16064.85	1333.51
定期及其他存款	Time & Other Deposits	53367.12	7868.71
非金融企业存款	Deposits of Non-financial Enterprises	18598.41	2063.43
活期存款	Demand Deposits	7479.66	-190.79
定期及其他存款	Time & Other Deposits	11118.76	2254.21
政府存款	Deposits of Government	11260.05	-121.25
财政性存款	Fiscal Deposits	1170.29	-353.19
机关团体存款	Deposits of Government Departments & Organizations	10089.75	231.94
非银行业金融机构存款	Deposits of Non-banking Financial Institutions	911.24	80.70
境外存款	Overseas Deposits	77.30	34.38
各项贷款	**Total Loans**	**76644.67**	**8681.91**
境内贷款	Domestic Loans	76596.87	8683.14
住户贷款	Loans to Households	26013.81	1158.31
#短期贷款	Short-term Loans	4941.64	415.25
消费贷款	Consumer Loans	1477.86	-36.06
经营贷款	Business Loans	3463.77	451.31
中长期贷款	Mid & Long-term Loans	21072.17	743.05
消费贷款	Consumer Loans	18652.70	595.68
经营贷款	Business Loans	2419.48	147.37
非金融企业及机关团体贷款	Loans to Non-financial Enterprises and Government Departments & Organizations	50552.12	7536.41
#短期贷款	Short-term Loans	16429.46	946.18
中长期贷款	Mid & Long-term Loans	29031.32	4685.01
非银行业金融机构贷款	Loans to Non-banking Financial Institutions	30.94	-11.58
境外贷款	Overseas Loans	47.80	-1.23

7-9 金融机构人民币存贷款余额(2022年)
Balance of RMB Deposits and Loans of Financial Institutions (2022)

单位：亿元 (100 million yuan)

指　　标	Item	年末余额 Year End Balance	比年初增减额 Increase and Decrease Over the Beginning of the Year
各项存款	**Total Deposits**	**99818.34**	**11228.88**
境内存款	Domestic Deposits	99794.62	11229.36
住户存款	Deposits of Households	69290.98	9204.89
活期存款	Demand Deposits	15976.34	1338.55
定期及其他存款	Time & Other Deposits	53314.64	7866.35
非金融企业存款	Deposits of Non-financial Enterprises	18335.67	2066.37
活期存款	Demand Deposits	7263.22	-207.11
定期及其他存款	Time & Other Deposits	11072.45	2273.48
政府存款	Deposits of Government	11257.08	-122.69
财政性存款	Fiscal Deposits	1170.29	-353.19
机关团体存款	Deposits of Government Departments & Organizations	10086.78	230.50
非银行业金融机构存款	Deposits of Non-banking Financial Institutions	910.90	80.79
境外存款	Overseas Deposits	23.72	-0.48
各项贷款	**Total Loans**	**76291.66**	**8681.28**
境内贷款	Domestic Loans	76279.44	8675.05
住户贷款	Loans to Households	26012.96	1158.04
#短期贷款	Short-term Loans	4940.81	414.98
消费贷款	Consumer Loans	1477.04	-36.33
经营贷款	Business Loans	3463.77	451.31
中长期贷款	Mid & Long-term Loans	21072.15	743.07
消费贷款	Consumer Loans	18652.67	595.69
经营贷款	Business Loans	2419.48	147.37
非金融企业及机关团体贷款	Loans to Non-financial Enterprises and Government Departments & Organizations	50236.93	7529.98
#短期贷款	Short-term Loans	16302.02	963.73
中长期贷款	Mid & Long-term Loans	28843.57	4661.02
非银行业金融机构贷款	Loans to Non-banking Financial Institutions	29.55	-12.97
境外贷款	Overseas Loans	12.22	6.23

7-10 保险业务经济技术指标
Economic and Technical Indicators of Insurance Business

年份 Year / 市 City		保险业务收入(万元) Premium (10000 yuan)	保险金额(亿元) Amount Insured (100 million yuan)	赔付支出(万元) Claim and Payment (10000 yuan)
	1995	187354	2678	104327
	2000	565800	6625	165700
	2001	764100	7376	268500
	2002	1126300	12094	267900
	2003	1671000	10804	283300
	2004	2054031	19251	367911
	2005	1091984	23336	404183
	2006	2533740	26404	523107
	2007	3322522	31036	1025445
	2008	4807448	64501	1476939
	2009	6010864	57302	1429757
	2010	6908241	63381	1453777
	2011	7328483	69999	1834748
	2012	7661506	104297	2220761
	2013	8377588	137115	3156698
	2014	9319132	227963	3949678
	2015	11628932	574970	4619381
	2016	14914852	645634	5482357
	2017	17138878	562721	5475441
	2018	17892929	798472	5412329
	2019	19891578	932103	5498402
	2020	20886427	1460506	6017110
	2021	19944969	2067414	6369492
	2022	20425416	2331556	6584372
石家庄市	Shijiazhuang	6041507	814029	1750899
唐山市	Tangshan	2436110	262957	832226
秦皇岛市	Qinhuangdao	791690	76199	264090
邯郸市	Handan	1491986	165545	587033
邢台市	Xingtai	1197804	162179	437987
保定市	Baoding	2602417	270721	805474
张家口市	Zhangjiakou	848662	91836	333330
承德市	Chengde	738842	72088	270184
沧州市	Cangzhou	1997379	178825	623928
廊坊市	Langfang	1387744	137918	392272
衡水市	Hengshui	891275	99259	286950

主要统计指标解释

一般公共预算收入 指国家财政参与社会产品分配所取得的收入，是实现国家职能的财力保证。主要包括：（1）各项税收：包括国内增值税、国内消费税、进口货物增值税和消费税、出口货物退增值税和消费税、企业所得税、个人所得税、资源税、城市维护建设税、房产税、印花税、城镇土地使用税、土地增值税、车船税、船舶吨税、车辆购置税、关税、耕地占用税、契税、烟叶税、环境保护税等。（2）非税收入：包括专项收入、行政事业性收费、罚没收入、国有资本经营收入、国有资源（资产）有偿使用收入和其他收入。财政收入按现行分税制财政体制划分为中央本级收入和地方本级收入。

一般公共预算支出 指国家财政将筹集起来的资金进行分配使用，以满足经济建设和各项事业的需要。主要包括：一般公共服务、外交、国防、公共安全、教育、科学技术、文化体育与传媒、社会保障和就业、医疗卫生与计划生育、节能环保、城乡社区、农林水、交通运输、资源勘探信息等、商业服务业等、金融、援助其他地区、国土海洋气象等、住房保障、粮油物资储备、债务付息、债务发行费用等方面的支出。财政支出根据政府在经济和社会活动中的不同职权，划分为中央财政支出和地方财政支出。

中央一般公共预算收入和地方一般公共预算收入 属于中央一般公共预算的收入包括关税，进口货物增值税和消费税，出口货物退增值税和消费税，国内消费税，铁道部门、各银行总行、各保险公司总公司等集中缴纳的城市维护建设税，增值税50%部分，纳入共享范围的企业所得税60%部分，未纳入共享范围的中央企业所得税、中央企业上交的利润，个人所得税60%部分，车辆购置税，船舶吨税，证券交易印花税，海洋石油资源税，中央非税收入等。属于地方一般公共预算的收入包括城市维护建设税（不含铁道部门、各银行总行、各保险公司总公司集中缴纳的部分），房产税，城镇土地使用税，土地增值税，车船税，耕地占用税，契税，烟叶税，印花税（不含证券交易印花税），增值税50%部分，纳入共享范围的企业所得税40%部分，个人所得税40%部分，海洋石油资源税以外的其他资源税，地方非税收入等。

中央一般公共预算支出和地方一般公共预算支出 指根据政府在经济和社会活动中的不同职责，划分中央和地方政府的责权，按照政府的责权划分确定的支出。中央一般公共预算支出包括一般公共服务，外交支出，国防支出，公共安全支出，以及中央政府调整国民经济结构、协调地区发展、实施宏观调控的支出等。地方一般公共预算支出包括一般公共服务，公共安全支出，地方统筹的各项社会事业支出等。

存款 指企业、机关、团体或居民把货币资金存入银行或其他信贷机构保管，可随时或按约定时间支取款项，并取得一定利息的一种信用活动形式。根据存款对象或性质的不同可划分为住户存款、非金融企业存款、政府存款、非银行业金融机构存款等科目。它是银行信贷资金的主要来源。

贷款 指银行或其他信贷机构根据资金必须归还的原则，按一定利率，为企业、个人等提供资金的一种信用活动形式。我国银行贷款分为短期贷款、中长期贷款、融资租赁、票据融资、各项垫款、境外贷款等。

保险公司 在中国境内的、经过保险监督管理部门批准设立，并依法登记注册的各类商业保险公司。

保险金额 指保险人承担赔偿或者给付保险金责任的最高限额。

保费 指投保人为取得保险人在约定范围内所承担赔偿责任而支付给保险人的费用。

赔款 指保险人根据保险合同的规定，向被保险人支付的赔偿保险责任损失的金额。

给付 包括死伤医疗给付和满期给付。死伤医疗给付是指保险人根据人寿保险及长期健康保险合同的规定，因被保险人在保险期内发生保险责任范围内的保险事故支付给被保险人（或受益人）的金额。满期给付是指被保险人生存期满，保险人按人寿保险合同规定支付给被保险人的满期保险金额。

Explanatory Notes on Main Statistical Indicators

General Public Budget Revenue refers to income for the government finance through participating in the distribution of social products. It is the financial guarantee to ensure government functioning. The government revenue includes the following main items: (1) Various tax revenues including domestic value added tax (VAT), domestic consumption tax, VAT and consumption tax from imports, VAT and consumption tax rebate for exports, corporate income tax, individual income tax, resource tax, city maintenance and construction tax, house property tax, stamp tax, urban land use tax, land appreciation tax, tax on vehicles and boat operation, ship tonnage tax, vehicle purchase tax, tariffs, farm land occupation tax, deed tax, and tobacco tax, environment protection tax, etc. (2) Non-tax revenue, including special program receipts, charge of administrative and institutional units, penalty receipts, operating income from government capital, income from use of state-owned resources (assets) and others non-tax receipts.

General Public Budget Expenditure refers to the distribution and use of the funds which the government finance has raised, so as to meet the needs of economic construction and various undertakings. It includes the following main items: expenditure for general public services, expenditure for foreign affairs, expenditure for national defence expenditure for public security, expenditure for education, expenditure for science and technology, expenditure for culture, sport and media, expenditure for social safety net and employment effort, expenditure for medical and health care and family planning, expenditure for energy conservation and environment protection, expenditure for urban and rural community affairs, expenditure for agriculture, forestry and water conservancy, expenditure for transportation, expenditure for resource exploration and information, expenditure for affairs of commerce and services, expenditure for finance, aid to other regions, expenditure for land, ocean and weather, expenditure for housing security, expenditure for grain & oil reserves, interest payment for public debts, expenditure for issuing debts. General public budget expenditure is divided into general public budget expenditure of central government and general public budget expenditure of local government according to the different functions of the governments played in economic and social activities.

General Public Budget Revenue of the Central Government and the Local Governments The general public budget revenue of the Central Government includes tariff, VAT and consumption tax from imports, VAT and consumption tax rebate for exports, domestic consumption tax, city maintenance and construct tax from the Ministry of Railways, head offices of banks, head offices of insurance company, which are handed over to the government in a centralized way, 50% of the value added tax, 60% the share part of the corporate income tax, unshared part of corporate income tax of the central enterprises, profit handed in by the central enterprises, 60% of individual income tax, vehicle purchase tax, ship tonnage tax, stamp tax on securities transactions, resource tax on the offshore petroleum resources. The general public budget revenue of the local governments includes city maintenance and construct tax (excluding the part of the Ministry of Railways, head offices of banks, head offices of insurance company, which are handed over to the government in a centralized way), house property tax, urban land use tax, land appreciation tax, tax on vehicles and boat operation, farm land occupation tax, deed tax, and tobacco leaf tax, stamp tax (not including stamp tax on security exchange), 50% of the value added tax, 40% the share part of the corporate income tax, 40% of individual income tax, resource tax other than the tax on offshore petroleum resources, local non-tax revenue, etc.

General Public Budget Expenditure of the Central Government and Local Governments according to the different functions of the Central Government and local governments in economic and social activities, the rights of administration are demarcated between those of the Central Government and those of local governments; and the classification of the expenditure between the Central Government and local governments are made on the basis of the classification of the rights administration between them. The general public budget expenditure of the Central Government includes the expenditure for general public services, expenditure for foreign affairs, expenditure for public security, and the general public budget expenditure of the Central Government for adjusting the national economic structure; coordinating the development among different regions; and exercising macroeconomic regulation. The general public budget expenditure of the local governments includes mainly the expenditure for general public services, expenditure for public security, and expenditures for social development which are planed by local governments, etc.

Deposit is a form of credit by which enterprises, institutions,organizations or households can put money into banks and other credit institutions for safekeeping and interest earning and can withdraw anytime or at appointed time.l. According to different depositors, deposits are divided into household deposits, non financial enterprise deposits, government deposits, non banking financial institutions deposits. Deposits are major sources of the credit funds of banks.

Loan is a form of credit by which banks and other credit institutions provide funds at certain interest rate to enterprises and individuals in the light of the principle of unconditional repayment. Loans from Chinese banks include short-term loan, medium-term and long-term loans, financial lease, bill financing, various money advanced, foreign loans.

Insurance Companies refer to commercial insurance companies of various forms registered by law and established in China with the approval of insurance regulatory agencies.

Amount Insured refers to the maximum that the insurant will get for the claim of the case insured.

Premium is the fee paid by the insurant to the insurer to obtain the obligation of compensation from the insurance within the agreed terms.

Settled Claim is the compensation paid by the insurer to the insurant in accordance with the insurance contract.

Payment includes payment for death, injury or medical treatment and payment at maturity. Payment for death, injury or medical treatment refers to the money paid to the insurant (or the beneficiary) in accordance with the life or health insurance contract when the insurant encounters accidents within the insured period covered in the contract. Payment at maturity refers to the payment to the insurant in accordance with the life insurance contract at the end of the insured period.

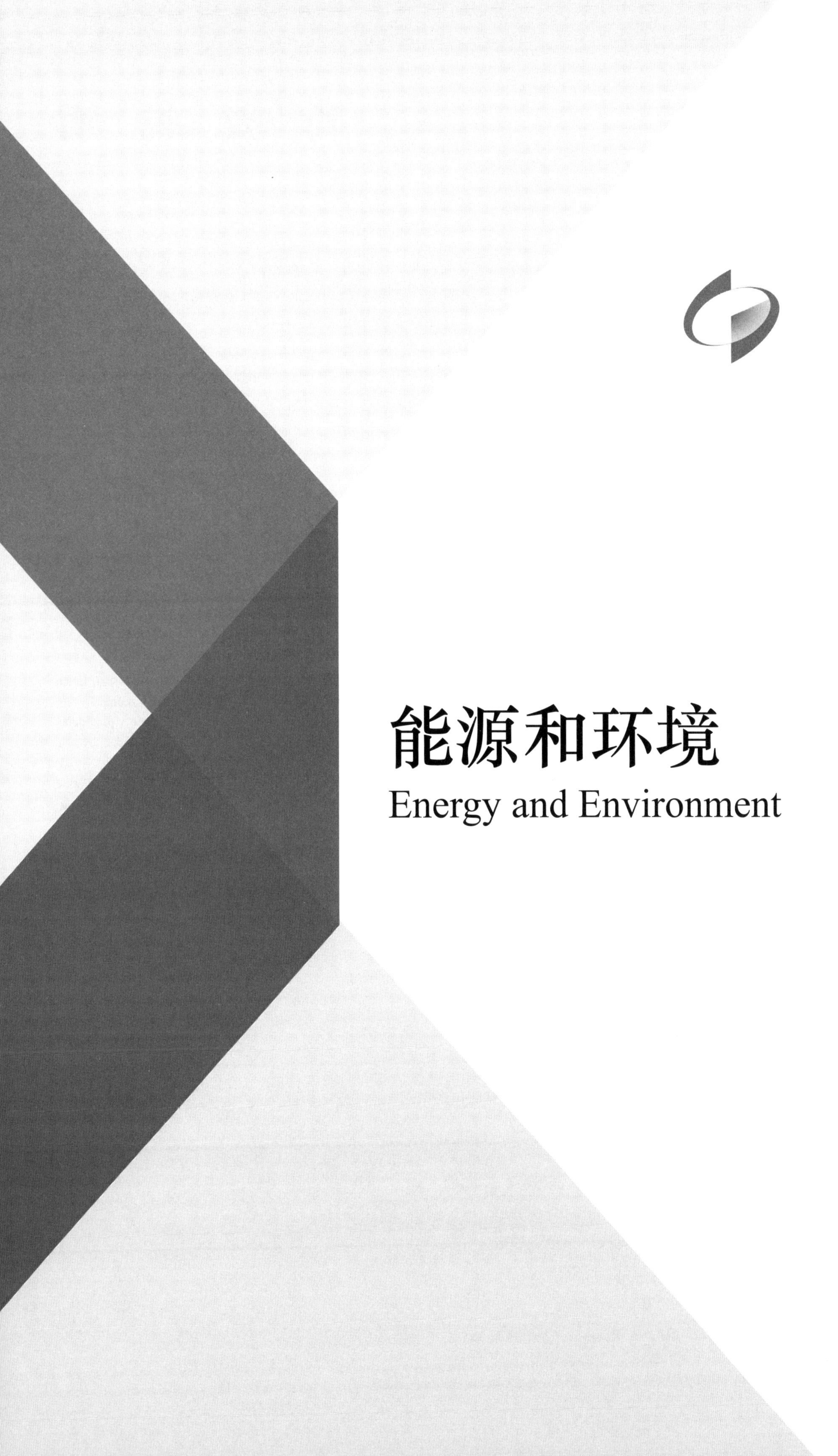

能源和环境

Energy and Environment

简 要 说 明

一、本篇资料反映河北省自然资源状况、能源生产、能源消费、能耗水平和生态环境事业等情况。

二、能源资料取自全省《地区能源平衡表》《工业企业能源购进、消费及库存表》等。地区能源平衡表编制范围为辖区内生产和消费能源的单位；规模以上工业企业的能源消费根据国家统计局制定的报表制度由统计系统搜集资料逐级汇总上报；加工转换消费来源于《工业企业能源购进、消费及库存附表》；其他数据来源于有关厅（局）、公司或企业。气象资料由省气象局提供；环保事业情况由省生态环境厅提供。

三、本篇资料由河北省统计局能源统计处、河北省电力公司、河北省气象局、河北省生态环境厅根据有关资料和调查结果整理提供。

四、资料整理：司业　张昭旭　邵丽芳　仲晓倩

Brief Introduction

Ⅰ.The data of this paper reflect the status of natural resources, energy production, energy consumption, energy consumption level and ecological and environmental undertakings of Hebei Province.

Ⅱ.The energy information is taken from the provincial *Balance Sheet of Regional Energy* and the *Sheet of Energy Purchase, Consumption and Inventory of Industrial Enterprises*. The compilation scope of the regional energy balance sheet shall be the units producing and consuming energy within the jurisdiction; the energy consumption of industrial enterprises above designated size shall be collected and reported by the statistical system step by step according to the statement system formulated by the National Bureau of Statistics. Processing conversion consumption is derived from the *Schedule of Energy Purchase, Consumption and Inventory of Industrial Enterprises*; other data are derived from the relevant office (bureau), company or enterprise. Meteorological data provided by the provincial meteorological bureau; Environmental protection is provided by the provincial Department of Ecology and Environment.

Ⅲ. This data is collated and provided by The Energy Statistics Division of Hebei Statistics Bureau, Hebei Electric Power Company, Hebei Meteorological Bureau and Hebei Ecological Environment Department according to the relevant data and investigation results.

Ⅳ.Data collection: Si Ye, Zhang Zhaoxu, Shao Lifang, Zhong Xiaoqian.

8-1 一次能源生产总量和构成
Primary Energy Production and Composition

年 份 Year	一次能源生产总量(万吨标准煤) Total Primary Energy Production (10000 tce)	占一次能源生产总量的比重(%) Proportion to Total Primary Energy Production (%)			
		原 煤 Coal	原 油 Petroleum	天然气 Natural Gas	一次电力及其他能源 Primary Electricity and Other Energy
1981	5502.86	67.90	32.00		0.10
1982	5463.31	69.94	29.57	0.36	0.13
1983	5506.73	72.93	26.48	0.31	0.28
1984	5510.29	72.94	26.47	0.39	0.20
1985	5292.72	71.51	27.85	0.51	
1986	5889.07	74.79	24.28	0.61	0.32
1987	5716.06	79.30	19.88	0.55	0.27
1988	5501.38	82.70	16.37	0.54	0.39
1989	5354.45	83.56	15.42	0.56	0.46
1990	5313.08	83.43	15.34	0.74	0.49
1991	5199.85	84.03	14.77	0.74	0.46
1992	5257.18	84.68	14.11	0.82	0.39
1993	5348.20	85.16	13.43	0.72	0.69
1994	5699.77	86.25	12.78	0.71	0.26
1995	6619.56	87.41	11.16	0.64	0.79
1996	6690.35	87.21	11.19	0.66	0.94
1997	6470.60	86.97	11.68	0.70	0.65
1998	5868.17	85.65	13.07	0.77	0.51
1999	5763.48	85.42	13.17	0.88	0.53
2000	5639.26	85.46	13.13	1.11	0.30
2001	5656.12	85.70	12.96	1.12	0.22
2002	5854.03	86.27	12.28	1.23	0.22
2003	5998.00	86.38	12.15	1.28	0.19
2004	7413.94	87.80	10.79	1.19	0.22
2005	7089.90	87.05	11.33	1.29	0.33
2006	6956.72	85.90	12.54	1.25	0.31
2007	7246.47	85.39	13.01	1.31	0.29
2008	6755.66	84.40	13.60	1.72	0.28
2009	6879.85	85.19	12.44	2.11	0.26
2010	8109.66	84.04	10.55	2.08	3.32
2011	8601.60	84.69	9.73	1.89	3.69
2012	9560.46	84.57	8.73	1.82	4.89
2013	6956.42	76.95	12.14	2.98	7.93
2014	6801.01	75.42	12.44	3.42	8.72
2015	7096.14	77.39	11.68	1.95	8.97
2016	6744.22	72.81	11.56	1.53	14.10
2017	6776.50	67.33	11.37	2.98	18.32
2018	6487.25	64.91	11.83	1.26	22.00
2019	6334.39	57.28	12.40	1.23	29.09
2020	6763.84	53.56	11.48	1.10	33.86
2021	6949.53	51.00	11.19	1.01	36.80
2022	7339.50	46.00	10.10	0.97	42.93

注：1.2010年以前的一次电力及其他能源指标仅包括一次电力。
2.2015年及以后数据根据第四次全国经济普查结果进行了调整(以下相关表同)。

a) Primary electricity and other energy prior to 2010 include primary electricity only.

b) Since 2015, the data were revised according to the results of the Fourth National Economic Census. The same applies to the tables following.

8-2 能源消费总量及构成
Primary Energy Consumption and Composition

年 份 Year	能源消费总量 (万吨标准煤) Total Energy Consumption (10000 tce)	占能源消费总量的比重(%) Proportion to Total Energy Consumption (%)			
		煤 炭 Coal	石 油 Petroleum	天然气 Natural Gas	一次电力及其他能源 Primary Electricity and Other Energy
1980	3120.50	85.00	12.90	1.90	0.20
1981	3627.80	90.10	8.20	1.60	0.10
1982	3929.05	87.79	10.24	1.78	0.19
1983	4185.78	89.25	9.19	1.19	0.37
1984	4475.00	86.98	11.51	1.27	0.24
1985	4548.85	89.91	8.36	1.58	0.15
1986	5079.52	89.58	8.46	1.59	0.37
1987	5516.81	90.26	8.12	1.34	0.28
1988	5962.40	90.55	7.90	1.19	0.36
1989	6169.26	90.77	7.74	1.09	0.40
1990	6124.22	90.34	7.91	1.32	0.43
1991	6471.93	90.63	7.67	1.33	0.37
1992	6866.29	90.59	7.77	1.34	0.30
1993	7861.92	90.12	8.44	0.96	0.48
1994	8168.62	90.43	8.31	1.08	0.18
1995	8892.41	90.33	8.54	0.94	0.19
1996	8938.47	90.55	8.25	0.99	0.21
1997	9033.01	90.33	8.66	0.87	0.14
1998	9151.12	89.68	9.33	0.88	0.11
1999	9379.27	90.01	9.00	0.88	0.11
2000	11195.71	90.94	8.17	0.84	0.05
2001	12114.29	91.84	7.42	0.70	0.04
2002	13404.53	91.12	8.15	0.70	0.03
2003	15297.89	92.78	6.49	0.66	0.07
2004	17347.79	91.14	8.01	0.75	0.10
2005	19835.99	91.82	7.45	0.61	0.12
2006	21794.09	91.59	7.64	0.67	0.10
2007	23585.13	92.36	6.87	0.68	0.09
2008	24321.87	92.31	6.67	0.94	0.08
2009	25418.79	92.51	6.21	1.21	0.07
2010	26201.41	89.71	7.75	1.51	1.03
2011	28075.03	89.09	8.12	1.66	1.13
2012	28762.47	88.86	7.48	2.04	1.62
2013	29664.38	88.69	7.22	2.23	1.86
2014	29320.21	88.46	6.98	2.54	2.02
2015	31036.73	88.83	5.99	3.13	2.05
2016	31458.05	87.33	6.23	3.42	3.02
2017	32082.56	86.05	6.14	3.94	3.87
2018	32185.24	83.61	6.47	5.49	4.43
2019	32545.43	81.96	5.86	6.61	5.57
2020	32782.76	80.51	5.67	7.00	6.82
2021	32590.07	76.58	6.63	7.59	9.20
2022	32538.48	73.44	6.61	8.24	11.71

注：1.2010年至2014年数据在第三次经济普查后作了修订，能源消费总量为不包括回收能的商品能源(以下相关表同)。
2.一次电力未包含省际间调入调出数据。

a) Adjustment has been done for the data from 2010 to 2014, due to the 3rd Economic Census. Total energy consumption do not include recycle energy used for commercial purposes. The same applies to the tables following.

b) The primary electricity does not include inter provincial transfer in and transfer out data.

8-3 综合能源平衡表
Overall Energy Balance Sheet

单位：万吨标准煤 (10000 tce)

项　目	Item	2005	2010	2015	2020	2021	2022
可供消费的能源总量	**Total Energy Available for Consumption**	**19836**	**26201**	**31037**	**32783**	**32590**	**32538**
一次能源生产量	Primary Energy Production	7090	8110	7096	6764	6950	7739
回收能	Recovery of Energy	819					
进口量	Imports	459	966	2899	1424	1724	1705
出口量(—)	Exports (-)	57	62	339	37	30	4
年初年末库存差额	Stock Changes in the Year	-81	-129	-30	-55	264	41
能源消费总量	**Total Energy Consumption**	**19836**	**26201**	**31037**	**32783**	**32590**	**32538**
在总量中	**Consumption by Sector**						
农、林、牧、渔业	Farming, Forestry, Animal Husbandry, Fishery	532	713	497	504	504	506
工　业	Industry	15852	20563	24324	23942	23059	22646
建筑业	Construction	203	319	276	239	253	248
交通运输、仓储和邮政业	Transport, Storage and Post	710	971	1049	1141	1298	1237
批发和零售业	Wholesale and Retail Trades	205	304	704	812	955	980
住宿和餐饮业	Hotels and Catering Services						
其　他	Other Sectors	465	716	998	1243	1408	1541
生活消费	Residential Consumption	1870	2615	3188	4902	5112	5380
在总量中	**Consumption by Usage**						
终端消费	Final Consumption	18536	26032	32348	36512	35714	35777
#工　业	Industry	14554	20395	25655	27670	26183	25884
加工转换损失量	Losses During the Process of Energy Transformation	896	-428	-1933	-4382	-3775	-3793
#炼　焦	Coking	283	259	135	618	388	384
炼油及煤制油	Petroleum Refining and Coal-to-liquids	30	91	44	113	80	59
损失量	Other Losses	403	597	622	654	652	554
平衡差额	**Balance**						

8-4 能源加工转换效率
Efficiency of Energy Transformation

单位：%　　(%)

年 份 Year	总效率 Total Efficiency	火力发电 Thermal Power	供 热 Heating Supply	煤炭洗选 Coal Washing	炼 焦 Coking	炼油及煤制油 Petroleum Refineries and Coal-to-liquids	制 气 Gas Works
2005	66.31	32.36	65.94	81.87	90.98	97.82	54.16
2006	67.01	33.21	66.40	80.86	89.03	95.36	73.37
2007	69.73	33.89	64.85	83.21	93.16	99.78	60.51
2008	71.91	34.95	60.48	85.93	94.44	96.84	65.77
2009	73.01	35.76	57.05	87.07	92.94	96.90	50.98
2010	75.58	37.06	61.66	92.24	95.68	95.50	41.18
2011	76.09	37.17	61.36	90.61	96.63	97.44	51.84
2012	77.26	37.85	67.27	92.23	95.97	96.70	51.57
2013	77.51	38.59	68.75	92.20	96.49	97.22	53.76
2014	77.40	38.60	72.44	92.36	97.41	97.54	63.51
2015	77.48	39.69	73.87	87.58	97.96	98.26	
2016	76.39	39.85	73.82	86.28	97.29	98.07	
2017	74.45	39.98	75.83	90.20	90.61	93.67	
2018	74.90	40.17	77.46	93.06	95.01	92.71	
2019	72.99	39.74	79.91	88.16	91.12	98.48	93.97
2020	73.75	40.13	80.41	88.57	91.43	97.04	78.90
2021	75.17	41.13	79.73	89.97	93.34	97.95	76.91
2022	75.34	41.16	80.12	88.89	93.48	98.52	81.75

8-5 规模以上工业企业分行业能源消耗情况
Consumption of Main Energy Sources in above Designated Size Industrial Enterprises by Industrial Sector

单位：万吨标准煤 (10000 tce)

行　　业	Item	2015	2020	2022
规模以上工业综合能源消费量	**Consumption of Energy Sources in above Designated Size Industrial Enterprises**	**20269.64**	**23394.21**	**22246.53**
六大高耗能行业能耗	**Energy Consumption of the top-6 Energy-consuming Industries**			
煤炭开采和洗选业	Mining and Washing of Coal	929.53	527.80	509.48
石油、煤炭及其他燃料加工业	Processing of Petroleum, Coal and Other Fuels	762.78	897.31	875.32
化学原料及化学制品制造业	Manufacture of Raw Chemical Material and Chemical Products	1288.43	1234.40	1470.67
非金属矿物制品业	Manufacture of Non-metallic Mineral Products	1011.22	1421.38	1466.53
黑色金属冶炼及压延加工业	Smelting and Pressing of Ferrous Metals	10686.81	13232.74	11741.09
电力、热力生产和供应业	Production and Distribution of Electric Power and Heat Power	3871.98	4357.32	4331.24
其他行业能耗	**Energy Sources Consumption of Other Industrial Sectors**			
石油和天然气开采业	Extraction of Petroleum and Natural Gas	53.51	57.07	48.38
黑色金属矿采选业	Mining of Ferrous Metal Ores	211.17	150.08	162.41
有色金属矿采选业	Mining of Non-ferrous Metal Ores	4.05	4.71	5.14
非金属矿采选业	Mining and Processing of Nonmetal Ores	21.92	12.97	13.01
农副食品加工业	Processing of Food from Agricultural Products	180.11	156.65	171.79
食品制造业	Manufacture of Foods	74.69	61.56	66.82
酒、饮料和精制茶制造业	Manufacture of Wine, Soft Drinks and Refined Tea	41.37	27.00	25.60
烟草制品业	Manufacture of Tobacco	2.66	2.11	2.35
纺织业	Manufacture of Textile	113.63	55.42	58.61
纺织服装、服饰业	Manufacture of Textile, Apparel	16.70	5.46	4.93
皮革、毛皮、羽毛及其制品和制鞋业	Manufacture of Leather, Fur, Feather and Its Products and Footware	31.17	9.32	9.10
木材加工和木、竹、藤、棕、草制品业	Processing of Timbers, Manufacture of Wood, Bamboo, Rattan, Palm, and Straw Products	40.55	28.93	35.62
家具制造业	Manufacture of Furniture	14.06	4.24	5.34
造纸和纸制品业	Manufacture of Paper and Paper Products	107.00	121.93	143.48
印刷和记录媒介复制业	Printing, Reproduction of Recording Media	12.84	9.12	9.22
文教、工美、体育和娱乐用品制造业	Manufacture of Articles for Culture, Arts and Crafts, Education, Sport Activities and Entertainment Goods	10.26	7.40	6.04
医药制造业	Manufacture of Medicines	92.44	95.72	115.30
化学纤维制造业	Manufacture of Chemical Fiber	19.67	83.52	72.22
橡胶和塑料制品业	Manufacture of Rubber and Plastic	91.33	80.02	86.85
有色金属冶炼和压延加工业	Manufacture & Processing of Non-ferrous Metals	36.61	72.54	74.48
金属制品业	Manufacture of Metal Products	182.59	353.10	357.67
通用设备制造业	Manufacture of General Purpose Machinery	65.47	40.72	33.84
专用设备制造业	Manufacture of Special Purpose Machinery	69.06	41.82	49.22
汽车制造业	Manufacture of Automotive	72.20	77.92	69.49
铁路、船舶、航空航天和其他运输设备制造业	Manufacture of Railroad, Marine, Aerospace and Other Transportation Equipment	26.86	13.20	12.11
电气机械和器材制造业	Manufacture of Electrical Machinery and Equipment	65.72	42.91	48.26
计算机、通信和其他电子设备制造	Manufacture of Computer, Communications and Other Electronic Equipment	17.30	32.18	48.79
仪器仪表制造业	Manufacture of Measuring Instrument	1.79	1.48	1.90
其他制造业	Manufacture of Others	3.10	2.98	0.42
废弃资源综合利用业	Recycling and Disposal of Waste	10.66	45.55	67.57
金属制品、机械和设备修理业	Metal Products, Machinery and Equipment Repair	1.69	0.62	0.63
燃气生产和供应业	Production and Distribution of Gas	20.14	15.18	31.92
水的生产和供应业	Production and Distribution of Water	6.57	9.87	13.68

8-6 分行业规模以上工业企业水消费(取水总量)

Computation of Water in above Designated Size Industrial Enterprises by Sector

单位：万立方米 (10000 cu.m)

行 业	Sector	2021	2022
全部工业企业	**Total**	**364282.8**	**394024.5**
按工业行业分	**Grouped by Sector**		
采 矿 业	**Mining**	**32930.2**	**38625.0**
煤炭开采和洗选业	Mining and Washing of Coal	3401.2	3254.7
石油和天然气开采业	Extraction of Petroleum and Natural Gas	1157.0	1170.9
黑色金属矿采选业	Mining of Ferrous Metal Ores	6661.1	6673.7
有色金属矿采选业	Mining of Non-ferrous Metal Ores	506.9	267.3
非金属矿采选业	Mining and Processing of Nonmetal Ores	21204.0	27258.4
制 造 业	**Manufacturing**	**103794.7**	**106167.8**
农副食品加工业	Processing of Food from Agricultural Products	2687.6	2754.7
食品制造业	Manufacture of Foods	2229.1	2373.7
酒、饮料和精制茶制造业	Manufacture of Wine, Soft Drinks and Refined Tea	1881.0	1812.3
烟草制品业	Manufacture of Tobacco	62.3	63.4
纺织业	Manufacture of Textile	908.9	944.5
纺织服装、服饰业	Manufacture of Textile, Apparel	228.1	199.6
皮革、毛皮、羽毛及其制品和制鞋业	Manufacture of Leather, Fur, Feather and Its Products and Footware	1049.6	977.2
木材加工和木、竹、藤、棕、草制品业	Processing of Timbers, Manufacture of Wood, Bamboo, Rattan, Palm and Straw Products	143.1	118.9
家具制造业	Manufacture of Furniture	106.0	105.2
造纸和纸制品业	Manufacture of Paper and Paper Products	2462.9	2275.7
印刷和记录媒介复制业	Printing, Reproduction of Recording Media	143.0	134.4
文教、工美、体育和娱乐用品制造业	Manufacture of Articles for Culture, Arts & Crafts, Education, Sport Activities and Entertainment Goods	73.4	69.6
石油加工、炼焦和核燃料加工业	Processing of Petroleum, Coking, Processing of Nuclear Fuel	5940.8	6459.5
化学原料和化学制品制造业	Manufacture of Chemical Raw Material & Chemical Products	12251.8	13291.3
医药制造业	Manufacture of Medicines	3784.4	3378.3
化学纤维制造业	Manufacture of Chemical Fiber	3145.3	2786.2
橡胶和塑料制品业	Manufacture of Rubber and Plastic	559.0	596.9
非金属矿物制品业	Manufacture of Nonmetallic Mineral Products	3992.0	6004.9
黑色金属冶炼和压延加工业	Manufacture & Processing of Ferrous Metals	53183.5	52911.7
有色金属冶炼和压延加工业	Manufacture & Processing of Non-ferrous Metals	1262.7	1010.9
金属制品业	Manufacture of Metal Products	2250.4	2750.0
通用设备制造业	Manufacture of General Purpose Machinery	428.8	375.2
专用设备制造业	Manufacture of Special Purpose Machinery	612.1	571.9
汽车制造业	Manufacture of Automotive	1390.9	1365.3
铁路、船舶、航空航天和其他运输设备制造业	Manufacture of Railroad, Marine, Aerospace and Other Transportation Equipment	163.7	164.4
电气机械和器材制造业	Manufacture of Electrical Machinery and Equipment	1239.2	1157.9
计算机、通信和其他电子设备制造业	Manufacture of Computer, Communications and Other Electronic Equipment	1370.6	1250.4
仪器仪表制造业	Manufacture of Measuring Instrument	56.0	62.5
其他制造业	Manufacture of Others	7.6	7.0
废弃资源综合利用业	Recycling and Disposal of Waste	149.4	153.0
金属制品、机械和设备修理业	Metal Products, Machinery and Equipment Repair	31.8	41.6
电力、热力、燃气及水生产和供应业	**Production and Supply of Electricity, Heat, Gas and Water**	**227557.9**	**249231.7**
电力、热力生产和供应业	Production and Supply of Electric Power and Heat Power	36879.3	35692.1
燃气生产和供应业	Production and Distribution of Gas	4205.7	4376.6
水的生产和供应业	Production and Distribution of Water		

注：不包括水的生产和供应业行业。

a) The data exclude production and distribution of water.

8-7 主要耗能工业企业单位产品能源消耗情况
Energy Consumption per Unit of Product in Major Energy Consuming Industrial Enterprises

指 标 Item	2010	2015	2020	2022
吨原煤综合能耗(千克标准煤/吨) Overall Energy Consumption per ton of Machining Coal (kgce/ton)	7.83	6.92	5.7	6.2
吨原煤生产耗电(千瓦时/吨) Electric Power Consumption per ton of Machining Coal (kW·h/ton)	27.32	31.34	39.0	41.1
洗煤电力单耗(千瓦时/吨) Electric Power Consumption per ton of Milling Run Coal (kW·h/ton)	7.28	5.89	6.9	6.4
单位油气产量综合能耗(千克标准煤/吨) Overall Energy Consumption per unit of Oil and Gas Output (kgce/ton)	85.77	74.35	87.0	73.2
单位油气产量耗电(千瓦时/吨) Electric Power Consumption per unit of Oil and Gas Output (kW·h/ton)	150.24	148.35	181.7	177.2
铁矿采矿工序单位能耗(千克标准煤/吨) Energy Consumption per Unit of Mining of Iron Ore (kgce/ton)	3.42	2.63	2.2	0.3
铁矿选矿工序单位能耗(千克标准煤/吨) Energy Consumption per Unit of Milling run Iron Ore (kgce/ton)	3.84	2.94	3.6	3.4
每吨粘胶纤维综合能耗(短纤)(千克标准煤/吨) Overall Energy Consumption per ton of Pectic-fibre (short fibre)(kgce/ton)	1061.76	899.06	722.5	714.1
每吨粘胶纤维用电量(短纤)(千瓦时/吨) Electric Power Consumption per ton of Pectic-fibre (short fibre)(kW·h/ton)	1074.97	898.20	836.6	903.1
每吨纱(线)混合数综合能耗(千克标准煤/吨) Overall Energy Consumption per ton of Mixed Yarn (Cotton)(kgce/ton)	349.69	427.34	754.4	462.9
每吨纱(线)混合数生产用电量(千瓦时/吨) Electric Power Consumption per ton of Gauze and Line (kW·h/ton)	3103.19	2691.70	4209.0	3328.4
万米布混合数综合能耗(千克标准煤/万米) Overall Energy Consumption per 10km of Mixed Cloth (kgce/10km)	1519.90	1072.25	1385.7	2801.5
万米印染布综合能耗(千克标准煤/万米) Overall Energy Consumption per 10km of Printing and Dyeing (kgce/10km)	5518.89	3876.78	2144.2	4276.7
机制纸及纸板综合能耗(千克标准煤/吨) Overall Energy Consumption of Machine Made Paper and Paperboard (kgce/ton)	295.70	242.73	248.4	208.7
机制纸及纸板耗电(千瓦时/吨) Electric Power Consumption per ton of Machine Made Paper and Paperboard (kW·h/ton)	589.52	557.08	573.2	559.0
炼焦工序单位能耗(千克标准煤/吨) Energy Consumption per Unit of Coking Plant (kgce/ton)	138.42	117.38	121.7	124.8
原油(原料油)加工单位综合能耗(千克标准油/吨) Overall Energy Consumption of Machining Base Oil (kgoe/ton)	64.38	66.15	79.6	64.1
原油(原料油)加工单位耗电(千瓦时/吨) Electric Power Consumption per ton of Machining Base Oil (kW·h/ton)	56.74	70.15	66.6	83.4
单位烧碱生产综合能耗(离子膜法30%)(千克标准煤/吨) Overall Energy Consumption per Unit of Manufacturing Caustic Soda (Ion Film 30%) (kgce/ton)	325.04	306.32	297.2	295.1
单位烧碱生产耗交流电(离子膜法30%)(千瓦时/吨) Electric Power Consumption per ton of Manufacturing Caustic Soda (Ion Film 30%)(kW·h/ton)	2360.67	2227.47	2230.8	2198.0
氨碱法单位纯碱生产综合能耗(千克标准煤/吨) Overall Energy Consumption per Unit of Sodium Carbonate in Ammonia Soda Process (kgce/ton)	387.63	371.76	358.6	317.8
氨碱法单位纯碱生产耗电(千瓦时/吨) Electric Power Consumption per Unit of Sodium Carbonate in Ammonia Soda Process (kW·h/ton)	57.73	70.74	66.2	69.7

8-7 续表 continued

指　　标 Item	2010	2015	2020	2022
单位合成氨生产综合能耗(千克标准煤/吨) Overall Energy Consumption per Unit of Manufacturing Compound Ammonia (kgce/ton)	1316.94	1242.87	1328.0	1275.9
每吨合成氨耗电(千瓦时/吨) Electric Power Consumption per ton of Manufacturing Compound Ammonia (kW·h/ton)	1366.38	1256.23	1203.4	1296.0
每吨合成氨耗原料煤(7000千卡发热)(千克/吨) Raw Coal Consumption per ton of Manufacturing Compound Ammonia (kg/ton)	1046.40	1031.93	1047.2	1040.9
每吨合成氨耗标准燃料煤(7000千卡发热)(千克/吨) Standard Fuel Coal Consumption per ton of Manufacturing Compound Ammonia (kg/ton)	121.12	78.42	114.0	154.0
每吨水泥熟料综合能耗(千克标准煤/吨) Energy Consumption per ton of Cement Ripe-material (kgce/ton)	112.14	104.50	103.2	105.8
每吨水泥熟料综合电耗(千瓦时/吨) Overall Electric Power Consumption per ton of Cement Ripe-material (kW·h/ton)	78.86	61.57	57.1	57.1
每吨水泥熟料烧成标准煤耗(千克标准煤/吨) SCE Consumption per ton of Cement Ripe-material (kgce/ton)	109.83	101.11	100.9	99.7
每吨水泥综合能耗(千克标准煤/吨) Fully Energy Consumption for Cement (kgce/ton)	70.40	93.05	73.7	72.4
每吨水泥综合电耗(千瓦时/吨) Overall Electric Power Consumption per ton of Cement (kW·h/ton)	78.86	90.49	72.5	71.0
吨水泥标准煤耗(千克/吨) SCE Consumption per ton of Cement (kg/ton)	79.53	78.06	73.7	68.6
每重量箱平板玻璃综合能耗(千克标准煤/重量箱) Energy Consumption per weight case of Plate Glass (kgce/weight case)	14.79	13.43	12.8	12.5
每重量箱平板玻璃耗电(千瓦时/重量箱) Electric Power Consumption per ton of Plate Glass (kW·h/weight case)	6.79	5.32	7.4	7.5
每重量箱平板玻璃耗燃油(千克/重量箱) Fuel Oil Consumption per ton of Plate Glass (kg/weight case)	6.93	9.30	9.8	9.3
吨钢综合能耗(千克标准煤/吨) Energy Consumption per ton of Steel (kgce/ton)	562.49	544.41	550.8	540.9
吨钢耗电(千瓦时/吨) Electric Power Consumption per ton of Steel (kW·h/ton)	405.07	404.40	435.1	473.3
炼铁工序单位能耗(千克标准煤/吨) Energy Consumption per Unit of Ferrosilicon Processes (kgce/ton)	403.48	391.97	397.2	394.0
铁矿烧结工序单位能耗(千克标准煤/吨) Energy Consumption per Unit of Iron Ore Sintering Processes (kgce/ton)	48.89	45.75	47.0	45.6
转炉炼钢工序单位能耗(千克标准煤/吨) Energy Consumption per Unit of Converter Steelmaking Processes (kgce/ton)	2.36	-10.04	-17.3	-18.2
轧钢工序单位能耗(千克标准煤/吨) Energy Consumption per Unit of Steel Rolling Processes (kgce/ton)	52.31	50.86	46.4	43.9
轧钢工序电力消耗(千瓦时/吨) Electric Power Consumption per ton of Steel Rolling (kW·h/ton)	78.87	83.30	82.8	87.2
吨钢耗新水(吨/吨) Fresh Water Consumption per ton of Steel (ton/ton)	3.04	2.70	2.0	2.1
吨铝加工材消耗能源量(千克标准煤/吨) Energy Consumption per ton of Machining Aluminum (kgce/ton)	433.04	256.95	262.4	194.3
吨铝加工材消耗电量(千瓦时/吨) Electric Power Consumption per ton of Machining Aluminum (kW·h/ton)	1534.36	967.82	970.2	641.9
火力发电标准煤耗(克标准煤/千瓦时) SEC Consumption of Firepower Generate Electricity (gce/kW·h)	314.48	300.45	286.7	282.7
火力发电供电标准煤耗(克标准煤/千瓦时) Power-supply SEC Consumption of Firepower Generate Electricity (gce/kW·h)	337.40	320.39	305.2	298.9
发电厂用电率(%) Electro-rate of Power Plant (%)	6.79	6.22	6.0	5.8

注：本表统计范围为年综合能源消费量1万吨标准煤及以上的工业企业。

a) The statistical objects of the sheet are the industrial enterprises each with an annual overall energy consumption of no less than 10000 tce.

8-8 全社会用电情况
Basic Situation of Total Electricity Consumption

单位：万千瓦时 (10000 kW·h)

指　　标	Indicator	2021	2022
全社会用电总计	**Total**	**42943494**	**43437542**
三次产业用电	**Electricity Consumption of Three Strata Industry**	**37024769**	**36613156**
第一产业	Primary Industry	637562	678057
第二产业	Secondary Industry	28710686	27785110
第三产业	Tertiary Industry	7676521	8149989
城乡居民生活用电	**Household Electricity Consumption**	**5918725**	**6824386**
城镇居民	Urban Households	2360859	2676071
乡村居民	Rural Households	3557866	4148315
按行业分类	**By Sector**	**37024769**	**36613156**
农、林、牧、渔业	**Agriculture, Forestry, Animal Husbandry and Fishery**	**1250057**	**1242284**
农业	Agriculture	277173	285514
林业	Forestry	7989	7895
畜牧业	Animal Husbandry	296506	318678
渔业	Fishery	55894	65969
农、林、牧、渔专业及辅助性活动	Professional and Support Activities for Agriculture, Forestry, Animal Husbandry and Fishery	612494	564227
#排灌	Irrigation	587338	534485
工业	**Industry**	**28247827**	**27342023**
采矿业	Mining	2205554	2020895
煤炭开采和洗选业	Mining and Washing of Coal	228707	202062
石油和天然气开采业	Extraction of Petroleum and Natural Gas	299683	341951
黑色金属矿采选业	Mining and Processing of Ferrous Metal Ores	1367401	1176355
有色金属矿采选业	Mining and Processing of Non-Ferrous Metal Ores	88487	79553
非金属矿采选业	Mining and Processing of Non-metal Ores	74891	65679
其他采矿活动	Mining of Other Ores	146385	155294
制造业	Manufacturing	20741404	20210865
农副食品加工业	Processing of Food from Agricultural Products	456791	461923
食品制造业	Manufacture of Foods	238609	242296
酒、饮料及精制茶制造业	Manufacture of Liquor, Beverages and Refined Tea	70784	68624
烟草制品业	Manufacture of Tobacco	9561	9608
纺织业	Manufacture of Textile	665770	635878
纺织服装、服饰业	Manufacture of Textile, Wearing Apparel and Accessories	76186	76696
皮革、毛皮、羽毛及其制品和制鞋业	Manufacture of Leather, Fur, Feather and Related Products and Footware	133558	123683
木材加工和木、竹、藤、棕、草制品业	Processing of Timber, Manufacture of Wood, Bamboo, Rattan, Palm and Straw Products	290113	266679
家具制造业	Manufacture of Furniture	116475	112393
造纸和纸制品业	Manufacture of Paper and Paper Products	483771	446223
印刷和记录媒介复制业	Printing and Reproduction of Recording Media	70878	72061
文教、工美、体育和娱乐用品制造业	Manufacture of Articles for Culture, Education, Arts and Crafts, Sport and Entertainment Activities	50286	45587
#体育用品制造	Manufacture of Sporting Goods	19978	16751
石油、煤炭及其他燃料加工业	Processing of Petroleum, Coal and Other Fuels	409593	428659
#煤化工	Coal Chemical Industry	148908	163177
化学原料和化学制品制造业	Manufacture of Chemical Raw Material and Chemical Products	1699996	1761340
#氯碱	Chlor-alkali	387729	416876
电石	Calcium Carbide	20	15
黄磷	Yellow Phosphorus	49	40
#肥料制造	Manufacture of Fertilizer	266651	265745

8-8 续表 1 continued

单位：万千瓦时 (10000 kW·h)

指 标	Indicator	2021	2022
医药制造业	Manufacture of Medicines	281072	324060
#中成药生产	Chinese Patent Medicine Production	27880	33770
生物药品制品制造	Manufacture of Biological Pharmaceutical Products	22069	22127
化学纤维制造业	Manufacture of Chemical Fibres	97052	87758
橡胶和塑料制品业	Manufacture of Rubber and Plastics Products	1075193	1022613
#橡胶制品业	Manufacture of Rubber Products	350553	312958
塑料制品业	Manufacture of Plastics Products	724640	709654
非金属矿物制品业	Manufacture of Nonmetallic Mineral Products	2059044	1949257
#水泥制造	Manufacture of Cement	718937	612917
玻璃制造	Manufacture of Glass	133949	139559
陶瓷制品制造	Manufacture of Ceramics	125097	111519
#碳化硅	Carborundum	970	6458
黑色金属冶炼和压延加工业	Manufacture and Processing of Ferrous Metals	7943179	7704769
#钢铁	Steel	7779818	7547924
铁合金冶炼	Ferroalloy Smelting	163361	156844
有色金属冶炼和压延加工业	Smelting and Pressing of Non-ferrous Metals	181212	177429
#铝冶炼	Aluminum Smelting	2564	2635
铅锌冶炼	Lead and Zinc Smelting	545	152
稀有稀土金属冶炼	Rare Earth Metal Smelting	256	27
金属制品业	Manufacture of Metal Products	2192551	2113281
#结构性金属制品制造	Manufacture of Structural Metal Products	803412	771629
通用设备制造业	Manufacture of General Purpose Machinery	498754	473981
#风能原动设备制造	Manufacture of Wind Power Prime Equipment	1709	1288
专用设备制造业	Manufacture of Special Purpose Machinery	306385	272447
#医疗仪器设备及器械制造	Manufacture of Medical Instruments and Equipment	4753	4875
汽车制造业	Manufacture of Automobiles	282831	274215
#新能源车整车制造	Manufacture of New Energy Vehicle	836	676
铁路、船舶、航空航天和其他运输设备制造业	Manufacture of Railway, Ship, Aerospace and Other Transport Equipments	126292	122544
#铁路运输设备制造	Manufacture of Railway Transport Equipment	35857	31555
城市轨道交通设备制造	Manufacture of Urban Rail Transit Equipment	226	314
航空、航天器及设备制造	Manufacture of Aviation, Spacecraft and Equipment	4542	5604
电气机械和器材制造业	Manufacture of Electrical Machinery and Apparatus	335701	347367
#光伏设备及元器件制造	Manufacture of PV Equipment and Components	83754	84451
计算机、通信和其他电子设备制造业	Manufacture of Computers, Communication and Other Electronic Equipment	235354	235947
#计算机制造	Manufacture of Computer	213	199
通信设备制造	Manufacture of Communications Equipment	28645	24497
仪器仪表制造业	Manufacture of Measuring Instruments and Machinery	7821	8250
其他制造业	Other Manufacture	190478	178439
废弃资源综合利用业	Utilization of Waste Resources	121365	134399
金属制品、机械和设备修理业	Repair Service of Metal Products, Machinery and Equipment	34750	32460
电力、热力、燃气及水生产和供应业	Production and Supply of Electricity, Heat, Gas and Water	5300870	5110264
电力、热力生产和供应业	Production and Supply of Electric Power and Heat Power	4940752	4712117
#电厂生产全部耗用电量	Total Electricity Consumption for Electricity Production	2197781	2228273
线路损失电量	Power Loss	2233798	1856107
抽水蓄能抽水耗用电量	Pumped Storage Water Consumption	118747	89754

8-8 续表 2 continued

单位：万千瓦时 (10000 kW·h)

指　标	Indicator	2021	2022
燃气生产和供应业	Production and Supply of Gas	63471	87024
水的生产和供应业	Production and Supply of Water	296647	311123
建筑业	**Construction**	**497609**	**475548**
房屋建筑业	Construction of Buildings	250435	243278
土木工程建筑业	Civil Engineering	109024	100772
建筑安装业	Building Installation	42115	38915
建筑装饰、装修和其他建筑业	Building Decoration and Other Constructions	96035	92583
交通运输、仓储和邮政业	**Traffic Transport, Storage and Post**	**1325334**	**1306136**
铁路运输业	Railway Transport	814300	755002
#电气化铁路	Electrified Railway	674388	632107
道路运输业	Road Transport	149427	149981
#城市公共交通运输	Urban Public Transport	65774	50946
水上运输业	Water Transport	155573	161558
#港口岸电	Port Shore Electricity	30746	29602
航空运输业	Air Transport	5974	6449
管道运输业	Transport Via Pipelines	20651	24382
多式联运和运输代理业	Intermodality and Forwarding Agency	8506	9707
装卸搬运和仓储业	Loading, Unloading and Storage	156843	183339
邮政业	Post	14059	15718
信息传输、软件和信息技术服务业	**Information Transmission, Software and Information Technology Services**	**926161**	**1157803**
电信、广播电视和卫星传输服务	Telecommunication, Radio and Television and Satellite Transmission Service	216347	240526
互联网和相关服务	Internet and Related Service	579828	782745
#互联网数据服务	Internet Data Services	423397	607074
软件和信息技术服务业	Software and Information Technology	129986	134532
批发和零售业	**Wholesale and Retail Trades**	**1610601**	**1747650**
#充换电服务业	Charging and Switching Services	29687	68743
住宿和餐饮业	**Hotels and Catering Services**	**397124**	**414888**
金融业	**Financial Intermediation**	**79576**	**82775**
房地产业	**Real Estate**	**467932**	**485970**
租赁和商务服务业	**Leasing and Business Services**	**165301**	**177743**
#租赁业	Leasing Industry	35252	9417
公共服务及管理组织	**Public Service and Management Organization**	**2057246**	**2180335**
科学研究和技术服务业	**Scientific Research and Technical Services**	**79400**	**80827**
#地质勘查	Geological Exploration	4929	1364
科技推广和应用服务业	Technology Extension and Application Services	16977	15215
水利、环境和公共设施管理业	**Management of Water Conservancy, Environment and Public Facilities**	**358882**	**388956**
#水利管理业	Water Management	87036	88951
公共照明	Public Lighting	157252	172998
居民服务、修理和其他服务业	**Service to Households, Repair and Other Services**	**319391**	**340115**
教育、文化、体育和娱乐业	**Education, Culture, Sports and Entertainment**	**607994**	**588623**
#教育	Education	533014	504822
卫生和社会工作	**Health and Social Service**	**305804**	**351509**
公共管理和社会组织、国际组织	**Public Management, Social and International Organization**	**385776**	**430305**

8-9 分市全社会用电量
Electricity Consumption by City

单位：亿千瓦时 (100 million kW·h)

市	City	2015	2020	2021	2022
全 省	**Total**	**3175.66**	**3933.92**	**4294.35**	**4343.75**
石家庄市	Shijiazhuang	443.12	511.22	539.65	571.01
石家庄市①	Shijiazhuang①	416.02	476.63	503.44	533.97
唐 山 市	Tangshan	768.70	868.68	912.13	912.21
秦皇岛市	Qinhuangdao	134.97	150.26	181.73	190.33
邯 郸 市	Handan	377.62	446.65	479.60	467.25
邢 台 市	Xingtai	214.04	289.03	328.40	337.14
保 定 市	Baoding	336.37	404.70	447.51	463.10
保 定 市①	Baoding①	300.43	330.74	366.09	378.24
张家口市	Zhangjiakou	127.09	189.16	210.00	212.85
承 德 市	Chengde	148.20	200.87	227.01	217.15
沧 州 市	Cangzhou	249.58	380.95	424.01	436.42
廊 坊 市	Langfang	245.73	292.62	331.95	332.12
衡 水 市	Hengshui	129.71	163.35	173.90	172.54
定 州 市	Dingzhou	35.95	33.50	33.72	34.07
辛 集 市	Xinji	27.10	34.59	36.21	37.05

注：本表数据中石家庄市含辛集市，石家庄市①不含辛集市；保定市含定州市和雄安新区，保定市①不含定州市和雄安新区。以下相关表同。

a) Data in this table, Shijiazhuang includes Xinji, Shijiazhuang① excludes Xinji; Baoding includes Dingzhou and Xiongan, Baoding① excludes Dingzhou and Xiongan. The same applies to the table following.

8-10 分市工业用电量
Electricity Consumption of Industrial by City

单位：亿千瓦时 (100 million kW·h)

市	City	2015	2020	2021	2022
全　省	**Total**	**2300.17**	**2608.05**	**2824.78**	**2734.20**
石家庄市	Shijiazhuang	290.93	291.17	301.44	314.82
石家庄市①	Shijiazhuang①	271.75	267.80	277.05	290.33
唐 山 市	Tangshan	662.51	720.33	747.38	727.04
秦皇岛市	Qinhuangdao	88.85	92.90	118.68	124.10
邯 郸 市	Handan	289.66	316.04	341.90	315.08
邢 台 市	Xingtai	139.42	179.01	208.37	205.14
保 定 市	Baoding	196.63	198.98	196.50	211.77
保 定 市①	Baoding①	171.30	162.82	179.85	177.55
张家口市	Zhangjiakou	80.52	99.16	102.54	90.49
承 德 市	Chengde	117.79	152.40	170.72	151.81
沧 州 市	Cangzhou	170.40	261.93	293.93	298.22
廊 坊 市	Langfang	173.70	164.81	182.93	165.41
衡 水 市	Hengshui	78.64	94.87	101.78	98.69
定 州 市	Dingzhou	25.33	17.82	16.64	15.26
辛 集 市	Xinji	19.18	23.38	24.39	24.50

8-11 分市全社会用电量(2022年)

单位：万千瓦时

指标	Indicator	石家庄市 Shijiazhuang	#辛集市 Xinji	唐山市 Tangshan
全社会用电总计	**Total**	**5710147**	**370454**	**9122102**
三次产业用电	**Electricity Consumption of Three Strata Industry**	**4695167**	**312141**	**8420397**
第一产业	Primary Industry	54493	4107	172423
第二产业	Secondary Industry	3207492	246760	7341308
第三产业	Tertiary Industry	1433182	61274	906666
城乡居民生活用电	**Household Electricity Consumption**	**1014980**	**58314**	**701705**
城镇居民	Urban Household	412374	9813	303021
乡村居民	Rural Household	602606	48501	398684
按行业分类	**By Sector**	**4695167**	**312141**	**8420397**
农、林、牧、渔业	**Agriculture, Forestry, Animal Husbandry and Fishery**	**143255**	**17078**	**190547**
农业	Agriculture	13631	761	90398
林业	Forestry	828	30	957
畜牧业	Animal Husbandry	39485	3299	39626
渔业	Fishery	551	17	41441
农、林、牧、渔专业及辅助性活动	Professional and Support Activities for Agriculture, Forestry, Animal Husbandry and Fishery	88762	12971	18124
#排灌	Irrigation	83935	12716	16433
工业	**Industry**	**3148235**	**244983**	**7270361**
采矿业	Mining	17005	5093	662820
煤炭开采和洗选业	Mining and Washing of Coal	3116	3	125045
石油和天然气开采业	Extraction of Petroleum and Natural Gas	6520	5081	130250
黑色金属矿采选业	Mining and Processing of Ferrous Metal Ores	1767		359826
有色金属矿采选业	Mining and Processing of Non-ferrous Metal Ores	2609		17526
非金属矿采选业	Mining and Processing of Non-metal Ores	1055	…	27069
其他采矿活动	Mining of Other Ores	1938	9	3104
制造业	Manufacturing	2531740	218096	5784937
农副食品加工业	Processing of Food from Agricultural Products	69237	13629	50426
食品制造业	Manufacture of Foods	34365	839	25179
酒、饮料及精制茶制造业	Manufacture of Liquor, Beverages and Refined Tea	10083	516	5607
烟草制品业	Manufacture of Tobacco	3649		9
纺织业	Manufacture of Textile	219063	12353	25696
纺织服装、服饰业	Manufacture of Textile, Wearing Apparel and Accessories	21126	3831	3339
皮革、毛皮、羽毛及其制品和制鞋业	Manufacture of Leather, Fur, Feather and Related Products and Footware	33711	11110	408
木材加工和木、竹、藤、棕、草制品业	Processing of Timber, Manufacture of Wood, Bamboo, Rattan, Palm and Straw Products	36546	389	25780
家具制造业	Manufacture of Furniture	13476	161	6849
造纸和纸制品业	Manufacture of Paper and Paper Products	52118	6759	87489
印刷和记录媒介复制业	Printing and Reproduction of Recording Media	9426	130	4843
文教、工美、体育和娱乐用品制造业	Manufacture of Articles for Culture, Education, Arts and Crafts, Sport and Entertainment Activities	1995	28	1074
#体育用品制造	Manufacture of Sporting Goods	429		65
石油、煤炭及其他燃料加工业	Processing of Petroleum, Coal and Other Fuels	68764	2402	72987
#煤化工	Coal Chemical Industry	1172	1	43788
化学原料和化学制品制造业	Manufacture of Chemical Raw Material and Chemical Products	351959	31467	433994
#氯碱	Chlor-alkali	32802		227336
电石	Calcium Carbide			

注：本表保定市数据不含雄安新区。

Electricity Consumption by City (2022)

(10000 kW·h)

秦皇岛市 Qinhuangdao	邯郸市 Handan	邢台市 Xingtai	保定市 Baoding	#定州市 Dingzhou	张家口市 Zhangjiakou	承德市 Chengde	沧州市 Cangzhou	廊坊市 Langfang	衡水市 Hengshui
1903336	**4672546**	**3371444**	**4123109**	**340694**	**2128484**	**2171488**	**4364227**	**3321175**	**1725357**
1643161	**3901098**	**2699350**	**3051815**	**226982**	**1819002**	**1907671**	**3729624**	**2672114**	**1394549**
41454	37037	69813	60755	2225	58249	43530	49998	48919	38247
1262799	3189944	2073816	1974870	155303	929813	1544295	3014044	1708707	998587
338908	674117	555721	1016190	69454	830940	319846	665581	914488	357715
260175	**771448**	**672094**	**1071294**	**113712**	**309482**	**263818**	**634603**	**649061**	**330808**
124783	264104	213689	371595	35882	180320	97921	188797	343578	145594
135392	507344	458405	699699	77830	129161	165896	445806	305484	185214
1643161	**3901098**	**2699350**	**3051815**	**226982**	**1819002**	**1907671**	**3729624**	**2672114**	**1394549**
47887	**119284**	**143612**	**148792**	**18101**	**117020**	**50651**	**107268**	**66062**	**99017**
18574	10942	33914	21417	337	14123	27342	8655	32955	11645
364	480	662	1211	11	949	672	396	1200	73
9760	23880	35096	37661	1869	42998	15378	32847	14512	26435
12757	1735	141	466	7	180	138	8099	252	93
6433	82247	73799	88037	15876	58771	7121	57271	17143	60770
5992	80134	70325	81778	15860	58368	6057	49653	15988	60287
1240965	**3150848**	**2051369**	**1928093**	**152558**	**904907**	**1518061**	**2982228**	**1654137**	**986946**
83309	149146	109563	38969	18	69006	668716	187704	25655	7437
3210	26675	29259	204	…	12227	2064	43	207	4
22	…	239	6109			39	182894	7769	6641
76453	39074	38248	23371		26863	610735	…	18	…
1029	43	2396	1895		17941	36052	1	…	16
1997	1017	1443	4130	17	11194	14009	3496	265	…
598	82337	37977	3261	1	782	5817	1270	17397	776
935902	2557402	1640751	1306034	125984	226825	514596	2401181	1335961	820703
43204	39374	91102	34058	4194	14059	14705	42033	35526	25823
27886	13836	41439	27152	6315	18953	8201	11337	25716	7146
2569	2851	15763	7140	42	2121	4678	4486	8761	4518
	34	31	2254	…	3570	8	13	13	6
2727	60610	75931	178803	486	293	70	32273	6760	19654
1030	5487	12669	8116	766	1159	732	6391	7998	5300
166	2316	14651	30216	809	401	53	3904	1402	6036
1452	9099	9089	25700	580	779	2742	4396	140038	10780
1139	2440	4600	5093	284	301	840	4240	63684	8607
23499	4901	47243	178076	229	830	929	19843	20761	5945
1031	898	2633	13982	400	503	1311	9690	22632	4517
639	4251	2658	13104	8817	312	1219	10826	5516	2411
84	20	3	8818	8587	84		5494	1322	211
772	83423	30504	1523	54	593	195	159134	1774	8957
1	81931	28715	63		3	1	7447	37	19
14051	32731	114299	70154	14175	10055	12835	539993	32131	148884
							84347		72392
		14					1		…

a) Data in this table, Baoding excludes Xiongan New Area.

8-11 续表 1

单位：万千瓦时

指　标	Indicator	石家庄市 Shijiazhuang	#辛集市 Xinji	唐山市 Tangshan
黄磷	Yellow Phosphorus			
#肥料制造	Manufacture of Fertilizer	65088	1745	
医药制造业	Manufacture of Medicines	194403	5970	13461
#中成药生产	Chinese Patent Medicine Production	18811	7	3435
生物药品制品制造	Manufacture of Biological Pharmaceutical Products	10095	39	1074
化学纤维制造业	Manufacture of Chemical Fibres	19513	312	5403
橡胶和塑料制品业	Manufacture of Rubber and Plastics Products	102535	10806	73289
#橡胶制品业	Manufacture of Rubber Products	22026	4979	14617
塑料制品业	Manufacture of Plastics Products	80509	5827	58672
非金属矿物制品业	Manufacture of Nonmetallic mineral Products	373081	5451	426608
#水泥制造	Manufacture of Cement	122866	312	141084
玻璃制造	Manufacture of Glass	11508	1	16281
陶瓷制品制造	Manufacture of Ceramics	53229	…	33545
#碳化硅	Carborundum			
黑色金属冶炼和压延加工业	Manufacture and Processing of Ferrous Metals	567758	91577	4029595
#钢铁	Steel	567497	91552	3896033
铁合金冶炼	Ferroalloy Smelting	261	26	133563
有色金属冶炼和压延加工业	Smelting and Pressing of Non-ferrous Metals	7729	615	12636
#铝冶炼	Aluminum Smelting	1948	…	118
铅锌冶炼	Lead and Zinc Smelting	38		
稀有稀土金属冶炼	Rare Earth Metal Smelting	12		13
金属制品业	Manufacture of Metal Products	155784	11925	258185
#结构性金属制品制造	Manufacture of Structural Metal Products	44049	2728	118757
通用设备制造业	Manufacture of General Purpose Machinery	48643	3051	47010
#风能原动设备制造	Manufacture of Wind Power Prime Equipment	10		
专用设备制造业	Manufacture of Special Purpose Machinery	13323	650	57406
#医疗仪器设备及器械制造	Manufacture of Medical Instruments and Equipment	289	34	93
汽车制造业	Manufacture of Automobiles	6113	127	9693
#新能源车整车制造	Manufacture of New Energy Vehicle	95		76
铁路、船舶、航空航天和其他运输设备制造业	Manufacture of Railway, Ship, Aerospace and Other Transport Equipment	7335	222	12718
#铁路运输设备制造	Manufacture of Railway Transport Equipment	670	11	9161
城市轨道交通设备制造	Manufacture of Urban Rail Transit Equipment			41
航空、航天器及设备制造	Manufacture of Aviation, Spacecraft and Equipment	3178		54
电气机械和器材制造业	Manufacture of Electrical Machinery and Apparatus	30731	522	15356
#光伏设备及元器件制造	Manufacture of PV Equipment and Components	193		13
计算机、通信和其他电子设备制造业	Manufacture of Computers, Communication and Other Electronic Equipment	34976	546	15870
#计算机制造	Manufacture of Computer	2	…	1
通信设备制造	Manufacture of Communications Equipment	606	2	347
仪器仪表制造业	Manufacture of Measuring Instruments and Machinery	1421	1063	1275
其他制造业	Other Manufacture	25256	1320	19141
废弃资源综合利用业	Utilization of Waste Resources	16145	241	42101
金属制品、机械和设备修理业	Repair Service of Metal Products, Machinery and Equipment	1473	86	1509
电力、热力、燃气及水生产和供应业	Production and Supply of Electricity, Heat, Gas and Water	599491	21794	822604
电力、热力生产和供应业	Production and Supply of Electric Power and Heat Power	538856	15268	759862
#电厂生产全部耗用电量	Total Electricity Consumption for Electricity Production	315653	1903	372970
线路损失电量	Power Loss	165631	9163	289341
抽水蓄能抽水耗用电量	Pumped Storage Water Consumption	616		35540

continued

(10000 kW·h)

秦皇岛市 Qinhuangdao	邯郸市 Handan	邢台市 Xingtai	保定市 Baoding	#定州市 Dingzhou	张家口市 Zhangjiakou	承德市 Chengde	沧州市 Cangzhou	廊坊市 Langfang	衡水市 Hengshui
	40								
	1142	3920	43397	160			147239		4960
6367	12498	22870	15813	595	891	1726	27608	8414	19944
128	1482	808	2246	82	12	126	261	382	6074
4669	394	848	1899	186	113	8	1635	174	1217
1379	1475	7805	14069	387	302	16	13776	11901	10460
9116	21386	185569	108670	29905	4040	1186	196026	153034	99846
1387	5322	110268	30704	2308	1071	148	29317	13703	76468
7729	16065	75302	77966	27598	2969	1038	166710	139331	23377
118756	206305	194105	158644	5345	62717	98731	110550	140958	47375
38442	103249	59613	51468	48	20484	48261	7420	15137	4859
14825	2270	47036	2927	26	2642	721	12056	27583	1709
2044	10408	2818	3824	133	395	780	1888	1250	1334
	42	19	6347				49		
448748	1598858	171749	3244	…	27440	325461	322317	176058	33538
448748	1585666	170689	796	…	27426	325461	316172	176056	33379
	13193	1060	2448		14	…	6145	2	159
10582	24441	33155	46992	14	179	4267	7254	26203	3442
	323	103	86				23		34
		50	56						
		2							
33235	253055	208126	123622	32772	23802	11445	560916	207722	269343
21423	123876	27737	39321	10138	6266	10010	256161	77328	43399
30857	56721	90797	45117	8408	15670	7389	63380	38885	28401
40	13	8	7		1062	29	3	…	118
5471	9129	11313	12945	550	19497	1045	87684	48984	5121
1020	120	270	559	2	99	4	540	1026	852
69694	4259	15537	91340	6333	7122	629	35300	16316	18198
	18	113				151	163	26	32
20673	4031	28394	7249	2611	396	749	25994	11629	3362
381	293	927	1586	…	63	451	17020	442	562
34	100	68	2	2			22	3	44
		26	1899		15	134	6	278	13
3056	20056	157432	41298	447	4354	736	38539	25959	8668
81	7	83513	528	52	1		62	44	
50947	36256	23903	6415	66	1220	932	15149	48444	1792
	14		43				10	130	
2178	183	30	106	…	186	440	5519	14064	836
145	56	349	1516	4	496	141	1435	1061	338
1960	15938	8878	14852	437	2857	1307	37652	43546	5373
4336	29545	4392	11336	721	1585	9933	6997	3213	4044
418	1143	13765	7541	236	329	386	2047	921	2876
221754	444299	301054	583090	26556	609076	334749	393344	292521	158806
206721	413351	279466	534983	14619	579471	316249	351750	246292	140644
88975	230590	136220	290039	2585	296089	153021	201128	80407	62834
83818	128394	121937	176081	11992	132645	115830	128631	150269	63700
	502	71	600			214	1309		107

8-11 续表 2

单位：万千瓦时

指　　标	Indicators	石家庄市 Shijiazhuang	#辛集市 Xinji	唐山市 Tangshan
燃气生产和供应业	Production and Supply of Gas	13331	513	16315
水的生产和供应业	Production and Supply of Water	47304	6013	46427
建筑业	**Construction**	**60730**	**1863**	**72456**
房屋建筑业	Construction of Buildings	29987	821	48047
土木工程建筑业	Civil Engineering	3080	12	16617
建筑安装业	Building Installation	6507	318	1777
建筑装饰、装修和其他建筑业	Building Decoration and Other Constructions	21156	712	6015
交通运输、仓储和邮政业	**Traffic Transport, Storage and Post**	**200278**	**2479**	**303644**
铁路运输业	Railway Transport	107788	378	141957
#电气化铁路	Electrified Railway	72708		130247
道路运输业	Road Transport	41403	806	19809
#城市公共交通运输	Urban Public Transport	29475	300	1930
水上运输业	Water Transport	5		92495
#港口岸电	Port Shore Electricity			13
航空运输业	Air Transport	4767	14	263
管道运输业	Transport Via Pipelines	7564	10	9483
多式联运和运输代理业	Intermodality and Forwarding Agency	1853	161	398
装卸搬运和仓储业	Loading, Unloading and Storage	34194	1095	38216
邮政业	Post	2704	15	1024
信息传输、软件和信息技术服务业	**Information Transmission, Software and Information Technology Services**	**78915**	**2005**	**38126**
电信、广播电视和卫星传输服务	Telecommunication, Radio and Television and Satellite Transmission Service	62138	1357	26632
互联网和相关服务	Internet and Related Service	10960	576	9475
#互联网数据服务	Internet Data Services	284	16	231
软件和信息技术服务业	Software and Information Technology	5816	73	2019
批发和零售业	**Wholesale and Retail Trades**	**317479**	**23793**	**194005**
#充换电服务业	Charging and Switching Services	16334	1474	23207
住宿和餐饮业	**Hotels and Catering Services**	**59290**	**1376**	**46502**
金融业	**Financial Intermediation**	**14996**	**389**	**8866**
房地产业	**Real Estate**	**191805**	**5050**	**40492**
租赁和商务服务业	**Leasing and Business Services**	**55683**	**873**	**19945**
#租赁业	Leasing Industry	1346	10	3980
公共服务及管理组织	**Public Service and Management Organization**	**424501**	**12251**	**235452**
科学研究和技术服务业	**Scientific Research and Technical Services**	**17457**	**707**	**5726**
#地质勘查	Geological Exploration			280
科技推广和应用服务业	Technology Extension and Application Services	1641	4	555
水利、环境和公共设施管理业	**Management of Water Conservancy, Environment and Public Facilities**	**71764**	**1964**	**43893**
#水利管理业	Water Management	17515	665	7242
公共照明	Public Lighting	18673	710	26773
居民服务、修理和其他服务业	**Service to Households, Repair and Other Services**	**74504**	**1822**	**36313**
教育、文化、体育和娱乐业	**Education, Culture, Sports and Entertainment**	**124787**	**3665**	**55585**
#教育	Education	103392	3499	48823
卫生和社会工作	**Health and Social Service**	**63024**	**2148**	**41277**
公共管理和社会组织、国际组织	**Public Management, Social and International Organization**	**72965**	**1945**	**52658**

continued

(10000 kW·h)

秦皇岛市 Qinhuangdao	邯郸市 Handan	邢台市 Xingtai	保定市 Baoding	#定州市 Dingzhou	张家口市 Zhangjiakou	承德市 Chengde	沧州市 Cangzhou	廊坊市 Langfang	衡水市 Hengshui
791	7368	2232	11094	8103	7008	1359	13547	12674	965
14242	23580	19357	37012	3834	22597	17141	28046	33555	17197
22252	**40240**	**36212**	**54317**	**2981**	**25235**	**26620**	**33863**	**55491**	**14517**
13111	15246	23035	30257	2023	16489	11968	12718	36330	5319
7324	4779	2937	5752	222	6572	7860	4950	8866	3561
566	8022	1954	4418	454	968	308	9940	2999	1280
1251	12193	8286	13890	281	1205	6483	6256	7296	4357
90829	**76930**	**44458**	**105727**	**4095**	**141488**	**70071**	**171999**	**47515**	**41259**
45586	50007	25989	69682	585	107029	55376	99934	18630	29133
41025	32694	20191	65789		98278	50998	75285	17398	27021
5176	13430	6849	14163	621	15268	8721	9835	7407	4757
1519	2407	2379	3470		2177	2456	2276	954	1529
29680	…	28	9				39243	32	
29589									
374	305	95	55		337	190	20	29	15
286	97	348	215	1	1483	8	2090	2038	746
317	562	2664	849	65	155	210	1123	1049	216
8706	10945	7637	17987	2663	16466	4444	18832	15911	5672
704	1585	847	2767	161	751	1122	920	2419	719
17222	**32745**	**29228**	**87245**	**3545**	**346009**	**20688**	**34691**	**444589**	**20241**
12203	19441	9032	25566	1063	18802	11760	20678	14470	13953
4489	12592	19039	41347	2254	326018	8531	12554	329877	5906
320	86	401	257	9	322683	149	54	281734	113
530	712	1157	20332	229	1189	396	1458	100242	382
58352	**177591**	**160701**	**282947**	**17960**	**66047**	**53342**	**156537**	**154701**	**83225**
788	2990	4055	7024	628	1459	2131	3934	2381	3298
28770	**34446**	**28684**	**64612**	**4092**	**26927**	**28614**	**33146**	**35361**	**16285**
4221	**8623**	**6068**	**8973**	**549**	**7488**	**5587**	**6563**	**5247**	**4784**
28140	**33196**	**22034**	**54286**	**871**	**11612**	**13985**	**35587**	**26493**	**18530**
8832	**13880**	**7174**	**17720**	**1873**	**6270**	**9328**	**12399**	**18127**	**3679**
470	246	167	748	20	54	101	802	1181	186
95691	**213315**	**169810**	**299103**	**20357**	**165998**	**110724**	**155342**	**164389**	**106067**
2273	**12532**	**2113**	**19149**	**252**	**2606**	**1517**	**2609**	**12382**	**1695**
64					33	220		767	
266	9896	266	494	44	540	67	141	986	284
17258	**31047**	**31446**	**43759**	**4956**	**28572**	**19487**	**31277**	**41579**	**16775**
3868	12876	7719	10899	453	2023	3312	7313	8204	4869
7368	11670	14697	17087	1400	9596	11423	18383	26641	8218
9165	**35188**	**22437**	**60617**	**912**	**22125**	**13025**	**20642**	**16588**	**20163**
23650	**59810**	**46394**	**79369**	**6386**	**45853**	**32791**	**38440**	**40965**	**33515**
17799	53654	43468	72946	5877	32008	27407	33396	35387	30007
14415	**36201**	**31077**	**46001**	**5354**	**24255**	**18313**	**31767**	**23753**	**17647**
28931	**38536**	**36343**	**50207**	**2497**	**42588**	**25591**	**30607**	**29124**	**16273**

8-12 主要城市日照时数(2022年)
Monthly Sunshine Hours of Major Cities (2022)

单位：小时 (hour)

城 市	City	1月 Jan.	2月 Feb.	3月 Mar.	4月 Apr.	5月 May	6月 June
石家庄市	Shijiazhuang	142.0	196.8	168.9	234.9	250.5	260.6
唐 山 市	Tangshan	199.1	222.5	205.0	240.8	286.9	210.2
秦皇岛市	Qinhuangdao	177.2	200.9	204.3	234.9	263.7	167.3
邯 郸 市	Handan	98.4	180.8	145.9	213.8	265.3	263.3
邢 台 市	Xingtai	121.5	182.6	168.9	225.0	266.1	272.6
保 定 市	Baoding	166.2	206.6	179.7	224.9	259.6	246.3
张家口市	Zhangjiakou	219.7	238.4	219.3	279.1	291.4	225.1
承 德 市	Chengde	217.9	231.7	216.1	267.9	284.7	177.3
沧 州 市	Cangzhou	162.6	200.4	184.3	224.2	262.6	221.2
廊 坊 市	Langfang	181.6	216.9	190.9	221.2	260.3	197.4
衡 水 市	Hengshui	111.0	196.9	175.0	227.5	270.3	259.1
定 州 市	Dingzhou	153.5	196.5	175.6	225.3	259.3	251.1
辛 集 市	Xinji	121.4	187.6	162.0	222.5	244.5	247.5

8-12 续表 continued

单位：小时 (hour)

城 市	City	7月 July	8月 Aug.	9月 Sept.	10月 Oct.	11月 Nov.	12月 Dec.	全年累计 Annual Total
石家庄市	Shijiazhuang	205.0	169.3	260.9	180.9	126.3	233.3	2429.4
唐 山 市	Tangshan	206.7	195.0	289.2	186.3	153.8	226.7	2622.2
秦皇岛市	Qinhuangdao	207.1	203.7	241.2	152.2	141.4	207.8	2401.7
邯 郸 市	Handan	165.7	128.2	229.5	146.4	112.2	182.6	2132.1
邢 台 市	Xingtai	192.6	147.9	264.4	164.6	132.3	226.6	2365.1
保 定 市	Baoding	207.0	175.2	280.9	189.3	154.2	221.0	2510.9
张家口市	Zhangjiakou	275.8	262.4	303.9	226.0	198.5	205.3	2944.9
承 德 市	Chengde	227.5	219.0	305.7	203.1	181.4	234.8	2767.1
沧 州 市	Cangzhou	173.5	168.8	260.8	170.5	135.8	213.5	2378.2
廊 坊 市	Langfang	201.8	188.3	263.5	183.4	152.8	205.1	2463.2
衡 水 市	Hengshui	200.9	162.5	251.3	165.0	111.3	175.0	2305.8
定 州 市	Dingzhou	206.6	176.0	267.8	178.9	142.4	222.9	2455.9
辛 集 市	Xinji	175.2	151.6	247.6	162.0	126.0	207.4	2255.3

8-13 主要城市月平均相对湿度(2022年)
Monthly Average Relative Humidity of Major Cities (2022)

单位：% (%)

城 市	City	1月 Jan.	2月 Feb.	3月 Mar.	4月 Apr.	5月 May	6月 June
石家庄市	Shijiazhuang	61	43	49	49	47	53
唐 山 市	Tangshan	62	55	55	49	52	69
秦皇岛市	Qinhuangdao	65	59	62	60	67	84
邯 郸 市	Handan	67	46	55	54	50	51
邢 台 市	Xingtai	68	44	56	50	48	55
保 定 市	Baoding	63	51	55	53	60	63
张家口市	Zhangjiakou	50	45	45	31	30	53
承 德 市	Chengde	52	42	47	36	43	68
沧 州 市	Cangzhou	65	52	54	49	49	62
廊 坊 市	Langfang	54	39	51	44	45	62
衡 水 市	Hengshui	63	46	51	49	49	57
定 州 市	Dingzhou	58	37	52	44	51	59
辛 集 市	Xinji	63	44	52	48	49	53

8-13 续表 continued

单位：% (%)

城 市	City	7月 July	8月 Aug.	9月 Sept.	10月 Oct.	11月 Nov.	12月 Dec.	全年平均 Annual Average
石家庄市	Shijiazhuang	74	78	62	62	68	37	57
唐 山 市	Tangshan	81	82	69	67	71	44	63
秦皇岛市	Qinhuangdao	87	82	75	67	66	48	69
邯 郸 市	Handan	77	75	60	65	70	45	60
邢 台 市	Xingtai	83	82	60	61	67	35	59
保 定 市	Baoding	78	82	72	69	73	48	64
张家口市	Zhangjiakou	57	62	45	41	47	37	45
承 德 市	Chengde	68	68	53	51	54	39	52
沧 州 市	Cangzhou	74	74	61	62	69	49	60
廊 坊 市	Langfang	75	72	59	57	64	34	55
衡 水 市	Hengshui	76	77	64	62	71	43	59
定 州 市	Dingzhou	75	77	64	64	69	40	58
辛 集 市	Xinji	72	73	57	57	65	39	56

8-14 主要城市月降水量(2022年)
Monthly Precipitation by Major City (2022)

单位：毫米 (mm)

城 市	City	1月 Jan.	2月 Feb.	3月 Mar.	4月 Apr.	5月 May	6月 June
石家庄市	Shijiazhuang	4.5	0.9	0.8	10.7	27.5	39.8
唐 山 市	Tangshan	5.2	6.0	19.3	8.4	29.0	135.9
秦皇岛市	Qinhuangdao	7.6	3.1	21.2	3.7	37.2	61.7
邯 郸 市	Handan	4.9		24.0	10.2	13.9	110.6
邢 台 市	Xingtai	5.5		5.1	10.5	20.9	38.4
保 定 市	Baoding	2.4	8.7	7.9	6.1	37.1	107.3
张家口市	Zhangjiakou	2.4	5.6	26.7	10.4	4.2	144.7
承 德 市	Chengde	2.5	3.0	20.0	1.3	23.2	77.2
沧 州 市	Cangzhou	4.6	6.9	17.1	4.8	9.4	131.7
廊 坊 市	Langfang	5.5	4.2	12.2	3.6	7.8	85.9
衡 水 市	Hengshui	3.5	0.3	13.5	4.5	19.1	106.5
定 州 市	Dingzhou	2.2	8.7	7.1	7.9	28.9	123.4
辛 集 市	Xinji	2.8	1.3	6.7	10.5	23.5	72.6

8-14 续表 continued

单位：毫米 (mm)

城 市	City	7月 July	8月 Aug.	9月 Sept.	10月 Oct.	11月 Nov.	12月 Dec.	全年累计 Annual Total
石家庄市	Shijiazhuang	153.4	127.6	4.7	58.4	17.5		445.8
唐 山 市	Tangshan	215.4	282.5	2.9	32.6	41.5		778.7
秦皇岛市	Qinhuangdao	296.5	320.1	10.8	4.6	53.1	0.5	820.1
邯 郸 市	Handan	142.9	72.9	0.1	154.2	8.7		542.4
邢 台 市	Xingtai	190.0	142.0	0.4	117.7	4.8		535.3
保 定 市	Baoding	215.2	199.2	0.1	31.0	44.7		659.7
张家口市	Zhangjiakou	41.7	101.8	10.4	1.4	15.6		364.9
承 德 市	Chengde	86.5	84.5	6.7	9.0	28.0		341.9
沧 州 市	Cangzhou	127.2	222.6		46.1	22.9		593.3
廊 坊 市	Langfang	232.6	145.1	3.5	19.7	44.1		564.2
衡 水 市	Hengshui	255.6	73.9	15.3	77.7	17.6		587.5
定 州 市	Dingzhou	213.9	89.9	0.2	57.8	36.7		576.7
辛 集 市	Xinji	243.4	63.8	1.4	79.4	16.3		521.7

8-15 主要城市月平均气温(2022年)

Monthly Average Temperature by Major City (2022)

单位：摄氏度 (℃)

城市	City	1月 Jan.	2月 Feb.	3月 Mar.	4月 Apr.	5月 May.	6月 June
石家庄市	Shijiazhuang	-0.6	1.3	9.9	17.1	21.9	28.2
唐 山 市	Tangshan	-4.1	-3.5	5.9	15.0	20.3	24.4
秦皇岛市	Qinhuangdao	-5.2	-4.5	4.2	12.1	17.2	21.3
邯 郸 市	Handan	0.3	2.7	10.9	17.4	22.0	29.1
邢 台 市	Xingtai	-0.7	1.5	10.0	17.2	21.9	28.2
保 定 市	Baoding	-3.0	-2.0	7.8	15.5	19.6	26.2
张家口市	Zhangjiakou	-7.6	-7.5	3.2	12.3	17.5	22.5
承 德 市	Chengde	-7.6	-6.1	3.7	13.3	17.8	22.0
沧 州 市	Cangzhou	-2.3	-0.9	8.3	16.6	21.6	26.5
廊 坊 市	Langfang	-1.9	-0.6	7.7	16.5	21.8	26.0
衡 水 市	Hengshui	-0.6	1.1	9.8	17.1	21.8	27.8
定 州 市	Dingzhou	-2.1	-0.7	8.2	16.4	21.1	26.8
辛 集 市	Xinji	-0.9	1.1	9.7	17.4	21.8	28.3

8-15 续表 continued

单位：摄氏度 (℃)

城市	City	7月 July	8月 Aug.	9月 Sept.	10月 Oct.	11月 Nov.	12月 Dec.	全年平均 Annual Average
石家庄市	Shijiazhuang	27.4	26.1	23.2	14.5	8.4	-0.8	14.7
唐 山 市	Tangshan	26.8	25.0	21.3	12.5	6.2	-5.6	12.0
秦皇岛市	Qinhuangdao	25.4	24.5	20.5	12.1	6.2	-5.4	10.7
邯 郸 市	Handan	26.9	26.9	23.5	14.6	9.4	-0.4	15.3
邢 台 市	Xingtai	26.4	25.6	22.9	14.6	8.9	-0.2	14.7
保 定 市	Baoding	26.8	25.1	21.2	12.5	6.5	-4.4	12.7
张家口市	Zhangjiakou	24.4	22.6	18.4	9.0	1.2	-9.6	8.9
承 德 市	Chengde	25.1	23.5	19.8	10.0	2.2	-9.1	9.6
沧 州 市	Cangzhou	27.7	26.6	22.8	13.9	8.0	-3.8	13.8
廊 坊 市	Langfang	27.5	26.0	22.7	13.5	7.0	-3.0	13.6
衡 水 市	Hengshui	27.5	26.7	23.2	14.5	9.1	-1.2	14.7
定 州 市	Dingzhou	27.1	25.6	22.4	13.3	7.0	-2.8	13.5
辛 集 市	Xinji	27.7	26.7	23.7	14.9	8.5	-1.5	14.8

8-16 气候异常事件(2022年)
Climate Anomaly Events (2022)

名 称 Name	事件描述 The Description of the Event
2月12~15日中北部出现强降雪和降温	2月12~15日，受低涡和切变线共同影响，全省中北部出现降雪降温天气。全省平均累积降雪量3.4毫米，涉及117个县（市、区）。过程最大降雪量10.6毫米（暴雪），出现在任丘。文安（10厘米）、涿州（9厘米）、丰南（9厘米）等14个县（市、区）最大积雪深度突破历史同期（2月中旬）极大值。伴随降雪，中北部44个县（市、区）降温达到寒潮等级，16个县（市、区）降温达到特强寒潮等级，过程最低气温为-35.0℃，出现在康保。北京冬奥会崇礼赛区降雪量9.1毫米，最低气温-22.8℃，受降雪低温天气影响，5项赛事被迫调整赛时。
3月4日出现范围最广的大风沙尘	3月4日，出现全年范围最广的大风沙尘天气，全省有83个县（市、区）监测到大风，影响范围为2013年以来3月第二广，全省最大风速为27.4m/s，出现在丰宁，赞皇（26.6 m/s）、内丘（25.4 m/s）和邢台（24.6 m/s）等15个县（市、区）极大风速突破历史同期（3月）最大值，迁安（22.7 m/s）突破本站有气象观测记录以来历史极值。伴随大风天气全省有87个县（市、区）出现沙尘，涉及11个地市和雄安新区，单日沙尘影响范围为2007年以来3月上旬最广。
5月6~12日持续低温阴雨寡照	受多股冷空气影响，5月6~12日全省出现持续低温阴雨寡照天气。全省平均气温12.9℃，较常年同期偏低5.8℃，为历史同期最低，111个县（市、区）平均气温为历史同期最低；期间，全省平均累积降水量17.6毫米，较常年同期偏多76.7%，为2016年以来同期第二多；中部和南部30个县（市、区）出现持续阴雨寡照天气，盐山、海兴和孟村连续6天出现阴雨天气。全省平均日照时数仅19.3小时，为历史同期最少，保定中南部、石家庄大部、沧州大部、衡水西北部、邢台西北部等地日照时数不足10小时，赞皇最少，仅2.0小时。
5月末出现大范围干热风天气	5月26~28日，全省有114个县（市、区）出现干热风，其中30个县（市、区）达到重度干热风等级。27日，92个县（市、区）出现干热风，单日影响范围为2015年以来同期（5月）最广。全省有48个县（市、区）出现≥35℃高温天气，52个县（市、区）平均最高气温突破5月下旬历史同期最大值。
6月16~26日持续性极端高温	6月16~26日，受暖性高压脊控制，全省出现大范围、持续性极端高温天气过程（≥35℃），涉及全省127个县（市、区），其中有41个县（市、区）连续11天出现高温，30个县（市、区）最长连续高温日数达到历史最大值。期间全省平均气温(28.5℃)和平均最高气温(35.3℃)均刷新历史同期最高记录。6月25日是本次高温过程强度最强的一天，当日冀中南地区有90个县（市、区）最高气温超过40℃，40℃以上高温影响范围为历史第一，石家庄灵寿（44.2℃）、藁城（44.1℃）、正定（44℃）等23个县（市、区）日最高气温刷新本站历史记录。
6月中旬至7月上旬强对流天气多发	6月中旬至7月上旬，全省短时强降水、大风、冰雹等强对流天气多发，呈现点多、面广、分散性强的特点。6月11日-7月10日全省短时强降水（小时降水≥20mm）发生178站次，比近十年同期偏多1.3倍，为近十年以来最多，孟村（110.7毫米）、崇礼（61.0毫米）最大小时雨强破本站历史极值。大风（瞬时风速≥17m/s）累计出现191站次，较常年偏多54.8%，为2006年以来第二多，容城（32.8m/s）、徐水（27.8m/s）、满城（27.5m/s）等6地极大风速破本站历史记录。累计发生冰雹24站次，较常年偏少26.4%。
8月6~10日出现极端强降水	8月6~10日河北省出现持续性大范围降水过程，降水呈雨量大、分布广、局地雨强极端性强等特点。期间全省平均累积降水量50.2毫米，邢台任泽区过程累积降水量（318毫米）超过该站历史上8月总降水量最大值。22个县（市、区）达到暴雨及以上级别，8个县（市、区）达到大暴雨及以上级别，任泽达到特大暴雨；8月8日，巨鹿（201.3毫米）和任泽区（298.7毫米）日最大降水量突破本站历史记录，任泽小时最大雨强（133.4毫米）破河北省国家级气象站小时雨强最大观测记录。
张承地区出现夏秋连旱	受气温偏高、降水偏少影响，张承地区自7月中旬至11月中旬（7月11日~11月11日，下同）出现夏秋连旱。期间，张承地区平均降水量为157.5毫米，较常年（262.4毫米）偏少40%，为历史同期最少，平均干旱日数为95.7天，较常年同期（44.7天）偏多1.1倍， 10个县（市、区）干旱日数超过了100天，其中张北（124天）、丰宁（124天）、滦平（124天）、承德（124天）、兴隆（121天）5个县（市、区）最长连续干旱日数突破历史同期最大值。11月9~11日降水过程后，张承地区旱情基本解除。
11月中旬出现两次大范围持续性大雾天气	11月中旬全省出现两次大范围持续性大雾天气，分别为11月9~12日和11月17~21日。11月9~12日全省118个县（市、区）出现大雾，曹妃甸、隆化、蠡县等17个县（市、区）最小能见度不足100米，其中任县最小能见度为48米，全省最低。11月17~21日全省共有118个县（市、区）出现大雾天气，11月20日当天全省共112个县（市、区）出现大雾，单日影响范围是近20年来历史同期（11月）最大，中南部104个县（市、区）最小能见度不足100米，其中31个县（市、区）最小能见度不足50米，新乐最小能见度19米，全省最低。受大雾天气影响，多地高速路段采取了限行、分流等措施应对危险状况，多列次铁路、航班调整运行时间。
11月29日~12月1日出现年内最强寒潮	11月29日~12月1日，受冷空气影响，全省出现2022年最强寒潮天气过程。期间全省有126个县（市、区）降温幅度达到寒潮等级，其中58个县（市、区）达到特强寒潮等级。11月30日降温幅度最大，青龙最低气温48小时降幅达18.8℃，为全省最大。迁西（18.6℃）、玉田（18.0℃）、承德县（17.9℃）等6个县（市、区）最低气温48小时降幅突破历史极值，固安（-14.4℃）、沧州（-13.7℃）、霸州（-13.7℃）、青县（-12.8℃）和永清（-12.7℃）5个县（市、区）的日最低气温突破11月历史极值。

8-17 环境保护基本情况
Basic Information of Environmental Protection

项 目	Item	2020	2021	2022
水环境质量	**Water Environmental Quality**			
国考断面达到或优于Ⅲ类断面比例(%)	Proportion of Water Body Sections in National Assessment is up to or Better than Class III (%)	66.2	74.6	84.4
国考断面劣Ⅴ类水体(%)	National Assessment of Water Section Inferior to Class V (%)			
空气质量	**Air Quality**			
$PM_{2.5}$平均浓度(微克/立方米)	Annual Average Concentration of $PM_{2.5}$(μg/m³)	44.8	38.8	36.8
优良天数比率(%)	Good Days Ratio (%)	69.9	73.8	74.0
重污染天数(天)	Heavy Contamination Days (day)	11.0	9.0	4.0
主要污染物排放总量	**Total Emissions of Major Pollutants**			
化学需氧量(吨)	Chemical Oxygen Demand (ton)	1274153.2	1535327.3	1527760.9
氨氮(吨)	Ammonia Nitrogen (ton)	32243.1	37074.2	33102.0
二氧化硫(吨)	SO2 (ton)	161749.2	170653.6	146246.4
氮氧化物(吨)	Nitrogen Oxide (ton)	769716.0	822429.2	754485.0
二氧化碳减排(五年规划期累计)	**Carbon Dioxide Emission Reduction (cumulative over five-year planning period)**			
单位GDP二氧化碳排放减少(%)	Reduction in Carbon Dioxide Emissions per Unit of GDP (%)	25.4		

8-18 分市环境保护基本情况(2022年)
Basic Information of Environmental Protection by City (2022)

市	City	水环境质量(%) Water Environmental Quality (%)		空气质量 Air Quality			主要污染物排放总量 Total Emissions of Major Pollutants			
		国考断面达到或优于Ⅲ类断面比例 Proportion of Water Body Sections in National Assessment is up to or Better than Class III	国考断面劣Ⅴ类水体 National Assessment of Water Section Inferior to Class V	$PM_{2.5}$平均浓度(微克/立方米) Annual Average Concentration of $PM_{2.5}$ ($\mu g/m^3$)	优良天数比率(%) Good Days Ratio (%)	重污染天数(天) Heavy Contamination Days (day)	化学需氧量(吨) Chemical Oxygen Demand (ton)	氨氮(吨) Ammonia Nitrogen (ton)	二氧化硫(吨) SO_2 (ton)	氮氧化物(吨) Nitrogen Oxide (ton)
石家庄市	Shijiazhuang	66.7		46	64.1	7	31872.1	917.1	9142.6	104517.1
唐山市	Tangshan	75.0		37	75.3	3	43800.6	6002.8	53980.7	181242.5
秦皇岛市	Qinhuangdao	100.0		28	84.7		8680.8	205.6	6992.6	26741.3
邯郸市	Handan	100.0		51	63.8	13	22450.8	632.5	32208.0	98461.5
邢台市	Xingtai	80.0		48	60.5	14	44633.1	1089.5	4126.6	53770.4
保定市	Baoding	100.0		43	66.6	10	90241.1	7171.2	4559.8	70087.3
张家口市	Zhangjiakou	91.7		17	91.2	1	9510.4	202.7	5825.9	40471.0
承德市	Chengde	100.0		26	89.3		10281.5	242.5	16674.9	36362.0
沧州市	Cangzhou	50.0		39	74.2	8	21347.3	480.9	5512.9	89029.4
廊坊市	Langfang	66.7		36	72.6	3	16030.5	505.6	2815.6	21220.2
衡水市	Hengshui	85.7		43	64.9	10	11530.4	206.1	1992.0	26809.9
定州市	Dingzhou	100.0		41	69.9	8	8466.8	340.2	814.3	1959.6
辛集市	Xinji	100.0		39	69.0	10	2159.3	37.6	1600.5	3812.7

8-19 主要污染物排放及处理利用情况
Main Pollutant Emission and Disposal and Utilization

指　标	Item	2020	2021	2022
废水中主要污染物排放情况	**Main Pollutant Emission in Waste Water**			
废水排放总量(万吨)	Total Waste Water Discharged (10000 tons)	134261.68	166796.53	146540.58
化学需氧量(吨)	COD (ton)	1274153.20	1535327.29	1527760.85
氨氮(吨)	Ammonia Nitrogen (ton)	32243.14	37074.25	33102.04
总氮(吨)	Total Nitrogen (ton)	114519.80	133342.21	126794.49
总磷(吨)	Total Phosphorus (ton)	11157.97	14573.05	14690.81
石油类(吨)	Petroleum (ton)	133.51	160.67	109.98
挥发酚(千克)	Volatile Phenol (kg)	4977.05	5032.90	5174.56
废水中主要污染物排放情况(千克)	**Main Pollutant Emission in Waste Water (kg)**			
铅	Plumbum	70.39	181.95	40.21
汞	Mercury	5.67	6.78	5.87
镉	Cadmium	2.27	13.93	1.15
六价铬	Hexavalent Chromium	70.22	114.35	122.82
总铬	Total Chromium	670.17	570.39	580.70
砷	Arsenic	65.06	98.37	43.97
主要城市废水中主要污染物排放情况	**Main Pollutant Emission in Waste Water in Main Cities**			
工业废水排放量(万吨)	Industrial Waste Water Discharged (10000 tons)	29851.54	30666.02	29132.64
工业化学需氧量排放量(吨)	Industrial COD Emission (ton)	26174.25	13990.10	10377.22
工业氨氮排放量(吨)	Industrial Ammonia Nitrogen (ton)	837.77	684.28	418.45
城镇生活污水排放量(万吨)	Urban Living Waste Water Discharged (10000 tons)	104243.69	135965.84	117132.93
生活化学需氧量排放量(吨)	Living COD Emission (ton)	359980.65	374171.00	310520.72
生活氨氮排放量(吨)	Living Ammonia Nitrogen (ton)	16996.89	22071.48	17609.76
废气中主要污染物排放情况(吨)	**Main Pollutant Emission in Waste Gas (ton)**			
二氧化硫	Sulphur Dioxide	161749.16	170653.65	146246.40
氮氧化物	Nitrogen Oxides	769716.02	822429.16	754484.97
烟(粉)尘	Smoke and Dust	370746.09	349818.98	236523.65
主要城市废气中主要污染物排放情况(吨)	**Main Pollutant Emission in Waste Gas in Main Cities (ton)**			
工业二氧化硫排放量	Volume of Industrial Sulphur Dioxide Emission	122788.94	127399.42	124401.89
工业氮氧化物排放量	Volume of Industrial Nitrogen Oxides Emission	301107.40	257298.96	242541.11
工业烟(粉)尘排放量	Volume of Industrial Smoke and Dust Emission	168175.84	128098.37	123246.24
生活二氧化硫排放量	Volume of Sulphur Dioxide Emission by Consumption	38782.59	43067.14	21712.69
生活氮氧化物排放量	Volume of Nitrogen Oxides Emission by Consumption	30859.15	38065.42	25192.79
生活烟尘排放量	Volume of Consumption Soot Emission	194765.17	216621.65	109748.66
危险废物处理利用情况(吨)	**Disposal and Utilization of Hazardous Wastes (ton)**			
危险废物产生量	Hazardous Wastes Produced	3574632.91	4809004.93	5986366.90
危险废物自行利用处置量	Self-use Disposal of Hazardous Wastes	2973367.11	3276919.94	3017371.31
危险废物委外利用处置量	Disposal of Hazardous Wastes Outside of Commission	1116897.84	1942121.75	2999238.24
危险废物贮存量	Stock of Hazardous Wastes	157966.09	156578.77	134440.22

8-20 分市危险废物处理利用情况(2022年)
Disposal and Utilization of Hazardous Wastes by City (2022)

单位：吨 (ton)

市	City	危险废物产生量 Hazardous Wastes Produced	危险废物自行利用处置量 Hazardous Wastes (self-use)	危险废物委外利用处置量 Hazardous Wastes (outsourced)	危险废物贮存量 Stock of Hazardous Wastes
全　省	**Total**	**5986366.90**	**3017371.31**	**2999238.24**	**134440.22**
石家庄市	Shijiazhuang	266661.48	5300.40	264684.29	4821.45
唐 山 市	Tangshan	2414768.40	1418802.77	1018696.44	35879.86
秦皇岛市	Qinhuangdao	136881.31	45227.26	94594.93	11896.41
邯 郸 市	Handan	947420.39	457185.68	480921.05	28421.42
邢 台 市	Xingtai	174931.51	48719.63	136894.37	6058.62
保 定 市	Baoding	133828.80	1866.39	138009.02	4545.44
张家口市	Zhangjiakou	72919.80	3362.38	69263.04	785.79
承 德 市	Chengde	72103.80	18003.79	54230.50	329.07
沧 州 市	Cangzhou	438342.86	61234.23	374137.89	8771.93
廊 坊 市	Langfang	853659.95	732903.64	122898.31	22890.17
衡 水 市	Hengshui	160541.31	77180.67	80169.71	6823.99
定 州 市	Dingzhou	208134.44	63378.64	143596.68	1466.49
辛 集 市	Xinji	105271.73	84205.83	20292.28	1618.49

8-21 城市空气质量情况(2022年)
Ambient Air Quality in Cites of Environmental Protection (2022)

市	City	二氧化硫年平均浓度 (μg/m^3) Annual Average Concentration of SO_2 (μg/m^3)	二氧化氮年平均浓度 (μg/m^3) Annual Average Concentration of NO_2 (μg/m^3)	可吸入颗粒物(PM_{10})年平均浓度 (μg/m^3) Annual Average Concentration of PM_{10} (μg/m^3)	一氧化碳日均值第95百分位浓度 (mg/m^3) 95th Percentile Daily Average Concentration of CO (mg/m^3)	臭氧(O_3)日最大8小时第90百分位浓度 (μg/m^3) 90th Percentile Daily Maximum 8 Hours Average Concentration of O_3 (μg/m^3)	细颗粒物($PM_{2.5}$)年平均浓度 (μg/m^3) Annual Average Concentration of $PM_{2.5}$ (μg/m^3)	空气质量达到及好于二级的天数 (天) Days of Air Quality Equal to or Above Grade Ⅱ (day)
石家庄市	Shijiazhuang	8	33	81	1.3	189	46	234
唐 山 市	Tangshan	8	32	67	1.5	182	37	275
秦皇岛市	Qinhuangdao	9	28	54	1.1	165	28	309
邯 郸 市	Handan	10	26	83	1.3	178	51	233
邢 台 市	Xingtai	8	29	82	1.5	186	48	221
保 定 市	Baoding	8	35	79	1.2	183	43	243
张家口市	Zhangjiakou	5	14	36	0.7	151	17	333
承 德 市	Chengde	8	25	47	1.2	150	26	326
沧 州 市	Cangzhou	9	30	67	1.1	170	39	271
廊 坊 市	Langfang	7	33	66	1.0	183	36	265
衡 水 市	Hengshui	11	26	76	1.0	177	43	237
定 州 市	Dingzhou	13	33	79	1.3	177	41	255
辛 集 市	Xinji	10	28	74	1.4	181	39	252

8-22 城市道路交通噪声监测情况
Monitoring of Urban Road Traffic Noise

市	City	等效声级dB(A) Average Noise Level dB(A)							
		2015	2016	2017	2018	2019	2020	2021	2022
全　省	**Total**	**66.6**	**66.9**	**66.4**	**67.1**	**66.2**	**66.2**	**65.5**	**64.5**
石家庄市	Shijiazhuang	66.8	66.8	67.3	67.2	66.9	67.3	68.0	66.5
唐 山 市	Tangshan	65.2	65.2	65.3	69.2	69.3	68.7	67.7	65.3
秦皇岛市	Qinhuangdao	65.6	66.7	67.1	64.1	64.3	64.9	64.0	63.6
邯 郸 市	Handan	68.3	68.6	68.2	67.1	66.8	66.3	62.9	63.5
邢 台 市	Xingtai	65.2	65.6	66.2	66.7	65.5	66.3	63.9	63.5
保 定 市	Baoding	70.3	72.3	69.0	69.1	69.3	68.2	65.9	65.9
张家口市	Zhangjiakou	66.0	65.8	65.8	66.1	64.3	65.1	68.8	67.2
承 德 市	Chengde	66.2	67.2	67.3	69.8	66.4	66.2	67.0	65.2
沧 州 市	Cangzhou	67.3	68.0	65.3	65.3	63.1	64.0	62.5	62.9
廊 坊 市	Langfang	68.7	69.1	68.7	67.4	66.9	65.2	63.6	61.7
衡 水 市	Hengshui	62.7	60.1	60.5	66.1	65.7	65.8	66.3	64.5

8-23 城市区域环境噪声监测情况
Monitoring of Urban Environment Noise

市	City	等效声级dB(A) Average Noise Level dB(A)							
		2015	2016	2017	2018	2019	2020	2021	2022
全　省	**Total**	**54.0**	**54.4**	**54.8**	**55.0**	**54.6**	**54.2**	**54.3**	**53.2**
石家庄市	Shijiazhuang	50.8	54.4	54.4	56.0	54.9	53.7	52.2	52.6
唐 山 市	Tangshan	52.2	52.1	51.9	51.7	54.0	54.2	57.7	55.1
秦皇岛市	Qinhuangdao	55.5	55.5	53.8	51.5	53.7	51.5	53.5	52.7
邯 郸 市	Handan	53.6	53.3	53.1	54.3	54.9	52.7	56.6	51.7
邢 台 市	Xingtai	53.3	53.7	53.8	54.3	54.3	54.6	53.6	54.9
保 定 市	Baoding	56.9	58.3	61.9	60.4	59.9	58.1	57.2	54.7
张家口市	Zhangjiakou	51.5	51.8	52.0	52.4	52.9	53.8	56.1	54.4
承 德 市	Chengde	62.7	60.0	62.3	65.5	55.6	57.5	51.3	51.3
沧 州 市	Cangzhou	48.9	49.9	50.0	49.7	51.9	51.7	52.8	53.4
廊 坊 市	Langfang	54.1	54.2	54.4	54.5	54.1	53.7	52.0	51.1
衡 水 市	Hengshui	54.8	54.8	54.7	54.4	54.9	54.9	54.2	53.4

主要统计指标解释

能源生产总量　指一定时期内，全国一次能源生产量的总和。该指标是观察全国能源生产水平、规模、构成和发展速度的总量指标。一次能源生产量包括原煤、原油、天然气、水电、核能及其他动力能(如风能、地热能等)发电量，不包括低热值燃料生产量、太阳热能等的利用和由一次能源加工转换而成的二次能源产量。

能源消费总量　指一定地域内，国民经济各行业和居民家庭在一定时期内消费的各种能源的总和。包括：原煤、原油、天然气、水能、核能、风能、太阳能、地热能、生物质能等一次能源；一次能源通过加工转换产生的洗煤、焦炭、煤气、电力、热力、成品油等二次能源和同时产生的其他产品；其他化石能源、可再生能源和新能源。其中水能、风能、太阳能、地热能、生物质能等可再生能源，是指人们通过一定技术手段获得的，并作为商品能源使用的部分。在核算过程中，一次能源、二次能源消费不能重复计算。能源消费总量分为终端能源消费量、能源加工转换损失量和能源损失量三部分。

(1)终端能源消费量：指一定时期内，全国生产和生活消费的各种能源在扣除了用于加工转换二次能源消费量和损失量以后的数量。

(2)能源加工转换损失量：指一定时期内，全国投入加工转换的各种能源数量之和与产出各种能源产品之和的差额。该指标是观察能源在加工转换过程中损失量变化的指标。

(3)能源损失量：指一定时期内，能源在输送、分配、储存过程中发生的损失和由客观原因造成的各种损失量，不包括各种气体能源放空、放散量。

能源生产弹性系数　是研究能源生产增长速度与国民经济增长速度之间关系的指标。计算公式：

$$\text{能源生产弹性系数}=\frac{\text{能源生产量平均增长速度}}{\text{国民经济年平均增长速度}}$$

国民经济年平均增长速度，可根据不同的目的或需要，用国民生产总值、国内生产总值等指标来计算，本年鉴是采用国内生产总值指标计算的。

电力生产弹性系数　是研究电力生产增长速度与国民经济增长速度之间关系的指标。一般来说，电力的发展应当快于国民经济的发展，也就是说电力应超前发展。计算公式为：

$$\text{电力生产弹性系数}=\frac{\text{电力生产量年平均增长速度}}{\text{国民经济年平均增长速度}}$$

能源消费弹性系数　反映能源消费增长速度与国民经济增长速度之间比例关系的指标。计算公式为：

$$\text{能源消费弹性系数}=\frac{\text{能源消费量年平均增长速度}}{\text{国民经济年平均增长速度}}$$

电力消费弹性系数　反映电力消费增长速度与国民经济增长速度之间比例关系的指标。计算公式为：

$$\text{电力消费弹性系数}=\frac{\text{电力消费量年平均增长速度}}{\text{国民经济年平均增长速度}}$$

能源加工转换效率　指一定时期内，能源经过加工、转换后，产出的各种能源产品的数量与同期内投入加工转换的各种能源数量的比率。该指标是观察能源加工转换装置和生产工艺先进与落后、管理水平高低等的重要指标。计算公式为：

$$\text{能源加工转换效率}=\frac{\text{能源加工转换产出量}}{\text{能源加工转换投入量}}\times 100\%$$

单位国内生产总值能耗　指一定时期内，一个国家或地区每生产一个单位的国内生产总值所消费的能源。计算公式为：

$$\text{单位国内生产总值能耗}=\frac{\text{能源消费总量}}{\text{国内生产总值}}$$

单位国内生产总值电耗　指一定时期内，一个国家或地区每生产一个单位的国内生产总值所消费的电力。计算公式为：

$$\text{单位国内生产总值电耗}=\frac{\text{全社会用电量}}{\text{国内生产总值}}$$

平均气温　气温指空气的温度，我国一般以摄氏度为单位表示。气象观测的温度表是放在离地面约 1.5 米处通风良好的百叶箱里测量的，因此，通常说的气温指的是离地面 1.5 米处百叶箱中的温度。计算方法：月平均气温是将全月各日的平均气温相加，除以该月的天数而得。年平均气温是将 12 个月的月平均气温累加后除以 12 而得。

降水量　指从天空降落到地面的液态或固态(经融化后)水，未经蒸发、渗透、流失而在地面上积聚的深度。计算方法：月降水量是将全月各日的降水量累加而得。年降水量是将 12 个月的月降水量累加而得。

一般工业固体废物产生量　指未被列入《国家危险废物名录》或者根据国家规定的危险废物鉴别标准（GB5085）、固体废物浸出毒性浸出方法（GB5086）及固体废物浸出毒性测定方法（GB／T 15555）鉴别方法判定不具有危险特性的工业固体废物。计算公式是：

一般工业固体废物产生量=（一般工业固体废物综合利用量－其中：综合利用往年贮存量）+一般工业固体废物贮存量+（一般工业固体废物处置量－其中：处置往年贮存量）+一般工业固体废物倾倒丢弃量

一般工业固体废物综合利用量　指报告期内企业通过回收、加工、循环、交换等方式，从固体废物中提取或者使其转化为可以利用的资源、能源和其他原材料的固体废物量

（包括当年利用的往年工业固体废物累计贮存量）。如用作农业肥料、生产建筑材料、筑路等。综合利用量由原产生固体废物的单位统计。

一般工业固体废物处置量 指报告期内企业将工业固体废物焚烧和用其他改变工业固体废物的物理、化学、生物特性的方法，达到减少或者消除其危险成分的活动，或者将工业固体废物最终置于符合环境保护规定要求的填埋场的活动中，所消纳固体废物的量。

一般工业固体废物贮存量 指报告期内企业以综合利用或处置为目的，将固体废物暂时贮存或堆存在专设的贮存设施或专设的集中堆存场所内的量。专设的固体废物贮存场所或贮存设施必须有防扩散、防流失、防渗漏、防止污染大气、水体的措施。

一般工业固体废物倾倒丢弃量 指报告期内企业将所产生的固体废物倾倒或者丢弃到固体废物污染防治设施、场所以外的量。

危险废物产生量 指当年全年调查对象实际产生的危险废物的量。危险废物指列入国家危险废物名录或者根据国家规定的危险废物鉴别标准和鉴别方法认定的，具有爆炸性、易燃性、易氧化性、毒性、腐蚀性、易传染性疾病等危险特性之一的废物。按《国家危险废物名录》（环境保护部、国家发展和改革委员会 2008 部令第 1 号）填报。

危险废物综合利用量 指当年全年调查对象从危险废物中提取物质作为原材料或者燃料的活动中消纳危险废物的量。包括本单位利用或委托、提供给外单位利用的量。

危险废物处置量 指报告期内企业将危险废物焚烧和用其他改变工业固体废物的物理、化学、生物特性的方法，达到减少或者消除其危险成分的活动，或者将危险废物最终置于符合环境保护规定要求的填埋场的活动中，所消纳危险废物的量。处置量包括处置本单位或委托给外单位处置的量。

危险废物贮存量 指将危险废物以一定包装方式暂时存放在专设的贮存设施内的量。专设的贮存设施指对危险废物的包装、选址、设计、安全防护、监测和关闭等符合《危险废物贮存污染控制标准》（GB18597-2001）等相关环保法律法规要求，具有防扩散、防流失、防渗漏、防止污染大气和水体措施的设施。

Explanatory Notes on Main Statistical Indicators

Total Energy Production refers to the total production of primary energy by all energy producing enterprises in the country in a given period of time. It is a comprehensive indicator to show the level, scale, composition and pace of development of energy production of the country. The production of primary energy includes that of coal, crude oil, natural gas, hydro-power and electricity generated by nuclear energy and other means such as wind power and geothermal power. However, it does not include the production of fuels of low calorific value, solar thermal and secondary energy converted from primary energy.

Total Energy Consumption refers to the total consumption of energy of various kinds by the production sectors of the economy and the households in a given period of time. It includes the primary kinds of energy such as coal, crude oil, natural gas, hydro-power, nuclear power, wind power, solar power, geothermal power and bio-energy; the secondary kinds of energy and their products which are transformed from the primary energy such as washed coal, coke, coal gas, electricity, heating, and petroleum products; and other kinds of fossil energy, renewable energy and new energy. The renewable energy, including hydro-power, wind power, solar power, geothermal power and bio-energy, refers to the part attained with some given technical means and used for commercial purposes. Total energy consumption can be divided into three parts: end-use energy consumption; loss during the process of energy conversion; and energy loss.

(1) End-use Energy Consumption: It refers to the total energy consumption by the production sectors and the households in the country (region) in a given period of time. It does not include the consumption during the conversion of primary energy into secondary energy and the loss in the process of energy conversion.

(2) Loss During the Process of Energy Conversion: It refers to the total input of various kinds of energy for conversion, minus the total output of various kinds of energy in the country in a given period of time. It is an indicator to show the loss that occurs during the process of energy conversion.

(3) Energy Loss: It refers to the total of the loss of energy during the course of energy transport, distribution and storage and the loss caused by any objective reason in a given period of time. The loss of various kinds of gas due to gas discharges and stocktaking is not included.

Elasticity Ratio of Energy Production is an indicator to show the relationship between the growth rate of energy production and the growth rate of the national economy. The formula is:

$$\text{Elasticity Ratio of Energy Production} = \frac{\text{Average Annual Growth Rate of Energy Production}}{\text{Average Annual Growth Rate of National Economy}}$$

The average annual growth rate of the national economy can be measured by indicators such as the Gross National Product and the Gross Domestic Product, depending on the purposes or needs. The Gross Domestic Product has been used in the calculation of the ratio in this Yearbook.

Elasticity Ratio of Electricity Production is an indicator to show the relationship between the growth rate of electricity production and the growth rate of the national economy. Generally speaking, the growth rate of electricity production should be higher than that of the national economy.

Its formula is:

$$\text{Elasticity Ratio of Electricity Production} = \frac{\text{Average Annual Growth Rate of Electricity Production}}{\text{Average Annual Growth Rate of National Economy}}$$

Elasticity Ratio of Energy Consumption is an indicator to show the relationship between the growth rate of energy consumption and the growth rate of the national economy. The formula is:

$$\text{Elasticity Ratio of Energy Consumption} = \frac{\text{Average Annual Growth Rate of Energy Consumption}}{\text{Average Annual Growth Rate of National Economy}}$$

Elasticity Ratio of Electricity Consumption is an indicator to show the relationship between the growth rate of electricity consumption and the growth rate of the national economy. The formula is:

$$\text{Elasticity Ratio of Electricity Consumption} = \frac{\text{Average Annual Growth Rate of Electricity Consumption}}{\text{Average Annual Growth Rate of National Economy}}$$

Efficiency of Energy Processing and Conversion refers to the ratio of the total output of energy products of various kinds after processing and conversion to the total input of energy of various kinds for processing and conversion in the same reference period. It is an important indicator to show the current conditions of energy processing and conversion equipment, production technique and management. The formula is:

$$\text{Efficiency of Energy Processing \& Conversion} = \frac{\text{Output of Energy after Processing \& Conversion}}{\text{Input of Energy for Processing \& Conversion}} \times 100\%$$

Energy Consumption per Unit of GDP refers to the energy consumption per unit of Gross Domestic Product in a country or the Gross Regional Product in a region in the same reference period. The formula is:

$$\text{Energy Consumption per Unit of GDP} = \frac{\text{Total Energy Consumption}}{\text{Gross Domestic Product}}$$

Electricity Consumption per Unit of GDP refers to the electricity consumption per unit of Gross Domestic Product in a country or the Gross Regional Product in a region in the same reference period. The formula is:

$$\text{Electricity Consumption per Unit of GDP} = \frac{\text{Total Electricity Consumption}}{\text{Gross Domestic Product}}$$

Average Temperature refers to the air temperature. China uses centigrade as the unit. The thermometry used for weather observation is put in a breezy shutter, which is 1.5 meters high from the ground. Therefore, the commonly used temperature refers to the temperature in the breezy shutter 1.5 meters away from the ground. The calculation method is as follows:

Monthly average temperature is the summation of average daily temperature of one month divided by the actual days of that particular month.

Annual average temperature is the summation of monthly average of a year divided by 12 months.

Volume of Precipitation refers to the deepness of liquid state or solid state (thawed) water falling from the sky to the ground that has not been evaporated, infiltrated or run off. The calculation method is as follows:

Monthly precipitation is the summation of daily precipitation of a month.

Annual precipitation is the summation of 12 months precipitation of a year.

Common Industrial Solid Wastes Produced refers to the industrial solid wastes that are not listed in the *National Catalogue of Hazardous Wastes*, or not regarded as hazardous according to the national hazardous waste identification standards (GB5085), solid waste-Extraction procedure for leaching toxicity (GB5086) and solid waste-Extraction procedure for leaching toxicity (GB/T 15555). The calculation formula is as followed:

Common Industrial Solid Wastes Produced = (common industrial solid wastes utilized – the proportion of utilized stock of previous years) + common industrial solid waste stock + (common industrial solid wastes disposed – the proportion of disposed stock of previous years) + common industrial solid wastes discharged.

Common Industrial Solid Wastes Comprehensively Utilized refers to volume of solid wastes from which useful materials can be extracted or which can be converted into usable resources, energy or other materials by means of reclamation, processing, recycling and exchange (including utilizing in the year the stocks of industrial solid wastes of the previous year) during the report period, e.g. being used as agricultural fertilizers, building materials or as material for paving road. Examples of such utilizations include fertilizers, building materials and road materials. The information shall be collected by the producing units of the wastes.

Common Industrial Solid Wastes Disposed refers to the quantity of industrial solid wastes which are burnt or specially disposed using other methods to alter the physical, chemical and biological properties and thus to reduce or eliminate the hazard, or placed ultimately in the sites meeting the requirements for environmental protection during the report period.

Stock of Common Industrial Solid Wastes refers to the volume of solid wastes placed in special facilities or special sites by enterprises for purposes of utilization or disposal during the report period. The sites or facilities should take measures against dispersion, loss, seepage, and air and water contamination.

Common Industrial Solid Wastes Discharged refers to the volume of industrial solid wastes dumped or discharged by producing enterprises to disposal facilities or to other sites.

Hazardous Wastes Produced refers to the volume of actual hazardous wastes produced by surveyed samples throughout the year of the survey. Hazardous waste refers to those included in the national hazardous wastes catalogue or specified as any one of the following properties in light of the national hazardous wastes identification standards and methods: explosive, ignitable, oxidizable, toxic, corrosive or liable to cause infectious diseases or lead to other dangers. The report of this indicator should follow the *National Catalogue of Hazardous Wastes* (the No.1 Ministry Order in 2008 by the Ministry of Environment Protection and National Development and Reform Commission).

Hazardous Wastes Utilized refers to the volume of hazardous wastes that are used to extract materials for raw materials or fuel throughout the year of the survey, including those utilized by the producing enterprise and those provided to other enterprises for utilization.

Hazardous Wastes Disposed refers to the quantity of hazardous wastes which are burnt or specially disposed using other methods to alter the physical, chemical and biological properties and thus to reduce or eliminate the hazard, or placed ultimately in the sites meeting the requirements for environmental protection during the report period.

Stock of Hazardous Wastes refers to the volume of hazardous wastes specially packaged and placed in special facilities or special sites by enterprises. The special stock facilities should meet the requirements set in relevant environment protection laws and regulations such as "Pollution Control Standards for Hazardous Waste Stock" (GB18597-2001) in regard to package of hazardous waste, location, design, safety, monitoring and shutdown, and take measures against dispersion, loss, seepage, and air and water contamination.

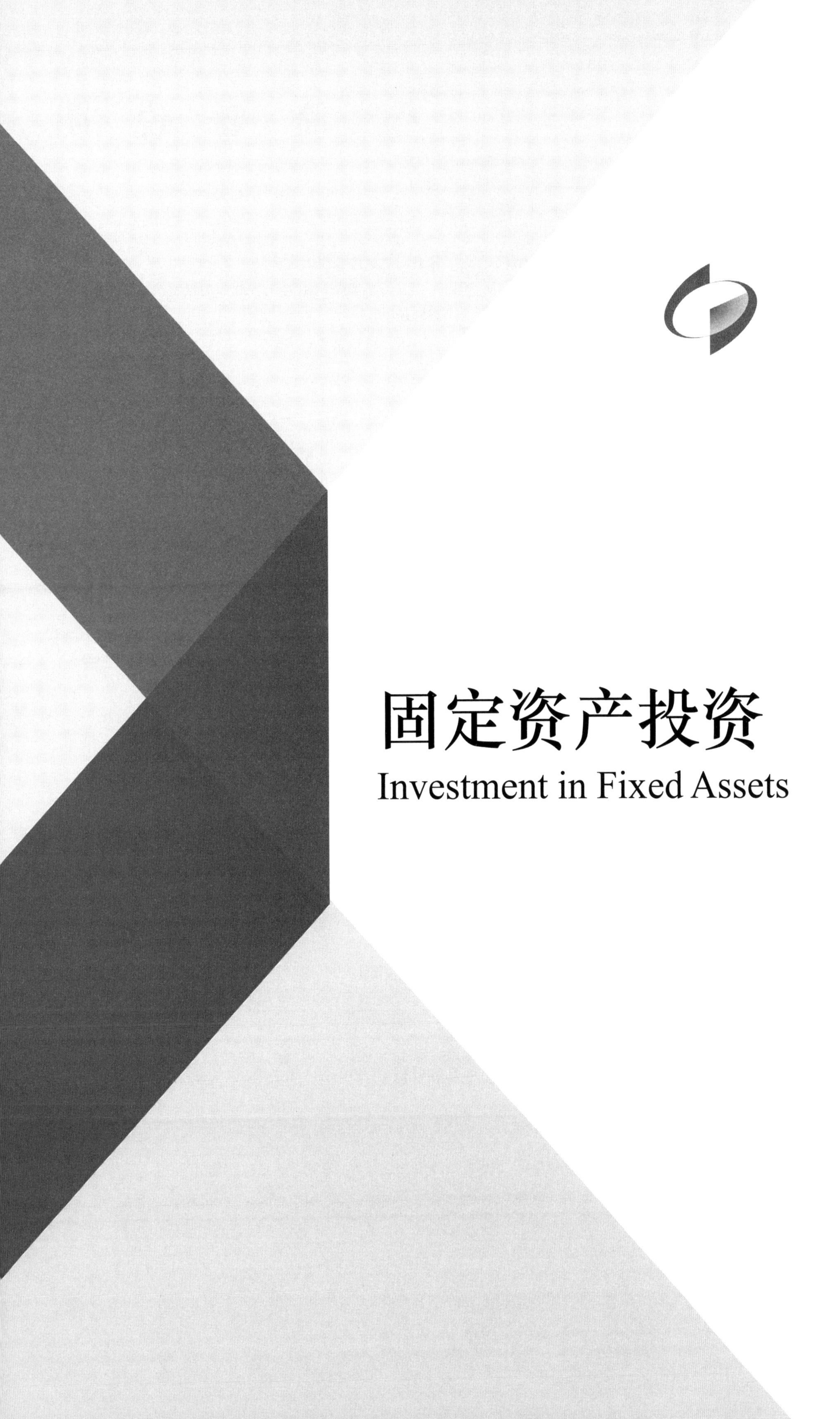

固定资产投资
Investment in Fixed Assets

简 要 说 明

一、本篇资料反映河北省固定资产投资基本情况，通过速度变化反映固定资产投资形势及政策效应。

二、2011年起，固定资产投资项目统计起点由50万元提高到500万元，且不包含农户投资；2010年以前为全社会固定资产投资。

三、本篇资料由河北省统计局投资与建筑业统计处整理提供。

四、资料整理：边丽

Brief Introduction

Ⅰ.The data in this chapter reflects the basic situation of fixed asset investment in Hebei Province, and reflects the situation and policy effect of fixed asset investment through the change of speed.

Ⅱ. Since 2011, the statistical starting point of fixed asset investment projects has been raised from 500,000 yuan to 5 million yuan, excluding the investment of farmers; we will invest in fixed assets for the whole society before 2010.

Ⅲ.This data is collated and provided by Investment and Construction Statistics Division of Hebei Province Statistics Bureau.

Ⅳ.Data collection: Bian Li.

9-1 分市按领域分固定资产投资(不含农户)比上年增长情况(2022年)
Growth Rate of Total Investment in Fixed Assets (Excluding Rural Households) over Preceding Year by City and Field (2022)

单位：% (%)

市	City	全部投资 Total Investment	#基础设施 Infrastructure	#制造业 Manufacturing	#房地产开发 Real Estate Development
全　省	**Total**	**7.9**	**1.6**	**13.4**	**-0.8**
石家庄市	Shijiazhuang	10.0	4.0	14.9	-6.8
石家庄市①	Shijiazhuang①	10.1	5.0	15.2	-7.7
唐 山 市	Tangshan	8.2	-10.7	1.9	24.0
秦皇岛市	Qinhuangdao	8.1	6.3	21.5	
邯 郸 市	Handan	8.1	-7.6	13.5	6.8
邢 台 市	Xingtai	7.5	-14.4	22.0	16.0
保 定 市	Baoding	15.0	35.2	9.4	-5.6
保 定 市①	Baoding①	8.1	32.4	6.7	-6.9
张家口市	Zhangjiakou	4.0	11.3	104.4	-17.3
承 德 市	Chengde	8.1	6.9	9.0	2.4
沧 州 市	Cangzhou	8.2	-19.2	20.4	7.0
廊 坊 市	Langfang	0.1	-9.0	33.8	-19.0
衡 水 市	Hengshui	8.1	5.7	25.8	-6.7
定 州 市	Dingzhou	8.2	74.3	8.7	4.3
辛 集 市	Xinji	8.2	-22.7	12.8	8.5

注：本表数据中石家庄市含辛集市，石家庄市①不含辛集市；保定市含定州市和雄安新区，保定市①不含定州市和雄安新区。以下相关表同。

a) Data in this table, Shijiazhuang includes Xinji, Shijiazhuang① excludes Xinji; Baoding includes Dingzhou and Xiongan, Baoding① excludes Dingzhou and Xiongan. The same applies to the table following.

9-2 分市按构成分固定资产投资(不含农户)比上年增长情况(2022年)
Growth Rate of Total Investment in Fixed Assets (Excluding Rural Households) over Preceding Year by City and Composition of Investment (2022)

单位：% (%)

市	City	全部投资 Total Investment	建筑安装工程 Construction and Installation	设备工器具购置 Purchase of Equipment and Instruments	其他费用 Other Expenses
全　省	**Total**	**7.9**	**8.4**	**-6.5**	**17.7**
石家庄市	Shijiazhuang	10.0	16.2	-16.5	4.5
石家庄市①	Shijiazhuang①	10.1	17.4	-25.9	5.4
唐 山 市	Tangshan	8.2	13.3	-13.8	-6.4
秦皇岛市	Qinhuangdao	8.1	6.6	12.2	11.6
邯 郸 市	Handan	8.1	7.3	-11.6	72.8
邢 台 市	Xingtai	7.5	10.4	-19.3	24.7
保 定 市	Baoding	15.0	14.0	-31.1	28.1
保 定 市①	Baoding①	8.1	22.5	-37.2	-23.0
张家口市	Zhangjiakou	4.0	-7.0	53.9	-2.5
承 德 市	Chengde	8.1	10.7	5.4	-5.9
沧 州 市	Cangzhou	8.2	6.5	10.4	20.7
廊 坊 市	Langfang	0.1	-8.4	1.0	40.3
衡 水 市	Hengshui	8.1	15.9	-17.4	-19.4
定 州 市	Dingzhou	8.2	10.1	2.4	-2.5
辛 集 市	Xinji	8.2	-1.3	51.9	-40.5

9-3 分市按建设性质分固定资产投资(不含农户)比上年增长情况(2022年)
Growth Rate of Fixed Assets (Excluding Rural Households) over Preceding Year by City and Type of Construction (2022)

单位：% (%)

市	City	全部投资 Total Investment in Fixed Assets	#新建 New Construction	#扩建 Expansion	#改建和技术改造 Reconstruction and Technical Transformation
全省	**Total**	**7.9**	**5.7**	**17.7**	**26.6**
石家庄市	Shijiazhuang	10.0	20.8	52.1	6.6
石家庄市①	Shijiazhuang①	10.1	21.3	55.6	6.5
唐山市	Tangshan	8.2	-5.4	37.8	22.3
秦皇岛市	Qinhuangdao	8.1	16.4	9.7	-1.2
邯郸市	Handan	8.1	-0.5	-6.2	40.2
邢台市	Xingtai	7.5	-3.8	-2.0	27.5
保定市	Baoding	15.0	22.4	27.3	13.6
保定市①	Baoding①	8.1	17.7	34.0	7.8
张家口市	Zhangjiakou	4.0	8.7	-9.2	41.5
承德市	Chengde	8.1	2.4	98.9	38.8
沧州市	Cangzhou	8.2	-2.4	2.9	33.7
廊坊市	Langfang	0.1	3.7	-9.9	57.5
衡水市	Hengshui	8.1	-8.6	44.4	48.8
定州市	Dingzhou	8.2	13.1	-28.3	1.8
辛集市	Xinji	8.2	1.6	8.2	7.1

9-4 分市按隶属关系分固定资产投资(不含农户)比上年增长情况(2022年)
Growth Rate of Fixed Assets (Excluding Rural Households) over Preceding Year by Jurisdiction of Management and City (2022)

单位：% (%)

市	City	全部投资 Total Investment in Fixed Assets	中央项目 Central Investment	地方项目 Local Investment
全省	**Total**	**7.9**	**41.0**	**36.0**
石家庄市	Shijiazhuang	10.0	9.3	39.0
石家庄市①	Shijiazhuang①	10.1	10.5	39.6
唐山市	Tangshan	5.9	100.0	134.5
秦皇岛市	Qinhuangdao	-0.2	80.5	39.7
邯郸市	Handan	7.6	70.8	23.3
邢台市	Xingtai	11.6	60.9	39.3
保定市	Baoding	12.8	53.2	28.6
保定市①	Baoding①	8.0	10.3	51.6
张家口市	Zhangjiakou	3.8	116.9	9.0
承德市	Chengde	8.8	307.2	6.7
沧州市	Cangzhou	6.4	21.9	47.8
廊坊市	Langfang	10.6	54.8	21.1
衡水市	Hengshui	11.0	543.8	7.5
定州市	Dingzhou	8.2	-67.4	107.1
辛集市	Xinji	8.2	-100.0	15.7

9-5 分市按登记注册类型分固定资产投资(不含农户)比上年增长情况(2022年)

Growth Rate of Fixed Assets (Excluding Rural Households) over Preceding Year by City and Registration Status (2022)

单位：% (%)

市	City	全部投资 Total Investment in Fixed Assets	#内 资 Domestic Funded	#港澳台商投资 Funds from Hong Kong, Macao and Taiwan	#外商投资 Foreign Funded
全 省	**Total**	**7.9**	**8.3**	**17.3**	**-22.6**
石家庄市	Shijiazhuang	10.0	12.5	-45.0	-54.5
石家庄市①	Shijiazhuang①	10.1	12.8	-44.6	-54.5
唐 山 市	Tangshan	18.1	17.6	7.9	63.8
秦皇岛市	Qinhuangdao	8.8	10.0	75.0	-70.5
邯 郸 市	Handan	9.3	9.3	12.7	-4.5
邢 台 市	Xingtai	6.9	7.0	22.5	5.1
保 定 市	Baoding	4.1	0.3	109.0	50.8
保 定 市①	Baoding①	15.3	16.0	-13.4	-50.7
张家口市	Zhangjiakou	9.1	10.3	-17.3	-49.1
承 德 市	Chengde	7.8	9.4	-30.4	-46.2
沧 州 市	Cangzhou	11.6	11.8	-31.2	28.4
廊 坊 市	Langfang	-6.6	-6.7	-1.6	-23.8
衡 水 市	Hengshui	6.6	7.0	-0.5	-54.7
定 州 市	Dingzhou	8.2	8.8	196.1	-100.0
辛 集 市	Xinji	8.2	8.4	-60.8	

9-6 分市按控股情况类型分固定资产投资(不含农户)比上年增长情况(2022年)

Growth Rate of Fixed Assets (Excluding Rural Households) over Preceding Year by City and Holding Type (2022)

单位：% (%)

市	City	全部投资 Total Investment in Fixed Assets	#国有控股 State-holding	#集体控股 Collective-holding	#私人控股 Private-holding
全 省	**Total**	**7.9**	**12.3**	**-14.2**	**6.7**
石家庄市	Shijiazhuang	10.0	27.3	-13.5	9.4
石家庄市①	Shijiazhuang①	10.1	28.2	-12.3	9.3
唐 山 市	Tangshan	18.1	-12.4	-81.8	40.1
秦皇岛市	Qinhuangdao	8.8	8.7	166.3	10.9
邯 郸 市	Handan	9.3	2.8	272.0	10.6
邢 台 市	Xingtai	6.9	20.9	-20.0	4.4
保 定 市	Baoding	4.1	6.0	70.8	-0.9
保 定 市①	Baoding①	15.3	26.0	-46.1	-0.4
张家口市	Zhangjiakou	9.1	20.9	-60.9	-0.3
承 德 市	Chengde	7.8	-5.4	89.4	11.7
沧 州 市	Cangzhou	11.6	0.3	472.6	15.3
廊 坊 市	Langfang	-6.6	4.7	-53.7	-10.5
衡 水 市	Hengshui	6.6	3.1	-27.8	6.3
定 州 市	Dingzhou	8.2	51.9	-20.9	1.2
辛 集 市	Xinji	8.2	-2.2	-100.0	10.6

9-7 分市按行业分固定资产投资(不含农户)比上年增长情况(2022年)
Growth Rate of Total Investment in Fixed Assets (Excluding Rural Households) over Preceding Year by City and Sector (2022)

单位：% (%)

市	City	合　计 Total	农、林、牧、渔业 Agriculture, Forestry, Animal Husbandry and Fishery	采 矿 业 Mining	制 造 业 Manufacturing	电力、热力、燃气及水生产和供应业 Production and Supply of Electricity, Heat, Gas and Water	建 筑 业 Construction	批发和零售业 Wholesale and Retail Trades
全　省	**Total**	**7.9**	**13.1**	**41.8**	**13.4**	**6.7**	**-23.1**	**9.0**
石家庄市	Shijiazhuang	10.0	69.4	42.3	14.9	5.1	-10.7	55.5
石家庄市①	Shijiazhuang①	10.1	75.7	42.3	15.2	6.5	-10.7	55.5
唐 山 市	Tangshan	8.2	-2.2	32.2	1.9	-14.6	131.5	60.0
秦皇岛市	Qinhuangdao	8.1	50.1	-33.1	21.5	-14.5	-100.0	35.6
邯 郸 市	Handan	8.1	14.3	130.9	13.5	-7.6	-100.0	67.6
邢 台 市	Xingtai	7.5	2.3	151.4	22.0	-18.5		-4.5
保 定 市	Baoding	15.0	30.0	-24.3	9.4	94.7	-76.5	-37.1
保 定 市①	Baoding①	8.1	25.4	-24.3	6.7	110.8	-69.6	-25.1
张家口市	Zhangjiakou	4.0	-22.2	-28.9	104.4	24.8		30.5
承 德 市	Chengde	8.1	39.0	126.8	9.0	-1.1		-20.4
沧 州 市	Cangzhou	8.2	1.9	-30.7	20.4	-31.3	227.1	-58.5
廊 坊 市	Langfang	0.1	-8.6		33.8	8.9	-68.9	25.1
衡 水 市	Hengshui	8.1	2.8		25.8	-2.7		19.8
定 州 市	Dingzhou	8.2	117.9		8.7	50.8		-65.7
辛 集 市	Xinji	8.2	4.4		12.8	-51.8		

9-7 续表 1 continued

单位：% (%)

市	City	交通运输、仓储和邮政业 Transport, Storage and Post	住宿和餐饮业 Hotels and Catering Services	信息传输、软件和信息技术服务业 Information Transmission, Software and Information Technology	金 融 业 Financial Intermediation	房地产业 Real Estate	租赁和商务服 务 业 Leasing and Business Services	科学研究和技术服务业 Scientific Research and Technical Services
全　省	**Total**	**9.2**	**14.9**	**38.4**	**-33.0**	**-2.6**	**90.5**	**0.8**
石家庄市	Shijiazhuang	4.1	105.2	33.1	150.0	-1.7	121.6	8.2
石家庄市①	Shijiazhuang①	6.3	104.6	34.8	150.0	-2.2	120.4	8.2
唐 山 市	Tangshan	41.3	-24.8	182.0	-16.7	21.3	7.1	60.1
秦皇岛市	Qinhuangdao	23.1	1209.5	22.7	-87.3	3.9	-34.6	115.9
邯 郸 市	Handan	29.0	2.8	396.5	159.9	4.2	-41.3	17.6
邢 台 市	Xingtai	-18.9	-57.3	-89.7	38.3	16.2	-11.0	52.3
保 定 市	Baoding	20.2	62.6	62.0	-7.3	-16.2	476.4	-11.5
保 定 市①	Baoding①	-34.3	70.4	33.9	-63.0	-2.6	-2.7	12.2
张家口市	Zhangjiakou	-32.8	-33.4	51.8		-15.6	-13.5	-26.7
承 德 市	Chengde	5.3	9.6	353.3		0.3	251.8	-81.1
沧 州 市	Cangzhou	-3.8	-35.8	5.3	-74.8	10.6	27.7	-27.5
廊 坊 市	Langfang	-14.5	784.8	10.7	-55.3	-12.1	-3.3	-5.8
衡 水 市	Hengshui	54.1	-8.1	-89.8	-100.0	-3.8	143.0	-38.8
定 州 市	Dingzhou	64.6				2.0	-100.0	-71.7
辛 集 市	Xinji	-36.5	126.7	-3.6		8.1		

9-7 续表 2 continued

单位：% (%)

市	City	水利、环境和公共设施管理业 Management of Water Conservancy, Environment and Public Facilities	居民服务、修理和其他服务业 Service to Households, Repair and Other Services	教育 Education	卫生和社会工作 Health and Social Service	文化、体育和娱乐业 Culture, Sports and Entertainment	公共管理、社会保障和社会组织 Public Management, Social Security and Social Organization	国际组织 International Organizations
全 省	**Total**	**4.0**	**-25.7**	**-11.8**	**-42.2**	**17.0**	**-72.5**	
石家庄市	Shijiazhuang	5.6	201.9	6.9	-59.4	-13.3	-72.0	
石家庄市①	Shijiazhuang①	5.4	187.8	8.4	-61.1	-12.4	-71.9	
唐 山 市	Tangshan	-1.0	-64.5	-24.7	-49.2	115.7	-98.2	
秦皇岛市	Qinhuangdao	1.3	1124.1	-7.6	-43.0	185.9	-92.4	
邯 郸 市	Handan	-12.3	66.8	-22.4	-50.4	86.5	-79.2	
邢 台 市	Xingtai	-4.0	-50.3	-27.9	-50.6	-29.4	-83.1	
保 定 市	Baoding	22.3	-58.8	18.6	-29.4	29.0	-28.0	
保 定 市①	Baoding①	10.7	-50.1	-0.6	-36.7	-21.6	-38.8	
张家口市	Zhangjiakou	14.1	-23.9	-39.5	-51.4	-66.9	-84.5	
承 德 市	Chengde	18.9	355.9	-23.9	-49.6	-61.4	-75.3	
沧 州 市	Cangzhou	-8.6	-77.1	9.1	-54.0	88.5	-26.5	
廊 坊 市	Langfang	-10.1	136.6	-27.7	38.1	-33.7	-64.1	
衡 水 市	Hengshui	-7.7	976.6	-40.1	-52.8	16.4	-45.4	
定 州 市	Dingzhou	103.7	391.0	-14.9	-45.8	-51.0	-65.1	
辛 集 市	Xinji	8.4		-52.9	14.9	-35.2	-100.0	

9-8 分市农村农户固定资产投资比上年增长情况

Growth Rate of Investment in Fixed Assets of Rural Households over Preceding Year by City

单位：% (%)

市	City	2015	2016	2017	2018	2019	2020	2021	2022
全 省	**Total**	**3.4**	**-24.4**	**-3.8**	**-8.2**	**-3.8**	**-15.7**	**3.8**	**-16.7**
石家庄市	Shijiazhuang	13.8	10.5	3.5	-22.8	3.7	-34.2	1.8	-15.4
石家庄市①	Shijiazhuang①						-35.0	1.6	-15.4
唐 山 市	Tangshan	13.1	-19.1	-2.1	-3.4	-2.1	-15.5	6.7	-18.2
秦皇岛市	Qinhuangdao	6.4	-1.5	4.1	-19.5	-4.1	-16.8	5.0	-16.5
邯 郸 市	Handan	…	-36.2	-3.8	-7.6	-3.8	-15.2	3.9	-16.3
邢 台 市	Xingtai	-1.4	-32.5	-11.6	-6.2	-11.6	-15.1	1.3	-16.9
保 定 市	Baoding	-6.4	-30.9	-12.3	-1.6	-40.0	-15.1	5.4	-24.3
保 定 市①	Baoding①						15.9	6.6	-22.7
张家口市	Zhangjiakou	-3.0	-19.6	3.0	2.8	3.0	-15.8	8.0	-21.1
承 德 市	Chengde	-5.2	-25.4	7.3	-26.3	7.3	-15.5	5.0	-16.5
沧 州 市	Cangzhou	11.6	-25.4	-1.7	-15.5	-1.7	-15.8	6.9	-16.4
廊 坊 市	Langfang	9.8	-2.1	-0.7	1.7	-0.7	-30.7	6.0	-1.2
衡 水 市	Hengshui	4.1	-44.7	-7.9	5.4	-7.9	-15.4	6.6	-17.0
定 州 市	Dingzhou	-9.4	-28.9	1.1	-4.6	-20.8	-15.8	5.2	-16.4
辛 集 市	Xinji	-1.2	1.1	-6.3	-14.3	-6.3	-15.4	5.5	-14.8

9-9 各行业按构成分固定资产投资(不含农户)比上年增长情况(2022年)
Growth Rate of Total Investment in Fixed Assets (Excluding Rural Households) over Preceding Year by Sector and Composition of Investment (2022)

单位：%　　(%)

指标	Item	全部投资 Total Investment in Fixed Assets	建筑安装工程投资 Construction and Installation	设备工器具购置 Purchase of Equipment and Instruments	其他费用 Other Expenses
全省	**Total**	**7.9**	**8.4**	**-6.5**	**17.7**
农、林、牧、渔业	**Agriculture, Forestry, Animal Husbandry and Fishery**	**13.1**	**18.2**	**-7.5**	**-26.6**
农业	Farming	37.5	43.7	2.9	-25.2
林业	Forestry	-46.0	-52.3	-14.6	-20.3
畜牧业	Animal Husbandry	-5.5	-1.9	-15.7	-28.9
渔业	Fishery	47.5	49.7	-3.9	355.2
农、林、牧、渔专业及辅助性活动	Professional and Support Activities for Agriculture, Forestry, Animal Husbandry and Fishery	14.8	18.2	19.5	-70.8
采矿业	**Mining**	**41.8**	**40.0**	**45.0**	**58.5**
煤炭开采和洗选业	Mining and Washing of Coal	153.6	153.2	147.5	254.3
石油和天然气开采业	Extraction of Petroleum and Natural Gas	8.4	47.3	-31.3	-75.5
黑色金属矿采选业	Mining and Processing of Ferrous Metal Ores	56.7	47.1	99.0	123.7
有色金属矿采选业	Mining and Processing of Non-Ferrous Metal Ores	45.6	104.5	-93.1	-89.2
非金属矿采选业	Mining and Processing of Non-metal Ores	-21.5	-27.4	5.4	11.6
开采专业及辅助活动	Professional and Support Activities for Mining	-72.1	-13.8	-83.6	-100.0
其他采矿业	Mining of Other Ores	-29.8	-2.9	-100.0	
制造业	**Manufacturing**	**13.4**	**-56.8**	**-5.1**	**-1.3**
农副食品加工业	Processing of Food from Agricultural Products	1.7	-61.4	-6.4	-20.5
食品制造业	Manufacture of Food	40.9	-44.2	21.1	-31.2
酒、饮料和精制茶制造业	Manufacture of Liquor, Beverages and Refined Tea	-10.7	-68.9	-13.3	18.8
烟草制品业	Manufacture of Tobacco	-79.4	-97.8	-75.7	-94.7
纺织业	Manufacture of Textile	9.9	-56.0	-7.4	-6.0
纺织服装、服饰业	Manufacture of Textile, Wearing Apparel and Accessories	193.4	23.5	-18.3	54.7
皮革、毛皮、羽毛及其制品和制鞋业	Manufacture of Leather, Fur, Feather and Related Products and Footware	37.3	-52.1	75.3	179.8
木材加工和木、竹、藤、棕、草制品业	Processing of Timber, Manufacture of Wood, Bamboo, Rattan, Palm and Straw Products	3.0	-67.1	51.7	-39.6
家具制造业	Manufacture of Furniture	17.7	-57.2	19.2	-55.9
造纸及纸制品业	Manufacture of Paper and Paper Products	-3.7	-61.9	-32.4	12.8
印刷和记录媒介复制业	Printing and Reproduction of Recording Media	2.1	-49.0	-48.7	106.6
文教、工美、体育和娱乐用品制造业	Manufacture of Articles for Culture, Education, Arts and Crafts, Sport and Entertainment Activities	-9.2	-63.3	-37.7	-61.9
石油、煤炭及其他燃料加工业	Processing of Petroleum, Coal and Other Fuels	17.6	-55.2	4.9	145.1
化学原料及化学制品制造业	Manufacture of Raw Chemical Materials and Chemical Products	21.7	-56.5	23.7	12.9
医药制造业	Manufacture of Medicines	19.8	-53.6	-3.2	4.1
化学纤维制造业	Manufacture of Chemical Fibres	-49.2	-78.1	-67.1	111.1
橡胶和塑料制品业	Manufacture of Rubber and Plastics Products	6.7	-56.3	-13.1	-40.5
非金属矿物制品业	Manufacture of Non-metallic Mineral Products	3.8	-61.3	-11.9	-10.8
黑色金属冶炼和压延加工业	Smelting and Pressing of Ferrous Metals	-3.0	-62.5	-20.5	6.0
有色金属冶炼和压延加工业	Smelting and Pressing of Non-ferrous Metals	39.9	-46.0	40.8	-50.4
金属制品业	Manufacture of Metal Products	26.1	-53.0	16.0	-18.4
通用设备制造业	Manufacture of General Purpose Machinery	22.5	-53.1	-6.6	34.4
专用设备制造业	Manufacture of Special Purpose Machinery	8.2	-60.1	-4.8	-3.0

9-9 续表 1 continued

单位：% (%)

指 标	Item	全部投资 Total Investment in Fixed Assets	建筑安装工程投资 Construction and Installation	设备工器具购置 Purchase of Equipment and Instruments	其他费用 Other Expenses
汽车制造业	Manufacture of Automobiles	-1.1	-61.6	-16.1	-46.5
铁路、船舶、航空航天和其他运输设备制造业	Manufacture of Railway, Ship, Aerospace and Other Transport Equipments	22.0	-51.8	-26.1	0.3
电气机械和器材制造业	Manufacture of Electrical Machinery and Apparatus	53.2	-38.1	10.7	34.9
计算机、通信和其他电子设备制造业	Manufacture of Computers, Communication and Other Electronic Equipment	40.2	-51.8	37.6	60.7
仪器仪表制造业	Manufacture of Measuring Instruments and Machinery	32.2	-52.8	25.4	-0.7
其他制造业	Other Manufacture	-50.4	-79.4	-77.4	3.9
废弃资源综合利用业	Utilization of Waste Resources	62.2	-39.4	53.8	46.2
金属制品、机械和设备修理业	Repair Service of Metal Products, Machinery and Equipment	-47.4	-80.8	-43.4	-84.7
电力、热力、燃气及水生产和供应业	**Production and Supply of Electricity, Heat, Gas and Water**	**6.7**	**-53.9**	**-14.4**	**37.5**
电力、热力生产和供应业	Production and Supply of Electric Power and Heat Power	6.6	-52.8	-7.2	51.6
燃气生产和供应业	Production and Supply of Gas	-49.8	-77.9	-72.5	-46.6
水的生产和供应业	Production and Supply of Water	54.8	-39.0	-34.6	12.7
建筑业	**Construction**	**-23.1**	**-69.0**	**-80.4**	**24.3**
房屋建筑业	Construction of Buildings	-84.8	-94.0	-100.0	-100.0
土木工程建筑业	Civil Engineering	30.4	-43.8	-74.4	91.1
建筑安装业	Building Installation	-100.0		-100.0	
建筑装饰、装修和其他建筑业	Building Decoration and Other Constructions	-88.0	-100.0	-50.5	
批发和零售业	**Wholesale and Retail Trades**	**9.0**	**-59.2**	**-24.2**	**-30.0**
批发业	Wholesale Trade	47.9	-40.6	3.3	-61.9
零售业	Retail Trade	-17.3	-70.6	-55.1	8.5
交通运输、仓储和邮政业	**Transport, Storage and Post**	**9.2**	**-62.0**	**6.6**	**0.1**
铁路运输业	Railway Transport	-5.7	-72.3	2.7	47.0
道路运输业	Road Transport	-19.3	-73.1	-2.9	-14.4
水上运输业	Water Transport	-41.7	-77.3	-56.9	-61.9
航空运输业	Air Transport	-57.2	-86.0	0.6	-48.1
管道运输业	Transport Via Pipelines	-57.8	-83.6	-95.2	-91.1
多式联运和运输代理业	Intermodality and Forwarding Agency	-48.8	-79.4	-100.0	-100.0
装卸搬运和仓储业	Loading, Unloading and Storage	123.4	-15.5	77.7	10.0
邮政业	Post	234.0	1.1	71.5	745.0
住宿和餐饮业	**Hotels and Catering Services**	**14.9**	**-59.8**	**22.5**	**44.7**
住宿业	Hotels	14.9	-59.8	-3.8	36.8
餐饮业	Catering Services	15.2	-59.8	98.3	148.9
信息传输、软件和信息技术服务业	**Information Transmission, Software and Information Technology**	**38.4**	**-50.0**	**32.3**	**54.2**
电信、广播电视和卫星传输服务	Telecommunication, Radio and Television and Satellite Transmission Service	3.9	-18.4	-45.1	87.3
互联网和相关服务	Internet and Related Service	64.1	-32.8	35.1	11.1
软件和信息技术服务业	Software and Information Technology	23.0	-62.0	68.3	111.8
金融业	**Financial Intermediation**	**-33.0**	**-76.9**	**72.2**	**-73.8**
货币金融服务	Monetary and Financial Service	-29.7	-74.7	72.2	-87.4
资本市场服务	Capital Market Service	-95.2	-98.4		
保险业	Insurance				
其他金融业	Other Financial Activities				

9-9 续表 2 continued

单位：%　　(%)

指　　标	Item	全部投资 Total Investment in Fixed Assets	建筑安装工程投资 Construction and Installation	设备工器具购置 Purchase of Equipment and Instruments	其他费用 Other Expenses
房地产业	**Real Estate**	**-2.6**	**-35.6**	**16.4**	**11.0**
租赁和商务服务业	**Leasing and Business Services**	**90.5**	**-41.2**	**-19.1**	**244.3**
租赁业	Leasing	81.4	-7.4	17.0	685.4
商务服务业	Business Services	90.6	-41.4	-30.2	244.2
科学研究和技术服务业	**Scientific Research and Technical Services**	**0.8**	**-58.5**	**-64.9**	**-47.4**
研究和试验发展	Research and Experimental Development	32.1	-55.9	21.5	168.9
专业技术服务业	Professional Technical Services	-36.7	-73.0	-81.4	-21.3
科技推广和应用服务业	Science & Technology Popularization & Application Services	12.0	-53.4	-53.4	-65.8
水利、环境和公共设施管理业	**Management of Water Conservancy, Environment and Public Facilities**	**2.2**	**-67.3**	**-26.8**	**46.1**
水利管理业	Management of Water Conservancy	-40.1	-70.3	-67.4	-79.0
生态保护和环境治理业	Ecological Protection and Environmental Treatment	-9.4	-68.4	-37.2	15.2
公共设施管理业	Management of Public Facilities	15.2	-66.2	1.9	160.7
土地管理业	Management of Land	-70.9	-89.4	-90.1	-91.5
居民服务、修理和其他服务业	**Service to Households, Repair and Other Services**	**65.6**	**-28.2**	**64.3**	**-36.0**
居民服务业	Services to Households	57.0	-28.8	23.9	-24.7
机动车、电子产品和日用产品修理业	Repair of Motor Vehicle, Electronics and Household Products	92.9	-19.6	515.3	-91.5
其他服务业	Other Services	91.7	-33.0	108.8	-59.8
教育	**Education**	**-11.8**	**-69.9**	**-38.8**	**-3.1**
卫生和社会工作	**Health and Social Service**	**31.3**	**-51.0**	**-15.5**	**49.0**
卫生	Health	34.8	-48.1	-18.7	56.9
社会工作	Social Service	17.1	-60.8	64.9	25.9
文化、体育和娱乐业	**Culture, Sports and Entertainment**	**-12.3**	**-68.3**	**-28.5**	**-35.4**
新闻和出版业	Journalism and Publishing Activities	-100.0	-100.0	-100.0	
广播、电视、电影和影视录音制作业	Radio, Television, Motion Picture and Videotape Programme Production Services	74.3	-42.1	284.7	-66.7
文化艺术业	Cultural and Art Activities	13.7	-58.0	-30.2	-48.7
体育	Sports Activities	-15.8	-71.0	-8.9	-23.1
娱乐业	Entertainment	-23.1	-72.1	-32.3	-46.9
公共管理、社会保障和社会组织	**Public Management, Social Security and Social Organization**	**-15.6**	**-63.0**	**-71.2**	**-23.0**
中国共产党机关	Organs of Communist Party of China	-82.8	-94.0	-100.0	
国家机构	Government Agencies	-14.3	-61.8	-72.4	-10.7
人民政协、民主党派	People's Political Consultative Conference and Democratic Parties				
社会保障	Social Security	-34.8	-82.8	440.3	-16.4
群众团体、社会团体和其他成员组织	Mass Organizations, Social Organizations and Other Membership Organizations	-97.5	-98.8	-100.0	-100.0
基层群众自治组织	Grass Roots Self-Governing Organizations	200.1	32.6	-66.0	-100.0
国际组织	**International Organizations**				

9-10 各行业按建设性质分建设项目投资比上年增长情况(2022年)

Growth Rate of Construction Project Investment over Preceding Year by Sector and Type of Construction (2022)

单位：% (%)

指标	Item	全部投资 Total Investment in Fixed Assets	#新建 New Construction	#扩建 Expansion	#改建和技术改造 Reconstruction and Technical Transformation
全省总计	**Total**	**7.9**	**5.7**	**17.7**	**26.6**
农、林、牧、渔业	**Agriculture, Forestry, Animal Husbandry and Fishery**	**13.1**	**11.1**	**10.3**	**47.9**
农业	Farming	37.5	34.3	92.0	72.7
林业	Forestry	-46.0	-53.2	45.6	-12.2
畜牧业	Animal Husbandry	-5.5	-5.4	-16.3	-6.9
渔业	Fishery	47.5	44.9	-56.6	
农、林、牧、渔专业及辅助性活动	Professional and Support Activities for Agriculture, Forestry, Animal Husbandry and Fishery	14.8	2.7	-19.5	171.4
采矿业	**Mining**	**41.8**	**30.7**	**204.8**	**30.0**
煤炭开采和洗选业	Mining and Washing of Coal	153.6	-13.1	-74.8	247.9
石油和天然气开采业	Extraction of Petroleum and Natural Gas	8.4	13.8		-63.6
黑色金属矿采选业	Mining and Processing of Ferrous Metal Ores	56.7	81.2	245.3	32.1
有色金属矿采选业	Mining and Processing of Non-Ferrous Metal Ores	45.6	24.2		48.3
非金属矿采选业	Mining and Processing of Non-metal Ores	-21.5	-43.4	-21.7	-14.5
开采专业及辅助性活动	Professional and Support Activities for Mining	-72.1			-84.7
其他采矿业	Mining of Other Ores	-29.8			-100.0
制造业	**Manufacturing**	**13.4**	**-3.8**	**27.4**	**27.0**
农副食品加工业	Processing of Food from Agricultural Products	1.7	1.7	5.6	0.8
食品制造业	Manufacture of Food	40.9	30.1	41.6	46.2
酒、饮料和精制茶制造业	Manufacture of Liquor, Beverages and Refined Tea	-10.7	-41.7	47.6	28.8
烟草制品业	Manufacture of Tobacco	-79.4			-92.9
纺织业	Manufacture of Textile	9.9	28.9	-19.4	17.1
纺织服装、服饰业	Manufacture of Textile, Wearing Apparel and Accessories	193.4	30.2	83.8	425.9
皮革、毛皮、羽毛及其制品和制鞋业	Manufacture of Leather, Fur, Feather and Related Products and Footware	37.3	-10.4	146.7	162.0
木材加工和木、竹、藤、棕、草制品业	Processing of Timber, Manufacture of Wood, Bamboo, Rattan, Palm and Straw Products	3.0	-18.3	-22.6	22.3
家具制造业	Manufacture of Furniture	17.7	12.7	-45.2	143.6
造纸及纸制品业	Manufacture of Paper and Paper Products	-3.7	-32.8	103.3	-0.1
印刷和记录媒介复制业	Printing and Reproduction of Recording Media	2.1	8.3	28.1	46.9
文教、工美、体育和娱乐用品制造业	Manufacture of Articles for Culture, Education, Arts and Crafts, Sport and Entertainment Activities	-9.2	-18.7	27.8	-13.8
石油、煤炭及其他燃料加工业	Processing of Petroleum, Coal and Other Fuels	17.6	-26.4	84.2	24.8
化学原料及化学制品制造业	Manufacture of Raw Chemical Materials and Chemical Products	21.7	-26.3	133.9	25.1
医药制造业	Manufacture of Medicines	19.8	-20.0	-18.9	69.1
化学纤维制造业	Manufacture of Chemical Fibres	-49.2	-52.5	-75.1	12.7
橡胶和塑料制品业	Manufacture of Rubber and Plastics Products	6.7	-19.7	52.5	23.0
非金属矿物制品业	Manufacture of Non-metallic Mineral Products	3.8	-10.5	34.7	11.2
黑色金属冶炼和压延加工业	Smelting and Pressing of Ferrous Metals	-3.0	-22.6	7.4	13.9
有色金属冶炼和压延加工业	Smelting and Pressing of Non-ferrous Metals	39.9	27.3	48.7	104.8
金属制品业	Manufacture of Metal Products	26.1	5.2	26.1	44.8
通用设备制造业	Manufacture of General Purpose Machinery	22.5	16.2	42.8	16.4
专用设备制造业	Manufacture of Special Purpose Machinery	8.2	-14.5	25.4	20.7

9-10 续表 1 continued

单位：% (%)

指标	Item	全部投资 Total Investment in Fixed Assets	#新建 New Construction	#扩建 Expansion	#改建和技术改造 Reconstruction and Technical Transformation
汽车制造业	Manufacture of Automobiles	-1.1	-19.9	-28.2	38.6
铁路、船舶、航空航天和其他运输设备制造业	Manufacture of Railway, Ship, Aerospace and Other Transport Equipments	22.0	17.6	-6.5	54.1
电气机械和器材制造业	Manufacture of Electrical Machinery and Apparatus	53.2	53.9	59.9	69.9
计算机、通信和其他电子设备制造业	Manufacture of Computers, Communication and Other Electronic Equipment	40.2	3.4	44.6	58.0
仪器仪表制造业	Manufacture of Measuring Instruments and Machinery	32.2	86.7	105.0	9.9
其他制造业	Other Manufacture	-50.4	-77.8	21.1	-53.2
废弃资源综合利用业	Utilization of Waste Resources	62.2	37.7	121.3	85.5
金属制品、机械和设备修理业	Repair Service of Metal Products, Machinery and Equipment	-47.4	-79.8	277.0	-32.6
电力、热力、燃气及水生产和供应业	**Production and Supply of Electricity, Heat, Gas and Water**	**6.7**	**8.4**	**-7.2**	**16.1**
电力、热力生产和供应业	Production and Supply of Electric Power and Heat Power	6.6	4.4	13.0	34.1
燃气生产和供应业	Production and Supply of Gas	-49.8	-49.8	-65.9	-35.2
水的生产和供应业	Production and Supply of Water	54.8	92.3	9.3	12.4
建筑业	**Construction**	**-23.1**	**55.1**	**232.3**	**-94.3**
房屋建筑业	Construction of Buildings	-84.8	-30.6		-100.0
土木工程建筑业	Civil Engineering	30.4	81.5		-79.7
建筑安装业	Building Installation	-100.0			-100.0
建筑装饰、装修和其他建筑业	Building Decoration and Other Constructions	-88.0	-99.8	-100.0	-100.0
批发和零售业	**Wholesale and Retail Trades**	**9.0**	**-2.0**	**-30.7**	**113.7**
批发业	Wholesale Trade	47.9	32.8	5.5	228.7
零售业	Retail Trade	-17.3	-27.0	-51.9	60.0
交通运输、仓储和邮政业	**Transport, Storage and Post**	**9.2**	**4.1**	**4.6**	**49.8**
铁路运输业	Railway Transport	-5.7	-2.9	-67.6	15222.2
道路运输业	Road Transport	-19.3	-31.3	33.8	28.9
水上运输业	Water Transport	-41.7	-49.1	-57.8	32.7
航空运输业	Air Transport	-57.2	-61.4	-45.5	-37.2
管道运输业	Transport Via Pipelines	-57.8	-57.9		-81.9
多式联运和运输代理业	Intermodality and Forwarding Agency	-48.8	-65.3	-100.0	38.8
装卸搬运和仓储业	Loading, Unloading and Storage	123.4	123.4	41.7	173.1
邮政业	Post	234.0	226.7		-100.0
住宿和餐饮业	**Hotels and Catering Services**	**14.9**	**13.0**	**-5.8**	**54.6**
住宿业	Hotels	14.9	11.0	37.7	100.8
餐饮业	Catering Services	15.2	36.0	-26.6	6.0
信息传输、软件和信息技术服务业	**Information Transmission, Software and Information Technology**	**38.4**	**41.8**	**-60.5**	**68.4**
电信、广播电视和卫星传输服务	Telecommunication, Radio and Television and Satellite Transmission Service	3.9	31.6	4821.1	-92.8
互联网和相关服务	Internet and Related Service	64.1	67.2	-73.5	637.4
软件和信息技术服务业	Software and Information Technology	23.0	22.5	-41.9	10.6
金融业	**Financial Intermediation**	**-33.0**	**-55.8**	**-44.0**	**144.0**
货币金融服务	Monetary and Financial Service	-29.7	-51.6	-44.0	98.1
资本市场服务	Capital Market Service	-95.2	-95.2		-100.0
保险业	Insurance				
其他金融业	Other Financial Activities				

9-10 续表 2 continued

单位：% (%)

指标	Item	全部投资 Total Investment in Fixed Assets	#新建 New Construction	#扩建 Expansion	#改建和技术改造 Reconstruction and Technical Transformation
房地产业	**Real Estate**	**-9.2**	**-9.1**	**-19.1**	**-27.3**
租赁和商务服务业	**Leasing and Business Services**	**90.5**	**104.9**	**-21.2**	**-1.2**
租赁业	Leasing	81.4	116.2		93.9
商务服务业	Business Services	90.6	104.9	-21.6	-4.3
科学研究和技术服务业	**Scientific Research and Technical Services**	**0.8**	**6.8**	**35.2**	**6.6**
研究和试验发展	Research and Experimental Development	32.1	36.4	-16.8	-43.2
专业技术服务业	Professional Technical Services	-36.7	-24.6	15.6	-28.2
科技推广和应用服务业	Science and Technology Popularization and Application Services	12.0	10.7	93.6	76.4
水利、环境和公共设施管理业	**Management of Water Conservancy, Environment and Public Facilities**	**2.2**	**1.1**	**20.8**	**12.4**
水利管理业	Management of Water Conservancy	-40.1	-45.4	72.9	23.5
生态保护和环境治理业	Ecological Protection and Environmental Treatment	-9.4	-29.7	132.4	121.7
公共设施管理业	Management of Public Facilities	15.2	18.3	0.2	0.5
土地管理业	Management of Land	-70.9	-72.3	-43.5	-88.5
居民服务、修理和其他服务业	**Service to Households, Repair and Other Services**	**65.6**	**83.3**	**8.4**	**86.1**
居民服务业	Services to Households	57.0	83.5	17.9	26.9
机动车、电子产品和日用产品修理业	Repair of Motor Vehicle, Electronics and Household Products	92.9	58.2	160.5	
其他服务业	Other Services	91.7	112.3	-100.0	223.1
教育	**Education**	**-11.8**	**-9.7**	**-42.0**	**6.8**
卫生和社会工作	**Health and Social Service**	**31.3**	**45.6**	**-43.9**	**61.5**
卫生	Health	34.8	56.0	-40.9	38.3
社会工作	Social Service	17.1	15.9	-78.2	312.4
文化、体育和娱乐业	**Culture, Sports and Entertainment**	**-12.3**	**-14.0**	**-25.1**	**17.0**
新闻和出版业	Journalism and Publishing Activities	-100.0	-100.0		
广播、电视、电影和影视录音制作业	Radio, Television, Motion Picture and Videotape Programme Production Services	74.3	-32.3		
文化艺术业	Cultural and Art Activities	13.7	18.9	-77.1	6.0
体育	Sports Activities	-15.8	-18.3	18.9	71.1
娱乐业	Entertainment	-23.1	-23.6	-19.9	-20.4
公共管理、社会保障和社会组织	**Public Management, Social Security and Social Organization**	**-15.6**	**-6.4**	**12.8**	**-53.7**
中国共产党机关	Organs of Communist Party of China	-82.8	-79.4	-100.0	
国家机构	Government Agencies	-14.3	-3.4	54.0	-62.4
人民政协、民主党派	People's Political Consultative Conference and Democratic Parties				
社会保障	Social Security	-34.8	-77.6		
群众团体、社会团体和其他成员组织	Mass Organizations, Social Organizations and Other Membership Organizations	-97.5	-97.5		-100.0
基层群众自治组织	Grass Roots Self-Governing Organizations	200.1	575.4		-100.0
国际组织	**International Organizations**				

9-11 各行业按隶属关系分固定资产投资(不含农户)比上年增长情况(2022年)

Growth Rate of Total Investment in Fixed Assets (Excluding Rural Households) over Preceding Year by Sector and Jurisdiction of Management (2022)

单位：% (%)

指标	Item	全部投资 Total Investment in Fixed Assets	中央 Central Government	地方 Local Governments
全省	**Total**	**7.9**	**41.0**	**36.0**
农、林、牧、渔业	**Agriculture, Forestry, Animal Husbandry and Fishery**	**13.1**	**46.4**	**49.7**
农业	Farming	37.5	202.4	88.7
林业	Forestry	-46.0	-80.8	-24.5
畜牧业	Animal Husbandry	-5.5	-87.7	36.4
渔业	Fishery	47.5		55.8
农、林、牧、渔专业及辅助性活动	Professional and Support Activities for Agriculture, Forestry, Animal Husbandry and Fishery	14.8	-79.9	49.3
采矿业	**Mining**	**41.8**	**5.6**	**417.3**
煤炭开采和洗选业	Mining and Washing of Coal	153.6		320.5
石油和天然气开采业	Extraction of Petroleum and Natural Gas	8.4	9.3	
黑色金属矿采选业	Mining and Processing of Ferrous Metal Ores	56.7		928.0
有色金属矿采选业	Mining and Processing of Non-ferrous Metal Ores	45.6	-33.2	
非金属矿采选业	Mining and Processing of Non-metal Ores	-21.5	-100.0	-42.6
开采专业及辅助性活动	Professional and Support Activities for Mining	-72.1	110.3	
其他采矿业	Mining of Other Ores	-29.8		-100.0
制造业	**Manufacturing**	**13.4**	**43.3**	**141.3**
农副食品加工业	Processing of Food from Agricultural Products	1.7	5876.8	-2.5
食品制造业	Manufacture of Foods	40.9		93.2
酒、饮料和精制茶制造业	Manufacture of Liquor, Beverages and Refined Tea	-10.7	-100.0	-85.9
烟草制品业	Manufacture of Tobacco	-79.4	-79.4	
纺织业	Manufacture of Textile	9.9		133.5
纺织服装、服饰业	Manufacture of Textile, Wearing Apparel and Accessories	193.4	198.3	
皮革、毛皮、羽毛及其制品和制鞋业	Manufacture of Leather, Fur, Feather and Related Products and Footware	37.3		-5.2
木材加工和木、竹、藤、棕、草制品业	Processing of Timber, Manufacture of Wood, Bamboo, Rattan, Palm and Straw Products	3.0		
家具制造业	Manufacture of Furniture	17.7		74.2
造纸及纸制品业	Manufacture of Paper and Paper Products	-3.7	-100.0	
印刷和记录媒介复制业	Printing and Reproduction of Recording Media	2.1	-63.5	781.0
文教、工美、体育和娱乐用品制造业	Manufacture of Articles for Culture, Education, Arts and Crafts, Sport and Entertainment Activities	-9.2		-83.7
石油、煤炭及其他燃料加工业	Processing of Petroleum, Coal and Other Fuels	17.6	-66.4	183.3
化学原料及化学制品制造业	Manufacture of Raw Chemical Materials and Chemical Products	21.7	110.2	144.9
医药制造业	Manufacture of Medicines	19.8	295.6	46.9
化学纤维制造业	Manufacture of Chemical Fibres	-49.2		63.5
橡胶和塑料制品业	Manufacture of Rubber and Plastics Products	6.7		-53.0
非金属矿物制品业	Manufacture of Non-metallic Mineral Products	3.8	1121.2	171.6
黑色金属冶炼和压延加工业	Smelting and Pressing of Ferrous Metals	-3.0		164.9
有色金属冶炼和压延加工业	Smelting and Pressing of Non-ferrous Metals	39.9	-67.5	895.6
金属制品业	Manufacture of Metal Products	26.1	-85.4	77.5
通用设备制造业	Manufacture of General Purpose Machinery	22.5	494.3	191.1

9-11 续表 1 continued

单位：% (%)

指 标	Item	全部投资 Total Investment in Fixed Assets	中 央 Central Government	地 方 Local Governments
专用设备制造业	Manufacture of Special Purpose Machinery	8.2	-72.4	48.0
汽车制造业	Manufacture of Automobiles	-1.1	-15.0	-16.1
铁路、船舶、航空航天和其他运输设备制造业	Manufacture of Railway, Ship, Aerospace and Other Transport Equipments	22.0	7.2	28.9
电气机械和器材制造业	Manufacture of Electrical Machinery and Apparatus	53.2	-25.1	222.0
计算机、通信和其他电子设备制造业	Manufacture of Computers, Communication and Other Electronic Equipment	40.2	194.7	1739.7
仪器仪表制造业	Manufacture of Measuring Instruments and Machinery	32.2	-58.3	122.2
其他制造业	Other Manufacture	-50.4	-100.0	642.0
废弃资源综合利用业	Utilization of Waste Resources	62.2	-18.7	49.3
金属制品、机械和设备修理业	Repair Service of Metal Products, Machinery and Equipment	-47.4	2.7	36.2
电力、热力、燃气及水生产和供应业	**Production and Supply of Electricity, Heat, Gas and Water**	**6.7**	**22.3**	**54.1**
电力、热力生产和供应业	Production and Supply of Electric Power and Heat Power	6.6	21.4	20.8
燃气生产和供应业	Production and Supply of Gas	-49.8	-25.6	-6.6
水的生产和供应业	Production and Supply of Water	54.8	746.0	112.7
建筑业	**Construction**	**-23.1**	**-89.9**	**51.7**
房屋建筑业	Construction of Buildings	-84.8		-79.0
土木工程建筑业	Civil Engineering	30.4	-89.3	242.8
建筑安装业	Building Installation	-100.0	-100.0	-100.0
建筑装饰、装修和其他建筑业	Building Decoration and Other Constructions	-88.0		-19.3
批发和零售业	**Wholesale and Retail Trades**	**9.0**	**-45.5**	**24.9**
批发业	Wholesale Trade	47.9	-25.7	27.0
零售业	Retail Trade	-17.3	-63.4	21.9
交通运输、仓储和邮政业	**Transport, Storage and Post**	**9.2**	**51.8**	**46.5**
铁路运输业	Railway Transport	-5.7		-13.7
道路运输业	Road Transport	-19.3	-95.1	22.6
水上运输业	Water Transport	-41.7	-31.5	-22.7
航空运输业	Air Transport	-57.2	2.2	-63.0
管道运输业	Transport Via Pipelines	-57.8	-86.7	-62.2
多式联运和运输代理业	Intermodality and Forwarding Agency	-48.8		-40.6
装卸搬运和仓储业	Loading, Unloading and Storage	123.4	52.6	2099.7
邮政业	Post	234.0		
住宿和餐饮业	**Hotels and Catering Services**	**14.9**		**50.1**
住宿业	Hotels	14.9		32.0
餐饮业	Catering Services	15.2		7754.0
信息传输、软件和信息技术服务业	**Information Transmission, Software and Information Technology**	**38.4**	**99.4**	**30.3**
电信、广播电视和卫星传输服务	Telecommunication, Radio and Television and Satellite Transmission Service	3.9	37.2	-16.7
互联网和相关服务	Internet and Related Service	64.1		-12.2
软件和信息技术服务业	Software and Information Technology	23.0	34.6	110.4

9-11 续表 2 continued

单位：% (%)

指 标	Item	全部投资 Total Investment in Fixed Assets	中 央 Central Government	地 方 Local Governments
金融业	**Financial Intermediation**	**-33.0**	**-10.8**	**116.2**
货币金融服务	Monetary and Financial Service	-29.7	-10.8	130.6
资本市场服务	Capital Market Service	-95.2		-41.8
保险业	Insurance			
其他金融业	Other Financial Activities			
房地产业	**Real Estate**	**-2.6**	**40.0**	**-10.5**
租赁和商务服务业	**Leasing and Business Services**	**90.5**	**4149.9**	**190.6**
租赁业	Leasing	81.4		301625.0
商务服务业	Business Services	90.6	4149.9	189.8
科学研究和技术服务业	**Scientific Research and Technical Services**	**0.8**	**-66.1**	**60.6**
研究和试验发展	Research and Experimental Development	32.1	30.7	812.8
专业技术服务业	Professional Technical Services	-36.7	-87.4	8.8
科技推广和应用服务业	Science and Technology Popularization and Application Services	12.0	-6.7	51.0
水利、环境和公共设施管理业	**Management of Water Conservancy, Environment and Public Facilities**	**2.2**	**7.5**	**27.0**
水利管理业	Management of Water Conservancy	-40.1	-75.2	-34.4
生态保护和环境治理业	Ecological Protection and Environmental Treatment	-9.4	-6.1	-9.5
公共设施管理业	Management of Public Facilities	15.2	28.6	49.6
土地管理业	Management of Land	-70.9	-49.1	35.0
居民服务、修理和其他服务业	**Service to Households, Repair and Other Services**	**65.6**	**74.7**	**19.9**
居民服务业	Services to Households	57.0	74.7	17.3
机动车、电子产品和日用产品修理业	Repair of Motor Vehicle, Electronics and Household Products	92.9		
其他服务业	Other Services	91.7		71.2
教育	**Education**	**-11.8**	**-67.9**	**9.4**
卫生和社会工作	**Health and Social Service**	**31.3**	**174.5**	**63.2**
卫生	Health	34.8	174.5	63.0
社会工作	Social Service	17.1		68.0
文化、体育和娱乐业	**Culture, Sports and Entertainment**	**-12.3**	**-32.5**	**36.8**
新闻和出版业	Journalism and Publishing Activities	-100.0	-100.0	-100.0
广播、电视、电影和影视录音制作业	Radio, Television, Motion Picture and Videotape Programme Production Services	74.3		471.6
文化艺术业	Cultural and Art Activities	13.7		25.8
体育	Sports Activities	-15.8	-100.0	95.1
娱乐业	Entertainment	-23.1		-13.8
公共管理、社会保障和社会组织	**Public Management, Social Security and Social Organization**	**-15.6**	**-91.7**	**20.7**
中国共产党机关	Organs of Communist Party of China	-82.8		-82.8
国家机构	Government Agencies	-14.3	-91.7	26.1
社会保障	Social Security	-34.8		20.7
群众团体、社会团体和其他成员组织	Mass Organizations, Social Organizations and Other Membership Organizations	-97.5		-100.0
基层群众自治组织	Grass Roots Self-Governing Organizations	200.1		233.5
国际组织	**International Organizations**			

9-12 各行业按登记注册类型分固定资产投资(不含农户)比上年增长情况(2022年)

Growth Rate of Total Investment in Fixed Assets (Excluding Rural Households) over Preceding Year by Sector and Registration Status (2022)

单位：% (%)

指标	Item	全部投资 Total Investment in Fixed Assets	#内资 Domestic Funds	#港澳台商投资 Funds from Hong Kong, Macao and Taiwan	#外商投资 Foreign Funded
全省	**Total**	**7.9**	**8.3**	**17.3**	**-22.6**
农、林、牧、渔业	**Agriculture, Forestry, Animal Husbandry and Fishery**	**13.1**	**12.4**	**-88.7**	**-100.0**
农业	Farming	37.5	36.6		
林业	Forestry	-46.0	-46.1		
畜牧业	Animal Husbandry	-5.5	-7.1	-100.0	-100.0
渔业	Fishery	47.5	45.4		
农、林、牧、渔专业及辅助性活动	Professional and Support Activities for Agriculture, Forestry, Animal Husbandry and Fishery	14.8	16.9	-100.0	-100.0
采矿业	**Mining**	**41.8**	**41.2**	**740.5**	
煤炭开采和洗选业	Mining and Washing of Coal	153.6	153.6		
石油和天然气开采业	Extraction of Petroleum and Natural Gas	8.4	8.4		
黑色金属矿采选业	Mining and Processing of Ferrous Metal Ores	56.7	56.1		
有色金属矿采选业	Mining and Processing of Non-ferrous Metal Ores	45.6	40.0	133.5	
非金属矿采选业	Mining and Processing of Non-metal Ores	-21.5	-21.5		
开采专业及辅助性活动	Professional and Support Activities for Mining	-72.1	-72.1		
其他采矿业	Mining of Other Ores	-29.8	-29.8		
制造业	**Manufacturing**	**13.4**	**14.9**	**-3.8**	**-13.4**
农副食品加工业	Processing of Food from Agricultural Products	1.7	3.6	107.5	-78.7
食品制造业	Manufacture of Foods	40.9	38.2	154.9	35.6
酒、饮料和精制茶制造业	Manufacture of Liquor, Beverages and Refined Tea	-10.7	-7.3	-100.0	-74.5
烟草制品业	Manufacture of Tobacco	-79.4	-79.4		
纺织业	Manufacture of Textile	9.9	9.1		-68.5
纺织服装、服饰业	Manufacture of Textile, Wearing Apparel and Accessories	193.4	200.6	-6.4	
皮革、毛皮、羽毛及其制品和制鞋业	Manufacture of Leather, Fur, Feather and Related Products and Footware	37.3	61.2		-73.2
木材加工和木、竹、藤、棕、草制品业	Processing of Timber, Manufacture of Wood, Bamboo, Rattan, Palm and Straw Products	3.0	3.1		
家具制造业	Manufacture of Furniture	17.7	20.2		2735.5
造纸及纸制品业	Manufacture of Paper and Paper Products	-3.7	-2.1	-40.8	
印刷和记录媒介复制业	Printing and Reproduction of Recording Media	2.1	6.8	-48.6	
文教、工美、体育和娱乐用品制造业	Manufacture of Articles for Culture, Education, Arts and Crafts, Sport and Entertainment Activities	-9.2	-11.3	-96.7	52.7
石油、煤炭及其他燃料加工业	Processing of Petroleum, Coal and Other Fuels	17.6	19.3	385.9	-85.8
化学原料及化学制品制造业	Manufacture of Raw Chemical Materials and Chemical Products	21.7	29.9	-73.9	27.4
医药制造业	Manufacture of Medicines	19.8	20.9	6.9	12.7
化学纤维制造业	Manufacture of Chemical Fibres	-49.2	-49.7		
橡胶和塑料制品业	Manufacture of Rubber and Plastics Products	6.7	9.8	-100.0	-86.2
非金属矿物制品业	Manufacture of Non-metallic Mineral Products	3.8	7.0	-8.4	-86.5
黑色金属冶炼和压延加工业	Smelting and Pressing of Ferrous Metals	-3.0	-3.8	-19.0	76.6
有色金属冶炼和压延加工业	Smelting and Pressing of Non-ferrous Metals	39.9	51.9		-32.4
金属制品业	Manufacture of Metal Products	26.1	26.6	61.5	-64.2
通用设备制造业	Manufacture of General Purpose Machinery	22.5	24.3	-68.1	15.5
专用设备制造业	Manufacture of Special Purpose Machinery	8.2	9.7	-13.9	-24.6

9-12 续表 1 continued

单位：% (%)

指 标	Item	全部投资 Total Investment in Fixed Assets	#内资 Domestic Funds	#港澳台商投资 Funds from Hong Kong, Macao and Taiwan	#外商投资 Foreign Funded
汽车制造业	Manufacture of Automobiles	-1.1	-5.9	124.4	19.0
铁路、船舶、航空航天和其他运输设备制造业	Manufacture of Railway, Ship, Aerospace and Other Transport Equipments	22.0	28.1	-100.0	-96.3
电气机械和器材制造业	Manufacture of Electrical Machinery and Apparatus	53.2	52.6	276.0	-56.3
计算机、通信和其他电子设备制造业	Manufacture of Computers, Communication and Other Electronic Equipment	40.2	48.0	14.7	-14.3
仪器仪表制造业	Manufacture of Measuring Instruments and Machinery	32.2	31.7		93.4
其他制造业	Other Manufacture	-50.4	-50.4		
废弃资源综合利用业	Utilization of Waste Resources	62.2	53.6	3018.7	-74.9
金属制品、机械和设备修理业	Repair Service of Metal Products, Machinery and Equipment	-47.4	-45.0		-100.0
电力、热力、燃气及水生产和供应业	**Production and Supply of Electricity, Heat, Gas and Water**	**6.7**	**9.3**	**-27.1**	**-66.8**
电力、热力生产和供应业	Production and Supply of Electric Power and Heat Power	6.6	8.9	-27.4	-74.7
燃气生产和供应业	Production and Supply of Gas	-49.8	-48.9	7.8	-60.0
水的生产和供应业	Production and Supply of Water	54.8	56.2	-30.1	-4.5
建筑业	**Construction**	**-23.1**	**-15.2**		**-100.0**
房屋建筑业	Construction of Buildings	-84.8	-83.8		-100.0
土木工程建筑业	Civil Engineering	30.4	50.2		-100.0
建筑安装业	Building Installation	-100.0	-100.0		
建筑装饰、装修和其他建筑业	Building Decoration and Other Constructions	-88.0	-88.0		
批发和零售业	**Wholesale and Retail Trades**	**9.0**	**7.5**	**1198.9**	**-73.9**
批发业	Wholesale Trade	47.9	45.6		-100.0
零售业	Retail Trade	-17.3	-18.8	679.6	-71.8
交通运输、仓储和邮政业	**Transport, Storage and Post**	**9.2**	**6.5**	**194.2**	**14.8**
铁路运输业	Railway Transport	-5.7	-3.1	-100.0	-26.4
道路运输业	Road Transport	-19.3	-20.0	173.1	-81.1
水上运输业	Water Transport	-41.7	-41.7		
航空运输业	Air Transport	-57.2	-57.2		
管道运输业	Transport Via Pipelines	-57.8	-45.9	-100.0	
多式联运和运输代理业	Intermodality and Forwarding Agency	-48.8	-48.8		
装卸搬运和仓储业	Loading, Unloading and Storage	123.4	117.3	544.2	54.6
邮政业	Post	234.0	223.6		-10.2
住宿和餐饮业	**Hotels and Catering Services**	**14.9**	**13.7**		**-55.3**
住宿业	Hotels	14.9	14.7		-53.7
餐饮业	Catering Services	15.2	7.8		-100.0
信息传输、软件和信息技术服务业	**Information Transmission, Software and Information Technology**	**38.4**	**49.4**	**52.4**	**-45.7**
电信、广播电视和卫星传输服务	Telecommunication, Radio and Television and Satellite Transmission Service	3.9	43.0	-62.0	-65.0
互联网和相关服务	Internet and Related Service	64.1	60.2	114.1	0.3
软件和信息技术服务业	Software and Information Technology	23.0	42.1	-21.7	-71.5
金融业	**Financial Intermediation**	**-33.0**	**-33.0**		
货币金融服务	Monetary and Financial Service	-29.7	-29.7		
资本市场服务	Capital Market Service	-95.2	-95.2		
保险业	Insurance				
其他金融业	Other Financial Activities				

9-12 续表 2 continued

单位：% (%)

指 标	Item	全部投资 Total Investment in Fixed Assets	#内资 Domestic Funds	#港澳台商投资 Funds from Hong Kong, Macao and Taiwan	#外商投资 Foreign Funded
房地产业	**Real Estate**	**-2.6**	**-2.6**	**-13.5**	**6.1**
租赁和商务服务业	**Leasing and Business Services**	**90.5**	**93.0**	**16.4**	**53.9**
租赁业	Leasing	81.4	81.4		
商务服务业	Business Services	90.6	93.2	16.4	53.9
科学研究和技术服务业	**Scientific Research and Technical Services**	**0.8**	**0.2**	**2731.5**	**3.0**
研究和试验发展	Research and Experimental Development	32.1	32.5	96.4	-58.2
专业技术服务业	Professional Technical Services	-36.7	-37.7		-100.0
科技推广和应用服务业	Science and Technology Popularization and Application Services	12.0	11.2		
水利、环境和公共设施管理业	**Management of Water Conservancy, Environment and Public Facilities**	**2.2**	**1.9**	**197.1**	**-38.0**
水利管理业	Management of Water Conservancy	-40.1	-40.1		
生态保护和环境治理业	Ecological Protection and Environmental Treatment	-9.4	-8.0	-56.4	-80.6
公共设施管理业	Management of Public Facilities	15.2	14.5	17799.7	81.7
土地管理业	Management of Land	-70.9	-70.9		
居民服务、修理和其他服务业	**Service to Households, Repair and Other Services**	**65.6**	**64.3**	**-100.0**	
居民服务业	Services to Households	57.0	58.1		
机动车、电子产品和日用产品修理业	Repair of Motor Vehicle, Electronics and Household Products	92.9	73.6		
其他服务业	Other Services	91.7	93.4	-100.0	
教育	**Education**	**-11.8**	**-11.6**		**-71.6**
卫生和社会工作	**Health and Social Service**	**31.3**	**31.3**		
卫生	Health	34.8	34.6		
社会工作	Social Service	17.1	17.8		
文化、体育和娱乐业	**Culture, Sports and Entertainment**	**-12.3**	**-8.4**	**-85.1**	**-96.9**
新闻和出版业	Journalism and Publishing Activities	-100.0	-100.0		
广播、电视、电影和影视录音制作业	Radio, Television, Motion Picture and Videotape Programme Production Services	74.3	74.3		
文化艺术业	Cultural and Art Activities	13.7	13.3		
体育	Sports Activities	-15.8	-5.8		-100.0
娱乐业	Entertainment	-23.1	-20.6	-85.1	
公共管理、社会保障和社会组织	**Public Management, Social Security and Social Organization**	**-15.6**	**-15.4**		
中国共产党机关	Organs of Communist Party of China	-82.8	-82.8		
国家机构	Government Agencies	-14.3	-14.0		
人民政协、民主党派	People's Political Consultative Conference and Democratic Parties				
社会保障	Social Security	-34.8	-34.8		
群众团体、社会团体和其他成员组织	Mass Organizations, Social Organizations and Other Membership Organizations	-97.5	-97.5		
基层群众自治组织	Grass Roots Self-Governing Organizations	200.1	200.1		
国际组织	**International Organizations**				

9-13 各行业按控股情况分固定资产投资(不含农户)比上年增长情况(2022年)
Growth Rate of Total Investment in Fixed Assets (Excluding Rural Households) over Preceding Year by Sector and Holding Type (2022)

单位：% (%)

指　　标	Item	全部投资 Total Investment in Fixed Assets	#国有控股 State-holding	#集体控股 Collective-holding	#私人控股 Private-holding
全　省	**Total**	**7.9**	**12.3**	**-14.2**	**6.7**
农、林、牧、渔业	**Agriculture, Forestry, Animal Husbandry and Fishery**	**13.1**	**21.6**	**109.1**	**14.9**
农业	Farming	37.5	57.0	149.8	41.9
林业	Forestry	-46.0	-38.4	75.9	-67.1
畜牧业	Animal Husbandry	-5.5	5.5	95.3	-5.7
渔业	Fishery	47.5	-41.4		52.2
农、林、牧、渔专业及辅助性活动	Professional and Support Activities for Agriculture, Forestry, Animal Husbandry and Fishery	14.8	15.6	1.2	54.9
采矿业	**Mining**	**41.8**	**82.6**	**17.5**	**27.4**
煤炭开采和洗选业	Mining and Washing of Coal	153.6	227.4		112.4
石油和天然气开采业	Extraction of Petroleum and Natural Gas	8.4	9.3		-100.0
黑色金属矿采选业	Mining and Processing of Ferrous Metal Ores	56.7	160.6	6.6	37.8
有色金属矿采选业	Mining and Processing of Non-ferrous Metal Ores	45.6	-33.2		198.2
非金属矿采选业	Mining and Processing of Non-metal Ores	-21.5	-43.6		-19.2
开采专业及辅助性活动	Professional and Support Activities for Mining	-72.1	262.3		-92.4
其他采矿业	Mining of Other Ores	-29.8	-100.0		
制造业	**Manufacturing**	**13.4**	**49.9**	**-14.9**	**10.8**
农副食品加工业	Processing of Food from Agricultural Products	1.7	152.1	66.2	2.1
食品制造业	Manufacture of Foods	40.9	4068.8	-14.4	39.5
酒、饮料和精制茶制造业	Manufacture of Liquor, Beverages and Refined Tea	-10.7	-93.6	-100.0	5.3
烟草制品业	Manufacture of Tobacco	-79.4	-79.4		
纺织业	Manufacture of Textile	9.9	87.4		9.8
纺织服装、服饰业	Manufacture of Textile, Wearing Apparel and Accessories	193.4	104.4		201.9
皮革、毛皮、羽毛及其制品和制鞋业	Manufacture of Leather, Fur, Feather and Related Products and Footware	37.3			39.0
木材加工和木、竹、藤、棕、草制品业	Processing of Timber, Manufacture of Wood, Bamboo, Rattan, Palm and Straw Products	3.0			-4.7
家具制造业	Manufacture of Furniture	17.7			14.1
造纸及纸制品业	Manufacture of Paper and Paper Products	-3.7	8545.6	116.8	-11.5
印刷和记录媒介复制业	Printing and Reproduction of Recording Media	2.1	222.6	-100.0	4.0
文教、工美、体育和娱乐用品制造业	Manufacture of Articles for Culture, Education, Arts and Crafts, Sport and Entertainment Activities	-9.2	-79.0	-83.9	-10.6
石油、煤炭及其他燃料加工业	Processing of Petroleum, Coal and Other Fuels	17.6	14.6	-100.0	17.3
化学原料及化学制品制造业	Manufacture of Raw Chemical Materials and Chemical Products	21.7	30.6	-90.0	29.6
医药制造业	Manufacture of Medicines	19.8	92.8	-0.1	17.0
化学纤维制造业	Manufacture of Chemical Fibres	-49.2			-61.2
橡胶和塑料制品业	Manufacture of Rubber and Plastics Products	6.7	-90.3	-100.0	9.5
非金属矿物制品业	Manufacture of Non-metallic Mineral Products	3.8	57.2	6.4	1.2
黑色金属冶炼和压延加工业	Smelting and Pressing of Ferrous Metals	-3.0	41.0	-28.0	-16.0
有色金属冶炼和压延加工业	Smelting and Pressing of Non-ferrous Metals	39.9	388.0		-11.2
金属制品业	Manufacture of Metal Products	26.1	107.7	150.6	26.4
通用设备制造业	Manufacture of General Purpose Machinery	22.5	200.6	26.0	16.2
专用设备制造业	Manufacture of Special Purpose Machinery	8.2	-22.7	22.9	10.6
汽车制造业	Manufacture of Automobiles	-1.1	-30.7	774.3	2.8

9-13 续表 1 continued

单位：% (%)

指　　标	Item	全部投资 Total Investment in Fixed Assets	#国有控股 State-holding	#集体控股 Collective-holding	#私人控股 Private-holding
铁路、船舶、航空航天和其他运输设备制造业	Manufacture of Railway, Ship, Aerospace and Other Transport Equipments	22.0	9.1		26.9
电气机械和器材制造业	Manufacture of Electrical Machinery and Apparatus	53.2	98.4	128.7	46.3
计算机、通信和其他电子设备制造业	Manufacture of Computers, Communication and Other Electronic Equipment	40.2	927.7		13.4
仪器仪表制造业	Manufacture of Measuring Instruments and Machinery	32.2	262.5		20.9
其他制造业	Other Manufacture	-50.4	15.7	-100.0	-55.8
废弃资源综合利用业	Utilization of Waste Resources	62.2	161.2	392.4	55.9
金属制品、机械和设备修理业	Repair Service of Metal Products, Machinery and Equipment	-47.4	17.8		-66.8
电力、热力、燃气及水生产和供应业	**Production and Supply of Electricity, Heat, Gas and Water**	**6.7**	**15.0**	**-34.1**	**-4.5**
电力、热力生产和供应业	Production and Supply of Electric Power and Heat Power	6.6	8.4	165.9	6.5
燃气生产和供应业	Production and Supply of Gas	-49.8	-53.2	-100.0	-57.9
水的生产和供应业	Production and Supply of Water	54.8	70.7	-19.8	-8.3
建筑业	**Construction**	**-23.1**	**8.5**	**-100.0**	**-59.6**
房屋建筑业	Construction of Buildings	-84.8	-78.8	-100.0	-93.1
土木工程建筑业	Civil Engineering	30.4	77.1		-22.3
建筑安装业	Building Installation	-100.0	-100.0		
建筑装饰、装修和其他建筑业	Building Decoration and Other Constructions	-88.0	-59.5		-100.0
批发和零售业	**Wholesale and Retail Trades**	**9.0**	**19.5**	**-51.6**	**3.5**
批发业	Wholesale Trade	47.9	113.2	-67.5	39.4
零售业	Retail Trade	-17.3	-13.1	-11.1	-23.3
交通运输、仓储和邮政业	**Transport, Storage and Post**	**9.2**	**-1.2**	**382.5**	**28.4**
铁路运输业	Railway Transport	-5.7	-5.6		-6.0
道路运输业	Road Transport	-19.3	-16.8	-45.4	-34.1
水上运输业	Water Transport	-41.7	-31.5		103.8
航空运输业	Air Transport	-57.2	-39.2	-100.0	-78.8
管道运输业	Transport Via Pipelines	-57.8	-63.1		163.9
多式联运和运输代理业	Intermodality and Forwarding Agency	-48.8	-100.0		-70.7
装卸搬运和仓储业	Loading, Unloading and Storage	123.4	169.3	1161.8	85.9
邮政业	Post	234.0		905.0	196.5
住宿和餐饮业	**Hotels and Catering Services**	**14.9**	**24.0**	**307.6**	**2.7**
住宿业	Hotels	14.9	10.7	-47.2	8.4
餐饮业	Catering Services	15.2	2221.7		-26.3
信息传输、软件和信息技术服务业	**Information Transmission, Software and Information Technology**	**38.4**	**51.7**		**51.8**
电信、广播电视和卫星传输服务	Telecommunication, Radio and Television and Satellite Transmission Service	3.9	42.1		65.3
互联网和相关服务	Internet and Related Service	64.1	125.4		54.9
软件和信息技术服务业	Software and Information Technology	23.0	19.8		48.9
金融业	**Financial Intermediation**	**-33.0**	**-38.5**	**-28.9**	**-36.2**
货币金融服务	Monetary and Financial Service	-29.7	-16.1	-28.9	-70.1
资本市场服务	Capital Market Service	-95.2	-95.2		
保险业	Insurance				
其他金融业	Other Financial Activities				

9-13 续表 2 continued

单位：% (%)

指　标	Item	全部投资 Total Investment in Fixed Assets	#国有控股 State-holding	#集体控股 Collective-holding	#私人控股 Private-holding
房地产业	**Real Estate**	**-2.6**	**-7.1**	**-36.6**	**0.7**
租赁和商务服务业	**Leasing and Business Services**	**90.5**	**217.5**	**141.4**	**22.4**
租赁业	Leasing	81.4	717.5		45.9
商务服务业	Business Services	90.6	217.1	141.4	21.8
科学研究和技术服务业	**Scientific Research and Technical Services**	**0.8**	**8.0**	**5223.8**	**-3.8**
研究和试验发展	Research and Experimental Development	32.1	106.1		2.5
专业技术服务业	Professional Technical Services	-36.7	-58.8	-86.8	-17.6
科技推广和应用服务业	Science and Technology Popularization and Application Services	12.0	41.7	1492200.0	-1.5
水利、环境和公共设施管理业	**Management of Water Conservancy, Environment and Public Facilities**	**2.2**	**5.0**	**-74.1**	**-2.4**
水利管理业	Management of Water Conservancy	-40.1	-40.2		252.9
生态保护和环境治理业	Ecological Protection and Environmental Treatment	-9.4	-29.2	190.9	43.9
公共设施管理业	Management of Public Facilities	15.2	22.7	-76.2	-13.4
土地管理业	Management of Land	-70.9	-70.5		-96.6
居民服务、修理和其他服务业	**Service to Households, Repair and Other Services**	**65.6**	**-21.6**	**225.7**	**170.3**
居民服务业	Services to Households	57.0	-22.3	260.7	269.6
机动车、电子产品和日用产品修理业	Repair of Motor Vehicle, Electronics and Household Products	92.9			81.8
其他服务业	Other Services	91.7	-11.4	-100.0	124.2
教育	**Education**	**-11.8**	**-7.1**	**111.6**	**-23.5**
卫生和社会工作	**Health and Social Service**	**31.3**	**53.3**	**35.8**	**12.0**
卫生	Health	34.8	53.7	44.3	15.2
社会工作	Social Service	17.1	44.1	10.4	9.7
文化、体育和娱乐业	**Culture, Sports and Entertainment**	**-12.3**	**3.8**	**266.1**	**-23.5**
新闻和出版业	Journalism and Publishing Activities	-100.0	-100.0		-100.0
广播、电视、电影和影视录音制作业	Radio, Television, Motion Picture and Videotape Programme Production Services	74.3	243.8		21.9
文化艺术业	Cultural and Art Activities	13.7	17.4		0.9
体育	Sports Activities	-15.8	10.9	39.7	-27.0
娱乐业	Entertainment	-23.1	-37.6	237.4	-27.6
公共管理、社会保障和社会组织	**Public Management, Social Security and Social Organization**	**-15.6**	**-18.9**	**85.3**	**612.2**
中国共产党机关	Organs of Communist Party of China	-82.8	-82.8		
国家机构	Government Agencies	-14.3	-13.1		-80.0
人民政协、民主党派	People's Political Consultative Conference and Democratic Parties				
社会保障	Social Security	-34.8	-65.4		
群众团体、社会团体和其他成员组织	Mass Organizations, Social Organizations and Other Membership Organizations	-97.5	-100.0		
基层群众自治组织	Grass Roots Self-Governing Organizations	200.1	402.7	-9.9	
国际组织	**International Organizations**				

主要统计指标解释

全社会固定资产投资 是以货币形式表现的在一定时期内全社会建造和购置固定资产的工作量以及与此有关费用的总称。该指标是反映固定资产投资规模、结构和发展速度的综合性指标。全社会固定资产投资按登记注册类型可分为国有、集体、联营、股份制、私营和个体、港澳台商、外商、其他等。

固定资产投资（不含农户） 指城镇和农村各种登记注册类型的企业、事业、行政单位及城镇个体户进行的计划总投资500万元及以上的建设项目投资和房地产开发投资，包括原口径的城镇固定资产投资加上农村企事业组织项目投资，该口径自2011年起开始使用。

民间固定资产投资 指具有集体、私营、个人性质的内资企事业单位以及由其控股（包括绝对控股和相对控股）的企业单位在中华人民共和国境内建造或购置固定资产的投资。

基础设施投资 指为社会生产和生活提供基础性、大众性服务的工程和设施，是社会赖以生存和发展的基本条件。包括以下行业投资：铁路运输业、道路运输业、水上运输业、航空运输业、管道运输业、多式联运和运输代理业、装卸搬运业、邮政业、电信广播电视和卫星传输服务业、互联网和相关服务业、水利管理业、生态保护和环境治理业、公共设施管理业。

实际到位资金 指用于固定资产投资的各种货币资金。包括国家预算资金、国内贷款、利用外资、自筹资金和其他资金。

国家预算资金 国家预算包括一般预算、政府性基金预算、国有资本经营预算和社保基金预算。各类预算中用于固定资产投资的资金全部作为国家预算资金填报，其中一般预算中用于固定资产投资的部分包括基建投资、车购税、灾后恢复重建基金和其他财政投资。各级政府债券也应归入国家预算资金。

国内贷款 指报告期固定资产投资项目单位向银行及非银行金融机构借入用于固定资产投资的各种国内借款，包括银行利用自有资金及吸收存款发放的贷款、上级拨入的国内贷款、国家专项贷款（包括煤代油贷款、劳改煤矿专项贷款等），地方财政专项资金安排的贷款、国内储备贷款、周转贷款等。

利用外资 指报告期收到的境外（包括外国及港澳台地区）资金(包括设备、材料、技术在内)。包括对外借款(外国政府贷款、国际金融组织贷款、出口信贷、外国银行商业贷款、对外发行债券和股票)、外商直接投资、外商其他投资(包括利用外商投资收益在国内进行固定资产再投资活动的资金)。不包括我国自有外汇资金(国家外汇、地方外汇、留成外汇、调剂外汇和国内银行自有资金发放的外汇贷款等)。各类外资按报告期的外汇牌价（中间价）折成人民币计算。

自筹资金 指固定资产投资单位在报告期收到的，由各企、事业单位筹集用于固定资产投资的资金，包括各类企事业单位的自有资金和从其他单位筹集的用于固定资产投资的资金，但不包括各类财政性资金、从各类金融机构借入资金和国外资金。

其他资金来源 指在报告期收到的除以上各种资金之外的用于固定资产投资的资金。包括社会集资、个人资金、无偿捐赠的资金及其他单位拨入的资金等。

固定资产投资按国民经济行业分 指根据其从事的社会经济活动性质对各类单位进行的分类。应根据建设项目建成投产后的主要产品种类或主要用途及社会经济活动种类来划分，不能根据项目单位本身的行业类别来划分。如果项目投产后有几种产品，应根据主要产品来确定行业类别。一般情况下，一个建设项目只能属于一种国民经济行业。

固定资产投资按隶属关系分 是按建设单位或企业、事业、行政单位的主管上级机关确定的。

（1）中央 是指中共中央、人大常委会和国务院各部、委、局、总公司以及直属机构直接领导的建设项目和企业、事业、行政单位。这些单位的固定资产投资计划由国务院各部门直接编制和下达，统一组织或委托下级实施。包括有中央垂直管理的部门（如国家统计局各级调查队）和中央直属企业、事业单位（如工商银行、中国电信、中国石油）等。

（2）地方 是由省（自治区、直辖市）、地（区、市、州、盟）、县（区、市、旗）三级政府及业务主管部门直接领导和管理的建设项目、企业、事业、行政单位。地方项目还包括不隶属以上各级政府及主管部门的建设项目和企业、事业单位，如外商投资企业和无主管部门的企业等。

固定资产投资按建设性质分 按整个建设项目情况来确定。建设项目的性质一般分为新建、扩建、改建和技术改造、单纯建造生活设施、迁建、恢复、单纯购置。农户投资不划分建设性质。

（1）新建 指从无到有"平地起家"开始建设的项目。现有企业、事业、行政单位投资的项目一般不属于新建。但如有的单位原有基础很小，经过建设后新增的固定资产价值超过该企业、事业、行政单位原有固定资产价值（原值）三倍以上的，也应作为新建。

（2）扩建 指在厂内或其他地点，为扩大原有产品的生产能力（或效益）或增加新的产品生产能力，而增建的生产车间（或主要工程）、分厂、独立的生产线等项目。行政、事业单位在原单位增建业务性用房（如学校增建教学用房、医院增建门诊部、病房等）也作为扩建。

现有企、事业单位为扩大原有主要产品生产能力或增加新的产品生产能力，增建一个或几个主要生产车间（或主要工程）、分厂，同时进行一些更新改造工程的，也应作为扩建。

（3）改建和技术改造 指现有企业、事业单位对原有设施进行技术改造或更新（包括相应配套的辅助性生产、生活福利设施）的建设项目。改建项目包括企业、事业单位为适应市场变化的需要，而改变企业的主要产品种类（如军工企业转民用产品等）的建设项目；原有产品生产作业线由于各工序（车间）之间能力不平衡，为填平补齐充分发挥原有生产能力而增建但不增加主要产品生产能力的建设项目。技术改造是指企业、事业单位在现有基础上用先进的技术代替落后的技术，用先进的工艺和装备代替落后的工艺和装备，以改变企业落后的技术经济面貌，实现以内涵为主的扩大再生产，达到提高产品质量、促进产品更新换代、节约能源、降低消耗、扩大生产规模、全面提高社会经效益的目的。技术改造具体包括以下内容：机器设备和工具的更新改造；生产工艺改革、节约能源和原材料的改造；厂房建筑和公共设施的改造；保护环境进行的“三废”治理改造；劳动条件和生产环境的改造等。

固定资产投资按构成分

（1）建筑工程 指各种房屋、建筑物的建造工程。这部分投资额必须兴工动料，通过施工活动才能实现，是固定资产投资额的重要组成部分。

（2）安装工程 指各种设备、装置的安装工程。

在安装工程中，不包括被安装设备本身价值。

（3）设备工器具购置 指报告期内购置或自制的，达到固定资产标准的设备、工具、器具的价值。新建单位及扩建单位的新建车间，按照设计或计划要求购置或自制的全部设备、工具、器具，不论是否达到固定资产标准均计入“设备工器具购置”中。

（4）其他费用 指在固定资产建造和购置过程中发生的，除建筑安装工程和设备、工器具购置投资完成额以外的应当分摊计入固定资产投资的费用，不指经营中财务上的其他费用。

Explanatory Notes on Main Statistical Indicators

Total Investment in Fixed Assets in the Whole Country refers to the volume of activities in construction and purchases of fixed assets of the whole country and related fees, expressed in monetary terms during the reference period. It is a comprehensive indicator which shows the size, structure and growth of the investment in fixed assets, providing a basis for observing the progress of construction projects and evaluating results of investment. Total investment in fixed assets in the whole country includes, by type of ownership, the investment by State-owned units, collective-owned units, joint ownership units, share-holding units, private units, individuals as well as investments by entrepreneurs from Hong Kong, Macao and Taiwan, foreign investors and others.

Investment in Fixed Assets (Excluding Rural Households) refers to the investment in construction projects with a total planned investment of 5 million yuan and over by enterprises of various ownerships, institutions, administrative units and urban self-employed individuals, and the investment in real estate development in both urban and rural areas. Since 2011, it covers the urban investment in fixed assets under the previous statistical coverage plus project investments by rural enterprises and institutions.

Non-governmental Investment in Fixed Assets refers to the investment in the construction or purchase of fixed assets in the territory of the People's Republic of China by domestic-funded enterprises and institutions with collective, private and personal nature and by enterprises and institutions controlled by them (including absolute and relative holding).

Infrastructure Investment refers to projects and facilities that provide basic and popular services for social production and life. It is the basic condition for the survival and development of society. It includes: railway transport, road transport, water transport, air transport, pipeline transport, multimodal transport and transport agent Intermodality and Forwarding Agency, loading and unloading, posts, telecommunications, radio and television and satellite transmission services, Internet and related services, water management industry, ecological protection and environmental governance, public facilities management.

Actual Funds for Investment refer to all kinds of monetary funds used for fixed assets investment. It includes state budget funds, domestic loans, foreign capital utilization, self-raising funds and other funds.

Fund from the State Budget State budget consists of general budget, government fund budget, operation budget of state-owned assets and social security fund budget. Funds for investment in fixed assets from various budgets are reported as fund from the state budget, of which, the general budget utilized on fixed assets investment includes investment on infrastructure construction, vehicle purchase tax, post-disaster restoration and reconstruction funds and other financial investment. Government bonds at all levels should also be included.

Domestic Loans refer to loans of various forms borrowed by investing units from banks and non-bank financial institutions during the reference period for the purpose of investment in fixed assets, including loans issued by banks from their self-owned funds and deposit, loans appropriated by higher responsible authorities, special loans by government (including loan for substituting petroleum with coal, special loans for reform-through-labour coal mines), loans arranged by local government from special funds, domestic reserve loan, and revolving loan, etc.

Foreign Investment refers to overseas (including foreign countries, Hongkong, Macao and Taiwan) funds received during the reference period (covering equipment, materials and technology), including foreign borrowings (loans from foreign governments and international financial institutions, export credit, commercial loans from foreign banks, issue of bonds and stocks overseas), foreign direct investment and other foreign investments (including funds from foreign direct investment income that are reinvested in fixed assets domestically). Excluded from this category is capital in foreign exchanges owned by China (foreign exchanges owned by the central and local governments, foreign exchanges retained by enterprises, foreign exchanges by enterprises through the regulating mechanism, loans in foreign exchanges issued by the Bank of China with its own fund, etc.). In calculating the utilization of foreign capital, foreign currencies are converted into Chinese Renminbi applying the exchange rate (central parity rate) at the end of the reference period.

Self-raised Funds refer to funds for investment in fixed assets received during the reference period by investing units, including investment in fixed assets using own funds of various enterprises and institutions or funds raised from other units other than financial funds, funds borrowed from financial institutions and overseas funds.

Other Funds refer to funds for investment in fixed assets received from sources other than those listed above, including funds raised from individuals and through donations, and funds transferred from other units.

Investment in Fixed Assets by Sector refers to the classification of investment by the nature of social economic activities the investing units are engaged in. The classification of construction projects by sector is determined by the major products or the purpose of the projects when they are put into production or use, and by the nature of their social economic activities, instead of being determined by industrial classification of the project enterprises. The project will be classified according to major product if there are several kinds of products yielded. In general, one project can only be classified into one sector.

Investment in Fixed Assets by Jurisdiction of Management refers to the classification of investment by the competent authorities under which investment is made by construction units, enterprises, institutions or administrative units.

(1) Central investment refers to the investment in projects or by enterprises, institutions or administrative units which are under the direct leadership and management of the State Council and of the national commissions, ministries, agencies and State-owned large corporations. Various ministries and departments of the State Council prepare and implement plans through unified organization or lower-level commissions, which include departments direct under central government (i.e. survey offices at all level of the National Bureau of Statistics) and enterprises and institutions directly under central government (like the Industrial and Commercial Bank of China, China Telecom and China National Petroleum Corporation).

(2) Local investment refers to the investment in projects or by enterprises, institutions or administrative units which are under the direct leadership and management of competent departments and governments at the level of province (autonomous regions and municipalities directly under the Central Government), prefecture (prefectures, cities and leagues) and county (districts, cities and banners). Also included are projects by foreign-invested enterprises and enterprises without competent managing authorities.

Investment in Fixed Assets by Type of Construction Construction projects in general can be classified, by the type of construction, into new construction, expansion, reconstruction and technical transformation, purely construction of living facilities, moving, restoration and purely purchasing. However, investment by type of construction is not applied to investment by real-estate development units and investment by rural households.

(1) New construction in general refers to construction projects, which start from scratch. The existing projects invested by enterprises, institutions and administrative agencies cannot be classified as new construction. In case the size of the existing unit is quite small, and the value of newly added fixed assets is more than three times of the original value, the expansion will be considered as new construction.

(2) Expansion refers to projects of construction of new production workshop, branch factory or independent production line within a factory or in other locations, for the purpose of increasing the production capacity (or improving efficiency) or adding new production capacity. Newly constructed accommodation for the operation of institutions and administrative organizations (such as newly constructed buildings for teaching in schools, buildings for clinics or wards in hospitals, etc.) are also classified as expansion.

Also included in expansion are investments by existing enterprises or institutions in building major production line(s) or branch factory (ies) along with some work on innovation, for the purpose of expanding the production capacity of original products or producing new products.

(3) Reconstruction and technical transformation refers to construction projects by existing enterprises or institutions in innovation or technical transformation of the old facilities (including auxiliary production equipment and welfare facilities). Also considered as reconstruction is the construction of new workshops by the existing enterprises or institutions to change the variety of products to meet the market demand (such as the production of civil products by defence industries), or to bring the designed production capacity into full play through a more balanced production process on production lines. Technical transformation refers to replacement of old technology or equipment by new technology or equipment, in order to expand the reproduction through improvement of technology contents in production, to improve product quality, to promote new products, to save energy, to reduce consumption, to expand the production scale and to improve overall social-economic efficiency. Contents of technical transformation include: updating of machinery, equipment and tools; reforming production process by using energy or materials saving technology; construction of factory workshops and transformation of public facilities; treatment transformation of "three wastes" (waste gas, waste water and industrial residue) aiming at environmental protection; improvement of working conditions and environment, etc.

Investment in Fixed Assets by Structure

(1) Construction refers to the construction of houses and buildings, also known as work volume of construction. This part of investment can only be achieved through construction activities, it is the major component of the total investment in fixed assets.

(2) Installation refers to the installation of various kinds of equipment and instruments, also known as work volume of installation.

The value of equipment installed itself is not included in the value of installation projects.

(3) Purchase of equipment and instruments refers to the total value of equipment, tools, and instruments purchased or self-produced which come up to the cut-off point for fixed assets during the reference period. Equipment, tools and instruments purchased or self-produced for new workshops by newly established or expanded units are categorized as "purchase of equipment and instruments" no matter whether they come up to the cut-off point for fixed assets.

(4) Other expenses refer to expenses arising during the construction or purchase of fixed assets other than those expenses on construction, installation and purchase of equipment and instruments. Other financial expenses arising in operation are not included.

对外经济贸易

International Trade and Economic Cooperation

简 要 说 明

本篇资料综合反映河北省的货物贸易、利用外资、对外直接投资、对外经济合作的发展状况。

一、货物贸易统计的资料来源于石家庄海关。

二、利用外资统计的主要内容包括：实际使用外资情况，外商投资企业登记注册情况。资料来源于省商务厅。

三、对外直接投资部分的统计范围主要包括境内投资者通过直接投资方式在境外拥有或控制10%或以上股权、投票权或其他等价利益的各类公司型和非公司型的境外直接投资企业。

资料来源于河北省商务厅，调查方法是全面调查。

四、对外经济合作统计的主要内容包括：对外承包工程的合同数、合同金额、完成营业额以及对外劳务合作派出人数、年末在外人数等。统计范围是发生对外承包工程业务的企业或单位，有对外劳务合作经营资格的企业以及海员外派机构。

资料来源于河北省商务厅，调查方法是全面调查。

五、本篇资料由石家庄海关、河北省商务厅整理提供。

六、资料整理：鲍盛民　彭博　张美竹

Brief Introduction

The data in this chapter comprehensively reflects the development status of Hebei's trade in goods, foreign capital utilization, foreign direct investment and foreign economic cooperation.

Ⅰ.Sources of data on trade in goods are from the Shijiazhuang Customs.

Ⅱ.The main contents of the statistics on the utilization of foreign capital include: the actual utilization of foreign capital and the registration of foreign-invested enterprises. Data are from the Provincial Department of Commerce.

Ⅲ.The statistical scope of OFDI mainly includes all kinds of foreign direct investment enterprises of corporate type and non-corporate type that domestic investors own or control 10% or more equity, voting rights or other equivalent interests overseas through direct investment.

The data comes from the Department of Commerce of Hebei Province, and the survey method is comprehensive survey.

Ⅳ.The main contents of statistics on foreign economic cooperation include: the number of contracts contracted for foreign projects, the contract amount, the turnover completed, the number of personnel dispatched for foreign labor cooperation, and the number of personnel traveling at the end of the year. The statistical scope includes enterprises or units engaged in foreign contracted projects, enterprises with operation qualifications of foreign labor cooperation and seafarers' dispatched institutions.

The data comes from the Department of Commerce of Hebei Province, and the survey method is comprehensive survey.

Ⅴ. This paper is compiled and provided by Shijiazhuang Customs and the Department of Commerce of Hebei Province.

Ⅵ. Data collection: Bao Shengmin, Peng Bo, Zhang Meizhu.

10-1 货物进出口总额
International Trade in Goods

年 份	亿元人民币 RMB 100 million				万美元 USD 10000			
	进出口总额 Total	出口总额 Exports	进口总额 Imports	差额 Balance	进出口总额 Total	出口总额 Exports	进口总额 Imports	差额 Balance
1989					219587	179905	39682	140223
1990	108.49	90.93	17.56	73.36	226785	190069	36716	153353
1991					240550	202052	38498	163554
1992	221.82	125.08	96.74	28.34	402795	227164	175631	51533
1993	141.56	96.68	44.88	51.80	246152	167616	78236	89380
1994	272.44	198.81	73.63	125.19	315682	230265	85416	144849
1995	328.84	242.14	88.70	153.44	391775	286560	105214	181346
1996	352.77	259.04	93.73	165.31	419269	307839	111430	196409
1997	341.53	269.51	72.02	197.49	410328	323902	86427	237475
1998	350.84	258.76	92.08	166.68	422732	311617	111115	200502
1999	303.94	204.99	98.95	106.04	457995	311914	146081	165833
2000	428.30	304.75	123.55	181.20	517358	368067	149292	218775
2001	474.32	327.75	147.02	180.73	573181	395473	17708	377765
2002	551.39	380.19	171.20	209.00	666525	459411	207114	252297
2003	743.44	490.78	252.66	238.12	897825	592754	305071	287683
2004	1119.15	772.89	346.26	426.63	1352592	933926	418667	515259
2005	1323.09	898.98	424.11	474.88	1607035	1092430	514605	577825
2006	1484.16	1028.25	455.91	572.35	1853088	1283340	569688	713652
2007	1959.91	1306.40	653.51	652.88	2552265	1699938	852327	847611
2008	2701.69	1689.21	1012.47	676.74	3842054	2400413	1441641	958772
2009	2020.09	1070.07	950.02	120.05	2962727	1568892	1393835	175057
2010	2857.38	1533.18	1324.21	208.97	4206037	2255644	1950393	305251
2011	3487.93	1860.34	1627.59	232.75	5360084	2856985	2503099	353886
2012	3192.54	1868.92	1323.62	545.30	5056305	2959820	2096485	863335
2013	3409.23	1922.43	1586.80	335.63	5491157	3096061	2395096	700965
2014	3678.52	2193.91	1484.61	709.30	5987736	3571020	2416716	1154304
2015	3194.45	2041.69	1152.75	888.94	5151375	3293276	1858098	1435178
2016	3078.23	2014.43	1063.81	950.62	4667538	3057554	1609984	1447570
2017	3378.81	2126.07	1252.75	873.32	4985554	3135740	1849814	1285926
2018	3553.16	2242.17	1310.99	931.18	5390087	3397604	1992483	1405121
2019	4002.08	2370.54	1631.54	739.01	5804328	3438094	2366235	1071859
2020	4456.77	2520.76	1936.01	584.75	6447023	3644804	2802219	842585
2021	5338.16	2956.41	2381.74	574.67	9261386	4575865	3685521	890344
2022	5418.91	3207.41	2211.49	995.92	8115591	4805009	3310582	1494427

10−2 按贸易方式分进出口总额(2022年)
International Trade in Goods by Type (2022)

贸易方式	Type	万元人民币 RMB 10000			万美元 USD 10000		
		进出口总额 Total	出口总额 Exports	进口总额 Imports	进出口总额 Total	出口总额 Exports	进口总额 Imports
总 值	**Total**	**54189061**	**32074127**	**22114934**	**8115591**	**4805009**	**3310582**
一般贸易	Ordinary Trade	47539847	28340094	19199753	712189	4246643	2874646
国家间、国际组织间无偿援助和赠送的物资	Free Assistance and Gifts from Countries and International Organizations	14359	14359		2165	2165	
其他捐赠物资	Other Donated Materials	423	423		67	67	
加工贸易	Processing Trade	2559719	1664883	894835	385296	249850	135446
来料加工贸易	Processing Imported Raw Materials	466992	312379	154612	69861	46627	23233
进料加工贸易	Processing Exported Raw Materials	2092727	1352504	740223	315435	203223	112212
边境小额贸易	Border Small Trade						
加工贸易进口设备	Import Equipment for Processing Trade						
对外承包工程出口货物	Exported Commodities for Contracted Projeccts	203687	203687		30567	30567	
租赁贸易	Renting Trade	1350	1322	28	199	195	4
外商投资企业作为投资进口的设备、物品	Equipment and Articles for Investment and Import from Foreign-invested Enterprises	927		927	146		146
易货贸易	Barter Trade						
保税物流	Bonded Logistics	3453785	1446782	200703	515317	216828	298489
海关保税监管场所进出境货物	Inbound and Outbound Goods in Customs Bonded Areas	1908676	363865	1544811	284147	54807	229339
海关特殊监管区域物流货物	Customs Supervision of Goods Logistics	1545109	1082917	462192	231170	162021	69149
海关特殊监管区域进口设备	Customs Supervision of Imported Equipment	15		15	2		2
其他贸易	Others	414949	402577	12372	60543	58694	1849

10−3 按企业性质分进出口总额(2022年)
International Trade in Goods by Nature of Enterprises (2022)

企业性质	Type	万元人民币 RMB 10000			万美元 USD 10000		
		进出口总额 Total	出口总额 Exports	进口总额 Imports	进出口总额 Total	出口总额 Exports	进口总额 Imports
总 值	**Total**	**54189060.91**	**32074126.51**	**22114934.40**	**8115590.96**	**4805009.07**	**3310581.88**
国有企业	State-owned Enterprises	10225563.44	280904.25	7334659.19	1533512.61	434304.91	1099207.71
外商投资企业	Foreign Invested Enterprises	85266887.20	5429582.69	3097105.50	1279490.60	813595.85	465894.75
中外合作企业	Cooperative Enterprises	33718.80	19787.81	13930.99	5039.52	3021.07	2018.45
中外合资企业	Joint-venture Enterprises	5752193.42	3575753.09	2176440.33	862676.60	534737.81	327938.79
外商独资企业	Sole-proprietorship Enterprises	2740775.98	1834041.79	906734.18	411774.48	275836.98	135937.50
民营企业	Private Enterprises	354322749.24	23749583.13	11683166.11	5301969.38	3556490.50	1745778.88
集体企业	Collective-owned Enterprises	776542.01	199910.57	576631.44	117190.16	30223.71	86966.46
私营企业	Self-employed Enterprises	34576824.76	23471663.15	11105161.62	5172885.09	3514577.43	1658307.66
个体工商户	Individual Businesses	79382.46	78009.41	1373.05	11894.13	11689.36	204.77
报关企业	Customs Declaration Enterprises	0.73	0.36	0.37	0.11	0.05	0.06
其他企业	Other Enterprises	4059.30	4056.07	3.23	618.25	617.76	0.49

10−4 主要出口商品金额(2022年)
Major Exported Commodities in Value (2022)

商品分类	Commodity (by SITC)	万元人民币 RMB 10000	万美元 USD 10000
总 额	**Total**	**28741654.00**	**4305185.89**
农产品	Farm Products	1418775.26	212915.40
肉类(包含杂碎)	Meat (including Chop Suey)	116144.62	17350.68
水产品	Aquatic Products	168958.74	25268.00
食用水产品	Edible Aquatic Products	168958.74	25268.00
蔬菜	Vegetables	113472.89	17029.73
鲜或冷藏蔬菜	Fresh Vegetables	16090.91	2399.97
干鲜瓜果及坚果	Fresh, Dried Fruits and Nuts	136392.22	20387.31
苹果	Apples	2079.54	306.75
粮食	Cereals	47763.24	7176.47
罐头	Canned Food	94085.90	14129.56
蔬菜罐头	Canned Vegetables	27831.70	4194.59
酒类及饮料	Alcohol and beverages	12311.74	1814.94
果蔬汁	Fruit and Vegetable Juice	11318.11	1666.45
啤酒	Beer	42.99	6.79
制盐	Salt Manufacturing	620.77	92.31
水泥及水泥熟料	Cement and Clinker	4912.78	733.16
钨品	Tungsten Product	741.57	108.97
煤及褐煤	Coal and Lignite	36263.12	5355.85
焦炭及半焦炭	Coke and Semi-coke	10770.67	1683.30
成品油	Petroleum Products Refined	26707.90	3943.71
氧化铝	Aluminum Oxide	4307.32	661.85
稀土及其制品	Rare Earth and Its Products	452.30	67.36
稀土	Rare Earth	124.97	18.24
基本有机化学品	Basic Organic Chemicals	1326074.52	200053.46
柠檬酸	Citric Acid	253.34	37.79
医药材及药品	Medicinal Materials and Medicines	112510.58	168068.27
中药材	Chinese Medicinal Crop	18487.43	2764.18
中式成药	Chinese Medicine	23386.66	3623.67
抗菌素(制剂除外)	Antibiotic (EXCL. Preparations)	237226.29	35772.34
医用敷料	Medical Dressings	4526.96	679.76
肥料	Chemical Fertilizers	291860.10	43841.22
矿物肥料及化肥	Mineral and Chemical Fertilizers	291860.10	43753.97
尿素	Urea	59688.37	8873.77
硫酸铵	Ammonium Sulfate	191455.42	28755.17
磷酸氢二铵	Diammonium Hydrogen Phosphate	61.12	9.21
磷酸二氢铵	Ammonium Dihydrogen Phosphate	4099.88	606.14
合成有机染料	Synthetic Organic Dye	33049.71	5005.25
美容化妆品及洗护用品	Beauty Cosmetics and Toiletries	25373.37	3742.79
塑料制品	Plastic Articles	792057.11	128631.76
橡胶轮胎	Rubber Tire	55288.16	8281.50
新的充气橡胶轮胎	New Pneumatic Rubber Tyres	37699.58	5643.91
皮革、毛皮及其制品	Leather, Fur and Related Products	583813.11	86018.84
裘皮服装	Fur Garment	327094.04	47931.01
箱包及类似容器	Luggage and Similar Containers	258061.99	38361.48
皮革箱包及类似容器	Leather Luggage and Similar Containers	15897.77	2361.56

10-4 续表 1 continued

商品分类	Commodity (by SITC)	万元人民币 RMB 10000	万美元 USD 10000
木及其制品	Wood and Articles of Wood	66019.23	9915.69
家用或装饰用木制品	Wood Products for Household or Decorative Purposes	6176.76	920.65
胶合板及类似多层板	Plywood and Similar Products	12673.99	1904.88
植物材料编结品	Braid of Plant Material	10050.01	1518.55
纸浆、纸及其制品	Articles of Paper Pulp, of Paper or Paperboard	173297.74	25917.61
纺织原料	Textile Materials	455650.61	68232.76
化学纤维纺织原料	Chemical Fiber Textile Materials	180999.78	27269.77
纺织纱线、织物及其制品	Textile Yarns, Fabrics and Articles	1777883.51	267064.82
纺织纱线	Textile Yarns	246410.64	37091.47
纺织织物	Textile Fabric	383446.66	57555.17
纺织制品	Textile Products	1148026.21	172418.18
服装及衣着附件	Clothing and Accessories	1781156.55	265570.06
服装	Clothing	1213707.07	180391.92
鞋靴	Footwear	114150.95	16851.62
帽类	Headgear	79110.92	11851.58
伞	Umbrellas	4818.90	706.41
花岗岩石材及其制品	Granite Stone and Its Products	22813.06	3302.17
陶瓷产品	Ceramic Products	613639.47	91649.07
日用陶瓷	Domestic Ceramics	545388.01	81389.42
建筑用陶瓷	Building Ceramics	52774.70	7926.23
玻璃及其制品	Glass and Glassware	515406.88	77414.08
珍珠、宝石及半宝石	Pearls, Precious and Semi-Precious Stones	6873.52	1035.47
贵金属或包贵金属的首饰	Jewellery of Precious Metals or Clad With Precious Metals	934.63	138.99
铁合金	Ferroalloy	19803.29	2991.74
钢材	Rolled Steel	3837142.12	575264.05
钢铁棒材	Steel Bar	338434.03	50589.42
角钢及型钢	Angle and Section Steel	364932.32	54788.18
钢铁板材	Steel Plate	1908174.97	287265.05
钢铁线材	Steel Wire	189960.60	28177.51
未锻轧铜及铜材	Unwrought Copper and Copper Alloys	7065.45	1060.94
未锻轧铝及铝材	Aluminum and Aluminum Alloys	302057.20	45498.09
家具及其零件	Furniture and Parts	801859.85	119669.74
玩具	Toys	154270.65	22646.34
体育用品及设备	Sporting Goods and Equipment	72794.64	10896.48
笔及其零件	Pen and Its Parts	5540.23	815.83
机电产品	Mechanical and Electrical Products	12224400.02	1829346.84
机械基础件	Mechanical Foundation	431828.93	64666.94
紧固件	Fastener	298301.25	44642.00
轴承	Bearings	32453.20	4882.36
手用或机用工具	Hand or Machine Tools	329715.34	49423.49
农业机械	Agricultural Machinery	37629.99	5640.10
拖拉机	Tractor	2945.06	446.85
食品加工机械	Foodstuff Processing Machinery	24651.02	3678.74
包装机械	Packaging Machinery	108196.76	16235.98
印刷、装订机械及其零件	Printing and Binding Machinery and Parts Thereof	27333.23	4118.08
打印机、复印机及一体机	Printers, Copiers and Integrated Machines	15028.61	2268.82
通用机械设备	General Machinery and Equipment	337294.93	50537.59

10-4 续表 2 continued

商品分类	Commodity (by SITC)	万元人民币 RMB 10000	万美元 USD 10000
泵	Pump	60447.80	9043.77
压缩机	Compressor	8359.23	1246.50
分离设备	Separation Equipment	59006.25	8930.18
阀门及类似装置	Valves and Similar Devices	164639.64	24606.00
纺织机械及其零件	Textile Machinery and Parts	13347.82	1996.39
缝制机械及其零件	Sewing Machinery and Parts	25263.85	3779.08
机床	Machine Tool	75408.05	11266.46
自动数据处理设备及其零部件	Automatic Data Processing Machines and Components	62678.76	9283.42
自动数据处理设备	Automatic Data Processing Equipment	20126.89	2927.04
平板电脑	Tablet Personal Computer	9632.04	1380.54
笔记本电脑	Notebook Computer	653.57	94.07
中央处理部件	Central Processing Element	11118.38	1659.91
存储部件	Storage Component	1310.45	196.98
自动数据处理设备的零件、附件	Parts and Accessories of Automatic Data Processing Equipment	20354.25	3064.62
液晶监视器	LCD Monitor	977.60	143.55
电工器材	Electrical Equipment	583926.02	87142.82
变压器	Transformer	19583.87	2883.96
原电池	Primary Cell	553.59	83.22
蓄电池	Storage Cell	33757.95	5032.58
锂离子蓄电池	Lithium Ion Battery	22157.54	3295.77
电气控制装置	Electric Control Equipment	77611.06	11573.80
高压开关及控制装置	High Voltage Switch and Control Device	13247.46	1991.35
低压开关及控制装置	Low Voltage Switch and Control Device	64363.60	9582.44
电线及电缆	Wires and Cables	292076.49	43720.72
手机	Mobile Phone	4025.83	5820.41
家用电器	Household Appliances	87328.11	12802.37
电扇	Fans	12725.47	1871.74
空调	Air Conditioner	953.75	138.97
冰箱	Refrigerator	1182.88	174.13
洗衣机	Washing Machine	376.45	54.17
吸尘器	Vacuum Cleaner	1847.06	265.53
微波炉	Microwave Oven	224.01	32.79
电视机	TV	760.18	111.34
液晶电视机	LCD TV	745.51	109.15
音视频设备及其零件	Audio and Video Equipment and Its Parts	61400.76	9103.96
电视摄像机、数字照相机及视频摄录一体机	Television Camera, Digital Camera and Video Recording Machine	5212.14	772.57
数字照相机	Digital Camera	681.70	102.32
无线电广播接收设备	Radio Receiver	14608.57	2146.15
音视频设备的零件	Parts of Audio and Video Equipment	31693.02	4730.56
平板显示模组	Flat Panel Display Module	16874.11	2521.55
液晶平板显示模组	LCD Flat Panel Display Module	15918.53	2372.27
有机发光二极管(OLED)平板显示模组	Organic Light-emitting Diode (OLED)Flat Panel Display Module	955.57	149.29
电子元件	Electronic Components	1007401.03	151294.83
印刷电路	Printed Circuit	134771.25	20314.40

10–4 续表 3 continued

商品分类	Commodity (by SITC)	万元人民币 RMB 10000	万美元 USD 10000
二极管及类似半导体器件	Diodes and Similar Semiconductor Device	638985.06	96900.92
太阳能电池	Solar Cell	608094.73	92261.01
集成电路	Integrated Circuit	25232.47	3805.30
集装箱	Container	1635.76	241.03
摩托车	Motorcycle	10809.74	1603.21
内燃机摩托车	Internal Combustion Motorcycle	5387.99	803.59
电动摩托车及脚踏车	Electric Motorcycles and Bicycles	5081.02	748.39
自行车	Bicycle	57937.96	8760.44
摩托车及自行车的零配件	Spare Parts for Motorcycles and Bicycles	192611.75	28826.57
汽车(包含底盘)	Automobile (including Chassis)	1599413.91	237659.54
乘用车	Passenger Car	1380755.54	204813.65
商用车	Commercial Vehicle	218659.37	32845.89
客车(十座及以上)	Passenger Car (10 seats and above)	8020.90	1263.55
货车	Truck	206314.48	30938.40
专用汽车	Special Automobile	3105.36	462.25
汽车零配件	Auto Parts	1767088.02	265225.41
车用发动机	Vehicle Engine	61774.72	9249.06
汽车轮胎	Auto Tyre	1847.37	268.07
婴孩车及其零件	Baby Carriage and Parts	37562.06	5681.31
飞机及其他航空器	Aircraft and Others	2258.21	334.52
船舶	Ship	3371.98	531.17
眼镜及其零件	Glasses and Parts	6906.09	1017.54
计量检测分析自控仪器及器具	Automatic Control Instruments and Apparatus for Measurement, Testing and Analysis	133722.22	19850.53
分析仪器	Analytical Instruments	3708.83	549.54
医疗仪器及器械	Medical Instruments and Appliances	118764.74	17878.79
钟表及其零件	Clocks and Watches and Parts	11153.63	1632.78
手表	Watches	5093.69	746.54
灯具、照明装置及其零件	Lamps, Lighting Installations and Parts	162105.04	23819.37
游戏机及其零附件	Game Consoles and Accessories	5609.12	823.16
高新技术产品*	High-tech Products	2528937.53	381176.72
生物技术	Biotechnology	2445.87	369.63
生命科学技术	Life Science and Technology	1112425.68	167946.37
光电技术	Photoelectric Technology	51846.54	7739.18
计算机与通信技术	Computers and Telecommunications	207549.95	30912.03
电子技术	Electronic Technology	864921.68	130912.49
计算机集成制造技术	Computer Integrated Manufacturing System	146241.36	21857.24
材料技术	Materials Technology	46158.51	6998.31
航空航天技术	Aerospace Technology	95005.20	14390.50
其他技术	Other Technologies	342.74	50.97
电动载人汽车*	Electric Manned Vehicle	285294.93	41382.05
非插电式混合动力乘用车	Plug-in Hybrid Passenger Vehicles	119520.14	17136.10
纯电动乘用车	Pure Electric Passenger Car	152434.61	1895.95
文化产品*	Cultural Products	435597.21	22349.99
食品*	Food	1180852.76	177214.55

10-5 主要进口商品金额(2022年)
Major Imported Commodities in Value (2022)

商品分类	Commodity (by SITC)	万元人民币 RMB 10000	万美元 USD 10000
总 额	**Total**	**21013577.22**	**3143739.93**
农产品	Farm Products	4494225.84	672633.56
肉类(包含杂碎)	Meat (including Chop Suey)	34770.59	5206.89
牛肉及牛杂碎	Beef and Sweetbreads	20682.73	3085.71
牛肉	Beef	20449.41	3049.56
猪肉及猪杂碎	Pork and Sweetbmeats	8013.93	1190.18
猪肉	Pork	1030.18	150.20
羊肉及羊杂碎	Mutton and Sweetbmeats	3810.27	594.46
羊肉	Mutton	3805.52	593.72
禽肉及禽杂碎	Poultry and Sweetbmeats	336.74	47.86
禽肉	Poultry	154.13	21.91
水产品	Aquatic Products	127247.23	18900.81
食用水产品	Edible Aquatic Products	126308.71	18759.41
冻鱼	Frozen Fish	4779.41	701.23
乳品	Dairy Products	62033.99	9287.39
奶粉	Milk Powder	34784.25	5224.20
干鲜瓜果及坚果	Fresh, Dried Fruits and Nuts	20997.07	3099.17
粮食	Cereals	3202701.08	478403.62
谷物及谷物粉	Cereals and Cereals Flour	36206.19	5430.31
小麦	Wheat	4220.18	597.95
大麦	Barley	1760.03	258.48
玉米	Corn	6539.17	1026.88
稻谷及大米	Paddy and Rice	2387.49	363.82
高粱	Sorghum	13290.08	1979.03
豆类	Beans	3163921.59	472593.40
大豆	Soybean	3112401.74	4644650.94
食用油	Edible Oil	125216.62	18954.35
食用植物油	Edible Vegetable Oil	85072.88	12953.58
豆油	Soybean Oil	945.18	148.56
棕榈油	Palm Oil	47817.37	7235.50
菜子油及芥子油	Rapeseed Oil and Mustard Oil	6904.79	1028.17
食糖	Sugar	83013.64	12510.11
酒类及饮料	Alcohol and beverages	34657.99	5199.87
啤酒	Beer	18.23	2.77
葡萄酒	Wine	27267.93	4093.36
制盐	Salt Manufacturing	29388.24	4305.52
金属矿及矿砂	Metallic Ores and Ores	8805019.83	1322531.86
铁矿砂及其精矿	Iron Ores and Concentrates	8342412.77	1254113.81
铜矿砂及其精矿	Copper Ores and ore Concentrates	17712.46	2629.98
铝矿砂及其精矿	Aluminium Ores and Concentrates	78313.67	11386.38
煤及褐煤	Coal and Lignite	814159.96	122325.72
原油	Crude Oil	1223200.53	179854.24
成品油	Petroleum Products Refined	72046.72	10394.25
航空煤油	Aviation Kerosene	16319.20	2346.87
天然气	Natural Gas	2448597.11	363660.85
液化天然气	Liquefied Natural Gas	2448597.11	363660.85
多晶硅	Polysilicon	215.69	33.85
稀土	Rare Earth		
基本有机化学品	Basic Organic Chemicals	209847.26	31523.42
二甲苯	Xylene	1209.89	190.65
乙二醇	Ethylene Glycol		
医药材及药品	Medicinal Materials and Medicines	55129.71	8271.22
中药材	Chinese Medicinal Crop	4870.43	714.41

10−5 续表 1 continued

商品分类	Commodity (by SITC)	万元人民币 RMB 10000	万美元 USD 10000
肥料	Chemical Fertilizers	34365.57	5041.56
矿物肥料及化肥	Mineral and Chemical Fertilizer	34365.57	5041.56
氯化钾	Potassium Chloride	34362.35	5041.07
氮磷钾三元复合肥	Nitrogen, Phosphorus and Potassium Ternary Compound Fertilizer		
美容化妆品及洗护用品	Beauty Cosmetics and Toiletries	6694.99	983.05
初级形状的塑料	Plastic in Primary Form	326973.76	49144.48
塑料制品	Plastic Articles	111989.08	16825.91
天然及合成橡胶(包括胶乳)	Natural and Synthetic Rubber (including Latex)	31995.37	4840.87
皮革、毛皮及其制品	Leather, Fur and Related Products	103809.77	15180.82
牛皮革及马皮革	Cow Leather and Horse Leather	19350.21	2939.29
木及其制品	Wood and Articles of Wood	117065.76	17594.81
原木	Log	79770.32	11970.71
锯材	Converted Timber	6365.55	969.25
纸浆、纸及其制品	Articles of Paper Pulp, of Paper or Paperboard	266103.77	39731.95
纸浆	Pulp	254804.13	38019.84
纺织原料	Textile Materials	283594.53	43041.53
羊毛及毛条	Wool and Sliver	30501.34	4561.44
棉花	Cotton	6856.16	1032.20
纺织纱线、织物及其制品	Textile Yarns, Fabrics and Articles	49947.31	7487.55
纺织纱线	Textile Yarns	16283.23	2446.58
棉纱线	Cotton Yarn	9910.00	1482.04
合成纤维纱线	Synthetic Fiber Yarn and Thread	678.29	101.24
服装及衣着附件	Clothing and Accessories	3749.58	558.48
玻璃及其制品	Glass and Glassware	26239.24	3945.51
玻璃纤维及其制品	Glass Fiber and Its Products	18108.06	2730.45
珍珠、宝石及半宝石	Pearls, Precious and Semi-Precious Stones,	5895.19	899.31
钢材	Rolled Steel	78951.45	11782.22
未锻轧铜及铜材	Unwrought Copper and Copper Alloys	105228.53	15496.70
未锻轧铝及铝材	Aluminum and Aluminum Alloys	92228.83	13893.24
机电产品	Mechanical and Electrical Products	1485038.80	222429.77
机械基础件	Mechanical Foundation	40146.13	6017.40
农业机械	Agricultural Machinery	15120.11	2276.60
收获机械	Harvesting Machinery	13522.89	2029.47
食品加工机械	Foodstuff Processing Machinery	1597.39	234.88
包装机械	Packaging Machinery	7450.95	1129.98
印刷、装订机械及其零件	Printing and Binding Machinery and Parts Thereof	298.17	44.36
打印机、复印机及一体机	Printers, Copiers and Integrated Machines	38.41	5.88
通用机械设备	General Machinery and Equipment	92070.01	13865.10
泵	Pump	29027.75	4358.27
压缩机	Compressor	721.90	107.84
分离设备	Separation Equipment	11897.28	1819.34
阀门及类似装置	Valves and Similar Devices	41892.91	6299.52
机床	Machine Tool	47936.45	7162.43
自动数据处理设备及其零部件	Automatic Data Processing Machines and Components	5883.20	897.86
自动数据处理设备	Automatic Data Processing Equipment	3631.42	561.23
中央处理部件	Central Processing Element	468.57	69.05
存储部件	Storage Component	264.76	37.99
自动数据处理设备的零件、附件	Parts and Accessories of Automatic Data Processing Equipment	1175.04	177.81
半导体制造设备	Semiconductor Manufacturing Equipment	3837.00	572.17
制造单晶柱或晶圆用的机器及装置	Machines and Devices for the Manufacture of Single Crystal Columns or Wafers	970.94	146.78
制造半导体器件或集成电路用的机器及装置	Machines and Devices for the Manufacture of Semiconductor Device or Integrated Circuits	1518.74	232.91
制造平板显示器用的机器及装置	Machinery and Equipment for the Manufacture of Flat Panel Display	8.87	1.39

10−5 续表 2 continued

商品分类	Commodity (by SITC)	万元人民币 RMB 10000	万美元 USD 10000
电工器材	Electrical Equipment	137223.31	20532.58
变压器	Transformer	1545.66	233.55
蓄电池	Storage Cell	500.11	78.43
锂离子蓄电池	Lithium Ion Battery	13.71	2.14
电气控制装置	Electric Control Equipment	75263.80	11262.40
电线及电缆	Wires and Cables	30580.43	4587.37
家用电器	Household Appliances	2310.18	346.27
电视机	TV	7.55	1.10
液晶电视机	LCD TV	7.55	1.10
音视频设备及其零件	Audio and Video Equipment and Its Parts	6324.98	944.53
电视摄像机、数字照相机及视频摄录一体机	Television Camera, Digital Camera and Video Recording Machine	5980.64	894.19
音视频设备的零件	Parts of Audio and Video Equipment	107.95	16.19
平板显示模组	Flat Panel Display Module	183.97	28.32
液晶平板显示模组	LCD Flat Panel Display Module	183.10	28.20
电子元件	Electronic Components	348749.44	52056.73
电容器	Capacitor	3008.13	454.19
印刷电路	Printed Circuit	6765.65	1015.95
二极管及类似半导体器件	Diodes and Similar Semiconductor Device	8198.51	1238.86
集成电路	Integrated Circuit	235327.45	35641.37
汽车(包含底盘)	Automobile (including Chassis)	16610.46	2467.78
乘用车	Passenger Car	15039.74	2233.12
商用车	Commercial Vehicle	1570.73	234.66
货车	Truck	1570.73	234.66
汽车零配件	Auto Parts	139607.64	20817.86
车用发动机	Vehicle Engine	11.75	1.74
汽车轮胎	Auto Tyre	36.57	5.54
飞机及其他航空器	Aircraft and Others	6068.42	886.13
空载重量超过2吨的飞机	Aircraft with an Empty Weight of More Than 2 Tons		
航空器零部件	Aircraft Parts	530.01	80.85
船舶	Ship		
计量检测分析自控仪器及器具	Automatic Control Instruments and Apparatus for Measurement, Testing and Analysis	126485.21	18945.09
医疗仪器及器械	Medical Instruments and Appliances	15170.78	2287.67
钟表及其零件	Clocks and Watches and Parts	93.88	13.79
手表	Watches	18.74	2.73
电动手表	Electric Watches	1.54	0.23
机械手表	Mechanical Watches	17.21	2.50
高新技术产品	High-tech Products	576317.94	86750.41
生物技术	Biotechnology	81.44	12.24
生命科学技术	Life Science and Technology	49491.86	7445.19
光电技术	Photoelectric Technology	46933.61	7041.11
计算机与通信技术	Computers and Telecommunications	19631.04	2959.51
电子技术	Electronic Technology	285608.99	43164.38
计算机集成制造技术	Computer Integrated Manufacturing System	136418.02	20558.20
材料技术	Materials Technology	3261.68	495.20
航空航天技术	Aerospace Technology	34652.46	5037.24
其他技术	Other Technologies	238.84	37.33
电动载人汽车	Electric Manned Vehicle	432.79	68.08
非插电式混合动力乘用车	Non-plug-in Hybrid Passenger Vehicles	432.79	68.08
文化产品*	Cultural Products	13073.24	1960.47
食品*	Food	3856468.79	576293.34

10-6 按商品章节分进出口商品金额(2022年)
International Trade in Goods by HS Section (2022)

单位：亿元 (100 millon yuan)

商品分类		Commodity (by HS Section)	进出口 Total	出口 Exports	进口 Imports
总额		**Total**	**5418.91**	**3207.41**	**2211.49**
第1章	活动物	Live Animals	2.12	0.14	1.98
第2章	肉及食用杂碎	Meat and Edible Meat Offal	4.20	1.35	2.85
第3章	鱼、甲壳动物、软体动物及其他水生无脊椎动物	Fish and Crustaceans Molluscs and Other Aquatic Invertebrates	25.31	13.55	11.76
第4章	乳品；蛋品；天然蜂蜜；其他食用动物产品	Dairy Produce; Birds' Eggs; Natural Honey; Edible Products of Animal Origin, not Elsewhere Specified or Included	5.24	0.01	5.23
第5章	其他动物产品	Products of Animal Origin, not Elsewhere Specified or Included	12.50	11.54	0.97
第6章	活树及其他活植物；鳞茎、根及类似品；插花及装饰用簇叶	Live Tree and Other Plants; Bulbs, Roots and the Like; Cut Flowers and Ornamental Foliage	0.43	0.42	0.01
第7章	食用蔬菜、根及块茎	Edible Vegetables and Certain Roots and Tubers	17.40	12.24	5.15
第8章	食用水果及坚果；甜瓜或柑橘属水果的果皮	Edible Fruit and Nuts; Peel of Citrus Fruit or Melons	16.61	14.49	2.12
第9章	咖啡、茶、马黛茶及调味香料	Coffee, Tea, Mate and Spices	5.24	3.46	1.78
第10章	谷物	Cereals	3.83	0.24	3.59
第11章	制粉工业产品；麦芽；淀粉；菊粉；面筋	Products of The Milling Industry; Malt; Starches; Inulin; Wheat Gluten	5.44	3.47	1.97
第12章	含油子仁及果实；杂项子仁及果仁；工业用或药用植物；稻草、秸秆及饲料	Oil Seeds and Oleaginous Fruits; Miscellaneous Grains, Seeds and Fruit; Industrial or Medicinal Plants; Straw and Fodder	324.32	2.91	321.41
第13章	虫胶；树胶、树脂及其他植物液、汁	Lac; Gums, Resins and Other Vegetable Saps and Extracts	3.75	1.96	1.79
第14章	编结用植物材料；其他植物产品	Vegetable Plaiting Materials; Vegetable Products Not Elsewhere Specified or Included	0.59	0.53	0.06
第15章	动、植物油、脂及其分解产品；精制的食用油脂；动、植物蜡	Animal or Vegetable Fats and Oils and Their Cleavage Products; Prepared Edible Fats; Animal or Vegetable Waxes	29.79	6.57	23.22
第16章	肉、鱼、甲壳动物、软体动物及其他水生无脊椎动物的制品	Preparations of Meat, of Fish or of Crustaceans, Molluscs or Other Aquatic Invertebrates	9.16	8.69	0.47
第17章	糖及糖食	Sugars and Sugar Confectionery	24.77	14.89	9.88
第18章	可可及可可制品	Cocoa and Cocoa Preparations	0.58	0.00	0.58
第19章	谷物、粮食粉、淀粉或乳的制品；糕饼点心	Preparations of Cereals, Flour, Starch or Milk; Pastry-Cooks' Products	3.79	3.62	0.17
第20章	蔬菜、水果、坚果或植物其他部分的制品；糕饼点心	Preparations of Vegetables, Fruit, Nuts or Other Parts of Plants	18.22	17.48	0.74
第21章	杂项食品	Miscellaneous Edible Preparations	11.19	9.91	1.28
第22章	饮料、酒及醋	Beverages, Spirits and Vinegar	3.27	0.23	3.03
第23章	食品工业的残渣及废料；配制的动物饲料	Residues and Waste from The Food Industries; Prepared Animal Fodder	8.16	6.55	1.61
第24章	烟草及烟草代用品的制品	Tobacco and Manufactured Tobacco Substitutes	0.49	0.48	0.01
第25章	盐；硫磺；泥土及石料；石膏料、石灰及水泥	Salt; Sulphur; Earths and Stone; Plastering Materials, Lime and Cement	12.55	4.62	7.93
第26章	矿砂、矿渣及矿灰	Ores, Slag and Ash	882.88	2.58	880.29

10-6 续表 1 continued

单位：亿元 (100 millon yuan)

商品分类	Commodity (by HS Section)	进出口 Total	出口 Exports	进口 Imports
第27章 矿物燃料、矿物油及其蒸馏产品；沥青物质；矿物蜡	Mineral Fuels, Mineral Oils and Products of Their Distillation; Bituminous Substances; Mineral Waxes	504.48	29.63	474.86
第28章 无机化学品；贵金属、稀土金属、放射性元素及其同位素的有机及无机化合物	Inorganic Chemicals; Organic or Inorganic Compounds of Precious Metals, of Rare-Earth Metals, of Radioactive Elements or of Isotopes	72.28	68.42	3.87
第29章 有机化学品	Organic Chemicals	287.08	270.11	16.97
第30章 药品	Pharmaceutical Products	40.03	36.33	3.70
第31章 肥料	Fertilizers	32.69	29.26	3.44
第32章 鞣料浸膏及染料浸膏；鞣酸及其衍生物；染料、颜料及其他着色料；油漆及清漆；油灰及其他类似胶粘剂；墨水、油墨	Tanning or Dyeing Extracts; Tannins and Their Derivatives; Dyes, Pigments and Other Colouring Matter; Paints and Varnishes; Putty and Other Mastics; Inks	25.19	19.39	5.80
第33章 精油及香膏；芳香料制品及化妆盥洗品	Essential Oils and Retinoid; Perfumery, Cosmetic or Toilet Preparations	5.42	4.77	0.65
第34章 肥皂、有机表面活性剂、洗涤剂、润滑剂、人造蜡、调制蜡、光洁剂、蜡烛及类似品、塑型用膏、“牙科用蜡”及牙科用熟石膏制剂	Soap,Organic Surface-Active Agents,Washing Preparations, Lubricating Preparations, Artificial Waxes, Prepared Waxes, Polishing or Scouring Preparations, Candles and Similar Articles, Modelling Pastes, "Dental Waxes" and Dental Preparations with a Basis of Plast	11.03	9.62	1.41
第35章 蛋白类物质；改性淀粉；胶；酶	Albuminoidal Substances; Modified Starches; Glues; Enzymes	12.68	11.09	1.59
第36章 炸药；烟火制品；引火合金；易燃材料制品	Explosives; Pyrotechnic Products; Matches; Pyrophoric Alloys; Certain Combustible Preparations	…	…	
第37章 照相及电影用品	Photographic or Cinematographic Goods	4.91	3.83	1.08
第38章 杂项化学产品	Miscellaneous Chemical Products	83.66	69.11	14.55
第39章 塑料及其制品	Plastics and Articles Thereof	155.41	111.67	43.74
第40章 橡胶及其制品	Rubber and Articles Thereof	45.01	38.10	6.92
第41章 生皮(毛皮除外)及皮革	Raw Hides and Skins (Other Than Fur Skins) and Leather	23.02	1.35	21.67
第42章 皮革制品；鞍具及挽具；旅行用品、手提包及类似容器；动物肠线(蚕胶丝除外)制品	Articles of Leather; Saddlery and Harness; Travel Goods, Handbags and Similar Containers; Articles of Animal Gut (Other Than Silk-Worm Gut)	29.21	29.16	0.05
第43章 毛皮、人造毛皮及其制品	Fur Skins and Artificial Fur; Manufactures Thereof	61.78	53.25	8.54
第44章 木及木制品；木炭	Wood and Articles of Wood; Wood Charcoal	19.36	7.00	12.36
第45章 软木及软木制品	Cork and Articles of Cork	0.12	…	0.11
第46章 稻草、秸秆、针茅或其他编结材料制品；篮筐及柳条编结品	Manufactures of Straw, of Esparto or of Other Plaiting Materials; Basket Ware and Wickerwork	1.01	1.01	…
第47章 木浆及其他纤维状纤维素浆；回收(废碎)纸及纸板	Pulp of Wood or of Other Fibrous Cellulosic Material; Waste and Scrap of Paper or Paperboard	25.57	0.09	25.48
第48章 纸及纸板；纸浆、纸或纸板制品	Paper and Paperboard; Articles of Paper Pulp, of Paper or Paperboard	18.37	17.24	1.13
第49章 书籍、报纸、印刷图画及其他印刷品；手稿、打字稿及设计图纸	Printed Books, Newspapers, Pictures and Other Products of The Printing Industry; Manuscripts, Typescripts and Plans	0.88	0.86	0.02
第50章 蚕丝	Silk	0.08	0.07	…

10-6 续表 2 continued

单位：亿元 (100 millon yuan)

商品分类	Commodity (by HS Section)	进出口 Total	出口 Exports	进口 Imports
第51章 羊毛、动物细毛或粗毛；马毛纱线及其机织物	Wool, Fine or Coarse Animal Hair; Horsehair Yarn and Woven Fabric	67.48	41.20	26.28
第52章 棉花	Cotton	15.16	13.32	1.84
第53章 其他植物纺织纤维；纸纱线及其机织物	Other Vegetable Textile Fibres; Paper Yarn and Woven Fabrics of Paper Yarn	1.83	0.17	1.66
第54章 化学纤维长丝；化学纤维纺织材料制扁条及类似品	Man-Made Filaments; Flat Strips and Similar Products of Chemical Fibre Textile Materials	11.89	10.95	0.94
第55章 化学纤维短纤	Man-Made Short Fibres	37.34	36.69	0.65
第56章 絮胎、毡呢及无纺织物；特种纱线；线、绳、索、缆及其制品	Wadding, Felt and Nonwoven; Special Yarns; Twine, Cordage, Ropes and Cables and Articles Thereof	9.33	8.76	0.57
第57章 地毯及纺织材料的其他铺地制品	Carpets and Other Textile Floor Coverings	12.03	12.03	…
第58章 特种机织物；簇绒织物；花边；装饰毯；装饰带；刺绣品	Special Woven Fabrics; Tufted Textile Fabrics; Lace; Tapestries; Trimmings; Embroidery	2.87	2.74	0.12
第59章 浸渍、涂布、包覆或层压的纺织物；工业用纺织制品	Impregnated, Coated, Covered or Laminated Textile Fabrics; Textile Articles of a Kind Suitable for Industrial Use	18.17	17.06	1.11
第60章 针织物及钩编织物	Knitted or Crocheted Fabrics	3.97	3.89	0.09
第61章 针织或钩编的服装及衣着附件	Articles of Apparel and Clothing Accessories, Knitted or Crocheted	28.72	28.58	0.13
第62章 非针织或非钩编的服装及衣着附件	Articles of Apparel and Clothing Accessories, not Knitted or Crocheted	67.45	67.37	0.08
第63章 其他纺织制成品；成套物品；旧衣着及旧纺织品；碎织物	Other Made Up Textile Articles; Sets; Worn Clothing And Worn Textile Articles; Rags Articles; Rags	76.17	76.09	0.08
第64章 鞋靴、护腿和类似品及其零件	Footwear, Gaiters and The Like; Parts of Such Articles	12.34	12.28	0.06
第65章 帽类及其零件	Headgear and Parts Thereof	8.38	8.38	…
第66章 雨伞、阳伞、手杖、鞭子、马鞭及其零件	Umbrellas, Sun Umbrellas, Walking-Sticks, Seat-Sticks, Whips, Riding-Crops And Parts Thereof	0.90	0.90	
第67章 已加工羽毛、羽绒及其制品；人造花；人发制品	Prepared Feathers and Down and Articles Made of Feathers or of Down; Artificial Flowers; Articles of Human Hair	4.22	4.00	0.22
第68章 石料、石膏、水泥、石棉、云母及类似材料的制品	Articles of Stone, Plaster, Cement, Asbestos, Mica or Similar Materials; Ceramic Products; Glass and Glassware	18.43	17.16	1.27
第69章 陶瓷产品	Ceramic Products	62.04	61.36	0.68
第70章 玻璃及其制品	Glass and Glassware	53.86	51.24	2.62
第71章 天然或养殖珍珠、宝石或半宝石、贵金属、包贵金属及其制品；仿首饰；硬币	Natural or Cultured Pearls, Precious or Semi-Precious Stones, Precious Metals, Metals Clad With Precious Metal and Articles Thereof; Imitation Jewellery; Coin	3.95	3.32	0.63
第72章 钢铁	Iron and Steel	330.50	288.92	41.58
第73章 钢铁制品	Articles of Iron or Steel	323.42	319.36	4.05
第74章 铜及其制品	Copper and Articles Thereof	16.80	1.37	15.44
第75章 镍及其制品	Nickel and Articles Thereof	18.05	1.10	16.95

10-6 续表 3 continued

单位：亿元 (100 millon yuan)

商品分类		Commodity (by HS Section)	进出口 Total	出口 Exports	进口 Imports
第76章	铝及其制品	Aluminium and Articles Thereof	56.25	46.33	9.92
第78章	铅及其制品	Lead and Articles Thereof	0.07	0.03	0.04
第79章	锌及其制品	Zinc and Articles Thereof	0.17	0.16	0.02
第80章	锡及其制品	Tin and Articles Thereof	0.09	0.05	0.04
第81章	其他贱金属、金属陶瓷及其制品	Other Base Metals; Cermets; Articles Thereof	5.46	4.58	0.88
第82章	贱金属工具、器具、利口器、餐匙、餐叉及其零件	Tools, Implements, Cutlery, Spoons and Forks, of Base Metal; Parts Thereof of Base Metal	38.36	35.93	2.43
第83章	贱金属杂项制品	Miscellaneous Articles of Base Metal	18.78	18.33	0.46
第84章	核反应堆、锅炉、机器、机械器具及零件	Nuclear Reactors, Boilers, Machinery and Mechanical Appliances; Parts Thereof	318.89	271.10	47.79
第85章	电机、电气设备及其零件；录音机及放声机、电视图像、声音的录制和重放设备及其零件、附件	Electrical Machinery and Equipment and Parts Thereof; Sound Recorders and Reproducers, Television Image and Sound Recorders and Reproducers, and Parts and Accessories of Such Articles	292.97	232.68	60.29
第86章	铁道及电车道机车、车辆及其零件；铁道及电车道轨道固定装置及其零件；附件；各种机械(包括电动机械)交通信号设备	Railway or Tramway Locomotives, Rolling-Stock and Parts Thereof; Railway or Tramway Track Fixtures And Fittings and Parts Thereof; Mechanical (Including Electro-Mechanical) Traffic Signalling Equipment of All Kinds	7.50	6.90	0.60
第87章	车辆及其零件、附件，但铁道及电车道车辆除外	Vehicles Other Than Railway or Tramway Rolling-Stock, and Parts and Accessories Thereof	358.18	343.36	14.82
第88章	航空器、航天器及其零件	Aircraft, Spacecraft, and Parts Thereof	7.18	6.57	0.62
第89章	船舶及浮动结构体	Ships, Boats and Floating Structures	0.37	0.37	
第90章	光学、照相、电影、计量、检验、医疗或外科用仪器及设备、精密仪器及设备；上述物品的零件、附件	Optical, Photographic, Cinematographic, Measuring, Checking, Precision Medical or Surgical Instruments and Apparatus; Parts and Accessories Thereof	45.57	28.68	16.89
第91章	钟表及其零件	Clocks and Watches and Parts Thereof	1.12	1.12	0.01
第92章	乐器及其零件、附件	Musical Instruments; Parts and Accessories of Such Articles	4.09	3.76	0.33
第93章	武器、弹药及其零件、附件	Arms and Ammunition; Parts and Accessories Thereof	0.00	0.00	
第94章	家具；寝具、褥垫、弹簧床垫、软坐垫及类似的填充制品；未列名灯具及照明装置；发光标志、发光铭牌及类似品；活动房屋	Furniture; Bedding, Mattresses, Mattress Supports, Cushions and Similar Stuffed Furnishings; Lamps and Lighting Fittings, not Elsewhere Specified or Included; Illuminated Signs, Illuminated, Mobile Home	111.49	110.70	0.79
第95章	玩具、游戏品、运动用品及其零件、附件	Toys, Games and Sports Requisites; Parts and Accessories Thereof	30.88	30.48	0.40
第96章	杂项制品	Miscellaneous Manufactured Articles	12.61	12.35	0.26
第97章	艺术品、收藏品及古物	Works of Art, Collectors' Pieces and Antiques	0.05	0.05	0.00
第98章	特殊交易品及未分类商品	Commodities and Transactions not Classified	1.99	1.91	0.07
第99章	跨境电商B2B简化申报商品	According to Kind	10.4418	10.4418	

10−7 按国别(地区)分的进出口商品总额(2022年)
International Trade in Goods by Country (Region) by Shijiazhuang Customs (2022)

国家(地区)	Country (Region)	万元人民币 RMB 10000			万美元 USD 10000		
		进出口总额 Total	出口总额 Exports	进口总额 Imports	进出口总额 Total	出口总额 Exports	进口总额 Imports
总额	**Total**	**54189061**	**32074127**	**22114934**	**8115591**	**4805009**	**3310582**
亚洲	**Asia**	**20015468**	**14100898**	**5914571**	**2996934**	**2112298**	**884636**
阿富汗	Afghanistan	6290	6290		941	941	
巴林	Bahrain	103587	103575	12	15682	15680	2
孟加拉国	Bangladesh	316254	302378	13876	47662	45538	2123
不丹	Bhutan	113	113	…	16	16	
文莱	Brunei	7252	7252		1086	1086	
缅甸	Myanmar	144747	111070	33677	21767	16551	5216
柬埔寨	Cambodia	141641	101457	40184	21026	15168	5857
塞浦路斯	Cyprus	17623	17604	19	2580	2577	3
朝鲜	Korea DPR	27845	27264	581	4359	4273	86
中国香港	Hong Kong, China	553485	372067	181417	82577	55935	26642
印度	India	1585494	1271640	313854	238893	191357	47537
印度尼西亚	Indonesia	1392716	765156	627560	208821	114318	94503
伊朗	Iran	73504	51948	21556	10872	7732	3140
伊拉克	Iraq	252265	252263	2	37587	37587	…
以色列	Israel	233871	207177	26694	35189	31224	3965
日本	Japan	1679091	1130247	548843	251555	169461	82094
约旦	Jordan	49773	48152	1621	7479	7225	254
科威特	Kuwait	152641	146853	5787	22810	21939	870
老挝	Laos	22588	21841	747	3398	3284	115
黎巴嫩	Lebanon	16732	16732	1	2495	2495	…
中国澳门	Macao, China	16453	16412	40	2482	2476	6
马来西亚	Malaysia	1842984	778709	1064275	272970	116253	156717
马尔代夫	Maldives	5503	5502	…	814	814	…
蒙古	Mongolia	321082	83741	237341	48585	12520	36065
尼泊尔联邦民主共和国	Nepal	28979	28978	1	4329	4329	…
阿曼	Oman	220438	59055	161382	33613	8852	24761
巴基斯坦	Pakistan	357117	336307	20810	53293	50178	3115
巴勒斯坦	Palestine	869	869		128	128	
菲律宾	Philippines	795585	747914	47671	118686	111661	7025
卡塔尔	Qatar	1380516	71509	1309006	206557	10788	195769
沙特阿拉伯	Saudi Arabia	582768	544432	38336	87269	81471	5797
新加坡	Singapore	655128	468810	186319	96110	69166	26944
韩国	Korea Rep.	2268013	1838930	429083	339091	274596	64495
斯里兰卡	Sri Lanka	55798	53773	2025	8413	8113	300
叙利亚	Syria	2037	2037	…	298	298	…
泰国	Thailand	1033595	930733	102862	154784	139501	15283
土耳其	Türkiye	544272	520294	23978	82189	78549	3640
阿联酋	United Arab Emirates	766214	595225	170989	115636	89423	26213
也门	Yemen	47878	47876	2	7184	7184	…
越南	Vietnam	1148296	1106238	42058	172715	166410	6305
中国	P. R. China						
中国台湾	Taiwan, China	719748	474880	244869	108644	71498	37146
东帝汶	Timor Leste	5404	5404		794	794	
哈萨克斯坦	Kazakhstan	149494	141965	7528	22248	21082	1166
吉尔吉斯斯坦	Kirghizia	153222	152177	1046	22847	22687	160
塔吉克斯坦	Tadzhikistan	6985	6895	…	1044	1044	…
土库曼斯坦	Turkmenistan	17847	17847		2602	2602	
乌兹别克斯坦	Uzbekistan	80325	72209	8116	12116	10856	

10-7 续表 1 continued

国家(地区)	Country (Region)	万元人民币 RMB 10000			万美元 USD 10000		
		进出口总额 Total	出口总额 Exports	进口总额 Imports	进出口总额 Total	出口总额 Exports	进口总额 Imports
非洲	**Africa**	**3219706**	**2433719**	**785986**	**480465**	**363812**	**116653**
阿尔及利亚	Algeria	71531	71245	286	10743	10700	43
安哥拉	Angola	64724	64707	17	9750	9748	3
贝宁	Benin	16787	12843	3944	2519	1917	602
博茨瓦纳	Botswana	1663	1663		247	247	
布隆迪	Burundi	1791	1791	…	266	265	
喀麦隆	Cameroon	40311	40214	97	5985	5970	15
加那利群岛	Canary Is.	2	1	…	…	…	…
佛得角	Cape Verde	1174	1174		177	177	
中非	Central Africa	530	530		81	81	
塞卜泰(休达)	Ceuta	…	…				
乍得	Chad	15001	15000	…	2238	2238	…
科摩罗	Comoros	827	827	…	123	122	…
刚果(布)	Congo	5507	5487	20	820	817	3
吉布提	Djibouti	39184	35350	3834	5886	5299	587
埃及	Egypt	194948	188955	5993	29148	28247	900
赤道几内亚	Eq. Guinea	1377	1377		206	206	
埃塞俄比亚	Ethiopia	52110	38964	13146	7830	5873	1957
加蓬	Gabon	76053	11134	64918	11167	1669	9498
冈比亚	Gambia	8060	8060	…	1210	1210	…
加纳	Ghana	134976	123909	11067	20225	18571	1654
几内亚	Guinea	103736	25422	78314	15180	3794	11386
几内亚比绍	Guinea-Bissau	808	808		123	123	
科特迪瓦	Cote d'lvoire	44787	44747	40	6688	6682	6
肯尼亚	Kenya	107599	103601		16139	15556	583
利比里亚	Liberia	16304	16303	1	2444	2444	…
利比亚	Libya	28207	28206	…	4210	4210	…
马达加斯加	Madagascar	41909	41891	18	6312	6310	3
马拉维	Malawi	2786	2786	…	412	412	…
马里	Mali	24207	24207	…	3621	3621	…
毛里塔尼亚	Mauritania	24188	7637	16551	3495	1142	2353
毛里求斯	Mauritius	16819	16817	2	2492	2492	…
摩洛哥	Morocco	99144	98768	376	14732	14675	57
莫桑比克	Mozambique	170182	46679	123502	25443	6970	18473
纳米比亚	Namibia	35814	3225	32589	5131	469	4661
尼日尔	Niger	39985	39475	510	5956	5878	78
尼日利亚	Nigeria	420583	410877	9706	63313	61841	1472
留尼汪	Reunion	3054	3054		4556	455	
卢旺达	Rwanda	2456	2456	…	370	370	…
圣多美和普林西比	Sao Tome & Principe	195	195		29	29	
塞内加尔	Senegal	80064	55025	25040	12087	8263	3824
塞舌尔	Seychelles	410	410		62	62	
塞拉利昂	Sierra Leone	33945	7715	26230	5148	1149	4000
索马里	Somalia	13005	12883	122	1931	1912	19
南非	South Africa	830693	478952	351741	123352	71020	52332
苏丹	Sudan	38352	34896	3546	5714	5185	529
坦桑尼亚	Tanzania	125550	118687	6863	18841	17781	1060

10−7 续表 2 continued

国家(地区)	Country (Region)	万元人民币 RMB 10000			万美元 USD 10000		
		进出口总额 Total	出口总额 Exports	进口总额 Imports	进出口总额 Total	出口总额 Exports	进口总额 Imports
多哥	Togo	25191	24187	1003	3776	3622	154
突尼斯	Tunisia	50085	49924	161	7453	7429	24
乌干达	Uganda	21153	19584	1569	3158	2917	241
布基纳法索	Burkina Faso	12375	11644	731	1876	1761	115
刚果(金)	Congo DR	52923	52923		7914	7914	
赞比亚	Zambia	10266	10265	2	1546	1546	…
津巴布韦	Zimbabwe	9836	9699	137	1466	1446	20
莱索托	Lesotho	142	142		22	22	
斯威士兰	Swaziland	514	514		79	79	
厄立特里亚	Eritrea	3273	3273		489	489	
马约特	Mayotte	1463	1463		214	214	
南苏丹共和国	Republic of South Sudan	1123	1123		167	167	
非洲其他国家(地区)	Other Countries (Regions) in Africa	26	26		4	4	
欧洲	**Europe**	**9689924**	**6911207**	**2778717**	**1450956**	**1035781**	**415175**
比利时	Belgium	542762	456599	86163	81518	68644	12874
丹麦	Denmark	94438	80729	13709	14170	12115	2055
英国	United Kingdom	579259	541052	38208	86622	80869	5753
德国	Germany	1161613	900025	261588	174228	135040	39189
法国	France	365227	290238	74990	54779	43589	11190
爱尔兰	Ireland	52138	35635	16503	7886	5395	2491
意大利	Italy	774946	686859	88087	116413	103216	13197
卢森堡	Luxembourg	5038	1962	3076	748	293	455
荷兰	Netherlands	993764	864370	129394	149045	129705	19341
希腊	Greece	91879	91068	811	13779	13658	122
葡萄牙	Portugal	152753	115067	37686	22861	17230	5631
西班牙	Spain	470185	419140	51045	70716	63224	7492
阿尔巴尼亚	Albania	14964	8501	6463	2268	1270	998
安道尔	Andorra	11	11		2	2	.
奥地利	Austria	57313	47284	10029	8620	7105	1515
保加利亚	Bulgaria	26977	24917	2060	4045	3722	323
芬兰	Finland	44910	37032	7878	6769	5557	1212
直布罗陀	Gibraltar	5	5		1	1	
匈牙利	Hungary	55938	52101	3837	8377	7810	567
冰岛	Iceland	1792	1791	1	267	267	…
列支敦士登	Liechtenstein	…	…		…	…	
马耳他	Malta	5450	5450	1	825	824	…
摩纳哥	Monaco	…	…		…	…	
挪威	Norway	260401	27955	232446	40341	4191	36150
波兰	Poland	286633	255236	31397	43039	38302	4737
罗马尼亚	Romania	67631	60774	6857	10125	9099	1026
圣马力诺	San Marino	114	114		17	17	
瑞典	Sweden	168743	133320	35423	25270	19946	5324
瑞士	Switzerland	47213	36564	10649	7135	5534	1602
爱沙尼亚	Estonia	14101	14036	65	2134	2125	9
拉脱维亚	Latvia	12188	11381	807	1833	1715	118
立陶宛	Lithuania	17476	17463	13	2592	2590	2
格鲁吉亚	Georgia						

10-7 续表 3 continued

国家(地区)	Country (Region)	万元人民币 RMB 10000			万美元 USD 10000		
		进出口总额 Total	出口总额 Exports	进口总额 Imports	进出口总额 Total	出口总额 Exports	进口总额 Imports
亚美尼亚	Armenia						
阿塞拜疆	Azerbaijan						
白俄罗斯	Byelorussia	23146	21958	1189	3438	3257	181
摩尔多瓦	Moldavia	3982	3954	28	599	594	4
俄罗斯联邦	Russian Federation	3025562	1470149	1555414	449438	219005	230433
乌克兰	Ukraine	81823	34563	47261	12692	5280	7412
斯洛文尼亚	Slovenia	71892	56050	15842	10699	8384	2316
克罗地亚	Croatia	17874	17452	421	2681	2617	64
捷克	Czech	56029	53745	2284	8426	8084	342
斯洛伐克	Slovak	23133	16069	7064	3445	2397	1048
北马其顿共和国	North Macedonia	638	636	2	95	95	…
波黑	Bosnia & Herzegovina	633	633		95	95	
梵蒂冈城国	Vatican City State	…	…		…	…	
法罗群岛	Faroe Islands	5	5		1	1	
塞尔维亚	Serbia	18780	18752	28	2836	2832	4
黑山	Montenegro	491	491		75	75	
拉丁美洲	**Latin America**	**693382**	**2917200**	**4016782**	**1040228**	**437142**	**603085**
安提瓜和巴布达	Antigua and Barbuda	168	168		26	26	
阿根廷	Argentina	148065	129627	18438	22292	19553	2739
阿鲁巴	Aruba	589	589		87	87	
巴哈马	Bahamas	1581	1581		238	238	
巴巴多斯	Barbados	2081	2081		318	318	
伯利兹	Belize	2025	2025		303	303	
多民族玻利维亚国	Bolivia	23120	22068	1052	3431	3280	151
巴西	Brazil	4134483	778852	3355630	622266	116770	505496
开曼群岛	Cayman Is.	461	461		67	67	
智利	Chile	570345	323674	246670	85712	48554	37158
哥伦比亚	Colombia	176708	175985	723	26612	26505	108
多米尼克	Dominica	267	267		40	40	
哥斯达黎加	Costa Rica	49720	43257	6463	7445	6472	973
古巴	Cuba	3629	3629		546	546	
库腊索岛	Curacao	1214	1214		182	182	
多米尼加共和国	Dominica Rep.	92625	92542	83	13759	13747	12
厄瓜多尔	Ecuador	150577	129514	21063	22603	19442	3161
法属圭亚那	French Guyana	466	466		69	69	
格林纳达	Granada	144	144		22	22	
瓜德罗普	Guadeloupe	2937	2937		441	441	
危地马拉	Guatemala	84670	64114	20556	12799	9584	3215
圭亚那	Guyana	9432	9432		1405	1405	
海地	Haiti	7288	7288	…	1094	1094	…
洪都拉斯	Honduras	20896	20865	31	3103	3099	5
牙买加	Jamaica	15866	15866	…	2370	2370	…
马提尼克	Martinique	514	514		75	75	
墨西哥	Mexico	689793	676286	13506	103299	101250	2048
蒙特塞拉特	Montserrat						
尼加拉瓜	Nicaragua	10389	10389	…	1528	1528	…
巴拿马	Panama	76659	76584	75	11414	11403	11
巴拉圭	Paraguay	12557	12310	246	1883	1844	39

10-7 续表 4 continued

国家(地区)	Country (Region)	万元人民币 RMB 10000			万美元 USD 10000		
		进出口总额 Total	出口总额 Exports	进口总额 Imports	进出口总额 Total	出口总额 Exports	进口总额 Imports
秘鲁	Peru	517711	211812	305898	75605	31741	43864
波多黎各	Puerto Rico	6659	6659	…	1011	1001	…
圣卢西亚	Saint Lucia	146	146		22	22	
圣马丁岛	Saint Martin Is.	28	28		4	4	
圣文森特和格林纳丁斯	Saint Vincent & Grenadines	106	106		16	16	
萨尔瓦多	El Salvador	36464	23595	12870	5573	3553	2020
苏里南	Surinam	2837	2837		425	425	
特立尼达和多巴哥	Trinidad and Tobago	9557	9557	…	1428	1428	…
特克斯和凯科斯群岛	Turks & Caicos Is.	388	388		57	57	
乌拉圭	Uruguay	40130	32012	8118	6048	4803	1245
委内瑞拉	Venezuela	29620	24261	5359	4460	3620	840
英属维尔京群岛	Virgin Is. (E)	629	629		91	91	
圣其茨和尼维斯	St. Kitts-Nevis	169	169		25	25	
圣皮埃尔和密克隆	St. Pierre and Miquelon						
荷属安的列斯群岛	Andreas Is. (N)	222	222		33	33	
拉丁美洲其他国家(地区)	Other Countries (Regions) in Latin America	50	50		7	7	
北美洲	**North America**	**6791421**	**4666973**	**2124448**	**1015347**	**700057**	**315289**
加拿大	Canada	708267	491546	216721	105916	73917	31999
美国	United States	6083143	4175416	1907727	909429	6266139	283290
格陵兰	Greenland	…	…		…	…	
百慕大	Bermuda	10	10		1	1	
北美洲其他国家(地区)	Other Countries (Regions) in North America	…	…		…	…	
大洋洲	**Oceania**	**753858**	**1044129**	**6494429**	**1131661**	**155918**	**975743**
澳大利亚	Australia	7207065	875245	6331820	1082237	130544	951692
库克群岛	Cook Is.	58	58		9	9	
斐济	Fiji	7792	7792	…	1154	1154	…
瑙鲁	Nauru						
新喀里多尼亚	New Caledonia (Fr)	13628	1949	11680	1954	300	1654
瓦努阿图	Vanuatu	555	555		84	84	
新西兰	New Zealand	253345	125121	128223	37959	18784	19176
巴布亚新几内亚	Papua New Guinea	38705	16000	22705	5616	2395	3221
社会群岛	Society Is.						
所罗门群岛	Solomon Is.	2848	2848		430	430	
汤加	Tonga	327	327		49	49	
萨摩亚	Samoa	571	571	1	85	85	…
基里巴斯	Kiribati	386	386		58	58	
图瓦卢	Tuvalu						
密克罗尼西亚联邦	Micronesia Commonwealth	3437	3437		541	541	
马绍尔群岛	Marshall. Is.	6505	6505		988	988	
帕劳	Palau	276	276		41	41	
法属波利尼西亚	Polynesia (F)	1716	1716		257	257	
瓦利斯和浮图纳	Wallis and Futuna	42	42		6	6	
大洋洲其他国家(地区)	Other Countries (Regions) in Oceania	1303	1303		194	194	
国别(地区)不详	Country(region) of Unknown	1	1		…	…	

10-8 分市货物进出口总额(2022年)
International Trade in Goods by City(2022)

市	City	万元人民币 RMB 10000				万美元 USD 10000			
		进出口总额 Total	出口总额 Exports	进口总额 Imports	差额 Balance	进出口总额 Total	出口总额 Exports	进口总额 Imports	差额 Balance
全 省	**Total**	**53920482**	**31862460**	**22058022**	**9804438**	**8075312**	**4773285**	**3302027**	**1471258**
石家庄市	Shijiazhuang	11391359	7127778	4263581	2864196	1715515	1072807	642707	430100
唐 山 市	Tangshan	15022403	5780296	9242107	-3461810	2238541	856676	1381866	-525190
秦皇岛市	Qinhuangdao	4401704	2670497	1731207	939289	659859	400427	259432	140995
邯 郸 市	Handan	3081536	2326630	754906	1571724	466017	351812	114205	237607
邢 台 市	Xingtai	2225155	2013717	211439	1802278	334770	303133	31637	271495
保 定 市	Baoding	4434615	4035480	399135	3636344	661340	601868	59472	542397
张家口市	Zhangjiakou	547567	458732	88834	369898	82159	68687	13472	55215
承 德 市	Chengde	221396	175854	45542	130312	33282	26360	6922	19438
沧 州 市	Cangzhou	4828121	2936668	1891453	1045215	724484	441380	283104	158276
廊 坊 市	Langfang	5270358	1979489	3290869	-1311379	784529	296289	488240	-191950
衡 水 市	Hengshui	2496269	2357320	138949	2218370	374816	353846	20970	332875

10-9 国家级经济(高新)技术开发区进出口总额(2022年)
International Trade in Goods of National Economic (High-Tech) Development Zones (2022)

开发区名称	Name	万元人民币 RMB 10000			万美元 USD 10000		
		进出口总额 Total	出口总额 Exports	进口总额 Imports	进出口总额 Total	出口总额 Exports	进口总额 Imports
合 计	**Total**	**2617465**	**1357560**	**1259905**	**393800**	**203707**	**190092**
石家庄高新技术产业开发实验区	Shijiazhuang High-tech Industrial Development Experimental Zone	8474	6650	1824	1274	1001	274
曹妃甸经济技术开发区	Caofeidian Economic and Technological Development Zone	45510	45216	294	6618	6575	42
秦皇岛经济技术开发区	Qinhuangdao Economic and Technological Development Zone	2535483	1280252	1255231	381668	192269	189399
保定高新技术产业开发区	Baoding High-tech Industrial Development Zone	26199	24738	1461	3981	3762	218
廊坊经济技术开发区	Langfang Economic and Technological Development Zone	1799	704	1095	260	100	159

10-10 外商直接投资情况
Foreign Direct Investment

年 份 Year	新设企业 (家) Newly Established Enterprises (unit)	实际使用外资金额 (万美元) Realized FDI Value (USD 10000)
1984	22	904
1985	53	4804
1986	31	1751
1987	25	4539
1988	91	19962
1989	73	9486
1990	110	8877
1991	322	16351
1992	1428	144090
1993	1975	193358
1994	1096	148462
1995	1220	188794
1996	923	210368
1997	742	172670
1998	652	128467
1999	530	113879
2000	510	94822
2001	507	107759
2002	482	136259
2003	586	251313
2004	603	244704
2005	581	272736
2006	447	177048
2007	369	357085
2008	252	300118
2009	215	266027
2010	248	376971
2011	199	477064
2012	197	415637
2013	196	384587
2014	198	550329
2015	208	687096
2016	162	413984
2017	194	415341
2018	246	620046
2019	298	634205
2020	348	621453
2021	389	995859
2022	442	938599

注：1.1990年以前年度数据为部门数，仅供参考使用。
2.自2022年起，全省利用外资统计口径发生变化，涉及相关指标调整，原“新设立项目”改为“新设企业家数”，“实际利用外资”改为“实际使用外资”，原指标“对外借款”“外商其他投资”不再统计，“按投资方式分组”不再统计。以下表相关表(11－15)同。

a)The data for 1990 and before are from the ministries other than Hebei Bureau of Statistics. They are listed here as comparable data.
b)Since 2022, the statistical criteria for the utilization of foreign investment in the province have changed, involving adjustments to relevant indicators. The original "newly established projects" have been changed to "number of new entrepreneurs", and the "actual utilization of foreign investment" has been changed to "actual utilization of foreign investment". The original indicators "external loans" and "other foreign investments"will no longer be counted, and grouping by investment method will no longer be counted. The following tables (11-15) are the same.

10－11 按行业分外商直接投资(2022年)
Foreign Direct Investment by Sector(2022)

单位：万美元 (USD 10000)

项 目	Item	新设企业 Newly Established Enterprises		实际使用外资金额 Realized FDI Value
		设立企业(家) Established of Enterprises (unit)	合同外资额 Contracted Value	
合 计	**Total**	**442**	**938599**	**165526**
按产业分组	**Grouped by Industry**			
第一产业	Primary Industry	1	8142	125
第二产业	Secondary Industry	152	295828	79748
第三产业	Tertiary Industry	289	634629	85653
按国民经济行业分组	**Grouped by Sector**			
农、林、牧、渔业	Agriculture, Forestry, Animal Husbandry and Fishery	1	8142	125
采矿业	Mining		18	4
制造业	Manufacturing	116	241286	66680
电力、热力、燃气及水的生产和供应业	Production and Supply of Electricity, Heat, Gas and Water	34	53986	12945
建筑业	Construction	2	542	120
批发和零售业	Wholesale and Retail Trades	88	62686	11652
交通运输、仓储和邮政业	Traffic, Transport, Storage and Post	25	56561	24352
住宿和餐饮业	Hotels and Catering Services	1		
信息传输、软件和信息技术服务业	Information Transmission, Software and Information Technology	25	68331	20085
金融业	Financial Intermediation	1	17391	2560
房地产业	Real Estate	4	4960	603
租赁和商务服务业	Leasing and Business Services	40	292452	12796
科学研究和技术服务业	Scientific Research and Technical Services	91	144081	13230
水利、环境和公共设施管理业	Management of Water Conservancy, Environment and Public Facilities	4	4240	170
居民服务、修理和其他服务业	Service to Households, Repair and Other Services			
教 育	Education		-3	
卫生和社会工作	Health and Social Service	1	4000	200
文化、体育和娱乐业	Culture, Sports and Entertainment	9	-20074	4

10-12 按国别和地区分实际使用外资情况(2022年)
Realized FDI Value by Country and Region (2022)

单位：万美元 (USD 10000)

国家(地区)	Country (Region)	新设企业 Newly Established Enterprises		实际使用外资 Realized FDI Value
		设立企业(家) Established of Enterprises(unit)	合同外资金额 Contracted Value	
合　计	**Total**	**442**	**938599**	**165526**
亚　洲	**Asia**	**343**	**913605**	**154517**
#中国香港	Hong Kong, China	255	768511	123896
中国澳门	Macao, China	4	252	175
中国台湾	Taiwan, China	30	14827	211
印度尼西亚	Indonesia			
日　本	Japan	5	6394	994
马来西亚	Malaysia	3	1345	20
菲律宾	Philippines	2	6400	
新加坡	Singapore	14	71959	14982
韩　国	Republic of Korea	19	28554	9978
泰　国	Thailand			
#东南亚联盟	Association of Southeast Asian Nations	22	84834	19204
非　洲	**Africa**	**9**	**3668**	**15**
欧　洲	**Europe**	**29**	**15337**	**5511**
#比利时	Belgium	1	1148	132
丹　麦	Denmark			
英　国	United Kingdom	5	303	245
德　国	Germany	4	4504	3096
法　国	France	1	1711	113
爱尔兰	Ireland		747	811
意大利	Italy		-429	4
卢森堡	Luxembourg		-49	
荷　兰	Netherlands	1	236	878
希　腊	Greece			
西班牙	Spain	1	296	219
瑞　士	Switzerland	1	21	3
#欧　盟(27国)	European Union (27 Countries)	9	13743	5263
南美洲	**South America**	**4**	**4816**	**3445**
#开曼群岛	Cayman Islands	1	1408	1749
英属维尔京群岛	Virgin Islands	3	3408	1681
北美洲	**North America**	**32**	**19034**	**917**
#加拿大	Canada	27	18603	59
美　国	United States	5	431	858
大洋洲	**Oceania**	**8**	**-17861**	**1121**
#澳大利亚	Australia	5	4997	983
新西兰	New Zealand	3	312	138

10-13 分市利用外资主要指标(2022年)
Major Indicators of FDI Value by City (2022)

单位：万美元 (USD 10000)

市	City	实际使用外资 Realized FDI Value	新设企业（家） Newly Established Enterprises (unit)	合同外资金额 Contracted Value
全　省	**Total**	**165526**	**442**	**938599**
石家庄市	Shijiazhuang	29353	63	150817
唐 山 市	Tangshan	26224	113	150453
秦皇岛市	Qinhuangdao	9202	14	6549
邯 郸 市	Handan	13301	32	67200
邢 台 市	Xingtai	7570	16	14873
保 定 市	Baoding	4170	40	302117
张家口市	Zhangjiakou	7419	17	-6294
承 德 市	Chengde	1922	10	16224
沧 州 市	Cangzhou	4834	14	25957
廊 坊 市	Langfang	56327	108	132910
衡 水 市	Hengshui	2518	10	60000
定 州 市	Dingzhou	48	1	
辛 集 市	Xinji	13	1	

10-14 对外承包工程
Contracted Projects with Foreign Countries and Territories

年份 Year	签订合同的国家(地区)(个) Number of Coutries Made Contracts with China for Projects and Labor (unit)	合同份数(份) Number of Contracts (unit)	合同金额(万美元) Contracted Value (10000 USD)	派出人次(人次) Number of Labor Send abroad (person-time)	完成营业额(万美元) Value of Business Fulfilled (10000 USD)
1985	4	4	300		500
1990	9	9	300		600
1995	7	16	2200		1600
2000	13	50	9400		4600
2001	16	26	15336		6235
2002	22	38	21329	2537	12031
2003	25	40	31669	762	17940
2004	25	70	51340	1539	24062
2005	35	91	107533	1832	54139
2006	29	84	171035	3176	81006
2007	41	119	172954	7241	123912
2008	37	73	400303	5271	160722
2009	47	186	266678	8097	287157
2010	50	190	294596	7033	285351
2011	51	215	328230	6599	243603
2012	46	169	417866	10821	286271
2013	44	175	467343	9791	434565
2014	48	190	485335	8636	408696
2015	46	185	386488	7039	359910
2016	45	130	467386	4936	257649
2017	39	128	584589	6122	294101
2018	40	195	422353	7004	277253
2019	37	128	372915	3854	307172
2020	41	125	307080	2662	277462
2021	37	129	316851	4753	278331
2022	36	116	380424	2764	303785

10–15 对外投资与劳务合作
Foreign Direct Investment and Labor Services

单位：万美元 (USD 10000)

项 目	Item	2015	2018	2019	2020	2021	2022
对外投资	**Outward Foreign Direct Investment**						
新备案(核准)家数 (家)	Enterprise Registered (Approved) to Invest Abroad (unit)	131	101	102	103	72	60
协议对外投资总额	Total Agreed Foreign Investment	306258	473149	562434	667097	677914	960605
中方协议投资额	Chinese Agreed Investment			482003	484988	304244	262444
对外劳务合作(人)	**Labor Services (person)**						
派出人数	Workers Sent Abroad for the Year	342	1523	1592	530	1798	1799
期末在外人数	Workers Abroad at the Year-end	2340	3930	4142	1404	2251	3262

10–16 按行业分对外投资额
Overseas Investment by Sector

单位：万美元 (USD 10000)

行 业	Item	备案(核准)中方对外投资额 Record (approve) the Amount of Overseas Investment			
		2019	2020	2021	2022
合 计	**Total**	**482003**	**484988**	**304244**	**262444**
农、林、牧、渔业	Agriculture, Forestry, Animal Husbandry and Fishery	17310	3180	14154	2925
采矿业	Mining	4000	800		
制造业	Manufacturing	348021	329892	107594	84755
电力、热力、燃气及水生产和供应业	Production and Supply of Electricity, Heat, Gas and Water	15441	80340	169000	131000
建筑业	Construction	40415	23431	1815	
批发和零售业	Wholesale and Retail Trades	9191	10800	10291	12551
交通运输、仓储和邮政业	Transport, Storage and Post	1560	2341	892	
住宿和餐饮业	Hotels and Catering Services	271			
租赁和商务服务业	Leasing and Business Services	12003	29195	15	22727
科学研究和技术服务业	Scientific Research and Technical Services	4241	5009	383	8287
卫生和社会工作	Health and Social Service	29550			
教 育	Education			100	200

10-17 按主要国别(地区)分对外投资额
Overseas Investment by Country (Region)

单位：万美元 (USD 10000)

国家(地区)	Country (Region)	2020	2021	2022
合计	**Total**	**484988**	**304244**	**262444**
亚洲	**Asia**	**385991**	**206237**	**242018**
阿联酋	The United Arab Emirates			800
阿曼	Oman	140		
巴基斯坦	Pakistan			439
巴林	Bahrain	10		
菲律宾	The Philippines	300		17
哈萨克斯坦	Kazakhstan	204		
韩国	Republic of Korea	381	450	695
柬埔寨	Cambodia	3857	504	550
老挝	Laos	500		
马来西亚	Malaysia	29460	335	1500
蒙古	Mongolia	700	929	770
尼泊尔	Nepal	100		
日本	Japan	84	571	152
斯里兰卡	Sri Lanka			
泰国	Thailand	36052	12934	5300
土耳其	Türkiye	1000		
乌兹别克斯坦	Uzbekistan	25438	750	305
新加坡	Singapore	5387	1908	580
印度	India	423	5677	
印度尼西亚	Indonesia	202000	5335	68113
越南	Vietnam	1683	7	1000
中国香港	Hong Kong, China	78272	176837	161797
非洲	**Africa**	**1850**	**59653**	**8855**
埃及	Egypt		59653	
埃塞俄比亚	Ethiopia			
贝宁	Benin			
加纳	Ghana	500		
肯尼亚	Kenya			
马达加斯加	Madagascar	800		
马拉维	Malawi	50		
毛里塔尼亚	Mauritania			
纳米比亚	Namibia			
南非	S. Africa			
尼日利亚	Nigeria			20
坦桑尼亚	Tanzania			6061
乌干达	Uganda	500		
赞比亚	Zambia			2775
乍得	Chad			
欧洲	**Europe**	**55657**	**2280**	**5544**
德国	Germany	4523	404	2880
俄罗斯联邦	Russian Federation	13263	533	
法国	France	4902	89	
荷兰	Netherlands	33	56	393
捷克	Czech Rep.		800	
瑞士	Switzerland			56
塞尔维亚	Serbia	1226	128	1400
西班牙	Spain	2769		
匈牙利	Hungary			
意大利	Italy	56	100	815
英国	United Kingdom	28885	170	
拉丁美洲	**Latin America**	**594**	**21500**	**4977**
巴西	Brazil	200	6000	850
厄瓜多尔	Ecuador	392		
开曼群岛	Cayman Is.		200	4127
墨西哥	Mexico	1	15300	
英属维尔京群岛	Br.Virgin Is.			
智利	Chile	1		
北美洲	**North America**	**40245**	**245**	**950**
加拿大	Canada	1000		
美国	United States	39245	245	950
大洋洲	**Oceania**	**651**	**14329**	**100**
澳大利亚	Australia	651	14329	100
新西兰	New Zealand			

10–18 按国别(地区)分对外经济合作
Economic Cooperation by Country (Region)

国家(地区)	Country (Region)	对外承包工程 Contracted Projects 完成营业额(万美元) Value of Turnover Fulfilled (10000 USD)			对外劳务合作 Labour Services 年末在外人数(人) Persons Abroad by the End of Year (person)		
		2020	2021	2022	2020	2021	2022
合计	**Total**	**277463**	**278331**	**303785**	**7859**	**10435**	**3262**
亚洲	**Asia**	**197957**	**182617**	**174825**	**4672**	**6548**	**1689**
孟加拉国	Bangladesh	24022	20180	13648	116	512	
文莱	Brunei	5094	11		5		
缅甸	Myanmar	4005	2149	1656	30	19	
柬埔寨	Cambodia	502	1381	2826	25	59	2
塞浦路斯	Cyprus	10002	2709	11418	6	33	329
中国香港	Hong Kong, China	2168	120	649	406	376	
印度	India	1869	1873	633	1		599
印度尼西亚	Indonesia	7670	12634	14462	278	922	
伊朗	Iran	392			5		
伊拉克	Iraq	8900	12300	12106	208	257	
以色列	Israel		75		2	16	3
日本	Japan				562	291	235
科威特	Kuwait	2998	1674	2888		42	
老挝	Laos	11530	1491	234	19	3	
中国澳门	Macao, China		67	410			
马来西亚	Malaysia	2263	5369	8792	131	123	
尼泊尔	Nepal			81		3	
马尔代夫	Maldives						
蒙古	Mongolia						
阿曼	Oman	18162	15794	10798	108	307	
巴基斯坦	Pakistan	3771	5941	8126	142	876	
菲律宾	The Philippines	7639	6814	1395	42	87	
卡塔尔	Qatar						
沙特阿拉伯	Saudi Arabia	25156	15976	18305	902	406	
新加坡	Singapore		37	320	40	345	483
韩国	Republic of Korea						
斯里兰卡	Sri Lanka	1585	387	482	62	38	38
泰国	Thailand	8073	18238	40189	47	34	
土耳其	Türkiye	412	304	452	46	87	
阿拉伯联合酋长国	United Arab Emirates	39062	45045	23073	859	863	
越南	Vietnam	1278	641	92	6	6	
东帝汶	East Timor	1601	896	1097	5	5	
哈萨克斯坦	Kazakhstan	6783	8845	450	448	755	
塔吉克斯坦	Tajikistan		24				
土库曼斯坦	Turkmenistan						
乌兹别克斯坦	Uzbekistan	3020	1641	236	171	83	

10−18 续表 1 continued

国家(地区)	Country (Region)	对外承包工程 Contracted Projects 完成营业额(万美元) Value of Turnover Fulfilled (10000 USD)			对外劳务合作 Labour Services 年末在外人数(人) Persons Abroad by the End of Year (person)		
		2020	2021	2022	2020	2021	2022
非洲	**Africa**	**72456**	**85652**	**115661**	**2757**	**3415**	**1399**
阿尔及利亚	Algeria	18490	8679	4130	964	589	
安哥拉	Angola	228	1879	912	51	13	
贝宁	Benin		520	5903	4	7	
博茨瓦纳	Botswana			6922		2	
喀麦隆	Cameroon	635	27	1554	4		
乍得	Chad	4202	5478	4985	192	70	
吉布提	Djibouti					12	240
刚果(布)	Congo (B)						
埃及	Egypt			451	4		
埃塞俄比亚	Ethiopia	721	1902	2070	119	206	282
冈比亚	Gambia	224					
加蓬	Gabon						
加纳	Ghana	49	16		1		
几内亚	Guinea	899	6		10		
科特迪瓦	Cote d'Ivoir						
肯尼亚	Kenya	263	591	195	14	12	180
利比里亚	Liberia	35	37		7	5	11
利比亚	Libya						
马达加斯加	Madagascar						
马拉维	Malawi	188					
毛里塔尼亚	Mauritania						
摩洛哥	Morocco	1587	998	1045	27	55	
莫桑比克	Mozambique	1427	1190	40	67	40	
纳米比亚	Namibia	31	8		18		
尼日尔	Niger	1795	6203	20386		106	
尼日利亚	Nigeria	37041	36975	51840	1030	1381	263
卢旺达	Rwanda	2351	1170	548	46	36	
塞内加尔	Senegal		14983	9203	62	532	
南非	South Africa	1094	990	3017	33	40	
苏丹	Sudan	13				58	
坦桑尼亚	Tanzania	23	1729	528	7	45	249
突尼斯	Tunisia				3		
乌干达	Uganda	226	48	55	7	1	

10-18 续表 2 continued

国家(地区)	Country (Region)	对外承包工程 Contracted Projects 完成营业额(万美元) Value of Turnover Fulfilled (10000 USD)			对外劳务合作 Labour Services 年末在外人数(人) Persons Abroad by the End of Year (person)		
		2020	2021	2022	2020	2021	2022
赞比亚	Zambia	539	60		6	66	174
津巴布韦	Zimbabwe	43	1015	1491	21	51	
莱索托	Lesotho						
厄立特里亚	Eritrea	8			9		
南苏丹	S. Sudan						
刚果(金)	Congo (J)	343	1148	386	51	88	
欧洲	**Europe**	**5711**	**9161**	**5201**	**235**	**409**	**45**
英国	United Kingdom	381					
法国	France	2376	3714	2268	82	81	
希腊	Greece				25	25	25
马耳他	Malta				20	20	20
挪威	Norway	727					
阿塞拜疆	Azerbajan	1033	295				
白俄罗斯	Belorussia						
俄罗斯联邦	Russian Federation	901	3977	2739	58	141	
塞尔维亚	Serbie	293	1175	163	50	140	
黑山	Montenegro			30		2	
拉丁美洲	**Latin America**	**1262**	**901**	**7369**	**51**	**57**	**22**
阿根廷	Argentina	946	854		28		
巴哈马	Bahamas				17	22	
多米尼加共和国	Republic of Dominica			4252		7	
玻利维亚	Bolivia	313					
巴西	Brazil						
哥伦比亚	Colombia						
厄瓜多尔	Ecuador		47				
墨西哥	Mexico						
巴拿马	Panama					22	22
委内瑞拉	Venezuela	3			6	6	
北美洲	**North America**	**77**					
加拿大	Canada	77					
大洋洲	**Oceania**			**730**	**144**	**6**	**107**
澳大利亚	Australia			730			
新西兰	New Zealand				144	6	107
巴布亚新几内亚	Papua New Guinea						
马绍尔群岛共和国	Republic of the Marshall Islands						

主要统计指标解释

货物进出口总额 指实际进出我国关境的货物总金额。包括对外贸易实际进出口货物，来料加工装配进出口货物，国家间、联合国及国际组织无偿援助物资和赠送品，华侨、港澳台同胞和外籍华人捐赠品，租赁期满归承租人所有的租赁货物，进料加工进出口货物，边境地方贸易及边境地区小额贸易进出口货物，中外合资企业、中外合作经营企业、外商独资经营企业进出口货物和公用物品，到、离岸价格在规定限额以上的进出口货样和广告品(无商业价值、无使用价值和免费提供出口的除外)，从保税仓库提取在中国境内销售的进口货物，以及其他进出口货物。该指标可以观察一个国家在货物贸易方面的总规模。我国规定出口货物按离岸价格统计，进口货物按到岸价格统计。

服务进出口 指常住单位与非常住单位之间相互提供的服务。包括运输，旅行，建筑，保险服务，金融服务，电信、计算机和信息服务，知识产权使用费，个人、文化和娱乐服务，维护和维修服务，加工服务，其他商业服务，政府服务。

外商投资 是指国外及港澳台地区的法人和自然人在中国大陆地区以现金、实物、无形资产、股权等方式进行投资。其中，外商直接投资是指国外及港澳台地区投资者在非上市公司中的全部投资及在单个外国投资者所占股权比例不低于10%的上市公司中的投资。

对外直接投资 是境内投资者以控制国（境）外企业的经营管理权为核心的经济活动，体现在一经济体通过投资于另一经济体而实现其持久利益的目标。

对外承包工程 根据《对外承包工程管理条例》，对外承包工程是指中国的企业或者其他单位承包境外建设工程项目的活动。

对外劳务合作 指组织劳务人员赴其他国家或地区为国外的企业或机构工作的经营性活动。

Explanatory Notes on Main Statistical Indicators

Total Import and Export of Goods refer to the real value of commodities imported and exported across the border of China. They include the actual imports and exports through foreign trade, imported and exported goods under the processing and assembling trades and materials, supplies and gifts as aid given gratis between governments and by the United Nations and other international organizations, and contributions donated by overseas Chinese, compatriots in Hong Kong and Macao and Chinese with foreign citizenship, leasing commodities owned by tenant at the expiration of leasing period, the imported and exported commodities processed with imported materials, commodities trading in border areas, the imported and exported commodities and articles for public use of the Sino-foreign joint ventures, cooperative enterprises and ventures with sole foreign investment. Also included is import or export of samples and advertising goods for which CIF or FOB value are beyond the permitted ceiling (excluding goods of no trading or use value and free commodities for export), imported goods sold in China from bonded warehouses and other imported or exported goods. The indicator of the total imports and exports at customs can be used to observe the total size of external trade in a country. In accordance with the stipulation of the Chinese government, imports are calculated at CIF, while exports are calculated at FOB.

Import and Export of Services refers to services provided between resident and non-resident units, including transportation, travel, construction, insurance, finance, telecommunications, computer and informations, professional and management consultancy, intellectual property fee, individual, culture and recreation, maintenance and repair, and other services, but excluding government services.

Foreign Investment refers to investment in China by legal or natural persons of foreign countries and of HongKong, Macau and Taiwan, in the form of cash、 physical assets、 intangible assets and euity and others. Foreign direct investment refers to investment by investors from foreign countries and from Hong Kong, Macau and Taiwan in a non-listed company,or the investment of over 10 percent or more in a listed company.

Overseas Direct Investment refers to the economic activities centring on operation and management of those enterprises are under the control of domestic investors. The content of overseas direct investment mainly reflects one economic entity by investing in another economic entity to achieve its goal of lasting interest.

Overseas Contracted Projects refer to activities of contracting overseas construction projects by Chinese enterprises or any other units, which are stipulated in the *Regulations on Administration of Foreign Contracted Project*.

Overseas Labour Services refer to operational activities of organizing labour force to go abroad providing services to foreign enterprises or agencies.

农 业
Agriculture

简 要 说 明

一、本篇资料反映河北省农业生产和农村经济的基本情况，内容主要包括农业机械拥有量、农林牧渔业产值、主要农产品产量、国营农场基本情况等方面的统计资料。

二、农业产值、经济作物、农用化肥施用量来源于河北省统计局农村统计处；农作物统计资料来源于国家统计局河北调查总队；农业机械拥有量、水产品产量、国有农场基本情况统计资料来源于河北省农业农村厅；水利统计资料来源于河北省水利厅，林业统计资料来源于河北省林业和草原局。

三、根据《全国农业普查条例》，本篇资料的1996年部分数据以第一次全省农业普查结果为基础做了调整，2006年部分数据以第二次全省农业普查结果为基础做了调整，2007—2017年部分数据以第三次全省农业普查结果为基础做了调整。

四、资料整理：赵丽丽　刘珺　杨柳　刘洁　宋金玲　闫香妥

Brief Introduction

Ⅰ.The data in this chapter reflects the basic situation of agricultural production and rural economy in Hebei Province, which mainly includes the statistical data of agricultural machinery ownership, output value of agriculture, forestry, animal husbandry and fishery, output of main agricultural products, basic situation of state farms and other aspects.

Ⅱ.Agricultural output value, cash crops and agricultural fertilizer application amount came from Rural Statistics Division of Hebei Provincial Bureau of Statistics. Crop statistics were from the Survey Office of the National Bureau of Statistics in Hebei. The statistical data of agricultural machinery ownership, aquatic product output and state-owned farms came from Department of Agriculture and Rural Affairs of Hebei Province. The statistics of water conservancy came from Department of Water Resources of Hebei Province, the statistics of forestry came from Forestry and Grassland Bureau of Hebei Province.

Ⅲ. According to the *Regulations of the National Agricultural Census*, part of the data in this paper was adjusted based on the results of the First National Agricultural Census in 1996, part of the data in 2006 was adjusted based on the results of the Second National Agricultural Census, and part of the data in 2007-2017 was adjusted based on the results of the Third National Agricultural Census.

Ⅳ. Data collection: Zhao Lili, Liu Jun, Yang Liu, Liu Jie, Song Jinling, Yan Xiangtuo.

11-1 农业生产条件与农作物播种面积
Conditions of Agricultural Production and Sown Area of Farm Crops

指 标	Item	2000	2010	2015	2020	2021	2022
农业机械总动力(万千瓦)	Total Power of Agricultural Machinery (10000 kW)	7000.39	10151.30	11102.81	7965.7	8096.8	8429.1
大中型拖拉机(万台)	Number of Large and Medium-sized Tractors (10000 units)	6.36	17.27	27.43	30.64	32.00	33.67
大中型拖拉机配套农具(万部)	Number of Large and Medium-sized Tractor Towing Farm Machinery (10000 units)	10.83	34.53	49.78	43.05	44.25	45.16
耕地灌溉面积(千公顷)	Irrigated Area of Cultivated Land (1000 hectares)	4482.32	4520.87	4447.98	4470.03	4489.21	4102.86
农用化肥施用量(折纯)(万吨)	Consumption of Chemical Fertilizers (10000 tons)	270.62	322.86	335.49	285.71	276.87	271.64
农作物总播种面积(千公顷)	Total Sown Area (1000 hectares)	9024.4	8352.0	8482.2	8089.4	8097.2	8114.0
粮食	Grain Crops	6918.7	6441.3	6772.1	6388.8	6428.6	6443.8
谷物	Cereal	5879.1	6055.9	6463.4	6036.0	6109.3	6097.2
#稻谷	Rice	143.9	77.6	79.9	78.7	78.4	76.6
小麦	Wheat	2678.8	2451.4	2394.2	2216.9	2246.6	2247.3
玉米	Corn	2478.6	3191.0	3654.4	3417.1	3454.1	3455.9
豆类	Beans	592.2	160.4	98.5	122.1	96.7	125.0
薯类	Tubers	447.4	225.0	210.2	230.7	222.6	221.5
油料	Oil-bearing Crops	686.4	428.5	383.8	355.4	350.3	334.6
棉花	Cotton	307.4	558.9	322.5	189.2	139.8	116.1
糖料	Sugar Crops	9.9	14.1	11.6	12.6	8.1	13.3
烟叶	Tobacco	5.5	2.2	1.6	1.0	1.2	1.3
蔬菜	Vegetables	866.1	693.2	755.1	803.5	814.0	838.7
果园面积(千公顷)	Area of Orchards (1000 hectares)	1041.8	811.4	594.1	521.6	472.5	473.7

11−2 主要农牧渔业生产情况
Output of Agriculture, Animal Husbandry and Fishery

指 标	Item	2015	2018	2019	2020	2021	2022
农产品产量(万吨)	Output of Farm Products (10000 tons)						
粮食	Grain	3602.20	3700.86	3739.24	3795.89	3825.09	3865.06
谷物	Cereal	3505.80	3524.86	3566.90	3617.71	3664.70	3697.02
#稻谷	Rice	51.20	52.49	48.65	48.93	49.60	48.88
小麦	Wheat	1482.80	1450.73	1462.57	1439.30	1469.10	1474.57
玉米	Corn	1897.70	1941.15	1986.64	2051.82	2066.87	2094.70
豆类	Beans	19.10	28.13	30.08	29.39	22.58	28.58
薯类	Tubers	77.30	147.87	142.30	148.78	137.81	139.47
油料	Oil-bearing Crops	126.01	121.38	119.54	119.52	118.36	115.45
#花生	Peanuts	102.81	98.45	96.46	96.81	96.30	92.58
棉花	Cotton	32.35	23.93	22.74	20.86	15.97	13.90
麻类(吨)	Fiber Crops (ton)	499.00	7.77	12.00	3.00	1.00	
糖类(甜菜)	Beetroots	60.57	94.11	64.28	63.68	39.60	70.22
烟叶(吨)	Tobacco (ton)	3424.09	3321.19	3467.70	1888.00	3032.00	2568.00
水果	Fruits	948.63	956.96	1004.39	1031.38	1058.49	1139.70
农产品单位面积产量(公斤/公顷)	Output of Farm Products per Hectare (kg/hectare)						
粮食	Cereal	5319.00	5660.00	5780.09	5941.48	5950.11	5998.20
油料	Oil-bearing	3283.05	3299.62	3279.80	3363.22	3379.00	3450.00
棉花	Cotton	1003.00	1137.30	1115.31	1102.50	1142.00	1197.00
麻类	Fiber Crops	2160.17	1420.48	534.05	1095.22	703.00	
糖类(甜菜)	Beetroots	52015.46	51913.76	51760.99	50470.86	48596.00	52720.00
烟叶	Tobacco	2182.81	2459.07	2565.78	1873.44	2603.00	2036.00
大牲畜年底头数(万头)	Number of Large Animals (year-end,10000 heads)	395.85	371.61	376.97	385.31	395.05	420.14
#牛	Cattle and Buffaloes	360.31	342.03	350.11	358.59	370.42	397.46
猪出栏头数(万头)	Number of Slaughtered Fattened Hogs (10000 heads)	3837.12	3709.60	3119.77	2907.62	3410.64	3506.14
猪年底头数(万头)	Number of Hogs (year-end,10000 heads)	2015.93	1820.80	1418.37	1748.85	1810.06	1927.71
羊年底只数(万只)	Number of Sheep and Goats (year-end,10000 heads)	1425.09	1179.60	1194.90	1270.31	1316.04	1418.69
肉类产量(万吨)	Output of Meat (10000 tons)	477.50	466.70	433.40	419.17	464.32	478.83
生牛奶(万吨)	Raw Milk (10000 tons)	393.50	384.81	428.68	483.40	498.39	546.73
绵羊毛(吨)	Sheep Wool (ton)	26850.99	20816.00	19095.85	16883.00	20709.46	25782.66
禽蛋(万吨)	Poultry Eggs (10000 tons)	379.69	377.97	385.90	389.71	389.56	401.79
水产品总产量(万吨)	Total Aquatic Products (10000 tons)	112.92	109.62	99.01	100.34	108.10	112.44
海水产品	Seawater Aquatic Products	75.69	70.22	63.97	65.97	73.41	77.06
淡水产品	Freshwater Aquatic Products	36.83	32.85	29.45	29.32	29.74	31.12
远洋捕捞	Pelagic Fishing	0.4	6.55	5.59	5.05	4.96	4.26

11-3 农、林、牧、渔业总产值及指数
Gross Output Value of Agriculture, Forestry, Animal Husbandry and Fishery and Related Indices

年 份 市	Year City	绝对数(亿元) Gross Output Value (100 million yuan)					指 数(上年=100) Indices of Gross Output (preceding year=100)				
		农林牧渔业总产值 Total	#农 业 Farming	#林 业 Forestry	#牧 业 Animal Husbandry	#渔 业 Fishery	农林牧渔业总产值 Total	#农 业 Farming	#林 业 Forestry	#牧 业 Animal Husbandry	#渔 业 Fishery
	1978	75.86	64.03	2.39	8.87	0.56	122.1	125.0	113.1	97.2	101.5
	1980	97.79	79.86	3.10	14.00	0.83	93.8	92.1	96.2	104.0	100.9
	1985	167.33	128.65	6.15	31.16	1.37	103.3	98.6	104.6	131.1	126.2
	1990	357.63	254.77	9.58	83.38	9.90	105.4	104.4	107.3	107.1	143.7
	1995	1147.83	753.52	23.50	344.18	26.63	111.9	110.5	105.4	114.0	124.3
	2000	1544.65	846.72	25.37	613.68	58.88	105.7	105.4	98.4	106.2	108.7
	2005	2379.17	1258.00	40.13	879.38	79.44	106.5	106.0	96.9	107.7	104.1
	2006	2466.37	1380.45	45.85	832.32	72.75	105.5	106.0	96.7	104.9	102.0
	2007	3075.77	1639.07	52.37	1146.99	85.14	103.9	104.2	109.6	102.1	105.1
	2008	3505.23	1760.75	55.89	1410.82	102.77	105.1	103.7	108.6	106.6	106.9
	2009	3640.93	1958.79	39.69	1350.10	108.38	103.2	103.3	111.8	102.3	104.4
	2010	4309.42	2470.11	51.26	1443.76	142.47	103.5	103.8	101.8	102.4	105.8
	2011	4570.27	2484.67	62.23	1643.80	155.36	103.9	105.5	103.6	101.1	101.8
	2012	4912.42	2710.55	83.40	1709.84	167.08	104.1	103.6	105.5	104.7	104.1
	2013	5284.43	2975.01	104.30	1772.37	166.28	103.3	104.0	106.5	101.2	106.0
	2014	5373.76	2893.29	118.47	1895.90	175.85	104.1	103.1	108.9	105.1	103.2
	2015	5291.68	2820.11	134.62	1842.65	181.12	102.7	102.8	104.3	101.7	102.4
	2016	5299.66	2772.86	148.30	1846.23	190.30	103.5	101.3	97.8	106.8	101.2
	2017	5373.38	2890.60	175.54	1735.82	195.86	104.0	104.9	107.9	102.1	98.2
	2018	5707.00	3085.86	186.64	1813.82	207.49	103.0	102.1	99.0	104.4	101.3
	2019	6061.46	3114.86	231.38	2035.42	212.54	101.9	101.7	104.8	100.4	100.6
	2020	6742.49	3413.34	255.35	2309.72	243.22	103.50	104.20	105.70	101.00	103.90
	2021	7018.67	3645.02	263.66	2239.50	298.02	107.10	103.64	102.65	112.44	107.65
	2022	7667.41	4035.67	266.56	2391.71	342.29	104.61	103.94	101.55	104.85	106.09
石家庄市	Shijiazhuang	907.18	464.09	22.80	340.62	3.54	105.4	108.2	126.7	100.5	101.9
石家庄市①	Shijiazhuang①	810.88	414.20	22.36	298.12	3.54	105.7	109.4	127.0	99.6	101.9
唐 山 市	Tangshan	1046.16	490.87	7.58	313.67	193.21	104.1	102.3	66.2	102.7	113.8
秦皇岛市	Qinhuangdao	469.34	195.10	14.43	147.67	64.68	104.2	103.4	114.7	101.2	110.7
邯 郸 市	Handan	820.82	453.92	16.49	283.05	4.03	105.0	106.5	84.2	104.2	104.6
邢 台 市	Xingtai	612.25	396.19	11.19	172.32	1.43	104.0	104.7	82.9	104.0	106.7
保 定 市	Baoding	971.88	572.14	30.85	313.78	3.31	104.1	104.8	94.9	102.7	118.2
保 定 市①	Baoding①	791.98	457.52	18.32	266.90	2.91	105.2	108.2	90.6	100.8	103.7
张家口市	Zhangjiakou	574.15	350.19	9.45	194.64	1.83	102.1	106.8	41.0	100.6	98.7
承 德 市	Chengde	645.48	405.47	40.89	185.42	0.65	104.8	105.3	92.6	106.8	102.5
沧 州 市	Cangzhou	768.96	325.60	2.05	206.06	57.07	105.0	106.1	43.3	103.9	105.6
廊 坊 市	Langfang	354.10	251.87	1.35	83.87	4.23	101.4	101.4	76.7	101.7	96.9
衡 水 市	Hengshui	497.08	305.44	5.66	145.58	1.27	105.4	105.0	125.6	104.9	92.1
定 州 市	Dingzhou	157.91	96.16	12.14	46.49		107.0	101.1	111.8	117.5	
辛 集 市	Xinji	96.29	49.89	0.44	42.49	0.01	103.3	99.8	114.0	107.0	105.6

注：1.本表绝对数按当年价格计算，指数按可比价格计算。2003年起总产值包括农林牧渔专业及辅助性活动产值。2.分市指数为快报数。3.本表数据中石家庄市含辛集市，石家庄市①不含辛集市；保定市含定州市和雄安新区，保定市①不含定州市和雄安新区。以下相关表同。

a) Data in value terms in this table are calculated at current prices, while the indices are calculated at constant prices. Since 2003, gross output value includes professional and support services for agriculture, forestry, animal husbandry and fishery.

b) Indices of city is preliminary estimation.

c) Data in this table, Shijiazhuang includes Xinji, Shijiazhuang① excludes Xinji; Baoding includes Dingzhou and Xiongan, Baoding① excludes Dingzhou and Xiongan. The same applies to the table following.

11-4 主要农业机械拥有量(年底数)
Major Agricultural Machinery (End of Year)

年份 市	Year City	农业机械总动力(万千瓦) Total Power of Agricultural Machinery (10000 kW)	大中型拖拉机 Large and Medium-sized Tractors 数量(台) Number (unit)	配套农具(部) Towing Farm Machinery (unit)
	1978	1083.17	28092	76803
	1980	1253.84	42133	88589
	1985	1993.74	37341	53091
	1990	2822.25	30063	40962
	1995	4336.44	29040	45809
	2000	7000.39	63624	108349
	2005	8487.21	100894	183516
	2006	8795.77	111080	205530
	2007	9134.53	114345	223486
	2008	9525.37	136169	260496
	2009	9861.37	155153	320043
	2010	10151.30	172676	345268
	2011	10349.19	197882	379647
	2012	10553.81	213733	409718
	2013	10786.45	234425	435351
	2014	10942.86	254604	458201
	2015	11102.81	274346	497756
	2016	7401.97	298740	538025
	2017	7580.58	314728	597906
	2018	7706.20	272928	405703
	2019	7830.73	296676	419438
	2020	7965.74	306385	430549
	2021	8096.81	319960	442488
	2022	8249.08	336717	451640
石家庄市	Shijiazhuang	1346.06	40462	63899
石家庄市①	Shijiazhuang①	1214.60	38844	60113
唐山市	Tangshan	824.09	27438	46010
秦皇岛市	Qinhuangdao	184.87	6721	6879
邯郸市	Handan	1107.90	42041	54456
邢台市	Xingtai	945.50	43076	59065
保定市	Baoding	854.55	36742	64331
保定市①	Baoding①	660.64	29621	54133
张家口市	Zhangjiakou	299.26	24919	20168
承德市	Chengde	292.15	22316	14157
沧州市	Cangzhou	1085.05	37105	61117
廊坊市	Langfang	401.50	16794	16464
衡水市	Hengshui	908.15	39103	45094
定州市	Dingzhou	110.69	3577	5900
辛集市	Xinji	131.46	1618	3786

11-5 耕地灌溉面积和农用化肥施用量
Irrigated Area of Cultivated Land and Consumption of Chemical Fertilizers

年 份 市	Year City	耕地灌溉面积(千公顷) Irrigated Area of Cultivated Land (1000 hectares)	农用化肥施用量(折纯)(万吨) Consumption of Chemical Fertilizers (by 100% Effective Component) (10000 tons)	氮 肥 Nitrogenous Fertilizer	磷 肥 Phosphate Fertilizer	钾 肥 Potash Fertilizer	复合肥 Compound Fertilizer
	1978	3660.17	65.32				
	1980	3622.25	74.74	59.31	13.85	1.00	0.58
	1985	3572.70	110.36	72.50	19.79	1.98	16.09
	1990	3758.49	145.21	92.10	26.13	2.60	24.38
	1995	4040.01	220.68	128.58	39.61	9.40	43.08
	2000	4482.32	270.62	147.96	43.85	16.81	62.00
	2005	4547.75	303.39	155.16	48.58	24.27	75.37
	2006	4569.77	304.89	155.06	48.60	24.30	76.90
	2007	4579.02	311.87	156.11	48.19	25.06	82.51
	2008	4560.51	312.40	153.47	47.92	25.47	85.54
	2009	4509.60	316.17	153.03	47.42	26.29	89.43
	2010	4520.87	322.86	153.07	47.31	26.84	95.64
	2011	4596.61	326.28	152.42	47.10	27.05	99.71
	2012	4165.03	329.33	151.68	46.58	27.24	103.83
	2013	4349.03	331.04	150.65	46.55	27.85	105.99
	2014	4404.22	335.61	150.66	46.94	28.04	109.97
	2015	4447.98	335.49	147.95	46.36	28.05	113.14
	2016	4457.64	331.79	144.95	45.17	27.73	113.93
	2017	4474.67	321.98	138.88	43.18	26.68	110.93
	2018	4495.13	312.40	114.47	23.94	23.97	150.02
	2019	4482.16	297.27	106.49	23.37	22.20	145.20
	2020	4470.03	285.71	100.61	22.28	20.99	141.83
	2021	4489.21	276.87	96.06	22.03	20.01	138.78
	2022	4102.86	271.64	92.42	21.55	19.27	138.40
石家庄市	Shijiazhuang	421.43	37.22	16.58	4.47	1.74	14.44
石家庄市①	Shijiazhuang①	365.94	31.31	13.32	3.29	1.41	13.29
唐 山 市	Tangshan	397.91	31.96	12.66	0.67	3.32	15.31
秦皇岛市	Qinhuangdao	100.55	10.57	2.69	0.18	0.72	6.98
邯 郸 市	Handan	481.27	39.52	9.81	4.18	2.15	23.37
邢 台 市	Xingtai	505.02	28.65	7.06	2.12	1.81	17.66
保 定 市	Baoding	568.94	36.67	13.56	2.22	1.80	19.09
保 定 市①	Baoding①	433.19	27.41	9.43	1.52	1.45	15.00
张家口市	Zhangjiakou	333.95	12.94	3.72	1.25	1.51	6.46
承 德 市	Chengde	86.61	9.32	3.82	0.70	0.85	3.95
沧 州 市	Cangzhou	518.79	24.27	9.08	1.87	2.24	11.08
廊 坊 市	Langfang	198.89	12.00	3.54	0.53	0.88	7.05
衡 水 市	Hengshui	489.50	28.50	9.91	3.34	2.23	13.02
定 州 市	Dingzhou	71.54	7.59	3.54	0.63	0.26	3.16
辛 集 市	Xinji	55.49	5.91	3.27	1.18	0.32	1.14

11-6 灌溉、水库和除涝治水情况
Irrigation, Reservoirs, Flood Prevention, Water and Soil Conservation

项 目	Item	2000	2005	2010	2015	2020	2021	2022
万亩以上灌区数(处)	Number of Irrigated Areas over 10000 Mu (set)	147	141	140	149	151	79	76
3.3万公顷以上	33000 Hectares and Over	5	5	5	6	6	6	6
2.0万-3.3万公顷	20000-33000 Hectares	12	13	15	15	15	11	11
水库(座)	Number of Reservoirs (unit)	1107	1096	1063	1065	1031	1018	1018
大型水库	Large Reservoir	18	18	19	23	24	24	24
中型水库	Medium-sized Reservoir	39	39	42	45	45	45	47
小型水库	Small Reservoir	1050	1039	1002	997	962	949	947
除涝面积(万公顷)	Areas with Flood Prevention Measures (10000 hectares)	163.82	164.27	164.86	164.11	163.81	161.01	162.10
水土流失治理面积(万公顷)	Area of Soil Erosion under Control (10000 hectares)	540.71	597.72	629.03	506.16	593.44	614.70	635.98
堤防长度(万公里)	Total Length of Dikes (10000 km)	2.03	2.11	2.14	1.17	1.22	1.24	1.24
堤防保护面积(万公顷)	Area of Land Protected by Dikes (10000 hectares)	310.65	334.40	328.39	379.43	359.09	329.82	338.32

注：大型水库库容：1亿立方米以上；中型水库库容：1千万至1亿立方米；小型水库库容：10万至1千万立方米。堤防长度为5级及以上堤防。

a) The capacity of the large-scale reservoir is over 100 million cubic meters, while that of the medium-scale one is from 10 to 100 million cubic meters, and that of the small-scale one is from 100000 to 10 million cubic meters. The length dikes is at Grade 5 and above.

11-7 分市水利设施和除涝面积
Water Conservancy Facilities and Area with Flood Prevention Measures by City

市	City	水库数(座) Number of Reservoirs (unit)			水土流失治理面积(千公顷) Area of Soil Erosion under Control (1000 hectares)		
		2020	2021	2022	2020	2021	2022
全 省	**Total**	**1031**	**1018**	**1018**	**5934.4**	**6147.0**	**6359.8**
石家庄市	Shijiazhuang	239	239	240	566.3	592.2	617.0
石家庄市①	Shijiazhuang①	239	239	240	566.3	592.2	617.0
唐 山 市	Tangshan	127	121	122	267.9	278.2	288.3
秦皇岛市	Qinhuangdao	270	269	268	293.5	300.9	307.9
邯 郸 市	Handan	70	67	67	308.5	323.3	337.6
邢 台 市	Xingtai	49	49	49	349.3	370.8	386.8
保 定 市	Baoding	94	93	93	675.2	693.8	715.0
保 定 市①	Baoding①	94	93	93	670.1	688.7	709.8
张家口市	Zhangjiakou	84	83	81	1640.2	1694.4	1745.0
承 德 市	Chengde	95	94	95	1749.5	1809.4	1878.0
沧 州 市	Cangzhou	3	3	3			
廊 坊 市	Langfang				29.3	29.3	29.3
衡 水 市	Hengshui				54.9	54.9	54.9
定 州 市	Dingzhou				5.1	5.1	5.1
辛 集 市	Xinji						

11-8 农作物播种面积
Sown Areas of Farm Crops

单位：千公顷 (1000 hectares)

年 份 市	Year City	农作物总播种面积 Total Sown Area	粮食作物播种面积 Sown Area of Grain Crops	谷 物 Cereal	#小 麦 Wheat	#玉 米 Corn	豆 类 Beans	薯 类 Tubers	棉 花 Cotton
	1978	9370.9	7949.4		2854.8	2236.2		608.5	576.6
	1980	9013.9	7487.2		2648.9	2340.9		473.6	548.7
	1985	8656.5	6492.7		2351.9	1749.5		473.9	850.3
	1990	8786.7	6827.8		2508.4	2040.8		433.7	910.9
	1995	8720.1	6829.5	5767.2	2500.6	2290.8	655.4	407.0	700.5
	2000	9024.4	6918.7	5879.1	2678.8	2478.6	592.2	447.4	307.4
	2005	8785.5	6240.2	5611.3	2377.1	2677.4	333.1	295.8	573.5
	2006	8713.9	6271.7	5752.2	2504.5	2799.9	270.0	249.5	664.1
	2007	8248.2	6201.5	5715.3	2420.2	2903.2	236.6	249.6	678.5
	2008	8283.9	6201.0	5714.1	2431.8	2885.4	236.6	250.3	679.4
	2009	8266.9	6317.4	5893.5	2397.8	3080.4	189.5	234.4	581.7
	2010	8352.0	6441.3	6055.9	2451.4	3191.0	160.4	225.0	558.9
	2011	8422.2	6488.6	6115.5	2435.0	3264.7	140.5	232.6	603.7
	2012	8462.5	6553.6	6197.8	2457.1	3323.2	127.8	228.0	547.3
	2013	8443.8	6607.3	6272.6	2432.0	3428.5	117.9	216.7	451.2
	2014	8432.1	6678.6	6361.8	2404.0	3542.1	110.1	206.7	375.5
	2015	8482.2	6772.1	6463.4	2394.2	3654.4	98.5	210.2	322.5
	2016	8467.5	6791.4	6490.6	2389.8	3696.1	89.1	211.8	230.7
	2017	8381.7	6658.5	6356.7	2373.4	3544.1	90.1	211.6	220.6
	2018	8197.1	6538.7	6196.5	2357.2	3437.7	116.0	226.2	210.4
	2019	8132.7	6469.2	6121.7	2322.5	3408.2	125.1	222.4	203.9
	2020	8089.4	6388.8	6036.0	2216.9	3417.1	122.1	230.7	189.2
	2021	8097.2	6428.6	6109.3	2246.6	3454.1	96.7	222.6	139.8
	2022	8114.0	6443.8	6097.2	2247.3	3455.9	125.0	221.5	116.1
石家庄市	Shijiazhuang	905.8	762.9	712.8	331.0	372.0	33.2	16.9	0.2
石家庄市①	Shijiazhuang①	796.1	669.3	622.0	283.9	329.1	31.4	15.9	0.2
唐 山 市	Tangshan	723.1	490.7	471.3	114.0	291.7	8.9	10.5	7.9
秦皇岛市	Qinhuangdao	197.9	130.6	106.2	6.8	87.5	6.4	17.9	
邯 郸 市	Handan	993.6	785.6	769.0	350.3	388.8	8.7	8.0	33.9
邢 台 市	Xingtai	941.8	770.5	754.1	341.7	391.4	10.6	5.9	44.3
保 定 市	Baoding	1049.6	859.7	827.8	356.2	464.4	8.5	23.3	…
保 定 市①	Baoding①	816.9	675.0	647.2	269.2	371.3	7.3	20.4	…
张家口市	Zhangjiakou	679.8	459.0	363.8	0.0	190.6	18.1	77.1	
承 德 市	Chengde	404.4	285.3	226.7	0.0	175.7	7.3	51.4	
沧 州 市	Cangzhou	986.7	902.2	890.9	352.4	529.1	8.7	2.7	7.4
廊 坊 市	Langfang	372.3	272.6	260.1	61.3	196.8	8.3	4.2	0.6
衡 水 市	Hengshui	858.9	724.5	714.6	333.4	368.0	6.2	3.7	21.8
定 州 市	Dingzhou	160.1	117.3	115.4	57.8	57.6	0.7	1.2	
辛 集 市	Xinji	109.7	93.7	90.8	47.1	42.9	1.9	0.9	…

11-8 续表 continued

单位：千公顷 (1000 hectares)

年 份 市	Year City	油 料 Oil-bearing Crops	#花 生 Peanuts	麻 类 Fiber Crops	甜 菜 Beetroots	烟 叶 Tobacco	#烤 烟 Flue-cured Tobacco	蔬 菜 Vegetables	瓜果类 Melons and Fruits
	1978	300.2	133.1	30.2	15.2	11.8	6.3	225.4	26.0
	1980	461.0	237.1	27.8	10.0	5.6	1.0	213.7	36.5
	1985	749.8	331.6	24.6	11.5	11.5	3.3	263.2	82.7
	1990	543.5	296.2	9.0	7.7	12.2	7.2	288.5	45.2
	1995	604.5	371.7	4.9	11.9	5.5	3.7	408.9	53.0
	2000	686.4	463.3	3.0	9.9	5.5	3.7	866.1	87.7
	2005	559.0	438.8	2.2	10.5	3.7	2.6	1104.8	105.4
	2006	485.9	377.6	2.0	13.9	1.9	1.1	1066.7	103.1
	2007	488.4	383.5	1.5	15.7	1.9	1.1	653.6	99.9
	2008	496.5	384.3	0.4	15.7	2.6	2.3	670.3	92.8
	2009	467.6	352.8	0.4	12.5	2.4	2.1	669.6	82.7
	2010	428.5	336.4	0.3	14.1	2.2	1.9	693.2	83.3
	2011	403.9	317.8	0.3	11.5	2.1	1.9	705.7	83.3
	2012	404.5	311.4	0.3	12.2	2.1	2.0	734.0	84.1
	2013	411.7	311.6	0.3	12.5	2.1	2.0	743.6	84.8
	2014	390.9	287.6	0.3	11.1	1.7	1.6	754.7	85.6
	2015	383.8	276.7	0.2	11.6	1.6	1.5	755.1	85.8
	2016	383.1	270.6	0.0	12.1	1.4	1.4	751.6	70.3
	2017	394.6	266.8	0.0	12.2	1.3	1.3	748.6	70.7
	2018	367.9	258.1		18.1	1.4	1.3	787.6	73.9
	2019	364.5	250.2	…	12.4	1.4	1.0	794.6	74.6
	2020	355.4	246.0	…	12.6	1.0	0.6	803.5	74.9
	2021	350.3	247.3	…	8.1	1.2	0.7	814.0	73.0
	2022	334.6	232.4		13.3	1.3	0.5	838.7	74.2
石家庄市	Shijiazhuang	34.1	28.2			0.2	0.2	79.9	4.7
石家庄市①	Shijiazhuang①	29.2	24.6			0.2	0.2	70.5	4.5
唐 山 市	Tangshan	75.4	75.2			0.1		122.8	8.0
秦皇岛市	Qinhuangdao	23.4	23.2					36.4	1.3
邯 郸 市	Handan	40.7	25.7					103.1	4.6
邢 台 市	Xingtai	36.8	21.0					55.5	5.2
保 定 市	Baoding	29.7	26.7			0.1	0.1	93.6	16.9
保 定 市①	Baoding①	24.1	21.8			0.1	0.1	73.0	15.8
张家口市	Zhangjiakou	42.5	0.2		12.5	0.9	0.3	86.4	1.9
承 德 市	Chengde	11.2	0.3		0.8	…		67.7	2.2
沧 州 市	Cangzhou	10.4	7.6					47.7	9.7
廊 坊 市	Langfang	9.2	8.8					78.0	8.8
衡 水 市	Hengshui	21.1	15.5					67.5	10.9
定 州 市	Dingzhou	4.8	4.4					18.4	0.3
辛 集 市	Xinji	4.9	3.6					9.5	0.2

11−9 主要农作物种植结构
Planting Structure of Major Farm Crops

单位：% (%)

项　　目	Item	2000	2010	2015	2018	2019	2020	2021	2022
农作物总播种面积	**Total Sown Areas of Farm Crops**	**100.00**	**100.00**	**100.00**	**100.00**	**100.00**	**100.00**	**100.00**	**100.00**
粮食作物	**Grain Crops**	**76.66**	**77.12**	**79.84**	**79.77**	**79.55**	**78.98**	**79.39**	**79.42**
谷物	Cereal	65.14	72.51	76.20	75.59	75.27	74.62	75.45	75.14
小麦	Wheat	29.68	29.35	29.23	28.76	28.56	27.41	27.75	28.00
稻谷	Rice	1.59	0.93	0.94	0.96	0.96	0.97	0.97	0.94
玉米	Corn	27.47	38.21	43.08	41.94	41.91	42.24	42.66	42.59
谷子	Millet	3.43	1.93	1.87	1.44	1.42	1.60	1.53	1.41
高粱	Jowar	0.58	0.20	0.14	0.12	0.13	0.26	0.35	0.41
其他谷物	Other Cereal						0.72		
豆类	Soybeans	6.56	1.92	1.16	1.41	1.54	1.51	1.19	1.54
#大豆	Soya	4.70	1.49	0.93	1.07	1.15	1.11	0.82	1.21
薯类	Tubers	4.96	2.69	2.48	2.76	2.73	2.85	2.75	2.73
#马铃薯	Potato	2.34	1.70	1.91	1.99	1.90	1.94	1.84	1.91
油料作物	**Oil-bearing Crops**	**7.61**	**5.13**	**4.53**	**4.49**	**4.48**	**4.39**	**4.33**	**4.12**
#花生	Peanuts	5.13	4.03	3.26	3.15	3.08	3.04	3.05	2.86
油菜籽	Rapeseeds	0.31	0.27	0.21	0.24	0.24	0.39	0.40	0.39
芝麻	Sesame	0.29	0.05	0.02	0.02	0.02	0.02	0.02	0.02
胡麻籽	Benne	1.00	0.48	0.37	0.44	0.51	0.35	0.31	0.29
向日葵	Helianthus	0.78	0.28	0.63	0.63	0.62	0.58	0.52	0.55
棉花	**Cotton**	**3.41**	**6.69**	**3.80**	**2.57**	**2.51**	**2.34**	**1.73**	**1.43**
甜菜	**Beetroots**	**0.11**	**0.17**	**0.14**	**0.22**	**0.15**	**0.16**	**0.10**	**0.16**
烟叶	**Tobacco**	**0.06**	**0.03**	**0.02**	**0.02**	**0.02**	**0.01**	**0.01**	**0.02**
#烤烟	Flue-cured Tobacco	0.04	0.02	0.02	0.02	0.01	0.01	0.01	0.01
药材	**Medicinal Materials**	**0.24**	**0.34**	**0.73**	**1.04**	**1.22**	**1.43**	**1.60**	**1.72**
蔬菜	**Vegetables**	**9.60**	**8.30**	**8.90**	**9.61**	**9.77**	**9.93**	**10.05**	**10.34**
瓜果类	**Melons and Fruits**	**0.97**	**1.00**	**1.01**	**0.90**	**0.92**	**0.93**	**0.90**	**0.91**
其他农作物	**Other Farm Crops**	**1.31**	**1.22**	**1.03**	**1.39**	**1.39**	**1.83**	**1.89**	**1.88**
#青饲料	Succulence	0.49	0.77	0.66	0.87	0.82	1.22	1.22	1.17

11－10 主要农产品产量
Output of Major Farm Products

单位：万吨 (10000 tons)

年份 市	Year City	粮食 Grain	谷物 Cereal	#小麦 Wheat	#玉米 Corn	豆类 Beans	薯类 Tubers	棉花 Cotton
	1978	1687.9		631.4	516.6		163.8	11.7
	1980	1522.5		378.8	663.2		125.2	24.7
	1985	1966.6		744.3	678.9		144.5	62.9
	1990	2276.9		927.7	829.2		138.6	57.1
	1995	2739.0	2507.0	1060.3	1183.4	94.3	137.7	37.1
	2000	2551.1	2355.6	1208.0	994.5	74.5	121.0	30.0
	2005	2598.6	2452.9	1150.3	1193.8	51.2	94.5	57.7
	2006	2780.6	2640.2	1189.7	1348.8	46.9	93.5	70.0
	2007	2897.3	2781.7	1197.6	1478.2	40.6	75.0	71.7
	2008	2995.0	2862.5	1229.8	1532.6	41.4	91.1	72.7
	2009	3017.4	2926.3	1241.8	1579.4	30.1	61.0	58.1
	2010	3121.0	3018.3	1246.6	1663.8	27.5	75.2	54.8
	2011	3345.0	3237.4	1296.9	1823.0	28.1	79.4	62.4
	2012	3442.6	3330.8	1363.9	1856.2	24.2	87.6	53.5
	2013	3584.9	3474.2	1419.0	1922.8	22.2	88.4	43.2
	2014	3569.0	3468.9	1444.3	1898.8	23.7	76.4	39.5
	2015	3602.2	3505.8	1482.8	1897.7	19.1	77.3	32.4
	2016	3783.0	3645.6	1480.2	2031.2	19.8	117.6	23.9
	2017	3829.2	3674.5	1504.1	2035.5	20.8	133.9	24.0
	2018	3700.9	3524.9	1450.7	1941.2	28.1	147.9	23.9
	2019	3739.2	3566.9	1462.6	1986.6	30.1	142.3	22.7
	2020	3795.9	3617.7	1439.3	2051.8	29.4	148.8	20.9
	2021	3825.1	3664.7	1469.1	2066.8	22.6	137.8	16.0
	2022	3865.1	3697.0	1474.6	2094.7	28.6	139.5	13.9
石家庄市	Shijiazhuang	502.5	484.8	232.9	248.7	7.9	9.8	0.02
石家庄市①	Shijiazhuang①	436.2	419.3	198.8	217.6	7.6	9.2	0.02
唐山市	Tangshan	296.7	288.3	68.3	178.9	2.4	6.1	0.92
秦皇岛市	Qinhuangdao	77.0	65.1	4.7	54.6	1.7	10.2	
邯郸市	Handan	542.9	536.0	245.6	280.1	1.8	5.1	4.36
邢台市	Xingtai	493.8	487.4	233.0	246.2	2.5	3.9	5.12
保定市	Baoding	542.2	526.7	236.4	287.6	2.0	13.5	…
保定市①	Baoding①	419.0	405.7	177.0	226.2	1.7	11.5	…
张家口市	Zhangjiakou	190.8	138.1		106.8	3.0	49.8	
承德市	Chengde	149.0	112.5		97.2	2.0	34.5	
沧州市	Cangzhou	471.6	468.0	199.2	265.0	2.0	1.7	0.86
廊坊市	Langfang	153.1	148.5	36.9	110.6	1.8	2.7	0.06
衡水市	Hengshui	445.3	441.7	217.5	219.1	1.4	2.2	2.56
定州市	Dingzhou	80.7	79.8	39.9	39.9	0.2	0.7	
辛集市	Xinji	66.3	65.5	34.1	31.1	0.3	0.6	…

11-10 续表 1 continued

单位：万吨 (10000 tons)

年份 市	Year City	油料 Oil-bearing Crops	#花生 Peanuts	麻类(吨) Fiber Crops (ton)	甜菜 Beetroots	烟叶(吨) Tobacco (ton)	#烤烟 Flue-cured Tobacco	蔬菜 Vegetables
	1978	24.5	17.4	16615.0	8.3	10940	6385	550.7
	1980	45.1	35.8	17785.0	9.4	5900	1540	531.6
	1985	86.9	58.0	59890.0	19.9	20135	5440	921.2
	1990	74.9	57.8	20148.0	12.3	22090	11596	1157.0
	1995	109.9	94.7	13996.0	12.4	9427	6513	2148.4
	2000	147.0	132.6	7951.0	11.5	12429	7360	4454.0
	2005	152.7	140.3	7262.0	42.7	9759	4928	6467.6
	2006	133.8	121.9	7328.0	56.8	4984	2286	6314.4
	2007	135.2	128.0	3962.0	53.1	4223	2271	3916.1
	2008	146.6	131.3	710.0	59.4	5321	3378	4068.4
	2009	134.9	121.3	745.0	30.7	5399	3628	4100.5
	2010	129.5	118.3	677.0	49.0	4926	3192	4306.3
	2011	126.4	113.7	729.0	42.8	4812	3518	4507.9
	2012	127.3	111.5	780.0	51.0	4626	3491	4703.0
	2013	132.3	114.0	786.0	56.9	4714	3697	4823.8
	2014	125.9	105.5	612.0	54.8	5088	4439	4965.1
	2015	126.0	102.8	499.0	60.6	3424	2839	5022.2
	2016	126.2	102.7	2.8	60.4	2318	2265	5038.9
	2017	129.4	103.4	3.0	62.5	2231	2189	5058.5
	2018	121.4	98.5	7.8	94.1	3321	3192	5154.5
	2019	119.5	96.5	13.0	64.3	3468	2163	5093.1
	2020	119.5	96.8	3.0	63.7	1888	1236	5198.2
	2021	118.4	96.3	1.4	39.6	3032	1752	5284.2
	2022	115.4	92.6		70.2	2568	1106	5406.8
石家庄市	Shijiazhuang	11.3	9.8			555.0	536.0	577.5
石家庄市①	Shijiazhuang①	9.3	8.1			555.0	536.0	504.3
唐山市	Tangshan	32.0	31.9			121.0		951.5
秦皇岛市	Qinhuangdao	9.0	9.0					254.4
邯郸市	Handan	14.0	11.0					591.7
邢台市	Xingtai	12.4	7.4					317.8
保定市	Baoding	12.0	11.0			140.0	77.0	574.3
保定市①	Baoding①	9.6	8.8			140.0	77.0	440.8
张家口市	Zhangjiakou	7.5	0.1		67.1	1738.0	493.0	532.4
承德市	Chengde	2.7	0.1		3.1	14.0		473.4
沧州市	Cangzhou	3.9	3.3					316.6
廊坊市	Langfang	2.6	2.5					510.3
衡水市	Hengshui	8.1	6.4					306.8
定州市	Dingzhou	2.1	2.0					124.4
辛集市	Xinji	2.0	1.7					73.2

11-10 续表 2 continued

单位：万吨 (10000 tons)

年份 市	Year City	园林水果 Garden Fruits	#苹果 Apples	#梨 Pears	#桃 Peach	#葡萄 Grapes	#红枣 Red Dates
	1978	79.5	17.2	37.1	3.6	0.6	9.3
	1980	80.1	17.8	36.0	3.5	0.8	12.4
	1985	160.2	46.8	73.8	4.8	2.6	14.0
	1990	175.5	46.8	76.3	17.8	8.1	12.3
	1995	432.0	125.6	168.6	50.0	29.3	21.3
	2000	677.3	180.6	255.2	73.6	52.4	44.2
	2005	918.5	220.2	324.6	124.9	86.4	80.8
	2006	968.5	235.8	333.5	131.7	87.8	90.9
	2007	971.3	236.2	334.8	129.9	90.6	85.8
	2008	967.8	236.6	328.9	128.5	90.7	89.0
	2009	973.1	235.6	333.0	123.0	92.3	97.3
	2010	933.0	220.1	330.0	117.9	90.4	87.7
	2011	957.7	224.5	340.1	116.7	90.5	97.1
	2012	975.0	226.8	357.2	114.0	95.5	91.9
	2013	931.8	221.3	343.4	114.1	90.2	80.4
	2014	941.1	224.6	350.4	109.9	97.6	75.5
	2015	948.6	226.1	356.0	109.1	100.0	75.2
	2016	942.8	217.3	332.5	118.1	109.5	77.1
	2017	969.9	228.1	342.4	120.7	111.6	77.3
	2018	957.0	220.1	329.7	127.0	113.4	77.1
	2019	1004.4	221.6	363.2	135.7	118.8	78.0
	2020	1031.4	239.7	350.2	144.5	124.6	81.5
	2021	1058.5	249.1	366.6	154.8	124.7	72.9
	2022	1139.7	265.6	391.0	169.7	134.1	78.2
石家庄市	Shijiazhuang	233.7	22.7	163.9	9.6	13.2	19.8
石家庄市①	Shijiazhuang①	200.4	17.2	141.4	6.5	11.1	19.8
唐山市	Tangshan	88.5	22.0	12.4	36.4	10.8	0.7
秦皇岛市	Qinhuangdao	77.1	39.5	7.3	13.3	12.8	0.1
邯郸市	Handan	71.5	18.1	26.3	13.1	11.1	0.4
邢台市	Xingtai	106.2	26.4	33.7	7.7	19.5	8.9
保定市	Baoding	145.6	17.0	20.9	48.7	14.0	7.3
保定市①	Baoding①	137.4	15.8	18.2	45.2	13.5	7.3
张家口市	Zhangjiakou	29.1	4.7	0.9	0.9	17.7	0.6
承德市	Chengde	115.5	72.5	12.8	1.1	0.6	0.5
沧州市	Cangzhou	106.0	5.5	50.5	6.2	2.9	38.7
廊坊市	Langfang	47.1	3.5	17.0	11.1	13.5	0.8
衡水市	Hengshui	119.5	33.6	45.3	21.5	18.0	0.3
定州市	Dingzhou	2.5	0.3	0.3	1.3	0.3	…
辛集市	Xinji	33.4	5.6	22.4	3.1	2.1	…

11-11 主要农产品单位面积产量
Output of Major Farm Products per Hectare

单位：公斤/公顷 (kg/hectare)

年份 市	Year City	小麦 Wheat	玉米 Corn	棉花 Cotton	花生 Peanuts	麻类 Fiber Crops	甜菜 Beetroots	烤烟 Flue-cured Tobacco
	1978	2212	2310	203	1305	548	5468	1013
	1980	1430	2833	451	1509	638	9398	1478
	1985	3165	3881	739	1750	2438	17250	1665
	1990	3698	4063	627	1951	2229	16027	1606
	1995	4240	5166	529	2548	2843	10408	1761
	2000	4509	4012	976	2862	2642	11695	1976
	2005	4839	4459	1007	3198	3317	40704	1918
	2006	4750	4817	1054	3227	3684	40769	2169
	2007	4948	5092	1057	3338	2717	33851	2028
	2008	5057	5312	1070	3417	1994	37851	1449
	2009	5179	5127	999	3438	2105	24540	1698
	2010	5085	5214	981	3517	2212	34813	1659
	2011	5326	5584	1034	3579	2202	37246	1815
	2012	5551	5586	977	3581	2241	41911	1725
	2013	5835	5608	956	3658	2382	45584	1807
	2014	6008	5361	1051	3667	2242	49574	2692
	2015	6193	5193	1003	3716	2160	52015	1873
	2016	6194	5495	1036	3794	2876	49784	1639
	2017	6338	5743	1088	3876	1379	51238	1640
	2018	6155	5647	1137	3815	1420	51914	2479
	2019	6297	5829	1115	3855	534	51761	2228
	2020	6492	6005	1102	3935	1098	50469	1969
	2021	6539	5984	1142	3894	703	48596	2536
	2022	6562	6061	1197	3984		52720	2036
石家庄市	Shijiazhuang	7037	6685	2240	8060			2937
石家庄市①	Shijiazhuang①	7002	6611	1057	3276			2937
唐山市	Tangshan	5995	6134	1163	4245			2044
秦皇岛市	Qinhuangdao	6931	6235		3869			
邯郸市	Handan	7009	7204	1288	4298			
邢台市	Xingtai	6819	6291	1154	3537			
保定市	Baoding	6636	6192	1142	13254			1632
保定市①	Baoding①	6575	6093		4049			1632
张家口市	Zhangjiakou		5602		2906		53562	1893
承德市	Chengde		5531		3355		39475	1522
沧州市	Cangzhou	5652	5009	1154	4315			100
廊坊市	Langfang	6023	5622	1123	2885			
衡水市	Hengshui	6523	5955	1174	4146			
定州市	Dingzhou	6899	6927		4469			
辛集市	Xinji	7249	7253	1183	4784			

11−12　分市林业生产主要指标(2022年)
Main Indicators of Forestry Production by City (2022)

单位：公顷　(hectare)

市	City	人工造林 Artificial Afforestation	飞播造林 Aerial Seeding Afforestation	新封山育林 New Closed Mountain Cultivation	退化林修复 Restoration of Degraded Forest	人工更新 Artificial Regeneration	森林抚育面积 Area of Forest Tending
全　省	**Total**	**72009**	**22754**	**92691**	**30407**		**274762**
石家庄市	Shijiazhuang	9005		12806	6681		37372
石家庄市①	Shijiazhuang①	8673		12806	6681		37238
唐 山 市	Tangshan	4519		4756			22248
秦皇岛市	Qinhuangdao	3675		6013	2049		6872
邯 郸 市	Handan	9411	13442	6623	4402		21073
邢 台 市	Xingtai	7247	7327	9517	1996		22186
保 定 市	Baoding	14147	1985	9031	3390		42717
保 定 市①	Baoding①	12757	1985	9031	3390		25908
张家口市	Zhangjiakou	5226		19703	6957		39920
承 德 市	Chengde	14204		24241	3925		55235
沧 州 市	Cangzhou	1643			340		4035
廊 坊 市	Langfang	611			299		7507
衡 水 市	Hengshui	2320			367		15597
定 州 市	Dingzhou	396					200
辛 集 市	Xinji	331					134

11−13　重点区域生态保护和修复工程项目造林完成情况(2022年)
Status of Afforestation Completion of Ecological Protection and Restoration Projects in Key Regions (2022)

单位：公顷　(hectare)

市	City	人工造林 Artificial Afforestation	飞播造林 Aerial Seeding Afforestation	新封山育林 New Closed Mountain Cultivation	退化林修复 Restoration of Degraded Forest	人工更新 Artificial Regeneration
全　省	**Total**	**14373**	**8000**	**17033**	**12686**	
石家庄市	Shijiazhuang	2773		1967	3800	
石家庄市①	Shijiazhuang①	2773		1967	3800	
唐 山 市	Tangshan					
秦皇岛市	Qinhuangdao			3333	333	
邯 郸 市	Handan			333	333	
邢 台 市	Xingtai	1333	7333			
保 定 市	Baoding	7667	667	2333	2000	
保 定 市①	Baoding①	7667	667	2333	2000	
张家口市	Zhangjiakou	1400		8267	6200	
承 德 市	Chengde	1200		800	20	
沧 州 市	Cangzhou					
廊 坊 市	Langfang					
衡 水 市	Hengshui					
定 州 市	Dingzhou					
辛 集 市	Xinji					

11-14 牲畜饲养情况
Number of Livestock

单位：万头(万只) (10000 heads)

年 份 市	Year City	大牲畜年末存栏头数 Large Animals (year-end)	牛 Cattle and Buffaloes	马 Horses	驴 Donkeys	骡 Mules
	1996	885.85	598.52	49.36	164.23	73.74
	2000	774.24	516.73	45.04	149.14	63.33
	2005	762.63	584.92	33.13	104.11	40.47
	2006	613.00	458.93	28.99	90.16	34.92
	2007	571.85	448.21	22.78	74.05	26.81
	2008	536.23	435.71	18.98	59.45	22.09
	2009	491.90	410.19	15.52	48.55	17.64
	2010	449.68	380.62	13.17	40.88	15.01
	2011	431.71	371.33	11.63	36.25	12.50
	2012	423.26	368.35	10.77	33.07	11.07
	2013	400.17	351.69	9.65	29.32	9.49
	2014	398.18	356.84	8.33	25.03	7.94
	2015	395.85	360.31	7.13	21.78	6.60
	2016	369.55	340.74	6.17	17.25	5.36
	2017	387.87	359.50	5.86	17.35	5.12
	2018	371.61	342.03	6.12	17.96	5.46
	2019	376.95	350.11	6.27	16.11	4.41
	2020	385.31	358.59	7.05	15.81	3.82
	2021	395.05	370.42	7.40	13.81	3.35
	2022	420.14	397.46	7.18	12.51	2.95
石家庄市	Shijiazhuang	50.76	48.58	0.77	1.40	0.01
石家庄市①	Shijiazhuang①	47.58	45.60	0.66	1.32	0.01
唐 山 市	Tangshan	60.09	58.06	0.40	1.41	0.20
秦皇岛市	Qinhuangdao	16.30	15.17	0.16	0.92	0.05
邯 郸 市	Handan	22.44	21.80	0.03	0.48	0.13
邢 台 市	Xingtai	23.80	22.99	0.22	0.58	…
保 定 市	Baoding	40.78	38.16	0.42	2.14	0.05
保 定 市①	Baoding①	31.73	29.54	0.29	1.85	0.05
张家口市	Zhangjiakou	60.89	55.94	1.43	2.64	0.86
承 德 市	Chengde	86.55	79.24	3.58	2.10	1.6
沧 州 市	Cangzhou	20.18	19.65	0.08	0.44	…
廊 坊 市	Langfang	14.77	14.49	0.07	0.21	…
衡 水 市	Hengshui	23.61	23.38	0.02	0.20	…
定 州 市	Dingzhou	9.03	8.59	0.14	0.30	…
辛 集 市	Xinji	3.18	2.98	0.11	0.08	

11-14 续表 continued

单位：万头(万只) (10000 heads)

年 份 市	Year City	肉猪出栏头数 Slaughtered Fattened Hogs	猪年底头数 Hogs (year-end)	羊年底只数 Sheep and Goats (year-end)	山 羊 Goats	绵 羊 Sheep
	1996	2454.1	2061.2	1654.2	840.1	814.1
	2000	2675.2	1959.6	1676.6	801.8	874.8
	2005	3145.0	1977.5	1679.1	678.3	1000.8
	2006	3246.7	1812.8	1552.6	634.9	917.8
	2007	2989.8	1923.5	1580.6	784.0	796.7
	2008	3286.9	2050.2	1610.8	748.0	862.8
	2009	3420.1	2019.5	1556.1	548.2	1007.8
	2010	3335.8	1910.7	1397.8	458.7	939.1
	2011	3378.1	1968.1	1443.2	463.0	980.2
	2012	3576.7	1945.4	1397.2	445.3	951.9
	2013	3666.4	2052.9	1435.6	444.8	990.7
	2014	3897.8	2052.0	1503.0	474.2	1028.8
	2015	3837.1	2015.9	1425.1	467.6	957.5
	2016	3742.6	1982.5	1359.8	461.3	898.4
	2017	3785.3	1957.8	1228.1	401.4	826.7
	2018	3709.6	1820.8	1179.6	365.2	814.3
	2019	3119.8	1418.4	1194.9	364.3	830.6
	2020	2907.6	1748.8	1270.3	365.0	905.3
	2021	3410.6	1810.1	1316.0	345.4	970.7
	2022	3506.1	1927.7	1418.7	348.8	1069.9
石家庄市	Shijiazhuang	489.4	255.2	87.2	22.0	65.2
石家庄市①	Shijiazhuang①	414.1	212.8	74.6	20.1	54.5
唐 山 市	Tangshan	543.9	302.8	76.8	23.1	53.8
秦皇岛市	Qinhuangdao	210.2	104.0	95.5	29.6	65.8
邯 郸 市	Handan	444.9	224.7	183.4	69.6	113.9
邢 台 市	Xingtai	270.2	164.2	78.4	34.7	43.7
保 定 市	Baoding	469.9	285.9	338.8	47.9	290.9
保 定 市①	Baoding①	385.8	233.5	320.1	46.9	273.3
张家口市	Zhangjiakou	208.3	113.6	196.5	9.9	186.6
承 德 市	Chengde	187.5	99.1	107.5	40.9	66.6
沧 州 市	Cangzhou	313.1	172.8	110.7	36.4	74.3
廊 坊 市	Langfang	120.4	63.0	74.7	7.1	67.6
衡 水 市	Hengshui	248.3	142.5	69.2	27.7	41.5
定 州 市	Dingzhou	84.1	52.4	18.6	1.0	17.6
辛 集 市	Xinji	75.3	42.4	12.6	1.9	10.7

11−15 畜产品产量
Output of Livestock Products

年份 / 市	Year / City	肉类 (万吨) Output of Meat (10000 tons)	#猪牛羊肉 Output of Pork, Beef and Mutton	奶类 (万吨) Milk (10000 tons)	#牛奶 Cow Milk	绵羊毛 (吨) Sheep Wool (ton)	禽蛋 (万吨) Poultry Eggs (10000 tons)
	1996	315.9	253.1	47.9	40.1	19284	266.6
	2000	342.4	270.0	96.2	84.2	27788	329.3
	2005	395.6	314.2	348.6	340.4	36466	385.2
	2006	406.2	323.5	384.4	375.0	33254	382.3
	2007	396.6	309.5	415.3	407.1	32051	397.2
	2008	422.3	333.3	430.4	419.6	30660	412.5
	2009	429.7	343.3	385.0	375.5	30232	355.1
	2010	420.7	340.9	375.1	365.7	29290	341.5
	2011	423.9	340.0	389.7	381.7	27748	342.9
	2012	450.7	356.4	399.8	391.2	27663	346.3
	2013	458.8	362.7	388.6	380.9	28105	350.4
	2014	481.1	383.6	414.0	405.7	27930	368.0
	2015	477.5	381.5	401.3	393.5	26851	379.7
	2016	472.1	375.3	373.0	366.4	23376	395.6
	2017	472.3	377.2	387.8	381.0	23158	383.7
	2018	466.7	373.3	391.1	384.8	20816	378.0
	2019	433.4	330.1	433.8	428.7	19096	385.9
	2020	419.2	313.8	488.3	483.4	16883	389.7
	2021	464.3	355.4	501.9	498.4	20709	389.6
	2022	478.8	368.4	549.3	546.7	25783	401.8
石家庄市	Shijiazhuang	61.6	49.3	94.5	94.5	1915.8	90.4
石家庄市①	Shijiazhuang①	52.6	42.0	87.9	87.9	1757.4	74.0
唐山市	Tangshan	62.5	51.0	123.4	121.3	854.9	27.2
秦皇岛市	Qinhuangdao	29.4	21.1	8.1	7.7	2156.2	8.5
邯郸市	Handan	54.6	43.3	20.9	20.8	1042.0	96.0
邢台市	Xingtai	35.7	26.6	41.3	41.3	344.3	46.1
保定市	Baoding	65.1	51.8	65.2	65.2	10104.1	34.5
保定市①	Baoding①	55.5	43.4	42.9	42.9	9797.3	28.0
张家口市	Zhangjiakou	32.5	26.8	113.3	113.3	5463.0	14.3
承德市	Chengde	40.6	29.0	10.6	10.6	780.3	10.8
沧州市	Cangzhou	48.6	31.1	15.2	15.2	550.1	34.6
廊坊市	Langfang	17.1	13.6	17.2	17.2	1610.1	13.3
衡水市	Hengshui	31.0	24.8	39.6	39.6	961.8	26.2
定州市	Dingzhou	9.6	8.4	22.3	22.3	306.3	6.4
辛集市	Xinji	8.9	7.3	6.6	6.6	158.5	16.3

11-16 水产品产量
Output of Aquatic Products

单位：万吨 (10000 tons)

年 份 Year / 市 City	水产品总产量 Total Aquatic Products	海水产品 Seawater Aquatic Products	#鱼 类 Fish	#虾蟹类 Shrimps, Prawns and Crabs	淡水产品 Freshwater Aquatic Products	#鱼 类 Fish	#虾蟹类 Shrimps, Prawns and Crabs	远洋渔业 Pelagic Fishery
1978	13.90	12.80	4.40	6.39	1.10	1.02	0.02	
1980	9.76	8.65	4.19	3.81	1.11	0.98	0.06	
1985	12.75	10.45	5.86	3.93	2.30	2.15	0.15	
1990	21.86	16.49	6.18	7.13	5.37	5.09	0.27	
1995	39.61	21.02	7.39	6.29	18.59	17.82	0.63	
2000	80.95	48.20	18.79	8.07	32.75	30.65	1.51	
2005	98.95	57.18	19.16	9.51	41.77	38.63	2.37	
2006	87.14	49.90	15.55	7.78	37.24	34.25	2.25	
2007	90.64	52.43	16.04	7.51	38.21	35.32	2.29	
2008	96.64	54.93	16.46	8.03	41.72	38.55	2.50	
2009	100.41	55.39	15.15	7.85	45.02	41.60	2.65	
2010	106.33	58.26	15.17	7.89	48.07	44.33	2.77	
2011	106.71	56.33	14.51	7.18	50.39	46.49	2.85	
2012	99.82	63.46	14.19	8.20	36.36	31.92	3.35	
2013	106.02	68.28	13.46	7.75	37.74	32.85	3.91	
2014	109.73	73.16	14.38	7.50	36.57	32.35	3.23	
2015	112.92	75.69	15.40	7.77	36.83	32.74	3.10	0.40
2016	119.41	75.92	15.60	7.70	38.73	34.65	3.27	4.76
2017	116.46	76.32	14.87	7.70	35.32	31.37	3.32	4.82
2018	109.62	70.22	13.34	7.71	32.85	29.34	2.99	6.55
2019	99.01	63.97	11.67	7.00	29.45	26.45	2.73	5.59
2020	100.34	65.97	10.17	7.26	29.32	26.29	2.79	5.05
2021	108.10	73.40	11.38	8.18	29.74	26.73	2.81	4.96
2022	112.44	77.06	11.55	10.50	31.12	28.20	2.73	4.26
石家庄市 Shijiazhuang	18649				18649	17511	600	
石家庄市① Shijiazhuang①	18618				18618	17480	600	
唐 山 市 Tangshan	580922	357749	40293	67922	186649	163530	22777	36524
秦皇岛市 Qinhuangdao	330002	318720	11416	15816	6116	5862	217	5166
邯 郸 市 Handan	22672				22672	22525	146	
邢 台 市 Xingtai	8128				8128	8075		
保 定 市 Baoding	16421	600	391	11	15821	14906	39	
保 定 市① Baoding①	15769				15769	14870	23	
张家口市 Zhangjiakou	8424				8424	7739	685	
承 德 市 Chengde	3713				3713	3713		
沧 州 市 Cangzhou	109704	91181	61463	20874	17623	15367	2256	900
廊 坊 市 Langfang	19348	2369	1888	405	16979	16833	146	
衡 水 市 Hengshui	6384				6384	5928	456	
定 州 市 Dingzhou								
辛 集 市 Xinji	31				31	31		

注：分市数据计量单位为吨。

a) Units of data for city is ton.

11-17 人均主要农产品产量
Per Capita Output of Major Farm Products

单位：公斤 (kg)

年 份 市	Year City	粮 食 Grain	棉 花 Cotton	油 料 Oil-bearing Crops	猪牛羊肉 Pork, Beef and Mutton	水产品 Aquatic Products	牛 奶 Milk
	1978	335.72	2.32	4.87	8.29	2.76	0.36
	1980	296.42	4.81	8.79	13.45	1.90	0.52
	1985	356.43	11.39	15.75	14.84	2.31	1.33
	1990	378.23	9.48	12.44	20.13	3.64	1.86
	1995	427.17	5.78	17.13	40.36	6.18	5.08
	2000	383.97	4.52	22.12	40.64	12.18	12.67
	2005	380.48	8.45	22.36	46.00	14.49	49.83
	2006	404.49	10.19	19.46	47.06	12.68	54.55
	2007	418.65	10.36	19.54	44.72	13.10	58.82
	2008	429.94	10.43	21.04	47.84	13.87	60.24
	2009	430.35	8.29	19.24	48.96	14.32	53.56
	2010	438.71	7.70	18.20	47.93	14.95	51.41
	2011	463.76	8.65	17.52	47.14	14.80	52.91
	2012	475.04	7.38	17.56	49.18	13.77	53.98
	2013	492.78	5.93	18.18	49.86	14.57	52.36
	2014	488.55	5.40	17.24	52.52	15.02	55.53
	2015	491.16	4.41	17.18	52.02	15.40	53.65
	2016	513.99	3.25	17.15	50.99	16.22	49.78
	2017	518.01	3.25	17.51	51.02	15.75	51.54
	2018	498.92	3.23	16.36	50.33	14.78	51.88
	2019	502.82	3.06	16.08	44.39	13.31	57.65
	2020	509.16	2.80	16.03	42.09	13.46	64.84
	2021	513.03	2.14	15.87	47.67	14.50	66.84
	2022	520.90	1.87	15.53	49.65	15.12	73.68
石家庄市	Shijiazhuang	447.74	0.02	10.08	43.93	1.66	84.22
石家庄市①	Shijiazhuang①	410.25	0.02	8.72	39.47	1.75	82.70
唐 山 市	Tangshan	385.08	1.20	41.52	66.21	75.43	157.40
秦皇岛市	Qinhuangdao	248.59		29.03	68.15	105.90	24.73
邯 郸 市	Handan	584.91	4.68	14.99	46.67	2.43	22.44
邢 台 市	Xingtai	702.90	7.25	17.52	37.85	1.15	58.74
保 定 市	Baoding	471.77	…	10.39	45.04	1.43	56.74
保 定 市①	Baoding①	458.21		10.42	47.41	1.72	46.89
张家口市	Zhangjiakou	468.35		18.26	65.77	2.06	278.11
承 德 市	Chengde	448.65		8.22	87.21	1.12	31.98
沧 州 市	Cangzhou	644.75	1.17	5.36	42.46	15.01	20.71
廊 坊 市	Langfang	278.57	0.11	4.73	24.75	3.51	31.36
衡 水 市	Hengshui	1068.83	6.13	19.37	59.59	1.53	95.10
定 州 市	Dingzhou	749.67		19.51	77.81		207.55
辛 集 市	Xinji	1122.46	0.07	34.41	124.36	0.05	111.67

11－18 国有农场基本情况
Basic Statistics on State Farms

指标	Item	2015	2018	2019	2020	2021	2022
农场数(个)	**Number of Farms (unit)**	**33**	**33**	**33**	**32**	**32**	**32**
职工人数(万人)	**Number of Staff and Workers (10000 persons)**	**6.6**	**5.7**	**5.9**	**6.3**	**6.2**	**5.9**
耕地面积(千公顷)	**Cultivated Area (1000 hectares)**	**97.8**	**95.8**	**99.3**	**98.2**	**100.8**	**101.0**
农业机械总动力(亿瓦)	**Total Power of Agricultural Machinery (100 million watts)**	**11.9**	**10.9**	**10.7**	**9.9**	**10.0**	**10.2**
农业机械拥有量(万台、万辆)	**Ownership of Agricultural Machinery (10000 units)**						
大中型农用拖拉机	Large and Medium-sized Agricultural Tractors	0.5	0.4	0.4	0.4	0.4	0.4
小型及手扶拖拉机	Small and Walking Agricultural Tractors	2.3	1.6	1.8	1.5	1.5	1.5
农用排灌动力机械	Machinery for Agricultural Drainage and Irrigation						
联合收割机	Combine Harvesters	0.1	0.1	0.1	0.1	0.1	0.1
农用化肥施用量(万吨)	**Consumption of Chemical Fertilizers (10000 tons)**	**3.3**	**6.5**	**6.3**	**6.0**	**6.1**	**6.2**
农业总产值(亿元)	**Gross Agricultural Output Value (100 million yuan)**	**455.7**	**531.2**	**585.4**	**542.4**	**583.4**	**615.2**
农作物总播种面积(千公顷)	**Sown Area of Farm Crops (1000 hectares)**	**100.7**	**86.2**	**85.8**	**89.4**	**90.6**	**90.7**
粮食作物	Grain	78.2	70.2	70.0	72.5	77.0	75.8
谷　物	Cereal	68.0	59.8	59.8	62.6	66.3	66.0
棉　花	Cotton	7.7	2.9	1.7	0.8	0.1	1.0
油　料	Oil-bearing Crops	1.3	2.5	3.1	2.6	2.2	2.5
年底实有园地面积	Area of Tea Plantations, Orchards and Mulberry Plantations (year-end)	1.6	2.0	1.5	3.5	3.5	3.5
主要农产品产量(万吨)	**Output of Major Farm Products (10000 tons)**						
粮食作物	Grain	53.2	57.0	60.1	64.4	68.4	67.3
谷　物	Cereal	40.2	35.0	38.0	45.0	40.8	43.4
棉　花	Cotton	0.9	0.3	0.4	0.2	0.1	0.1
油　料	Oil-bearing Crops	0.1	0.3	0.5	0.4	0.3	0.5
水　果	Fruits	2.4	1.6	4.0	3.5	4.1	4.4
畜牧业、渔业生产	**Production of Animal Husbandry and Fishery**						
大牲畜年底头数(万头)	Number of Large Animals (year-end) (10000 heads)	20.3	17.4	17.9	18.2	19.6	20.1
猪年底头数(万头)	Number of Hogs (10000 heads)	32.8	36.6	27.2	25.5	29.7	30.9
羊年底只数(万只)	Number of Sheep and Goats (10000 heads)	12.8	8.0	6.9	6.3	6.6	6.9
#绵　羊	Sheep						
畜产品产量(万吨)	**Output of Livestock Products (10000 tons)**						
肉类总产量	Output of Meat	6.1	7.2	6.8	6.2	7.1	6.6
牛　奶	Milk	53.9	55.9	59.5	65.2	65.5	72.7
禽　蛋	Poultry Eggs	1.2	1.9	1.7	0.7	1.3	1.4
羊　毛	Sheep Wool						
水产品总产量(万吨)	**Total Output of Aquatic Products (10000 tons)**	**13.7**	**15.5**	**16.3**	**17.1**	**17.4**	**19.3**

注：本表为农垦系统数据。
a) Data in this table are those from land reclamation departments.

主要统计指标解释

农林牧渔业总产值 指以货币表现的农、林、牧、渔业全部产品和对农林牧渔业生产活动进行的各种支持性服务活动的价值总量，它反映一定时期内农林牧渔业生产总规模和总成果。1957年以前的农林牧渔业总产值中包括了厩肥和农民自给性手工业(如农民自制衣服、鞋、袜，自己从事粮食初步加工等)。1958年及以后，林业中增加了村及村以下竹木采伐产值；牧业中取消了厩肥产值；副业中取消了农民自给性手工业产值，增加了村及村以下办的工业产值；渔业中增加了海洋捕捞水产品产值。1980年及以后，在副业中增加了农民家庭兼营工业商品部分的产值。从1984年起村及村以下工业产值划归工业。从1993年起取消副业，将野生动物的捕猎划入牧业，野生植物采集和农民家庭兼营商品性工业划归农业。从2003年起，执行新的国民经济行业分类标准，农林牧渔业总产值中包括了农林牧渔服务业产值，2018年以后农林牧渔服务业产值改称农林牧渔专业及辅助性活动产值。林业中增加了森林采运业产值。农业中取消了家庭兼营商品性工业产值，将野生林产品的采集划归林业。第一、二、三次农业普查以后，根据农业普查结果，对农业、畜牧业、渔业年报数据和农业、畜牧业、渔业产值进行了修订。2010年执行《统计用产品分类目录》，对2009年的农业、林业产值做了相应调整。

农林牧渔业总产值的计算方法通常是按农、林、牧、渔业产品及其副产品的产量分别乘以各自单位产品价格求得；少数生产周期较长，当年没有产品或产品产量不易统计的，则采用间接方法匡算其产值；然后将四业产品产值及农林牧渔专业及辅助性活动产值相加即为农林牧渔业总产值。

粮食产量 指农业生产经营者日历年度内生产的全部粮食数量。按收获季节包括夏收粮食、早稻和秋收粮食，按作物品种包括谷物、薯类和豆类。其产量计算方法：谷物按脱粒后的原粮计算，豆类按去豆荚后的干豆计算；薯类(包括甘薯和马铃薯，不包括芋头和木薯)1963年以前按每4公斤鲜薯折1公斤粮食计算，从1964年开始改为按5公斤鲜薯折1公斤粮食计算；城市郊区作为蔬菜的薯类(如马铃薯等)按鲜品计算，并且不作粮食统计。1989年以前全国粮食产量数据主要靠全面报表取得，1989年开始使用抽样调查数据。

棉花产量 指全社会的产量。包括春播棉和夏播棉。产量按皮棉计算。不包括木棉。

油料产量 指全部油料作物的生产量。包括花生、油菜籽、芝麻、向日葵籽、胡麻籽（亚麻籽）和其他油料。不包括大豆、木本油料和野生油料。花生以带壳干花生计算。

水产品产量 指渔业（捕捞和养殖）生产活动的最终有效成果，包括全部海水和淡水鱼类、甲壳类（虾、蟹）、贝类、头足类、藻类和其他类渔业产品的最终产量。水产品产量是通过各级水产部门逐级上报取得数据。1995年及以前，贝类中牡蛎按鲜肉计算；蚶、蛤、蛙按5斤鲜品折1斤计算。1996年以后则统一按鲜品计算。

猪、牛、羊肉产量 指当年出栏并已屠宰、除去头蹄下水后带骨肉(即胴体重)的重量。包括全社会范围内的产量。1996年以前为全面统计并逐级上报数据。1996年第一次农业普查以后，根据普查结果，对畜牧业主要年报数据进行了修正。1999年以后，国家统计局在部分地区开展了猪、牛、羊、禽等主要畜禽品种的抽样调查，并用抽样数据作为国家定案数据使用。未开展抽样调查的地区和品种，仍使用各级统计部门逐级上报数据。2008年，建立了主要畜禽监测调查制度，猪、牛、羊、禽等主要畜禽数据均以抽样调查数为法定数据。

期初(末)畜禽存栏头(只)数 指报告期初(末)农村各种合作经济组织和国营农场、农民个人、机关、团体、学校、工矿企业、部队等单位以及城镇居民饲养的大牲畜、猪、羊、家禽等畜禽的数量。数据上报方式及数据调整情况同猪、牛、羊肉产量。

农作物播种面积 指农业生产经营者应在日历年度内收获农作物在全部土地（耕地或非耕地）上的播种或移植面积。凡是本年内收获的农作物，无论是本年还是上年播种，都算为播种面积，但不包括本年播种，下年收获的农作物面积。

耕地灌溉面积 指具有一定的水源，地块比较平整，灌溉工程或设备已经配套，在一般年景下能够进行正常灌溉的耕地面积。在一般情况下，耕地灌溉面积应等于灌溉工程或设备已经配套，能够进行正常灌溉的水田和水浇地面积之和。它是反映我国农田水利建设的重要指标。

农用化肥施用量 指本年内实际用于农业生产的化肥数量，包括氮肥、磷肥、钾肥和复合肥。化肥施用量要求按折纯量计算数量。折纯量是指把氮肥、磷肥、钾肥分别按含氮、含五氧化二磷、含氧化钾的百分之百成份进行折算后的数量。复合肥按其所含主要成分折算。公式为：

折纯量=实物量×某种化肥有效成份含量的百分比

农业机械总动力 指全部农业机械动力的额定功率之和。农业机械是指用于种植业、畜牧业、渔业、农产品初加工、农用运输和农田基本建设等活动的机械及设备。农机总动力按使用能源不同分为以下四部分：

柴油发动机动力：指全部柴油发动机额定功率之和；

汽油发动机动力：指全部汽油发动机额定功率之和；

电动机动力：指全部电动机（含潜水电泵的电动机）额定功率之和；

其他机械动力：指采用柴油、汽油、电力之外的其他能源，如水力、风力、煤炭、太阳能等动力机械功率之和。

这个指标的统计数据主要来源于农机部门。

Explanatory Notes on Main Statistical Indicators

Gross Output Value of Agriculture, Forestry, Animal Husbandry and Fishery refers to the total value of products of agriculture, forestry, animal husbandry and fishery, and total value of services in support of agriculture, forestry, animal husbandry and fishery activities. It reflects the total scale and results of agricultural production during a given period. Prior to 1957, China's gross agricultural output value included barnyard manure and handicraft products for self-consumption (clothes, shoes, stockings, and initial grain processing undertaken by peasants). Since 1958, cutting and felling of bamboo and trees by villages and other cooperative organizations under villages have been included in forestry; value of barnyard manure has been excluded from animal husbandry; self consumed handicrafts have not been included from sideline occupations, while the output value of industries run by villages and cooperative organizations under village has been included in sideline occupations; and the output value of fish catches by motor fishing boats has been added to fishery. Since 1980, the value of handicraft products made for sale by individuals in households has been added to sideline occupations. Since 1984, industries run by villages and under villages have been included in the sector of industry. Since 1993, the subdivision of sideline occupations has been cancelled, and the hunting of wild animals has been classified into animal husbandry, and the gathering of wild plants and commodity industry run by rural household have been included in farming. A new industrial classification of economic activities was introduced in 2003. Under the new classification, value of services to agriculture, forestry, animal husbandry and fishery is included in the gross output value of agriculture. In 2018, the output value of agriculture, forestry, animal husbandry and fishery services was renamed the output value of professional and auxiliary activities in support of agriculture, forestry, animal husbandry and fishery, value of wood felling and transport is included in forestry, value of industrial output by rural households is not included in agriculture. According to the result of the first, second, third Agriculture Census, efforts were made to adjust the annual reports of animal husbandry and fishery output and the output value of agriculture, animal husbandry and fishery output to make the figures from the annual reports consistent with the census data. "The Classification of Products for Statistical Purposes" implemented in 2010 made relevant revision on the output value of agriculture and forestry in 2009.

Gross output value of agriculture is obtained by multiplying the output of each product or by-product by its price, resulting in the output value of each single item. For a small number of products, annual output of which is not available or difficult to get due to the long production (growing) process involved, the output value is estimated through an indirect approach. The sum of output values of all products of agriculture, forestry, animal husbandry and fishery and professional and auxiliary activities in support of agriculture, forestry, animal husbandry and fishery is then equal to the gross output value of agriculture.

Grain Output refers to the total output of grains produced by agricultural producers within a calendar year. It includes summer grain, early rice and autumn grain if classified by harvest seasons; it covers cereal, tubers and beans if classified by type of crops. Output of cereal should be limited to husked grain only. Output of beans refers to dry beans without pods. The output of tubers (sweet potatoes and potatoes, not including taros and cassava) are converted into that of grain at the ratio 4∶1, i.e. 4 kilograms of fresh tubers were equivalent to 1 kilogram of grain up to 1963. Since 1964 the ratio for conversion has been 5∶1. Tubers supplied as vegetables (such as potatoes) in cities and suburbs are calculated as fresh vegetables and their output is not included in the output of grain. Data on grain production before 1989 were obtained through the Comprehensive Statistical Reporting System. Since 1989, data from sample surveys are used.

Cotton Output refers to cotton production in the whole country including cotton planted in spring and in autumn. Output is measured as the weight of ginned cotton. Ceiba is not included.

Output of Oil-bearing Crops refers to the total production of oil-bearing crops of various kinds, including peanuts (dry, in shell), rapeseeds, sesame, sunflower seeds, flax seeds, and other oil-bearing crops. Soybeans, oil-bearing woody plants, and wild oil-bearing crops are not included.

Output of Aquatic Products refers to final output actually yielded from fishing production (fishery and breeding), including all output of marine and freshwater fish, crustaceans (shrimps, crabs), shellfish, cephalopod, seaweed and other fishery products. Data on output of aquatic products are reported by aquatic product agencies level by level. Before 1995, among the shellfish, oyster was counted as fresh meat; 5 kilograms of ark shell, clams and frogs are equivalent to 1 kilogram of fresh aquatic products; they have all been counted as fresh aquatic products since 1996.

Output of Pork, Beef, and Mutton refers to the meat of slaughtered hogs, cattle, sheep and goats with head, feet, and offal taken away. Data refers to the production of the whole country. Before 1996, it was a comprehensive reporting from the lower level to the upper one. The First Agricultural Census of China in 1996 revealed some discrepancy between the production of animal products from the annual reports and that from the census. Efforts were made to adjust the output value of animal husbandry to make the figures from the annual reports consistent with the census data. Since 1999, the NBS conducted sample surveys for the major animal husbandry products, such as hogs, cattle, sheep and goats and fowls, and the data from sample surveys are used as national finalized data. Those products, which are not covered by the sample survey, are still reported by statistical agencies level by level. In 2008, A Monitoring and Survey Program was set up on main livestock, the data on the main livestock such as hog, cattle, sheep and poultry became the official data based on the sampling survey.

Number of Livestock or Poultry in Stock at Beginning (or End) of Period refers to the total number of large animals, pigs, sheep, fowls, etc. raised by rural cooperative organizations, State farms, rural individuals, government agencies, schools, industrial and mining enterprises, army, and urban residents at the beginning (or end) of the reference period. Data reporting system and data adjustment are the same as that in the output of pork, beef and mutton.

Sown Area of Crops refers to area of all land (cultivated or non-cultivated area) sown or transplanted with crops that are harvested within the calendar year by agricultural producers. All crops harvested within the year are counted as sown area, regardless of being sown in this year or the previous year. Crops sown this year but will be harvested in the coming year are excluded.

Irrigated Area of Cultivated Land refers to area of land that are effectively irrigated, i.e. relatively level land, where there are water sources or complete sets of irrigation facilities to lift and move adequate water for irrigation purpose under normal conditions. Under normal situations, irrigated area of cultivated land is the sum of watered fields and irrigated fields where irrigation systems or equipment have been installed for regular irrigation purpose. It is an important indicator to reflect the farmland water conservancy construction in China.

Consumption of Chemical Fertilizers in Agriculture refers to the quantity of chemical fertilizers applied in agriculture in the year, including nitrogenous fertilizer, phosphate fertilizer, potash fertilizer, and compound fertilizer. The consumption of chemical fertilizers is calculated in terms of volume of effective components by means of converting the gross weight of the respective fertilizers into weight containing effective component (e.g. nitrogen content in nitrogenous fertilizer, phosphorous pentoxide contents in phosphate fertilizer, and potassium oxide contents in potash fertilizer). Compound fertilizer is converted in regard to its major components. The formula is:

Volume of effective component= physical quantity× effective component of certain chemical fertilizer (%)

Total Power of Agricultural Machinery refers to the total rated capacity of all agricultural machinery. Agricultural machinery refers to the machineries and equipments which are used for activities of planting, animal husbandry, fishery, primary processing of agricultural products, agricultural transport and infrastructure construction of farmland. Total power of agricultural machinery is grouped into four parts according to the energy used:

Diesel engine power refers to the total rated capacity of all diesel engines.

Gasoline engine power refers to the total rated capacity of all gasoline engines.

Motor power refers to the total rated capacity of all motors (include submersible pump motors).

Other mechanical powers refer to the total mechanical capacity of the sources of energy besides diesel, gasoline and motor power, such as hydro power, wind power, coal and solar energy.

Data are mainly from agricultural machinery agencies.

工业
Industry

简 要 说 明

一、本篇资料反映河北规模以上工业企业基本情况。

二、规模以上工业企业的统计范围。1998年至2007年为全部国有和年主营业务收入500万元及以上的非国有工业法人企业；2008至2010年为年主营业务收入500万元及以上的工业法人企业；从2011年开始，为年主营业务收入2000万元及以上的工业法人企业。

本篇资料中工业行业分类按《国民经济行业分类》（GB/T 4754—2017）标准划分；企业规模划分按《统计上大中小微型企业划分办法（2017）》标准执行。

三、本篇资料由河北省统计局工业统计处整理提供。

四、资料整理：张记磊 戴利伟 张瀚涛

Brief Introduction

Ⅰ. The data in this chapter reflects the basic situation of industrial enterprises above the scale in Hebei.

Ⅱ.The statistical scope of industrial enterprises above designated size. From 1998 to 2007, it was a state-owned non-state-owned industrial enterprise with annual main business income of 5 million yuan or more. Industrial enterprises with annual main business income of 5 million yuan or above from 2008 to 2010; since 2011, it has been an industrial enterprise with annual main business income of 20 million yuan or more.

In this paper, the industrial industry classification is divided according to the *National Economic Industry Classification* (GB/T 4754-2017). The scale division of enterprises shall be carried out according to the *Statistical Measures for the Division of Large, Medium, Small and Micro Enterprises (2017)*.

Ⅲ. This data is collated and provided by The Industrial statistics Division of Hebei Province Statistics Bureau.

Ⅳ. Data collection: Zhang Jilei, Dai Liwei, Zhang Hantao.

12-1 规模以上工业企业主要指标(2022年)
Main Indicators of Industrial Enterprises above Designated Size (2022)

单位：亿元 (100 million yuan)

项　　目	Item	企业单位数(个) Number of Enterprises (unit)	资产总计 Total Assets	营业收入 Revenue Business	利润总额 Total Profits
总　　计	**Total**	**18077**	**61482.51**	**50877.38**	**1210.36**
按工业门类分	**Grouped by Industries**				
采矿业	Mining	548	4912.57	2331.80	132.48
制造业	Manufacturing	16389	46837.06	43345.34	877.64
电力、热力、燃气及水生产和供应业	Production and Supply of Electricity, Heat, Gas and Water	1140	9732.89	5200.25	200.24
按企业规模分	**Grouped by Size of Enterprises**				
大型企业	Large Enterprises	269	28255.12	24297.73	337.87
中型企业	Medium-sized Enterprises	1076	11486.94	10042.48	308.03
小型企业	Small Enterprises	16732	21740.44	16537.17	564.46
按登记注册类型分	**By Status of Registration**				
内资企业	**Domestic Funded**	**17426**	**52845.78**	**43952.18**	**930.91**
国有企业	State-owned Enterprises	116	1761.09	1575.81	11.27
集体企业	Collective-owned Enterprises	49	132.98	116.58	1.04
股份合作企业	Cooperative Enterprises	19	15.61	11.69	0.14
有限责任公司	Limited Liability Corporations	2560	25210.73	16569.99	374.87
国有独资公司	State Sole Funded Corporations	213	4017.12	2621.96	43.17
其他有限责任公司	Other Limited Liability Corporations	2347	21193.61	13948.03	331.71
股份有限公司	Share-holding Corporations Ltd.	221	5018.95	3660.56	135.64
私营企业	Private Enterprises	14433	20703.25	22008.19	407.83
私营独资企业	Private-funded Enterprises	384	328.21	329.33	19.77
私营合伙企业	Private Partnership Enterprises	99	41.79	121.81	0.52
私营有限责任公司	Private Limited Liability Corporations	13585	19062.06	20819.15	325.71
私营股份有限公司	Private Share-holding Corporations Ltd.	365	1271.19	737.90	61.83
其他企业	Other Enterprises	28	3.16	9.36	0.12
港、澳、台商投资企业	**Enterprises with Funds from Hong Kong, Macao and Taiwan**	**204**	**4576.40**	**2953.40**	**151.74**
合资经营企业(港或澳、台资)	Joint-venture Enterprises	94	1826.46	1242.32	39.33
合作经营企业(港或澳、台资)	Cooperative Enterprises	10	245.53	186.35	-24.97
港、澳、台商独资经营企业	Enterprises with Sole Investment	91	919.50	753.09	92.78
港、澳、台商投资股份有限公司	Share-holding Corporations Ltd.	7	1555.63	752.62	46.04
其他港、澳、台商投资企业	Other Enterprises with Funds from Hong Kong, Macao and Taiwan	2	29.28	19.02	-1.44
外商投资企业	**Foreign Funded Enterprises**	**447**	**4060.33**	**3971.80**	**127.71**
中外合资经营企业	Joint-venture Enterprises	182	2075.64	2012.43	31.53
中外合作经营企业	Cooperation Enterprises	9	29.81	22.33	3.58
外资企业	Enterprises with Sole Funds	249	1624.70	1543.26	98.95
外商投资股份有限公司	Share-holding Corporations Ltd.	7	330.18	393.78	-6.35
其他外商投资企业	Other Foreign Funded Enterprises				

注：全国规模以上工业企业统计范围1998年至2006年为全部国有及年主营业务收入在500万元及以上非国有工业企业；2007年至2010年为年主营业务收入在500万元及以上的工业企业；2011年及以后年份为年主营业务收入在2000万元及以上的工业企业。

a) Industrial enterprises above designated size are all state-owned enterprises and non-state owned enterprises with annual revenue from principal business over 5 million yuan from 1998 to 2006, and are industrial enterprise with annual revenue from principal business over 5 million yuan from 2007 to 2010, and are industrial enterprise with annual revenue from principal business over 20 million yuan since 2011.

12-2 按行业分规模以上工业企业主要指标(2022年)

单位：亿元

行 业	Sector	企 业 单位数 (个) Number of Enterprises (unit)	资产总计 Total Assets
总 计	**Total**	**18077**	**61482.51**
煤炭开采和洗选业	Mining and Washing of Coal	94	2178.00
石油和天然气开采业	Extraction of Petroleum and Natural Gas	2	492.88
黑色金属矿采选业	Mining and Processing of Ferrous Metal Ores	372	2054.31
有色金属矿采选业	Mining and Processing of Non-ferrous Metal Ores	13	65.36
非金属矿采选业	Mining and Processing of Non-metal Ores	66	121.75
开采专业及辅助性活动	Professional and Support Activities for Mining	1	0.28
其他采矿业	Mining of Other Ores		
农副食品加工业	Processing of Food from Agricultural Products	865	1883.08
食品制造业	Manufacture of Foods	358	963.64
酒、饮料和精制茶制造业	Manufacture of Liquor, Beverages and Refined Tea	109	637.98
烟草制品业	Manufacture of Tobacco	3	136.58
纺织业	Manufacture of Textile	786	466.31
纺织服装、服饰业	Manufacture of Textile, Wearing Apparel and Accessories	167	125.78
皮革、毛皮、羽毛及其制品和制鞋业	Manufacture of Leather, Fur, Feather and Related Products and Footwear	361	156.30
木材加工和木、竹、藤、棕、草制品业	Processing of Timber, Manufacture of Wood, Bamboo, Rattan, Palm and Straw Products	224	183.97
家具制造业	Manufacture of Furniture	223	186.19
造纸和纸制品业	Manufacture of Paper and Paper Products	297	361.03
印刷和记录媒介复制业	Printing and Reproduction of Recording Media	204	193.74
文教、工美、体育和娱乐用品制造业	Manufacture of Articles for Culture, Education, Arts and Crafts, Sport and Entertainment Activities	294	151.93
石油、煤炭及其他燃料加工业	Processing of Petroleum, Coal and Other Fuels	161	1736.72
化学原料和化学制品制造业	Manufacture of Raw Chemical Materials and Chemical Products	1071	3054.29
医药制造业	Manufacture of Medicines	386	1877.05
化学纤维制造业	Manufacture of Chemical Fibres	41	170.75
橡胶和塑料制品业	Manufacture of Rubber and Plastics Products	1024	1159.62
非金属矿物制品业	Manufacture of Non-metallic Mineral Products	2190	2903.80
黑色金属冶炼和压延加工业	Smelting and Pressing of Ferrous Metals	489	14715.35
有色金属冶炼和压延加工业	Smelting and Pressing of Non-ferrous Metals	256	650.04
金属制品业	Manufacture of Metal Products	2077	2469.58
通用设备制造业	Manufacture of General Purpose Machinery	1120	1142.98
专用设备制造业	Manufacture of Special Purpose Machinery	1041	2807.84
汽车制造业	Manufacture of Automobiles	639	3798.88
铁路、船舶、航空航天和其他运输设备制造业	Manufacture of Railway, Ship, Aerospace and Other Transport Equipments	203	778.32
电气机械和器材制造业	Manufacture of Electrical Machinery and Apparatus	1132	2288.50
计算机、通信和其他电子设备制造业	Manufacture of Computers, Communication and Other Electronic Equipment	256	1094.42
仪器仪表制造业	Manufacture of Measuring Instruments and Machinery	164	347.82
其他制造业	Other Manufacture	30	9.95
废弃资源综合利用业	Utilization of Waste Resources	177	312.83
金属制品、机械和设备修理业	Repair Service of Metal Products, Machinery and Equipment	41	71.80
电力、热力生产和供应业	Production and Supply of Electric Power and Heat Power	678	7620.78
燃气生产和供应业	Production and Supply of Gas	335	1507.19
水的生产和供应业	Production and Supply of Water	127	604.91

Main Indicators of Industrial Enterprises above Designated Size by Industrial Sector (2022)

(100 million yuan)

流动资产合计 Total Current Assets	应收账款 Accounts Receivable	存货 Inventories	#产成品 Finished Goods	负债合计 Total Liabilities
30502.97	**7225.25**	**5578.28**	**2124.90**	**38837.74**
1077.73	88.51	25.36	12.07	1552.06
17.22	1.33	7.58	3.57	269.25
948.41	185.74	97.09	62.95	1452.09
22.81	0.61	4.54	1.98	42.92
54.48	12.50	11.33	8.22	81.67
0.24	0.15			0.23
1306.88	116.59	378.99	131.36	1312.94
501.16	89.17	112.15	44.46	539.73
341.50	22.37	82.79	24.44	279.63
95.74	10.43	79.51	3.05	77.10
257.73	71.21	87.01	46.96	277.72
85.86	21.33	30.06	12.66	77.86
101.06	25.15	34.86	13.30	88.25
112.21	28.02	28.52	13.32	124.38
117.23	30.24	29.01	8.77	123.58
207.79	30.11	58.47	28.77	233.45
103.99	23.51	24.74	7.02	96.04
91.93	23.00	39.01	14.42	76.42
837.34	107.21	241.66	77.27	1191.40
1528.13	338.48	316.47	153.74	1760.15
1127.40	247.67	192.47	82.94	863.56
49.61	4.41	15.89	8.22	97.76
718.35	248.84	117.03	50.78	493.73
1689.99	657.37	319.70	136.30	1865.91
6750.05	704.95	1259.56	389.90	9591.81
297.44	68.00	73.31	29.36	341.24
1547.02	424.71	358.42	166.60	1495.30
783.14	282.50	158.00	57.12	685.39
1779.00	395.34	397.85	133.57	1919.64
2410.35	893.59	327.26	175.56	2498.26
498.09	181.21	126.79	29.83	439.50
1461.88	638.84	254.73	117.01	1274.10
618.17	236.43	85.57	30.01	460.02
256.39	105.27	55.97	18.06	160.97
8.22	2.87	3.22	1.37	5.65
155.73	61.90	29.78	18.46	222.93
57.47	26.16	15.57	0.10	47.43
1713.83	590.25	59.15	1.11	5243.45
591.80	181.85	29.72	9.67	1070.36
179.59	47.44	9.16	0.55	403.88

12-2 续表

单位：亿元

行　　业	Sector	营业收入 Business Revenue	营业成本 Business Cost
总　　计	**Total**	**50877.38**	**44739.47**
煤炭开采和洗选业	Mining and Washing of Coal	844.58	667.29
石油和天然气开采业	Extraction of Petroleum and Natural Gas	262.72	142.37
黑色金属矿采选业	Mining and Processing of Ferrous Metal Ores	1126.90	884.56
有色金属矿采选业	Mining and Processing of Non-ferrous Metal Ores	33.67	18.71
非金属矿采选业	Mining and Processing of Non-metal Ores	63.12	41.69
开采专业及辅助性活动	Professional and Support Activities for Mining	0.80	0.76
其他采矿业	Mining of Other Ores		
农副食品加工业	Processing of Food from Agricultural Products	2417.55	2269.43
食品制造业	Manufacture of Foods	1027.14	834.78
酒、饮料和精制茶制造业	Manufacture of Liquor, Beverages and Refined Tea	332.40	235.82
烟草制品业	Manufacture of Tobacco	338.32	131.19
纺织业	Manufacture of Textile	470.29	435.37
纺织服装、服饰业	Manufacture of Textile, Wearing Apparel and Accessories	103.53	88.36
皮革、毛皮、羽毛及其制品和制鞋业	Manufacture of Leather, Fur, Feather and Related Products and Footwear	114.27	103.37
木材加工和木、竹、藤、棕、草制品业	Processing of Timber, Manufacture of Wood, Bamboo, Rattan, Palm and Straw Products	196.36	181.39
家具制造业	Manufacture of Furniture	162.53	140.08
造纸和纸制品业	Manufacture of Paper and Paper Products	365.39	335.43
印刷和记录媒介复制业	Printing and Reproduction of Recording Media	151.44	128.72
文教、工美、体育和娱乐用品制造业	Manufacture of Articles for Culture, Education, Arts and Crafts, Sport and Entertainment Activities	114.43	98.80
石油、煤炭及其他燃料加工业	Processing of Petroleum, Coal and Other Fuels	3173.00	2793.31
化学原料和化学制品制造业	Manufacture of Raw Chemical Materials and Chemical Products	2621.18	2197.32
医药制造业	Manufacture of Medicines	1152.88	666.65
化学纤维制造业	Manufacture of Chemical Fibres	155.07	152.40
橡胶和塑料制品业	Manufacture of Rubber and Plastics Products	779.88	666.98
非金属矿物制品业	Manufacture of Non-metallic Mineral Products	2101.90	1817.61
黑色金属冶炼和压延加工业	Smelting and Pressing of Ferrous Metals	15263.11	14181.11
有色金属冶炼和压延加工业	Smelting and Pressing of Non-ferrous Metals	763.34	697.18
金属制品业	Manufacture of Metal Products	2903.33	2620.81
通用设备制造业	Manufacture of General Purpose Machinery	810.62	680.01
专用设备制造业	Manufacture of Special Purpose Machinery	1181.98	962.88
汽车制造业	Manufacture of Automobiles	2746.53	2449.37
铁路、船舶、航空航天和其他运输设备制造业	Manufacture of Railway, Ship, Aerospace and Other Transport Equipments	396.53	335.42
电气机械和器材制造业	Manufacture of Electrical Machinery and Apparatus	2256.28	1977.16
计算机、通信和其他电子设备制造业	Manufacture of Computers, Communication and Other Electronic Equipment	667.40	558.21
仪器仪表制造业	Manufacture of Measuring Instruments and Machinery	210.71	152.38
其他制造业	Other Manufacture	14.18	12.14
废弃资源综合利用业	Utilization of Waste Resources	299.95	290.23
金属制品、机械和设备修理业	Repair Service of Metal Products, Machinery and Equipment	53.77	45.54
电力、热力生产和供应业	Production and Supply of Electric Power and Heat Power	3778.76	3462.15
燃气生产和供应业	Production and Supply of Gas	1288.00	1185.88
水的生产和供应业	Production and Supply of Water	133.48	96.63

continued

(100 million yuan)

销售费用 Selling Expenses	管理费用 Administrative Expenses	财务费用 Financial Expenses	利润总额 Total Profits	平均用工人数(人) Annual Average Employees (person)
910.57	**1283.01**	**511.10**	**1210.36**	**2603115**
13.01	27.55	23.04	104.53	78073
1.74	25.19	6.10	-82.49	21076
13.59	61.36	28.77	99.68	65264
0.55	5.59	0.54	5.74	3238
3.84	8.39	1.15	5.00	11663
	0.01	0.01	0.02	11
33.46	30.71	14.92	37.48	90471
102.38	30.24	6.72	44.04	72444
32.83	13.61	0.55	43.99	25846
1.63	20.99	-0.04	5.60	4676
5.35	11.33	3.88	10.70	61263
3.60	6.59	0.58	2.48	28106
1.50	3.93	0.76	1.60	22553
1.98	4.21	1.56	3.62	14910
5.06	7.51	1.55	4.33	26918
4.68	10.82	2.65	6.00	28318
2.74	8.82	1.63	6.39	22445
3.60	4.97	1.11	3.70	22053
11.94	35.03	17.19	-19.72	45595
50.25	94.26	19.54	208.66	134601
203.04	47.12	3.76	177.18	99877
0.97	5.98	3.41	-8.36	9767
23.55	31.68	9.13	35.97	86975
66.17	91.68	30.86	33.84	192386
70.95	214.29	124.73	-179.53	367356
4.36	12.18	6.76	23.28	25430
38.46	61.73	19.98	56.99	191705
24.70	39.29	6.73	37.47	98948
38.30	59.17	7.47	74.77	120406
54.39	84.76	-3.76	107.95	169108
9.77	19.79	1.98	17.26	44598
34.96	51.25	11.60	92.95	107891
10.30	24.38	4.85	28.57	71320
12.55	12.37	1.20	20.67	23299
0.57	0.56	-0.01	0.79	2471
2.41	6.89	3.02	-3.61	13360
0.27	3.65	0.07	2.60	12392
1.99	66.42	128.16	136.29	133879
15.54	25.03	11.93	50.28	29078
3.59	13.67	7.03	13.67	23345

12-3 规模以上工业企业主要指标
Main Indicators of Industrial Enterprises above Designated Size

单位：亿元 (100 million yuan)

年份 市	Year City	企业单位数(个) Number of Enterprises (unit)	资产总计 Total Assets	流动资产合计 Total Current Assets	应收账款 Accounts Receivable	存货 Inventories	#产成品 Finished Goods	负债合计 Total Liabilities
	1998	7597	4560.95	1809.98				
	2000	7261	5199.74	2000.19	518.32	626.29	294.38	3209.78
	2005	9935	9473.65	4032.20	693.08	1250.41	500.40	5792.00
	2006	10634	11250.95	4763.83	775.13	1400.40	560.09	6869.24
	2007	10870	13721.58	5959.50	983.58	1759.72	633.49	8122.97
	2008	12447	17261.75	7228.64	1210.55	2208.49	868.99	10525.99
	2009	13096	20662.67	8319.12	1385.38	2323.52	834.14	12590.85
	2010	13927	24943.75	10422.94	1732.28	2917.43	956.86	15136.72
	2011	11570	29687.55	12692.76	2083.82	3382.55	1136.15	17865.03
	2012	12360	33567.18	13723.31	2452.63	3524.07	1230.98	19939.47
	2013	13957	37407.61	15260.70	2844.88	3833.70	1366.35	21904.86
	2014	14792	42555.67	16379.21	3166.26	4050.00	1491.21	24172.80
	2015	15295	42717.82	16589.33	3358.99	3830.49	1433.44	23988.85
	2016	14764	44562.88	17327.05	3529.43	3997.11	1450.62	24449.56
	2017	14790	45213.57	18959.29	3745.78	4179.34	1515.01	26107.85
	2018	13697	43957.87	20039.02	4250.47	4376.88	1592.10	26711.55
	2019	13181	47267.72	21845.75	5399.78	4358.84	1606.52	28638.06
	2020	14239	51303.14	23980.22	5302.16	4601.74	1671.68	31201.55
	2021	16127	58769.06	29699.86	6759.66	5395.02	1973.09	36340.35
	2022	18077	61482.51	30502.97	7225.25	5578.28	2124.90	38837.74
石家庄市	Shijiazhuang	2627	8448.13	4701.66	1043.22	921.95	304.41	5247.44
石家庄市①	Shijiazhuang①	2352	8074.03	4461.79	1003.94	860.73	283.45	5094.99
唐山市	Tangshan	2234	14940.50	6196.80	1113.85	1149.72	469.95	9599.73
秦皇岛市	Qinhuangdao	506	2765.95	1712.82	369.75	395.22	165.74	1460.16
邯郸市	Handan	2006	7729.26	4020.82	580.08	672.25	271.97	5010.13
邢台市	Xingtai	1852	4191.68	1951.61	547.33	407.24	160.91	2564.41
保定市	Baoding	2291	6459.66	3623.32	1150.96	542.13	241.57	4086.72
保定市①	Baoding①	1878	5793.01	3257.79	1044.52	487.80	225.81	3666.78
张家口市	Zhangjiakou	555	3634.61	1184.11	317.92	180.22	43.37	2560.59
承德市	Chengde	472	2817.58	1244.05	332.86	157.82	53.65	2042.71
沧州市	Cangzhou	2740	5116.49	2627.74	858.91	537.13	214.74	3081.96
廊坊市	Langfang	1575	3429.18	2126.27	475.12	405.68	126.42	2134.43
衡水市	Hengshui	1219	1949.48	1113.76	435.25	208.92	72.15	1049.45
定州市	Dingzhou	222	408.30	201.68	46.50	30.18	7.95	263.46
辛集市	Xinji	275	374.10	239.86	39.27	61.23	20.96	152.45

注：1.2017年及以前为主营业务收入和主营业务成本，2018年起为营业收入和营业成本，以下相关表均同。2.本表数据中石家庄市含辛集市，石家庄市①不含辛集市；保定市含定州市和雄安新区，保定市①不含定州市和雄安新区。以下相关表同。

a) The indicators were Revenue from Principal Business and Cost of Principal Business in 2017 and before, and are Business Revenue and Business Cost since 2018. The same applies to the tables following.

b) Data in this table, Shijiazhuang includes Xinji, Shijiazhuang① excludes Xinji; Baoding includes Dingzhou and Xiongan, Baoding① excludes Dingzhou and Xiongan. The same applies to the table following.

12-3 续表 continued

单位：亿元 (100 million yuan)

年 份 Year / 市 City		营业收入 Business Revenue	营业成本 Business Cost	销售费用 Selling Expenses	管理费用 Administrative Expenses	财务费用 Financial Expenses	利润总额 Total Profits	平 均 用工人数（万人） Annual Average Employees (10000 persons)
	1998	2706.81	2254.87				97.87	
	2000	3425.08	2812.34	108.14	205.33	91.98	184.94	269.75
	2005	10745.82	9133.88	233.10	403.71	128.54	690.38	292.12
	2006	13124.58	11158.19	276.01	475.21	158.13	884.74	303.35
	2007	17109.89	14515.55	340.29	532.32	198.07	1269.98	303.21
	2008	22474.08	19490.50	402.98	687.54	276.83	1369.84	316.85
	2009	24119.47	20792.12	418.75	708.00	269.10	1440.28	319.94
	2010	31628.93	27049.79	500.18	932.51	341.92	2141.47	344.67
	2011	41235.52	35517.99	588.19	1123.79	471.52	2639.01	356.03
	2012	44887.68	38890.63	660.18	1208.01	562.74	2559.47	371.45
	2013	47749.54	41450.18	747.20	1301.74	587.82	2734.45	368.29
	2014	48738.95	42382.65	812.20	1384.93	646.38	2610.90	370.65
	2015	47076.35	41148.74	823.61	1333.33	585.37	2360.99	360.83
	2016	48615.80	42277.58	874.75	1346.48	535.17	2815.11	346.67
	2017	43516.80	37313.68	903.82	1401.23	573.37	2712.87	334.81
	2018	39167.84	33409.75	873.25	1355.50	576.00	2163.96	275.28
	2019	41095.06	35216.65	923.50	1125.00	559.98	2140.10	276.65
	2020	43213.24	37201.03	943.38	1165.57	570.19	2177.78	272.19
	2021	53934.02	47040.84	1001.89	1381.15	547.33	2454.86	274.67
	2022	50877.38	44739.47	910.57	1283.01	511.10	1210.36	260.31
石家庄市	Shijiazhuang	6297.01	5157.98	306.96	173.13	40.60	326.51	36.30
石家庄市①	Shijiazhuang①	5786.45	4694.81	299.56	163.92	40.69	308.50	33.59
唐 山 市	Tangshan	14196.10	12602.46	104.84	296.61	117.55	87.79	53.62
秦皇岛市	Qinhuangdao	2609.79	2327.84	54.55	69.01	2.61	100.69	13.55
邯 郸 市	Handan	6276.75	5811.04	59.67	123.00	70.39	61.81	28.51
邢 台 市	Xingtai	3421.42	3068.96	55.27	84.77	42.89	124.98	21.85
保 定 市	Baoding	4498.15	3924.14	96.17	138.46	32.83	204.53	31.22
保 定 市①	Baoding①	3843.34	3336.91	89.70	127.06	25.29	168.83	27.81
张家口市	Zhangjiakou	1450.83	1176.51	23.49	57.60	56.76	75.94	8.26
承 德 市	Chengde	1684.93	1403.38	33.37	69.36	55.36	89.20	8.73
沧 州 市	Cangzhou	5763.24	5097.05	63.21	133.72	51.03	-3.89	25.09
廊 坊 市	Langfang	3187.34	2884.14	60.76	88.91	25.92	70.28	20.36
衡 水 市	Hengshui	1491.81	1285.96	52.28	48.44	15.15	72.53	12.82
定 州 市	Dingzhou	487.80	433.61	4.84	7.68	6.34	31.17	1.99
辛 集 市	Xinji	510.56	463.17	7.40	9.21	-0.09	18.01	2.71

12-4 按行业分国有控股工业企业主要指标(2022年)

单位：亿元

行业	Sector	企业单位数(个) Number of Enterprises (unit)	资产总计 Total Assets
总计	**Total**	**1098**	**21533.23**
煤炭开采和洗选业	Mining and Washing of Coal	12	2099.86
石油和天然气开采业	Extraction of Petroleum and Natural Gas	2	492.88
黑色金属矿采选业	Mining and Processing of Ferrous Metal Ores	13	792.63
有色金属矿采选业	Mining and Processing of Non-ferrous Metal Ores	3	16.01
非金属矿采选业	Mining and Processing of Non-metal Ores	9	46.08
开采专业及辅助性活动	Professional and Support Activities for Mining		
农副食品加工业	Processing of Food from Agricultural Products	14	54.73
食品制造业	Manufacture of Foods	10	25.76
酒、饮料和精制茶制造业	Manufacture of Liquor, Beverages and Refined Tea	13	109.58
烟草制品业	Manufacture of Tobacco	3	136.58
纺织业	Manufacture of Textile	6	104.93
纺织服装、服饰业	Manufacture of Textile, Wearing Apparel and Accessories	11	38.41
皮革、毛皮、羽毛及其制品和制鞋业	Manufacture of Leather, Fur, Feather and Related Products and Footwear	1	12.13
木材加工和木、竹、藤、棕、草制品业	Processing of Timber, Manufacture of Wood, Bamboo, Rattan, Palm and Straw Products	2	12.35
家具制造业	Manufacture of Furniture	1	7.51
造纸和纸制品业	Manufacture of Paper and Paper Products	5	39.46
印刷和记录媒介复制业	Printing and Reproduction of Recording Media	15	52.65
文教、工美、体育和娱乐用品制造业	Manufacture of Articles for Culture, Education, Arts and Crafts, Sport and Entertainment Activities	2	4.17
石油、煤炭及其他燃料加工业	Processing of Petroleum, Coal and Other Fuels	18	776.78
化学原料和化学制品制造业	Manufacture of Raw Chemical Materials and Chemical Products	53	656.40
医药制造业	Manufacture of Medicines	23	332.18
化学纤维制造业	Manufacture of Chemical Fibres	4	126.18
橡胶和塑料制品业	Manufacture of Rubber and Plastics Products	14	261.24
非金属矿物制品业	Manufacture of Non-metallic Mineral Products	95	482.20
黑色金属冶炼和压延加工业	Smelting and Pressing of Ferrous Metals	23	5401.31
有色金属冶炼和压延加工业	Smelting and Pressing of Non-ferrous Metals	11	302.50
金属制品业	Manufacture of Metal Products	27	632.07
通用设备制造业	Manufacture of General Purpose Machinery	29	168.42
专用设备制造业	Manufacture of Special Purpose Machinery	56	367.86
汽车制造业	Manufacture of Automobiles	25	379.98
铁路、船舶、航空航天和其他运输设备制造业	Manufacture of Railway, Ship, Aerospace and Other Transport Equipments	13	557.28
电气机械和器材制造业	Manufacture of Electrical Machinery and Apparatus	25	404.08
计算机、通信和其他电子设备制造业	Manufacture of Computers, Communication and Other Electronic Equipment	20	186.77
仪器仪表制造业	Manufacture of Measuring Instruments and Machinery	4	11.36
其他制造业	Other Manufacture		
废弃资源综合利用业	Utilization of Waste Resources	10	19.96
金属制品、机械和设备修理业	Repair Service of Metal Products, Machinery and Equipment	10	49.95
电力、热力生产和供应业	Production and Supply of Electric Power and Heat Power	367	5427.68
燃气生产和供应业	Production and Supply of Gas	68	474.86
水的生产和供应业	Production and Supply of Water	81	468.43

Main Indicators of State-holding Industrial Enterprises by Industrial Sector (2022)

(100 million yuan)

流动资产合计 Total Current Assets	应收账款 Accounts Receivable	存货 Inventories	#产成品 Finished Goods	负债合计 Total Liabilities
7531.32	**1700.95**	**1260.73**	**343.88**	**14080.86**
1024.68	70.33	16.86	9.90	1481.15
17.22	1.33	7.58	3.57	269.25
376.50	63.82	9.46	7.30	541.92
5.15	0.05	1.63	0.07	13.10
22.97	6.41	3.63	2.75	27.72
35.05	3.99	11.31	6.92	42.05
13.02	6.25	4.47	2.24	11.17
55.53	2.74	28.03	5.86	43.52
95.74	10.43	79.51	3.05	77.10
40.07	5.53	13.07	10.35	50.75
30.48	8.24	7.66	2.86	19.19
8.30	3.53	1.49	0.87	4.72
3.22	0.74	1.05	0.79	8.54
6.05	3.29	1	0.43	3.68
31.65	0.5	5.15	2.03	6.06
30.54	2.50	5.44	1.18	16.20
1.81	0.67	0.89	0.05	1.89
286.79	66.35	125.15	18.62	519.30
230.17	30.36	42.15	17.06	429.52
176.17	39.39	32.43	15.28	206.50
29.95	0.92	10.01	6.08	70.67
146.85	11.35	12.60	5.63	103.61
202.11	84.10	37.59	15.80	281.16
1598.59	222.99	360.71	77.51	3713.28
106.48	16.22	20.21	6.73	150.24
299.40	41.85	51.85	26.13	345.09
101.06	36.87	19.38	4.65	87.05
256.07	67.64	91.19	32.18	256.14
231.96	148.63	22.82	11.21	290.75
347.95	108.97	98.58	15.93	323.60
230.98	87.10	47.28	23.00	241.51
120.87	46.55	19.19	5.11	78.28
10.48	7.19	0.90	0.51	7.65
8.99	1.59	0.91	0.51	8.97
38.36	14.66	13.06	0.01	32.34
1030.90	391.09	43.54	0.31	3686.88
137.36	53.11	4.66	1.21	312.63
141.83	33.66	8.28	0.22	317.68

12-4 续表

单位：亿元

行业	Sector	营业收入 Business Revenue	营业成本 Business Cost
总　计	**Total**	**14446.83**	**12618.60**
煤炭开采和洗选业	Mining and Washing of Coal	660.63	493.54
石油和天然气开采业	Extraction of Petroleum and Natural Gas	262.72	142.37
黑色金属矿采选业	Mining and Processing of Ferrous Metal Ores	221.41	158.41
有色金属矿采选业	Mining and Processing of Non-ferrous Metal Ores	5.35	3.35
非金属矿采选业	Mining and Processing of Non-metal Ores	24.23	17.27
开采专业及辅助性活动	Professional and Support Activities for Mining		
农副食品加工业	Processing of Food from Agricultural Products	143.28	131.50
食品制造业	Manufacture of Foods	23.07	20.64
酒、饮料和精制茶制造业	Manufacture of Liquor, Beverages and Refined Tea	45.78	24.70
烟草制品业	Manufacture of Tobacco	338.32	131.19
纺织业	Manufacture of Textile	28.57	28.90
纺织服装、服饰业	Manufacture of Textile, Wearing Apparel and Accessories	28.85	22.58
皮革、毛皮、羽毛及其制品和制鞋业	Manufacture of Leather, Fur, Feather and Related Products and Footwear	7.29	5.79
木材加工和木、竹、藤、棕、草制品业	Processing of Timber, Manufacture of Wood, Bamboo, Rattan, Palm and Straw Products	5.47	5.00
家具制造业	Manufacture of Furniture	3.66	3.37
造纸和纸制品业	Manufacture of Paper and Paper Products	34.29	26.10
印刷和记录媒介复制业	Printing and Reproduction of Recording Media	30.83	22.85
文教、工美、体育和娱乐用品制造业	Manufacture of Articles for Culture, Education, Arts and Crafts, Sport and Entertainment Activities	0.66	0.67
石油、煤炭及其他燃料加工业	Processing of Petroleum, Coal and Other Fuels	1722.10	1452.03
化学原料和化学制品制造业	Manufacture of Raw Chemical Materials and Chemical Products	447.76	381.10
医药制造业	Manufacture of Medicines	138.89	97.27
化学纤维制造业	Manufacture of Chemical Fibres	116.31	114.37
橡胶和塑料制品业	Manufacture of Rubber and Plastics Products	63.96	55.24
非金属矿物制品业	Manufacture of Non-metallic Mineral Products	292.23	242.58
黑色金属冶炼和压延加工业	Smelting and Pressing of Ferrous Metals	3854.49	3599.65
有色金属冶炼和压延加工业	Smelting and Pressing of Non-ferrous Metals	217.47	188.89
金属制品业	Manufacture of Metal Products	378.73	355.59
通用设备制造业	Manufacture of General Purpose Machinery	78.59	63.22
专用设备制造业	Manufacture of Special Purpose Machinery	169.85	142.52
汽车制造业	Manufacture of Automobiles	343.65	321.54
铁路、船舶、航空航天和其他运输设备制造业	Manufacture of Railway, Ship, Aerospace and Other Transport Equipments	221.82	188.83
电气机械和器材制造业	Manufacture of Electrical Machinery and Apparatus	300.12	267.89
计算机、通信和其他电子设备制造业	Manufacture of Computers, Communication and Other Electronic Equipment	140.33	108.80
仪器仪表制造业	Manufacture of Measuring Instruments and Machinery	4.08	2.42
其他制造业	Other Manufacture		
废弃资源综合利用业	Utilization of Waste Resources	9.12	7.97
金属制品、机械和设备修理业	Repair Service of Metal Products, Machinery and Equipment	28.28	23.16
电力、热力生产和供应业	Production and Supply of Electric Power and Heat Power	3325.94	3108.95
燃气生产和供应业	Production and Supply of Gas	626.08	582.82
水的生产和供应业	Production and Supply of Water	102.63	75.51

continued

(100 million yuan)

销售费用 Selling Expenses	管理费用 Administrative Expenses	财务费用 Financial Expenses	利润总额 Total Profits	平 均 用工人数 (人) Annual Average Employees (person)
109.08	**380.13**	**247.57**	**267.06**	**587087**
6.03	25.73	21.37	105.47	74830
1.74	25.19	6.10	-82.49	21076
1.33	15.93	6.27	36.95	13573
0.01	0.96	0.24	-0.10	945
0.41	3.84	0.36	1.67	5714
1.66	1.43	0.37	1.59	5880
1.21	0.89	-0.01	0.31	2769
8.07	3.54	-0.26	6.56	5805
1.63	20.99	-0.04	5.60	4676
0.07	1.37	1.56	-2.49	3139
1.47	2.75	-0.10	1.42	4844
0.12	0.29	-0.01	0.51	768
0.13	0.58	0.22	0.72	411
0.01	0.24	0.01	0.01	560
0.01	3.36	-0.01	4.12	2568
0.31	3.79	0.14	3.15	4427
0.01	0.17	0.01	-0.21	414
2.81	18.52	6.13	-30.61	17064
8.21	22.02	9.34	15.07	24417
18.57	5.85	5.49	8.81	13162
0.59	4.25	2.73	-5.57	6283
2.39	4.42	2.95	3.30	7582
3.16	19.31	4.50	16.31	19324
13.95	56.79	71.65	16.86	84061
0.14	4.04	2.31	13.37	6704
2.99	7.00	3.68	14.54	16250
2.46	5.70	0.67	3.79	11512
5.32	11.19	1.40	4.81	20967
3.02	8.80	1.51	-0.04	9642
5.24	12.18	0.69	4.72	22122
4.96	9.35	3.13	-0.02	15723
3.47	5.74	-0.13	12.50	10258
0.15	0.33	0.09	0.09	387
0.22	0.44	0.02	0.31	698
0.12	2.07	0.04	1.59	5123
1.16	51.07	85.98	71.39	115409
2.44	8.41	5.05	23.74	8974
3.53	11.61	4.12	9.28	19026

12-5 国有控股工业企业主要指标
Main Indicators of State-holding Industrial Enterprises

单位：亿元 (100 million yuan)

年份 市	Year City	企业单位数(个) Number of Enterprises (unit)	资产总计 Total Assets	流动资产合计 Total Current Assets	应收账款 Accounts Receivable	存货 Inventories	#产成品 Finished Goods	负债合计 Total Liabilities
	2005	1232	5054.86	1858.99	310.53	535.36	174.32	3235.52
	2006	1120	5472.76	1939.31	287.61	518.34	165.90	3493.95
	2007	832	6675.00	2435.62	364.47	664.85	174.85	4073.02
	2008	810	8235.07	2797.17	372.54	826.03	244.32	5302.47
	2009	794	10210.87	3252.46	438.33	947.27	254.87	6639.33
	2010	765	12144.25	3879.76	580.50	1161.04	293.76	7905.58
	2011	690	13506.43	4670.22	653.91	1347.45	359.84	8814.49
	2012	709	14638.22	4831.72	740.31	1364.58	366.19	9456.19
	2013	753	15489.38	5052.39	817.18	1467.13	407.11	10102.80
	2014	794	16507.43	5238.53	867.79	1602.57	457.17	10840.86
	2015	818	16484.92	5074.54	901.19	1418.51	417.32	10778.83
	2016	714	17303.45	5407.94	988.35	1466.31	400.54	11289.60
	2017	699	17491.84	5515.01	1006.70	1360.33	398.53	11295.98
	2018	715	17645.76	5556.56	1006.65	1370.09	403.91	11201.23
	2019	788	17923.50	5478.62	976.20	1211.11	369.71	11502.86
	2020	899	19102.12	5811.30	1130.27	1100.32	318.20	12340.05
	2021	938	19843.96	6705.20	1497.10	1219.06	325.11	12687.70
	2022	1098	21533.23	7531.32	1700.95	1260.73	343.88	14080.86
石家庄市	Shijiazhuang	174	2399.57	930.73	231.87	237.64	65.60	1539.35
石家庄市①	Shijiazhuang①	165	2376.90	918.63	229.83	236.09	64.80	1526.37
唐山市	Tangshan	188	7282.77	2572.46	504.05	279.97	76.20	4721.32
秦皇岛市	Qinhuangdao	54	651.66	327.63	77.75	95.40	22.65	410.49
邯郸市	Handan	101	3072.05	1227.10	112.74	223.49	64.70	1949.98
邢台市	Xingtai	73	1060.00	364.87	80.68	40.61	13.19	633.95
保定市	Baoding	125	1544.03	603.83	200.97	99.30	39.77	937.34
保定市①	Baoding①	110	1311.51	489.60	152.21	93.49	38.58	774.46
张家口市	Zhangjiakou	146	2135.26	513.77	147.27	90.77	9.22	1531.99
承德市	Chengde	75	1167.51	374.83	93.45	64.03	10.12	901.17
沧州市	Cangzhou	74	1478.92	378.22	171.27	81.83	26.39	1005.44
廊坊市	Langfang	55	420.38	141.37	62.73	23.88	9.89	259.74
衡水市	Hengshui	33	321.09	96.51	18.18	23.81	6.14	190.08
定州市	Dingzhou	8	116.64	47.21	19.67	5.30	0.87	81.65
辛集市	Xinji	9	22.67	12.09	2.04	1.55	0.80	12.99

12-5 续表 continued

单位：亿元 (100 million yuan)

年 份 市	Year City	营业收入 Business Revenue	营业成本 Business Cost	销售费用 Selling Expenses	管理费用 Administrative Expenses	财务费用 Financial Expenses	利润总额 Total Profits	平均用工人数(万人) Annual Average Employees (10000 persons)
	2005	4021.79	3388.06	71.92	236.05	68.06	224.40	108.32
	2006	4318.41	3637.93	65.27	268.58	74.01	232.43	102.36
	2007	5488.87	4643.31	78.81	262.42	93.42	366.98	94.88
	2008	6849.31	6026.68	79.83	315.22	132.96	276.82	92.89
	2009	7482.68	6515.27	86.24	335.47	130.60	262.40	92.39
	2010	9936.35	8684.35	99.29	420.02	166.67	365.54	92.68
	2011	12243.26	10705.36	114.88	500.50	223.35	480.32	92.20
	2012	12667.66	11224.00	125.14	493.51	256.82	340.83	94.26
	2013	12042.62	10618.13	136.54	489.12	262.92	307.41	88.14
	2014	11784.06	10321.07	144.53	519.64	284.29	216.38	87.47
	2015	10337.51	9011.25	144.61	468.88	261.09	158.73	82.30
	2016	9758.84	8307.58	160.95	450.27	236.43	284.12	79.17
	2017	10569.89	8857.38	164.38	471.69	228.46	518.45	74.19
	2018	10816.82	9190.53	182.72	477.99	235.17	332.05	68.35
	2019	10968.37	9398.94	170.77	373.40	246.43	307.18	64.22
	2020	10546.04	8948.16	150.06	370.36	265.70	307.04	63.42
	2021	13258.47	11534.56	120.24	396.31	248.46	355.62	59.93
	2022	14446.83	12618.60	109.08	380.13	247.57	267.06	58.71
石家庄市	Shijiazhuang	1892.29	1564.88	29.64	52.47	28.21	37.58	7.67
石家庄市①	Shijiazhuang①	1880.89	1554.84	29.48	51.87	28.01	36.94	7.57
唐 山 市	Tangshan	4822.49	4368.23	20.33	118.99	73.38	130.92	17.01
秦皇岛市	Qinhuangdao	484.72	439.60	3.61	16.17	5.90	8.52	2.15
邯 郸 市	Handan	2025.90	1869.59	10.62	32.75	32.89	56.13	8.58
邢 台 市	Xingtai	548.32	449.82	3.70	17.74	15.05	50.65	3.51
保 定 市	Baoding	1045.59	909.77	12.28	37.23	12.54	22.76	5.53
保 定 市①	Baoding①	836.68	718.21	10.35	33.45	11.75	16.81	5.13
张家口市	Zhangjiakou	724.25	557.10	5.20	32.95	34.70	23.67	3.77
承 德 市	Chengde	699.59	623.83	6.12	15.84	21.04	18.73	2.77
沧 州 市	Cangzhou	1583.50	1272.99	5.44	38.62	17.97	-95.47	3.87
廊 坊 市	Langfang	360.85	335.13	3.63	11.06	3.36	3.06	2.10
衡 水 市	Hengshui	259.32	227.66	8.51	6.31	2.52	10.50	1.75
定 州 市	Dingzhou	184.63	168.34	1.84	3.15	0.42	5.72	0.35
辛 集 市	Xinji	11.40	10.04	0.16	0.61	0.21	0.64	0.09

12-6 按行业分私营工业企业主要指标(2022年)

单位：亿元

行　　业	Sector	企业单位数(个) Number of Enterprises (unit)	资产总计 Total Assets
总　　计	**Total**	**14433**	**20703.25**
煤炭开采和洗选业	Mining and Washing of Coal	75	71.89
石油和天然气开采业	Extraction of Petroleum and Natural Gas		
黑色金属矿采选业	Mining and Processing of Ferrous Metal Ores	301	933.57
有色金属矿采选业	Mining and Processing of Non-ferrous Metal Ores	4	15.80
非金属矿采选业	Mining and Processing of Non-metal Ores	45	55.92
开采专业及辅助性活动	Professional and Support Activities for Mining	1	0.28
其他采矿业	Mining of Other Ores		
农副食品加工业	Processing of Food from Agricultural Products	713	1308.60
食品制造业	Manufacture of Foods	260	479.72
酒、饮料和精制茶制造业	Manufacture of Liquor, Beverages and Refined Tea	59	248.62
烟草制品业	Manufacture of Tobacco		
纺织业	Manufacture of Textile	747	314.88
纺织服装、服饰业	Manufacture of Textile, Wearing Apparel and Accessories	133	71.10
皮革、毛皮、羽毛及其制品和制鞋业	Manufacture of Leather, Fur, Feather and Related Products and Footwear	339	116.59
木材加工和木、竹、藤、棕、草制品业	Processing of Timber, Manufacture of Wood, Bamboo, Rattan, Palm and Straw Products	199	139.14
家具制造业	Manufacture of Furniture	204	142.99
造纸和纸制品业	Manufacture of Paper and Paper Products	266	248.80
印刷和记录媒介复制业	Printing and Reproduction of Recording Media	170	103.15
文教、工美、体育和娱乐用品制造业	Manufacture of Articles for Culture, Education, Arts and Crafts, Sport and Entertainment Activities	269	130.12
石油、煤炭及其他燃料加工业	Processing of Petroleum, Coal and Other Fuels	122	609.22
化学原料和化学制品制造业	Manufacture of Raw Chemical Materials and Chemical Products	827	1331.82
医药制造业	Manufacture of Medicines	256	327.14
化学纤维制造业	Manufacture of Chemical Fibres	35	39.52
橡胶和塑料制品业	Manufacture of Rubber and Plastics Products	918	646.07
非金属矿物制品业	Manufacture of Non-metallic Mineral Products	1860	1799.41
黑色金属冶炼和压延加工业	Smelting and Pressing of Ferrous Metals	410	5167.43
有色金属冶炼和压延加工业	Smelting and Pressing of Non-ferrous Metals	225	238.82
金属制品业	Manufacture of Metal Products	1872	1385.96
通用设备制造业	Manufacture of General Purpose Machinery	981	733.48
专用设备制造业	Manufacture of Special Purpose Machinery	829	957.70
汽车制造业	Manufacture of Automobiles	454	555.96
铁路、船舶、航空航天和其他运输设备制造业	Manufacture of Railway, Ship, Aerospace and Other Transport Equipments	162	117.06
电气机械和器材制造业	Manufacture of Electrical Machinery and Apparatus	977	946.12
计算机、通信和其他电子设备制造业	Manufacture of Computers, Communication and Other Electronic Equipment	173	244.47
仪器仪表制造业	Manufacture of Measuring Instruments and Machinery	128	186.40
其他制造业	Other Manufacture	23	6.80
废弃资源综合利用业	Utilization of Waste Resources	125	128.07
金属制品、机械和设备修理业	Repair Service of Metal Products, Machinery and Equipment	23	6.88
电力、热力生产和供应业	Production and Supply of Electric Power and Heat Power	123	609.45
燃气生产和供应业	Production and Supply of Gas	105	255.86
水的生产和供应业	Production and Supply of Water	20	28.46

Main Indicators of Private Enterprises by Industrial Sector (2022)

(100 million yuan)

流动资产合计 Total Current Assets	应收账款 Accounts Receivable	存货 Inventories	#产成品 Finished Goods	负债合计 Total Liabilities
12284.26	**2991.80**	**2600.10**	**1122.87**	**12670.29**
48.70	16.38	7.98	2.00	66.88
389.68	71.68	69.65	46.84	668.92
7.78	0.18	0.77	0.42	7.26
21.82	4.64	5.82	4.25	38.67
0.24	0.15			0.23
944.47	64.43	241.25	79.43	936.14
238.68	36.28	65.24	25.26	263.89
150.05	9.74	21.44	8.58	106.19
189.37	58.69	62.59	30.93	194.79
45.95	11.76	18.97	8.85	46.86
76.92	17.56	27.07	9.69	62.53
94.08	24.84	23.25	11.09	96.62
91.59	23.36	22.09	6.80	101.34
140.93	23.68	42.80	20.56	191.04
56.39	17.30	15.82	4.60	63.14
78.80	19.52	33.72	12.54	65.35
401.43	30.69	92.02	50.54	395.78
729.16	155.05	173.94	91.44	721.20
204.21	71.38	49.27	23.91	165.90
18.20	3.49	5.18	2.04	23.26
437.39	181.48	77.94	33.98	289.07
1152.63	471.78	219.08	90.08	1199.53
2515.82	152.47	526.47	222.72	2961.74
142.43	40.72	39.70	16.80	124.10
976.46	302.94	226.25	104.77	905.13
494.85	188.92	94.86	38.53	450.58
731.67	203.77	143.44	64.83	603.87
368.39	133.41	73.54	30.85	351.75
80.50	36.80	15.77	7.24	66.68
729.26	380.51	110.78	41.60	487.47
164.94	67.10	26.35	8.97	107.42
127.08	41.70	34.61	6.69	102.51
5.76	2.14	2.40	1.17	3.40
69.73	25.53	17.21	11.01	100.30
6.21	4.03	0.41	0.03	3.80
231.44	70.04	3.82	0.53	471.49
109.97	26.45	8.30	3.28	207.81
11.26	1.24	0.29	0.04	17.66

12−6 续表

单位：亿元

行　业	Sector	营业收入 Business Revenue	营业成本 Business Cost
总　计	**Total**	**22008.19**	**19723.12**
煤炭开采和洗选业	Mining and Washing of Coal	171.56	162.61
石油和天然气开采业	Extraction of Petroleum and Natural Gas		
黑色金属矿采选业	Mining and Processing of Ferrous Metal Ores	679.88	552.69
有色金属矿采选业	Mining and Processing of Non-ferrous Metal Ores	10.83	4.82
非金属矿采选业	Mining and Processing of Non-metal Ores	31.60	19.34
开采专业及辅助性活动	Professional and Support Activities for Mining	0.80	0.76
其他采矿业	Mining of Other Ores		
农副食品加工业	Processing of Food from Agricultural Products	1469.74	1380.97
食品制造业	Manufacture of Foods	458.82	396.82
酒、饮料和精制茶制造业	Manufacture of Liquor, Beverages and Refined Tea	105.58	79.33
烟草制品业	Manufacture of Tobacco		
纺织业	Manufacture of Textile	395.21	363.68
纺织服装、服饰业	Manufacture of Textile, Wearing Apparel and Accessories	63.88	57.04
皮革、毛皮、羽毛及其制品和制鞋业	Manufacture of Leather, Fur, Feather and Related Products and Footwear	93.02	85.06
木材加工和木、竹、藤、棕、草制品业	Processing of Timber, Manufacture of Wood, Bamboo, Rattan, Palm and Straw Products	169.02	156.62
家具制造业	Manufacture of Furniture	123.43	106.49
造纸和纸制品业	Manufacture of Paper and Paper Products	263.60	246.73
印刷和记录媒介复制业	Printing and Reproduction of Recording Media	99.08	87.42
文教、工美、体育和娱乐用品制造业	Manufacture of Articles for Culture, Education, Arts and Crafts, Sport and Entertainment Activities	96.00	83.25
石油、煤炭及其他燃料加工业	Processing of Petroleum, Coal and Other Fuels	1039.44	970.32
化学原料和化学制品制造业	Manufacture of Raw Chemical Materials and Chemical Products	1220.32	1035.28
医药制造业	Manufacture of Medicines	312.06	249.18
化学纤维制造业	Manufacture of Chemical Fibres	36.75	35.77
橡胶和塑料制品业	Manufacture of Rubber and Plastics Products	580.07	501.16
非金属矿物制品业	Manufacture of Non-metallic Mineral Products	1464.90	1286.06
黑色金属冶炼和压延加工业	Smelting and Pressing of Ferrous Metals	6805.50	6264.06
有色金属冶炼和压延加工业	Smelting and Pressing of Non-ferrous Metals	426.35	402.37
金属制品业	Manufacture of Metal Products	2016.40	1819.40
通用设备制造业	Manufacture of General Purpose Machinery	567.01	480.73
专用设备制造业	Manufacture of Special Purpose Machinery	672.47	556.90
汽车制造业	Manufacture of Automobiles	484.45	426.35
铁路、船舶、航空航天和其他运输设备制造业	Manufacture of Railway, Ship, Aerospace and Other Transport Equipments	124.13	108.82
电气机械和器材制造业	Manufacture of Electrical Machinery and Apparatus	1210.02	1103.97
计算机、通信和其他电子设备制造业	Manufacture of Computers, Communication and Other Electronic Equipment	156.34	123.76
仪器仪表制造业	Manufacture of Measuring Instruments and Machinery	109.01	82.77
其他制造业	Other Manufacture	10.37	8.81
废弃资源综合利用业	Utilization of Waste Resources	164.24	160.54
金属制品、机械和设备修理业	Repair Service of Metal Products, Machinery and Equipment	10.55	9.14
电力、热力生产和供应业	Production and Supply of Electric Power and Heat Power	133.96	105.70
燃气生产和供应业	Production and Supply of Gas	222.26	202.17
水的生产和供应业	Production and Supply of Water	9.56	6.23

continued

(100 million yuan)

销售费用 Selling Expenses	管理费用 Administrative Expenses	财务费用 Financial Expenses	利润总额 Total Profits	平均用工人数（人） Annual Average Employees (person)
343.94	**516.98**	**170.64**	**407.83**	**1308649**
6.46	1.21	1.60	-0.96	2362
8.06	30.38	17.17	43.46	37320
0.10	1.89	0.16	3.02	595
3.08	3.57	0.25	3.33	3829
	0.01	0.01	0.02	11
18.54	16.38	10.87	24.69	50716
22.80	14.68	4.61	15.70	37637
10.14	3.55	0.09	18.53	8030
4.62	8.57	2.16	12.14	52240
1.95	2.88	0.60	0.52	17901
1.17	2.73	0.49	1.02	16714
0.90	2.93	1.02	2.90	12787
4.12	5.82	1.42	2.22	20752
3.35	5.39	2.30	1.69	21696
1.82	3.64	1.05	2.40	15485
2.58	3.82	1.07	3.28	18400
5.95	10.57	2.94	6.16	19845
25.20	43.03	4.67	101.28	73087
16.02	12.87	2.31	20.43	29045
0.36	1.58	0.49	-2.17	3092
14.77	21.51	4.73	23.30	65035
50.04	52.80	22.07	17.35	133754
35.79	90.63	30.72	-79.81	190127
2.14	5.45	2.67	7.18	14197
26.53	42.03	13.94	32.60	140947
15.67	24.76	5.76	23.44	68567
18.93	29.02	4.15	42.22	67133
8.38	16.41	4.14	11.44	54243
2.12	4.58	0.84	6.78	16388
15.99	23.14	7.15	26.71	55785
3.85	7.02	1.65	13.05	18654
6.06	7.10	1.20	5.91	14894
0.41	0.28	0.05	0.70	1255
1.42	2.84	2.01	-2.34	6669
0.10	0.88	0.07	0.20	4105
0.34	6.04	11.99	12.46	7890
4.13	6.02	1.71	5.78	6016
0.05	0.97	0.52	1.20	1446

12-7 私营工业企业主要指标
Main Indicators of Private Industrial Enterprises

单位：亿元 (100 million yuan)

年 份 市	Year City	企业单位数(个) Number of Enterprises (unit)	资产总计 Total Assets	流动资产合计 Total Current Assets	应收账款 Accounts Receivable	存 货 Inventories	#产成品 Finished Goods	负债合计 Total Liabilities
	2005	4724	1458.18	705.70	125.69	224.38	109.37	793.07
	2006	5567	1949.71	955.94	170.77	283.29	137.29	1088.98
	2007	6067	2537.51	1233.78	232.24	365.44	163.34	1348.36
	2008							
	2009	8162	4001.80	1934.68	364.31	515.94	257.08	2237.77
	2010	8959	5232.19	2591.28	481.92	694.71	302.61	2810.79
	2011	7302	6733.58	3218.22	594.91	778.51	344.73	3535.81
	2012	7949	8897.32	3810.57	750.78	919.16	421.21	4561.44
	2013	9021	10876.66	4620.31	914.29	1070.02	476.31	5379.27
	2014	9600	13685.76	4974.76	1035.60	1142.54	530.41	6323.97
	2015	9893	13349.67	5199.29	1113.45	1152.08	519.44	6189.39
	2016	9626	13851.74	5265.82	1127.72	1226.01	529.00	6040.49
	2017	11647	15484.98	7100.46	1556.17	1748.03	711.25	7932.56
	2018	10692	14125.77	7756.67	1796.29	1870.04	742.65	8224.61
	2019	10073	14575.45	7985.72	1964.96	1832.53	741.19	8039.16
	2020	11184	16738.03	9785.31	2377.25	2044.22	836.10	9535.60
	2021	12901	21170.37	13084.29	2956.30	2462.40	1046.05	12768.85
	2022	14433	20703.25	12284.26	2991.80	2600.10	1122.87	12670.29
石家庄市	Shijiazhuang	2094	2301.16	1604.45	366.98	291.82	117.25	1304.91
石家庄市①	Shijiazhuang①	1857	2003.74	1407.51	337.47	242.29	102.85	1197.19
唐 山 市	Tangshan	1696	4500.94	2110.47	337.93	559.99	283.71	2738.64
秦皇岛市	Qinhuangdao	346	1071.91	699.90	106.87	122.71	49.37	463.32
邯 郸 市	Handan	1661	2839.62	1551.62	309.77	339.95	155.38	1800.98
邢 台 市	Xingtai	1571	1954.19	1089.25	326.14	250.84	101.63	1266.79
保 定 市	Baoding	1832	1694.55	1061.78	356.11	228.61	102.75	1066.30
保 定 市①	Baoding①	1472	1494.30	926.40	311.45	195.91	91.64	956.37
张家口市	Zhangjiakou	290	514.78	255.96	65.96	44.32	19.63	379.51
承 德 市	Chengde	287	1001.84	552.88	160.21	56.94	26.94	732.39
沧 州 市	Cangzhou	2372	1976.78	1306.59	501.07	302.99	143.78	1041.70
廊 坊 市	Langfang	1247	1784.72	1360.90	188.77	274.73	76.55	1366.53
衡 水 市	Hengshui	1037	1062.77	690.45	271.98	127.20	45.88	509.21
定 州 市	Dingzhou	191	78.56	51.69	17.90	12.75	5.08	46.69
辛 集 市	Xinji	237	297.42	196.94	29.51	49.53	14.40	107.73

12-7 续表 continued

单位：亿元 (100 million yuan)

年 份 市	Year City	营业收入 Business Revenue	营业成本 Business Cost	销售费用 Selling Expenses	管理费用 Administrative Expenses	财务费用 Financial Expenses	利润总额 Total Profits	平 均 用工人数 (万人) Annual Average Employees (10000 persons)
	2005	2719.79	2323.23	57.33	53.02	24.21	191.66	77.34
	2006	3626.95	3107.01	80.09	69.01	31.88	261.97	88.30
	2007	4979.83	4240.03	105.41	100.25	43.75	384.24	95.39
	2008							
	2009	8471.12	7296.15	144.08	150.21	61.92	639.82	112.97
	2010	11649.99	9915.10	189.47	231.36	84.90	968.14	129.81
	2011	15141.31	12963.46	225.15	284.65	112.70	1231.33	138.47
	2012	18083.93	15525.58	260.40	352.35	149.40	1423.01	155.15
	2013	20699.88	17878.53	302.28	412.14	169.30	1573.37	154.32
	2014	21856.50	19036.58	321.33	427.08	194.58	1532.07	158.44
	2015	21930.92	19269.27	324.46	424.57	169.66	1435.70	155.55
	2016	23378.17	20637.77	345.83	433.04	152.95	1539.11	151.25
	2017	22862.13	20024.44	397.38	537.89	212.04	1479.09	179.15
	2018	17881.37	15522.71	276.74	482.65	194.50	1097.82	133.56
	2019	18734.42	16329.39	312.82	427.17	182.63	1038.22	138.83
	2020	20694.70	18224.03	344.79	449.73	188.83	1069.01	138.44
	2021	25915.35	22928.65	404.83	593.06	181.39	1219.61	143.04
	2022	22008.19	19723.12	343.94	516.98	170.64	407.83	130.86
石家庄市	Shijiazhuang	2293.55	2001.60	52.33	60.98	6.34	132.38	17.04
石家庄市①	Shijiazhuang①	1827.76	1577.34	46.15	54.20	6.93	115.26	14.92
唐 山 市	Tangshan	6050.99	5311.98	57.21	110.15	18.91	-11.97	24.25
秦皇岛市	Qinhuangdao	1144.01	1050.81	14.39	25.64	2.77	28.32	6.01
邯 郸 市	Handan	2499.27	2353.24	29.64	54.44	32.28	-19.01	14.28
邢 台 市	Xingtai	2053.59	1898.99	36.74	47.59	19.35	23.22	14.23
保 定 市	Baoding	1518.14	1333.43	35.82	43.66	13.58	64.42	13.53
保 定 市①	Baoding①	1260.14	1097.07	32.47	38.04	12.29	57.00	11.19
张家口市	Zhangjiakou	329.68	278.06	12.57	11.80	11.23	9.78	2.47
承 德 市	Chengde	650.86	545.01	9.70	34.85	25.51	21.82	3.78
沧 州 市	Cangzhou	2652.77	2388.45	42.52	58.30	15.93	88.18	16.01
廊 坊 市	Langfang	2010.91	1871.83	21.26	39.14	16.40	32.94	11.13
衡 水 市	Hengshui	804.42	689.71	31.76	30.44	8.33	37.75	8.14
定 州 市	Dingzhou	126.35	115.78	1.97	3.11	0.58	3.43	1.18
辛 集 市	Xinji	465.78	424.26	6.18	6.78	-0.58	17.12	2.12

12-8 按行业分外商投资和港澳台商投资工业企业主要指标(2022年)

单位：亿元

行　业	Sector	企业单位数(个) Number of Enterprises (unit)	资产总计 Total Assets
总　计	**Total**	**651**	**8636.73**
煤炭开采和洗选业	Mining and Washing of Coal		
石油和天然气开采业	Extraction of Petroleum and Natural Gas		
黑色金属矿采选业	Mining and Processing of Ferrous Metal Ores	3	63.01
有色金属矿采选业	Mining and Processing of Non-ferrous Metal Ores	1	14.90
非金属矿采选业	Mining and Processing of Non-metal Ores	1	1.16
开采专业及辅助性活动	Professional and Support Activities for Mining		
农副食品加工业	Processing of Food from Agricultural Products	37	257.40
食品制造业	Manufacture of Foods	32	205.18
酒、饮料和精制茶制造业	Manufacture of Liquor, Beverages and Refined Tea	23	150.44
烟草制品业	Manufacture of Tobacco		
纺织业	Manufacture of Textile	8	14.69
纺织服装、服饰业	Manufacture of Textile, Wearing Apparel and Accessories	10	5.90
皮革、毛皮、羽毛及其制品和制鞋业	Manufacture of Leather, Fur, Feather and Related Products and Footwear	11	16.21
木材加工和木、竹、藤、棕、草制品业	Processing of Timber, Manufacture of Wood, Bamboo, Rattan, Palm and Straw Products	7	6.65
家具制造业	Manufacture of Furniture	5	13.87
造纸和纸制品业	Manufacture of Paper and Paper Products	6	50.97
印刷和记录媒介复制业	Printing and Reproduction of Recording Media	4	10.10
文教、工美、体育和娱乐用品制造业	Manufacture of Articles for Culture, Education, Arts and Crafts, Sport and Entertainment Activities	10	3.41
石油、煤炭及其他燃料加工业	Processing of Petroleum, Coal and Other Fuels	6	190.90
化学原料和化学制品制造业	Manufacture of Raw Chemical Materials and Chemical Products	52	439.14
医药制造业	Manufacture of Medicines	20	622.29
化学纤维制造业	Manufacture of Chemical Fibres		
橡胶和塑料制品业	Manufacture of Rubber and Plastics Products	25	75.58
非金属矿物制品业	Manufacture of Non-metallic Mineral Products	25	58.17
黑色金属冶炼和压延加工业	Smelting and Pressing of Ferrous Metals	23	2542.27
有色金属冶炼和压延加工业	Smelting and Pressing of Non-ferrous Metals	7	58.12
金属制品业	Manufacture of Metal Products	41	78.81
通用设备制造业	Manufacture of General Purpose Machinery	33	106.15
专用设备制造业	Manufacture of Special Purpose Machinery	41	180.82
汽车制造业	Manufacture of Automobiles	77	2198.71
铁路、船舶、航空航天和其他运输设备制造业	Manufacture of Railway, Ship, Aerospace and Other Transport Equipments	7	48.77
电气机械和器材制造业	Manufacture of Electrical Machinery and Apparatus	19	37.16
计算机、通信和其他电子设备制造业	Manufacture of Computers, Communication and Other Electronic Equipment	16	71.28
仪器仪表制造业	Manufacture of Measuring Instruments and Machinery	8	53.11
其他制造业	Other Manufacture	5	1.66
废弃资源综合利用业	Utilization of Waste Resources	6	17.73
金属制品、机械和设备修理业	Repair Service of Metal Products, Machinery and Equipment	1	3.50
电力、热力生产和供应业	Production and Supply of Electric Power and Heat Power	37	530.49
燃气生产和供应业	Production and Supply of Gas	37	459.60
水的生产和供应业	Production and Supply of Water	7	48.60

Main Indicators of Industrial Enterprises with Hong Kong, Macao, Taiwan and Foreign Funds by Industrial Sector (2022)

(100 million yuan)

流动资产合计 Total Current Assets	应收账款 Accounts Receivable	存货 Inventories	#产成品 Finished Goods	负债合计 Total Liabilities
4788.49	**1127.75**	**622.71**	**226.16**	**5050.64**
34.79	7.44	2.83	1.63	45.26
1.77		0.49	0.12	12.23
0.68	0.08	0.47	0.38	0.54
177.46	33.38	64.01	21.57	178.64
139.30	26.20	17.79	8.86	76.92
47.77	7.58	11.80	4.37	57.06
10.22	2.31	4.38	1.90	8.80
3.61	0.49	1.24	0.57	4.33
11.34	2.74	5.33	2.34	10.87
4.39	1.46	1.09	0.37	4.22
6.99	1.50	1.28	0.26	3.81
20.24	4.18	5.02	2.66	18.64
4.38	1.27	1.07	0.69	4.56
2.19	0.55	0.84	0.38	1.23
98.37	4.09	11.03	1.11	127.83
186.55	28.59	27.98	13.31	211.73
389.28	62.07	44.66	23.55	227.66
48.54	12.93	10.19	4.75	39.31
28.66	7.18	6.98	3.76	22.11
1425.64	117.10	183.74	44.24	1649.11
24.57	7.92	7.33	1.37	24.37
48.03	14.68	13.51	5.29	37.75
87.23	27.51	20.88	4.69	39.73
139.55	40.83	35.71	10.95	77.18
1401.48	548.96	102.78	56.02	1479.88
32.06	15.73	6.17	2.73	15.83
30.95	8.99	4.13	1.76	12.85
44.44	9.99	6.75	2.73	25.97
46.65	25.26	5.31	1.60	17.54
1.32	0.21	0.56	0.03	0.61
9.01	0.47	0.40	0.16	7.00
2.53	0.81	0.25		1.12
124.45	45.89	10.16		299.87
147.51	56.07	6.50	2.00	272.27
6.54	3.31	0.05		33.81

12-8 续表

单位：亿元

行　　业	Sector	营业收入 Business Revenue	营业成本 Business Cost
总　　计	**Total**	**6925.20**	**6042.25**
煤炭开采和洗选业	Mining and Washing of Coal		
石油和天然气开采业	Extraction of Petroleum and Natural Gas		
黑色金属矿采选业	Mining and Processing of Ferrous Metal Ores	24.06	14.40
有色金属矿采选业	Mining and Processing of Non-ferrous Metal Ores	6.68	2.74
非金属矿采选业	Mining and Processing of Non-metal Ores	0.57	0.47
开采专业及辅助性活动	Professional and Support Activities for Mining		
农副食品加工业	Processing of Food from Agricultural Products	435.96	417.91
食品制造业	Manufacture of Foods	231.85	179.63
酒、饮料和精制茶制造业	Manufacture of Liquor, Beverages and Refined Tea	105.86	85.25
烟草制品业	Manufacture of Tobacco		
纺织业	Manufacture of Textile	18.31	16.26
纺织服装、服饰业	Manufacture of Textile, Wearing Apparel and Accessories	2.69	2.33
皮革、毛皮、羽毛及其制品和制鞋业	Manufacture of Leather, Fur, Feather and Related Products and Footwear	8.07	7.41
木材加工和木、竹、藤、棕、草制品业	Processing of Timber, Manufacture of Wood, Bamboo, Rattan, Palm and Straw Products	5.67	4.22
家具制造业	Manufacture of Furniture	18.48	15.42
造纸和纸制品业	Manufacture of Paper and Paper Products	42.81	39.68
印刷和记录媒介复制业	Printing and Reproduction of Recording Media	9.11	7.64
文教、工美、体育和娱乐用品制造业	Manufacture of Articles for Culture, Education, Arts and Crafts, Sport and Entertainment Activities	4.25	3.61
石油、煤炭及其他燃料加工业	Processing of Petroleum, Coal and Other Fuels	175.19	151.99
化学原料和化学制品制造业	Manufacture of Raw Chemical Materials and Chemical Products	407.37	342.13
医药制造业	Manufacture of Medicines	367.20	133.37
化学纤维制造业	Manufacture of Chemical Fibres		
橡胶和塑料制品业	Manufacture of Rubber and Plastics Products	56.41	46.33
非金属矿物制品业	Manufacture of Non-metallic Mineral Products	43.39	35.38
黑色金属冶炼和压延加工业	Smelting and Pressing of Ferrous Metals	2593.15	2446.62
有色金属冶炼和压延加工业	Smelting and Pressing of Non-ferrous Metals	81.71	75.12
金属制品业	Manufacture of Metal Products	67.25	55.22
通用设备制造业	Manufacture of General Purpose Machinery	88.88	69.89
专用设备制造业	Manufacture of Special Purpose Machinery	115.44	93.17
汽车制造业	Manufacture of Automobiles	1306.73	1172.73
铁路、船舶、航空航天和其他运输设备制造业	Manufacture of Railway, Ship, Aerospace and Other Transport Equipments	21.89	15.95
电气机械和器材制造业	Manufacture of Electrical Machinery and Apparatus	29.48	24.36
计算机、通信和其他电子设备制造业	Manufacture of Computers, Communication and Other Electronic Equipment	40.24	36.77
仪器仪表制造业	Manufacture of Measuring Instruments and Machinery	56.31	39.52
其他制造业	Other Manufacture	2.04	1.70
废弃资源综合利用业	Utilization of Waste Resources	3.67	3.26
金属制品、机械和设备修理业	Repair Service of Metal Products, Machinery and Equipment	3.19	2.33
电力、热力生产和供应业	Production and Supply of Electric Power and Heat Power	229.25	212.36
燃气生产和供应业	Production and Supply of Gas	313.22	281.74
水的生产和供应业	Production and Supply of Water	8.81	5.33

continued

(100 million yuan)

销售费用 Selling Expenses	管理费用 Administrative Expenses	财务费用 Financial Expenses	利润总额 Total Profits	平均用工人数(人) Annual Average Employees (person)
203.84	**181.87**	**33.47**	**279.45**	**297387**
0.30	1.51	0.81	6.69	1606
	1.57		1.96	469
0.07	0.07	0.02	-0.11	150
6.35	5.92	0.70	3.76	10918
19.32	6.96	-0.29	22.85	16066
6.69	3.05	0.40	7.57	5426
0.25	0.67	-0.02	0.91	2015
0.04	0.30	0.06	-0.02	2087
0.15	0.49	0.24	-0.06	3085
0.81	0.26	0.10	0.11	533
0.39	0.68	-0.05	1.93	2434
0.58	1.48	0.21	0.34	1713
0.32	0.70	0.08	0.75	951
0.11	0.28	0.01	0.22	1159
0.92	1.51	5.30	18.26	2895
7.68	11.57	2.75	26.80	12286
103.19	11.20	-4.17	94.80	23072
2.70	2.74	0.33	3.20	5214
1.40	2.63	0.15	1.47	5112
7.17	48.11	19.08	-39.76	55988
1.82	1.14	1.41	0.82	2201
2.34	3.64	0.20	4.52	9649
4.66	4.74	-0.39	8.79	7430
6.06	8.04	-0.57	5.78	10779
19.66	40.92	-3.39	64.50	69151
0.94	1.34	0.10	3.74	2209
0.59	1.65	-0.15	0.24	3634
0.70	3.84	-0.91	-2.24	17962
2.23	2.46	-0.12	11.45	2621
0.10	0.21	-0.01	0.03	935
0.10	0.26	-0.04	0.07	352
	0.29	-0.07	0.61	316
0.05	4.52	7.25	3.25	7794
6.13	6.59	3.12	24.63	7819
0.01	0.52	1.33	1.58	1356

12-9 外商投资和港澳台商投资工业企业主要指标
Main Indicators of Industrial Enterprises with Hong Kong, Macao, Taiwan and Foreign Funds

单位：亿元 (100 million yuan)

年 份 市	Year City	企业单位数(个) Number of Enterprises (unit)	资产总计 Total Assets	流动资产合计 Total Current Assets	应收账款 Accounts Receivable	存 货 Inventories	#产成品 Finished Goods	负债合计 Total Liabilities
	2005	993	1549.76	664.82	120.62	212.55	73.20	882.76
	2006	1043	1973.75	908.32	148.28	286.25	108.92	1131.09
	2007	1076	2387.92	1141.31	201.28	351.63	110.39	1363.43
	2008							
	2009	1127	3676.75	1647.70	296.42	423.26	137.17	2088.01
	2010	1094	4220.60	2071.27	342.06	553.63	156.21	2426.49
	2011	919	5117.98	2480.97	424.54	655.48	195.24	3018.76
	2012	911	4999.36	2479.52	462.40	632.92	203.92	2987.09
	2013	913	5121.83	2548.51	512.09	626.08	196.18	3035.70
	2014	868	5245.95	2605.33	542.28	582.57	190.69	2971.42
	2015	503	4827.11	2318.32	527.27	481.64	168.17	2588.69
	2016	731	4999.98	2398.67	512.22	483.39	151.72	2585.09
	2017	719	5702.70	2792.20	566.00	518.62	162.41	2975.02
	2018							
	2019	607	5294.84	2770.08	585.83	469.24	160.46	2877.81
	2020	602	6047.56	3152.33	649.70	520.64	176.61	3395.46
	2021	645	8333.48	4535.25	1068.78	656.46	211.27	4681.81
	2022	651	8636.73	4788.49	1127.75	622.71	226.16	5050.64
石家庄市	Shijiazhuang	79	1224.94	637.58	128.24	102.17	47.16	619.87
石家庄市①	Shijiazhuang①	67	1198.52	618.66	123.57	96.42	43.78	604.07
唐 山 市	Tangshan	80	1373.20	569.46	103.82	98.15	27.02	892.77
秦皇岛市	Qinhuangdao	52	349.55	222.20	49.02	53.98	18.41	172.56
邯 郸 市	Handan	30	842.93	616.07	16.53	33.12	10.71	488.46
邢 台 市	Xingtai	46	335.73	159.69	28.31	46.80	18.50	177.70
保 定 市	Baoding	72	2283.45	1360.59	399.87	112.01	57.80	1441.94
保 定 市①	Baoding①	63	2095.19	1268.44	398.11	101.08	56.51	1324.42
张家口市	Zhangjiakou	30	201.14	79.96	28.27	10.28	1.69	119.29
承 德 市	Chengde	13	120.94	42.16	16.42	3.98	2.00	67.97
沧 州 市	Cangzhou	85	1147.32	663.06	191.33	91.55	18.61	758.73
廊 坊 市	Langfang	132	661.99	389.44	147.11	62.20	20.54	261.44
衡 水 市	Hengshui	32	95.54	48.28	18.82	8.45	3.71	49.92
定 州 市	Dingzhou	6	186.81	91.25	1.70	10.68	1.24	116.19
辛 集 市	Xinji	12	26.42	18.93	4.67	5.75	3.38	15.80

12-9 续表 continued

单位：亿元 (100 million yuan)

年 份 市	Year City	营业收入 Business Revenue	营业成本 Business Cost	销售费用 Selling Expenses	管理费用 Administrative Expenses	财务费用 Financial Expenses	利润总额 Total Profits	平均用工人数（万人） Annual Average Employees (10000 persons)
	2005	1675.24	1413.68	39.15	48.60	16.65	162.82	30.82
	2006	2291.27	1909.97	62.57	60.36	24.73	218.42	35.22
	2007	2998.35	2495.50	78.60	76.70	27.63	296.16	38.32
	2008							
	2009	3874.67	3305.87	98.85	109.78	43.01	286.66	43.11
	2010	4597.75	3890.25	109.26	130.77	47.81	366.57	47.32
	2011	5744.97	4946.86	129.71	149.59	65.01	376.26	48.26
	2012	5766.67	5052.46	140.46	160.62	83.96	225.93	45.81
	2013	5931.28	5220.75	149.30	173.74	70.67	245.61	46.60
	2014	5542.41	4827.97	159.41	179.28	71.84	281.32	44.14
	2015	4747.82	4113.77	165.10	164.40	63.77	195.55	40.28
	2016	4614.09	3948.89	153.63	156.04	57.35	275.62	32.89
	2017	4951.72	4107.02	173.37	185.29	53.38	401.76	35.37
	2018							
	2019	4796.42	3965.36	182.72	135.23	36.72	407.83	28.45
	2020	5009.80	4133.55	194.31	161.94	40.97	375.83	26.74
	2021	7366.57	6302.60	241.40	201.11	37.75	471.99	32.90
	2022	6925.20	6042.25	203.84	181.87	33.47	279.45	29.74
石家庄市	Shijiazhuang	805.49	516.34	112.59	22.65	-0.59	121.87	4.25
石家庄市①	Shijiazhuang①	793.11	505.01	112.35	21.90	-0.80	122.38	4.09
唐山市	Tangshan	1491.34	1366.34	8.48	29.19	16.58	-23.37	4.11
秦皇岛市	Qinhuangdao	453.22	405.89	11.04	11.46	1.54	20.16	2.00
邯郸市	Handan	799.48	741.20	3.19	15.15	-1.32	20.31	1.68
邢台市	Xingtai	247.47	220.58	3.10	6.48	2.95	6.81	1.40
保定市	Baoding	1301.08	1148.57	23.09	37.59	1.70	86.62	7.19
保定市①	Baoding①	1138.93	1012.46	22.30	36.53	-3.37	64.90	6.80
张家口市	Zhangjiakou	120.44	110.01	2.14	3.51	0.72	2.39	0.69
承德市	Chengde	35.69	19.35	1.26	1.80	1.75	11.47	0.23
沧州市	Cangzhou	1036.66	996.96	6.22	24.11	10.48	-16.85	2.60
廊坊市	Langfang	546.00	436.72	30.16	27.26	-0.79	48.39	4.85
衡水市	Hengshui	88.33	80.29	2.56	2.68	0.45	1.66	0.72
定州市	Dingzhou	161.14	135.16	0.78	1.03	5.07	21.71	0.36
辛集市	Xinji	12.38	11.34	0.24	0.75	0.21	-0.51	0.16

12-10 按行业分大中型工业企业主要指标(2022年)

单位：亿元

行业	Sector	企业单位数（个）Number of Enterprises (unit)	资产总计 Total Assets
总　计	**Total**	**1345**	**39742.07**
煤炭开采和洗选业	Mining and Washing of Coal	12	2102.34
石油和天然气开采业	Extraction of Petroleum and Natural Gas	2	492.88
黑色金属矿采选业	Mining and Processing of Ferrous Metal Ores	50	1137.02
有色金属矿采选业	Mining and Processing of Non-Ferrous Metal Ores	4	35.91
非金属矿采选业	Mining and Processing of Non-metal Ores	8	63.81
开采专业及辅助性活动	Professional and Support Activities for Mining		
农副食品加工业	Processing of Food from Agricultural Products	60	1143.13
食品制造业	Manufacture of Foods	48	671.74
酒、饮料和精制茶制造业	Manufacture of Liquor, Beverages and Refined Tea	23	407.88
烟草制品业	Manufacture of Tobacco	3	136.58
纺织业	Manufacture of Textile	32	200.97
纺织服装、服饰业	Manufacture of Textile, Wearing Apparel and Accessories	16	62.11
皮革、毛皮、羽毛及其制品和制鞋业	Manufacture of Leather, Fur, Feather and Related Products and Footwear	19	64.52
木材加工和木、竹、藤、棕、草制品业	Processing of Timber, Manufacture of Wood, Bamboo, Rattan, Palm and Straw Products	4	30.43
家具制造业	Manufacture of Furniture	20	81.36
造纸和纸制品业	Manufacture of Paper and Paper Products	13	136.42
印刷和记录媒介复制业	Printing and Reproduction of Recording Media	16	77.14
文教、工美、体育和娱乐用品制造业	Manufacture of Articles for Culture, Education, Arts and Crafts, Sport and Entertainment Activities	13	32.84
石油、煤炭及其他燃料加工业	Processing of Petroleum, Coal and Other Fuels	34	1526.92
化学原料和化学制品制造业	Manufacture of Raw Chemical Materials and Chemical Products	90	1780.48
医药制造业	Manufacture of Medicines	60	1403.91
化学纤维制造业	Manufacture of Chemical Fibres	8	148.98
橡胶和塑料制品业	Manufacture of Rubber and Plastics Products	38	504.28
非金属矿物制品业	Manufacture of Non-metallic Mineral Products	106	950.96
黑色金属冶炼和压延加工业	Smelting and Pressing of Ferrous Metals	119	14058.73
有色金属冶炼和压延加工业	Smelting and Pressing of Non-ferrous Metals	13	407.97
金属制品业	Manufacture of Metal Products	87	1259.23
通用设备制造业	Manufacture of General Purpose Machinery	56	341.01
专用设备制造业	Manufacture of Special Purpose Machinery	71	777.68
汽车制造业	Manufacture of Automobiles	87	3231.81
铁路、船舶、航空航天和其他运输设备制造业	Manufacture of Railway, Ship, Aerospace and Other Transport Equipments	21	632.48
电气机械和器材制造业	Manufacture of Electrical Machinery and Apparatus	49	1271.51
计算机、通信和其他电子设备制造业	Manufacture of Computers, Communication and Other Electronic Equipment	30	828.82
仪器仪表制造业	Manufacture of Measuring Instruments and Machinery	16	203.48
其他制造业	Other Manufacture	1	0.39
废弃资源综合利用业	Utilization of Waste Resources	10	107.59
金属制品、机械和设备修理业	Repair Service of Metal Products, Machinery and Equipment	11	57.27
电力、热力生产和供应业	Production and Supply of Electric Power and Heat Power	65	2809.00
燃气生产和供应业	Production and Supply of Gas	14	354.92
水的生产和供应业	Production and Supply of Water	16	207.56

注：从2017年开始，工业企业年报规模划分按《统计上大中小微型企业划分办法(2017)》执行。大中型工业企业为从业人员300人及以上并且主营业务收入在2000万元及以上的工业企业。

Main Indicators of Large and Medium-sized Industrial Enterprises by Industrial Sector (2022)

(100 million yuan)

流动资产合计 Total Current Assets	应收账款 Accounts Receivable	存货 Inventories	#产成品 Finished Goods	负债合计 Total Liabilities
18957.86	**3445.70**	**3441.91**	**1240.35**	**24506.87**
1026.15	70.95	16.91	9.91	1481.90
17.22	1.33	7.58	3.57	269.25
577.84	112.03	32.94	21.90	730.07
10.50	0.22	1.15	0.44	19.40
28.61	3.50	6.17	4.94	39.14
812.91	37.61	198.30	51.59	834.07
349.09	57.53	56.11	22.65	360.34
256.93	11.23	56.55	15.83	178.50
95.74	10.43	79.51	3.05	77.10
83.03	14.53	30.98	19.18	105.45
41.28	11.21	15.65	6.11	39.62
32.47	7.24	11.06	4.22	30.93
14.96	1.86	1.74	1.17	20.83
50.36	10.38	11.42	4.96	49.48
68.79	3.69	21.82	10.77	69.67
41.70	6.91	10.49	2.50	29.08
17.64	2.43	7.54	3.25	18.24
692.59	88.44	207.62	53.27	1028.59
787.01	95.57	165.58	85.17	1011.84
839.78	162.43	137.33	58.18	603.91
39.74	1.93	12.17	6.89	84.14
274.47	61.01	36.50	13.93	181.20
456.83	71.47	114.84	56.48	563.39
6284.88	650.95	1164.05	339.14	9050.22
138.98	25.05	28.34	10.83	197.23
692.17	108.61	161.52	79.20	771.23
234.86	79.05	57.95	21.13	168.06
553.45	142.24	156.32	60.41	423.91
2048.36	757.22	249.96	144.89	2129.16
388.45	133.21	107.76	21.65	359.60
684.96	235.27	126.48	70.62	726.10
438.96	162.56	48.44	15.61	344.77
144.88	49.82	36.72	11.80	96.26
0.33	0.12	0.06		0.06
42.72	19.43	6.46	3.24	85.54
45.84	19.43	14.48	0.03	38.14
458.20	162.46	29.60	0.17	1879.02
125.27	45.55	6.63	1.57	268.17
59.89	10.78	7.20	0.09	143.27

a) Since 2017, sizes in industrial enterprises annual reporting forms are based on the Statistical Measures for the Division of Large, Medium, Small and Micro Enterprises (2017). Large and medium-sized enterprises refer to enterprises with engaged persons over 300 and revenue from principal business above 20 million yuan.

12-10 续表 continued

单位：亿元

行业	Sector	营业收入 Business Revenue	营业成本 Business Cost
总计	**Total**	**34340.21**	**30270.24**
煤炭开采和洗选业	Mining and Washing of Coal	663.43	496.04
石油和天然气开采业	Extraction of Petroleum and Natural Gas	262.72	142.37
黑色金属矿采选业	Mining and Processing of Ferrous Metal Ores	490.69	358.04
有色金属矿采选业	Mining and Processing of Non-Ferrous Metal Ores	19.78	8.74
非金属矿采选业	Mining and Processing of Non-metal Ores	30.20	18.83
开采专业及辅助性活动	Professional and Support Activities for Mining		
农副食品加工业	Processing of Food from Agricultural Products	1325.43	1252.83
食品制造业	Manufacture of Foods	730.52	575.97
酒、饮料和精制茶制造业	Manufacture of Liquor, Beverages and Refined Tea	231.38	153.85
烟草制品业	Manufacture of Tobacco	338.32	131.19
纺织业	Manufacture of Textile	102.36	94.04
纺织服装、服饰业	Manufacture of Textile, Wearing Apparel and Accessories	51.99	44.65
皮革、毛皮、羽毛及其制品和制鞋业	Manufacture of Leather, Fur, Feather and Related Products and Footwear	30.24	25.92
木材加工和木、竹、藤、棕、草制品业	Processing of Timber, Manufacture of Wood, Bamboo, Rattan, Palm and Straw Products	12.60	11.88
家具制造业	Manufacture of Furniture	64.91	54.28
造纸和纸制品业	Manufacture of Paper and Paper Products	123.76	110.93
印刷和记录媒介复制业	Printing and Reproduction of Recording Media	54.36	43.82
文教、工美、体育和娱乐用品制造业	Manufacture of Articles for Culture, Education, Arts and Crafts, Sport and Entertainment Activities	21.40	17.37
石油、煤炭及其他燃料加工业	Processing of Petroleum, Coal and Other Fuels	2728.85	2370.71
化学原料和化学制品制造业	Manufacture of Raw Chemical Materials and Chemical Products	1408.40	1143.88
医药制造业	Manufacture of Medicines	798.33	400.80
化学纤维制造业	Manufacture of Chemical Fibres	130.79	129.42
橡胶和塑料制品业	Manufacture of Rubber and Plastics Products	207.28	169.16
非金属矿物制品业	Manufacture of Non-metallic Mineral Products	618.46	534.02
黑色金属冶炼和压延加工业	Smelting and Pressing of Ferrous Metals	14076.67	13128.95
有色金属冶炼和压延加工业	Smelting and Pressing of Non-ferrous Metals	307.43	272.03
金属制品业	Manufacture of Metal Products	1328.13	1214.98
通用设备制造业	Manufacture of General Purpose Machinery	216.08	165.01
专用设备制造业	Manufacture of Special Purpose Machinery	483.97	391.28
汽车制造业	Manufacture of Automobiles	2243.88	1999.25
铁路、船舶、航空航天和其他运输设备制造业	Manufacture of Railway, Ship, Aerospace and Other Transport Equipments	287.57	243.68
电气机械和器材制造业	Manufacture of Electrical Machinery and Apparatus	1060.44	890.29
计算机、通信和其他电子设备制造业	Manufacture of Computers, Communication and Other Electronic Equipment	470.21	403.04
仪器仪表制造业	Manufacture of Measuring Instruments and Machinery	106.01	81.13
其他制造业	Other Manufacture	0.68	0.62
废弃资源综合利用业	Utilization of Waste Resources	70.43	68.76
金属制品、机械和设备修理业	Repair Service of Metal Products, Machinery and Equipment	33.77	27.90
电力、热力生产和供应业	Production and Supply of Electric Power and Heat Power	2862.28	2786.80
燃气生产和供应业	Production and Supply of Gas	292.54	265.43
水的生产和供应业	Production and Supply of Water	53.92	42.39

(100 million yuan)

销售费用 Selling Expenses	管理费用 Administrative Expenses	财务费用 Financial Expenses	利润总额 Total Profits	平均用工人数(人) Annual Average Employees (person)
593.28	**791.30**	**290.39**	**645.90**	**1509290**
6.05	26.12	21.37	105.36	75384
1.74	25.19	6.10	-82.49	21076
5.29	36.38	21.68	58.99	33701
	4.52	0.13	4.42	2018
0.46	4.63	0.41	4.45	7716
16.63	13.49	9.73	23.39	44343
90.82	19.61	3.53	34.99	45275
30.51	8.53	-0.25	37.99	18238
1.63	20.99	-0.04	5.60	4676
1.79	5.03	1.55	1.27	18728
2.57	2.31	0.14	0.95	14744
0.51	1.83	-0.06	-0.39	8391
0.10	0.44	0.17	0.16	1566
2.14	3.41	0.62	3.10	11742
1.39	5.16	0.82	4.19	7918
0.80	4.26	0.40	3.67	8553
0.93	1.58	0.28	0.86	5575
8.04	29.02	15.04	-19.57	38634
24.06	50.63	12.64	154.22	68714
168.24	30.78	2.03	157.44	67852
0.77	5.12	3.02	-7.58	7782
8.39	9.86	4.48	17.96	24648
18.05	31.14	7.87	3.19	72804
64.68	204.09	118.28	-167.18	337633
1.97	5.56	4.01	15.58	9892
13.95	22.98	9.84	28.76	67515
10.94	14.40	0.58	19.53	34908
20.19	24.40	2.10	33.85	47513
44.30	65.26	-8.07	104.71	120191
7.44	14.66	1.38	9.91	31404
17.92	25.27	4.32	60.65	49167
5.72	14.89	3.47	12.49	50890
6.45	4.49	0.55	7.65	11969
	0.04	-0.01	0.02	320
0.29	2.22	0.92	-2.70	4739
	2.18		2.43	7876
0.52	35.17	36.45	-7.18	101326
5.34	7.99	3.81	11.35	10100
2.67	7.68	1.08	3.83	13769

12-11 大中型工业企业主要指标

Main Indicators of Large and Medium-sized Industrial Enterprises

单位：亿元 (100 million yuan)

年 份 市	Year City	企业单位数 (个) Number of Enterprises (unit)	资产总计 Total Assets	流动资产合计 Total Current Assets	应收账款 Accounts Receivable	存 货 Inventories	#产成品 Finished Goods	负债合计 Total Liabilities
	2005	1206	7404.47	3044.23	460.78	913.84	326.49	4592.09
	2006	1298	8881.50	3608.11	498.36	1037.07	378.05	5491.95
	2007	1167	9909.83	4127.25	560.01	1200.64	372.10	5924.88
	2008	1340						
	2009	1466	16155.76	6243.64	880.60	1738.06	539.89	10129.75
	2010	1627	19539.54	7962.57	1159.79	2245.62	644.79	12361.79
	2011	2030	23461.11	9912.75	1419.89	2662.41	799.20	14677.90
	2012	2184	26017.06	10436.26	1586.95	2715.65	837.17	16105.06
	2013	2191	28022.44	11172.26	1773.06	2837.39	907.52	17177.55
	2014	2221	31324.46	11603.13	1890.22	2909.91	963.78	18668.00
	2015	2169	30535.76	11534.68	1958.32	2688.41	892.26	18190.42
	2016	2042	31663.94	12092.11	2027.18	2832.31	917.06	18570.81
	2017	1878	31679.17	13055.85	2024.21	2898.88	974.47	1134.23
	2018	1470	31899.45	13694.18	2279.36	2988.11	1010.00	19671.77
	2019	1413	32076.94	14330.28	3157.23	2866.80	1003.13	19646.31
	2020	1409	34116.70	15297.60	2579.03	2967.36	1016.29	20715.97
	2021	1415	37254.25	17529.07	3171.89	3421.25	1160.81	22342.66
	2022	1345	39742.07	18957.86	3445.70	3441.91	1240.35	24506.87
石家庄市	Shijiazhuang	221	5191.93	2919.27	637.36	588.93	195.46	2921.66
石家庄市①	Shijiazhuang①	206	5005.88	2800.03	625.54	563.49	189.85	2882.49
唐 山 市	Tangshan	257	11974.71	4775.14	705.40	798.40	300.35	7544.80
秦皇岛市	Qinhuangdao	86	2049.32	1323.54	253.33	298.28	134.68	997.91
邯 郸 市	Handan	133	6046.99	3056.20	353.38	470.18	164.99	3891.73
邢 台 市	Xingtai	118	2620.42	1027.02	172.19	234.53	89.25	1527.00
保 定 市	Baoding	133	3956.92	2146.57	626.75	284.41	134.87	2503.71
保 定 市①	Baoding①	113	3636.03	1991.19	601.38	263.60	131.17	2300.48
张家口市	Zhangjiakou	51	1381.30	451.24	91.43	119.33	21.41	1012.58
承 德 市	Chengde	63	1325.40	625.48	112.63	96.96	23.52	978.22
沧 州 市	Cangzhou	116	2799.15	1255.21	297.79	289.51	105.83	1721.57
廊 坊 市	Langfang	108	1719.13	1033.28	119.68	195.31	44.28	1081.64
衡 水 市	Hengshui	59	676.79	344.90	75.76	66.06	25.71	326.05
定 州 市	Dingzhou	13	307.80	147.35	23.45	18.41	2.57	194.93
辛 集 市	Xinji	15	186.05	119.24	11.82	25.44	5.61	39.17

12-11 续表 continued

单位：亿元 (100 million yuan)

年份 市	Year City	营业收入 Business Revenue	营业成本 Business Cost	销售费用 Selling Expenses	管理费用 Administrative Expenses	财务费用 Financial Expenses	利润总额 Total Profits	平均用工人数（万人） Annual Average Employees (10000 persons)
	2005	7455.87	6359.34	143.76	308.92	98.68	477.12	176.02
	2006	9087.26	7740.20	166.47	367.69	121.80	601.71	187.06
	2007	10843.11	9235.07	182.34	355.51	138.66	817.00	168.69
	2008	14868.77						
	2009	15951.39	13797.44	252.66	516.76	198.75	844.72	196.41
	2010	20931.40	17980.15	292.90	674.09	259.80	1266.02	215.26
	2011	27730.48	23988.63	356.97	841.87	362.93	1536.53	246.98
	2012	30026.54	26130.29	405.40	891.76	432.78	1397.84	256.62
	2013	30891.05	26885.81	462.80	929.22	434.19	1475.39	242.22
	2014	31125.29	26999.22	502.59	987.76	477.70	1452.00	241.67
	2015	28736.93	25089.98	506.94	922.10	413.91	1180.07	231.91
	2016	29597.86	25578.49	543.68	925.89	374.66	1570.07	223.12
	2017	28266.59	23945.87	621.63	970.56	390.34	1856.17	209.51
	2018	27704.89	23411.62	643.61	985.39	407.21	1674.75	178.58
	2019	27466.72	23353.72	643.86	724.10	342.20	1503.18	168.76
	2020	28871.56	24729.10	644.27	766.62	373.96	1487.00	166.41
	2021	36472.92	31610.38	662.16	882.11	323.81	1835.45	165.99
	2022	34340.21	30270.24	593.28	791.30	290.39	645.90	150.93
石家庄市	Shijiazhuang	4392.38	3496.18	260.32	108.11	21.86	251.14	21.56
石家庄市①	Shijiazhuang①	4118.46	3250.67	257.54	104.44	23.17	238.82	20.32
唐山市	Tangshan	10994.64	9868.01	64.24	226.81	91.87	21.87	38.33
秦皇岛市	Qinhuangdao	2058.72	1848.97	42.02	47.09	-5.09	80.77	9.54
邯郸市	Handan	4863.88	4522.49	33.32	85.11	52.56	40.18	18.69
邢台市	Xingtai	1880.37	1658.48	32.43	47.67	24.32	92.48	11.56
保定市	Baoding	2614.29	2292.80	47.23	78.91	11.24	122.84	17.00
保定市①	Baoding①	2218.72	1943.82	44.02	73.50	5.79	93.27	15.59
张家口市	Zhangjiakou	904.68	763.65	15.78	36.75	14.98	-1.02	5.10
承德市	Chengde	1170.46	999.15	22.12	37.44	33.60	48.48	4.96
沧州市	Cangzhou	3340.48	2920.94	19.53	71.66	26.55	-68.26	10.10
廊坊市	Langfang	1544.66	1411.82	29.65	38.10	16.18	12.33	9.44
衡水市	Hengshui	575.67	487.76	26.65	13.67	2.34	45.11	4.64
定州市	Dingzhou	384.44	339.44	3.02	4.77	5.40	28.97	1.05
辛集市	Xinji	273.92	245.51	2.78	3.67	-1.31	12.32	1.24

12-12 工业产品产量
Output of Industrial Products

产品名称	Item	2020	2021	2022
原煤(万吨)	Coal (10000 tons)	4974.74	4641.00	4705.63
原油(万吨)	Crude Petroleum Oil (10000 tons)	543.51	544.55	547.08
天然气(亿立方米)	Natural Gas (100 million cu.m)	5.61	5.28	5.66
原盐(万吨)	Salt (10000 tons)	247.88	223.52	197.12
精制食用植物油(万吨)	Refined Edible Vegetable Oil (10000 tons)	370.28	248.01	257.12
成品糖(万吨)	Refined Sugar (10000 tons)	51.34	49.79	47.24
罐头(万吨)	Canned Food (10000 tons)	14.03	15.45	17.92
啤酒(万千升)	Beer (10000 kiloliters)	178.20	179.35	182.35
卷烟(亿支)	Cigarettes (100 million pieces)	773.54	792.15	792.36
纱(万吨)	Yarn (10000 tons)	60.75	60.22	49.28
布(亿米)	Cloth (100 million m)	9.77	8.87	7.94
机制纸及纸板(万吨)	Machine-made Paper and Paperboard (10000 tons)	340.17	407.69	377.89
汽油(万吨)	Gasoline (10000 tons)	514.51	541.84	558.55
柴油(万吨)	Diesel Oil (10000 tons)	474.08	448.36	646.85
焦炭(万吨)	Coke (10000 tons)	4825.52	4056.99	4133.77
硫酸(折100%)(万吨)	Sulfuric Acid (10000 tons)	181.07	184.94	160.47
烧碱(折100%)(万吨)	Caustic Soda (10000 tons)	125.44	138.20	143.04
纯碱(碳酸钠)(万吨)	Soda Ash (10000 tons)	218.46	218.08	204.26
乙烯(万吨)	Ethylene (10000 tons)		1.32	1.11
合成氨(万吨)	Synthetic Ammonia (10000 tons)	218.39	213.68	208.44
农用氮、磷、钾化肥(万吨)	Chemical Fertilizers (10000 tons)	212.48	201.59	193.38
#氮肥(万吨)	Nitrogen Fertilizers (10000 tons)	176.26	165.27	160.99
磷肥(万吨)	Phosphate Fertilizers (10000 tons)	23.37	24.84	27.81
化学农药原药(万吨)	Chemical Pesticides (10000 tons)	3.59	5.27	5.53
初级形态的塑料(万吨)	Primary Plastic (10000 tons)	179.25	171.18	148.85
合成橡胶(万吨)	Synthetic Rubber (10000 tons)	4.38	13.85	7.03
合成洗涤剂(万吨)	Synthetic Detergents (10000 tons)	3.64	3.80	5.91
化学药品原药(万吨)	Chemical Medicines (10000 tons)	61.61	61.25	62.30
中成药(万吨)	Traditional Chinese Medicine (10000 tons)	3.15	3.54	3.90
化学纤维(万吨)	Chemical Fiber (10000 tons)	96.50	90.04	93.99
橡胶轮胎外胎(万条)	Tires (10000 tires)	25.74	30.28	18.02
水泥(万吨)	Cement (10000 tons)	11717.45	11124.62	9905.72
平板玻璃(万重量箱)	Plain Glass (10000 weight cases)	13728.37	13486.63	14200.46
生铁(万吨)	Pig Iron (10000 tons)	22903.76	20202.98	19840.19
粗钢(万吨)	Crude Steel (10000 tons)	24976.95	22496.45	21194.55
钢材(万吨)	Rolled Steel (10000 tons)	31320.12	29559.38	32169.16

12-12 续表 continued

产品名称	Item	2020	2021	2022
#重轨(万吨)	Heavy Rail (10000 tons)	59.57	52.92	73.36
大型型钢(万吨)	Rolled-steel, Large (10000 tons)	571.14	559.89	640.79
中小型型钢(万吨)	Rolled-steel, Medium and Small (10000 tons)	2916.16	2263.60	2896.32
棒材(万吨)	Steel Bar (10000 tons)	577.42	353.53	417.94
钢筋(万吨)	Corrugated Steel Bar (10000 tons)	2853.43	1980.10	1780.29
线材(盘条)(万吨)	Wire Rod (10000 tons)	3283.56	2633.69	2577.80
特厚板(万吨)	Heavy Steel Plate (10000 tons)	280.55	230.59	231.54
厚钢板(万吨)	Thick Steel Plate (10000 tons)	541.05	465.51	526.66
中厚宽钢带(万吨)	Medium Wide Steel Belt (10000 tons)	7270.03	7679.88	7914.65
热轧薄宽钢带(万吨)	Hot-roll Thin Wide Steel Belt (10000 tons)	3231.01	3399.14	4057.30
冷轧薄宽钢带(万吨)	Non-hot-roll Thin Wide Steel Belt (10000 tons)	1221.70	1649.86	1904.88
镀层板(带)(万吨)	Plated Plate (Belt) (10000 tons)	1451.54	1920.83	2228.03
无缝钢管(万吨)	Seamless Steel Pipe (10000 tons)	21.18	22.52	67.12
十种有色金属(万吨)	Ten Kinds of Nonferrous Metals (10000 tons)	3.96	3.75	4.97
#精炼铜(万吨)	Refined Copper (10000 tons)	0.36		
发动机(万千瓦)	Engines (10000 kW)	3333.27	3673.19	2907.58
金属切削机床(万台)	Metal-cutting Machine Tools (10000 units)	0.20	0.42	0.33
矿山专用设备(万吨)	Special Equipment for Mine (10000 tons)	31.70	40.48	43.23
炼油、化工生产专用设备(万吨)	Equipment for Oil Refining, Chemical Production (10000 tons)	0.63	0.97	0.73
铁路客车(辆)	Railway Passenger Coaches (unit)	61	377	291
铁路货车(辆)	Railway Freight Wagons (unit)	641	881	792
汽车(万辆)	Motor Vehicles (10000 sets)	97.53	110.01	90.55
#轿车(万辆)	Cars (10000 sets)	14.11	15.47	7.79
客车(万辆)	Buses (10000 sets)	3.35	4.08	3.46
载货汽车(万辆)	Trucks (10000 sets)	23.24	22.00	19.09
摩托车整车(万辆)	Motorcycle (10000 sets)	5.40	5.60	7.21
两轮脚踏自行车(万辆)	Bicycles with Two Wheels and Feet Driven (10000 sets)	60.89	43.53	37.21
发电机组(发电设备)(万千瓦)	Power Generation Equipment (10000 kW)	377.88	218.76	268.84
房间空气调节器(万台)	Air Conditioners (10000 sets)	1197.98	1193.37	1306.60
家用电风扇(万台)	Electric Fans (10000 sets)	106.12	190.25	193.91
家用洗衣机(万台)	Home Washing Machines (10000 sets)	8.62	7.47	5.16
程控交换机(万线)	Program-controlled Switchboards (10000 lines)	49.39	40.19	1.39
集成电路(万块)	Integrated Circuits (10000 units)	4705.17	3258.68	3930.37
发电量(亿千瓦时)	Electricity (100 million kW·h)	3266.88	3288.64	3458.35
#火电(亿千瓦时)	Thermal Power (100 million kW·h)	2821.52	2686.60	2705.58
水电(亿千瓦时)	Hydropower (100 million kW·h)	5.42	7.97	24.77

12-13 分市工业产品产量(2022年)
Output of Industrial Products by City (2022)

市	City	原煤(万吨) Coal (10000 tons)	啤酒(千升) Beer (kiloliter)	布(万米) Cloth (10000 m)	机制纸及纸板(吨) Machine-made Paper and Paperboards (ton)	焦炭(万吨) Coke (10000 tons)	硫酸(吨) Sulfuric Acid (ton)	烧碱(吨) Caustic Soda (ton)	农用氮、磷、钾化肥(吨) Chemical Fertilizer (ton)
全 省	**Total**	**4705.6**	**1823516.8**	**79437.2**	**3778893.0**	**4133.8**	**1604703.4**	**1430361.2**	**1933753.1**
石家庄市	Shijiazhuang		401789.5	33802.2	373292.9		540160.4	107220.4	137685.0
石家庄市①	Shijiazhuang①		401789.5	32376.6	342779.3		540160.4	107220.4	137685.0
唐 山 市	Tangshan	2114.4	307520.9		1629029.5	1988.8	408355.5	504783.0	232173.6
秦皇岛市	Qinhuangdao		100680.0	859.7	440441.5	191.2	223612.8		
邯 郸 市	Handan	1582.7	26038.7	17951.8	24769.0	979.9	53741.0		4298.0
邢 台 市	Xingtai	793.6		12407.7	778933.4	282.0	46610.6		
保 定 市	Baoding		160350.0	14316.4	468755.4	310.2			
保 定 市①	Baoding①		160350.0	13607.2	430302.4				
张家口市	Zhangjiakou	179.4	61092.0			85.6	53303.0		45569.0
承 德 市	Chengde	35.7	9729.2			87.4	79850.0		262502.7
沧 州 市	Cangzhou		188295.1	99.3	26307.6	198.7		557642.4	965462.7
廊 坊 市	Langfang		568021.4		37363.7				6868.1
衡 水 市	Hengshui						199070.0	260715.4	279194.0
定 州 市	Dingzhou					310.2			
辛 集 市	Xinji			1425.6	30513.7				

12-13 续表 continued

市	City	初级形态的塑料(吨) Primary Plastic (ton)	化学纤维(吨) Chemical Fiber (ton)	水泥(万吨) Cement (10000 tons)	平板玻璃(万重量箱) Plate Glass (10000 weight cases)	生铁(万吨) Pig Iron (10000 tons)	粗钢(万吨) Crude Steel (10000 tons)	钢材(万吨) Rolled Steel (10000 tons)	汽车(辆) Motor Vehicles (unit)
全 省	**Total**	**1488473.2**	**939909.6**	**9905.7**	**14200.5**	**19840.2**	**21194.5**	**32169.2**	**905535**
石家庄市	Shijiazhuang	219561.7	219855.5	1964.1	1391.6	1393.1	1620.0	1908.0	892
石家庄市①	Shijiazhuang①	218443.7	213150.5	1714.9	1391.6	899.0	1129.9	1408.8	892
唐 山 市	Tangshan	383411.3	664784.0	2642.8		11457.3	12413.5	18322.0	
秦皇岛市	Qinhuangdao	10219.6	11122.8	411.4	1070.0	1096.5	1194.7	1875.9	
邯 郸 市	Handan	5452.3		1000.6		3804.9	3876.1	6304.0	
邢 台 市	Xingtai	189333.8	6014.6	791.1	9932.9	426.3	476.7	630.9	1821
保 定 市	Baoding	10362.7	12808.9	1123.6				18.6	757537
保 定 市①	Baoding①	10362.7	12808.9	1123.6				17.7	582064
张家口市	Zhangjiakou			372.7				0.4	62328
承 德 市	Chengde			1003.3		956.1	943.3	876.1	
沧 州 市	Cangzhou	409587.8	2698.9	265.0		705.9	670.4	1125.7	82957
廊 坊 市	Langfang	72969.0		210.7	1805.9			1079.8	
衡 水 市	Hengshui	187575.0	22625.0	120.4				27.7	
定 州 市	Dingzhou								175473
辛 集 市	Xinji	1118.0	6705.0	249.2		494.1	490.1	499.3	

主要统计指标解释

工业 指从事自然资源的开采，对采掘品和农产品进行加工和再加工的物质生产部门。具体包括：(1)对自然资源的开采，如采矿、晒盐等(但不包括禽兽捕猎和水产捕捞)；(2)对农副产品的加工、再加工，如粮油加工、食品加工、缫丝、纺织、制革等；(3)对采掘品的加工、再加工，如炼铁、炼钢、化工生产、石油加工、机器制造、木材加工等，以及电力、燃气及水的生产和供应等；(4)对工业品的修理、翻新，如机器设备的修理等。

工业统计调查单位为工业法人单位。

工业法人单位指从事工业生产经营活动的法人单位。工业法人单位应同时具备以下条件：①依法成立，有自己的名称、组织机构和场所，能够独立承担民事责任；②独立拥有（或授权）使用资产，承担负债，有权与其他单位签订合同；③具有包括资产负债表在内的账户，或者能够根据需要编制账户。

国有控股企业 即原来的国有及国有控股企业，根据企业实收资本中国有经济成分的出资人的实际投资情况，或国有经济成分的出资人对企业资产的实际控制、支配程度进行分类。以下情况为国有控股：（1）在企业的全部实收资本中，国有经济成分的出资人拥有的实收资本（股本）所占企业全部实收资本（股本）的比例大于50%的国有绝对控股。（2）在企业的全部实收资本中，国有经济成分的出资人拥有的实收资本（股本）所占比例虽未大于50%，但相对大于其他任何一方经济成分的出资人所占比例的国有相对控股；或者虽不大于其他经济成分，但根据协议规定拥有企业实际控制权的国有协议控股。（3）投资双方各占50%，且未明确由谁绝对控股的企业，若其中一方为国有经济成分的，一律按国有控股处理。

本篇涉及的企业登记注册类型的解释详见综合篇。

资产总计 指企业过去的交易或者事项形成的、由企业拥有或者控制的、预期会给企业带来经济利益的资源。资产一般按流动性分为流动资产和非流动资产。其中流动资产可分为货币资金、交易性金融资产、应收票据、应收账款、预付款项、其他应收款、存货等；非流动资产可分为长期股权投资、固定资产、无形资产及其他非流动资产等。来源于会计“资产负债表”中“资产总计”项目的期末余额数。

流动资产合计 资产满足以下条件之一应归为流动资产：（1）预计在一个正常营业周期中变现、出售或耗用，主要包括存货、应收账款等；（2）主要为交易目的而持有；（3）预计在资产负债表日起一年内（含一年）变现；（4）自资产负债日起一年内，交换其他资产或清偿负债的能力不受限制的现金或现金等价物。包括货币资金、应收票据、应收账款、存货等项目。来源于会计“资产负债表”中“流动资产合计”项目的期末余额数。

负债合计 指企业过去的交易或者事项形成的，预期会导致经济利益流出企业的现时义务。负债一般按偿还期长短分为流动负债和非流动负债。来源于会计“资产负债表”中“负债合计”项目的期末余额数。

应收账款 指企业因销售商品、提供劳务等经营活动所形成的债权，包括应向客户收取的货款、增值税款和为客户代垫的运杂费等。来源于会计“资产负债表”中“应收账款”项目的期末余额数。

存货 指企业在日常活动中持有以备出售的产成品或商品、处在生产过程中的在产品、在生产过程或提供劳务过程中耗用的材料或物料等，通常包括原材料、在产品、半成品、产成品、商品以及周转材料等。来源于会计“资产负债表”中“存货”项目的期末余额数。

产成品 指企业已经完成全部生产过程并验收入库，可以按照合同规定的条件送交订货单位，或者可以作为商品对外销售的产品。来源于会计“产成品”科目的借方余额。

营业收入 指企业经营主要业务和其他业务所确认的收入总额。营业收入包括“主营业务收入”和“其他业务收入”。来源于会计“利润表”中“营业收入”项目的本年累计数。

营业成本 指企业经营主要业务和其他业务所发生的成本总额。包括企业（单位）在报告期内从事销售商品、提供劳务等日常活动发生的各种耗费。包括“主营业务成本”和“其他业务成本”。来源于会计“利润表”中“营业成本”项目的本年累计数。

销售费用 指企业在销售商品和材料、提供劳务的过程中发生的各种费用，包括保险费、包装费、展览费和广告费、商品维修费、预计产品质量保证损失、运输费、装卸费等以及为销售本企业商品而专设的销售机构（含销售网点、售后服务网点等）的职工薪酬、业务费、折旧费等经营费用。

管理费用 指企业为组织和管理企业生产经营所发生的费用，包括企业在筹建期间内发生的开办费、董事会和行政管理部门在企业经营管理中发生的，或者应当由企业统一负担的公司经费等。来源于会计“利润表”中“管理费用”项目的本年累计数。

财务费用 指企业为筹集生产经营所需资金等而发生的筹资费用，包括企业生产经营期间发生的利息支出（减利息收入）、汇兑损失（减汇兑收益）以及相关的手续费等。来源于会计“利润表”中“财务费用”项目的本年累计数。

利润总额 指企业在一定会计期间的经营成果，是生产经营过程中各种收入扣除各种耗费后的盈余，反映企业在报告期内实现的盈亏总额。来源于会计“利润表”中“利润总额”项目的本年累计数。

平均用工人数 指报告期企业平均实际拥有的、参与本企业生产经营活动的人员数。

Explanatory Notes on Main Statistical Indicators

Industry refers to the material production sector which is engaged in the extraction of natural resources and processing and reprocessing of minerals and agricultural products, including (1) extraction of natural resources, such as mining, salt production (but not including hunting and fishing); (2) processing and reprocessing of farm and sideline produces, such as grain and oil processing, food processing, silk reeling, spinning and weaving and leather making; (3) processing and reprocessing of mineral products, such as steel making, iron smelting, chemicals manufacturing, petroleum processing, machine building, timber processing, and production and supply of electricity, gas and water; (4) repairing and renovating of industrial products such as the machinery.

In industrial surveys, the units of enquiry are industrial corporate units.

Industrial corporate units refer to corporate units engaging in industrial production and operation activities, which meet the following requirements: (1) They are established legally, having their own names, organizations, location, and are able to take civil liability independently; (2) They possess (or are authorized to use) assets independently, assume liabilities and are entitled to sign contracts with other units; (3) They have accounts including the balance sheets or can compile the accounts according to the need.

State-holding Enterprises cover the original state-owned enterprises and state-holding enterprises. They are classified according to the actual investment made by the contributor of state-owned part in the paid-in capital of the enterprises, or the degree of control or dominance of the contributor on the assets of the enterprises. The following cases are regarded as state-holding: (1) Absolute state-holding in which the contributors of state-owned parts possess more than 50% of all the paid-in capital (stocks) of the enterprises; (2) Relative state-holding in which the contributors of state-owned parts possess no more than 50% of the paid-in capital (stocks) of the enterprises, but more than that of any other contributors; or Agreed state-holding in which the contributors of state-owned parts possess no more than other contributors but have actual control over the enterprises according to agreements; (3) In the case both contributors possess 50% and it is not clear which one is in absolute holding position, the enterprise is regarded as state-holding enterprise if one of the contributor has state-owned elements.

For explanation of types of registration covered in this chapter, please refer to General Survey.

Total Assets refer to all resources that are owned or controlled by enterprises through previous trades or transactions with expectation of making economic profits. Classified by the degree of liquidity, total assets include current assets and non-current assets. Current assets can be classified into monetary capital, trading financial assets, notes receivable, accounts receivable, advanced payments, other receivables and inventories. Non-current assets can be divided into long-term equity investment, fixed assets, intangible assets and other non-current assets. Data on this indicator can be obtained from the year-end figures of total assets in the *Balance Sheet* of accounting records.

Total Current Assets refer to the assets that meet one of the following requirements: (1) expected to be cashed, sold or used in a normal operation cycle, mainly including inventory and accounts receivable; (2) be owned for trading purpose mainly; (3) expected to be cashed in one year (including one year) from the day of the *Balance Sheet*; (4) unlimited cash or cash equivalents that can be exchanged with other assets or being capable of settling debts during one year since the day of the *Balance Sheet*. Included are monetary capital, notes receivable, accounts receivable and inventories. Data on this indicator can be obtained from the year-end figures of total current assets in the *Balance Sheet* of accounting records.

Total Liabilities refer to payable liabilities of enterprises that accumulated from previous trades or transactions with expectation of economic profits leaking out. In terms of payment, it can be divided into liquid liabilities and long-term liabilities. Data on this indicator can be obtained from the year-end figures of total liabilities in the *Balance Sheet* of accounting records.

Accounts Receivable refers to creditor's rights formed by business activities such as selling goods, providing labor, which include payment for goods that should be charged to the customer, value-added tax and advance freight for the clients. It comes from the ending balance of accounts receivable in balance sheet.

Inventories refers to finished goods or commodities held in preparation for sale in enterprises' daily activities, goods in the production process, material or the physical materials consumed in the production process or in the process of providing labor, usually include raw materials, goods in the production process, semi-finished products, finished products, goods and materials in flow. It comes from the ending balance of inventory in balance sheet.

Finished Goods refers to the products that the enterprises have completed all of the production process and accepted and put in storage, and can be sent to the ordering units in accordance with the contract stipulations, or can be on sale. It come from the debit balance of Finished Products of accounting.

Business Revenue refers to the total revenue recognized by an enterprise in its principal business and other business operations. Business revenue includes "revenue from principal business" and "revenue from other business". It comes from this year's cumulative report of "business revenue" items from the "income statement".

Business Cost refers to the total cost incurred by an

enterprise in its principal business and other business operations. It includes various expenditures incurred by enterprises (units) in their daily activities of selling goods and providing labour services during the reporting period. It includes "Cost of principal business" and "Cost of other business". It comes from this year's cumulative report of "operating cost" items from the "income statement".

Selling Expense refers to the cost during the sale of goods and materials, providing labour services, including insurance, packing, exhibition fees and advertising fees, merchandise maintenance costs, expected product quality guarantee loss, transportation fees, handling fees, and operating expenses for the sales of the company's products such as employee compensation, business expenses, depreciation costs for dedicated sales offices (including sales outlets, after-sales service outlets, etc.).

Administrative Expense refers to the expenses for the organization and management of enterprise operating, including the start-up costs during the construction of enterprises, funds occurred during enterprises operating by board of directors and executive management in the enterprise management, or burden by enterprises. It comes from this year's cumulative current amount of management cost in income statement.

Financial Expenses refers to cost of raising fund for enterprises to raise funds for production and operation, including interest payments (a reduction in interest income), exchange loss (less exchange gains) and related fees during the period of production. It comes from this year's cumulative current amount of financial expenses in income statement.

Total Profits refers to the operation results in a certain accounting period, and it is the balance of various incomes minus various spendings in the course of operation, reflecting the total profits and losses of enterprises in reference period. Data are obtained from the this year's cumulative amount of total profits in the profit statement of the accounting record of enterprise.

Annual Average Employees refers to the number of persons engaged in the enterprise production and operation activities in the reporting period, which are actually owned by the enterprise.

建筑业
Construction

简要说明

一、本篇资料反映河北省建筑业概况和发展情况。包括建筑业企业基本情况和生产经营情况。

二、根据建筑业发展的实际情况，建筑业统计范围从2002年年报起由原具有建筑业资质等级四级及四级以上的独立核算的建筑业企业调整为具有建筑业资质的独立核算建筑业企业。

三、本篇建筑业企业统计数据根据国家统计局制定的《建筑业统计报表制度》整理汇总。

四、本篇资料由河北省统计局投资与建筑业统计处整理提供。

五、资料整理：卢领建

Brief Introduction

Ⅰ.The data in this chapter reflects the general situation and development of construction industry in Hebei Province. Including the basic situation of construction enterprises and production and operation.

Ⅱ. According to the actual situation of the development of the construction industry, the statistical scope of the construction industry shall be adjusted from independent accounting construction enterprises with construction industry qualification grade 4 or above to independent accounting construction enterprises with construction industry qualification since the 2002 annual Report.

Ⅲ. The statistical data of this construction enterprise is collated and summarized according to the *Statistical Statement System of Construction Industry* formulated by the National Bureau of Statistics.

Ⅳ.This information is provided by Investment and Construction Statistics Division of Hebei Province Statistics Bureau.

Ⅴ.Data collection: Lu Lingjian.

13-1 建筑业企业概况
Main Indicators of Construction Enterprises

年份 Year	总计 Total	国有企业 State-owned Enterprises	集体企业 Collective-owned Enterprises	港澳台商投资企业 Enterprises with Investment from Hong Kong, Macao and Taiwan	外商投资企业 Foreign Invested Enterprises
企业单位数(个) **Number of Enterprises (unit)**					
1980	243	82	161		
1985	441	200	241		
1990	527	237	290		
1995	941	412	506		
2000	1730	435	900		
2001	1618	389	676		
2002	1669	359	353		
2003	1618	331	261		
2004	2163	357	196		
2005	2094	328	181		
2006	2117	271	152		
2007	1925	259	127	5	1
2008	2622	189	132	6	2
2009	2286	179	111	6	2
2010	2289	153	97	4	2
2011	2290	158	101	5	1
2012	2499	158	108	5	2
2013	2500	109	85	5	1
2014	2496	104	77	5	1
2015	2485	120	75	3	1
2016	2604	97	74	4	1
2017	2667	87	70	3	2
2018	2523	69	62	3	
2019	2693	111	63	3	2
2020	2940	71	55	4	3
2021	3142	61	47	3	1
2022	3579	51	43	4	1
从业人员(万人) **Number of Persons Employed (10000 persons)**					
1980	26.23	18.37	7.86		
1985	29.59	17.60	11.99		
1990	59.31	42.87	16.44		
1995	76.24	46.20	27.95		
2000	87.60	32.62	38.12		
2001	94.74	29.53	30.86		
2002	99.71	27.97	18.03		
2003	102.88	28.67	13.52		
2004	111.86	26.13	10.52		

注：1.1996年至2001年数据为资质等级(旧资质)四级及四级以上建筑业企业数据；2002年及以后数据为所有具有资质等级的施工总承包、专业承包建筑业企业数据。2.从业人员数1993年至1997年为年平均人数，其余年份为年末人数。3.自2013年起，国有企业的口径为登记注册类型“110国有”，集体企业的口径为登记注册类型“120集体”。以下相关表同。

a) Data from 1996 to 2001 included construction enterprises at fourth or higher quality grades(old classification of grades). Data since 2002 included all general construction contractors and professional contractors which possess qualification grades.

b) For 1993-1997, the number of employed persons refers to the annual average, and refers to persons at year-end in other years.

c) Since 2013, the statistical caliber of state-owned enterprises is "110 state-owned" ,and the statistical caliber of collective enterprises is "120 collective".The following related tables are the same.

13-1 续表 continued

年 份 Year	总 计 Total	国有企业 State-owned Enterprises	集体企业 Collective-owned Enterprises	港澳台商投资企业 Enterprises with Investment from Hong Kong, Macao and Taiwan	外商投资企业 Foreign Invested Enterprises
2005	108.40	25.65	9.79		
2006	107.30	23.02	8.27		
2007	107.14	13.73	7.09	0.10	
2008	115.81	13.80	5.67	0.10	0.02
2009	118.19	13.47	5.45	0.10	
2010	128.68	11.23	5.81	0.08	0.03
2011	120.50	11.95	4.28	0.06	0.01
2012	134.87	10.84	4.73	0.06	0.03
2013	119.45	7.67	2.63	0.04	0.06
2014	114.18	5.33	2.36	0.06	0.07
2015	107.31	4.61	2.28	0.05	0.01
2016	145.32	5.97	4.00	0.05	0.01
2017	149.24	5.76	4.32	0.04	0.03
2018	124.25	4.35	2.98	0.04	
2019	89.76	4.07	1.71	0.05	
2020	81.44	3.90	1.36	0.03	…
2021	78.97	3.71	1.00	0.72	0.01
2022	81.71	3.40	0.83	0.72	…
建筑业总产值(亿元) Gross Output Value (100 million yuan)					
1980	23.53				
1985	44.98				
1990	133.06				
1995	555.23				
2000	852.09	263.66	144.28		
2001	898.80	245.29	116.49		
2002	1173.69	230.00	97.36		
2003	779.93				
2004	1000.44	270.73	61.34		
2005	1285.29	365.75	58.57	0.48	0.15
2006	1448.73	356.26	78.01	2.13	0.08
2007	1614.69	414.01	51.96	1.81	0.02
2008	2044.81	448.69	46.54	2.52	1.21
2009	2525.05	590.76	59.36	2.38	1.46
2010	3232.53	427.92	81.18	2.83	2.31
2011	3972.66	830.96	97.58	3.54	0.21
2012	4865.09	946.23	136.20	3.64	3.64
2013	5234.97	289.80	116.47	2.80	0.64
2014	5625.75	302.40	125.36	2.78	0.57
2015	5252.57	248.70	110.98	2.69	…
2016	5517.69	246.80	123.81	3.73	0.36
2017	5655.38	247.09	123.41	3.90	0.78
2018	5740.25	176.16	90.88	4.31	
2019	5847.97	174.91	82.92	3.86	0.07
2020	5948.09	176.93	71.94	4.49	0.28
2021	6484.60	218.57	57.86	408.91	13.27
2022	6951.34	240.01	61.75	410.12	6.39

13-2 按登记注册类型分建筑业企业主要经济指标(2022年)
Main Economic Indicators on Construction Enterprises by Registration Status (2022)

指标	Item	合计 Total	内资企业 Domestic Invested Enterprises	#国有 State-owned Enterprises	#集体 Collective-owned Enterprises	港澳台商投资企业 Enterprises with Investment from Hong Kong, Macao and Taiwan	外商投资企业 Foreign Invested Enterprises
企业单位数(个)	Number of Construction Enterprises (unit)	3579	3574	51	43	4	1
从业人员(万人)	Number of Employed Persons (10000 persons)	112.14	105.59	3.62	1.02	6.43	0.13
固定资产原价(亿元)	Fixed Assets (original value) (100 million yuan)	797.59	787.57	34.00	3.65	9.73	0.29
建筑业总产值(亿元)	Gross Output Value of Construction (100 million yuan)	6951.34	6534.84	240.01	61.75	410.12	6.39
房屋施工面积(万平方米)	Floor Space of Buildings under Construction (10000 sq.m)	35918.42	31776.21	286.80	464.08	4083.24	58.98
房屋竣工面积(万平方米)	Floor Space of Buildings Completed (10000 sq.m)	7099.00	6348.53	68.21	50.24	691.49	58.98
利润总额(亿元)	Total Profits (100 million yuan)	88.21	84.19	2.84	1.22	3.81	0.22
税金总额(亿元)	Total Tax (100 million yuan)	143.66	137.91	6.88	1.32	5.74	0.02
按总产值计算的劳动生产率(元/人)	Overall Labour Productivity in Terms of Gross Output Value (yuan/person)	619862	618914	662303	605317	637964	493920
房屋建筑面积竣工率(%)	Rate of Floor Space of Buildings Completed (%)	19.8	20.0	23.8	10.8	16.9	100.0
产值利润率(%)	Ratio of Profit to Gross Output Value (%)	1.3	1.3	1.2	2.0	0.9	3.4
产值利税率(%)	Ratio of Pre-tax Profit to Gross Output Value (%)	3.3	3.4	4.1	4.1	2.3	3.7

注：1.本表从业人员为年平均人数。以下相关表同。2.税金总额为主营业务税金及附加与应交增值税之和。

a) The number of employees in this table is the annual average. The same applies to the table following.

b) The total taxes is the sum of the Principal business taxes and surcharges and the value-added tax payable.

13-3 分市按登记注册类型分建筑业企业单位数(2022年)
Number of Construction Enterprises by Registration Status and City (2022)

单位：个 (unit)

市	City	合计 Total	内资企业 Domestic Invested Enterprises	#国有 State-owned Enterprises	#集体 Collective-owned Enterprises	港澳台商投资企业 Enterprises with Investment from Hong Kong, Macao and Taiwan	外商投资企业 Foreign Invested Enterprises
全省	**Total**	**3579**	**3574**	**51**	**43**	**4**	**1**
石家庄市	Shijiazhuang	513	512	7	3	1	
石家庄市①	Shijiazhuang①	483	482	6	3	1	
唐山市	Tangshan	362	362	5			
秦皇岛市	Qinhuangdao	227	227	2	6		
邯郸市	Handan	442	442	10	5		
邢台市	Xingtai	328	328	4			
保定市	Baoding	506	504	8	5	2	
保定市①	Baoding①	462	461	8	3	1	
张家口市	Zhangjiakou	172	171	3	4		1
承德市	Chengde	254	254	3	1		
沧州市	Cangzhou	253	253	4	3		
廊坊市	Langfang	295	295	3	5		
衡水市	Hengshui	227	226	2	11	1	
定州市	Dingzhou	29	29				
辛集市	Xinji	30	30	1			

注：本表数据中石家庄市含辛集市，石家庄市①不含辛集市；保定市含定州市和雄安新区，保定市①不含定州市和雄安新区。以下相关表同。

a) Data in this table, Shijiazhuang includes Xinji, Shijiazhuang① excludes Xinji; Baoding includes Dingzhou and Xiongan, Baoding① excludes Dingzhou and Xiongan. The same applies to the table following.

13-4 建筑业企业技术装备情况
Number and Power of Machinery and Equipment Owned by Construction Enterprises

年 份 市	Year City	自有施工机械设备年末总台数(台) Year-end Number of Machinery and Equipment Owned (set)	自有施工机械设备年末总功率(万千瓦) Year-end Total Power of Machinery and Equipment Owned (10000 kW)	自有施工机械设备年末净值(万元) Year-end Net Value of Machinery and Equipment Owned (10000 yuan)	技术装备率(元/人) Value of Machines per Laborer (yuan/person)	动力装备率(千瓦/人) Power of Machines per Laborer (kW/person)
	1992	94837	212.56	138588	3398	5.21
	1995	213972	331.78	2851719	3741	4.35
	2000	380673	603.88	5715649	6525	7.00
	2005	435734	716.67	975913	8212	6.00
	2006	516915	723.70	1065747	9936	6.75
	2007	498629	697.98	1071893	10004	6.51
	2008	465252	777.43	1290411	11142	6.70
	2009	475386	843.66	1384173	11711	7.14
	2010	967008	1034.50	1813278	14092	8.04
	2011	551462	1198.60	1878605	15590	9.95
	2012	546209	1471.40	1873380	15672	12.31
	2013	870203	1129.90	1818782	14732	9.15
	2014	657988	1756.64	1949338	13327	12.01
	2015	530245	1250.41	2088220	15001	8.98
	2016	535161	1029.74	1750955	12049	7.09
	2017	641691	1183.79	2191898	14532	7.85
	2018	595714	1257.37	7660159	61653	10.10
	2019	500821	1086.00	1646906	18348	11.15
	2020	335727	780.49	1358128	16675	13.33
	2021	263536	847.56	1083479	13721	10.73
	2022	249339	651.18	977769	11966	7.97
石家庄市	Shijiazhuang	29568	67.57	141876	13994	6.66
石家庄市①	Shijiazhuang①	29028	62.29	137111	14299	6.50
唐 山 市	Tangshan	28144	77.06	124917	12353	7.62
秦皇岛市	Qinhuangdao	6915	26.16	32837	11666	9.29
邯 郸 市	Handan	45368	102.07	147038	15931	11.06
邢 台 市	Xingtai	8745	18.59	61821	15693	4.72
保 定 市	Baoding	25661	60.09	112293	5593	2.99
保 定 市①	Baoding①	23583	58.08	103234	7531	4.24
张家口市	Zhangjiakou	4137	47.47	22270	7369	15.71
承 德 市	Chengde	8918	13.30	42017	11786	3.73
沧 州 市	Cangzhou	49174	51.94	97276	10969	5.86
廊 坊 市	Langfang	37867	176.78	165159	24859	26.61
衡 水 市	Hengshui	4842	10.16	30266	9172	3.08
定 州 市	Dingzhou	1696	1.77	7008	1120	0.28
辛 集 市	Xinji	540	5.27	4765	8670	9.59

13−5 分市按登记注册类型分建筑业企业从业人员(2022年)

Number of Employed Persons in Construction Enterprises by Registration Status and City (2022)

单位：人 (person)

市	City	合计 Total	内资企业 Domestic Invested Enterprises	#国有 State-owned Enterprises	#集体 Collective-owned Enterprises	港澳台商投资企业 Enterprises with Investment from Hong Kong, Macao and Taiwan	外商投资企业 Foreign Invested Enterprises
全　省	**Total**	**1121435**	**1055857**	**36239**	**10201**	**64285**	**1293**
石家庄市	Shijiazhuang	157579	157389	2957	62	190	
石家庄市①	Shijiazhuang①	151831	151641	2873	62	190	
唐 山 市	Tangshan	120593	120593	17660			
秦皇岛市	Qinhuangdao	34229	34229	168	693		
邯 郸 市	Handan	117412	117412	2343	2383		
邢 台 市	Xingtai	45319	45319	2584			
保 定 市	Baoding	335820	271756	5725	2799	64064	
保 定 市①	Baoding①	267507	203475	5725	2571	64032	
张家口市	Zhangjiakou	37541	36248	523	494		1293
承 德 市	Chengde	43625	43625	1800	158		
沧 州 市	Cangzhou	117342	117342	1568	400		
廊 坊 市	Langfang	71168	71168	173	384		
衡 水 市	Hengshui	40807	40776	738	2828	31	
定 州 市	Dingzhou	67314	67314				
辛 集 市	Xinji	5748	5748	84			

13−6 分市建筑业总产值和劳动生产率(2022年)

Total Output Value and Labor Productivity of Construction by City (2022)

单位：万元 (10000 yuan)

市	City	建筑业总产值 Total Output Value	建筑工程产值 Output Value of Construction	安装工程产值 Output Value of Installation	其他 Others	按建筑业总产值计算的劳动生产率(元/人) Overall Labor Productivity in Terms of Total Output Value (yuan/person)
全　省	**Total**	**69513439**	**56344699**	**8489153**	**4679588**	**619862**
石家庄市	Shijiazhuang	17426548	11572709	2782315	3071524	1105893
石家庄市①	Shijiazhuang①	17212960	11373973	2769925	3069062	1133692
唐 山 市	Tangshan	9060753	8323028	548570	189155	751350
秦皇岛市	Qinhuangdao	2340147	2133357	174151	32639	683674
邯 郸 市	Handan	6220709	5073134	925540	222035	529819
邢 台 市	Xingtai	2586062	2400536	147299	38228	570635
保 定 市	Baoding	15649223	14621681	879383	148159	466000
保 定 市①	Baoding①	13728047	12772892	841645	113510	513185
张家口市	Zhangjiakou	1694913	1404999	225702	64212	451483
承 德 市	Chengde	1613024	1468857	138192	5976	369748
沧 州 市	Cangzhou	5180028	3668827	770751	740450	441447
廊 坊 市	Langfang	6198112	4272293	1787868	137951	870913
衡 水 市	Hengshui	1543920	1405278	109381	29260	378347
定 州 市	Dingzhou	1836269	1798286	36940	1043	272792
辛 集 市	Xinji	213588	198736	12390	2462	371586

13-7 分市按登记注册类型分建筑业总产值(2022年)
Total Output Value of Construction by Registration Status and City (2022)

单位：万元 (10000 yuan)

市	City	合 计 Total	内资企业 Domestic Invested Enterprises	#国 有 State-owned Enterprises	#集 体 Collective-owned Enterprises	港澳台商投资企业 Enterprises with Investment from Hong Kong, Macao and Taiwan	外商投资企业 Foreign Invested Enterprises
全　省	**Total**	**69513439**	**65348425**	**2400121**	**617484**	**4101150**	**63864**
石家庄市	Shijiazhuang	17426548	17373659	871151	2685	52889	
石家庄市①	Shijiazhuang①	17212960	17160072	865251	2685	52889	
唐 山 市	Tangshan	9060753	9060753	310146			
秦皇岛市	Qinhuangdao	2340147	2340147	5756	20336		
邯 郸 市	Handan	6220709	6220709	117233	67088		
邢 台 市	Xingtai	2586062	2586062	715208			
保 定 市	Baoding	15649223	11605160	142201	309092	4044064	
保 定 市①	Baoding①	13728047	9717232	142201	306530	4010815	
张家口市	Zhangjiakou	1694913	1631049	23994	107619		63864
承 德 市	Chengde	1613024	1613024	76462	6032		
沧 州 市	Cangzhou	5180028	5180028	85711	10436		
廊 坊 市	Langfang	6198112	6198112	20434	10369		
衡 水 市	Hengshui	1543920	1539722	31826	83827	4198	
定 州 市	Dingzhou	1836269	1836269				
辛 集 市	Xinji	213588	213588	5900			

13-8 分市按行业分建筑业总产值(2022年)
Total Output Value of Construction by Branch and City (2022)

单位：万元 (10000 yuan)

市	City	建筑业总产值 Total Output Value of Construction	房屋建筑业 Construction of Buildings	土木工程建筑业 Civil Engineering	建筑安装业 Construction Installation	建筑装饰、装修和其他建筑业 Building Decoration and Other Construction
全　省	**Total**	**69513439**	**38870729**	**22254344**	**6632345**	**1756022**
石家庄市	Shijiazhuang	17426548	7076853	6086529	3805827	457340
石家庄市①	Shijiazhuang①	17212960	6913743	6040509	3805759	452949
唐 山 市	Tangshan	9060753	5694527	3153143	130838	82244
秦皇岛市	Qinhuangdao	2340147	1186823	719064	299201	135060
邯 郸 市	Handan	6220709	3652276	1927066	510942	130425
邢 台 市	Xingtai	2586062	1008869	1412417	37891	126886
保 定 市	Baoding	15649223	11637972	3458343	292802	260106
保 定 市①	Baoding①	13728047	9826385	3393873	286651	221137
张家口市	Zhangjiakou	1694913	1256993	406499	17114	14307
承 德 市	Chengde	1613024	952159	513637	122397	24831
沧 州 市	Cangzhou	5180028	3549245	827640	742059	61085
廊 坊 市	Langfang	6198112	1866984	3299354	602261	429514
衡 水 市	Hengshui	1543920	988028	450654	71014	34224
定 州 市	Dingzhou	1836269	1794297	3003		38969
辛 集 市	Xinji	213588	163109	46020	68	4390

13-9 分市建筑业企业签订合同和承包工程完成情况(2022年)
Contracts Signed and Completion of Contracted Projects by Construction Enterprises by City (2022)

单位：亿元 (100 million yuan)

市	City	合同总额 Total Value of Contracts	上年结转合同额 Value from Contracts Signed in Last Year	本年新签合同额 Value from New Contracts Signed in This Year	直接从建设单位承揽工程完成的产值 Completed Output Value of Projects Contracted Directly from Investors	自行完成施工产值 Own-completed Output Value	分包出去工程的产值 Output Value of Out-sourced Projects	从建设单位以外承揽工程完成的产值 Completed Output Value of Projects Contracted from Non-investors
全　省	**Total**	**17459.35**	**8330.00**	**9129.35**	**6744.00**	**6640.34**	**103.66**	**311.01**
石家庄市	Shijiazhuang	3869.81	1499.15	2370.67	1660.40	1619.10	41.30	123.55
石家庄市①	Shijiazhuang①	3828.94	1472.45	2356.49	1638.93	1597.80	41.13	123.50
唐 山 市	Tangshan	3768.44	1711.88	2056.56	883.19	880.34	2.86	25.74
秦皇岛市	Qinhuangdao	539.29	284.76	254.53	182.70	182.26	0.44	51.75
邯 郸 市	Handan	1097.98	469.86	628.12	605.76	604.18	1.58	17.89
邢 台 市	Xingtai	637.16	339.12	298.04	250.67	250.12	0.55	8.49
保 定 市	Baoding	3394.31	1948.68	1445.62	1531.85	1523.47	8.38	41.45
保 定 市①	Baoding①	3171.64	1908.10	1263.55	1347.07	1345.15	1.92	27.66
张家口市	Zhangjiakou	324.98	155.54	169.44	163.02	160.59	2.42	8.90
承 德 市	Chengde	307.58	153.28	154.30	160.87	160.86	0.01	0.45
沧 州 市	Cangzhou	1060.31	406.71	653.60	507.54	499.97	7.57	18.03
廊 坊 市	Langfang	2163.33	1192.66	970.66	647.65	611.59	36.06	8.23
衡 水 市	Hengshui	296.16	168.36	127.80	150.35	147.86	2.48	6.53
定 州 市	Dingzhou	204.08	37.23	166.85	178.11	172.67	5.44	10.96
辛 集 市	Xinji	40.87	26.70	14.18	21.47	21.31	0.17	0.05

13-10 分市按登记注册类型分建筑业企业实收资本(2022年)
Paid-up Capitals of Construction Enterprises by Registration Status and City (2022)

单位：万元 (10000 yuan)

市	City	合计 Total	内资企业 Domestic Invested Enterprises	#国有 State-owned Enterprises	#集体 Collective-owned Enterprises	港澳台商投资企业 Enterprises with Investment from Hong Kong, Macao and Taiwan	外商投资企业 Foreign Invested Enterprises
全　省	**Total**	**12364299**	**12165461**	**673369**	**54850**	**193838**	**5000**
石家庄市	Shijiazhuang	2074437	2069437	70135	1950	5000	
石家庄市①	Shijiazhuang①	2033558	2028558	66899	1950	5000	
唐 山 市	Tangshan	1402611	1402611	61192			
秦皇岛市	Qinhuangdao	724628	724628	2500	6816		
邯 郸 市	Handan	1529498	1529498	22487	7765		
邢 台 市	Xingtai	1217014	1217014	435588			
保 定 市	Baoding	1837528	1649390	40418	11922	188138	
保 定 市①	Baoding①	1722141	1546003	40418	9800	176138	
张家口市	Zhangjiakou	456231	451231	9236	8812		5000
承 德 市	Chengde	528193	528193	2434	2100		
沧 州 市	Cangzhou	849829	849829	19036	4710		
廊 坊 市	Langfang	1370867	1370867	8115	4239		
衡 水 市	Hengshui	373462	372762	2228	6537	700	
定 州 市	Dingzhou	72021	72021				
辛 集 市	Xinji	40879	40879	3236			

13-11 分市建筑业企业资产(2022年)
Assets of Construction Enterprises by City (2022)

单位：亿元 (100 million yuan)

市	City	资产总计 Total Assets	#流动资产 Current Assets	#在建工程 Projects under Construction
全　省	**Total**	**8664.21**	**7386.49**	**139.94**
石家庄市	Shijiazhuang	1593.91	1375.79	61.85
石家庄市①	Shijiazhuang①	1569.61	1355.23	61.45
唐 山 市	Tangshan	1139.97	945.41	6.86
秦皇岛市	Qinhuangdao	489.73	420.65	3.77
邯 郸 市	Handan	643.89	545.48	27.10
邢 台 市	Xingtai	603.37	407.27	5.77
保 定 市	Baoding	1603.00	1411.54	15.58
保 定 市①	Baoding①	1543.56	1362.59	12.32
张家口市	Zhangjiakou	362.72	318.11	7.18
承 德 市	Chengde	346.48	300.91	4.27
沧 州 市	Cangzhou	574.40	490.22	3.54
廊 坊 市	Langfang	1122.02	1010.02	2.28
衡 水 市	Hengshui	184.74	161.08	1.74
定 州 市	Dingzhou	38.22	29.78	2.74
辛 集 市	Xinji	24.30	20.56	0.40

13-12 分市建筑业企业负债及所有者权益(2022年)
Liabilities and Owners' Equity of Construction Enterprises by City (2022)

单位：亿元 (100 million yuan)

市	City	负债合计 Total Liabilities	流动负债合计 Liquid Liabilities	非流动负债合计 Non-current Liabilities	所有者权益 Owners' Equity	#实收资本 Paid-in Capitals
全　省	**Total**	**6620.44**	**6130.01**	**414.12**	**2043.85**	**1236.43**
石家庄市	Shijiazhuang	1268.59	1172.68	84.48	325.40	207.44
石家庄市①	Shijiazhuang①	1251.28	1155.43	84.48	318.41	203.36
唐 山 市	Tangshan	896.65	831.84	60.45	243.32	140.26
秦皇岛市	Qinhuangdao	369.36	313.84	38.27	120.38	72.46
邯 郸 市	Handan	429.26	401.65	17.66	214.63	152.95
邢 台 市	Xingtai	443.35	372.79	64.04	160.01	121.70
保 定 市	Baoding	1258.31	1173.66	81.25	344.69	183.75
保 定 市①	Baoding①	1224.23	1141.35	80.65	319.34	172.21
张家口市	Zhangjiakou	279.73	255.43	19.86	82.99	45.62
承 德 市	Chengde	241.89	221.83	11.62	104.59	52.82
沧 州 市	Cangzhou	448.33	437.59	6.73	126.07	84.98
廊 坊 市	Langfang	862.28	832.45	26.21	259.74	137.09
衡 水 市	Hengshui	122.70	116.25	3.57	62.03	37.35
定 州 市	Dingzhou	18.34	16.65	0.53	19.88	7.20
辛 集 市	Xinji	17.31	17.25	0.00	6.99	4.09

13-13 分市按登记注册类型分建筑业企业资产(2022年)
Assets of Construction Enterprises by Registration Status and City (2022)

单位：万元 (10000 yuan)

市	City	合 计 Total	内资企业 Domestic Invested Enterprises	#国 有 State-owned Enterprises	#集 体 Collective-owned Enterprises	港澳台商投资企业 Enterprises with Investment from Hong Kong, Macao and Taiwan	#港澳台商独资企业 Sole-proprietorship Enterprises	外商投资企业 Foreign Invested Enterprises	#外商独资企业 Sole-proprietorship Enterprises
全　　省	**Total**	**86642105**	**81252829**	**4257964**	**318187**	**5340619**	**36646**	**48657**	
石家庄市	Shijiazhuang	15939054	15916435	1022053	5687	22619			
石家庄市①	Shijiazhuang①	15696063	15673444	991195	5687	22619			
唐 山 市	Tangshan	11399664	11399664	350091					
秦皇岛市	Qinhuangdao	4897304	4897304	21282	36121				
邯 郸 市	Handan	6438879	6438879	414519	21527				
邢 台 市	Xingtai	6033655	6033655	1984975					
保 定 市	Baoding	16030023	10713727	184285	61123	5316296	36646		
保 定 市①	Baoding①	15435630	10155980	184285	55986	5279650			
张家口市	Zhangjiakou	3627156	3578500	29046	67662			48657	
承 德 市	Chengde	3464843	3464843	24105	6701				
沧 州 市	Cangzhou	5743999	5743999	197099	20136				
廊 坊 市	Langfang	11220166	11220166	22939	14486				
衡 水 市	Hengshui	1847364	1845660	7570	84743	1704			
定 州 市	Dingzhou	382220	382220						
辛 集 市	Xinji	242991	242991	30858					

13-14 分市按登记注册类型分建筑业企业负债(2022年)
Liabilities of Construction Enterprises by Registration Status and City (2022)

单位：万元 (10000 yuan)

市	City	合 计 Total	内资企业 Domestic Invested Enterprises	#国 有 State-owned Enterprises	#集 体 Collective-owned Enterprises	港澳台商投资企业 Enterprises with Investment from Hong Kong, Macao and Taiwan	#港澳台商独资企业 Sole-proprietorship Enterprises	外商投资企业 Foreign Invested Enterprises	#外商独资企业 Sole-proprietorship Enterprises
全　　省	**Total**	**66204405**	**61415532**	**3485870**	**213759**	**4746962**	**23773**	**41912**	
石家庄市	Shijiazhuang	12685880	12670189	964404	3146	15691			
石家庄市①	Shijiazhuang①	12512768	12497078	940628	3146	15691			
唐 山 市	Tangshan	8966468	8966468	362719					
秦皇岛市	Qinhuangdao	3693550	3693550	21615	26717				
邯 郸 市	Handan	4292611	4292611	385537	9729				
邢 台 市	Xingtai	4433505	4433505	1428230					
保 定 市	Baoding	12583124	7853606	140850	24459	4729518	23773		
保 定 市①	Baoding①	12242270	7536525	140850	21969	4705745			
张家口市	Zhangjiakou	2797252	2755340	20155	51403			41912	
承 德 市	Chengde	2418918	2418918	19922	2538				
沧 州 市	Cangzhou	4483251	4483251	116746	14224				
廊 坊 市	Langfang	8622802	8622802	20300	9619				
衡 水 市	Hengshui	1227045	1225292	5393	71924	1753			
定 州 市	Dingzhou	183396	183396						
辛 集 市	Xinji	173112	173112	23777					

13-15 分市按登记注册类型分建筑业企业所有者权益(2022年)
Owners' Equity of Construction Enterprises by Registration Status and City (2022)

单位：万元 (10000 yuan)

市	City	合计 Total	内资企业 Domestic Invested Enterprises	#国有 State-owned Enterprises	#集体 Collective-owned Enterprises	港澳台商投资企业 Enterprises with Investment from Hong Kong, Macao and Taiwan	#港澳台商独资企业 Sole-proprietorship Enterprises	外商投资企业 Foreign Invested Enterprises	#外商独资企业 Sole-proprietorship Enterprises
全省	**Total**	**20438507**	**19838105**	**772094**	**104428**	**593657**	**12873**	**6745**	
石家庄市	Shijiazhuang	3253981	3247052	57648	2541	6929			
石家庄市①	Shijiazhuang①	3184102	3177173	50567	2541	6929			
唐山市	Tangshan	2433195	2433195	-12628					
秦皇岛市	Qinhuangdao	1203753	1203753	-334	9405				
邯郸市	Handan	2146268	2146268	28983	11798				
邢台市	Xingtai	1600150	1600150	556746					
保定市	Baoding	3446899	2860121	43435	36665	586778	12873		
保定市①	Baoding①	3193360	2619454	43435	34017	573905			
张家口市	Zhangjiakou	829904	823159	8891	16259			6745	
承德市	Chengde	1045924	1045924	4183	4163				
沧州市	Cangzhou	1260749	1260749	80353	5912				
廊坊市	Langfang	2597364	2597364	2639	4867				
衡水市	Hengshui	620320	620369	2177	12819	-49			
定州市	Dingzhou	198824	198824						
辛集市	Xinji	69879	69879	7081					

13-16 分市建筑业企业营业收入(2022年)
Business Revenue of Construction Enterprises by City (2022)

单位：万元 (10000 yuan)

市	City	营业收入 Business Revenue	主营业务收入 Revenue from Principal Business	#主营业务成本 Cost of Principal Business	其他业务利润 Profits from Other Businesses
全省	**Total**	**60635711**	**58877152**	**54594633**	**53304**
石家庄市	Shijiazhuang	15332647	15159433	14141012	19321
石家庄市①	Shijiazhuang①	15091078	14918653	13915395	19241
唐山市	Tangshan	8997549	8842078	8127650	9596
秦皇岛市	Qinhuangdao	1991610	1915398	1726494	1950
邯郸市	Handan	5601952	5131220	4734870	270
邢台市	Xingtai	2693437	2618216	2346271	545
保定市	Baoding	11373330	11101031	10419756	14849
保定市①	Baoding①	10915238	10651374	9993107	14849
张家口市	Zhangjiakou	1687438	1547460	1402398	1556
承德市	Chengde	1517348	1479938	1348012	608
沧州市	Cangzhou	4335502	4315503	4034668	3339
廊坊市	Langfang	5740434	5443949	5126741	1128
衡水市	Hengshui	1364465	1322927	1186760	143
定州市	Dingzhou	368619	362699	346514	
辛集市	Xinji	241570	240780	225617	80

13-17 分市按登记注册类型分建筑业企业营业收入(2022年)

Business Revenue of Construction by Registration Status and City (2022)

单位：万元 (10000 yuan)

市	City	合 计 Total	内资企业 Domestic Invested Enterprises	#国 有 State-owned Enterprises	#集 体 Collective-owned Enterprises	港澳台商投资企业 Enterprises with Investment from Hong Kong, Macao and Taiwan	#港澳台商独资企业 Sole-proprietorship Enterprises	外商投资企业 Foreign Invested Enterprises	#外商独资企业 Sole-proprietorship Enterprises
全 省	**Total**	**60635711**	**57385048**	**2109940**	**523491**	**3182600**	**46341**	**68063**	
石家庄市	Shijiazhuang	15332647	15272699	582764	2369	59948			
石家庄市①	Shijiazhuang①	15091078	15031130	554068	2369	59948			
唐 山 市	Tangshan	8997549	8997549	321371					
秦皇岛市	Qinhuangdao	1991610	1991610	9860	22733				
邯 郸 市	Handan	5601952	5601952	127834	69268				
邢 台 市	Xingtai	2693437	2693437	660886					
保 定 市	Baoding	11373330	8254876	133078	310661	3118454	46341		
保 定 市①	Baoding①	10915238	7843125	133078	307697	3072114			
张家口市	Zhangjiakou	1687438	1619375	24513	37854			68063	
承 德 市	Chengde	1517348	1517348	17760	4583				
沧 州 市	Cangzhou	4335502	4335502	200632	10438				
廊 坊 市	Langfang	5740434	5740434	20445	9250				
衡 水 市	Hengshui	1364465	1360267	10798	56335	4198			
定 州 市	Dingzhou	368619	368619						
辛 集 市	Xinji	241570	241570	28696					

13-18 分市按登记注册类型分建筑业企业利润总额(2022年)

Total Profits of Construction Enterprises by Registration Status and City (2022)

单位：万元 (10000 yuan)

市	City	合 计 Total	内资企业 Domestic Invested Enterprises	#国 有 State-owned Enterprises	#集 体 Collective-owned Enterprises	港澳台商投资企业 Enterprises with Investment from Hong Kong, Macao and Taiwan	外商投资企业 Foreign Invested Enterprises
全 省	**Total**	**882127**	**841859**	**28412**	**12226**	**38111**	**2156**
石家庄市	Shijiazhuang	255085	253264	4968	-258	1822	
石家庄市①	Shijiazhuang①	247199	245377	4391	-258	1822	
唐 山 市	Tangshan	171929	171929	-3110			
秦皇岛市	Qinhuangdao	40566	40566	-909	587		
邯 郸 市	Handan	118561	118561	-2280	962		
邢 台 市	Xingtai	66691	66691	18924			
保 定 市	Baoding	273902	237811	-1795	10376	36091	
保 定 市①	Baoding①	266836	232074	-1795	10262	34762	
张家口市	Zhangjiakou	38532	36376	6762	1470		2156
承 德 市	Chengde	32822	32822	851	-399		
沧 州 市	Cangzhou	88250	88250	5014	-1352		
廊 坊 市	Langfang	-233910	-233910	-218	-312		
衡 水 市	Hengshui	29700	29501	203	1151	199	
定 州 市	Dingzhou	4881	4881				
辛 集 市	Xinji	7886	7886	577			

13-19 分市按登记注册类型分建筑业企业营业利润(2022年)
Business Profits of Construction Enterprises by Registration Status and City (2022)

单位：万元 (10000 yuan)

市	City	合计 Total	内资企业 Domestic Invested Enterprises	#国有 State-owned Enterprises	#集体 Collective-owned Enterprises	港澳台商投资企业 Enterprises with Investment from Hong Kong, Macao and Taiwan	#港澳台商独资企业 Sole-proprietorship Enterprises	外商投资企业 Foreign Invested Enterprises	#外商独资企业 Sole-proprietorship Enterprises
全　省	**Total**	**881520**	**842920**	**23279**	**12149**	**36364**	**1329**	**2237**	
石家庄市	Shijiazhuang	253529	251700	3475	-259	1829			
石家庄市①	Shijiazhuang①	245864	244035	3167	-259	1829			
唐 山 市	Tangshan	167352	167352	-4598					
秦皇岛市	Qinhuangdao	40565	40565	-1363	619				
邯 郸 市	Handan	121658	121658	-2353	952				
邢 台 市	Xingtai	65594	65594	17143					
保 定 市	Baoding	265194	230865	-1725	10247	34329	1329		
保 定 市①	Baoding①	257121	224121	-1725	10132	33000			
张家口市	Zhangjiakou	39500	37263	6761	1467			2237	
承 德 市	Chengde	35697	35697	859	-347				
沧 州 市	Cangzhou	88266	88266	5147	-1363				
廊 坊 市	Langfang	-226592	-226592	-222	-313				
衡 水 市	Hengshui	30758	30552	155	1146	206			
定 州 市	Dingzhou	5978	5978						
辛 集 市	Xinji	7665	7665	307					

13-20 分市建筑业企业房屋建筑面积(2022年)
Floor Space of Buildings Constructed by Construction Enterprises by City (2022)

单位：万平方米 (10000 sq.m)

市	City	房屋建筑面积 Floor Space of Buildings Constructed		#国有 State-owned		#集体 Collective-owned	
		施工面积 Floor Space under Construction	竣工面积 Floor Space Completed	施工面积 Floor Space under Construction	竣工面积 Floor Space Completed	施工面积 Floor Space under Construction	竣工面积 Floor Space Completed
全　省	**Total**	**35918.42**	**7099.00**	**286.80**	**68.21**	**464.08**	**50.24**
石家庄市	Shijiazhuang	8083.03	1467.95	0.05		2.00	
石家庄市①	Shijiazhuang①	7953.19	1431.81	0.05		2.00	
唐 山 市	Tangshan	4593.42	909.37	193.55	48.50		
秦皇岛市	Qinhuangdao	1054.38	224.91	0.90	0.90	5.62	1.24
邯 郸 市	Handan	3167.45	754.60	39.33	11.04	24.34	12.68
邢 台 市	Xingtai	1545.15	295.20	18.49	0.15		
保 定 市	Baoding	10186.95	1775.10	34.48	7.61	257.58	14.69
保 定 市①	Baoding①	9594.28	1557.03	34.48	7.61	254.29	14.69
张家口市	Zhangjiakou	1114.84	193.51			76.44	1.78
承 德 市	Chengde	635.30	146.73				
沧 州 市	Cangzhou	2552.37	657.67				
廊 坊 市	Langfang	2006.96	425.31			43.47	3.23
衡 水 市	Hengshui	978.56	248.67			54.63	16.62
定 州 市	Dingzhou	581.04	211.31				
辛 集 市	Xinji	129.84	36.14				

主要统计指标解释

建筑业统计单位 指从事房屋、构筑物建造和设备安装活动的法人企业。建筑业法人企业应具有建筑业资质并能够独立核算，同时还应具备以下条件：①依法成立，有自己的名称、组织机构和场所，能够承担民事责任；②独立拥有和使用资产，承担负债，有权与其他单位签订合同；③独立核算盈亏，能够编制资产负债表。

建筑业总产值 是以货币形式表现的建筑业企业在一定时期内生产的建筑业产品和提供服务的总和。建筑业总产值包括：

⑴建筑工程产值：指列入建筑工程预算内的各种工程价值。

⑵安装工程产值：指设备安装工程价值，不包括被安装设备本身的价值。

⑶其他产值：建筑业总产值中除建筑工程、安装工程以外的产值。包括房屋构筑物修理产值、非标准设备制造产值、总包企业向分包企业收取的管理费以及不能明确划分的施工活动所完成的产值。

a.房屋构筑物修理产值：指房屋和构筑物修理所完成的产值，但不包括被修理房屋、构筑物本身价值和生产设备的修理价值。

b.非标准设备制造产值：指加工制造没有定型的非标准生产设备的加工费和原材料价值(如化工厂、炼油厂用的各种罐、槽，矿井生产统一使用的各种漏斗、三角槽、阀门等)以及附属加工厂为本企业承建工程制作的非标准设备的价值。

房屋施工面积 指报告期内施工的全部房屋建筑面积，包括本期新开工的房屋建筑面积、上期跨入本期继续施工的房屋建筑面积、上期停缓建在本期恢复施工的房屋建筑面积、本期竣工的房屋建筑面积及本期施工后又停缓建的房屋建筑面积。

房屋竣工面积 指报告期内房屋建筑按照设计要求已全部完工，达到住人和使用条件，经验收鉴定合格或达到竣工验收标准，可正式移交使用的各栋房屋建筑面积的总和。

Explanatory Notes on Main Statistical Indicators

Statistical Unit in the Construction Industry refers to a corporate enterprise engaged in the construction of buildings and structures and in the installation of equipment. A corporate construction enterprise should have qualification certificates with independent accounting system, and should meet the following 3 requirements: a) being set up in line with relevant legal basis, having its full name, organization and location, and capable of taking civil liabilities; b) independently possessing and using its assets and assuming its liabilities, and entitled to sign contracts with other institutions; and c) making independent accounts of its profits and losses, and capable of compiling its own balance sheet.

Gross Output Value of Construction refers to total of construction products and services, expressed in money terms, produced or rendered by construction and installation enterprises during a given period of time. It includes:

(1) Output value of construction projects: the value of projects covered by the project budgets;

(2) Output value of installation projects: the value of the installation of equipment, (excluding the value of the equipment to be installed);

(3) Other output values: the output value of construction industry apart from that of construction projects and installation projects. It includes: output value of repair of buildings and structures; output value of non-standard equipment manufacturing; overhead expenses received by contracted enterprises from the sub-contracted enterprises and the completed output value of construction activities for which there is no clear definition.

a. Output value of repair of buildings and structures: the value created through the repairs of buildings or structures. It does not include the value of buildings or structures being repaired and the value of the repair of production equipment;

b. Output value of manufactured non-standard equipment: the value of non-standard production equipment, including raw materials and manufacturing cost, made for the construction project (i.e., chemical plant; kettles or tanks used by refineries; various fillers, triangle tanks, valves used by mines). It also includes the output value of equipment manufactured by subsidiary workshops.

Floor Space of Buildings refers to floor space of buildings under construction in the reference period, including the space of buildings for which construction has newly started; buildings for which construction has started earlier and is continuing during the reference period; and buildings for which construction has been suspended earlier but has restarted during the reference period; buildings completed during the reference period; and buildings under construction but construction has subsequently been during the reference period.

Floor Space of Buildings Completed refers to the total floor space of each building that has been completed in the reference period in accordance with the requirements of the design, up to the standard for being resided in and put into use, or has been checked and accepted by departments concerned as qualified ones or up to the standard of buildings completed and can be handed over for putting into use.

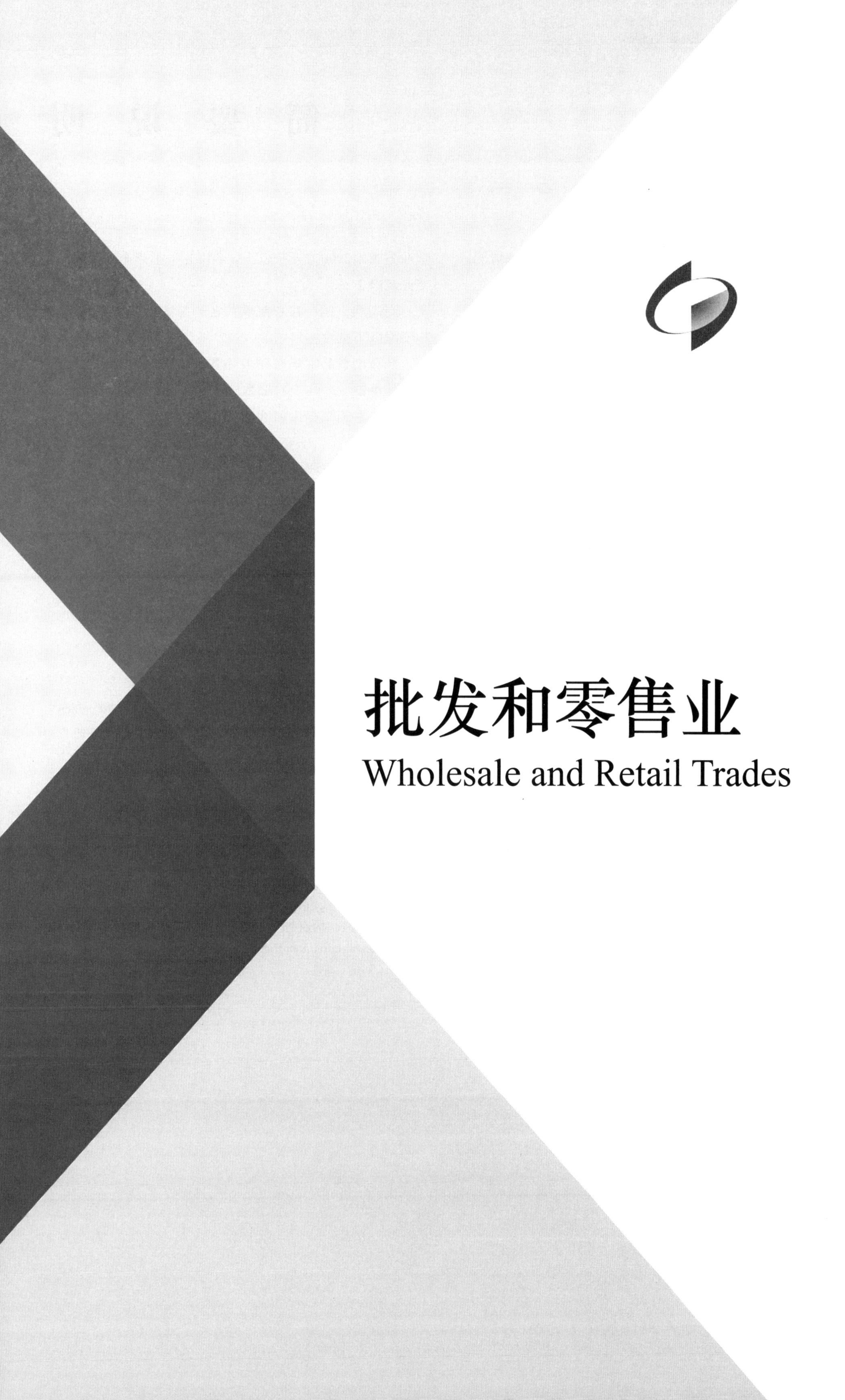

批发和零售业
Wholesale and Retail Trades

简要说明

一、本篇资料反映河北省批发零售业商品流通情况、社会消费品零售总额等。

二、本篇资料主要根据国家统计局《批发和零售业统计报表制度》进行搜集和加工整理。资料中限额以上批发和零售业采用全面调查的方法自下而上逐级综合汇总而得，限额以下企业及个体户资料采用抽样调查方法推算而得。

三、各表的调查范围：

限额以上批发和零售业统计限额标准：批发业年主营业务收入2000万元及以上；零售业年主营业务收入500万元及以上。

商品购、销、存总额表为各种经济类型的限额以上和限额以下批发零售业法人及产业活动单位和个体户。

社会消费品零售总额表为各种经济类型的法人及产业活动单位、个体户对城乡居民和社会集团的零售。

四、本篇资料由河北省统计局贸易外经统计处整理提供。

五、资料整理：孙皖靓　王骥

Brief Introduction

Ⅰ. The data in this chapter in this chapter show the development of Hebei's domestic market, including mainly the circulation of commodities in the wholesale and retail trades and the total retail sales of consumer goods, etc.

Ⅱ. The data are collected and processed in accordance with the *Statistical Reporting Scheme on Wholesale and Retail Trades* stipulated by the National Bureau of Statistics. Data on basic conditions for all corporate enterprises of wholesale, retail above the designated size are collected through comprehensive reporting systems and data are reported level by level in a bottom-up manner. Data on small-size enterprises and individual enterprises below the designated size are collected through sample surveys.

Ⅲ. The statistical coverage in this chapter comes as follows:

Criteria for wholesale and retail sale trades above designated size is defined as follows：wholesale trade with annual sales of 20 million yuan or above, retail sale trade with annual sales of 5 million yuan or above.

The table of total purchases，sales and inventory include corporate units, establishments and individuals of various types of ownership both above and below designated size by category of commodities.

The table of total retail sales of consumer goods includes the retail sales of corporate units, establishments and individuals of various types of ownership to urban and rural residents and institutions.

Ⅳ. The data in this chapter are prepared and provided by the Division of Trade and External Economic Relations Statistics of Statistics Bureau of Hebei Province.

Ⅴ.Data collection: Sun Huanjing, Wang Ji.

14−1 限额以上批发和零售业情况
Main Indicators of Enterprises above Designated Size of Wholesale and Retail Trades

指　　标	Item	2015	2020	2021	2022
批发和零售业	**Wholesale and Retail Trades**				
法人企业(个)	Number of Corporation Enterprises (unit)	3945	5330	6405	7835
年末从业人数(万人)	Engaged Persons at Year-end (10000 persons)	35.7	35.2	36.9	37.7
商品购进额(亿元)	Total Purchases Value (100 million yuan)	9061.2	13173.1	17416.0	22516.2
#进口额(亿元)	Imports (100 million yuan)	148.7	143.8	159.0	158.4
商品销售额(亿元)	Total Sales Value (100 million yuan)	9857.8	14438.2	18486.5	24130.4
#出口额(亿元)	Exports (100 million yuan)	77.8	135.8	176.7	181.0
期末商品库存额(亿元)	Total Stock at Year-end (100 million yuan)	741.0	1390.6	979.6	1045.4
批发业	**Wholesale Trade**				
法人企业(个)	Number of Corporation Enterprises (unit)	1556	2570	3368	4219
年末从业人数(万人)	Engaged Persons at Year-end (10000 persons)	10.8	9.8	10.6	11.2
商品购进额(亿元)	Total Purchases Value (100 million yuan)	6289.4	10013.3	13722.6	18579.5
#进口额(亿元)	Imports (100 million yuan)	93.9	85.7	101.7	108.2
商品销售额(亿元)	Total Sales Value (100 million yuan)	6781.7	10756.4	14361.0	19844.2
#出口额(亿元)	Exports (100 million yuan)	77.5	135.2	176.2	180.1
期末商品库存额(亿元)	Total Stock at Year-end (100 million yuan)	296.4	1022.5	600.3	1045.4
零售业	**Retail Trade**				
法人企业(个)	Number of Corporation Enterprises (unit)	2389	2760	3037	3616
年末从业人数(万人)	Engaged Persons at Year-end (10000 persons)	25.0	25.5	26.3	26.6
商品购进额(亿元)	Total Purchases Value (100 million yuan)	2771.8	3159.8	3693.4	3936.6
#进口额(亿元)	Imports (100 million yuan)	54.8	58.1	57.3	50.2
商品销售额(亿元)	Total Sales Value (100 million yuan)	3076.0	3681.8	4125.5	4286.2
#出口额(亿元)	Exports (100 million yuan)	0.4	0.5	0.5	0.9
期末商品库存额(亿元)	Total Stock at Year-end (100 million yuan)	444.6	368.2	379.3	398.5
年末零售营业面积(万平方米)	Business Area of Retail at Year-end (10000 sq.m)	1294.9	1605.8	1733.2	1814.1

14-2 按登记注册类型和行业分限额以上批发业企业主要指标(2022年)

单位：亿元

指标	Item	法人企业(个) Number of Corporation Enterprises (unit)	年末从业人数(人) Engaged Persons at Year-end (person)	商品购进额 Total Purchases Value	#进口 Imports
批发业合计	**Wholesale Trade**	**4219**	**111605**	**18579.5**	**108.2**
按登记注册类型分	**By Status of Registration**				
内资企业	**Domestic Funded Enterprises**	**4199**	**109800**	**18089**	**107**
国有企业	State-owned Enterprises	42	9859	806.3	0.8
集体企业	Collective-owned Enterprises	9	166	5.6	
股份合作企业	Cooperative Enterprises	4	223	3.5	
联营企业	Joint Ownership Enterprises				
#国有联营企业	State Joint Ownership Enterprises				
集体联营企业	Collective Joint Ownership Enterprises				
有限责任公司	Limited Liability Corporations	574	27555	7716.8	79.4
国有独资公司	State Sole-proprietorship Corporations	69	3018	784.3	10.0
其他有限责任公司	Other Limited Liability Corporations	505	24537	6932.6	69.4
股份有限公司	Share-holding Corporations Ltd.	15	1543	467.3	0.1
私营企业	Private Enterprises	3552	70318	9088.0	27.0
私营独资企业	Private Sole-proprietorship Enterprises	37	583	26.4	
私营合伙企业	Private Partnership Enterprises	7	65	2.4	
私营有限责任公司	Private Limited Liability Corporations	3481	68589	9027.9	25.9
私营股份有限公司	Private Share-holding Corporations Ltd.	27	1081	31.4	1.1
其他企业	Other Enterprises	3	136	1.3	
港、澳、台商投资企业	**Enterprises with Investment from Hong Kong, Macao and Taiwan**	**6**	**189**	**122.5**	
合资经营企业	Joint-venture Enterprises	2	26	1.2	
合作经营企业	Cooperative Enterprises				
独资经营企业	Enterprises with Sole Fund	4	163	121.3	
投资股份有限公司	Share-holding Corporations Ltd. with Investment				
其他港澳台商投资企业	Other Enterprises with Investment from Hong Kong, Macao and Taiwan				
外商投资企业	**Foreign Funded Enterprises**	**14**	**1616**	**368.2**	**1.0**
中外合资经营企业	Joint-venture Enterprises	**5**	**889**	**109.9**	**…**

注：限额以上批发企业中，因包含了部分视同法人单位，账务指标数据存在资产≠负债+所有者权益的问题。

Main Indicators of Enterprises above Designated Size of Wholesale Trade by Status of Registration and Sector (2022)

(100 million yuan)

商品销售额 Total Sales Value	#出口 Exports	期末商品库存额 Stock (year-end)	资产总计 Total Assets	#流动资产合计 Total Current Assets	负债合计 Total Liabilities	所有者权益合计 Total Owners' Equities	营业收入 Business Income	营业成本 Operating Costs	税金及附加 Tax and Other Charges	营业利润 Operating Profit
19844.2	**180.1**	**646.9**	**7083.2**	**5837.0**	**5234.8**	**1842.3**	**17803.6**	**17046.7**	**113.8**	**230.9**
19331.3	**177.9**	**640.3**	**6865.3**	**5685.7**	**5128.0**	**1731.2**	**17340.7**	**16601.0**	**113.3**	**198.6**
1053.3	1.8	41.3	292.7	249.6	125.8	167.0	916.8	703.1	97.1	77.9
6.3		0.6	23.7	14.1	18.5	5.2	5.6	6.0	…	-0.5
3.7		0.6	7.3	5.3	3.9	3.5	3.2	2.9	…	…
8384.6	34.1	257.1	2450.8	2229.1	2072.5	376.8	7526.1	7358.7	6.1	44.5
809.2	17.2	23.8	340.1	281.2	269.1	71.1	722.7	709.5	0.7	-5.1
7575.4	16.9	233.3	2110.7	1947.9	1803.4	305.8	6803.4	6649.2	5.4	49.6
478.0	6.2	13.7	1197.7	600.8	609.3	588.4	420.6	407.6	0.8	2.8
9403.8	135.8	326.8	2892.6	2586.6	2298.0	590.0	8466.6	8121.2	9.3	73.8
27.6		1.2	9.3	8.3	7.6	1.7	24.0	22.8	…	0.1
2.5		0.2	1.0	1.0	0.7	0.3	1.8	1.7	…	…
9337.5	132.3	323.3	2867.2	2567.3	2281.8	580.9	8406.9	8065.7	9.2	73.3
36.1	3.5	2.1	15.0	10.1	7.8	7.2	33.8	31.0	0.1	0.3
1.7		…	0.4	0.2	0.1	0.3	1.7	1.6	…	…
131.7	**0.8**	**0.8**	**127.1**	**90.7**	**59.3**	**67.8**	**116.6**	**108.5**	**0.2**	**28.0**
1.2	0.8	…	0.5	0.1	0.25	0.2	1.1	1.1	…	…
130.5		0.8	126.6	90.6	59.0	67.6	115.5	107.5	0.2	28.0
381.2	**1.4**	**5.8**	**90.8**	**60.6**	**47.5**	**43.3**	**346.3**	**337.1**	**0.4**	**4.3**
112.9	**0.3**	**2.1**	**55.8**	**34.8**	**21.5**	**34.3**	**100.2**	**95.3**	**0.2**	**2.5**

a)For the financial data of wholesale enterprises above designated size, total assets may not equal to liabilities plus total owner's equities, due to the fact that there are some establishments which are regarded as enterprises .

14-2 续表

单位：亿元

指　　标	Item	法人企业(个) Number of Corporation Enterprises (unit)	年末从业人数(人) Engaged Persons at Year-end (person)	商品购进额 Total Purchases Value	#进口 Imports
中外合作经营企业	Cooperation Enterprises				
外资企业	Enterprises with Sole Fund	9	727	258.3	1.0
外商投资股份有限公司	Share-holding Corporations Ltd. with Foreign Investment				
其他外商投资企业	Other Foreign Funded Enterprises				
按国民经济行业分	**By Sector**				
农、林、牧、渔产品批发	Wholesale of Agricultural, Forestry, Livestock and Fishery Products	212	3357	449.6	5.1
食品、饮料及烟草制品批发	Wholesale of Food, Beverages and Tobaccos	461	22115	1016.3	10.4
#米、面制品及食用油批发	Wholesale of Rice, Flour and Edible Oil	80	2026	145.0	1.4
烟草制品批发	Wholesale of Tobaccos	15	8623	566.2	…
纺织、服装及家庭用品批发	Wholesale of Textiles, Wearing Apparel and Household Articles	202	7690	318.9	1.8
#服装批发	Wholesale of Garments	47	2924	92.9	0.5
日用家电批发	Wholesale of Household Electrical Appliances	33	671	121.5	
文化、体育用品及器材批发	Wholesale of Culture, Sports Appliances and Equipments	70	1973	108.0	
医药及医疗器材批发	Wholesale of Medicines and Medical Appliances	463	26161	1402.5	3.7
矿产品、建材及化工产品批发	Wholesale of Mineral Products, Building Materials and Chemical Products	2130	34875	14087.8	78.8
#煤炭及制品批发	Wholesale of Coal and Related Products	395	11908	3599.5	11.3
石油及制品批发	Wholesale of Petroleum and Related Products	170	5239	753.8	1.6
金属及金属矿批发	Wholesale of Metal Materials	855	9235	8059.7	16.8
建材批发	Wholesale of Building Materials	271	2947	437.9	9.2
化肥批发	Wholesale of Chemical Fertilizer	54	650	274.2	0.2
机械设备、五金产品及电子产品批发	Wholesale of Machinery, Hardware and Electronic Products	563	13526	724.2	3.9
#汽车及零配件批发	Wholesale of Motor Vehicles and Their Parts	237	4787	280.5	
计算机、软件及辅助设备批发	Wholesale of Computer, Software and Assistant Appliances	38	994	18.7	
贸易经纪与代理	Trade Broker and Agency	13	333	16.2	4.6
其他批发业	Other Wholesale not Classified Elsewhere	105	1575	456.0	

continued

(100 million yuan)

商品销售额 Total Sales Value	#出口 Exports	期末商品库存额 Stock (year-end)	资产总计 Total Assets	#流动资产合计 Total Current Assets	负债合计 Total Liabilities	所有者权益合计 Total Owners' Equities	营业收入 Business Income	营业成本 Operating Costs	税金及附加 Tax and Other Charges	营业利润 Operating Profit
268.2	1.11828	3.8	35.1	25.8	26.0	9.0	246.1	241.8	0.2	1.8
491.5	1.3	27.5	303.3	255.9	261.8	41.4	461.5	451.7	1.0	-7.0
1311.8	9.4	76.8	494.7	419.9	276.3	218.1	1175.5	919.8	97.7	87.7
151.0	1.2	14.5	99.5	89.6	82.6	16.6	141.0	135.2	0.1	0.6
806.4		33.6	185.8	165.3	42.7	143.1	712.3	503.3	96.7	78.1
324.3	41.8	44.2	231.7	202.5	144.1	87.5	294.5	275.2	0.3	16.0
89.7	16.6	11.6	63.5	47.6	29.8	33.7	82.0	75.5	0.1	0.8
120.8		24.3	124.2	112.9	79.3	44.8	107.2	103.2	0.1	14.5
112.4	3.6	9.4	91.9	65.6	55.1	36.7	107.1	79.0	0.1	4.6
1475.1	5.5	141.3	877.3	785.3	716.1	160.4	1318.4	1229.8	2.3	20.3
14869.4	63.5	254.5	4581.2	3653.8	3365.8	1210.5	13291.2	12996.8	11.0	101.1
3738.3	0.3	53.4	1663.3	1065.0	902.2	759.6	3358.6	3233.4	4.7	79.8
750.2	12.7	33.8	556.0	386.5	374.3	181.7	684.9	657.9	0.8	7.2
8638.9	13.0	87.9	1878.4	1764.7	1689.3	186.8	7681.0	7582.0	4.4	9.4
464.7	13.2	19.2	191.5	164.8	154.9	36.5	415.1	402.6	0.5	-0.4
277.8	0.5	34.9	112.9	106.5	103.4	9.0	255.2	249.9	0.1	0.5
774.1	44.6	58.9	364.2	323.9	291.5	72.9	715.1	670.4	0.8	9.2
300.0	0.9	30.4	148.7	127.6	122.5	26.1	281.7	270.8	0.2	…
20.8	…	2.8	14.9	12.3	9.9	4.9	19.2	17.3	…	0.2
18.5	9.1	0.8	5.3	5.0	4.3	1.0	17.5	16.1	…	…
467.0	1.4	33.4	133.8	125.3	119.9	13.6	423.0	408.0	0.7	-1.0

14-3 分市限额以上批发业企业主要指标(2022年)
Main Indicators of Enterprises above Designated Size of Wholesale Trade by City (2022)

单位：亿元 (100 million yuan)

市	City	法人企业(个) Number of Corporation Enterprises (unit)	年末从业人数(人) Engaged Persons at Year-end (person)	商品购进额 Total Purchases Value	#进口 Imports	商品销售额 Total Sales Value	#出口 Exports	期末商品库存额 Stock (year-end)
全　省	**Total**	**4219**	**111605**	**18579.5**	**108.2**	**19844.2**	**180.1**	**646.9**
石家庄市	Shijiazhuang	1164	35993	6774.3	70.0	6942.7	124.5	256.6
石家庄市①	Shijiazhuang①	1154	35733	6767.1	69.8	6935.3	124.3	255.5
唐 山 市	Tangshan	1086	21854	6041.3	23.1	6710.5	26.4	116.3
秦皇岛市	Qinhuangdao	191	5482	1383.9	4.1	1450.5	6.3	29.9
邯 郸 市	Handan	291	7020	582.3		645.4	0.4	23.6
邢 台 市	Xingtai	214	6301	401.0	0.4	457.6	2.2	25.8
保 定 市	Baoding	373	9181	524.4	2.3	578.6	3.9	43.0
保 定 市①	Baoding①	325	8179	434.7	1.6	478.8	3.6	37.7
张家口市	Zhangjiakou	92	2943	477.2	0.0	508.3		41.8
承 德 市	Chengde	66	3238	136.5		170.1		10.7
沧 州 市	Cangzhou	275	7629	1009.2	4.8	1065.4	8.9	40.4
廊 坊 市	Langfang	283	5932	924.3	3.1	966.0	5.8	32.9
衡 水 市	Hengshui	184	6032	325.0	0.5	349.2	1.7	25.7
定 州 市	Dingzhou	16	299	12.6		16.3		0.5
辛 集 市	Xinji	10	260	7.2	0.2	7.5	0.2	1.0

注：本表数据中石家庄市含辛集市，石家庄市①不含辛集市；保定市含定州市和雄安新区，保定市①不含定州市和雄安新区。以下相关表同。

a) Data in this table, Shijiazhuang includes Xinji, Shijiazhuang① excludes Xinji; Baoding includes Dingzhou and Xiongan, Baoding① excludes Dingzhou and Xiongan. The same applies to the table following.

14-3 续表 continued

单位：亿元 (100 million yuan)

市	City	资产总计 Total Assets	#流动资产合计 Total Current Assets	负债合计 Total Liabilities	所有者权益合计 Total Owners' Equities	营业收入 Business Income	营业成本 Operating Costs	税金及附加 Tax and Other Charges	营业利润 Operating Profit
全　省	**Total**	**7083.2**	**5837.0**	**5234.8**	**1842.3**	**17803.6**	**17046.7**	**113.8**	**230.9**
石家庄市	Shijiazhuang	2998.0	2299.7	2180.6	817.2	6206.5	5999.4	21.3	44.1
石家庄市①	Shijiazhuang①	2994.6	2296.9	2178.1	816.4	6199.4	5992.5	21.3	44.2
唐 山 市	Tangshan	1620.1	1436.4	1212.7	404.8	6017.8	5799.8	15.8	60.9
秦皇岛市	Qinhuangdao	354.3	288.1	217.7	136.5	1299.0	1250.0	6.2	43.7
邯 郸 市	Handan	208.2	193.5	166.9	40.7	567.4	530.6	11.4	8.0
邢 台 市	Xingtai	139.1	118.0	92.8	45.7	411.1	380.3	8.3	8.6
保 定 市	Baoding	279.3	240.9	197.2	81.0	515.8	462.5	15.5	27.7
保 定 市①	Baoding①	253.3	218.0	179.4	73.0	426.9	381.1	12.5	25.6
张家口市	Zhangjiakou	140.5	131.0	117.8	22.7	467.1	442.7	6.7	6.1
承 德 市	Chengde	106.2	83.4	92.0	14.3	153.2	133.5	5.1	-2.1
沧 州 市	Cangzhou	364.9	324.3	286.8	77.3	970.6	928.0	9.8	12.0
廊 坊 市	Langfang	744.4	607.8	571.0	173.1	879.6	835.2	8.2	14.3
衡 水 市	Hengshui	128.3	113.8	99.3	29.0	315.5	284.7	5.6	7.5
定 州 市	Dingzhou	5.2	2.9	2.0	3.2	14.5	11.6	1.3	0.9
辛 集 市	Xinji	3.4	2.8	2.6	0.8	7.2	6.9	0.0	-0.1

14-4 按登记注册类型和行业分限额以上零售业企业主要指标(2022年)

单位：万元

指标	Item	法人企业(个) Number of Corporation Enterprises (unit)	年末从业人数(人) Engaged Persons at Year-end (person)	商品购进额 Total Purchases Value	#进口 Imports
零售业合计	**Retail Trade**	**3616**	**265829**	**39366401**	**501817**
按登记注册类型分	**By Status of Registration**				
内资企业	**Domestic Funded Enterprises**	**3577**	**254346**	**33132976**	**419467**
国有企业	State-owned Enterprises	13	349	65110	3367
集体企业	Collective-owned Enterprises	21	458	63586	
股份合作企业	Cooperative Enterprises	12	1340	20013	
联营企业	Joint Ownership Enterprises				
国有联营企业	State Joint Ownership Enterprises				
集体联营企业	Collective Joint Ownership Enterprises				
国有与集体联营企业	Joint State-collective Enterprises				
其他联营企业	Other Joint Ownership Enterprises				
有限责任公司	Limited Liability Corporations	664	82851	11867280	280783
国有独资公司	State Sole-proprietorship Corporations	15	1940	134230	2939
其他有限责任公司	Other Limited Liability Corporations	649	80911	11733050	277844
股份有限公司	Share-holding Corporations Ltd.	25	15485	2698647	
私营企业	Private Enterprises	2841	153858	18415757	135316
私营独资企业	Private Sole-proprietorship Enterprises	254	3763	367898	453
私营合伙企业	Private Partnership Enterprises	41	433	44262	
私营有限责任公司	Private Limited Liability Corporations	2528	147291	17929812	134863
私营股份有限公司	Private Share-holding Corporations Ltd.	18	2371	73785	
其他企业	Other Enterprises	1	5	2583	
港、澳、台商投资企业	**Enterprises with Funds from Hong Kong, Macao and Taiwan**	**15**	**2475**	**808103**	**20518**
合资经营企业	Joint-venture Enterprises	3	718	282257	
合作经营企业	Cooperative Enterprises				
独资经营企业	Enterprises with Sole Fund	12	1757	525845	20518
投资股份有限公司	Share-holding Corporations Ltd. with Investment				
其他港澳台商投资企业	Other Enterprises with Investment from Hong Kong, Macao and Taiwan				
外商投资企业	**Foreign Funded Enterprises**	**24**	**9008**	**5425323**	**61832**
中外合资经营企业	Joint-venture Enterprises	1	1212	794330	
中外合作经营企业	Cooperation Enterprises				

Main Indicators of Enterprises above Designated Size of Retail Trade by Status of Registration and Sector (2022)

(10000 yuan)

商品销售额 Total Sales Value	#出口 Exports	期末商品库存额 Stock (year-end)	资产总计 Total Assets	#流动资产合计 Total Current Assets	负债合计 Total Liabilities	所有者权益合计 Total Owners' Equities	营业收入 Business Income	营业成本 Operating Costs	税金及附加 Tax and Other Charges	营业利润 Operating Profit
42862374	**9470**	**3985200**	**21234820**	**14072495**	**15355054**	**5598385**	**38616231**	**34068339**	**123186**	**660013**
35555228	**9470**	**3639426**	**18869753**	**13027854**	**14677943**	**3901050**	**32161520**	**28616462**	**111862**	**115868**
64121		5198	27594	15438	8361	19234	58386	53301	202	-30
70408		5257	21687	18449	17217	4470	65472	47173	98	876
19937		8092	50559	24571	16291	33631	18488	14580	213	-855
12682095		1146511	7128965	4935284	5405576	1707881	11601949	10314169	38697	44236
145851		16304	176219	133423	88825	87964	143508	102774	772	6821
12536244		1130207	6952746	4801861	5316752	1619917	11458440	10211395	37925	37415
2858624		164933	2430979	1369175	1714477	438006	2278198	1981967	12560	40188
19857445	9470	2309412	9209942	6664909	7516001	1697825	18136428	16202689	60093	31452
401539		25562	151056	111543	98732	51812	360988	325998	1576	6630
49589		2379	35631	17929	32155	3476	46268	40483	176	702
19257137	9470	2252023	8880767	6453746	7305016	1580147	17598816	15738272	57516	-2495.7
149180		29447	142487	81692	80097	62390	130355	97936	826	26615
2600		24	27	27	22	5	2600	2583		
850785		**67005**	**241565**	**125716**	**140348**	**101217**	**685939**	**610581**	**3537**	**6821**
297607		25833	140188	68742	59612	80576	185374	150113	3053	10487
553179		41172	101377	56974	80736	20642	500565	460468	484	-3666.4
6456361		**278768**	**2123502**	**918925**	**536763**	**1596118**	**5768773**	**4841295**	**7787**	**537324**
769135		55913	172830	40345	-309556.9	482387	698759	508290	839	158018

14-4 续表

单位：万元

指　　标	Item	法人企业(个) Number of Corporation Enterprises (unit)	年末从业人数(人) Engaged Persons at Year-end (person)	商　品购进额 Total Purchases Value	#进口 Imports
外资企业	Sole-proprietorship Enterprises	17	3207	3014460	61832
外商投资股份有限公司	Share-holding Corporations Ltd. with Foreign Investment	5	4544	1578162	
其他外商投资企业	Other Foreign Invested Enterprises	1	45	38370.9	
按国民经济行业分	**By Sector**				
综合零售	Integrated Retail	571	129185	7925848	81
#百货零售	Retail of General Merchandise	321	84501	5018877	
超级市场零售	Retail of Supermarkets	219	42569	2742895	81
食品、饮料及烟草制品专门零售	Special Retail of Food, Beverages and Tobaccos	174	4163	835626	601
纺织、服装及日用品专门零售	Special Retail of Textiles, Garments and Daily Consumer Articles	85	4556	493280	1043
#服装零售	Retail of Garments	42	2747	312853	1043
文化、体育用品及器材专门零售	Special Retail of Culture, Sports Appliances and Equipments	73	8200	645558	
#体育用品及器材零售	Retail of Sports Appliances and Equipments	4	139	28200	
图书、报刊零售	Retail of Books, Newspapers and Magazines	17	5347	407833	
医药及医疗器材专门零售	Special Retail of Medicines and Medical Appliances	267	36837	1500868	33
#西药零售	Retail of Western Medicines	237	34773	1407606	33
汽车、摩托车、零配件和燃料及其他动力销售	Retail of Motor Vehicles, Motorcycles, Parts, and Fuel and Other Powers	1814	70155	22331397	497525
#汽车新车零售	Retail of New Motor Vehicles	1362	51809	17015380	495640
机动车燃油零售	Retail of Fuel Oil of Motor Vehicles	414	17609	5187483	453
家用电器及电子产品专门零售	Special Retail of Household Electric Appliances and Electronic Products	419	9045	1402002	16
#日用家电零售	Retail of Household Electric Appliances	137	2685	539719	
计算机、软件及辅助设备零售	Retail of Computer, Software and Assistant Appliances	58	1041	133780	16
通信设备零售	Retail of Communication Equipments	81	2600	389922	
五金、家具及室内装饰材料专门零售	Special Retail of Hardware, Furniture and Interior Decoration Materials	51	640	396714	
货摊、无店铺及其他零售业	Stalls, Non-shop and Other Retails	162	3048	3835109	2519
#互联网零售	Retails on the Internet	131	2055	3747405	2519

continued

(10000 yuan)

商品销售额 Total Sales Value	#出口 Exports	期末商品库存额 Stock (year-end)	资产总计 Total Assets	#流动资产合计 Total Current Assets	负债合计 Total Liabilities	所有者权益合计 Total Owners' Equities	营业收入 Business Income	营业成本 Operating Costs	税金及附加 Tax and Other Charges	营业利润 Operating Profit
3716771		92851	904989	343074	594226	320141	3303114	3014029	4012	70600
1931058		125849	1028003	523988	240479	787524	1729990	1282435	2645	308338
39397.2		4155.1	17679.5	11518.2	11614.0	6065.5	36910.0	36542.0	290.8	368.1
9459008		875472	7402668	4089295	5925926	1484461	8173819	6558878	68343	79826
6284285		609158	5518529	2881499	4065659	1462853	5200362	4089398	57438	139890
2999273		254013	1798970	1129878	1791697	5011	2807902	2322819	10693	-57494
945454	1395	128181	540448	465185	358663	180581	854090	721660	1508	36995
571406		79926	533389	305557	519892	3889	521804	418721	2528	2412
363294		57453	438103	234082	460513	-22410.3	330916	264949	2101	3365
727582		143255	797817	611598	335312	462505	714283	550760	4175	50302
33205		10032	16311	15139	14165	2146	29486	22779	91	45
453482		50819	606809	447415	174671	432138	460737	335077	2401	47660
1927587		297715	1110172	901815	825490	278876	1727451	1338281	4493	68272
1814085		276395	1050895	847405	779238	265851	1621332	1250384	4252	64323
23501981	1032	2155465	9522402	6527022	6274510	2967985	21418605	19612189	37221	425897
16891797		1831934	6080030	4839623	5071634	1007014	15573397	14745678	28009	-118784.2
6475686		305008	3342144	1623500	1124251	1939367	5720273	4750205	9140	544202
1435772	3805	214270	777442	680113	653810	133635	1294889	1198750	1987	-21819
512176		55627	352713	306114	349758	14308	461863	433550	648	-16290
151791		23793	75700	71907	43185	32514	140147	125197	244	1729
408431		46813	137404	121509	102243	35162	374297	346565	334	-3984
409320	542	24882	84198	78008	58998	23764	397299	386783	1285	-428.7
3884264	2696	66034	466285	413901	402453	62688	3513991	3282316	1647	18558
3774230	2696	61505	406487	371714	370096	35248	3410366	3201440	1449	17135

14-5 分市限额以上零售业企业主要指标(2022年)

Main Indicators of Enterprises above Designated Size of Retail Trade by City (2022)

单位：万元 (10000 yuan)

市	City	法人企业(个) Number of Corporation Enterprises (unit)	年末从业人数(人) Engaged Persons at Year-end (person)	商品购进额 Total Purchases Value	#进口 Imports	商品销售额 Total Sales Value	#出口 Exports	期末商品库存额 Stock (year-end)
全　省	**Total**	**3616**	**265829**	**39366401**	**501817**	**42862374**	**9470**	**3985200**
石家庄市	Shijiazhuang	610	57805	9433637	150663	9783535	2698	1013456
石家庄市①	Shijiazhuang①	583	56243	9332999	150663	9667938	2698	999060
唐山市	Tangshan	415	28145	3819312	133760	4290201	542	394445
秦皇岛市	Qinhuangdao	169	12444	1455578	15780	1844984		188440
邯郸市	Handan	384	20413	3421878	11313	3532270		331230
邢台市	Xingtai	299	19180	2158997	24129	2304637	161	251069
保定市	Baoding	621	35401	5812883	82873	6057888	6069	564676
保定市①	Baoding①	522	30050	5440745	82873	5631977	6069	517484
张家口市	Zhangjiakou	164	8796	1509721	5279	1814235		116830
承德市	Chengde	157	12028	973501	7436	1402482		150838
沧州市	Cangzhou	284	36411	3386879	36255	3858270		438698
廊坊市	Langfang	339	17484	5576172	32905	6053400		363794
衡水市	Hengshui	174	17722	1817844	1426	1920473		171725
定州市	Dingzhou	44	3965	204811		228002		35007
辛集市	Xinji	27	1562	100638		115597		14397

14-5 续表 continued

单位：万元 (10000 yuan)

市	City	资产总计 Total Assets	#流动资产合计 Total Current Assets	负债合计 Total Liabilities	所有者权益合计 Total Owners' Equities	营业收入 Business Income	营业成本 Operating Costs	税金及附加 Tax and Other Charges	营业利润 Operating Profit
全　省	**Total**	**21234820**	**14072495**	**15355054**	**5598385**	**38616231**	**34068339**	**123186**	**660013**
石家庄市	Shijiazhuang	4698421	2982436	3164447	1530788	8562528	7423609	32904	184501
石家庄市①	Shijiazhuang①	4639679	2936184	3122031	1513419	8459897	7339701	32261	181394
唐山市	Tangshan	2301541	1357953	1522874	770636	3956948	3508330	11967	82994
秦皇岛市	Qinhuangdao	1015280	718729	752337	260490	1549283	1341019	4871	17088
邯郸市	Handan	1978225	1472996	1515104	460008	3200785	2836469	8752	80886
邢台市	Xingtai	1141968	751148	845755	291564	2094126	1860911	6934	15328
保定市	Baoding	2938803	2007239	1992272	672451	5405092	4776958	14946	84321
保定市①	Baoding①	2642494	1804193	1833124	552663	4999124	4429591	13498	75900
张家口市	Zhangjiakou	910819	606173	875164	33796	1715641	1576736	2946	-6060
承德市	Chengde	1071700	742276	917453	157297	1314903	1172912	3038	-20465
沧州市	Cangzhou	2439597	1675875	1520986	919208	3527179	2966938	19740	178140
廊坊市	Langfang	1728529	1193766	1347380	393493	5527940	5079982	8356	22042
衡水市	Hengshui	1009938	563904	901283	108655	1761807	1524473	8731	21238
定州市	Dingzhou	177953	113302	102037	75916	213629	178573	867	3919
辛集市	Xinji	58742	46252	42416	17369	102631	83907	643	3107

14-6 按登记注册类型分连锁批发和零售企业基本情况(2022年)
Basic Conditions of Chain Wholesale and Retail Enterprises by Status of Registration (2022)

指标	Item	总店数（个） Number of Head Stores (unit)	门店总数（个） Number of Stores (unit)	年末从业人数（人） Engaged Persons at Year-end (person)	年末零售营业面积（万平方米） Operating Area of Retail Enterprises at Year-end (10000 sq.m)	商品销售额（万元） Total Sales of Commodities (10000 yuan)	商品购进总额（万元） Total Purchases Value (10000 yuan)	统一配送商品购进额（万元） Centralized Purchase and Delivery (10000 yuan)
合　计	**Total**	**152**	**9102**	**57507**	**612.6**	**9664036**	**8221587**	**6172528**
内资企业	**Domestic Funded Enterprises**	**146**	**8450**	**54129**	**519.6**	**8066881**	**6783752**	**4746026**
国有企业	State-owned Enterprises	3	353	1497	66.8	608846	628775	628775
有限责任公司	Limited Liability Corporations	51	3649	21978	166.5	2890625	2242400	1692557
国有独资公司	State Sole-proprietorship Corporations	2	27	386	0.7	341631	330574	328059
其他有限责任公司	Other Limited Liability Corporations	49	3622	21592	165.8	2548993	1911826	1364498
股份有限公司	Share-holding Corporations Ltd.	17	1323	15514	213.5	3501032	2974290	1628992
私营企业	Private Enterprises	75	3125	15140	72.8	1066378	938288	795703
私营独资企业	Private Sole-proprietorship Enterprises	1	16	47	0.2	6436	4781	
私营合伙企业	Private Partnership Enterprises	1	18	72	0.4	3221	2478	2478
私营有限责任公司	Private Limited Liability Corporations	73	3091	15021	72.2	1056722	931029	793226
私营股份有限公司	Private Share-holding Corporations Ltd.							
港、澳、台商投资企业	**Enterprises with Funds from Hong Kong, Macao and Taiwan**	**1**	**118**	**526**	**…**	**37905**	**26847**	**26847**
独资经营企业	Sole-proprietorship Enterprises	1	118	526	…	37905	26847	26847
外商投资企业	**Foreign Funded Enterprises**	**5**	**534**	**2852**	**92.9**	**1559250**	**1410988**	**1399655**
中外合资经营企业	Joint-venture Enterprises	2	321	1843	63.7	1058881	1070895	1070895
中外合作经营企业	Cooperative Enterprises							
外资企业	Sole-proprietorship Enterprises	2	60	387	5.9	196151	77573	66240
外商投资股份有限公司	Share-holding Corporations Ltd.	1	153	622	23.4	304218	262521	262521

14-7 按行业和业态分连锁批发和零售企业基本情况(2022年)

Main Indicators of Chain Wholesale and Retail Enterprises by Sector and Business Categories (2022)

指　标	Item	总店数 (个) Number of Head Stores (unit)	门店总数 (个) Number of Stores (unit)	年末从业人数 (人) Engaged Persons at Year-end (person)	年末零售营业面积 (万平方米) Operating Area of Retail Enterprises at Year-end (10000 sq.m)	商品销售额 (万元) Total Sales of Commodities (10000 yuan)	商品购进总额 (万元) Total Purchases Value (10000 yuan)	统一配送商品购进额 (万元) Centralized Purchase and Delivery (10000 yuan)
总　计	**Total**	**152**	**9102**	**57507**	**613**	**9664036**	**8221587**	**6172528**
按行业分	**By Sector**							
批发业	**Wholesale Trade**	**14**	**858**	**4282**	**148.3**	**1889345**	**1081304**	**1029726**
纺织、服装及家庭用品批发	Wholesale of Textiles, Wearing Apparel and Household Articles	2	40	123	0.6	42864	4495	4495
医药及医疗器材批发	Wholesale of Medicines and Medical Appliances	1	8	25	0.1	7017	7077	7077
矿产品、建材及化工产品批发	Wholesale of Mineral Products, Building Materials and Chemical Products	10	800	3998	147.5	1785695	1031044	979466
机械设备、五金产品及电子产品批发	Wholesale of Machinery, Hardware and Electronic Products	1	10	136	0.1	53769	38687	38687
零售业	**Retail Trade**	**138**	**8244**	**53225**	**464.3**	**7774690**	**7140283**	**5142802**
综合零售	Integrated Retail	27	872	21540	160.1	1913687	1779150	574942
食品、饮料及烟草制品专门零售	Retail of Food, Beverages and Tobaccos	5	129	782	1.4	33808	22442	7867
纺织、服装及日用品专门零售	Special Retail of Textiles, Garments and Daily Consumer Articles	5	201	1193	2.1	126769	108504	64350
文化、体育用品及器材专门零售	Retail of Culture, Sports Appliances and Equipments	2	20	650	2.0	49806	48693	
医药及医疗器材专门零售	Retail of Medicines and Medical Appliances	78	5436	20432	58.3	1208479	963824	698039
汽车、摩托车、燃料及零配件专门零售	Retail of Motor Vehicles, Motorcycles, Fuel and Parts	15	1525	7792	231.0	4231171	3987759	3601162
家用电器及电子产品专门零售	Special Retail of Household Electric Appliances and Electronic Products	6	61	836	9.3	210970	229911	196442
按业态分	**By Business Categories**							
便利店	Convenience Store	3	404	680	3.2	32057	29978	29978
折扣店	Discount Store							
超　市	Supermarket	10	98	2360	14.1	141072	165420	136910
大型超市	Hypermarket							
仓储会员店	Warehouse Club	8	141	5315	24.3	462263	396798	194227
百货店	Department Store	5	139	12948	118.1	1272138	1178881	205754
专业店	Specialty Store	115	8060	34400	447.3	7593618	6312664	5561578
#加油站	Gas Station	25	2325	11790	378.6	6016867	5018803	4580628
专卖店	Franchised Store	7	169	1114	2.8	115926	89548	44081
家居建材商店	Building Material Store							
厂家直销中心	Factory Outlets Center							
其　他	Other Store	1	40	101	0.3	2289	3137	

14-8 分市连锁批发和零售企业基本情况
Main Indicators of Chain Wholesale and Retail Enterprises by City

年份 市	Year City	总店数 (个) Number of Head Stores (unit)	门店总数 (个) Number of Stores (unit)	年末从业人数 (人) Engaged Persons at Year-end (person)	年末零售营业面积 (万平方米) Operating Area of Retail Enterprises at Year-end (10000 sq.m)	商品销售额 (万元) Total Sales of Commodities (10000 yuan)	商品购进总额 (万元) Total Purchases Value (10000 yuan)	统一配送商品购进额 (万元) Centralized Purchase and Delivery (10000 yuan)
	2005	35	3738	37961	363.9	3331579	3053306	2897626
	2006	37	3779	39551	367.2	4397692	4020615	3849724
	2007	37	4363	43649	202.5	4132464	3670184	2413988
	2008	84	5205	57134	380.4	6371912	4653074	2543638
	2009	92	5528	55510	554.7	7071838	5682474	3807685
	2010	92	4168	48848	528.5	8391033	7073095	4602000
	2011	88	4168	49646	513.8	10542861	9581992	6312342
	2012	88	4299	51577	589.7	11005087	10288970	7414285
	2013	83	4362	52654	612.1	11070886	9493615	6348129
	2014	81	4537	53685	645.9	11453145	9887943	6889957
	2015	84	4750	52999	606.6	9890066	9195765	5902944
	2016	85	4935	51947	612.0	9397528	8684569	5416481
	2017	108	5879	55167	648.6	12370688	11314785	9207284
	2018	117	6557	57940	655.1	9963286	8612196	6485425
	2019	121	7404	58760	634.6	9595363	7999700	5910228
	2020	139	8387	60010	642.6	8150387	7954908	4854050
	2021	153	9497	61575	651.7	8413966	6988845	5003830
	2022	152	9102	57507	613	9664037	8221588	6172530
石家庄市	Shijiazhuang	31	2432	18883	166.7	2773079	2666581	1663218
唐 山 市	Tangshan	23	1602	7093	122.7	1511462	1485998	1314814
秦皇岛市	Qinhuangdao	25	966	7448	66.3	709113	541624	483679
邯 郸 市	Handan	4	270	2419	41.2	550113	610322	596235
邢 台 市	Xingtai	12	355	1349	10.8	412411	368756	363478
保 定 市	Baoding	18	856	7111	37.8	1195787	1088254	550240
张家口市	Zhangjiakou	10	334	2259	5.6	294011	219093	144831
承 德 市	Chengde	2	182	1073	27.6	459382	104357	52779
沧 州 市	Cangzhou	9	966	4100	21.2	614200	480123	428192
廊 坊 市	Langfang	9	564	4180	62.8	726361	295579	214163
衡 水 市	Hengshui	9	575	1592	49.9	418118	360901	360901

14-9 亿元以上商品交易市场基本情况(2022年)
Main Indicators on Commodity Exchange Markets of Transaction Value over 100 Million Yuan (2022)

市场	Market	市场数量(个) Number of Markets (unit)	市场摊位总数(个) Total Number of Market Booths (unit)	营业面积(万平方米) Operating Area (10000 sq.m)	成交额(亿元) Turnover (100 million yuan)		
						批发市场 Whole-sale	零售市场 Retail
总计	**Total**	**161**	**263481**	**2363.5**	**5834.5**	**5689.2**	**145.3**
综合市场	**Integrated Markets**	**46**	**56419**	**419.6**	**1083.6**	**1009.0**	**74.6**
生产资料综合市场	Production Comprehensive Market	2	1133	41.8	65.6	63.5	2.1
工业消费品综合市场	Industrial Consumable Comprehensive Markets	8	14900	126.8	406.1	362.5	43.5
农产品综合市场	Farm Produce Comprehensive Markets	25	28531	182.3	466.0	462.3	3.7
其他综合市场	Other Comprehensive Markets	11	11855	68.7	146.0	120.7	25.3
专业市场	**Special Markets**	**115**	**207062**	**1943.9**	**4750.9**	**4680.2**	**70.7**
生产资料市场	Production Markets	25	23162	449.8	797.7	795.4	2.3
农业生产用具市场	Agricultural Production Equipment Markets	2	2291	43.0	148.3	148.3	
建材市场	Building Material Markets	5	2191	88.1	14.0	11.7	2.3
化工材料及制品市场	Chemical Materials and Products Markets	2	790	6.5	47.5	47.5	
金属材料市场	Metal Materials Markets	10	15301	283.1	550.3	550.3	
机械设备市场	Mechanical Equipments Markets	4	1518	25.1	32.4	32.4	
其他生产资料市场	Others	2	1071	4.0	5.3	5.3	
农产品市场	Farm Produce Markets	39	88660	406.1	2217.0	2212.1	4.9
粮油市场	Grain and Oil Markets	2	270	24.0	9.5	9.5	
肉禽蛋市场	Meat, Poultry and Eggs Markets	2	946	21.5	96.1	96.1	
水产品市场	Aquatic Products Markets	4	3853	35.2	18.8	13.9	4.9
蔬菜市场	Vegetables Markets	22	44596	204.1	373.1	373.1	
干鲜果品市场	Dried and Fresh Melons and Fruits Markets	5	21880	78.4	1620.7	1620.7	
棉麻土畜、烟叶市场	Cotton, Local & Livestock Products, and Tobacco Markets	2	16309	36.0	94.9	94.9	
其他农产品市场	Others	2	806	6.9	3.9	3.9	
食品、饮料及烟酒市场	Food, Beverages, Tobacco and Liquor Markets						
食品饮料市场	Food and Beverages Markets						
纺织、服装、鞋帽市场	Textiles, Clothing, Shoes and Hats Markets	16	42531	405.8	831.6	820.2	11.4
布料及纺织品市场	Cloth and Textiles Markets	2	2845	60.2	133.2	133.2	
服装市场	Clothing Markets	12	38646	344.7	695.3	683.9	11.4
鞋帽市场	Shoes and Hats Markets	1	420	0.7	1.9	1.9	
其他纺织服装鞋帽市场	Others	1	620	0.2	1.2	1.2	
日用品及文化用品市场	Daily Use Articles and Cultural Goods Markets	3	16194	34.0	84.8	84.8	
小商品市场	Merchandise Markets	2	10179	13.5	50.5	50.5	
箱包市场	Luggage Markets	1	6015	20.5	34.3	34.3	
电器、通讯器材、电子设备市场	Electrical Appliances, Communication Appliances and Electronical Appliances Markets						
通讯器材市场	Communication Appliances Markets						
医药、医疗用品及器材市场	Medicine, Medical Materials and Medical Instruments Markets	1	12000	36.0	385.0	385.0	
中药材市场	Chinese Medicine Markets	1	12000	36.0	385.0	385.0	
家具、五金及装饰材料市场	Furniture, Hardware and Decoration Materials Markets	16	12133	424.7	257.7	243.6	14.1
家具市场	Furniture Markets	7	6998	354.4	93.4	80.4	13.0
装饰材料市场	Decoration Materials Markets	5	1736	26.5	13.8	12.7	1.1
五金材料市场	Hardware Materials Markets	2	3158	34.4	131.4	131.4	
其他装修市场	Others	2	241	9.5	19.1	19.1	
汽车、摩托车及零配件市场	Cars, Motorcycles and Spare Parts Markets	10	5087	73.1	99.9	61.9	38.0
汽车市场	Cars Markets	4	1906	27.4	36.1		36.1
摩托车市场	Motorcycles Markets	1	785	5.0	2.9	2.9	
机动车零配件市场	Vehicle Spare Parts Markets	5	2396	40.7	60.9	59.0	1.9
花、鸟、鱼、虫市场	Flower, Bird, Fish and Insects Markets						
花卉市场	Flower Markets						
其他专业市场	Others	5	7295	114.3	77.3	77.3	

14-10 亿元以上商品交易市场摊位分类情况(2022年)
Classification of Commodity Exchange Markets of Transaction Value over 100 Million Yuan (2022)

类别	Classification	年末出租摊位数(个) Number of Rented Booths at Year-end (unit)	成交额(亿元) Turnover (100 million yuan)	批发市场 Wholesale	零售市场 Retail
总计	**Total**	**214544**	**5834.5**	**5689.2**	**145.3**
粮油、食品类	Grain and Oil, Food	85200	2591.9	2575.7	16.2
#粮油类	Grain and Oil	3481	101.7	97.2	4.5
肉禽蛋类	Meat, Poultry and Eggs	4767	154.8	152.7	2.1
水产品类	Aquatic Products	3271	44.7	39.0	5.7
蔬菜类	Vegetables	48702	942.3	941.2	1.2
干鲜果品类	Dried and Fresh Melons and Fruits	23308	1344.5	1342.9	1.6
饮料类	Beverages	2056	24.1	20.7	3.4
烟酒类	Tobacco and Liquor	1757	30.0	25.3	4.7
服装鞋帽、针、纺织品类	Clothing, Shoes, Hats, Knitwear and Textiles	42606	838.7	812.9	25.8
服装类	Clothing	34193	564.0	545.3	18.7
鞋帽类	Footwear and Hats	3222	28.4	24.8	3.6
针、纺织品类	Knitwear and Textiles	5191	246.3	242.8	3.5
化妆品类	Cosmetics	555	6.5	6.0	0.5
金银珠宝类	Gold, Silver and Jewellery	53	1.9	0.2	1.7
日用品类	Articles for Daily Use	10244	205.1	189.4	15.7
五金、电料类	Hardware & Electrical Materials	4109	176.0	175.2	0.7
体育、娱乐用品类	Sports & Recreational Articles	437	16.8	15.4	1.3
#照相器材类	Photographic Equipment	24	0.2		0.2
书报杂志类	Newspapers and Magazines	91	1.9	1.8	0.0
电子出版物及音像制品类	E-journal and Video Products	11	0.1		0.1
家用电器和音像器材类	Household Appliances and Video Equipments	793	18.0	13.5	4.5
中西药品类	Traditional Chinese and Western Medicine	7076	385.3	385.2	0.1
#西药类	Western Medicine	42	0.2	0.2	0.1
中草药及中成药类	Traditional Chinese	7023	385.1	385.0	0.0
文化办公用品类	Cultural and Official Goods	2292	121.7	116.1	5.6
#计算机及其配套产品	Computer and Corollary Equipment	12	0.1	0.0	0.0
家具类	Furniture	5506	109.5	94.6	14.9
通讯器材类	Communication Appliances	1423	81.7	78.0	3.7
木材及制品类	Wood and Wooden Products	20	0.0	0.0	0.0
石油及制品类	Petroleum and Related Products	3	0.1		0.1
化工材料及制品类	Chemical Materials and Related Products	994	74.9	74.9	0.0
#化肥类	Fertilizer	138	5.6	5.6	0.0
金属材料类	Metal Materials	14667	551.0	550.8	0.2
建筑及装潢材料类	Building and Decoration Materials	3833	52.0	47.5	4.5
机电产品及设备类	Mechanical & Electrical Products and Equipment	2852	152.2	152.2	0.0
#农机类	Agricultural Machinery	1298	119.4	119.4	0.0
汽车类	Automobile	4729	128.2	89.8	38.5
种子饲料类	Seed and Feedstuff	84	1.4	1.4	0.0
棉麻类	Cotton and Hemp	2	0.0		0.0
其他类	Others	22950	247.0	244.2	2.8

14-11 分市社会消费品零售总额
Total Retail Sales of Consumer Goods by City

市	City	2020		2021		2022	
		社会消费品零售总额(亿元) Total Retail Sales of Consumer Goods (100 million yuan)	增长(%) Growth Rate (%)	社会消费品零售总额(亿元) Total Retail Sales of Consumer Goods (100 million yuan)	增长(%) Growth Rate (%)	社会消费品零售总额(亿元) Total Retail Sales of Consumer Goods (100 million yuan)	增长(%) Growth Rate (%)
全 省	**Total**	**12705**	**-2.2**	**13509.9**	**6.3**	**13720.1**	**1.6**
石家庄市	Shijiazhuang	2382.7	-3.3	2501.2	5.0	2548.4	1.9
石家庄市①	Shijiazhuang①	2279.6	-3.4	2392.5	5.0	2436.1	1.8
唐 山 市	Tangshan	2027.6	-3.2	2143.2	5.7	2190.4	2.2
秦皇岛市	Qinhuangdao	564.4	-3.6	592.5	5.0	597.2	0.8
邯 郸 市	Handan	1200.9	-2.2	1276.0	6.3	1301.6	2.0
邢 台 市	Xingtai	979.1	-0.7	1025.9	4.8	1028.0	0.2
保 定 市	Baoding	1553.3	-1.5	1700.3	9.5	1722.1	1.3
保 定 市①	Baoding①	1361.7	-1.5	1490.5	9.5	1505.5	1.0
张家口市	Zhangjiakou	562.3	0.5	640.7	14.0	641.4	0.1
承 德 市	Chengde	474.1	-2.5	500.9	5.7	510.8	2.0
沧 州 市	Cangzhou	1052.0	-3	1114.7	6.0	1143.7	2.6
廊 坊 市	Langfang	1330.1	0.2	1403.1	5.5	1409.9	0.5
衡 水 市	Hengshui	578.6	-2.2	611.3	5.7	626.6	2.5
定 州 市	Dingzhou	100.7		107.5	6.7	111.2	3.5
辛 集 市	Xinji	103.1	-3.3	108.8	5.5	112.3	3.2

14−12 亿元以上商品交易市场基本情况
Main Indicators of Commodity Exchange Markets with Transaction Value over 100 Million Yuan

年 份 / 市	Year / City	市场数量(个) Number of Markets (unit)	市场摊位总数(个) Total Number of Market Booths (unit)	营业面积(万平方米) Operating Area (10000 sq.m)	成交额(亿元) Turnover (100 million yuan)	批发市场 Wholesale	零售市场 Retail
	2000	247	329179	1604.7	1573.8	1251.9	322.0
	2005	240	286611	2049.1	2322.9		
	2006	247	287168	1979.7	2622.8	2259.1	363.7
	2007	265	292389	2312.9	3036.2	2679.9	356.4
	2008	281	339137	2481.1	3508.0	3260.0	248.0
	2009	259	305973	2343.0	3168.6	2905.4	263.2
	2010	281	338928	2599.0	4125.2	3867.8	257.3
	2011	278	338227	2670.4	4430.6	4112.8	317.7
	2012	268	335552	2862.0	4774.0	4475.9	298.1
	2013	253	336525	2872.4	4874.5	4551.4	323.1
	2014	244	355813	2699.8	5193.0	4886.6	306.4
	2015	236	362252	2621.2	5365.6	5064.5	301.1
	2016	225	348754	2656.6	5540.4	5248.9	291.5
	2017	217	327322	2644.7	5918.0	5628.4	289.7
	2018	200	278526	2307.2	5848.3	5574.3	274.0
	2019	190	291491	2360.3	5982.4	5716.1	266.3
	2020	178	289720	2355.1	5400.0	5198.3	201.7
	2021	168	274973	2329.8	5906.1	5730.9	175.1
	2022	161	263481	2363.5	5834.5	5689.2	145.3
石家庄市	Shijiazhuang	32	46825	418.0	1244.1	1181.4	62.6
石家庄市①	Shijiazhuang①	33	47775	438.0	1254.6	1191.9	62.6
唐 山 市	Tangshan	18	14450	92.6	250.7	229.2	21.5
秦皇岛市	Qinhuangdao	10	46357	128.9	196.4	188.7	7.7
邯 郸 市	Handan	18	21204	164.6	646.1	627.3	18.8
邢 台 市	Xingtai	10	13811	124.9	443.3	443.3	
保 定 市	Baoding	12	36226	199.1	1894.2	1893.1	1.2
保 定 市①	Baoding①	13	36466	207.4	1898.4	1897.2	1.2
张家口市	Zhangjiakou	8	4030	88.4	82.9	82.9	
承 德 市	Chengde	6	5541	45.2	74.3	64.5	9.7
沧 州 市	Cangzhou	23	51257	454.9	744.5	729.2	15.3
廊 坊 市	Langfang	14	17703	577.7	149.1	145.0	4.1
衡 水 市	Hengshui	8	4887	40.9	94.3	90.0	4.2
定 州 市	Dingzhou	1	240	8.3	4.1	4.1	
辛 集 市	Xinji	1	950	20.0	10.5	10.5	

主要统计指标解释

批发业 指向其他批发或零售单位（含个体经营者）及其他企事业单位、机关团体等批量销售生活用品、生产资料的活动，以及从事进出口贸易和贸易经纪与代理的活动，包括拥有货物所有权，并以本单位（公司）的名义进行交易活动，也包括不拥有货物的所有权，收取佣金的商品代理、商品代售活动；还包括各类商品批发市场中固定摊位的批发活动，以及以销售为目的的收购活动。

零售业 指百货商店、超级市场、专门零售商店、品牌专卖店、售货摊等主要面向最终消费者（如居民等）的销售活动，以互联网、邮政、电话、售货机等方式的销售活动，还包括在同一地点，后面加工生产，前面销售的店铺（如面包房）；谷物、种子、饲料、牲畜、矿产品、生产用原料、化工原料、农用化工产品、机械设备（乘用车、计算机及通信设备除外）等生产资料的销售不作为零售活动；多数零售商对其销售的货物拥有所有权，但有些则是充当委托人的代理人，进行委托销售或以收取佣金的方式进行销售。

批发和零售业商品购进、销售、库存额 指各种登记注册类型的批发和零售业企业（单位）以本企业（单位）为总体的，从国内、国外市场购进的商品总价，销售和出口的商品总价，库存的商品总价等情况。该指标可以反映商品流转过程中商品的购进、销售、库存之间的比例关系和存在的问题。

商品购进额 指从本企业以外的单位和个人购进（包括从国外直接进口）作为转卖或加工后转卖的商品金额（含增值税）。商品购进包括：（1）从工农业生产者、批发和零售业、住宿和餐饮业、出版社或报社的出版发行部门和其他服务业等企事业单位和个体经营户购进的商品；（2）从机关、社会团体购进的商品；（3）从海关、市场管理部门购进的缉私和没收的商品；（4）从居民收购的废旧商品等。不包括：（1）企业为本单位自身经营用，不是作为转卖而购进的商品，如材料物资、包装物、低值易耗品、办公用品等；（2）未通过买卖行为而收入的商品，如接受其他部门移交的商品、借入的商品、收入代其他单位保管的商品、其他单位赠送的样品、加工回收的成品等；（3）经本单位介绍，由买卖双方直接结算，本单位只收取手续费的业务；（4）销售退回和买方拒付货款的商品；（5）商品溢余；（6）期货交易商品。

进口 指直接从国外进口或委托外贸企业代理进口的商品金额，不包括从国内有关单位购进的进口商品。对外贸易企业只统计自主经营进口的商品，不统计受托代理进口的商品。

商品销售额 指对本单位以外的单位和个人出售的商品金额（包括售给本单位消费用的商品，含增值税）。商品销售包括：（1）售给个人和社会集团消费用的商品；（2）售给农业、工业、建筑业、服务业等国民经济各行业用于生产、经营用的商品，包括售予批发和零售业作为转卖或加工后转卖的商品；（3）对国（境）外直接出口的商品。不包括：（1）未通过买卖行为付出的商品，如因机构变动移交给其他企业单位的商品、借出的商品、归还受其他单位委托代保管的商品、付出的加工原料和赠送给其他单位的样品等；（2）促销返券所销售的、不计入营业收入的商品；（3）经本单位介绍，由买卖双方直接结算，本单位只收取手续费的业务；（4）未发生所有权转移的商品预付卡销售，如加油卡；（5）汽车维修、电话卡销售等服务性经济活动；（6）购货退回的商品；（7）商品损耗和损失；（8）出售本单位自用的废旧物资；（9）期货交易商品；（10）自来水供应企业、电力企业、天然气供应企业提供的水、电、气。

出口 指直接向国（境）外出口商品和委托外贸企业代理出口的商品金额，商品出口不包括售给外贸企业出口或加工后出口的商品，以及在国内市场以外币销售的商品。外贸企业只统计自主经营出口的商品，不包括受托代理出口的商品。

期末商品库存额 对于批发和零售业法人单位和个体经营户，是指报告期末取得所有权的全部商品金额（含增值税）；对于批发和零售业产业活动单位，是指报告期末实际在库且归属法人具有所有权的全部商品金额（含增值税）。库存商品包括：（1）存放在本单位(如门市部、批发站、采购站、经营处)的仓库、货场、货柜和货架中的商品；（2）挑选、整理、包装中的商品；（3）已记入购进而尚未运到本单位的商品，即发货单或银行承兑凭证已到而货未到的商品；（4）寄放他处的商品，如因购货方拒绝付款而暂时存在购货方的商品；（5）委托其他单位代销(未作销售或调出)尚未售出的商品；（6）代其他单位购进尚未交付的商品。不包括：所有权不属于本单位的商品；委托外单位加工的商品；外贸企业代理其他单位从国外进口，尚未付给订货单位的商品；代国家储备部门保管的商品。

连锁总店（总部） 指负责连锁企业资源（商号、商誉、经营模式、服务标准、管理模式等）的开发、配置、控制或使用等功能的企业核心管理机构。连锁经营是指经营同类商品或服务，使用统一商号的若干店铺，在同一总店（总部）的管理下，采取统一采购或特许经营等方式，实现规模效益的组织形式，包括直营连锁、特许连锁和自愿连锁三种形式。其中，直营连锁是指连锁店铺由连锁公司全资或控股开设，在总部的直接控制下，开展统一经营的连锁经营形式；特许连锁是指拥有注册商标、企业标志、专利、专有技术等经营资源的企业（特许人），以合同形式将其拥有的经营资源许可其他经营者（被特许人）使用，被特许人按合同约定在统一的经营模式下开展经营，并向特许人支付特许经营费用的连锁经营形式；自愿连锁是指若干个店铺或企业自愿组合起来，在不改变各自资产所有权关系的情况下，以同一个品牌形象面对消费者，以共同进货为纽带开展的连锁经营形式。

亿元以上商品交易市场 指年成交额在亿元及以上的商品交易市场。商品交易市场是指经有关部门和组织批准设立，有固定场所、设施，有经营管理部门和监管人员，若干市场经营者入内，常年或实际开业三个月以上，集中、公开、独立地进行生活消费品、生产资料等现货商品交易以及提供相关服务的交易场所，包括各类消费品市场、生产资料市场等。

社会消费品零售总额 指企业（单位、个体户）通过交易直接售给个人、社会集团非生产、非经营用的实物商品金额，以及提供餐饮服务所取得的收入金额。个人包括城乡居民和入境人员，社会集团包括机关、社会团体、部队、学校、企事业单位、居委会或村委会等。

网上零售额 指通过公共网络交易平台（包括自建网站和第三方平台）实现的商品和服务零售额之和。商品和服务包括实物商品和非实物商品（如虚拟商品、服务类商品等）。

Explanatory Notes on Main Statistical Indicators

Wholesale Trade refers to the activities of selling wholesale commodities for daily use and capital goods to enterprises of wholesale and retail trades (including self-employed individuals) and other enterprises, institutions and government organs and organizations, and the activities of engaging in import and export and acting as a trade agent. The wholesaler may have the ownership of the commodities for wholesale and trade in the name of its own (a company), and the wholesaler can act as commission agent or commodity broker without the ownership of commodities. Also included are the wholesale activities at the fixed stalls in wholesale market and the acquisition for sales purpose.

Retail Trade refers to the activities of department store, supermarket, franchised store, brand store, retail stall and on-the-spot-making-selling store selling commodities to the final consumers (residents) by any means including internet, post, telephone, sales machine. It also includes shops with sales and production located in the same places (such as bakeries). Retail trade excludes the activities of sales of capital goods such as grain, seed, feed, livestock, mineral products, raw material for production, industrial chemicals, chemical products for agricultural use, machine and equipment (excluding vehicles, computers and communication equipment). Most retailers have the ownership of commodities to sell, but some are acting as agents or brokers to make transactions for a commission.

Purchase, Sales and Stock of Commodities by Wholesale and Retail Trades refer to the total volume of commodities purchased, total volume of sales and exports, and the stock of commodities by wholesale and retail enterprises (establishments) of different status of registration from domestic and overseas markets. This indicator reflects the relationship among purchase, sales and stock of commodities in the circulation of goods and reveals the existing problems.

Total Purchases of Commodities refer to the total value of purchases of commodities by enterprises (establishments) from other establishments or individuals (including direct import from abroad) for the purpose of re-selling, either with or without further processing of the commodities purchased. The commodities include: (1) commodities purchased from agricultural and industrial producer, wholesaler, retailer, publishing house and other enterprises, institutions and individual operators of service business; (2) commodities purchased from institutions and government departments; (3) confiscated goods purchased from the customs authorities or market management agencies; (4) second-hand goods and wastes purchased from residents; The commodities exclude (1) commodities purchased by enterprises (establishments) for use in their own business operation, commodities obtained without buying or selling procedures such as materials, consumable goods of low value, office appliance, etc. (2) received goods without trading, such as goods handed over from others, borrowed goods, preserved goods for others, donated goods from others, processed and retrieved goods, etc. (3) goods of direct settlement between buyer and seller with handling fees introduced by others, (4) goods returned or refused to pay by the buyer, (5) excessive goods, (6) futures trading commodities.

Import refers to the amount of goods imported directly from abroad or imported entrusted to foreign trade enterprises as agents, excluding imports purchased from relevant domestic units. Foreign trade enterprises only count imported goods independently, not imported goods entrusted by agents.

Total Sales of Commodities refer to value of commodities sold by the establishments to other establishments and individuals (including goods sold for self consumption, including the value-added tax). The commodities include: (1) commodities sold to individuals and social groups for their consumption; (2) commodities sold to establishments in all industries for their production and operation, including agriculture, industry, construction, and catering services including commodities sold to wholesale and retail establishments for re-selling, with or without further processing; and (3) commodities for direct export to abroad. Excluded are (1) extended commodities without trading, such as goods handed over to other enterprises and institutions because of the change of organizations, lent goods, returned goods preserved for others, extended processing materials and samples donated to others, (2) goods sold by coupon rebates that are not included in business income, (3) goods of direct settlement between buyer and seller with handling fees introduced by others, (4) prepaid cards for goods without transfer of ownership, such as gas cards, (5) Service-oriented economic activities such as automobile maintenance and telephone card sales, (6) goods returned after purchase, (7) damaged and spoiled goods, (8) waste and used goods of self use, (9) futures trading commodities, (10) water, electricity and gas supplied by water supply enterprises, electric power enterprises and natural gas supply enterprises.

Export refers to the amount of goods exported directly to foreign countries (borders) or exported entrusted to foreign trade enterprises as agents. Commodity export does not include goods sold to foreign trade enterprises for export or exported after processing, as well as goods sold in foreign currencies in the domestic market. Foreign trade enterprises only count the goods they export independently, excluding those exported by trusted agents.

Total Stock of Commodities at End of Period For the legal entities and self-employed individuals engaged in wholesale and retail trade, it refers to total value (including VAT) of commodities possessed at the end of the reference period; and for wholesale and retail establishments, it refers to the value (including VAT) of all commodities actually in stock and owned by their legal persons at the end of reference period. The commodities in stock includes: (1) commodities located in storage, garages, counters, and shelves of operating places of wholesale and retail trades (such as sale stores, wholesale centres, procurement stations and operating offices); (2) commodities in the process of being selected, sorted, and packed; (3) commodities not arrived but recorded as purchase in the account, i.e. commodities not arrived but payment receipts for the commodities from the sellers or the banks arrived; (4) commodities deposited in other places rather than places mentioned above, for instance: commodities in the hold of purchasers temporarily due to the refusal of payment; (5) commodities entrusted to other units to sell but not sold yet; (6) commodities purchased for other units but not delivered yet. Commodities not included as stock are those not owned by the enterprises (units), commodities on commission for processing, imported commodities of agency of foreign trade enterprise but not yet delivered to ordering units and finally those put in stock on behalf of the state reserves units.

Chain Head Stores (headquarter) refer to the core leading stores responsible for development, allocation, administration and utilization of resources (name of stores, brand of stores, operation model, service standard, management way, etc.) of chain stores. Chain stores refers to the stores engaged in providing homogeneous commodities or services, with the central leadership of head store (headquarters) and guided by common policies, conduct centralized purchase and distributed selling of commodities, in order to gain better efficiency through standardized operation. The chain stores include regular chain stores, franchise chain stores and voluntary chain stores.

Regular Chain store refers to chain stores that are invested or controlled by the headquarters. They operate under direct and unified management from the headquarters.

Franchise chain store refers to the chain stores (franchisees) which are franchised with operation resources such as trade marks, names, patent and operation know-how by the franchisors in form of contract and pay the operation fees to the franchisors.

Voluntary chain store refers to the stores operate jointly on the voluntary bases while maintaining their status of independent legal entities with full ownership of their assets. They sell goods of same brand from same channel of resource to the consumers.

Large Commodity Markets with Transaction Value over 100 Million Yuan refers to the commodity markets with an annual transaction at and above 100 million. The commodity market refers to the markets approved and managed by related departments, where there are fixed sites, facilities, managers and administration offices, where there are a certain number of traders to operate for three month and above or all the year, where the commodities including the articles for daily consumption and capital goods and services are traded in a centralized, independent and open way. Such market includes markets of daily goods and market of capital goods, etc.

Total Retail Sales of Consumer Goods refer to the amount obtained by enterprises (units, self-employed individuals) through direct sales of non-production and non-business physical commodity to individuals, social institutions, and revenue from providing catering services. Individuals include rural and urban households, population from abroad, social institutions include government agencies, social organizations, military units, schools, institutions, neighbourhood (village)committees.

Online Retail Sales refer to the total retail sales of goods and services through public online trading platforms (including self-built websites and third-party platforms). Goods and services include physical goods and non-physical goods (such as virtual goods, service goods, etc.).

运输和邮电

Transport, Post and Telecommunication Services

简 要 说 明

一、本篇资料反映河北省交通运输业和邮政、电信发展的基本状况。

二、交通运输业资料主要包括：运输线路里程、运输设备拥有量，各种运输方式完成的货物运输量和旅客运输量，规模以上港口码头长度、泊位数量及货物吞吐量等资料。

邮政、电信资料主要包括：全省邮政、电信主要通信能力，主要的邮电业务完成情况，邮电通信发展水平主要指标等资料。

三、本篇资料由河北省统计局服务业统计处、河北省通信管理局整理提供。

四、资料整理：朱丽静　马辉

Brief Introduction

Ⅰ.The data in this chapter show the basic situation of the development of Hebei Province's transportation industry, postal service and telecommunication.

Ⅱ.Transportation data mainly include: mileage of transportation lines, ownership of transportation equipment, volume of cargo and passenger transportation completed by various modes of transportation, length of ports above designated size, number of berths and throughput of cargo, etc.

Postal and telecommunications data mainly include: the province's business outlets and postal and postal routes, the main telecommunications capacity, the main completion of postal and telecommunications services, and the development level of postal and telecommunications major indicators.

Ⅲ. This data is collated and provided by Services Statistics Division of Hebei Province Statistics Bureau and Hebei Provincial Bureau of Communications.

Ⅳ.Data collection: Zhu Lijing, Ma Hui.

15−1 运输线路长度
Length of Transportation Routes

单位：公里 (km)

年　份 Year	公路通车里程 Total Length of Highways	#高速公路 Expressway	内河通航里程 Length of Navigable Inland Waterways	地方铁路里程 Length of Local Railways	中央铁路营业里程 Length of National Railways
1978	40260		177	562.7	2012.5
1980	39883		29	572.8	2087.7
1985	40698			721.6	2481.1
1990	43640	7	75	691.5	2815.3
1995	51630	229	75	770.0	3076.3
2000	59152	1480	75	554.8	3474.2
2005	75894	2135	286	1207.0	3675.9
2006	143778	2329	286	1489.1	3594.9
2007	147265	2853	286	1522.7	3675.1
2008	149504	3234	286	1605.4	3670.0
2009	152135	3303	286	2152.8	3670.0
2010	154344	4307	286	2124.1	3704.0
2011	156965	4756	286	2172.4	3707.5
2012	163045	5069	286	2174.8	3711.5
2013	174492	5618	286	2193.4	3711.0
2014	179200	5888	286	2212.1	3712.1
2015	184553	6333	1183	2242.9	
2016	188431	6502	1183	2330.2	
2017	191693	6531	1183	2350.0	
2018	193252	7280	1183	2455.2	
2019	196983	7476	1183	2448.0	
2020	204737	7809	1183	2332.7	
2021	207049	8084	1183	2327.1	
2022	209209	8326	1183	2327.1	

15−2 交通运输工具拥有量
Number of Transportation Tools

指　标	Item	2015		2020		2022	
		合　计 Total	#个　人 Private	合　计 Total	#个　人 Private	合　计 Total	#个　人 Private
汽　车(辆)	Vehicles (unit)	11371345	10361729	17631270	16212938	19829074	17686302
载客汽车	Passenger Vehicles	9233310	8732308	15119373	14443805	16720834	15850659
#轿　车	Saloon Cars	6492873	6214163	10582303	10220941	11613520	11142269
载货汽车	Trucks	1466413	1034078	2273464	1586014	2437469	1698969
#普通载货	Ordinary Trucks	760073	636051			1102252	926240
其他汽车	Others	671622	595343	238433	183119	670771	136674
摩托车(辆)	Motorcycle (unit)	2998683	2856850	768145	752365	807812	780934
拖拉机(辆)	Tractors (unit)	1636978		1430791		934989	
挂　车(辆)	Combination Vehicle (unit)	412347	164136	595299	244694	567201	244521
运输船舶	Transport Vessels						
货　船(艘)	Freighter (unit)	146	80	124		123	
净载重量(吨位)	Deadweight Cargo Tonnage (ton)	3692744	770955	2104781		2665335	
拖　船(艘)	Tow-boat (unit)	5				1	
功　率(千瓦)	Drawing Power (kW)	13850				1940	
货运驳船(艘)	Barges (unit)	1					
净载重量(吨位)	Dead Weight Tonnage (ton)	1300					

15-3 民用汽车拥有量
Possession of Civil Vehicles

单位：万辆 (10000 units)

年 份 Year	民用汽车总计 Civil Vehicles	#载客汽车 Passenger Vehicles	#载货汽车 Trucks	#私人汽车总计 Private Vehicles	#载客汽车 Passenger Vehicles	#轿车 Cars	#载货汽车 Trucks
1978	6.9	1.3	5.1				
1980	9.3	1.7	6.9				
1985	17.8	3.5	13.3	2.8	0.2		2.5
1990	35.6	9.2	25.5	7.7	2.6		5.1
1995	72.6	23.6	44.5	26.7	10.5		12.6
1996	69.4	26.7	38.3	26.4	13.9		9.2
1997	77.3	31.9	41.1	32.6	18.5		11.0
1998	81.0	36.0	43.5	38.7	22.5		16.0
1999	91.1	42.0	47.6	41.7	26.4		15.3
2000	104.1	50.2	52.4	51.7	33.1		18.6
2001	119.9	59.9	58.5	63.4	41.2		22.1
2002	135.7	71.6	53.8	70.8	53.1		22.5
2003	155.6	87.4	56.1	95.1	66.1		30.9
2004	180.9	103.1	59.0	112.7	79.4		26.7
2005	282.9	120.0	70.9	198.9	97.0	44.6	34.5
2006	301.7	149.5	70.4	221.2	123.8	62.5	37.4
2007	345.2	185.3	75.1	260.6	156.2	85.9	41.6
2008	388.6	220.0	79.9	300.0	188.0	108.7	46.4
2009	625.8	286.1	104.4	379.0	248.1	149.3	62.7
2010	719.9	365.4	121.5	470.6	323.3	199.5	79.1
2011	832.5	463.4	137.2	577.1	416.2	266.5	92.3
2012	957.6	568.1	153.4	694.3	516.7	341.4	105.0
2013	1035.6	660.2	150.0	781.8	612.0	423.4	105.1
2014	995.3	780.6	143.5	895.4	732.0	516.4	100.4
2015	1137.1	923.3	146.6	1036.2	873.2	621.4	103.4
2016	1291.7	1077.1	163.3	1186.6	1026.9	731.4	114.7
2017	1413.8	1207.3	174.3	1304.9	1155.2	823.6	121.8
2018	1552.5	1330.4	193.4	1433.0	1273.4	903.6	135.4
2019	1666.7	1429.8	211.0	1536.8	1367.1	970.7	148.7
2020	1763.1	1511.9	227.3	1621.3	1444.4	1022.1	158.6
2021	1903.2	1593.3	241.2	1698.7	1516.2	1070.9	166.9
2022	1982.9	1672.1	243.7	1768.6	1585.1	1114.2	169.9

15-4 民用车辆拥有量(2022年)
Possession of Civil Motor Vehicles (2022)

单位：辆 (unit)

指标	Item	总计 Total	营运 Working	进口 Import	#个人 Private
全省总计	**Total**	**22139126**	**2061082**	**444021**	**18711760**
汽车	Civil Vehicles	19829074	1481737	429223	17686302
载客汽车	Passenger Vehicles	16720834	149676	425187	15850659
#大型	Large Scale	62855	45486	229	3606
中型	Medium Scale	17809	3513	304	4538
小型	Small Scale	16443948	100638	419242	15658839
#轿车	Cars	11613520	97049	163786	11142269
载货汽车	Trucks	2437469	1286808	3680	1698969
#重型	Heavy Scale	756133	740255	539	327427
中型	Medium Scale	26655	18381	16	14448
轻型	Light Scale	1654122	528137	3120	1356665
#普通载货	Ordinary Trucks	1102252	337073	2390	926240
其他汽车	Other Vehicles	670771	45253	356	136674
#三轮汽车	Tricycle Motors	375805	24814		59238
低速汽车	Low Speed Vehicles	202899	13202		38044
电车	Tram	35	35		
摩托车	Motor	807812	14132	14739	780934
普通	Ordinary Motor	780611	14131	14737	754608
轻便	Light Motor	27201	1	2	26326
挂车	Freight Trailers	567201	565177	58	244521
其他类型车	Other Motor Vehicles	15	1	1	3
拖拉机	Tractor	934989			

15-5 民用航空发展基本情况
Main Indicators of Civil Aviation

指标	Item	2005	2010	2015	2020	2022
定期航班航线条数(条)	Number of Regular Civil Aviation Routes (line)	25	56	74	229	201
国际航线	International Routes	1	1	4	20	1
国内航线	Domestic Routes	24	55	70	209	200
#港澳地区航线	Regional Routes	1	2	2	2	
民用机场数(个)	Number of Civil Airports (unit)	2	4	5	6	6
国外通航国家和地区(个)	Countries and Regions in International Air Navigation (unit)	1	1	3	17	1
#通航城市	Cities	1	1	4	22	1
民航机场旅客吞吐量(万人)	Passenger Traffic (10000 persons)	47	308.39	684.86	1046.80	685.95

15-6 客 运 量
Passenger Traffic

单位：万人 (10000 persons)

年 份 Year	总 计 Total	铁 路 Railways	公 路 Highways	水 运 Waterways	民 航 Civil Aviation
1990	25745	5034	20525	183	4.0
1995	36714	4655	32038		21.0
2000	65255	4902	60341		12.0
2001	72229	4841	67377		10.7
2002	76094	5004	71081		9.1
2003	65219	4441	60767		10.7
2004	77784	5270	72500		13.8
2005	80918	5492	75402		23.8
2006	83988	6024	77931		33.3
2007	88935	6238	82648		48.8
2008	94622	6816	87746		59.4
2009	77773	7194	70579		76.7
2010	90847	7558	83289		156.8
2011	99688	7601	91857		229.6
2012	105336	7846	97218		272.0
2013	102974	8762	93911		300.8
2014	61063	9571	51151	3.67	338.0
2015	53631	9706	43563	4.54	358.0
2016	51176	10771	39925	5.10	474.8
2017	50688	11527	38492	1.66	666.8
2018	48105	12211	35133	2.50	759.8
2019	45524	13013	31719	1.19	790.3
2020	18238	7102	10575		561.2
2021	15464	7931	7079		454.7
2022	8774	4114	4296		363.6

15-7 旅 客 周 转 量
Passenger-Kilometers

单位：亿人公里 (100 million passenger-km)

年 份 Year	总 计 Total	铁 路 Railways	公 路 Highways	水 运 Waterways
1990	358.09	249.44	108.44	0.20
1995	493.92	287.72	206.20	
2000	782.87	377.24	405.63	
2001	849.33	402.56	445.35	
2002	897.84	415.26	482.58	
2003	780.46	383.76	396.69	
2004	945.40	479.07	466.33	
2005	989.77	504.44	485.33	
2006	1068.57	552.45	516.12	
2007	1165.28	595.48	569.80	
2008	1236.65	639.17	597.47	
2009	1043.30	672.40	370.90	
2010	1172.86	730.61	442.25	
2011	1306.58	784.50	522.08	
2012	1369.20	791.03	578.17	
2013	1434.76	867.18	567.58	
2014	1276.66	985.91	290.48	0.28
2015	1213.21	944.43	268.43	0.34
2016	1238.12	993.55	244.18	0.39
2017	1282.66	1042.72	239.82	0.12
2018	1289.20	1061.40	227.61	0.19
2019	1311.11	1089.54	221.47	0.09
2020	603.57	520.47	83.10	
2021	682.13	615.67	66.46	
2022	382.21	345.37	36.84	

15-8 货 运 量
Freight Traffic

单位：万吨 (10000 tons)

年 份 Year	总 计 Total	铁 路 Railways	公 路 Highways	水 运 Waterways	民 航 Civil Aviation	管 道 Petroleum and Gas Pipelines	港口货物吞吐量 Volume of Freight Handled in Coastal Ports
1990	58203	11501	44258	363	0.10	2080	6960
1995	74214	12106	59860	404	…	1844	8815
2000	76808	12546	62321	571	3.09	1366	10771
2001	80835	14954	63696	945	3.80	1236	12558
2002	84315	15368	66655	1105	2.62	1184	14432
2003	80551	16646	61570	1172	2.48	1161	18002
2004	87265	18216	66227	1700	1.81	1120	22515
2005	91330	19051	68652	2539	1.45	1087	27341
2006	96784	19646	73263	2778	0.88	1096	33805
2007	104188	20920	79822	2162	0.77	1283	39962
2008	111383	23808	84486	1762	0.98	1326	44065
2009	136804	28308	106530	1008	1.16	958	50874
2010	177308	37964	135938	2149	1.68	1258	60344
2011	212330	41671	166680	2672	2.11	1305	71300
2012	242886	43429	195530	2590	2.40	1335	76234
2013	277840	49688	224319	2517	2.63	1313	88984
2014	238749	48063	185286	4041	2.52	1356	95029
2015	199192	17843	175637	4542	2.60	1168	91251
2016	210994	16313	189822	4458	2.33	399	95208
2017	229211	17100	207309	4413	2.10	386	108868
2018	249650	19580	226334	3352	2.19	382	115599
2019	242866	26823	211461	4160	2.58	419	116315
2020	247783	30806	211942	4575	5.63	455	120446
2021	269586	29205	227203	4800	1.51	8376	123427
2022	240636	30212	196727	5197	1.91	8497	127667

15-9 货 物 周 转 量
Ton-Kilometers

单位：亿吨公里 (100 million ton-km)

年 份 Year	总 计 Total	铁 路 Railways	公 路 Highways	水 运 Waterways	管 道 Petroleum and Gas Pipelines
1990	1546.47	1256.80	215.42	48.53	25.72
1995	2029.48	1534.74	397.36	67.88	29.50
2000	2325.85	1474.77	555.42	267.97	27.69
2001	2760.82	1613.04	608.01	512.70	27.07
2002	2862.79	1658.24	632.40	543.34	28.82
2003	3023.79	1787.73	591.60	612.19	32.28
2004	3796.05	1955.54	658.59	1150.00	31.93
2005	4750.64	2120.98	691.45	1908.07	30.14
2006	5157.40	2331.11	748.86	2051.41	26.02
2007	5507.02	2581.86	843.23	2057.28	24.64
2008	5209.01	2738.05	890.96	1554.62	25.38
2009	5981.61	2743.10	2998.49	216.82	23.21
2010	7673.09	3208.70	4011.23	432.11	21.05
2011	9840.50	4104.69	5219.28	495.04	21.49
2012	10844.84	4180.88	6133.47	509.60	20.89
2013	12003.78	4489.73	6972.94	519.81	21.29
2014	12968.80	4444.78	7019.56	1481.77	22.69
2015	12024.94	3633.01	6821.48	1551.86	18.59
2016	12339.25	3704.47	7294.59	1335.55	4.64
2017	13383.62	4278.36	7896.99	1203.91	4.37
2018	13876.71	4831.57	8550.15	490.88	4.12
2019	13568.30	4937.18	8027.16	599.04	4.92
2020	13734.86	4972.05	8103.25	654.65	4.91
2021	15525.22	5395.40	8650.10	724.00	755.72
2022	15018.43	5505.97	7890.34	837.90	784.23

15−10 沿海港口基本情况(2022年)
Main Indicators of Coastal Ports (2022)

港口名称	Name	合计 Total						设计吞吐能力(万吨) Design the Handling Capacity (10000 tons)	货物吞吐量(万吨) Volume of Freight Handled (10000 tons)
					#生产用 For Productive Use				
		码头长度(米) Length of Quay Line (m)	泊位个数(个) Number of Berths (unit)	#万吨级 10000 Tons Class	码头长度(米) Length of Quay Line (m)	泊位个数(个) Number of Berths (unit)	#万吨级 10000 Tons Class		
全　省	**Total**	**66071**	**291**	**212**	**64107**	**260**	**212**	**116852**	**127667**
唐 山 港	Tangshan	37219	145	129	36908	143	129	65375	76887
#京 唐 港	Jingtang	11754	45	40	11443	43	40	17252	27453
曹妃甸港	Caofeidian	25465	100	89	25465	100	89	48123	49435
秦皇岛港	Qinhuangdao	17246	93	44	16013	73	44	23569	19269
黄 骅 港	Huanghua	11606	53	39	11186	44	39	27908	31510

15−11 规模以上沿海港口货物分货类吞吐量(2022年)
Volume of Freight Handled in Coastal Ports above Designated Size by Type of Freight (2022)

单位：万吨 (10000 tons)

货物种类	Type of Freight	合计 Total	#外贸 Foreign Trade	出港量 Out-put	#外贸 Foreign Trade	进港量 In-put	#外贸 Foreign Trade
总　计	**Total**	**127667**	**34769**	**89293**	**1347**	**38374**	**33421**
煤炭及制品	Coal and Product	74253	2144	71805	131	2448	2013
石油、天然气及制品	Crude Petroleum Oil, Natural Gas and Product	2859	1806	262	10	2597	1796
#原油	Crude Oil	2095	1298	159		1935	1298
金属矿石	Metal Ores	27315	26068	619	11	26696	26056
钢　铁	Steel and Iron	5360	850	5020	658	340	192
矿建材料	Mineral Building Materials	8323	45	7350	41	973	3
水　泥	Cement	522		522			
木　材	Timber	150	129	24	5	126	123
非金属矿石	Nonmetal Ores	3045	2441	200	…	2844	2440
化肥农药	Chemical Fertilizers and Pesticides	282	222	248	201	34	21
盐	Salt	312	239	26		286	239
粮　食	Grain	432	399	13	5	419	394
机械、设备、电器	Machinery, Equipment and Electric Appliance	35	33	33	33	1	…
化工原料及制品	Industrial Chemicals and Product	217	99	214	98	2	1
有色金属	Non-ferrous Metals	1	…	1		…	…
轻工、医药产品	Light Industry and Medicines Product	74	74	…	…	74	74
农林牧渔业产品	Agriculture, Forestry, Animal Husbandry and Fishery Product	32	13	2	1	29	12
其　他	Others	4456	207	2953	151	1502	55
港口集装箱吞吐量(万标箱)	**Port Container Throughput (10000 TEUs)**	**498.26**	**10.82**	**248.81**	**5.42**	**249.46**	**5.39**

注：规模以上港口包括秦皇岛港、黄骅港和唐山港。

a) Coastal ports above designated size include Qinhuangdao, Huanghua and Tangshan.

15-12 邮电业务基本情况(年底数)

Basic Conditions of Postal and Telecommunication Services (End of Year)

年 份 Year	邮政局、所(处) Number of Postal and Offices (unit)	#设在农村的 Located in the Countryside	邮路总长度(万公里) Length of Postal Routes (10000 km)	移动电话用户(万户) Number of Mobile Telephone Subscribers (10000 subscribers)	#3G用户 3G Mobile Phone Subscribers	#4G用户 4G Mobile Phone Subscribers	移动互联网用户(万户) Mobile Internet Subscribers (10000 subscribers)	互联网宽带接入用户(万户) Broad Band Subscribers Port of Internet (10000 ports)
1978	1802	1511	16.5					
1980	1752	1434	17.0					
1985	2928	2588	2.6					
1990	2443	1078	2.8					
1995	2538	1869	3.5					
1996	2555	1820	3.7	24.7				
1997	2472	1863	3.9	44.8				
1998	2389	1750	3.9	86.5				
1999	2081	1455	4.0	139.7				
2000	2018	1390	4.1	279.4				
2001	2013	1371	4.1	543.4				
2002	1978	1312	4.5	840.8				
2003	1952	1272	5.3	1253.2				
2004	1955	1258	5.4	1512.9				
2005	1957	1242	4.7	1785.5				
2006	1986	1244	4.6	2251.0				
2007	1851	1110	4.9	2814.8				
2008	1876	1091	5.5	3214.1				
2009	1742	1098	6.4	3783.2	43.7			
2010	2054	1030	5.1	4353.6	166.8			
2011	2114	1001	5.2	5094.5	550.1			824.5
2012	1616	1024	5.2	5513.1	1077.2			963.9
2013	1617	1019	4.7	6006.2	2003.5			1031.6
2014	2273	1683	7.7	6229.1	2431.7			1127.6
2015	2470	1883	6.5	6139.9	1172.7	2107.4		1226.5
2016	2441	1875	7.2	7121.0	775.4	4034.7		1612.0
2017	2460	1906	8.7	7581.8	628.3	5199.0		1910.1
2018	2457	1906	10.2	8195.6	686.3	5920.0		2159.8
2019	2450	1904	11.2	8315.6	511.6	6596.5		2359.7
2020	2446	1893	13.0	8336	123.3	6740.9	7104.0	2534.4
2021	2452	1886	15.2	8643.5	105.5	5906.1	7512.5	2796.9
2022	2473	1894	16.9	8733.3		5621.9	7578.8	2992.6

注：邮路总长度1982年及以前是邮路及农村投递线路总长度之和。互联网上网人数2022年没有数据，可用移动互联网用户数代替7578.8万户。

a) Length of postal routes before 1983 included the length of postal routes and rural delivery routes.There is no data on the number of internet users in 2022, and the number of mobile internet users can replace 75.788 million households.

15-13 邮政和电信业务量
Business Volume of Postal Services and Telecommunications Services

年 份 Year	邮政业务总量(亿元) Business Volume of Postal Services (100 million yuan)	电信业务总量(亿元) Business Volume of Telecommunication Services (100 million yuan)	函 件(万件) Letters (10000 pcs)	报刊期发数(万份) Issue of Newspapers and Magazines (10000 copies)	快 递(万件) Express Deliveries (10000 pcs)	固定电话用户(万户) Fixed Telephone Subscribers (10000 subscribers)	移动短信业务量(亿条) Short Message Services (100 million messages)
1978		0.59	15417	267		8.0	
1980		0.64	15961	304		8.2	
1985		1.26	21639	580		16.3	
1990		5.56	23716	473		23.6	
1995		36.09	31471	504		189.3	
1996		48.50	30171	584		265.3	
1997		63.42	25858	589		328.8	
1998		88.51	25699	499		403.4	
1999		116.44	21235	1149		487.4	
2000		191.04	26302	522		667.3	
2001		167.01	31698	422	507.2	905.2	
2002		219.84	36078	508	488.3	1104.4	
2003		293.18	20056	484	651.0	1339.0	
2004		430.79	32623	451	739.9	1578.0	
2005		528.47	25742	378	842.9	1627.8	
2006		641.57	22444	340	1023.5	1657.2	204.6
2007		852.31	20641	321	2956.5	1589.1	281.0
2008		1069.57	26702	317	3795.5	1457.5	362.2
2009		1190.65	26960	185	4506.8	1343.9	380.4
2010		1420.68	25355	509	4573.7	1251.3	352.5
2011		537.56	24432	617	8660.4	1242.8	319.4
2012		572.69	29263	632	12469.1	1207.7	311.2
2013		728.74	32091	732	20755.7	1152.4	311.8
2014		825.54	25607	786	34019.0	1085.1	265.5
2015	131.5	866.5	14319	1179	54911.9	978.2	220.5
2016	196.8	1348.4	7006	1095	90392.4	850.6	173.4
2017	269.0	1095.5	5483	477	119389.3	763.8	178.1
2018	380.1	2785.3	4915	519	174136.2	669.9	258.0
2019	557.4	4742.8	4154	483	230392.7	705.2	610.3
2020	853.7	5973.4	2787	471	370249.8	652.1	869.4
2021	528.1	741.8	1942	472	506015.0	671.1	892.9
2022	536.0	748.4	1212	460	526889.0	651.4	798.4

注：从2021年起，邮政业务总量、电信业务总量均为上年不变价。

a) From 2021, the total volume of postal services and telecommunications services will remain unchanged for the previous year.

15-14 分市电信业务基本情况(2022年底数)

Main Indicators of Telecommunication Services by City (End of 2022)

市	City	电信业务总量 (万元) Business Volume of Telecommunication Services (10000 yuan)	固定电话用户 (户) Fixed Telephone Subscribers (subscriber)	移动电话用户 (户) Number of Mobile Telephone Subscribers at Year-end (subscriber)	#4G移动电话用户 4G Mobile Telephone Subscribers	#5G移动电话用户 5G Mobile Telephone Subscribers
石家庄市	Shijiazhuang	1385040	1107560	14498506	8641897	4559539
唐 山 市	Tangshan	812555	832656	9697866	5904366	2873070
秦皇岛市	Qinhuangdao	340867	387831	3884464	2384264	1156755
邯 郸 市	Handan	744901	518267	10087310	5934162	3290229
邢 台 市	Xingtai	550173	527441	7415973	4668623	2103051
保 定 市	Baoding	1057436	1018326	12938538	7743427	4061330
张家口市	Zhangjiakou	441053	270615	4664877	2909671	1362683
承 德 市	Chengde	321628	218382	4045236	2471013	1158236
沧 州 市	Cangzhou	679714	615853	8603399	5101960	2625341
廊 坊 市	Langfang	781331	551283	6544206	3824331	2275206
衡 水 市	Hengshui	369248	465751	4952431	3035201	1343548

15-14 续表 continued

市	City	(固定)互联网宽带接入用户 (户) Broad Band Subscribers Users of Internet (subscriber)	FFTH/O用户 (户) FFTH/O Subscribers (subscriber)	固定互联网宽带接入端口数 (个) Broad Band Subscribers Port of Fixed Internet (unit)	FFTH/O端口数 (个) FFTH/O Subscribers Port (unit)
石家庄市	Shijiazhuang	4976086	2992841	8192443	7817103
唐 山 市	Tangshan	3280403	2066262	6171803	5952850
秦皇岛市	Qinhuangdao	1558493	908092	2858538	2730938
邯 郸 市	Handan	3115177	1997236	5624320	5521708
邢 台 市	Xingtai	2505054	1534377	4507572	4401983
保 定 市	Baoding	4283570	2566224	7622436	7441645
张家口市	Zhangjiakou	1673315	955419	3026546	2987475
承 德 市	Chengde	1399387	902347	2480761	2388888
沧 州 市	Cangzhou	2897890	1871757	5085196	5004906
廊 坊 市	Langfang	2512573	1632479	4666693	4567297
衡 水 市	Hengshui	1723635	1066130	2981112	2930245

主要统计指标解释

铁路营业里程 又称营业长度，指投入客货运输营业或临时营业的线路长度。

公路里程 指报告期末公路的实际长度。统计范围：包括城间、城乡间、乡（村）间能行驶汽车的公共道路，公路通过城镇街道的里程，公路桥梁长度、隧道长度、渡口宽度。不包括城市街道里程，断头路里程，农（林）业生产用道路里程，工（矿）企业等内部道路里程。统计原则：按已竣工验收或交付使用的实际里程计算；两条或多条公路共同经由同一路段的重复里程，只计算一次。

内河航道里程 指在一定时期内，能通航运输船舶及排筏的天然河流、湖泊水库、运河及通航渠道的长度。包括全年季节性通航累计三个月以上的航道，不包括仅供零散流放竹、木排的河道。两省以河为界的航道里程，双方均按一半计算，以免重复。

货(客)运量 指在一定时期内，各种运输工具实际运送的货物重量（旅客数量）。货运按吨计算，客运按人计算。货物不论运输距离长短、货物类别，均按实际重量统计。旅客不论行程远近或票价多少，均按一人一次客运量统计；半价票、儿童票也按一人统计。

货物(旅客)周转量 指在一定时期内，由各种运输工具运送的货物（旅客）数量与其相应运输距离的乘积之总和。该指标可以反映运输业生产的总成果，也是编制和检查运输生产计划，计算运输效率、劳动生产率以及核算运输单位成本的主要基础资料。计算货物周转量通常按发出站与到达站之间的最短距离，也就是计费距离计算。计算公式为：

货物（旅客）周转量=Σ（货物（旅客）运输量×运输距离）

港口货物吞吐量 指经由水路进、出港区范围，并经过装卸的货物数量。按货物流向分为进港吞吐量和出港吞吐量，按货物的贸易性质分为内贸和外贸吞吐量。货物类别根据现行的交通行业《运输货物分类和代码》标准分类。

民用运输船舶拥有量 指报告期末在水路运输管理部门注册登记的从事水上客、货运输活动的我国企业或私人拥有的营业性运输船舶（含我国企业或私人拥有的悬挂外国旗的船舶）数量。不包括非运输船舶及农业、渔业生产船舶。

民用汽车拥有量 指报告期末，在公安交通管理部门按照《机动车注册登记工作规范》，已注册登记领有民用车辆牌照的全部汽车数量。汽车拥有量统计的主要分类：根据汽车结构分为载客汽车、载货汽车及其他汽车；根据汽车所有者不同分为个人（私人）汽车、单位汽车；根据汽车的使用性质分为营运汽车、非营运汽车；根据汽车大小规格不同，载客汽车分为大型、中型、小型和微型，载货汽车分为重型、中型、轻型和微型。

邮政、电信业务总量 指以货币形式表示的邮政、电信通信企业为社会提供各类邮政、电信通信服务的总数量。计算方法为各类业务的实物量分别乘以相应的不变单价，求出各类业务的货币量加总求得。没有不变单价的业务按其业务收入直接相加。

移动电话用户 指在电信运营企业营业网点办理开户登记手续，通过移动电话交换机进入移动电话网，占用移动电话号码的各类电话用户。包括各类签约用户、智能网预付费用户、无线上网卡用户。

互联网上网人数 指过去半年内使用过互联网的6周岁及以上中国居民人数。

固定电话用户 指在电信企业营业网点办理开户登记手续并已接入固定电话网上的全部电话用户。

互联网宽带接入端口 指用于接入互联网用户的各类实际安装运行的接入端口的数量，包括xDSL用户接入端口、LAN接入端口、其他类型接入端口等，不包括窄带拨号接入端口。

Explanatory Notes on Main Statistical Indicators

Length of Railways in Operation refers to the total length of the trunk line for passenger and freight transportation in full operation or temporary operation.

Length of Highways refers to the actual length of highways at the end of reference period. It covers public roads running vehicles between cities, between urban and rural areas, and between townships (villages), as well as highways passing through streets at small cities and towns, length of bridges and tunnels, width of ferry piers. It does not include the length of streets in cities, dead end highways, the length of streets built for agricultural (forest) production and inside factories (mines). Mileage can only be included when the road is completed, checked and accepted or put into operation. If two or more highways use the same section, the length of the section is counted only once.

Length of Navigable Inland Waterways refers to the length of natural rivers, lakes, reservoirs and canals that are open to navigation for ships and rafts during a given period. It includes the channels with annual seasonal navigation for more than three months, excluding waterways for scattered bamboo and wooden rafts. If two provinces share one river as the border, the length of waterways will be equally divided for each province to avoid duplication.

Freight (Passenger) Traffic refers to the weight of freight (number of passengers) transported with various means within a specific period of time. Freight transport is calculated in tons and passenger traffic is calculated in terms of number of persons. Freight transport is calculated in terms of the actual weight of the goods, irrespective of the type of freight and distance of transport. Passenger traffic is calculated by the principle that one person can be counted only once in one trip, irrespective of travelling distance and ticket price. The passengers who travel with a discounted ticket or a children ticket is also calculated as one person.

Freight Ton-kilometres (Passenger-kilometres) refers to the sum of the product of the volume of transported cargo (passengers) multiplied by the transport distance. As an indicator to reflect the achievement of the transportation industry, this is an important indicator to show the total results of the transport industry; to prepare and examine the transport plan; and to serve as the main basic data for calculating the efficiency, labour productivity and unit cost of transport. Normally, the shortest distance between the departure station and the destination station (i.e., the payable distance) is the basis in calculating the freight ton-kilometres. The formula is as follows:

$$\begin{matrix}\text{Freight ton-kilometres}\\\text{(passenger-kilometres)}\end{matrix}=\sum\begin{matrix}\text{freight}\\\text{(passenger)traffic}\end{matrix}\times\begin{matrix}\text{distance of}\\\text{transportation}\end{matrix}$$

Volume of Freight Handled in Coastal Ports refers to the volume of cargo passing in and out of the harbour area of the major coastal ports and having been loaded and unloaded. The volume of freight handled may be classified by direction of cargo flow as inbound freight and outbound freight, or by nature of trading as freight for domestic trade and freight for foreign trade. It can also be classified by type of freight based on the existing standard classification for transportation industry *Classification and Coding for Freight*.

Possession of Civil Transport Vessels refers to the total number of operating transport vessels at the end of reference period, owned by Chinese enterprises or privately, that are registered in the water transport management agencies and permitted to perform cargo or passenger transport activities (including vessels with foreign flags but owned by Chinese enterprises or citizens). Non-transport vessels and vessels used for agriculture and fishery are not included.

Possession of Civil Motor Vehicles refer to the total numbers of vehicles at the end of the reference period that are registered and received vehicles license *according to the Working Regulations for Motor Vehicle Registration* formulated by the transport management offices. Motor vehicles are classified into different categories. By the structure of motor vehicles, they are divided into passenger vehicles, trucks and others; by ownership, into private vehicles and vehicles for the unit's use; by usage, into business vehicles and non-business vehicles; and by size of vehicles, into large passenger vehicles, medium-sized passenger vehicles, small passenger vehicles and mini passenger vehicles, heavy trucks, light-heavy trucks, light trucks and mini-trucks.

Business Volume of Post and Telecommunications refers to the total amount of postal and telecommunication services, expressed in value terms, provided by the post and telecommunications departments for the society. Business volume of post and telecommunications is the sum of each service in kind multiplying with its correspondent unit price (constant price). For business activities without constant price, the business revenue is added up directly.

Mobile Phone Subscribers refer to persons who have gone through registration procedures in the operation outlets of enterprises engaged in telecommunications and are hence connected with the mobile phone communication network through the mobile phone switchboards and occupy mobile phone numbers. Included are various types of contracted subscribers, prepaid users for intelligent network and wireless network card users.

Internet Users refer to the number of Chinese citizens aged 6 and over who use the Internet in the past six months.

Fixed Telephone Subscribers refer to all subscribers who have gone through registration procedures in the operation outlets of enterprises engaged in telecommunications and are hence connected to the local telecommunications service provider through fixed line network.

Broadband Connection Terminals refer to the connection terminals to internet users actually installed and put into operation, including connection terminals for XDSL, connection terminals for LAN, and other types of connection terminals. N-ISDN connection terminals are not included.

住宿、餐饮业和旅游

Hotels, Catering Services and Tourism

简 要 说 明

一、本篇资料主要反映河北省住宿和餐饮业的基本情况、经营情况和旅游产业的发展状况。

二、本篇资料的统计范围为：限额以上住宿和餐饮业法人企业、个体经营户；餐饮连锁集团；旅行社、星级饭店和旅游者。限额以上住宿和餐饮业统计单位是指年主营业务收入200万元及以上。

三、本篇资料中住宿和餐饮业统计数据由河北省统计局贸易外经处整理提供；旅游产业统计数据由河北省文化旅游厅整理提供。

四、资料整理：孙皖靓　王骥　杜析

Brief Introduction

Ⅰ. The data in this chapter reflect the development of hotel and catering services and tourism in Hebei Province.

Ⅱ. The statistical coverage in this chapter comes as follows: Data in this chapter cover the enterprises of hotel and catering services above the designated size, self-employed households of hotel and catering services; chain catering services, travel agencies, star-rated hotels and tourists; hotels with annual turnover of 2 million yuan or above, and catering services with annual turnover of 2 million yuan or above.

Ⅲ. The data in this chapter are prepared and edited by the Division of Trade and External Economic Relations Statistics of Statistics Bureau of Hebei Province. Data on tourism are from Department of Culture and Tourism of Hebei Province.

Ⅳ.Data collection: Sun Huanjing, Wang Ji, Du Xi.

16-1 限额以上住宿和餐饮业情况
Main Indicators of Hotels and Catering Services above Designated Size

指　　标	Item	2015	2020	2021	2022
住宿和餐饮业	**Hotels and Catering Services**				
法人企业(个)	Number of Corporation Enterprises (unit)	915	1033	1169	1375
年末从业人数(万人)	Employed Persons at Year-end (10000 persons)	8.5	7.5	7.8	7.4
营业额(亿元)	Business Revenue (100 million yuan)	101.5	112.7	141.5	154.3
#餐费收入(亿元)	From Meals (100 million yuan)	59.7	64.0	85.1	98.5
年末餐饮营业面积(万平方米)	Business Area of Catering Services at Year-end (10000 sq.m)	275.1	442.9	474.5	521.6
住宿业	**Hotels**				
法人企业(个)	Number of Corporation Enterprises (unit)	476	534	569	633
年末从业人数(万人)	Employed Persons at Year-end (10000 persons)	5.4	4.4	4.4	3.9
营业额(亿元)	Business Revenue (100 million yuan)	65.7	64.7	74.7	70.5
#客房收入(亿元)	From Hotel Rooms (100 million yuan)	27.1	28.9	34.4	31.4
餐费收入(亿元)	From Meals (100 million yuan)	31.5	27.1	30.4	28.3
客房数(万间)	Number of Rooms (10000 rooms)	9.4	8.2	11.2	11.1
床位数(万位)	Number of Beds (10000 beds)	16.6	13.6	18.8	18.5
年末餐饮营业面积(万平方米)	Business Area of Catering Services at Year-end (10000 sq.m)	154.2	266.9	280.4	292.9
餐饮业	**Catering Services**				
法人企业(个)	Number of Corporation Enterprises (unit)	439	499	600	742
年末从业人数(万人)	Employed Persons at Year-end (10000 persons)	3.1	3.1	3.4	3.4
营业额(亿元)	Business Revenue (100 million yuan)	35.8	48.0	66.7	83.8
#餐费收入(亿元)	From Meals (100 million yuan)	28.2	36.8	54.6	70.1
年末餐饮营业面积(万平方米)	Business Area of Catering Services at Year-end (10000 sq.m)	120.9	176.0	194.2	228.6

注：本表的统计范围为限额以上法人企业。

a) Scope of hotels and catering services covers enterprises above designated size.

16-2 按登记注册类型和行业分限额以上住宿业企业主要指标(2022年)

单位：亿元

指标	Item	法人企业(个) Number of Corporation Enterprises (unit)	年末从业人数(人) Employed Persons at Year-end (person)	营业额 Business Revenue	#客房收入 From Hotel Rooms	#餐费收入 From Meals
住宿业合计	**Hotels**	**633**	**39224**	**70.48**	**31.37**	**28.35**
按登记注册类型分	**By Status of Registration**					
内资企业	**Domestic Funded Enterprises**	**629**	**38708**	**69.44**	**30.80**	**28.03**
国有企业	State-owned Enterprises	51	5316	7.82	2.55	3.87
集体企业	Collective-owned Enterprises	5	310	0.66	0.12	0.47
有限责任公司	Limited Liability Corporations	138	14311	27.12	10.02	11.07
国有独资公司	State Sole-proprietorship Corporations	24	2353	3.08	1.24	1.34
其他有限责任公司	Other Limited Liability Corporations	114	11958	24.03	8.77	9.73
股份有限公司	Share-holding Corporations Ltd.					
私营企业	Private Enterprises	435	18771	33.84	18.12	12.62
私营独资企业	Private Sole-proprietorship Enterprises	20	1037	2.40	1.10	1.23
私营合伙企业	Private Partnership Enterprises					
私营有限责任公司	Private Limited Liability Corporations	415	17734	31.44	17.02	11.38
私营股份有限公司	Private Share-holding Corporations Ltd.					
港、澳、台商投资企业	**Enterprises with Funds from Hong Kong, Macao and Taiwan**	**4**	**516**	**1.04**	**0.56**	**0.32**
合资经营企业	Joint-venture Enterprises	1	54	0.07	0.03	0.02
独资经营企业	Sole-proprietorship Enterprises	3	462	0.96	0.53	0.30
按国民经济行业分	**By Sector**					
旅游饭店	Tourist Hotel	298	25808	44.42	17.70	19.25
一般旅馆	Fonda	312	11699	23.21	12.65	8.19
民宿服务	Home Lodging Services	1		0.01	0.01	
其他住宿业	Others	22	1717	2.84	1.01	0.91

Main Indicators of Enterprises above Designated Size of Hotels by Status of Registration and Sector (2022)

(100 million yuan)

资产总计 Total Assets	#流动资产合计 Total Current Assets	#固定资产原价 Original Price of Fixed Assets	负债合计 Total Liabilities	所有者权益合计 Total Owners' Equities	营业收入 Business Revenue	营业成本 Business Costs	税金及附加 Tax and Other Charges	利润总额 Total Profits
388.38	**153.32**	**231.66**	**379.61**	**7.58**	**68.15**	**31.34**	**1.55**	**-21.69**
373.92	**152.40**	**213.64**	**364.88**	**7.85**	**67.17**	**30.88**	**1.45**	**-20.67**
29.94	6.68	26.53	24.09	5.79	7.61	3.86	0.21	-2.63
1.29	0.65	1.53	0.65	0.64	0.63	0.26	0.01	0.01
156.26	48.96	103.86	120.87	34.32	26.09	11.68	0.66	-7.91
18.20	3.46	18.37	9.31	8.89	3.11	1.75	0.12	-0.91
138.06	45.50	85.49	111.56	25.42	22.99	9.93	0.54	-7.00
186.43	96.11	81.72	219.27	-32.89	32.84	15.08	0.57	-10.14
2.11	0.84	1.49	1.27	0.83	2.19	0.96	0.02	-0.06
184.32	95.27	80.23	217.99	-33.72	30.65	14.12	0.55	-10.08
14.46	**0.92**	**18.02**	**14.73**	**-0.27**	**0.99**	**0.46**	**0.11**	**-1.03**
0.31	0.25	0.49	0.20	0.11	0.07	0.01	…	-0.01
14.15	0.67	17.54	14.54	-0.38	0.91	0.45	0.10	-1.01
267.47	102.36	166.89	261.61	4.90	42.50	18.77	1.22	-15.78
105.58	42.84	58.72	103.78	1.74	22.85	11.24	0.31	-5.09
0.17	0.02	0.14	0.16		0.01	…	…	…
15.17	8.10	5.91	14.06	0.94	2.79	1.33	0.03	-0.83

16-3 按登记注册类型和行业分限额以上餐饮业企业主要指标(2022年)

单位：万元

指　　标	Item	法人企业(个) Number of Corporation Enterprises (unit)	年末从业人数(人) Employed Persons at Year-end (person)	营业额 Business Revenue	#餐费收入 From Meals
餐饮业合计	**Catering Services**	**742**	**34575**	**838114.4**	**701410.6**
按登记注册类型分	**By Status of Registration**				
内资企业	**Domestic Funded Enterprises**	**737**	**34388**	**833596.4**	**698985.0**
国有企业	State-owned Enterprises	13	913	13477.0	9581.5
集体企业	Collective-owned Enterprises	2	36	693.9	656.5
股份合作企业	Cooperative Enterprises	1	205	4836.2	4836.2
有限责任公司	Limited Liability Corporations	132	7913	179831.2	134142.2
国有独资公司	State Sole-proprietorship Corporations	9	780	17918.8	10839.7
其他有限责任公司	Other Limited Liability Corporations	123	7133	161912.4	123302.5
股份有限公司	Share-holding Corporations Ltd.	1	197	753.2	291.8
私营企业	Private Enterprises	588	25124	634004.9	549476.8
私营独资企业	Private Sole-proprietorship Enterprises	48	1809	37790.7	33278.1
私营合伙企业	Private Partnership Enterprises	14	264	6880.9	6273.8
私营有限责任公司	Private Limited Liability Corporations	522	20232	423449.7	379158.6
私营股份有限公司	Private Share-holding Corporations Ltd.	4	2819	165883.6	130766.3
港、澳、台商投资企业	**Enterprises with Funds from Hong Kong, Macao and Taiwan**	**2**	**122**	**1469.0**	**1118.5**
合资经营企业	Joint-venture Enterprises	2	122	1469.0	1118.5
外商投资企业	**Enterprises with Foreign Investment**	**3**	**65**	**3049.0**	**1307.1**
中外合资经营企业	Joint-venture Enterprises	1	23	178.9	178.9
外资企业	Enterprises with Foreign Fund	2	42	2870.1	1128.2
按国民经济行业分	**By Sector**				
正餐服务	Restaurant	690	32476	779674.8	653284.3
快餐服务	Fast Food	17	474	8474.7	8137.4
饮料及冷饮服务	Beverages and Cold Drinks	5	132	4984.7	4694.0
餐饮配送及外卖送餐服务	Catering Distribution and Delivery Service	25	1396	39110.1	29495.0
其他餐饮业	Others	5	97	5870.1	5799.9

Main Indicators of Enterprises above Designated Size of Catering Services by Status of Registration and Sector (2022)

(10000 yuan)

资产总计 Total Assets	#流动资产合计 Total Current Assets	#固定资产原价 Original Price of Fixed Assets	负债合计 Total Liabilities	所有者权益合计 Total Owners' Equities	营业收入 Business Revenue	营业成本 Business Costs	税金及附加 Tax and Other Charges	利润总额 Total Profits
1624259.6	**912760.6**	**581501.2**	**1568569.5**	**53692.3**	**808303.0**	**492189.3**	**3784.5**	**-57005.2**
1612456.1	**904891.0**	**576615.8**	**1567166.5**	**43167.4**	**803867.9**	**489408.3**	**3749.3**	**-56809.0**
23916.0	8094.1	21333.0	18646.3	5269.7	12791.5	8307.4	106.2	-2574.6
284.0	281.7	10.7	157.6	126.4	678.7	501.7	0.4	38.9
7930.7	467.2	8893.4	7506.9	423.8	4562.4	2389.3	20.4	-450.3
571007.9	321145.5	228146.1	554568.7	17096.7	171450.9	100913.1	1386.4	-25733.1
52337.5	15347.6	30267.5	41039.6	11297.9	16943.9	10442.6	150.1	-1799.6
518670.4	305797.9	197878.6	513529.1	5798.8	154507.0	90470.5	1236.3	-23933.5
75638.4	27065.0	22145.3	55737.8	19900.6	726.5	257.3	4.8	-894.5
933679.1	547837.5	296087.3	930549.2	350.2	613657.9	377039.5	2231.1	-27195.4
52561.3	27233.4	36951.3	54826.5	-2177.5	36486.4	22136.9	269.0	-1814.9
6064.5	2468.3	3727.6	1315.6	2063.6	7824.5	5833.1	106.4	268.2
735125.6	413380.2	242166.1	755220.5	-20277.0	409213.8	268397.5	1543.4	-25148.3
139927.7	104755.6	13242.3	119186.6	20741.1	160133.2	80672.0	312.3	-500.4
10343.6	**6457.4**	**4679.3**	**538.9**	**9804.7**	**1571.4**	**550.3**	**30.8**	**-255.0**
10343.6	6457.4	4679.3	538.9	9804.7	1571.4	550.3	30.8	-255
1459.9	**1412.2**	**206.1**	**864.1**	**720.2**	**2863.7**	**2230.7**	**4.4**	**58.8**
290.0	290.0	82.6	21.0	269.0	178.4	59.5	0.1	-14.8
1169.9	1122.2	123.5	843.1	451.2	2685.3	2171.2	4.3	73.6
1588069.4	893715.6	568388.4	1536884.0	49187.6	752139.7	451943.8	3691.2	-56899.0
2182.4	1904.0	632.6	1392.3	790.1	8188.9	4595.7	6.0	-194.2
3291.5	874.7	210.4	4320.5	-1029.0	4734.1	3357.5	-0.1	338.1
28695.3	14987.9	11307.0	24835.9	3859.4	37506.0	27677.8	79.5	-258.6
2021.0	1278.4	962.8	1136.8	884.2	5734.3	4614.5	7.9	8.5

16-4 分市限额以上住宿业企业主要指标(2022年)
Main Indicators of Enterprises above Designated Size of Hotels by City (2022)

单位：万元 (10000 yuan)

市	City	法人企业(个) Number of Corporation Enterprises (unit)	年末从业人数(人) Employed Persons at Year-end (person)	营业额 Business Revenue	#客房收入 From Hotel Rooms	#餐费收入 From Meals	资产总计 Total Assets	#流动资产合计 Total Current Assets	#固定资产原价 Net Value of Fixed Assets
全　省	**Total**	**633**	**39224**	**704802.7**	**313681.3**	**283485.6**	**3883831.8**	**1533212.5**	**2316637.1**
石家庄市	Shijiazhuang	146	10844	212666.0	90621.0	78573.1	1009389.8	231016.3	757095.0
石家庄市①	Shijiazhuang①	144	10732	211271.3	89609.4	78254.3	992571.4	230518.3	749180.7
唐 山 市	Tangshan	45	2397	57719.6	27945.4	25766.2	211719.8	62623.7	144479.0
秦皇岛市	Qinhuangdao	51	3126	50191.6	26934.3	18695.3	370261.0	134931.4	327979.7
邯 郸 市	Handan	63	3675	61130.9	29004.2	28589.8	236815.2	90793.1	129018.7
邢 台 市	Xingtai	35	1691	20391.8	9876.7	9486.7	122960.4	32641.0	70577.7
保 定 市	Baoding	77	3906	91729.8	38455.2	32160.0	470313.7	158465.0	307599.8
保 定 市①	Baoding①	59	3204	81917.2	32304.6	29666.5	328691.1	111258.6	226901.6
张家口市	Zhangjiakou	67	4100	58389.0	26179.8	25945.2	598967.1	377419.4	190226.3
承 德 市	Chengde	37	2577	33267.0	14109.6	14452.3	286364.1	119305.7	106281.5
沧 州 市	Cangzhou	33	2105	35551.8	14601.2	17930.0	137151.5	67195.3	86585.9
廊 坊 市	Langfang	56	3146	64114.2	25074.1	23556.5	348238.9	231763.7	137676.5
衡 水 市	Hengshui	23	1657	19651.0	10879.8	8330.5	91650.3	27057.9	59117.0
定 州 市	Dingzhou	2	147	1156.0	523.9	611.5	3876.4	1213.3	1931.2
辛 集 市	Xinji	2	112	1394.7	1011.6	318.8	16818.4	498.0	7914.3

注：本表数据中石家庄市含辛集市，石家庄市①不含辛集市；保定市含定州市和雄安新区，保定市①不含定州市和雄安新区。以下相关表同。

a) Data in this table, Shijiazhuang includes Xinji, Shijiazhuang① excludes Xinji; Baoding includes Dingzhou and Xiongan, Baoding① excludes Dingzhou and Xiongan. The same applies to the table following.

16-4 续表 continued

单位：万元 (10000 yuan)

市	City	负债合计 Total Liabilities	所有者权益合计 Total Owners' Equities	营业收入 Business Revenue	营业成本 Business Costs	税金及附加 Tax and Other Charges	利润总额 Total Profits
全　省	**Total**	**3796085.5**	**75798.2**	**681534.3**	**313393.7**	**15548.4**	**-216944.4**
石家庄市	Shijiazhuang	734325.3	269491.0	204252.2	76381.4	5285.2	-46571.9
石家庄市①	Shijiazhuang①	711928.0	275069.9	202924.2	75712.2	5247.1	-45796.7
唐 山 市	Tangshan	186412.8	25307.0	55701.5	27950.8	1003.0	-12228.7
秦皇岛市	Qinhuangdao	298934.4	76772.1	50694.4	23430.5	2341.7	-24585.9
邯 郸 市	Handan	253339.2	-16524.0	57773.5	32280.7	1222.3	-15420.2
邢 台 市	Xingtai	149450.1	-26541.9	20017.2	10331.4	243.6	-9315.6
保 定 市	Baoding	529401.1	-59399.9	89959.6	37157.3	1316.9	-22364.8
保 定 市①	Baoding①	330942.7	-2267.4	77508.0	31017.8	1166.8	-16616.6
张家口市	Zhangjiakou	759706.5	-161444.8	56100.4	26842.5	1580.9	-42661.3
承 德 市	Chengde	376090.0	-100475.9	32674.8	14514.3	572.4	-20778.1
沧 州 市	Cangzhou	117356.0	19795.5	33635.4	14643.8	512.2	-6186.2
廊 坊 市	Langfang	342996.4	5242.5	61569.3	38980.1	1268.4	-12568.3
衡 水 市	Hengshui	48073.7	43576.6	19156.0	10880.9	201.8	-4263.4
定 州 市	Dingzhou	2516.9	1359.5	896.9	580.0	42.3	56.7
辛 集 市	Xinji	22397.3	-5578.9	1328.0	669.2	38.1	-775.2

16-5 分市限额以上餐饮业企业主要指标(2022年)
Main Indicators of Enterprises above Designated Size of Catering Services by City (2022)

单位：万元 (10000 yuan)

市	City	法人企业(个) Number of Corporation Enterprises (unit)	年末从业人数(人) Engaged Persons at Year-end (person)	营业额 Business Revenue	#餐费收入 From Meals	资产总计 Total Assets	#流动资产合计 Total Current Assets	#固定资产原价 Original Price of Fixed Assets
全　省	**Total**	**742**	**34575**	**838114.4**	**701410.6**	**1624259.6**	**912760.6**	**581501.2**
石家庄市	Shijiazhuang	148	9248	331963.2	276199.6	485790.2	284022.3	131405.0
石家庄市①	Shijiazhuang①	144	9084	327043.1	273780.3	477213.6	282285.7	130790.3
唐 山 市	Tangshan	86	4163	98427.8	80718.8	261245.8	194858.0	65377.8
秦皇岛市	Qinhuangdao	59	2276	45105.8	40391.6	65264.6	34370.8	21638.5
邯 郸 市	Handan	101	4150	84541.4	77001.2	74426.9	26922.5	43504.5
邢 台 市	Xingtai	64	2739	57070.7	51773.7	92303.9	43242.4	44535.3
保 定 市	Baoding	105	3594	85134.0	67965.3	237306.5	120362.0	105867.6
保 定 市①	Baoding①	87	2900	77674.3	61163.0	228068.1	116311.4	97789.4
张家口市	Zhangjiakou	49	2480	32296.7	24108.4	199793.2	126580.3	66062.1
承 德 市	Chengde	28	1567	22797.2	17339.0	84932.4	17930.3	35830.1
沧 州 市	Cangzhou	37	1814	25179.1	17267.7	53140.9	25592.5	34687.7
廊 坊 市	Langfang	44	1393	28961.5	27170.4	51243.1	28609.6	22501.8
衡 水 市	Hengshui	21	1151	26637.0	21474.9	18812.1	10269.9	10090.8
定 州 市	Dingzhou	7	400	2708.8	2398.2	6084.0	2180.7	4573.4
辛 集 市	Xinji	4	164	4920.1	2419.3	8576.6	1736.6	614.7

16-5 续表 continued

单位：万元 (10000 yuan)

市	City	负债合计 Total Liabilities	所有者权益合计 Total Owners' Equities	营业收入 Business Revenue	营业成本 Business Costs	税金及附加 Tax and Other Charges	利润总额 Total Profits
全　省	**Total**	**1568569.5**	**53692.3**	**808303.0**	**492189.3**	**3784.5**	**-57005.2**
石家庄市	Shijiazhuang	398698.7	87997.6	319053.7	179313.0	1213.2	-13858.8
石家庄市①	Shijiazhuang①	390138.8	87980.9	314366.7	175938.3	1208.8	-13865.4
唐 山 市	Tangshan	272009.9	-10764.1	94398.8	58825.6	601.2	-5618.7
秦皇岛市	Qinhuangdao	80713.8	-15464.2	44064.3	29116.4	138.4	-5892.5
邯 郸 市	Handan	70795.8	3631.1	80714.2	61258.0	535.7	-1933.9
邢 台 市	Xingtai	92720.6	-504.9	55599.0	38956.2	159.5	-3589.5
保 定 市	Baoding	203343.1	31321.9	83248.0	48507.2	440.8	-4727.8
保 定 市①	Baoding①	200167.0	25259.6	75880.5	44038.8	426.2	-4615.0
张家口市	Zhangjiakou	240194.4	-39546.8	32169.1	15309.4	241.0	-6698.5
承 德 市	Chengde	89634.0	-4701.6	21800.3	11544.0	132.6	-5666.6
沧 州 市	Cangzhou	42150.7	10043.9	24154.9	14020.5	107.4	-4112.8
廊 坊 市	Langfang	60246.8	-8879.4	27755.6	20576.2	151.1	-2959.8
衡 水 市	Hengshui	18061.7	558.8	25345.1	14762.8	63.6	-1946.3
定 州 市	Dingzhou	2034.1	4049.9	2671.7	1824.1	5.3	-190.5
辛 集 市	Xinji	8559.9	16.7	4687.0	3374.7	4.4	6.6

16-6 按登记注册类型分连锁餐饮企业基本情况(2022年)
Main Indicators of Chain Catering Enterprises by Status of Registration (2022)

指　标	Item	总店数 (个) Number of Head Stores (unit)	门店总数 (个) Number of Stores (unit)	年末从业人数 (人) Employed Persons at Year-end (person)	年末餐饮营业面积 (平方米) Operating Area of Catering Enterprises at Year-end (sq.m)
合　计	**Total**	**6**	**34**	**1217**	**74038**
内资企业	**Domestic Funded Enterprises**	**6**	**34**	**1217**	**74038**
股份合作企业	Cooperative Enterprises	1	3	205	6600
股份有限公司	Share-holding Corporations Ltd.	1	4	182	10000
私营企业	Private Enterprises	4	27	830	57438
私营独资企业	Private Sole-proprietorship Enterprises	1	7	428	19523
私营有限责任公司	Private Limited Liability Corporations	3	20	402	37915

16-6 续表 continued

指　标	Item	餐位数 (个) Number of Dining-seats (unit)	营业额 (万元) Business Revenue (10000 yuan)	商品购进总额 (万元) Total Purchases Value (10000 yuan)	统一配送商品购进额 (万元) Centralized Purchase and Delivery (10000 yuan)
合　计	**Total**	**13694**	**27183**	**12271**	**631**
内资企业	**Domestic Funded Enterprises**	**13694**	**27183**	**12271**	**631**
股份合作企业	Cooperative Enterprises	1600	4562	2389	
股份有限公司	Share-holding Corporations Ltd.	1305	2807	320	320
私营企业	Private Enterprises	10789	19813	9562	311
私营独资企业	Private Sole-proprietorship Enterprises	3250	9040	4631	
私营有限责任公司	Private Limited Liability Corporations	7539	10773	4930	311

16-7 分市连锁餐饮企业基本情况
Main Indicators of Chain Catering Enterprises by City

年份 市	Year City	总店数 (个) Number of Head Stores (unit)	门店总数 (个) Number of Stores (unit)	年末从业人数 (人) Engaged Persons at Year-end (person)	年末餐饮营业面积 (平方米) Operating Area of Catering Enterprises at Year-end (sq.m)	餐位数 (个) Number of Dining-seats (unit)	营业额 (万元) Business Revenue (10000 yuan)	商品购进总额 (万元) Total Purchases Value (10000 yuan)	统一配送商品购进额 (万元) Centralized Purchases and Delivery (10000 yuan)
	2005	3	305	1794	26980	6380	6309	3148	2285
	2006	3	351	1925	36180	6580	6599	3069	2181
	2007	3	17	2108	46180	6180	8148	2396	144
	2008	7	36	2185	66720	8264	15027	4754	636
	2009	4	12	1093	18675	3934	14568	5853	383
	2010	1	7	887	14930	4644	17797	11321	
	2011	1	7	1117	14980	4674	17465	12580	
	2012	1	7	1063	14980	4674	17907	11831	
	2013	1	6	960	13780	4520	12307	9732	
	2014	1	6	965	24632	4520	12058	9801	9801
	2015	1	6	862	24632	4520	5877	9801	9801
	2016	1	6	478	20750	3192	6741	3083	
	2017	4	18	1125	37040	5653	15752	7797	227
	2018	4	18	985	37040	5898	22400	10146	2124
	2019	5	23	1097	40697	6843	25206	15976	6142
	2020	6	29	1084	57470	9173	26660	13623	645
	2021	6	33	1327	68238	12676	33272	15295	685
	2022	6	34	1217	74038	13694	27182	12270	631
石家庄市	Shijiazhuang	2	15	442	42200	7495	11142	4169	320
唐山市	Tangshan	2	10	633	26123	4850	13602	7020	
秦皇岛市	Qinhuangdao	2	9	142	5715	1349	2438	1081	311
邯郸市	Handan								
邢台市	Xingtai								
保定市	Baoding								
张家口市	Zhangjiakou								
承德市	Chengde								
沧州市	Cangzhou								
廊坊市	Langfang								
衡水市	Hengshui								
定州市	Dingzhou								
辛集市	Xinji								

16-8 按行业分连锁餐饮企业基本情况(2022年)
Main Indicators of Chain Catering Enterprises by Sector (2022)

指标	Item	总店数 (个) Number of Head Stores (unit)	门店总数 (个) Number of Stores (unit)	年末从业人数 (人) Engaged Persons at Year-end (person)	年末餐饮营业面积 (平方米) Operating Area of Catering Enterprises at Year-end (sq.m)	餐位数 (个) Number of Dining-seats (unit)	营业额 (万元) Business Revenue (10000 yuan)	商品购进总额 (万元) Total Purchases Value (10000 yuan)	统一配送商品购进额 (万元) Centralized Purchases and Delivery (10000 yuan)
总计	**Total**	**6**	**34**	**1217**	**74038**	**13694**	**27183**	**12271**	**631**
正餐服务	Restaurant	5	30	1178	72938	13486	26356	11960	320
快餐服务	Fast Food	1	4	39	1100	208	827	311	311
饮料及冷饮服务	Beverages and Cold Drinks								
其他餐饮业	Others								

16-9 旅游发展情况
Development of Tourism

指标	Item	2015	2018	2019	2020	2021	2022
入境游客(万人次)	**Number of Overseas Visitor Arrivals (10000 person-times)**	**138.18**	**175.77**	**187.91**	**7.89**		
外国人	Foreigners	108.32	131.65	140.75	4.30		
港澳同胞	Chinese Compatriots from Hong Kong and Macao	18.35	27.61	28.47	2.28		
台湾同胞	Chinese Compatriots from Taiwan Province	11.51	16.52	18.68	1.31		
#入境过夜游客	Overnight Tourists	76.64	98.86	97.08	4.73		
国内游客(万人次)	**Number of Domestic Visitors (10000 person-times)**	**37059.96**	**67610.00**	**78078.89**	**37952.50**	**42861.32**	**33156.88**
旅游总收入(亿元)	**Tourism Earnings (100 million yuan)**	**3433.97**	**7636.42**	**9313.35**	**3676.71**	**4424.42**	**3008.88**
国际旅游收入(亿美元)	Foreign Exchange Earnings from International Tourism (100 million USD)	6.21	8.49	9.36	0.30		
国内旅游收入(亿元)	Earnings from Domestic Tourism (100 million yuan)	3395.60	7580.21	9248.69	3674.67	4424.42	

16-10 旅游基本情况
Main Indicators of Tourism

年 份 市	Year City	游客总人数 (万人次) Total Number of Tourists (10000 person-times)	过夜游客 Overnight Tourists	一日游游客 One-day Tourists	旅游总收入 (亿元) Total Tourism Earnings (100 million yuan)
	2015	37198.15			3433.97
	2016	46679.29	2444.87	22234.42	4654.53
	2017	57234.13	29375.35	27858.77	6140.92
	2018	67786.50	36611.23	31175.27	7636.42
	2019	78266.80	42099.31	36166.66	9313.35
	2020	37960.40	17249.07	20711.33	3676.71
	2021	42861.32	19204.17	23657.15	4424.42
	2022	33156.88	10403.47	22753.41	3008.88
石家庄市	Shijiazhuang	5754.90	1604.41	4150.49	535.55
唐 山 市	Tangshan	4556.30	1624.35	2931.95	452.70
秦皇岛市	Qinhuangdao	1885.78	650.41	1235.37	163.37
邯 郸 市	Handan	3307.54	1245.04	2062.50	315.70
邢 台 市	Xingtai	2122.64	604.81	1517.83	193.37
保 定 市	Baoding	6075.29	1579.24	4496.05	455.93
张家口市	Zhangjiakou	3068.73	978.02	2090.71	251.74
承 德 市	Chengde	1648.64	553.68	1094.96	170.84
沧 州 市	Cangzhou	2027.37	769.91	1257.46	129.58
廊 坊 市	Langfang	1720.87	699.94	1020.93	145.10
衡 水 市	Hengshui	1818.96	520.07	1298.89	128.63
定 州 市	Dingzhou	188.84	56.68	132.16	16.17
辛 集 市	Xinji	282.97	62.50	220.47	33.02

16-11 国内旅游基本情况
Main Indicators of Domestic Tourism

年 份	Year	国内游客人数（万人次）Number of Domestic Tourists (10000 person-times)	过夜游客 Overnight Tourists	一日游游客 One-day Tourists	国内旅游收入（亿元）Domestic Tourism Earnings (100 million yuan)
市	City				
	2015	37059.96	20312.59	16747.37	3395.60
	2016	46531.68	24361.07	22170.61	4610.13
	2017	57073.88	29284.34	27789.54	6089.60
	2018	67610.73	36512.37	31098.36	7580.21
	2019	78078.89	42002.23	36076.66	9248.69
	2020	37952.50	17244.34	20708.16	3674.67
	2021	42861.32	19204.17	23657.15	4424.42
	2022	33156.88	10403.47	22753.41	3008.88
石家庄市	Shijiazhuang	5754.90	1604.41	4150.49	535.55
唐 山 市	Tangshan	4556.30	1624.35	2931.95	452.70
秦皇岛市	Qinhuangdao	1885.78	650.41	1235.37	163.37
邯 郸 市	Handan	3307.54	1245.04	2062.50	315.70
邢 台 市	Xingtai	2122.64	604.81	1517.83	193.37
保 定 市	Baoding	6075.29	1579.24	4496.05	455.93
张家口市	Zhangjiakou	3068.73	978.02	2090.71	251.74
承 德 市	Chengde	1648.64	553.68	1094.96	170.84
沧 州 市	Cangzhou	2027.37	769.91	1257.46	129.58
廊 坊 市	Langfang	1720.87	699.94	1020.93	145.10
衡 水 市	Hengshui	1818.96	520.07	1298.89	128.63
定 州 市	Dingzhou	188.84	56.68	132.16	16.17
辛 集 市	Xinji	282.97	62.50	220.47	33.02

16-12 国际旅游基本情况
Main Indicators of International Tourism

年 份 市	Year City	入境游客人数（人次）Overseas Tourist Arrivals (person-time)	过夜游客 Overnight Tourists	一日游游客 One-day Tourists	国际旅游收入（万美元）Foreign Exchange Earnings (USD 10000)
	2015	1381816	766388	615428	62143.88
	2016	1475907	837892	638015	66862.39
	2017	1602452	910138	692314	76012.47
	2018	1757685	988630	769055	84931.57
	2019	1879050	970816	908234	93580.51
	2020	78959	47309	31650	2957.50
石家庄市	Shijiazhuang	8874	4838	4036	341.89
石家庄市①	Shijiazhuang①	8794	4758	4036	339.46
承 德 市	Chengde	12692	9399	3293	695.71
张家口市	Zhangjiakou	23917	13394	10523	678.04
秦皇岛市	Qinhuangdao	7893	5641	2252	355.46
唐 山 市	Tangshan	1778	889	889	116.93
廊 坊 市	Langfang	10122	5061	5061	389.82
保 定 市	Baoding	6107	3377	2730	182.88
保 定 市①	Baoding①	5865	3135	2730	176.90
沧 州 市	Cangzhou	117	117		7.31
衡 水 市	Hengshui	1687	954	733	33.57
邢 台 市	Xingtai	2141	1643	498	52.60
邯 郸 市	Handan	3631	1996	1635	103.28
定 州 市	Dingzhou	242	242		5.98
辛 集 市	Xinji	80	80		2.43

16-13 按国别(地区)分入境游客

Number of Oversea Visitor Arrivals by Country (Region)

单位：人次 (person-time)

国家(地区)	Country (Region)	2015	2016	2017	2018	2019	2020
全省合计	**Total**	**1381816**	**1475907**	**1602452**	**1757685**	**1879050**	**78959**
港澳台同胞	Chinese Compatriots from Hong Kong, Macao and Taiwan	298615	306436	368044	441222	471543	35915
外国人	Foreigners	1083201	1169471	1234408	1316463	1407507	43044
亚洲	**Asia**	**536217**	**605701**	**600597**	**666153**	**707853**	**14351**
日本	Japan	115726	130362	140555	168514	165669	4759
韩国	Republic of Korea	137436	138389	105436	134426	157242	4313
蒙古	Mongolia	31538	42718	40156	32895	34075	169
印尼	Indonesia	23970	33310	34520	34430	36544	1226
马来西亚	Malaysia	40997	56279	53018	59653	66839	1205
菲律宾	The Philippines	22590	23852	25357	28756	29275	296
新加坡	Singapore	40333	53206	54812	60465	63155	760
泰国	Thailand	28179	31221	30248	37379	39694	800
印度	India	25056	29009	29816	27284	28808	218
越南	Vietnam	7803	8015	12002	11341	11751	98
缅甸	Myanmar	5013	3776	6338	7105	8304	52
朝鲜	Korea DPR.	11903	7303	7710	8185	10187	115
巴基斯坦	Pakistan	14471	16600	18542	14500	20090	226
其他	Others	31202	31661	42087	41220	36220	114
欧洲	**Europe**	**307159**	**329787**	**352294**	**364861**	**402056**	**16148**
英国	United Kingdom	50195	47588	49603	49819	59032	3327
法国	France	34222	39434	37727	41171	49667	2568
德国	Germany	42800	44842	41364	42290	48378	2202
意大利	Italy	25429	31440	30802	34701	38221	1233
瑞士	Switzerland	14237	16563	22131	23386	25134	1070
瑞典	Sweden	13392	13788	19464	20905	22937	1142
俄罗斯	Russian Federation	81037	92065	97370	97636	111152	2828
西班牙	Spain	17727	16700	20344	22237	22641	1418
其他	Others	28120	27367	33489	32716	24894	360
美洲	**America**	**86163**	**85800**	**101254**	**108677**	**115053**	**4403**
美国	United States	48869	45634	57223	61310	67767	3192
加拿大	Canada	22897	23553	25178	27690	30616	983
其他	Others	14397	16613	18853	19677	16670	228
大洋洲	**Oceania**	**50439**	**52898**	**69183**	**69625**	**77916**	**4618**
澳大利亚	Australia	22654	24190	31256	29768	37965	2709
新西兰	New Zealand	16271	16158	21887	21505	24875	1712
其他	Others	11514	12550	16040	18352	15076	197
非洲	**Africa**	**27756**	**24401**	**24024**	**22717**	**27982**	**338**
其他	**Others**	**75467**	**70884**	**87056**	**84430**	**76647**	**3186**

主要统计指标解释

住宿业 指为旅行者提供短期留宿场所的活动，有些单位只提供住宿，也有些单位提供住宿、饮食、商务、娱乐一体的服务，不包括主要按月或按年长期出租房屋住所的活动。

餐饮业 指通过即时制作加工、商业销售和服务性劳动等，向消费者提供食品和消费场所及设施的服务。

营业额 指住宿和餐饮业单位在经营活动中，因提供服务或销售商品等取得的全部收入（含增值税），收入主要来源于提供客房、餐费服务、商品销售和其他服务，如商务服务。不包括多产业法人企业附营的其他行业产业活动单位的餐费收入、商品销售收入等各项收入。其中，客房收入指住宿和餐饮业单位在经营活动中因提供住宿服务取得的收入（含增值税）。不包括多产业法人企业附营的其他行业产业活动单位的客房收入。餐费收入指本单位为顾客提供就餐服务取得的收入（含增值税）。包括：经烹饪、调制加工后出售的各种食品，如主食、炒菜、凉拌菜等的收入。不包括多产业法人企业附营的其他行业产业活动单位的餐费收入。

入境游客 指报告期内来中国（大陆）观光、度假、探亲访友、就医疗养、购物、参加会议或从事经济、文化、体育、宗教活动的外国人、港澳台同胞等游客（即入境旅游人数）。统计时，入境游客按每入境一次统计 1 人次。入境游客包括入境过夜游客和入境一日游游客。

国内游客 指报告期内在中国（大陆）观光游览、度假、探亲访友、就医疗养、购物、参加会议或从事经济、文化、体育、宗教活动的中国（大陆）居民人数，其出游的目的不是通过所从事的活动谋取报酬。统计时，国内游客按每出游一次统计 1 人次。

国际旅游收入 指入境游客在中国（大陆）境内旅行、游览过程中用于交通、参观游览、住宿、餐饮、购物、娱乐等全部花费。

国内旅游收入(旅游总花费) 指国内游客在国内旅行、游览过程中用于交通、参观游览、住宿、餐饮、购物、娱乐等全部花费。

Explanatory Notes on Main Statistical Indicators

Hotel Services refer to short-term accommodation services provided to visitors. Some units may provide only accommodation while others provide a combination of accommodation, meals, business services and recreational facilities. It excludes activities related to the provision of long-term primary residences, typically leased on a monthly or annual basis.

Catering Services refer to the activities of providing foods, serving locations and facilities to customers through instant processing, commercial sales and service-type labor.

Business Revenue refers to total revenue (including VAT) of hotels and catering services received from providing services or selling commodities through business activities. Revenue comes mainly from providing hotels, catering services, selling of commodities and other services, such as commodity services. It does not include revenue from providing meals or selling of commodities by establishments affiliated to other multi-industrial corporate enterprises. Income from hotel rooms refers to income (including VAT) of hotels and catering services by providing lodging services through business activities. Income from meals refers to income (including VAT) from providing catering services, including selling of cooked or prepared foods, such as staple food, cooked dishes, or cold dishes. It does not include income from meals provided by establishments affiliated to other multi-industrial corporate enterprises.

Overseas Visitor Arrivals refer to the number of tourists of foreigners, Chinese compatriots from Hong Kong, Macao and Taiwan who come to China (mainland) within the reference period for sight-seeing, vacation, visiting relatives, medical treatment, shopping, attending conference, or to engage in economic, cultural, sports and religious activities (namely the number of overseas visitor arrivals). In compiling statistics, each arrival is counted as one person-time. Overseas visitor arrivals includes inbound overnight tourists and one-day tourists.

Number of Domestic Tourists refers to the number of Chinese (mainland) residents who travel within China (mainland) for sight-seeing, vacation, visiting relatives, medical treatment, shopping, attending conference, or to engage in economic, cultural, sports and religious activities. In compiling statistics, each travel is counted as one person-time.

Foreign Exchange Earnings from International Tourism refer to the total expenditure of overseas visitors during their stay in the mainland of China on transportation, sighting, accommodation, food, shopping and entertainment.

Income from Domestic Tourism refer to expenditure of domestic tourists on transportation, sighting, accommodation, food, shopping and entertainment while they travel.

房地产

Real Estate

简 要 说 明

一、本篇资料反映河北省房地产开发企业经营活动情况，主要包括房地产开发企业土地开发和购置情况、投资规模及完成情况、房屋建筑情况及商品房销售情况等。

二、本篇统计资料是根据《房地产开发统计报表制度》搜集和加工整理而得，全部数据采用全面调查的统计方法。

三、本篇统计资料由河北省统计局投资与建筑业统计处整理提供。

四、资料整理：姚立云

Brief Introduction

I. The data in this chapter reflects the operation and activities of real estate development enterprises within the Hebei Province. The information focuses on the land development and purchasing activities of real estate development enterprises, the scope of investments and their completion, the construction of buildings, and the sale of commodity buildings.

II.The statistical information within this section was collected and further edited in accordance to the *Real Estate Development Statistics Reporting System*, all data have been compiled by full investigation.

III. The information within this section was edited and provided by the Statistics Office on Investment in Fixed Assets from the Hebei Statistics Bureau.

Ⅳ.Data collection: Yao Liyun.

17-1 房地产开发企业主要指标
Main Indicators of Enterprises for Real Estate Development

指　　标	Item	2015	2020	2021	2022
企业个数(个)	**Number of Enterprises (unit)**	**3181**	**3942**	**4182**	**4036**
内资	Domestic Invested	3130	3904	4143	4002
港、澳、台投资	Enterprises with Investment from Hong Kong, Macao and Taiwan	33	23	23	20
外商投资	Foreign Invested	18	15	16	14
平均从业人数(万人)	**Average Number of Employed Persons (10000 persons)**	**10.66**	**11.04**	**11.17**	**9.90**
内资企业	Domestic Invested	10.32	10.78	10.92	9.78
港、澳、台投资企业	Enterprises with Investment from Hong Kong, Macao and Taiwan	0.14	0.07	0.07	0.05
外商投资企业	Foreign Invested	0.20	0.19	0.18	0.06
本年土地购置面积(万平方米)	**Land Space Purchased This Year (10000 sq.m)**	**756.86**	**693.43**	**505.27**	**224.46**
本年完成投资(亿元)	**Investment Completed This Year (100 million yuan)**	**4285.27**	**4601.13**	**5023.87**	**4982.97**
#住宅	Residential Buildings	3162.55	3746.74	4092.68	4116.86
本年实际到位资金(亿元)	**Actual Funds in Place This Year (100 million yuan)**	**4666.67**	**5540.12**	**6046.90**	**4712.41**
#国内贷款	Domestic Loans	456.70	514.39	363.39	233.81
利用外资	Foreign Investment	2.31	0.02		
自筹资金	Self-raising Fund	3099.11	2722.13	2729.41	2232.54
房屋建筑面积(万平方米)	**Floor Space of Buildings (10000 sq.m)**				
施工面积	Floor Space under Construction	30434.76	31408.39	35681.38	33651.79
竣工面积	Floor Space Completed	4039.31	2367.17	2522.55	2522.65
本年新开工面积	Floor Space Started This Year	7219.81	10232.19	9069.19	5395.28
商品房销售面积(万平方米)	**Floor Space of Commercialized Buildings Sold (10000 sq.m)**	**5854.65**	**6028.41**	**6133.15**	**4615.74**
#住宅	Residential Buildings	5161.65	5572.25	5779.60	4317.51
商品房平均销售价格(元/平方米)	**Average Selling Price of Commercialized Buildings (yuan/sq.m)**	**5759.00**	**8211.75**	**8238.67**	**8020.64**
#住宅	Residential Buildings	5530.00	8251.46	8329.85	8080.53
实收资本合计(亿元)	**Total Capital Held (100 million yuan)**	**1375.00**	**2333.57**	**2020.95**	**1987.70**
资产负债率(%)	**Ratio of Liabilities to Assets (%)**	**85.90**	**88.10**	**89.70**	**89.86**
主营业务收入(亿元)	**Revenue from Principal Business (100 million yuan)**	**2305.92**	**2519.16**	**2628.00**	**2676.52**
#土地转让收入	Land Transferred	6.30	6.96	14.30	12.53

注：商品房平均销售价格由报告期内新建商品房销售额除以销售面积计算而成。不同时期的商品房平均销售价格可能会受商品房区域、房屋类型等各种因素的影响(以下相关表同)。

a) Average selling price of commercialized buildings is calculated by total sale of newly-built commercialized building divided by floor space sold during report period. It is affected by location and type of buildings etc. in different period. The same applies to the relevant tables following.

17-2 房地产开发企业个数
Number of Enterprises for Real Estate Development

单位：个 (unit)

年 份 市	Year City	企业个数 Number of Enterprises	内资企业 Domestic Funded Enterprises			港、澳、台投资企业 Enterprises with Investment from Hong Kong, Macao and Taiwan	外商投资企业 Foreign Investment Enterprises
				#国有 State-owned Enterprises	#集体 Collective-owned Enterprises		
	1998	376	332	201	52	27	17
	2000	460	416	181	31	22	22
	2005	1169	1111	66	5	37	21
	2006	1272	1215	57	10	37	20
	2007	1497	1440	60	11	37	20
	2008	2564	2499	55	6	39	26
	2009	2710	2642	64	20	37	31
	2010	2997	2933	59	23	34	30
	2011	3226	3159	45	5	39	28
	2012	3178	3115	38	4	37	26
	2013	3283	3225	24	4	33	25
	2014	3387	3332	16		34	21
	2015	3181	3130	9		33	18
	2016	3279	3228	7		32	19
	2017	3317	3269	6	1	27	21
	2018	3449	3406	6		22	12
	2019	3498	3458	3		22	18
	2020	3942	3904	5		23	15
	2021	4182	4143	11		23	16
	2022	4036	4002	12		20	14
石家庄市	Shijiazhuang	535	531	1			4
石家庄市①	Shijiazhuang①	502	498	1			4
唐 山 市	Tangshan	345	339	5		2	4
秦皇岛市	Qinhuangdao	233	231			1	1
邯 郸 市	Handan	381	379			2	
邢 台 市	Xingtai	453	453				
保 定 市	Baoding	510	510				
保 定 市①	Baoding①	451	451				
张家口市	Zhangjiakou	330	322			4	4
承 德 市	Chengde	265	262	1		3	
沧 州 市	Cangzhou	342	340			2	
廊 坊 市	Langfang	431	424	4		6	1
衡 水 市	Hengshui	211	211	1			
定 州 市	Dingzhou	59	59				
辛 集 市	Xinji	33	33				

注：本表数据中石家庄市含辛集市，石家庄市①不含辛集市；保定市含定州市和雄安新区，保定市①不含定州市和雄安新区。以下相关表同。

a) Data in this table, Shijiazhuang includes Xinji, Shijiazhuang① excludes Xinji; Baoding includes Dingzhou and Xiongan, Baoding① excludes Dingzhou and Xiongan. The same applies to the table following.

17-3 房地产开发企业从业人员数
Number of Employed Persons in Enterprises for Real Estate Development

单位：人 (person)

年份 市	Year City	平均从业人数 Average Number of Employed Persons	内资企业 Domestic Funded Enterprises	#国有 State-owned Enterprises	#集体 Collective-owned Enterprises	港、澳、台投资企业 Enterprises with Funds from Hong Kong, Macao and Taiwan	外商投资企业 Foreign Funded Enterprises
	1998	15224	14216	9447	2024	601	407
	2000	22263	20848	10656	1091	783	632
	2005	39573	36950	2723	121	1913	710
	2006	44690	42563	2880	299	1187	940
	2007	48902	47140	2423	218	1046	716
	2008	65664	63479	2018	161	1109	1076
	2009	63189	61160	1561	174	833	1196
	2010	75245	72592	2012	428	968	1685
	2011	88021	85946	1714	71	1183	892
	2012	97887	94850	1496	311	1301	1736
	2013	108627	105806	939	342	1204	1617
	2014	111598	108927	725		1348	1323
	2015	106614	103190	384		1433	1991
	2016	111918	108712	341		1384	1822
	2017	109273	106390	300	5	979	1904
	2018	110660	107158	284		882	2620
	2019	108323	104931	123		876	2516
	2020	110399	107822	211		705	1872
	2021	111693	109225	501		685	1783
	2022	99016	97836	370		543	637
石家庄市	Shijiazhuang	13506	13099	60			407
石家庄市①	Shijiazhuang①	12799	12392	60			407
唐山市	Tangshan	8751	8566	216		33	152
秦皇岛市	Qinhuangdao	5496	5435			57	4
邯郸市	Handan	11777	11641			136	
邢台市	Xingtai	12184	12184				
保定市	Baoding	13366	13366				
保定市①	Baoding①	11975	11975				
张家口市	Zhangjiakou	7249	7050			126	73
承德市	Chengde	4957	4882	15		75	
沧州市	Cangzhou	7245	7186			59	
廊坊市	Langfang	9653	9595	61		57	1
衡水市	Hengshui	4832	4832	18			
定州市	Dingzhou	1391	1391				
辛集市	Xinji	707	707				

17-4 房地产开发企业土地开发及购置
Land Development and Purchase of Enterprises for Real Estate Development

年 份 市	Year City	待开发土地面积（万平方米）Land Space Pending Development (10000 sq.m)	本年土地购置面积（万平方米）Land Space Purchased in the Year (10000 sq.m)	本年土地成交价款（亿元）Transaction Value of Land in the Year (100 million yuan)
	1998	86.58	349.31	6.86
	2000	122.96	415.09	8.94
	2005	216.01	968.57	23.91
	2006	714.40	1040.27	37.90
	2007	728.23	1483.56	45.49
	2008	806.78	1947.62	177.02
	2009	501.24	2022.71	222.22
	2010	630.36	3024.15	368.27
	2011	790.20	2799.59	408.98
	2012	773.24	1760.99	332.60
	2013	765.45	1127.34	297.68
	2014	850.55	1081.72	511.39
	2015	861.99	756.86	405.93
	2016	1122.37	929.93	337.84
	2017	1351.10	1033.84	373.02
	2018	1617.23	1150.91	280.94
	2019	1881.93	1047.34	349.15
	2020	1786.59	693.43	221.14
	2021	2025.47	505.27	208.88
	2022	2256.29	224.46	85.43
石家庄市	Shijiazhuang	329.41	36.72	27.00
石家庄市①	Shijiazhuang①	325.67	36.72	27.00
唐 山 市	Tangshan	181.66	4.57	1.51
秦皇岛市	Qinhuangdao	231.04	10.75	2.95
邯 郸 市	Handan	382.91	37.12	8.55
邢 台 市	Xingtai	80.70	11.76	4.23
保 定 市	Baoding	170.78	39.93	15.37
保 定 市①	Baoding①	153.38	30.92	10.55
张家口市	Zhangjiakou	192.72	5.21	1.15
承 德 市	Chengde	159.99	8.55	2.57
沧 州 市	Cangzhou	116.47	33.87	12.22
廊 坊 市	Langfang	336.73	5.68	3.77
衡 水 市	Hengshui	73.88	30.29	6.12
定 州 市	Dingzhou	17.40	9.01	4.81
辛 集 市	Xinji	3.75		

17-5 按用途分房地产开发企业完成投资

Investment Completed by Enterprises for Real Estate Development by Use

单位：亿元 (100 million yuan)

年份 市	Year City	本年完成投资 Investment Completed in the Year	住宅 Residential Buildings	办公楼 Office Buildings	商业营业用房 Houses for Business Use	其他 Others
	1998	61.27	40.63	2.07	7.94	10.63
	2000	108.39	71.11	2.62	13.22	21.44
	2005	391.52	292.05	9.71	47.27	42.49
	2006	481.58	379.63	11.28	46.27	44.40
	2007	709.28	573.70	6.95	44.01	84.62
	2008	1084.44	858.58	20.14	81.43	124.28
	2009	1520.04	1219.24	30.11	150.25	120.44
	2010	2264.94	1785.76	51.27	276.01	151.90
	2011	3054.59	2282.57	86.56	435.52	249.94
	2012	3086.52	2317.13	114.67	407.57	247.16
	2013	3445.42	2539.29	140.39	456.98	308.75
	2014	4059.72	3010.35	153.85	502.02	393.50
	2015	4285.27	3162.55	175.87	509.40	437.45
	2016	4695.63	3475.48	219.26	651.57	349.33
	2017	4823.91	3656.98	215.22	594.49	357.22
	2018	4476.40	3471.11	172.22	469.05	364.02
	2019	4347.05	3455.74	141.42	335.71	414.18
	2020	4601.13	3746.74	116.72	342.14	395.53
	2021	5023.87	4092.68	107.43	349.71	474.05
	2022	4982.97	4116.86	89.07	298.12	478.92
石家庄市	Shijiazhuang	886.91	728.92	25.74	44.43	87.82
石家庄市①	Shijiazhuang①	829.07	675.65	25.41	42.66	85.36
唐山市	Tangshan	615.87	507.68	3.22	51.11	53.86
秦皇岛市	Qinhuangdao	224.40	158.66	3.52	16.03	46.19
邯郸市	Handan	566.52	483.47	12.32	31.19	39.54
邢台市	Xingtai	407.92	355.46	2.16	9.04	41.26
保定市	Baoding	630.23	508.21	29.16	21.93	70.93
保定市①	Baoding①	550.98	437.92	29.06	19.94	64.05
张家口市	Zhangjiakou	240.86	196.50	1.28	18.30	24.78
承德市	Chengde	193.71	140.66	0.81	30.87	21.37
沧州市	Cangzhou	455.86	381.42	1.64	32.87	39.93
廊坊市	Langfang	494.87	417.83	6.68	31.48	38.89
衡水市	Hengshui	265.82	238.05	2.55	10.87	14.34
定州市	Dingzhou	79.25	70.28	0.10	1.99	6.89
辛集市	Xinji	57.84	53.27	0.33	1.77	2.47

17-6 房地产开发企业实际到位资金
Actual Funds in Place of Enterprises for Real Estate Development

单位：亿元 (100 million yuan)

年份 市	Year City	本年实际到位资金 Actual Funds in Place in the Year	国内贷款 Domestic Loans	利用外资 Foreign Investment	自筹资金 Self-raising Funds	其他到位资金 Others
	1998	79.07	13.80	1.56	18.46	28.39
	2000	129.74	20.12	0.77	38.00	55.63
	2005	413.13	68.25	3.44	177.64	163.80
	2006	594.08	87.31	1.13	250.82	254.81
	2007	810.16	125.36	1.12	343.35	340.32
	2008	1384.15	166.44	3.52	565.36	497.86
	2009	2121.25	265.17		887.36	702.24
	2010	2710.89	288.89	3.00	1462.58	956.43
	2011	3499.18	289.55	14.52	2028.69	1166.42
	2012	3712.99	295.57	10.93	2195.48	1211.02
	2013	4123.54	336.40	9.98	2394.67	1382.50
	2014	4438.48	312.47	26.34	2819.53	1280.14
	2015	4666.67	456.70	2.31	3099.11	1108.55
	2016	5102.36	456.10	1.71	3224.49	1420.07
	2017	5184.96	532.68	2.01	3133.32	1516.96
	2018	4784.39	580.38	0.04	2834.91	82.81
	2019	5036.44	594.27		2556.61	66.35
	2020	5540.12	514.39	0.02	2722.13	91.38
	2021	6046.90	363.39		2729.41	97.78
	2022	4712.41	233.81		2232.54	135.07
石家庄市	Shijiazhuang	823.09	29.25		366.71	15.21
石家庄市①	Shijiazhuang①	775.10	28.30		339.38	15.16
唐 山 市	Tangshan	575.17	45.72		304.10	34.12
秦皇岛市	Qinhuangdao	193.73	18.73		69.79	6.83
邯 郸 市	Handan	554.09	26.61		273.96	8.51
邢 台 市	Xingtai	391.16	5.79		115.34	9.44
保 定 市	Baoding	593.99	25.50		366.63	17.81
保 定 市①	Baoding①	526.30	23.17		317.75	17.32
张家口市	Zhangjiakou	228.71	14.87		111.33	11.29
承 德 市	Chengde	179.48	12.97		90.18	8.05
沧 州 市	Cangzhou	399.77	30.69		123.42	9.66
廊 坊 市	Langfang	504.14	21.39		246.59	9.56
衡 水 市	Hengshui	269.08	2.27		164.48	4.58
定 州 市	Dingzhou	66.97	2.34		48.15	0.49
辛 集 市	Xinji	47.99	0.95		27.33	0.05

17-7 房地产开发企业房屋建筑面积和造价
Floor Space and Cost of Buildings Constructed by Enterprises for Real Estate Development

年份 市	Year City	房屋施工面积(万平方米) Floor Space of Buildings under Construction (10000 sq.m)	房屋竣工面积(万平方米) Floor Space of Buildings Completed (10000 sq.m)	房屋建筑面积竣工率(%) Rate of Floor Space of Buildings Completed (%)	房屋竣工价值(亿元) Value of Buildings Completed (100 million yuan)	房屋竣工造价(元/平方米) Cost of Buildings Completed (yuan/sq.m)
	1998	1169.47	480.78	41.1	39.76	827
	2000	1670.00	771.31	46.2	69.38	900
	2005	3820.96	1129.92	29.6	137.41	1216
	2006	4769.50	1378.89	28.9	196.23	1423
	2007	5821.87	1342.64	23.1	221.19	1647
	2008	8958.07	1663.55	18.6	316.60	1903
	2009	12752.97	2211.72	17.3	464.22	2099
	2010	20700.03	3614.66	17.5	816.11	2258
	2011	26670.81	5180.51	19.4	1282.08	2475
	2012	27577.83	4894.56	17.7	1132.49	2314
	2013	29949.12	4437.02	14.8	1199.11	2703
	2014	31628.39	4037.56	12.8	1138.41	2820
	2015	30434.76	4039.31	13.3	1253.87	3104
	2016	30476.78	4287.78	14.1	1139.31	2657
	2017	30318.32	3416.00	11.3	971.32	2843
	2018	28172.06	2390.41	8.5	623.06	2607
	2019	29852.97	2679.96	9.0	690.52	2577
	2020	31408.39	2367.17	7.5	678.79	2867
	2021	35681.38	2522.55	7.1	812.62	3221
	2022	33651.79	2522.65	7.5	877.77	3480
石家庄市	Shijiazhuang	4338.26	357.64	8.2	121.75	3404
石家庄市①	Shijiazhuang①	3830.66	280.77	7.3	98.53	3509
唐山市	Tangshan	3454.43	169.23	4.9	57.34	3388
秦皇岛市	Qinhuangdao	1778.04	171.97	9.7	65.60	3815
邯郸市	Handan	3512.54	142.98	4.1	44.60	3120
邢台市	Xingtai	4511.89	270.12	6.0	72.73	2692
保定市	Baoding	3798.98	353.41	9.3	147.76	4181
保定市①	Baoding①	3273.99	338.99	10.4	143.02	4219
张家口市	Zhangjiakou	2551.03	138.60	5.4	47.62	3436
承德市	Chengde	1724.31	173.36	10.1	56.50	3259
沧州市	Cangzhou	2870.04	145.28	5.1	55.30	3806
廊坊市	Langfang	3476.75	311.84	9.0	134.22	4304
衡水市	Hengshui	1635.52	288.21	17.6	74.36	2580
定州市	Dingzhou	524.99	14.42	2.7	4.73	3282
辛集市	Xinji	507.60	76.87	15.1	23.22	3021

17-8 按用途分房地产开发企业房屋新开工面积
Floor Space of Buildings Started in the Year by Enterprises for Real Estate Development by Use

单位：万平方米 (10000 sq.m)

年份 市	Year City	本年房屋新开工面积 Floor Space Started in the Year	住宅 Residential Buildings	办公楼 Office Buildings	商业营业用房 Buildings for Business Use	其他 Others
	1998	662.41	603.32	10.86	32.62	15.61
	2000	859.72	748.85	13.01	80.78	17.08
	2005	1970.80				
	2006	2280.51				
	2007	2797.55				
	2008	3768.81	3319.77	56.76	238.21	154.07
	2009	6786.00	5771.58	98.77	581.95	333.69
	2010	9629.16	7866.40	147.43	993.13	622.20
	2011	11182.80	8925.24	246.12	1177.27	834.16
	2012	7641.80	5973.78	187.61	831.34	639.08
	2013	6932.65	5445.77	172.02	704.82	610.04
	2014	8239.03	6361.42	160.41	959.84	757.36
	2015	7219.81	5542.98	186.40	764.65	725.78
	2016	8161.30	6190.29	342.23	849.33	779.45
	2017	8417.21	6568.03	142.51	810.22	896.45
	2018	8390.07	6443.62	157.75	805.20	983.50
	2019	9452.68	7404.40	209.36	602.31	1236.61
	2020	10232.19	7979.05	207.19	726.80	1319.14
	2021	9069.19	7146.19	140.78	428.55	1353.66
	2022	5395.28	4300.12	64.13	263.44	767.59
石家庄市	Shijiazhuang	689.57	578.23	12.34	17.53	81.47
石家庄市①	Shijiazhuang①	605.79	506.20	12.34	13.41	73.83
唐山市	Tangshan	568.79	435.40	8.67	32.98	91.74
秦皇岛市	Qinhuangdao	206.06	144.14	1.29	6.86	53.78
邯郸市	Handan	695.59	539.45	16.46	42.83	96.85
邢台市	Xingtai	722.73	591.74	3.75	17.31	109.93
保定市	Baoding	776.27	632.94	17.33	24.82	101.18
保定市①	Baoding①	628.24	494.41	17.33	20.25	96.25
张家口市	Zhangjiakou	231.51	174.18	0.09	27.98	29.26
承德市	Chengde	217.03	155.08	0.83	16.81	44.31
沧州市	Cangzhou	495.89	404.17	0.53	32.69	58.51
廊坊市	Langfang	418.28	326.78	1.05	29.35	61.10
衡水市	Hengshui	373.55	318.03	1.78	14.29	39.46
定州市	Dingzhou	148.03	138.53		4.57	4.93
辛集市	Xinji	83.78	72.02		4.11	7.64

17-9 按用途分商品房销售面积
Floor Space of Commercial Buildings Sold by Use

单位：万平方米 (10000 sq.m)

年份 市	Year City	商品房销售面积 Floor Space of Commercial Buildings Sold	住宅 Residential Buildings	办公楼 Office Buildings	商业营业用房 Buildings for Business Use	其他 Others
	1998	293.86	272.47	6.79	13.38	1.22
	2000	489.44	443.52	1.81	41.30	2.81
	2005	1408.74	1322.32	15.86	60.37	10.19
	2006	1817.94	1692.40	19.29	93.37	12.87
	2007	2067.79	1969.12	7.74	73.93	17.00
	2008	2231.84	2128.86	2.69	78.79	21.50
	2009	2966.61	2819.77	19.05	88.50	39.28
	2010	4662.10	4325.12	39.20	209.09	88.69
	2011	5888.33	5293.18	59.24	366.01	169.91
	2012	5144.92	4622.46	74.78	316.70	130.97
	2013	5675.95	5020.13	78.00	404.93	172.89
	2014	5706.19	5015.06	75.54	444.33	171.25
	2015	5854.65	5161.65	90.10	385.34	217.56
	2016	6682.29	5899.72	126.59	448.71	207.27
	2017	6425.91	5576.99	144.11	496.13	208.68
	2018	5251.93	4714.42	110.63	274.04	152.84
	2019	5282.70	4770.38	112.68	222.30	177.34
	2020	6028.41	5572.25	59.01	190.05	207.10
	2021	6133.15	5779.60	34.50	160.54	158.50
	2022	4615.74	4317.51	43.03	155.43	99.77
石家庄市	Shijiazhuang	606.06	567.91	7.43	21.53	9.19
石家庄市①	Shijiazhuang①	529.93	496.41	7.43	20.03	6.05
唐山市	Tangshan	353.09	328.95		9.98	14.16
秦皇岛市	Qinhuangdao	125.56	108.51	1.31	3.62	12.12
邯郸市	Handan	655.75	634.32	6.07	12.94	2.43
邢台市	Xingtai	486.86	451.21		1.48	34.17
保定市	Baoding	600.89	584.00	5.12	8.05	3.73
保定市①	Baoding①	562.43	546.91	4.63	7.28	3.61
张家口市	Zhangjiakou	225.88	217.53	1.37	4.68	2.29
承德市	Chengde	139.18	122.78		10.76	5.65
沧州市	Cangzhou	423.52	392.92	0.77	28.77	1.06
廊坊市	Langfang	624.48	559.96	18.80	41.57	4.15
衡水市	Hengshui	374.47	349.43	2.16	12.06	10.82
定州市	Dingzhou	38.46	37.09	0.48	0.76	0.12
辛集市	Xinji	76.13	71.49		1.50	3.14

注：2004年及以前的销售数据仅包括现房；2005年及以后的销售数据包括期房和现房(以下相关表同)。

a) Figures on floor space of houses sold and selling price of houses for 2004 and the earlier years refer to houses actually sold out, while figures since 2005 refer to both completed and future houses sold. The same applies to the relevant tables following.

17-10 按用途分商品房销售额
Sales of Commercial Buildings by Use

单位：亿元 (100 million yuan)

年份 市	Year City	商品房销售额 Total Sale of Commercialized Buildings Sold	住宅 Residential Buildings	办公楼 Office Buildings	商业营业用房 Buildings for Business Use	其他 Others
	1998	41.17	36.42	1.47	3.07	0.21
	2000	70.88	59.87	0.33	10.03	0.65
	2005	262.31	235.04	7.54	18.11	1.63
	2006	383.84	343.29	7.07	31.42	2.06
	2007	534.68	493.27	3.81	34.27	3.34
	2008	620.24	583.89	0.99	30.84	4.52
	2009	968.05	905.15	7.90	45.93	9.07
	2010	1650.00	1488.78	18.34	118.29	24.59
	2011	2345.23	1993.81	40.88	258.37	52.17
	2012	2303.90	1914.61	50.34	297.49	311.39
	2013	2779.69	2329.11	60.72	311.39	78.46
	2014	2928.00	2501.63	48.78	319.13	324.03
	2015	3371.59	2854.21	84.35	323.99	109.04
	2016	4301.80	3710.90	121.80	394.30	74.80
	2017	4628.40	3925.40	148.90	452.20	101.90
	2018	4035.00	3567.30	100.30	285.30	82.10
	2019	4138.57	3714.57	111.68	215.85	96.47
	2020	4950.38	4597.91	58.13	182.46	111.88
	2021	5052.90	4814.32	24.88	142.49	71.21
	2022	3702.12	3488.78	43.70	135.43	34.20
石家庄市	Shijiazhuang	601.53	575.05	6.26	16.81	3.40
石家庄市①	Shijiazhuang①	557.24	532.59	6.26	15.68	2.71
唐山市	Tangshan	296.81	286.78		7.30	2.73
秦皇岛市	Qinhuangdao	119.42	105.54	1.09	4.46	8.33
邯郸市	Handan	478.48	467.09	2.50	8.51	0.37
邢台市	Xingtai	282.28	271.01		1.56	9.71
保定市	Baoding	441.17	427.44	4.07	6.93	2.73
保定市①	Baoding①	416.47	403.92	3.74	6.29	2.53
张家口市	Zhangjiakou	140.94	136.22	1.30	3.17	0.26
承德市	Chengde	91.36	77.90		11.13	2.32
沧州市	Cangzhou	319.61	301.31	0.67	16.97	0.66
廊坊市	Langfang	712.28	632.32	26.92	51.37	1.67
衡水市	Hengshui	218.25	208.11	0.89	7.22	2.03
定州市	Dingzhou	24.70	23.52	0.34	0.64	0.20
辛集市	Xinji	44.29	42.47		1.13	0.69

17-11 按用途分商品房平均销售价格
Average Selling Price of Commercial Buildings by Use

单位：元/平方米 (yuan/sq.m)

年份 市	Year City	商品房平均销售价格 Average Selling Price of Commercialized Buildings	住宅 Residential Buildings	办公楼 Office Buildings	商业营业用房 Buildings for Business Use	其他 Others
	1998	1401	1337	2165	2294	1721
	2000	1448	1350	1823	2429	2313
	2005	1862	1777	4754	3000	1600
	2006	2111	2028	3667	3365	1602
	2007	2586	2505	4922	4635	1967
	2008	2779	2743	3692	3915	2102
	2009	3263	3210	4145	5190	2309
	2010	3539	3442	4680	5657	2772
	2011	3983	3767	6901	7059	3070
	2012	4478	4142	6732	9393	
	2013	4897	4640	7785	7690	4538
	2014	5131	4988	6457	7182	
	2015	5759	5530	9362	8408	5012
	2016	6438	6290	9622	8789	3609
	2017	7039	8001	10334	9115	4882
	2018	7683	7567	9068	10409	5372
	2019	7834	7787	9911	9710	5440
	2020	8212	8251	9850	9600	5402
	2021	8239	8330	7211	8875	4493
	2022	8021	8081	10156	8714	3428
石家庄市	Shijiazhuang	9925	10126	8427	7807	3702
石家庄市①	Shijiazhuang①	10515	10729	8427	7827	4475
唐山市	Tangshan	8406	8718		7312	1928
秦皇岛市	Qinhuangdao	9511	9726	8266	12340	6872
邯郸市	Handan	7297	7364	4121	6579	1539
邢台市	Xingtai	5798	6006		10562	2840
保定市	Baoding	7342	7319	7961	8618	7312
保定市①	Baoding①	7405	7385	8067	8635	7006
张家口市	Zhangjiakou	6240	6262	9468	6776	1117
承德市	Chengde	6564	6345		10352	4112
沧州市	Cangzhou	7546	7668	8706	5898	6241
廊坊市	Langfang	11406	11292	14320	12357	4023
衡水市	Hengshui	5828	5956	4129	5981	1876
定州市	Dingzhou	6423	6342	6950	8463	16392
辛集市	Xinji	5818	5940		7534	2212

17-12 房地产开发企业资产负债
Assets and Liabilities of Enterprises for Real Estate Development

单位：亿元 (100 million yuan)

年 份 市	Year City	实收资本合计 Paid-in Capital	资产总计 Total Assets	累计折旧 Total Depreciation	#本年折旧 Depreciation in the Year	负债合计 Total Liabilities	所有者权益 Owners' Equity	资产负债率(%) Ratio of Liabilities to Assets(%)
	1998	36.35	142.76	1.83	0.32	120.99	21.77	84.8
	2000	34.59	214.98	2.30	0.58	177.66	37.32	82.6
	2005	188.15	931.76			647.73	284.03	69.5
	2006	214.20	1189.27			8501.00	339.17	71.5
	2007	256.77	1651.76			1217.35	434.41	73.7
	2008	395.75	2510.04			1940.26	570.26	77.3
	2009	431.89	3096.39			2260.36	836.03	73.0
	2010	590.78	4811.26	345.68	69.31	3942.90	868.36	82.0
	2011	883.42	7281.31	38.77	10.98	5909.82	1371.50	81.2
	2012	1028.11	9007.44	46.63	11.74	7453.94	1553.49	82.6
	2013	1145.13	11120.85	67.79	14.77	11537.43	1725.39	84.5
	2014	1117.92	12976.63	69.46	13.70	11098.65	1877.97	85.5
	2015	1375.00	14274.35	65.24	11.64	12263.68	2010.67	85.9
	2016	1437.68	15931.79			13334.91	2596.88	83.7
	2017	1632.30	18325.10			15503.03	2822.07	84.6
	2018	1789.74	22513.56			19023.96	3489.60	84.5
	2019	1983.85	25290.18	105.21	23.75	21853.67	3436.51	86.4
	2020	2333.57	29760.19	115.12	27.25	26214.52	3545.67	88.1
	2021	2020.95	32584.39	120.95	25.44	29229.65	3354.74	89.7
	2022	1987.70	30775.09	120.50	21.38	27653.10	3121.99	89.9
石家庄市	Shijiazhuang	290.71	4831.02	16.98	2.13	4622.89	208.13	95.7
石家庄市①	Shijiazhuang①	285.63	4602.39	16.44	2.05	4408.69	193.69	95.8
唐 山 市	Tangshan	214.00	3216.27	9.72	1.92	2856.14	360.13	88.8
秦皇岛市	Qinhuangdao	173.90	1617.34	13.20	1.96	1326.47	290.87	82.0
邯 郸 市	Handan	124.27	2551.13	5.82	1.32	2411.23	139.89	94.5
邢 台 市	Xingtai	102.39	2103.33	7.01	1.36	2073.59	29.74	98.6
保 定 市	Baoding	260.83	3946.25	15.98	3.47	3525.32	420.92	89.3
保 定 市①	Baoding①	220.27	3597.04	13.94	2.81	3211.84	385.19	89.3
张家口市	Zhangjiakou	113.36	1916.12	7.01	1.13	1785.89	130.23	93.2
承 德 市	Chengde	88.85	1279.85	10.18	1.78	1147.53	132.31	89.7
沧 州 市	Cangzhou	109.77	2107.07	7.60	1.93	2007.07	99.99	95.3
廊 坊 市	Langfang	454.19	6284.00	22.55	3.65	5055.43	1228.57	80.4
衡 水 市	Hengshui	55.44	922.74	4.46	0.75	841.54	81.20	91.2
定 州 市	Dingzhou	40.56	349.21	2.04	0.66	313.48	35.73	89.8
辛 集 市	Xinji	5.08	228.63	0.54	0.08	214.20	14.44	93.7

17-13 房地产开发企业经营情况
Operating Statistics on Enterprises for Real Estate Development

单位：亿元 (100 million yuan)

年 份 市	Year City	主营业务收入 Revenue from Principal Business	土地转让收入 Land Transferred	商品房销售收入 Commercialized Buildings Sold	房屋出租收入 Houses Leased	其他收入 Others	税金及附加 Taxes and Other Charges	营业利润 Operating Profit
	1998	40.68	0.84	34.43	0.30	5.11	1.73	-2.66
	2000	83.66	2.51	71.93	0.32	8.90	3.35	0.55
	2005	259.62	1.95	251.58	0.42	5.68	14.78	8.50
	2006	346.56	0.05	338.18	0.44	4.36	22.79	27.60
	2007	465.26	3.28	454.92	0.79	6.27	29.32	29.82
	2008	574.61	4.82	555.98	1.09	12.72	35.37	42.65
	2009	750.33	5.98	728.60	0.37	15.39	51.37	76.43
	2010	1199.86	3.21	1180.17	2.26	14.22	92.41	101.78
	2011	1226.55	2.04	1197.16	4.09	23.26	97.89	97.65
	2012	1687.70	2.80	1651.55	9.83	23.52	139.16	122.53
	2013	1927.53	3.48	1891.52	9.55	22.98	172.19	115.49
	2014	1953.50	11.29	1894.97	16.14	31.10	174.88	61.84
	2015	2305.92	6.30	2265.32	8.07	26.24	202.28	132.29
	2016	2856.33	12.14	2799.20	14.40	30.59	204.63	354.35
	2017	2414.27	38.65	2328.42	8.32	32.77	132.66	310.57
	2018	2748.27	22.33	2671.58	10.96	40.55	175.30	297.58
	2019	2313.24	13.96	2237.45	11.55	49.37	210.02	111.21
	2020	2519.16	6.96	2462.27	10.48	37.96	195.10	105.44
	2021	2628.00	14.30	2513.43	10.65	86.44	189.56	-40.60
	2022	2676.52	12.53	2605.88	8.24	40.72	151.20	-5.87
石家庄市	Shijiazhuang	473.55	3.60	461.97	0.38	0.81	23.86	-16.06
石家庄市①	Shijiazhuang①	424.94	3.60	413.38	0.38	0.80	20.76	-20.39
唐 山 市	Tangshan	366.60	4.79	345.14	0.47	16.14	14.42	4.03
秦皇岛市	Qinhuangdao	195.45		190.46	1.74	3.09	7.71	15.23
邯 郸 市	Handan	178.05	1.36	173.74	0.19	1.03	15.49	3.63
邢 台 市	Xingtai	167.84	0.07	167.00	0.34	0.41	10.74	-9.33
保 定 市	Baoding	329.00	0.27	323.42	2.03	3.02	17.60	5.86
保 定 市①	Baoding①	302.15	0.27	298.68	1.82	1.21	15.83	8.02
张家口市	Zhangjiakou	121.53	1.11	117.80	0.47	2.14	4.09	-12.41
承 德 市	Chengde	138.41	1.07	134.85	0.14	2.35	4.57	6.35
沧 州 市	Cangzhou	254.90		246.33	0.33	8.22	9.66	10.49
廊 坊 市	Langfang	360.20	0.26	354.67	1.76	3.42	37.40	-10.02
衡 水 市	Hengshui	90.99		90.49	0.40	0.09	5.67	-3.64
定 州 市	Dingzhou	26.85		24.74	0.21	1.81	1.77	-2.16
辛 集 市	Xinji	48.61		48.59		0.01	3.10	4.33

主要统计指标解释

待开发土地面积 指房地产开发企业经有关部门批准，通过各种方式获得土地使用权，但尚未开工建设的土地面积。

本年土地购置面积 指房地产开发企业本年通过各种方式获得土地使用权的土地面积。

本年土地成交价款 指房地产开发企业本年进行土地使用权交易活动的最终金额。在土地一级市场，是指土地最后的划拨款、“招拍挂”价格和出让价；在土地二级市场是指土地转让、出租、抵押等最后确定的合同价格。土地成交价款与土地购置面积同口径。

土地购置费 指房地产开发企业通过各种方式取得土地使用权而支付的费用。土地购置费按本年实际发生额计入投资。土地购置费为分期付款的，分期计入房地产开发投资。

计划总投资 指房地产开发企业在建的建设工程按照总体设计（或按设计概算或预算）规定的内容全部建成计划需要的总投资。

自开始建设累计完成投资 指房地产开发企业在建的房屋建设工程或正在开发的土地开发工程从开始建设到本年末止累计完成的全部投资。

房地产开发投资 指房地产开发企业本年完成的全部用于房屋建设工程、土地开发工程的投资额以及公益性建筑和土地购置费等的投资。

本年实际到位资金 指房地产开发企业本年实际到位的，可用于房地产开发的各种货币资金。包括国内贷款、利用外资、自筹资金、定金及预收款、个人按揭贷款和其他资金。

房屋施工面积 指房地产开发企业本年施工的全部房屋建筑面积。包括本年新开工的房屋建筑面积、上年跨入本年继续施工的房屋建筑面积、上年停缓建在本年恢复施工的房屋建筑面积、本年竣工的房屋建筑面积以及本年施工后又停缓建的房屋建筑面积。多层建筑应填各层建筑面积之和。

房屋新开工面积 指房地产开发企业本年新开工建设的房屋建筑面积，以单位工程为核算对象。不包括在上年开工跨入本年继续施工的房屋建筑面积和上年停缓建而在本年恢复施工的房屋建筑面积。房屋的开工应以房屋正式开始破土刨槽（地基处理或打永久桩）的日期为准。房屋新开工面积指整栋房屋的全部建筑面积，不能分割计算。

房屋竣工面积 指房地产开发企业本年按照设计要求已全部完工，达到住人和使用条件，经验收鉴定合格或达到竣工验收标准，可正式移交使用的各栋房屋建筑面积的总和。

商品房销售面积 指房地产开发企业本年出售商品房屋的合同总面积(即双方签署的正式买卖合同中所确定的建筑面积)。

商品房销售额 指房地产开发企业本年出售商品房屋的合同总价款(即双方签署的正式买卖合同中所确定的合同总价)。该指标与商品房销售面积同口径。

Explanatory Notes on Main Statistical Indicators

Land Space Pending Development refers to the area of land with its use rights already approved by authorities and obtained by real estate development companies but the land development not yet starts.

Land Space Purchased in the Year refers to the area of land with its use rights already obtained in the year by real estate development companies.

Transaction Value of Land in the Year refers to the final amount of transactions made by real estate development companies to obtain the land use rights in the year. At the primary land market, it refers to the amount of final assignment, or the amount reached and transferred as a result of bidding, auction or listing procedures. In the secondary land market, it refers to the final amount on contracts with land transfer, lease and mortgage. The transaction value of land and the land space purchased have the same scope.

Value of Land Purchased refers to the payment made by real estate development companies for land use rights. The actual payment incurred in the year is included in the investment. The payment by installment when occurring is included in the investment.

Total Investment Planned refers to the total amount required for the completion of the activities according to the planned design or budget for the project under construction by real estate development companies.

Accumulative Investment Actually Completed Since Starting of Construction refers to all the investment accomplished by real estate development companies in the construction of building or the development of land from the beginning to the end of the year.

Investment in Real Estate Development refers to the investment made by real estate development companies in the construction of housing, development of land, nonprofit buildings and value of land purchased.

Total Actual Funds in Place This Year refers to the total amount available for real estate development regardless of kinds of currencies. It includes domestic loans, foreign investment, self-raising funds, deposit and advance payment, personal mortgage loan and others.

Floor Space of Buildings under Construction refers to the total space area of the buildings under construction in the year by real estate development companies. It includes buildings started in the year, continued from the previous year, suspended in earlier years but restarted in the year, completed in the year, and started in the year but suspended in the year as well. The floor space of a multi-storied building should be the sum of floor space of all the stories.

Floor Space of Buildings Started This Year refers to the total floor space area of the buildings started in the year by real estate development companies. It excludes the buildings started in previous years and continued in the year, and the buildings suspended in previous years but restarted in the year. The start of a construction is defined by the date of ground breaking or pile driving. The floor space of the building includes that of the entire building.

Floor Space of Buildings Completed refers to the total floor space area of the buildings completed in the year by real estate development companies, which meet the requirements as designed, reach the criteria set for people to live in or use, have passed the acceptance checks, and are ready for delivery or use.

Area of Commercialized Housing Sold refers to total contracted area of commercialized housing (i.e. area of floor space as designated in the formal contracts signed by both sides) sold by real estate development companies during the reference time.

Value of Commercialized Housing Sold refers to the total contracted value (i.e. value of sales/purchase for selling/purchase of commercialized housing as designated in the contract signed by both sides) received from the sales of the buildings by real estate development companies during the reference time. This indicator has the same coverage as the area of commercialized housing sold.

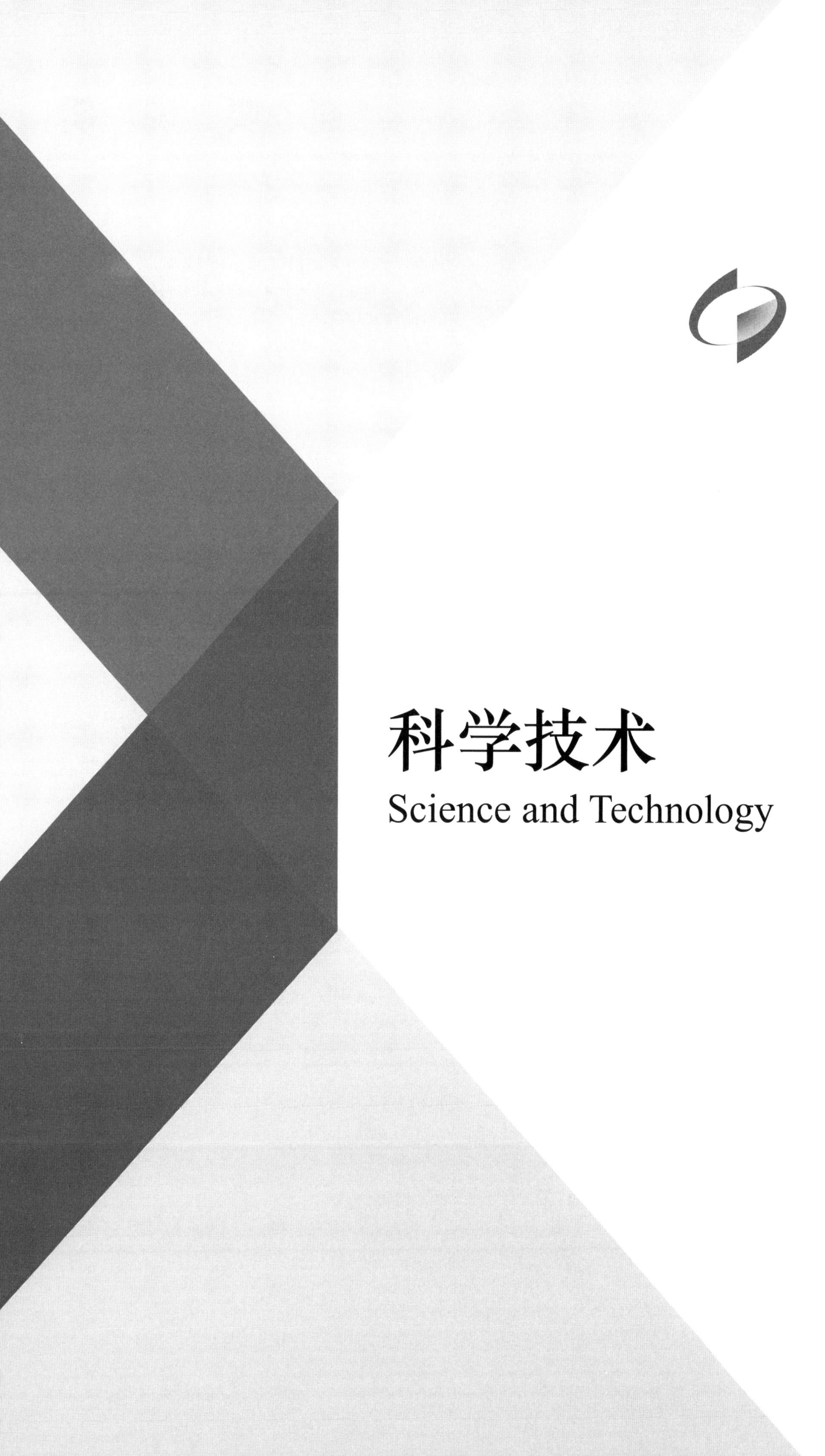

科学技术

Science and Technology

简 要 说 明

一、本篇资料主要反映河北省科学技术活动基本情况。

二、本篇资料主要包括研究与开发机构基本情况，高校研究与发展人员及经费，规模以上工业企业科技活动情况，专利申请受理量和批准量等数据。

三、本篇资料由河北省统计局社会科技和文化产业统计处负责整理提供。

四、资料整理：李海涛　巴子璋

Brief Introduction

Ⅰ. The data in this chapter reflects the basic situation of science and technology activities in Hebei Province.

Ⅱ. The data of this paper mainly include the basic information of research and development institutions, research and development personnel and funds of universities, scientific and technological activities of industrial enterprises above a certain scale, the number of patent applications accepted and approved and other data.

Ⅲ.This data is collated and provided by the Social Technology and Cultural Industry Statistics Department of Hebei Province Statistics Bureau.

Ⅳ. Data collection: Li Haitao, Ba Zizhang.

18-1 科技活动基本情况
Basic Statistics on Scientific and Technological Activities

指 标	Item	2015	2020	2021	2022
研究与试验发展(R&D)投入情况	**Statistics on R&D Input**				
R&D人员折合全时当量(人年)	Full-time Equivalent of R&D Personnel (man-year)	107508.0	125057.6	125609.2	158712.8
#基础研究	Basic Research	5623.0	8292.6	7965.3	9269.5
应用研究	Applied Research	14432.0	19083.3	19359.9	21825.1
试验发展	Experimental Development	87456.0	97682.0	98284.5	127619.6
R&D经费支出(万元)	Expenditure on R&D (10000 yuan)	3521444	6343724	7454936	8489080
#基础研究	Basic Research	68298	155513	168938	273048
应用研究	Applied Research	309184	561944	600563	764351
试验发展	Experimental Development	3143962	5626267	6685436	7451681
#政府资金	Government Funds	541239	715744	1013761	921610
企业资金	Self-raised Funds by Enterprises	2858631	5534886	6251424	7250341
R&D经费支出与国内生产总值之比(%)	Ratio of Expenditure on R&D to GDP (%)	1.33	1.75	1.85	2.00
科技产出及成果情况	**Statistics on S&T Outputs and Results**				
科技成果登记数(项)	Number of Major Achievements in Science and Technology (item)	2902	2679	2795	2432
国家技术发明奖(项)	Number of National Invention Prizes Awarded (item)		2		
国家科学技术进步奖(项)	Number of National Scientific and Technological Progress Prizes Awarded (item)	14	15		
专利授权数(件)	Number of Patent Grants (piece)	3456	7348	6768	115311
#发明专利	Inventions	1133	2368	2609	12022
登记技术合同成交额(亿元)	Register the Transaction Amount of Technical Contract (100 million yuan)	39.95	558.55	752.03	1009.70

注：1.科技成果登记数、国家技术发明奖、国家科学技术进步奖、登记技术合同成交额4项数据为科技部门数据；专利授权及其中项数据2022年及以后年份为市场监管部门数据。

2.R&D经费支出与国内生产总值之比，根据国内生产总值最新核实数据作了相应修正。

a)The four data of the registered number of scientific and technological achievements, the the State Technological Innovation Award, the National Award for Scientific and Technological Progress, a and the turnover of registered technology contracts are the data of the scientific and technological department; Patent authorization and item data for 2022 and subsequent years are data from market regulatory authorities.

b) Ratio of expenditure on R&D to GDP was revised by use of latest updated historical data of GDP.

18-2 科学研究与开发机构基本情况
Basic Statistics on Scientific Research and Development Institutions

指　　标	Item	2000	2010	2015	2020	2021	2022
机构基本情况	**Basic Statistics on Institutions**						
机构数(个)	Number of R&D Institutions (unit)		75	79	75	76	73
#中央属	Subordinated to Central Level		8	8	9	9	7
地方属	Subordinated to Local Level		67	71	66	67	66
研究与试验发展(R&D)投入情况	**Statistics on R&D Input**						
R&D人员(人)	R&D Personnel (person)		6551	9400	12363	11810	11710
R&D人员全时当量(人年)	Full-time Equivalent of R&D Personnel (man-year)	4315	6201	8757	11508	11153	11191
#基础研究	Basic Research	393	669	693	1002	841	748
应用研究	Applied Research	1312	4072	3597	4077	3919	3928
试验发展	Experimental Development	2610	1460	4467	6429	6393	6515
R&D经费支出(万元)	Expenditure on R&D (10000 yuan)	42709	212542	406037	540216	676497	788044
#基础研究	Basic Research	3542	24796	13306	25885	21790	26248
应用研究	Applied Research	7448	141414	100804	119948	127686	149142
试验发展	Experimental Development	31719	46331	291927	394383	527021	612654
#政府资金	Government Appropriation Funds	38872	175190	346804	470840	526814	532417
企业资金	Self-raised Funds by Enterprises	107	51	549	416	150	922
R&D项目(课题)情况	**Statistics on R&D Topics**						
R&D项目(课题)数(项)	R&D Projects (item)	558	572	857	1297	1382	1341
R&D项目(课题)人员全时当量(人年)	Participants (man-year)	3261	5690	7958	10595	10403	2610
R&D项目(课题)经费支出(万元)	Expenditure (10000 yuan)	4128	106116	266479	358137	477974	48586
科技产出及成果情况	**Statistics on S&T Outputs and Results**						
发表科技论文(篇)	Scientific Papers Issued (piece)	2089	1935	2352	2710	2623	1935
#国外发表	Published in Foreign Periodicals						411
出版科技著作(种)	Publication on Science and Technology (kind)	83	35	124	80	120	123
专利申请数(件)	Number of Patent Applications (piece)	41	244	665	1552	1821	526
#发明专利	Inventions	15	151	430	1139	1343	319
专利授权数(件)	Number of Patent Grants (piece)		150	510	888	1269	530
#发明专利	Inventions		62	298	426	639	253

注：R&D项目(课题)情况、科技产出及成果情况10项数据2022年及以后年份为科技部门数据。

a) The data of 10 R&D projects (topics), scientific and technological outputs, and achievements in 2022 are from the science and technology department.

18-3 高等学校科技活动情况
Basic Statistics on Higher Education for Science and Technology Activities

指　　标	Item	2000	2010	2015	2020	2021	2022
高等学校基本情况	**Basic Statistics on Higher Education**						
学校数(个)	Number of Institutions (unit)						
#理工农医	Natural Sciences & Technology				119	118	122
#人文社科	Social Sciences & Humanities				121	121	123
R&D机构(个)	R&D Institutions (unit)	46			507	549	634
研究与试验发展(R&D)投入情况	**Statistics on R&D Input**						
R&D人员(人)	R&D Personnel (person)		16842	28416	40883	43978	48331
R&D人员全时当量(人年)	Full-time Equivalent of R&D Personnel (man-year)	5226	7388	10569	15654	16573	18852
#基础研究	Basic Research	1647	2981	4657	6653	6744	8092
应用研究	Applied Research	2842	4092	5659	8510	9327	10082
试验发展	Experimental Development	737	319	253	490	502	678
R&D经费支出(万元)	Expenditure on R&D (10000 yuan)	31780	74597	140153	298119	336695	551849
#基础研究	Basic Research	8571	27030	51196	102890	120790	210819
应用研究	Applied Research	18408	41076	83895	185361	200310	280508
试验发展	Experimental Development	4802	6486	5062	9869	15595	60523
#政府资金	Government Appropriation Funds	22580	39915	84486	163483	181275	279640
企业资金	Self-raised Funds by Enterprises	5603	29338	41916	119764	124607	225014
R&D项目(课题)情况	**Statistics on R&D Topics**						
R&D项目(课题)数(项)	R&D Projects (item)	3042	13301	20946	31844	34794	38335
R&D项目(课题)人员全时当量(人年)	Participants (man-year)	5865.0	7384.9	10554.1	15651.1	16567.3	18847.1
R&D项目(课题)经费支出(万元)	Expenditure (10000 yuan)	8241	54999	80604	144339	152754	228321
科技产出及成果情况	**Statistics on S&T Outputs and Results**						
发表科技论文(篇)	Scientific Papers Issued (piece)	14482	30426	32909	35153	34361	35329
#国外发表	Published in Foreign Periodicals						11951
出版科技著作(种)	Publication on Science and Technology (kind)	931	743	1129	1173	1184	1104
专利申请数(件)	Number of Patent Applications (piece)	64	937	3753	7378	6596	6395
#发明专利	Inventions	24	430	1286	3114	3087	3782
专利授权数(件)	Number of Patent Grants (piece)		649	2900	6195	5275	5595
#发明专利	Inventions		211	821	1911	1922	2998

注：R&D项目(课题)情况、科技产出及成果情况10项数据2022年及以后年份为教育部门数据。

a) The data of 10 R&D projects (topics), scientific and technological outputs, and achievements in 2022 are from the education department.

18-4 规模以上工业企业的科技活动基本情况
Basic Statistics on Science and Technology Activities of Industrial Enterprises above Designated Size

指 标	Item	2010	2015	2020	2021	2022
企业基本情况	**Statistics on Industrial Enterprises**					
有R&D活动企业数(个)	Number of Enterprises Having R&D Activities (unit)	546	1388	3137	3906	4746
有R&D活动企业所占比重(%)	Percentage of Enterprises Having R&D Activities to Total Number of Enterprises (%)	3.92	9.07	22.04	24.26	26.30
R&D活动情况	**Statistics on R&D Activities**					
R&D人员全时当量(人年)	Full-time Equivalent of R&D Personnel (man-year)	41632.2	79452.0	86337.0	83401.0	111333.0
R&D经费支出(万元)	Expenditure on R&D (10000 yuan)	1149280	2858051	4854544	5703924	6358675
R&D经费支出与主营业务收入之比(%)①	Percentage of Expenditure on R&D to Revenue from Principal Business (%)①	0.36	0.63	1.13	1.06	1.25
R&D项目数(项)	R&D Projects (item)	4976	8358	17423	21367	22938
R&D项目经费支出(万元)	Expenditure on R&D Projects (10000 yuan)	979939	2493028	4846766	5710499	6588074
企业办R&D机构情况	**Statistics on R&D Institutions**					
机构数(个)	Number of R&D Institutions (unit)	529	1245	2555	2816	5010
机构人员数(人)	R&D Personnel (person)	43038	79049	102583	95112	136678
机构经费支出(万元)	Expenditure on R&D (10000 yuan)	771783	1514208	4105470	4655799	6783447
新产品开发及生产情况	**Statistics on New Products Development and Production**					
新产品开发项目数(个)	Number of New Products (unit)	4892	7489	20229	26766	34170
新产品开发经费支出(万元)	Expenditure on New Products Development (10000 yuan)	1081733.6	2465368.8	5621709.2	7209207.2	8594265.7
新产品销售收入(万元)	Sales Revenue of New Products (10000 yuan)	13857108	34762445	71909825	96682633	94746340
#新产品出口	Export	1480375	3268926	6034109	6903336	9866625
专利情况	**Statistics on Patents**					
专利申请数(件)	Number of Patent Applications (piece)	3581	10396	24815	30171	33789
#发明专利	Inventions	1072	3393	7543	8844	10689
有效发明专利数(件)	Number of Inventions in Force (piece)	1545	7740	28135	34240	38203
技术获取和技术改造情况(万元)	**Statistics on Technology Acquisition and Technology Reconstruction (10000 yuan)**					
引进境外技术经费支出	Expenditure for Acquisition of Foreign Technology	134132	41980	14828	4387	12540
引进技术消化吸收经费支出	Expenditure for Assimilation of Technology	190811	16576	3615	1660	…
购买境内技术经费支出	Expenditure for Purchase of Domestic Technology	31476	21108	70954	140518	111283
技术改造经费支出	Expenditure for Technical Renovation	1714642	1236018	802231	979088	848477

注：1.从2011年起，规模以上工业企业的统计范围从年主营业务收入为500万元及以上的法人工业企业调整为年主营业务收入为2000万元及以上的法人工业企业。以下相关表同。2.①2018起为R&D经费内部支出与营业收入之比。

a) From 2011, the statistics range of the industrial enterprises above designated size change from the industrial enterprises with the sales revenue above 5 million RMB to the industrial enterprises with the sales revenue above 20 million RMB. The same applies to the following table.

b) Since 2018 ① is Percentage of Expenditure on R&D to Revenue from Business.

18-5 按登记注册类型分规模以上工业企业研究与试验发展(R&D)活动及专利情况(2022年)

Statistics on R&D Activities and Patents of Industrial Enterprises above Designated Size by Registration Status (2022)

登记注册类型	Status of Registration	R&D人员全时当量(人年) Full-time Equivalent of R&D Personnel (man-year)	R&D经费(万元) Expenditure on R&D (10000 yuan)	专利申请数(件) Number of Patent Applications (piece)	#发明专利 Inventions	有效发明专利数(件) Number of Inventions in Force (piece)
全　省	**Total**	**111333**	**6358675.1**	**33789**	**10689**	**38203**
#大中型工业企业	Large and Medium-sized Industrial Enterprises	72260	4492335.5	16765	6298	17388
内资企业	**Domestic Funded Enterprises**	**86839**	**4909810.9**	**27544**	**8274**	**34065**
国有企业	State-owned Enterprises	658	28248.0	875	624	921
集体企业	Collective-owned Enterprises	27	959.0	26		1
股份合作企业	Cooperative Enterprises	155	2952.9	12	9	37
有限责任公司	Limited Liability Corporations	31531	2014168.6	8053	2925	10267
国有独资公司	State Sole-proprietorship Corporations	2533	173825.4	744	254	843
其他有限责任公司	Others	28998	1840343.2	7309	2671	9424
股份有限公司	Share-holding Corporations Ltd.	9516	550315.4	3184	1280	4288
私营企业	Private Enterprises	44953	2313167.0	15394	3436	18551
私营独资企业	Private Sole-proprietorship Enterprises	546	47802.2	38	24	62
私营合伙企业	Private Partnership Enterprises	31	1680.7			
私营有限责任公司	Private Limited Liability Corporations	40866	2102276.4	13834	2978	16552
私营股份有限公司	Private Share-holding Corporations Ltd.	3510	161407.7	1522	434	1937
港、澳、台商投资企业	**Enterprises with Funds from Hong Kong, Macao and Taiwan**	**16534**	**992115.5**	**4982**	**2083**	**2826**
合资经营企业(港或澳、台资)	Joint-venture Enterprises	3225	177584.0	343	102	366
合作经营企业(港或澳、台资)	Cooperative Enterprises	724	30978.3	13	6	11
港、澳、台商独资经营企业	Enterprises with Sole Fund	960	88130.6	134	30	320
港、澳、台商投资股份有限公司	Share-holding Corporations Ltd.	11588	686495.8	4489	1942	2111
其他港澳台商投资企业	Others	38	8926.8	3	3	18
外商投资企业	**Foreign Funded Enterprises**	**7961**	**456748.7**	**1263**	**332**	**1312**
中外合资经营企业	Joint-venture Enterprises	4308	188637.1	779	150	553
中外合作经营企业	Cooperation Enterprises	54	1418.3	10		33
外资企业	Enterprises with Sole Fund	3308	218465.2	396	155	694
外商投资股份有限公司	Share-holding Corporations Ltd.	291	48228.1	78	27	32
其他外商投资企业	Others					

18-6 按行业分规模以上工业企业研究与试验发展(R&D)活动及专利情况(2022年)

Statistics on R&D Activities and Patents of Industrial Enterprises above Designated Size by Industrial Sector (2022)

行业	Sector	R&D人员全时当量(人年) Full-time Equivalent of R&D Personnel (man-year)	R&D经费(万元) Expenditure on R&D (10000 yuan)	专利申请数(件) Number of Patent Applications (piece)	#发明专利 Inventions	有效发明专利数(件) Number of Inventions in Force (piece)
全省	**Total**	**111333**	**6358675**	**33789**	**10689**	**38203**
煤炭开采和洗选业	Mining and Washing of Coal	1585	71753	50	12	23
石油和天然气开采业	Extraction of Petroleum and Natural Gas	955	51768	152	143	531
黑色金属矿采选业	Mining and Processing of Ferrous Metal Ores	1487	153542	115	43	151
有色金属矿采选业	Mining and Processing of Non-ferrous Metal Ores	130	4525	26	3	1
非金属矿采选业	Mining and Processing of Non-metal Ores	185	7175	54	16	27
农副食品加工业	Processing of Food from Agricultural Products	1590	125308	379	107	408
食品制造业	Manufacture of Foods	1261	48504	392	124	841
酒、饮料和精制茶制造业	Manufacture of Liquor, Beverages and Refined Tea	652	12995	138	37	123
烟草制品业	Manufacture of Tobacco					
纺织业	Manufacture of Textile	957	20795	280	72	334
纺织服装、服饰业	Manufacture of Textile, Wearing Apparel and Accessories	543	12584	129	20	233
皮革、毛皮、羽毛及其制品和制鞋业	Manufacture of Leather, Fur, Feather and Related Products and Footwear	267	8333	111	10	46
木材加工和木、竹、藤、棕、草制品业	Processing of Timber, Manufacture of Wood, Bamboo, Rattan, Palm and Straw Products	301	16747	76	17	129
家具制造业	Manufacture of Furniture	591	20274	211	32	194
造纸及纸制品业	Manufacture of Paper and Paper Products	777	23563	218	31	336
印刷和记录媒介复制业	Printing and Reproduction of Recording Media	511	17302	204	57	306
文教、工美、体育和娱乐用品制造业	Manufacture of Articles for Culture, Education, Arts and Crafts, Sport and Entertainment Activities	474	8242	319	34	353
石油、煤炭及其他燃料加工业	Processing of Petroleum, Coal and Other Fuels	1230	95420	247	42	173
化学原料及化学制品制造业	Manufacture of Raw Chemical Materials and Chemical Products	6550	235315	1824	633	3276
医药制造业	Manufacture of Medicines	5331	348205	1167	469	2452
化学纤维制造业	Manufacture of Chemical Fibre	417	19378	52	28	140
橡胶和塑料制品业	Manufacture of Rubber and Plastics Products	3578	140290	1220	299	1675
非金属矿物制品业	Manufacture of Non-metallic Mineral Products	5715	177868	2223	440	2054
黑色金属冶炼和压延加工业	Smelting and Pressing of Ferrous Metals	16777	1657047	3268	1073	2511
有色金属冶炼和压延加工业	Smelting and Pressing of Non-ferrous Metals	954	44776	365	116	352
金属制品业	Manufacture of Metal Products	6910	422827	2531	624	3244
通用设备制造业	Manufacture of General Purpose Machinery	4423	155354	1926	457	2179
专用设备制造业	Manufacture of Special Purpose Machinery	7660	322293	3368	818	3438
汽车制造业	Manufacture of Automobiles	21944	1175002	6552	2283	4137
铁路、船舶、航空航天和其他运输设备制造业	Manufacture of Railway, Ship, Aerospace and Other Transport Equipments	1942	89754	551	268	1540
电气机械和器材制造业	Manufacture of Electrical Machinery and Apparatus	6391	427580	2315	653	2558
计算机、通信和其他电子设备制造业	Manufacture of Computers, Communication and Other Electronic Equipment	5580	248376	1218	774	2364
仪器仪表制造业	Instruments and Meters	1280	42750	650	193	730
其他制造业	Other Manufacturing	33	2971	16	12	32
废弃资源综合利用业	Utilization of Waste Resources	398	28633	102	25	155
金属制品、机械和设备修理业	Repair Service of Metal Products, Machinery and Equipment	263	12033	66	14	73
电力、热力生产和供应业	Production and Supply of Electric Power and Heat Power	995	73994	1184	701	1052
燃气生产和供应业	Production and Supply of Gas	549	30406	39		19
水的生产和供应业	Production and Supply of Water	148	4993	51	9	13

注：石油、煤炭及其他燃料加工业2019年及以前是石油加工、炼焦及核燃料加工业。

a) Processing of Petroleum, Coal and Other Fuel in 2019 and before are Processing of Petroleum, Coking and Processing of Nuclear Fuel.

18-7 按登记注册类型分规模以上工业企业新产品开发及生产情况(2022年)

New Products Development and Production of Industrial Enterprises above Designated Size by Registration Status (2022)

登记注册类型	Status of Registration	新产品开发项目数(项) New Products (unit)	新产品开发经费支出(万元) Expenditure on New Products Development (10000 yuan)	新产品销售收入(万元) Sales Revenue of New Products (10000 yuan)	#出口 Exports
全　省	**Total**	**34170**	**8594265.7**	**94746340.2**	**9866625.4**
#大中型工业企业	Large and Medium-sized Industrial Enterprises	4371	4604905.6	48531790.3	6719133.5
内资企业	**Domestic Funded Enterprises**	**31605**	**6712326.3**	**81651997.1**	**7921724.6**
国有企业	State-owned Enterprises	280	27337.8	550549.7	35697.6
集体企业	Collective-owned Enterprises	24	1106.8	7058.0	
股份合作企业	Cooperative Enterprises	47	2972.2	25114.4	
有限责任公司	Limited Liability Corporations	7387	3013122.4	35105542.7	3500014.0
国有独资公司	State Sole-proprietorship Corporations	584	222793.5	3471589.6	1050763.8
其他有限责任公司	Others	6803	2790328.9	31633953.1	2449250.2
股份有限公司	Share-holding Corporations Ltd.	1746	531066.2	10190935.7	1681387.1
私营企业	Private Enterprises	22121	3136720.9	35772796.6	2704625.9
私营独资企业	Private Sole-proprietorship Enterprises	151	38980.1	83570.5	375.5
私营合伙企业	Private Partnership Enterprises	6	1614.8	8812.9	
私营有限责任公司	Private Limited Liability Corporations	20058	2857566.2	32594726.5	2075793.3
私营股份有限公司	Private Share-holding Corporations Ltd.	1906	238559.8	3085686.7	628457.1
港、澳、台商投资企业	**Enterprises with Funds from Hong Kong, Macao and Taiwan**	**903**	**1132880.3**	**8433794.3**	**1715100.1**
合资经营企业(港或澳、台资)	Joint-venture Enterprises	429	246422.3	1609170.3	170222.7
合作经营企业(港或澳、台资)	Cooperative Enterprises	19	39654.6		
港、澳、台商独资经营企业	Enterprises with Sole Fund	235	141118.5	718054.5	14501.2
港、澳、台商投资股份有限公司	Share-holding Corporations Ltd.	204	687798.3	6106569.5	1530376.2
其他港澳台商投资企业	Others	16	17886.6		
外商投资企业	**Foreign Funded Enterprises**	**1662**	**749059.1**	**4660548.8**	**229800.7**
中外合资经营企业	Joint-venture Enterprises	744	326793.2	3004605.0	106783.7
中外合作经营企业	Cooperation Enterprises	26	2083.6	79968.0	35524.4
外资企业	Enterprises with Sole Fund	799	296046.7	1406688.3	57923.4
外商投资股份有限公司	Share-holding Corporations Ltd.	93	124135.6	169287.5	29569.2
其他外商投资企业	Others				

18-8 按行业分规模以上工业企业新产品开发及生产情况(2022年)

New Products Development and Production of Industrial Enterprises above Designated Size by Industrial Sector (2022)

行业	Sector	新产品开发项目数(项) New Products (unit)	新产品开发经费支出(万元) Expenditure on New Products Development (10000 yuan)	新产品销售收入(万元) Sales Revenue of New Products (10000 yuan)	#出口 Exports
全　　省	**Total**	**34170**	**8594265.7**	**94746340.2**	**9866625.4**
煤炭开采和洗选业	Mining and Washing of Coal	89	8409.9	305680.9	
石油和天然气开采业	Extraction of Petroleum and Natural Gas	2	152.1		
黑色金属矿采选业	Mining and Processing of Ferrous Metal Ores	200	78774.9	732688.3	
有色金属矿采选业	Mining and Processing of Non-ferrous Metal Ores	21	1478.5	6731.0	
非金属矿采选业	Mining and Processing of Non-metal Ores	37	4377.0	24785.7	1841.6
农副食品加工业	Processing of Food from Agricultural Products	750	183269.0	1886482.8	36098.1
食品制造业	Manufacture of Foods	670	88312.5	638810.8	64623.1
酒、饮料和精制茶制造业	Manufacture of Liquor, Beverages and Refined Tea	207	42070.0	231347.1	841.1
烟草制品业	Manufacture of Tobacco				
纺织业	Manufacture of Textile	624	54937.9	479605.0	118515.6
纺织服装、服饰业	Manufacture of Textile, Wearing Apparel and Accessories	185	13019.6	206193.3	22613.9
皮革、毛皮、羽毛及其制品和制鞋业	Manufacture of Leather, Fur, Feather and Related Products and Footwear	104	10430.5	78413.5	1997.7
木材加工和木、竹、藤、棕、草制品业	Processing of Timber, Manufacture of Wood, Bamboo, Rattan, Palm and Straw Products	135	20738.3	209984.9	
家具制造业	Manufacture of Furniture	278	22446.2	221638.0	64266.3
造纸及纸制品业	Manufacture of Paper and Paper Products	273	42196.9	428483.9	18719.9
印刷和记录媒介复制业	Printing and Reproduction of Recording Media	330	22988.8	269702.9	28367.2
文教、工美、体育和娱乐用品制造业	Manufacture of Articles for Culture, Education, Arts and Crafts, Sport and Entertainment Activities	399	22906.6	198677.1	52526.6
石油、煤炭及其他燃料加工业	Processing of Petroleum, Coal and Other Fuels	196	168534.3	2549466.8	1607.0
化学原料及化学制品制造业	Manufacture of Raw Chemical Materials and Chemical Products	2368	428282.2	7000233.2	1366992.7
医药制造业	Manufacture of Medicines	1857	361920.4	3390891.1	461101.8
化学纤维制造业	Manufacture of Chemical Fibre	66	14523.7	215647.7	15046.7
橡胶和塑料制品业	Manufacture of Rubber and Plastics Products	2059	175877.8	2207342.0	205723.0
非金属矿物制品业	Manufacture of Non-metallic Mineral Products	2422	283712.4	3148714.2	280520.2
黑色金属冶炼和压延加工业	Smelting and Pressing of Ferrous Metals	1825	3069849.5	28904954.3	200383.6
有色金属冶炼和压延加工业	Smelting and Pressing of Non-ferrous Metals	488	135173.9	1803995.5	978557.6
金属制品业	Manufacture of Metal Products	3253	460689.7	6937685.8	564182.4
通用设备制造业	Manufacture of General Purpose Machinery	2747	191666.5	1906948.1	171049.7
专用设备制造业	Manufacture of Special Purpose Machinery	3779	379296.4	3825005.3	246029.2
汽车制造业	Manufacture of Automobiles	2343	1281715.8	13279830.5	2907702.5
铁路、船舶、航空航天和其他运输设备制造业	Manufacture of Railway, Ship, Aerospace and Other Transport Equipments	675	111197.3	1446730.4	39383.9
电气机械和器材制造业	Manufacture of Electrical Machinery and Apparatus	2820	494231.2	7676471.1	787307.7
计算机、通信和其他电子设备制造业	Manufacture of Computers, Communication and Other Electronic Equipment	1237	237634.8	2920479.9	1145616.5
仪器仪表制造业	Instruments and Meters	1072	83349.6	577592.0	13887.4
其他制造业	Other Manufacturing	21	1375.4	36176.7	4211.8
废弃资源综合利用业	Utilization of Waste Resources	124	20165.5	259094.9	66910.6
金属制品、机械和设备修理业	Repair Service of Metal Products, Machinery and Equipment	124	6278.2	170092.2	
电力、热力生产和供应业	Production and Supply of Electric Power and Heat Power	244	42784.2	270431.8	
燃气生产和供应业	Production and Supply of Gas	90	25517.2	256465.4	
水的生产和供应业	Production and Supply of Water	56	3981.0	42866.1	

注：石油、煤炭及其他燃料加工业2019年及以前是石油加工、炼焦及核燃料加工业。

a) Processing of Petroleum, Coal and Other Fuel in 2019 and before are Processing of Petroleum, Coking and Processing of Nuclear Fuel.

18-9 分市规模以上工业企业研究与试验发展(R&D)活动及专利情况(2022年)
Statistics on R&D Activities and Patents of Industrial Enterprises above Designated Size by City (2022)

市	City	R&D人员全时当量(人年) Full-time Equivalent of R&D Personnel (man-year)	R&D经费(万元) Expenditure on R&D (10000 yuan)	专利申请数(件) Number of Patent Applications (piece)	#发明专利 Inventions	有效发明专利数(件) Number of Inventions in Force (piece)
全　省	**Total**	**111333**	**6358675.1**	**33789**	**10689**	**38203**
石家庄市	Shijiazhuang	13413	667025.2	5001	1584	7412
石家庄市①	Shijiazhuang①	12153	567204.8	4595	1491	6968
唐 山 市	Tangshan	19690	1646392.8	5201	1635	6310
秦皇岛市	Qinhuangdao	7649	373406.7	1431	435	2028
邯 郸 市	Handan	9560	703495.0	2681	887	2764
邢 台 市	Xingtai	6845	353692.7	2009	393	1622
保 定 市	Baoding	23814	1184632.3	8776	3054	6987
保 定 市①	Baoding①	22594	1132847.7	8201	2968	6311
张家口市	Zhangjiakou	1604	64873.5	698	237	494
承 德 市	Chengde	3000	215083.3	588	254	963
沧 州 市	Cangzhou	12743	603390.0	2863	779	3689
廊 坊 市	Langfang	8300	370175.2	2812	939	3601
衡 水 市	Hengshui	4717	176508.4	1729	492	2333
定 州 市	Dingzhou	964	41247.9	322	45	260
辛 集 市	Xinji	1260	99820.4	406	93	444

注：本表数据中石家庄市含辛集市，石家庄市①不含辛集市；保定市含定州市和雄安新区，保定市①不含定州市和雄安新区。以下相关表同。

a) Data in this table, Shijiazhuang includes Xinji, Shijiazhuang① excludes Xinji; Baoding includes Dingzhou and Xiongan, Baoding① excludes Dingzhou and Xiongan. The same applies to the table following.

18-10 分市规模以上工业企业新产品开发及生产情况(2022年)
New Products Development and Production of Industrial Enterprises above Designated Size by City (2022)

市	City	新产品开发项目数(项) Projects for New Products Development (unit)	新产品开发经费支出(万元) Expenditure on New Products Development (10000 yuan)	新产品销售收入(万元) Sales Revenue of New Products (10000 yuan)	#出口 Exports
全　省	**Total**	**34170**	**8594265.7**	**94746340.2**	**9866625.4**
石家庄市	Shijiazhuang	6103	1113293	11183843	1430713
石家庄市①	Shijiazhuang①	5744	1035929.2	9251070.1	1411448.5
唐 山 市	Tangshan	4221	2296324.6	25677337.2	1796598.7
秦皇岛市	Qinhuangdao	1724	464911.6	6658965.8	2320099.3
邯 郸 市	Handan	2538	944975.9	10946468.7	205780.1
邢 台 市	Xingtai	2626	509000.0	6273176.7	827213.8
保 定 市	Baoding	4865	1416979.6	12775820.8	1965738.4
保 定 市①	Baoding①	4279	1302080.9	12173189.7	1896988.0
张家口市	Zhangjiakou	740	95683.4	1620533.8	56543.3
承 德 市	Chengde	777	293046.0	2641129.1	59262.5
沧 州 市	Cangzhou	5507	833655.3	9335543.3	753321.5
廊 坊 市	Langfang	3150	404313.6	4347389.0	164266.8
衡 水 市	Hengshui	1919	222083.2	3286133.1	287088.3
定 州 市	Dingzhou	318	93578.1	361996.5	66741.4
辛 集 市	Xinji	359	77363.3	1932772.6	19264.2

18-11 按行业分规模以上工业企业产品和工艺创新情况(2022年)
Industrial Enterprises above Designated Size with Product or Process Innovation by Sector (2022)

行业	Sector	开展产品或工艺创新活动的企业数(个) Number of Product or Process Innovation-active Enterprises (unit)	开展产品或工艺创新活动的企业占规模以上工业企业的比重(%) As Percentage of Industrial Enterprises above Designated Size (%)	#实现产品创新的企业所占比重 Product Innovators	#实现工艺创新的企业所占比重 Process Innovators
全　省	**Total**	**7676**	**44.24**	**27.15**	**33.43**
采矿业	**Mining**	**127**	**26.51**	**3.47**	**19.38**
煤炭开采和洗选业	Mining and Washing of Coal	15	17.02	1.06	14.89
石油和天然气开采业	Extraction of Petroleum and Natural Gas	2	100.00		100.00
黑色金属矿采选业	Mining and Processing of Ferrous Metal Ores	86	27.42	2.96	18.82
有色金属矿采选业	Mining and Processing of Non-ferrous Metal Ores	5	41.67	16.67	25.00
非金属矿采选业	Mining and Processing of Non-metal Ores	19	30.30	7.58	25.76
开采专业及辅助性活动	Support Activities for Mining				
其他采矿业	Mining of Other Ores				
制造业	**Manufacture**	**7336**	**46.49**	**29.68**	**35.11**
农副食品加工业	Processing of Food from Agricultural Products	284	34.61	20.02	24.65
食品制造业	Manufacture of Foods	170	48.75	30.64	37.05
酒、饮料和精制茶制造业	Manufacture of Liquor, Beverages and Refined Tea	59	55.05	37.61	33.03
烟草制品业	Manufacture of Tobacco				
纺织业	Manufacture of Textile	183	24.59	14.14	18.98
纺织服装、服饰业	Manufacture of Textile, Wearing Apparel and Accessories	34	22.29	12.05	15.06
皮革、毛皮、羽毛及其制品和制鞋业	Manufacture of Leather, Fur, Feather and Related Products and Footware	53	15.24	8.86	11.91
木材加工和木、竹、藤、棕、草制品业	Processing of Timber, Manufacture of Wood, Bamboo, Rattan, Palm and Straw Products	51	23.64	17.73	16.36
家具制造业	Manufacture of Furniture	71	33.63	21.08	27.35
造纸和纸制品业	Manufacture of Paper and Paper Products	83	31.08	19.59	19.93
印刷和记录媒介复制业	Printing and Reproduction of Recording Media	94	47.03	19.80	40.59
文教、工美、体育和娱乐用品制造业	Manufacture of Articles for Culture, Education, Arts and Crafts, Sport and Entertainment Activities	137	47.42	32.30	35.40
石油、煤炭及其他燃料加工业	Processing of Petroleum, Coal and Other Fuels	60	37.89	16.77	30.43
化学原料和化学制品制造业	Manufacture of Raw Chemical Materials and Chemical Products	569	54.96	31.65	41.85

18-11 续表 continued

行 业	Sector	开展产品或工艺创新活动的企业数(个) Number of Product or Process Innovation-active Enterprises (unit)	开展产品或工艺创新活动的企业占规模以上工业企业的比重(%) As Percentage of Industrial Enterprises above Designated Size (%)	#实现产品创新的企业所占比重 Product Innovators	#实现工艺创新的企业所占比重 Process Innovators
医药制造业	Manufacture of Medicines	261	71.43	37.92	54.55
化学纤维制造业	Manufacture of Chemical Fibres	18	48.78	26.83	34.15
橡胶和塑料制品业	Manufacture of Rubber and Plastics Products	521	52.79	32.75	41.84
非金属矿物制品业	Manufacture of Non-metallic Mineral Products	731	35.57	18.98	26.43
黑色金属冶炼和压延加工业	Smelting and Pressing of Ferrous Metals	173	36.68	23.98	29.30
有色金属冶炼和压延加工业	Smelting and Pressing of Non-ferrous Metals	101	41.73	23.62	34.25
金属制品业	Manufacture of Metal Products	924	45.92	28.42	35.77
通用设备制造业	Manufacture of General Purpose Machinery	593	54.29	38.10	41.50
专用设备制造业	Manufacture of Special Purpose Machinery	713	70.16	53.90	52.17
汽车制造业	Manufacture of Automobiles	386	61.41	43.75	46.88
铁路、船舶、航空航天和其他运输设备制造业	Manufacture of Railway, Ship, Aerospace and Other Transport Equipments	95	49.75	31.03	35.47
电气机械和器材制造业	Manufacture of Electrical Machinery and Apparatus	565	51.24	37.06	37.06
计算机、通信和其他电子设备制造业	Manufacture of Computers, Communication and Other Electronic Equipment	184	74.80	60.00	55.20
仪器仪表制造业	Manufacture of Measuring Instruments and Machinery	143	89.57	69.94	60.74
其他制造业	Other Manufacture	13	46.67	26.67	30.00
废弃资源综合利用业	Utilization of Waste Resources	56	34.46	13.56	28.81
金属制品、机械和设备修理业	Repair Service of Metal Products, Machinery and Equipment	11	35.90	12.82	23.08
电力、热力、燃气及水生产和供应业	**Production and Supply of Electricity, Heat, Gas and Water**	**213**	**20.47**	**2.20**	**16.08**
电力、热力生产和供应业	Production and Supply of Electric Power and Heat Power	146	23.63	2.07	18.46
燃气生产和供应业	Production and Supply of Gas	39	12.54	1.79	10.75
水的生产和供应业	Production and Supply of Water	28	24.60	3.97	17.46

18-12 按行业分规模以上工业企业组织(管理)和营销创新情况(2022年)
Industrial Enterprises above Designated Size with Organizational or Marketing Innovation by Industrial Sector (2022)

行业	Sector	实现组织(管理)或营销创新活动的企业数(个) Number of Organizational or Marketing Innovation-active Enterprises (unit)	实现组织(管理)或营销创新活动的企业占规模以上工业企业的比重(%) As Percentage of Industrial Enterprises above Designated Size (%)	#实现组织(管理)创新的企业所占比重 Organizational Innovators	#实现营销创新的企业所占比重 Marketing Innovators
全省	**Total**	**5644**	**31.31**	**23.41**	**23.89**
采矿业	**Mining**	**89**	**16.27**	**15.36**	**8.59**
煤炭开采和洗选业	Mining and Washing of Coal	8	8.51	8.51	5.32
石油和天然气开采业	Extraction of Petroleum and Natural Gas	2	100.00	100.00	50.00
黑色金属矿采选业	Mining and Processing of Ferrous Metal Ores	61	16.40	15.59	8.60
有色金属矿采选业	Mining and Processing of Non-ferrous Metal Ores	3	25.00	25.00	
非金属矿采选业	Mining and Processing of Non-metal Ores	14	21.21	18.18	13.64
开采专业及辅助性活动	Support Activities for Mining	1	100.00	100.00	
其他采矿业	Mining of Other Ores				
制造业	**Manufacture**	**5339**	**32.67**	**24.12**	**25.58**
农副食品加工业	Processing of Food from Agricultural Products	277	32.06	17.71	28.47
食品制造业	Manufacture of Foods	136	37.88	24.79	34.82
酒、饮料和精制茶制造业	Manufacture of Liquor, Beverages and Refined Tea	45	41.28	28.44	38.53
烟草制品业	Manufacture of Tobacco				
纺织业	Manufacture of Textile	148	18.85	14.65	14.90
纺织服装、服饰业	Manufacture of Textile, Wearing Apparel and Accessories	33	19.88	12.65	15.66
皮革、毛皮、羽毛及其制品和制鞋业	Manufacture of Leather, Fur, Feather and Related Products and Footware	81	22.44	16.34	19.11
木材加工和木、竹、藤、棕、草制品业	Processing of Timber, Manufacture of Wood, Bamboo, Rattan, Palm and Straw Products	34	15.45	10.00	13.18
家具制造业	Manufacture of Furniture	72	32.29	22.87	27.80
造纸和纸制品业	Manufacture of Paper and Paper Products	69	23.31	11.82	18.58
印刷和记录媒介复制业	Printing and Reproduction of Recording Media	61	30.20	21.78	19.80
文教、工美、体育和娱乐用品制造业	Manufacture of Articles for Culture, Education, Arts and Crafts, Sport and Entertainment Activities	115	39.52	24.74	35.40
石油、煤炭及其他燃料加工业	Processing of Petroleum, Coal and Other Fuels	41	25.47	18.01	19.25
化学原料和化学制品制造业	Manufacture of Raw Chemical Materials and Chemical Products	367	34.36	25.84	25.47

18-12 续表 continued

行 业	Sector	实现组织(管理)或营销创新活动的企业数(个) Number of Organizational or Marketing Innovation-active Enterprises (unit)	实现组织(管理)或营销创新活动的企业占规模以上工业企业的比重(%) As Percentage of Industrial Enterprises above Designated Size (%)	#实现组织(管理)创新的企业所占比重 Organizational Innovators	#实现营销创新的企业所占比重 Marketing Innovators
医药制造业	Manufacture of Medicines	176	45.71	32.21	38.44
化学纤维制造业	Manufacture of Chemical Fibres	13	31.71	24.39	26.83
橡胶和塑料制品业	Manufacture of Rubber and Plastics Products	362	35.39	24.24	28.74
非金属矿物制品业	Manufacture of Non-metallic Mineral Products	556	25.42	19.48	17.15
黑色金属冶炼和压延加工业	Smelting and Pressing of Ferrous Metals	128	26.23	22.54	18.44
有色金属冶炼和压延加工业	Smelting and Pressing of Non-ferrous Metals	81	31.89	23.62	20.87
金属制品业	Manufacture of Metal Products	608	29.39	23.63	23.49
通用设备制造业	Manufacture of General Purpose Machinery	449	40.16	31.40	32.56
专用设备制造业	Manufacture of Special Purpose Machinery	490	47.16	37.15	36.86
汽车制造业	Manufacture of Automobiles	250	39.06	29.53	29.22
铁路、船舶、航空航天和其他运输设备制造业	Manufacture of Railway, Ship, Aerospace and Other Transport Equipments	64	31.53	21.67	24.14
电气机械和器材制造业	Manufacture of Electrical Machinery and Apparatus	412	36.52	26.15	29.52
计算机、通信和其他电子设备制造业	Manufacture of Computers, Communication and Other Electronic Equipment	104	41.60	32.40	28.00
仪器仪表制造业	Manufacture of Measuring Instruments and Machinery	102	62.58	45.40	51.53
其他制造业	Other Manufacture	13	43.33	30.00	30.00
废弃资源综合利用业	Utilization of Waste Resources	45	25.42	23.16	14.69
金属制品、机械和设备修理业	Repair Service of Metal Products, Machinery and Equipment	7	17.95	17.95	2.56
电力、热力、燃气及水生产和供应业	**Production and Supply of Electricity, Heat, Gas and Water**	**216**	**18.98**	**17.14**	**7.03**
电力、热力生产和供应业	Production and Supply of Electric Power and Heat Power	120	17.73	16.10	5.91
燃气生产和供应业	Production and Supply of Gas	78	23.28	20.30	10.45
水的生产和供应业	Production and Supply of Water	18	14.29	14.29	3.97

18－13 高技术产业(制造业)相关情况(2022年)

行　业	Industry	R&D机构数(个) R&D Institutions (unit)	R&D人员折合全时当量(人年) Full-time Equivalent of R&D Personnel (man-year)
全　省	**Total**	**567**	**14015.1**
医药制造业	**Manufacture of Medicines**	**226**	**5331.0**
#化学药品制造	Manufacture of Chemical Medicine	84	2880.3
中成药生产	Manufacture of Finished Traditional Chinese Herbal Medicine	48	969.1
生物药品制品制造	Manufacture of Biopharmaceutical Products	17	469.4
电子及通信设备制造业	**Manufacture of Electronic Equipment and Communication Equipment**	**175**	**6082.5**
#电子工业专用设备制造	Manufacture of Special Equipment for Electronic Industry	14	193.3
光纤光缆及锂离子电池制造	Manufacture of Optical Fiber and Cable, and Lithium Ion Battery	19	361.6
#锂离子电池制造	Manufacture of Lithium Ion Batteries	16	275.3
通信设备、雷达及配套设备制造	Manufacture of Communication Equipment, Radar and Matching Equipment	30	1246.2
#通信系统设备制造	Manufacture of Communication System Equipment	27	425.8
通信终端设备制造	Manufacture of Communication Terminal Equipment	2	808.8
雷达及配套设备制造	Manufacture of Radar and Related Equipment	1	11.6
广播电视设备制造	Manufacture of Broadcasting and TV Equipment	7	22.3
非专业视听设备制造	Manufacture of Non-professional Audio-visual Equipment		
电子器件制造	Manufacture of Electronic Appliances	40	1375.8
#电子真空器件制造	Manufacture of Electronic Vacuum Appliances	4	49.9
半导体分立器件制造	Manufacture of Semiconductor Discreting Appliances	3	94.9
集成电路制造	Manufacture of Integrate Circuit	4	73.3
光电子器件制造	Manufacture of Optoelectronic Devices	18	89.7
电子元件及电子专用材料制造	Manufacture of Electronic Components and Electronic Specialized Materials	56	2708.4
#电阻电容电感元件制造	Manufacture of Resistance, Capacitance and Inductance Components	5	3.8
电子电路制造	Manufacture of Electronic Circuit	7	1846.1
电子专用材料制造	Manufacture of Electronic Specialized Materials	24	510.1
智能消费设备制造	Manufacturing of Intelligent Consumption Equipment	4	57.4
其他电子设备制造	Other Electronic Equipment	5	117.4
计算机及办公设备制造业	**Manufacture of Computers and Office Equipments**	**14**	**104.6**
#计算机整机制造	Manufacture of Entire Computer		
计算机零部件制造	Manufacture of Parts and Fixture for Computer	1	19.3
计算机外围设备制造	Manufacture of Computer Peripheral Equipment	4	23.2
办公设备制造	Manufacture of Office Equipment	7	52.7
医疗仪器设备及仪器仪表制造业	**Manufacture of Medical Equipments and Meters**	**143**	**2204.9**
#医疗仪器设备及器械制造	Manufacture of Medical Equipment and Appliances	34	939.3
#医疗诊断、监护及治疗设备制造	Manufacture of Medical Diagnosis, Monitoring and Treatment Equipment	10	650.3
医疗、外科及兽医用器械制造	Manufacture of Medical, Surgical and Veterinary Instruments	5	68.1
通用仪器仪表制造	Manufacture of General Instruments	84	925.3
专用仪器仪表制造	Manufacture of Special Instruments	15	239.9
信息化学品制造业	**Manufacture of Electronic Chemicals**	**5**	**99.9**

注：本表数据口径为规模以上工业企业。

Statistics on High-tech Industry (Manufacturing Industry) (2022)

R&D 经费支出 (万元) Expenditure on R&D (10000 yuan)	R&D 项目数 (个) R&D Projects (unit)	R&D 项目经费 (万元) Expenditure on R&D Projects (10000 yuan)	新产品开发项目数 (项) New Products (unit)	新产品开发经费支出 (万元) Expenditure on New Products Development (10000 yuan)	新产品销售收入 (万元) Sales Revenue of New Products (10000 yuan)	#出口 Export	专利申请数 (件) Patent Applications (piece)	#发明专利 Inventions	有效发明专利数 (件) Number of Inventions in Force (piece)
721131.9	**2863**	**777059.2**	**4968**	**787770.6**	**7859602.0**	**1671379.6**	**3898**	**1765**	**6578**
348204.5	**1296**	**400231.8**	**1857**	**361920.4**	**3390891.1**	**461101.8**	**1167**	**469**	**2452**
210561.6	567	230485.1	843	207067.1	1625292.9	363203.3	368	179	864
72229.6	241	95257.1	342	76329.6	1140642.9	25801.4	262	148	887
27242.3	137	34757.9	170	37939.9	294759.5	31392.7	123	68	216
286472.6	**902**	**287810.9**	**1385**	**287518.4**	**3323656.9**	**1157068.1**	**1560**	**955**	**2625**
17871.6	75	25888.1	151	18151.0	105114.7	6601.3	283	128	220
21353.2	64	21650.7	108	36872.3	320192.9	5620.7	144	75	127
11548.4	44	11724.3	81	33202.4	279785.2	3930.8	124	74	113
22914.5	141	25645.3	332	22242.0	342600.7	24811.9	133	57	178
13766.1	112	15608.8	209	15677.6	155576.8		114	45	151
8468.0	13	9041.7	94	5741.3	184743.9	24811.9	18	12	25
680.4	16	994.8	29	823.1	2280.0		1		2
1242.5	12	1305.1	34	2356.5	46269.8		22	2	48
			1	1.0					
105528.4	260	90354.3	274	81649.0	569663.8	17012.8	546	443	1199
1193.6	13	1299.8	19	1679.2	28582.3		13	1	19
2272.6	23	2318.1	25	2196.6	19575.3	6806.6	14	3	10
11092.9	29	10287.7	43	13149.2	35719.6		26	14	6
5454.6	30	7320.5	70	7802.6	119106.9	6938.5	127	94	88
113517.7	305	118592.2	407	120735.2	1921314.2	1103021.4	369	235	792
425.3	3	319.6	18	702.7	6925.0		14		1
52043.0	87	54490.9	116	54352.9	1118692.1	1072866.7	98	81	311
52005.2	136	53410.7	162	56646.7	728209.1	12024.7	223	146	377
1469.2	21	1674.8	41	1847.9	15383.2		26	9	17
2575.5	24	2700.4	37	3663.5	3117.6		37	6	44
2361.0	**33**	**2868.3**	**141**	**8618.2**	**34436.9**	**6466.4**	**123**	**35**	**179**
			1	25.6					
320.7	5	354.0	21	1761.7	1484.4	4.6	25	8	41
695.4	11	950.4	41	1827.7	18808.1	765.8	46	9	34
1232.7	15	1451.2	30	3478.5	12306.3	5696.0	38	13	93
66988.3	**564**	**68818.0**	**1411**	**111446.3**	**793703.2**	**39678.2**	**959**	**254**	**944**
24747.5	183	25429.8	357	29215.6	225046.4	25790.8	328	70	224
12233.0	51	13033.0	89	13603.0	57010.7	7678.5	154	32	74
2758.5	42	2845.0	80	3918.2	72641.4	10366.2	29	11	44
31707.4	260	32478.5	826	66098.2	427978.6	7966.8	521	160	537
7191.4	80	7520.1	162	12818.7	95218.0	5129.3	83	20	140
4046.0	**16**	**3948.6**	**63**	**11045.3**	**155592.6**	**6988.2**	**56**	**40**	**301**

a) Data in this table cover industrial enterprises above designated size.

18-14 按登记注册类型分规模以上工业企业组织(管理)和营销创新情况(2022年)

Industrial Enterprises above Designated Size with Organizational or Marketing Innovation by Status of Registration (2022)

登记注册类型	Status of Registration	实现组织(管理)或营销创新活动的企业数(个) Number of Organizational or Marketing Innovation Active Enterprises (unit)	实现组织(管理)或营销创新活动的企业占规模以上工业企业的比重(%) As Percentage of Industrial Enterprises above Designated Size (%)	#实现组织(管理)创新的企业所占比重 Organizational Innovators	#实现营销创新的企业所占比重 Marketing Innovators
全　省	**Total**	**5644**	**31.3**	**23.4**	**23.9**
内资企业	**Domestic Funded Enterprises**	**5447**	**31.3**	**23.4**	**24.0**
国有企业	State-owned Enterprises	29	27.1	23.4	15.9
集体企业	Collective-owned Enterprises	6	12.2	10.2	6.1
股份合作企业	Cooperative Enterprises	5	26.3	10.5	26.3
联营企业	Joint Ownership Enterprises				
有限责任公司	Limited Liability Corporations	879	34.4	28.0	21.6
国有独资公司	State Sole-proprietorship Corporations	47	22.4	17.6	11.4
股份有限公司	Share-holding Corporations Ltd.	118	54.9	42.8	43.3
私营企业	Private Enterprises	4410	30.6	22.4	24.3
其他企业	Other Enterprises				
港、澳、台商投资企业	**Enterprises with Funds from Hong Kong, Macao and Taiwan**	**70**	**34.8**	**27.9**	**24.9**
外商投资企业	**Foreign Funded Enterprises**	**127**	**28.3**	**21.2**	**18.1**

18-15 国内外三种专利授权数
Three Kinds of Patent Granted

单位：件 (piece)

指　标	Item	授权数 Granted 2019	2020	2021	2022
全 省	**Total**	**57808**	**92192**	**120033**	**115311**
发 明	**Inventions**				
国 内	Domestic	5130	6365	8621	12022
职 务	Official	4699	5951	8036	11436
大专院校	Universities and Colleges	1274	1997	2196	2905
科研单位	Research Institutions	412	433	653	948
企 业	Enterprises	2947	3460	5093	7383
机关团体	Government Agencies and Organizations	66	61	94	200
非职务	Non-official	431	414	585	586
国 外	Foreign				
实用新型	**Utility Models**				
国 内	Domestic	40561	68462	92602	85732
职 务	Official	33091	53936	73805	71626
大专院校	Universities and Colleges	2620	4049	4145	2781
科研单位	Research Institutions	445	583	803	742
企 业	Enterprises	29397	48496	67357	66604
机关团体	Government Agencies and Organizations	629	808	1500	1499
非职务	Non-official	7470	14526	18797	14106
国 外	Foreign				
外观设计	**Designs**				
国 内	Domestic	12117	17365	18810	17557
职 务	Official	4963	7474	8341	7714
大专院校	Universities and Colleges	567	713	475	377
科研单位	Research Institutions	11	31	52	39
企 业	Enterprises	4371	6698	7756	7263
机关团体	Government Agencies and Organizations	14	32	58	35
非职务	Non-official	7154	9891	10469	9843
国 外	Foreign				

18-16 按登记注册类型分规模以上工业企业产品和工艺创新情况(2022年)

Industrial Enterprises above Designated Size with Product or Process Innovation by Status of Registration (2022)

登记注册类型	Status of Registration	开展产品或工艺创新活动的企业数(个) Number of Product or Process Innovationactive Enterprises (unit)	开展产品或工艺创新活动的企业占规模以上工业企业的比重(%) As Percentage of Industrial Enterprises above Designated Size (%)	#实现产品创新的企业所占比重 Product Innovators	#实现工艺创新的企业所占比重 Process Innovators
全　　省	**Total**	**7975**	**44.2**	**27.1**	**33.4**
内资企业	**Domestic Funded Enterprises**	**7651**	**44.0**	**27.0**	**33.2**
国有企业	State-owned Enterprises	37	34.6	12.1	28.0
集体企业	Collective-owned Enterprises	10	20.4	12.2	18.4
股份合作企业	Cooperative Enterprises	11	57.9	31.6	26.3
联营企业	Joint Ownership Enterprises				
有限责任公司	Limited Liability Corporations	1273	49.8	28.8	38.0
国有独资公司	State Sole-proprietorship Corporations	84	40.0	18.1	29.0
股份有限公司	Share-holding Corporations Ltd.	180	83.7	59.5	67.0
私营企业	Private Enterprises	6140	42.5	26.4	31.9
其他企业	Other Enterprises				
港、澳、台商投资企业	**Enterprises with Funds from Hong Kong, Macao and Taiwan**	**107**	**53.2**	**30.8**	**43.3**
外商投资企业	**Foreign Funded Enterprises**	**217**	**48.4**	**30.1**	**39.1**

18-17 分市国内三种专利授权数(2022年)

Three Kinds of Domestic Patent Granted by City (2022)

单位：件　　　　(piece)

市	City	授权数 Granted	发　明 Inventions	实用新型 Utility Models	外观设计 Designs
全　　省	**Total**	**115311**	**12022**	**85732**	**17557**
石家庄市	Shijiazhuang	25339	3547	18898	2894
石家庄市①	Shijiazhuang①	24487	3488	18240	2759
唐 山 市	Tangshan	12798	1548	10054	1196
秦皇岛市	Qinhuangdao	5095	1429	3250	416
邯 郸 市	Handan	7941	871	6255	815
邢 台 市	Xingtai	8676	475	5565	2636
保 定 市	Baoding	20117	1595	16087	2435
保 定 市①	Baoding①	17046	1454	13633	1959
张家口市	Zhangjiakou	3052	256	2587	209
承 德 市	Chengde	2574	248	2088	238
沧 州 市	Cangzhou	11703	678	8518	2507
廊 坊 市	Langfang	11939	1118	7726	3095
衡 水 市	Hengshui	6077	257	4704	1116
定 州 市	Dingzhou	994	34	821	139
辛 集 市	Xinji	852	59	658	135

主要统计指标解释

研究与试验发展(R&D)　指为增加知识存量（也包括有关人类、文化和社会的知识）以及设计已有知识的新应用而进行的创造性、系统性工作，包括基础研究、应用研究和试验发展三种类型。国际上通常采用 R&D 活动的规模和强度指标反映一国的科技实力和核心竞争力。

基础研究　指一种不预设任何特定应用或使用目的的实验性或理论性工作，其主要目的是为获得（已发生）现象和可观察事实的基本原理、规律和新知识。其成果通常表现为提出一般原理、理论或规律，并以论文、著作、研究报告等形式为主。

应用研究　指为获取新知识，达到某一特定的实际目的或目标而开展的初始性研究。应用研究是为了确定基础研究成果的可能用途，或确定实现特定和预定目标的新方法。其研究成果以论文、著作、研究报告、原理性模型或发明专利等形式为主。

试验发展　指利用从科学研究、实际经验中获取的知识和研究过程中产生的其他知识，开发新的产品、工艺或改进现有产品、工艺而进行的系统性研究。其研究成果以专利、专有技术，以及具有新颖性的产品原型、原始样机及装置等形式为主。

R&D 人员　指报告期 R&D 活动单位中从事基础研究、应用研究和试验发展活动的人员。包括直接参加上述三类 R&D 活动的人员，以及与上述三类 R&D 活动相关的管理人员和直接服务人员，即直接为 R&D 活动提供资料文献、材料供应、设备维护等服务的人员。不包括为 R&D 活动提供间接服务的人员，如餐饮服务、安保人员等。

R&D 人员折合全时当量　指报告期 R&D 人员按实际从事 R&D 活动时间计算的工作量，以“人年”为计量单位。为国际上比较科技人力投入而制定的可比指标。

R&D 经费内部支出　指报告期调查单位内部为实施 R&D 活动而实际发生的全部经费，按支出性质分为日常性支出和资产性支出。不包括调查单位委托其他单位或与其他单位合作开展 R&D 活动而转拨给其他单位的全部经费。

R&D 经费内部支出中政府资金　指 R&D 经费支出中来自于各级政府财政的各类资金，包括财政科学技术支出和财政其他功能支出的资金用于 R&D 活动的实际支出。

R&D 经费内部支出中企业资金　指 R&D 经费支出中来自于企业的各类资金。对企业而言，企业资金指企业自有资金、接受其他企业委托开展 R&D 活动而获得的资金，以及从金融机构贷款获得的开展 R&D 活动的资金；对科研院所、高校等事业单位而言，企业资金是指因接受从企业委托开展 R&D 活动而获得的各类资金。

R&D 项目（课题）数　R&D 项目（课题）是进行 R&D 活动的基本组织形式，通常由 R&D 活动执行单位依据项目立项书或合同书等形式明确项目任务、目标、人员和经费等。

专利　是专利权的简称，是对发明人的发明创造经审查合格后，由专利局依据专利法授予发明人和设计人对该项发明创造享有的专有权。包括发明、实用新型和外观设计。反映拥有自主知识产权的科技和设计成果情况。

发明（专利）　指对产品、方法或者其改进所提出的新的技术方案。是国际通行的反映拥有自主知识产权技术的核心指标。

实用新型（专利）　指对产品的形状、构造或者其结合所提出的适于实用的新的技术方案。反映具有一定技术含量的技术成果情况。

外观设计（专利）　指对产品的形状、图案、色彩或者其结合所作出的富有美感并适于工业上应用的新设计。反映拥有自主知识产权的外观设计成果情况。

Explanatory Notes on Main Statistical Indicators

Research and Experimental Development (R&D) refers to creative and systematic work undertaken in order to increase the stock of knowledge (including knowledge of humankind, culture and society) and to devise new applications of available knowledge. R&D includes 3 categories of activities: basic research, applied research and experimental development. The scale and intensity of R&D are widely used internationally to reflect the strength of S&T and the core competitiveness of a country in the world.

Basic Research refers to experimental or theoretical work undertaken primarily to acquire new knowledge of the underlying foundations of phenomena and observable facts, without any particular application or use in view. Basic research usually formulates hypotheses, theories or laws, and its results are mainly released or disseminated in the form of scientific papers or monographs or research reports.

Applied Research refers to original investigation undertaken in order to acquire new knowledge. It is directed primarily towards a specific, practical aim or objective. Purpose of the applied research is to identify the possible uses of results from basic research, or to explore new (fundamental) methods or new approaches. Results of applied research are expressed in the form of scientific papers, monographs, fundamental models or invention patents.

Experimental Development refers to systematic work, drawing on knowledge gained from research and practical experience and producing additional knowledge, which is directed to producing new products or processes or to improving existing products or processes. Results of experimental development activities are embodied in patents, exclusive technology, and monotype of new products or equipment.

R&D Personnel refer to persons of R&D activities units engaged in basic research, applied research, and experimental development at the reference period, including persons of directly participating in the three activities above, as well as management and direct service staff related to R&D activities, such as literature provision, material supply, equipment maintenance staff, it excludes persons providing indirect support and ancillary services, such as canteen and security staff.

Full-time Equivalent of R&D Personnel refers to the ratio of working hours actually spent on R&D during a specific reference period (usually a calendar year) divided by the total number of hours conventionally worked in the same period by an individual or by a group. The measurement unit of the ratio is "man-years". This is an internationally comparable indicator of S&T manpower input.

Expenditure on R&D refers to the real expenditure of surveyed units on their own R&D activities in reporting period. It is divided into current expenditures and gross fixed capital expenditures for R&D according to the nature of expenditure. It doesn't include the fees transferred to cooperated or entrusted agencies on R&D activities.

Expenditure on R&D from Government Funds refers to the expenditure of funds on R&D activities from government agencies at different levels, including appropriate funds on science and technology from financial departments, and the real expenditure of other fiscal functional funds on R&D activities from government agencies.

Expenditure on R&D from Enterprises funds refers to the expenditure of all kinds of funds on R&D activities from enterprises. In terms of enterprises, it refers to the expenditure of self-raised funds of enterprises, funds from other enterprises through entrustment, loans from financial institutions on R&D activities. In terms of public institutions, such as institution of scientific research and universities, it refers to the expenditure of funds from enterprises through entrustment.

Number of R&D Projects (subjects) R&D Projects (subjects) are the basic forms of R&D activities, The project task, target, personnel and expenditure are usually defined by R&D activity execution unit according to project approval specification or contract document.

Patent is an abbreviation for the patent right and refers to the exclusive right of ownership by the inventors or designers for the creation or inventions, given from the patent offices after due process of assessment and approval in accordance with the Patent Law. Patents are granted for inventions, utility models and designs. This indicator reflects the achievements of S&T and design with independent intellectual property.

Patented Inventions refer to new technical proposals to the products or methods or their modifications. This is universal core indicator reflecting the technologies with independent intellectual property.

Patented Utility Models refer to the practical and new technical proposals on the shape and structure of the product or the combination of both. This indicator reflects the condition of technological results with certain technical content.

Designs refer to the aesthetics and industrially applicable new designs for the shape, pattern and colour of the product, or their combinations. This indicator reflects the appearance design achievements with independent intellectual property.

教育
Education

简 要 说 明

一、本篇主要反映河北省教育事业发展基本情况。

二、本篇资料的主要高、中、初等教育，幼儿教育和各种类型的各级成人教育，指标主要包括各级各类的学校数、在校生数、招生数、毕业生数、教职工数、专任教师数和教育经费等。

三、本篇的资料来源

教育事业统计资料、教育经费统计资料由河北省教育厅提供；技工学校资料由河北省人力资源和社会保障厅提供。

四、资料整理：王博阳　张东

Brief Introduction

Ⅰ.This paper mainly reflects the basic situation of education development in Hebei Province.

Ⅱ.The data of the main high, middle, primary education, early childhood education and various types of adult education at all levels, indicators mainly include the number of schools at all levels, the number of students, enrollment, graduates, teaching staff, full-time teachers and educational funds, etc..

Ⅲ. Sources for this article

Statistical data on educational undertakings and educational funds shall be provided by the Hebei Education Department; the technical school materials are provided by the Human Resources and Social Security Department of Hebei Province.

Ⅳ.Data collection: Wang Boyang, Zhang Dong.

19-1 各级各类学校和专任教师情况(2022年)
Number of Schools and Full-time Teachers (2022)

项 目	Item	学校数(所) Schools (unit)	专任教师数(人) Full-time Teahers (person)
高等教育	**Higher Education Schools**		
普通本科学校	HEIs Offering Degree Programs	58	59672
#独立学院	Independent Institutions	12	7447
本科层次职业学校	Undergraduate Level Vocational Schools	3	3045
高职(专科)学校	Higher Vocational(Specialist) Schools	63	32086
成人高等学校	Adult HEIs	5	155
高中阶段学校	**Senior Secondary Schools**		
高中	Senior Secondary Schools	775	134101
完全中学	Combined Secondary Schools	250	30885
高级中学	Regular High Schools	451	96156
十二年一贯制学校	12-Year Schools	74	7060
中等职业教育	Secondary Vocational Education	622	56521
中等职业学校	Secondary Vocational Schools	622	56521
其他中职机构	Other Secondary Vocational Institutions	11	470
义务教育阶段学校	**Compulsory Education Schools**		
初中	Junior Secondary Schools	2517	235970
#初级中学	Regular Junior Secondary Schools	1865	168159
#九年一贯制学校	9-Year Schools	652	35229
职业初中	Vocational Junior Secondary Schools	0	
小学	Primary Schools	11460	373644
特殊教育学校	**Schools for Special Education**	**163**	**3840**
幼儿园	**Kindergarten**	**18692**	**1609182**
专门学校	**Specialized Schools**		

注：1.完全中学的学校数和教职工数计入高中阶段教育，九年一贯制学校的校数和教职工数计入初中阶段教育，十二年一贯制学校的校数和教职工数计入高中阶段教育。以下相关表同。
2.2021年起，中等职业教育数据不含人社部管理的技工学校(以下相关表同)。
3."()"内数据不计校数(以下相关表同)。

a) The numbers of Combined Secondary Schools and their educational personnel are calculated into the number of Senior Secondary Education, the numbers of 9-Year Schools and their educational personnel are calculated into the number of Junior Secondary Education, the numbers of 12-Year Schools and their educational personnel are calculated into the number of Senior Secondary Education. The same applies to the table following.

b) Since 2021, Secondary Vocational Education data do not include Technical Schools managed by the Ministry of Human Resources and Social Security (the same applies to the relevant tables below).

c) Data within "()" are not calculated as the number of schools. The same applies to the table following.

19-2 各级各类学历教育学生情况(2022年)
Number of Students of Formal Education by Type and Level (2022)

单位：人 (person)

项　目	Item	毕业生数 Graduates	招生数 Entrants	在校生数 Enrolment
高等教育	**Higher Education**			
研究生	Postgraduates	19316	28887	81834
博 士	Doctor's Degree	683	1357	5392
硕 士	Master's Degree	18633	27530	76442
普通本科	Undergraduates	225861	225588	962736
职业本专科	Vocational Undergraduates	262183	292509	810957
本 科	Bachelor Degree		6721	7728
专 科	Short-cycle Courses	262183	285788	803229
成人本专科	Undergraduates in Adult HEIs	170173	196305	431362
本 科	Bachelor Degree	86479	92882	216173
专 科	Short-cycle Courses	83694	103423	215189
高中阶段教育	**High School Level Education**			
高 中	Regular Senior Secondary Schools	500372	598825	1752465
完全中学	Combined Secondary Schools	113090	142125	419898
高级中学	Regular High Schools	362647	422112	1237885
十二年一贯制学校	12-Year Schools	24635	34588	94682
中等职业教育	Secondary Vocational Education			
中等职业学校	Secondary Vocational Schools			
附设中职班	Subsidiary Secondary Vocational Class			
义务教育阶段教育	**Compulsory Education**			
初中阶段	Junior Secondary Education	1001993	1098109	3201373
初级中学	Regular Junior Secondary Schools	698806	824152	2274470
九年一贯制学校	9-Year Schools	148081	143116	462368
十二年一贯制学校	12-Year Schools	35259	23030	95109
完全中学	Combined Secondary Schools	119847	107811	369426
职业初中	Junior Secondary Vocational Schools			
小学阶段	Primary Education	1119294	926023	6635977
小 学	Primary Schools	1004415	863086	6079817
九年一贯制学校	9-Year Schools	97419	57749	483705
十二年一贯制学校	12-Year Schools	17460	5188	72455
特殊教育	**Special Education**	**6407**	**5225**	**39697**
#特殊教育学校	Special Education Schools	2566	1779	18082
学前教育	**Pre-school Education**	**882544**	**748863**	**2329690**
幼儿园	Kindergarten	632329	1981368	733353
专门学校	**Specialized Schools**			

注：1.完全中学、九年一贯制学校、十二年一贯制学校和附设教学班的学生数按教育层次分别计入对应教育阶段的学生数中(以下相关表同)。
2.特殊教育涵盖特殊教育学校、附设特教班、随班就读和送教上门等各类形式(以下相关表同)。
3.2019年起，学前教育招生数仅包括首次入园的适龄儿童，不再包括复学、转入等情况(以下相关表同)。
4.2017年起，研究生招生数包含全日制和非全日制研究生，在校生数包含全日制、非全日制研究生和在职人员攻读硕士学位学生(以下相关表同)。

a) Number of the students in Combined Secondary Schools, 9-Year Schools,12-Year Schools are classified by educational level.The same applies to the relevant following tables .
b) Special education covers various forms including special education schools, attached special education classes, regular classes and 'home delivery' teaching. The same applies to the relevant following tables .
c) From 2019, the number of entrants of the pre-school education only includes the school-age children who enter the kindergarten for the first time, and does not include the situation of returning to school and transferring in. The same applies to the relevant following tables .
d) Since 2017, the number of postgraduate entrants includes full-time and part-time postgraduates, the number of enrolment includes full-time, part-time postgraduates and on-the-job students. The same applies to the relevant following tables .

19–3 各级各类民办学校校数、教职工、专任教师情况(2022年)
Number of Schools, Educational Personnel and Full-time Teachers of Non-government Schools by Type and Level (2022)

项目	Item	学校数(所) Schools (unit)	教职工数(人) Educational Personnel (person)	专任教师数(人) Full-time Teachers (person)
高等教育学校	**Higher Education Schools**			
普通本科学校	HEIs Offering Degree Programs	58	81717	59708
#独立学院	Independent Institutions	12	10084	7447
本科层次职业学校	Undergraduate Level Vocational Schools	3	3566	3045
高职(专科)学校	Higher Vocational (Specialist) Schools	63	41511	32919
成人高等学校	Adult HEIs	5		
其他普通高教机构	Other Institutions			
高中阶段学校	**Senior Secondary Schools**			
普通高中	Regular Senior Secondary Schools	293	69507	55667
完全中学	Combined Secondary Schools	81	21149	16768
高级中学	Regular High Schools	153	28520	23395
十二年一贯制学校	12-Year Schools	59	19838	15504
中等职业教育	SecondaryVocational Education	199		11583
义务教育阶段学校	**Compulsory Education Schools**			
初中学校	Junior Secondary Schools	348	49251	36870
初级中学	Regular Junior Secondary Schools	91	12767	9390
九年一贯制学校	9-Year Schools	257	36484	27480
职业初中	Vocational Junior Secondary Schools			
普通小学	Regular Primary Schools			
特殊教育学校	**Schools for Special Education**	**8**	**234**	**153**
幼儿园	**Kindergarten**	**10206**	**163589**	**84568**
专门学校	**Specialized Schools**			

注：专任教师按照学校类型划分。其中，完全中学的教职工数和专任教师数计入高中阶段教育，九年一贯制学校的教职工数和专任教师数计入初中阶段教育，十二年一贯制学校的教职工数和专任教师数计入高中阶段教育。

a) Full-time teachers are classified by school types. Of which, educational personnel and full-time teachers of combined secondary schools are calculated into senior secondary education; Educational personnel and full-time teachers of 9-year schools are calculated into junior secondary education; Educational personnel and full-time teachers of 12-year schools are calculated into senior secondary education.

19-4 各级各类民办教育学生情况(2022年)

Statistics on Students of Non-government Schools by Type and Level (2022)

单位：人 (person)

项　目	Item	毕业生数 Graduates	招生数 Entrants	在校生数 Enrolment
高等教育	**Higher Education**			
研究生	Postgraduates	163	290	811
硕士	Master's Degree	163	290	811
本专科	Undergraduate in HEIs	126991	193486	560711
本科	Normal Courses	63121	99850	312279
专科	Short-cycle Courses	63870	93636	248432
成人本专科	Undergraduate in Adult HEIs	30867	55138	107916
本科	Normal Courses	5879	15463	29303
专科	Short-cycle Courses	24988	39675	78613
中等教育	**Secondary Education**			
高中阶段教育	Senior Secondary Education			
高中	Senior Secondary Schools	125041	188203	529748
中等职业教育	Secondary Vocational Education	67444	85741	252361
技工学校	Skilled Workers Schools			
初中阶段教育	Junior Secondary Education			
初中	Junior Secondary Schools	213859	96752	534359
初等教育	**Primary Education**			
普通小学	Regular Primary Schools	160024	21097	600761
学前教育	**Pre-school Education Institutions**	**387705**	**327790**	**1028436**

注：完全中学、九年一贯制学校和十二年一贯制学校的学生数按教育层次分别计入对应教育阶段的学生数中。

a) Number of the students in Combined Secondary Schools, 9-Year Schools,12-Year Schools are classified by educational level.

19-5 各级各类学校情况
Number of School by Type and Level

单位：所 (unit)

年 份 Year	普通高等学校 Regular HEIs	#高职(专科)院校 Specialized Courses	普通高中 Regular Senior Secondary Schools	中等职业教育 Secondary Vocational Education	初 中 Junior Secondary Schools	#职业初中 Vocational Junior Secondary Schools	普通小学 Regular Primary Schools	特殊教育 Special Education Schools	学前教育 Pre-school Education Institutions
1978	23		4594	105	12205		44644	10	8183
1980	27		2291	117	8048		49764	10	4634
1985	46		752	292	5423	117	49346	11	2790
1990	50		658	306	4745	88	49568	17	2031
1995	47		561	202	4695	88	47133	74	2319
2000	52		716	150	4194	52	36465	95	4476
2001	67		752	111	4346	43	31529	90	1307
2002	75		791	96	4262	40	28433	93	2235
2003	83		810	133	4214	65	25700	97	3765
2004	87		814	624	4103	30	22953	109	3368
2005	86		816	686	3918	25	20883	117	4034
2006	88		801	718	3663	9	19162	124	5616
2007	88		761	781	3403	4	17340	134	6441
2008	105		713	801	3172	2	16205	137	6383
2009	109	58	661	755	2887	1	14447	144	6434
2010	110	58	615	753	2649	1	13563	149	7368
2011	112	58	598	696	2534		13274	148	8183
2012	113	58	565	663	2435		12898	151	9327
2013	118	61	563	636	2381		12538	155	10813
2014	118	60	567	631	2391		12529	157	11437
2015	118	60	578	628	2378		12126	159	12959
2016	120	59	598	609	2379		11944	160	13635
2017	121	60	630	609	2375		11697	161	14368
2018	122	61	655	604	2367		11545	162	15418
2019	122	61	679	601	2405		11604	163	16559
2020	125	64	707	607	2466		11625	163	18057
2021	123	62	738	602	2516		11604	163	18818
2022	124	63	775	622	2517		11460	163	18692

注：1. 特殊教育1990年前为盲聋哑学校情况。2.中等职业教育2004年前为普通中等专业学校，从2004年起为中等职业学校，包括普通中专、成人中专、职业高中。3.职业初中1990年前为农职业中学的初中。以下相关表同。

a) The situation of special education schools for the blind, deaf and dumb before 1990.

b) Secondary vocational education was a general secondary vocational school before 2004, and a secondary vocational school since 2004, including general secondary school, adult secondary school, and vocational high school.

c) Vocational junior secondary school was an agricultural vocational school before 1990. The same applies to the table following.

19-6 各级各类学校专任教师情况
Number of Full-time Teachers of Schools by Type and Level

单位：万人 (10000 persons)

年份 Year	普通高等学校 Regular HEIs	高中 Senior Secondary Schools	中等职业教育 Secondary Vocational Education	初中 Junior Secondary Schools	#职业初中 Vocational Junior Secondary Schools	小学 Primary Schools	特殊教育 Special Education Schools	学前教育 Pre-school Education Institutions
1978	0.78	5.73	0.48	14.31		24.96		1.78
1980	0.85	3.46	0.59	15.65	0.03	27.11		2.25
1985	1.20	2.26	0.97	12.87	0.25	24.70		2.26
1990	1.36	2.56	1.22	13.04	0.22	26.99	0.04	3.96
1995	1.48	2.59	1.33	15.37	0.26	27.01	0.11	4.73
2000	1.94	4.37	1.41	21.00	2.38	32.95	0.15	4.03
2001	2.37	4.82	1.35	22.10	0.26	33.28	0.15	
2002	2.81	5.35	1.17	22.37	0.28	33.22	0.15	1.66
2003	3.45	6.13	1.18	22.46	0.27	32.92	0.16	2.17
2004	3.92	6.75	3.17	22.25	0.17	32.48	0.18	2.30
2005	4.27	7.34	3.97	21.66	0.09	32.01	0.19	2.84
2006	4.74	7.82	4.36	20.89	0.04	31.53	0.21	3.64
2007	5.28	8.12	4.65	20.14	0.01	31.60	0.22	4.01
2008	5.51	8.07	4.82	19.36	...	31.67	0.23	4.27
2009	5.84	8.18	4.80	18.62	...	32.12	0.26	4.69
2010	6.08	8.30	4.91	17.77	...	31.90	0.27	5.37
2011	6.27	8.35	4.83	17.25		31.65	0.28	5.91
2012	6.50	8.29	4.57	16.78		31.70	0.29	6.71
2013	6.68	10.15	4.42	16.07		30.37	0.30	7.61
2014	6.86	10.36	4.42	16.72		31.63	0.31	8.39
2015	6.94	10.68	4.39	17.10		32.02	0.32	9.81
2016	7.04	11.23	4.49	17.69		33.05	0.32	10.62
2017	7.29	12.02	4.61	18.55		34.22	0.33	11.45
2018	7.55	13.15	4.66	19.48		35.37	0.34	12.66
2019	7.91	14.23	4.85	20.54		36.53	0.35	13.51
2020	8.54	15.22	5.03	21.58		37.46	0.36	14.31
2021	9.03	16.44	5.24	22.90		39.10	0.38	14.96
2022	9.50	13.41	5.65	23.60		40.82	0.38	16.92

19-7 各级各类学校招生情况
Number of Entrants of Formal Education by Type and Level

单位：万人 (10000 persons)

年 份 Year	本专科 Undergraduate in Regular HEIs	#专科 Specialized Courses	高 中 Senior Secondary Schools	中等职业教育 Secondary Vocational Education	初 中 Junior Secondary Schools	#职业初中 Vocational Junior Secondary Schools	小 学 Primary Schools	特殊教育 Special Education Schools	学前教育 Pre-school Education Institutions
1978	1.23		58.44	2.37	116.70		187.12		
1980	1.07		24.50	2.50	89.27	0.23	134.40		
1985	2.17		11.06	3.35	69.66	1.69	113.45		
1990	2.38		10.81	3.55	64.97	0.99	125.33	0.05	
1995	4.30		14.66	6.55	105.98	1.54	162.60	0.20	137.04
2000	11.10		26.22	6.18	151.00	1.94	107.05	0.15	84.97
2001	14.83		31.20	6.11	149.80	2.18	93.30	0.15	60.50
2002	17.08		37.95	6.90	147.69	2.04	78.96	0.18	61.40
2003	20.38		44.93	8.53	142.97	1.45	72.74	0.18	65.34
2004	23.86		46.40	23.93	126.00	0.80	71.50	0.17	75.14
2005	25.03		49.47	35.35	115.20	0.41	72.00	0.19	77.61
2006	26.68		49.70	37.69	107.49	0.15	80.07	0.17	83.40
2007	29.46		45.25	41.01	93.37	0.05	88.52	0.17	88.17
2008	31.12		44.85	40.65	80.08	0.01	91.44	0.19	99.65
2009	32.92		44.72	45.24	73.37		87.58	0.17	102.42
2010	33.90	18.06	42.02	40.95	72.16		95.60	0.17	106.58
2011	35.92	19.71	39.78	35.68	72.72		103.85	0.19	97.63
2012	34.23	17.56	38.41	29.95	77.77		106.29	0.15	101.01
2013	34.69	17.55	37.56	22.10	78.36		99.61	0.14	106.32
2014	34.20	16.49	38.23	22.41	81.27		98.98	0.22	102.71
2015	35.08	17.18	40.77	24.32	77.06		109.27	0.18	109.09
2016	38.07	18.66	43.27	27.43	85.41		110.88	0.17	102.07
2017	39.24	19.06	45.71	28.71	96.50		113.45	0.18	102.04
2018	42.18	20.79	44.89	27.58	100.37		121.86	0.28	102.66
2019	49.96	27.20	50.67	31.56	99.24		118.98	0.33	87.58
2020	52.62	27.86	56.08	34.47	99.68		116.33	0.24	99.15
2021	51.69	26.30	58.59	35.61	107.92		98.43	0.17	84.88
2022	55.79	28.58	59.88	32.66	109.91		92.60	0.18	74.89

19-8 各级各类学校在校学生情况

Number of Enrolment of Formal Education by Type and Level

单位：万人 (10000 persons)

年 份 Year	本专科 Undergraduate in Regular HEIs	#专科 Specialized Courses	高 中 Senior Secondary Schools	中等职业教育 Secondary Vocational Education	初 中 Junior Secondary Schools	#职业初中 Vocational Junior Secondary Schools	小 学 Primary Schools	特殊教育 Special Education Schools	学前教育 Pre-school Education Institutions
1978	2.96		121.31	4.49	263.64		746.32		61.30
1980	4.15		60.43	6.00	264.92	0.52	734.57		69.45
1985	5.82		33.02	7.31	212.37	4.42	601.30		73.95
1990	7.60		31.24	10.76	176.36	2.87	705.48	0.19	125.23
1995	12.63		35.58	18.03	274.66	4.34	851.31	1.12	155.30
2000	25.26		70.04	23.52	411.71	4.77	813.73	0.97	100.42
2001	35.05		80.39	22.69	421.40	4.85	747.60	1.01	74.30
2002	47.30		94.80	21.38	433.25	5.26	674.55	1.23	82.25
2003	57.55		114.23	24.70	429.48	4.30	606.60	1.35	92.61
2004	69.74		129.39	63.07	403.53	2.69	547.00	1.09	108.53
2005	77.40		139.11	81.04	370.43	1.31	500.36	1.14	120.36
2006	86.26		143.81	90.40	336.83	0.53	470.25	1.15	133.62
2007	93.05		140.86	102.00	306.24	0.14	465.44	1.28	135.56
2008	100.00		135.12	105.58	274.18	0.02	475.66	1.23	139.12
2009	106.05		130.87	110.39	241.86		488.65	1.27	151.29
2010	110.51	55.31	127.51	112.05	221.25		511.59	1.26	168.03
2011	114.93	55.73	123.32	106.60	215.03		541.09	1.26	183.46
2012	116.88	54.62	117.69	93.40	217.37		562.22	1.24	196.22
2013	117.44	52.90	109.28	75.23	208.85		546.21	1.31	212.94
2014	116.43	49.85	110.41	65.54	228.82		564.29	1.26	216.85
2015	117.92	49.66	115.79	61.29	236.13		596.24	1.03	231.72
2016	121.61	50.74	121.33	65.81	243.58		620.55	1.11	234.11
2017	126.89	53.31	129.14	70.62	260.07		637.22	1.20	237.47
2018	134.26	56.79	133.49	72.43	283.15		658.85	1.38	240.21
2019	147.40	65.11	141.20	77.46	297.31		679.11	1.73	239.04
2020	160.48	73.03	151.75	83.79	301.55		695.92	1.89	245.31
2021	170.43	77.78	165.85	91.07	308.94		684.35	1.83	247.03
2022	177.37	81.10	175.25	92.27	320.14		663.60	1.81	232.97

19−9 各级各类学校毕业生情况
Number of Graduates of Formal Education by Type and Level

单位：万人　(10000 persons)

年 份 Year	本专科 Undergraduate in Regular HEIs	#专科 Specialized Courses	高 中 Senior Secondary Schools	中等职业教育 Secondary Vocational Education	初 中 Junior Secondary Schools	#职业初中 Vocational Junior Secondary Schools	小 学 Primary Schools	特殊教育 Special Education Schools	学前教育 Pre-school Education Institutions
1978	0.71		45.95	1.65	106.44		125.47		
1980	0.23		40.85	2.44	50.16	0.13	108.80		
1985	1.20		7.79	2.82	52.73	0.89	101.79		
1990	2.28		10.54	3.13	55.16	0.83	82.56	0.01	
1995	3.64		8.84	4.69	66.50	0.92	119.22	0.07	
2000	4.35		18.16	7.25	113.42	1.34	154.93	0.11	
2001	4.58		21.28	7.13	115.80	1.04	153.80	0.10	
2002	6.29		23.48	7.43	124.06	1.09	152.69	0.13	
2003	11.34		26.49	7.53	136.61	1.26	145.92	0.20	
2004	14.31		31.87	18.38	141.19	1.07	128.09	0.09	
2005	18.04		39.63	21.24	138.40	0.76	117.46	0.09	
2006	22.10		45.06	23.57	133.03	0.39	108.58	0.11	
2007	24.07		47.22	27.72	115.32	0.17	93.54	0.11	51.75
2008	27.13		48.23	31.21	105.27		80.20	0.11	53.26
2009	28.27		46.90	34.81	99.08		73.39	0.11	51.81
2010	29.71	18.91	42.66	34.82	87.69		72.18	0.08	48.93
2011	31.11	19.08	42.79	35.58	75.25		73.28	0.11	78.60
2012	31.58	18.23	42.37	38.86	70.31		79.61	0.09	79.70
2013	33.43	18.81	40.45	33.71	66.78		84.01	0.11	79.47
2014	34.45	19.14	36.20	29.77	60.25		82.04	0.12	81.89
2015	32.80	16.95	35.24	25.41	69.19		78.10	0.11	87.37
2016	33.52	17.16	36.82	19.66	77.44		87.26	0.09	89.40
2017	33.00	15.96	37.70	22.01	80.94		97.69	0.11	91.71
2018	33.88	16.74	40.11	23.05	77.61		102.00	0.12	94.40
2019	35.78	18.33	42.76	24.50	86.04		100.35	0.15	94.00
2020	38.51	19.29	45.50	26.75	96.70		100.52	0.20	94.06
2021	40.89	21.03	44.77	25.52	101.10		110.93	0.27	87.30
2022	48.81	26.22	50.04	28.78	100.20		111.93	0.26	88.25

19-10 研究生情况
Statistics on Postgraduates

单位：人 (person)

年 份 Year	研究生数 Number of Postgraduates		
	毕业生数 Graduates	招生数 Entrants	在校学生数 Enrolment
1978		91	91
1980		49	231
1985	86	363	593
1990	285	226	698
1995	239	431	1194
2000	640	1896	3914
2001	834	2670	6063
2002	1320	3460	8228
2003	2012	5022	11171
2004	2786	6491	14932
2005	2836	6600	15786
2006	3954	7712	20088
2007	5154	8404	22687
2008	6520	9234	25261
2009	7317	10787	28346
2010	7895	11326	31452
2011	9106	11795	34085
2012	10441	12338	35934
2013	11231	12933	37823
2014	12131	13175	38450
2015	12337	14053	40046
2016	12606	14469	41673
2017	12771	17162	45637
2018	13669	18346	49882
2019	13874	20131	55159
2020	15916	25264	64060
2021	17518	27041	72913
2022	19316	28887	81834

19-11 技工学校情况
Statistics on Skilled Workers Schools

年 份 Year	学校数 (所) Schools (unit)	教职工数 (人) Educational Personnel (person)	#专任教师 Full-time Teachers	毕业生数 (人) Graduates (person)	招生数 (人) Enrolment (person)	在校学生数 (人) Enrolment (person)
2005	164	10863	8111			105508
2006	160	10951	8988			129845
2007	161	13096	10209			160286
2008	161	12133	10881			174421
2009	164	12597	11196			169663
2010	166	12743	11109			158592
2011	168	12686	8865			145870
2012	170	13188	9355			145272
2013	170	13204	9546	48513	50126	135468
2014	173	13131	9504	46449	45245	111626
2015	173	13044	9456	41083	38570	101333
2016	175	13076	9539	41257	43842	100535
2017	177	13331	9973	33969	52997	110598
2018	181	13495	10339	31331	47523	120309
2019	187	14313	10631	37847	56334	132087
2020	195	14446	11080	42713	63247	149675
2021	205	14975	11685	42009	71310	169332
2022	215	17095	12442	50873	64555	178357

19-12 进城务工子女和农村留守儿童在校情况(2022年)
Children of Migrant Workers and Children Left Behind (2022)

单位：人 (person)

项 目	Item	进城务工人员随迁子女 Children of Migrant Workers	外省迁入 From Other Provinces	本 省 外县迁入 From Other Counties of the Same Province	农 村 留守儿童 Rural Children Left Behind
小学	**Regular Primary Schools**				
毕业生数	Graduates	47431	12897	34534	17171
招生数	Entrants	45817	11065	34752	6351
在校学生数	Enrolment	310386	77589	232797	79843
#女	Female	143228	35597	107631	30787
初中	**Junior Secondary Schools**				
毕业生数	Graduates	38222	10689	27533	20769
招生数	Entrants	49474	11503	37971	18723
在校学生数	Enrolment	130714	33302	97412	57037
#女	Female	60985	15913	45072	25899

19-13 小学学龄儿童净入学率和各级普通学校毕业生升学率

Net Enrolment Ratio of School-age Children in Primary Schools and Promotion Rate of Graduates of Regular School by Levels

单位：% (%)

年 份 Year	小学学龄儿童净入学率 Net Enrollment Ratio of School-age Children in Primary Schools	小学升学率 Promotion Rate from Primary Schools to Junior Secondary Schools	初中升学率 Promotion Rate from Junior Secondary Schools to Senior Secondary Schools
1990	98.3	79.9	31.9
1991	98.3	81.6	36.8
1992	98.5		
1993	98.5	82.9	38.0
1994	98.4	85.7	40.5
1995	99.2	90.2	41.1
1996	99.7	95.0	43.5
1997	99.8	98.8	44.3
1998	99.8	98.1	45.2
1999			
2000	99.9	98.7	40.9
2001	99.5	98.8	51.0
2002	99.5	98.1	60.2
2003	99.4	99.0	59.7
2004	99.8	99.0	61.5
2005	99.7	98.4	64.6
2006	99.4	99.6	67.7
2007	99.5	99.9	75.1
2008	99.7	99.8	81.7
2009	99.7	100.0	84.0
2010	99.8	100.0	85.6
2011	99.9	99.2	88.2
2012	99.8	97.7	92.3
2013	99.8	97.7	92.4
2014	99.7	98.1	92.5
2015	99.8	98.7	92.7
2016	100.1	97.9	90.2
2017	99.5	98.8	92.1
2018	100.0	98.4	99.5
2019	99.8	98.9	96.6
2020	99.9	99.1	95.6
2021	100.0	99.2	99.8
2022	99.7	98.1	98.8

注：1.1991年以前的入学率是按7-11周岁统一计算；从1991年起入学率是按各地不同入学年龄和学制分别计算。
2.1991年前初中毕业生升学率不含技工学校招生数。

a) Enrolment ratio of school-age children before 1991 was calculated on the basis of primary school pupils aged 7-11 enrolled. From 1991 onwards its calculation has taken account of the age of entry and the length of schooling prevailing.

b) Pre-1991 transition rate for junior high school graduates exclude enrolment in technical schools.

19－14 分市普通高中情况(2022年)
Statistics on Regular Senior Secondary Schools by City (2022)

单位：人 (person)

市	City	学校数(所) Schools (unit)	专任教师 Full-time Teachers	毕业生数 Graduates	招生数 Entrants	在校学生数 Enrolment
全 省	**Total**	**775**	**134101**	**500372**	**598825**	**1752465**
石家庄市	Shijiazhuang	133	16600	64854	72848	211448
石家庄市①	Shijiazhuang①	128	15778	61412	69225	200385
唐 山 市	Tangshan	82	13719	44542	47893	150609
秦皇岛市	Qinhuangdao	34	4813	16525	18738	55938
邯 郸 市	Handan	96	17328	70422	90418	260005
邢 台 市	Xingtai	68	12315	50899	58941	168785
保 定 市	Baoding	102	19766	74247	92160	262516
保 定 市①	Baoding①	87	17159	64910	80708	228942
张家口市	Zhangjiakou	45	6902	24917	30507	87676
承 德 市	Chengde	30	5336	20604	26088	77870
沧 州 市	Cangzhou	65	12184	45198	58118	163382
廊 坊 市	Langfang	48	7532	26630	35511	95176
衡 水 市	Hengshui	62	15816	55080	59505	195700
定 州 市	Dingzhou	15	2607	9337	11452	33574
辛 集 市	Xinji	5	822	3442	3623	11063

注：本表数据中石家庄市含辛集市，石家庄市①不含辛集市；保定市含定州市和雄安新区，保定市①不含定州市和雄安新区。以下相关表同。

a) Data in this table, Shijiazhuang includes Xinji, Shijiazhuang① excludes Xinji; Baoding includes Dingzhou and Xiongan, Baoding① excludes Dingzhou and Xiongan. The same applies to the table following.

19－15 分市中等职业学校情况(2022年)
Statistics on Secondary Vocational Schools by City (2022)

单位：人 (person)

市	City	学校数(所) Schools (unit)	教职工数 Educational Personnel	#专任教师 Full-time Teachers	毕业生数 Graduates	#获得职业类证书 With Professional Qualification Certificates	招生数 Entrants	在校学生数 Enrolment	预计毕业生数 Estimated Graduates for Next Year
全 省	**Total**	**622**	**68139**	**55305**	**287782**	**163805**	**326559**	**922712**	**317976**
石家庄市	Shijiazhuang	135	15605	11789	77783	37379	84384	264090	90114
石家庄市①	Shijiazhuang①	132	15199	11409	76265	36355	82858	259590	88681
唐 山 市	Tangshan	49	5556	4632	19266	11691	18621	58650	21055
秦皇岛市	Qinhuangdao	32	3087	2480	8324	2309	9564	30282	10212
邯 郸 市	Handan	70	8325	7156	32963	23704	39177	106325	33594
邢 台 市	Xingtai	68	5880	5059	23579	12456	26733	80989	26602
保 定 市	Baoding	76	9617	7929	32357	18195	39816	115292	35329
保 定 市①	Baoding①	68	8904	7330	29369	15825	36630	105313	32053
张家口市	Zhangjiakou	52	4150	3529	14126	7642	18685	53629	18125
承 德 市	Chengde	24	3724	2976	11227	5946	15332	44935	13424
沧 州 市	Cangzhou	42	5099	4170	45518	30709	49293	94600	45312
廊 坊 市	Langfang	33	2916	2152	9394	5139	11567	34810	11140
衡 水 市	Hengshui	36	3531	2846	11777	7692	11454	33957	11417
定 州 市	Dingzhou	8	713	599	2988	2370	3186	9979	3276
辛 集 市	Xinji	3	406	380	1518	1024	1526	4500	1433

19-16 分市初中情况(2022年)
Statistics on Regular Junior Secondary Schools by City (2022)

单位：人 (person)

市	City	学校数(所) Schools (unit)	专任教师 Full-time Teachers	毕业生数 Graduates	招生数 Entrants	在校学生数 Enrolment
全　省	**Total**	**2517**	**235970**	**1001993**	**1098109**	**3201373**
石家庄市	Shijiazhuang	310	28995	120120	151789	438261
石家庄市①	Shijiazhuang①	284	27297	113635	143715	415210
唐 山 市	Tangshan	264	21599	77245	82652	249331
秦皇岛市	Qinhuangdao	123	9042	30941	33100	96186
邯 郸 市	Handan	369	37332	167068	180073	510635
邢 台 市	Xingtai	232	24032	100987	121557	335520
保 定 市	Baoding	414	36677	164770	160018	487818
保 定 市①	Baoding①	330	29564	130870	128641	390686
张家口市	Zhangjiakou	123	11998	51125	47203	144429
承 德 市	Chengde	106	10885	48116	46507	141663
沧 州 市	Cangzhou	276	22994	105009	126694	356236
廊 坊 市	Langfang	172	16352	66546	81047	225169
衡 水 市	Hengshui	128	16064	70066	67469	216125
定 州 市	Dingzhou	35	3251	16675	14485	47418
辛 集 市	Xinji	26	1698	6485	8074	23051

19-17 分市小学情况(2022年)
Statistics on Primary Schools by City (2022)

单位：人 (person)

市	City	学校数(所) Schools (unit)	专任教师 Full-time Teachers	毕业生数 Graduates	招生数 Entrants	在校学生数 Enrolment
全　省	**Total**	**11460**	**408243**	**1119439**	**926023**	**6635977**
石家庄市	Shijiazhuang	1465	53458	152757	141981	960132
石家庄市①	Shijiazhuang①	1391	50775	144660	136012	914885
唐 山 市	Tangshan	1134	35175	84433	82383	550800
秦皇岛市	Qinhuangdao	412	14802	33321	28262	198383
邯 郸 市	Handan	1806	64031	186130	137031	1065855
邢 台 市	Xingtai	1018	45406	125868	105875	770852
保 定 市	Baoding	2088	61287	163688	141851	978947
保 定 市①	Baoding①	1579	49025	130256	113845	780000
张家口市	Zhangjiakou	419	19187	50025	33533	251959
承 德 市	Chengde	448	18857	46888	32699	242385
沧 州 市	Cangzhou	1349	42789	128998	96396	739440
廊 坊 市	Langfang	751	30340	82881	77580	523899
衡 水 市	Hengshui	570	22911	64450	48432	353325
定 州 市	Dingzhou	262	5330	14535	12865	88698
辛 集 市	Xinji	74	2683	8097	5969	45247

19-18 分市特殊教育情况(2022年)
Statistics on Special Education by City (2022)

单位：人 (person)

市	City	学校数(所) Schools (unit)	专任教师 Full-time Teachers	毕业生数 Graduates	招生数 Entrants	在校学生数 Enrolment
全　省	**Total**	**163**	**3840**	**2564**	**1779**	**18067**
石家庄市	Shijiazhuang	24	484	337	318	2600
石家庄市①	Shijiazhuang①	23	453	323	313	2499
唐 山 市	Tangshan	14	359	255	147	1479
秦皇岛市	Qinhuangdao	5	179	106	50	783
邯 郸 市	Handan	19	510	327	237	2463
邢 台 市	Xingtai	19	419	345	245	2081
保 定 市	Baoding	23	523	287	154	1934
保 定 市①	Baoding①	19	434	230	116	1589
张家口市	Zhangjiakou	13	245	225	159	1479
承 德 市	Chengde	9	255	156	83	1125
沧 州 市	Cangzhou	17	322	247	131	1807
廊 坊 市	Langfang	10	334	175	125	1422
衡 水 市	Hengshui	10	210	104	130	894
定 州 市	Dingzhou	1	27	22	17	172
辛 集 市	Xinji	1	31	14	5	101

19-19 各级学校生师比
Student-Teacher Ratio by Level of Regular Schools

(教师人数=1) (Number of Teachers=1)

年 份 Year	普通小学 Primary School	初 中 Junior Secondary School	高 中 Senior Secondary School	中等职业学校 Secondary Vocational School	高等院校 Institution of Higher Education
2006	16.34	16.12	19.32	30.19	18.16
2007	14.73	15.21	17.35	29.34	17.62
2008	15.02	14.16	16.75	20.82	17.91
2009	15.21	12.99	16.01	21.72	17.70
2010	16.04	12.45	15.37	22.21	17.82
2011	17.09	12.47	14.77	21.24	17.89
2012	17.74	12.95	14.19	19.84	17.65
2013	17.13	12.67	13.28	16.76	17.54
2014	16.92	13.45	13.23	14.82	17.28
2015	17.59	13.58	13.57	13.95	17.46
2016	17.66	13.59	13.61	14.67	16.90
2017	17.42	13.87	13.68	14.49	17.11
2018	17.32	14.17	13.37	15.55	17.39
2019	17.18	14.11	13.19	15.98	18.01
2020	17.07	13.72	13.18	16.65	17.80
2021	16.59	13.39	13.18	17.36	16.92
2022	16.25	13.57	13.07	16.33	18.68

注：1.中等职业教育2008年以前数据为普通中专。2.本表不含技工学校。
a) Secondary vocational education was a general secondary vocational school before 2008.
b) This table excludes technical secondary schools.

19-20 每十万人口各级学校平均在校生数
Number of Students per 100 000 Population by Level

单位：人 (person)

年 份 Year	学前教育 Pre-school Education	小 学 Primary Education	初中阶段 Junior Secondary Education	高中阶段 Senior Secondary Education	高等教育 Higher Education
1990	2050	1155	3148	691	226
1995	2145	13327	4680	839	336
2000	3202	10724	5607	1415	616
2005	1768	7349	5460	3394	1420
2006	1950	6864	4924	3618	1630
2007	1965	6747	4442	3715	1712
2008	2004	6851	3949	3724	1811
2009	2165	6992	3461	3705	1871
2010	2389	7273	3145	3647	1950
2011	2550	7521	2989	3427	2006
2012	2710	7765	3002	3148	2063
2013	2922	7495	2866	2759	2108
2014	2957	7696	3121	2611	2098
2015	3138	8075	3198	2555	2141
2016	3153	8358	3281	2657	2191
2017	3179	8530	3481	2809	2328
2018	3194	8761	3765	2885	2457
2019	3164	8988	3935	3053	2596
2020	3231	9167	3972	3276	2700
2021	3311	9172	4141	3660	2456
2022	3140	8943	4316	3605	2501

注：1.高等教育在校生数包括研究生、普通本科、职业本专科、成人本专科，不含网络本专科生。
2.2021年起，高中阶段在校生数不含人社部管理的技工学校。

a) The number of students in higher education includes postgraduates, regular undergraduates, vocational undergraduates and adult undergraduates, excluding web-based undergraduates.

b)Since 2021, The number of students in Senior Secondary Education data donot include Technical Schools managed by the Ministry of Human Resources and Social Security.

19-21 教育经费情况
Basic Statistics on Educational Funds

单位：万元 (10000 yuan)

年份 市	Year City	合计 Total	国家财政性教育经费 Government Appropriation for Education	#一般公共预算教育经费 Public Expenditure on Education	民办学校中举办者投入 Funds from Runners of Private Schools	社会捐赠经费 Donations and Fund-raising for Running Schools	事业收入 Income from Teaching Research and Other Auxiliary Activity	#学杂费 Tuition and Miscel-laneous Fees	其他教育经费 Other Educational Funds
	1992	356714	289604	202274		36097		25586	25586
	1995	780777	536282	389775	2444	109640		105769	105769
	2000	1499715	1023712	831405	50716	44081	23810	356922	269132
	2001	1718466	1166288	998387	58635	34902	18205	431835	334999
	2002	2032640	1344622	1224089	62398	27554	9403	555726	428798
	2003	2246260	1436694	1332208	77882	26246	11678	661532	489956
	2004	2617872	1703907	1589753	85052	20754	5467	762194	610418
	2005	3183289	2094804	1926917	98161	18076	6768	897694	691993
	2006	3554401	2372849	2166291	182073	22080	12182	904608	725183
	2007	4403700	3103586	2841172	31470	13471	1481	1110183	857400
	2008	5584914	4171281	3829877	10606	4971	1098	1196773	959854
	2009	6145261	4692123	4345828	29487	9451	1250708	1030697	163491
	2010	7192734	5647497	5178041	14598	8285	1422726	1211145	99629
	2011	8447882	6844588	6106370	22060	6392	1484576	1302985	90267
	2012	10435050	8710670	7907824	38444	7492	1588117	1332742	90326
	2013	10298143	8523960	7674486	50262	6637	1606017	1386046	111267
	2014	10861672	8926512	8016355	40933	12107	1796503	1517465	85618
	2015	12861641	10732988	10010728	29824	6080	1941007	1581934	151742
	2016	14203834	11888154	11155774	49418	7217	2106271	1755230	152774
	2017	15938478	13374769	12466288	79721	8260	2387755	2041977	87973
	2018	17389625	14428248	13545006	57290	10934	2824628	2382262	68525
	2019	19921191	16403527	15157178	110687	6353	3291596	2803668	109027
	2020	21282804	17793662	15817361	43298	8014	3353440	2883392	84389
	2021	21927812	17431028	16210113	99392	56533	4243325	3646113	97535
	2022	24395755	19640362	17546049	58758	103611	4346161	3710470	246864
石家庄市	Shijiazhuang	3096668	2593293	2468053	9256	1493	489995	442503	2630
石家庄市①	Shijiazhuang①	2927680	2438520	2317623	9152	1493	476077	430636	2437
唐山市	Tangshan	2318173	2068916	1777227	4931	34	240731	215483	3560
秦皇岛市	Qinhuangdao	735008	647708	622013	566	2309	81331	73363	3094
邯郸市	Handan	2327333	2002964	1815596	3653		320674	268369	41
邢台市	Xingtai	1659409	1386694	1229902	5702	179	265736	234427	1098
保定市	Baoding	2767773	2357286	1814669	8587	2770	384816	340324	14314
保定市①	Baoding①	2519023	2154607	1659677	6191	2770	341204	301282	14251
张家口市	Zhangjiakou	1141721	1017429	888366	2992	32	120584	106495	684
承德市	Chengde	1022208	910503	818316	14738	24	96703	81659	239
沧州市	Cangzhou	1920496	1706655	1573292	1847	72	210770	188080	1151
廊坊市	Langfang	1593130	1378749	1303694	3453	355	204497	188334	6076
衡水市	Hengshui	1219420	885140	780722	827	10	330939	290478	2505
定州市	Dingzhou	248750	202679	154992	2396		43612	39042	63
辛集市	Xinji	168988	154773	150430	104		13918	11867	193

注：1. “民办学校中举办者投入”1992—2006年数据为社会团体和公民个人办学总经费。

2.从2017年起，“公共财政教育经费”改为“一般公共预算教育经费”。“一般公共预算教育经费”数据1992—2012年包括教育事业费、基建经费、教育费附加、科研经费和其他经费，2012年起包括教育事业费、基建经费和教育费附加。

a) "Funds from runners of private schools" from 1992 to 2006 equals to funds from social organizations and citizens for running schools.

b) Since 2017, the "public expenditure on education" was amended to "general public budget on education expenditure". From 1992 to 2012, the Public Expenditure on Education referred to budgetary educational funds, which included the appropriated funds for education, for science research, capital construction, other funds, and education surcharges. Since 2012, it includes the appropriated funds for education, capital construction, and education surcharges.

主要统计指标解释

普通高等学校 指通过国家普通高等教育招生考试，招收高中毕业生为主要培养对象，实施高等学历教育的全日制大学、独立设置的学院、独立学院和高等专科学校、高等职业学校及其他普通高教机构。

大学、独立设置的学院主要实施本科及本科层次以上的教育。独立学院主要实施本科层次的教育。高等专科学校、高等职业学校实施专科层次的教育。其他普通高教机构是指承担国家普通招生计划任务不计校数的机构，包括普通高等学校分校、大专班等。

成人高等学校 指通过国家成人高等教育招生考试，招收具有高中毕业或同等学力的人员为主要培养对象，利用函授、业余、脱产等多种形式，对其实施高等学历教育的学校。包括：职工高等学校、农民高等学校、管理干部学院、教育学院、独立函授学院、广播电视大学、其他成人高教机构等。其他成人高教机构是指承担国家成人招生计划任务不计校数的机构。

国家财政性教育经费 包括一般公共预算安排的教育经费，政府性基金预算安排的教育经费，企业办学中的企业拨款，校办产业和社会服务收入用于教育的经费，其他属于国家财政性教育经费。

Explanatory Notes on Main Statistical Indicators

Regular Institutions of Higher Education refer to educational establishments recruiting graduates from senior secondary schools as the main target through National Matriculation TEST. They include full-time universities, independently established colleges, colleges, and institutions of higher professional education, institutions of higher vocational education and other institutions of higher education.

Universities and independently established colleges primarily provide undergraduate and above courses; colleges mainly impart undergraduate courses, institutions of higher professional education and institutions of higher vocational education primarily provide professional trainings; and other institutions of higher education refer to educational establishments, which are responsible for enrolling higher education students under the State Plan but not enumerated in the total number of schools, including: branch schools of universities and colleges and junior colleges.

Institutions of Higher Education for Adults refer to educational establishments, enrolling personnel with senior secondary school or equivalent education through National Matriculation TEST for Adult, and providing higher education courses in forms of correspondence, spare time, or full time for adults. Institutions of higher learning for adults include schools of higher education for staff and workers, schools of higher education for peasants, colleges for management cadres, pedagogical colleges, independent correspondence colleges, radio and television universities and other educational establishments of higher education for adult. Other educational establishments of higher education for adult refer undertakings to enrol adult students but not enumerated in the number of schools under the State Plan.

Government Appropriation for Education refers to the general public budget appropriation fund for education, educational funds budgeted by government funds, enterprise appropriation for enterprise-run schools, income from school-run enterprises and social services that are used for education purpose and other national appropriations for education.

卫生和社会服务
Health and Social Services

简 要 说 明

一、本篇资料主要反映卫生、社会服务的发展情况。

卫生统计资料主要包括医疗卫生机构、卫生人员、医疗服务、卫生设施、卫生费用、基层医疗卫生服务、妇幼保健、疾病控制、居民病伤死亡原因等情况。

社会服务统计资料主要包括民政机构床位情况，社会救助情况，孤儿和收养登记情况，婚姻登记情况，医疗救助情况、残疾人事业基本情况等。

二、本篇的卫生统计资料由省卫生健康委员会提供。社会服务统计资料由省民政厅、省医疗保障局和省残疾人联合会依据统计报表制度整理提供。

三、资料整理：赵建勋　陈博　李梦洋　白昭

Brief Introduction

Ⅰ.The data in this chapter mainly reflects the development of health and social services.

Health statistics mainly include medical and health institutions, health personnel, medical services, health facilities, health costs, primary medical and health services, maternal and child health care, disease control, causes of death from illness and injury, etc.

Statistics on social services mainly include beds in civil affairs institutions, social assistance, registration of orphans and adoptions, marriage registration, medical assistance, basic statistics on the work for persons with disabilities etc.

Ⅱ.The health statistics of this section are provided by the Provincial Health Commission. The statistical data of social services shall be sorted out and provided by the Provincial Civil Affairs Department, Provincial Healthcare Security Bureau and Hebei Disabled Persons' Federation according to the statistical statement system.

Ⅲ.Data collection: Zhao Jianxun, Chen Bo, Li Mengyang, Bai Zhao.

20-1 卫生事业发展情况
Statistics on Public Health

年 份 Year	卫生机构数 (个) Number of Health Institutions (unit)	#医 院 Hospitals	卫生机构床位数 (万张) Beds in Health Care Institutions (10000 beds)	#医 院 Hospitals	卫生技术人员数 (万人) Medical Technical Personnel (10000 persons)	#执业(助理)医师 Licensed Doctors	每千人口医疗床位 (张) Beds of Medical Institutions per 1000 Population (bed)	每万人口执业(助理)医师数 (人) Licensed (Assistant) Doctors in Health Care Institutions per 10000 Persons(person)
1978	8949	4336	8.90	8.16	10.70	5.46	1.76	10.8
1980	9492	4336	9.55	8.76	12.56	6.13	1.85	11.9
1981	10063	4327	9.79	8.84	13.37	6.23	1.86	11.9
1982	10227	4316	10.18	9.08	14.32	6.35	1.90	11.8
1983	10281	4333	10.71	9.61	14.85	6.59	1.98	12.2
1984	10344	4333	11.02	9.89	15.47	6.75	2.01	12.3
1985	10402	3120	12.09	10.31	15.45	6.85	2.18	12.4
1986	10454	3246	12.48	10.77	15.88	6.94	2.22	12.3
1987	10366	3311	13.32	11.48	16.18	6.96	2.34	12.2
1988	10579	3374	13.81	11.89	16.88	7.70	2.38	13.3
1989	10721	3379	14.39	12.43	17.45	8.36	2.44	14.2
1990	10586	3531	14.60	12.59	18.56	8.60	2.39	14.0
1991	10647	3630	14.81	12.93	18.35	8.61	2.38	13.8
1992	10715	3640	15.19	13.24	18.95	8.89	2.43	14.2
1993	10958	3787	15.54	13.56	19.77	8.25	2.46	13.0
1994	10274	4540	15.91	13.74	19.83	9.14	2.50	14.3
1995	10266	4533	15.90	13.76	20.18	9.31	2.49	14.5
1996	5402	794	16.19	10.25	18.18	7.93	2.50	12.2
1997	5392	795	16.62	10.45	18.73	8.24	2.56	12.6
1998	5386	791	16.56	10.44	19.21	8.53	2.53	13.0
1999	5338	784	16.62	10.64	20.30	8.96	2.51	13.6
2000	5306	779	16.89	10.78	20.75	9.17	2.54	13.7
2001	5281	773	17.27	10.99	20.98	9.41	2.57	14.0
2002	4671	885	17.17	10.98	20.05	9.33	2.55	12.4
2003	4520	770	15.88	10.98	20.28	9.31	2.35	12.3
2004	3414	807	15.84	11.72	20.21	8.39	2.33	12.3
2005	3284	817	16.23	11.84	20.29	8.41	2.38	12.3
2006	3394	874	17.30	12.63	21.08	8.75	2.52	12.7
2007	19431	1125	19.54	13.74	24.29	10.81	2.82	15.6
2008	15050	1103	21.40	14.84	24.57	10.91	3.07	15.6
2009	14738	1123	23.30	15.92	25.80	11.44	3.31	17.2
2010	15122	1224	24.95	17.31	29.23	13.41	3.47	18.6
2011	14855	1248	26.69	18.77	30.20	13.69	3.69	18.9
2012	79083	1248	28.47	20.39	31.51	14.31	3.92	19.7
2013	78486	1268	30.36	22.05	33.31	15.02	4.17	20.6
2014	78906	1341	32.29	23.69	35.17	15.78	4.41	21.6
2015	78599	1547	34.22	25.48	37.26	16.69	4.66	22.7
2016	78723	1618	36.10	27.15	39.36	17.74	4.89	24.1
2017	80903	1847	39.53	29.98	42.51	19.19	5.34	25.9
2018	85088	2105	42.18	32.07	46.06	21.10	5.68	28.4
2019	84637	2115	42.99	32.83	49.01	22.87	5.77	30.7
2020	86938	2244	44.29	34.86	52.05	24.01	5.93	32.2
2021	88162	2395	45.48	36.02	55.94	25.42	6.11	34.1
2022	90195	2423	48.57	38.26	58.34	26.23	6.55	35.4

20-2 卫生机构基本情况
Basic Statistics of Health Institutions

指标	Indicator	2020	2021	2022
卫生机构数(个)	**Number of Health Institutions (unit)**	**86938**	**88162**	**90195**
城市	Urban Areas	11771	23269	24391
农村	Rural Areas	75167	64893	65804
医院	Hospitals	2244	2395	2423
#公立医院	Public Hospitals	700	699	712
民营医院	Private Hospitals	1544	1696	1711
#综合医院	General Hospitals	1517	1589	1591
中医医院	Hospitals Specialized in Traditional Chinese Medicine	262	275	281
专科医院	Specialized Hospitals	413	476	492
基层医疗卫生机构	Basic Medical Institutions	83971	85030	87020
#社区卫生服务中心(站)	Community Health Service Centers (Stations)	1459	1543	1598
街道卫生院	Urban Health Centers	2		
乡镇卫生院	Township Health Centers	1996	1970	1970
村卫生室	Village Clinics	60183	59968	59548
门诊部(所)	Outpatient Department (Stations)	20331	21549	1128
专业公共卫生机构	Specialized Public Health Institutions	641	643	638
#疾病预防控制中心	Center for Disease Control and Prevention	188	187	187
专科疾病防治院(所/站)	Specialized Disease Prevention & Treatment Centers (Institution,Stations)	11	12	12
妇幼保健院(所/站)	Women and Children Care Centers (Institution,Stations)	187	184	184
健康教育所(站/中心)	Health Education Institutions (Stations, Centers)	2	2	2
卫生监督所(中心)	Health Inspection Institutions (Centers)	179	180	180
卫生人员数(人)	**Number of Medical Personnel (person)**	**676189**	**710337**	**732879**
卫生技术人员	Medical Technical Personnel	520499	559404	583380
#执业(助理)医师	Licensed (Assistant) Doctors	240106	254233	262303
#执业医师	Licensed Doctors	185429	197942	204423
注册护士	Registered Nurse	201659	225018	238241
药师(士)	Pharmacist	19812	21178	21500
乡村医生和卫生员	Village Doctors and Assistants	61873	56605	55519
其他技术人员	Other Technical Personnel	31149	32271	31469
管理人员	Administrative Personnel	23516	39263	43189
*仅从事管理的人员	Administrative Personnel Only		20666	21169
工勤技能人员	Logistics Technical Workers	39152	41391	41342
卫生机构床位数(张)	**Beds in Health Care Institutions (bed)**	**442932**	**454830**	**485658**
城市	Urban Areas	182640	205023	209820
农村	Rural Areas	260292	249807	275838
医院	Hospitals	348609	360191	382583
#公立医院	Public Hospitals	252597	255268	269387
民营医院	Private Hospitals	96012	104923	113196
基层医疗卫生机构	Basic Medical Institutions	79136	79694	87319
#社区卫生服务中心(站)	Community Health Service Centers (Stations)	8705	8415	8946
乡镇卫生院	Township Health Centers	70168	69928	77091
专业公共卫生机构	Specialized Public Health Institutions	15187	14711	15400
#妇幼保健院(所/站)	Women and Children Care Agencies (Institution,Stations)	14928	14443	15133
专科疾病防治院(所/站)	Specialized Disease Prevention & Treatment Centers (Institution,Stations)	183	192	196

注：从2021年起，卫生人员数为卫生技术人员、乡村医生和卫生员、其他技术人员、仅从事管理的人员及工勤技能人员数据之和。

a) Since 2021, the number of medical personnel is the sum of the data of medical technical personnel, village doctors and assistants, other technical personnel, administrative personnel only and logistics technical workers.

20−3 分市医疗卫生机构和人员数(2022年)
Number of Health Care Institutions and Personnel by City (2022)

市	City	机构(个) Number of Institutions (unit)	#医院 Hospitals	卫生人员(人) Medical Personnel (person)	#卫生技术人员 Medical Technical Personnel	执业(助理)医师(人) Certified Doctors (person)	注册护士(人) Registered Nurses (person)
全　省	**Total**	**90195**	**2423**	**732879**	**583380**	**262303**	**238241**
石家庄市	Shijiazhuang	9165	325	121710	100284	45319	41439
石家庄市①	Shijiazhuang①	8630	302	116747	96562	43464	40041
唐山市	Tangshan	9365	272	85418	69273	29440	30680
秦皇岛市	Qinhuangdao	4018	85	31527	25759	11065	11200
邯郸市	Handan	10660	316	88275	68492	29341	30870
邢台市	Xingtai	9789	192	64421	51044	25374	18836
保定市	Baoding	14000	450	111149	87763	41326	34077
保定市①	Baoding①	11455	382	94480	74832	34958	29488
张家口市	Zhangjiakou	6187	147	40938	30927	12786	12893
承德市	Chengde	4553	89	35339	27698	11845	11293
沧州市	Cangzhou	9339	221	66865	53491	24444	21120
廊坊市	Langfang	6141	187	48785	39004	17311	14930
衡水市	Hengshui	6978	139	38452	29645	14052	10903
定州市	Dingzhou	1007	34	8601	6867	3277	2609
辛集市	Xinji	535	23	4963	3722	1855	1398

注：1.机构、人员数含村卫生室数。2.本表数据中石家庄市含辛集市，石家庄市①不含辛集市；保定市含定州市和雄安新区，保定市①不含定州市和雄安新区。以下相关表同。

a) Number of village clinics was included in health care institutions. b) Data in this table, Shijiazhuang includes Xinji, Shijiazhuang① excludes Xinji; Baoding includes Dingzhou and Xiongan, Baoding① excludes Dingzhou and Xiongan. The same applies to the table following.

20−4 各类医院病床使用率
Utilization Rate of Beds in Hospital

单位：%　　(%)

类别	Category	2018	2019	2020	2021	2022
总　计	**Total**	**82.69**	**81.40**	**70.73**	**68.91**	**64.31**
按管理类别分	**By Management Category**					
非营利性	Non-profit	84.14	82.69	71.94	70.01	65.17
营利性	For-profit	56.38	57.29	52.51	54.96	54.02
按医院等级分	**By Hospital Grade Point**					
三级医院	Tertiary Hospitals	104.42	105.74	87.91	85.05	78.80
二级医院	Secondary Hospital	81.94	79.42	68.70	67.47	62.85
一级医院	Primary Hospitals	52.71	47.31	42.90	42.64	42.15
按类别分	**By Nature**					
综合医院	General Hospital	83.80	82.96	71.69	69.18	64.36
中医医院	Hospital Specialized in Traditional Chinese Medicine	79.59	76.42	66.52	65.31	59.91
中西医结合医院	Hospital of Integrated Traditional Chinese with Western Medicine	92.40	92.46	82.98	86.97	77.51
民族医院	Nationalities Hospital					
专科医院	Specialized Hospital	77.06	75.36	66.94	66.82	65.79
护理院(中心)	Nursing Hospital(Centre)	50.75	48.08	45.05	43.85	32.17

20-5 村卫生室情况
Statistics on Village Clinics

年 份 市	Year City	村卫生室(个) Village Clinics (unit) 合 计 Total	村 办 Run by Village	乡卫生院设点 Township Hospitals	联合办 Joint-run	私人办 Run by Private	其 他 Others
	2007	60156	23427	1002	934	33243	1550
	2008	60808	24569	1074	707	33584	874
	2009	64483	26613	1446	637	34455	1332
	2010	66356	28575	1775	698	34011	1297
	2011	65463	28863	1845	1292	32220	1243
	2012	64486	29352	1915	1166	30790	1263
	2013	62311	29042	2426	1108	28391	1344
	2014	61451	27452	2107	1039	27180	3673
	2015	60492	28399	2041	1013	25660	3379
	2016	60365	28735	2116	1030	25145	3339
	2017	60225	28763	2208	1057	24535	3662
	2018	59047	28491	2668	1002	23121	3765
	2019	59518	28833	3000	1056	22633	3996
	2020	60183	29837	4937	1110	20186	4113
	2021	59968	30380	5200	1212	19010	4166
	2022	59548	31671	4199	1194	18057	4427
石家庄市	Shijiazhuang	4311	3948	56	8	51	248
石家庄市①	Shijiazhuang①	3963	3624	45	8	42	244
唐 山 市	Tangshan	5965	3339	126	391	1963	146
秦皇岛市	Qinhuangdao	2209	1558	266	3	353	29
邯 郸 市	Handan	8746	4777	447	107	2810	605
邢 台 市	Xingtai	7173	3648	405	207	2595	318
保 定 市	Baoding	7873	4208	167	174	2448	876
保 定 市①	Baoding①	6325	3367	122	174	1846	816
张家口市	Zhangjiakou	4022	2018	351	106	960	587
承 德 市	Chengde	2716	2127	449	21	33	86
沧 州 市	Cangzhou	7089	2059	549	100	3842	539
廊 坊 市	Langfang	3939	2408	35		1152	344
衡 水 市	Hengshui	5505	1581	1348	77	1850	649
定 州 市	Dingzhou	508	503			3	2
辛 集 市	Xinji	348	324	11		9	4

20-6 各类医疗卫生机构医疗服务及床位利用情况(2022年)
Statistics on Health Services and Utilization of Beds in Health Care Institutions (2022)

机构名称	Institutions	诊疗人次数(万人次) Visits (10000 person-times)	入院人数(万人) Inpatients (10000 persons)	医师日均担负诊疗人次(人次) Daily Visits Each Doctor (person-time)	实际开放总床日数(万日) Days of Total Beds Actually Opened (10000 days)	平均开放病床(万张) Average Beds Opened (10000 beds)
总计	**Total**	**38670.5**	**1002.71**	**4.9**	**16268.24**	**44.57**
医院	Hospitals	17127.7	887.14	4.8	12966.21	35.52
综合医院	General Hospitals	12642.5	677.23	5.0	9054.89	24.81
中医医院	Hospitals Specialized in Traditional Chinese Medicine	2435.9	115.79	4.7	1835.96	5.03
中西医结合医院	Hospital of Integrated Traditional Chinese with Western Medicine	589.4	30.76	4.6	443.56	1.22
专科医院	Specialized Hospitals	1457.3	63.22	4.2	1612.77	4.42
护理院(中心)	Nursing Hospital	2.6	0.15	2.0	19.02	0.05
基层医疗卫生机构	Basic Medical Institutions	20227.8	78.67	5.0	2772.80	7.60
#社区卫生服务中心(站)	Community Health Service Centers	1459.0	4.83	6.6	240.42	0.66
卫生院	Health Centers	3767.2	73.13	5.1	2532.38	6.94
乡镇卫生院	Township Health Centers	3767.2	73.13	5.1	2532.38	6.94
村卫生室	Village Clinics	10772.7				
门诊部	Outpatient Department	497.4	0.71	3.0		
专业公共卫生机构	Specialized Public Health Institutions	1314.5	36.82	5.2	517.04	1.42
#专科疾病防治院(所、站)	Specialized Disease Prevention & Treatment Institution	15.2	0.03	4.8	4.19	0.01
妇幼保健院(所、站)	Women and Children Care Agencies	1276.1	36.79	5.2	512.85	1.41
其他医疗卫生机构	Other Institutions	0.4	0.08	0.4	12.19	0.03
#疗养院	Sanatoriums	0.4	0.08	0.4	12.19	0.03

20-6 续表 continued

机构名称	Institutions	病床周转次数(次) Turnover of Beds (time)	病床工作日(日) Working Days of Beds (day)	病床使用率(%) Utilization Rate of Beds (%)	平均住院日(日) Average Stay Days in Hospital (day)
总计	**Total**	**22.30**	**207.30**	**56.79**	**8.80**
医院	Hospitals	24.70	234.70	64.31	9.10
综合医院	General Hospitals	27.00	234.90	64.36	8.40
中医医院	Hospitals Specialized in Traditional Chinese Medicine	22.60	218.70	59.91	9.20
中西医结合医院	Hospital of Integrated Traditional Chinese with Western Medicine	25.10	282.90	77.51	10.70
专科医院	Specialized Hospitals	14.10	240.10	65.79	14.90
护理院(中心)	Nursing Hospital	2.60	117.40	32.17	17.10
基层医疗卫生机构	Basic Medical Institutions	10.30	87.80	24.05	6.90
#社区卫生服务中心(站)	Community Health Service Centers	7.20	105.10	28.81	9.00
卫生院	Health Centers	10.50	86.10	23.60	6.80
乡镇卫生院	Township Health Centers	10.50	86.10	23.60	6.80
村卫生室	Village Clinics				
门诊部	Outpatient Department				
专业公共卫生机构	Specialized Public Health Institutions	25.80	163.00	44.66	6.10
#专科疾病防治院(所、站)	Specialized Disease Prevention & Treatment Institution	2.60	89.10	24.42	118.40
妇幼保健院(所、站)	Women and Children Care Agencies	26.00	163.60	44.82	6.00
其他医疗卫生机构	Other Institutions	2.30	55.00	15.07	23.00
#疗养院	Sanatoriums	2.30	55.00	15.07	23.00

20-7 医疗卫生机构床位
Number of Beds in Health Care Institutions

单位：张 (bed)

年份 市	Year City	合计 Total	#医院 Hospitals	#基层医疗卫生机构 Health Care Institutions at Grass-root Level	#社区卫生服务中心(站) Health Service Centers for Community (stations)	#乡镇卫生院 Township Health Centers	#专业公共卫生机构 Specialized Public Health Institutions	#妇幼保健院(所、站) Maternity and Children Care Centers (Institutions, Stations)	#专科疾病防治院(所、站) Specialized Prevention & Treatment Centers (Institutions, Stations)
	2007	192314	134889	48559	5033	42709	7614	7144	371
	2008	213977	148419	56560	7124	48668	8155	7669	377
	2009	233366	159780	63936	9337	54005	8491	8015	377
	2010	249516	173110	66142	8289	57097	8526	8333	94
	2011	266904	187659	68178	8695	58777	9652	8853	700
	2012	284730	203884	69053	8936	59469	10388	9593	795
	2013	303568	220473	70293	8821	60836	11797	10860	837
	2014	322909	236889	73108	9667	62930	11907	11015	837
	2015	342189	254829	74873	9521	64853	11482	10627	800
	2016	360992	271502	76689	9775	66447	11796	10910	831
	2017	395299	299849	81476	9924	70817	12959	12599	290
	2018	421836	320679	86533	13593	71831	13521	13262	175
	2019	429926	328330	86482	13573	71652	14261	13999	180
	2020	442932	348609	79136	8705	70168	15187	14928	183
	2021	454830	360191	79694	8415	69928	14711	14443	192
	2022	485658	382583	87319	8946	77091	15400	15133	196
石家庄市	Shijiazhuang	71439	59891	10092	1102	8631	1456	1407	30
石家庄市①	Shijiazhuang①	68749	57914	9482	1102	8031	1353	1304	30
唐山市	Tangshan	57953	46168	9756	1680	8053	1825	1790	35
秦皇岛市	Qinhuangdao	20550	16273	3437	480	2932	840	840	
邯郸市	Handan	69774	48097	18524	1968	16154	3153	3123	
邢台市	Xingtai	42681	33660	7946	606	7104	1065	1065	
保定市	Baoding	67147	54242	9768	1067	8691	3077	2997	80
保定市①	Baoding①	56584	46692	7520	737	6773	2312	2257	55
张家口市	Zhangjiakou	30862	24246	5572	511	5022	974	952	
承德市	Chengde	25892	18243	6906	537	6198	743	743	
沧州市	Cangzhou	49283	41635	6895	534	6354	753	738	15
廊坊市	Langfang	27835	21898	5099	337	4762	826	826	
衡水市	Hengshui	22242	18230	3324	124	3190	688	652	36
定州市	Dingzhou	6976	4733	1643	330	1313	600	600	
辛集市	Xinji	2690	1977	610		600	103	103	

20-8 分城乡医疗卫生机构床位数
Number of Beds in Health Institutions by Urban and Rural Areas

单位：张 (bed)

年份 市	Year City	医疗卫生机构床位数 Beds of Health Institutions 合计 Total	城市 Urban	农村 Rural	每千人口医疗卫生机构床位 Beds of Health Care Institutions per 1000 Population
	2010	249516	95568	153948	3.47
	2011	266904	101513	165391	3.69
	2012	284730	109019	175711	3.92
	2013	303568	115897	187671	4.17
	2014	322909	125325	197584	4.41
	2015	342189	133162	209027	4.66
	2016	360992	148724	212268	4.89
	2017	395299	161193	234106	5.34
	2018	421836	172898	248938	5.68
	2019	429926	176039	253887	5.77
	2020	442932	182640	260292	5.93
	2021	454830	205023	249807	6.11
	2022	485658	209820	275838	6.55
石家庄市	Shijiazhuang	71439	42572	28867	6.37
石家庄市①	Shijiazhuang①	68749	42572	26177	6.47
唐山市	Tangshan	57953	32315	25638	7.52
秦皇岛市	Qinhuangdao	20550	13030	7520	6.63
邯郸市	Handan	69774	29782	39992	7.52
邢台市	Xingtai	42681	15768	26913	6.08
保定市	Baoding	67147	23373	43774	5.84
保定市①	Baoding①	56584	23373	33211	6.19
张家口市	Zhangjiakou	30862	15220	15642	7.57
承德市	Chengde	25892	7822	18070	7.8
沧州市	Cangzhou	49283	14953	34330	6.74
廊坊市	Langfang	27835	6705	21130	5.07
衡水市	Hengshui	22242	8280	13962	5.34
定州市	Dingzhou	6976		6976	6.48
辛集市	Xinji	2690		2690	4.55

20–9 分市医院床位利用情况(2022年)
Utilization of Beds in Hospitals by City (2022)

市	City	病床工作日(日) Work Day of Beds (day)			病床使用率(%) Utilization Rate of Beds (%)			出院者平均住院日(日) Average Stay Days in Hospital (day)		
		合计 Total	公立 State	民营 Private	合计 Total	公立 State	民营 Private	合计 Total	公立 State	民营 Private
全　省	**Total**	**234.7**	**252.1**	**189.9**	**64.3**	**69.1**	**52.0**	**9.1**	**8.8**	**10.3**
石家庄市	Shijiazhuang	251.1	265.9	201.8	68.8	72.9	55.3	9.1	8.7	11.3
石家庄市①	Shijiazhuang①	253.0	267.8	202.6	69.3	73.4	55.5	9.1	8.8	11.4
唐 山 市	Tangshan	260.0	275.0	234.8	71.2	75.4	64.3	9.4	9.2	9.9
秦皇岛市	Qinhuangdao	266.9	279.7	204.1	73.1	76.6	55.9	9.6	9.4	12.0
邯 郸 市	Handan	223.5	242.5	174.9	61.2	66.5	47.9	9.0	8.6	11.1
邢 台 市	Xingtai	235.7	250.5	158.2	64.6	68.6	43.3	8.9	8.9	9.8
保 定 市	Baoding	207.2	230.7	164.2	56.8	63.2	45.0	8.4	8.1	9.5
保 定 市①	Baoding①	212.3	231.9	174.9	58.2	63.5	47.9	8.5	8.2	9.6
张家口市	Zhangjiakou	209.5	218.0	186.2	57.4	59.7	51.0	9.8	9.5	10.7
承 德 市	Chengde	235.2	247.3	174.7	64.5	67.8	47.9	9.8	9.6	11.2
沧 州 市	Cangzhou	263.5	287.5	195.0	72.2	78.8	53.4	9.2	8.8	11.1
廊 坊 市	Langfang	180.2	180.5	179.8	49.4	49.4	49.3	8.2	7.6	9.0
衡 水 市	Hengshui	229.2	241.8	190.9	62.8	66.3	52.3	8.8	8.5	10.3
定 州 市	Dingzhou	167.9	233.9	83.9	46.0	64.1	23.0	7.3	7.1	8.3
辛 集 市	Xinji	196.7	201.8	187.8	53.9	55.3	51.5	8.3	7.5	10.4

20–10 分市按床位数分组的社区卫生服务中心(站)(2022年)
Community Health Service Centers (Stations) by Grouping of Beds and City (2022)

单位：个　　(unit)

市	City	社区卫生服务中心 Community Health Service Centers							社区卫生服务站 Community Health Service Stations			
		总计 Total	无床 No Bed	1–9张 1-9 Beds	10–29张 10-29 Beds	30–49张 30-49 Beds	50–99张 50-99 Beds	100张及以上 100 Beds and Above	总计 Total	无床 No Bed	1–9张 1-9 Beds	10张及以上 10 Beds and Above
全　省	**Total**	**345**	**94**	**23**	**130**	**54**	**42**	**2**	**1253**	**998**	**186**	**69**
石家庄市	Shijiazhuang	52	17	1	15	15	3	1	181	166	11	4
石家庄市①	Shijiazhuang①	52	17	1	15	15	3	1	181	166	11	4
唐 山 市	Tangshan	39	5	1	14	7	11	1	142	99	26	17
秦皇岛市	Qinhuangdao	17	5	1	8	2	1		113	82	28	3
邯 郸 市	Handan	46	1	1	15	15	14		86	56	18	12
邢 台 市	Xingtai	28	7	3	15	1	2		145	94	49	2
保 定 市	Baoding	47	15		25	3	4		224	204	7	13
保 定 市①	Baoding①	40	15		24		1		191	171	7	13
张家口市	Zhangjiakou	26	7	7	4	6	2		47	42	4	1
承 德 市	Chengde	25	10		11	1	3		110	97	9	4
沧 州 市	Cangzhou	30	14	5	9		2		92	58	21	13
廊 坊 市	Langfang	17	3		10	4			52	52		
衡 水 市	Hengshui	18	10	4	4				61	48	13	
定 州 市	Dingzhou	7			1	3	3		26	26		
辛 集 市	Xinji											

20-11 分市医疗卫生机构门诊服务情况(2022年)
Outpatient Services of Health Institutions by City (2022)

市	City	诊疗人次数(万人次) Visits (10000 person-times)	#门急诊 Outpatients with Emergency Treatment	观察室留观病例数(人) Cases in Observation Room (person)	健康检查人数(人) Number of Health Examinations (person)	急诊病死率(%) Fatality Rate among Emergency Admissions (%)	观察室病死率(%) Fatality Rate in Observation Room (%)	居民平均就诊次数(次) Average Number of Visits of Doctors (time)
全　省	**Total**	**38670.51**	**35950.12**	**955800**	**16927640**	**0.21**	**0.26**	**5.21**
石家庄市	Shijiazhuang	6061.45	5776.70	315245	2723134	0.21	0.13	5.18
石家庄市①	Shijiazhuang①	5756.22	5496.30	313030	2615699	0.20	0.13	5.41
唐 山 市	Tangshan	3803.55	3473.73	71479	1980996	0.12	0.02	4.94
秦皇岛市	Qinhuangdao	1635.52	1470.42	64498	993026	0.25	0.32	5.28
邯 郸 市	Handan	4059.35	3620.34	73115	2103930	0.33	0.46	4.37
邢 台 市	Xingtai	3818.81	3575.28	24065	1304331	0.16	0.15	5.44
保 定 市	Baoding	5640.47	5295.14	166331	2431417	0.25	0.40	5.12
保 定 市①	Baoding①	4507.39	4239.74	151425	1998613	0.27	0.39	4.93
张家口市	Zhangjiakou	1459.92	1328.78	52088	698692	0.35	0.26	3.58
承 德 市	Chengde	1974.38	1806.97	66805	811283	0.19	0.48	5.95
沧 州 市	Cangzhou	4608.93	4362.25	33837	1750556	0.18	0.02	6.30
廊 坊 市	Langfang	3291.34	3061.95	74131	972673	0.22	0.40	5.99
衡 水 市	Hengshui	2316.79	2178.56	14206	1157602	0.16	0.04	5.56
定 州 市	Dingzhou	522.63	494.88	5866	298803	0.11	1.07	8.85
辛 集 市	Xinji	305.23	280.40	2215	107435	0.40		2.84

20-12 分市医疗卫生机构住院服务情况(2022年)
Hospitalization Services in Health Institutions by City (2022)

市	City	入院人数(万人) Inpatients (10000 persons)	出院人数(万人) Patients Discharged (10000 persons)	住院病人手术人次(万人次) Surgical Operation of Hospitalized (10000 person-times)	病死率(%) Fatality Rate (%)	每床出院人数(人) Patients Discharged per Beds (person)	每百门急诊入院人数(人) Inpatients per 100 Outpatient and Emergency Visits (person)	居民年住院率(%) Annual Hospitalization Rate of Residents (%)
全　省	**Total**	**1002.71**	**992.40**	**252.50**	**0.48**	**20.43**	**4.40**	**13.51**
石家庄市	Shijiazhuang	168.55	166.71	52.33	0.56	23.34	3.97	15.02
石家庄市①	Shijiazhuang①	163.03	161.29	50.91	0.56	23.46	4.00	15.33
唐 山 市	Tangshan	130.61	129.14	30.80	0.45	22.28	5.05	16.95
秦皇岛市	Qinhuangdao	48.13	47.40	11.66	0.93	23.07	4.39	15.54
邯 郸 市	Handan	129.93	128.33	30.02	0.39	18.39	7.18	14.00
邢 台 市	Xingtai	90.17	89.34	20.98	0.43	20.93	3.88	12.83
保 定 市	Baoding	130.99	129.32	31.12	0.43	19.26	4.09	11.40
保 定 市①	Baoding①	110.50	108.95	27.12	0.46	19.25	4.28	12.08
张家口市	Zhangjiakou	54.13	53.69	9.60	0.71	17.40	5.91	13.28
承 德 市	Chengde	51.37	50.90	10.00	0.41	19.66	4.00	15.47
沧 州 市	Cangzhou	110.63	110.13	31.91	0.26	22.35	4.46	15.12
廊 坊 市	Langfang	45.16	44.84	11.83	0.82	16.11	2.78	8.22
衡 水 市	Hengshui	43.06	42.59	12.25	0.38	19.15	3.46	10.33
定 州 市	Dingzhou	13.81	13.80	2.61	0.25	19.78	4.43	12.83
辛 集 市	Xinji	5.52	5.43	1.43	0.57	20.17	3.31	9.35

20-13 社区卫生服务中心(站)医疗服务情况
Medical Services of Community Health Service Centers (Stations)

年份 市	Year City	社区卫生服务中心 Community Health Service Centers					社区卫生服务站 Community Health Service Stations	
		诊疗人次 (人次) Visits (person-time)	入院人次数 (人次) (person-time)	病床使用率 (%) Utilization Rate of Beds (%)	平均住院日 (日) Average Duration of Hospitalization(day)	医师日均担负诊疗人次(人次) Daily Visits Per Doctor (person-time)	诊疗人次 (万人次) Visits of Community Health Service Stations (10000 person-times)	医师日均担负诊疗人次(人次) Daily Visits Per Doctor (person-time)
	2007	1952983	45394	48.7	6.8	5.8	565.0	9.3
	2008	2459130	54168	48.7	6.9	6.1	616.2	9.1
	2009	3559078	66328	46.6	7.3	6.6	780.5	10.0
	2010	3813956	67507	57.6	8.9	5.9	890.4	10.4
	2011	4839985	71832	52.7	7.8	6.9	872.0	10.2
	2012	5438079	52557	51.2	7.9	7.7	952.3	11.3
	2013	5995080	64661	51.6	7.6	8.7	984.6	11.9
	2014	6544883	57736	45.4	9.9	8.7	1029.2	11.7
	2015	6752172	59655	43.4	8.6	8.8	1035.6	11.5
	2016	6908037	60561	44.2	9.2	8.7	996.8	11.0
	2017	7069052	73850	44.8	7.6	8.5	984.2	10.0
	2018	7327128	71984	42.6	9.3	8.2	1020.6	9.6
	2019	7891873	75763	39.3	8.6	8.7	997.4	9.0
	2020	7049817	53156	32.2	9.6	7.7	838.2	7.2
	2021	7958594	41287	26.0	9.1	8.1	802.4	6.5
	2022	7041762	42596	27.3	9.4	7.2	754.9	6.1
石家庄市	Shijiazhuang	2849130	5894	24.7	11.2	11.9	253.6	8.6
石家庄市①	Shijiazhuang①	2849130	5894	24.7	11.2	11.9	253.6	8.6
唐山市	Tangshan	473276	17046	52.9	9.9	4.2	60.1	5.0
秦皇岛市	Qinhuangdao	346887	9	0.1	6.9	7.2	83.9	6.3
邯郸市	Handan	518922	5954	22.4	7.7	3.9	43.6	5.6
邢台市	Xingtai	601834	7	5.9	0.3	6.6	44.2	4.1
保定市	Baoding	774751	3292	17.9	9.5	7.2	92.6	4.8
保定市①	Baoding①	660770	1331	16.4	7.2	7.7	85.5	5.1
张家口市	Zhangjiakou	335587	1985	19.6	12.6	6.5	16.6	5.0
承德市	Chengde	258615	8095	45.2	7.2	7.5	48.3	7.7
沧州市	Cangzhou	275337	232	7.7	12.6	4.0	55.4	6.1
廊坊市	Langfang	435615	2	12.2	10.0	7.8	23.1	4.3
衡水市	Hengshui	171808	80	27.1	14.0	4.6	33.5	5.3
定州市	Dingzhou	113981	1961	19.7	11.1	5.1	5.4	2.9
辛集市	Xinji							

20-14 乡镇卫生院医疗服务情况
Situations of Medical Services in Township Health Centers

年份 市	Year City	诊疗人次(万人次) Visits (10000 person-times)	入院人次数(万人次) Inpatients (10000 person-times)	病床使用率(%) Utilization Rate of Beds (%)	平均住院日(日) Average Duration of Hospitalization (day)
	2007	3320.85	124.45	43.76	4.7
	2008	3694.96	162.77	51.76	4.7
	2009	3895.00	176.90	56.64	5.6
	2010	3844.29	167.40	55.27	5.9
	2011	3759.01	155.39	55.35	6.5
	2012	4110.43	156.03	57.87	6.8
	2013	4275.94	157.29	58.32	7.0
	2014	4374.61	149.87	55.59	7.5
	2015	4517.25	154.34	56.47	7.4
	2016	4732.54	168.24	58.69	7.2
	2017	4031.87	162.89	53.37	6.9
	2018	3768.45	160.72	51.25	6.9
	2019	3747.07	131.32	43.78	7.1
	2020	3574.67	105.37	36.02	7.2
	2021	3760.94	79.40	27.71	6.8
	2022	3767.20	73.13	23.60	6.8
石家庄市	Shijiazhuang	578.55	11.66	34.60	6.9
石家庄市①	Shijiazhuang①	532.50	10.87	34.87	6.8
唐山市	Tangshan	326.50	7.30	24.06	6.9
秦皇岛市	Qinhuangdao	113.99	3.25	29.48	8.0
邯郸市	Handan	351.89	22.88	28.12	5.8
邢台市	Xingtai	672.10	6.88	20.87	7.3
保定市	Baoding	452.78	4.40	16.82	6.8
保定市①	Baoding①	366.19	2.89	14.86	7.6
张家口市	Zhangjiakou	113.90	5.73	30.19	6.4
承德市	Chengde	348.77	7.61	30.04	7.5
沧州市	Cangzhou	330.92	1.22	8.55	9.8
廊坊市	Langfang	213.51	1.28	9.35	8.6
衡水市	Hengshui	264.30	0.92	16.74	11.4
定州市	Dingzhou	52.81	1.42	32.23	5.3
辛集市	Xinji	46.05	0.78	31.09	8.1

20-15 29种传染病报告发病及死亡人数(2022年)
Number of Reported Cases and Deaths of 29 Infectious Diseases (2022)

单位：人 (person)

顺位 No.	发病 Disease Incidence 疾病名称	Diseases	发病人数 Number of Diseases	死亡 Death 疾病名称	Diseases	死亡人数 Number of Deaths
1	病毒性肝炎	Viral Hepatitis	44655	艾滋病	AIDS	130
2	肺结核	Pulmonary Tuberculosis	19100	肺结核	Pulmonary Tuberculosis	54
3	梅毒	Syphilis	6930	病毒性肝炎	Viral Hepatitis	13
4	淋病	Gonorrhea	722	狂犬病	Hydrophobia	1
5	细菌性和阿米巴性痢疾	Dysentery	2189	流行性乙型脑炎	Encephalitis B	
6	猩红热	Scarlet Fever	427	流行性出血热	Hemorrhage Fever	2
7	艾滋病	AIDS	807	梅毒	Syphilis	
8	布鲁氏菌病	Brucellosis	3699	流行性脑脊髓膜炎	Epidemic Encephalitis	
9	百日咳	Pertussis	2733	疟疾	Malaria	
10	流行性出血热	Hemorrhage Fever	125	新生儿破伤风	Newborn Tetanus	
11	伤寒和副伤寒	Typhoid and Paratyphoid Fever	151	炭疽	Anthrax	
12	登革热	Dengue Fever		淋病	Gonorrhea	
13	麻疹	Measles	14	细菌性和阿米巴性痢疾	Dysentery	
14	疟疾	Malaria	12	百日咳	Pertussis	
15	流行性乙型脑炎	Encephalitis B	1	伤寒和副伤寒	Typhoid and Paratyphoid Fever	
16	狂犬病	Hydrophobia	3	登革热	Dengue Fever	
17	炭疽	Anthrax	13	麻疹	Measles	
18	钩端螺旋体病	Leptospirosis		钩端螺旋体病	Leptospirosis	
19	血吸虫病	Schistosomiasis		人感染H7N9禽流感	HpAI H7N9	
20	流行性脑脊髓膜炎	Epidemic Encephalitis		鼠疫	The Plague	
21	新生儿破伤风	Newborn Tetanus		传染性非典型肺炎	SARS	
22	霍乱	Cholera		脊髓灰质炎	Poliomyelitis	
23	人感染H7N9禽流感	HpAI H7N9		人感染高致病性禽流感	HpAI	
24	鼠疫	The Plague		白喉	Diphtheria	
25	传染性非典型肺炎	SARS		猩红热	Scarlet Fever	
26	脊髓灰质炎	Poliomyelitis		布鲁氏菌病	Brucellosis	
27	人感染高致病性禽流感	HpAI		血吸虫病	Schistosomiasis	
28	白喉	Diphtheria		霍乱	Poliomyelitis	
29	新型冠状病毒肺炎	COVID-19	9902	新型冠状病毒肺炎	COVID-19	

20-16　29种传染病报告发病率和死亡率(2022年)
Reported Incidence and Death Rates of 29 Infectious Diseases (2022)

顺位 No.	发病 Disease Incidence 疾病名称	Diseases	发病率(1/10万) Incidence (1/100000)	死亡 Death 疾病名称	Diseases	死亡率(1/10万) Death Rate (1/100000)
1	病毒性肝炎	Viral Hepatitis	60.1819	艾滋病	AIDS	0.1752
2	肺结核	Pulmonary Tuberculosis	25.7412	肺结核	Pulmonary Tuberculosis	0.0728
3	梅毒	Syphilis	9.3396	病毒性肝炎	Viral Hepatitis	0.0175
4	淋病	Gonorrhea	0.9730	狂犬病	Hydrophobia	0.0013
5	细菌性和阿米巴性痢疾	Dysentery	2.9501	流行性乙型脑炎	Encephalitis B	
6	猩红热	Scarlet Fever	0.5755	流行性出血热	Hemorrhage Fever	0.0027
7	艾滋病	AIDS	1.0876	梅毒	Syphilis	
8	布鲁氏菌病	Brucellosis	4.9852	流行性脑脊髓膜炎	Epidemic Encephalitis	
9	百日咳	Pertussis	3.6833	疟疾	Malaria	
10	流行性出血热	Hemorrhage Fever	0.1685	新生儿破伤风	Newborn Tetanus	
11	伤寒和副伤寒	Typhoid and Paratyphoid Fever	0.2035	炭疽	Anthrax	
12	登革热	Dengue Fever		淋病	Gonorrhea	
13	麻疹	Measles	0.0189	细菌性和阿米巴性痢疾	Dysentery	
14	疟疾	Malaria	0.0162	百日咳	Pertussis	
15	流行性乙型脑炎	Encephalitis B	0.0013	伤寒和副伤寒	Typhoid and Paratyphoid Fever	
16	狂犬病	Hydrophobia	0.0040	登革热	Dengue Fever	
17	炭疽	Anthrax	0.0175	麻疹	Measles	
18	钩端螺旋体病	Leptospirosis		钩端螺旋体病	Leptospirosis	
19	血吸虫病	Schistosomiasis		人感染H7N9禽流感	HpAI H7N9	
20	流行性脑脊髓膜炎	Epidemic Encephalitis		鼠疫	The Plague	
21	新生儿破伤风	Newborn Tetanus		传染性非典型肺炎	SARS	
22	霍乱	Cholera		脊髓灰质炎	Poliomyelitis	
23	人感染H7N9禽流感	HpAI H7N9		人感染高致病性禽流感	HpAI	
24	鼠疫	The Plague		白喉	Diphtheria	
25	传染性非典型肺炎	SARS		猩红热	Scarlet Fever	
26	脊髓灰质炎	Poliomyelitis		布鲁氏菌病	Brucellosis	
27	人感染高致病性禽流感	HpAI		血吸虫病	Schistosomiasis	
28	白喉	Diphtheria		霍乱	Poliomyelitis	
29	新型冠状病毒肺炎	COVID-19	13.3450	新型冠状病毒肺炎	COVID-19	

20-17 卫生总费用

Total Health Expenditure

年 份 Year	卫 生 总费用 (亿元) Total Health Expenditure (100 million yuan)	政府卫生支出 Government Health Expenditure		社会卫生支出 Social Health Expenditure		个人现金卫生支出 Out-of-pocket Health Expenditure		人 均 卫生费用 合 计 (元) Per Capita Health Expenditure (yuan)	卫生总费用与GDP之比(%) Health Expenditure as Percentage of GDP (%)
		绝对数 (亿元) Level (100 million yuan)	占卫生总费用比重(%) As Percentage of Health Expenditure	绝对数 (亿元) Level (100 million yuan)	占卫生总费用比重(%) As Percentage of Health Expenditure	绝对数 (亿元) Level (100 million yuan)	占卫生总费用比重(%) As Percentage of Health Expenditure		
2000	160.34	23.01	14.35	36.27	22.62	101.05	63.02	240.2	3.18
2001	190.77	28.35	14.86	46.93	24.60	115.50	60.54	284.8	3.46
2002	236.38	31.99	13.53	55.28	23.39	149.11	63.08	351.0	3.93
2003	275.82	43.41	15.74	71.07	25.77	161.34	58.49	407.5	3.99
2004	309.15	45.84	14.83	91.47	29.59	171.83	55.58	454.0	3.65
2005	383.66	63.44	16.54	114.83	29.93	205.39	53.53	560.0	3.83
2006	455.63	68.94	15.13	145.33	31.90	241.35	52.97	660.5	3.97
2007	492.27	100.74	20.46	111.50	22.65	280.04	56.89	709.0	3.62
2008	582.15	150.01	25.77	144.04	24.74	288.09	49.49	833.0	3.64
2009	778.01	203.45	26.15	205.81	26.45	368.75	47.40	1106.0	4.51
2010	904.31	266.86	29.51	247.50	27.37	389.96	43.12	1257.0	4.43
2011	1060.39	338.67	31.94	275.78	26.01	445.94	42.05	1464.5	4.33
2012	1248.11	368.32	29.51	353.03	28.29	526.76	42.20	1712.7	4.70
2013	1486.26	429.83	28.92	440.62	29.65	615.81	41.43	2026.9	5.19
2014	1645.80	458.64	27.87	558.25	33.92	628.90	38.21	2228.9	5.56
2015	1861.50	552.58	29.68	622.13	33.42	686.78	36.89	2507.1	6.20
2016	2005.12	567.79	28.32	741.98	37.00	695.35	34.68	2684.2	6.25
2017	2197.10	615.69	28.02	833.15	37.92	748.25	34.06	2921.9	6.11
2018	2690.84	706.84	26.24	1070.90	39.80	913.86	33.96	3561.1	7.47
2019	2939.94	721.61	24.54	1256.81	42.75	961.52	32.71	3872.4	8.37
2020	3069.08	848.36	27.64	1271.43	41.43	949.29	30.93	4111.4	8.48
2021	3308.62	849.92	25.69	1466.63	44.33	992.07	29.98	4442.3	8.19
2022	3607.09	977.36	27.10	1597.07	44.28	1032.66	28.63	4861.3	8.51

20−18 分市提供住宿的民政机构床位数(2022年)
Beds of Civil Affairs Institutions by City (2022)

单位：张 (bed)

市	City	床位数 Number of Beds	养老 Elderly Care Institutions	儿童福利和救助 Child Welfare and Assistance	精神疾病 Mental Illness	其他 Other
全省	**Total**	**237175**	**237031**	**757**	**970**	**2784**
石家庄市	Shijiazhuang	37114	37312	130	400	303
唐山市	Tangshan	34010	33935	130		132
秦皇岛市	Qinhuangdao	9380	9840			166
邯郸市	Handan	21135	21060	50		141
邢台市	Xingtai	23274	23075			1125
保定市	Baoding	25330	26085			150
张家口市	Zhangjiakou	15852	15744	29		112
承德市	Chengde	14012	13850	30		89
沧州市	Cangzhou	15351	15318		570	129
廊坊市	Langfang	22950	22689	288		175
衡水市	Hengshui	14956	14308			271
定州市	Dingzhou	1989	1949	100		1
辛集市	Xinji	1822	1866			40

注：本表石家庄市数据不含辛集市，保定市数据不含定州市。以下相关表同。
a) Data in this table, Shijiazhuang excludes Xinji, Baoding excludes Dingzhou and Xiongan. The same applies to the table following.

20−19 分市孤儿和收养登记情况(2022年)
Orphans and Children Adoption Registration by City (2022)

单位：人 (person)

市	City	孤儿数 Number of Orphans	集中养育 Institutionalized	社会散居 Dispersed	无身份信息的孤儿人数 Number of Orphans without Identifying Information	事实无人抚养儿童数 Number of Unsupported Children
全省	**Total**	**4903**	**1515**	**3354**	**34**	**10122**
石家庄市	Shijiazhuang	749	390	353	6	991
唐山市	Tangshan	390	68	321	1	805
秦皇岛市	Qinhuangdao	204	73	131		301
邯郸市	Handan	798	243	543	12	2194
邢台市	Xingtai	534	126	406	2	1178
保定市	Baoding	584	199	378	7	1307
张家口市	Zhangjiakou	346	114	232		572
承德市	Chengde	311	27	284		578
沧州市	Cangzhou	411	77	331	3	912
廊坊市	Langfang	234	86	146	2	368
衡水市	Hengshui	242	69	173		552
定州市	Dingzhou	90	43	46	1	311
辛集市	Xinji	10		10		53

20-20 社会救助情况
Statistics on Social Relief

单位：万人 (10000 persons)

年 份 Year 市 City		城市居民最低生活保障人数 Number of Urban Residents Receiving Minimum Living Allowance	农村居民最低生活保障人数 Number of Rural Residents Receiving Minimum Living Allowance	农村特困人员集中供养人数 Rural Households with Centralized Livelihood Guaranteed in Five Aspects	农村特困人员分散供养人数 Rural Households with Decentralized Livelihood Guaranteed in Five Aspects
	2011	88.10	208.40	10.00	14.70
	2012	77.30	208.00	9.30	14.30
	2013	72.76	221.90	8.88	14.96
	2014	62.50	209.90	6.70	16.40
	2015	55.00	205.80	4.80	18.00
	2016	47.58	189.46	3.84	19.61
	2017	35.50	160.20	3.20	20.00
	2018	23.70	122.20	2.97	22.08
	2019	19.46	157.42	2.94	23.13
	2020	18.22	152.09	2.99	23.30
	2021	15.70	152.09	2.87	22.39
	2022	14.65	148.14	2.70	22.25
石家庄市	Shijiazhuang	7734	107761	1844	15822
唐 山 市	Tangshan	10222	61569	4299	26509
秦皇岛市	Qinhuangdao	7850	42021	1596	13869
邯 郸 市	Handan	23909	191577	1977	20362
邢 台 市	Xingtai	17534	203809	2532	21082
保 定 市	Baoding	10644	174514	2374	30213
张家口市	Zhangjiakou	37878	308149	2544	24591
承 德 市	Chengde	14485	175481	3140	22961
沧 州 市	Cangzhou	6311	93029	2546	17039
廊 坊 市	Langfang	3042	39427	1335	6827
衡 水 市	Hengshui	5715	63332	2427	18073
定 州 市	Dingzhou	844	15602	233	3539
辛 集 市	Xinji	337	5188	190	1699

注：各市计量单位为人。
a) The measurement unit of each city is person.

20-21 分市医疗救助情况(2022年)
Statistics on Medical Aid by City (2022)

市	City	资助参加基本医疗保险人数(人) Aid for Basic Medical Insurance (person)	门诊和住院医疗救助人数(人次) Outpatient and Hospitalization Medical Aid (person-time)	资助参加基本医疗保险资金数(万元) Expenses of Aid for Basic Medical Insurance (10000 yuan)	门诊和住院医疗救助资金数(万元) Expenses for Outpatient and Hospitalization Medical Aid (10000 yuan)
全　省	**Total**	**4073795**	**5796872**	**104117.57**	**144220.51**
石家庄市	Shijiazhuang	288858	877142	3438.95	15281.31
石家庄市①	Shijiazhuang①	274207	835723	3010.51	14905.61
唐 山 市	Tangshan	222574	195805	6513.09	4168.56
秦皇岛市	Qinhuangdao	115423	21498	2689.00	3955.00
邯 郸 市	Handan	477789	277069	13986.90	9078.38
邢 台 市	Xingtai	348064	772899	10908.05	9080.81
保 定 市	Baoding	842994	579518	20446.91	16669.87
保 定 市①	Baoding①	578468	559328	15641.63	15591.24
张家口市	Zhangjiakou	808380	739807	23816.92	30126.75
承 德 市	Chengde	653568	2014544	17037.32	45250.91
沧 州 市	Cangzhou	133904	133641	1165.88	4520.87
廊 坊 市	Langfang	48552	29114	1444.00	3947.00
衡 水 市	Hengshui	133689	155835	2670.55	2141.05
定 州 市	Dingzhou	244162	12651	4211.00	722.00
辛 集 市	Xinji	14651	41419	428.44	375.70

注：本表数据中石家庄市含辛集市，石家庄市①不含辛集市；保定市含定州市和雄安新区，保定市①不含定州市和雄安新区。

a) Data in this table, Shijiazhuang includes Xinji, Shijiazhuang① excludes Xinji; Baoding includes Dingzhou and Xiongan, Baoding① excludes Dingzhou and Xiongan.

20-22 社会组织、自治组织单位数
Statistics on Social Organizations and Autonomy Organizations

单位：个 (unit)

年份 市	Year City	社会组织 Social Organizations	社会团体 Social Organization	民办非企业单位 Non-enterprise Units Run by NGO	基金会 Fund Organization	自治组织 Autonomy Organizations	村民委员会 Village Committee	社区居委会 Neighborhood Committee
	2012	16534	9909	39	6586	52150	48721	3429
	2013	16530	9536	49	6945	52365	48703	3662
	2014	17642	9810	49	7783	52471	48636	3835
	2015	19328	9871	61	9396	52909	48974	3935
	2016	20916	10181	85	10650	53057	48863	4194
	2017	21928	9141	103	12684	53086	48671	4415
	2018	26427	9892	121	16414	52957	48724	4233
	2019	30026	10329	144	19553	53070	48718	4352
	2020	34625	11476	22631	518	53186	48709	4477
	2021	36825	11937	24371	517	53411	48428	4983
	2022	37924	12520	517	24887	53532	48483	5049
石家庄市	Shijiazhuang	5369	1557		3812	4807	3817	990
唐山市	Tangshan	3059	1021		2038	6124	5382	742
秦皇岛市	Qinhuangdao	2895	672		2223	2447	2265	182
邯郸市	Handan	4569	1246	1	3322	5850	5089	761
邢台市	Xingtai	4098	1223	1	2874	5378	4868	510
保定市	Baoding	5381	1844	2	3535	6191	5700	491
张家口市	Zhangjiakou	1591	748	2	841	4512	4173	339
承德市	Chengde	1334	689	1	644	2642	2459	183
沧州市	Cangzhou	2621	893	2	1726	5976	5727	249
廊坊市	Langfang	2317	667		1650	3573	3203	370
衡水市	Hengshui	2161	726		1435	5122	4986	136
定州市	Dingzhou	413	93		320	542	470	72
辛集市	Xinji	147	52		95	368	344	24

注：本表石家庄市数据不含辛集市，保定市数据不含定州市。以下相关表同。
a) Data in this table, Shijiazhuang excludes Xinji, Baoding excludes Dingzhou. The same applies to the table following.

20-23 婚姻服务情况
Statistics on Marriages and Divorces

年 份 市	Year City	按婚前状况分类 By the Classification of Pre Marital Status		按居住地分类 By Place of Residence		离 婚
		初 婚(人) First Marriages (person)	再 婚(人) Re-marriages (person)	居民登记结婚(对) Registered Marriages (couple)	#涉外登记结婚(对) Registered Marriages with Foreigner (couple)	(对) Divorces (couple)
	2003	952850	95232	523822	219	25785
	2004	1041641	107581	574384	227	43117
	2005	947158	100884	523746	275	50280
	2006	1003450	105780	554305	310	56926
	2007	1093448	113714	603261	320	60483
	2008	1203102	122410	662368	388	73066
	2009	1300578	139344	719547	414	86707
	2010	1355779	144803	749885	406	98792
	2011	1370018	184302	776674	486	109600
	2012	1303042	187630	744884	452	118613
	2013	1266237	215277	740260	497	133622
	2014	1099881	222771	660732	594	146877
	2015	987465	231419	609442	579	157180
	2016	851411	252381	551896	988	181901
	2017	750461	259269	504865	963	192255
	2018	645160	272276	462212	1219	197959
	2019	551369	291259	419967	1347	218399
	2020	484406	265408	374642	265	205129
	2021	457968	216252	337110	161	101304
	2022	433463	170731	301816	281	94358
石家庄市	Shijiazhuang	65459	22661	44060		13472
唐 山 市	Tangshan	38708	17658	28183		10019
秦皇岛市	Qinhuangdao	17824	8090	12957		4872
邯 郸 市	Handan	60444	16060	38252		9347
邢 台 市	Xingtai	43369	14647	29008		7180
保 定 市	Baoding	62181	23619	42900		13463
张家口市	Zhangjiakou	22836	9904	16370		5519
承 德 市	Chengde	21365	9987	15676		5307
沧 州 市	Cangzhou	40057	18925	29491		9760
廊 坊 市	Langfang	25914	15330	20622		8572
衡 水 市	Hengshui	22376	9594	15985		4663
定 州 市	Dingzhou	9145	2813	5979		1405
辛 集 市	Xinji	3355	1311	2333		745

20−24 分市分年龄婚姻服务情况(2022年)
Statistics on Marriages and Divorces by City and Age (2022)

市	City	初婚人数(人) First Marriages (person)	再婚人数(人) Re-marriages (person)	结婚人数中(人) In the Marriages (person)				
				20−24岁 Aged 20-24	25−29岁 Aged 25-29	30−34岁 Aged 30-34	35−39岁 Aged 35-39	40岁以上 Aged 40 and Over
全　省	**Total**	**433463**	**170731**	**135532**	**211413**	**119569**	**58393**	**79287**
石家庄市	Shijiazhuang	68814	23972	12670	36955	20974	9423	12764
唐 山 市	Tangshan	38708	17658	10045	21582	11111	5581	8047
秦皇岛市	Qinhuangdao	17824	8090	3497	10312	5117	2596	4392
邯 郸 市	Handan	60444	16060	26137	22913	13486	6531	7437
邢 台 市	Xingtai	43369	14647	18496	18027	10375	4884	6234
保 定 市	Baoding	71326	26432	23204	32347	19494	8994	13719
张家口市	Zhangjiakou	22836	9904	3611	14023	6877	3136	5093
承 德 市	Chengde	21365	9987	4063	13182	5737	3350	5020
沧 州 市	Cangzhou	40057	18925	18518	17393	10979	5258	6834
廊 坊 市	Langfang	25914	15330	7838	12762	9225	5530	5889
衡 水 市	Hengshui	22376	9594	7406	11774	6026	3020	3744

20−24 续表 continued

市	City	离婚登记(对) Registered Divorces (couple)	#内地居民登记离婚 Registered Divorces in the Mainland	离婚人数中(人) In the Divorces (person)				
				20−24岁 Aged 20-24	25−29岁 Aged 25-29	30−34岁 Aged 30-34	35−39岁 Aged 35-39	40岁以上 Aged 40 and Over
全　省	**Total**	**94358**	**93949**	**2513**	**19824**	**50424**	**44708**	**71247**
石家庄市	Shijiazhuang	14217	14023	243	2641	7684	7160	10706
唐 山 市	Tangshan	10019	10019	276	2045	5091	4433	8193
秦皇岛市	Qinhuangdao	4872	4872	110	953	2244	2082	4355
邯 郸 市	Handan	9347	9167	257	1941	5366	4488	6642
邢 台 市	Xingtai	7180	7179	237	1692	4391	3571	4469
保 定 市	Baoding	14868	14868	448	3108	8142	7074	10964
张家口市	Zhangjiakou	5519	5519	113	1218	2634	2146	4927
承 德 市	Chengde	5307	5307	107	1098	2302	2463	4644
沧 州 市	Cangzhou	9760	9760	397	2340	5588	4242	6953
廊 坊 市	Langfang	8572	8572	175	1571	4419	4847	6132
衡 水 市	Hengshui	4663	4663	149	1206	2542	2189	3240

20－25 残疾人补贴情况
Subsidies for Persons with Disabilities

单位：人 (person)

市	City	困难残疾人生活补贴人数 Number of Disabled People in Need			重度残疾人护理补贴人数 Number of Nursing Subsidies for Severe Disabled People		
		2020	2021	2022	2020	2021	2022
全　省	**Total**	**595347**	**604383**	**575212**	**762906**	**782197**	**792118**
石家庄市	Shijiazhuang	66879	69482	58324	95376	96407	95143
石家庄市①	Shijiazhuang①	63997	66661	55620	87995	89112	87981
唐 山 市	Tangshan	33119	34220	33768	68441	71534	75738
秦皇岛市	Qinhuangdao	21689	21862	20759	35431	35892	35038
邯 郸 市	Handan	66063	65785	62723	87867	89530	89440
邢 台 市	Xingtai	75854	83433	79741	78315	81329	82431
保 定 市	Baoding	85501	81453	77181	123958	130564	134826
保 定 市①	Baoding①	64878	66776	62844	102416	107275	108200
张家口市	Zhangjiakou	78862	79368	78342	58352	58367	58554
承 德 市	Chengde	69271	69330	68194	54659	54130	54171
沧 州 市	Cangzhou	40431	40759	39351	71984	73613	74421
廊 坊 市	Langfang	29654	30887	30281	39670	41461	42173
衡 水 市	Hengshui	28024	27804	26548	48853	49370	50183
定 州 市	Dingzhou	8126	8232	8169	11196	12608	14448
辛 集 市	Xinji	2882	2821	2704	7381	7295	7162

注：本表数据中石家庄市含辛集市，石家庄市①不含辛集市；保定市含定州市和雄安新区，保定市①不含定州市和雄安新区。以下相关表同。

a) Data in this table, Shijiazhuang includes Xinji, Shijiazhuang① excludes Xinji; Baoding includes Dingzhou and Xiongan, Baoding① excludes Dingzhou and Xiongan. The same applies to the table following.

20－26 残疾人事业基本情况
Basic Statistics on the Work for Persons with Disabilities

项　目	Item	2019	2020	2021	2022
康复	**Rehabilitation**				
视力残疾康复服务人数(人)	Rehabilitation of Persons with Visual Disability (person)	25823	17809	15557	16837
听力语言残疾康复服务人数(人)	Rehabilitation of Persons with Hearing and Speech Disability (person)	24181	16902	16077	17820
肢体残疾康复服务人数(人)	Rehabilitation of Persons with Physical Disability (person)	228271	157963	150757	185789
智力残疾康复服务人数(人)	Rehabilitation of Persons with Intellectual Disability (person)	21287	15251	14058	13765
精神病防治康复服务人数(人)	Prevention and Rehabilitation of Mental Illness (PRMI) (person)	42419	37636	43232	44630
残疾人康复机构(个)	Provision of Assistive Devices (unit)	435	444	505	572
辅助器具服务机构(个)	Assistive Devices Provided (piece) (unit)	66	69	93	52
教育	**Education**				
特殊教育普通高中在校生(人)	Students at Special Education Senior High Schools (person)	1354	1175	1219	846
残疾人中等职业教育在校生(人)	Students at Secondary Vocational Schools for PWDs (person)	408	289	344	327
高等院校录取残疾考生(人)	Disable Students Admitted to Higher Education Institutions (person)	315	414	310	540
就业	**Employment**				
残疾人就业状况(人)	Newly Employed PWDs in Urban Areas in the Year (person)				
残疾人就业人数	Annual New Employee Population	504298	471172	442354	419612
组织建设	**Organization Development**				
残疾人工作者数(人)	Number of Workers with Disabilities (person)	5426	5455	5399	5384
残疾人人口库持证残疾人(人)	PWDs with Disability Certificate in the PWD Database (person)	1833905	1857939	1840178	1825472

主要统计指标解释

医疗卫生机构 指从卫生(卫生计生)行政部门取得《医疗机构执业许可证》《中医诊所备案证》《计划生育技术服务许可证》，或从民政、工商行政、机构编制管理部门取得法人单位登记证书，为社会提供医疗服务、公共卫生服务或从事医学科研和医学在职培训等工作的单位。医疗卫生机构包括医院、基层医疗卫生机构、专业公共卫生机构、其他医疗卫生机构。

医院 包括综合医院、中医医院、中西医结合医院、民族医院、各类专科医院和护理院，不包括专科疾病防治院、妇幼保健院和疗养院，包括医学院校附属医院。

基层医疗卫生机构 包括社区卫生服务中心、社区卫生服务站、街道卫生院、乡镇卫生院、村卫生室、门诊部、诊所(医务室)。

专业公共卫生机构 包括疾病预防控制中心、专科疾病防治机构、妇幼保健机构（含妇幼保健计划生育服务中心）、健康教育机构、急救中心（站）、采供血机构、卫生监督机构、取得《医疗机构执业许可证》或《计划生育技术服务许可证》的计划生育技术服务机构。

卫生人员 指在医院、基层医疗卫生机构、专业公共卫生机构及其他医疗卫生机构工作的职工，包括卫生技术人员、乡村医生和卫生员、其他技术人员、管理人员和工勤人员。一律按支付年底工资的在岗职工统计，包括各类聘任人员(含合同工)及返聘本单位半年以上人员，不包括临时工、离退休人员、退职人员、离开本单位仍保留劳动关系人员、本单位返聘和临聘不足半年人员。

卫生技术人员 包括执业医师、执业助理医师、注册护士、药师（士）、检验技师（士）、影像技师、卫生监督员和见习医（药、护、技）师（士）等卫生专业人员。不包括从事管理工作的卫生技术人员(如院长、副院长、党委书记等)。

执业医师 指《医师执业证》“级别”为“执业医师”且实际从事医疗、预防保健工作的人员，不包括实际从事管理工作的执业医师。执业医师类别分为临床、中医、口腔和公共卫生四类。

执业(助理)医师 指《医师执业证》“级别”为“执业助理医师”且实际从事医疗、预防保健工作的人员，不包括实际从事管理工作的执业助理医师。执业助理医师类别分为临床、中医、口腔和公共卫生四类。

每千人口卫生技术人员 每千人口卫生技术人员=卫生技术人员数/人口数×1000。人口数系年末常住人口。

每千人口执业(助理)医师 每千人口执业(助理)医师=（执业医师数+执业助理医师数）/人口数×1000。人口数系年末常住人口。

床位数 指年底固定实有床位（非编制床位），包括正规床、简易床、监护床、超过半年加床、正在消毒和修理床位、因扩建或大修而停用的床位，不包括产科新生儿床、接产室待产床、库存床、观察床、临时加床和病人家属陪侍床。

每千人口医疗卫生机构床位 每千人口医疗卫生机构床位=医疗卫生机构床位数/人口数×1000。人口数系年末常住人口。

29种传染病发病率 是指某年每10万人口中29种传染病发病数。即29种传染病发病率=29种传染病发病数/人口数×100000。

29种传染病死亡率 是指某年每10万人口中29种传染病死亡数。即29种传染病死亡率=29种传染病死亡数/人口数×100000。

死亡率 指年内一定地区的死亡人数与同期平均人数之比，一般以‰表示。

孕产妇死亡率 指年内每10万名孕产妇的死亡人数。孕产妇死亡指从妊娠期至产后42天内，由于任何妊娠或妊娠处理有关的原因导致的死亡，但不包括意外原因死亡者。按国际通用计算方法，“孕产妇总数”以“活产数”代替计算。

5岁以下儿童死亡率 指年内未满5岁儿童死亡人数与活产数之比，一般以‰表示。

新生儿死亡率 指年内新生儿死亡数与活产数之比。一般以‰表示。新生儿死亡指出生至28天以内(即0-27天)死亡人数。

卫生总费用 指一个国家或地区在一定时期内，为开展卫生服务活动从全社会筹集的卫生资源的货币总额，按来源法核算。它反映一定经济条件下，政府、社会和居民个人对卫生保健的重视程度和费用负担水平，以及卫生筹资模式的主要特征和卫生筹资的公平性合理性。

政府卫生支出 指各级政府用于医疗卫生服务、医疗保障补助、卫生和医疗保障行政管理、人口与计划生育事务支出等各项事业的经费。

社会卫生支出 指政府支出外的社会各界对卫生事业的资金投入。包括社会医疗保障支出、商业健康保险费、社会办医支出、社会捐赠援助、行政事业性收费收入等。

个人现金卫生支出 指城乡居民在接受各类医疗卫生服务时的现金支付，包括享受各种医疗保险制度的居民就医时自付的费用。可分为城镇居民、农村居民个人现金卫生支出，反映城乡居民医疗卫生费用的负担程度。

人均卫生费用 即某年卫生总费用与同期平均人口数之比。

卫生总费用与GDP之比 指某年卫生总费用与同期国内生产总值（GDP）之比。是用来反映一定时期国家对卫生事业的资金投入力度，以及政府和全社会对卫生事业、居民健康的重视程度。

提供住宿的民政机构 指能为老年人、残疾人、智障与精神病人、儿童等人员提供住宿的社会服务机构数。包括社会福利院、农村特困人员救助供养机构、光荣院、养老公寓等其他养老机构、社会福利医院、儿童福利院、未成年人救助保护中心、生活无着人员救助管理站、安置农场以及其他提供住宿的机构。

孤儿数 指失去父母或查找不到生父母的未满 18 周岁的未成年人的人数。由地方县级以上民政部门依据有关规定和条件认定的，并已经领取了孤儿补助费的孤儿。

城市居民最低生活保障人数 指在报告期末共同生活的家庭成员人均收入低于当地最低生活保障标准，且家庭财产状况符合相关规定的城镇居民，并已发放补助经费的人数。

农村居民最低生活保障人数 指报告期末共同生活的家庭成员人均收入低于当地最低生活保障标准，得到当地政府给予最低生活保障待遇的农业人口家庭人数。

离婚率 指某地区当年离婚对数占该地区年平均人口的比重。计算公式为：

$$\text{离婚率}=\frac{\text{当年离婚对数}}{\text{年平均人口数}}\times 1000\text{‰}$$

残疾人就业人数 指本年度通过集中就业、按比例就业、个体就业、公益性岗位就业、辅助性就业、从事农业种养、灵活就业形式安排实现就业的城镇残疾人。

Explanatory Notes on Main Statistical Indicators

Medical and Health Care Institutions refer to the units which have been qualified the Certification of Health Care Institution, filing certificate of traditional Chinese medicine clinic, certification of family planning technical service by the administration of public health (family planning), or qualified the Certification of Corporate Unit by the civil affairs, administration for industry and commerce, commission office for public sector reform, and engaging in medical health care services, public health services, or medicine research and on-job training, etc., including: hospitals, health care institutions at grass-root level, specialized public health institutions, and other medical and health care institutions.

Hospitals include general hospitals, hospitals specialized in traditional Chinese medicine, hospitals of integrated traditional Chinese and western medicine, ethnic hospitals, specialized hospitals and nursing hospitals, excluding specialized disease prevention and treatment institutes, maternal and child health care hospitals and convalescent hospitals, including affiliated hospital of medical college.

Health Care Institutions at Grass-root Level include community health service centers, community health service stations, urban health centers, township health centers, village clinics, outpatient departments and clinics (health centers).

Specialized Public Health Institutions include centers for disease control and prevention, specialized disease prevention and treatment institutions, women and children care agencies(including women and children health care family planning service center), health education institutions, first aid centers, blood gathering and supplying institutions, health supervision and inspection agencies, and family planning technical service centers that obtained the Certification of Health Care Institution or certification of family planning technical service centers.

Health Care Employees refer to all employees engaged in the health care institutions, such as hospitals, health care institutions at grass-root level, specialized public health institutions, and other medical and health care institutions, including medical technical personnel, village doctors and assistants, other technical personnel, managerial and service staff. The data is based on the year end payroll, including personnel hired (including contract labor) and re-employed after retirement by the institution for over half a year and excluding temporary workers, retired personnel, resigned personnel, personnel who have left the institution but kept the contract relation and personnel who are re-employed after retirement or temporarily employed for less than half a year.

Medical Technical Personnel refer to the professional staff engaged in health care, including licensed doctors, licensed assistant doctors, registered nurses, pharmacists, laboratory technicians, imaging staff, health care supervisors and intern doctors, pharmacists, nurses, and technical personnel, excluding the medical technical personnel engaged in managerial job (e.g. president, vice president and secretary of the party committee etc).

Licensed Doctors refer to the medical workers who have obtained the licenses of qualified doctors and are employed in medical treatment, disease prevention or healthcare institutions, excluding the licensed doctors engaged in management job. The licensed doctors are divided into 4 categories: clinician, Chinese medicine physicians, dentist and public health physicians.

Licensed Assistant Doctors refer to the medical workers who have obtained the licenses of qualified assistant doctors and are employed in medical treatment, disease prevention or healthcare institutions, excluding the licensed assistant doctors engaged in management job. The classification of licensed assistant doctors is clinician, Chinese medicine, dentist and public health.

Number of Medical Technical Personnel per 1000 Population The formula is:

Number of Medical Technical Personnel per 1000 Population = Number of Medical Technical Personnel / Population×1000

The population is the figure of usual population at year-end.

Number of Licensed (Assistant) Doctors per 1000 Population The formula is:

Number of Licensed Doctors per 1000 Population = (Number of Licensed Doctors + Number of Licensed Assistant Doctors) / Population×1000

The population is the figure of usual population at year-end.

Number of Beds refer to the fixed actual beds (non authorized beds) at year-end, including regular beds, simple beds, monitoring beds, extra bed over half a year, beds which are disinfected and repairing, beds deactivated due to expansion or overhaul, not including neonatal beds, predelivery bed, inventory bed, observation beds, temporary beds and family accompany beds.

Number of Beds of Medical and Health Care Institutions per 1000 Population the formula is:

Number of Beds of Medical and Health Care Institutions per 1000 Population = Number of Beds of Medical and Health Care Institutions / Population×1000

The population is the figure of usual population at year-end.

Incidence Rate of 29 Infectious Diseases refer to the incidence cases of 29 infectious diseases per 100 thousand population in the reference year. The formula is:

Incidence Rate of 29 Infectious Diseases = Incidence Cases

of 29 Infectious Diseases / Population × 100000

Death Rate of 29 Infectious Diseases refer to the death cases of 29 infectious diseases per 100 thousand population in the reference year. The formula is:

Death Rate of 29 Infectious Diseases= Death Cases of 29 Infectious Diseases / Population × 100000

Mortality Rate refers to the ratio of deaths to the average population in a year of the region, and usually is presented by ‰.

Maternal Mortality Rate refers to number of maternal death per 10,000 maternal. Generally refers to maternal mortality from pregnancy to 42 days after parturition due to pregnancy or any treatment of pregnancy, however, accidental deaths are not included. According to internationally accepted calculation method, the live births are used to represent the total number of maternal.

Mortality Rate of Children under 5 refers to the ratio of deaths of children under 5 in a year to the number of live births, and usually is presented by ‰.

Newborn Mortality Rate refers to the ratio of neonatal deaths in a year to the number of live births, and usually is presented by ‰. Neonatal deaths refer to the deaths of new-birth under the age of 28 days (0-27 days).

Total Expenditure on Public Health refers to the total monetary value of health resources in a country or a region collected by the whole society for public health based on source approach. It reflects the attention and affordability of the government, society and individual for public health and the major characteristics, justice and rationality of the health fund-raising model under certain economic circumstance.

Government Expenditure on Public Health refers to the expenditure of the governments at all levels on medical and health care services, medical subsidies, health administration and health security management, and undertakings of family planning etc.

Social Expenditure on Public Health refers to all inputs of society except the government in public health including the expenditures on social medical security, commercial health insurance, private expenditure on operation of medical and health care, social donation and contribution, and income from administrative fees etc.

Individual Cash Expenditure on Health refers to expenditure in cash on various health services by rural and urban residents, including self payments of residents within the system of multi-medical insurance. It can be categorized as cash expenditure on health by urban and rural residents and reflects their affordability of public health.

Average Expenditure on Health refers to the ratio of total expenditure on health in a year to the average population.

Ratio of Total Expenditure on Public Health to GDP refers to the ratio of total expenditure on public health in a year to GDP, which indicates the financial support given by a nation to health work and the attention paid on the public health and the health of residents by the government and society.

Number of Civil Affairs Institutions with Accommodation refers to the number of social service institutions that can provide accommodation for the elderly, the disabled, the mentally handicapped and the mentally ill, and children. It includes social welfare institutions, rural destitute poverty relief and support institutions, nursing homes for elderly revolutionaries and relatives, old-age apartments and other pension institutions, social welfare hospitals, children's welfare homes, rescuing and protection center for minors, relief and management stations for vagrants and beggars, resettlement farms and other institutions providing accommodation.

Number of Orphans refers to juveniles under age of 18 that have lost parents or can't find parents. Orphans are affirmed by department of civil affairs at county level according to relevant regulations, and have received orphan subsidies.

Number of Urban Residents Entitled to Minimum Living Allowances refers to the number of those urban residents whose average family income is below a minimum local standard, and status of family property meets the relevant regulation, and have received subsidies by the end of the reporting period.

Number of Rural Residents Entitled to Minimum Living Allowances refers to the number of those rural residents whose average family income is below a minimum local standard, and receiving the minimum living allowances from the local government by the end of the reporting period.

Divorce Rate refers to ratio of divorced couples to the annual average population in a certain region for the reference year, the formula is:

$$\text{Divorce Rate} = \frac{\text{Number of Couples Divorced for the Reference Year}}{\text{Annual Average Population}} \times 1000\,‰$$

Number of Employment for the Disabled refers to the new jobs created for the urban disabled through centralized employment, proportionate employment, self-employment, employment of welfare posts, supported employment, engaging in agricultural raising, flexible employment.

文化和体育
Culture and Sports

简要说明

一、本篇主要反映河北新闻出版、广电、文化、文物、体育事业等发展情况。

二、本篇资料的主要内容包括全省及各地区图书、期刊、报纸、音像制品的出版、印刷、发行情况；全省及各地区广播影视宣传、覆盖、技术等方面的情况；全省及各地区艺术表演团体、公共图书馆、群众文化机构和博物馆的机构、人员、经费和业务活动情况；全省体育系统机构人员情况等。

三、本篇的资料来源：新闻出版资料来自省新闻出版局；广播、电视资料来自省广播电视局；文化资料来自省文化和旅游厅；文物资料来自省文物局；体育资料来自省体育局；文化企业资料由河北省统计局社会科技和文化产业统计处整理提供。

四、资料整理：苑媛　刘笼梅　闫单单　马悦

Brief Introduction

Ⅰ.This paper mainly reflects the development of Hebei press and publication, radio and television, culture, cultural relics, sports and other undertakings.

Ⅱ.The main contents of this paper include the publication, printing and distribution of books, periodicals, newspapers and audio-visual products in the whole province and various regions. Provincial and regional broadcasting, film and television publicity, coverage, technology and other aspects; The institutions, personnel, funds and operational activities of art performing groups, public libraries, mass cultural institutions and museums in the province and other regions; Provincial sports system personnel, etc.

Ⅲ. The sources of this article: press and publication materials from the Provincial Bureau of Press and Publication; The radio and television data are from the Provincial Radio and Television Bureau; Cultural materials from the Provincial Department of Culture and Tourism; Cultural relics data from Provincial Bureau of Cultural Heritage; Sports data from the Provincial Sports Bureau; The data of cultural enterprises are compiled and provided by the Social Technology and Cultural Industry Statistics Department of Hebei Province Statistics Bureau.

Ⅳ. Data collection: Yuan Yuan, Liu Longmei,Yan Dandan, Ma Yue.

21-1 图书、报纸、杂志出版种类和数量(2022年)
Number of Books, Newspaper and Magazines Published (2022)

门类	Category	出版图书种类(种) Number of Publications (item)	总印数(万册) Printed Copies (10000 copies)	总印张(千印张) Printed Sheets (1000 sheets)
图书	**Books Published**	**9472**	**34997**	**2926236**
马克思主义、列宁主义、毛泽东思想	Marxism-Leninism, Mao Zedong Thought	5	1	131
哲学	Philosophy	25	9	932
社会科学总论	General Social Sciences	20	2	428
政治、法律	Politics and Law	65	484	30023
军事	Military Affairs	2	17	979
经济	Economics	63	9	1362
文化、科学、教育、体育	Culture, Science, Education and Sports	7868	32630	2738725
语言、文字	Languages	81	142	3396
文学	Literature	773	1245	86189
艺术	Arts	215	68	7892
历史、地理	History and Geography	71	304	45070
自然科学类	General Natural Sciences	4	2	84
数理科学、化学	Mathematics and Chemistry	17	8	879
天文学、地理科学	Astronomy and Geology	17	9	913
生物科学	Biology	15	8	838
医药、卫生	Medicine and Health Care	52	23	3234
农业科学	Agricultural Science	46	13	1705
工业技术	Industrial Technology	54	14	1411
交通运输	Transportation	4	2	90
航空、航天	Aeronautics and Aerospace	1	…	1
环境科学	Environmental Science	9	1	116
综合性图书	General Books	65	7	1842
报纸	**Newspapers Published**	**60**	**91610**	**1402813**
省级	Province	25	59798	778990
地(市)级	Prefecture	34	31484	617273
县级	County	1	328	6550
杂志	**Magazines Published**	**216**	**3368**	**155283**
综合类	General Magazines	10	21	1201
哲学、社会科学类	Philosophy and Social Sciences	53	1420	69230
自然科学、技术类	Natural Sciences and Technology	104	511	29678
文化、教育类	Culture and Education	35	1320	47864
文学、艺术类	Literature and Arts	14	97	7310
#画刊	Pictures	2	17	858
#少年儿童读物	Books for Children	3	627	14125

21-2 广播电视基本情况
Basic Statistics on Broadcasting and Television Stations

项　　目	Item	2015	2018	2019	2020	2021	2022
广播	**Radio**						
广播节目综合覆盖率(%)	Comprehensive Coverage of Radio Programs (%)	99.35	99.36	99.58	99.76	99.79	99.79
电视	**Television**						
电视节目综合覆盖率(%)	Comprehensive Coverage of TV Programs (%)	99.27	99.29	99.68	99.83	99.86	99.86
有线广播电视用户数(万户)	Users of Cable Radios and TV (10000 households)	922.47	734.60	695.78	616.30	627.80	607.38
广播电视技术及其他	**TV Technology and Others**						
中、短波转播发射台(座)	Transmission and Relaying Stations of Medium and Short Wave Broadcast (unit)	29	30	34	27	24	24
调频转播发射台(座)	Relaying Stations of Frequency Modulation Broadcasting (unit)	159	364①	298①	242①	218①	181①
电视转播发射台(座)	TV Transmission and Relaying Stations (unit)	253					
微波实有站(座)	Microwave Stations (unit)	32	32	39	51	49	32

注：①为调频转播发射台与电视转播发射台之和。

a) ①The data is for relaying stations of frequency modulation and TV transmission & relaying stations.

21-3 分市广播电视基本情况(2022年)
Basic Statistics on Broadcasting and Television Stations by City (2022)

市	City	年末职工人数(人) Engaged Persons at Year-end (person)	广播节目综合覆盖率(%) Comprehensive Coverage of Radio Programs (%)	电视节目综合覆盖率(%) Comprehensive Coverage of TV Programs (%)	有线广播电视用户数(万户) Users of Cable Radios and TV (10000 households)
全　省	**Total**	**35270**	**99.79**	**99.86**	**607.38**
石家庄市	Shijiazhuang	17282	100.00	100.00	82.58
唐 山 市	Tangshan	2603	100.00	100.00	47.27
秦皇岛市	Qinhuangdao	1086	100.00	100.00	93.75
邯 郸 市	Handan	2164	100.00	100.00	65.29
邢 台 市	Xingtai	1568	100.00	100.00	36.16
保 定 市	Baoding	2332	99.26	99.26	65.60
张家口市	Zhangjiakou	1768	99.71	99.74	49.03
沧 州 市	Cangzhou	1869	100.00	100.00	22.58
承 德 市	Chengde	1842	97.69	99.18	77.41
廊 坊 市	Langfang	1126	100.00	100.00	31.40
衡 水 市	Hengshui	1407	100.00	100.00	31.18
定 州 市	Dingzhou	96	100.00	100.00	3.24
辛 集 市	Xinji	127	100.00	100.00	1.9

21-4 主要文化机构情况
Number of Institutions of Cultural Industry

单位：个 (unit)

年 份 Year	公 共 图书馆 Public Libraries	文化馆(站) Cultural Centers	省级、地市级文化馆 Art Centers at Provincial & Prefecture Level	县市级文化馆 Cultural Centers at County & City Level	乡镇(街道)文化站 Township (sub-district) Cultural Centers	博物馆 Museums	艺术表演团 体 Art Performance Troupes	艺术表演场 馆 Art Performance Places
2008	163	2234	13	164	2057	57	228	106
2009	164	2265	13	164	2088	64	246	102
2010	165	2319	13	164	2142	65	284	113
2011	166	2360	14	163	2183	69	312	113
2012	172	2393	13	168	2212	75	448	138
2013	173	2399	13	169	2217	103	500	77
2014	172	2397	13	167	2217	105	458	77
2015	172	2402	13	167	2222	107	596	108
2016	172	2416	13	167	2236	111	712	112
2017	173	2431	13	167	2251	122	735	96
2018	173	2433	13	167	2253	134	450	81
2019	173	2435	13	167	2255	136	749	112
2020	176	2458	12	168	2278	148	770	100
2021	177	2460	12	168	2280	172	874	128
2022	180	2467	12	169	2286	185	921	130

注：2015年以前艺术表演场馆为公有制艺术表演场馆，2015年起含民营艺术表演场馆。

a) Before 2015, art performance venues are public-owned art performance venues, including private art performance venues since 2015.

21-5 文化文物和旅游机构、人员情况(2022年)
Institutions and Personnel in Cultural Relics and Tourism Institutions (2022)

机构名称	Category of Institution	机构(个) Number of Institutions (unit)	文化和旅游部门 Cultural and Tourism Department	其他部门 Other Department	从业人员(人) Number of Employed Persons (person)	文化和旅游部门 Cultural and Tourism Department	其他部门 Other Department
总计	**Total**	**13737**	**3587**	**10150**	**169708**	**32575**	**137133**
文化和旅游合计	**Cultural and Tourism**	**13200**	**3143**	**10057**	**160521**	**25014**	**135507**
艺术表演团体	Art Performance Troupes	921	111	810	14686	3986	10700
#公有制	Public Ownership	115	111	4	4105	3986	119
艺术表演场馆	Art Performance Places	130	62	68	2314	987	1327
#公有制	Public Ownership	64	62	2	997	987	10
公共图书馆	Public Libraries	180	180	…	2250	2250	…
文化馆	Cultural Centers	181	181	…	2237	2237	…
文化站	Cultural Stations	2286	2286	…	6047	6047	…
艺术展览创作机构	Art Exhibition and Creative Institutions	32	32	…	231	231	…
#美术馆	Art Gallery	31	31	…	220	220	…
文化和旅游部门教育机构	Educational Institutions in the Cultural and Tourism Sector	5	5	…	649	649	…
文化和旅游科研机构	Cultural and Tourism Research Institutions	12	12	…	177	177	…
文化市场经营机构	Institutions of Business of Culture	6733	…	6733	14134	…	14134
旅行社	Travel Agency	1594	…	1594	4739	…	4739
星级饭店	Star Hotel	355	…	355	63031	…	63031
A级景区	Class A Scenic Spot	490	…	490	41467	…	41467
文化和旅游行政部门	Administrative Department of Culture	186	186	…	7052	7052	…
其他文化和旅游机构	Other Cultural Institutions	95	88	7	1507	1398	109
文物合计	**Cultural Relics**	**537**	**444**	**93**	**9187**	**7561**	**1626**
博物馆	Museums	185	101	84	4686	3331	1355
文物保护管理机构	Agencies of Cultural Relics Preservation	157	154	3	3700	3487	213
文物科研机构	Scientific and Research Agencies	8	8	…	471	471	…
文物行政部门	Administrative Department of Cultural Relics	181	181	…	272	272	…
其他文物机构	Other Cultural Relics Institutions	6	…	6	58	…	58

21-6 艺术表演团体基本情况(2022年)

项 目	Item	机 构（个）Number of Institutions (unit)	#补贴团数 Subsidies Group Number	从业人员（人）Number of Employed Persons (person)	本团原创首演剧目（个）Original Premiere Play (unit)
总 计	**Total**	**921**	**551**	**14686**	**30**
按照登记注册类型分类	**By Status of Registration**				
国 有	State-owned	99	77	3337	23
集 体	Collective-owned	7	6	329	2
其 他	Others	815	468	11020	5
按隶属关系分	**By Jurisdiction of Management**				
省	Run by Provinces	9	9	989	6
市	Run by Prefectures (Cities)	32	30	1728	7
县、市、区	Run by Counties (Cities) and Others	880	512	11969	17
按管理部门分	**By Management**				
文化和旅游部门	Cultural and Tourism Department	111	83	3986	28
其他部门	Other Department	810	468	10700	2
按剧种分	**By Type of Art**				
话剧、儿童剧、滑稽剧类	Drama, Children's Play and Comedy Troupes	7	6	199	1
#儿童剧团	Children's Play	5	4	31	…
歌舞、音乐类	Song and Dance, Musicals	78	70	1525	4
京剧、昆曲类	Peking Opera and Kunqu Opera	13	12	416	…
#京剧	Peking Opera	12	11	391	…
地方戏曲类	Local Opera	588	241	7576	21
杂技、魔术、马戏类	Acrobatics, Magic and Circus	66	64	1304	1
曲艺类	Folk Arts	31	29	393	…
乌兰牧骑	Ulanmuchi				
综合性艺术表演团体	Comprehensive Art Performance	138	129	3273	3

Basic Statistics on Art Performance Troupes (2022)

演出场次(万场次) Number of Performance (10000 shows)	#国内演出 Domestic Performance	#农村 Rural Performance	国内演出观众人次(万人次) Number of Domestic Audience (10000 person-times)	#农村 Rural Audience	收入合计(千元) Total Income (1000 yuan)	#财政补贴 Government Budget	#演出收入 Performance Income	政府采购的公益演出活动 Public Shows under Government Procurement: 演出场次(万场次) Number of Performances (10000 shows)	观众人次(万人次) Number of Audience (10000 person-times)
4.23	**4.22**	**2.38**	**2156.59**	**1026.51**	**737278**	**444735**	**178178**	**0.40**	**229.71**
0.81	0.81	0.60	629.68	459.13	520207	379701	58950	0.36	206.20
0.06	0.06	0.02	56.12	17.84	48269	45231	1886	…	0.10
3.36	3.36	1.75	1470.79	549.54	168802	19803	117342	0.04	23.41
0.06	0.06	0.02	48.11	12.20	248210	157305	34782	0.02	12.21
0.27	0.27	0.15	296.85	160.03	273174	240735	14510	0.05	60.96
3.91	3.90	2.21	1811.63	854.28	215894	46695	128886	0.32	156.54
0.96	0.96	0.69	769.72	504.89	594356	437052	74053	0.40	229.36
3.27	3.27	1.69	1386.87	521.62	142922	7683	104125	…	0.35
0.01	0.01	…	5.70	1.20	56541	33562	7179	…	1.20
…	…	…	0.06	0.01	13073	167	80	…	…
0.20	0.20	0.09	249.89	104.28	110574	77211	24300	0.01	5.21
0.06	0.06	0.02	9.83	3.48	56643	50256	3115	…	1.49
0.04	0.04	…	9.80	3.45	56163	50220	2635	…	1.49
2.30	2.30	1.80	933.41	701.21	293933	199945	82806	0.34	200.17
0.92	0.92	0.12	610.89	46.87	63862	27553	28748	0.02	2.94
0.13	0.13	0.02	22.45	3.25	5443	3642	877	…	…
0.61	0.61	0.32	324.42	166.22	150282	52566	31153	0.03	18.70

21-7 艺术表演场馆基本情况(2022年)

Basic Statistics on Art Performance Places in the Official Cultural System (2022)

项 目	Item	机构数 (个) Number of Institutions (unit)	从业人员 (人) Number of Employed Persons (person)	座席数 (个) Seating Capacity (unit)	演(映)出场次 (万场次) Number of Performances (10000 shows)	#艺术演出 Art Performances
总 计	**Total**	**130**	**2314**	**67350**	**3.54**	**0.71**
#附属剧场	Attached Theatre	13	541	5041	0.01	0.01
儿童剧场	Children's Theatre	1		379	…	…
按登记注册类型分	**By Status of Registration**					
国 有	State-owned	60	848	29324	2.12	0.11
集 体	Collective-owned					
其 他	Others	70	1466	38026	1.42	0.59
按管理部门分	**By Management**					
文化和旅游部门	Cultural and Toruistic Department	62	987	34362	2.94	0.12
其他部门	Other Department	68	1327	32988	0.61	0.59
按机构类型分	**By Type of Troupes**					
剧 场	Theaters	32	913	25591	0.92	0.08
影剧院	Music Halls and Cinemas	42	426	20851	2.56	0.58
书场、曲艺场	Storytelling, Recitation and Ballad Places					
杂技、马戏场	Acrobatics and Circus Places	1	251	3588	…	…
音乐厅	Concert Halls					
综合性	General Performance Theaters	13	660	17178	0.06	0.05
其他艺术表演场馆	Others	42	64	142	…	…
按隶属关系分	**By Jurisdiction of Management**					
省	Run by Provinces	6	286	4728	0.01	…
市	Run by Prefectures (Cities)	21	450	10063	0.97	0.09
县、市、区	Run by Counties (Cities) and Others	103	1578	52559	2.57	0.60

21-7 续表 continued

项 目	Item	观众人次 (万人次) Number of Audience (10000 person-times)	#艺术演出 Art Performances	收入合计 (千元) Total Income (1000 yuan)	#财政拨款 Government	#艺术演出收入 Art Performances Income
总　计	**Total**	**168.19**	**118.06**	**323198**	**143074**	**89960**
#附属剧场	Attached Theatre	16.68	16.61	104168	60842	28755
儿童剧场	Children's Theatre	0.45	0.45			
按登记注册类型分	**By Status of Registration**					
国　有	State-owned	56.09	29.35	133077	85480	11739
集　体	Collective-owned					
其　他	Others	112.10	88.71	190121	57594	78221
按管理部门分	**By Management**					
文化和旅游部门	Cultural and Toruistic Department	65.21	31.44	163082	101759	12536
其他部门	Other Department	102.98	86.62	160116	41315	77424
按机构类型分	**By Type of Troupes**					
剧　场	Theaters	66.94	53.48	172601	102347	41020
影剧院	Music Halls and Cinemas	57.34	25.25	46526	6665	2382
书场、曲艺场	Storytelling, Recitation and Ballad Places					
杂技、马戏场	Acrobatics and Circus Places	…	…	11000	11000	…
音乐厅	Concert Halls					
综合性	General Performance Theaters	43.74	39.33	91850	23059	46508
其他艺术表演场馆	Others	0.17	…	1221	3	50
按隶属关系分	**By Jurisdiction of Management**					
省	Run by Provinces	4.69	2.30	86639	61273	8142
市	Run by Prefectures (Cities)	36.13	24.61	54185	29645	4040
县、市、区	Run by Counties (Cities) and Others	127.37	91.15	182374	52156	77778

21−8 分市艺术表演团体、艺术表演场馆演出情况(2022年)
Statistics on Performance of Art Performance Troupes and Art Performance Places by City (2022)

市	City	艺术表演团体 Art Performance Troupes				艺术表演场馆 Art Performance Places				
		剧团数(个) Number of Institutions (unit)	演出场次(万场次) Number of Performances (10000 shows)	#国内演出 Domestic Performances	国内演出观众人次(万人次) Number of Domestic Audience (10000 person-times)	机构数(个) Number of Institutions (unit)	演(映)出场次(万场次) Number of Performances (10000 shows)	#艺术演出 Art Performances	观众人次(万人次) Number of Audience (10000 person-times)	#艺术演出 Art Performances
全　省	**Total**	**921**	**4.23**	**4.22**	**2156.59**	**130**	**3.54**	**0.71**	**168.19**	**118.06**
石家庄市	Shijiazhuang	97	0.32	0.32	173.29	15	0.79	0.03	27.70	21.85
石家庄市①	Shijiazhuang①	96	0.32	0.32	171.64	14	0.79	0.03	27.70	21.85
唐 山 市	Tangshan	82	0.23	0.23	102.43	7	0.01	0.01	4.11	3.73
秦皇岛市	Qinhuangdao	28	0.04	0.04	16.92	8	0.02	0.02	33.01	30.21
邯 郸 市	Handan	123	0.70	0.70	219.39	22	0.86	0.02	27.28	8.48
邢 台 市	Xingtai	81	0.29	0.29	271.08	18	0.07	…	7.70	0.29
保 定 市	Baoding	101	0.42	0.42	279.20	5	…	…	3.80	3.08
保 定 市①	Baoding①	100	0.38	0.38	229.10	5	…	…	3.80	3.08
张家口市	Zhangjiakou	114	0.51	0.51	164.83	14	0.01	0.01	0.03	0.03
承 德 市	Chengde	86	0.30	0.30	83.64	11	0.57	0.56	40.87	39.76
沧 州 市	Cangzhou	86	1.08	1.08	642.92	5	0.04	0.04	5.50	4.80
廊 坊 市	Langfang	72	0.16	0.16	64.02	10	1.12	…	11.01	2.89
衡 水 市	Hengshui	42	0.11	0.11	90.76	9	0.03	…	2.49	0.64
定 州 市	Dingzhou	1	0.04	0.04	50.10	…	…	…	…	…
辛 集 市	Xinji	1	…	…	1.65	1	…	…	…	…

注：本表数据中石家庄市含辛集市，石家庄市①不含辛集市；保定市含定州市和雄安新区，保定市①不含定州市和雄安新区。以下相关表同。

a) Data in this table, Shijiazhuang includes Xinji, Shijiazhuang① excludes Xinji; Baoding includes Dingzhou and Xiongan, Baoding① excludes Dingzhou and Xiongan. The same applies to the table following.

21-9 公共图书馆基本情况(2022年)
Basic Statistics on Public Libraries (2022)

指标	Item	总计 Total	#少儿图书馆 Children's Libraries	按隶属关系分 By Jurisdiction of Management 省级 Provincial Level	地市级 Prefecture Level	县市区 County (City) Level	#县图书馆 Libraries
机构数(个)	Number of Institutions (unit)	180	1	1	12	167	94
从业人员(人)	Number of Employed Persons (person)	2250	13	189	656	1405	707
总藏量(万册)	Total Collections (10000 copies)	4641.36	48.88	368.29	1149.37	3123.70	1581.40
本年新增电子图书(万册)	New E-books This Year (10000 copies)	525.04	…	75.00	31.68	418.36	282.18
本年新增藏量(万册)	New Collections This Year (10000 copies)	411.12	2.34	7.49	33.87	369.76	188.95
当年购买的报刊种类(种)	Kinds of Newspapers and Periodicals Purchased This Year (kind)	26792	…	4538	7295	14959	7154
实际持证读者数(个)	Actual Number of Licensed Readers Distributed (unit)	2440800		317873	982409	1140518	595672
总流通人次(万人次)	Total Number of Circulation (10000 person-times)	2936.77	69.50	55.80	901.47	1979.50	955.74
书刊文献外借人次(万人次)	Borrowing from Libraries (10000 person-times)	1222.52	26.44	11.38	237.14	974.00	470.14
书刊文献外借册次(万册次)	Number of Books and Periodicals Lent to Readers (10000 copy-times)	2410.86	43.05	38.96	523.50	1848.40	883.35
组织各类讲座次数(次)	Number of Lectures (time)	4709	…	9	431	4269	2249
参加人次(万人次)	Number of Participants (10000 person-times)	70.23	…	0.46	8.32	61.45	41.45
举办展览(个)	Exhibitions Held (unit)	3589	50	21	378	3190	1843
参加人次(万人次)	Number of Participants (10000 person-times)	415.51	17.00	7.53	119.74	288.24	158.74
举办培训班(个)	Training Classes Held (unit)	2733	2	2	266	2465	1258
培训人次(万人次)	Trainees (10000 person-times)	26.24	…	0.01	2.35	23.88	14.24
计算机(台)	Computers (set)	8551	26	409	1865	6277	3529
#电子阅览室终端数	Terminals in Electronic Media Reading Rooms	5951	16	43	1124	4784	2790
阅览室坐席数(个)	Seats of Reading Room (unit)	77922	1000	3670	18135	56117	32252
#少儿阅览室坐席数	Number of Seats in Reading Room for Children	16468	1000	120	3845	12503	6933
#盲人阅览室坐席数	Number of Seats in Reading Room for the Blind	1606	…	20	261	1325	782

21－10 分市公共图书馆基本情况(2022年)

市	City	公共图书馆 (个) Number of Public Library (unit)	藏 量 (册、件) Collection (copy/piece)	本年新增电子图书 (册) New E-book This Year (copy)	本年新增藏量 (册、件) New Collections This Year (copy/piece)	实际持证读者数 (个) Accumulative Number of Library Cards Distributed (unit)	总流通人次 (人次) Total Number of Circulation (person-time)	书刊文献外借人次 (人次) Borrowing from Libraries (person-time)
全　省	**Total**	**180**	**46413609**	**5250448**	**4110886**	**2440800**	**29367586**	**12224319**
石家庄市	Shijiazhuang	25	4597979	396431	187746	385292	3366730	1282478
石家庄市①	Shijiazhuang①	24	4427820	396331	181747	382403	3284817	1242514
唐 山 市	Tangshan	15	10557731	241122	349953	366265	5479031	2492409
秦皇岛市	Qinhuangdao	8	2662708	17000	51076	113992	775348	240609
邯 郸 市	Handan	19	2892168	1705000	150979	234764	3474760	1197609
邢 台 市	Xingtai	19	3025543	555666	246089	178367	3516073	1236420
保 定 市	Baoding	25	4331818	626873	950558	244577	3623516	1791709
保 定 市①	Baoding①	21	4000629	614673	949508	232012	3537891	1746183
张家口市	Zhangjiakou	17	1924633	220942	131610	74086	1173937	181323
承 德 市	Chengde	11	1212302	102219	32629	31035	216214	111485
沧 州 市	Cangzhou	17	6047066	348695	1550383	251729	4166813	2314771
廊 坊 市	Langfang	11	3917374	114500	315410	142730	1933106	740117
衡 水 市	Hengshui	12	1561421	172000	69516	100090	1084061	521564
定 州 市	Dingzhou	1	239860	12200	860	10130	75220	42566
辛 集 市	Xinji	1	170159	100	5999	2889	81913	39964

Statistics on Public Libraries by City (2022)

书刊文献外借册次 (册次) Number of Books and Periodicals Lent to Readers (copy-time)	为读者举办各种活动						计算机		阅览室坐席数 (个) Seats of Reading Room (unit)
	组织各类讲座次数 (次) Number of Lectures (time)	参加人次 (人次) Attending Lectures (person-time)	举办展览 (个) Exhibitions Held (unit)	参观人次 (人次) Visiting Exhibitions (person-time)	举办培训班 (个) Training Classes Held (unit)	培训人次 (人次) Attending Training (person-time)	(台) Computers (set)	电子阅览室终端数 (台) Terminals in Electronic Media Reading Rooms (set)	
24108411	**4709**	**701064**	**3589**	**4154735**	**2733**	**261471**	**8551**	**5951**	**77922**
2269772	307	63248	420	859552	236	20587	946	631	11219
2210499	295	62303	405	848252	224	20151	889	589	11099
6373873	229	40367	284	348764	237	19902	946	685	7830
976968	200	12104	189	140699	130	12348	338	267	3067
1654898	428	106482	443	507141	277	34661	900	644	7341
1938790	963	157908	521	566546	582	45415	708	579	6582
3283803	1418	112325	672	382834	418	45423	811	613	9507
3214998	1334	107979	608	372774	352	41476	659	540	9177
531984	207	33966	121	156571	101	10045	559	318	6328
162231	39	3609	54	27498	34	1342	562	483	2046
4386086	574	109210	578	638112	374	36377	1273	873	9353
1083814	111	12205	72	228082	182	16492	685	475	6161
1056568	224	45075	214	223636	160	18799	414	340	4818
56216	73	3249	54	5710	60	3468	48	45	180
59273	12	945	15	11300	12	436	57	42	120

21-11 群众文化机构基本情况(2022年)
Statistics on Cultural Institutions (2022)

指标	Item	总计 Total	文化馆 Cultural Center	#县市级 County (City) Level	#县文化馆 County Cultural Center	乡镇(街道)文化站 Township (subdistrict) Cultural Stations	#乡镇文化站 Township Cultural Stations
机构数(个)	Institutions (unit)	2467	181	169	95	2286	1983
从业人员(人)	Number of Employed Persons (person)	8284	2237	1683	883	6047	5199
组织文艺活动(次)	Art Performances and Story-telling Sessions (time)	72957	19451	18405	9752	53506	43646
参加文艺活动人次(万人次)	Person-times Attending Art and Cultural Activities (10000 person-times)	3601.76	2019.68	1966.38	946.23	1582.08	1318.28
举办训练班(次)	Number of Training Courses (time)	38144	19056	17233	5903	19088	15279
参加培训人次(万人次)	Attending Training (10000 person-times)	379.75	146.90	119.89	51.19	232.85	184.63
举办展览个数(个)	Number of Exhibitions (unit)	10918	2484	2343	1325	8434	7204
参观展览人次(万人次)	Visiting Exhibitions (10000 person-times)	1016.04	616.25	545.67	225.59	399.79	342.94
组织公益性讲座(次)	Organize Public Welfare Lectures (time)	3655	3655	3495	1323		
参加讲座人次(万人次)	Number of Participants (10000 person-times)	79.24	79.24	54.63	21.51		
拥有计算机(台)	Computer Owned (unit)	12615	2383	1868	977	10232	8624
馆办文艺团体(个)	Art Performance Troupes Run by Centers (unit)	560	560	512	214		
馆办文艺团体演出场次(场)	Number of Art Performances Run by Centers (time)	4149	4149	3978	1470		
馆办老年大学(个)	Aging College Run by Centers (unit)	30	30	29	19		
群众业余文艺团队(个)	Part-time Art Troupes (unit)	25977	5297	5002	2635	20680	18176

21-12 分市博物馆基本情况(2022年)
Statistics on Museums by City (2022)

市	City	机构数(个) Number of Institutions (unit)	从业人员(人) Number of Employed Persons (person)	#专业技术人才 Professional Technical Staff	藏品数(件/套) Number of Collections (piece/set)	#文物藏品 Collection of Cultural Relics	基本陈列(个) Displays Exhibition (unit)	临时展览(个) Temporary Exhibition (unit)	参观人次(万人次) Spectators (10000 person-times)	门票销售总额(千元) Ticket Sales for Entrance Ticket (1000 yuan)
全 省	**Total**	**185**	**4686**	**1394**	**447894**	**259067**	**467**	**454**	**1513.12**	**7817**
石家庄市	Shijiazhuang	30	486	192	36256	10386	70	59	234.53	90
石家庄市①	Shijiazhuang①	29	479	192	35941	10386	69	59	234.40	90
唐 山 市	Tangshan	17	463	173	38704	17304	49	30	205.96	2863
秦皇岛市	Qinhuangdao	6	99	30	7478	2233	10	13	20.45	…
邯 郸 市	Handan	15	532	89	42757	33418	45	46	133.71	…
邢 台 市	Xingtai	8	124	27	7497	189	18	28	122.56	…
保 定 市	Baoding	29	784	205	72331	63010	66	62	223.01	4864
保 定 市①	Baoding①	26	713	188	40503	31794	57	49	190.98	4864
张家口市	Zhangjiakou	12	203	40	10055	8076	24	6	23.81	…
承 德 市	Chengde	14	543	154	38247	36213	53	51	133.41	…
沧 州 市	Cangzhou	14	232	53	26158	9459	39	50	103.36	…
廊 坊 市	Langfang	8	116	31	5998	2462	30	29	34.11	…
衡 水 市	Hengshui	7	88	19	14420	12761	10	30	42.29	…
定 州 市	Dingzhou	1	49	14	31216	31216	7	7	31.30	…
辛 集 市	Xinji	1	7	…	315	…	1	…	0.13	…

21−13 文物业基本情况(2022年)
Statistics on Cultural Relics (2022)

项　目	Item	机构数 (个) Number of Institutions (unit)	从业人员 (人) Number of Employed Persons (person)	基本陈列 (个) Basic Display (unit)	临时展览 (个) Temporary Exhibition (unit)	文物藏品 (件/套) Number of Collections (piece/set)	#一级品 Grade One
总　计	**Total**	**537**	**9187**	**489**	**474**	**405346**	**1499**
按单位类型分	**By Kind of Units**						
文物科研机构	Scientific and Research Agencies	8	471	1	…	48740	198
文物保护管理机构	Agencies of Cultural Relics Preservation	157	3700	21	20	96076	291
博物馆	Museums	185	4686	467	454	259067	1009
文物行政部门	Cultural Relics Administration Department	181	272			1463	1
其他文物机构	Other Agencies	6	58			…	…
按隶属关系分	**By Jurisdiction of Management**						
省区市	Provincial Level	28	1363	53	50	108889	530
地　市	Prefecture Level	84	3212	164	148	88842	413
县市区	County or City Level	425	4612	272	276	207615	556
按管理部门分	**By Department of Management**						
文物部门	Cultural Relics Department	444	7561	306	344	383903	1440
其他部门	Other Department	93	1626	183	130	21443	59

21−13 续表 continued

项　目	Item	在藏品数中(件/套) 本年新增藏品 (件/套) New Collections This Year (piece/set)	#从有关部门接收文物 Accepted Cultural Relics from Department	#本年藏品征集数 Collection of Cultural Relics	参观人次 (万人次) Spectators (10000 person-times)	#未成年人 Minor	实际使用房屋建筑面积 (万平方米) Floor Space of Buildings Actually Used (10000 sq.m)
总　计	**Total**	**17854**	**639**	**4601**	**1769.09**	**458.10**	**122.33**
按单位类型分	**By Kind of Units**						
文物科研机构	Scientific and Research Agencies	…	…	…	0.04	…	2.80
文物保护管理机构	Agencies of Cultural Relics Preservation	105	4	33	255.93	22.78	15.85
博物馆	Museums	17424	635	4568	1513.12	435.34	102.79
文物行政部门	Cultural Relics Administration Department	…	…	…			0.68
其他文物机构	Other Agencies	325	…	…			0.26
按隶属关系分	**By Jurisdiction of Management**						
省区市	Provincial Level	2011	…	583	235.92	63.66	17.89
地　市	Prefecture Level	6445	…	1390	591.05	94.39	45.82
县市区	County or City Level	9398	639	2628	942.12	300.05	58.62
按管理部门分	**By Department of Management**						
文物部门	Cultural Relics Department	6896	639	2744	1314.17	343.54	90.78
其他部门	Other Department	10958	…	1857	454.88	114.55	31.59

21-14 文化发展主要指标
Main Indicators of Cultural Development

指 标	Item	2015	2020	2021	2022
文化和旅游事业费(亿元)	Cultural and Tourism Expenses (100 million yuan)	18.53	35.39	36.01	39.38
人均文化和旅游事业费(元)	Per Capita Cultural and Tourism Expenses (yuan)	24.96	47.43	48.35	53.08
每万人拥有公共图书馆面积(平方米)	Public Library Area per 10000 People (sq.m)	59.15	81.37	97.07	127.28
人均拥有公共图书馆藏书(册)	Per Capita Public Library Collections (copy)	0.30	0.46	0.53	0.63
人均购书费(元)	Per Capita Book Purchase (yuan)	0.55	0.61	0.71	0.63
每万人拥有群众文化设施面积(平方米)	The Area of Mass Cultural Facilities per 10000 People (sq.m)	163.68	192.19	211.40	250.86
人均群众文化业务活动专项经费(元)	Special Fund for Cultural Business Activities per Capita (yuan)	1.64	1.71	2.01	2.10
艺术表演团体国内演出观众人次(万人次)	Number of Audiences in Domestic Performances of Art Performances Troupes (10000 person-times)	4559	3342	1923	2157
艺术表演团体演出收入(万元)	Performance Income of Art Performance Troupes (10000 yuan)	34455	22626	18731	17818
文物藏品数量(件、套)	Number of Cultural Relics (piece/set)	613234	578198	599096	615894
博物馆参观总人次(万人次)	Total Number of Visits to The Museum (10000 person-times)	2646	897	1728	1513

注：文化和旅游事业费2019及以前年份为文化事业费。
a) Cultural and Tourism Expenses are Cultural Expenses in 2019 and previous years.

21-15 分市规模以上文化及相关产业基本情况(2022年)
Main Indicators on Culture and Relevant Industry above Designated Size by City (2022)

单位：万元 (10000 yuan)

市	City	法人单位数(个) Legal Persons (unit)	文化制造业 Cultural Manufacturing	文化批发和零售业 Wholesale and Retail of Culture	文化服务业 Services of Culture	年末从业人员(人) Engaged Persons at Year-end (person)	资产总计 Total Assets	营业收入 Business Revenue	应交增值税 Value-added Tax Payable
全 省	**Total**	**1362**	**556**	**246**	**560**	**122637**	**22360550**	**9391544**	**202323**
石家庄市	Shijiazhuang	303	59	56	188	32652	5570746	3249129	62328
石家庄市①	Shijiazhuang①	296	59	53	184	32433	5555784	3236465	62260
唐山市	Tangshan	126	41	20	65	11003	7790321	1137645	22622
秦皇岛市	Qinhuangdao	63	15	8	40	6905	1271516	448492	15132
邯郸市	Handan	129	53	28	48	10673	934349	774161	15628
邢台市	Xingtai	118	91	23	4	10582	597996	719063	9524
保定市	Baoding	189	94	33	61	16294	2012452	1167506	37080
保定市①	Baoding①	156	75	26	55	14864	1866183	1041198	36102
张家口市	Zhangjiakou	36	1	11	24	2540	328264	81454	1742
承德市	Chengde	40	6	10	24	5134	644554	215194	4066
沧州市	Cangzhou	141	78	22	41	11671	785511	619949	11090
廊坊市	Langfang	141	65	25	51	8596	1745494	593910	12201
衡水市	Hengshui	76	53	9	14	6587	679347	385041	10912
定州市	Dingzhou	12	4	4	4	419	31034	47767	279
辛集市	Xinji	7		3	4	219	14962	12664	67

21-16 分市规模以上文化制造业企业基本情况(2022年)
Statistics on Cultural Industrial Enterprises above Designated Size by City (2022)

单位：万元 (10000 yuan)

市	City	企业单位数(个) Number of Enterprises (unit)	年末从业人员(人) Employed Persons at Year-end (person)	资产总计 Total Assets	营业收入 Business Revenue	应交增值税 Value-added Tax Payable
全　省	**Total**	**556**	**57457**	**5246180**	**4810234**	**135530**
石家庄市	Shijiazhuang	59	8010	999391	866372	26848
石家庄市①	Shijiazhuang①	59	8010	999391	866372	26848
唐 山 市	Tangshan	41	5021	726504	709646	18398
秦皇岛市	Qinhuangdao	15	1734	142785	186114	10194
邯 郸 市	Handan	53	4828	362714	430299	12197
邢 台 市	Xingtai	91	9225	495764	629379	8952
保 定 市	Baoding	94	10877	1043850	900707	33588
保 定 市①	Baoding①	75	9998	935867	814291	32716
张家口市	Zhangjiakou	1	424	30394	15998	183
承 德 市	Chengde	6	495	49973	54043	776
沧 州 市	Cangzhou	78	6480	463951	382370	7334
廊 坊 市	Langfang	65	5103	429269	337759	7595
衡 水 市	Hengshui	53	5260	501585	297546	9466
定 州 市	Dingzhou	4	140	7588	16677	196
辛 集 市	Xinji					

21-17 分市限额以上文化批发和零售业企业基本情况(2022年)
Statistics on Cultural Wholesale and Retail Trades Enterprises above Designated Size by City (2022)

单位：万元 (10000 yuan)

市	City	企业单位数(个) Number of Enterprises (unit)	年末从业人员(人) Employed Persons at Year-end (person)	资产总计 Total Assets	营业收入 Business Revenue	应交增值税 Value-added Tax Payable
全　省	**Total**	**246**	**12168**	**1861473**	**1994949**	**12599**
石家庄市	Shijiazhuang	56	3585	1008122	1009692	7221
石家庄市①	Shijiazhuang①	53	3500	997235	999768	7209
唐 山 市	Tangshan	20	831	104796	158280	806
秦皇岛市	Qinhuangdao	8	485	29569	27556	181
邯 郸 市	Handan	28	1706	105716	222243	457
邢 台 市	Xingtai	23	833	75824	78671	309
保 定 市	Baoding	34	843	139589	138269	708
保 定 市①	Baoding①	26	674	119660	102097	634
张家口市	Zhangjiakou	11	607	56538	37505	284
承 德 市	Chengde	10	428	31194	26754	284
沧 州 市	Cangzhou	22	1385	119995	113032	623
廊 坊 市	Langfang	25	914	135515	135307	1399
衡 水 市	Hengshui	9	551	54615	47640	327
定 州 市	Dingzhou	4	110	14401	28154	61
辛 集 市	Xinji	3	85	10887	9924	12

21-18 分市规模以上文化服务业企业基本情况(2022年)
Statistics on Cultural Enterprises of Service Industry above Designated Size by City (2022)

单位：万元 (10000 yuan)

市	City	企业单位数(个) Number of Enterprises (unit)	年末从业人员(人) Employed Persons at Year-end (person)	资产总计 Total Assets	营业收入 Business Revenue	应交增值税 Value-added Tax Payable
全　省	**Total**	**560**	**53012**	**15252897**	**2586360**	**54194**
石家庄市	Shijiazhuang	188	21057	3563233	1373065	28258
石家庄市①	Shijiazhuang①	184	20923	3559158	1370325	28203
唐山市	Tangshan	65	5151	6959021	269719	3417
秦皇岛市	Qinhuangdao	40	4686	1099162	234821	4757
邯郸市	Handan	48	4139	465919	121618	2973
邢台市	Xingtai	4	524	26408	11012	264
保定市	Baoding	61	4574	829013	128530	2785
保定市①	Baoding①	55	4192	810656	124810	2752
张家口市	Zhangjiakou	24	1509	241332	27951	1275
承德市	Chengde	24	4211	563387	134398	3006
沧州市	Cangzhou	41	3806	201565	124546	3133
廊坊市	Langfang	51	2579	1180711	120844	3206
衡水市	Hengshui	14	776	123147	39855	1119
定州市	Dingzhou	4	169	9046	2935	22
辛集市	Xinji	4	134	4076	2740	55

21-19 体育系统从业人员情况(2022年)
Number of Engaged Persons of Physical Education System (2022)

指　标	Item	合计(人) Total (person)	#管理人员 Management	#专业技术人员 Professional and Technical Personnel	#优秀运动队运动员 Excellent Sports Teams and Athletes	#工勤人员 Workers and Service Personnel	#其他 Others
全　省	**Total**	**6105**	**1035**	**2534**	**1065**	**452**	**143**
体育行政机关	Administrative Agencies	1574	334	249	1	22	92
运动项目管理部门	Sports Events Management	1419	162	198	1037	22	
本科院校	Colleges	486	60	387		26	13
体育运动学校	Physical Education & Sports Schools	745	41	620	21	49	14
少儿体育运动学校	Spare-time Sports School	899	105	683	6	105	
训练基地	Training Bases	61	17	30		14	
体育场馆	Stadium and Gymnasium	508	137	170		180	21
体育科研机构	Sports Science & Technology Institute	61	11	48		2	
其他事业单位	Other Institutions	352	168	149		32	3
其　他	Others						

21-20　等级运动员、裁判员分项发展人数(2022年)
Number of Athletes and Referees in Grades by Type of Sports (2022)

单位：人　　　　(person)

运动项目	Item	等级运动员 Number of Athletes in Grades	#女　性 Female	#一　级 运动员 First Grades	#二　级 运动员 Second Grades	一级裁判员 First Referees	#女　性 Female
全　省	**Total**	**3186**	**1300**	**1051**	**2135**	**378**	**143**
#田径	Track and Field	311	76	49	262	10	4
游泳	Swimming	821	419	115	706		
举重	Weight Lifting	12	4	4	8		
体操	Gymnastics	3	2		3		
射击	Fire	80	42	55	25		
国际式摔跤	International-like Wrestling	86	22	25	61		
柔道	Judo	62	29	24	38		
篮球	Basketball	136	77	46	90		
排球	Volleyball	238	99	123	115		
乒乓球	Ping-pong	59	27	36	23		
羽毛球	Badminton	113	56	36	77		
足球	Football	159	56	126	33		
武术	Martial Arts	86	35		86	45	11
跳水	Diving	2	2	2			
射箭	Archery	53	9	24	29	4	2
皮划艇静水	Canoeing In Still Water	139	44	67	72	3	3
棒球	Baseball	51		4	47		
三人篮球	Three Player Basketball	98	51	80	18		
拳击	Boxing	144	36	38	106	27	12
场地自行车	Track Bike	28	10	23	5		
公路自行车	Highway Bicycles	8	3	5	3		
山地自行车	Mountain Bike	9	3	6	3		
BMX小轮车	Bmx Small Wheeled Vehicle	1		1			
击剑	Fencing	27	13	6	21		
手球	Handball	2			2		
马术	Equestrian	12	7	2	10		
艺术体操	Artistic Gymnastics	45	45		45		
赛艇	Rowing	62	13	30	32	2	2
跆拳道	Taekwondo	54	17	24	30		
网球	Tennis	90	38	25	65		
中国式摔跤	Shuai Jiao	5	2		5		
冰壶	Curling					2	1
短道速滑	Short Track Speed Skating	24	10	18	6	1	
速度滑冰	Speed Skating	64	18	30	34		
高山滑雪	Alpine Skiing	11	5	9	2		
越野滑雪	Cross Country Skiing					1	
跳台滑雪	Ski Jumping	2	2	2			
单板滑雪	Snowboarding	1			1	1	
高尔夫球	Golf Ball	5			5		
橄榄球	Football	20	9	6	14		
围棋	Go	2	2		2		
象棋	Chinese Chess	1			1		
武术散打	Martial Arts Sanda	47	14	5	42	18	4
汽车	Automobile					12	12
毽球	Shuttlecock Ball					63	13
门球	Goalball					142	75
钓鱼	Fishing					47	4
空手道	Karate	8	1		8		
健身	Body Building	1		1			
冲浪	Surfing	4	2	4			

21−21 群众体育活动和新建体育场地情况

Basic Statistics on Activities of Mass Sports and Number of Newly-built Sports Ground

项　目	Item	2018	2019	2020	2021	2022
群众体育活动(项次)	**Activities of Mass Sports (item-time)**	**1220**	**1730**	**1930**	**1615**	**1653**
体育俱乐部	**Sport Club**					
个数(个)	Number of Sport Club (unit)	316	174	407	567	748
#国家级(个)	National Level (unit)	191		196	192	191
#省级(个)	Provincial Level (unit)	119	150	154	170	170
体育场地	**Sports Ground**					
数量(个)	Number of Sports Ground (unit)	129495	156173	164419	173186	188511
场地面积(万平方米)	Space of sports Ground (10000 sq.m)	13385	16285	17155	17822	19050
人均体育场地面积(平方米)	Per capita Area of Sports Ground (sq.m)	1.77	2.15	2.30	2.39	2.57

主要统计指标解释

广播/电视节目综合人口覆盖率 指根据国家广播电视总局制定的《广播电视人口覆盖率统计技术标准和方法》进行统计调查的，在对象区内能接收到由中央、省、地市或县通过无线、有线或卫星等各种技术方式转播的各级广播/电视节目的人口数占全省总人口数的百分比。

艺术表演团体 指由文化部门主办或实行行业管理（经文化行政部门审批或已申报登记并领取相关许可证），专门从事表演艺术等活动的各类专业艺术表演团体，含民间职业剧团。不包括群众业余文艺表演团体。

艺术表演场馆 指由文化部门主办或实行行业管理（经文化市场行政部门审批或已申报登记并领取相关许可证），有观众席、舞台、灯光设备，公开售票、专供文艺团体演出的文化活动场所。

文化市场经营机构 指经文化市场行政部门审批或已申报登记并领取相关许可证的、从事文化经营和文化服务活动的机构。

综合档案馆 指由省或地方各级档案行政管理部门直接管理的，按行政区划或历史时期设置的，收集和管理所辖范围内多种门类档案的档案馆。

规模以上文化制造业企业 指《文化及相关产业分类(2018)》所规定行业范围内，年主营业务收入在2000万元及以上的工业企业法人。

限额以上文化批发和零售业企业 指《文化及相关产业分类(2018)》所规定行业范围内，年主营业务收入在2000万元及以上的批发业企业法人和年主营业务收入在500万元及以上的零售业企业法人。

规模以上文化服务业企业 指《文化及相关产业分类(2018)》所规定行业范围内，年营业收入在1000万元及以上的服务业企业法人，其中交通运输、仓储和邮政业，信息传输、软件和信息技术服务业，水利、环境和公共设施管理业的年营业收入2000万元及以上，居民服务、修理和其他服务业以及文化、体育和娱乐业的年营业收入在500万元及以上。

Explanatory Notes on Main Statistical Indicators

The Population Coverage Rate of Radio/Television refers to the percentage of the whole country's population who can receive radio/television programmes transmitted by national, provincial, municipal or county stations through wireless, cable or satellite techniques, according to *Statistical Standard and Method on Television and Radio Coverage of Population* established by the State Administration of Radio and Television.

Arts Performance Troupes refer to the various professional performing arts groups, which sponsored by the cultural sectors or guided by the cultural society (approved by the cultural administration authority, or registered and permitted with the relative certificate), including non-governmental troupes. The mass amateur arts performance troupes are not included.

Arts Performance Places refer to the various sites for cultural activities, which sponsored by the cultural sectors or guided by the cultural society (approved by the cultural market administration, or registered and permitted with the relative certificate), with the facility of auditorium, stage and lighting, and selling tickets in public.

Cultural Market Operating Units refer to the units dealing in culture and cultural services, which registered and permitted with the relative certificate by cultural market administration.

Comprehensive Archives refer to all archives institutions, which are directly managed by the province and local levels archives administration, collecting and keeping various documents and materials by administrative regions or historical periods.

Cultural Manufacturing above Designated Size refer to industrial enterprises with principal business over 20 million yuan, within the designated industrial sectors of *Classification of Culture and Relevant Industry (2018).*

Wholesale and Retail of Culture above Designated Size refer to enterprises of wholesale with principal business over 20 million yuan, and industrial enterprise of retail with principal business over 5 million yuan, within the designated industrial sectors of *Classification of Culture and Relevant Industry (2018).*

Services of Culture above Designated Size refer to service enterprises under the designated industrial sectors of *Classification of Culture and Related Industry (2018)*, with annual principal business revenue over 10 million yuan, except for enterprises in transport, storage and post, information transmission, software and information technology services, water conservancy, environment and public facilities management sectors, where the threshold of annual principal business is over 20 million yuan, as well as enterprises in household services, repair and other services, culture, sports and recreation sectors where the threshold of annual principal business is over 5 million yuan.

公共管理和社会保障

Public Management and Social Security

简 要 说 明

一、本篇资料主要反映司法部门律师、公证、调解工作和劳动保障等情况。

二、律师、公证、调解等资料由河北省司法厅整理提供。

三、劳动保障资料的主要内容包括社会保险基本情况，基本养老保险情况、失业保险情况、工伤保险情况由省人力资源和社会保障厅提供。基本医疗保险情况、生育保险情况由省医疗保障局提供。

四、资料整理：谷红叶　张东　李梦洋

Brief Introduction

Ⅰ.The data in this chapter mainly reflects the judicial department lawyer, notarization, mediation work and labor security and so on.

Ⅱ.Documents concerning lawyers, notarization and mediation shall be sorted out and provided by the Department of Justice of Hebei Province.

Ⅲ. The main content that labor ensures data includes social insurance basic situation, basic endowment insurance circumstance, unemployed insurance circumstance, industrial injury insurance circumstance is provided by Hebei Provincial Department of Human Resources and Social Security. Basic medical treatment is sure circumstance, birth insurance circumstance is provided by Hebei Provincial Medical Security Bureau.

Ⅳ. Data collection: Gu Hongye, Zhang Dong, Li Mengyang.

22-1 律师、公证和调解工作基本情况
Statistics on Lawyers, Notarization and Mediation

项目	Item	2015	2019	2020	2021	2022
律师工作	**Lawyers**					
律师事务所(个)	Number of Law Offices (unit)	889	1183	1203	1251	1286
律师人数(人)	Number of Lawyers (person)	11443	18450	19970	21175	23060
#专职律师	Full-time Lawyers	10517	15152	15548	15916	16929
兼职律师	Part-time Lawyers	503	579	599	622	615
担任法律顾问(家)	Number of Units with Legal Advisors (unit)	17518	33386	21391	23360	23958
民事案件代理(件)	Agent of Civil Cases (case)	57705	157044	200819	238583	237411
刑事案件辩护及代理(件)	Agent and Defender of Criminal Cases (case)	16775	30110	36233	40632	27752
行政案件代理(件)	Agent of Administrative Action (case)	4374	5949	5930	6757	6739
非诉讼法律事务(件)	Agent of Non-Litigious Legal Affairs (case)	20328	32773	37184	33648	33421
咨询和代书(万人次)	Agent of Legal Advisory Services (10000 person-times)	30.3	43.8	28.5	21.0	12.3
公证工作	**Notarization**					
公证机构(家)	Number of Notary Offices (unit)	175	171	171	170	170
公证员(人)	Notaries (person)	734	717	727	762	778
办理公证(出证)总数(万件)	Number of Notarized Documents (10000 cases)	36.01	35.88	29.8	32.16	32.9
人民调解工作	**Number of People's Mediation**					
人民调解委员会(万个)	Number of People's Mediation Committees (10000 units)	5.84	5.77	5.8	5.76	5.85
调解人员(万人)	Number of Mediators (10000 persons)	34.02	33.16	33.03	32.07	32
调解案件总数(万件)	Number of Civil Disputes Mediated (10000 cases)	34.46	36.22	35.6	34.74	34.73

22-2 公证文书分类
Notary Documents by Type

指　标	Indicators	办理公证(件) Handling Notarization (item)			比　重(%) Proportion (%)		
		2020	2021	2022	2020	2021	2022
合　计	**Total**	**298101**	**321552**	**328720**	**100.00**	**100.00**	**100.00**
合同(协议)	Contracts (Agreement)	13068	13633	14053	4.38	4.24	4.28
继　承	Inheritance	74234	64035	53722	24.90	19.91	16.34
委　托	Proxy	56303	81851	103186	18.89	25.45	31.39
声　明	Declarations	56387	59127	53906	18.92	18.39	16.40
赠　与	Gift	3275	2020	1376	1.10	0.63	0.42
遗　嘱	Testaments	1561	1095	1002	0.52	0.34	0.30
现场监督	Field Supervision	2540	2163	1564	0.85	0.67	0.48
婚姻状况、亲属关系、收养关系	Marital Status, Kinship Confirmation, Child Adoption	6253	5856	6755	2.10	1.82	2.05
出生、生存、死亡	Births, Survival, Deaths	5926	5296	6329	1.99	1.65	1.93
身份、经历、学历、学位、职务、职称	Identity, Personal Histories, Schooling, Degree, Position, Professional Certificates	2655	4512	2407	0.89	1.40	0.73
有无违法犯罪记录	Any Illegal and Criminal Record	6422	8432	9387	2.15	2.62	2.86
公司章程	Articles of Association	26	72	68	0.01	0.02	0.02
保全证据	Preservation of Evidence	11963	18234	15837	4.01	5.67	4.82
证书、执照	Certificate, License	17233	18255	21069	5.78	5.68	6.41
签名、印鉴	The Signature (The seal)	6020	5591	3611	2.02	1.74	1.10
文本相符	Confirmation of Copies and Photo-offset Copies to Originals	16574	17067	15149	5.56	5.31	4.61
赋予强制执行效力	Give Effectiveness	11643	9561	11337	3.91	2.97	3.45
执行证书	Perform Certificate	362	409	363	0.12	0.13	0.11
抵押登记	Mortgage Registration	210	183	80	0.07	0.06	0.02
提　存	Deposited	123	132	333	0.04	0.04	0.10
保　管	Custody	72	87	61	0.02	0.03	0.02
其　他	Others	5251	3941	7125	1.76	1.23	2.17

22-3 社会保险基本情况
Statistics of Social Insurance

单位：万人 (10000 persons)

项　　目	Item	2010	2015	2019	2020	2021	2022
基本养老保险	**Basic Pension Insurance**						
年末参保人数	Contributors at Year-end	2092.34	4760.80	5178.61	5283.95	5358.33	5436.21
职　工	Number of Employees			1187.84	1257.81	1313.82	1364.41
#企业(含其他)	Enterprises (including others)	728.94	952.03	966.93	1038.69	1097.35	1148.96
离退休人员	Number of Retirees			466.67	480.06	491.66	503.28
#企业(含其他)	Enterprises (including others)	259.50	368.45	362.01	370.34	378.32	386.32
城乡居民	Urban and Rural Residents	1103.90	3440.32	3524.10	3546.08	3552.84	3568.52
失业保险	**Unemployment Insurance**						
年末参保人数	Contributors at Year-end	493.41	510.98	554.10	691.52	747.36	795.43
全年发放失业保险金人数	Beneficiaries of Unemployment Insurance Fund	9.01	14.12	12.71	13.17	14.26	14.66
全年发放失业保险金(亿元)	Unemployed Relief (100 million yuan)	23.51	7.96	8.85	8.85	12.91	12.39
工伤保险	**Work Injury Insurance**						
年末参保人数	Contributors at Year-end	594.44	809.72	951.44	1069.45	1084.68	1105.92
全年享受工伤待遇的人数	Beneficiaries in the Whole Year	7.50	9.64	10.04	9.71	9.93	9.48

22-4 分市基本养老保险情况(2022年)
Statistics on Basic Pension Insurance by City (2022)

单位：万人 (10000 persons)

市	City	城乡居民参保人数 Basic Pension Insurance for Urban and Rural Residents	实际领取待遇人数 Actually Persons Received Pension	城镇职工参保人数 Urban Employee Basic Pension Insurance	职　工 Number of Staff and Workers	离退休人员 Number of Retirees
全　省	**Total**	**3568.52**	**1137.05**	**1867.69**	**1364.41**	**503.28**
石家庄市	Shijiazhuang	421.80	142.48	301.75	231.55	70.20
石家庄市①	Shijiazhuang①	388.35	129.15	289.76	222.62	67.14
唐山市	Tangshan	330.00	119.86	265.65	190.65	75.00
秦皇岛市	Qinhuangdao	124.86	47.54	107.03	83.33	23.70
邯郸市	Handan	465.40	123.00	172.73	120.56	52.18
邢台市	Xingtai	404.94	111.12	117.96	86.43	31.53
保定市	Baoding	607.35	193.18	192.47	147.56	44.92
保定市①	Baoding①	473.59	150.54	166.18	126.23	39.96
张家口市	Zhangjiakou	209.88	76.12	121.46	77.28	44.18
承德市	Chengde	178.15	59.80	89.72	64.22	25.50
沧州市	Cangzhou	369.63	114.55	143.98	105.43	38.55
廊坊市	Langfang	219.34	68.95	124.69	107.17	17.52
衡水市	Hengshui	237.19	80.45	77.74	58.95	18.80
定州市	Dingzhou	61.83	21.24	14.15	11.29	2.85
辛集市	Xinji	33.45	13.33	11.99	8.94	3.05

注：1.本表数据中石家庄市含辛集市，石家庄市①不含辛集市；保定市含定州市和雄安新区，保定市①不含定州市和雄安新区。以下相关表同。

2.城乡居民实际待遇领取人数取值为报告期末参保人数中已经通过城乡居民基本养老保险待遇核定的人数。

a) Data in this table, Shijiazhuang includes Xinji, Shijiazhuang① excludes Xinji; Baoding includes Dingzhou and Xiongan, Baoding① excludes Dingzhou and Xiongan. The same applies to the table following.

b) The actual number of people receiving benefits for urban and rural residents is the number of people who have already passed the verification of basic pension insurance benefits for urban and rural residents among the insured at the end of the reporting period.

22-5 分市失业保险情况
Statistics of Unemployment Insurance by City

单位：万人 (10000 persons)

市	City	年末参加失业保险人数 Unemployment Insurance Contributors at Year-end			年末领取失业保险金人数 Beneficiaries of Unemployment Insurance Fund at Year-end		
		2020	2021	2022	2020	2021	2022
全　省	**Total**	**691.52**	**747.36**	**795.43**	**6.81**	**7.04**	**6.54**
石家庄市	Shijiazhuang	130.90	136.96	157.11	1.17	1.08	1.08
石家庄市①	Shijiazhuang①	126.38	132.31	152.30	1.11	1.07	1.06
唐 山 市	Tangshan	109.10	117.72	119.89	1.18	1.41	1.36
秦皇岛市	Qinhuangdao	45.00	46.21	46.97	0.69	0.82	0.81
邯 郸 市	Handan	69.75	74.13	75.14	1.30	1.18	0.77
邢 台 市	Xingtai	50.90	54.17	56.73	0.41	0.32	0.38
保 定 市	Baoding	84.49	82.81	103.12	0.66	0.50	0.66
保 定 市①	Baoding①	74.80	71.82	90.70	0.61	0.41	0.59
张家口市	Zhangjiakou	37.32	39.02	42.17	0.37	0.34	0.23
承 德 市	Chengde	33.70	35.39	37.94	0.33	0.50	0.42
沧 州 市	Cangzhou	49.16	57.05	62.96	0.27	0.30	0.29
廊 坊 市	Langfang	48.12	51.43	52.73	0.31	0.38	0.42
衡 水 市	Hengshui	27.59	31.56	35.66	0.13	0.12	0.13
定 州 市	Dingzhou	5.28	5.72	5.96	0.05	0.05	0.04
辛 集 市	Xinji	4.52	4.65	4.81	0.06	0.01	0.01

22-6 分市基本医疗保险参保人数(2022年)
Participants of Basic Medical Insurance by City (2022)

单位：万人 (10000 persons)

市	City	年末参保人数 Persons Covered at Year-end	城镇职工 Urban Workers	在岗职工 Staff and Workers	退休人员 Retirees	城乡居民 Urban and Rural Residents
全　省	**Total**	**7020.25**	**1238.30**	**862.18**	**376.12**	**5781.96**
石家庄市	Shijiazhuang	394.55	197.27	197.27	197.27	197.27
石家庄市①	Shijiazhuang①	916.83	191.79	140.09	51.70	725.04
唐 山 市	Tangshan	717.26	187.34	123.16	64.18	529.92
秦皇岛市	Qinhuangdao	295.88	92.15	68.15	24.00	203.74
邯 郸 市	Handan	908.47	103.28	66.24	37.04	805.18
邢 台 市	Xingtai	727.86	91.87	66.35	25.52	635.99
保 定 市	Baoding	1084.64	152.69	110.93	41.75	931.95
保 定 市①	Baoding①	859.93	135.06	97.45	37.60	724.87
张家口市	Zhangjiakou	415.48	93.48	53.99	39.49	322.00
承 德 市	Chengde	331.75	50.06	33.57	16.49	281.69
沧 州 市	Cangzhou	679.00	86.38	62.42	23.97	592.62
廊 坊 市	Langfang	424.48	82.01	66.04	15.97	342.47
衡 水 市	Hengshui	400.08	44.94	32.61	12.33	355.14
定 州 市	Dingzhou	106.82	8.67	6.22	2.45	98.16
辛 集 市	Xinji	55.34	5.48	3.61	1.87	49.87

22-7 分市基本医疗保险基金收支情况(2022年)

Revenue and Expenses of Basic Medical Care Insurance by City (2022)

单位：亿元 (100 million yuan)

市	City	基金收入 Revenue		基金支出 Expenses		累计结余 Balance at the Year-end	
		职工 Workers	居民 Residents	职工 Workers	居民 Residents	职工 Workers	居民 Residents
全　省	**Total**	**666.28**	**550.44**	**485.72**	**506.39**	**1248.64**	**360.98**
石家庄市	Shijiazhuang	125.73	73.45	78.49	69.18	200.96	38.29
石家庄市①	Shijiazhuang①	123.48	68.65	76.87	65.11	197.02	34.49
唐 山 市	Tangshan	109.37	50.85	88.32	47.96	199.84	34.04
秦皇岛市	Qinhuangdao	40.79	15.44	34.11	22.42	69.80	3.48
邯 郸 市	Handan	54.01	72.18	45.47	65.98	113.69	47.69
邢 台 市	Xingtai	36.15	65.67	20.55	46.86	67.27	58.55
保 定 市	Baoding	74.17	88.79	54.54	74.70	115.89	75.40
保 定 市①	Baoding①	65.79	68.66	49.38	62.02	102.14	55.85
张家口市	Zhangjiakou	38.19	35.46	26.66	29.41	72.60	6.59
承 德 市	Chengde	27.41	28.74	22.60	25.71	29.62	17.35
沧 州 市	Cangzhou	46.24	54.89	31.37	60.05	107.19	32.48
廊 坊 市	Langfang	47.60	30.48	35.22	28.56	119.79	24.10
衡 水 市	Hengshui	21.09	33.69	16.38	34.88	37.05	22.68
定 州 市	Dingzhou	3.73	9.52	3.47	9.19	5.23	5.47
辛 集 市	Xinji	2.25	4.80	1.62	4.06	3.93	3.79

22-8 分市企业职工基本养老保险情况

Statistics on Enterprises Employee Basic Pension Insurance by City

单位：万人 (10000 persons)

市	City	年末参保人数 Contributors at Year-end			职工 Workers			离退休人员 Retirees		
		2020	2021	2022	2020	2021	2022	2020	2021	2022
全　省	**Total**	**1409.03**	**1475.67**	**1535.28**	**1038.69**	**1097.35**	**1148.96**	**370.34**	**378.32**	**386.32**
石家庄市	Shijiazhuang	243.27	242.31	264.10	189.63	189.40	207.59	53.64	52.91	56.51
石家庄市①	Shijiazhuang①	234.20	232.51	254.19	182.62	181.80	199.91	51.58	50.71	54.28
唐 山 市	Tangshan	219.11	223.12	231.43	159.62	162.72	169.92	59.49	60.40	61.50
秦皇岛市	Qinhuangdao	88.71	93.40	92.90	70.87	75.20	74.32	17.84	18.20	18.58
邯 郸 市	Handan	129.35	133.46	138.87	89.26	92.53	97.53	40.09	40.93	41.34
邢 台 市	Xingtai	83.42	88.52	93.18	60.98	65.78	69.94	22.44	22.74	23.25
保 定 市	Baoding	128.14	121.85	151.39	98.58	94.60	120.18	29.56	27.25	31.21
保 定 市①	Baoding①	113.07	104.53	131.53	86.20	80.09	103.19	26.87	24.44	28.34
张家口市	Zhangjiakou	91.01	94.57	98.14	57.29	60.20	63.17	33.72	34.37	34.98
承 德 市	Chengde	65.40	69.17	71.93	47.20	50.38	52.59	18.20	18.79	19.34
沧 州 市	Cangzhou	101.83	109.84	114.55	74.55	81.81	85.86	27.28	28.03	28.69
廊 坊 市	Langfang	94.13	99.16	105.40	83.65	88.64	94.27	10.48	10.52	11.13
衡 水 市	Hengshui	53.19	58.75	61.05	40.94	46.13	48.24	12.25	12.62	12.82
定 州 市	Dingzhou	9.28	10.06	11.25	7.53	8.21	9.37	1.75	1.85	1.87
辛 集 市	Xinji	9.07	9.80	9.91	7.01	7.60	7.68	2.06	2.20	2.23

22-9 分市工伤保险情况
Statistics of Work Injury Insurance by City

单位：万人 (10000 persons)

市	City	年末参保人数 Contributors at Year-end			享受待遇人数 Beneficiaries at Year-end		
		2020	2021	2022	2020	2021	2022
全　省	**Total**	**1069.45**	**1084.64**	**1105.92**	**9.71**	**9.93**	**9.48**
石家庄市	Shijiazhuang	199.85	181.59	192.26	1.16	1.09	1.13
石家庄市①	Shijiazhuang①	192.65	173.97	184.95	1.08	1.04	1.06
唐 山 市	Tangshan	129.87	135.86	139.29	2.08	2.23	2.12
秦皇岛市	Qinhuangdao	56.01	57.33	57.85	0.61	0.59	0.54
邯 郸 市	Handan	75.91	75.76	76.75	0.62	0.62	0.58
邢 台 市	Xingtai	72.14	77.89	79.63	0.52	0.52	0.46
保 定 市	Baoding	115.15	94.37	124.69	0.42	0.40	0.41
保 定 市①	Baoding①	93.82	66.62	100.79	0.39	0.37	0.38
张家口市	Zhangjiakou	54.19	52.88	53.37	0.32	0.30	0.29
承 德 市	Chengde	70.64	63.44	67.48	0.82	0.83	0.78
沧 州 市	Cangzhou	72.27	96.08	100.66	0.92	1.00	0.89
廊 坊 市	Langfang	98.70	92.15	91.75	0.66	0.77	0.80
衡 水 市	Hengshui	53.24	50.92	52.20	0.28	0.29	0.30
定 州 市	Dingzhou	6.58	6.93	6.99	0.02	0.02	0.02
辛 集 市	Xinji	7.20	7.62	7.31	0.08	0.05	0.07

22-10 分市生育保险参保人数
Participants of Birth Insurance by City

单位：万人 (10000 persons)

市	City	2017	2018	2019	2020	2021	2022
全　省	**Total**	**737.82**	**774.20**	**810.97**	**875.17**	**900.61**	**882.35**
石家庄市	Shijiazhuang	145.27	151.42	165.05	181.83	144.63	144.71
石家庄市①	Shijiazhuang①	142.35	148.36	161.85	178.31	141.09	141.09
唐 山 市	Tangshan	107.22	110.36	115.93	119.21	125.00	123.16
秦皇岛市	Qinhuangdao	45.98	46.41	46.65	52.19	68.30	68.13
邯 郸 市	Handan	56.49	58.33	59.16	61.31	65.77	66.24
邢 台 市	Xingtai	46.94	49.13	51.86	59.83	77.05	66.35
保 定 市	Baoding	78.33	83.19	84.57	96.82	136.24	111.99
保 定 市①	Baoding①	73.92	78.63	79.79	86.79	123.62	97.46
张家口市	Zhangjiakou	32.12	33.07	34.39	43.81	43.74	53.99
承 德 市	Chengde	31.14	31.58	32.13	32.40	33.57	33.57
沧 州 市	Cangzhou	50.62	61.26	62.37	81.25	58.68	62.42
廊 坊 市	Langfang	65.04	67.99	71.72	60.30	61.08	66.04
衡 水 市	Hengshui	23.04	24.66	26.36	29.82	30.34	32.61
定 州 市	Dingzhou	4.41	4.56	4.78	4.78	5.27	6.22
辛 集 市	Xinji	2.92	3.06	3.20	3.52	3.53	3.61

主要统计指标解释

公证（出证） 指公证处根据当事人申请，依照事实和法律，按照法定程序制作的，具有法律效力的司法证明文书。

受理劳动人事争议案件数 指劳动人事争议仲裁委员会根据国家法律、法规及有关规章、政策规定，对劳动人事争议当事人提出的仲裁申请进行审查后，符合受理条件而正式立案的劳动人事争议案件数。

城镇职工基本养老保险

1.参保职工人数 指报告期末按照国家法律、法规和有关政策规定参加城镇职工基本养老保险并在社保经办机构已建立缴费记录档案的职工人数，包括中断缴费但未终止养老保险关系的职工人数，不包括只登记未建立缴费记录档案的人数。

2.离退休人员人数 指报告期末参加城镇职工基本养老保险的离休、退休和退职人员的人数。

3.基金收入 指根据国家有关规定，由纳入职工基本养老保险范围的缴费单位和个人按国家规定的缴费基数和缴费比例缴纳的养老保险费，以及通过其他方式取得的形成基金来源的收入。包括单位和职工个人缴纳的基本养老保险费、基本养老保险基金利息收入、委托投资收益、上级补助收入、下级上解收入、转移收入、财政补贴和其他收入。

4.基金支出 指按照国家政策规定的开支范围和开支标准从职工基本养老保险基金中支付给参加职工基本养老保险的个人养老保险待遇支出，以及由于保险关系转移、上下级之间补助、上解等原因而发生的支出。其他支出包括基本养老金、医疗补助金、丧葬补助金和抚恤金、病残津贴、补助下级支出、上解上级支出、转移支出和其他支出等。

5.基金累计结余 指职工基本养老保险基金收支相抵后的期末累计余额。

城乡居民基本养老保险

1.参保人数 指报告期末，参加城乡居民养老保险（在经办机构参保登记并已建立缴费记录以及制度实施当年已经年满 60 周岁并在经办机构参保登记）的人数（不包括已经办理注销登记手续的人数）。

2.基金收入 指根据国家有关规定，由参加城乡居民基本养老保险的个人按规定缴费的城乡居民基本养老保险费，以及通过集体补助、财政补助等其他方式取得的形成基金来源的收入。包括个人缴费收入、集体补助收入、财政补贴收入、利息收入、委托投资收益、转移收入、上级补助收入、下级上解收入和其他收入。

3.基金支出 指按照国家政策规定的开支范围和开支标准从城乡居民基本养老保险基金中支付给参加城乡居民基本养老保险的个人养老保险待遇支出，以及由于参保人员跨统筹地区或跨制度流动而发生的支出等。包括养老保险待遇支出、转移支出、补助下级支出、上解上级支出和其他支出。

4.基金累计结余 指城乡居民基本养老保险基金收支相抵后的期末累计余额。

基本医疗保险

1.参保人数 指报告期末按国家有关规定参加职工基本医疗保险和城乡居民基本医疗保险人员的合计。

2.基金收入（含生育保险） 指由用人单位和个人按照国家规定的缴费基数、缴费比例或缴费标准缴纳的基本医疗保险费（含生育保险），财政补贴资金以及通过其他方式取得的形成基金来源的款项，包括：单位缴纳收入、个人缴纳收入、财政补贴收入、利息收入、上级补助收入、下级上解收入和其他收入。

3.基金支出（含生育保险） 指按照国家政策规定的开支范围和开支标准，从基本医疗保险基金（含生育保险）中支付给参保人员的医疗保险待遇支出，生育保险待遇支出以及其他支出。包括住院费用支出、门诊费用支出、大病保险支出、生育待遇支出、补助下级支出、上解上级支出和其他支出。

4.基金累计结余（含生育保险） 指基本医疗保险基金（含生育保险）收支相抵后的期末累计结余金额。

失业保险

1.参保人数 指报告期末按照国家法律、法规和有关政策规定参加了失业保险的城镇企业、事业单位的职工及地方政府规定参加失业保险的其他人员的人数。

2.基金收入 指报告期内筹集的失业保险基金的总额，包括失业保险费收入、利息收入、财政补贴收入、其他收入、转移收入。

3.基金支出 指报告期内为保障失业人员基本生活、预防失业、促进再就业等支出的基金总额，包括失业保险金支出、医疗补助金支出、丧葬补助金和抚恤金支出、职业培训和职业介绍补贴支出、其他费用支出、技能提升补贴支出、稳定岗位补贴支出、其他支出、转移支出。

4.基金累计结余 指截止报告期末失业保险基金收支相抵后的累计余额。

工伤保险

1.参保人数 指报告期末依据国家有关规定参加工伤保险的职工人数和有雇工的个体工商户的雇工数。

2.享受工伤保险待遇人数 指年报告期内因工伤或职业病而享受工伤保险待遇的职工人数。为享受工伤医疗待遇中未评定等级的人数、享受伤残待遇人数以及享受因工死亡待遇人数之和。

3.基金收入 指根据国家有关规定，由参加工伤保险的单位按国家规定的缴费基数和缴费比例缴纳及难以直接按照工资总额计算缴纳工伤保险费的部分行业企业按规定方式缴纳的工伤保险费，以及依法通过其他形式取得的形成基金来源的款项。包括：工伤保险费收入、利息收入、上级补助收入、下级上解收入、其他收入。

4.基金支出 指按照国家政策规定的开支范围和开支标准从工伤保险基金中支付给参加工伤保险的人员及供养直系亲属工伤保险待遇支出及其他支出。包括工伤医疗待遇支出、伤残待遇支出、工亡待遇支出、劳动能力鉴定支出、工伤预防费用支出、补助下级支出、上解上级支出和其他支出。

5.基金累计结余 指工伤保险基金收支相抵后的期末累计结余金额。

生育保险

1.参保人数 指报告期末依据有关规定参加生育保险的人数。

2.基金收入 指根据国家有关规定，由参加生育保险的单位按照国家规定的缴费基数和缴费比例缴纳的生育保险费，以及通过其他方式取得的形成基金来源的款项，包括：生育保险费收入、财政补贴收入、利息收入、上级补贴收入、下级上解收入和其他收入。

3.基金支出 指按照国家政策规定的开支范围和开支标准，从生育保险基金中支出的生育保险待遇支出及其他支出。包括：生育津贴、医疗费用支出、补助下级支出、上解上级支出及其他支出。

4.基金累计结余 指生育保险基金收支相抵后的期末累计结余金额。

Explanatory Notes on Main Statistical Indicators

Notarization (certification) refer to legally binding judicial notary documents developed at the request of the interested party based on facts and the law following certain legal proceedings.

Number of Labour Disputes Cases Accepted refers to the number of cases of labour disputes arbitration submitted that, after being reviewed by the labour dispute arbitration committees in line with the relevant national laws, regulations and policies, are accepted and registered.

Basic Pension Insurance for Urban Staff and Workers

1. Number of Staff and Workers Covered refers to staff and workers participating in the basic pension insurance for urban staff and workers programme according to national laws, regulations and related policies at the end of the reference period, who have already had payment records in social security management agencies, including those who have interrupt payment without terminating the insurance programme. Those who have registered in the programme but with no payment records are not included.

2. Number of Retirees refers to the number of retirees participating in the basic pension insurance for urban staff and workers programmes by the end of the reference period.

3. Revenue of the Basic Pension Insurance Programme refers to payments made by employers and individuals participating in the pension insurance programme of staff in accordance with the basis and proportion stipulated in State regulations, and income from other sources that become the source of pension insurance fund, including the premium paid by employers and staff and workers, interest income, entrusted investment income, subsidies from higher level agencies, income as transfer from subordinate agencies, transferred income, government financial subsidies and other income.

4. Expenditure of Basic Pension Insurance Programme refer to personal pension insurance payment made on pensions subsidies to those covered in pension insurance programmes of staff according to related national policies on scope and standard of expenditure, also included are expenditure which arises due to shift of the insurance relationship or adjustment of funds among agencies, transfer to agencies at higher level. Other expenditure includes: basic pension insurance, medical fees, funeral subsidies, compensation payments, disability allowance, expenses on subsidies to lower subordinates, expenses as transfer to agencies at higher level, transferred expenditure and other expenditure.

5. Balance of Basic Pension Insurance Programme refers to the balance of staff basic pension insurance funds at the end of the reference period after deducting expenses from revenue.

Basic Pension Insurance for Urban and Rural Residents

1. Number of Participants refers to people participating in the basic pension insurance for urban and rural residents programme who registered with the participation and established payment records, and who were 60 years old or above when the system was established and registered with the participation.. Those who cancelled their registration are not included.

2. Revenue of the Insurance Programme refers to the revenue from the payments made, in accordance with related regulations of the government, by individuals participating in the basic pension insurance for urban and rural residents programme and from the subsidies contributed by collective subsidies, public finance and other sources. It includes the payment by individual participants, collective subsidies, financial subsidies, interest income, entrusted investment income, transferred income, subsidies from higher levels, contributions from lower levels, and income from other sources.

3. Expenditure of the Insurance Programme refers to payment made to those covered in the basic pension insurance for urban and rural residents according to related national policies on scope and standard of expenditure. Also included are expenditures which arise due to movement of participants among different locations or system. It includes the payment to the individual participants, transferred expenditures, expenses on subsidies to lower subordinates, expenses as transfer to agencies at higher level, and other expenditures.

4. Balance of Insurance Programme refers to the balance of basic pension insurance funds for urban and rural residents at the end of the reference period after deducting expenses from revenue.

Basic Medical Insurance

1. Participants refers to the total number of people who participate in the basic medical insurance for workers and basic medical insurance for urban and rural residents according to national relevant regulations at the end of the reference period.

2. Revenue (birth insurance included) refers to the basic medical insurance premium (birth insurance included) paid by employing units and individuals according to the payment base, payment proportion or payment standard stipulated by the state, financial subsidy funds and funds obtained by other means, including: revenue from employer payment and individual payment, from financial subsidy, from interest, from subsidies from higher level and payment from lower level and other revenue.

3. Expenses (birth insurance included) refers to the medical insurance benefits, birth insurance benefits and other expenditures paid to contributors from the basic medical insurance fund (birth insurance included) according to the scope and standard of expenditure stipulated by national policies. It includes hospitalization expenses, outpatient expenses, serious illness insurance expenses, childbearing treatment expenses, expenses for subsidizing subordinates, expenses for transfer to superiors and other expenditures.

4. Balance (birth insurance included) refers to the balance of revenue after deducting expenses at the end of the reference period.

Unemployment Insurance

1. Number of People Covered refers to staff and workers in urban enterprises or institutions who have participated in the unemployment insurance programme according to relevant policies and regulations, and other people who have participated according to local government regulations at the end of the reference period.

2. Revenue of the Unemployment Insurance Programme refers to the total unemployment insurance funds raised in the reference period, including unemployment insurance premium, interest income, financial subsidies, other incomes, transferred income.

3. Expenditure of the Unemployment Insurance Programme refers to total expenses during the reference period to guarantee the basic livelihood of unemployed people, prevention of unemployment, and to encourage their re-employment. Included are unemployment relief, medical fees, funeral subsidies, compensation payments, training expenses, job placement expenses, other expenses expenditures, skills upgrading subsidy, job stabilization subsidy, other expenditures, transferred expenditure.

4. Balance of the Unemployment Insurance Programme refers to the balance of revenue of the programme after deducting expenses at the end of the reference period.

Work Injury Insurance

1. Number of People Covered refers to staff and workers who have participated in the work injury insurance programme and employees who work for the self employed and have participated in the work injury insurance programme according to relevant national regulations at the end of the reference period.

2. Number of Beneficiaries refers to number of employee benefited from work injury insurance, as a result of work injury or occupational disease. It is the sum of beneficiaries of medical treatment of unrated work injuries, disability benefits for work injuries and compensation for deaths at work places.

3. Revenue of the Work Injury Insurance Programme refers to payments made by employers participating in the work injury insurance programme in accordance with the basis and proportion stipulated in State regulations and enterprises of part industries difficult to calculate the injury insurance premium directly according to the total wage in accordance with stipulated way, and income from other sources according to law that become source of work injury insurance fund, including income of injury insurance, interest income, subsidies from higher level agencies, income as transfer from subordinate agencies, and other incomes.

4. Expenditure of the Work Injury Insurance Programme refers to payments made from work injury insurance funds to those who participated in the work injury insurance programme and their direct dependents within the scope and standards of expenditure according to related national policies, and other disability expenditure, including medical fees for work injury, injury and subsidies, death subsidies, labor capacity appraisal, injury prevention fees, expenses on subsidies to lower subordinates, expenses as transfer to agencies at higher level, and other expenditure.

5. Balance of the Work Injury Insurance Programme refers to the balance of the work injury funds at the end of the reference period.

Maternity Insurance

1. Number of People Covered refers to people who have participated in the maternity insurance programme according to relevant regulation at the end of the reference period.

2. Revenue of Maternity Insurance Programme refers to payments made by employers participating in the maternity insurance programme in accordance with the basis and proportion stipulated in State regulations, and income from other sources that become source of maternity insurance fund, including income of maternity insurance, government financial subsidies, interest income, subsidies from higher level agencies, income as transfer from subordinate agencies, and other income.

3. Expenditure of the Maternity Insurance Programme refers to payments made from maternity insurance funds to staff and workers who participate in the maternity insurance programme within the scope and standards of expenditure in accordance with related national policies, including allowance for child bearing, medical fees, expenses on subsidies to lower subordinates, expenses as transfer to agencies at higher level, and other expenditure.

4. Balance of the Maternity Programme refers to the balance of the maternity insurance funds at the end of the reference period.

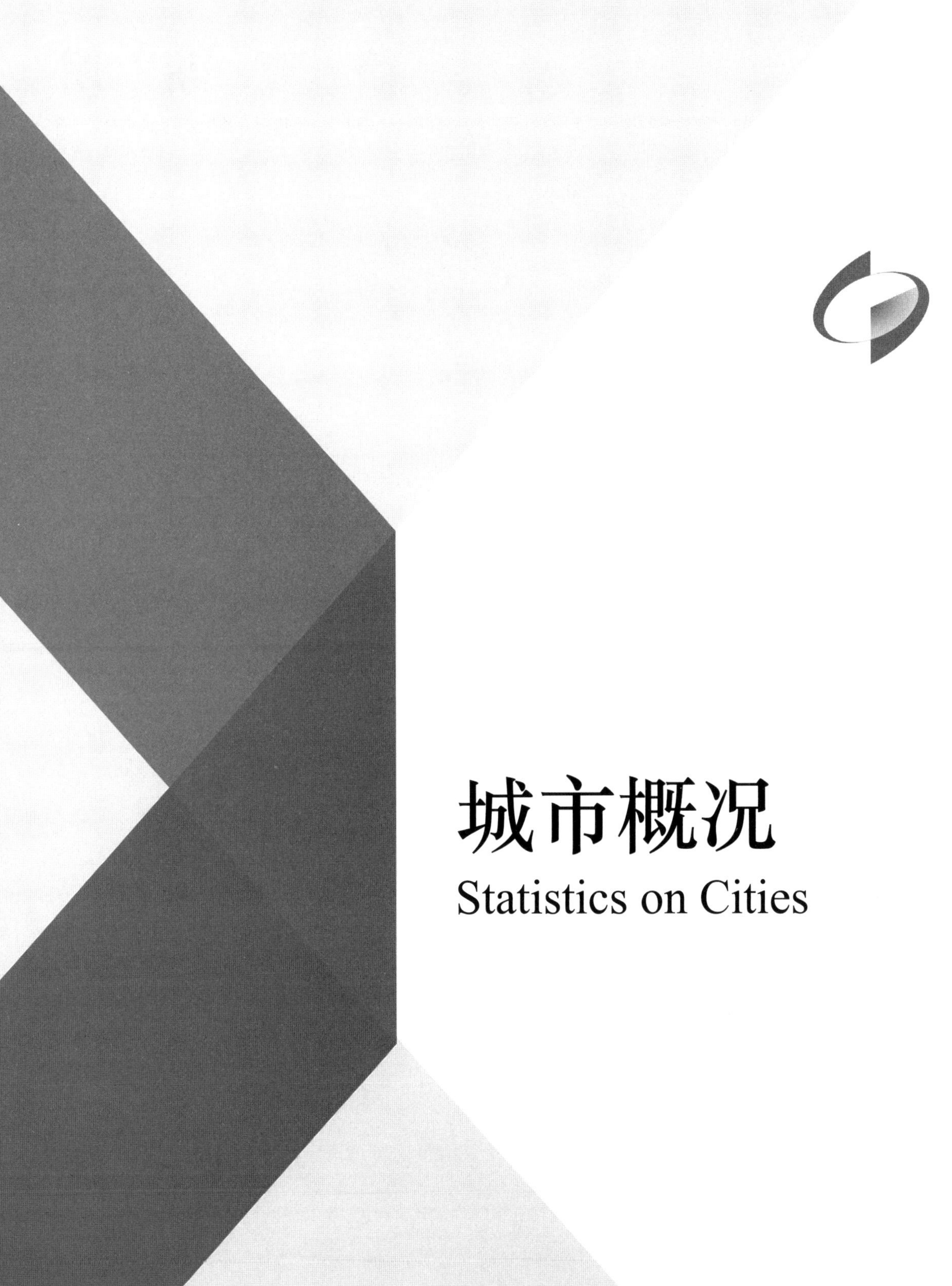

城市概况

Statistics on Cities

简 要 说 明

一、本篇资料反映河北省城市及县城公用事业情况。

二、本篇资料由河北省住房和城乡建设厅整理提供。

三、资料整理：李芳芳

Brief Introduction

Ⅰ.This chapter presents the public facilities in cities and counties of Hebei Province.

Ⅱ.This data is compiled and provided by the Department of Housing and Urban-rural Development of Hebei Province.

Ⅲ. Data collection: Li Fangfang.

23-1 城市建设情况(2022年)
Statistics on Construction in Cities (2022)

城市	City	城区面积(平方公里) Urban Area (sq.km)	建成区面积(平方公里) Area of Built Districts (sq.km)	城市人口密度(人/平方公里) Population Density of Urban Area (person / sq.km)
全　省	**Total**	**6363.96**	**2266.96**	**3149.66**
石家庄市	Shijiazhuang	556.20	334.52	6379.90
晋州市	Jinzhou	90.78	14.83	1537.78
新乐市	Xinle	45.92	14.82	2088.41
唐山市	Tangshan	293.65	249.50	7006.30
滦州市	Luanzhou	140.80	30.40	1963.07
遵化市	Zunhua	85.80	26.70	3131.70
迁安市	Qian'an	128.10	45.14	2810.30
秦皇岛市	Qinhuangdao	290.30	149.81	4782.98
邯郸市	Handan	556.00	192.20	3834.17
武安市	Wu'an	95.00	39.60	2671.58
邢台市	Xingtai	205.07	135.00	3900.62
南宫市	Nangong	28.57	16.50	4795.24
沙河市	Shahe	21.97	18.91	5070.55
保定市	Baoding	359.65	209.78	5487.28
涿州市	Zhuozhou	181.00	37.66	1558.01
安国市	An'guo	31.71	14.69	3948.28
高碑店市	Gaobeidian	36.80	21.08	4165.76
张家口市	Zhangjiakou	411.43	101.80	2514.64
承德市	Chengde	724.03	81.06	807.43
平泉市	Pingquan	26.00	17.60	7380.77
沧州市	Cangzhou	320.00	89.71	2305.94
泊头市	Botou	22.00	20.15	7731.82
任丘市	Renqiu	74.40	52.50	4416.67
黄骅市	Huanghua	227.50	38.30	1270.77
河间市	Hejian	69.40	20.90	2175.79
廊坊市	Langfang	292.00	80.12	2253.08
霸州市	Bazhou	79.00	17.60	1835.44
三河市	Sanhe	169.00	19.31	1354.44
衡水市	Hengshui	401.40	76.59	1617.34
深州市	Shenzhou	83.19	21.23	2322.39
辛集市	Xinji	137.10	34.75	1665.94
定州市	Dingzhou	180.19	44.20	1947.94

23-2 城市公共供水情况(2022年)
Statistics on Public Water Supply in Cities (2022)

城 市	City	年末供水综合生产能力(万立方米/日) Production Capacity of Tap Water Supply (year-end) (10000 cu.m/day)	年末供水管道长度(公里) Length of Water Supply Pipelines (year-end) (km)	全年供水总量(万立方米) Total Annual Volume of Water Supply (10000 cu.m)	#生产运营用水 For Production Use	#居民家庭用水 For Daily Consumption	用水人口(万人) Number of Population with Access to Tap Water (10000 persons)
全 省	**Total**	**730.92**	**21508.26**	**140858.47**	**27315.45**	**66445.75**	**1996.56**
石家庄市	Shijiazhuang	134.50	3025.34	28813.91	8113.28	14120.85	353.46
晋州市	Jinzhou	8.00	135.00	1774.00	853.00	336.00	13.96
新乐市	Xinle	6.50	314.00	942.00	265.00	450.00	9.59
唐山市	Tangshan	79.40	2456.91	14993.86	2618.70	6728.79	204.11
滦州市	Luanzhou	4.00	354.92	1336.68	279.80	650.38	27.64
遵化市	Zunhua	8.20	169.41	1223.61	45.11	941.19	26.87
迁安市	Qian'an	4.00	378.40	1331.00	24.00	765.00	36.00
秦皇岛市	Qinhuangdao	53.50	1250.64	10914.67	1243.36	4132.71	138.85
邯郸市	Handan	82.50	2022.30	11997.23	2609.50	6634.98	213.18
武安市	Wu'an	6.50	471.80	1638.58	330.00	552.20	23.40
邢台市	Xingtai	34.80	1811.93	6489.16	90.02	3228.61	79.99
南宫市	Nangong	3.75	126.00	515.50	8.00	330.57	13.70
沙河市	Shahe	8.60	225.72	952.89	238.18	525.26	11.14
保定市	Baoding	48.30	898.34	10439.72	996.59	4889.90	196.46
涿州市	Zhuozhou	7.04	271.00	3110.16	928.41	1027.83	28.20
安国市	An'guo	4.00	131.15	1022.18	72.16	168.37	12.33
高碑店市	Gaobeidian	9.50	302.78	1625.50	310.00	660.00	15.33
张家口市	Zhangjiakou	37.97	970.84	6787.88	827.46	3092.49	103.46
承德市	Chengde	17.20	774.87	3824.82	138.02	2044.07	58.46
平泉市	Pingquan	2.00	104.50	653.33	11.19	394.32	19.00
沧州市	Cangzhou	22.00	606.78	5182.72	1317.86	2676.16	73.79
泊头市	Botou	5.50	172.00	1026.00	70.00	597.00	17.01
任丘市	Renqiu	15.00	691.44	2149.00	832.45	1033.20	32.86
黄骅市	Huanghua	8.50	889.00	1714.00	410.00	932.00	28.91
河间市	Hejian	5.00	376.93	1025.23	147.28	669.78	15.10
廊坊市	Langfang	39.47	886.85	6141.05	1750.46	2821.17	65.79
霸州市	Bazhou	2.70	306.80	597.00	116.00	404.00	14.50
三河市	Sanhe	8.00	219.62	2713.00	1010.00	1015.00	22.89
衡水市	Hengshui	23.39	493.93	4333.72	251.37	2156.79	63.32
深州市	Shenzhou	8.00	125.31	1271.30	52.83	792.44	19.32
定州市	Dingzhou	15.00	366.04	2038.00	490.42	1033.69	35.10
辛集市	Xinji	18.10	177.71	2038.00	865.00	641.00	22.84

23-3 城市燃气情况(2022年)
Statistics on Supply of Gas in Cities (2022)

城市	City	人工煤气生产能力(万立方米/日) Production Capacity of Gaswork Gas (10000 cu.m/day)	管道长度(公里) Length of Gas Pipelines (km)			全年供气总量 Volume of Gas Supply			用气人口(万人) Population with Access to Gas (10000 persons)		
			人工煤气 Gaswork Gas	天然气 Natural Gas	液化石油气 Liquefied Petroleum Gas	人工煤气(万立方米) Gaswork Gas (10000 cu.m)	天然气(万立方米) Natural Gas (10000 cu.m)	液化石油气(吨) Liquefied Petroleum Gas (ton)	人工煤气 Gaswork Gas	天然气 Natural Gas	液化石油气 Liquefied Petroleum Gas
全　省	**Total**		**426.80**	**45247.85**	**107.23**	**58144.01**	**633611.78**	**86307.00**		**1836.41**	**158.92**
石家庄市	Shijiazhuang			6100.84			79905.10	17203.97		345.23	9.62
晋州市	Jinzhou			400.02			11107.34			13.96	
新乐市	Xinle			157.00			3383.00	429.00		9.29	0.30
唐山市	Tangshan		426.80	5480.15		58144.01	72126.73	9836.18		195.74	10.00
滦州市	Luanzhou			227.90			4780.00	1600.00		23.74	3.90
遵化市	Zunhua			123.58			7006.00	1010.00		25.27	1.60
迁安市	Qian'an			1440.00			28112.00	4422.00		28.50	7.50
秦皇岛市	Qinhuangdao			3554.18			64156.92	5703.97		133.69	5.16
邯郸市	Handan			8658.73			62088.87	431.00		212.52	0.66
武安市	Wu'an			801.68			6172.51	501.00		24.78	0.60
邢台市	Xingtai			3031.15			27924.00	1805.20		71.71	7.78
南宫市	Nangong			932.00	1.00		5177.95	2980.00		11.88	1.82
沙河市	Shahe			463.21	0.18		5751.97	480.00		10.88	0.20
保定市	Baoding			2764.61			51810.67	2470.49		187.34	4.93
涿州市	Zhuozhou			399.59			6006.18	555.46		26.90	1.30
安国市	An'guo			214.97			4235.00	550.00		10.63	1.52
高碑店市	Gaobeidian			318.00			2729.38	984.60		14.51	0.52
张家口市	Zhangjiakou			1742.64	5.45		12273.62	6209.67		89.57	11.23
承德市	Chengde			587.43	62.50		9173.90	3865.65		35.14	23.31
平泉市	Pingquan			20.00			768.79	3476.10		0.79	18.37
沧州市	Cangzhou			836.10			13326.13	805.01		66.39	7.40
泊头市	Botou			569.88			2139.36	265.00		16.69	0.23
任丘市	Renqiu			231.00			5241.00	2027.00		32.55	0.31
黄骅市	Huanghua			332.00	0.80		9648.00	1524.00		22.37	6.54
河间市	Hejian			111.60			4324.00	340.00		14.50	0.60
廊坊市	Langfang			2611.42			78978.20	6694.80		60.90	4.89
霸州市	Bazhou			316.65			4010.00	106.00		14.42	0.08
三河市	Sanhe			200.50	0.30		915.50	1160.00		21.89	1.00
衡水市	Hengshui			1096.02			13025.66	5761.00		45.04	19.88
深州市	Shenzhou			320.00			5371.00	1109.90		14.68	4.64
定州市	Dingzhou			701.00			5143.00	1220.00		34.27	0.83
辛集市	Xinji			504.00	37.00		26800.00	780.00		20.64	2.20

23-4 城市集中供热情况(2022年)
Statistics on Centralized Heating in Cities (2022)

城市	City	供热能力 Heating Supply Capacity 蒸汽(吨/小时) Steam (ton/hour)	热水(兆瓦) Hot Water (Mega Watts)	供热总量 Quantity of Heat Supplied 蒸汽(万吉焦) Steam (10000 gigajoules)	热水(万吉焦) Hot Water (10000 gigajoules)	管道长度(公里) Length of Heating Pipelines (km)	供热面积(万平方米) Area of Centralized Heating (10000 sq.m)
全省	**Total**	**6427.18**	**49765.41**	**4306.12**	**30015.36**	**45162.67**	**96033.57**
石家庄市	Shijiazhuang	2870.00	8597.10	2421.00	4522.20	14343.67	22018.90
晋州市	Jinzhou		338.45		172.00	178.03	552.38
新乐市	Xinle	280.00		270.00		95.50	423.00
唐山市	Tangshan		6469.30		3595.11	4098.15	9096.46
滦州市	Luanzhou		340.00		350.00	313.16	684.30
遵化市	Zunhua		900.00		304.00	478.00	1190.00
迁安市	Qian'an		1300.00		1115.66	616.50	2593.00
秦皇岛市	Qinhuangdao	312.00	5467.17	134.00	3061.00	3580.93	7871.34
邯郸市	Handan		2653.00		1621.00	2439.73	5442.00
武安市	Wu'an		681.00		494.00	408.49	1470.00
邢台市	Xingtai		3743.40		1193.80	1124.31	4247.76
南宫市	Nangong	40.00	119.00	30.00	108.00	173.00	332.00
沙河市	Shahe				77.00	120.90	244.50
保定市	Baoding		2408.75		1615.95	833.30	6561.67
涿州市	Zhuozhou	390.00	359.00	298.30	16.59	387.50	966.00
安国市	An'guo		1014.00		423.00	257.00	698.80
高碑店市	Gaobeidian		442.00		216.00	247.10	720.50
张家口市	Zhangjiakou	1740.00	3742.00	795.00	2234.44	2685.88	7760.28
承德市	Chengde	105.18	1858.34	100.13	1194.33	1593.51	3240.15
平泉市	Pingquan		360.00		356.72	436.94	738.72
沧州市	Cangzhou		1869.00		1298.80	4736.00	4244.58
泊头市	Botou		348.00		190.00	571.10	450.00
任丘市	Renqiu		558.00		574.00	334.85	1321.79
黄骅市	Huanghua		820.00		995.00	678.00	1512.00
河间市	Hejian		276.00		172.00	322.50	746.55
廊坊市	Langfang	430.00	2149.00	113.19	1054.20	986.82	3029.64
霸州市	Bazhou		274.40		214.32	324.06	330.38
三河市	Sanhe		466.00		200.00	426.00	463.60
衡水市	Hengshui		1748.00		1140.40	1241.08	2632.67
深州市	Shenzhou				171.84	281.96	537.00
定州市	Dingzhou				460.00	162.00	1731.00
辛集市	Xinji	260.00	464.50	144.50	874.00	686.70	2182.60

23-5 城市市政设施(2022年)
Statistics on Municipal Infrastructure in Cities (2022)

城　市	City	年末实有道路长度(公里) Length of Paved Roads (year-end) (km)	年末实有道路面积(万平方米) Area of Paved Roads (year-end) (10000 sq.m)	城市桥梁(座) Number of City Bridges (unit)	城市排水管道长度(公里) Length of City Sewage Pipes (km)	城市污水日处理能力(万立方米) Daily Disposal Capacity of City Sewage (10000 cu.m)	城市道路照明灯(盏) Number of Street Lights (1000 units)
全　省	**Total**	**19753.14**	**42488.02**	**2491**	**23531.04**	**715.20**	**1124609**
石家庄市	Shijiazhuang	2787.49	6055.42	1055	2834.78	128.00	124804
晋州市	Jinzhou	151.70	321.23	15	246.90	12.00	6484
新乐市	Xinle	151.23	276.95	4	170.36	4.00	8015
唐山市	Tangshan	2164.64	4271.39	139	3068.33	87.80	188295
滦州市	Luanzhou	274.11	470.88	8	157.04	6.00	28000
遵化市	Zunhua	221.59	540.05	26	199.70	8.00	7433
迁安市	Qian'an	383.89	765.07	8	319.42	8.00	23169
秦皇岛市	Qinhuangdao	1220.89	2521.45	205	1884.08	57.50	68827
邯郸市	Handan	1726.75	4273.16	142	2308.10	59.30	151163
武安市	Wu'an	340.42	664.95	20	586.07	6.60	9392
邢台市	Xingtai	1016.58	2709.28	235	1637.22	32.50	80642
南宫市	Nangong	132.04	350.31		254.90	4.00	9617
沙河市	Shahe	185.02	319.44		155.10	5.00	12794
保定市	Baoding	1764.58	4508.46	18	1833.56	51.00	59593
涿州市	Zhuozhou	414.59	690.09	6	304.17	10.00	9481
安国市	An'guo	142.96	296.22	6	158.55	8.00	7495
高碑店市	Gaobeidian	194.62	434.03	4	285.07	8.00	8314
张家口市	Zhangjiakou	882.95	2069.42	118	444.04	28.00	44673
承德市	Chengde	673.80	1288.88	104	698.32	26.50	47290
平泉市	Pingquan	151.14	367.41	11	176.60	5.00	11406
沧州市	Cangzhou	786.26	1601.94	37	863.56	22.00	40267
泊头市	Botou	171.48	305.37	13	174.55	5.00	11595
任丘市	Renqiu	478.53	784.94	27	374.20	5.00	11307
黄骅市	Huanghua	663.00	965.52	56	805.50	19.00	17890
河间市	Hejian	179.46	406.85	19	305.44	6.00	14463
廊坊市	Langfang	696.66	1523.20	66	1094.36	27.00	46991
霸州市	Bazhou	141.86	268.16		165.55	5.00	4850
三河市	Sanhe	190.87	489.27	17	162.20	15.00	6008
衡水市	Hengshui	638.80	1254.97	91	824.23	21.00	28647
深州市	Shenzhou	267.91	365.51	10	261.28	5.00	6846
定州市	Dingzhou	270.71	706.67	15	344.64	10.00	19760
辛集市	Xinji	286.61	621.53	16	433.22	20.00	9098

23-6 城市绿地和园林(2022年)
Statistics on Parks and Green Area in Cities (2022)

城 市	City	城市绿地面积(公顷) Area of Green Space (hectare)	#公园绿地 Public Recreational Green Space	公园(个) Number of Parks (unit)	公园面积(公顷) Area of Parks (hectare)
全 省	**Total**	**100563.48**	**30775.59**	**1032**	**22490.90**
石家庄市	Shijiazhuang	15850.58	5177.67	113	4363.57
晋州市	Jinzhou	581.74	185.51	11	93.37
新乐市	Xinle	688.15	187.72	14	164.44
唐山市	Tangshan	10087.31	3433.23	76	2399.49
滦州市	Luanzhou	1229.80	349.11	7	349.11
遵化市	Zunhua	1059.74	393.26	56	393.26
迁安市	Qian'an	1832.29	570.09	29	600.56
秦皇岛市	Qinhuangdao	5625.57	2395.23	30	1130.00
邯郸市	Handan	8899.67	3580.20	107	3119.34
武安市	Wu'an	1693.69	386.28	7	293.45
邢台市	Xingtai	6178.17	1283.79	106	1187.76
南宫市	Nangong	608.30	189.88	37	255.93
沙河市	Shahe	879.06	167.94	5	68.13
保定市	Baoding	8754.72	2606.31	75	1465.68
涿州市	Zhuozhou	1482.00	420.98	8	134.84
安国市	An'guo	636.61	182.80	4	58.00
高碑店市	Gaobeidian	925.24	187.16	4	79.60
张家口市	Zhangjiakou	4111.00	1476.45	102	1069.49
承德市	Chengde	3890.12	1166.57	43	1129.84
平泉市	Pingquan	797.39	242.05	9	242.05
沧州市	Cangzhou	3601.36	1025.56	22	306.56
泊头市	Botou	754.35	231.79	5	145.55
任丘市	Renqiu	2349.97	530.04	18	170.47
黄骅市	Huanghua	3197.27	570.08	26	678.45
河间市	Hejian	809.66	246.71	13	271.33
廊坊市	Langfang	3638.93	999.89	17	699.20
霸州市	Bazhou	666.69	202.62	2	202.62
三河市	Sanhe	752.03	323.73	9	164.35
衡水市	Hengshui	4609.61	1024.52	30	878.49
深州市	Shenzhou	1072.22	246.27	7	79.00
定州市	Dingzhou	1778.91	495.60	27	160.84
辛集市	Xinji	1521.33	296.55	13	136.13

23-7 城市市容环境卫生情况(2022年)
Environmental Sanitation of Cities (2022)

城市	City	道路清扫保洁面积(万平方米) Road Area Cleaned (10000 sq.m)	生活垃圾清运量(万吨) Volume of Garbage Disposal (10000 tons)	市容环卫专用车辆设备总数(台) Number of Special Vehicles for Environmental Sanitation (unit)	公共厕所(座) Number of Public Lavatories (unit)	#三类以上 Third Grade and Above
全　省	**Total**	**40731**	**748.99**	**13600**	**8252**	**7697**
石家庄市	Shijiazhuang	7655	134.78	2071	996	996
晋州市	Jinzhou	335	4.12	111	56	56
新乐市	Xinle	389	4.10	131	60	60
唐山市	Tangshan	4172	80.74	1237	573	428
滦州市	Luanzhou	406	8.41	108	134	134
遵化市	Zunhua	427	6.58	93	107	107
迁安市	Qian'an	457	9.13	47	127	127
秦皇岛市	Qinhuangdao	2462	58.81	648	605	605
邯郸市	Handan	4234	72.86	1612	561	561
武安市	Wu'an	337	7.05	205	162	162
邢台市	Xingtai	2546	33.38	441	574	574
南宫市	Nangong	301	4.09	91	65	65
沙河市	Shahe	390	4.87	140	73	
保定市	Baoding	3139	54.59	1306	474	450
涿州市	Zhuozhou	518	12.30	155	168	168
安国市	An'guo	243	5.02	45	45	45
高碑店市	Gaobeidian	434	6.14	99	94	94
张家口市	Zhangjiakou	1503	43.16	1038	583	437
承德市	Chengde	1054	25.40	502	300	300
平泉市	Pingquan	135	6.12	30	74	74
沧州市	Cangzhou	1398	32.76	492	552	552
泊头市	Botou	316	7.33	111	111	111
任丘市	Renqiu	734	11.55	180	206	206
黄骅市	Huanghua	902	11.01	239	258	215
河间市	Hejian	282	6.64	81	89	89
廊坊市	Langfang	1597	31.57	828	323	323
霸州市	Bazhou	284	6.33	27	77	77
三河市	Sanhe	490	8.20	256	106	106
衡水市	Hengshui	1583	27.05	745	279	260
深州市	Shenzhou	366	5.90	75	85	85
定州市	Dingzhou	887	11.54	326	192	87
辛集市	Xinji	755	7.47	130	143	143

23-8 县城市政公用设施水平(2022年)

县	County	人口密度(人/平方公里) Population Density (person/sq.km)	人均日生活用水量(升) Daily Water Consumption per Capita (liter)	供水普及率(%) Water Coverage Rate (%)	公共供水普及率 Public Water Coverage Rate	燃气普及率(%) Gas Coverage Rate (%)	建成区供水管道密度(公里/平方公里) Density of Water Supply Pipelines in Built Districts (km/sq.km)
全　省	**Total**	**2777**	**105.89**	**100.00**	**99.62**	**98.97**	**12.07**
井陉县	Jingxing County	1544	74.60	100.00	100.00	100.00	6.19
正定县	Zhengding County	2539	126.59	100.00	100.00	98.20	4.45
行唐县	Xingtang County	2419	129.98	100.00	100.00	98.93	15.12
灵寿县	Lingshou County	3502	132.10	100.00	100.00	100.00	22.62
高邑县	Gaoyi County	1477	214.68	100.00	100.00	100.00	15.82
深泽县	Shenze County	3979	136.39	100.00	100.00	100.00	21.32
赞皇县	Zanhuang County	1093	109.85	100.00	100.00	100.00	11.00
无极县	Wuji County	2928	138.98	100.00	100.00	100.00	8.89
平山县	Pingshan County	1161	116.09	100.00	100.00	100.00	14.57
元氏县	Yuanshi County	3133	109.39	100.00	100.00	100.00	8.81
赵　县	Zhao County	8167	79.09	100.00	100.00	98.98	3.94
滦南县	Luannan County	1465	121.87	100.00	100.00	100.00	9.28
乐亭县	Laoting County	1450	126.93	100.00	98.09	100.00	13.48
迁西县	Qianxi County	1306	74.61	100.00	95.93	100.00	14.54
玉田县	Yutian County	1878	103.02	100.00	92.31	100.00	7.64
曹妃甸区	Caofeidian District	1795	132.73	100.00	100.00	100.00	10.25
青龙满族自治县	Qinglong Man A.C.	2655	87.10	100.00	100.00	100.00	5.80
昌黎县	Changli County	3370	125.14	100.00	96.44	99.92	12.39
卢龙县	Lulong County	1460	77.13	100.00	100.00	100.00	5.10
临漳县	Linzhang County	1476	131.29	100.00	100.00	100.00	7.12
成安县	Cheng'an County	6441	78.79	100.00	100.00	97.17	14.12
大名县	Daming County	4038	42.78	100.00	100.00	100.00	8.46
涉　县	She County	2454	88.16	100.00	100.00	100.00	8.52
磁　县	Ci County	2729	89.69	100.00	100.00	99.51	8.65
邱　县	Qiu County	3453	86.74	100.00	100.00	100.00	5.45
鸡泽县	Jize County	5934	106.10	100.00	100.00	100.00	14.89
广平县	Guangping County	4238	41.56	100.00	100.00	100.00	4.39
馆陶县	Guantao County	2070	67.50	100.00	100.00	99.20	14.15
魏　县	Wei County	3941	53.70	100.00	100.00	100.00	6.33
曲周县	Quzhou County	4458	101.84	100.00	100.00	100.00	13.25
临城县	Lincheng County	1306	77.72	100.00	100.00	99.29	10.06
内丘县	Neiqiu County	2183	107.54	100.00	100.00	98.68	11.89

Level of National County Seat Service Facilities (2022)

人均城市道路面积（平方米） Per Capita Area of Paved Roads (sq.m)	建成区排水管道密度（公里/平方公里） Density of Sewers in Built Districts (km/sq.km)	污水处理率(%) Waste Water Treatment Rate (%)	污水处理厂集中处理率 Centralized Treatment at Sewage Treatment Plants	人均公园绿地面积（平方米） Per Capita Public Green Areas (sq.m)	建成区绿化覆盖率(%) Green Coverage Rate of Built Districts (%)	建成区绿地率(%) Green Space Rate of Built District (%)	生活垃圾处理率(%) Domestic Garbage Treatment Rate (%)	生活垃圾无害化处理率 Rate of Harmless Disposal of Domestic Garbage
25.46	**10.23**	**98.53**	**98.53**	**14.28**	**42.53**	**38.55**	**100.00**	**100.00**
18.62	12.18	99.93	99.93	15.60	43.99	40.94	100.00	100.00
27.73	13.46	99.14	99.14	20.57	40.11	37.45	100.00	100.00
29.85	12.55	97.28	97.28	17.97	45.76	40.87	100.00	100.00
23.67	8.19	99.76	99.76	15.84	42.40	38.30	100.00	100.00
34.93	12.27	99.95	99.95	13.40	46.95	43.70	100.00	100.00
20.37	5.07	99.48	99.48	13.51	41.03	33.67	100.00	100.00
21.14	7.95	99.36	99.36	17.76	48.50	44.03	100.00	100.00
32.53	10.50	98.71	98.71	15.17	44.94	39.22	100.00	100.00
16.42	13.71	98.01	98.01	13.13	41.00	37.50	100.00	100.00
24.76	8.56	98.13	98.13	12.75	45.30	40.38	100.00	100.00
24.28	8.59	99.78	99.78	12.77	42.34	37.39	100.00	100.00
21.78	6.29	99.94	99.94	12.73	44.47	40.25	100.00	100.00
20.22	8.01	99.67	99.67	15.41	45.94	41.84	100.00	100.00
17.18	7.39	99.77	99.77	15.76	43.68	40.36	100.00	100.00
22.78	4.25	99.15	99.15	9.39	39.33	36.06	100.00	100.00
43.12	10.82	99.87	99.87	26.06	44.97	41.60	100.00	100.00
19.24	7.92	98.92	98.92	14.33	36.34	32.66	100.00	100.00
23.81	10.51	99.99	99.99	8.73	38.77	34.49	100.00	100.00
29.95	8.38	99.99	99.99	12.87	43.37	39.21	100.00	100.00
36.17	9.11	99.41	99.41	15.21	43.86	40.85	100.00	100.00
32.69	0.72	99.85	99.85	15.12	45.58	41.11	100.00	100.00
20.05	6.71	99.95	99.95	16.73	46.58	42.96	100.00	100.00
23.96	18.86	99.81	99.81	22.13	45.31	41.25	100.00	100.00
26.47	8.33	99.91	99.91	14.80	45.89	41.29	100.00	100.00
31.58	13.02	92.83	92.83	14.85	45.77	41.30	100.00	100.00
25.66	11.19	99.98	99.98	15.61	44.40	40.51	100.00	100.00
43.36	13.18	99.99	99.99	19.19	42.37	37.50	100.00	100.00
26.17	13.73	99.29	99.29	13.23	45.66	41.33	100.00	100.00
15.22	8.02	98.99	98.99	13.42	45.04	41.93	100.00	100.00
26.17	12.25	99.93	99.93	15.34	44.32	40.04	100.00	100.00
29.19	10.91	95.76	95.76	10.54	38.22	33.64	100.00	100.00
19.89	10.49	98.20	98.20	11.46	42.07	38.16	100.00	100.00

23-8 续表 1

县	County	人口密度（人/平方公里）Population Density (person/sq.km)	人均日生活用水量（升）Daily Water Consumption per Capita (liter)	供水普及率（%）Water Coverage Rate (%)	公共供水普及率 Public Water Coverage Rate	燃气普及率（%）Gas Coverage Rate (%)	建成区供水管道密度（公里/平方公里）Density of Water Supply Pipelines in Built Districts (km/sq.km)
柏乡县	Baixiang County	696	115.80	100.00	100.00	99.02	8.16
隆尧县	Longyao County	3225	83.18	100.00	100.00	99.60	5.69
宁晋县	Ningjin County	8370	84.50	100.00	100.00	97.39	12.77
巨鹿县	Julu County	2770	92.97	100.00	100.00	100.00	39.01
新河县	Xinhe County	4071	93.73	100.00	100.00	99.12	9.00
广宗县	Guangzong County	1594	69.74	100.00	100.00	99.88	13.36
平乡县	Pingxiang County	1239	173.29	100.00	100.00	99.12	10.95
威　县	Wei County	7759	86.60	100.00	100.00	100.00	19.86
清河县	Qinghe County	6725	61.43	100.00	100.00	99.02	3.80
临西县	Linxi County	5823	78.82	100.00	100.00	99.78	6.46
博野县	Boye County	3382	134.71	100.00	100.00	100.00	4.57
涞水县	Laishui County	5081	109.55	100.00	100.00	100.00	14.27
阜平县	Fuping County	1743	137.29	100.00	100.00	89.09	9.78
白沟新城	Baigou New City	1647	138.15	100.00	99.55	99.33	12.01
定兴县	Dingxing County	8203	115.05	100.00	100.00	100.00	8.13
唐　县	Tang County	2913	123.79	100.00	100.00	100.00	8.46
高阳县	Gaoyang County	4575	139.03	100.00	100.00	100.00	8.43
涞源县	Laiyuan County	5184	116.56	100.00	100.00	99.76	7.16
望都县	Wangdu County	6024	132.42	100.00	100.00	100.00	5.19
易　县	Yi County	7064	139.51	100.00	100.00	99.68	16.76
曲阳县	Quyang County	2914	79.88	100.00	100.00	98.68	2.97
蠡　县	Li County	6083	120.30	100.00	99.32	100.00	10.41
顺平县	Shunping County	2908	137.55	100.00	100.00	99.31	10.67
张北县	Zhangbei County	2846	79.84	100.00	100.00	95.84	15.43
康保县	Kangbao County	1976	52.81	100.00	100.00	31.23	7.79
沽源县	Guyuan County	3028	86.69	100.00	100.00	99.84	17.84
尚义县	Shangyi County	5230	78.99	100.00	100.00	94.40	11.47
蔚　县	Yu County	2247	127.24	100.00	100.00	100.00	11.45
阳原县	Yangyuan County	1115	95.83	100.00	100.00	92.23	13.61
怀安县	Huai'an County	2733	90.88	100.00	100.00	97.89	10.95
怀来县	Huailai County	3582	139.43	100.00	100.00	99.90	8.36
涿鹿县	Zhuolu County	3030	80.58	100.00	100.00	99.91	16.33
赤城县	Chicheng County	9686	81.48	100.00	100.00	100.00	12.15
承德县	Chengde County	3480	135.38	100.00	100.00	97.70	10.04

continued

人均城市道路面积(平方米) Per Capita Area of Paved Roads (sq.m)	建成区排水管道密度(公里/平方公里) Density of Sewers in Built Districts (km/sq.km)	污水处理率(%) Waste Water Treatment Rate (%)	污水处理厂集中处理率 Centralized Treatment at Sewage Treatment Plants	人均公园绿地面积(平方米) Per Capita Public Green Areas (sq.m)	建成区绿化覆盖率(%) Green Coverage Rate of Built Districts (%)	建成区绿地率(%) Green Space Rate of Built District (%)	生活垃圾处理率(%) Domestic Garbage Treatment Rate (%)	生活垃圾无害化处理率 Rate of Harmless Disposal of Domestic Garbage
37.10	8.49	96.00	96.00	14.63	38.36	34.75	100.00	100.00
27.19	10.63	98.80	98.80	12.85	39.68	35.68	100.00	100.00
27.26	11.88	96.30	96.30	13.46	43.89	39.44	100.00	100.00
26.65	16.48	99.61	99.61	12.28	39.51	35.69	100.00	100.00
32.28	13.46	97.66	97.66	14.56	42.15	36.78	100.00	100.00
24.79	12.97	96.48	96.48	10.82	39.49	35.28	100.00	100.00
29.30	15.95	99.61	99.61	14.22	43.79	38.45	100.00	100.00
24.68	17.38	99.50	99.50	13.82	44.23	41.30	100.00	100.00
17.47	11.87	98.05	98.05	13.98	45.35	42.24	100.00	100.00
25.88	17.58	96.76	96.76	9.81	38.01	33.80	100.00	100.00
28.41	11.00	99.25	99.25	12.90	39.39	36.15	100.00	100.00
25.62	9.90	99.66	99.66	13.03	44.30	40.03	100.00	100.00
26.27	14.30	99.91	99.91	28.34	41.49	36.45	100.00	100.00
31.62	8.53	99.17	99.17	11.86	41.44	36.60	100.00	100.00
31.65	15.21	99.53	99.53	14.37	42.49	37.85	100.00	100.00
25.41	5.09	98.00	98.00	14.02	41.82	37.92	100.00	100.00
27.53	10.07	99.94	99.94	12.65	42.51	37.97	100.00	100.00
27.51	7.09	99.21	99.21	18.13	41.39	37.97	100.00	100.00
31.44	7.84	99.44	99.44	12.56	41.36	37.55	100.00	100.00
21.13	2.27	99.96	99.96	13.10	38.50	34.27	100.00	100.00
25.64	4.79	98.80	98.80	12.68	43.46	40.37	100.00	100.00
25.53	7.56	99.98	99.98	14.72	40.89	37.35	100.00	100.00
19.16	12.85	99.87	99.87	12.29	40.16	35.28	100.00	100.00
25.49	6.44	92.49	92.49	12.34	43.75	40.01	100.00	100.00
34.62	5.48	97.78	97.78	11.67	43.33	39.83	100.00	100.00
27.54	7.02	95.39	95.39	12.16	42.91	38.32	100.00	100.00
30.12	9.24	94.90	94.90	15.96	43.12	38.99	100.00	100.00
28.38	9.31	94.05	94.05	11.66	40.27	35.45	100.00	100.00
23.03	10.35	96.10	96.10	10.88	39.89	35.66	100.00	100.00
29.60	14.01	96.20	96.20	11.50	38.97	35.35	100.00	100.00
24.99	11.45	95.00	95.00	12.08	44.46	40.03	100.00	100.00
23.82	7.25	99.03	99.03	12.84	44.86	40.19	100.00	100.00
16.06	10.77	97.95	97.95	11.78	39.14	34.13	100.00	100.00
17.80	9.47	96.06	96.06	13.39	44.07	40.47	100.00	100.00

23-8 续表 2

县	County	人口密度(人/平方公里) Population Density (person/sq.km)	人均日生活用水量(升) Daily Water Consumption per Capita (liter)	供水普及率(%) Water Coverage Rate (%)	公共供水普及率 Public Water Coverage Rate	燃气普及率(%) Gas Coverage Rate (%)	建成区供水管道密度(公里/平方公里) Density of Water Supply Pipelines in Built Districts (km/sq.km)
兴隆县	Xinglong County	2880	119.48	100.00	100.00	99.72	12.88
滦平县	Luanping County	4263	103.68	100.00	100.00	98.78	19.33
隆化县	Longhua County	2143	113.18	100.00	98.81	100.00	47.88
丰宁满族自治县	Fengning Man A.C.	5421	139.35	100.00	100.00	99.54	16.00
宽城满族自治县	Kuancheng Man A.C.	1638	139.59	100.00	100.00	99.37	12.13
围场满族蒙古族自治县	Weichang Man & Mongolian A.C.	4925	127.75	100.00	100.00	100.00	7.41
青　县	Qing County	6080	100.41	100.00	100.00	100.00	14.09
东光县	Dongguang County	4772	88.43	100.00	100.00	100.00	7.02
海兴县	Haixing County	3400	62.14	100.00	100.00	100.00	16.93
盐山县	Yanshan County	2604	157.37	100.00	100.00	100.00	6.79
肃宁县	Suning County	3214	154.95	100.00	100.00	100.00	7.53
南皮县	Nanpi County	3182	96.03	100.00	100.00	100.00	5.24
吴桥县	Wuqiao County	2253	108.93	100.00	100.00	100.00	8.07
献　县	Xian County	3536	139.09	100.00	100.00	100.00	18.14
孟村回族自治县	Mengcun Hui A.C.	2181	105.74	100.00	100.00	100.00	16.07
固安县	Gu'an County	3855	139.33	100.00	100.00	100.00	12.37
永清县	Yongqing County	1960	138.99	100.00	100.00	100.00	30.62
香河县	Xianghe County	2159	143.92	100.00	100.00	100.00	13.15
大城县	Dacheng County	2520	100.73	100.00	100.00	100.00	38.28
文安县	Wen'an County	2773	169.48	100.00	100.00	100.00	16.29
大厂回族自治县	Dachang Hui A.C.	1482	105.68	100.00	100.00	100.00	6.99
枣强县	Zaoqiang County	4613	92.72	100.00	100.00	99.02	25.80
武邑县	Wuyi County	3534	114.89	100.00	100.00	99.08	8.67
武强县	Wuqiang County	3637	133.99	100.00	99.36	97.19	19.95
饶阳县	Raoyang County	1162	77.63	100.00	100.00	100.00	9.65
安平县	Anping County	5217	120.06	100.00	100.00	100.00	21.37
故城县	Gucheng County	5309	124.79	100.00	97.09	96.58	15.85
景　县	Jing County	6912	139.67	100.00	100.00	100.00	7.98
阜城县	Fucheng County	1848	93.22	100.00	100.00	99.00	10.34
容城县	Rongcheng County	8962	102.63	100.00	100.00	100.00	8.74
雄　县	Xiong County	4689	208.63	100.00	90.92	100.00	67.33
安新县	Anxin County	2805	162.83	100.00	100.00	99.44	16.08

continued

人均城市道路面积(平方米) Per Capita Area of Paved Roads (sq.m)	建成区排水管道密度(公里/平方公里) Density of Sewers in Built Districts (km/sq.km)	污 水处理率(%) Waste Water Treatment Rate (%)	污水处理厂集中处理率 Centralized Treatment at Sewage Treatment Plants	人均公园绿地面积(平方米) Per Capita Public Green Areas (sq.m)	建成区绿化覆盖率(%) Green Coverage Rate of Built Districts (%)	建成区绿地率(%) Green Space Rate of Built District (%)	生活垃圾处 理 率(%) Domestic Garbage Treatment Rate (%)	生活垃圾无害化处理率 Rate of Harmless Disposal of Domestic Garbage
24.39	7.53	96.06	96.06	10.77	39.87	36.59	100.00	100.00
17.65	13.20	98.86	98.86	12.62	42.43	40.20	100.00	100.00
19.33	11.31	95.30	95.30	11.40	39.60	35.50	100.00	100.00
20.31	8.43	97.00	97.00	15.07	42.09	37.11	100.00	100.00
28.78	11.61	96.16	96.16	15.90	44.27	40.04	100.00	100.00
13.69	21.88	91.00	91.00	10.20	40.10	36.58	100.00	100.00
27.48	12.38	99.44	99.44	16.88	44.35	40.45	100.00	100.00
15.10	7.72	99.45	99.45	11.85	45.81	40.53	100.00	100.00
37.38	11.81	99.45	99.45	15.67	40.05	36.25	100.00	100.00
38.12	11.69	99.25	99.25	15.68	42.45	38.23	100.00	100.00
35.21	12.94	97.50	97.50	12.57	42.02	37.03	100.00	100.00
32.06	9.58	97.21	97.21	12.66	39.90	35.44	100.00	100.00
50.88	16.68	96.06	96.06	14.76	43.50	40.47	100.00	100.00
22.70	13.12	99.89	99.89	13.60	41.17	37.48	100.00	100.00
32.64	9.91	99.63	99.63	12.56	41.83	38.53	100.00	100.00
17.02	4.19	99.70	99.70	15.58	43.66	40.67	100.00	100.00
33.76	7.70	99.18	99.18	13.41	39.75	36.44	100.00	100.00
21.44	4.07	99.00	99.00	11.08	37.37	34.64	100.00	100.00
27.17	12.07	99.17	99.17	12.55	40.85	35.53	100.00	100.00
30.14	8.59	97.30	97.30	10.64	36.22	31.58	100.00	100.00
35.88	10.17	98.12	98.12	15.23	42.84	41.45	100.00	100.00
18.39	14.56	99.70	99.70	13.44	42.43	37.72	100.00	100.00
23.27	10.52	99.19	99.19	14.31	39.75	35.50	100.00	100.00
27.01	6.23	99.36	99.36	14.74	40.59	37.58	100.00	100.00
41.90	7.11	99.90	99.90	14.68	40.28	37.16	100.00	100.00
26.01	19.70	99.90	99.90	13.33	46.12	40.20	100.00	100.00
37.01	11.75	99.90	99.90	17.74	43.62	39.92	100.00	100.00
40.23	13.06	99.84	99.84	12.78	41.10	37.07	100.00	100.00
29.95	8.43	99.37	99.37	12.40	41.38	37.26	100.00	100.00
13.15	9.24	98.62	98.62	18.47	43.99	40.52	100.00	100.00
13.26	4.88	98.35	98.35	13.28	36.44	31.26	100.00	100.00
12.57	8.49	98.35	98.35	18.27	38.48	34.04	100.00	100.00

主要统计指标解释

供水综合生产能力 指按供水设施取水、净化、送水、出厂输水干管等环节设计能力计算的综合生产能力。包括在原设计能力的基础上，经挖、革、改增加的生产能力。计算时，以四个环节中最薄弱的环节为主确定能力。

供水管道长度 指从送水泵至用户水表之间所有管道的长度。不包括新安装尚未使用、水厂内以及用户建筑物内的管道。

城市供水总量 指报告期供水企业（单位）供出的全部水量。包括有效供水量和漏损水量。

生活用水 包括公共服务用水和居民家庭用水。公共服务用水指为城区社会公共生活服务的用水。包括行政事业单位、部队营区和公共设施服务、批发零售业、住宿餐饮业以及社会服务业等单位的用水。居民家庭用水指城市范围内所有居民家庭的日常生活用水。包括城市居民、农民家庭、公共供水站用水。

生产用水 指在城区范围内生产、运营的农、林、牧、渔业、工业、建筑业、交通运输业等单位在生产、运营过程中的用水。

用水普及率 指报告期末城区用水人口数与城市人口总数的比率。计算公式：

$$供水普及率=\frac{城区用水人口（含暂住人口）}{城区人口+城区暂住人口}\times 100\%$$

人工煤气生产能力 指报告期末人工燃气生产厂制气、净化、输送等环节的综合生产能力，不包括备用设备能力。一般按设计能力计算，当实际生产能力大于设计能力时，应按实际测定的生产能力计算。测定时应以制气、净化、输送三个环节中最薄弱的环节为主。

供气管道长度 指报告期末从气源厂压缩机的出口或门站出口至各类用户引入管之间的全部已经通气、投入使用的管道长度。不包括煤气生产厂、输配站、液化气储存站、灌瓶站、储配站、气化站、混气站、供应站等厂（站）内的管道。

城市供气总量 指报告期燃气企业（单位）向用户供应的燃气数量。包括销售量和损失量。

燃气普及率 指报告期末城区使用燃气的城市人口数与城市人口总数的比率。其中燃气包括人工煤气、天然气、液化石油气三种。计算公式为：

$$燃气普及率=\frac{城区用气人口（含暂住人口）}{城区人口+城区暂住人口}\times 100\%$$

城市供热能力 指供热企业（单位）向城市热用户输送热能的设计能力。

城市供热总量 指在报告期供热企业（单位）向城市热用户输送全部蒸汽和热水的总热量。

城市供热管道长度 指从各类热源到热用户建筑物接入口之间的全部蒸汽和热水的管道长度。不包括各类热源厂内部的管道长度。

道路长度 指道路长度和与道路相通的桥梁、隧道的长度，按车行道中心线计算。

城市桥梁 指为跨越天然或人工障碍物而修建的构筑物。包括跨河桥、立交桥、人行天桥以及人行地下通道等。

城市排水管道长度 指所有排水总管、干管、支管、检查井及连接井进出口等长度之和。

城市污水日处理能力 指污水处理厂（或污水处理装置）每昼夜处理污水量的设计能力。

城市绿地面积 指报告期末用作园林和绿化的各种绿地面积。包括公园绿地、生产绿地、防护绿地、附属绿地和其他绿地的面积。

公园绿地 城市中向公众开放的、以游憩为主要功能，有一定的游憩设施和服务设施，同时兼有健全生态、美化景观、防灾减灾等综合作用的绿化用地。包括综合公园、社区公园、专类公园、带状公园和街旁绿地。其中综合公园、专类公园和带状公园面积之和为公园面积。

清扫保洁面积 指报告期末对城市道路和公共场所（主要包括城市行车道、人行道、车行隧道、人行过街地下通道、道路附属绿地、地铁站、高架路、人行过街天桥、立交桥、广场、停车场及其他设施等）进行清扫保洁的面积。一天清扫保洁多次的，按清扫保洁面积最大的一次计算。

市容环卫专用车辆设备 指用于环境卫生作业、监察的专用车辆和设备，包括用于道路清扫、冲洗、洒水、除雪、垃圾粪便清运、市容监察以及与其配套使用的车辆和设备。

Explanatory Notes on Main Statistical Indicators

Production Capacity of Water Supply refers to the designed overall production capacity of water facilities, covering the four segments of water collection, purification, conveyance, and outflow through trunk pipelines. Increased capacity through transformation and innovation projects is included as well. The capacity is determined mainly on the weakest of the above-mentioned four segments.

Length of Water Supply Pipelines refers to the total length of all pipelines between the water pumps and the user water meters, excluding pipelines newly installed but not in use yet, pipeline in the water factory, and pipeline in the users' buildings.

Total Volume of Urban Water Supply refers to the total volume of water supplied by water-works (units) during the reference period, including both the effective water supply and loss during the water supply.

Consumption of Water for Daily Use includes consumption of water for public service use and consumption of water for household use. Consumption of water for public service use refers to water consumption for public service in the urban areas, including water consumption of administrative institutions, military barracks, public facilities, wholesale and retail, accommodation and catering industries and social service industry, etc. Consumption of water for household use refers to consumption of water for daily life of all households in cities, including households of urban residents and farmers, and public water supply stations.

Consumption of Water for Production Use refers to water consumption in the process of production and operation by production and operation units of agriculture, forestry, animal husbandry, fisheries, manufacturing, construction, transport, etc. in urban areas.

Coverage Rate of Urban Population with Access to Tap Water refers to the ratio of the urban population with access to tap water to the total urban population at the end of reference period. The formula is:

$$\text{Coverage of urban population with access to tap water} = \frac{\text{Urban population with access to tap water}}{\text{Urban population}} \times 100\%$$

Production Capacity of Gaswork Gas refers to the overall production capacity of the urban gasworks in gas generation, purification and delivery at the end of the reference period, excluding capacity of the reserved facilities. In general, it is determined by the designed capacity, and when actual production capacity is larger than the designed capacity, the capacity is determined by the actual measurement on the weakest segment in the production, purification and delivery.

Length of Gas Pipelines refers to the total length of pipelines in use between the outlet of the compressor of gas-work or outlet of gas stations and the leading pipe of users, excluding pipelines within gasworks, delivery stations, LPG storage stations, refilling stations, gas-mixing stations and supply stations.

Volume of Gas Supply refers to the total volume of gas provided to users by gas-producing enterprises (units) during the reporting period, including the volume sold and the volume lost.

Coverage Rate of Urban Population with Access to Gas refers to the ratio of the urban population with access to gas to the total urban population at the end of the reference period. Gas here includes gaswork gas, natural gas and liquefied petroleum gas. The formula is:

$$\text{Coverage rate of urban population with access to gas} = \frac{\text{Urban population with access to gas}}{\text{Urban population}} \times 100\%$$

Heating Capacity in Urban Areas refers to the designed capacity of heating enterprises (units) in supplying heating energy to urban users during the reference period.

Quantity of Heat Supplied in Urban Areas refers to the total quantity of heat from steam and hot water supplied to urban users by heating enterprises (units) during the reference period.

Length of Urban Heating Pipelines refers to the total length of steam or hot water pipelines for sources of heat to the leading pipelines of the buildings of the users, excluding internal pipelines in heat generating enterprises.

Length of Paved Roads refers to the length of roads with paved surface, including bridges and tunnels connected with roads. Length of the roads is measured by the central lines.

Urban Bridges refer to bridges built to cross over natural or man-made barriers, including bridges over rivers, overpasses for traffic and for pedestrians, underpasses for pedestrians, etc.

Length of Urban Sewage Pipes refers to the total length of general drainage, trunks, branch and inspection wells, connection wells, inlets and outlets, etc.

Daily Disposal Capacity of Urban Sewage refers to the designed 24-hour capacity of sewage disposal by the sewage treatment works or facilities.

Area of Urban Green Land refers to the total area occupied for green projects at the end of the reference period, including park green area, production green land, protection green land, green land attached to institutions, and other green areas.

Park Green Area refers to green areas open to the public for amusement and rest with the facilities of amusement, rest and services. Its function includes improving ecology, beautifying landscape, and preventing and reducing disaster. Park green areas include comprehensive park, community park, theme park, belt park and roadside green space. Total areas of comprehensive park, theme park and belt-shaped is the area of parks.

Area under Cleaning Program refers to the area which are regularly cleaned at urban roads and public places (including urban roadways, pedestrian walkways, vehical tunnels, pedestrian underpasses, underground railway stations, lifted roads, pedestrians walk bridges, overpasses, plazas, parking lots and other facilities), at the end of the reference period. If the cleaning is conducted at a location several times a day, the area that is cleaned with the largest space will be taken.

Vehicles and Facilities Dedicated to Urban Cleanling and Environmental Sanitation refer to vehicles and facilities dedicated for use in the operation, management and monitoring of environmental sanitation work. They include vehicles for road cleaning, washing, showering, ice removal, disposal of garbage and human wastes, sanitation monitoring and related activities.

县（市、区）主要指标

Main Indicators of Counties (Cities and Districts at County Level)

简 要 说 明

一、本篇资料反映河北省县（市、区）经济和社会发展基本情况，主要包括：各县（市、区）的行政区划基本情况、地区生产总值、农业总产值、主要农产品产量、消费品零售总额、居民人均收支、财政收支等内容。

二、本篇资料部分指标为初步统计数据。

三、本篇资料由河北省各市统计局整理提供。

Brief Introduction

Ⅰ. The data in this chapter show the basic conditions of the economic and social development of counties (cities, districts) in Hebei Province, mainly including basic information of administrative divisions of each county (city, district), gross regional product, total value of agricultural output, output of major agriculture products, total retail sales of consumer goods, per capita income and expenditure, financial revenue and expenditure, etc.

Ⅱ. Some data in this chapter are preliminary data.

Ⅲ. The data in this chapter are collected and provided by the statistics bureau of Hebei Province.

24-1 县(市、区)名称(2022年)

Name of Counties (Cities and Districts at County Level) (2022)

市 City	所辖县(市、区)名称 Name of County or City, Districts under Administrative							
石家庄市	长安区	桥西区	新华区	井陉矿区		裕华区	藁城区	鹿泉区
Shijiazhuang	Chang'an	Qiaoxi	Xinhua	Jingxingkuangqu		Yuhua	Gaocheng	Luquan
	栾城区	井陉县	正定县	行唐县	灵寿县	高邑县	深泽县	赞皇县
	Luancheng	Jingxing	Zhengding	Xingtang	Lingshou	Gaoyi	Shenze	Zanhuang
	无极县	平山县	元氏县	赵 县	辛集市	晋州市	新乐市	
	Wuji	Pingshan	Yuanshi	Zhaoxian	Xinji	Jinzhou	Xinle	
唐山市	路南区	路北区	古冶区	开平区	丰南区	丰润区	曹妃甸区	滦南县
Tangshan	Lunan	Lubei	Guye	Kaiping	Fengnan	Fengrun	Caofeidian	Luannan
	乐亭县	迁西县	玉田县	遵化市	迁安市	滦州市		
	Laoting	Qianxi	Yutian	Zunhua	Qian'an	Luanzhou		
秦皇岛市	海港区	山海关区	北戴河区	抚宁区	青龙满族自治县		昌黎县	卢龙县
Qinhuangdao	Haigang	Shanhaiguan	Beidaihe	Funing	Qinglong		Changli	Lulong
邯郸市	邯山区	丛台区	复兴区	峰峰矿区	肥乡区	永年区	临漳县	成安县
Handan	Hanshan	Congtai	Fuxing	Fengfeng	Feixiang	Yongnian	Linzhang	Cheng'an
	大名县	涉 县	磁 县	邱 县	鸡泽县	广平县	馆陶县	魏 县
	Daming	Shexian	Cixian	Qiuxian	Jize	Guangping	Guantao	Weixian
	曲周县	武安市						
	Quzhou	Wu'an						
邢台市	襄都区	信都区	任泽区	南和区	临城县	内丘县	柏乡县	隆尧县
Xingtai	Xiangdu	Xindu	Renze	Nanhe	Lincheng	Neiqiu	Baixiang	Longyao
	宁晋县	巨鹿县	新河县	广宗县	平乡县	威 县	清河县	临西县
	Ningjin	Julu	Xinhe	Guangzong	Pingxiang	Weixian	Qinghe	Linxi
	南宫市	沙河市						
	Nangong	Shahe						
保定市	竞秀区	莲池区	满城区	清苑区	徐水区	涞水县	阜平县	定兴县
Baoding	Jingxiu	Lianchi	Mancheng	Qingyuan	Xushui	Laishui	Fuping	Dingxing
	唐 县	高阳县	涞源县	望都县	易 县	曲阳县	蠡 县	顺平县
	Tangxian	Gaoyang	Laiyuan	Wangdu	Yixian	Quyang	Lixian	Shunping
	博野县	涿州市	定州市	安国市	高碑店市			
	Boye	Zhuozhou	Dingzhou	Anguo	Gaobeidian			
张家口市	桥东区	桥西区	宣化区	下花园区	万全区	崇礼区	张北县	康保县
Zhangjiakou	Qiaodong	Qiaoxi	Xuanhua	Xiahuayuan	Wanquan	Chongli	Zhangbei	Kangbao
	沽源县	尚义县	蔚 县	阳原县	怀安县	怀来县	涿鹿县	赤城县
	Guyuan	Shangyi	Yuxian	Yangyuan	Huai'an	Huailai	Zhuolu	Chicheng
承德市	双桥区	双滦区	鹰手营子矿区		承德县	兴隆县	滦平县	隆化县
Chengde	Shuangqiao	Shuangluan	Yingshouyingzi		Chengde	Xinglong	Luanping	Longhua
	丰宁满族自治县		宽城满族自治县		围场满族蒙古族自治县		平泉市	
	Fengning		Kuancheng		Weichang		Pingquan	
沧州市	新华区	运河区	沧 县	青 县	东光县	海兴县	盐山县	肃宁县
Cangzhou	Xinhua	Yunhe	Cangxian	Qingxian	Dongguang	Haixing	Yanshan	Suning
	南皮县	吴桥县	献 县	孟村回族自治县		泊头市	任丘市	黄骅市
	Nanpi	Wuqiao	Xianxian	Mengcun		Botou	Renqiu	Huanghua
	河间市							
	Hejian							
廊坊市	安次区	广阳区	固安县	永清县	香河县	大城县	文安县	
Langfang	Anci	Guangyang	Gu'an	Yongqing	Xianghe	Dacheng	Wen'an	
	大厂回族自治县		霸州市	三河市				
	Dachang		Bazhou	Sanhe				
衡水市	桃城区	冀州区	枣强县	武邑县	武强县	饶阳县	安平县	故城县
Hengshui	Taocheng	Jizhou	Zaoqiang	Wuyi	Wuqiang	Raoyang	Anping	Gucheng
	景 县	阜城县	深州市					
	Jingxian	Fucheng	Shenzhou					

24-2 各县(市、区)主要指标(2022年)

县(市、区)	County (City or District)	乡镇个数 (个) Number of Countrysides and Towns (unit)	村委会个数 (个) Number of Villagers' Committees (unit)	街道办事处个数 (个) Number of Subdistrict Offices (unit)	居委会个数 (个) Number of Neighborhood Committees (unit)	总户数 (万户) Total Households (10000 households)
石家庄市	**Shijiazhuang**					
长安区	Chang'an District	4		12	172	22.5
桥西区	Qiaoxi District			17	152	21.5
新华区	Xinhua District			15	116	16.1
井陉矿区	Jingxing Mining Area	3		2	41	2.6
裕华区	Yuhua District	2		11	155	20.5
藁城区	Gaocheng District	14	164		93	23.3
鹿泉区	Luquan District	12	180		50	12.7
栾城区	Luancheng District	8	163		29	9.9
井陉县	Jingxing County	17	321		6	10.6
正定县	Zhengding County	8	154	2	44	12.7
行唐县	Xingtang County	15	322		14	16.1
灵寿县	Lingshou County	15	279		5	11.2
高邑县	Gaoyi County	5	107		5	5.8
深泽县	Shenze County	6	125		4	9.7
赞皇县	Zanhuang County	11	199		23	9.6
无极县	Wuji County	11	213		10	15.8
平山县	Pingshan County	23	717		22	16.6
元氏县	Yuanshi County	15	208		8	11.0
赵　县	Zhao County	11	281		10	17.6
晋州市	Jinzhou City	10	224		13	15.6
新乐市	Xinle City	11	160	1	18	13.5
高新区	HighTech District					
循环化工园区	Recycling Chemical Industry Park					
唐山市	**Tangshan**					
路南区	Lunan District	2	55	9	80	
路北区	Lubei District	1	79	12	193	
古冶区	Guye District	5	122	5	84	
开平区	Kaiping District	6	143	5	45	
丰南区	Fengnan District	17	482	3	63	
丰润区	Fengrun District	22	515	3	69	
曹妃甸区	Caofeidian District	5	11	3	31	
滦南县	Luannan County	16	589	1	18	
乐亭县	Laoting County	14	530	1	16	
迁西县	Qianxi County	17	417	1	11	
玉田县	Yutian County	20	750	1	23	
遵化市	Zunhua City	25	648	2	42	
迁安市	Qian'an City	17	534	4	38	
滦州市	Luanzhou City	10	504	4	29	
海港经济开发区	Haigang Economic Development Area					

Main Indicators of Counties (Cities and Districts at County Level) (2022)

常住总人口 (万人) Permanent Population (10000 persons)	城镇人口 Urban	乡村人口 Rural	常住人口城镇化率 (%) Urbanization Rate of Resident Population (%)	地区生产总值 (万元) Gross Domestic Product (10000 yuan)	第一产业 Primary Industry	第二产业 Secondary Industry	第三产业 Tertiary Industry	#工业 Industry
105.1	105.1		100.00	6793463	7964	1000090	5785409	382759
97.8	97.8		100.00	9164181	742	1532225	7631213	875527
80.2	80.2		100.00	5387343	5404	448740	4933199	77020
7.6	6.8	0.9	88.84	735872	4702	475865	255305	455728
78.2	78.2		100.00	4727466	677	511920	4214870	160226
73.9	43.2	30.7	58.45	5741618	519416	3270077	1952126	3097997
59.1	44.4	14.7	75.18	3800163	196693	1545102	2058368	1260740
38.2	26.5	11.7	69.34	2028025	165745	876235	986044	779466
25.1	13.4	11.7	53.47	1193678	127670	434101	631907	392283
55.2	36.2	19.0	65.57	3383728	393049	874998	2115681	617075
37.2	17.7	19.5	47.61	1484559	488385	275635	720540	217814
31.0	14.5	16.6	46.66	1358331	384326	279345	694660	243786
17.8	10.2	7.6	57.15	885183	201331	280782	403071	251312
21.4	9.9	11.5	46.15	918715	187907	333099	397708	266844
23.7	9.3	14.4	39.12	947337	281578	263495	402264	220314
44.2	20.4	23.7	46.25	1584095	388922	500314	694859	474722
42.3	22.3	20.0	52.64	3151265	207949	1957769	985547	1901917
39.2	19.2	20.1	48.90	1958281	269436	630567	1058278	578964
50.6	20.5	30.1	40.58	1735310	335499	497814	901996	384358
50.9	24.3	26.6	47.75	1923419	444183	558059	921177	508245
48.0	28.7	19.3	59.79	1726641	380280	520808	825552	397980
30.8	30.8		100.00	4200059	3138	2104477	2092445	1908538
5.7	5.0	0.7	86.91	1588347	23219	1418963	146166	1381669
33.6	31.6	2.0	94.18	3304157	20594	1452827	1830736	1095223
78.7	75.9	2.8	96.46	6001265	47101	2086779	3867385	1827607
31.0	27.2	3.8	87.60	2561107	128960	1737416	694731	1681654
27.6	20.7	6.9	74.96	1572547	52690	771299	748558	645228
55.3	35.5	19.8	64.22	10060500	601390	5743501	3715609	5454712
79.7	47.6	32.1	59.76	10033470	404837	6521425	3107208	5204013
36.2	30.8	5.3	85.24	10102900	515687	5812313	3774900	5724311
50.5	24.6	25.9	48.70	3141127	987159	917058	1236910	772310
38.9	18.5	20.3	47.66	5022475	948038	2726283	1348154	2490817
36.4	20.3	16.1	55.83	3602364	242992	2295957	1063415	2005114
66.2	31.2	35.0	47.19	3312136	701830	1518418	1091888	1359351
70.3	40.2	30.1	57.24	5503687	622864	2498424	2382399	1967660
77.9	48.6	29.3	62.43	12811243	358200	8554620	3898423	8307141
51.8	28.6	23.2	55.24	5010142	494415	3110498	1405229	3029549
9.8	6.7	3.1	68.50	2572204	82325	1035472	1454407	1003646

24-2 续表 1

县(市、区)	County (City or District)	乡镇个数 (个) Number of Countrysides and Towns (unit)	村委会个数 (个) Number of Villagers' Committees (unit)	街道办事处个数 (个) Number of Subdistrict Offices (unit)	居委会个数 (个) Number of Neighborhood Committees (unit)	总户数 (万户) Total Households (10000 households)
唐山湾国际旅游岛	Tangshan Bay International Tourism Island		3			
高新技术产业开发区	High and New Tech Development Zone					
芦台经济开发区	Lutai Economic Development Area					
汉沽管理区	Hangu Management Area					
秦皇岛市	**Qinhuangdao**					
海港区	Haigang District	8	285	13	122	31.0
山海关区	Shanhaiguan District	4	120	5	23	5.1
北戴河区	Beidaihe District	3	73	3	16	4.2
抚宁区	Funing District	7	397	1	11	13.8
青龙满族自治县	Qinglong Man A.C.	24	396	1	10	20.0
昌黎县	Changli County	16	446			22.3
卢龙县	Lulong County	12	548			15.3
秦皇岛开发区	Qinhuangdao Development Area					5.2
北戴河新区	Beidaihe New Area					3.7
邯郸市	**Handan**					
邯山区	Hanshan District	10	178	11	122	14.1
丛台区	Congtai District	9	168	10	141	16.9
复兴区	Fuxing District	5	94	7	71	9.2
峰峰矿区	Fengfeng Mining Area	10	157	1	41	14.1
肥乡区	Feixiang District	9	253		20	9.1
永年区	Yongnian District	17	342		36	26.7
临漳县	Linzhang County	14	425		10	18.0
成安县	Cheng'an County	9	243		9	11.6
大名县	Daming County	20	609		59	25.8
涉　县	She County	16	280	1	33	14.2
磁　县	Ci County	11	240		30	11.9
邱　县	Qiu County	7	217		8	7.8
鸡泽县	Jize County	7	168		7	7.2
广平县	Guangping County	7	99		77	6.4
馆陶县	Guantao County	8	269		17	10.9
魏　县	Wei County	21	479		84	27.0
曲周县	Quzhou County	10	338		13	12.5
武安市	Wu'an City	22	502		11	22.4
冀南新区	Ji'nan New Area					7.8
开发区	Development Area					6.0
邢台市	**Xingtai**					
襄都区	Xiangdu District	3	25	5	37	17.6
信都区	Xindu District	17	530	8	31	27.2
任泽区	Renze District	8	134		67	12.5
南和区	Nanhe District	8	209		17	13.2

continued

常住总人口 (万人) Permanent Population (10000 persons)	城镇人口 Urban	乡村人口 Rural	常住人口城镇化率 (%) Urbanization Rate of Resident Population (%)	地区生产总值 (万元) Gross Domestic Product (10000 yuan)	第一产业 Primary Industry	第二产业 Secondary Industry	第三产业 Tertiary Industry	#工业 Industry
0.2	0.2		100.00					
16.8	12.2	4.6	72.64	2950164	22678	1780289	1147197	1741594
4.3	2.6	1.8	58.74	902542	35617	749983	116942	740424
5.2	3.7	1.6	69.60	371456	46458	170859	154139	160182
102.1	92.2	9.9	90.28	5551834	82685	1247479	4221670	812934
16.2	15.2	1.0	93.80	895703	99075	322872	473757	278547
11.9	10.6	1.3	88.88	695446	21612	57352	616482	36356
29.3	13.1	16.2	44.81	1416985	377889	369430	669667	259200
38.9	13.2	25.7	33.87	1419228	564727	324310	530192	284019
49.5	24.4	25.1	49.20	3510461	773877	1510563	1226021	1437074
33.5	13.3	20.2	39.75	1375441	419309	385000	571131	328971
19.9	15.9	4.0	80.01					
8.5	5.0	3.5	58.73					
59.6	51.3	8.3	86.09	2342907	32708	492885	1817314	145904
57.3	50.1	7.2	87.39	3277439	12847	966643	2297949	598514
32.1	30.0	2.1	93.43	2529471	5406	1458826	1065239	1321077
40.9	31.7	9.1	77.62	2179290	49469	1335688	794133	1315710
36.5	19.5	17.1	53.27	1904285	346450	678586	879249	565766
84.5	45.5	38.9	53.90	2833982	475956	1258499	1099527	1189094
58.1	29.6	28.5	50.99	1967487	287106	848739	831642	725037
39.4	18.9	20.4	48.12	2048838	334349	1045851	668638	898043
71.9	33.0	38.9	45.89	1962564	354112	656917	951535	574823
37.5	24.2	13.3	64.55	2126123	148916	1014801	962406	906542
42.6	23.4	19.2	54.98	1126428	153798	438872	533758	400862
20.1	11.0	9.1	54.94	1222295	209423	557502	455370	420045
29.1	15.4	13.7	53.06	1166760	200155	496753	469852	450874
25.8	14.1	11.6	54.95	1013590	126509	335550	551531	240371
30.3	16.1	14.2	53.19	1150367	276810	287276	586281	240480
76.9	38.8	38.1	50.45	2199246	459695	746623	992928	597754
45.8	24.6	21.2	53.78	1403808	302769	527514	573525	483051
81.7	46.5	35.2	56.89	8015984	356610	4957437	2701937	4868687
28.1	16.8	11.3	59.87	760478	71639	296847	391992	281981
29.8	17.8	11.9	59.88	2232067	193711	1123420	914936	1008088
36.2	34.8	1.4	96.20	1678797	8496	583824	1086477	428245
79.6	61.9	17.7	77.77	3677047	157345	1744707	1774995	1597006
34.2	16.3	17.8	47.82	742695	178302	245461	318932	192927
34.9	20.7	14.2	59.39	957460	279802	248847	428811	216596

24-2 续表 2

县(市、区)	County (City or District)	乡镇个数 (个) Number of Countrysides and Towns (unit)	村委会个数 (个) Number of Villagers' Committees (unit)	街道办事处个数 (个) Number of Subdistrict Offices (unit)	居委会个数 (个) Number of Neighborhood Committees (unit)	总户数 (万户) Total Households (10000 households)
临城县	Lincheng County	8	209		17	8.4
内丘县	Neiqiu County	9	301		18	9.5
柏乡县	Baixiang County	6	121		6	6.9
隆尧县	Longyao County	12	276		9	17.9
宁晋县	Ningjin County	16	322	1	65	27.1
巨鹿县	Julu County	10	246		55	14.5
新河县	Xinhe County	6	169		8	6.9
广宗县	Guangzong County	8	196		24	11.2
平乡县	Pingxiang County	6	227	1	32	11.1
威　县	Wei County	16	519		10	20.6
清河县	Qinghe County	6	305		25	11.7
临西县	Linxi County	9	299		6	11.1
南宫市	Nangong City	11	440	4	24	16.1
沙河市	Shahe City	8	242	5	21	13.6
开发区	Development Area	3	49	2	34	
邢东新区	Xingdong New Area	1	49	1	4	
保定市	**Baoding**					
竞秀区	Jingxiu District	6	84	6	78	
莲池区	Lianchi District	7	119	10	133	
满城区	Mancheng District	12	204		14	
清苑区	Qingyuan District	18	266		11	
徐水区	Xushui District	14	304		22	
涞水县	Laishui County	15	284		8	
阜平县	Fuping County	13	209		5	
定兴县	Dingxing County	16	258		24	
唐　县	Tang County	20	345		10	
高阳县	Gaoyang County	8	165	1	16	
涞源县	Laiyuan County	17	283		8	
望都县	Wangdu County	8	142		12	
易　县	Yi County	27	469		9	
曲阳县	Quyang County	18	367		9	
蠡　县	Li County	13	232		7	
顺平县	Shunping County	10	237		5	
博野县	Boye County	7	133		5	
涿州市	Zhuozhou City	11	402	3	45	
安国市	Anguo City	9	198	2	7	
高碑店市	Gaobeidian City	10	442	5	32	
高新区	HighTech District				8	
白沟新城	Baigou City				4	

continued

常住总人口 (万人) Permanent Population (10000 persons)	城镇人口 Urban	乡村人口 Rural	常住人口城镇化率 (%) Urbanization Rate of Resident Population (%)	地区生产总值 (万元) Gross Domestic Product (10000 yuan)	第一产业 Primary Industry	第二产业 Secondary Industry	第三产业 Tertiary Industry	#工业 Industry
19.9	9.2	10.7	46.06	591955	108974	154588	328393	127576
25.7	11.7	14.0	45.44	755172	165031	181081	409060	154678
16.8	7.8	9.0	46.59	562694	134875	225544	202275	192951
47.3	21.5	25.7	45.56	1275258	298883	452872	523503	432508
74.3	34.4	39.8	46.37	3300174	383647	1768174	1148353	1690305
33.2	14.4	18.7	43.51	1141060	333332	290405	517323	231635
13.3	6.5	6.8	48.94	609204	154069	244082	211053	219736
25.9	10.4	15.5	40.15	704171	146376	263701	294094	195610
32.2	17.8	14.4	55.25	1056697	199558	391171	465968	340805
48.2	19.8	28.4	41.09	1284481	345498	343782	595201	283731
41.4	25.5	15.9	61.65	1696213	84740	717826	893647	688512
32.5	14.2	18.3	43.77	916212	184460	248323	483429	225399
39.5	18.5	21.0	46.83	1344076	238587	487861	617628	415486
43.1	26.8	16.2	62.29	2197870	80734	936027	1181109	812780
18.2	11.2	7.0	61.65	827947	15874	478868	333205	392094
6.3	4.5	1.8	71.24	159853	8540	59260	92053	55499
52.9	52.8	0.1	99.72	4108830	14062	2361042	1733726	1015762
92.7	89.3	3.4	96.29	6006045	17737	2596701	3391607	2265770
39.2	22.3	16.9	56.89	1501902	271162	455055	775685	396069
62.3	27.8	34.5	44.60	1700034	389903	535968	774163	416586
60.6	29.8	30.8	49.16	2076292	245667	836271	994354	713892
31.0	16.2	14.7	52.42	1052546	207616	179016	665914	124991
18.9	10.3	8.7	54.25	606471	188361	106049	312061	81838
50.0	23.9	26.1	47.77	2004744	393220	714561	896963	521434
49.3	20.9	28.4	42.34	1505836	439415	509119	557302	304448
31.2	15.4	15.8	49.34	1221091	78171	595780	547140	567714
24.4	15.9	8.5	65.24	827073	96517	266959	463597	236609
23.0	12.2	10.8	53.15	813406	198633	244469	370304	194274
49.1	21.1	28.0	42.92	1300268	346306	256191	697771	201154
54.2	23.6	30.6	43.58	1405032	220168	445186	739678	387209
48.0	23.7	24.3	49.37	1401485	248211	468760	684514	416428
26.3	11.2	15.1	42.67	938435	330816	221500	386119	205695
22.0	11.7	10.3	53.23	701683	211777	187969	301937	151095
65.5	40.0	25.6	61.00	4001930	281889	1005719	2714322	776882
35.5	19.1	16.4	53.80	1301698	285066	331521	685111	295070
52.6	31.3	21.3	59.54	2368166	176460	986088	1205618	678826
10.5	6.8	3.7	64.86	1324744	4163	572918	747663	451566
15.2	15.0	0.2	98.84	755892	2656	158878	594358	138775

24—2 续表 3

县(市、区)	County (City or District)	乡镇个数 (个) Number of Countrysides and Towns (unit)	村委会个数 (个) Number of Villagers' Committees (unit)	街道办事处个数 (个) Number of Subdistrict Offices (unit)	居委会个数 (个) Number of Neighborhood Committees (unit)	总户数 (万户) Total Households (10000 households)
张家口市	**Zhangjiakou**					
桥东区	Qiaodong District	3	47	5	47	13.7
桥西区	Qiaoxi District	1	20	7	44	12.4
宣化区	Xuanhua District	14	313	7	54	21.9
下花园区	Xiahuayuan District	4	46	2	14	3.2
万全区	Wanquan District	11	170		15	8.7
崇礼区	Chongli District	10	211		10	5.9
张北县	Zhangbei County	18	366		26	16.8
康保县	Kangbao County	15	326		4	11.7
沽源县	Guyuan County	14	233		19	10.3
尚义县	Shangyi County	14	172		10	8.1
蔚　县	Yu County	22	546		26	17.5
阳原县	Yangyuan County	14	301		9	11.1
怀安县	Huai'an County	11	273		10	9.7
怀来县	Huailai County	17	279		26	15.1
涿鹿县	Zhuolu County	17	373		7	15.6
赤城县	Chicheng County	18	440		4	13.2
经开区	Jingkai District	4	39	2	14	
察北管理区	Chabei Management Area	2	18			
塞北管理区	Saibei Management Area					
承德市	**Chengde**					
双桥区	Shuangqiao District	7	90	7	49	15.0
双滦区	Shuangluan District	6	63	3	28	5.7
鹰手营子矿区	Yingshouyingzi District	4	15	1	11	2.5
承德县	Chengde County	23	378		11	15.7
兴隆县	Xinglong County	20	289		8	13.1
滦平县	Luanping County	19	199	1	14	12.1
隆化县	Longhua County	24	357	1	9	16.7
丰宁满族自治县	Fengning Man A.C.	26	310	1	15	15.5
宽城满族自治县	Kuancheng Man A.C.	18	205		5	7.9
围场满族蒙古族自治县	Weichang Man & Mongolian A.C.	37	312		9	20.8
平泉市	Pingquan City	19	241		18	16.9
高新技术产业开发区	High and New Tech Development Zone					
沧州市	**Cangzhou**					
新华区	Xinhua District	1	23	5	49	
运河区	Yunhe District	2	65	6	83	
沧　县	Cang County	19	519			
青　县	Qing County	10	345			
东光县	Dongguang County	9	447			
海兴县	Haixing County	7	197		9	
盐山县	Yanshan County	12	450		6	

continued

常住总人口 (万人) Permanent Population (10000 persons)	城镇人口 Urban	乡村人口 Rural	常住人口城镇化率 (%) Urbanization Rate of Resident Population (%)	地区生产总值 (万元) Gross Domestic Product (10000 yuan)	第一产业 Primary Industry	第二产业 Secondary Industry	第三产业 Tertiary Industry	#工业 Industry
27.6	24.2	3.3	87.91	2401683	16901	1001798	1382984	906593
27.5	26.1	1.4	94.94	1102034	2101	95369	1004564	34090
53.6	41.3	12.3	76.99	1739770	159632	468486	1111652	442586
6.3	5.2	1.1	82.48	257234	35399	85824	136011	67159
21.4	15.3	6.1	71.35	868402	145457	256926	466019	230943
10.4	5.8	4.6	55.89	380390	110171	62883	207336	53691
30.8	21.6	9.2	70.22	1491704	402375	498845	590484	480905
13.6	6.9	6.7	50.50	739228	316422	211102	211704	194056
15.9	9.2	6.6	58.23	760638	347420	197203	216015	146399
10.4	5.6	4.7	54.47	583410	256240	156218	170952	151017
40.4	21.8	18.6	54.00	929916	188254	159539	582123	110902
20.3	11.7	8.6	57.66	558974	158868	114522	285584	67397
17.9	9.5	8.4	53.22	967033	101453	556035	309545	535770
34.8	21.4	13.4	61.48	1451294	248814	171944	1030536	79447
29.3	15.8	13.5	53.99	990009	155681	247824	586504	183869
19.5	10.1	9.4	51.86	688688	295584	75130	317974	66701
25.6	21.4	4.2	83.47	1521483	36810	224451	1260222	185816
1.7	1.3	0.4	78.94	194665	96195	59678	38792	58347
0.7	0.7		99.55	148890	100297	24173	24420	23961
35.8	34.4	1.4	96.06	1721548	6701	288624	1426223	50067
18.2	15.4	2.9	84.23	1612292	32914	1038493	540885	961640
5.4	5.1	0.3	93.87	421620	11364	269717	140539	264972
33.7	14.9	18.7	44.38	1466521	564950	314148	587423	253175
26.8	13.6	13.3	50.59	1348905	321819	470587	556499	440722
26.6	13.3	13.3	50.01	1896978	442071	774206	680701	673363
34.4	14.7	19.7	42.76	1749224	728067	336199	684958	215807
32.3	15.3	17.0	47.46	1568221	411089	556886	600246	396271
23.8	14.1	9.7	59.36	1565744	247404	649671	668669	595513
41.9	18.1	23.8	43.15	1954724	821401	437542	695781	335539
39.5	23.1	16.4	58.45	1697308	606345	362201	728762	277539
13.7	10.9	2.8	79.51	798990	6439	502364	290187	437451
23.8	22.9	0.9	96.33	1959840	1384	600043	1358413	456634
51.1	48.8	2.3	95.47	3644864	4296	1154218	2486350	941866
61.7	14.4	47.4	23.27	2621850	316465	1028832	1276553	843065
42.4	23.3	19.1	55.00	2310819	498971	786269	1025579	743713
35.0	18.0	17.0	51.40	1903577	154990	661583	1087004	637581
19.0	7.7	11.3	40.46	730789	141646	224573	364570	198190
39.0	18.6	20.4	47.62	1480599	120179	556649	803771	514393

24-2 续表 4

县(市、区)	County (City or District)	乡镇个数 (个) Number of Countrysides and Towns (unit)	村委会个数 (个) Number of Villagers' Committees (unit)	街道办事处个数 (个) Number of Subdistrict Offices (unit)	居委会个数 (个) Number of Neighborhood Committees (unit)	总户数 (万户) Total Households (10000 households)
肃宁县	Suning County	9	254		11	
南皮县	Nanpi County	9	312			
吴桥县	Wuqiao County	10	473			
献　县	Xian County	18	500		13	
孟村回族自治县	Mengcun Hui A.C.	6	126		9	
泊头市	Botou City	12	657	3	33	
任丘市	Renqiu City	12	349	7	54	
渤海新区黄骅市	Bohai New Area Huanghua City	11	327	3	30	
河间市	Hejian City	18	615	2	24	
开发区	Development Area					
高新区	HighTech District					
廊坊市	**Langfang**					
安次区	Anci District	8	288	3	46	13.0
广阳区	Guangyang District	4	169	7	92	14.8
固安县	Gu'an County	9	419		25	19.4
永清县	Yongqing County	10	386		7	12.0
香河县	Xianghe County	9	300		27	14.0
大城县	Dacheng County	10	394		12	15.2
文安县	Wen'an County	13	383		6	17.9
大厂回族自治县	Dachang Hui A.C.	5	106	1	23	7.3
霸州市	Bazhou City	12	363	1	20	18.6
三河市	Sanhe City	10	395	6	112	30.1
经济技术开发区	EconomicTechnological Development Area					
衡水市	**Hengshui**					
桃城区	Taocheng District	4	221	4	57	27.0
冀州区	Jizhou District	10	382		8	13.2
枣强县	Zaoqiang County	11	553		7	14.3
武邑县	Wuyi County	9	524		4	10.7
武强县	Wuqiang County	17	465		5	22.1
饶阳县	Raoyang County	6	238		4	7.8
安平县	Anping County	7	197		4	9.4
故城县	Gucheng County	8	230		15	10.7
景　县	Jing County	13	538		13	19.9
阜城县	Fucheng County	16	848		8	17.4
深州市	Shenzhou City	10	610		3	12.6
高新区	HighTech District	1	116			
滨湖新区	Binhu New Area	2	72			
定州市	**Dingzhou**	**25**	**470**	**4**	**72**	**38.7**
辛集市	**Xinji**	**15**	**344**		**24**	

continued

常住总人口 (万人) Permanent Population (10000 persons)	城镇人口 Urban	乡村人口 Rural	常住人口城镇化率 (%) Urbanization Rate of Resident Population (%)	地区生产总值 (万元) Gross Domestic Product (10000 yuan)	第一产业 Primary Industry	第二产业 Secondary Industry	第三产业 Tertiary Industry	#工业 Industry
35.1	18.1	17.1	51.40	1587159	298852	231738	1056569	158776
35.9	14.9	21.0	41.51	1275846	236837	461058	577951	447284
22.0	9.3	12.8	42.10	1026559	206408	182560	637591	166279
54.7	21.0	33.6	38.47	2290237	391516	996454	902267	931929
20.6	10.7	9.9	51.92	1051940	90122	532426	429392	520622
57.9	27.5	30.3	47.57	2933914	225335	1244409	1464170	1181628
84.7	48.6	36.1	57.44	7021580	170628	3354952	3496000	3221095
64.5	46.6	17.9	72.28	8138373	568184	4597935	2972254	4381677
79.4	31.5	48.0	39.61	2948914	248335	1040829	1659750	862143
3.3	3.3		100.00	605004	1150	453188	150666	447856
1.5	1.5	0.0	97.15	349832	851	122700	226281	109436
47.0	31.6	15.4	67.16	2586517	121215	718168	1747134	596773
53.7	44.3	9.4	82.52	5180639	57820	1233150	3889669	573409
59.8	36.9	22.9	61.71	3226458	470677	761792	1993989	711575
39.5	20.7	18.9	52.28	2399950	729081	557101	1113768	358022
45.2	33.5	11.6	74.24	2647288	225569	693740	1727979	477922
49.3	23.2	26.1	47.06	2067718	188952	1009695	869071	757425
55.5	28.2	27.3	50.79	2412561	137161	1342527	932873	1148714
17.6	11.8	5.8	67.12	1809000	44915	330541	1433544	295971
74.8	47.2	27.5	63.18	4501737	122120	2359936	2019681	2244945
94.9	74.0	20.9	78.02	6103563	202612	1699842	4201109	1151329
12.4	11.3	1.0	91.79					
60.9	54.5	6.5	89.38	2521402	105663	594004	1821736	444879
29.8	16.6	13.2	55.77	1331730	144699	442722	744309	372334
36.0	20.4	15.7	56.53	1343814	179612	409586	754616	331558
26.3	12.6	13.7	47.74	1015373	292585	245063	477725	190719
47.3	20.2	27.1	42.65	1798282	449082	551679	797521	420504
17.3	6.1	11.2	35.25	832359	126898	327788	377674	245544
25.1	10.0	15.1	39.77	1107494	387538	229522	490433	205132
32.5	19.6	12.9	60.20	1627122	168280	664933	793910	593732
43.9	21.2	22.7	48.31	1330342	306585	401274	622484	326049
45.7	22.2	23.4	48.70	1951702	215577	729098	1007027	576264
28.9	13.2	15.7	45.53	962072	224596	291155	446321	211693
14.8	12.8	2.0	86.68	1990077	14354	1203788	771936	1130656
8.1	5.5	2.6	67.61	236681	19317	85080	132284	76389
107.6	**58.5**	**49.1**	**54.36**	**3825728**	**938333**	**1438272**	**1449123**	**1144141**
59.1	**37.3**	**21.8**	**63.13**	**4313138**	**564560**	**2548506**	**1200072**	**2496487**

24-2 续表 5

县(市、区)	County (City or District)	地区生产总值增速 (%) Growth Rate of Regional Gross Domestic Product (%)	第一产业 Primary Industry	第二产业 Secondary Industry
石家庄市	**Shijiazhuang**			
长安区	Chang'an District	8.0	6.8	9.6
桥西区	Qiaoxi District	7.7	23.7	21.6
新华区	Xinhua District	6.7	11.9	1.1
井陉矿区	Jingxing Mining Area	10.4	16.3	15.1
裕华区	Yuhua District	7.8	24.5	9.8
藁城区	Gaocheng District	7.8	1.9	9.3
鹿泉区	Luquan District	8.0	2.9	9.8
栾城区	Luancheng District	7.7	6.7	9.1
井陉县	Jingxing County	6.6	4.3	10.9
正定县	Zhengding County	8.0	2.8	10.7
行唐县	Xingtang County	7.8	7.8	7.6
灵寿县	Lingshou County	8.7	11.7	7.3
高邑县	Gaoyi County	7.6	9.5	6.9
深泽县	Shenze County	7.2	5.3	8.9
赞皇县	Zanhuang County	8.4	12.0	9.4
无极县	Wuji County	7.3	6.2	7.8
平山县	Pingshan County	9.2	3.6	9.2
元氏县	Yuanshi County	7.1	5.8	12.6
赵　县	Zhao County	6.8	6.0	6.9
晋州市	Jinzhou City	7.1	7.3	8.7
新乐市	Xinle City	6.0	1.7	10.0
高新区	HighTech District	5.0	18.7	3.9
循环化工园区	Recycling Chemical Industry Park	9.5	33.1	11.3
唐山市	**Tangshan**			
路南区	Lunan District	5.0	5.3	10.3
路北区	Lubei District	4.8	3.8	3.5
古冶区	Guye District	4.7	5.2	5.0
开平区	Kaiping District	2.2	1.6	4.6
丰南区	Fengnan District	8.7	4.0	8.6
丰润区	Fengrun District	2.3	3.4	3.8
曹妃甸区	Caofeidian District	8.2	23.1	8.0
滦南县	Luannan County	2.4	5.5	0.8
乐亭县	Laoting County	4.7	4.9	5.2
迁西县	Qianxi County	2.8	10.1	3.4
玉田县	Yutian County	4.7	1.2	9.2
遵化市	Zunhua City	4.9	3.9	7.5
迁安市	Qian'an City	5.5	1.4	6.5
滦州市	Luanzhou City	4.7	3.8	5.3
海港经济开发区	Haigang Economic Development Area	5.5	6.8	5.4

continued

第三产业 Tertiary Industry	#工　业 Industry	人均地区生产总值 (元) Per Capita Gross Domestic Product (yuan)	人均可支配收入 Per Capita Disposable Income			
			城镇居民 (元) Urban Value (yuan)	增　速 (%) Growth Rate (%)	农村居民 (元) Rural Value (yuan)	增　速 (%) Growth Rate (%)
7.7	5.3	64697	49883	3.8		
5.5	14.0	93770	50781	3.7		
7.1	8.9	67291	50128	3.8		
5.6	17.0	96318	41123	4.5	25619	5.7
7.6	4.9	60492	51407	3.8		
7.5	9.2	77758	44547	4.5	26032	6.6
7.3	9.8	64410	43410	4.6	26069	6.1
6.7	9.4	53236	40202	4.4	23890	6.4
4.7	10.6	47642	37497	4.7	18266	6.4
8.0	9.3	61355	41089	5.0	25578	6.8
7.8	5.5	39891	37735	5.0	12906	8.4
7.6	6.3	43796	36936	4.9	12345	8.4
7.1	6.1	49841	35096	4.3	19192	5.9
7.0	5.2	43696	35665	4.0	18256	5.8
5.6	6.9	40006	34331	4.8	12032	8.5
7.7	7.8	35916	36863	4.2	20707	6.1
10.4	9.1	74542	38543	4.7	13768	8.6
4.7	12.3	49943	35828	4.1	20340	6.0
7.0	7.0	34305	38071	4.0	21062	6.7
6.2	7.2	37807	41697	3.9	25778	5.8
6.0	9.7	35998	35886	4.1	23080	6.6
6.0	3.7	136810				
5.8	12.9	280132				
1.6	7.5	98382	53954	4.4	24993	6.8
5.6	4.2	76279	53334	4.1	28041	6.3
5.6	3.6	82100	46374	4.0	23218	5.8
0.2	3.9	56791	45330	4.2	22956	5.8
9.8	8.6	182058	51372	4.5	24031	6.9
0.5	2.4	125883	49793	3.8	23092	6.0
6.8	8.1	282007	50013	4.6	27132	6.8
2.4	0.8	62157	46232	3.6	20935	6.5
4.0	3.3	129362	46688	3.7	24516	6.4
0.6	1.9	99129	48485	3.6	23574	5.8
1.9	7.0	50028	44572	3.6	23511	6.3
2.9	5.5	78333	47937	3.9	23521	6.6
4.1	6.4	164489	50550	4.5	31768	5.9
4.1	5.6	96721	50705	4.4	24163	6.6
5.6	4.3	263816				

24-2 续表 6

县(市、区)	County (City or District)	地区生产总值增速 (%) Growth Rate of Regional Gross Domestic Product (%)	第一产业 Primary Industry	第二产业 Secondary Industry
唐山湾国际旅游岛	Tangshan Bay International Tourism Island			
高新技术产业开发区	High and New Tech Development Zone	4.8	3.4	5.7
芦台经济开发区	Lutai Economic Development Area	4.6	4.1	4.7
汉沽管理区	Hangu Management Area	4.4	3.2	5.1
秦皇岛市	**Qinhuangdao**			
海港区	Haigang District	2.7	3.5	0.5
山海关区	Shanhaiguan District	2.7	3.9	6.8
北戴河区	Beidaihe District	2.4	3.8	1.4
抚宁区	Funing District	3.9	3.8	5.3
青龙满族自治县	Qinglong Man A.C.	3.6	4.2	4.6
昌黎县	Changli County	3.6	3.6	7.7
卢龙县	Lulong County	3.7	4.2	4.0
秦皇岛开发区	Qinhuangdao Development Area			
北戴河新区	Beidaihe New Area			
邯郸市	**Handan**			
邯山区	Hanshan District	4.2	3.9	2.6
丛台区	Congtai District	4.2	5.6	3.1
复兴区	Fuxing District	4.2	1.3	4.6
峰峰矿区	Fengfeng Mining Area	3.1	0.6	2.9
肥乡区	Feixiang District	3.8	1.8	6.1
永年区	Yongnian District	4.3	3.1	5.6
临漳县	Linzhang County	1.9	4.9	0.9
成安县	Cheng'an County	4.8	6.5	6.7
大名县	Daming County	4.4	3.3	5.2
涉 县	She County	4.4	5.6	3.6
磁 县	Ci County	5.7	5.9	9.0
邱 县	Qiu County	4.9	6.5	6.8
鸡泽县	Jize County	3.0	0.3	5.0
广平县	Guangping County	3.5	4.7	6.3
馆陶县	Guantao County	3.7	5.6	6.5
魏 县	Wei County	3.9	4.8	3.9
曲周县	Quzhou County	4.7	6.5	4.9
武安市	Wu'an City	5.0	11.9	4.8
冀南新区	Ji'nan New Area	6.0	1.2	9.7
开发区	Development Area	5.1	4.3	9.1
邢台市	**Xingtai**			
襄都区	Xiangdu District	3.1	4.2	6.3
信都区	Xindu District	4.8	2.8	6.2
任泽区	Renze District	2.6	4.1	0.6
南和区	Nanhe District	3.8	3.8	3.0

continued

第三产业 Tertiary Industry	#工业 Industry	人均地区生产总值（元）Per Capita Gross Domestic Product (yuan)	人均可支配收入 Per Capita Disposable Income 城镇居民（元）Urban Value (yuan)	增速（%）Growth Rate (%)	农村居民（元）Rural Value (yuan)	增速（%）Growth Rate (%)
3.8	5.8	175292				
4.6	4.3	207959				
4.2	4.5	70754				
3.5	6.8	54344	47875	4.1	27142	6.4
0.1	4.7	54867	41839	3.6	26486	5.6
2.4	3.7	58343	51093	3.6	26629	5.8
3.1	5.5	48469	43973	3.9	21174	6.8
2.5	4.2	35125	41595	3.4	15691	8.6
1.0	8.1	70747	40476	4.4	22206	5.8
3.0	7.0	41033	40805	3.9	19278	6.4
6.2	3.0	39287	48144	4.0	22820	6.5
4.6	1.6	57213	49305	3.9	22133	6.0
3.6	3.3	78665	50148	4.6	21055	8.3
3.5	2.8	52998	35374	4.8	19512	6.7
3.0	5.3	51649	35628	5.0	22068	6.9
3.4	5.6	33408	40156	3.5	22766	5.8
3.6	3.3	33615	38353	4.7	21710	5.8
1.4	6.1	51628	44536	4.2	21949	7.4
4.3	4.6	27135	39613	5.3	20216	8.3
5.0	4.8	56276	30311	5.1	18774	7.8
3.8	9.4	26072	38158	4.1	20699	6.7
2.2	4.0	60212	27656	4.9	20210	7.9
1.9	4.6	39835	37072	4.5	21840	6.8
1.5	5.9	39037	33229	5.6	19391	7.5
1.7	6.0	37711	35054	5.9	19564	8.5
3.4	1.2	28410	38907	5.2	20735	8.4
3.6	3.6	30461	36340	3.7	21661	6.1
4.3	4.5	98235	46750	4.1	22212	7.2
4.7	8.7	27150	34898	3.5	19680	6.4
1.3	10.6	74864	44562	3.4	20242	5.8
1.6	5.4	46414	39041	3.4		
3.8	10.5	46174	43123	3.2	21572	5.9
3.3	4.1	21735	34676	4.6	18469	7.1
4.2	0.1	27423	37969	4.4	21460	7.4

24-2 续表 7

县(市、区)	County (City or District)	地区生产总值增速 (%) Growth Rate of Regional Gross Domestic Product (%)	第一产业 Primary Industry	第二产业 Secondary Industry
临城县	Lincheng County	3.2	2.3	5.6
内丘县	Neiqiu County	0.1	3.9	11.3
柏乡县	Baixiang County	2.7	0.7	3.3
隆尧县	Longyao County	4.2	5.5	4.6
宁晋县	Ningjin County	4.3	4.7	3.4
巨鹿县	Julu County	4.1	7.2	1.0
新河县	Xinhe County	3.8	9.7	0.1
广宗县	Guangzong County	1.5	5.3	2.2
平乡县	Pingxiang County	3.9	3.8	6.2
威　县	Wei County	4.7	5.8	8.1
清河县	Qinghe County	2.6	2.0	1.8
临西县	Linxi County	3.3	0.1	2.6
南宫市	Nangong City	2.8	0.7	1.8
沙河市	Shahe City	4.0	1.2	5.5
开发区	Development Area	4.6	16.0	6.3
邢东新区	Xingdong New Area	3.0	0.6	8.9
保定市	**Baoding**			
竞秀区	Jingxiu District	5.1	1.7	8.7
莲池区	Lianchi District	1.6	40.9	2.4
满城区	Mancheng District	3.8	5.2	4.4
清苑区	Qingyuan District	4.6	1.5	7.6
徐水区	Xushui District	3.9	2.1	5.2
涞水县	Laishui County	4.0	9.7	4.4
阜平县	Fuping County	4.5	5.2	6.2
定兴县	Dingxing County	5.0	4.6	7.8
唐　县	Tang County	4.4	5.9	7.1
高阳县	Gaoyang County	4.2	5.9	3.9
涞源县	Laiyuan County	4.9	1.3	9.8
望都县	Wangdu County	4.1	1.2	5.0
易　县	Yi County	3.9	4.0	5.3
曲阳县	Quyang County	3.9	8.1	4.4
蠡　县	Li County	4.3	4.1	5.8
顺平县	Shunping County	4.9	9.5	6.1
博野县	Boye County	4.3	4.7	9.4
涿州市	Zhuozhou City	4.7	4.8	7.8
安国市	Anguo City	3.8	4.6	6.6
高碑店市	Gaobeidian City	4.8	4.0	6.2
高新区	HighTech District	2.5	27.4	1.2
白沟新城	Baigou City	1.5	16.0	4.6

continued

第三产业 Tertiary Industry	#工　业 Industry	人均地区生产总值（元）Per Capita Gross Domestic Product (yuan)	人均可支配收入 Per Capita Disposable Income 城镇居民（元）Urban Value (yuan)	增　速（%）Growth Rate (%)	农村居民（元）Rural Value (yuan)	增　速（%）Growth Rate (%)
2.5	4.0	29739	31848	2.9	13276	5.6
4.3	13.8	29333	34524	3.3	17533	6.1
3.2	4.3	33494	32939	4.1	19192	6.4
3.2	3.2	26800	34285	3.7	18166	6.5
5.4	2.7	44417	34511	3.7	20536	6.2
4.8	2.6	33744	33846	4.8	12373	8.1
3.4	0.2	45667	32648	5.1	11818	6.9
2.8	8.0	26148	33695	4.9	13438	7.9
2.1	3.6	32771	34493	5.3	14851	7.8
2.5	4.6	26311	32266	4.3	13125	7.5
3.7	0.9	40647	36859	3.0	21119	5.7
4.9	1.2	28161	35268	4.1	20092	6.2
4.8	0.3	34036	32954	3.5	18100	6.0
3.1	3.4	51048	39638	3.6	21850	6.1
1.9	4.1	45542	38759	3.1	20635	5.8
0.1	9.6	25333				
0.6	5.1	77811	45636	3.8	30355	5.1
0.8	2.0	64899	46218	4.2	30237	7.5
3.0	4.9	38343	40769	5.5	24660	7.6
4.4	4.9	27266	40141	4.6	24345	5.2
3.3	2.3	34296	42067	6.0	24160	5.4
2.1	4.0	33893	34873	5.6	15949	8.4
3.6	8.0	31928	27274	5.9	13404	8.6
3.1	6.3	39864	41417	5.2	22240	7.8
1.2	13.5	30317	28016	5.7	12229	8.1
4.2	3.4	38969	35307	4.8	25637	6.0
3.2	9.8	33799	34363	6.4	12540	8.9
5.0	6.1	35312	33930	3.5	20304	8.3
3.4	4.9	26199	32629	5.8	13828	8.2
2.4	1.6	25642	30118	6.1	12429	8.5
3.4	4.0	29092	34699	6.2	22623	8.0
1.1	5.7	35480	34402	5.1	11881	8.7
1.3	6.7	31794	31557	6.3	19123	7.7
3.7	7.0	60741	45633	5.3	25720	7.4
2.4	5.7	36570	36282	6.5	25324	6.6
3.8	3.4	44903	41246	5.4	24296	7.9
3.3	7.0	130132				
0.7	3.1	49812	36670	3.0		

24-2 续表 8

县(市、区)	County (City or District)	地区生产总值增速 (%) Growth Rate of Regional Gross Domestic Product (%)	第一产业 Primary Industry	第二产业 Secondary Industry
张家口市	**Zhangjiakou**			
桥东区	Qiaodong District	4.2	3.0	4.4
桥西区	Qiaoxi District	4.8	3.9	10.9
宣化区	Xuanhua District	2.9	2.7	14.6
下花园区	Xiahuayuan District	3.7	9.0	4.0
万全区	Wanquan District	3.0	1.1	6.0
崇礼区	Chongli District	12.4	19.0	34.4
张北县	Zhangbei County	7.8	14.5	5.6
康保县	Kangbao County	3.0	3.4	10.5
沽源县	Guyuan County	4.7	11.7	0.5
尚义县	Shangyi County	1.0	8.1	5.9
蔚　县	Yu County	4.6	10.3	11.4
阳原县	Yangyuan County	4.7	8.2	26.4
怀安县	Huai'an County	5.8	0.3	10.6
怀来县	Huailai County	1.5	6.7	1.9
涿鹿县	Zhuolu County	3.6	7.9	5.4
赤城县	Chicheng County	2.2	8.4	1.6
经开区	Jingkai District	1.5	28.3	4.2
察北管理区	Chabei Management Area	3.6	1.1	6.2
塞北管理区	Saibei Management Area	4.0	2.9	4.9
承德市	**Chengde**			
双桥区	Shuangqiao District	5.1	1.9	0.5
双滦区	Shuangluan District	4.8	11.0	6.3
鹰手营子矿区	Yingshouyingzi District	3.7	1.5	6.8
承德县	Chengde County	4.0	5.0	7.5
兴隆县	Xinglong County	3.9	6.2	7.7
滦平县	Luanping County	3.3	4.6	4.3
隆化县	Longhua County	3.7	5.3	7.9
丰宁满族自治县	Fengning Man A.C.	4.5	4.9	7.9
宽城满族自治县	Kuancheng Man A.C.	4.2	5.7	7.4
围场满族蒙古族自治县	Weichang Man & Mongolian A.C.	2.8	4.1	1.2
平泉市	Pingquan City	4.7	4.1	9.7
高新技术产业开发区	High and New Tech Development Zone	2.2	3.9	1.0
沧州市	**Cangzhou**			
新华区	Xinhua District	3.9	6.8	5.4
运河区	Yunhe District	3.8	10.6	4.0
沧　县	Cang County	3.4	5.3	6.3
青　县	Qing County	3.3	5.3	5.5
东光县	Dongguang County	4.1	0.6	6.5
海兴县	Haixing County	5.8	6.9	8.0
盐山县	Yanshan County	0.1	5.0	6.7

continued

第三产业 Tertiary Industry	#工　业 Industry	人均地区生产总值（元） Per Capita Gross Domestic Product (yuan)	人均可支配收入 Per Capita Disposable Income			
			城镇居民（元） Urban Value (yuan)	增　速（%） Growth Rate (%)	农村居民（元） Rural Value (yuan)	增　速（%） Growth Rate (%)
4.0	5.2	86892	45953	3.4		
4.3	5.9	39950	43240	3.6		
1.7	13.7	32407	41169	3.0	19703	7.2
2.3	1.3	40573	42705	3.2	19186	7.7
2.7	3.3	40494	38981	4.0	15704	8.5
0.8	17.7	36506	41702	2.9	16162	7.1
5.3	5.7	48361	36845	4.5	16485	8.0
4.7	8.1	54116	33958	4.4	15146	8.3
0.3	6.0	47809	35750	4.6	15890	8.2
3.6	6.1	56151	32000	3.8	13869	7.4
1.5	2.5	22806	38940	3.7	15430	7.7
0.7	13.9	27495	31377	4.2	14754	8.4
1.1	8.8	53919	34837	3.9	16381	7.9
1.1	6.1	41686	40071	4.1	24765	7.3
1.7	2.2	33720	41201	4.3	19137	8.1
3.5	1.2	35218	37189	3.1	15918	7.6
2.5	8.1	59282	42010	3.4	23499	7.8
5.9	6.8	116566				
7.5	5.1	225591				
6.3	7.1	48028	43768	4.0	18936	8.2
1.6	6.9	87010	44332	3.9	18814	7.0
0.7	7.6	77361	34300	4.3	15216	6.6
1.4	6.4	43491	36359	5.4	16386	7.7
0.1	8.1	50182	34782	5.2	18439	8.1
1.6	6.5	71288	39761	5.3	15066	6.8
0.4	6.6	50754	34189	5.1	13681	7.9
1.7	6.9	48529	30588	5.0	12422	6.9
1.1	7.9	65663	41120	4.2	18538	7.5
3.8	0.1	46524	32024	4.7	13619	8.5
3.2	8.8	42915	37649	5.0	18751	7.7
7.8	0.3	58598				
3.4	4.2	81372	43991	3.5	19225	6.3
3.7	7.5	71286	46893	3.1	21567	6.1
0.8	6.4	42463	43067	4.1	20530	5.9
1.0	6.1	54578	42939	4.3	22717	6.0
3.6	6.1	55025	42704	3.8	17692	6.9
4.3	6.1	38564	37609	4.6	12674	7.0
6.6	7.4	36854	37197	3.2	15291	7.5

24−2 续表 9

县(市、区)	County (City or District)	地区生产总值增速 (%) Growth Rate of Regional Gross Domestic Product (%)	第一产业 Primary Industry	第二产业 Secondary Industry
肃宁县	Suning County	5.4	5.0	6.9
南皮县	Nanpi County	3.6	3.5	4.3
吴桥县	Wuqiao County	3.6	1.7	6.0
献　县	Xian County	6.0	4.0	4.9
孟村回族自治县	Mengcun Hui A.C.	3.8	1.9	5.5
泊头市	Botou City	3.9	3.6	5.0
任丘市	Renqiu City	3.0	4.4	1.4
渤海新区黄骅市	Bohai New Area Huanghua City	5.8	5.0	8.9
河间市	Hejian City	4.4	4.8	1.0
开发区	Development Area	7.5	2.9	9.4
高新区	HighTech District	5.4	15.4	7.4
廊坊市	**Langfang**			
安次区	Anci District	1.7	4.2	0.1
广阳区	Guangyang District	1.6	5.7	1.7
固安县	Gu'an County	0.2	0.8	3.4
永清县	Yongqing County	1.9	0.8	5.1
香河县	Xianghe County	2.1	6.6	8.1
大城县	Dacheng County	3.2	1.7	3.6
文安县	Wen'an County	3.8	5.6	7.9
大厂回族自治县	Dachang Hui A.C.	2.9	8.9	5.1
霸州市	Bazhou City	2.7	4.0	2.2
三河市	Sanhe City	2.2	0.4	4.1
经济技术开发区	EconomicTechnological Development Area			
衡水市	**Hengshui**			
桃城区	Taocheng District	4.4	4.7	5.5
冀州区	Jizhou District	4.1	5.1	5.0
枣强县	Zaoqiang County	4.1	6.3	4.9
武邑县	Wuyi County	4.5	6.9	4.4
武强县	Wuqiang County	4.3	4.1	4.0
饶阳县	Raoyang County	4.8	2.2	7.0
安平县	Anping County	4.1	8.2	1.0
故城县	Gucheng County	4.7	4.7	5.6
景　县	Jing County	5.1	2.7	7.1
阜城县	Fucheng County	4.5	4.1	4.5
深州市	Shenzhou City	5.0	5.2	5.9
高新区	HighTech District	4.6	9.8	5.4
滨湖新区	Binhu New Area	3.0	5.9	5.3
定州市	**Dingzhou**	**4.2**	**7.1**	**5.0**
辛集市	**Xinji**	**9.5**	**3.4**	**17.4**

continued

第三产业 Tertiary Industry	#工 业 Industry	人均地区生产总值 (元) Per Capita Gross Domestic Product (yuan)	人均可支配收入 Per Capita Disposable Income 城镇居民 (元) Urban Value (yuan)	增 速 (%) Growth Rate (%)	农村居民 (元) Rural Value (yuan)	增 速 (%) Growth Rate (%)
5.1	6.5	45700	42450	3.7	18768	5.8
3.1	4.6	36031	41211	3.4	15067	7.4
3.5	6.0	46715	38529	3.3	18885	6.7
7.7	5.3	41040	38962	4.2	16323	7.2
2.0	5.4	51302	41496	4.4	17051	7.3
3.1	5.1	50773	41974	3.0	20074	5.6
4.2	1.3	84182	43666	3.1	22382	5.7
2.4	8.4	126569	42107	4.0	22084	6.5
6.5	5.5	37161	43460	4.5	20077	5.6
2.9	9.2	188475				
4.5	6.7	244638				
2.2	2.9	55050	47088	3.3	22453	6.0
2.7	0.6	95040	51163	4.2	22236	6.5
0.9	3.3	53882	46964	3.9	22283	6.4
1.1	0.5	60521	45349	4.1	21838	6.1
0.6	7.3	58355	54071	3.9	24398	5.9
3.0	3.0	42198	47115	3.7	21068	5.7
1.6	6.0	43395	47833	3.4	22933	6.4
2.8	1.4	103608	51685	3.5	23147	6.7
3.0	3.1	60079	53039	3.4	23207	5.9
1.5	3.2	63788	55180	3.8	26004	6.2
4.0	4.2	41453	43557	3.7	22197	6.8
3.4	4.5	44480	41370	3.9	21276	6.9
3.1	3.3	37148	37907	4.1	17571	7.5
2.9	3.6	38512	30087	4.6	13798	8.0
4.5	3.2	37867	33257	3.5	21538	6.7
4.1	4.0	47961	31825	4.8	13323	7.8
2.0	2.4	43957	35013	4.7	13289	7.8
4.0	4.0	49927	35908	3.3	21914	7.1
5.2	5.8	30184	34778	4.2	17456	7.6
4.5	3.3	42576	37357	4.4	22012	7.3
4.4	5.2	33169	35846	4.6	13537	8.2
3.1	5.2	135104	41134	3.5	19035	6.8
1.5	3.6	29274	30479	3.2	20291	6.5
1.7	**4.6**	**35357**	**42425**	**4.2**	**22575**	**6.8**
4.3	**17.8**	**72744**	**43432**	**3.7**	**23925**	**6.0**

24-2 续表 10

县(市、区)	County (City or District)	一般公共财政预算收入 (万元) General Public Budget Revenue (10000 yuan)	#税收收入 Tax Revenue	一般公共财政预算支出 (万元) General Public Budget Expenditure (10000 yuan)	#教育 Education
石家庄市	**Shijiazhuang**				
长安区	Chang'an District	625223	392568	537580	177055
桥西区	Qiaoxi District	576182	496474	465100	156876
新华区	Xinhua District	378429	207672	382991	122117
井陉矿区	Jingxing Mining Area	54272	30210	103375	20830
裕华区	Yuhua District	424144	282849	344761	120999
藁城区	Gaocheng District	396271	230823	571359	147050
鹿泉区	Luquan District	400643	256103	594020	139884
栾城区	Luancheng District	207946	119440	335518	99142
井陉县	Jingxing County	115472	52592	294083	65603
正定县	Zhengding County	548937	177947	426432	120835
行唐县	Xingtang County	87025	29861	357997	79747
灵寿县	Lingshou County	86095	31679	307471	60211
高邑县	Gaoyi County	69306	22991	216289	36203
深泽县	Shenze County	66284	34704	219896	33030
赞皇县	Zanhuang County	63882	34854	245386	54088
无极县	Wuji County	138367	54849	398595	67768
平山县	Pingshan County	252954	120881	523299	85270
元氏县	Yuanshi County	156945	89210	320946	82456
赵　县	Zhao County	96957	49180	327657	83182
晋州市	Jinzhou City	135583	67012	402850	89367
新乐市	Xinle City	132791	55553	361934	86769
高新区	HighTech District	515824	343660	429804	38315
循环化工园区	Recycling Chemical Industry Park				
唐山市	**Tangshan**				
路南区	Lunan District	251682	226933	225618	57157
路北区	Lubei District	515087	325283	574906	91513
古冶区	Guye District	153639	111198	255678	43733
开平区	Kaiping District	140371	59078	208762	58995
丰南区	Fengnan District	390261	131840	623643	163756
丰润区	Fengrun District	306461	148521	458139	156761
曹妃甸区	Caofeidian District	1032952	519404	1147596	91241
滦南县	Luannan County	176224	79033	462902	96090
乐亭县	Laoting County	143900	48714	399649	69801
迁西县	Qianxi County	120324	51514	333638	76793
玉田县	Yutian County	152974	90254	434616	133092
遵化市	Zunhua City	185818	69498	484711	153973
迁安市	Qian'an City	666342	291451	924738	180260
滦州市	Luanzhou City	260001	168470	435471	94356
海港经济开发区	Haigang Economic Development Area	201605	114473	169013	28210

continued

#科　技 Science and Technology	#社会保障与就业 Social Security and Employment	#卫生健康 Hygiene and Health	金融机构年末存款余额（亿元） Deposits Balances of Financial Institutions at Yearend (100 million yuan)	#住户存款 Deposits of Households	金融机构年末贷款余额（亿元） Loans Balances of Financial Institutions at Yearend (100 million yuan)	#企业贷款 Loans to Enterprises	全社会用电量（万千瓦时） Electricity Consumption (10000 kW·h)	#工业用电 Electricity Consumption of Industry
8160	55602	38679						
5272	67175	40694						
7035	44624	29010						
1634	19900	6078						
5547	30273	55229						
10529	110866	61493					436089	242663
12068	60565	35939					344005	154489
3880	31573	29818					221520	119529
2448	51136	20422	279.0	216.0	102.0		348041	203159
3036	68271	29435	852.5	656.7	524.8		230209	85999
5118	50993	32477	296.8	263.5	104.4		120527	50740
1787	53529	25096	246.4	209.4	138.4		121838	56769
5119	30698	12256	154.0	128.8	68.2		104035	66517
4007	27331	14471	220.7	192.9	67.2		88367	50300
3363	32575	18400	178.1	153.3	87.0		130442	93836
5005	46788	27292	372.4	334.8	135.8		182078	93581
11360	60975	31998	415.1	316.5	225.4		493660	317145
3329	34395	24650	431.5	271.8	238.6		267881	193022
7224	50415	23166	303.1	267.0	138.7		211104	124503
3001	55192	27333	496.0	433.9	201.1		335668	242294
2734	44274	24065	360.3	300.5	153.6		163143	74343
44669	24931	15952						
933	54616	21306						
7282	98371	134611						
437	77701	27465						
991	43741	23906						
13308	84315	56078					316365	175665
4267	89902	26634					380830	217661
20912	46286	61510	662.0	349.9	1435.8	1321.8	268398	132705
411	80685	46525	527.8	431.0	233.9	178.8	199649	116345
4927	105136	40424	541.9	463.8	305.7	230.5	156768	62857
1458	59574	36208	482.7	375.8	241.6	183.4	161414	95732
6297	64887	31032	744.5	640.8	320.7	213.3	349124	220865
2198	103211	49869	764.0	666.0	379.4	253.6	388227	265272
6700	93115	80144	1366.2	983.9	847.9	720.3	283510	156928
7166	79600	49222	538.7	431.3	248.9	183.0	180431	96094
1548	12675	13439						

24-2 续表 11

县(市、区)	County (City or District)	一般公共财政预算收入 (万元) General Public Budget Revenue (10000 yuan)	#税收收入 Tax Revenue	一般公共财政预算支出 (万元) General Public Budget Expenditure (10000 yuan)	#教育 Education
唐山湾国际旅游岛	Tangshan Bay International Tourism Island	6614	4563	29784	3
高新技术产业开发区	High and New Tech Development Zone	126007	103027	127198	16172
芦台经济开发区	Lutai Economic Development Area	28583	20792	42177	8123
汉沽管理区	Hangu Management Area	28950	10764	54062	6309
秦皇岛市	**Qinhuangdao**				
海港区	Haigang District	535760	316218	457498	135374
山海关区	Shanhaiguan District	80336	27024	126379	26404
北戴河区	Beidaihe District	89046	58193	136791	23698
抚宁区	Funing District	84120	32304	242316	68321
青龙满族自治县	Qinglong Man A.C.	62226	32104	326891	78796
昌黎县	Changli County	182692	124452	386972	87311
卢龙县	Lulong County	58257	24407	277531	61665
秦皇岛开发区	Qinhuangdao Development Area	264559	160417	241901	26104
北戴河新区	Beidaihe New Area	111532	35735	162474	30800
邯郸市	**Handan**				
邯山区	Hanshan District	177158	104523	323427	82728
丛台区	Congtai District	369513	216075	330838	78845
复兴区	Fuxing District	164039	92680	162092	36148
峰峰矿区	Fengfeng Mining Area	234988	155716	447886	110856
肥乡区	Feixiang District	130954	72146	314888	70406
永年区	Yongnian District	236485	115040	438859	110048
临漳县	Linzhang County	95337	56255	362513	101099
成安县	Cheng'an County	161215	110422	338562	76381
大名县	Daming County	83750	62616	410626	93576
涉　县	She County	179513	107162	372829	72157
磁　县	Ci County	119463	63357	325100	76495
邱　县	Qiu County	86398	56886	222377	48830
鸡泽县	Jize County	76711	45027	268068	47822
广平县	Guangping County	110222	72861	281963	49458
馆陶县	Guantao County	91690	55754	290370	53462
魏　县	Wei County	169476	108777	604993	138556
曲周县	Quzhou County	92253	57965	285410	71579
武安市	Wu'an City	478163	259650	664414	185988
冀南新区	Ji'nan New Area	76170	47730	105831	28743
开发区	Development Area	137035	105918	182717	35253
邢台市	**Xingtai**				
襄都区	Xiangdu District	140986	96092	155206	60222
信都区	Xindu District	337712	201274	522138	137521
任泽区	Renze District	55188	35933	222239	50647
南和区	Nanhe District	70610	33453	231723	54406

continued

#科 技 Science and Technology	#社会保障与就业 Social Security and Employment	#卫生健康 Hygiene and Health	金融机构年末存款余额（亿元） Deposits Balances of Financial Institutions at Yearend (100 million yuan)	#住户存款 Deposits of Households	金融机构年末贷款余额（亿元） Loans Balances of Financial Institutions at Yearend (100 million yuan)	#企业贷款 Loans to Enterprises	全社会用电量（万千瓦时） Electricity Consumption (10000 kW·h)	#工业用电 Electricity Consumption of Industry
	662	558						
10386	15304	24519						
362	8243	3248						
385	12704	4933						
689	59698	26582						
587	22419	10480	237.2	203.4	84.3	48.2		
1665	30158	14766	216.1	156.1	104.5	66.1	49031	12724
932	44205	16706	332.3	295.3	213.4	149.0	109086	49644
1043	63348	25609	259.6	230.4	159.4		140199	103114
3990	66108	38541	816.0	558.5	257.7		204547	115510
2599	42534	25366	297.8	266.2	130.7		96871	56654
1273	22287	12808					283316	219699
1457	12641	7828						
5263	47448	25920						
2632	46063	27041						
3911	28728	17000						
4886	60499	30476					149463	88156
5880	34430	23565	211.9	165.3	166.1		100012	47542
5946	59581	49306	625.7	518.7	445.1		345716	233648
2757	49275	27805	293.8	253.0	150.5		115267	32827
7855	43450	31709	229.7	179.8	138.4		166918	112562
5019	75475	55429	430.5	324.6	302.7		145491	44210
7213	55989	39975	388.6	312.4	234.3		106783	52056
1694	45590	26737	362.7	294.0	268.6		130377	79112
1087	21369	13821	166.3	129.3	102.8		68809	38558
5181	30279	21265	183.9	153.3	106.1		125128	80524
5898	26313	27268	159.6	137.3	101.3		59626	17626
1293	34472	20640	202.2	166.5	121.0		89379	37417
9449	81424	67296	378.7	335.0	267.9		155027	49136
5875	35753	13678	280.5	224.3	214.6		100479	41381
2599	52470	56791	1303.2	812.7	860.3		1089825	976631
722	14300	5971						
4795	15084	19842						
500	23930	13123					213598	95485
3850	69068	38842					448701	291280
2124	32366	25102	196.9		185.3		123108	58311
3950	21942	20729	228.5		189.2		128699	73477

24−2 续表 12

县(市、区)	County (City or District)	一般公共财政预算收入(万元) General Public Budget Revenue (10000 yuan)	#税收收入 Tax Revenue	一般公共财政预算支出(万元) General Public Budget Expenditure (10000 yuan)	#教育 Education
临城县	Lincheng County	37257	16481	181759	34611
内丘县	Neiqiu County	71914	53236	205415	34055
柏乡县	Baixiang County	28040	17034	138610	26996
隆尧县	Longyao County	80675	53826	286247	64463
宁晋县	Ningjin County	162666	100493	511028	103268
巨鹿县	Julu County	63106	26625	265704	45125
新河县	Xinhe County	29998	16605	152323	23296
广宗县	Guangzong County	47605	24853	229095	36120
平乡县	Pingxiang County	52787	29113	280325	52602
威　县	Wei County	78065	50712	359146	89262
清河县	Qinghe County	119175	80049	287458	67412
临西县	Linxi County	63926	29184	254296	56367
南宫市	Nangong City	60999	38042	256785	54770
沙河市	Shahe City	134362	72468	307738	93635
开发区	Development Area	104602	74748	107399	29012
邢东新区	Xingdong New Area	15176	5696	28487	
保定市	**Baoding**				
竞秀区	Jingxiu District	161343	147744	244831	65844
莲池区	Lianchi District	301338	260019	305627	76037
满城区	Mancheng District	77905	49198	269773	59599
清苑区	Qingyuan District	160794	53175	415552	107358
徐水区	Xushui District	228395	164661	414254	124044
涞水县	Laishui County	68345	34288	248816	63969
阜平县	Fuping County	175965	9262	318118	63492
定兴县	Dingxing County	108358	56296	336875	71162
唐　县	Tang County	71380	36885	345006	92082
高阳县	Gaoyang County	94353	36854	283880	61933
涞源县	Laiyuan County	141264	22353	410713	62489
望都县	Wangdu County	40357	22858	186171	54194
易　县	Yi County	82331	40210	370154	96506
曲阳县	Quyang County	103953	31463	357367	93511
蠡　县	Li County	80188	26105	278847	63857
顺平县	Shunping County	49730	23140	236611	51888
博野县	Boye County	32328	15568	159840	35844
涿州市	Zhuozhou City	342115	116364	478686	98075
安国市	Anguo City	85061	48404	304786	61801
高碑店市	Gaobeidian City	172301	87897	403093	90369
高新区	HighTech District	198095	164821	126723	31035
白沟新城	Baigou City	66297	44928	159359	16302

continued

#科　技 Science and Technology	#社会保障与就业 Social Security and Employment	#卫生健康 Hygiene and Health	金融机构年末存款余额（亿元） Deposits Balances of Financial Institutions at Yearend (100 million yuan)	#住户存款 Deposits of Households	金融机构年末贷款余额（亿元） Loans Balances of Financial Institutions at Yearend (100 million yuan)	#企业贷款 Loans to Enterprises	全社会用电量（万千瓦时） Electricity Consumption (10000 kW·h)	#工业用电 Electricity Consumption of Industry
1320	25203	14051	171.4		99.8		77871	45591
283	41147	20274	209.7		117.6		115200	70124
2169	22902	10649	124.9		78.4		91165	64363
2835	47846	32367	296.4		201.2		216287	130946
7377	86823	30932	593.9		354.3		485089	354930
1792	44835	25756	268.8		155.5		111177	49990
605	23878	14765	136.2		69.2		79973	48875
697	30013	16244	150.1		96.4		100800	52123
3188	34094	25706	212.0		139.8		148535	85416
8294	48843	22614	312.4		210.7		149807	60159
4223	21362	23066	417.5		231.9		197860	119378
6590	33746	25843	203.5		116.9		97642	47203
400	51988	19498	342.5		195.3		109783	47249
1516	38910	19364	441.5		306.0		371210	279212
416	15837	13956					71454	57430
71	1869	4543					33486	19828
6695	46480	31519						
10599	67095	40688						
5049	48293	22376	337.6	287.5	170.5		300388	212021
3903	68311	41889	440.4	365.9	163.1		271623	135262
6062	61326	41633	503.7	411.5	238.3		249881	118921
2248	47671	21478	256.3	217.0	170.3		129717	51944
6320	42877	23457	166.3	142.3	106.8		54426	9991
1482	63304	38603	330.8	272.7	177.3		137250	34641
8120	53445	33357	370.7	325.9	176.6		154844	66158
3138	34328	17339	306.8	256.2	107.4		187470	128937
5636	61415	23719	172.3	141.8	93.8		95576	52003
1703	34123	16338	211.6	181.8	110.9		74438	27589
7463	59769	32907	366.8	317.0	166.9		169502	73924
4565	60325	35652	372.6	328.8	101.1		170617	84057
3424	49349	23063	298.6	263.6	70.3		178267	93781
927	41445	23775	205.8	176.3	95.4		115215	67228
2232	30470	13478	167.0	144.3	69.9		72878	36002
2754	93764	46038	793.8	631.3	616.1		278299	111791
10584	51616	23831	356.3	308.2	185.1		102716	26536
1820	42629	31823	758.0	599.0	761.2		251318	71957
9902	8822	8783						
11	4994	6012						

24-2 续表 13

县(市、区)	County (City or District)	一般公共财政预算收入 (万元) General Public Budget Revenue (10000 yuan)	#税收收入 Tax Revenue	一般公共财政预算支出 (万元) General Public Budget Expenditure (10000 yuan)	#教育 Education
张家口市	**Zhangjiakou**				
桥东区	Qiaodong District	56217	23382	145532	38655
桥西区	Qiaoxi District	54058	18783	148904	33666
宣化区	Xuanhua District	180800	81290	442493	106033
下花园区	Xiahuayuan District	41806	12564	83948	9853
万全区	Wanquan District	66700	27723	252023	39963
崇礼区	Chongli District	91289	17603	214813	23967
张北县	Zhangbei County	72943	40738	421910	58319
康保县	Kangbao County	26960	16400	324656	36038
沽源县	Guyuan County	50232	18469	298408	30015
尚义县	Shangyi County	58461	12148	271963	30115
蔚　县	Yu County	60134	21232	414081	78120
阳原县	Yangyuan County	51031	13182	318358	46720
怀安县	Huai'an County	50475	24550	221574	34372
怀来县	Huailai County	171851	46448	385984	84543
涿鹿县	Zhuolu County	83425	28974	337504	62838
赤城县	Chicheng County	50066	11375	291854	33830
经开区	Jingkai District	70415	19452	149928	23552
察北管理区	Chabei Management Area	17878	6500	44870	3285
塞北管理区	Saibei Management Area	19320	1520	34534	1849
承德市	**Chengde**				
双桥区	Shuangqiao District	124451	97627	237261	34985
双滦区	Shuangluan District	121613	73976	135237	30491
鹰手营子矿区	Yingshouyingzi District	30367	23584	61790	10180
承德县	Chengde County	72839	49569	330329	77273
兴隆县	Xinglong County	69311	36145	276033	55218
滦平县	Luanping County	117678	64466	317202	68327
隆化县	Longhua County	68768	39461	439713	86144
丰宁满族自治县	Fengning Man A.C.	66538	36056	498647	83073
宽城满族自治县	Kuancheng Man A.C.	126951	84759	281606	66296
围场满族蒙古族自治县	Weichang Man & Mongolian A.C.	70022	41159	399817	78180
平泉市	Pingquan City	69431	48662	355603	93046
高新技术产业开发区	High and New Tech Development Zone	95892	64808	89035	17831
沧州市	**Cangzhou**				
新华区	Xinhua District	92314	86347	111986	24095
运河区	Yunhe District	181089	168604	166616	61177
沧　县	Cang County	151019	76138	413421	124707
青　县	Qing County	127341	85354	340420	76020
东光县	Dongguang County	87189	43778	297606	71412
海兴县	Haixing County	63656	21411	222535	49110
盐山县	Yanshan County	85489	41507	354478	86338

continued

#科 技 Science and Technology	#社会保障与就业 Social Security and Employment	#卫生健康 Hygiene and Health	金融机构年末存款余额（亿元）Deposits Balances of Financial Institutions at Yearend (100 million yuan)	#住户存款 Deposits of Households	金融机构年末贷款余额（亿元）Loans Balances of Financial Institutions at Yearend (100 million yuan)	#企业贷款 Loans to Enterprises	全社会用电量（万千瓦时）Electricity Consumption (10000 kW·h)	#工业用电 Electricity Consumption of Industry
1216	20857	9002					293168	151890
316	41466	12254					49331	8426
817	87026	36639	479.0	424.9	370.8	291.7	306802	209370
361	13728	6446	50.7	41.9	63.4	19.2	24817	14276
1617	56281	23505	94.1	75.4	72.4	44.0	93386	51899
3095	31374	29944	94.9	73.8	183.2	166.2	104651	55220
1446	85416	42034	284.9	225.6	329.0	188.5	255398	55685
264	58888	30495	114.9	82.0	54.7	36.5	52763	25219
2515	51795	23108	123.0	103.6	86.7	44.8	73456	32619
1014	39659	20167	104.7	83.5	75.7	56.9	82927	58065
2377	55142	28922	314.6	286.8	189.0	98.6	111164	60275
419	34840	21268	167.4	151.4	118.4	77.8	42829	9697
421	42433	16707	165.9	148.1	101.0	60.1	69676	40328
3432	37415	36554	444.3	319.8	342.7	166.1	293465	39822
2117	66075	26492	230.0	211.7	171.9	83.0	76278	32679
298	65206	30923	186.9	164.8	108.3	64.3	59878	29331
794	18411	14213					102997	42731
488	5841	4149					24937	11396
201	3023	1865					10561	2927
	31712	18341					102530	13465
301	22264	16623					339905	250004
82	10212	7691					111259	122433
5118	44747	29223	272.4	241.0	189.8		156833	84867
425	56486	26795	265.1	231.4	185.5		147480	62813
537	39395	30330	243.2	207.3	200.2		282459	221421
340	62721	41977	248.3	225.2	174.0		141867	83448
2072	74206	46756	274.5	224.2	303.2		148906	55593
342	49276	30762	346.1	277.7	249.9		291793	243562
1017	59537	41261	309.0	269.7	207.3		110339	14354
2067	55022	24039	365.7	331.8	265.9		142005	70733
1861	5889	11573					74112	14347
774	20291	15599						
1503	31972	20935						
884	55597	23683	396.6	346.4	234.5		229523	132954
3080	50065	31924	380.6	334.4	182.9		137692	73775
1267	58144	25606	357.2	304.7	148.0		267566	217419
711	30041	15316	153.5	121.2	96.4		49254	19202
2869	53659	30764	276.8	231.5	153.0		118670	58627

24-2 续表 14

县(市、区)	County (City or District)	一般公共财政预算收入 (万元) General Public Budget Revenue (10000 yuan)	#税收收入 Tax Revenue	一般公共财政预算支出 (万元) General Public Budget Expenditure (10000 yuan)	#教育 Education
肃宁县	Suning County	139795	92993	319527	76570
南皮县	Nanpi County	67669	44647	296221	67902
吴桥县	Wuqiao County	52328	24867	238317	52003
献　县	Xian County	92423	56835	389511	109008
孟村回族自治县	Mengcun Hui A.C.	53819	32190	188490	34499
泊头市	Botou City	116243	60880	387270	80494
任丘市	Renqiu City	442529	255419	545824	168896
渤海新区黄骅市	Bohai New Area Huanghua City	689293	302256	857202	156699
河间市	Hejian City	159552	98722	472742	107842
开发区	Development Area	102427	47079	83321	8161
高新区	HighTech District	73934	43634	88892	3610
廊坊市	**Langfang**				
安次区	Anci District	200886	162269	325586	77773
广阳区	Guangyang District	258488	182297	317224	88393
固安县	Gu'an County	335969	163967	574887	140821
永清县	Yongqing County	213900	81693	382204	74176
香河县	Xianghe County	319738	159337	512377	105455
大城县	Dacheng County	131919	83370	319405	92382
文安县	Wen'an County	182898	93291	341437	99262
大厂回族自治县	Dachang Hui A.C.	273343	177283	429753	66308
霸州市	Bazhou City	290281	126911	544335	163658
三河市	Sanhe City	547459	324244	856081	229626
经济技术开发区	EconomicTechnological Development Area	340544	174020	275477	29610
衡水市	**Hengshui**				
桃城区	Taocheng District	177357	101521	282410	83442
冀州区	Jizhou District	91919	40604	279983	70198
枣强县	Zaoqiang County	113981	43779	324332	61753
武邑县	Wuyi County	65737	28094	249705	54750
武强县	Wuqiang County	128424	42882	376130	85969
饶阳县	Raoyang County	51532	18576	225660	32578
安平县	Anping County	49359	19971	217178	32098
故城县	Gucheng County	112046	57717	320490	51954
景　县	Jing County	120165	52333	393791	76073
阜城县	Fucheng County	119007	57000	343888	59228
深州市	Shenzhou City	65304	25941	287206	45681
高新区	HighTech District	128256	62503	110785	20639
滨湖新区	Binhu New Area	16520	12729	47388	10290
定州市	**Dingzhou**	**309392**	**144796**	**779608**	**155396**
辛集市	**Xinji**	**281568**	**156187**	**610687**	**151467**

continued

#科技 Science and Technology	#社会保障与就业 Social Security and Employment	#卫生健康 Hygiene and Health	金融机构年末存款余额（亿元） Deposits Balances of Financial Institutions at Yearend (100 million yuan)	#住户存款 Deposits of Households	金融机构年末贷款余额（亿元） Loans Balances of Financial Institutions at Yearend (100 million yuan)	#企业贷款 Loans to Enterprises	全社会用电量（万千瓦时） Electricity Consumption (10000 kW·h)	#工业用电 Electricity Consumption of Industry
3252	47440	30603	312.6	264.7	142.2		114385	46612
805	33227	28624	271.0	236.1	137.3		105291	52012
1767	33235	17520	212.6	192.9	77.7		56921	28455
508	51004	29525	444.6	390.5	180.6		218132	126181
1535	29445	16081	177.2	145.8	77.0		158519	127467
1080	74142	32405	541.1	480.3	218.6		226811	149521
3795	72353	60230	1041.1	815.7	419.0		359574	231490
12403	95009	60976	924.7	562.9	871.5		949114	763727
2225	62460	38273	644.0	578.7	265.1		277253	166752
2086	2533	2249						
1241	878	1761						
2587	66093	31482						
998	52525	30782					1126513	407263
12252	78323	41692	603.1	456.8	602.7		186735	60626
2357	42578	26594	398.1	287.7	419.9		143176	63626
3360	68664	41260	582.2	472.6	697.6		198254	75162
606	63896	29171	528.9	461.8	204.7		219571	153594
1386	59040	39869	517.7	456.1	359.6		380161	286382
5260	31012	25071	305.6	205.5	368.8		112102	59718
2244	62283	59358	934.2	767.1	635.6		600011	452510
5444	130639	85007	1419.5	959.0	1741.3		354652	95258
14958	10941	25583						
2534	47192	28717	1614.7	1123.6	994.0	549.6	116194	85928
6588	48316	24163	353.2	316.1	162.5	101.7	112041	60313
2706	51530	25217	398.5	353.3	215.8	155.5	97702	38543
2386	34754	22039	251.2	221.2	123.8	81.1	79101	38159
9372	65073	30466	364.3	319.9	220.5	146.0	153673	80806
4619	35410	16330	173.6	151.5	101.3	67.2	89433	56097
3315	56529	16353	219.4	195.5	107.5	56.6	80904	37724
5363	48904	19014	401.1	343.6	229.8	139.9	215537	158328
3274	55993	25118	363.3	326.1	190.9	131.2	141310	76598
4999	67573	30691	479.6	430.8	196.5	155.1	145610	77432
766	50710	23452	279.5	255.9	122.9	81.1	83005	39031
6063	5692	6602						
52	5515	2868						
16162	**114662**	**132628**	**899.2**	**778.9**	**428.4**		**338443**	**150307**
6722	**67281**	**59164**	**738.2**	**589.6**	**361.4**		**359388**	**255973**

24-2 续表 15

县(市、区)	County (City or District)	固定资产投资增速 (%) Growth Rate of Fixed Asset Investment (%)	#房地产投资增速 (%) Growth Rate of Real Estate Investment (%)	公路通车里程 (千米) Length of Highways on Operation (km)	农林牧渔业总产值 (万元) Total Output Value of Agriculture, Forestry, Animal Husbandry & Fishery (10000 yuan)
石家庄市	**Shijiazhuang**				
长安区	Chang'an District	13.1	4.7	59	15093
桥西区	Qiaoxi District	13.1	7.0	7	1185
新华区	Xinhua District	9.6	9.8	47	8270
井陉矿区	Jingxing Mining Area	22.7	538.7	131	7760
裕华区	Yuhua District	11.7	17.0	18	977
藁城区	Gaocheng District	10.6	15.9	1371	840041
鹿泉区	Luquan District	11.6	30.0	1038	305688
栾城区	Luancheng District	13.0	0.9	901	338606
井陉县	Jingxing County	12.0	41.4	1563	207761
正定县	Zhengding County	10.4	10.0	974	627555
行唐县	Xingtang County	9.7	48.1	1858	836624
灵寿县	Lingshou County	11.9	92.5	1329	573759
高邑县	Gaoyi County	11.5	7.6	590	298238
深泽县	Shenze County	10.8	50.1	513	327651
赞皇县	Zanhuang County	11.4	4.1	1095	448575
无极县	Wuji County	8.8	158.7	1165	653922
平山县	Pingshan County	10.8	11.4	2951	384208
元氏县	Yuanshi County	9.5	28.2	1125	432472
赵县	Zhao County	10.4	18.1	1131	507910
晋州市	Jinzhou City	11.6	1.1	1056	609445
新乐市	Xinle City	6.7	1.6	857	640408
高新区	HighTech District	10.2	9.6		4584
循环化工园区	Recycling Chemical Industry Park	9.7	41.9		38115
唐山市	**Tangshan**				
路南区	Lunan District	12.9	7.8	119	33103
路北区	Lubei District	9.6	16.0	111	66993
古冶区	Guye District	20.1	180.6	335	205785
开平区	Kaiping District	8.6	202.3	401	89096
丰南区	Fengnan District	12.9	132.5	1473	964379
丰润区	Fengrun District	9.6	72.8	2105	695061
曹妃甸区	Caofeidian District	12.9	49.7	943	977605
滦南县	Luannan County	1.5	19.1	2240	1649821
乐亭县	Laoting County	16.1	39.8	2257	1372280
迁西县	Qianxi County	15.5	5.5	1623	359716
玉田县	Yutian County	8.6	10.4	1716	1159044
遵化市	Zunhua City	9.0	11.0	2037	924375
迁安市	Qian'an City	9.6	35.1	2232	602632
滦州市	Luanzhou City	9.6	75.2	1779	800716
海港经济开发区	Haigang Economic Development Area	15.0	879.3	421	139291

continued

#农　业 Agriculture	#林　业 Forestry	#牧　业 Animal Husbandry	#渔　业 Fishery	主要农产品产量 Output of Major Farm Products 粮　食 (吨) Grain (ton)	棉　花 (吨) Cotton (ton)	油　料 (吨) Oilbearing Crops (ton)	蔬　菜 (吨) Vegetables (ton)
8506		3189		14969	…	54	2728
988				304			4029
7136		89		5388		26	16162
3955	212	3472	12	1377		31	3796
850		113		685			1836
395385	1495	381645		476286		1159	575733
192850	10072	65675	9361	136543	7	2068	379940
178270	914	76365		228422		213	59290
73779	36658	75182	795	53427	41	2387	87908
287776	488	288773		289547		8292	597353
313349	39630	394022	1529	359186		15887	293292
352341	17151	178131	10920	169558	42	5620	230202
231881	312	45126		169708		795	470775
184164	2249	97402	441	215371		2931	232838
253571	12613	146218		73503	10	11175	117081
315439	1207	290020	10	356499		10730	618040
106435	76460	131808	12017	119425	22	8228	130011
202370	21949	194646	292	374821	54	4686	111998
374910	558	87797		569882		330	88339
362351	558	210901		354354		5793	366824
278576	1097	288886		361155		12184	410315
3352		1086		5599	0	2	1700
13788		20693		26106		29	16852
17411	397	15245		16652		1543	34746
58869	23	7530		18601		1170	135666
96656	517	96871	7054	23756		5876	227995
32147	690	48932	4160	32096		7563	56489
517297	4323	176536	204077	228999	8948	38880	1193960
383967	9338	252407	9918	377358	12	29864	618317
115613	3540	98960	690922	178363		646	55179
714211	3630	578873	271363	404890	13	70865	1582478
741713	2565	210336	402354	261472		11567	1410902
202728	12934	106614	21600	69767		8119	91023
707697	6493	405115	9651	511348	57	2676	2145411
541770	16564	336704	2117	238058		40477	512983
263865	8353	297032	718	191999		32507	529168
419899	5619	358663	1878	265715		64895	845341
40350	419	33485	63012	40654		1012	46605

24-2 续表 16

县(市、区)	County (City or District)	固定资产投资增速 (%) Growth Rate of Fixed Asset Investment (%)	#房地产投资增速 (%) Growth Rate of Real Estate Investment (%)	公路通车里程 (千米) Length of Highways on Operation (km)	农林牧渔业总产值 (万元) Total Output Value of Agriculture, Forestry, Animal Husbandry & Fishery (10000 yuan)
唐山湾国际旅游岛	Tangshan Bay International Tourism Island				222700
高新技术产业开发区	High and New Tech Development Zone	9.0	10.6	137	39152
芦台经济开发区	Lutai Economic Development Area	9.0	751.1	141	68387
汉沽管理区	Hangu Management Area	8.6	30.1	124	91424
秦皇岛市	**Qinhuangdao**				
海港区	Haigang District	11.5	3.3	649	146645
山海关区	Shanhaiguan District	8.2	9.2	307	154947
北戴河区	Beidaihe District	9.8	17.4	59	38015
抚宁区	Funing District	1.0	38.4	1039	737476
青龙满族自治县	Qinglong Man A.C.	16.6	13.7		1004321
昌黎县	Changli County	5.2	12.3		1460880
卢龙县	Lulong County	9.8	45.6	1533	739332
秦皇岛开发区	Qinhuangdao Development Area	11.5	2.0		29696
北戴河新区	Beidaihe New Area	5.5	3.3	188	382112
邯郸市	**Handan**				
邯山区	Hanshan District	7.5	46.0	502	61090
丛台区	Congtai District	6.9	17.7	272	24709
复兴区	Fuxing District	7.8	6.1	180	14742
峰峰矿区	Fengfeng Mining Area	6.7	15.1	738	98824
肥乡区	Feixiang District	6.8	117.9	1370	674394
永年区	Yongnian District	8.6	19.7	1027	821348
临漳县	Linzhang County	7.0	4.5	1352	525202
成安县	Cheng'an County	8.3	8.4	1112	665138
大名县	Daming County	7.7	9.2	1574	790357
涉　县	She County	9.3	68.0	1599	247756
磁　县	Ci County	8.5	47.7	1039	297278
邱　县	Qiu County	8.2	13.9	973	397185
鸡泽县	Jize County	7.1	4.8	546	354532
广平县	Guangping County	7.3	88.0	778	207688
馆陶县	Guantao County	8.4	4.4	1129	562304
魏　县	Wei County	6.8	203.7	1633	809961
曲周县	Quzhou County	8.1	102.0	1490	612022
武安市	Wu'an City	10.0	85.4	1743	601002
冀南新区	Ji'nan New Area	8.9	17.5	760	133188
开发区	Development Area	9.6	14.9	385	309474
邢台市	**Xingtai**				
襄都区	Xiangdu District	8.8	18.3	246	15264
信都区	Xindu District	0.5	0.9	2383	252095
任泽区	Renze District	8.3	20.1	995	313834
南和区	Nanhe District	8.6	14.1	923	475006

continued

				主要农产品产量 Output of Major Farm Products			
#农　业 Agriculture	#林　业 Forestry	#牧　业 Animal Husbandry	#渔　业 Fishery	粮　食 (吨) Grain (ton)	棉　花 (吨) Cotton (ton)	油　料 (吨) Oilbearing Crops (ton)	蔬　菜 (吨) Vegetables (ton)
	108		221696				
18561	77	18674		25797		2141	17543
17752	138	38857	5550	38813	167		7077
18152	80	55821	15994	43109	23		4052
71599	4731	45622	8593	24400		4260	72587
83611	276	43529	22039	3079		2258	174182
23763	383	6531	3466	5088		414	50949
277359	26960	314216	1930	76289		12549	519527
615452	79362	238919	5228	113728		4146	337808
504063	13308	486818	284031	318274		45406	1078085
352940	14762	320272	4678	214083		20246	291294
7988	548	6543	7107	5890		103	7021
14184	3932	14224	309759	9341		1092	12957
37034	403	23252		90437	8	411	20382
13310	2917	6979		41540	23	377	1502
5025	781	2582		10820	48	807	3478
18293	12087	59652	3102	42832	9	366	5398
426823	6178	155934	41	354254	5267	4689	797176
515720	869	277354	11207	534287	455	2382	1161062
295759	1808	189514		614828	116	4473	318210
365711	899	178139	45	313706	8266	6272	497195
411121	938	304599	142	708505	115	84954	510835
118139	36273	82815	6291	55066		1040	69482
110047	26318	144637	8953	216122	11	619	68890
197926	10256	130747	113	201721	13158	2378	85308
207335	1680	124955	56	221812	564	67	431469
153907	1581	50527	39	232480	2355	3824	209124
218595	1957	323854	84	308430	548	6198	337778
531881	1212	183719	129	591196	494	6422	576986
338262	826	207960	5810	407487	9937	1358	199341
266933	57559	266885	1077	257294	1901	4488	125085
66756	70	54540	1143	169688	24	8144	21657
240579	254	61831	2104	56003	317	458	476895
6173	46	6355		25904		619	6167
156205	46975	44378	2282	99713	19	4964	79001
236390	2054	64710		369442		2438	323754
360992	1752	89891	371	340371		2882	547065

24-2 续表 17

县(市、区)	County (City or District)	固定资产投资增速 (%) Growth Rate of Fixed Asset Investment (%)	#房地产投资增速 (%) Growth Rate of Real Estate Investment (%)	公路通车里程 (千米) Length of Highways on Operation (km)	农林牧渔业总产值 (万元) Total Output Value of Agriculture, Forestry, Animal Husbandry & Fishery (10000 yuan)
临城县	Lincheng County	8.4	7.6	1000	196971
内丘县	Neiqiu County	10.4	2.3	1289	282384
柏乡县	Baixiang County	8.0	30.0	781	231687
隆尧县	Longyao County	10.8	1.6	1262	522485
宁晋县	Ningjin County	6.5	10.2	1727	680638
巨鹿县	Julu County	11.5	107.3	1654	534386
新河县	Xinhe County	8.5	28.1	550	277872
广宗县	Guangzong County	5.1	58.2	1102	262698
平乡县	Pingxiang County	10.5	16.9	1109	326156
威　县	Wei County	15.0	30.2	1551	566385
清河县	Qinghe County	10.0	49.1	1098	221400
临西县	Linxi County	8.7	13.0	919	361229
南宫市	Nangong City	8.1	81.0	1209	402880
沙河市	Shahe City	8.2	19.8	1482	158519
开发区	Development Area	10.0	31.1	290	31422
邢东新区	Xingdong New Area	10.4	19.5		9219
保定市	**Baoding**				
竞秀区	Jingxiu District	12.7	15.9	52	22839
莲池区	Lianchi District	14.0	17.0	28	29841
满城区	Mancheng District	35.4	66.7	999	496497
清苑区	Qingyuan District	12.1	11.4	1339	639649
徐水区	Xushui District	10.5	15.8	972	452401
涞水县	Laishui County	10.3	33.9	1233	338417
阜平县	Fuping County	12.3	63.0	1620	277370
定兴县	Dingxing County	10.3	42.5	932	725632
唐　县	Tang County	11.2	3.2	1128	669854
高阳县	Gaoyang County	10.1	10.0	673	141164
涞源县	Laiyuan County	10.1	10.5	1248	158043
望都县	Wangdu County	3.3	39.0	631	326814
易　县	Yi County	10.4	42.6	1884	567425
曲阳县	Quyang County	10.6	14.2	1588	376084
蠡　县	Li County	10.7	1.5	927	480551
顺平县	Shunping County	11.0	20.1	1001	567435
博野县	Boye County	9.0	13.7	544	319918
涿州市	Zhuozhou City	11.1	35.7	1200	482498
安国市	Anguo City	10.0	50.6	787	504775
高碑店市	Gaobeidian City	10.8	9.3	1211	330222
高新区	HighTech District	14.1	34.7		6857
白沟新城	Baigou City	54.1	47.9		5490

continued

				主要农产品产量 Output of Major Farm Products			
#农业 Agriculture	#林业 Forestry	#牧业 Animal Husbandry	#渔业 Fishery	粮食（吨） Grain (ton)	棉花（吨） Cotton (ton)	油料（吨） Oilbearing Crops (ton)	蔬菜（吨） Vegetables (ton)
99649	12139	78976	4439	149118		5940	71906
183566	11607	84080	83	205857		14944	72762
167544	437	61988		223491	16	2145	199907
358232	3681	142258	139	597492	417	6553	464667
455871	1323	182794	10	915357	76	3668	321273
439049	1646	91853	183	219645	141	14191	192992
134926	1176	119944	1254	183571	594	5007	39401
157441	832	90142		111294	5201	13005	106611
240026	3962	70475	97	265703	84	20674	200150
272246	1805	274744	260	164233	23810	6820	90503
110342	4807	34836	423	274068	1582	1987	39014
220038	1749	90387	325	368378	1673	3484	113774
287075	3870	103620	489	267696	17530	11524	279448
55519	11132	76814	3189	109996	19	2200	22791
14663	956	13026	74	46950		611	3653
5937		1975	686				2746
20577	11	91		30549		57	19545
23552	28	4188		30555		158	30862
300224	15098	138772		150949		1466	192113
465567	320	155018		482629		5612	585001
211199	1799	184787	136	365287		2368	295105
217561	18180	89323	348	124304		10701	206497
192578	16134	51917	11595	45521		1165	59480
420229	270	221194	800	450491		16863	652315
112778	12017	531470	3679	161347	3	3286	74974
82876	710	35858		193934	19	567	52429
40287	36113	77413	740	57377		68	22920
226836	13469	67673		276858		1046	4795
225789	31517	293727	7449	192771		7086	238988
134565	12265	206972	3852	155804	8	8937	88412
304480	313	151648		286160		8000	497548
504039	8626	48442	21	125691		984	332646
228830	13792	71944		155032	0		106804
289777	1551	146860	397	284535		9185	379439
397704	158	79752		270170		13340	220944
166671	841	110912	62	340826		4654	105900
5718	19			2375		12	674
3356		997		6762		10	361

24-2 续表 18

县(市、区)	County (City or District)	固定资产投资增速 (%) Growth Rate of Fixed Asset Investment (%)	#房地产投资增速 (%) Growth Rate of Real Estate Investment (%)	公路通车里程 (千米) Length of Highways on Operation (km)	农林牧渔业总产值 (万元) Total Output Value of Agriculture, Forestry, Animal Husbandry & Fishery (10000 yuan)
张家口市	**Zhangjiakou**				
桥东区	Qiaodong District	22.3	24.2	217	29250
桥西区	Qiaoxi District	23.5	13.2	80	3910
宣化区	Xuanhua District	10.1	50.8	1283	277055
下花园区	Xiahuayuan District	24.9	42.9	218	63995
万全区	Wanquan District	19.5	6.1	1067	276994
崇礼区	Chongli District	74.0	70.8	949	206502
张北县	Zhangbei County	23.5	13.0	3354	713946
康保县	Kangbao County	22.3	82.4	2681	593335
沽源县	Guyuan County	0.2	14.3	1965	673143
尚义县	Shangyi County	41.3	100.0	1433	482442
蔚　县	Yu County	41.5	2.6	2067	330728
阳原县	Yangyuan County	41.5	24.8	1522	278469
怀安县	Huai'an County	13.5	71.5	1596	160961
怀来县	Huailai County	7.2	74.0	1359	437470
涿鹿县	Zhuolu County	32.2	24.9	1410	254967
赤城县	Chicheng County	12.4	14.9	1899	507425
经开区	Jingkai District	7.2	54.6	168	59492
察北管理区	Chabei Management Area	23.1	40.0	235	208407
塞北管理区	Saibei Management Area	22.3		88	183035
承德市	**Chengde**				
双桥区	Shuangqiao District	12.4	5.9	365	10824
双滦区	Shuangluan District	12.3	40.1	486	57785
鹰手营子矿区	Yingshouyingzi District	34.3	7.6	162	17317
承德县	Chengde County	8.3	8.2	3120	891512
兴隆县	Xinglong County	15.0	7.2	2763	459401
滦平县	Luanping County	2.6	5.4	2331	712091
隆化县	Longhua County	12.2	19.5	2999	1163600
丰宁满族自治县	Fengning Man A.C.	8.3	22.4	4088	705202
宽城满族自治县	Kuancheng Man A.C.	10.7	71.2	1568	365245
围场满族蒙古族自治县	Weichang Man & Mongolian A.C.	10.8	65.4	4004	1240121
平泉市	Pingquan City	15.8	367.6	2690	820774
高新技术产业开发区	High and New Tech Development Zone	6.9	3.2	228	10892
沧州市	**Cangzhou**				
新华区	Xinhua District	8.6	37.1	70	2512
运河区	Yunhe District	8.0	45.3	110	7567
沧　县	Cang County	7.9	52.3	2182	582377
青　县	Qing County	8.3	36.6	1375	769718
东光县	Dongguang County	8.1	317.5	1486	717837
海兴县	Haixing County	8.2	16.8	892	284420
盐山县	Yanshan County	8.5	86.2	1056	217921

continued

#农　业 Agriculture	#林　业 Forestry	#牧　业 Animal Husbandry	#渔　业 Fishery	主要农产品产量 Output of Major Farm Products 粮　食（吨） Grain (ton)	棉　花（吨） Cotton (ton)	油　料（吨） Oilbearing Crops (ton)	蔬　菜（吨） Vegetables (ton)
13373	214	14984		36885			5159
563	267	2716		1090			1035
118153	3369	143937	1101	173668		450	158532
36302	534	22990		8919		32	22686
108815	2454	141571	4	101944		177	80597
185657	5860	14443	10	17204		1017	215153
516756	5645	188099	336	150455		14584	886982
402822	1459	187886	68	137143		34866	325312
542647	4109	123111	1438	228877		7882	1537128
364336	28878	72833	261	50926		3491	672610
162506	4578	153650	720	233804		325	188856
86788	4885	172800	507	140151		1649	52119
90014	3110	63819	588	121372		4162	128847
269894	6969	138491	10876	109962		1246	79560
158994	6280	82779	257	174590		548	54751
305624	13680	153422	2154	138749		2055	551421
35138	45	22266		23818			89284
52111	133	130472		28543		1660	140922
51431	2060	116171		30251		486	133500
5472	1473	3609	75	5558		3	13308
32975	2947	10015	787	16484		9	47983
11078	1299	4659	59	1700		80	17547
603918	36676	231500	808	192259		221	181883
369827	24764	47611	576	22456		72	39163
403170	62308	235273	710	84645		712	626236
651965	49971	446089	668	217764		6179	828938
270711	85087	324601	803	180389		10094	594389
223291	23029	99001	1187	58269		1177	135688
784602	91903	353510	431	470199		8460	999400
692192	28882	94275	411	230600		214	371321
5497	564	4093	16	9613		132	6747
718	56	1734		1809			90
3941	56	3418		5489		2	3716
287356	1937	217403	53	430293		1062	91711
563968	2688	137623	619	223093		1457	1154226
172633	1086	86690	1445	383638	3878	1249	72334
49944	473	137835	74683	149112	17	617	25698
81686	366	128256	569	255654	6	256	14088

24-2 续表 19

县(市、区)	County (City or District)	固定资产投资增速 (%) Growth Rate of Fixed Asset Investment (%)	#房地产投资增速 (%) Growth Rate of Real Estate Investment (%)	公路通车里程 (千米) Length of Highways on Operation (km)	农林牧渔业总产值 (万元) Total Output Value of Agriculture, Forestry, Animal Husbandry & Fishery (10000 yuan)
肃宁县	Suning County	8.3	3.7	899	503253
南皮县	Nanpi County	8.0	12.6	925	591610
吴桥县	Wuqiao County	8.0	62.7	1047	751398
献　县	Xian County	9.1	23.2	2304	795775
孟村回族自治县	Mengcun Hui A.C.	8.2	44.3	694	163779
泊头市	Botou City	7.7	45.4	1533	385747
任丘市	Renqiu City	8.4	17.1	1139	331023
渤海新区黄骅市	Bohai New Area Huanghua City	8.3	41.5	2303	1024379
河间市	Hejian City	8.1	30.9	1546	554498
开发区	Development Area	7.8	41.5	11	2175
高新区	HighTech District	7.2	0.9	2	944
廊坊市	**Langfang**				
安次区	Anci District	11.9	16.1	925	203427
广阳区	Guangyang District	21.1	10.1	1070	98732
固安县	Gu'an County	11.4	13.7	1539	690776
永清县	Yongqing County	29.7	22.3	1365	1050918
香河县	Xianghe County	6.1	16.3	1677	349030
大城县	Dacheng County	7.8	44.2	1374	309365
文安县	Wen'an County	7.9	42.6	1222	225442
大厂回族自治县	Dachang Hui A.C.	14.8	24.9	555	73808
霸州市	Bazhou City	13.0	21.3	1198	200858
三河市	Sanhe City	15.4	46.5	624	335210
经济技术开发区	EconomicTechnological Development Area	8.4	58.3		3454
衡水市	**Hengshui**				
桃城区	Taocheng District	9.1	10.0	844	198584
冀州区	Jizhou District	8.1	2.9	1413	266117
枣强县	Zaoqiang County	7.7	39.7	1820	338013
武邑县	Wuyi County	8.9	19.6	1378	557083
武强县	Wuqiang County	9.1	8.1	1685	796359
饶阳县	Raoyang County	9.3	9.0	788	267682
安平县	Anping County	7.0	39.3	657	674435
故城县	Gucheng County	8.5	24.9	781	353030
景　县	Jing County	9.1	152.0	1339	588315
阜城县	Fucheng County	9.5	46.0	1773	436876
深州市	Shenzhou City	9.7	41.7	1491	426053
高新区	HighTech District	8.2	14.1		29859
滨湖新区	Binhu New Area	9.3	29.0		38413
定州市	**Dingzhou**	**8.2**	**4.3**	**1863**	**1579065**
辛集市	**Xinji**	**8.2**	**8.5**	**1313**	**962914**

continued

				主要农产品产量 Output of Major Farm Products			
#农 业 Agriculture	#林 业 Forestry	#牧 业 Animal Husbandry	#渔 业 Fishery	粮 食 (吨) Grain (ton)	棉 花 (吨) Cotton (ton)	油 料 (吨) Oilbearing Crops (ton)	蔬 菜 (吨) Vegetables (ton)
287601	1202	184573		262923	15	811	505754
248637	853	130212	1633	438442	2626	1757	312410
217727	7144	118717	480	400196	1561	5136	134123
366676	413	280785	1357	410252	193	10611	366184
57081	697	104241	273	150604		721	23062
232338	1574	121742	853	396739	95	827	54408
206327	742	58962	4421	347322	94	1676	161322
195174	909	220162	484254	338377	5	2208	75001
280993	292	125736	105	520850	75	10766	171354
164		1908		640			
368		563		801			77
135651	4655	43071	1154	130116		3401	177601
62377	455	28490	604	32786		624	98382
615442	595	47264	405	221818		2069	1438305
825232	1956	202813	904	154326	260	8859	2017330
243987	864	91345	3832	74958		253	501842
191262	1493	104716	1102	274754	74	6418	255736
131602	1187	74609	9067	314901	47	489	93403
14008	243	57108	600	13027			19888
118907	1003	56962	13646	177411	246	3921	132086
180067	1053	129130	11008	136035	1	87	368093
161	23	3143		673			
120211	3362	56931	1171	184352	107	3264	183300
170526	5223	75346	2384	412701	5638	7073	54243
232388	3652	78918	707	484619	8108	9566	111059
380450	2535	132497	314	360694	1773	8677	696980
486360	9365	252812	502	686997	11	22923	158378
96086	908	145014		259896	1	2363	66151
534809	1048	90429		218297		9634	867607
128226	1862	190977	149	221711		2649	107591
311071	5817	216901	2498	413464	8445	11414	428443
276493	14375	98382	175	788116	888	1239	90070
278358	7862	98884	134	327734	577	1756	297730
17065	144	9621		39050	10	102	4378
22398	488	9065	4632	55653	26	248	2471
961648	**121394**	**464879**		**806793**		**21115**	**1243506**
498873	**4366**	**424935**	**60**	**663148**	**44**	**20403**	**732032**

24-2 续表 20

县(市、区)	County (City or District)	园林水果(吨) Garden Fruit (ton)	肉类(吨) Meat (ton)	禽蛋(吨) Egg (ton)	水产品(吨) Aquatic Products (ton)
石家庄市	**Shijiazhuang**				
长安区	Chang'an District	7246	249	101	
桥西区	Qiaoxi District				
新华区	Xinhua District	1368	9	8	
井陉矿区	Jingxing Mining Area	3344	813	105	7
裕华区	Yuhua District		7		
藁城区	Gaocheng District	118150	81645	109965	
鹿泉区	Luquan District	18752	4902	14582	5480
栾城区	Luancheng District	11146	7255	8194	
井陉县	Jingxing County	19693	14000	29163	420
正定县	Zhengding County	10860	63154	86690	
行唐县	Xingtang County	136836	33037	85426	870
灵寿县	Lingshou County	7251	45862	18627	5600
高邑县	Gaoyi County	4023	9732	12788	
深泽县	Shenze County	97753	15169	20953	114
赞皇县	Zanhuang County	137238	21204	23265	
无极县	Wuji County	7927	41210	90413	1
平山县	Pingshan County	20821	21443	37158	5976
元氏县	Yuanshi County	8344	31440	21698	150
赵　县	Zhao County	665741	11131	37429	
晋州市	Jinzhou City	720424	46453	68534	
新乐市	Xinle City	5566	67074	56396	
高新区	HighTech District	271	72	894	
循环化工园区	Recycling Chemical Industry Park	889	3053	2826	
唐山市	**Tangshan**				
路南区	Lunan District	58	2906	875	
路北区	Lubei District	1571	2479	586	
古冶区	Guye District	8782	12030	10246	4010
开平区	Kaiping District	924	8657	2541	2250
丰南区	Fengnan District	13563	53611	12216	60463
丰润区	Fengrun District	71874	60497	34925	5499
曹妃甸区	Caofeidian District	23764	20723	5733	172795
滦南县	Luannan County	47087	80287	47088	87300
乐亭县	Laoting County	355217	31067	5627	138500
迁西县	Qianxi County	38712	20905	13524	11820
玉田县	Yutian County	48579	91796	57567	4210
遵化市	Zunhua City	139385	92667	33086	1201
迁安市	Qian'an City	75071	68091	20713	435
滦州市	Luanzhou City	38114	43885	16642	1051
海港经济开发区	Haigang Economic Development Area	17664	5890	1981	6440

continued

规模以上工业增加值增速(%) Industrial Added Value above Designated Size (%)	社会消费品零售总额(万元) Total Retail Sales of Consumer Goods (10000 yuan)	社会消费品零售总额增速(%) Growth Rate (%)	城乡居民享受低保人数(人) Urban and Rural Residents Receiving Subsistence Allowances (person)	城乡居民基本养老保险参保人数(人) Urban and Rural Residents Covered by Basic Pension Insurance (person)	城乡居民基本医疗保险参保人数(人) Urban and Rural Residents Covered by Basic Medical Insurance (person)	学前教育 Preschool Education	
						个数(个) Number (unit)	在园(所)人数(人) Enrolment (person)
6.2	3878256	2.0	1237	40410	296801	136	32160
10.6	4729412	0.4	1227	19075	276123	117	29015
5.3	2959875	1.6	1227	27784	262648	84	18481
19.0	132567	2.7	361	17312	52121	105	25360
7.2	3205730	1.9	477	15773	279288	19	2817
10.7	922911	2.4	10866	457662	683897	83	27351
12.0	1107006	1.8	2525	220400	361333	70	19666
11.8	488719	2.3	4031	181537	291383	157	14508
11.3	375518	3.5	4051	148969	263261	54	6223
12.0	863101	3.3	4514	239989	428179	122	17508
9.1	318664	3.9	10220	239490	358465	82	12310
10.7	220108	2.6	8951	171067	300584	86	9532
11.4	153719	2.9	5203	96924	163432	53	6161
8.0	157819	3.1	3594	133395	206447	47	6475
11.4	130162	3.7	7890	130251	230301	140	8882
13.6	414485	3.4	7262	287723	445511	179	13602
10.1	454040	3.2	9967	271706	400866	149	13490
15.0	541061	3.3	6257	231897	365154	62	12747
11.5	441069	2.8	7991	312322	496042	107	13197
10.6	746715	2.6	6808	322557	479668	58	13538
11.2	377116	2.1	10191	230376	444275	118	16251
3.8	1656744	1.5	144	34030	119505	54	11653
14.2	86564	2.2	501	27777	45099	7	2186
18.0	1853893	2.3	1308	33582		30	8625
6.9	2736908	2.2	1928	64719		64	21068
3.6	815851	1.6	3210	69563		52	5840
5.1	1138623	1.0	2955	83838		68	6551
19.1	2252804	2.8	5728	256700	383971	76	17283
2.3	1715125	2.2	7315	404753	591134	187	22818
19.1	1003998	2.8	1063	46099	199332	50	11350
0.4	975415	2.1	6088	334659	439647	50	13538
4.9	957075	1.6	4596	252279	322319	48	8016
2.5	695742	2.0	7420	205880	305036	118	11567
11.2	968020	1.9	7340	409536	586171	126	22565
12.3	1710174	2.3	8894	380119	607096	165	21039
11.8	2734289	2.5	6486	330645	549399	218	28113
8.1	999113	2.3	4985	322812	443187	67	12958
18.0	175005	2.2	712	35325	54252	15	4228

24-2 续表 21

县(市、区)	County (City or District)	园林水果(吨) Garden Fruit (ton)	肉 类(吨) Meat (ton)	禽 蛋(吨) Egg (ton)	水产品(吨) Aquatic Products (ton)
唐山湾国际旅游岛	Tangshan Bay International Tourism Island				42409
高新技术产业开发区	High and New Tech Development Zone	790	1764	2589	
芦台经济开发区	Lutai Economic Development Area	393	13166	5975	1695
汉沽管理区	Hangu Management Area	3115	14992		4320
秦皇岛市	**Qinhuangdao**				
海港区	Haigang District	19430	10839	4409	1615
山海关区	Shanhaiguan District	25959	7512	4559	3352
北戴河区	Beidaihe District	4728	1747	142	473
抚宁区	Funing District	159887	79849	17438	1060
青龙满族自治县	Qinglong Man A.C.	263889	55186	14900	1930
昌黎县	Changli County	110894	57868	18830	123826
卢龙县	Lulong County	172698	76010	16622	2669
秦皇岛开发区	Qinhuangdao Development Area	2082	1336	966	1151
北戴河新区	Beidaihe New Area	11042	3695	3516	188760
邯郸市	**Handan**				
邯山区	Hanshan District	8448	4247	2927	
丛台区	Congtai District	1820	1877	2257	
复兴区	Fuxing District	760	645	246	
峰峰矿区	Fengfeng Mining Area	2202	18899	7462	1790
肥乡区	Feixiang District	68425	29227	44015	18
永年区	Yongnian District	23974	39473	140259	6450
临漳县	Linzhang County	27097	42770	34210	
成安县	Cheng'an County	79848	29131	43746	25
大名县	Daming County	19799	68585	70221	76
涉 县	She County	16284	16937	37964	3426
磁 县	Ci County	4489	29282	52067	5030
邱 县	Qiu County	49495	20374	41892	65
鸡泽县	Jize County	31895	20283	44054	30
广平县	Guangping County	19488	9719	22675	22
馆陶县	Guantao County	18596	51969	159549	46
魏 县	Wei County	288206	28252	58557	72
曲周县	Quzhou County	25947	30346	117583	3220
武安市	Wu'an City	20353	89866	22472	612
冀南新区	Ji'nan New Area	1767	8638	20288	640
开发区	Development Area	6260	5702	37071	1150
邢台市	**Xingtai**				
襄都区	Xiangdu District	69	1446	3926	
信都区	Xindu District	130336	9388	7565	1293
任泽区	Renze District	10364	12567	31311	
南和区	Nanhe District	6915	17174	41372	200

continued

规模以上工业增加值增速(%) Industrial Added Value above Designated Size (%)	社会消费品零售总额(万元) Total Retail Sales of Consumer Goods (10000 yuan)	社会消费品零售总额增速(%) Growth Rate (%)	城乡居民享受低保人数(人) Urban and Rural Residents Receiving Subsistence Allowances (person)	城乡居民基本养老保险参保人数(人) Urban and Rural Residents Covered by Basic Pension Insurance (person)	城乡居民基本医疗保险参保人数(人) Urban and Rural Residents Covered by Basic Medical Insurance (person)	学前教育 Preschool Education	
						个数(个) Number (unit)	在园(所)人数(人) Enrolment (person)
	5222	0.1	41				
12.5	1033363	1.8	670	38863		28	4421
7.0	59621	0.5	419	14751	24098	8	865
8.0	73693	0.5	633	15828	24006	5	920
7.5	2432061	0.5	3094	103885	384005	177	28137
4.2	217596	1.8	521	32922	67084	28	3542
3.0	292353	0.8	284	35809	70830	16	2433
5.4	408417	1.0	2448	175731	240815	42	6383
5.4	480389	0.4	26607	319827	436489	211	10776
8.2	698684	1.9	6588	285668	394082	37	10916
7.5	514590	1.6	9883	239852	322610	27	6611
5.3	816746	0.3	195	15249	72798	27	5950
9.0	111641	1.2	251	39630	14634	5	1366
2.6	1420376	1.6	1613	81136	286634	110	12405
8.9	1365156	0.6	1614	88532	299904	122	18794
5.0	335803	0.4	633	40759	166012	70	10759
2.4	809032	4.6	1754	147047	301718	91	11121
5.2	305232	0.9	1170	213789	334877	124	11829
6.5	1051936	0.2	410	486205	771642	230	30229
3.7	436169	2.4	472	363851	559902	209	20246
11.2	452129	2.1	1415	220182	363103	56	10836
7.3	691965	0.7	1817	472169	719798	245	25039
6.9	716620	1.8	348	215682	375411	66	18116
9.4	692098	4.1	625	225923	382940	77	14943
8.4	206442	3.7	116	136270	207745	93	6160
6.9	286726	3.4	528	185539	284477	143	12847
8.1	326472	1.9	739	156507	250163	84	9701
7.4	333774	3.5	845	188777	288869	130	10814
3.9	692269	2.4	8589	536094	860770	349	34322
7.1	545126	2.7	280	280439	451529	213	18893
7.1	1410554	3.1	422	365589	693316	417	21832
14.4	345805	1.3	370	145169	254966	62	8759
11.9	591828	0.7	149	104293	198067	27	7416
6.1	755559	2.6	3062	83621	193138	59	11363
10.5	1410013	1.9	13549	258320	459666	186	28892
14.2	273900	0.9	11632	206502	328967	143	13917
0.7	299567	1.1	8601	233918	337535	106	16722

24-2 续表 22

县(市、区)	County (City or District)	园林水果(吨) Garden Fruit (ton)	肉类(吨) Meat (ton)	禽蛋(吨) Egg (ton)	水产品(吨) Aquatic Products (ton)
临城县	Lincheng County	17673	14840	30612	2500
内丘县	Neiqiu County	50145	21313	18989	46
柏乡县	Baixiang County	74805	11398	32136	
隆尧县	Longyao County	33327	28972	52891	88
宁晋县	Ningjin County	194963	33358	33697	5
巨鹿县	Julu County	73601	20968	19202	102
新河县	Xinhe County	125003	37081	8360	737
广宗县	Guangzong County	18090	22330	8396	
平乡县	Pingxiang County	15975	12775	25281	50
威　县	Wei County	221314	45550	51696	150
清河县	Qinghe County	29341	11112	3905	240
临西县	Linxi County	14157	17778	24734	178
南宫市	Nangong City	32658	21148	22504	282
沙河市	Shahe City	12178	13442	38585	1835
开发区	Development Area	667	2623	4276	42
邢东新区	Xingdong New Area	500			380
保定市	**Baoding**				
竞秀区	Jingxiu District	12615	44		
莲池区	Lianchi District	1204			
满城区	Mancheng District	251059	24846	24652	
清苑区	Qingyuan District	53893	28970	45319	
徐水区	Xushui District	20630	41547	22053	46
涞水县	Laishui County	34407	20677	2832	199
阜平县	Fuping County	74240	8184	4592	6190
定兴县	Dingxing County	27715	64750	29985	100
唐　县	Tang County	41270	75385	16626	2100
高阳县	Gaoyang County	8387	8196	4449	
涞源县	Laiyuan County	3387	32195	11999	412
望都县	Wangdu County	17010	14380	9440	
易　县	Yi County	143471	74581	24199	4240
曲阳县	Quyang County	135785	34662	13837	2205
蠡　县	Li County	31369	8787	12581	
顺平县	Shunping County	425580	11206	5277	12
博野县	Boye County	33523	19000	8791	
涿州市	Zhuozhou City	22886	34503	16484	230
安国市	Anguo City	12117	17906	11647	
高碑店市	Gaobeidian City	12355	31767	13523	35
高新区	HighTech District	9617			
白沟新城	Baigou City	1396	243	51	

continued

规模以上工业增加值增速(%) Industrial Added Value above Designated Size (%)	社会消费品零售总额(万元) Total Retail Sales of Consumer Goods (10000 yuan)	社会消费品零售总额增速(%) Growth Rate (%)	城乡居民享受低保人数(人) Urban and Rural Residents Receiving Subsistence Allowances (person)	城乡居民基本养老保险参保人数(人) Urban and Rural Residents Covered by Basic Pension Insurance (person)	城乡居民基本医疗保险参保人数(人) Urban and Rural Residents Covered by Basic Medical Insurance (person)	学前教育 Preschool Education	
						个数(个) Number (unit)	在园(所)人数(人) Enrolment (person)
4.1	253958	1.1	8647	112435	184207	90	6845
31.0	287786	2.0	10074	154401	243113	92	10209
4.8	189405	1.7	5829	97693	170248	69	5699
3.0	455814	2.0	12829	334033	485907	192	22767
2.6	763843	0.6	20960	464300	731761	276	27270
4.2	648007	1.9	15657	211795	357435	131	14039
4.7	255061	0.9	7181	94116	139597	41	4223
20.0	195172	0.3	9635	170452	270435	58	10862
0.1	469139	1.7	11314	189683	300625	180	12853
10.4	457965	1.8	21336	347389	519059	155	17918
4.4	725361	0.6	11238	228395	373163	153	15577
0.4	526033	1.8	16236	240226	321046	66	10388
2.3	439192	1.6	15234	293462	399753	104	14295
2.6	792849	1.6	12256	228996	361201	160	21347
5.6	295111	2.1	4895	99696	143703	95	8735
19.6	786020	2.6	1138				
5.8	921196	0.4	1731	72518	171537	80	13456
7.7	2767730	0.3	1730	98641	361407	179	29234
3.7	298472	1.9	5387	229286	335631	150	13458
5.2	579577	1.1	9532	351234	562514	230	20869
1.2	1224276	0.5	4276	371240	520212	173	25671
4.2	288546	1.1	11418	199440	263751	116	11337
11.3	107047	2.0	15362	131680	185633	21	5287
8.0	788362	2.1	7399	326462	450594	190	17268
7.5	422925	1.7	20520	334429	476375	110	15070
3.3	562037	1.4	3510	173280	254714	65	6352
13.2	157412	1.3	17311	159272	218954	69	6706
7.5	252563	1.1	6387	144670	211506	56	7281
5.0	380546	1.2	13570	335716	445872	153	14882
6.8	313240	1.5	13272	314848	512790	219	14692
4.6	549983	1.5	4650	316593	432567	176	13673
8.5	212591	1.6	10172	179239	244617	72	7436
9.7	166295	1.8	7183	150000	212395	72	3787
9.0	1020678	1.3	7231	290700	442727	195	25691
6.5	433299	1.8	3086	234956	317942	87	9830
2.0	867454	2.2	5839	268694	421618	172	16950
10.1	1852670	0.6	150	22025	51666	20	4227
1.5	887997	0.7	234	27285	50071	56	8772

24–2 续表 23

县(市、区)	County (City or District)	园林水果(吨) Garden Fruit (ton)	肉 类(吨) Meat (ton)	禽 蛋(吨) Egg (ton)	水产品(吨) Aquatic Products (ton)
张家口市	**Zhangjiakou**				
桥东区	Qiaodong District	1635	2957	2912	
桥西区	Qiaoxi District		412	183	
宣化区	Xuanhua District	2963	32232	15055	610
下花园区	Xiahuayuan District	666	5127	5165	
万全区	Wanquan District	5763	23356	7410	2
崇礼区	Chongli District	13	2540	1528	6
张北县	Zhangbei County		29501	1559	195
康保县	Kangbao County		24513	2249	40
沽源县	Guyuan County		18663	1070	645
尚义县	Shangyi County		20943	895	154
蔚 县	Yu County	2592	26901	35500	420
阳原县	Yangyuan County	5092	26161	31140	292
怀安县	Huai'an County	1094	12984	1584	335
怀来县	Huailai County	177533	35802	14553	4850
涿鹿县	Zhuolu County	90657	20701	14726	155
赤城县	Chicheng County	2029	35609	5230	720
经开区	Jingkai District	1144	4169	1941	
察北管理区	Chabei Management Area		1624		
塞北管理区	Saibei Management Area		1111		
承德市	**Chengde**				
双桥区	Shuangqiao District	592	780	511	42
双滦区	Shuangluan District	2032	2191	1032	450
鹰手营子矿区	Yingshouyingzi District	2184	995	848	34
承德县	Chengde County	346873	79003	19923	487
兴隆县	Xinglong County	305593	12005	784	332
滦平县	Luanping County	41351	84828	11293	410
隆化县	Longhua County	51556	80787	16735	390
丰宁满族自治县	Fengning Man A.C.	5037	52511	10054	440
宽城满族自治县	Kuancheng Man A.C.	49857	17973	9276	670
围场满族蒙古族自治县	Weichang Man & Mongolian A.C.	232421	56822	25921	229
平泉市	Pingquan City	116771	17270	10091	220
高新技术产业开发区	High and New Tech Development Zone	488	1136	1799	9
沧州市	**Cangzhou**				
新华区	Xinhua District	54	331	693	
运河区	Yunhe District	678	744	1123	
沧 县	Cang County	196219	46255	46611	27
青 县	Qing County	18479	26221	16251	288
东光县	Dongguang County	8476	18950	13946	806
海兴县	Haixing County	7398	48136	15464	9770
盐山县	Yanshan County	3357	39449	3291	330

continued

规模以上工业增加值增速(%) Industrial Added Value above Designated Size (%)	社会消费品零售总额(万元) Total Retail Sales of Consumer Goods (10000 yuan)	社会消费品零售总额增速(%) Growth Rate (%)	城乡居民享受低保人数(人) Urban and Rural Residents Receiving Subsistence Allowances (person)	城乡居民基本养老保险参保人数(人) Urban and Rural Residents Covered by Basic Pension Insurance (person)	城乡居民基本医疗保险参保人数(人) Urban and Rural Residents Covered by Basic Medical Insurance (person)	学前教育 Preschool Education	
						个数(个) Number (unit)	在园(所)人数(人) Enrolment (person)
4.7	526347	0.3	7959	39846	94988	36	6153
5.5	491932	0.6	7028	17901	79084	23	6254
39.0	599002	0.3	30467	165119	294572	96	13782
2.5	60890	0.9	4138	18957	35498	11	1251
1.0	261016	0.6	19144	120377	177685	38	5544
42.7	96898	0.9	11677	64119	95141	9	2261
4.7	260899	0.3	40863	211190	273088	30	6128
11.5	124845	0.9	27759	134937	211587	24	1817
7.5	173798	0.1	28743	121045	178278	47	3899
8.8	66970	1.1	23779	98527	139297	24	1715
1.2	258899	1.1	30356	258899	397042	87	12577
43.8	147049	0.3	17713	132953	195419	38	5683
18.2	124320	1.3	24054	124907	170549	34	3882
21.2	351219	0.6	12460	159343	265187	39	9720
1.6	261372	1.2	28132	190206	248507	54	8111
5.4	106788	0.9	24835	158771	209776	26	4340
10.0	2472667	0.7	3999	50064	105043	54	8000
8.4	22905	0.4	2574	10204	14604	3	380
3.4	6435	0.4	347	868	3138	1	160
7.1	1425476	0.8	3221	26221	130177	79	10185
10.8	414861	0.8	1968	31149	94436	56	6553
7.0	46013	3.9	3162	12815	32186	11	1217
5.6	335120	4.1	23099	219102	328951	111	8113
12.5	273236	3.1	13729	176669	245251	77	4757
6.3	288516	1.7	10748	165672	252354	90	7706
7.1	355816	3.0	33469	246856	346009	56	8306
6.7	355782	2.4	32118	226801	317374	102	7952
9.5	449991	2.0	16099	119988	201480	89	7393
0.1	483564	2.7	32225	295789	420667	330	11095
9.6	481862	3.4	19536	240610	364943	40	7291
0.3	197701	0.7	592	19860	68075	25	3117
8.2	1136360	0.7	390	23842	83835	55	9233
8.7	2266385	0.4	644	44669	182255	71	19139
9.7	494477	2.7	5884	439627	645620	164	19030
8.7	644038	3.8	4509	232144	363367	97	16580
9.4	301281	3.4	7727	216573	313013	118	12993
9.3	86328	4.5	5363	102552	168843	32	5722
21.4	325919	4.8	11205	266553	389287	48	13846

24-2 续表 24

县(市、区)	County (City or District)	园林水果(吨) Garden Fruit (ton)	肉类(吨) Meat (ton)	禽蛋(吨) Egg (ton)	水产品(吨) Aquatic Products (ton)
肃宁县	Suning County	63476	29856	66270	
南皮县	Nanpi County	67111	43299	8239	1035
吴桥县	Wuqiao County	21969	21350	17399	292
献　县	Xian County	74241	48936	54080	792
孟村回族自治县	Mengcun Hui A.C.	13185	39120	5060	158
泊头市	Botou City	410521	23482	43899	486
任丘市	Renqiu City	20035	18340	5953	2520
渤海新区黄骅市	Bohai New Area Huanghua City	87828	54612	18301	94275
河间市	Hejian City	66884	26368	25914	62
开发区	Development Area		432	32	
高新区	HighTech District	19	140		
廊坊市	**Langfang**				
安次区	Anci District	50291	9765	10134	642
广阳区	Guangyang District	6391	5494	1301	342
固安县	Gu'an County	78212	11124	7411	228
永清县	Yongqing County	235157	44498	12111	523
香河县	Xianghe County	8271	10690	48677	2117
大城县	Dacheng County	30631	22444	25201	620
文安县	Wen'an County	15231	14690	5804	3615
大厂回族自治县	Dachang Hui A.C.	1074	12656	3489	325
霸州市	Bazhou City	8051	16280	7309	4799
三河市	Sanhe City	37456	22415	11210	6137
经济技术开发区	EconomicTechnological Development Area		618	114	
衡水市	**Hengshui**				
桃城区	Taocheng District	19242	11800	6721	651
冀州区	Jizhou District	60297	17033	17150	1283
枣强县	Zaoqiang County	39135	16975	5341	400
武邑县	Wuyi County	47076	26110	17793	163
武强县	Wuqiang County	677388	52570	78773	295
饶阳县	Raoyang County	3659	16541	15243	
安平县	Anping County	239679	17995	29485	
故城县	Gucheng County	23443	62540	11718	95
景　县	Jing County	10339	42306	31081	1409
阜城县	Fucheng County	20884	25022	17049	101
深州市	Shenzhou City	46868	17606	26122	72
高新区	HighTech District	2959	2084	2250	
滨湖新区	Binhu New Area	3552	1527	3075	1915
定州市	**Dingzhou**	**25026**	**83736**	**64125**	
辛集市	**Xinji**	**333798**	**88815**	**162413**	

continued

规模以上工业增加值增速(%) Industrial Added Value above Designated Size (%)	社会消费品零售总额(万元) Total Retail Sales of Consumer Goods (10000 yuan)	社会消费品零售总额增速(%) Growth Rate (%)	城乡居民享受低保人数(人) Urban and Rural Residents Receiving Subsistence Allowances (person)	城乡居民基本养老保险参保人数(人) Urban and Rural Residents Covered by Basic Pension Insurance (person)	城乡居民基本医疗保险参保人数(人) Urban and Rural Residents Covered by Basic Medical Insurance (person)	学前教育 Preschool Education	
						个数(个) Number (unit)	在园(所)人数(人) Enrolment (person)
7.1	410608	2.7	3637	212426	295400	116	12336
8.7	219642	4.0	8804	194872	325600	111	12123
6.5	177632	5.0	6084	162570	209934	70	5074
9.3	495020	3.6	10135	354902	527854	232	17134
7.0	181871	2.6	3601	114697	180545	11	6631
5.9	879745	2.7	8410	296936	508167	150	16299
1.1	1041687	4.0	7947	295559	571450	245	27454
10.8	996764	4.0	5393	218110	453162	55	23430
7.5	958635	3.6	9433	498968	707844	158	25115
12.1	549859	3.2	137	10825		3	1010
10.1	270751	3.0	37	5904		4	350
3.2	851787	5.0	3928	183710	278572	62	14730
0.6	2667832	1.9	1444	112634	218239	91	13984
5.4	810269	3.0	4441	223719	372770	66	17433
0.1	747988	1.6	4030	215425	298600	47	11926
12.3	1164398	5.0	4280	201313	280253	86	15499
5.0	1079313	0.5	10298	300920	376026	127	15928
11.6	511629	1.4	5869	300520	449535	206	19350
1.0	313177	0.8	835	60142	98689	22	5787
5.3	1976024	0.1	3532	337303	530026	284	27533
5.1	2303557	0.8	3812	230339	475977	164	24091
6.5				27388	45977	25	4243
6.8	1179347	2.6	1745	96891	391562	127	16382
8.0	491304	2.5	5573	207213	276799	72	8348
6.4	476361	0.6	6577	242303	330400	133	9255
8.6	295778	2.7	7098	178136	258300	100	6808
5.8	407230	2.8	7697	324537	438244	232	13536
7.7	176844	2.8	4518	114876	158440	63	5020
4.5	276858	2.0	5194	176035	234059	60	8566
8.5	476331	2.9	3328	190020	273589	98	10393
15.3	488646	2.9	10392	277771	415061	125	13649
5.6	529947	3.0	7664	301655	427652	157	10801
9.0	239756	3.1	7994	193530	275400	59	9260
8.0	1068097	2.6	522	32670	71901	53	4441
3.8	159255	0.9	745	36227		16	1070
7.0	**1111881**	**3.5**	**16446**	**617168**	**981537**	**298**	**33838**
24.2	**1122503**	**3.2**	**5525**	**433609**	**553442**	**65**	**15600**

24-2 续表 25

县(市、区)	County (City or District)	小学 Primary Education 个数(个) Number (unit)	小学 Primary Education 在校学生数(人) Enrolment (person)	初中 Junior Secondary Education 个数(个) Number (unit)	初中 Junior Secondary Education 在校学生数(人) Enrolment (person)
石家庄市	**Shijiazhuang**				
长安区	Chang'an District	63	83190	15	26890
桥西区	Qiaoxi District	55	84035	4	29617
新华区	Xinhua District	54	65851	9	22327
井陉矿区	Jingxing Mining Area	6	4762		1909
裕华区	Yuhua District	52	59401	6	22029
藁城区	Gaocheng District	112	71903	25	31637
鹿泉区	Luquan District	89	43301	15	18448
栾城区	Luancheng District	58	32528	10	13520
井陉县	Jingxing County	51	14758	9	8629
正定县	Zhengding County	90	49356	22	23504
行唐县	Xingtang County	61	35829	13	21926
灵寿县	Lingshou County	73	26088	13	14558
高邑县	Gaoyi County	41	18046	7	9724
深泽县	Shenze County	34	15509	7	6897
赞皇县	Zanhuang County	55	27497	6	14960
无极县	Wuji County	82	39397	14	20139
平山县	Pingshan County	70	37744	17	21257
元氏县	Yuanshi County	67	35173	14	18106
赵　县	Zhao County	64	45209	21	23260
晋州市	Jinzhou City	92	44147	20	19237
新乐市	Xinle City	93	45292	25	26133
高新区	HighTech District	21	30312	6	11392
循环化工园区	Recycling Chemical Industry Park	8	4387	2	1525
唐山市	**Tangshan**				
路南区	Lunan District	27	21200	7	9974
路北区	Lubei District	60	57453	13	20607
古冶区	Guye District	30	14891	11	6085
开平区	Kaiping District	23	16291	9	7829
丰南区	Fengnan District	62	38631	18	15505
丰润区	Fengrun District	125	60029	24	26061
曹妃甸区	Caofeidian District	23	19683	8	6466
滦南县	Luannan County	101	30815	22	17172
乐亭县	Laoting County	80	15157	20	8470
迁西县	Qianxi County	90	29632	17	16088
玉田县	Yutian County	120	52099	19	24624
遵化市	Zunhua City	108	58657	30	31891
迁安市	Qian'an City	131	73454	30	32844
滦州市	Luanzhou City	102	41235	24	16837
海港经济开发区	Haigang Economic Development Area	14	8734	8	3300

continued

高　中 Senior Secondary Education		中等职业教育 Secondary Vocational Education		卫生机构数		卫生机构床位数	
个　数 (个) Number (unit)	在校学生数 (人) Enrolment (person)	个　数 (个) Number (unit)	在校学生数 (人) Enrolment (person)	(个) Health Institutions (unit)	#医　院 Hospitals	(张) Beds of Health Institutions (bed)	#医　院 Hospitals
9	9116	10	13425	547	23	8614	8138
19	13885	14	34462	625	39	8164	7486
10	9246	15	48580	590	15	8167	7956
1	1076	2	865	86	6	657	612
5	4353	9	15305	699	42	11066	10818
6	11799	6	5772	379	13	2247	1590
6	9815	11	19825	464	17	2457	1236
2	4453	5	10268	357	10	1200	963
2	4417	2	1963	461	11	1595	1215
7	9773	8	10682	602	22	2654	2039
6	11031	2	1698	407	12	1981	1392
3	5861	3	2374	345	10	1735	1100
2	4316	2	1237	157	6	727	625
1	2249	2	1168	176	6	1429	878
2	3997	2	1758	291	5	1340	1044
3	8289	2	6583	352	17	2371	1737
6	8277	4	4677	744	3	2156	1392
4	5862	5	3645	310	13	2196	1694
4	8173	4	5473	397	15	3623	2574
2	6550	4	5083	326	9	1915	1585
5	11478	1	2269	315	8	2455	1840
8	10325	6	8264				
1	1053	3	1623	309	28	6916	5284
6	5018	4	2501	468	52	13554	12714
2	1638	3	521	194	7	2570	2238
3	2591	2	1394	345	13	1633	1298
4	10072	6	4599	769	9	1784	1201
7	13940	3	7185	982	28	4197	3499
6	5904	4	7517	304	9	1661	1305
4	13137	2	3934	763	16	3423	2476
5	8810	2	3402	585	11	2946	1525
5	8614	2	3701	619	6	2856	1704
5	12496	2	4757	931	22	3444	2946
9	20688	2	3337	1161	31	3741	2958
7	17409	3	5356	967	24	5588	4795
4	9959	3	5234	968	16	3640	2225
2	1855						

24-2 续表 26

县(市、区)	County (City or District)	小学 Primary Education 个数(个) Number (unit)	小学 Primary Education 在校学生数(人) Enrolment (person)	初中 Junior Secondary Education 个数(个) Number (unit)	初中 Junior Secondary Education 在校学生数(人) Enrolment (person)
唐山湾国际旅游岛	Tangshan Bay International Tourism Island				
高新技术产业开发区	High and New Tech Development Zone	19	6182	3	1898
芦台经济开发区	Lutai Economic Development Area	8	2441	1	967
汉沽管理区	Hangu Management Area	9	2213		1003
秦皇岛市	**Qinhuangdao**				
海港区	Haigang District	64	67726	28	26933
山海关区	Shanhaiguan District	10	8564	5	3610
北戴河区	Beidaihe District	10	6073	5	2047
抚宁区	Funing District	59	18019	19	9041
青龙满族自治县	Qinglong Man A.C.	44	32092	21	18409
昌黎县	Changli County	101	28930	17	17162
卢龙县	Lulong County	95	18644	17	11195
秦皇岛开发区	Qinhuangdao Development Area	13	13991	7	4452
北戴河新区	Beidaihe New Area	16	4135	5	1447
邯郸市	**Handan**				
邯山区	Hanshan District	75	63666	12	10886
丛台区	Congtai District	73	75004	16	12938
复兴区	Fuxing District	43	24638	9	5812
峰峰矿区	Fengfeng Mining Area	35	36451	14	15061
肥乡区	Feixiang District	73	41506	15	22109
永年区	Yongnian District	168	95796	31	44598
临漳县	Linzhang County	132	75668	27	33217
成安县	Cheng'an County	86	46459	18	24180
大名县	Daming County	154	74264	29	36929
涉　县	She County	71	37814	11	16983
磁　县	Ci County	78	49056	26	23576
邱　县	Qiu County	32	26093	5	16560
鸡泽县	Jize County	59	37767	10	19456
广平县	Guangping County	46	34077	18	17171
馆陶县	Guantao County	43	34744	12	20707
魏　县	Wei County	190	96681	35	45686
曲周县	Quzhou County	108	61788	16	26672
武安市	Wu'an City	214	91139	29	41739
冀南新区	Ji'nan New Area	57	23272	16	12909
开发区	Development Area	68	31655	6	15840
邢台市	**Xingtai**				
襄都区	Xiangdu District	44	39776	5	23301
信都区	Xindu District	82	76032	15	34025
任泽区	Renze District	53	35903	12	11438
南和区	Nanhe District	53	37759	10	13789

continued

高中 Senior Secondary Education		中等职业教育 Secondary Vocational Education		卫生机构数		卫生机构床位数	
个数 (个) Number (unit)	在校学生数 (人) Enrolment (person)	个数 (个) Number (unit)	在校学生数 (人) Enrolment (person)	(个) Health Institutions (unit)	#医院 Hospitals	(张) Beds of Health Institutions (bed)	#医院 Hospitals
1							
		1	81				
1	147						
4	1831	12	11012	1208	35	8996	8009
1	564	4	1429	168	3	1258	1113
2	3718	3	1523	131	3	1120	1055
3	6067	3	3038	479	5	1656	1198
4	9321	2	3638	728	20	3252	1964
6	13331	6	6428	719	11	2488	1665
3	6867	2	3214	585	8	1780	1269
1	1568						
2	403						
2	5353	2	2938	531	44	10126	8547
3	471			573	35	7060	5863
2	4286			288	15	2317	1188
3	7543	2	3614	468	19	3126	2744
3	7525	1	2399	486	8	1447	830
5	18470	2	4627	1324	19	5706	3077
3	15084	2	5154	814	22	4290	2756
2	7024	1	3014	653	14	2987	1752
7	23074	2	2034	1009	12	5128	2924
3	10792	2	3163	467	12	3120	2572
5	22574	2	3119	762	14	2913	2234
1	6326	1	670	284	5	1575	921
2	8447	2	2889	452	5	1964	1103
4	6471	1	2904	372	13	1904	1170
4	9469	2	2029	452	10	2058	1698
7	23480	2	4913	617	26	5199	3438
3	9924	2	4596	425	8	3489	1565
4	21112	2	9560	683	35	5365	3715
2	2493	2	2330				
5	8192						
5	5051	3	3810	582	24	5832	5466
9	13734	10	6328	1314	27	6157	5361
1	3911	2	789	439	10	1463	967
3	9079	2	4164	316	10	1521	1161

24-2 续表 27

县(市、区)	County (City or District)	小学 Primary Education 个数(个) Number (unit)	小学 Primary Education 在校学生数(人) Enrolment (person)	初中 Junior Secondary Education 个数(个) Number (unit)	初中 Junior Secondary Education 在校学生数(人) Enrolment (person)
临城县	Lincheng County	25	20499	10	11443
内丘县	Neiqiu County	37	27136	6	12125
柏乡县	Baixiang County	24	15457	3	6850
隆尧县	Longyao County	81	48309	15	15848
宁晋县	Ningjin County	88	84938	25	35629
巨鹿县	Julu County	54	39428	4	18265
新河县	Xinhe County	16	9897	5	4406
广宗县	Guangzong County	53	28270	10	11146
平乡县	Pingxiang County	41	34558	11	14349
威　县	Wei County	91	60788	18	30544
清河县	Qinghe County	60	54856	16	23195
临西县	Linxi County	65	36113	16	18492
南宫市	Nangong City	45	43002	13	19078
沙河市	Shahe City	65	52443	25	18910
开发区	Development Area	41	24183	8	9932
邢东新区	Xingdong New Area				
保定市	**Baoding**				
竞秀区	Jingxiu District	43	36513	10	12040
莲池区	Lianchi District	56	70844	25	33551
满城区	Mancheng District	89	33642	19	17309
清苑区	Qingyuan District	129	53335	26	27507
徐水区	Xushui District	88	52880	20	27296
涞水县	Laishui County	60	23628	12	11552
阜平县	Fuping County	33	16381	16	10242
定兴县	Dingxing County	112	42731	13	23882
唐　县	Tang County	147	45605	24	25126
高阳县	Gaoyang County	71	29803	11	15807
涞源县	Laiyuan County	27	19316	11	13082
望都县	Wangdu County	33	18195	4	8960
易　县	Yi County	57	36942	17	19299
曲阳县	Quyang County	158	63366	29	36832
蠡　县	Li County	128	43950	13	23238
顺平县	Shunping County	61	18989	13	9368
博野县	Boye County	65	16986	8	9872
涿州市	Zhuozhou City	66	53683	21	21983
安国市	Anguo City	45	24956	10	14451
高碑店市	Gaobeidian City	83	46098	20	20998
高新区	HighTech District	9	11761	6	3862
白沟新城	Baigou City	19	20396	2	4429

continued

高　中 Senior Secondary Education		中等职业教育 Secondary Vocational Education		卫生机构数		卫生机构床位数	
个　数 (个) Number (unit)	在校学生数 (人) Enrolment (person)	个　数 (个) Number (unit)	在校学生数 (人) Enrolment (person)	(个) Health Institutions (unit)	#医　院 Hospitals	(张) Beds of Health Institutions (bed)	#医　院 Hospitals
2	7868	2	3903	241	5	1101	880
3	6895	2	3035	488	7	1409	1055
1	2711	2	3218	157	5	981	780
4	7721	3	1839	562	15	2739	2010
7	15713	5	6785	579	15	4895	3366
3	7960	2	1534	540	9	1787	1556
1	2150	2	2348	341	3	774	630
2	5108	2	3633	383	6	1017	847
1	4212	5	4047	420	11	1428	1178
3	8639	3	3926	631	5	2650	1648
4	12098	2	4010	583	8	2194	1839
2	6068	2	3131	532	7	1610	1160
5	15659	2	3453	763	7	2118	1419
4	12676	7	8786	793	14	2176	1775
		2	444	13	4	749	562
				112		80	
1	2193	7	6901	553	30	2744	2484
14	31941	16	29675	743	61	13468	12686
3	9823	2	3722	525	14	2237	1870
7	16767	3	3181	770	25	2090	1510
5	17951	2	4814	697	14	2834	2124
4	8505	2	2015	523	6	1180	784
2	4214	2	4527	270	9	1022	766
4	16847	2	3324	598	15	2401	1783
4	14412	2	4656	500	22	3082	2532
3	8498	3	2805	402	14	1810	1293
2	7109	2	3333	584	15	2198	1598
2	4068	2	2328	246	15	1418	1133
5	14697	2	4612	1014	20	3291	2201
5	17632	3	4463	605	19	3010	2473
5	9355	2	3381	593	19	1933	1606
2	3959	2	2265	343	9	1685	1091
2	3879	2	2066	210	8	1481	1126
8	13367	5	9110	940	24	4512	4080
4	12349	3	2731	398	10	1651	1336
4	11109	4	5165	941	33	2537	2216
1	267						

24−2 续表 28

县(市、区)	County (City or District)	小学 Primary Education 个数(个) Number (unit)	小学 Primary Education 在校学生数(人) Enrolment (person)	初中 Junior Secondary Education 个数(个) Number (unit)	初中 Junior Secondary Education 在校学生数(人) Enrolment (person)
张家口市	**Zhangjiakou**				
桥东区	Qiaodong District	21	20610	6	6761
桥西区	Qiaoxi District	18	17730	5	7294
宣化区	Xuanhua District	58	33403	22	25878
下花园区	Xiahuayuan District	4	2374	1	789
万全区	Wanquan District	16	12642	6	7234
崇礼区	Chongli District	15	4135	1	1496
张北县	Zhangbei County	21	20651	5	16824
康保县	Kangbao County	11	4421	3	2257
沽源县	Guyuan County	14	9291	7	4366
尚义县	Shangyi County	14	3859	2	2084
蔚　县	Yu County	51	31609	16	15298
阳原县	Yangyuan County	30	12883	10	6530
怀安县	Huai'an County	30	9246	7	5537
怀来县	Huailai County	45	25763	8	13764
涿鹿县	Zhuolu County	24	19351	7	11424
赤城县	Chicheng County	17	11087	9	6539
经开区	Jingkai District	29	11615	5	3226
察北管理区	Chabei Management Area	1	672	1	242
塞北管理区	Saibei Management Area		288	1	77
承德市	**Chengde**				
双桥区	Shuangqiao District	24	26623	12	12655
双滦区	Shuangluan District	15	14582	2	4769
鹰手营子矿区	Yingshouyingzi District	5	2836	1	1191
承德县	Chengde County	54	24894	11	17933
兴隆县	Xinglong County	59	16578	14	9580
滦平县	Luanping County	38	19024	7	11200
隆化县	Longhua County	53	26216	12	16011
丰宁满族自治县	Fengning Man A.C.	51	22322	15	16857
宽城满族自治县	Kuancheng Man A.C.	29	21604	6	11027
围场满族蒙古族自治县	Weichang Man & Mongolian A.C.	62	35249	13	21895
平泉市	Pingquan City	42	25082	11	16268
高新技术产业开发区	High and New Tech Development Zone	16	7375	2	2277
沧州市	**Cangzhou**				
新华区	Xinhua District	18	20136	3	5890
运河区	Yunhe District	32	52078	6	24424
沧　县	Cang County	182	62823	26	31650
青　县	Qing County	87	40218	15	17449
东光县	Dongguang County	58	32415	10	11340
海兴县	Haixing County	64	16854	9	9467
盐山县	Yanshan County	76	47122	18	24245

continued

高　中 Senior Secondary Education		中等职业教育 Secondary Vocational Education		卫生机构数		卫生机构床位数	
个　数 (个) Number (unit)	在校学生数 (人) Enrolment (person)	个　数 (个) Number (unit)	在校学生数 (人) Enrolment (person)	(个) Health Institutions (unit)	#医　院 Hospitals	(张) Beds of Health Institutions (bed)	#医　院 Hospitals
				338	25	2888	2163
				155	23	6714	6249
6	12741	4	2854	813	20	3767	3375
2	1310	1		67	1	311	240
1	2480	3	1536	333	2	1119	810
2	830	2	416	174	3	421	287
4	11930	2	4019	431	9	2673	2036
2	2269	2	394	329	3	955	585
1	1843	2	2027	334	3	912	569
1	1210	2	1407	210	5	908	647
6	7299	2	2306	868	14	2898	2187
1	2035	2	2570	426	8	1059	700
1	2471	2	2597	277	5	964	666
4	8036	2	1603	523	12	2244	1739
2	5934	2	2672	516	11	1739	1333
1	3428	2	1479	393	3	1290	660
6	11896	10	13550	443	24	5360	4786
2	2342	1	1392	194	8	1884	1692
1	1251			58	2	578	496
3	9059	1	3274	579	6	2817	1682
1	5070	2	3478	464	8	1575	928
3	9190	1	4060	322	6	2003	1270
2	3591	1	3948	497	6	2538	1536
4	7931	3	3869	560	3	2123	1367
2	3653	1	3146	309	5	1873	1361
2	10711	2	4731	541	11	2803	1708
3	11437	2	3487	586	10	2338	1417
1	1739						
1	1197			204	10	3582	3494
4	3379			432	18	11371	10707
6	10835	3	9649	1060	27	4191	2937
2	4424	2	4084	578	8	2006	1805
1	4792	2	5553	446	6	2021	1610
1	3693	3	615	293	5	1099	929
4	8294	2	5391	580	21	2215	1857

24-2 续表 29

县(市、区)	County (City or District)	小学 Primary Education 个数(个) Number (unit)	小学 Primary Education 在校学生数(人) Enrolment (person)	初中 Junior Secondary Education 个数(个) Number (unit)	初中 Junior Secondary Education 在校学生数(人) Enrolment (person)
肃宁县	Suning County	51	39256	16	18921
南皮县	Nanpi County	82	33154	14	16406
吴桥县	Wuqiao County	36	15359	7	8447
献　县	Xian County	129	63229	25	34507
孟村回族自治县	Mengcun Hui A.C.	52	22047	8	10054
泊头市	Botou City	92	55705	15	30625
任丘市	Renqiu City	114	92329	38	39088
渤海新区黄骅市	Bohai New Area Huanghua City	106	59698	29	26938
河间市	Hejian City	167	82441	35	45571
开发区	Development Area	2	2574	2	1214
高新区	HighTech District	1	2002		
廊坊市	**Langfang**				
安次区	Anci District	60	40219	8	18202
广阳区	Guangyang District	47	41742	8	13218
固安县	Gu'an County	78	61951	17	23764
永清县	Yongqing County	79	33644	16	16607
香河县	Xianghe County	70	41468	13	17232
大城县	Dacheng County	77	52597	33	25719
文安县	Wen'an County	151	55922	26	28359
大厂回族自治县	Dachang Hui A.C.	10	18313	3	6890
霸州市	Bazhou City	97	74009	24	30811
三河市	Sanhe City	65	82867	21	34782
经济技术开发区	EconomicTechnological Development Area	12	11174	1	6004
衡水市	**Hengshui**				
桃城区	Taocheng District	47	60629	13	37686
冀州区	Jizhou District	34	20382	15	14412
枣强县	Zaoqiang County	64	30920	13	18297
武邑县	Wuyi County	32	19216	11	18016
武强县	Wuqiang County	60	33751	11	16126
饶阳县	Raoyang County	32	13272	4	7693
安平县	Anping County	29	20578	4	8184
故城县	Gucheng County	33	28278	5	22095
景　县	Jing County	84	40926	20	22269
阜城县	Fucheng County	82	39181	19	19172
深州市	Shenzhou City	59	25937	9	14301
高新区	HighTech District	8	17371	2	7638
滨湖新区	Binhu New Area	6	2884	2	10236
定州市	**Dingzhou**	**261**	**88698**	**35**	**47418**
辛集市	**Xinji**	**74**	**45247**	**26**	**23051**

continued

高中 Senior Secondary Education		中等职业教育 Secondary Vocational Education		卫生机构数		卫生机构床位数	
个数 (个) Number (unit)	在校学生数 (人) Enrolment (person)	个数 (个) Number (unit)	在校学生数 (人) Enrolment (person)	(个) Health Institutions (unit)	#医院 Hospitals	(张) Beds of Health Institutions (bed)	#医院 Hospitals
4	10317	2	1727	334	15	2215	1681
3	8716	2	3624	649	8	2000	1516
2	4438	2	2190	380	7	1437	1153
6	17810	1	9978	794	12	2139	1523
2	3409	2	1541	291	7	811	666
4	14197	2	5415	836	8	2258	1814
8	20554	2	7188	814	33	4486	3809
5	13964	3	8079	711	19	4433	3927
8	20296	2	4800	937	17	3019	2207
1	1312	2		497	10	1232	973
1		2	2099	508	42	5473	4987
5	10622	4	3315	630	12	1749	949
4	5477	3	1753	554	10	1162	792
5	9039	2	2147	465	21	3105	1900
3	8702	2	2664	656	10	2058	1226
5	9957	2	2468	893	17	2692	1414
4	3931	2	2460	192	3	735	605
3	9307	3	4285	978	24	3719	3001
8	16300	2	4921	768	38	5910	5784
1	1296						
6	27516	5	4493	891	30	7185	6680
5	18521	2	3157	448	4	1095	792
2	9020	2	2061	699	10	1333	1090
6	17388	3	3310	553	10	1639	1060
4	9782	2	2449	803	13	1786	1210
3	4319	2	532	337	3	620	420
2	2881	2	640	399	19	1362	1140
6	16596	2	948	468	13	1530	1353
4	13209	2	3227	839	18	2217	1868
5	16688	2	466	832	14	2004	1427
3	9613	5	600	709	5	1471	1190
7	15522	3	2326				
3	11838	1	183				
9	**33574**	**8**	**9979**	**1007**	**34**	**6976**	**5333**
5	**11063**	**2**	**4500**	**535**	**22**	**2690**	**1927**

京津冀主要指标

Main Indicators of Jing-Jin-Ji Region

简 要 说 明

一、本篇资料为京津冀主要指标。

二、本篇资料由河北省统计局综合统计处整理提供。

三、资料整理：王何魁

Brief Introduction

I. The data in this chapter include major indicators of Jing-Jin-Ji region.

II. This data is compiled and provided by the Comprehensive Statistics Division of Hebei Province Statistics Bureau.

III.The data in this chapter are prepared: Wang Hekui.

附录1-1 京津冀基本情况(2022年)
Main Indicators of Jing-Jin-Ji Region (2022)

指　标	Indicator	全　国 China	京津冀合计 Total of Jing-Jin-Ji Region	北　京 Beijing	天　津 Tianjin	河　北 Hebei
基本情况	**Basic Conditions**					
土地面积(万平方公里)	Total Land Area (10000 sq.km)	960	21.7	1.6	1.2	18.9
占京津冀的比重(%)	Share in Jing-Jin-Ji Region (%)		100	7.4	5.5	87.1
年末常住人口(万人)	Resident Population (year-end) (10000 persons)	141175.0	10967.3	2184.3	1363.0	7420.0
占京津冀的比重(%)	Share in Jing-Jin-Ji Region (%)		7.8	1.5	1.0	5.3
在全部常住人口中(%)	of Resident Population (%)					
0−14岁人口占比重	Percentage of Population Aged 0-14	18.1	16.6	12.1	13.0	18.6
15−59岁人口占比重	Percentage of Population Aged 15-59	62.1	62.0	66.6	63.5	60.4
60岁及以上人口占比重	Percentage of Population Aged 60 and Over	19.8	21.4	21.3	23.5	21.0
65岁及以上人口占比重	Percentage of Population Aged 65 and Over	14.9	15.7	15.1	17.0	15.6
常住人口密度(人/平方公里)	Resident Population Density (person/sq.km)	147.1	505.4	1331	1145.0	393.0
城镇化水平(%)	Urbanization Level (%)	65.2	69.7	87.6	85.1	61.7
经济水平	**Economic Level**					
地区生产总值(亿元)	Gross Domestic Product (100 million yuan)	1210207.2	100292.6	41610.9	16311.3	42370.4
比上年增长(%)	Increase Compared to the Previous Year (%)	3.0	2.0	0.7	1.0	3.8
人均地区生产总值(元/人)	Per Capita GDP (yuan/person)	85698.0		190312.8	119235.0	56995.0
一般公共预算收入(亿元)	General Public Budgetary Revenue (100 million yuan)	108818.5	11644.9	5714.4	1846.7	4056.3
比上年增长(%)	Increase Compared to the Previous Year (%)	-2.1	-4.9	-3.7	-13.8	-2.0
一般公共预算支出(亿元)	General Public Budgetary Expenditure (100 million yuan)	225039.3	19557.1	7469.2	2729.8	9305.6
比上年增长(%)	Increase Compared to the Previous Year (%)	6.5	1.8	3.7	-12.7	5.5
规模以上工业增加值增速(%)	Value Added Growth Rate of Industry Enterprises above Designated Size (%)	3.6		-16.7	-1.0	5.5
固定资产投资(不含农户)增速(%)	Growth Rate of Investment in Fixed Assets (Excluding Rural Households) (%)	5.1		3.6	-9.9	7.9
社会消费品零售总额(亿元)	Total Retail Sales of Consumer Goods (100 million yuan)	439733.5	31086.3	13794.2	3572.0	13720.1
比上年增长(%)	Increase Compared to the Previous Year (%)	-0.2	-3.3	-7.2	-5.2	1.6
进出口总值(亿元)	Total Import and Export Value (100 million yuan)	420678.2	50523.0	36445.5	8448.5	5629.0
比上年增长(%)	Increase Compared to the Previous Year (%)	7.7	13.7	19.7	-1.4	3.9
出口总值(亿元)	Total Export Value (100 million yuan)	239654.0	13101.0	5890.0	3803.6	3407.4
比上年增长(%)	Increase Compared to the Previous Year (%)	10.5	0.6	-3.8	-1.9	12.5
进口总值(亿元)	Total Import Value (100 million yuan)	181024.2	37422.0	30555.5	4644.9	2221.6
比上年增长(%)	Increase Compared to the Previous Year (%)	4.3	19.2	25.7	-1.0	-7.0
居民人均可支配收入(元)	Per Capita Disposable Income of Residents (yuan)	36883.0		77415.0	48976.0	30867.0
比上年增长(%)	Increase Compared to the Previous Year (%)	5.0		3.2	3.2	5.1
城镇居民人均可支配收入(元)	Per Capita Disposable Income of Urban Residents (yuan)	49283.0		84023.0	53003.0	41278.0
比上年增长(%)	Increase Compared to the Previous Year (%)	3.9		3.1	2.9	3.7
农村居民人均可支配收入(元)	Per Capita Disposable Income of Rural Residents (yuan)	20133.0		34754.0	29018.0	19364.0
比上年增长(%)	Increase Compared to the Previous Year (%)	6.3		4.4	3.8	6.5
居民消费价格总指数	Total Consumer Price Index	102.0		101.8	101.9	101.8
全年城镇新增就业人数(万人)	New Urban Employment Throughout the Year (10000 persons)	1206.0	61.5	26.0	36.1	89.7

附录1-2 京津冀人口情况
Population of Jing-Jin-Ji Region

指　标 Indicator	全　国 China	京津冀合计 Total of Jing-Jin-Ji Region	北　京 Beijing	天　津 Tianjin	河　北 Hebei	河北占京津冀比重(%) Hebei's Share in Jing-Jin-Ji Region (%)
常住人口(万人) Resident Population (10000 persons)						
2005	130756	9432	1538	1043	6851	72.6
2010	134091	10455	1962	1299	7194	68.8
2011	134916	10597	2024	1341	7232	68.2
2012	135922	10718	2078	1378	7262	67.8
2013	136726	10823	2125	1410	7288	67.3
2014	137646	10923	2171	1429	7323	67.0
2015	138326	10973	2188	1439	7345	66.9
2016	139232	11013	2195	1443	7375	67.0
2017	140011	11014	2194	1410	7409	67.3
2018	140541	11001	2192	1383	7426	67.5
2019	141008	11022	2190	1385	7447	67.6
2020	141212	11039	2189	1387	7464	67.6
2021	141260	11010	2189	1373	7448	67.7
2022	141175	10967	2184	1363	7420	67.7
人口密度(人/平方公里) Population Density (person/sq.km)						
2005	136.2	436.6	937.2	886.9	365.0	
2010	139.7	484.0	1195.6	1104.8	383.3	
2011	140.5	488.3	1265.0	1117.5	382.6	
2012	141.6	493.9	1298.8	1148.3	384.2	
2013	142.4	498.8	1328.4	1175.0	385.6	
2014	143.4	503.4	1356.9	1190.8	387.5	
2015	144.1	505.6	1367.7	1199.2	388.6	
2016	145.0	507.5	1372.1	1202.5	390.2	
2017	145.8	507.5	1371.5	1175.0	392.0	
2018	146.4	507.0	1369.8	1152.5	392.9	
2019	146.9	507.9	1368.8	1154.2	394.0	
2020	147.1	508.7	1368.1	1155.5	394.9	
2021	147.1	507.4	1367.9	1144.2	394.1	
2022	147.1	505.4	1331	1145.0	393.0	
城镇人口(万人) Urban Population (10000 persons)						
2005	56212	4652	1286	783	2582	55.5
2010	66978	5921	1686	1034	3201	54.1
2011	69927	6121	1745	1079	3297	53.9
2012	72175	6301	1793	1124	3384	53.7
2013	74502	6496	1836	1160	3499	53.9
2014	76738	6672	1878	1180	3614	54.2
2015	79302	6885	1898	1193	3795	55.1
2016	81924	7079	1905	1202	3973	56.1
2017	84343	7216	1908	1178	4130	57.2
2018	86433	7327	1909	1161	4258	58.1
2019	88426	7457	1913	1168	4376	58.7
2020	90220	7574	1916	1175	4483	59.2
2021	91425	7636	1916	1165	4554	59.6
2022	92071	7648	1913	1160	4575	59.8
城镇人口比重(%) Proportion of Urban Population (%)						
2005	43.0	49.3	83.6	75.1	37.7	
2010	49.9	56.6	86.0	79.6	44.5	
2011	51.8	57.8	86.2	80.5	45.6	
2012	53.1	58.8	86.3	81.6	46.6	
2013	54.5	60.0	86.4	82.3	48.0	
2014	55.8	61.1	86.5	82.6	49.4	
2015	57.3	62.8	86.7	82.9	51.7	
2016	58.8	64.3	86.8	83.3	53.9	
2017	60.2	65.5	86.9	83.6	55.7	
2018	61.5	66.6	87.1	84.0	57.3	
2019	62.7	67.7	87.4	84.3	58.8	
2020	63.9	68.6	87.5	84.7	60.1	
2021	64.7	69.4	87.5	84.9	61.1	
2022	65.2	69.7	87.6	85.1	61.7	

注：2011—2019年人口数据根据2020年第七次全国人口普查数据进行了调整。

a) Figures of resident population from 2011 to 2019 have been adjusted according to the data of the 7th National Population Census in 2020.

附录1-3　京津冀地区生产总值
Gross Domestic Product of Jing-Jin-Ji Region

项　目	Item	2019	2020	2021	2022
地区生产总值(亿元)	**Gross Domestic Product (100 million yuan)**				
全　国	China	986515.2	1015986.2	1143669.7	1210207.2
京津冀合计	Total of Jing-Jin-Ji Region	84479.2	86158.2	97127.8	100292.6
北京	Beijing	35445.1	35943.3	41045.6	41610.9
天津	Tianjin	14055.5	14008.0	15685.1	16311.3
河北	Hebei	34978.6	36206.9	40397.1	42370.4
河北占京津冀比重(%)	Hebei's Share in Jing-Jin-Ji Region (%)	41.4	42.0	41.6	42.2
第一产业增加值(亿元)	**Value-added of the Primary Industry (100 million yuan)**				
全　国	China	70473.6	77754.1	83085.5	88345.1
京津冀合计	Total of Jing-Jin-Ji Region	3818.2	4198.7	4407.7	4795.0
北京	Beijing	114.4	108.3	111.4	111.5
天津	Tianjin	185.4	210.3	265.9	273.2
河北	Hebei	3518.4	3880.1	4030.4	4410.3
河北占京津冀比重(%)	Hebei's Share in Jing-Jin-Ji Region (%)	92.1	92.4	91.4	92.0
第二产业增加值(亿元)	**Value-added of the Second Industry (100 million yuan)**				
全　国	China	380670.6	384255.3	450904.5	483164.5
京津冀合计	Total of Jing-Jin-Ji Region	24008.3	24248.1	29417.5	29694.1
北京	Beijing	5667.4	5739.1	7389.0	6605.1
天津	Tianjin	4947.2	4911.8	5672.7	6038.9
河北	Hebei	13393.7	13597.2	16355.8	17050.1
河北占京津冀比重(%)	Hebei's Share in Jing-Jin-Ji Region (%)	55.8	56.1	55.6	57.4
第三产业增加值(亿元)	**Value-added of the Tertiary Industry (100 million yuan)**				
全　国	China	535371.0	553976.8	609679.7	638697.6
京津冀合计	Total of Jing-Jin-Ji Region	56652.8	57711.4	63302.6	65803.6
北京	Beijing	29663.4	30095.9	33545.2	34894.3
天津	Tianjin	8922.9	8885.9	9746.5	9999.3
河北	Hebei	18066.5	18729.6	20010.9	20910.0
河北占京津冀比重(%)	Hebei's Share in Jing-Jin-Ji Region (%)	31.9	32.5	31.6	31.8
人均地区生产总值(元/人)	**Per Capita GDP (yuan/person)**				
全　国	China	70078	71828	80976	85698
北京	Beijing	161776	164158	187526	190313
天津	Tianjin	101557	101068	113660	119235
河北	Hebei	47036	48302	54181	56995

附录1-4 京津冀三次产业就业人员情况
Employed Persons by Type of Industry in Jing-Jin-Ji Region

单位：万人 (10000 persons)

指标 Indicator	全国 China	京津冀合计 Total of Jing-Jin-Ji Region	北京 Beijing	天津 Tianjin	河北 Hebei	河北占京津冀比重(%) Hebei's Share in Jing-Jin-Ji Region (%)
就业人员 Employment						
2005	74647	4989	878	543	3569	71.5
2010	76105	5869	1067	667	4135	70.5
2011	76196	5854	1090	677	4087	69.8
2012	76254	5871	1115	693	4063	69.2
2013	76301	5880	1137	711	4032	68.6
2014	76349	5838	1142	718	3978	68.1
2015	76320	5809	1164	718	3927	67.6
2016	76245	5764	1188	705	3871	67.2
2017	76058	5670	1191	684	3795	66.9
2018	75782	5601	1190	672	3739	66.8
2019	75447	5545	1184	659	3702	66.8
2020	75064	5482	1164	647	3671	67.0
2021	74652	5442	1158	641	3643	66.9
2022	73351	5333	1132	621	3580	67.1
第一产业 Primary Industry						
2005	33442	1709	62	82	1565	91.6
2010	27931	1691	58	67	1566	92.6
2011	26472	1609	59	65	1485	92.3
2012	25535	1534	55	61	1418	92.4
2013	23838	1482	51	56	1375	92.8
2014	22372	1441	47	56	1338	92.9
2015	21418	1388	43	53	1292	93.1
2016	20908	1279	42	51	1186	92.8
2017	20295	1173	39	48	1086	92.6
2018	19515	1064	37	45	982	92.3
2019	18652	1012	31	43	938	92.7
2020	17715	879	28	36	815	92.7
2021	17072	838	27	34	777	92.7
2022	17663	878	25	33	820	93.4
第二产业 Secondary Industry						
2005	17766	1502	231	227	1044	69.5
2010	21842	1867	252	277	1338	71.7
2011	22539	1889	248	280	1361	72.0
2012	23226	1911	232	286	1393	72.9
2013	23142	1916	228	302	1386	72.3
2014	23057	1866	225	280	1361	72.9
2015	22644	1806	220	256	1330	73.6
2016	22295	1694	218	239	1237	73.0
2017	21762	1550	215	222	1113	71.8
2018	21356	1436	212	214	1010	70.3
2019	21234	1384	211	200	973	70.3
2020	21543	1585	194	221	1170	73.8
2021	21712	1581	193	219	1169	73.9
2022	21105	1521	186	214	1121	73.7
第三产业 Tertiary Industry						
2005	23439	1779	585	233	961	54.0
2010	26332	2311	757	323	1231	53.3
2011	27185	2356	783	332	1241	52.7
2012	27493	2426	828	346	1252	51.6
2013	29321	2483	859	353	1271	51.2
2014	30920	2532	871	382	1279	50.5
2015	32258	2615	901	409	1305	49.9
2016	33042	2791	928	415	1448	51.9
2017	34001	2948	938	414	1596	54.1
2018	34911	3101	941	413	1747	56.3
2019	35561	3148	941	416	1791	56.9
2020	35806	3018	942	390	1686	55.9
2021	35868	3023	938	388	1697	56.1
2022	34583	2934	921	374	1639	55.9

注：2010—2019年人口就业数据根据2020年第七次全国人口普查数据进行了调整。

a) Figures of employment from 2011 to 2019 have been adjusted according to the data of the 7th National Population Census in 2020.

附录1-5　京津冀财政收支情况
General Public Budgetary Revenue and Expenditures of Jing-Jin-Ji Region

单位：亿元　　(100 million yuan)

指　标 Indicator	全　国 China	京津冀合计 Total of Jing-Jin-Ji Region	北　京 Beijing	天　津 Tianjin	河　北 Hebei	河北占京津冀比重(%) Hebei's Share in Jing-Jin-Ji Region (%)
一般公共预算收入 General Public Budgetary Revenue						
2005	15100.8	1766.8	919.2	331.9	515.7	29.2
2006	18303.6	2154.7	1117.2	417.1	620.5	28.8
2007	23572.6	2822.2	1492.6	540.4	789.1	28.0
2008	28649.8	3460.5	1837.3	675.6	947.6	27.4
2009	32602.6	3915.9	2026.8	822.0	1067.1	27.3
2010	40613.0	4754.6	2353.9	1068.8	1331.9	28.0
2011	52547.1	6199.2	3006.3	1455.1	1737.8	28.0
2012	61078.3	7159.2	3314.9	1760.0	2084.3	29.1
2013	69011.2	8035.8	3661.1	2079.1	2295.6	28.6
2014	75876.6	8864.2	4027.2	2390.4	2446.6	27.6
2015	83002.0	10040.2	4723.9	2667.1	2649.2	26.4
2016	87239.4	10654.6	5081.3	2723.5	2849.9	26.7
2017	91469.4	10975.0	5430.8	2310.4	3233.8	29.5
2018	97903.0	11405.8	5785.9	2106.2	3513.7	30.8
2019	101080.6	11966.5	5817.1	2410.4	3739.0	31.2
2020	100124.0	11233.3	5483.9	1923.1	3826.4	34.1
2021	111084.2	12240.9	5932.3	2141.0	4167.6	34.0
2022	108762.2	11617.4	5714.4	1846.7	4056.3	34.9
一般公共预算支出 General Public Budgetary Expenditure						
2005	25154.3	2479.6	1058.3	442.1	979.2	39.5
2006	30431.3	3020.3	1296.8	543.1	1180.4	39.1
2007	38339.3	3830.5	1649.5	674.3	1506.7	39.3
2008	49248.5	4708.7	1959.3	867.7	1881.7	40.0
2009	61044.1	5791.2	2319.4	1124.3	2347.6	40.5
2010	73884.4	6914.4	2717.3	1376.8	2820.2	40.8
2011	92733.7	8578.9	3245.2	1796.3	3537.4	41.2
2012	107188.3	9908.0	3685.3	2143.2	4079.4	41.2
2013	119740.3	11132.5	4173.7	2549.2	4409.6	39.6
2014	129091.6	12086.7	4524.7	2884.7	4677.3	38.7
2015	175768.0	14602.2	5737.7	3232.4	5632.2	38.6
2016	160351.4	16155.7	6406.8	3699.4	6049.5	37.4
2017	173228.3	16746.3	6824.5	3282.5	6639.2	39.6
2018	188196.0	18300.8	7471.4	3103.2	7726.2	42.2
2019	203743.2	19272.9	7408.2	3555.7	8309.0	43.1
2020	210492.0	19290.4	7116.2	3151.4	9022.8	46.8
2021	210623.0	19205.8	7205.1	3152.5	8848.2	46.1
2022	224981.3	19504.6	7469.2	2729.8	9305.6	47.7

注：表内全国财政收入和支出为31个省区市地方公共财政预算收入和支出的合计数。
a) Total of China is composed by the data of China's 31 provincial regions.

附录1-6 京津冀居民收入支出主要指标

项 目	Item	2005	2006	2007	2008	2009
城镇单位在岗职工平均工资(元)	**Average Wage of Staff and Workers on-post in Urban Units (yuan)**					
全 国	China	18364	21001	24932	29229	32736
北京	Beijing	34191	40117	46507	54913	58140
天津	Tianjin	25271	28682	34938	41748	44992
河北	Hebei	14707	16590	19911	24756	28383
城镇居民人均可支配收入(元)	**Per Capita Annual Disposable Income of Urban Households (yuan)**					
全 国	China	10493	11760	13786	15781	17175
北京	Beijing	17653	19978	21989	24725	26738
天津	Tianjin	12639	14283	16357	19423	21402
河北	Hebei	9107	10305	11690	13441	14718
农村居民人均可支配收入(元)	**Per Capita Net Income of Rural Households (yuan)**					
全 国	China	3255	3587	4140	4761	5153
北京	Beijing	7860	8620	9559	10747	11986
天津	Tianjin	7202	7942	8752	9670	10675
河北	Hebei	3482	3802	4293	4795	5150
城镇居民人均消费支出(元)	**Per Capita Annual Living Expenditure of Urban Households (yuan)**					
全 国	China	7943	8697	9997	11243	12265
北京	Beijing	13244	14825	15330	16460	17893
天津	Tianjin	9653	10548	12029	13422	14801
河北	Hebei	6700	7344	8235	9087	9679
农村居民人均消费支出(元)	**Per Capita Consumption Expenditure of Rural Households (yuan)**					
全 国	China	2555	2829	3224	3661	3993
北京	Beijing	5515	6061	6828	7656	9141
天津	Tianjin	3590	3829	4118	4593	4926
河北	Hebei	2166	2495	2787	3126	3350

注：2013年、2014年天津城镇居民收支数据为城镇常住居民口径。

Main Indicators of Income and Consumption Expenditure of Households in Jing-Jin-Ji Region

2010	2011	2012	2013	2014	2015	2016	2017	2018	2019	2020	2021	2022
37147	42452	47593	52379	57346	63241	68993	76121	84744	93383	100512	110221	114029
65683	75834	85307	93997	103400	113073	122749	134994	149843	173205	185026	201504	215143
52963	55636	62225	72535	73839	81486	87806	96965	103931	111602	118918	128171	133691
32306	36166	38658	42532	46239	52409	56987	65266	71633	75775	79964	85611	93366
19109	21810	24565	26467	28844	31195	33616	36396	39251	42359	43834	47412	49283
29073	32903	36469	40321	43910	52859	57275	62406	67990	73849	75602	81518	84023
24293	26921	29626	28980	31506	34101	37110	40278	42976	46119	47659	51486	53003
16263	18292	20543	22580	24141	26152	28249	30548	32977	35738	37286	39791	41278
5919	6977	7917	9430	10489	11422	12363	13432	14617	16021	17131	18931	20133
13262	14736	16476	18337	20226	20569	22310	24240	26490	28928	30126	33303	34754
11801	11891	13571	15405	17014	18482	20076	21754	23065	24804	25691	27955	29018
5958	7120	8081	9102	10186	11051	11919	12881	14031	15373	16467	18179	19364
13471	15161	16674	18488	19968	21392	23079	24445	26112	28063	27007	30307	30391
19934	21984	24046	26275	28009	36642	38256	40346	42926	46358	41726	46776	45617
16562	18424	20024	22306	24290	26230	28345	30284	32655	34811	30895	36067	33824
10318	11609	12531	13641	16204	17587	19106	20600	22127	23483	23167	24192	25071
4382	5221	5908	7485	8383	9223	10130	10955	12124	13328	13713	15916	16632
10109	11078	11879	13553	14529	15811	17329	18810	20195	21881	20913	23574	23745
5606	6725	8337	10155	13739	14739	15912	16386	16863	17843	16844	19285	18934
3845	4711	5364	6134	8248	9023	9798	10536	11383	12372	12644	15391	16271

a) The income and expenditure data of Tianjin urban residents in 2013 and 2014 are in the range of permanent urban residents.

附录1-7 京津冀客运量情况
Passenger Traffic of Jing-Jin-Ji Region

指 标 Indicator	全 国 China	京津冀合计 Total of Jing-Jin-Ji Region	北 京 Beijing	天 津 Tianjin	河 北 Hebei	河北占京津冀比重(%) Hebei's Share in Jing-Jin-Ji Region (%)
客运量(万人) **Passenger Traffic (10000 persons)**						
2005	1847018	146438	60841	4679	80918	55.3
2010	3269508	256383	140663	24873	90847	35.4
2011	3526319	270792	145773	25331	99688	36.8
2012	3804035	282835	149037	28462	105336	37.2
2013	2122992	203548	71056	29518	102974	50.6
2014	2032218	152377	71715	19599	61063	40.1
2015	1943271	143330	69924	19775	53631	37.4
2016	1900194	140398	69292	19930	51176	36.5
2017	1848620	137371	67490	19193	50688	36.9
2018	1793820	134926	67571	19250	48105	35.7
2019	1760436	137281	72149	19608	45524	33.2
2020	966540	66102	36256	11608	18238	27.6
2021	830257	71295	42315	13516	15464	21.7
2022	558738	45601	28058	8769	8774	19.2
公路客运量(万人) **Passenger Traffic by Highways (10000 persons)**						
2005	1697381	130288	51925	2961	75402	57.9
2010	3052738	231241	126130	21822	83289	36.0
2011	3286220	243828	129918	22053	91857	37.7
2012	3557010	254034	132333	24483	97218	38.3
2013	1853463	171372	52481	24980	93911	54.8
2014	1736270	118035	52354	14530	51151	43.3
2015	1619097	107712	49931	14218	43563	40.4
2016	1562510	101706	48040	13741	39925	39.3
2017	1456784	96042	45012	12538	38492	40.1
2018	1367170	91567	44175	12259	35133	38.4
2019	1301173	92076	48151	12206	31719	34.4
2020	689425	43049	24548	7926	10575	24.6
2021	508693	44054	28059	8916	7079	16.1
2022	354643	32360	21105	6959	4296	13.3

注：1.2013年起，公路客运量统计范围调整为省际客运、旅游客运和郊区客运，市郊公交不再纳入客运量统计。北京2006—2007年公路客运量为持有道路运输经营许可证的客运车辆发生的旅客运输量。2.从2014年1季度起，公路客货运量按照交通运输部新方案进行统计，所以2014年数据与2013年不可比。北京按照2013年口径对2014年数据进行了调整。

a) Since 2013, statistics of passenger traffic by highways covers of interprovincial transportation,tourist transportation and suburban transportation, except urban-suburb transportation. Beijing passenger traffic by highways for 2006-2007 means transportation by vehicles with highway-passenger -transportation licence. b) Since the first quarter of 2014, the passenger and freight traffic has been counted according to the new plan of the Ministry of Transport, so the data of 2014 and 2013 are not comparable. Beijing adjusted the 2014 data to match the 2013 data.

附录1-8 京津冀货运量情况
Freight Traffic of Jing-Jin-Ji Region

指标 Indicator	全国 China	京津冀合计 Total of Jing-Jin-Ji Region	北京 Beijing	天津 Tianjin	河北 Hebei	河北占京津冀比重(%) Hebei's Share in Jing-Jin-Ji Region (%)
货运量(万吨) **Freight Traffic (10000 tons)**						
2005	1862066	164102	32509	40263	91330	55.7
2010	3241807	242632	23712	41611	177308	73.1
2011	3696961	283830	26849	44651	212330	74.8
2012	4100436	319234	28650	47698	242886	76.1
2013	4098900	357737	28294	51603	277840	77.7
2014	4167296	319215	29518	50948	238749	74.8
2015	4175886	275607	23236	53179	199192	72.3
2016	4386763	286672	24099	51580	210994	73.6
2017	4804850	306082	23879	52992	229211	74.9
2018	5152732	328442	25244	53548	249650	76.0
2019	4713624	319872	20065	56941	242866	75.9
2020	4725862	327695	26346	53566	247783	75.6
2021	5298499	347379	28132	57568	261679	75.3
2022	5152571	318636	24037	53963	240636	75.5
公路货运量(万吨) **Freight Traffic by Highways (10000 tons)**						
2005	1341778	118552	30050	19850	68652	57.9
2010	2448052	176977	20184	20855	135938	76.8
2011	2820100	213382	23276	23426	166680	78.1
2012	3188475	248683	24925	28228	195530	78.6
2013	3076648	280955	24651	31985	224319	79.8
2014	3113334	241832	25416	31130	185286	76.6
2015	3150019	228405	19044	33724	175637	76.9
2016	3341259	242635	19972	32841	189822	78.2
2017	3686858	261403	19374	34720	207309	79.3
2018	3956871	281323	20278	34711	226334	80.5
2019	3435480	267613	19441	36710	211461	79.0
2020	3426413	265992	21789	32261	211942	79.7
2021	3913889	284805	23075	34527	227203	79.8
2022	3711928	245659	18549	30382	196727	80.1

附录1－9　京津冀国内贸易主要指标
Major Indicators of Domestic Trade in Jing-Jin-Ji Region

单位：亿元　　(100 million yuan)

指　标 Indicator	全　国 China	京津冀合计 Total of Jing-Jin-Ji Region	北　京 Beijing	天　津 Tianjin	河　北 Hebei	河北占京津冀比重(%) Hebei's Share in Jing-Jin-Ji Region (%)
社会消费品零售总额 Total Retail Sales of Consumer Goods						
2005	68352.6	6592.0	2911.7	1201.6	2478.7	37.6
2006	79145.2	7505.9	3295.3	1383.1	2827.5	37.7
2007	93571.6	8775.1	3835.2	1650.6	3289.3	37.5
2008	114830.1	10717.6	4645.5	2078.7	3993.4	37.3
2009	132678.4	12286.0	5309.9	2430.8	4545.3	37.0
2010	156998.4	14498.0	6340.3	2860.2	5297.5	36.5
2011	183918.6	16760.6	7222.2	3395.1	6143.3	36.7
2012	210307.0	19016.3	8123.5	3921.4	6971.4	36.7
2013	242842.8	21149.7	8872.1	4470.4	7807.2	36.9
2014	271896.1	23020.9	9638.0	4738.7	8644.2	37.5
2015	300930.8	25602.6	12271.9	3963.2	9367.5	36.6
2016	332316.0	27514.4	13134.9	4188.1	10191.4	37.0
2017	366261.6	29282.6	13933.7	4210.4	11138.5	38.0
2018	377783.1	30627.4	14422.3	4231.2	11973.9	39.1
2019	408017.2	32267.4	15063.7	4218.2	12985.5	40.2
2020	391981.0	30004.3	13716.4	3582.9	12705.0	42.3
2021	440823.0	32147.4	14867.7	3769.8	13509.9	42.0
2022	439733.5	31086.3	13794.2	3572.0	13720.1	44.1
限额以上批发零售业(法人企业)商品销售总额 Total Sales Value above Designated Size in Wholesale and Retail Sale Trade						
2005	93151.3	18961.0	13044.9	4316.0	1600.1	8.4
2006	110054.8	22807.2	15902.6	5109.0	1795.6	7.9
2007	132740.8	27656.2	19475.8	6061.7	2118.7	7.7
2008	208229.8	42378.5	28185.3	10216.7	3976.5	9.4
2009	201166.2	43008.8	29620.1	9718.2	3670.5	8.5
2010	276635.7	58707.6	39601.7	13642.5	5463.4	9.3
2011	360525.9	73550.1	46924.3	18618.7	8007.1	10.9
2012	410532.7	86123.1	53692.6	23284.4	9146.1	10.6
2013	496603.8	97906.9	57904.5	28747.9	11254.5	11.5
2014	541319.8	104246.4	60065.5	32601.8	11579.1	11.1
2015	515567.5	94825.3	51811.3	33156.3	9857.7	10.4
2016	558877.6	99649.4	54866.6	34420.9	10362.0	10.4
2017	630181.3	101629.8	61113.3	30203.3	10313.2	10.1
2018	691162.1	102566.4	64205.7	28185.1	10175.6	9.9
2019	782518.3	108609.8	67894.5	27351.4	13363.9	12.3
2020	864261.2	115916.7	71017.1	30461.4	14438.2	12.5
2021	1107727.2	145202.6	86514.4	41842.1	16846.1	11.6
2022	1201793.5	157133.9	91049.4	43384.3	22700.1	14.4

注：根据第四次全国经济普查结果对社会消费品零售总额进行了修订。

a) Figures of total retail sales of consumer goods are revised according to the result of the Fourth National Economic Census.

各省（区、市）主要指标

Main Indicators of all Provinces (Autonomous Regions, Cities)

简 要 说 明

一、本篇资料为全国各省（区、市）主要指标。

二、各省市主要指标附录2-1至附录2-20来源于国家统计局编辑、中国统计出版社出版的《中国统计年鉴2023》，附录2-21至附录2-26来源于中国统计出版社出版的《2020年第七次全国人口普查主要数据》。

Brief Introduction

I. The data in this chapter include major indicators of the whole country by region.

II. Data in Appendices 2-1 to 2-20 come from *China Statistical Yearbook 2023* compiled by National Bureau of Statistics and published by China Statistics Press, Appendices 2-21 to 2-26 come from *Major Figures on 2020 Population Census of China* by China Statistics Press.

附录2-1 人口及地区生产总值(2022年)
Population and Gross Domestic Product (2022)

地区	Region	年末常住人口(万人) Year-end Permanent Population (10000 persons)	年末城镇人口比重(%) Proportion of Urban Population (%)	地区生产总值(亿元) Gross Domestic Product (100 million yuan)	第一产业 Primary Industry	第二产业 Secondary Industry	第三产业 Tertiary Industry	地区生产总值比上年增长(%) Increase by (%)	人均地区生产总值(元) Per Capita GDP (yuan)	人均地区生产总值比上年增长(%) Increase by(%)
全 国	**National Total**	**141175**	**65.22**	**1210207.2**	**88345.1**	**483164.5**	**638697.6**	**3.0**	**85698**	**3.0**
北 京	Beijing	2184	87.57	41610.9	111.5	6605.1	34894.3	0.7	190313	0.8
天 津	Tianjing	1363	85.11	16311.3	273.1	6038.9	9999.3	1.0	119235	1.8
河 北	**Hebei**	**7420**	**61.65**	**42370.4**	**4410.3**	**17050.1**	**20910.0**	**3.8**	**56995**	**4.1**
山 西	Shanxi	3481	63.96	25642.6	1340.4	13840.8	10461.3	4.4	73675	4.5
内蒙古	Inner Mongolia	2401	68.60	23158.6	2653.7	11241.8	9263.1	4.2	96474	4.2
辽 宁	Liaoning	4197	73.00	28975.1	2597.6	11755.8	14621.7	2.1	68775	2.8
吉 林	Jilin	2348	63.72	13070.2	1689.1	4628.3	6752.8	-1.9	55347	-0.8
黑龙江	Heilongjiang	3099	66.21	15901.0	3609.8	4648.9	7642.2	2.7	51096	3.9
上 海	Shanghai	2475	89.33	44652.8	97.0	11458.4	33097.4	-0.2	179907	0.0
江 苏	Jiangsu	8515	74.42	122875.6	4959.4	55888.7	62027.5	2.8	144390	2.5
浙 江	Zhejiang	6577	73.38	77715.4	2324.8	33205.2	42185.4	3.1	118496	2.2
安 徽	Anhui	6127	60.15	45045.0	3513.7	18588.0	22943.3	3.5	73603	3.3
福 建	Fujian	4188	70.11	53109.9	3076.2	25078.2	24955.5	4.7	126829	4.3
江 西	Jiangxi	4528	62.07	32074.7	2451.5	14359.6	15263.7	4.7	70923	4.6
山 东	Shandong	10163	64.54	87435.1	6298.6	35014.2	46122.3	3.9	86003	3.9
河 南	Henan	9872	57.07	61345.1	5817.8	25465.0	30062.2	3.1	62106	3.5
湖 北	Hubei	5844	64.67	53734.9	4986.7	21240.6	27507.6	4.3	92059	3.4
湖 南	Hunan	6604	60.31	48670.4	4602.7	19182.6	24885.1	4.5	73598	4.8
广 东	Guangdong	12657	74.79	129118.6	5340.4	52843.5	70934.7	1.9	101905	1.7
广 西	Guangxi	5047	55.65	26300.9	4269.8	8938.6	13092.5	2.9	52164	2.6
海 南	Hainan	1027	61.49	6818.2	1417.8	1310.9	4089.5	0.2	66602	-0.5
重 庆	Chongqing	3213	70.96	29129.0	2012.1	11693.9	15423.1	2.6	90663	2.5
四 川	Sichuan	8374	58.35	56749.8	5964.3	21157.1	29628.4	2.9	67777	2.9
贵 州	Guizhou	3856	54.81	20164.6	2861.2	7113.0	10190.4	1.2	52321	1.2
云 南	Yunnan	4693	51.72	28954.2	4012.2	10471.2	14470.8	4.3	61716	4.7
西 藏	Tibet	364	37.39	2132.6	180.2	804.7	1147.8	1.1	58438	1.4
陕 西	Shaanxi	3956	64.02	32772.7	2575.3	15933.1	14264.2	4.3	82864	4.3
甘 肃	Gansu	2492	54.19	11201.6	1515.3	3945.0	5741.2	4.5	44968	4.7
青 海	Qinghai	595	61.43	3610.1	380.2	1585.7	1644.2	2.3	60724	2.1
宁 夏	Ningxia	728	66.34	5069.6	407.5	2449.1	2213.0	4.0	69781	3.5
新 疆	Xinjiang	2587	57.89	17741.3	2509.3	7271.1	7961.0	3.2	68552	3.3

注：地区生产总值为初步核算数。
a) GDP is the preliminary calculated number.

附录2-2　各省(区、市)一般公共预算收支(2022年)
General Public Budget Revenue and Expenditure by Region (2022)

单位：亿元 (100 million yuan)

地　区	Region	地方一般公共预算收入 General Public Budget Revenue	税收收入 Tax Revenue	非税收入 Non-Tax Revenue	地方一般公共预算支出 General Public Budget Expenditure	#教育支出 Expenditure for Education	#社会保障和就业支出 Expenditure for Social Security and Employment	#卫生健康支出 Expenditure for Health Care	农林水支出 Expenditure for Agriculture, Forestry and Water Conservancy
地方合计	**Total of All Regions**	**108762.15**	**76643.03**	**32119.12**	**224981.29**	**37923.33**	**35775.94**	**22316.16**	**22250.21**
北　京	Beijing	5714.36	4867.07	847.29	7469.15	1171.12	1067.80	775.82	462.79
天　津	Tianjin	1846.69	1346.94	499.75	2729.83	478.94	546.38	176.61	110.30
河　北	**Hebei**	**4056.30**	**2242.89**	**1813.41**	**9305.64**	**1771.15**	**1617.71**	**925.30**	**872.14**
山　西	Shanxi	3453.99	2696.55	757.45	5876.50	861.35	999.26	495.05	576.87
内蒙古	Inner Mongolia	2824.39	2134.40	689.99	5887.70	692.38	985.15	433.78	912.44
辽　宁	Liaoning	2525.07	1664.39	860.68	6261.43	745.91	1814.11	466.59	463.34
吉　林	Jilin	851.00	570.63	280.37	4044.01	497.82	896.88	381.65	515.49
黑龙江	Heilongjiang	1290.66	793.37	497.30	5451.99	594.39	1425.63	436.55	937.59
上　海	Shanghai	7608.19	6349.17	1259.02	9393.16	1122.57	1120.47	1308.26	388.62
江　苏	Jiangsu	9258.88	6803.22	2455.66	14901.37	2598.05	1946.82	1442.51	1108.36
浙　江	Zhejiang	8039.85	6620.33	1419.53	12017.78	2197.26	1400.55	1236.08	831.20
安　徽	Anhui	3589.14	2246.70	1342.44	8379.78	1420.87	1427.13	808.08	991.88
福　建	Fujian	3339.21	2092.36	1246.85	5691.22	1217.26	717.23	606.35	410.37
江　西	Jiangxi	2948.33	1788.91	1159.42	7289.07	1320.01	1022.85	707.78	788.48
山　东	Shandong	7104.10	4795.52	2308.58	12128.63	2626.48	1964.44	1234.10	1118.86
河　南	Henan	4250.35	2590.47	1659.88	10646.75	1895.57	1791.76	1161.28	1110.48
湖　北	Hubei	3281.13	2411.64	869.50	8623.87	1279.08	1556.90	799.47	924.84
湖　南	Hunan	3101.76	2004.46	1097.30	8991.61	1500.39	1441.66	820.61	995.44
广　东	Guangdong	13260.88	9286.11	3974.77	18533.08	3871.14	2153.96	2081.25	1067.57
广　西	Guangxi	1687.72	930.37	757.35	5893.32	1141.72	986.43	635.61	737.07
海　南	Hainan	832.43	609.33	223.10	2097.37	313.91	282.65	251.52	265.65
重　庆	Chongqing	2103.42	1270.94	832.48	4892.77	822.17	1022.79	484.87	393.85
四　川	Sichuan	4880.55	3151.43	1729.12	11914.66	1865.04	2237.62	1170.92	1359.32
贵　州	Guizhou	1886.41	1021.76	864.66	5851.36	1155.33	738.46	583.59	692.15
云　南	Yunnan	1949.46	1197.32	752.14	6699.79	1164.89	1037.70	725.88	888.43
西　藏	Tibet	179.63	106.14	73.49	2592.98	316.67	216.84	189.88	371.87
陕　西	Shaanxi	3311.57	2682.85	628.72	6760.98	1060.38	1071.27	664.04	733.21
甘　肃	Gansu	907.65	582.79	324.86	4257.16	699.58	641.23	402.29	751.51
青　海	Qinghai	329.10	255.84	73.27	1975.10	220.95	332.80	177.44	275.13
宁　夏	Ningxia	460.15	306.83	153.32	1587.85	212.35	275.90	137.44	244.88
新　疆	Xinjiang	1889.76	1222.32	667.44	6835.40	1088.62	1035.55	595.56	950.09

注：由于体制调整，2022年新疆数据包含新疆生产建设兵团。
a) Due to institutional adjustments, the 2022 Xinjiang data includes the data of Xinjiang Production and Construction Corps.

附录2-3 居民消费价格指数(2022年)
Consumer Price Indices (2022)

(上年=100) (preceding year=100)

地 区	Region	居民消费价格指数 Consumer Price Index	食品烟酒 Foods, Tobacco and Liquor	衣 着 Clothing	居 住 Residence	生活用品及服务 Daily Necessities and Services	交通和通信 Transporta-tion and Communi-cation	教育文化和娱乐 Education, Culture and Recreation	医疗保健 Health Care	其他用品和服务 Other Articles and Services
全 国	**National Total**	**102.0**	**102.4**	**100.5**	**100.7**	**101.2**	**105.2**	**101.8**	**100.6**	**101.6**
北 京	Beijing	101.8	103.1	100.6	100.6	101.6	105.0	100.6	100.7	101.6
天 津	Tianjing	101.9	102.2	101.4	100.3	101.6	105.9	101.8	100.2	100.3
河 北	**Hebei**	**101.8**	**102.7**	**99.7**	**100.7**	**100.6**	**104.5**	**101.4**	**100.5**	**101.8**
山 西	Shanxi	102.1	103.7	101.6	100.4	100.8	104.6	101.3	100.3	101.4
内蒙古	Inner Mongolia	101.8	102.0	100.3	100.5	101.1	105.8	101.2	100.3	101.8
辽 宁	Liaoning	102.0	102.9	99.2	100.5	100.9	105.9	101.8	100.1	101.8
吉 林	Jilin	102.1	102.5	99.7	101.9	101.4	104.9	101.2	100.7	101.7
黑龙江	Heilongjiang	101.9	102.2	101.0	101.3	100.6	105.5	100.9	100.5	101.3
上 海	Shanghai	102.5	104.5	99.0	101.0	102.0	104.4	103.5	102.1	100.6
江 苏	Jiangsu	102.2	102.6	101.2	100.9	102.0	104.9	101.6	101.9	101.8
浙 江	Zhejiang	102.2	102.6	100.4	100.7	101.8	105.1	103.1	100.3	101.8
安 徽	Anhui	102.0	102.7	101.3	99.8	101.0	105.3	102.8	100.9	102.0
福 建	Fujian	101.9	102.4	100.0	100.9	101.3	104.9	101.4	100.3	101.5
江 西	Jiangxi	102.0	102.2	100.5	100.9	100.8	105.6	102.1	100.2	101.6
山 东	Shandong	101.7	102.3	100.3	100.5	101.1	104.8	100.4	100.4	101.8
河 南	Henan	101.5	102.1	100.4	100.1	101.1	104.4	101.3	100.7	101.4
湖 北	Hubei	102.1	102.2	101.0	101.4	101.4	104.7	102.3	100.3	102.4
湖 南	Hunan	101.8	101.4	101.3	100.7	101.2	106.3	100.9	101.0	101.6
广 东	Guangdong	102.2	102.9	100.6	100.6	101.2	105.8	102.2	100.4	101.6
广 西	Guangxi	101.9	101.9	100.7	100.4	100.5	104.5	104.0	100.9	101.0
海 南	Hainan	101.6	102.5	100.0	99.3	100.6	105.0	102.1	100.0	100.5
重 庆	Chongqing	102.1	103.9	100.0	99.9	101.4	105.5	101.6	99.7	100.6
四 川	Sichuan	102.0	101.9	101.4	101.0	101.3	105.4	102.0	100.6	101.7
贵 州	Guizhou	101.6	101.0	100.6	100.5	100.8	105.4	101.5	100.3	101.4
云 南	Yunnan	101.6	101.1	100.4	100.2	100.8	105.4	101.6	100.8	102.2
西 藏	Tibet	101.5	100.8	100.8	100.5	100.5	106.1	100.3	99.9	102.0
陕 西	Shaanxi	102.1	102.6	100.5	101.1	101.0	103.8	103.4	100.8	101.9
甘 肃	Gansu	101.9	102.8	100.4	100.8	100.9	105.0	100.9	100.5	101.2
青 海	Qinghai	102.4	102.8	101.5	101.1	101.2	104.7	103.6	100.4	100.9
宁 夏	Ningxia	102.3	102.2	99.2	100.9	101.4	106.8	101.5	102.3	101.1
新 疆	Xinjiang	101.8	101.4	99.8	101.4	101.0	106.1	100.7	100.0	102.3

附录2-4　居民人均收入与支出(2022年)
Per Capita Income and Expenditure (2022)

单位：元　　(yuan)

地区	Region	全体居民 All residents		城镇居民 Urban resident		农村居民 Rural resident	
		人均可支配收入 Per Capita Disposable Income	人均消费支出 Per Capita Consumption Expenditure	人均可支配收入 Per Capita Disposable Income	人均消费支出 Per Capita Consumption Expenditure	人均可支配收入 Per Capita Disposable Income	人均消费支出 Per Capita Consumption Expenditure
全　国	**National Total**	**36883.3**	**24538.2**	**49282.9**	**30390.8**	**20132.8**	**16632.1**
北　京	Beijing	77414.5	42683.2	84023.1	45616.9	34753.8	23745.4
天　津	Tianjing	48976.1	31323.7	53003.2	33823.6	29017.8	18934.2
河　北	**Hebei**	**30867.0**	**20890.3**	**41277.7**	**25071.3**	**19364.2**	**16270.6**
山　西	Shanxi	29178.2	17536.7	39532.0	21922.6	16322.7	12090.9
内蒙古	Inner Mongolia	35920.6	22298.4	46295.4	26666.8	19640.9	15443.6
辽　宁	Liaoning	36088.8	22603.7	44002.6	26652.2	19908.0	14326.1
吉　林	Jilin	27974.5	17897.5	35470.9	21834.9	18134.5	12729.2
黑龙江	Heilongjiang	28345.5	20411.9	35042.1	24011.0	18577.4	15161.8
上　海	Shanghai	79609.8	46045.4	84034.0	48110.5	39729.4	27430.3
江　苏	Jiangsu	49861.7	32848.1	60178.1	37795.7	28486.5	22596.9
浙　江	Zhejiang	60302.5	38971.1	71267.9	44511.2	37565.0	27483.4
安　徽	Anhui	32745.2	22541.9	45133.2	26832.4	19574.9	17980.4
福　建	Fujian	43117.7	30041.7	53817.1	35692.1	24986.6	20466.5
江　西	Jiangxi	32418.7	21707.9	43696.5	25975.5	19936.0	16984.4
山　东	Shandong	37560.1	22640.4	49049.7	28555.2	22109.9	14686.7
河　南	Henan	28222.4	19019.5	38483.7	23539.3	18697.3	14823.9
湖　北	Hubei	32913.6	24827.8	42625.8	29120.9	19709.5	18991.0
湖　南	Hunan	34036.0	24082.7	47301.2	29580.1	19546.3	18077.7
广　东	Guangdong	47064.6	32168.7	56905.3	36936.2	23597.8	20800.0
广　西	Guangxi	27980.7	18342.8	39703.0	22438.1	17432.7	14657.7
海　南	Hainan	30956.6	21500.4	40117.5	26417.6	19117.4	15145.5
重　庆	Chongqing	35665.9	25371.1	45508.9	30573.9	19312.7	16727.1
四　川	Sichuan	30679.2	22301.9	43233.3	27637.3	18672.4	17199.0
贵　州	Guizhou	25508.2	17938.7	41085.7	24229.9	13706.7	13172.5
云　南	Yunnan	26936.8	18950.8	42167.9	26239.7	15146.9	13308.6
西　藏	Tibet	26674.8	15885.6	48752.9	28265.4	18209.5	11138.9
陕　西	Shaanxi	30115.8	19848.4	42431.3	24765.8	15704.3	14094.2
甘　肃	Gansu	23273.1	17489.4	37572.4	25207.0	12165.2	11494.2
青　海	Qinghai	27000.0	17260.8	38735.8	21700.2	14456.2	12515.8
宁　夏	Ningxia	29599.3	19136.3	40193.7	24213.4	16430.3	12825.3
新　疆	Xinjiang	27062.7	17927.1	38410.2	24142.3	16549.9	12169.1

附录2-5 固定资产投资完成情况(2022年)
Investment in Fixed Assets (2022)

地 区	Region	固定资产投资增速(不含农户)(%) Investment in Fixed Assets (excluding farmers) (%)	房地产开发投资额(亿元) Real Estate Development (100 million yuan)	商品房销售额(亿元) Total Sales of Commercial Housing (100 million yuan)	#住宅 Residential Buildings	房屋竣工面积(万平方米) Completion of Commercial Housing Area (10000 sq.m)	商品房销售面积(万平方米) Floor Space of Commercial Buildings Sold (10000 sq.m)
全 国	**National Total**	**5.1**	**132895.4**	**133307.8**	**116747.0**	**86222**	**135837**
北 京	Beijing	3.6	4178.5	3976.9	3545.3	1938	1040
天 津	Tianjing	-9.9	2127.9	1516.4	1421.6	1504	974
河 北	**Hebei**	**7.9**	**4983.0**	**3702.1**	**3488.8**	**2523**	**4616**
山 西	Shanxi	5.9	1764.2	1515.0	1418.4	2127	2257
内蒙古	Inner Mongolia	17.6	978.3	868.0	808.7	1101	1381
辽 宁	Liaoning	3.6	2362.0	1814.7	1659.7	1946	2182
吉 林	Jilin	-2.4	1014.8	696.3	631.0	724	1001
黑龙江	Heilongjiang	0.6	628.6	569.4	506.7	732	926
上 海	Shanghai	-1.0	4979.5	7467.5	6937.8	1676	1853
江 苏	Jiangsu	3.8	12406.9	14811.6	13177.0	7892	12115
浙 江	Zhejiang	9.1	12939.5	12660.1	11061.4	6130	6815
安 徽	Anhui	9.0	6811.7	5487.9	4964.3	5945	7471
福 建	Fujian	7.5	5515.4	6502.4	5284.3	4063	6054
江 西	Jiangxi	8.6	2209.3	4905.2	4138.6	1463	6703
山 东	Shandong	6.1	9225.9	9807.7	8481.3	6686	11686
河 南	Henan	6.7	6793.4	6724.8	6152.3	6452	11141
湖 北	Hubei	15.0	6172.0	5413.3	4821.7	3281	6385
湖 南	Hunan	6.6	5180.3	4312.3	3800.1	3436	6793
广 东	Guangdong	-2.6	14963.0	15870.5	13428.5	8161	10591
广 西	Guangxi	0.1	2307.4	2390.1	1908.0	2345	4371
海 南	Hainan	-4.2	1158.4	1098.0	924.9	751	644
重 庆	Chongqing	0.7	3467.6	3101.6	2448.8	2796	4439
四 川	Sichuan	6.0	7500.0	8215.9	6966.7	4072	10340
贵 州	Guizhou	-5.1	2403.7	2193.6	1909.0	967	3847
云 南	Yunnan	7.5	3152.0	1999.4	1736.1	2565	2938
西 藏	Tibet	-18.0	60.7	50.7	43.7	36	60
陕 西	Shanxi	8.1	4254.8	3270.5	2958.8	1976	3309
甘 肃	Gansu	10.1	1481.7	835.5	780.5	918	1470
青 海	Qinghai	-7.6	296.1	145.0	127.7	248	204
宁 夏	Ningxia	10.2	419.9	502.1	451.0	627	716
新 疆	Xinjiang	7.6	1158.9	883.5	764.7	1141	1516

注：各地固定资产投资不含跨省投资。
a) Trans-provincial investments are not included in the investment in fixed assets of various province.

附录2-6 农林牧渔业总产值和增速(2022年)
Gross Output Value of Farming, Forestry, Animal Husbandry and Fishery and Growth Rate (2022)

地 区	Region	农林牧渔业总产值(亿元) Gross Output Value of Farming, Forestry, Animal Husbandry and Fishery (100 million yuan)	#农业 Farming	#林业 Forestry	#畜牧业 Animal Husbandry	#渔业 Fishery	农林牧渔业总产值比上年增长(%) Growth Rate in Gross Output Value of Farming, Forestry ,Animal Husbandry and Fishery (%)
全 国	**National Total**	**156065.9**	**84438.6**	**6820.8**	**40652.4**	**15468.0**	**4.4**
北 京	Beijing	268.2	129.8	86.5	42.3	3.9	-2.0
天 津	Tianjing	521.4	276.8	8.9	147.2	70.5	2.9
河 北	**Hebei**	**7667.4**	**4035.7**	**266.6**	**2391.7**	**342.3**	**4.6**
山 西	Shanxi	2211.6	1288.4	174.5	615.8	9.1	5.0
内蒙古	Inner Mongolia	4316.8	2208.5	107.5	1876.3	31.3	4.9
辽 宁	Liaoning	5180.0	2258.3	161.7	1694.6	881.3	3.2
吉 林	Jilin	3217.9	1512.7	69.5	1482.6	61.6	4.1
黑龙江	Heilongjiang	6718.2	4320.5	212.3	1842.8	147.9	2.5
上 海	Shanghai	273.5	149.3	8.3	46.4	51.2	-1.1
江 苏	Jiangsu	8733.8	4685.7	185.6	1294.2	1856.9	3.9
浙 江	Zhejiang	3752.3	1769.8	183.0	405.7	1261.2	3.4
安 徽	Anhui	6278.0	2937.0	473.3	1812.5	660.3	4.5
福 建	Fujian	5502.6	2065.7	429.9	1066.3	1740.7	3.9
江 西	Jiangxi	4223.8	1916.7	416.9	1094.4	553.2	4.3
山 东	Shandong	12130.7	6206.5	227.3	3003.5	1729.7	4.8
河 南	Henan	10952.2	6948.3	149.5	2832.3	147.4	5.1
湖 北	Hubei	8939.3	4193.1	311.2	2128.2	1584.3	4.4
湖 南	Hunan	8160.1	3973.2	477.4	2466.9	617.8	3.8
广 东	Guangdong	8892.3	4308.2	549.2	1680.2	1898.2	4.8
广 西	Guangxi	6938.5	3977.7	548.5	1509.5	575.8	5.0
海 南	Hainan	2272.0	1236.8	118.7	340.5	466.6	3.5
重 庆	Chongqing	3068.4	1881.8	176.4	800.9	137.0	4.5
四 川	Sichuan	9859.8	5528.8	438.2	3281.7	343.1	4.5
贵 州	Guizhou	4908.7	3313.7	340.0	941.4	79.6	4.2
云 南	Yunnan	6635.8	3629.9	492.2	2192.3	119.9	5.5
西 藏	Tibet	278.6	121.0	7.0	143.4	0.2	4.8
陕 西	Shaanxi	4601.9	3310.4	86.1	925.4	36.2	4.6
甘 肃	Gansu	2680.7	1806.4	36.4	662.2	1.7	5.9
青 海	Qinghai	566.2	238.3	13.1	302.3	4.3	4.6
宁 夏	Ningxia	845.9	455.6	11.5	323.5	22.8	4.9
新 疆	Xinjiang	5469.0	3754.0	53.5	1305.3	32.1	5.8

注：本表绝对数按当年价格计算，增速按可比价格计算。
a) The figures in this table are calculated at current prices, the growth rate is calculated at comparable prices.

附录2-7 主要农产品产量(2022年)
Output of Major Agricultural Products (2022)

单位：万吨 (10000 tons)

地 区	Region	粮食 Grain	油料 Oil-bearing	糖料 Sugarcane	肉类 Meat	蔬菜 Vegetable	水果 Fruits
全 国	**National Total**	**68652.8**	**3654.2**	**11236.5**	**9328.4**	**79997.2**	**31296.2**
北 京	Beijing	45.4	0.9		4.3	198.9	38.3
天 津	Tianjing	256.2	0.4	…	29.5	256.4	57.8
河 北	**Hebei**	**3865.1**	**115.4**	**70.2**	**478.8**	**5406.8**	**1533.9**
山 西	Shanxi	1464.3	15.0	0.2	143.2	1010.3	1002.8
内蒙古	Inner Mongolia	3900.6	170.0	387.1	284.1	1012.9	175.5
辽 宁	Liaoning	2484.5	113.4	1.3	446.2	2055.4	879.7
吉 林	Jilin	4080.8	81.6	1.4	291.0	514.8	166.0
黑龙江	Heilongjiang	7763.1	14.3	18.2	312.5	759.8	189.4
上 海	Shanghai	95.6	0.3	0.1	9.5	259.6	31.9
江 苏	Jiangsu	3769.1	96.3	5.9	318.1	5974.7	1002.1
浙 江	Zhejiang	621.0	33.0	39.2	108.5	1976.7	704.5
安 徽	Anhui	4100.1	173.4	9.3	475.3	2537.7	798.3
福 建	Fujian	508.7	23.6	28.8	296.3	1752.9	864.9
江 西	Jiangxi	2151.9	137.5	62.5	359.9	1786.9	749.4
山 东	Shandong	5543.8	274.0	…	844.5	9045.8	3095.5
河 南	Henan	6789.4	684.0	8.4	660.0	7845.3	2542.0
湖 北	Hubei	2741.1	374.2	26.6	441.2	4407.9	1143.2
湖 南	Hunan	3018.0	277.0	34.9	580.9	4356.7	1208.2
广 东	Guangdong	1291.5	117.4	1292.1	481.0	3999.1	1895.2
广 西	Guangxi	1393.1	76.5	7116.5	454.9	4236.5	3402.5
海 南	Hainan	146.6	7.5	76.7	69.2	605.4	563.6
重 庆	Chongqing	1072.8	70.8	8.3	205.3	2272.4	593.3
四 川	Sichuan	3510.5	433.8	38.5	685.7	5198.7	1380.5
贵 州	Guizhou	1114.6	105.6	41.3	241.0	3355.7	698.9
云 南	Yunnan	1958.0	63.5	1553.7	521.6	2857.9	1289.1
西 藏	Tibet	107.3	4.7	…	28.6	81.6	3.1
陕 西	Shaanxi	1297.9	56.3	0.3	132.1	2082.2	2240.8
甘 肃	Gansu	1265.0	61.3	15.8	142.6	1736.6	965.5
青 海	Qinghai	107.3	30.9		41.0	151.8	2.8
宁 夏	Ningxia	375.8	4.5	…	36.8	527.9	271.7
新 疆	Xinjiang	1813.5	37.2	399.1	204.7	1731.9	1672.6

注：水果产量含瓜果产量。
a) The output of fruits includes melons in this table.

附录2-8　规模以上工业企业主要经济指标(2022年)
Main Economic Indicators of Industrial Enterprises above Designated Size (2022)

单位：亿元　　(100 million yuan)

地　区	Region	营业收入 Business Revenue	营业成本 Business Cost	利润总额 Total Profit	应收账款 Accounts Receivable	产成品 Finished Goods	资产总计 Total Assets
全　国	**National Total**	**1379098.4**	**1168426.4**	**84038.5**	**216466.2**	**60363.2**	**1561196.7**
北　京	Beijing	26794.4	22310.9	1980.9	5765.8	1285.4	64237.4
天　津	Tianjing	23537.1	20080.7	1523.3	3397.7	926.6	24752.1
河　北	**Hebei**	**52403.7**	**47132.4**	**1261.2**	**6958.5**	**2160.0**	**60192.4**
山　西	Shanxi	37961.2	30397.5	3633.4	6673.2	1291.6	59676.4
内蒙古	Inner Mongolia	28158.2	21559.7	4060.0	3268.5	948.1	42114.4
辽　宁	Liaoning	35854.2	30763.4	1540.9	5103.7	1703.4	43477.2
吉　林	Jilin	13835.9	11471.1	917.3	1926.3	586.5	19382.1
黑龙江	Heilongjiang	12418.8	10128.6	604.0	2110.8	565.3	19181.9
上　海	Shanghai	45264.8	37510.5	2793.6	9389.9	2089.1	54298.1
江　苏	Jiangsu	161506.0	138124.9	9061.9	34218.8	8864.0	169623.2
浙　江	Zhejiang	107956.6	92107.8	5863.6	21182.3	5980.0	125075.7
安　徽	Anhui	49051.1	42521.9	2449.7	9055.4	2153.9	55493.6
福　建	Fujian	70367.5	61346.1	4071.3	6639.6	2621.8	51807.6
江　西	Jiangxi	48295.5	41848.4	3456.1	5035.7	1467.6	33934.0
山　东	Shandong	108019.9	94572.5	4473.2	14912.2	5434.7	119195.8
河　南	Henan	60206.8	53255.8	2534.0	7005.0	2004.5	57668.8
湖　北	Hubei	53789.9	45878.5	3139.6	6292.6	2031.6	51829.6
湖　南	Hunan	47644.8	39668.6	2310.1	5508.8	1310.1	36454.6
广　东	Guangdong	183027.4	153237.9	10329.3	31814.7	8537.5	196419.2
广　西	Guangxi	23234.8	20861.2	702.3	3371.5	1197.3	25919.1
海　南	Hainan	2944.3	2399.3	135.2	440.6	102.0	4528.5
重　庆	Chongqing	28211.4	24190.3	1683.8	4179.9	957.6	26911.8
四　川	Sichuan	54932.4	45044.9	4836.3	7743.9	2103.4	64081.6
贵　州	Guizhou	10255.5	7785.7	1284.9	1820.2	460.0	18897.7
云　南	Yunnan	19682.8	15967.8	1330.5	2251.2	798.3	26815.1
西　藏	Tibet	498.5	360.8	61.5	98.6	18.8	2297.6
陕　西	Shaanxi	35208.7	27051.0	4570.3	4620.2	1275.3	44192.6
甘　肃	Gansu	10960.4	9337.8	594.6	1357.9	412.4	14787.9
青　海	Qinghai	4544.0	3421.6	828.9	686.8	157.8	7439.7
宁　夏	Ningxia	8107.3	6902.0	412.7	1093.6	315.7	13152.9
新　疆	Xinjiang	17573.8	13204.0	2462.3	2483.7	742.1	30237.0

注：本表除广东外均为快报数。

a) The data in this table come from flash annual report except Guangdong.

附录2-9　主要工业产品产量(2022年)
Output of Major Industrial Products (2022)

地　区	Region	发电量 (亿千瓦小时) Generating Capacity (100 million kW·h)	生　铁 (万吨) Pig Iron (10000 tons)	钢　材 (万吨) Steels (10000 tons)	水　泥 (万吨) Cement (10000 tons)	农用化肥 (万吨) Agricultural Chemical Fertilizer (10000 tons)	汽　车 (万辆) Car (10000 vehicles)	家用电冰箱 (万台) Household Refrigerators (10000 sets)	微型计算机设备 (万台) Micro-computers Equipment (10000 units)
全　国	**National Total**	**88487.1**	**86382.8**	**134033.5**	**212951.3**	**5573.3**	**2718.0**	**8664.4**	**43418.2**
北　京	Beijing	467.1		184.3	203.4		87.1		858.6
天　津	Tianjin	764.9	1772.8	5543.7	529.5	47.8	60.3		0.1
河　北	**Hebei**	**3792.9**	**19840.2**	**32169.2**	**10033.9**	**193.4**	**90.6**		
山　西	Shanxi	4298.8	5833.5	6354.6	4844.6	364.9	16.5		3.6
内蒙古	Inner Mongolia	6619.2	2188.8	3041.9	3597.0	400.9	5.4		
辽　宁	Liaoning	2256.8	7101.4	7727.5	3910.9	31.0	76.6	158.2	49.4
吉　林	Jilin	1056.9	1307.8	1532.0	1731.4	22.8	215.6		
黑龙江	Heilongjiang	1217.6	877.1	999.7	1881.1	80.5	8.3		
上　海	Shanghai	955.0	1390.0	1920.9	369.6	1.0	302.5		2760.7
江　苏	Jiangsu	6077.3	9637.9	14882.2	14235.7	161.8	94.4	1215.5	3330.5
浙　江	Zhejiang	4349.9	802.6	2934.8	12953.7	32.1	124.9	454.5	129.6
安　徽	Anhui	3298.8	2956.5	3963.0	14218.7	230.3	174.7	2633.5	2950.2
福　建	Fujian	3088.8	1382.5	3505.5	9692.9	48.2	33.9		1185.3
江　西	Jiangxi	1725.0	2384.7	3457.0	8997.2	111.7	41.4	70.8	4946.6
山　东	Shandong	6203.6	7371.3	10529.1	13522.5	430.3	101.9	832.1	0.7
河　南	Henan	3429.8	2743.0	4158.0	11488.4	396.4	55.3	173.9	97.2
湖　北	Hubei	3108.7	2832.3	3911.1	11056.2	591.4	189.6	518.5	1336.2
湖　南	Hunan	1768.1	2179.6	3038.3	9998.4	82.1	26.3		208.2
广　东	Guangdong	6093.8	2420.9	5627.4	15131.2	5.5	415.4	1773.3	6948.8
广　西	Guangxi	2115.9	3013.3	4995.6	10426.5	43.8	177.0	416.8	179.7
海　南	Hainan	405.7			1626.4	63.7	2.2		
重　庆	Chongqing	997.8	723.0	1690.6	5321.1	166.2	203.8	134.4	8631.9
四　川	Sichuan	4846.2	2036.4	3583.0	13070.1	381.8	72.5	115.2	9221.2
贵　州	Guizhou	2299.0	380.6	607.3	6428.1	247.5	4.6	156.6	0.1
云　南	Yunnan	4016.6	1583.3	2550.7	9693.7	245.1	2.2		571.0
西　藏	Tibet	128.2			792.7				
陕　西	Shaanxi	2852.1	1188.3	2010.5	6529.8	158.2	133.8	11.0	8.4
甘　肃	Gansu	1954.1	810.7	1091.6	4047.8	23.7			
青　海	Qinghai	998.1	99.4	120.6	978.5	555.4			
宁　夏	Ningxia	2235.1	497.7	578.5	1667.5	71.7			
新　疆	Xinjiang	4793.4	1027.1	1324.7	3877.5	383.6	1.4		

附录2-10　建筑业主要指标(2022年)
Indicators of Construction Industry (2022)

地　区	Region	企业个数(个) Number of Enterprises (unit)	从事建筑业活动的从业人员平均人数(万人) Number of Employed Persons of Construction Enterprises (10000 persons)	建筑业总产值(亿元) Gross Output Value of Construction Enterprises (100 million yuan)	房屋建筑施工面积(万平方米) Construction Area of Housing Construction (10000 sq.m)	房屋建筑竣工面积(万平方米) Completion Area of Housing Construction (10000 sq.m)	按建筑业总产值计算的劳动生产率(元/人) Labor Productivity Calculated by Gross Output Value of Construction Industry (yuan/person)
全　国	**National Total**	**143621**	**6321.4**	**311979.8**	**1564518.2**	**405477.2**	**493526**
北　京	Beijing	2597	219.7	13866.1	89888.3	13815.4	631270
天　津	Tianjing	2547	81.5	4751.3	18808.4	2722.0	582963
河　北	**Hebei**	**3579**	**112.1**	**6951.3**	**35918.4**	**7099.0**	**619862**
山　西	Shanxi	3689	130.2	6145.5	22648.1	5634.9	472018
内蒙古	Inner Mongolia	1040	24.1	1332.8	7045.5	1096.3	552567
辽　宁	Liaoning	5772	66.7	3936.9	13329.4	3633.2	590400
吉　林	Jilin	2936	37.3	2100.7	7047.1	1882.6	562465
黑龙江	Heilongjiang	2279	37.1	1414.5	3868.0	1056.8	381489
上　海	Shanghai	2351	128.0	9273.9	58203.1	8757.5	724666
江　苏	Jiangsu	13040	1045.1	40660.0	275135.4	76318.6	389048
浙　江	Zhejiang	9950	556.3	23861.1	171655.1	44915.4	428948
安　徽	Anhui	8362	230.7	11702.6	49670.7	14856.9	507177
福　建	Fujian	8699	511.6	17129.5	87432.9	20254.6	334833
江　西	Jiangxi	5782	199.8	10694.8	37048.4	14682.6	535204
山　东	Shandong	10643	309.3	17559.6	98827.9	22917.7	567710
河　南	Henan	9333	313.1	15086.9	66509.3	18282.6	481896
湖　北	Hubei	5927	264.7	21155.0	91309.9	33261.2	799201
湖　南	Hunan	3950	299.0	14481.0	76159.7	23988.5	484348
广　东	Guangdong	10960	398.3	22956.5	107372.7	24943.5	577358
广　西	Guangxi	2749	127.7	7275.8	27539.2	8561.0	569610
海　南	Hainan	325	8.9	467.2	1861.8	449.5	524564
重　庆	Chongqing	3762	232.7	10369.4	36185.8	12601.6	445629
四　川	Sichuan	8757	420.0	18675.2	77718.4	22398.7	444666
贵　州	Guizhou	2170	88.9	4820.2	16415.1	3375.3	541974
云　南	Yunnan	4254	168.1	8168.6	17690.2	5973.1	486080
西　藏	Tibet	410	4.2	203.8	262.6	117.5	484898
陕　西	Shaanxi	3987	168.6	10067.9	40252.7	6825.8	597007
甘　肃	Gansu	2466	51.4	2477.7	12228.8	2030.5	482127
青　海	Qinghai	417	8.5	566.5	971.5	174.8	665033
宁　夏	Ningxia	730	16.3	725.8	1802.3	559.3	445502
新　疆	Xinjiang	1861	62.2	3101.5	13718.3	2304.9	498730

注：本表为具有资质等级的施工总承包、专业承包建筑业企业(不含劳务分包建筑业企业)数据。

a) Data in this table refer to construction enterprises with qualification grade of main contractor and professional contractors (not including labor subcontracting construction enterprises).

附录2-11　客运量和旅客周转量(2022年)
Passenger Traffic and Passenger-Kilometers (2022)

地区	Region	客运量（万人）Passenger Traffic (10000 persons)	铁路 Railways	公路 Highways	水运 Waterways	旅客周转量（亿人公里）Passenger-Kilometers (100 million passenger-km)	铁路 Railways	公路 Highways	水运 Waterways
全　国	**National Total**	**558738**	**167296**	**354643**	**11627**	**12921**	**6577.5**	**2407.5**	**22.6**
北　京	Beijing	25055	3950	21105		89	43.6	45.0	
天　津	Tianjing	8295	1311	6959	25	98	57.9	39.5	…
河　北	**Hebei**	**8410**	**4114**	**4296**		**382**	**345.4**	**36.8**	
山　西	Shanxi	6274	3716	2476	81	119	96.6	22.5	…
内蒙古	Inner Mongolia	3557	1712	1844		89	68.5	20.4	
辽　宁	Liaoning	17579	4184	13151	244	269	201.1	66.3	1.7
吉　林	Jilin	7417	2052	5318	47	122	81.5	41.0	…
黑龙江	Heilongjiang	9203	3070	6016	118	126	91.7	34.4	0.1
上　海	Shanghai	7397	4313	2865	220	76	42.2	33.5	0.4
江　苏	Jiangsu	47077	12842	32652	1582	621	416.7	203.5	0.6
浙　江	Zhejiang	32659	12360	17938	2360	491	348.0	139.2	3.5
安　徽	Anhui	14672	7301	7284	87	484	407.8	75.6	0.1
福　建	Fujian	16567	6378	9651	538	260	191.7	68.1	0.5
江　西	Jiangxi	16217	6386	9734	97	456	394.2	61.3	0.1
山　东	Shandong	17536	8471	8247	818	415	313.8	98.3	3.2
河　南	Henan	26828	7512	19189	127	640	470.3	169.1	0.2
湖　北	Hubei	26050	8433	17412	205	475	377.6	96.2	0.8
湖　南	Hunan	38244	9779	27641	823	687	538.7	146.6	1.8
广　东	Guangdong	47623	17526	23730	884	1621	526.8	193.8	2.3
广　西	Guangxi	20654	5974	14479	201	378	245.2	131.8	0.8
海　南	Hainan	6688	1840	3447	1400	60	28.8	28.2	3.0
重　庆	Chongqing	19634	4824	14432	378	207	127.4	77.9	1.3
四　川	Sichuan	40221	9679	29816	726	393	223.1	168.6	0.9
贵　州	Guizhou	20323	4580	15537	205	320	207.2	112.2	0.4
云　南	Yunnan	16698	4724	11690	284	248	143.7	103.3	0.5
西　藏	Tibet	630	240	390		22	11.6	10.10	
陕　西	Shaanxi	13372	4825	8496	50	279	216.0	62.7	0.1
甘　肃	Gansu	8013	2444	5544	26	209	176.7	32.2	…
青　海	Qinghai	1118	366	721	31	43	33.1	10.2	…
宁　夏	Ningxia	2701	434	2195	71	37	17.5	19.0	…
新　疆	Xinjiang	12149	1766	10384		193	133.1	60.0	
不分地区	Not Classified by Region	25171				3914			

注：不分地区合计为民航完成数。
a) The total passenger-kilometers not classified by region refers to that completed by civil aviation.

附录2-12 货运量和货物周转量(2022年)
Freight Traffic and Freight Ton-Kilometers (2022)

地 区	Region	货运量(万吨) Freight Volume (10000 tons)	铁路 Railways	公路 Highways	水运 Waterways	货物周转量(亿吨公里) Turnover of Goods (100 million ton-km)	铁路 Railways	公路 Highways	水运 Waterways
全 国	**National Total**	**5152571**	**498424**	**3711928**	**855352**	**231783**	**35946**	**68958**	**121003**
北 京	Beijing	18918	368	18549		1017	792	225	
天 津	Tianjing	52898	11754	30382	10761	2666	574	605	1487
河 北	**Hebei**	**232136**	**30212**	**196727**	**5197**	**14234**	**5506**	**7890**	**838**
山 西	Shanxi	211540	104514	107024	1	6473	3309	3164	…
内蒙古	Inner Mongolia	211615	84906	126709		5221	3080	2141	
辽 宁	Liaoning	166281	22394	139403	4484	4611	1305	2778	529
吉 林	Jilin	46467	5654	40813		1874	597	1277	
黑龙江	Heilongjiang	52119	12955	38616	547	1852	969	846	36
上 海	Shanghai	141059	512	44846	95701	32370	21	844	31505
江 苏	Jiangsu	279143	10010	159936	109197	11829	382	3208	8240
浙 江	Zhejiang	321583	5453	205935	110195	13545	287	2650	10608
安 徽	Anhui	394061	7912	245982	140167	11282	849	3696	6737
福 建	Fujian	169091	4816	106939	57336	11340	206	1261	9873
江 西	Jiangxi	196926	5200	178366	13360	5120	619	4086	414
山 东	Shandong	334165	36174	276906	21085	14273	1897	7913	4464
河 南	Henan	259983	12156	230055	17772	11751	2748	7716	1287
湖 北	Hubei	209475	6279	144979	58217	7544	1224	2059	4261
湖 南	Hunan	213251	4827	186123	22301	2932	1016	1465	451
广 东	Guangdong	364199	9374	242474	97628	28439	363	2710	25005
广 西	Guangxi	213331	9805	163219	40307	5173	741	1886	2546
海 南	Hainan	30007	911	6844	22252	9964	13	40	9911
重 庆	Chongqing	135491	1899	111915	21678	3880	304	1063	2513
四 川	Sichuan	186423	8045	172329	6049	3202	1068	1858	276
贵 州	Guizhou	94999	6672	87870	456	1417	680	723	14
云 南	Yunnan	145857	6009	139217	630	2000	528	1463	8
西 藏	Tibet	4024	91	3934		130	28	103	
陕 西	Shaanxi	164723	43505	121188	30	4369	2498	1871	…
甘 肃	Gansu	72945	8861	64084		3681	1990	1690	
青 海	Qinghai	18467	3594	14874		703	527	175	
宁 夏	Ningxia	48623	10160	38463		874	276	598	
新 疆	Xinjiang	88293	21068	67225		2503	1550	954	
不分地区	Not Classified by Region	86868				5876			

注：不分地区合计中包括民航、管道等完成数。货运量和货物周转量的全国总计等于分省数与不分地区数据之和。

a) The Freight Traffic and freight ton-kilometers not classified by region refer to pipelines, civil aviation and that completed by companies abroad under the China Ocean Shipping (Group) Company. The Freight Traffic and freight ton-kilometers is equal to the sum of the provinces and the not classified by region .

附录2-13　国内外贸易(2022年)

Retail Trades and Foreign Trades (2022)

地　区	Region	社会消费品零售总额(亿元) Total Retail Sales of Social Consumer Goods (100 million yuan)	进出口总额(亿美元) Total Import and Export Volume (100 million USD)	出口 Export	进口 Import	进出口总额(亿元) Total Import and Export Volume (100 million yuan)	出口 Export	进口 Import
全　国	**National Total**	**439732.5**	**63096.0**	**35936.0**	**27160.0**	**420678.2**	**239654.0**	**181024.2**
北　京	Beijing	13794.2	5465.0	881.7	4583.3	36445.5	5890.0	30555.5
天　津	Tianjing	3572.0	1267.6	571.8	695.7	8448.5	3803.6	4644.9
河　北	**Hebei**	**13720.1**	**843.2**	**510.5**	**332.6**	**5629.0**	**3407.4**	**2221.6**
山　西	Shanxi	7562.7	277.3	181.8	95.5	1845.6	1211.4	634.2
内蒙古	Inner Mongolia	4971.4	227.7	94.3	133.4	1523.6	630.3	893.3
辽　宁	Liaoning	9526.2	1187.5	538.2	649.4	7907.3	3584.6	4322.8
吉　林	Jilin	3807.7	233.8	75.2	158.6	1558.5	502.3	1056.3
黑龙江	Heilongjiang	5210.0	396.9	81.3	315.6	2651.5	545.6	2106.0
上　海	Shanghai	16442.1	6272.4	2563.7	3708.7	41902.7	17134.2	24768.5
江　苏	Jiangsu	42752.1	8177.5	5225.9	2951.6	54454.9	34815.7	19639.2
浙　江	Zhejiang	30467.2	7034.4	5158.0	1876.5	46836.6	34325.4	12511.2
安　徽	Anhui	21518.4	1131.3	714.2	417.1	7530.6	4763.7	2766.9
福　建	Fujian	21050.1	2975.0	1820.4	1154.6	19828.5	12140.5	7688.0
江　西	Jiangxi	12853.5	1006.7	763.8	242.9	6713.0	5088.4	1624.6
山　东	Shandong	33236.2	4994.3	3047.7	1946.6	33324.9	20355.8	12969.1
河　南	Henan	24407.4	1279.0	787.6	491.4	8524.1	5247.0	3277.1
湖　北	Hubei	22164.8	927.3	632.2	295.1	6170.8	4209.3	1961.5
湖　南	Hunan	19050.7	1054.3	769.9	284.4	7058.2	5154.5	1903.6
广　东	Guangdong	44882.9	12469.7	7999.0	4470.7	83098.1	53319.5	29778.7
广　西	Guangxi	8539.1	980.5	546.8	433.7	6603.5	3705.4	2898.2
海　南	Hainan	2268.4	300.9	107.4	193.4	2009.5	722.6	1286.9
重　庆	Chongqing	13926.1	1228.3	790.9	437.4	8158.4	5245.3	2913.0
四　川	Sichuan	24104.6	1511.7	931.5	580.2	10076.7	6215.2	3861.6
贵　州	Guizhou	8507.1	119.1	77.8	41.2	801.2	523.6	277.6
云　南	Yunnan	10838.8	500.4	241.4	259.0	3342.3	1612.6	1729.8
西　藏	Tibet	726.5	6.9	6.5	0.4	46.0	43.1	2.9
陕　西	Shaanxi	10401.6	726.4	452.2	274.2	4835.3	3011.3	1824.0
甘　肃	Gansu	3922.2	88.3	19.1	69.2	584.2	127.3	456.9
青　海	Qinghai	842.1	6.5	4.0	2.5	43.0	26.5	16.5
宁　夏	Ningxia	1338.4	38.6	29.6	9.0	257.4	196.8	60.6
新　疆	Xinjiang	3240.5	366.8	311.1	55.7	2463.6	2091.2	372.4

附录2-14 各省(区、市)每十万人口各级学校平均在校生数(2022年)
Average School Enrolment per 100 000 Population by Level and Region (2022)

单位：人 (person)

地 区	Region	学前教育 Pre-school Education	小 学 Primary Education	初中阶段 Junior Secondary Education	高中阶段 Senior Secondary Education	高等教育 Higher Education
全 国	**National Total**	**3276**	**7597**	**3625**	**2895**	**3510**
北 京	Beijing	2623	4951	1625	2800	5397
天 津	Tianjin	2327	5615	2637	2126	5428
河 北	**Hebei**	**3128**	**8910**	**4298**	**3592**	**3070**
山 西	Shanxi	2864	6614	3143	2930	3388
内蒙古	Inner Mongolia	2531	5764	2783	2553	2493
辽 宁	Liaoning	1935	4645	2272	2116	3931
吉 林	Jilin	1685	4681	2493	2452	4989
黑龙江	Heilongjiang	1480	3528	2559	2395	3734
上 海	Shanghai	2146	3684	2107	1227	3756
江 苏	Jiangsu	2788	6886	3178	2380	3726
浙 江	Zhejiang	3016	6011	2589	2145	2763
安 徽	Anhui	3342	7693	3742	3156	3283
福 建	Fujian	3743	8576	3739	2727	3277
江 西	Jiangxi	3340	8499	4613	3904	4423
山 东	Shandong	3822	7479	3907	2737	3663
河 南	Henan	3759	9991	4989	3742	3652
湖 北	Hubei	2969	6597	3140	2471	4110
湖 南	Hunan	3262	7899	3983	3275	3738
广 东	Guangdong	3927	8547	3576	2413	3129
广 西	Guangxi	4308	10241	4689	3798	3651
海 南	Hainan	3739	8520	3973	3263	2999
重 庆	Chongqing	2993	6326	3386	3247	3838
四 川	Sichuan	3034	6510	3315	2834	3127
贵 州	Guizhou	4304	10165	4929	3829	2608
云 南	Yunnan	3856	8097	3973	3280	3097
西 藏	Tibet	4258	10263	4114	3066	1666
陕 西	Shaanxi	3352	7557	3216	2475	4409
甘 肃	Gansu	3804	8113	3629	2917	3215
青 海	Qinghai	3700	8709	3843	3774	1738
宁 夏	Ningxia	3528	8412	3920	3452	3271
新 疆	Xinjiang	3377	11578	4550	2989	2773

注：1.高等教育在校生数包括研究生、普通本科、职业本专科、成人本专科，不含网络本专科生。
2.2021年起，高中阶段在校生数不含人社部管理的技工学校。
3.2022年起，高中阶段在校生数含国家开放大学中职部。

a) The number of students in higher education includes postgraduates, regular undergraduates, vocational undergraduates and adult undergraduates, excluding web-based undergraduates .

b) Since 2021, the number of students in high school does not include the technical schools managed by the Ministry of Human Resources and Social Security.

c) Since 2022, the number of students in Senior Secondary Education data includes secondary vocational department of National Open University .

附录2-15 各省(区、市)规模以上文化及相关产业法人单位数(2022年)

Number of Corporate Units of Cultural and Related Industries above Designated Size by Region (2022)

单位：个 (unit)

地 区	Region	法人单位数 Corporate Units	文化制造业 Culture-Related Manufacturing	文化批发和零售业 Culture-Related Wholesale and Retail	文化服务业 Culture-Related Services
全 国	**National Total**	**71772**	**21809**	**13158**	**36805**
北 京	Beijing	5450	140	652	4658
天 津	Tianjin	975	179	185	611
河 北	**Hebei**	**1362**	**556**	**246**	**560**
山 西	Shanxi	403	51	131	221
内蒙古	Inner Mongolia	155	7	45	103
辽 宁	Liaoning	878	147	184	547
吉 林	Jilin	265	29	87	149
黑龙江	Heilongjiang	265	43	107	115
上 海	Shanghai	3583	376	605	2602
江 苏	Jiangsu	10718	3409	2435	4874
浙 江	Zhejiang	6042	2723	1143	2176
安 徽	Anhui	2568	1147	444	977
福 建	Fujian	3446	1360	548	1538
江 西	Jiangxi	2672	1230	305	1137
山 东	Shandong	3257	1218	843	1196
河 南	Henan	2894	1017	596	1281
湖 北	Hubei	3396	933	765	1698
湖 南	Hunan	4078	1302	455	2321
广 东	Guangdong	10984	4405	1943	4636
广 西	Guangxi	829	225	177	427
海 南	Hainan	285	11	38	236
重 庆	Chongqing	1203	235	180	788
四 川	Sichuan	2620	540	364	1716
贵 州	Guizhou	524	117	67	340
云 南	Yunnan	712	119	155	438
西 藏	Tibet	33	4	5	24
陕 西	Shaanxi	1618	226	319	1073
甘 肃	Gansu	163	18	30	115
青 海	Qinghai	46	5	12	29
宁 夏	Ningxia	73	15	21	37
新 疆	Xinjiang	275	22	71	182

注：规模以上文化及相关产业法人单位包括规模以上文化制造业企业、限额以上文化批发和零售业企业以及规模以上文化服务业企业。

a) Corporate units of culture and related industries above designated size include culture-related manufacturing enterprises above designated size, culture-related wholesale and retail enterprises above designated size, and culture-related service enterprises above designated size.

附录2-16 各省(区、市)每千人口卫生技术人员(2022年)
Health Technical Personnel in Health Care Institutions per 1000 Persons by Region (2022)

单位：人 (person)

地 区	Region	卫生技术人员 Health Technical Personnel			执业(助理)医师 Licensed Physicians & Physician Assistants			注册护士 Registered Nurses		
		合计 Total	城市 Urban	农村 Rural	合计 Total	城市 Urban	农村 Rural	合计 Total	城市 Urban	农村 Rural
全 国	**National Total**	**8.27**	**10.20**	**6.55**	**3.15**	**3.84**	**2.53**	**3.71**	**4.74**	**2.79**
北 京	Beijing	13.53	13.53		5.26	5.26		5.77	5.77	
天 津	Tianjin	9.13	9.13		3.86	3.86		3.54	3.54	
河 北	**Hebei**	**7.86**	**10.90**	**6.21**	**3.54**	**4.67**	**2.92**	**3.21**	**4.80**	**2.35**
山 西	Shanxi	8.15	11.60	5.72	3.26	4.41	2.45	3.63	5.55	2.27
内蒙古	Inner Mongolia	9.04	11.88	7.11	3.58	4.55	2.92	3.81	5.43	2.71
辽 宁	Liaoning	8.11	9.93	5.43	3.18	3.81	2.24	3.76	4.79	2.25
吉 林	Jilin	9.29	9.97	8.71	3.69	3.83	3.58	4.20	4.77	3.72
黑龙江	Heilongjiang	8.17	10.35	6.10	3.17	3.91	2.47	3.57	4.89	2.31
上 海	Shanghai	9.54	9.54		3.48	3.48		4.30	4.30	
江 苏	Jiangsu	8.38	9.59	6.88	3.28	3.63	2.84	3.74	4.39	2.93
浙 江	Zhejiang	9.32	11.16	7.64	3.75	4.37	3.18	4.06	4.97	3.23
安 徽	Anhui	7.69	10.15	6.08	3.04	3.86	2.50	3.61	4.94	2.75
福 建	Fujian	7.35	9.67	5.47	2.77	3.69	2.02	3.26	4.40	2.34
江 西	Jiangxi	6.93	9.57	5.49	2.50	3.35	2.04	3.19	4.66	2.38
山 东	Shandong	8.62	10.97	6.66	3.44	4.34	2.69	3.81	5.00	2.81
河 南	Henan	8.16	12.49	6.29	3.20	4.69	2.56	3.59	5.91	2.58
湖 北	Hubei	8.02	9.77	6.74	3.03	3.59	2.61	3.72	4.73	2.99
湖 南	Hunan	7.86	11.51	6.37	3.01	4.18	2.53	3.70	5.74	2.86
广 东	Guangdong	7.24	7.87	5.62	2.63	2.90	1.95	3.32	3.64	2.51
广 西	Guangxi	8.23	10.83	6.32	2.75	3.79	1.99	3.82	5.18	2.83
海 南	Hainan	8.05	9.59	6.61	2.98	3.49	2.50	3.83	4.74	2.98
重 庆	Chongqing	7.88	7.87	7.91	2.94	2.95	2.91	3.65	3.69	3.51
四 川	Sichuan	8.34	10.37	6.67	3.08	3.81	2.49	3.80	4.95	2.86
贵 州	Guizhou	8.34	10.52	7.36	2.84	3.77	2.42	3.82	5.01	3.28
云 南	Yunnan	8.45	12.41	7.20	2.82	4.38	2.33	4.05	6.19	3.37
西 藏	Tibet	7.26	15.23	4.60	3.04	6.44	1.92	2.23	5.68	1.09
陕 西	Shaanxi	9.56	10.39	8.63	3.18	3.59	2.71	4.12	4.80	3.36
甘 肃	Gansu	8.32	11.47	6.43	2.90	3.95	2.28	3.80	5.57	2.74
青 海	Qinghai	8.75	12.48	6.36	3.19	4.42	2.40	3.62	5.81	2.22
宁 夏	Ningxia	8.49	10.51	6.09	3.12	3.90	2.20	3.86	4.91	2.61
新 疆	Xinjiang	8.04	11.83	7.18	2.73	4.44	2.34	3.44	5.37	3.00

注：1.2002年以前，执业(助理)医师系医生，执业医师系医师，注册护士系护师(士)。
2.城市包括直辖市区和地级市辖区，农村包括县及县级市。
3.合计项分母系常住人口数，分城乡项分母2020年及以前系推算户籍人口数，2021年起系推算常住人口数。

a) Before 2002, licensed physician assistants referred to doctors, licensed physicians referred to physicians, registered nurses referred to nurses .

b) Population for totals refers to permanent population, while population for urban and rural areas refers to the estimated population by household registration.

c) The denominator of the total item is the number of permanent population. In 2020 and before, the denominator of urban and rural items is the estimated number of registered population, and from 2021, it is the estimated number of permanent population .

附录2-17 各省(区、市)城镇职工基本养老保险情况(2022年)
Statistics on Basic Endowment Insurance for Urban Workers by Region (2022)

地 区	Region	年末参加城镇职工基本养老保险人数(万人) Participants of Basic Endowment Insurance for Urban Workers at Year-end (10000 persons)			基金收支情况(亿元) Revenue and Expenses (100 million yuan)		
			职 工 Number of Workers	离退休人员 Number of Retirees	基金收入 Revenue	基金支出 Expenses	累计结余 Balance at Year-end
全 国	**National Total**	**50355.0**	**36711.0**	**13644.0**	**63323.8**	**59034.7**	**56889.6**
北 京	Beijing	1867.8	1539.6	328.2	3435.8	2341.8	7286.0
天 津	Tianjin	800.1	556.4	243.6	1225.0	1257.5	355.2
河 北	**Hebei**	**1867.7**	**1364.4**	**503.3**	**2293.8**	**2319.9**	**615.2**
山 西	Shanxi	1065.8	751.2	314.7	1413.0	1480.9	1525.2
内蒙古	Inner Mongolia	895.2	559.8	335.3	1248.3	1454.1	350.1
辽 宁	Liaoning	2114.4	1240.6	873.9	2761.0	3513.5	234.8
吉 林	Jilin	941.1	535.3	405.8	1216.2	1544.1	260.5
黑龙江	Heilongjiang	1507.3	851.1	656.2	1851.8	2492.9	-102.1
上 海	Shanghai	1659.4	1123.7	535.6	3705.5	3470.4	1427.8
江 苏	Jiangsu	3690.3	2639.0	1051.3	4846.9	4206.2	4878.0
浙 江	Zhejiang	3472.8	2525.3	947.5	3796.8	3952.0	1882.8
安 徽	Anhui	1580.9	1183.0	397.9	1883.8	1547.7	2349.3
福 建	Fujian	1673.8	1442.4	231.4	1220.7	1014.8	831.9
江 西	Jiangxi	1362.0	976.9	385.1	1389.9	1379.2	878.3
山 东	Shandong	3333.6	2511.0	822.6	3558.8	3662.2	1320.8
河 南	Henan	2484.9	1919.9	565.0	2292.0	2193.8	1310.4
湖 北	Hubei	1959.7	1318.8	640.9	2549.7	2710.7	958.8
湖 南	Hunan	1892.9	1352.3	540.6	2019.5	2003.5	1862.6
广 东	Guangdong	5229.2	4431.9	797.3	6419.7	3649.0	15722.7
广 西	Guangxi	1032.6	746.0	286.6	1313.1	1222.0	768.9
海 南	Hainan	352.8	274.0	78.8	428.7	332.3	381.9
重 庆	Chongqing	1431.8	980.1	451.7	1688.2	1495.7	1507.3
四 川	Sichuan	3327.2	2320.7	1006.6	3701.9	3441.1	3881.0
贵 州	Guizhou	770.1	598.9	171.2	928.6	749.6	1145.0
云 南	Yunnan	807.0	611.1	195.9	1153.9	939.0	1688.7
西 藏	Tibet	61.9	50.8	11.1	171.5	132.9	238.5
陕 西	Shaanxi	1285.4	991.7	293.7	1696.2	1487.0	1001.7
甘 肃	Gansu	517.6	343.1	174.5	718.2	792.7	343.4
青 海	Qinghai	175.8	124.0	51.9	291.0	318.0	22.1
宁 夏	Ningxia	283.8	210.6	73.2	347.7	331.8	246.7
新 疆	Xinjiang	816.9	581.5	235.4	1407.8	1225.5	1624.0
不分地区	Not Classified by Region	93.4	56.0	37.4	348.8	372.8	92.2

注：“不分地区”数据包括中央国家机关事业单位、中国人民银行、中国农业发展银行和中央调剂金账户。

a) Data in the category of "Not Classified by Region" include data from the Central government organs and institutions, People's Bank of China, Agricultural Development Bank of China and Central Allocation System account.

附录2-18　各省(区、市)城乡居民基本养老保险情况(2022年)
Statistics on Basic Endowment Insurance for Urban and Rural Residents by Region (2022)

地区	Region	参保人数(万人) Participants at Year-end (10000 persons)	#实际领取待遇人数 Number of People Actual Received Pension	基金收支情况(亿元) Revenue and Expenses (100 million yuan) 基金收入 Revenue	基金支出 Expenses	累计结余 Balance at Year-end
全　国	**National Total**	**54952.3**	**16464.2**	**5609.3**	**4044.3**	**12961.7**
北　京	Beijing	188.3	61.5	101.4	107.0	174.3
天　津	Tianjin	171.6	84.6	47.0	52.4	317.7
河　北	**Hebei**	**3568.5**	**1123.7**	**248.5**	**187.5**	**637.2**
山　西	Shanxi	1628.2	422.2	159.4	81.4	396.7
内蒙古	Inner Mongolia	798.7	256.3	84.6	67.6	166.0
辽　宁	Liaoning	1041.3	434.1	84.4	79.3	98.1
吉　林	Jilin	946.7	283.5	50.9	45.2	105.1
黑龙江	Heilongjiang	889.2	231.8	65.0	49.4	152.3
上　海	Shanghai	73.1	52.2	97.5	97.2	91.8
江　苏	Jiangsu	2340.7	1110.0	548.8	440.0	1002.2
浙　江	Zhejiang	1047.3	547.5	343.7	284.7	413.4
安　徽	Anhui	3465.8	962.5	389.5	183.6	932.1
福　建	Fujian	1598.8	506.7	144.9	115.0	291.5
江　西	Jiangxi	2081.0	525.7	161.3	120.5	392.4
山　东	Shandong	4636.2	1623.9	560.3	409.8	1656.6
河　南	Henan	5296.0	1448.4	335.6	239.2	836.0
湖　北	Hubei	2600.5	796.0	293.8	166.4	653.2
湖　南	Hunan	3421.5	880.0	248.8	162.9	579.3
广　东	Guangdong	2764.3	869.5	366.4	293.4	579.4
广　西	Guangxi	2671.8	592.8	145.1	109.3	312.3
海　南	Hainan	336.4	82.6	35.9	24.1	142.5
重　庆	Chongqing	1140.3	331.2	96.2	64.1	223.9
四　川	Sichuan	3185.3	1065.4	390.3	243.8	932.0
贵　州	Guizhou	1935.5	474.8	107.8	77.2	217.9
云　南	Yunnan	2479.7	566.6	152.3	104.3	601.9
西　藏	Tibet	174.8	27.3	12.8	8.6	43.4
陕　西	Shaanxi	1822.6	558.5	146.5	114.8	372.5
甘　肃	Gansu	1386.6	331.1	95.7	59.1	334.5
青　海	Qinghai	263.0	43.7	22.7	13.3	75.4
宁　夏	Ningxia	235.9	45.2	20.0	13.5	57.7
新　疆	Xinjiang	762.8	124.9	52.5	29.9	172.5

附录2-19　各省(区、市)城市设施水平(2022年)
Level of Public Facilities in Cities by Region (2022)

地 区	Region	城市用水普及率(%) Coverage of Urban Population with Access to Tap Water (%)	城市燃气普及率(%) Coverage of Urban Population with Access to Gas (%)	每万人拥有公共汽电车辆(标台) Public Buses and Trolley Buses per 10000 Population (unit)	人均城市道路面积(平方米) Per Capita Area of Paved Roads (sq.m)	人均公园绿地面积(平方米) Per Capita Public Green Area (sq.m)	每万人拥有公共厕所(座) Number of Public Lavatories per 10000 Population (unit)
全 国	**National Total**	**99.39**	**98.06**	**14.06**	**19.28**	**15.29**	**3.43**
北 京	Beijing	99.81	100.00	16.34	8.04	16.63	3.36
天 津	Tianjin	100.00	100.00	11.25	16.11	9.98	3.93
河 北	**Hebei**	**100.00**	**99.55**	**17.58**	**21.20**	**15.35**	**4.12**
山 西	Shanxi	98.66	97.56	13.96	18.71	13.72	3.46
内蒙古	Inner Mongolia	99.70	97.96	12.87	24.57	19.47	7.43
辽 宁	Liaoning	98.99	97.73	11.52	19.37	13.39	2.45
吉 林	Jilin	96.46	96.54	11.23	17.15	14.45	4.01
黑龙江	Heilongjiang	99.10	93.22	16.78	16.63	14.04	4.35
上 海	Shanghai	100.00	100.00	8.84	5.00	9.28	2.53
江 苏	Jiangsu	100.00	99.92	16.51	25.66	16.02	3.95
浙 江	Zhejiang	100.00	99.97	14.87	19.60	13.79	3.13
安 徽	Anhui	99.76	99.42	16.02	24.57	16.98	3.63
福 建	Fujian	99.97	99.67	15.11	21.96	15.28	4.59
江 西	Jiangxi	99.37	98.82	14.06	25.92	17.01	4.97
山 东	Shandong	99.92	99.47	17.71	26.45	18.18	2.61
河 南	Henan	99.30	98.21	13.96	16.86	15.60	4.44
湖 北	Hubei	99.93	99.50	12.24	19.67	15.38	3.24
湖 南	Hunan	99.01	97.70	19.11	20.35	13.06	2.67
广 东	Guangdong	99.74	98.61	11.21	15.02	17.95	2.05
广 西	Guangxi	99.91	99.44	11.56	24.40	11.67	2.28
海 南	Hainan	99.95	99.53	15.21	25.27	12.23	4.43
重 庆	Chongqing	98.57	98.82	10.82	16.64	17.63	3.09
四 川	Sichuan	97.18	96.55	12.30	18.28	13.99	3.06
贵 州	Guizhou	98.88	93.26	14.25	26.69	16.41	4.74
云 南	Yunnan	99.01	71.75	15.48	17.40	13.94	6.03
西 藏	Tibet	99.70	74.26	8.99	22.03	16.23	9.35
陕 西	Shaanxi	98.25	99.03	15.23	18.11	13.15	4.65
甘 肃	Gansu	99.50	96.93	16.59	22.21	16.36	4.52
青 海	Qinghai	99.57	94.72	19.34	19.58	13.24	3.90
宁 夏	Ningxia	99.99	98.48	17.33	28.00	22.84	3.06
新 疆	Xinjiang	99.49	98.63	14.07	23.86	16.23	2.80

注：1.人均和普及率指标按城区人口与暂住人口之和计算，以公安部门的户籍统计和暂住人口统计为准。
2.2021年起，每万人拥有公共汽电车辆统计范围为城市和县城。

a) Per capita data and coverage rate are calculated on the basis of the sum of urban population and temporarily residing population from the registration of the Ministry of Public Security.

b) Since 2021, the statistical range of public buses and trolley buses per 10000 population is cities and counties.

附录2-20 各省(区、市)城市基本情况(2022年)

地 区	Region	全部地级及以上城市数(个) Number of Cities at Prefecture Level and Above (unit)	城区面积(平方公里) Urban Area (sq.km)	建成区面积(平方公里) Area of Built Districts (sq.km)	城市人口密度(人/平方公里) Population Density of Urban Area (person/sq.km)	年末供水综合生产能力(万立方米/日) Production Capacity of Tap Water Supply (year-end) (10000 cu.m/day)	年末供水管道长度(公里) Length of Water Supply Pipelines (year-end) (km)
全部地级及以上城市	**Total Cities at Prefecture Level and Above**	**297**	**191216.8**	**63676.4**	**2854**	**31510.4**	**1102976**
北 京	Beijing	1				702.7	19553
天 津	Tianjin	1	2653.4	1264.5	4372	505.6	22574
河 北	**Hebei**	**11**	**6364.0**	**2267.0**	**3150**	**788.5**	**23616**
山 西	Shanxi	11	3320.8	1295.1	3855	397.5	16214
内蒙古	Inner Mongolia	9	4674.9	1272.8	2002	450.5	13515
辽 宁	Liaoning	14	13067.8	2815.0	1792	1364.3	40736
吉 林	Jilin	8	5720.8	1580.0	2097	657.2	16705
黑龙江	Heilongjiang	12	2567.9	1802.6	5361	595.3	24939
上 海	Shanghai	1	6340.5	1242.0	3905	1229.0	40018
江 苏	Jiangsu	13	17190.2	4916.2	2156	3653.3	130938
浙 江	Zhejiang	11	13885.4	3427.0	2344	2131.7	105238
安 徽	Anhui	16	7125.6	2500.3	2744	1143.6	35916
福 建	Fujian	9	4325.7	1877.5	3492	958.6	34397
江 西	Jiangxi	11	3337.7	1789.5	3647	715.7	31992
山 东	Shandong	16	24105.9	5713.0	1724	1986.5	61343
河 南	Henan	17	6383.8	3521.1	4480	1322.5	31893
湖 北	Hubei	12	7964.7	2866.2	3056	1610.5	56312
湖 南	Hunan	13	4110.8	2105.0	4717	1056.6	41225
广 东	Guangdong	21	17126.6	6575.3	3856	3979.2	150033
广 西	Guangxi	14	5394.9	1809.5	2473	776.3	26593
海 南	Hainan	4	1340.0	419.3	2487	207.0	8128
重 庆	Chongqing	1	7781.3	1640.8	2079	794.5	26938
四 川	Sichuan	18	8708.0	3411.8	3670	1368.0	58293
贵 州	Guizhou	6	4356.0	1194.8	2092	474.5	24379
云 南	Yunnan	8	3276.4	1287.8	3290	514.0	18491
西 藏	Tibet	6	632.6	170.7	1516	68.7	1884
陕 西	Shaanxi	10	2700.9	1553.5	5321	645.8	12795
甘 肃	Gansu	12	2120.8	968.1	3223	374.5	7247
青 海	Qinghai	2	738.9	250.1	2893	139.3	3584
宁 夏	Ningxia	5	954.4	485.7	3103	275.1	3504
新 疆	Xinjiang	4	2946.3	1654.6	3282	624.0	13982

注：1.本表为公安部的户籍人口数。
2.公园绿地面积包括综合公园、社区公园、专类公园、带状公园和街旁绿地。
3.北京市数据暂缺，全国数据不包含北京市数据。

Basic Conditions of City by Region (2022)

用水人口（万人） Population with Access to Tap Water (10000 persons)	年末实有道路长度（公里） Length of Paved Roads (year-end) (km)	城市排水管道长度（公里） Length of City Sewage Pipes (km)	城市污水日处理能力（万立方米） Daily Disposal Capacity of City Sewage (10000 cu.m)	公共汽电车运营车数（辆） Number of Buses and Trolley Buses in Operation (unit)	出租汽车（辆） Number of Taxis (unit)	城市绿地面积（公顷） Area of Green Land (hectare)	建成区绿化覆盖率（%） Green Covered Area as % of Completed Area (%)	生活垃圾清运量（万吨） Volume of Garbage Disposal (10000 tons)	市容环卫专用车辆设备总数（台） Number of Special Vehicles for Environmental Sanitation (unit)
56141.8	**552163**	**913508**	**22605.0**	**703165**	**1362041**	**3586020**	**43.0**	**24444.7**	**341628**
1909.2	8681	20137	733.5	23465	70230	93558	49.8	740.6	12159
1160.1	9669	23910	348.7	11653	31779	47713	38.4	309.1	5475
2004.4	**19753**	**23531**	**715.2**	**32517**	**70273**	**100563**	**43.8**	**749.0**	**13600**
1262.9	10191	14644	371.0	15802	41550	58288	44.0	466.7	6931
932.9	11311	15457	246.2	11498	67965	71573	41.9	348.6	6856
2318.7	24900	25589	1122.9	22596	91577	150462	40.9	994.4	13741
1157.1	11538	14137	459.2	12048	67876	99451	42.7	435.7	9056
1364.4	14388	13120	474.8	19867	97955	74527	38.0	507.9	11382
2475.9	5988	22289	896.8	17305	27515	172647	38.1	890.1	10054
3706.3	54234	94107	1881.6	53419	52937	319725	44.1	1958.7	25137
3254.2	32946	64373	1359.1	45767	44092	189757	42.1	1553.5	13526
1950.7	20372	37867	851.0	27785	55205	132363	45.3	745.4	12107
1510.2	16812	23723	604.0	20950	20998	91088	44.1	874.5	9182
1209.6	14797	23120	460.9	15863	17174	80560	46.6	527.7	12168
4153.5	53808	74568	1498.8	66610	69990	280650	43.8	1724.0	22803
2839.9	19532	34497	1045.3	35869	63465	135170	40.3	1087.9	19947
2432.3	23970	39303	1030.6	25776	43980	117985	42.9	1032.6	15201
1919.7	18907	26431	874.5	33266	35481	99439	42.3	860.8	7933
6586.6	58666	140221	2971.3	66145	51668	539604	44.6	3280.6	31110
1332.9	15822	22537	874.9	14376	20366	81236	42.2	601.4	13044
333.1	5236	7611	138.1	4887	6278	19683	42.4	264.8	12467
1594.4	12531	25504	463.9	15131	24679	76584	44.6	678.8	4886
3106.0	29333	49484	1040.9	34010	45792	143459	43.5	1259.2	15227
901.3	14084	15035	409.3	11271	46196	100487	42.1	415.9	5974
1067.1	9417	19461	387.8	16376	31356	63270	43.1	538.1	6544
95.6	1126	999	33.2	884	2380	6858	40.8	62.2	1564
1412.1	11032	14757	573.1	18681	38580	80269	42.6	654.9	5877
680.0	7213	8980	221.0	10222	38874	32834	36.2	266.3	6021
212.8	1671	3778	62.9	3751	14127	9160	36.5	117.7	1048
296.1	3010	2454	139.8	4400	16469	26418	42.2	117.2	2771
961.9	11226	11887	315.2	10975	55234	90639	41.4	380.4	7837

a) Population at year-end refer to population by household registration from the Ministry of Public Security.
b) Area of park green areas includes comprehensive park, community park, theme park, belt-shaped park and green area nearby street.
c) Due to the temporary shortage of Beijing data, the national data exclude Beijing data.

附录2-21 各省(区、市)分性别人口(第七次人口普查)
Population by Sex and Region (Seventh National Population Census)

地 区	Region	人口数(万人) Population (10000 persons)			比重(%) Proportion (%)		性别比 (女=100)
		合计 Total	男 Male	女 Female	男 Male	女 Female	Sex Ratio (Female=100)
总 计	**Total**	**141178**	**72334**	**68844**	**51.24**	**48.76**	**105.07**
北 京	Beijing	2189	1120	1070	51.14	48.86	104.65
天 津	Tianjin	1387	714	672	51.53	48.47	106.31
河 北	**Hebei**	**7461**	**3768**	**3693**	**50.50**	**49.50**	**102.02**
山 西	Shanxi	3492	1781	1711	50.99	49.01	104.06
内蒙古	Inner Mongolia	2405	1228	1177	51.04	48.96	104.26
辽 宁	Liaoning	4259	2126	2133	49.92	50.08	99.70
吉 林	Jilin	2407	1202	1206	49.92	50.08	99.69
黑龙江	Heilongjiang	3185	1595	1590	50.09	49.91	100.35
上 海	Shanghai	2487	1288	1200	51.77	48.23	107.33
江 苏	Jiangsu	8475	4303	4172	50.78	49.22	103.15
浙 江	Zhejiang	6457	3368	3089	52.16	47.84	109.04
安 徽	Anhui	6103	3110	2992	50.97	49.03	103.94
福 建	Fujian	4154	2147	2007	51.68	48.32	106.94
江 西	Jiangxi	4519	2332	2187	51.60	48.40	106.62
山 东	Shandong	10153	5143	5009	50.66	49.34	102.67
河 南	Henan	9937	4983	4953	50.15	49.85	100.60
湖 北	Hubei	5775	2969	2806	51.42	48.58	105.83
湖 南	Hunan	6644	3400	3245	51.16	48.84	104.77
广 东	Guangdong	12601	6687	5914	53.07	46.93	113.08
广 西	Guangxi	5013	2592	2421	51.70	48.30	107.04
海 南	Hainan	1008	535	474	53.02	46.98	112.86
重 庆	Chongqing	3205	1620	1585	50.55	49.45	102.21
四 川	Sichuan	8367	4229	4139	50.54	49.46	102.19
贵 州	Guizhou	3856	1971	1886	51.10	48.90	104.50
云 南	Yunnan	4721	2442	2279	51.73	48.27	107.16
西 藏	Tibet	365	191	173	52.45	47.55	110.32
陕 西	Shaanxi	3953	2023	1930	51.17	48.83	104.79
甘 肃	Gansu	2502	1270	1232	50.76	49.24	103.10
青 海	Qinghai	592	303	289	51.21	48.79	104.97
宁 夏	Ningxia	720	367	353	50.94	49.06	103.83
新 疆	Xinjiang	2585	1335	1250	51.66	48.34	106.85

注：全国总计人口为大陆31个省、自治区、直辖市人口和现役军人的合计(以下相关表同)。

a) The total population is the mainland total of the population of 31 provinces, autonomous regions and municipalities and of servicemen. The same applies to the relevant tables following.

附录2-22 各省(区、市)分户别人口(第七次人口普查)

Population by Household Types and Region (Seventh National Population Census)

地 区	Region	人口数(万人) Population (10000 persons)	家庭户 Family Households		集体户人口数(万人) Population of Collective Households (10000 persons)	家庭户人口比重(%) Proportion of Family Households Population (%)	平均家庭户规模(人/户) Average Size of Family Households (person/household)
			户数(万户) Family Households (10000 households)	人口数(万人) Population (10000 persons)			
总 计	**Total**	**141178**	**49416**	**129281**	**11897**	**91.57**	**2.62**
北 京	Beijing	2189	823	1901	288	86.85	2.31
天 津	Tianjin	1387	487	1167	220	84.15	2.40
河 北	**Hebei**	**7461**	**2543**	**6987**	**474**	**93.65**	**2.75**
山 西	Shanxi	3492	1275	3214	278	92.05	2.52
内蒙古	Inner Mongolia	2405	948	2230	175	92.71	2.35
辽 宁	Liaoning	4259	1747	3991	268	93.72	2.29
吉 林	Jilin	2407	943	2210	197	91.82	2.34
黑龙江	Heilongjiang	3185	1302	2893	292	90.85	2.22
上 海	Shanghai	2487	964	2235	252	89.85	2.32
江 苏	Jiangsu	8475	2991	7764	710	91.62	2.60
浙 江	Zhejiang	6457	2501	5883	574	91.12	2.35
安 徽	Anhui	6103	2191	5727	376	93.85	2.61
福 建	Fujian	4154	1437	3846	308	92.59	2.68
江 西	Jiangxi	4519	1407	4133	386	91.46	2.94
山 东	Shandong	10153	3518	9487	666	93.44	2.70
河 南	Henan	9937	3178	9074	862	91.32	2.86
湖 北	Hubei	5775	1993	5277	498	91.38	2.65
湖 南	Hunan	6644	2288	6112	532	91.99	2.67
广 东	Guangdong	12601	4247	11167	1434	88.62	2.63
广 西	Guangxi	5013	1622	4650	363	92.76	2.87
海 南	Hainan	1008	296	906	102	89.88	3.06
重 庆	Chongqing	3205	1204	2948	258	91.96	2.45
四 川	Sichuan	8367	3076	7709	658	92.13	2.51
贵 州	Guizhou	3856	1270	3572	284	92.63	2.81
云 南	Yunnan	4721	1515	4370	351	92.56	2.88
西 藏	Tibet	365	101	324	41	88.74	3.19
陕 西	Shaanxi	3953	1421	3598	355	91.01	2.53
甘 肃	Gansu	2502	842	2335	167	93.31	2.77
青 海	Qinghai	592	197	549	43	92.74	2.79
宁 夏	Ningxia	720	254	671	49	93.15	2.65
新 疆	Xinjiang	2585	835	2350	236	90.89	2.81

附录2-23 各省(区、市)人口年龄构成(第七次人口普查)
Age Composition by Region (Seventh National Population Census)

地 区	Region	人口数(万人) Population (10000 persons)	年龄别人口(万人) Population by Age Group (10000 persons)			比 重(%) Proportion (%)		
			0-14	15-64	65+	0-14	15-64	65+
总 计	**Total**	**141178**	**25338**	**96776**	**19064**	**17.95**	**68.55**	**13.50**
北 京	Beijing	2189	259	1639	291	11.84	74.86	13.30
天 津	Tianjin	1387	187	995	205	13.47	71.77	14.75
河 北	**Hebei**	**7461**	**1509**	**4913**	**1039**	**20.22**	**65.85**	**13.92**
山 西	Shanxi	3492	571	2470	450	16.35	70.74	12.90
内蒙古	Inner Mongolia	2405	338	1753	314	14.04	72.90	13.05
辽 宁	Liaoning	4259	474	3044	742	11.12	71.46	17.42
吉 林	Jilin	2407	282	1750	376	11.71	72.68	15.61
黑龙江	Heilongjiang	3185	329	2359	497	10.32	74.07	15.61
上 海	Shanghai	2487	244	1839	405	9.80	73.92	16.28
江 苏	Jiangsu	8475	1289	5813	1373	15.21	68.59	16.20
浙 江	Zhejiang	6457	868	4732	857	13.45	73.29	13.27
安 徽	Anhui	6103	1174	4013	916	19.24	65.75	15.01
福 建	Fujian	4154	803	2890	461	19.32	69.58	11.10
江 西	Jiangxi	4519	992	2990	537	21.96	66.16	11.89
山 东	Shandong	10153	1906	6710	1536	18.78	66.09	15.13
河 南	Henan	9937	2299	6297	1340	23.14	63.38	13.49
湖 北	Hubei	5775	942	3991	842	16.31	69.10	14.59
湖 南	Hunan	6644	1297	4363	984	19.52	65.67	14.81
广 东	Guangdong	12601	2375	9145	1081	18.85	72.57	8.58
广 西	Guangxi	5013	1184	3217	611	23.63	64.18	12.20
海 南	Hainan	1008	201	702	105	19.97	69.59	10.43
重 庆	Chongqing	3205	510	2148	547	15.91	67.02	17.08
四 川	Sichuan	8367	1347	5604	1417	16.10	66.97	16.93
贵 州	Guizhou	3856	924	2486	446	23.97	64.48	11.56
云 南	Yunnan	4721	924	3290	507	19.57	69.69	10.75
西 藏	Tibet	365	89	255	21	24.53	69.80	5.67
陕 西	Shaanxi	3953	685	2741	527	17.33	69.34	13.32
甘 肃	Gansu	2502	485	1702	315	19.40	68.02	12.58
青 海	Qinghai	592	123	418	51	20.81	70.51	8.68
宁 夏	Ningxia	720	147	504	69	20.38	70.00	9.62
新 疆	Xinjiang	2585	581	1804	201	22.46	69.78	7.76

附录2-24 各省(区、市)受教育程度人口(第七次人口普查)
Population by Education Attainment and Region (Seventh National Population Census)

单位：万人 (10000 persons)

地区	Region	人口数 Population	大专及以上 Junior College and Above	高中(含中专) Senior Secondary School (Including Secondary Technical School)	初中 Junior Secondary School	小学 Primary School
总计	**Total**	**141178**	**21836**	**21301**	**48716**	**34966**
北京	Beijing	2189	919	385	510	230
天津	Tianjin	1387	374	246	448	224
河北	**Hebei**	**7461**	**926**	**1034**	**2981**	**1840**
山西	Shanxi	3492	606	576	1360	681
内蒙古	Inner Mongolia	2405	449	356	814	568
辽宁	Liaoning	4259	776	625	1823	804
吉林	Jilin	2407	403	411	920	537
黑龙江	Heilongjiang	3185	471	494	1363	696
上海	Shanghai	2487	842	473	720	297
江苏	Jiangsu	8475	1582	1372	2823	1927
浙江	Zhejiang	6457	1097	940	2112	1704
安徽	Anhui	6103	810	811	2058	1640
福建	Fujian	4154	588	590	1338	1164
江西	Jiangxi	4519	538	684	1604	1243
山东	Shandong	10153	1460	1455	3632	2405
河南	Henan	9937	1167	1514	3728	2440
湖北	Hubei	5775	895	1006	1980	1358
湖南	Hunan	6644	813	1181	2368	1675
广东	Guangdong	12601	1978	2297	4471	2605
广西	Guangxi	5013	542	650	1824	1396
海南	Hainan	1008	140	157	405	199
重庆	Chongqing	3205	494	511	980	958
四川	Sichuan	8367	1110	1113	2631	2620
贵州	Guizhou	3856	422	384	1175	1231
云南	Yunnan	4721	548	488	1380	1684
西藏	Tibet	365	40	26	57	117
陕西	Shaanxi	3953	727	616	1343	857
甘肃	Gansu	2502	363	324	686	746
青海	Qinghai	592	88	63	144	194
宁夏	Ningxia	720	125	97	214	188
新疆	Xinjiang	2585	427	341	816	734

附录2-25 各省(区、市)家庭户规模比较
Comparison of Household Size of the Provinces (Autonomous Regions, Municipalities)

地 区	Region	2020		2010		2000	
		家庭户户数(万户) Family Households (10000 households)	平均家庭户规模(人/户) Average Size of Family Households (person/household)	家庭户户数(万户) Family Households (10000 households)	平均家庭户规模(人/户) Average Size of Family Households (person/household)	家庭户户数(万户) Family Households (10000 households)	平均家庭户规模(人/户) Average Size of Family Households (person/household)
总 计	**Total**	**49416**	**2.62**	**40152**	**3.10**	**34837**	**3.44**
北 京	Beijing	823	2.31	668	2.45	418	2.91
天 津	Tianjin	487	2.40	366	2.80	303	3.09
河 北	**Hebei**	**2543**	**2.75**	**2040**	**3.36**	**1822**	**3.57**
山 西	Shanxi	1275	2.52	1033	3.24	882	3.62
内蒙古	Inner Mongolia	948	2.35	818	2.82	696	3.31
辽 宁	Liaoning	1747	2.29	1499	2.78	1306	3.15
吉 林	Jilin	943	2.34	900	2.94	800	3.32
黑龙江	Heilongjiang	1302	2.22	1296	2.85	1119	3.23
上 海	Shanghai	964	2.32	825	2.49	539	2.80
江 苏	Jiangsu	2991	2.60	2439	2.94	2184	3.23
浙 江	Zhejiang	2501	2.35	1885	2.62	1445	2.99
安 徽	Anhui	2191	2.61	1831	3.09	1667	3.51
福 建	Fujian	1437	2.68	1121	2.98	885	3.53
江 西	Jiangxi	1407	2.94	1150	3.67	1052	3.76
山 东	Shandong	3518	2.70	3011	2.98	2701	3.21
河 南	Henan	3178	2.86	2593	3.47	2479	3.65
湖 北	Hubei	1993	2.65	1670	3.16	1592	3.51
湖 南	Hunan	2288	2.67	1863	3.32	1805	3.44
广 东	Guangdong	4247	2.63	2775	3.20	1915	3.69
广 西	Guangxi	1622	2.87	1315	3.34	1141	3.81
海 南	Hainan	296	3.06	222	3.63	184	4.06
重 庆	Chongqing	1204	2.45	974	2.77	929	3.21
四 川	Sichuan	3076	2.51	2580	2.95	2404	3.32
贵 州	Guizhou	1270	2.81	1039	3.24	932	3.71
云 南	Yunnan	1515	2.88	1236	3.53	1100	3.73
西 藏	Tibet	101	3.19	67	4.23	53	4.77
陕 西	Shaanxi	1421	2.53	1072	3.22	959	3.57
甘 肃	Gansu	842	2.77	690	3.49	623	3.97
青 海	Qinghai	197	2.79	153	3.46	126	3.95
宁 夏	Ningxia	254	2.65	184	3.25	144	3.80
新 疆	Xinjiang	835	2.81	640	3.26	503	3.68

附录2-26 各省(区、市)城镇化水平比较
Comparison of Urbanization Levels of the Provinces (Autonomous Regions, Municipalities)

地区	Region	2020		2010		2000	
		城镇人口(人) Urban Population (person)	城镇化水平比重(%) Proportion of Urban Population (%)	城镇人口(人) Urban Population (person)	城镇化水平比重(%) Proportion of Urban Population (%)	城镇人口(人) Urban Population (person)	城镇化水平比重(%) Proportion of Urban Population (%)
总　计	**Total**	**899991162**	**63.89**	**670005546**	**49.68**	**458770983**	**36.22**
北　京	Beijing	19166433	87.56	16858692	85.96	10522464	77.54
天　津	Tianjin	11744440	84.70	10277893	79.55	7089812	71.99
河　北	**Hebei**	**44816486**	**60.07**	**31575328**	**43.94**	**17560097**	**26.08**
山　西	Shanxi	21831494	62.53	17160539	48.05	11431995	34.91
内蒙古	Inner Mongolia	16227475	67.48	13720174	55.50	9958833	42.68
辽　宁	Liaoning	30725976	72.14	27187963	62.10	22966076	54.24
吉　林	Jilin	15079014	62.64	14648199	53.35	13310598	49.68
黑龙江	Heilongjiang	20897694	65.61	21323715	55.56	18672039	51.54
上　海	Shanghai	22209380	89.30	20555098	89.30	14489919	88.31
江　苏	Jiangsu	62242383	73.44	47371488	60.22	30862371	41.49
浙　江	Zhejiang	46598465	72.17	33550209	61.62	22356574	48.67
安　徽	Anhui	35595103	58.33	25577117	43.01	15766389	27.81
福　建	Fujian	28557247	68.75	21061940	57.09	14306812	41.57
江　西	Jiangxi	27310611	60.44	19499960	44.06	11185031	27.67
山　东	Shandong	64014254	63.05	47620727	49.70	34325909	38.00
河　南	Henan	55078554	55.43	36219767	38.50	21385432	23.20
湖　北	Hubei	36320374	62.89	28445085	49.70	24089063	40.22
湖　南	Hunan	39046176	58.76	28453063	43.30	17397837	29.75
广　东	Guangdong	93436072	74.15	69030255	66.18	47432392	55.00
广　西	Guangxi	27170956	54.20	18417843	40.00	12350296	28.15
海　南	Hainan	6075981	60.27	4308516	49.80	3074648	40.11
重　庆	Chongqing	22264028	69.46	15295803	53.02	10095512	33.09
四　川	Sichuan	47465912	56.73	32344428	40.18	22310379	26.69
贵　州	Guizhou	20495946	53.15	11737533	33.81	8445482	23.87
云　南	Yunnan	23628564	50.05	15959072	34.70	9902838	23.36
西　藏	Tibet	1303443	35.73	680589	22.67	508326	18.93
陕　西	Shaanxi	24769730	62.66	17059337	45.76	11368468	32.26
甘　肃	Gansu	13067332	52.23	9191185	35.97	6018417	24.01
青　海	Qinghai	3559363	60.08	2516254	44.72	1559473	34.76
宁　夏	Ningxia	4678654	64.96	3022022	47.90	1780028	32.43
新　疆	Xinjiang	14613622	56.53	9335752	43.01	6247473	33.82

港澳台主要指标

Main Indicators of Hong Kong, Macao and Taiwan

附录3-1 中国香港特别行政区主要社会经济指标

Main Statistical Indicators of Hong Kong Special Administrative Region

指 标	Item	1990	2000	2010	2020	2022
本地生产总值	**Gross Domestic Product (GDP)**					
按2020年环比物量计算①	At 2020 Link Ratios①					
本地生产总值年增长率 (%)	Annual Growth Rate (%)	3.8	7.7	6.8	-6.5	-3.5@
本地生产总值 (亿港元)	GDP (HKD 100 million)	10513	15490	23087	26758	27484@
人均本地生产总值 (港元)	Per Capita GDP (HKD)	184290	232404	328675	357679	374135@
按当年价格计算	At Current Prices					
本地生产总值年增长率 (%)	Annual Growth Rate (%)	11.7	4.0	7.1	-5.9	-1.4@
本地生产总值 (亿港元)	GDP (HKD 100 million)	5993	13375	17763	26758	28270@
人均本地生产总值 (港元)	Per Capita GDP (HKD)	105050	200675	252887	357679	384831@
人口及生命统计	**Population and Vital Events**					
年中人口 (万人)	Mid-year Population (10000 persons)	570.4	666.5	702.4	748.1	734.6
粗出生率 (‰)	Crude Birth Rate (‰)	12.0	8.1	12.6	5.8	4.4
粗死亡率 (‰)	Crude Death Rate (‰)	5.2	5.1	6.0	6.8	8.4
劳动、就业	**Labor and Employment**					
劳动人口 (万人)	Labor Force (10000 persons)	274.8	337.4	363.1	391.8	377.6
劳动人口参与率 (%)	Labor Force Participation Rate (%)	63.2	61.4	59.6	59.7	58.2
失业率 (%)	Unemployment Rate (%)	1.3	4.9	4.3	5.8	4.3
政府收支、货币、金融（亿港元）	**Public Accounts, Money and Finance (HKD 100 million)**					
政府收入总额②	Total Government Revenue ②	895	2251	3765	5642	6222
政府支出总额②	Total Government Expenditure ②	856	2329	3014	8160	8105
货币供应量M3	Money Supply M3	12880	36928	71563	156440	165689
居民消费物价指数③	**Consumer Price Index③**					
(2019年10月至2020年9月=100)	(Oct. 2019 to Sep. 2020 = 100)					
综合消费物价指数	Composite Consumer Price Index	42.1	70.9	74.0	99.9	103.3
工业生产	**Industrial Production**					
工业生产指数④ (2015年=100)	Index of Industrial Production④ (year of 2015=100)			101.9	95.8	101.2
工业电力消费量 (太焦耳)	Industrial Electricity Consumption (tera joules)	24934	17769	11080	10672	11087
工业煤气消费量 (太焦耳)	Industrial Gas Consumption (tera joules)	583	982	917	1653	1704
运输、旅游	**Transport and Tourism**					
进出香港的货物	Goods in and out of Hong Kong					
总卸下 (万吨)	Total disburden (10000 tons)	6076	13035	17282	18380	12904
总装上 (万吨)	Total laden (10000 tons)	2997	8692	12882	8900	7637
集装箱吞吐量⑤ (万标准集装箱单位)	Volume of Containers Handled⑤ (10000 TEUs)	510	1810	2370	1797	1669
访港旅客⑥ (万人次)	Visitor Arrivals⑥ (10000 person-times)	658	1306	3603	357	60
酒店入住率 (%)	Hotel Room Occupancy Rate (%)	79	83	87	46	66
对外商品贸易	**External Merchandise Trade**					
港产品出口 (亿港元)	Domestic Exports (HKD 100 million)	2259	1810	695	474	626
转口 (亿港元)	Re-exports (HKD 100 million)	4140	13917	29615	38801	44690
进口 (亿港元)	Imports (HKD 100 million)	6425	16580	33648	42698	49275
教育	**Education**					
小学学生人数⑦ (人)	Student Enrolment in Primary Schools⑦ (person)	531090	498175	334415	368255	337549
中学学生人数⑦⑧ (人)	Student Enrolment in Secondary Schools⑦⑧ (person)	481830	490039	486817	343478	334677

注：本表数据由香港特别行政区政府统计处提供，国家统计局整理编辑。

@数字将于日后进行修订。

1.以环比物量计算的本地生产总值及其组成部分的参照年为2020年。

2.财政年度数字。指当年4月1日至第二年3月31日。

3.2019年10月起的消费物价指数是根据2019/20年住户开支统计调查所得的开支权数编制。较早的指数则是根据旧的开支权数而经过按比例换算与新基期的指数拼接。

4.自2005年统计年度开始，所有工业生产指数均按《香港标准行业分类2.0版》编制。

5.1998年起，采用一系列新的集装箱吞吐量数字，与1998年以前的数字不可比。

6.1996年及以后的数字包括澳门访港的非澳门居民旅客人数。

7.数字包括特殊学校的学生人数。

8.数字亦包括夜校、技工级课程及毅进文凭课程的学生人数。

Notes: Data in this table are provided by the Census and Statistics Department of the Government of Hong Kong Special Administrative Region, and further prepared and edited by the National Bureau of Statistics.

@Figures are subject to revision as more data become available.

1.The chain volume measures of GDP and its components have been re-referenced by 2020.

2.Figures are as at end of the financial year. Financial year is from 1 April to 31 March of the next year, unless otherwise specified.

3.The CPI from October 2019 is compiled based on the expenditure weights obtained from the 2019 / 20 household expenditure survey. The earlier indices are based on the old expenditure weights and split joint by converted in proportion to the indices of the new base period.

4.Since 2005, all indices of industrial production are compiled based on the Hong Kong Standard Industrial Classification (HSIC) Version 2.0.

5.Since 1998, new figures of container throughput are adopted, and therefore not comparable with the previous years.

6.Figures of 1996 and after include arrival of non-Macao residents via Macao.

7.Figures include students enrolled in special schools.

8.Figures include students enrolled in night schools, technician level courses, and Yi Jin diploma courses.

附录3-2 中国澳门特别行政区主要社会经济指标
Main Statistical Indicators of Macao Special Administrative Region

指标	Item	1990	2000	2010	2020	2022
本地生产总值①	**Gross Domestic Product① (GDP)**					
以2020年环比物量计算	At 2020 Link Ratios					
本地生产总值实际增长率（支出法） (%)	Real Growth Rate of GDP by Expenditure (%)	8.0	5.7	25.1	-54.2	-26.8
本地生产总值 (亿澳门元)	GDP (100 million MOP)	914.4	1190.2	3465.5	2034.0	1776.7
人均本地生产总值(万澳门元)	Per Capita GDP (10000 MOP)	27.3	27.6	64.5	29.9	26.2
按当年价格计算	At Current Prices					
本地生产总值名义增长率（支出法） (%)	Nominal Growth Rate of GDP by Expenditure (%)	19.8	3.9	31.1	-54.3	-26.5
本地生产总值 (亿澳门元)	GDP (100 million MOP)	260.4	543.7	2260.0	2034.0	1772.7
人均本地生产总值(万澳门元)	Per Capita GDP (10000 MOP)	7.8	12.6	42.1	29.9	26.1
人口及生命统计	**Population and Vital Events**					
年中人口 (万人)	Mid-year Estimates of Population (10000 persons)	33.5	43.1	53.7	68.5	67.7
出生率 (‰)	Crude Birth Rate (‰)	20.5	8.9	9.5	8.1	6.4
死亡率 (‰)	Crude Death Rate (‰)	4.4	3.1	3.3	3.3	4.4
劳动、就业	**Labor**					
劳动人口 (万人)	Labor Force (10000 persons)	16.9	20.9	32.4	40.5	37.9
失业率 (%)	Unemployment Rate (%)	3.2	6.8	2.8	2.5	3.7
对外商品贸易	**External Trade**					
出口 (亿澳门元)	Exports (100 million MOP)	136.4	203.8	69.6	108.1	135.2
本地产品出口 (亿澳门元)	Domestic Exports (100 million MOP)		170.8	23.9	15.6	20.2
转口 (亿澳门元)	Re-exports (100 million MOP)		33.0	45.7	92.5	115.0
进口 (亿澳门元)	Imports (100 million MOP)	123.4	181.0	441.2	925.6	1398.1
工业生产	**Industrial Production**					
工业电力消耗量 (亿千瓦小时)	Industrial Electricity Consumption (100 million kW·h)		1.5	1.5	1.4	1.5
运输、旅游	**Transport and Tourism**					
进出澳门货运车辆数目 (万次)	Lorries Entering and Departing Macao (10000 times)	26.4	45.4	35.8	29.8	34.2
访澳旅客② (万人次)	Visitor Arrivals② (10000 person-times)		832.3	2496.5	589.7	570.0
酒店入住率 (%)	Hotel Room Occupancy Rate (%)	69	58	80	29	38
政府收支、货币、金融	**Government Accounts, Money and Finance**					
政府总收入① (亿澳门元)	Total Government Revenue① (100 million MOP)	60.2	153.4	884.9	1016.7	1044.9
政府总开支① (亿澳门元)	Total Government Expenditure① (100 million MOP)	55.1	150.2	383.9	961.3	995.9
货币供应（广义货币供应量M2） (亿澳门元)	Money Supply (M2) (100 million MOP)	307.5	849.2	2430.5	6923.6	7178.6
消费价格指数	**Consumer Price Index**					
(2018年4月至2019年3月=100)	(Apr.2018 to Mar.2019= 100)					
综合消费价格指数	Composite Consumer Price Index		56.90	70.66	102.60	103.70
教育③	**Education③**					
小学生 (人)	Students in Primary Education (person)	35514	46260	23785	35450	37854
中学生 (人)	Students in Secondary Education (person)	18283	39673	37224	27627	30274
高等教育学生 (人)	Students in Higher Education (person)	8864	9000	25539	39093	49594

注：本表数据由澳门特别行政区政府统计暨普查局提供，国家统计局整理编辑。

1.数字在日后得到更多资料时会作出修订。

2.自2008年开始，访澳旅客不包括外地雇员及学生等。

3.不包括特殊教育学生。第n年的学生人数是指n/n+1学年年底学生人数。2007/2008学年起不包括回归教育学生人数；2010/2011学年起为注册学生人数。

Notes: Data in this table are provided by the Statistics and Census Services of the Government of Macao Special Administrative Region, and further prepared and edited by the National Bureau of Statistics.

1.Figures are subject to revision as more data become available.

2.Starting from 2008, foreign employees and students are not included in Macao Visitor arrivals.

3.Special education students are not included. The number of students in year n refers to the number of students at the end of the n/n+1 academic year.The number of students returning to education will not be included from the 2007/2008 academic year. Starting from the 2010/2011 academic year, statistics only include registered students.

附录3-3 中国台湾省主要社会经济指标
Main Statistical Indicators of Taiwan Province

指 标	Item	2000	2010	2020	2021	2022
国民经济核算	**National Accounts**					
本地居民生产总值(新台币亿元)	Gross National Product (NT$ 100 million)	104652	144761	204866	221975	232231
本地生产总值 (新台币亿元)	Gross Domestic Product (NT$ 100 million)	103285	140603	199148	217390	227065
经济增长率 (%)	Economic Growth Rate (%)	6.3	10.3	3.4	6.5	2.5
人均本地居民生产总值	Per Capita Gross Domestic Product					
新台币元	NT$	471734	625560	868732	945850	999125
美元	USD	15105	19765	29369	33756	33565
居民储蓄总额 (新台币亿元)	Gross Deposits (NT$ 100 million)	30597	47529	79409	95241	95991
储蓄率 (%)	Deposit Rate (%)	29.2	32.8	38.8	42.9	41.3
人口	**Population**					
户籍登记人口数① (万人)	Year-end Population① (10000 persons)	2228	2316	2356	2338	2326
人口自然增加率 (‰)	Natural Population Growth Rate (‰)	8.08	0.91	-0.34	-1.27	-2.93
人口密度 (人/平方公里)	Population Density (person/sq.km)	616	640	651	646	643
劳动、就业	**Labor and Employment**					
劳动力人口 (万人)	Labor Force (10000 persons)	978	1107	1196	1192	1185
失业率 (%)	Unemployment Rate (%)	3.0	5.2	3.9	4.0	3.7
工业	**Industry**					
工业生产指数 (2016年＝100)	Index of Industrial Production (Year of 2016=100)	54.4	87.7	116.1	131.7	132.9
制造业生产指数 (2016年=100)	Index of Manufacturing Production (Year of 2016=100)	52.6	87.0	117.2	133.9	135.1
对外贸易	**Foreign Trade**					
贸易额 (亿美元)	Total Value of Imports and Exports (USD 100 million)					
出口	Exports	1519	2774	3451	4464	4794
进口	Imports	1407	2557	2861	3820	4280
运输、旅游	**Transportation and Tourism**					
铁路客运人数 (亿人次)	Railways (100 million person-times)	4.6	7.8	10.3	7.9	8.9
公路客运人数 (亿人次)	Highways (100 million person-times)	11.5	11.1	10.8	7.9	8.4
航空客运人数 (亿人次)	Airway (100 million person-times)	0.3	0.3	0.1		0.1
高速公路通行车辆数③(万辆次)	Vehicles for Motorway Transportation③ (10000 unit-times)	45381	55506	607532	579762	618001
每百人机动车辆数① (辆)	Vehicles per 100 Persons① (unit)	76.4	93.8	94.6	96.7	98.2
港埠货物装卸量 (万收费吨)	Inward and Outward Movements Cargo (10000 tons)	56695	65540	70299	75031	71827
观光 (万人次)	Tourism (10000 person-times)					
出岛旅客	Outbound Tourists	733	942	234	36	148
来台湾旅客	Inbound Tourists	262	557	138	14	90
财政、金融	**Public Accounts and Finance**					
赋税实征净额② (新台币亿元)	Revenue② (NT$ 100 million)	19298	16222	23987	28742	32479
货币供应量M2① (新台币亿元)	Money Supply M2① (NT$ 100 million)	188978	309544	501879	538752	575086
年增长率 (%)	Average Annual Growth Rate (%)	6.5	5.5	9.4	7.4	6.7
存款① (新台币亿元)	Deposits① (NT$ 100 million)	193087	310063	492197	527570	563301
物价年涨跌率 (%)	**Price Indices Annual Growth Rate (%)**					
批发	Wholesale Trade Price	1.81	5.46	-7.77	9.46	12.42
消费者	Consumer Price	1.26	0.97	-0.23	1.97	2.95

注：1.年底数。
2.为年度资料。
3.从2013年12月30日起，国道高速公路由计次收费改为计程电子收费。

Notes: 1. Year-end data.
2. Annual data.
3.Since 30th December 2013, toll for national highway has been charged for mileage instead of charged by the number of times.